STATE OF NEW JERSEY

INDEX

OF

Wills, Inventories, Etc.

In the office of the

SECRETARY OF STATE

Prior to 1901

S. D. DICKINSON, Secretary of State

J B. R. SMITH, Assistant Secretary of State

Vol. I

Southern Historical Press, Inc.
Greenville, South Carolina

Please direct all correspondence and orders to:

www.southernhistoricalpress.com
or
SOUTHERN HISTORICAL PRESS, Inc.
PO Box 1267
375 West Broad Street
Greenville, SC   29601
southernhistoricalpress@gmail.com

Originally published: New Jersey, 1912
ISBN #0-89308-813-7
All rights Reserved.
Printed in the United States of America

PREFACE.

When the present Secretary of State, S. D. Dickinson, assumed office in 1902, he found an accumulation of records and files of over two centuries which were in considerable demand, without either adequate arrangement or protection.

More filing space, a more scientific arrangement of the files, better safeguards against fire and moisture, and a more comprehensive system of indexing, were imperative. The task was accordingly assigned to J B. R. Smith, the Assistant Secretary of State, who at once undertook the work and devoted to it much thought and study. Filing space, adequate fire protection, and freedom from destroying dampness, were found by a scientific treatment and modern arrangement of the two vaults under the main offices and the re-arrangement of the two small vaults on the office floor. The corporation files and records, the court files and records, and the executive and miscellaneous papers were rearranged and re-indexed; and in 1905, the treatment of the probate records and wills was undertaken. This work consisted of an entire rearrangement of the wills on file as well as of the records of those wills which by law were kept in the office, beginning with 1663 and continuing to the present time.

The plan adopted was to arrange all wills prior to the beginning of the twentieth century in one group and prepare and publish a complete index. The wills filed subsequent to the beginning of the present century continued to be filed according to law by counties, but were so arranged that one card index would serve the purpose for all the counties. The wills and the records of wills prior to 1901 divide themselves chronologically into four classes. First, those filed prior to 1705, which were originally known as the unindexed wills. Second, wills between 1705 and 1804, of which it was the purpose of the law to preserve both the original will and probate papers, and the records thereof, in the Department of State. Third, wills filed between 1804 and 1830, inclusive, being those which came to the office after the records thereof ceased to be retained here, and before the law required that these should be filed separately by counties. Fourth, those between 1831 and 1900, inclusive, where the law required the files of the respective counties to be kept separately. These wills and records have all been systematically treated and re-indexed as of one series, and will be published in four volumes comprising more than one hundred and eighty-five thousand entries, reference being made in the index not only to the name of the testator and intestate, but to all papers and records connected therewith.

In addition to this, many of the records, as well as the original wills, prior to 1800, were found to be so badly worn as to be of almost no value. These papers were entrusted to the Emery Record Preserving Company of Taunton, Massachusetts, which has preserved and bound them in book form, making one hundred and twelve volumes of early records.

TABLE OF CONTENTS

TITLES

Of the Volumes of Wills and Year of Probate, and Granting Letters of Administration.

No.		No.	
1,	1705–1715	28,	1786–
2,	1715–1728	29,	1787–1788
3,	1728–1734	30,	1788–1790
4,	1734–1743	31,	1790–
5,	1743–1748	32,	1789–1791
6,	1748–1750	33,	1793–1795
7,	1750–1754	34,	1792–1794
8,	1754–1758	35,	1794–1796
9,	1758–1759	36,	1796–1797
10,	1759–1761	37,	1797–1798
11,	1761–1763	38,	1798–1799
12,	1763–1768	39,	1800–1802
13,	1766–1769	40,	1802–1804
14,	1769–1773		
15,	1770–1775		
16,	1772–1779	A,	1715–1725
17,	1779–1785	B,	1725–1734
18,	1776–1778	C,	1734–1742
19,	1773–1777	D,	1742–1746
20,	1778–1779	E,	1747–1751
21,	1779–1780	F,	1751–1758
22,	1780–1781	G,	1758–1761
23,	1781–1782	H,	1761–1766
24,	1782–1783	I,	1766–1768
25,	1783–1784	K,	1768–1774
26,	1784–1785	L,	1774–1776
27,	1785–1786	M,	1782–1785

ABBREVIATIONS.

Account,	Acct.	Letter,	Lt.
Administration,	Adm.	Order,	Ord.
Affidavit,	Af.	Page,	p.
Book or Liber,	B.	Petition,	Pt.
Caveat,	Cv.	Receipt,	Rcpt.
Citation,	Ct.	Renunciation,	Ren.
Codicil,	Cod.	Transcript,	Tr.
Guardian,	Grd.	Ward,	Wd.
Intestate,	Int.	Will,	W.
Inventory,	Inv.		

COUNTIES.

Atlantic,	A	Middlesex,	L
Bergen,	B	Monmouth,	M
Burlington,	C	Morris,	N
Camden,	D	Ocean,	O
Cape May,	E	Passaic,	P
Cumberland,	F	Salem,	Q
Essex,	G	Somerset,	R
Gloucester,	H	Sussex,	S
Hudson,	I	Union,	T
Hunterdon,	J	Warren,	U
Mercer,	K		

INDEX OF WILLS.

ATLANTIC COUNTY.

Abbott, John, 537A. Inv. 1875.
Abbott, John C., 1255A. W. 1893.
Abot, James, Sr., 234A. W. 1857. Inv. 1857.
Abrams, James A., 1424A. Inv. 1896.
Ackley, William, 55A. Inv. 1842.
Adams, Appalonia, 151A. W. 1850.
Adams, Cloe, 1610A. W. 1899.
Adams, Daniel F., 538A. Inv. 1875.
Adams, Daniel, Sr., 302A. W. 1863. Inv. 1863.
Adams, David S., 1423A. Inv. 1896.
Adams, Evin M., 1307A. Inv. 1894.
Adams, Felix, 654A. W. 1879. Inv. 1879.
Adams, C. Frank, 1022A. Inv. 1889.
Adams, Friend, 183A. W. 1853. Inv. 1853.
Adams, Hezediah, 842A. Inv. 1885.
Adams, Howard F., 841A. W. 1885. Inv. 1885.
Adams, Israel S., 843A. Inv. 1885.
Adams, James B., 100A. Inv. 1846.
Adams, James C., 507A. Inv. 1872.
Adams, James C., 1484A. W. 1897. Inv. 1897.
Adams, James R., 1306A. W. 1893. Inv. 1893.
Adams, Job, 776A. W. 1883. Inv. 1883.
Adams, John, 91A. Inv. 1845.
Adams, John M., 1134A. Inv. 1891.
Adams, John W., 519A. W. 1874. Inv. 1874.
Adams, John Q., 458A. W. 1871. Inv. 1871.
Adams, Jonas, 396A. W. 1868. Inv. 1868.
Adams, Joshua, 931A. W. 1887. Inv. 1887.
Adams, Joshua, 1308A. Inv. 1894.
Adams, Judeth, 498A. Inv. 1873.
Adams, Mark, 441A. Inv. 1870.
Adams, Mark, 539A. W. 1875. Inv. 1875.
Adams, Martin, 132A. Inv. 1849.
Adams, Noah, 540A. Inv. 1875.
Adams, Peter, 440A. W. 1870. Inv. 1870.
Adams, Rachel S., 1254A. W. 1893.
Adams, Rebecca, 1194A. W. 1893. Inv. 1893.
Adams, Reuben I., 1023A. Inv. 1889.
Adams, Ryan, 356A. W. 1866. Inv. 1866.
Adams, Sarah A., 893A. Inv. 1886.
Adams, Sarah E., 1354A. W. 1895.
Adams, Sarah J., 932A. W. 1887. Inv. 1887.
Adams, Thomas, 56A. Inv. 1842.
Adams, Thomas J., 777A. W. & Cod. 1883. Inv. 1883.
Adams, Uriah, 184A. Inv. 1853.
Adams, William W., 894A. Inv. 1886.
Adelung, Ernst, 597A. W. 1877. Inv. 1877.
Aitken, Alexander, 1611A. W. 1899.
Albertson, Abigail G., 270A. W. 1860.
Albertson, Abraham, 1A. W. 1837. Inv. 1837.
Albertson, Asenath, 1084A. Inv. 1890.
Albertson, Jacob, Sr., 382A. W. 1867. Inv. 1867.
Albertson, Jonathan, 1024A. Inv. 1889.
Albertson, Rejoice, 508A. W. 1873.
Albertson, Samuel, 1085A. Inv. 1890.
Albertson, Sarah, 1198A. W. 1892.
Alcorn, James, 598A. Inv. 1877.
Alexander, William, 1025A. W. 1889. Inv. 1890.

Allen, George W., 750A. W. 1882. Inv. 1882.
Allen, Maria M., 1548A. W. 1898.
Anders, Mary A., 844A. Inv. 1885.
Anderson, Bridget, 1086A. W. 1890.
Anderson, Samuel, Sr., 1686A. W. 1900.
Andrews, Horatio N., 1199A. W. 1892. Inv. 1892.
Ang, Godfrey, 933A. W. 1887. Inv. 1887.
Arlitz, Doretta, 1687A. Inv. 1900.
Anthony, Lewis R., 845A. W. & Cod. 1885.
Armerling, Wilhelmina, 892A. W. 1886. Inv. 1886.
Armstrong, John, 1135A. W. 1891.
Artelt, John, Sr., 1256A. W. 1893.
Ashley, Ralph, 172A. Inv. 1852.
Ashton, Elisha, 152A. W. 1850.
Ashton, James B., 271A. W. 1860. Inv. 1860.
Austin, Charles E., 686A. W. 1880.
Austin, Nathan C., 173A. W. 1851. Inv. 1851.

Babcock, Abel E., 1688A. W. 1900. Inv. 1901.
Babcock, Annie E., 1549A. W. 1898. Inv. 1898.
Babcock, Francis H., 1612A. Inv. 1899.
Babcock, Harriet I., 778A. W. & Cod. (2) 1883. Inv. 1883.
Babcock, Harry S., 805A. Inv. 1884.
Babcock, Job G., 687A. W. 1880. Inv. 1881.
Babcock, John M., 384A. Inv. 1867.
Babcock, John, Sr., 175A. W. 1851. Inv. 1851.
Babcock, Joseph, 174A. W. 1852. Inv. 1852.
Babcock, Joseph R., 599A. W. 1877.
Backes, Jacob, 1613A. W. 1899.
Bacon, Catherine H., 418A. W. 1869.
Bacon, William S., 383A. W. 1867. Inv. 1867.
Bader, Joseph, 1689A. W. 1900.
Bailey, Alvin M., 806A. Inv. 1884.
Bailey, Harriet T., 1026A. Inv. 1889.
Bailey, John, 1200A. W. 1892.
Bailey, John I., 442A. Inv. 1870.
Bakely, Ann, 1087A. W. 1890. Inv. 1890.
Baker, Abby M., 1309A. W. 1894. Inv. 1894.
Baker, Daniel, 198A. Inv. 1854.
Baker, Daniel, 688A. W. 1881. Inv. 1880.
Baker, Daniel, Sr., 185A. W. 1853.
Baker, Hester A., 1550A. W. 1898.
Baker, Jeremiah, 186A. Inv. 1853.
Bancroft, S. Sprayn, 712A. Inv. 1881.
Bankert, Frederica, 710A. W. 1881. Inv. 1881.
Bankert, Peter, 713A. Inv. 1881.
Bannihr, Sophie C., 1617A. W. 1899.
Barber, Thomas J., 520A. W. 1874. Inv. 1874.
Baremore, James, 187A. W. 1853. Inv. 1853.
Baremore, Joab M., 1027A. W. 1889. Inv. 1889.
Barnes, Rebecca M., 973A. Inv. 1888.
Barnett, Francis, 1602A. Inv. 1900.
Barnett, Miles, Sr., 1240A. W. 1893. Inv. 1893.

Barrett, Absolem, 179A. Inv. 1852.
Barrett, Benjamin, 846A. Inv. 1885.
Barrett, Elijah, 385A. W. 1867.
Barrett, Enoch, 934A. W. 1887. Inv. 1887.
Barrett, Jesse, 26A. Inv. 1839.
Barrett, Thompson, 338A. Inv. 1865.
Barrett, William A., 935A. W. 1887. Inv. 1887.
Barstow, Joseph A., 1551A. W. 1898.
Bartlett, Alexander Good, 29A. W. 1840.
Bartlett, Andrew G., 807A. W. 1884. Inv. 1885.
Bartlett, Charles, 133A. Inv. 1849.
Bartlett, David G., 221A. W. 1856. Inv. 1856.
Bartlett, Lewis S., 1690A. W. 1900.
Bartlett, Martha L., 1614A. W. 1899. Inv. 1899.
Bartlett, William G., 1425A. W. 1896.
Bates, Hiram, 631A. Inv. 1878.
Bates, Phebe C., 1552A. W. 1898.
Bauer, Philippine M., 790A. W. 1884. Inv. 1884.
Bauer, Wilhelm, 658A. W. 1879.
Baum, Carl, 632A. Inv. 1878.
Bayer, Adam, Sr., 1201A. W. 1892. Inv. 1892.
Beck, Afra, 751A. W. 1882. Inv. 1882.
Beck, Louis, 1485A. W. 1897.
Beckett, John V., 1615A. W. 1899. Inv. 1899.
Bedloe, Ann, 1202A. Inv. 1892.
Bedlow, Thomas H., 573A. Inv. 1876.
Beebe, Evan, 1088A. W. 1890. Inv. 1890.
Bell, Joseph, 357A. W. 1866.
Benkert, Charles, 1691A. Inv. 1900.
Bernhardt, Adam, 1553A. W. 1898.
Berninger, August R., 714A. Inv. 1881.
Berry, Elisha, 509A. W. 1873. Inv. 1873.
Berry, Henry D., 936A. W. & Cod. (2) 1887.
Best, Alice, 119A. W. 1848.
Best, Robert, 303A. Inv. 1863.
Bevis, Hannah B., 1426A. W. 1896.
Bevis, Thomas, 521A. W. 1874.
Beyer, Albert, 1310A. W. 1894.
Beyer, Henry, 1311A. Inv. 1894.
Bickner, George H. T., 522A. W. 1874.
Biddle, Joseph, 779A. Inv. 1883.
Bigelow, William H., 1355A. W. 1895. Inv. 1895.
Biggs, Herman, 937A. W. 1887. Inv. 1888.
Bird, William, 222A. W. 1856. Inv. 1856.
Birdsall, Seth C., 1616A. W. & Cod. 1899.
Bischof, John, 895A. W. 1886. Inv. 1886.
Biskupski, George, 541A. W. 1875. Inv. 1875.
Black, James R., 1203A. W. 1892. Inv. 1892.
Black, Robert, 780A. Inv. 1883.
Black, Sarah F., 1312A. Inv. 1894.
Black, William, 1089A. W. 1890.
Blackman, David S., 847A. Inv. 1884.
Blackman, Edwin H., 896A. Inv. 1886.
Blackman, Elizabeth, 1554A. W. 1898.
Blackman, James, 223A. W. 1856.
Blackman, John C., 134A. Inv. 1849.
Blackman, Nehemiah, 106A. W. 1847. Inv. 1848.
Blackman, Nehemiah, 938A. W. 1887. Inv. 1887.
Blackman, Richard H., 510A. Inv. 1873.
Blackman, Risley, 199A. Inv. 1854.
Blake, Charles, 188A. Inv. 1853.
Blake, Edward, 101A. Inv. 1846.

Bland, Benjamin, 655A. Inv. 1879.
Blaschke, Franz, 1257A. W. 1893.
Bloxsum, Aaron, 975A. Inv. 1888.
Bohy, Ami, 443A. W. 1870.
Boice, Frederic C., 1028A. Inv. 1889.
Boice, John, 358A. W. 1866.
Boice, Peter, 1204A. W. 1892. Inv. 1892.
Boice, Peter, Sr., 135A. W. 1849. Inv. 1849.
Boice, William, 419A. Inv. 1869.
Bomo, Dominic, 1427A. W. 1896.
Booth, Richard, 1486A. Inv. 1897.
Booye, Andrew K., 656A. W. 1879. Inv. 1879.
Booye, Martha A., 1136A. W. 1890.
Bourke, Thomas, 1138A. W. 1891.
Bowen, Daniel, 897A. W. 1886. Inv. 1886.
Bowen, Isaac H., 1428A. Inv. 1896.
Bowen, Josiah S., 459A. Inv. 1871.
Bowen, Mary A., 1356A. W. 1895.
Bowen, Purnell, 898A. Inv. 1886.
Bowen, Sarah S., 180A. W. 1852.
Bowen, Thomas, 316A. W. 1864.
Bowman, John, 291A. W. 1860.
Bowyer, George, 386A. Inv. 1867.
Boyd, Addie A., 1029A. Inv. 1889.
Boyle, Jane, 1205A. W. 1892.
Boyle, William E., 1137A. W. 1891. Inv. (3) 1891. Copies of Will (3).
Bozarth, Brazilla, 176A. Inv. 1851.
Brady, Thomas, 976A. Inv. 1888.
Brandiff, John, 204A. Inv. 1859.
Brauder, Henry, 1487A. W. 1897.
Braunbeck, William G., 1313A. W. 1894. Inv. 1894.
Brehm, Paul, 1090A. W. 1890.
Breiter, Ellen, 1206A. W. 1892. Inv. 1892.
Brill, William, 1619A. W. 1899. Inv. 1899.
Brombacher, George, Sr., 1207A. W. 1892.
Brooke, Joseph, 808A. W. 1884.
Brooks, Daniel, 1139A. W. 1891. Inv. 1891.
Broom, Frank, 1692A. W. 1900.
Brothers, Albert, 715A. Inv. 1881.
Brower, James, 339A. Inv. 1865.
Brown, Annie, 781A. Inv. 1883.
Brown, Edward, 120A. Inv. 1848.
Brown, Ellen, 317A. W. 1864.
Brown, Hannah S., 1430A. Inv. 1896.
Brown, James E., 1258A. Inv. 1893.
Brown, Lorenzo, 633A. W. 1878.
Brown, Peter V., 1618A. W. 1899.
Brown, Robert, 1429A. Inv. 1896.
Brown, Roxanna E., 1234A. W. 1893. Inv. 1893.
Brown, Simeon, 74A. Inv. 1843.
Brown, Simeon, 782A. W. 1883.
Brown, Susan C., 1091A. W. 1890.
Browning, Sarah C., 1314A. W. 1894. Inv. 1894.
Brucker, Joseph, 460A. W. 1871. Inv. 1871.
Brucker, Josephine, 657A. W. 1879. Inv. 1879.
Brueggeman, John, 848A. Inv. 1884.
Bryant, George C., 511A. Inv. 1873.
Bryant, John L., 783A. W. 1883. Inv. 1883.
Bryant, Sarah, 1357A. W. 1895.
Buchanan, Ann, 1259A. W. 1893.
Buck, Charles R., 1620A. W. 1899.
Bucklin, Austin, 1208A. W. 1892.
Buckow, Adolph, 1092A. W. 1890. Inv. 1890.
Bunkall, Joseph, 6A. Inv. 1839.
Burley, John, 589A. Inv. 1876.
Burnham, Silas L., 899A. W. 1886. Inv. 1887.

Burroughs, Jesse, 1140A. W. 1891. Inv. 1891.
Butler, Arthur H., 1693A. Inv. 1900.
Bye, Joseph, 477A. W. 1872. Inv. 1872.
Bye, Rachel, 1315A. Inv. 1894.
Byrnes, Sarah A., 600A. W. 1877.

Cain, Joseph, 1431A. W. 1896. Inv. 1896.
Cain, Thomas, Sr., 2A. Inv. 1837.
Cake, Mary H., 1694A. W. 1900. Inv. 1900.
Calabrase, Salvator, 717A. W. 1881.
Caldwell, Elias B., 121A. Inv. 1848.
Caldwell, Samuel, 1209A. W. 1892. Inv. 1892.
Calhoun, Dorothy, 752A. W. 1882. Inv. 1882.
Callender, Susan S., 1093A. Inv. 1890.
Callicot, Margaret B., 542A. W. 1875.
Campbell, Archibald, Sr., 689A. W. 1880. Inv. 1880.
Campbell, Charles, 69A. Grd. 1842.
Campbell, Charles, 318A. Inv. 1863.
Campbell, David, 107A. Inv. 1847.
Campbell, Eliza, 1621A. Inv. 1899.
Campbell, Francis P., 809A. Inv. 1884.
Campbell, Jacob, 359A. Inv. (2) 1866.
Campbell, Jacob G., Sr., 1030A. W. 1889. Inv. 1889.
Campbell, Priscilla H., 1031A. W. 1889.
Campbell, Rose A., 718A. W. & Cod. 1881. Inv. 1881.
Canfield, Isaac A., Jr., 1141A. Inv. 1891.
Capper, Hannah M., 1695A. W. 1900.
Cappucio, Antonio, 1488A. Inv. 1897.
Carmen, George, Sr., 659A. W. 1879. Inv. 1879.
Carpenter, Maria S., 1094A. W. 1890.
Carr, Harvey, 810A. Inv. 1884.
Carr, Janet, 939A. W. 1887. Inv. 1887.
Carroll, David W., 1032A. Inv. 1889.
Casto, Hosea, 235A. Inv. 1857.
Cavileer, John D., 444A. W. 1870.
Cavilier, Samuel S., 189A. Inv. 1853.
Chadwick, William H., 811A. Inv. 1884.
Chamberlain, Edward R., 1095A. Inv. 1890.
Chamberlin, Joab, 1210A. W. & Cod. 1892. Inv. 1892.
Chamberlin, Mary, 319A. W. 1864. Inv. 1864.
Chamberlin, Thomas, 282A. Inv. 1861.
Chamberlin, William, 153A. W. 1850. Inv. 1850.
Chamberlin, William, 1033A. W. 1889.
Chambers, Thaddeus, 1622 A. W. 1899.
Champion, Ann, 1034A. W. 1889. Inv. 1889.
Champion, Daniel, 136A. Inv. 1849.
Champion, Daniel C., 57A. W. 1842.
Champion, Edward, 1696A. W. 1900.
Champion, Enoch B., 1697A. W. 1900. Inv. 1900.
Champion, Ezra, 340A. Inv. 1865.
Champion, Hester, 92A. W. 1855.
Champion, Richard, 445A. W. 1870. Inv. 1870.
Champion, Richard, 940A. Inv. 1887.
Champion, Susan B., 1358A. W. 1895.
Chandler, Daniel W., 1211A. W. 1892. Inv. 1893.
Chandler, D. Webster, 1211A. W. 1892. Inv. 1893.
Channel, Isaac, 977A. W. 1888.
Chapman, Caroline M. S., 1035A. Inv. 1889.
Chapman, William L., 1359 A. W. 1895. Inv. 1895.

Chevalier, Ella, 900A. W. 1886.
Clark, Eliza, 1698A. W. 1900.
Clark, John, 1489A. W. 1897. Inv. 1898.
Clark, Lardner, 901A. W. 1886. Inv. 1886.
Clark, Lardner, 1699A. Inv. 1900.
Clark, Lewis, 397A. W. 1868. Inv. 1868.
Clark, Rebecca, 1432A. W. 1896. Inv. 1896.
Clark, Reuben L., 190A. Inv. 1853.
Clark, Sherman, 108A. Inv. 1847.
Clark, Thomas, 1316A. W. 1894.
Clark, Walter, 44A. Inv. 1841.
Clawson, Mary C., 849A. Inv. 1885.
Claypoole, Johanah, 1434A. W. 1896.
Clayton, John B., 812A. Inv. 1884.
Cleaver, Elias, 661A. Inv. 1879.
Clement, Elizabeth S., 660A. Inv. 1879.
Clement, John A., 283A. W. 1861. Inv. 1861, 1891.
Clement, Thomas, 109A. Inv. 1847.
Clinton, Joseph, J., 719A. W. 1881. Inv. 1881.
Cloak, Thomas, 80A. W. 1844.
Clouser, Charles, 512A. Inv. 1873.
Coffin, William, 81A. W. & Cod. 1844. Inv. 1845.
Collins, Daniel L., 941A. W. 1887. Inv. 1887.
Collins, Mathew, 177A. Inv. 1851.
Collins, Steelman, 292A. Inv. (2) 1862.
Collins, Thomas M., 942A. W. 1887. Inv. 1887.
Colwell, Samuel R., 523A. Copy of Will 1874.
Colwell, Sarah R., 978A. W. 1888.
Colwell, Stephen, 461A. W. 1871.
Conaway, William, 716A. Inv. 1881.
Connelly, Daniel A., 944A. W. 1887.
Connelly, David S., 360A. W. 1866. Inv. 1866.
Connelly, Emeline, 1555A. Inv. 1898.
Connelly, John S., 1436A. Inv. 1896.
Connelly, Lemuel S., 1142A. Inv. 1891.
Connelly, Lemuel S., Sr., 1685A. Inv. 1898.
Connor, George, 1700A. W. 1900.
Connor, Sarah, 1701A. W. 1900. Inv. 1900.
Conover, Adam, 943A. W. 1887. Inv. 1887.
Conover, Asa, 1212A. W. 1892.
Conover, Daniel H., 1433A. Inv. 1896.
Conover, Enoch, 138A. Inv. 1849.
Conover, Enoch, 1623A. W. 1899. Inv. 1899.
Conover, Job, 27A. W. 1839. Inv. 1839.
Conover, Job, 462A. Inv. 1871.
Conover, Joel, 902A. W. 1886.
Conover, John, 601A. Inv. 1877.
Conover, Lemuel, 1435A. W. 1896. Inv. 1896.
Conover, Lemuel C., 720A., Inv. 1881.
Conover, Micajah, 137A. W. 1849.
Conover, Rufus, 122A. Inv. 1848.
Conover, Somers, 341A. Inv. 1865.
Conover, William, 784A. W. 1883. Inv. 1883.
Conover, William H., 543A. W. 1875. Inv. 1875.
Cook, Henry B., 634A. W. 1878. Inv. 1878.
Cooke, Mary A., 1556A. W. 1898.
Cooling, Michael, 1213A. W. 1892. Inv. 1892.
Cordery, Absalom, 690A. W. 1880. Inv. 1880.
Cordery, Clement, 7A. W. 1838.
Cordery, Daniel, 225A. Inv. 1856.
Cordery, Daniel E., 224A. W. 1856. Inv. 1856.
Cordery, Edmund, 320A. W. 1864.
Cordery, Emma C., 1096A. W. 1890. Inv. 1890.
Cordery, Enoch, 1143A. W. 1891. Inv. 1891.

Endicott, John, 236A. W. 1857.
Endicott, Joseph, 343A. W. 1865.
Endicott, Josiah H., 182A. Inv. 1852.
Endicott, Thomas D., 814A. W. 1884. Inv. 1884.
Endicott, Wesley, 214A. Inv. 1859.
Engelhardt, Joseph, 1563A. W. 1898.
Engelke, Jacob, 605A. W. 1877. Inv. 1877.
English, Ann W., 1708A. W. 1900. Inv. 1900.
English, Calvin, 1628A. Inv. 1899.
English, Chauncey P., 1442A. Inv. 1896.
English, Daniel E., 575A. Inv. 1876.
English, David, 421A. Inv. 1869.
English, David B., 753A. W. 1882. Inv. 1882.
English, Egbert, 639A. Inv. 1878.
English, Elizabeth, 478A. W. 1872. Inv. 1872.
English, Elmer, 284A. W. 1861. Inv. 1861.
English, George, 1266A. W. 1893.
English, Isaac, 465A. W. 1871. Inv. 1871.
English, Isaac, Sr., 102A. W. 1846. Inv. 1846.
English, James, 446A. Inv. 1870.
English, James T., 1627A. W. 1899. Inv. 1899.
English, Joseph, 822A. W. 1889. Inv. 1889.
English, Joseph H., 1564A. W. & Cod. 1898. Inv. 1898.
English, Mary E., 1565A. W. 1898.
English, Paulina, 1365A. W. 1895.
English, Peter, 479A. Inv. 1872.
Esser, Joseph, 853A. Inv. 1885.
Estell, Daniel E., 248A. W. 1858. Inv. 1858.
Estell, John, 31A. Inv. 1840.
Etzel, Catharine, 422A. Inv. 1869.
Evans, Hannah, 788A. Inv. 1883.
Evans, Joseph P., 1103A. W. & Cod. 1890.
Evans, Thomas, 711A. W. 1885. Inv. 1885.
Evard, Robert T., 1104A. W. 1890. Inv. 1891.
Evard, Samuel A., 387A. Inv. 1867.
Evers, Dorothea, 1152A. W. 1891.
Evers, John A., 1566A. W. 1898. Inv. 1898.
Evins, James, 544A. Inv. 1875.

Farley, Michael M., 1039A. Inv. 1889.
Farnsworth, Abigail D., 1492A. W. 1897.
Faust, Margaret, 1568A. Inv. 1898.
Fauteck, Henry, 423A. W. 1869.
Fay, Cyrus J., 724A. Inv. 1881.
Fay, George W., 1149A. Inv. 1891.
Fay, Joanna L., 815A. Inv. 1884.
Feltwell, Sarah L., 1443A. W. 1896.
Fenimore, Edward L., 985A. W. 1888. Inv. 1888.
Fennell, Anna M., 1567A. W. 1898. Inv. 1899.
Ferguson, Susan W., 1366A. Inv. 1895.
Field, Robert A., 906A. W. 1886. Inv. 1886.
Fischer, George, 1267A. W. 1893.
Fish, Alexander, Sr., 754A. W. 1882.
Fisher, Edward, Jr., 524A. Inv. 1874.
Fiske, Sarah A., 1268A. W. 1893.
Fleming, Caleb K., 1444A. W. 1896.
Fleming, Mary B., 1040A. W. 1889. Inv. 1889.
Fleming, William F., 1321A. Inv. 1894.
Fogg, Joel G., 725A. W. 1881. Inv. 1886.
Fogg, Mary A., 854A. W. 1885. Inv. 1886.
Ford, Elizabeth, 424A. W. 1869. Inv. 1869.
Ford, Thomas, 1367A. Inv. 1895.
Foster, Job, 84A. Inv. 1844.
Fox, Alice, 640A. W. 1878.
Fox, George W., 1629A. W. 1899. Inv. 1899.

Fox, Henrietta, 1107A. W. 1890. Inv. 1890.
Frambes, Aaron S., 1368A. W. 1895.
Frambes, David, 388A. W. 1867. Inv. 1867.
Frambes, Job, 816A. Inv. 1884.
Frambes, John, 1150A. Inv. 1891.
Frambes, Lewis S., 641A. Inv. 1878.
Frambes, Margaret, 1105A. Inv. 1890.
Frambes, Michael, 192A. W. 1853. Inv. 1854.
Frambes, Nicholas, 139A. Inv. 1849.
Franke, Godfrey, 855A. W. 1885. Inv. 1885.
Frazier, Daniel, 321A. Inv. 1864.
Frazier, Daniel, 576A. W. 1876.
Frazier, John, 856A. Inv. 1885.
Frazier, Louisa A., 606A. W. 1877. Inv. 1877.
Freudenthal, Gustav A., 1151A. W. 1891. Inv. 1891.
Friedhofer, John Gottfried, 398A. W. & Cod. 1868. Inv. 1868.
Friedlie, John, 1269A. W. 1893.
Frisby, James B., 1630A. W. 1899.
Fritschy, John J., 1106A. W. 1890. Inv. 1890.
Fuchs, Hugo, 1469A. Inv. 1897.
Fulton, William, 726A. W. 1881. Inv. 1881.
Furbush, David, 1322A. W. 1894. Inv. 1894.
Furbush, Rebecca P., 1270A. W. 1893.
Futcher, Catharine, 1493A. W. 1897.
Futcher, William, 857A. Inv. 1885.

Gage, Elizabeth, 1709A. W. 1900. Inv. 1900.
Galbreath, Thomas M., 1041A. Inv. 1889.
Gandy, David H., 1631A. W. 1899.
Gandy, Hope W., 425A. Inv. 1869, 1870.
Gandy, J. B. R., 1494A. Inv. 1897.
Gandy, Uriah, 123A. Inv. 1848.
Gandy, Uriah, 322A. W. 1864. Inv. 1864.
Garcelon, Cyrus, 1217A. W. 1892.
Gardner, Daniel, 694A. W. 1880.
Garrett, Thomas C., 1323A. W. 1894. Inv. 1895.
Garton, Mark, 611A. Inv. 1880.
Garwood, Davis, 663A. W. 1879. Inv. 1879.
Garwood, James S., 545A. Inv. 1875.
Garwood, Joseph, 447A. Inv. 1870.
Garwood, Joshua, 1042A. W. 1889.
Garwood, Thomas, 525A. Inv. 1874.
Gaskill, Samuel, 1569A. W. 1898.
Gaul, John, 607A. Inv. 1877.
Gaupp, Daniel, 608A. W. & Cod. 1877. Inv. 1877.
Gee, Freer, 1218A. Inv. 1892.
Geiger, George, 448A. Inv. 1870.
Geigis, Johanna, 907A. W. 1886.
Geltzer, George, 1108A. W. 1890.
Gerner, Christine, 1570A. W. 1898.
Gerner, George W., 1369A. Inv. 1895.
Giberson, Absalom, 1571A. W. 1898.
Giberson, James B., 696A. W. 1881. Inv. 1880.
Giberson, James, Sr., 165A. W. 1851. Inv. 1851.
Giberson, Jesse, 237A. Inv. 1857.
Giberson, Job, 1632A. W. 1899.
Giberson, John, 363A. W. 1866.
Giberson, John D., 64A. Grd. 1842.
Giberson, Richard, Sr., 304A. W. 1863. Inv. 1863.
Gifford, David, 293A. Inv. 1862.
Gifford, James, Jr., 263A. W. 1859.
Gifford, James M., 262A. W. 1859. Inv. 1859.
Gifford, Mary A., 1710A. W. 1900.
Gifford, Samuel J., 323A. Inv. 1864.
Gifford, Thomas, 50A. Inv. 1841.
Gillingham, Charles W., 1219A. W. 1892.

Gillingham, Joseph J., 695A. Copy of Will 1880.
Giroud, Jules, 1445A. W. 1896. Inv. 1896.
Githens, John F., 1370A. Inv. 1895.
Githens, John H., 1109A. W. 1890. Inv. 1890.
Godbou, John, 1153A. W. 1891.
Godbou, Martha A., 1271A. W. 1893. Inv. 1893.
Godfrey, Andrew S., 1043A. W. 1889. Inv. 1889.
Godfrey, Charles E., 858A. Inv. 1885.
Godfrey, Hugh, 58A. W. 1842.
Godfrey, Jacob, 324A. W. 1864. Inv. 1864.
Godfrey, John, 11A. Inv. 1838.
Godfrey, John, 1220A. W. 1892. Inv. 1892.
Godfrey, Margaret, 32A. Inv. 1840.
Godfrey, Nicholas, 10A. W. 1838. Inv. (2) 1838.
Godwin, Anna E., 1446A. W. 1896.
Goebbels, Peter, 1572A. W. 1898. Inv. 1898.
Goetschy, Henry, 1221A. W. 1892.
Goetz, Elizabeth, 1573A. W. 1898.
Goldacker, August, 1574A. W. 1898. Inv. 1898.
Goldthorp, Elizabeth, 1371A. W. 1895.
Goldthorp, William, 1371A. W. 1895.
Gorton, Joshua, 344A. Inv. 1865.
Gouldy, David, 664A. W. 1879.
Gowen, Elizabeth, 1372A. W. 1895.
Grant, Mary W., 1373A. W. 1895. Inv. 1895.
Graupner, Deotolinde, 859A. W. 1885. Inv. 1885.
Gray, Thomas, 527A. W. 1874.
Green, George, 1495A. W. 1897.
Green, Jacob, 526A. W. 1874. Inv. 1875.
Green, John W., 1575A. W. 1898.
Griffith, Marie G., 986A. W. 1888. Inv. 1888.
Grist, Robert, 1633A. W. 1899.
Griswold, Benjamin F., 1044A. W. 1889.
Gruner, Carl, 817A. W. 1884. Inv. 1884.
Guenther, Anna, 1110A. W. 1890.
Guenther, August, 818A. W. 1884. Inv. 1884.

Haar, Eva, 1111A. W. 1890.
Haas, Catharine E., 1375A. W. 1895. Inv. 1895.
Haas, John W., 1376A. W. 1895.
Hackett, Constant, 1576A. W. 1898.
Hackett, Israel, 987A. W. 1888. Inv. 1888.
Hackett, Jeremiah, 819A. W. 1884.
Hackney, Cornelius, 140A. W. 1849. Inv. 1849.
Hagan, John, 1272A. Inv. 1893.
Hahn, John, 399A. W. 1868. Inv. 1868.
Haines, Hannah, 1447A. Inv. 1890.
Haldenmeyer, Johann, 480A. W. 1872. Inv. 1872.
Hale, Samuel, 1196A. Inv. 1889.
Hall, Charles E., 1578A. W. 1898.
Halsey, Luther, 728A. Inv. 1881.
Ham, William, 577A. W. 1876. Inv. 1876.
Hambrick, Mary M., 820A. Inv. 1884.
Hamman, Matilda A., 1273A. Inv. 1893.
Hammell, William, 59A. Inv. 1842.
Hand, Hannah L., 1579A. W. 1898.
Hanes, Henry, 1274A. W. 1893. Inv. 1893.
Hanthorn, Simon, 609A. Inv. 1877.
Harbet, Samuel, Sr., 193A. W. 1853. Inv. 1853.
Harkins, Susan, 1374A. W. 1895.
Harley, John D., 1635A. W. 1899. Inv. 1899.
Harris, John O., 389A. W. 1867.
Harrold, John, 1275A. Inv. 1893.

Hart, Frank, 1045A. W. 1889. Inv. 1889.
Hart, Thomas, 249A. Inv. 1858.
Hartley, Elizabeth, 860A. W. 1885.
Hartley, Lewis M., 1324A. W. 1894.
Hartley, Thomas, 1636A. W. 1899.
Haslett, Samuel, 789A. W. 1883. Inv. 1883.
Hauselmann, George, 1046A. Inv. 1889.
Hayday, George, Sr., 1377A. W. 1895. Inv. 1895.
Hayes, William, 821A. W. 1884.
Heiter, Charles, 1222A. W. 1892. Inv. 1892.
Heitz, Joseph, 546A. W. 1875. Inv. 1875.
Hemsley, Elizabeth A., 947A. W. 1887.
Hemsley, Francis W., 756A. W. & Cod. 1882. Inv. 1883.
Hendrick, Joseph, 345A. Inv. 1865.
Henry, John, 1580A. W. 1898.
Henschel, Martin, 1156A. W. 1891. Inv. 1891.
Henshaw, Joseph, 1154A. W. 1891.
Hensler, Harry, 1496A. Inv. 1897.
Henze, Gottlieb, 697A. Inv. 1880.
Herbert, Charles, 1448A. W. 1896.
Herbruger, Wilhelmine, 698A. Inv. 1880.
Hering, Adolf, 1047A. Inv. 1889.
Herwegen, Christine, 1048A. W. & Cod. 1889.
Hess, Christoph, 1112A. W. 1890.
Hesse, David, 610A. W. 1877. Inv. 1877.
Heston, Elizabeth A., 1155A. W. 1891.
Hetzel, Martha, 1325A. W. 1894. Inv. 1894.
Heumann, John, Sr., 1581A. W. & Cod. 1898.
Hewitt, Martha A., 1378A. W. 1895.
Hickman, George A., 61A. Inv. 1842.
Hickman, Japhet, 60A. Inv. (2) 1842.
Hickman, Thomas, 62A. Inv. 1842.
Hickman, Thomas, Sr., 33A. W. 1840.
Hickman, William H., 908A. Inv. 1886.
Hieber, Johanna S., 547A. W. 1875. Inv. 1875.
Hieber, John Frederick, 390A. W. 1867. Inv. 1867.
Higbee, Absalom, 426A. W. 1869. Inv. 1869.
Higbee, Alfred, 141A. Inv. 1849.
Higbee, Daniel, 94A. W. 1845.
Higbee, Edward, 578A. W. 1876. Inv. 1876.
Higbee, Eli, 227A. Inv. 1856.
Higbee, Eli, 294A. W. 1862. Inv. 1862.
Higbee, Enoch, 43A. Inv. 1841.
Higbee, Enoch, 1711A. W. 1900.
Higbee, Harry E., 1637A. W. 1899.
Higbee, James, Sr., 861A. W. & Cod. 1885. Inv. 1885.
Higbee, Jerusha B., 1380A. W. 1895. Inv. 1895.
Higbee, Joab, 209A. Inv. 1855.
Higbee, Jonas, 1379A. W. & Cod. 1895. Inv. 1895.
Higbee, Roxana S., 1497A. Inv. 1897.
Higbee, Walter C., 1326A. W. 1894.
Hiler, Sarah R. M., 909A. W. 1886.
Hilbert, Philipp, 579A. W. 1876.
Hillman, Maurice, 1381A. Inv. 1895.
Hincke, Caroline B., 1449A. W. 1896. Inv. 1896.
Hincke, Johann H. J., 1223A. W. 1892. Inv. 1892.
Hinkle, George W., 791A. W. 1883. Inv. 1884.
Hislop, Christine M., 1327A. W. 1894.
Hoenes, John, 1157A. Inv. 1891.
Hoffer, Peter, 1224A. W. 1892. Inv. 1894.
Hogan, John, 400A. Inv. 1868.
Hohenleitner, Adolf, 729A. W. 1881.
Holdcraft, Abigail, 580A. W. 1876.

Holdcraft, William, 156A. W. 1850. Inv. 1850.
Holdzkom, Isaac, 528A. Inv. 1874. St. 1874.
Holdzkom, Isaac, Sr., 228A. W. 1856. Inv. 1856.
Holdzkom, William W., 823A. Inv. 1884.
Holloway, Henry, 1577A. Inv. 1898.
Holloway, Nias J., 988A. W. 1888.
Holman, Silas D., 1049A. Inv. 1889.
Homan, Cornelius, 1450A. W. 1896. Inv. 1896.
Holt, Joseph B., 1638A. W. 1899.
Homan, Mahlon, 305A. Inv. 1863.
Hood, James, 1328A. W. 1894.
Hooper, Horatio B., 1639A. Inv. 1899.
Hoopes, William G., 1582A. W. 1898. Inv. 1898.
Hoot, John M., 581A. W. 1876. Inv. 1876.
Hoover, Francis H., 730A. Inv. 1881.
Hoover, William D., 1158A. Inv. 1891.
Horn, George, 34A. Inv. 1840.
Horn, Mary, 1329A. W. & Cod. 1894.
Horton, Warren S., 427A. W. 1869. Inv. 1869.
Hotz, Charles, 824A. Inv. 1884.
Howard, Mary A., 1382A. W. 1895. Inv. 1896.
Howell, William, 250A. Inv. 1858.
Huber, Frederick, 1499A. W. 1897.
Huber, John G., 1498A. Inv. 1897.
Hughes, Harbour, 251A. Inv. 1858.
Hughes, Leah Ann, 75A. Inv. 1843.
Hugill, Jonathan, 825A. W. 1884.
Hull, Sewall C., 1050A. Inv. 1889.
Hume, Eliza, 1583A. W. 1898. Inv. 1898.
Humphries, Amelia, 1159A. Inv. 1891.
Hunter, Andrew, 364A. Inv. 1866.
Hunter, Anna B., 1225A. W. 1892. Inv. 1892.
Hunter, William, 142A. Inv. 1849.
Huntley, John, 1451A. W. 1896. Inv. 1896.
Hutchinson, John, 401A. Inv. 1868.

Imlay, Gideon T., 428A. W. 1869. Inv. 1869.
Ingersoll, Aaron, 110A. Inv. 1847.
Ingersoll, Abel, 365A. Inv. 1866.
Ingersoll, Carl, 582A. W. 1876. Inv. 1876.
Ingersoll, Daniel I., 252A. W. 1858. Inv. 1858.
Ingersoll, Denman B., 1113A. Inv. 1890.
Ingersoll, Enoch, 1500A. Inv. 1897.
Ingersoll, Jane, 1052A. W. 1889.
Ingersoll, John, 12A. W. & Cod. 1838. Inv. 1838.
Ingersoll, Joseph, 157A. Inv. 1850.
Ingersoll, Richard, 13A. W. 1838. Inv. 1838.
Ingersoll, Jonas H., 466A. W. 1871. Inv. 1871.
Ingham, George T., 1640A. Inv. 1899.
Irelan, Enoch, 1226A. W. 1892.
Irelan, Sarah A., 1053A. Inv. 1889.
Irelan, William, 827A. W. 1884. Inv. 1884.
Irelan, William H., 1584A. W. 1898.
Ireland, Amelia G., 1712A. W. 1900.
Ireland, Ann R., 273A. Inv. 1860.
Ireland, George, 346A. Inv. 1865.
Ireland, Hosea, 989A. Inv. 1888.
Ireland, James, Sr., 449A. W. 1870.
Ireland, Japhet, 253A. W. 1858. Inv. 1858.
Ireland, John, 158A. Inv. 1850.
Ireland, John, 1501A. W. 1897. Inv. 1897.
Ireland, Joseph, Sr., 826A. W. 1884. Inv. 1884.
Ireland, Martha, 1114A. W. 1890. Inv. 1890.

Ireland, Mary Ann, 210A. W. 1855.
Ireland, Thomas, 111A. Inv. 1847.
Ireland, Wesley S., 643A. Inv. 1878.
Irland, Thomas B., 514A. Inv. 1873.
Irons, Rebecca, 1383A. Inv. 1895.
Irons, Tamar, 1227A. Inv. 1892.
Irving, Robert W., 467A. Inv. 1871.
Irving, Thomas, 862A. W. 1885. Inv. 1885.
Iszard, Abraham L., 701A. Inv. 1880.

Jahncke, Christiane, 1502A. W 1897.
Jahncke, George F., 1585A. W. 1898. Inv. 1899.
Jarvis, Stacy, 863A. W. 1885. Inv. 1885.
Jeffreys, William, 1385A. W. 1895.
Jeffries, James, 1330A. W. 1894. Inv. 1894.
Jeffries, James E., 1276A. Inv. 1893.
Jeffries, Jane, 1384A. W. 1895.
Jeffries, John, 948A. W. 1887. Inv. 1887.
Jeffries, William, 1715A. Inv. 1900.
Jeffryes, John, 63A. W. 1842. Inv. 1842.
Johns, Peter, 792A. Inv. 1883.
Johnson, Enoch, 1051A. W. 1889. Inv. 1889.
Johnson, Elijah, 1160A. W. 1891. Inv. 1891.
Johnson, Hannah, 307A. Inv. 1863.
Johnson, Hannah S., 1452A. W. 1896.
Johnson, James, 306A. W. 1863. Inv. 1863.
Johnson, John, 285A. W. 1861. Inv. 1861.
Johnson, John, 699A. W. 1880. Inv. 1880.
Johnson, Josiah B., 911A. W. 1886. Inv. 1887.
Johnson, Mark, 548A. Inv. 1875.
Johnson, Mary A., 990A. W. 1888.
Johnson, Mary T., 1713A. W. 1900. Inv. 1900.
Johnson, Nathan H., 991A. W. 1888. Inv. 1888.
Johnson, William, 550A. W. 1875.
Jones, R. Albion, 992A. Inv. 1888.
Jones, Charles H., 1634A. Inv. 1899.
Jones, Samuel Y., 549A. W. 1875. Inv. 1877.
Jones, Sarah Ann, 159A. Inv. 1850.
Jones, William, 1386A. W. 1895. Inv. 1895.
Joslin, Hosea, 700A. W. 1880. Inv. 1880.
Joslin, Jonathan, 1714A. W. 1900.
Joslin, Joseph A., 644A. W. 1878.

Kaelble, Andrew, 366A. Inv. 1866.
Kaemmerer, Eugenie, 993A. W. 1888. Inv. 1895.
Kaemmerer, Julius, 1389A. W. 1895. Inv. 1895.
Kah, Clemens, 481A. W. 1872. Inv. 1872.
Kallenberg, Ernst, 468A. Inv. 1871.
Karrer, George, Sr., 551A. W. 1875. Inv. 1875.
Keene, Eleazer, 1054A. W. 1889.
Keim, Jacob, 1641A. W. 1899. Inv. 1899.
Keiser, George, 403A. Inv. 1868.
Kelly, Catharine, 1586A. W. & Cod. 1898. Inv. 1898.
Kelly, Daniel F., 1453A. W. 1896. Inv. 1896.
Kelly, Elizabeth, 1642A. Inv. 1899.
Kelly, George, 793A. W. & Cod. 1883. Inv. 1884.
Kelly, Marianne, 949A. W. 1887. Inv. 1887.
Kelly, Michael J., 1161A. W. 1891. Inv. 1891.
Kelly, Robert, 402A. W. 1868. Inv. 1868.
Kelsall, Philip, 1643A. Inv. 1899.
Kemker, Henry R., 1331A. W. 1894.
Kendell, Joseph, 325A. W. 1864.
Kennedy, Ellen, 1115A. W. 1890. Inv. 1890.
Ketchum, John, Sr., 404A. W. 1868. Inv. 1868.
Kibat, Frederick, 1055A. W. 1889.

Lewis, John, 866A. Inv. 1885.
Lewis, Joseph, 391A. W. 1867. Inv. 1867.
Lightwardt, William, 1000A. Inv. 1888.
Linch, Annie E., 1720A. W. 1900. Inv. 1900.
Lindenmann, Elias, 734A. Inv. 1881.
Lingerman, Henry M., 951A. Inv. 1886.
Lingle, John G., 1459A. W. 1896. Inv. 1896.
Lingle, Sarah A., 1166A. W. 1891.
Lippincott, John I., 735A. W. 1881. Inv. 1881.
Lippincott, Lucy A., 759A. W. 1882.
Lippincott, Mary, 1335A. W. 1894.
Little, Robert, 1117A. Inv. 1890.
Lockwood, Louise, 590A. W. 1870.
Locroher, Mathaus, 646A. W. 1878.
Logue, Hugh, 408A. Inv. 1868.
Longden, Sarah, 1059A. W. 1889.
Loss, George W., 1721A. W. 1900.
Lotzpeich, Finanz, 327A. W. 1864. Inv. 1864.
Love, Robert, Sr., 530A. W. 1874. Inv. 1874.
Loveland, Enoch I., 1399A. Inv. 1895.
Loveland, Samuel, 451A. Inv. 1870.
Loveless, Robert T., 1649A. W. 1899. Inv. 1899.
Lucas, Simon, 16A. Inv. 1838.
Luce, Mary E., 1400A. W. 1895. Inv. 1895.
Ludwig, John, 1650A. W. 1899.
Lunny, Joseph A., 1651A. W. 1899.

Maas, Christopher, 736A. Inv. 1881.
Mackin, Thomas, 737A. Inv. 1881.
Macy, George H., 762A. W. 1882.
MacNeal, Anna E., 913A. W. 1886.
Madden, Hosea F., 614A. Inv. 1877.
Madden, John, Sr., 95A. Inv. 1845.
Maguire, John, 1401A. Inv. 1895.
Mahler, Adolph, 1230A. W. 1892.
Maier, Paul, 1592A. W. 1898.
Major, Joseph, 87A. Inv. 1844.
Marguard, Frederick, 367A. Inv. 1866.
Marina, Frank B., 1722A. W. 1900.
Marling, Andrew, 328A. Inv. 1864.
Marot, William, Jr., 586A. W. 1876.
Martin, Daniel, 1167A. W. 1891.
Martin, Elizabeth, 1507A. Inv. 1897.
Martin, William, 1336A. Inv. 1894.
Martini, Traugott, 953A. W. 1887.
Masche, Friedrich, 1723A. W. 1900.
Mason, Elias, 256A. W. & Cod. 1858. Inv. 1858.
Mason, Elias, 828A. W. 1884. Inv. 1885.
Mason, J. Leonard, 1593A. W. 1898.
Mathis, Benjamin, 1283A. Inv. 1893.
Mathis, Beriah, 554A. Inv. 1875.
Mathis, Job, 483A. Inv. 1872.
Mathis, Reuben, 329A. W. 1864. Inv. 1864.
Matthews, Zenas U., 1231A. W. 1892. Inv. 1892.
Mattix, Nathan P., 704A. Inv. 1880.
Maxwell, Elizabeth R., 1286A. Inv. 1893.
Mayhew, Alexenia F. A., 954A. Inv. 1887.
Mayne, James S., 276A. W. 1860. Inv. 1860.
McAdam, Thomas, 1337A. W. 1894.
McAlister, William K., 1724A. W. 1900.
McCallister, Anna, 829A. W. 1884.
McCann, John, 1508A. W. 1897.
McCaullay, Harriet, 1232A. W. 1892.
McClees, Manassah, 308A. Inv. 1863.
McCless, Jane A., 1285A. W. 1893. Inv. 1893.
McCollum, Jesse, 66A. W. 1842. Inv. 1842.
McCollum, Samuel, Sr., 240A. W. 1857.
McConley, Mary J., 738A. Inv. 1881.
McCormick, George, 1509A. W. & Cod. 1897. Inv. 1897.

McDaniel, Elizabeth, 1001A. W. 1888. Inv. 1888.
McDonald, Ann, 761A. W. 1882. Inv. 1882.
McElveney, Sarah J., 1460A. W. 1896. Inv. 1896.
McEwen, Peter, 1233A. W. 1892. Inv. 1892.
McGoffin, John, 1118A. W. 1890.
McKillip, James, 309A. Inv. 1863.
McLeod, Robert R., 1652A. W. 1899.
McMullin, William, 330A. Inv. 1864.
McNeil, John, 798A. W. 1883. Inv. 1883.
Mead, Alfred W., 796A. Inv. 1883.
Mehler, Adolph, 485A. Inv. 1872.
Meisel, Henry, 1168A. W. 1891. Inv. 1891.
Melone, Perry, 1169A. Inv. 1891.
Mensing, Emilie, 1119A. W. 1890. Inv. 1890.
Mensing, Henrich, 739A. W. 1881. Inv. 1881.
Merkord, Hermann, 1402A. W. 1895.
Metzger, Emanuel, 740A. Copy of Will 1881.
Metzger, Martha M., 1284A. W. 1893.
Metzner, Thomas, 1170A. W. 1891. Inv. 1892.
Meyer, Joseph, 471A. W. 1871. Inv. 1871.
Meyerhoff, Julia, 1510A. W. 1897. Inv. 1897.
Mick, Frederick, 1653A. W. 1899.
Middleton, Jacob, 763A. W. 1882.
Miller, Catharine, 1235A. W. 1892. Inv. 1892.
Miller, Charles, 873A. W. 1885. Inv. 1885.
Miller, George F., 555A. Inv. 1875.
Miller, Wesley, 1461A. W. 1896.
Miskelly, William, 264A. Inv. 1859.
Moeller, John Michael, 501A. W. 1873. Inv. 1873.
Monroe, William, 484A. W. 1872. Inv. 1872.
Monroe, William, 1061A. Inv. 1889.
Moore, Abigail, 1338A. W. 1894.
Moore, Amelia, 1171A. Inv. 1890.
Moore, Asher, 556A. W. 1875.
Moore, Asher, 1172A. W. 1891. Inv. 1891.
Moore, James W., 1462A. W. 1896. Inv. 1896.
Moore, Jerusha, 1002A. Inv. 1888
Moore, William, 1060A. W. 1889. Inv. 1890.
Moore, William, Sr., 647A. W. 1878.
Morgan, John J., 1339A. W. 1894.
Morgenweck, Henry, 615A. W. 1877. Inv. 1877.
Morris, Daniel, 1654A. W. 1899. Inv. 1899.
Morris, Ella I., 1062A. Inv. 1889.
Morris, Thomas E., 914A. W. 1886. Inv. 1886.
Morris, William, Sr., 257A. W. 1858.
Mott, James McH., 1511A. W. 1897. Inv. 1898.
Motz, Henry, 1120A. W. 1890. Inv. 1891.
Moulton, Ezra, 557A. Inv. 1875, 1876.
Mount, Charles B., 1463A. W. 1896. Inv. 1897.
Mueller, Ernst, 1512A. W. 1897. Inv. 1897.
Mueller, Ernst G., 952A. W. 1887. Inv. 1887.
Mueller, George, 587A. W. 1876. Inv. 1876.
Mueller, Johann, 1594A. Inv. 1898.
Mull, Catherine, 310A. Inv. 1863.
Mullen, Cornelius, 1063A. W. 1889.
Muller, Carl D., 432A. W. 1869. Inv. 1869.
Muller, Joseph, 1340A. W. 1894. Inv. 1894. Copy of Will.
Munson, Lyman, 410A. W. 1868. Inv. 1868.
Myers, Emma, 1342A. W. 1894.
Myers, George, 1341A. W. 1894.

Natter, Charles, 296A. Inv. 1862.
Natter, Emilie, 797A. W. 1883.
Naylor, Arthur T., 1513A. W. 1897. Inv. 1897.

Riddle, Mary A., 1290A. W. 1893. Inv. 1894.
Riggins, Francis, Sr., 919A. W. 1886. Inv. 1886.
Riggins, Joseph, 169A. W. 1851.
Risley, Alfred B., 1470A. W. 1896.
Risley, David, 1729A. W. 1900.
Risley, Edward, 47A. Inv. 1841.
Risley, Hannah, 1599A. W. 1898.
Risley, Henry, 494A. Inv. 1872.
Risley, James, 671A. Inv. 1879.
Risley, Jeremiah, 452A. Inv. 1870.
Risley, Jeremiah B., 651A. W. 1878.
Risley, John, 832A. Inv. 1884.
Risley, Mans, 242A. W. 1857.
Risley, Matilda F., 392A. Inv. 1867.
Risley, Peter, 297A. W. 1862. Inv. 1862.
Risley, Richard, 113A. W. 1847.
Risley, Robert H., 1291A. Inv. 1893.
Risley, Samuel, 515A. W. 1878. Inv. 1878.
Risley, Steelman, 874A. Inv. 1885.
Risley, S. Willard, 1411A. W. 1895.
Risley, Willard, 1662A. Inv. 1899.
Risley, William L., 495A. W. 1872. Inv. 1873.
Roach, Joseph Chandler, 1004A. Inv. 1888.
Roberts, Anna B., 1175A. W. 1891. Inv. 1892.
Roberts, Edwin, 833A. W. 1884. Inv. 1884.
Roberts, Eldridge, 1519A. W. 1897. Inv. 1897.
Robinson, Andrew, 1065A. Inv. 1889.
Robinson, George W., 1471A. Inv. 1896.
Robinson, James H., 1407A. W. 1895. Inv. 1895.
Robinson, John, 298A. Inv. 1862.
Robinson, Nancy, 920A. W. 1886. Inv. 1886.
Robinson, Regin A., 473A. Inv. 1871.
Robinson, Silas, 1066A. W. 1889.
Robinson, Wesley, 1005A. W. 1888. Inv. 1889.
Robinson, William, 1067A. W. 1889.
Roesch, Anna M., 1661A. W. 1899.
Rogers, Minor, 1408A. W. 1895. Inv. 1895.
Rogers, Thomas, 1409A. W. 1895. Inv. 1895.
Rohe, Joseph, 1068A. Inv. 1889.
Rose, Elizabeth, 1176A. W. 1891.
Rotherham, John, Sr., 617A. W. 1877. Inv. 1877.
Rothhan, Frederick, 1600A. Inv. 1898.
Rothwell, Peter, 1601A. W. 1898.
Roy, Jane, 872A. W. 1885. Inv. 1885.
Royal, David, 588A. Inv. 1876.
Ruch, Mary A., 706A. Inv. 1882. Copy of Will, Cod. (2) 1878, 1880.
Rudman, Sarah D., 1177A. Inv. 1890.
Rumford, Richard L., 373A. W. 1866. Inv. 1866.
Rumpp, Gustavus A., 834A. Inv. 1884.
Russell, Edward, 331A. Inv. 1864.
Russell, James H., 921A. Inv. 1886.
Rutz, Julia P., 875A. Inv. 1885.
Ryon, Pardon, Sr., 413A. W. 1868. Inv. 1868.

Sacks, John, 619A. W. 1877. Inv. 1877.
Sage, Catharine H., 1293A. W. 1893. Inv. 1894.
Sage, Isaac, 1292A. W. 1893. Inv. 1898.
Sampson, Samuel, 1472A. W. 1896. Inv. 1896.
Samson, David, 195A. Inv. 1853.
Samson, Nancy M., 1520A. W. 1897.
Samson, Warren, 562A. W. 1875. Inv. 1875.
Sander, Daniel B., 1663A. W. 1899.
Sault, Sarah, 707A. W. 1880.
Saxer, John, 336A. Inv. 1864.
Schaufler, Alois, 1178A. W. 1891. Inv. 1891.

Schauffler, Barbara, 708A. W. 1880.
Scherer, Bertha, 1665A. W. & Cod. 1899.
Scherff, George, 1666A. W. & Cod. 1899. Inv. 1900.
Scherff, John R., 299A. W. 1862. Inv. 1862.
Scherff, Minna, 1664A. W. 1899.
Schill, Caroline. 1667A. W. 1899. Inv. 1899.
Schinnen, Helene, 1473A. W. 1896. Inv. 1897.
Schirlinger, Joseph, 1179A. W. 1891. Inv. 1891.
Schmandt, Johann, 1181A. W. 1891.
Schmidt, Emil G., 1730A. Inv. 1900.
Schmidt, Mathilda, 1180A. Inv. 1891.
Schmidt, Philipp L., 801A. W. 1883. Inv. 1883.
Schmitz, Henry, 1521A. W. 1897. Inv. 1897.
Schmitz, Hermina, 1347A. W. 1894. Inv. 1899.
Schneider, Agnes. 1069A. Inv. 1889.
Schoenfelder, Anton, 622A. Inv. 1877.
Schorp, Michael, 1412A. W. 1895. Inv. 1895.
Schubert, Caspar, 1668A. W. 1899.
Schulz, Franziska, 922A. W. 1886. Inv. 1886.
Schumann, Valentine, 532A. W. 1874. Inv. 1874.
Schwartz, Rebecca A., 1669A. W. 1899.
Schwenger, Christian, 453A. W. 1870. Inv. 1870.
Schwenger, Fredericke, 766A. Inv. 1882.
Schwinger, Rosalie, 1006A. W. 1888. Inv. 1888.
Schwinghammer, Catharine, 1522A. W. & Cod. 1897. Inv. 1897.
Schwinghammer, Eugene, Jr., 1603A. W. 1898. Inv. 1898.
Schwinghammer, Eugene, Sr., 767A. W. 1882.
Scull, Abel C., 19A. Inv. 1838.
Scull, Abel D., 414A. Inv. 1868.
Scull, Andrew B., 959A. W. 1887. Inv. 1887.
Scull, Andrew B., 1523A. Inv. 1897.
Scull, Andrew, Sr., 1007A. W. 1888.
Scull, David, Sr., 533A. W. 1874. Inv. 1874.
Scull, Elizabeth, 504A. W. 1873. Inv. 1873.
Scull, Elmer E., 649A. Inv. 1878.
Scull, Enoch, 77A. Inv. 1843.
Scull, Enoch, Sr., 960A. W. 1887. Inv. 1887.
Scull, Hannah L., 835A. W. 1884. Inv. 1884.
Scull, Humphrey, 564A. Inv. 1875.
Scull, John S., 746A. W. 1881. Inv. 1881.
Scull, Joseph, 196A. W. 1853. Inv. 1853.
Scull, Nicholas, 89A. Inv. 1844.
Scull, Richard, 202A. Inv. 1854.
Scull, Richard, 1731A. W. 1900.
Scull, Richard J., 393A. W. 1867. Inv. 1867.
Scull, Rolon A., 1474A. W. 1896.
Scull, Samuel, 243A. W. 1857. Inv. 1858.
Scull, Theodore C., 67A. Inv. 1842.
Scull, Thomas H., 1244A. W. 1892. Inv. 1892.
Scull, Wesley, 36A. Inv. 1840.
Seelig, Catherine, 1604A. W. 1898.
Seely, Ellen F., 958A. W. 1887. Inv. 1887.
Seely, Horatio S., 1524A. Inv. 1897.
Seifermann, Johanna, Sr., 1123A. W. 1890. Inv. 1890.
Sepp, Adam, 1070A. W. 1889.
Seymour, Catherine L., 1732A. W. 1900. Inv. 1900.
Shaller, Carl F., 563A. W. 1875. Inv. 1875.
Sharp, Hannah, 216A. W. 1855.
Sharrock, John M., 374A. W. 1866. Inv. 1866.
Shaw, John, 1605A. W. 1898.
Shaw, William H., 768A. Inv. 1882.

3

Sheen, James M., 1475A. W. 1896. Inv. 1896.
Sheppard, Job, Sr., 876A. W. 1885.
Sherry, David, 623A. W. 1877. Inv. 1877.
Shillingsforth, Hannah, 230A. W. 1856. Inv. 1857.
Shinn, Joseph H., 1008A. Inv. 1888.
Shinnen, Joseph J., 836A. W. 1884. Inv. 1884, 1885.
Shoemaker, Henrich, 961A. W. 1887.
Shoemaker, Ransom, 375A. Inv. 1866.
Shotwell, Elizabeth A., 923A. Inv. 1886.
Shourds, Daniel, Sr., 488A. W. 1872. Inv. 1872.
Shourds, William L., 489A. Inv. 1872.
Showell, Joseph D., 1348A. W. & Cod. 1894.
Showell, Lovinia, 1350A. Inv. 1894.
Showell, Zadoc B., 1349A. W. 1894. Inv. 1894.
Simons, Lydia S., 1295A. W. 1893.
Slape, Harry L., 962A. Inv. 1887.
Sloan, Charles W., 837A. W. 1884.
Small, Caroline O., 963A. Inv. 1887.
Small, John W., 650A. W. 1878.
Smallwood, Thomas, 964A. W. 1887. Inv. 1887.
Smallwood, William P., 924A. Inv. 1886.
Smith, Abel, 350A. W. 1865. Inv. 1865.
Smith, Bridget, 1733A. W. 1900.
Smith, Constant, 803A. Inv. 1883.
Smith, Constant, Sr., 289A. W. 1861. Inv. 1861.
Smith, Clinton, 621A. Inv. 1877.
Smith, David, 300A. W. 1862. Inv. 1862.
Smith, Ebenezer T., 1071A. W. 1889. Inv 1889.
Smith, Elias, 802A. Inv. 1883.
Smith, Elias, 910A. Inv. 1884.
Smith, Elias R., 965A. W. 1887.
Smith. Elias, Sr., 20A. W. 1838. Inv. 1838.
Smith, Eliza, 1525A. W. & Cod. 1897. Inv. 1897.
Smith, Emaline, 1124A. W. 1890. Inv. 1890.
Smith, Enoch, 170A. W. 1851. Inv. 1851.
Smith, Enoch, 245A. Inv. 1857.
Smith, Enos, 124A. Inv. 1848.
Smith, Hannah, 21A. W. 1838. Inv. 1839.
Smith, Henry D., 1294A. W. 1893. Inv. 1894
Smith, Hurbert D., 678A. Inv. 1879.
Smith, Isaac, 571A. Inv. 1875.
Smith. Israel, 877A. W. 1885. Inv. 1885.
Smith, James E., 672A. Inv. 1879.
Smith, James F., 312A. W. 1863. Inv. 1863.
Smith, James S., 1606A. W. 1898.
Smith, Jesse, 244A. Inv. 1857.
Smith, John, 78A. Inv. 1843.
Smith, John B., 114A. W. 1847.
Smith, John B., 351A. Inv. 1865.
Smith, John H., 1245A. Inv. 1892.
Smith, John S., 438A. Inv. 1869.
Smith, John W., 474A. W. 1871.
Smith, Jonas M., 770A. W. & Cod. 1882. Inv. 1882.
Smith, Jonathan, 1182A. W. 1891.
Smith, Jonathan R., 352A. W. 1865. Inv. 1865.
Smith, Joshua, 1183A. W. 1891. Inv. 1891.
Smith, Lewis M., 1526A. Inv. 1897.
Smith, Lewis, Sr., 804A. W. 1883. Inv. 1883.
Smith, Mary A., 1413A. W. 1895. Inv. 1895.
Smith, Mary E., 771A. W. 1882.
Smith, Nicholas F., 1125A. W. 1890.
Smith, Richard, 505A. Inv. 1873.
Smith, Robert M., 288A. W. 1861. Inv. 1861.

Smith, Samuel L., 769A. Inv. 1882.
Smith, Sarah, 1670A. W. 1899. Inv. 1899.
Smith, Somers, 1078A. W. 1889.
Smith, Somers S., 1009A. Inv. 1888.
Smith, Susannah, 1184A. Inv. 1891.
Smith, Thomas B., 679A. Inv. 1879.
Smith, William, 1072A. Inv. 1889.
Smith, William B., 1010A. W. 1888. Inv. 1888.
Smith, William D., 394A. W. 1867. Inv. 1867.
Snowden, John W., 1011A. W. 1888. Inv. 1888.
Somers, Aaron, 48A. Inv. 1841.
Somers, Anna R., 1527A. W. 1897. Inv. 1897.
Somers, Benjamin, 475A. W. 1871.
Somers, Chatten, 867A. W. 1885. Inv. 1885.
Somers, David, 333A. Inv. 1864.
Somers, David, Sr., 22A. W. 1838. Inv. 1838.
Somers, Deborah, 1013A. Inv. 1888.
Somers, Deborah I., 1014A. Inv. 1888.
Somers, Delilah, 674A. Inv. 1879.
Somers, Edmund, 747A. W. 1881. Inv. 1881.
Somers, Edmund, 1015A. Inv. 1888.
Somers, Enoch, 490A. Inv. 1872.
Somers, George W., 675A. Inv. 1879.
Somers, Henry, 673A. W. 1879. Inv. 1879.
Somers, Isabelle C., 1734A. W. 1900.
Somers, Jacob, 125A. Inv. 1848.
Somers, James, 161A. Inv. 1850.
Somers, James C., 38A. Inv. 1840.
Somers, Jesse, Sr., 259A. W. & Cod. 1858. Inv. 1858.
Somers, Job, 1351A. W. 1894.
Somers, Job B., 1414A. Inv. 1895.
Somers, John, 353A. Inv. 1865.
Somers, John R., 115A. Inv. 1847.
Somers, Joseph, 266A. Inv. 1859.
Somers, Larner, 1415A. Inv. 1895.
Somers, Lewis H., 267A. Inv. 1859.
Somers, Louisa S., 1073A. Inv. 1889.
Somers, Mark, 491A. W. 1872. Inv. 1872.
Somers, Richard L., 476A. Inv. 1871.
Somers, Robert M., 1476A. W. 1896.
Somers, Roxanna, 277A. Inv. 1860.
Somers, Ruth, 37A. Inv. 1840.
Somers, Samuel, 217A. Inv. 1855.
Somers, Susan, 676A. W. 1879. Inv. 1879.
Somers, Washington, 492A. Inv. 1872.
Sommers, Samuel, 97A. W. 1845.
Sooy, Andrew J., 1012A. W. 1888. Inv. 1888.
Sooy, Augustus, 197A. W. 1853.
Sooy, Charles, 116A. W. 1847. Inv. 1847.
Sooy, Daniel, 171A. Inv. 1851.
Sooy, James B., 620A. Inv. 1877.
Sooy, Joel, 144A. Inv. 1849.
Sooy, Josiah B., 436A. W. 1869.
Sooy, Mary, 268A. Inv. 1859.
Sooy, Nicholas, 260A. W. 1858. Inv. 1861.
Sooy, Sarah, 313A. W. 1863.
Sooy, Sophia, 143A. Inv. 1849.
Sooy, Steelman S., 677A. W. 1879. Inv. 1879.
Souchet, Dennis A., 437A. Inv. 1869.
Souder, William, 624A. W. 1877. Inv. 1877.
Spain, Mary S., 772A. W. 1882.
Spaulding, Harlow, 1074A. W. 1889. Inv. 1889.
Spoerl, Adam, 376A. W. 1866. Inv. 1866.
Sproul, Annie, 1075A. W. 1889.
Sproul, Edwin R., 1528A. W. 1897. Inv. 1897.
Sproul, Mary A., 1075A. W. 1889. Inv. 1889.

Steel, Henry J., 1529A. Inv. 1897.
Steelman, Aaron, 1352A. Inv. 1894.

Steelman, Abbie, 1672A. W. 1899. Inv. 1900.
Steelman, Alfred, 232A. Inv. 1856.
Steelman, Amelia, 591A. W. 1876.
Steelman, Arretta, Sooy, Luke M., 69A. Wds. 1842.
Steelman, Basset, 454A. W. 1870.
Steelman, Brazier, 568A. Inv. 1875.
Steelman, Daniel, 52A. W. 1841. Inv. 1841.
Steelman, Daniel, Sr., 218A. W. 1855. Inv. 1855.
Steelman, Enoch, 506A. Inv. 1873.
Steelman, Ezekias, 878A. Inv. 1885.
Steelman, Henry S., Sr., 567A. W. 1875. Inv. 1875.
Steelman, James, 23A. Inv. 1838.
Steelman, James, 592A. W. 1876. Inv. 1876.
Steelman, Jeremiah, 49A. Inv. 1841.
Steelman, Jemimah, 278A. W. 1860.
Steelman, Jesse, 68A. Inv. 1842.
Steelman, Jesse, 354A. W. 1865. Inv. 1865.
Steelman, Job, 145A. Inv. 1849.
Steelman, John K., 1126A. Inv. 1890.
Steelman, John R., 39A. W. 1840. Inv. 1840.
Steelman, Leeds, 301A. Inv. 1862.
Steelman, Lewis, 1735A. W. 1900. Inv. 1901.
Steelman, Louisa, 377A. W. 1866. Inv. 1866.
Steelman, Matthias, 879A. Inv. 1885.
Steelman, Nathan, 880A. W. 1885. Inv. 1885.
Steelman, Nathaniel, 334A. W. 1864. Inv. 1864.
Steelman, Peter, 203A. W. 1854. Inv. 1854.
Steelman, Peter, 290A. Inv. 1861.
Steelman, Peter, 593A. W. 1876. Inv. 1876.
Steelman, Peter C., Sr., 261A. W. & Cod. 1858. Inv. 1858.
Steelman, Richard, 231A. W. 1856. Inv. 1856.
Steelman, Samuel, 1671A. W. 1899. Inv. 1899.
Steelman, Sarah C., 1416A. W. 1895. Inv. 1895.
Steelman, Thomas, 117A. Inv. 1847.
Steelman, Townsend I., 625A. W. 1877.
Steelman, Walter B., 1016A. Inv. 1888.
Steelman, Washington, 680A. Inv. 1879.
Steelman, William B., 517A. W. 1873. Inv. 1873.
Steelman, William T., 335A. Inv. 1864.
Steelman, Zillah, 53A. Inv. 1841.
Steigauf, Philip, 1185A. W. 1891. Inv. 1891.
Stein, George, 925A. W. 1886. Inv. 1886.
Steinlein, Eva, 1674A. W. 1899.
Sternberger, Mina, 1673A. W. 1899.
Sternberger, Moses, 966A. W. 1887. Inv. 1887.
Stetser, Charles, 378A. Inv. 1866.
Steuer, Louisa, 1018A. W. 1888.
Steward, Ann N., 1186A. W. 1891. Inv. 1891.
Stewart, John W., 1187A. W. 1891.
Stibbens, Joseph, 493A. Inv. 1872.
Stiegler, August F., 1736A. W. 1900.
Stiles, Augustus C., 415A. W. 1868. Inv. 1868.
Stiles, Elizabeth, 709A. Inv. 1880.
Stiles, Ephrim, 279A. Inv. 1860.
Stiles, John, 1246A. Inv. 1892.
Stocking, Dewitt C., 1017A. W. 1888. Inv. 1888.
Stockwell, Almira, 1076A. Inv. 1889.
Stockwell, Eli, 1077A. W. 1889. Inv. 1889.
Stockwell, Eli, 1248A. Inv. 1892.
Stokes, James, 1188A. W. 1891.
Stone, William W. C., 1737A. Inv. 1900.
Stout, Joseph A., 126A. Inv. 1848.

Strang, Ann, 748A. Inv. 1881.
Stratton, Preston, 40A. W. 1840. Inv. 1841.
Strauss, Catharine, 749A. W. 1881. Inv. 1885.
Streit, Caroline, 1530A. W. & Cod. 1897. Inv. 1897.
Strickland, Abraham, 1531A. W. 1897.
Strickland, John, 219A. Inv. 1855.
Strickland, William, 1249A. W. 1892.
String, Josiah, 146A. Inv. 1849.
Stringer, Sarah, 681A. W. 1879. Inv. 1879.
Stroetmann, William, 881A. Inv. 1885.
Sturtevant, Charlotte G., 1532A. W. 1897. Inv. 1898.
Sturtevant, William, 1417A. W. 1895. Inv. 1896.
Stutzbach, Amalia T., 1127A. W. 1890. Inv. 1890.
Stutzbach, Moritz, Sr., 1247A. Inv. 1892.
Sullivan, John T., 1738A. W. 1900.
Sutherland, Morris, 379A. W. 1866. Inv. 1866.
Sutherland, Nancy, 455A. W. 1870. Inv. 1870.
Sutton, William D., 534A. Inv. 1874.
Swift, Carlos, 822A. W. 1885. Inv. 1885.

Taylor, Edmund, 439A. Inv. 1869.
Taylor, John, 1297A. W. 1893.
Taylor, John S., 1533A. W. 1897. Inv. 1897.
Taylor, Joseph, 1128A. Inv. 1890.
Taylor, Mary, 883A. Inv. 1885.
Taylor, Mary A., 1534A. W. 1897. Inv. 1897.
Thayer, Henry E., 1250A. Inv. 1892.
Thiel, J. Bernard, 1251A. W. 1892. Inv. 1893.
Thies, Ernestine, 1675A. W. 1899. Inv. 1899.
Thies, Henry, 1296A. W. 1893.
Thirion, Francis, 926A. W. 1886. Inv. 1887.
Thomas, Charles, 1080A. W. 1889.
Thomas, Frances, 1739A. Inv. 1900.
Thomas, Lewis H., 1477A. W. 1896. Inv. 1897.
Thomas, Thomas, 1189A. W. 1891. Inv. 1891.
Thomas, William, 838A. W. 1884. Inv. 1885.
Thompson, Charles S., 627A. Inv. 1877.
Thompson, Eliza, 1079A. W. 1889. Inv. 1889.
Thompson, George A., 1676A. W. 1899. Inv. 1900.
Thompson, Henry, 594A. W. 1876.
Thompson, William W., 380A. Inv. 1866.
Thomson, Charles B., 1081A. W. 1889.
Thum, Karoline, 1740A. W. 1900.
Tickell, James D., 24A. Inv. 1838.
Tickell, James D., 626A. Inv. 1877.
Tillery, James E., Sr., 1547A. W. 1896.
Tilton, Caroline L., 1478A. W. 1896.
Tilton, Daniel, 162A. W. 1850.
Tilton, Daniel, 1129A. W. 1890. Inv. 1890.
Tilton, James, 147A. Inv. 1849.
Tilton, John, 105A. Inv. 1846.
Tilton, John R., 395A. Inv. 1867.
Tilton, Lewis, 355A. Inv. 1865.
Tilton, Peter S., 1418A. W. 1895.
Tilton, Steelman, 79A. Inv. 1843.
Tittmann, Henriette W., 1299A. W. 1893. Inv. 1894.
Tittman, Wilhelmine, 1252A. Inv. 1892.
Todd, Annie, 1019A. Inv. 1888.
Todd, William, 1419A. W. 1895.
Tomlin, Francis H., 652A. W. 1878.
Towell, John, 773A. Inv. 1882.
Towner, Susanna, 927A. W. 1886. Inv. 1887.
Townsend, Daniel, Sr., 682A. Inv. 1879.

Wootton, Jonah, Sr., 1133A. W. 1890. Inv. 1890.
Wright, George, 1683A. Inv. 1899.
Wright, Julia R., 1684A. W. 1899.
Wright, Mary, 572A. Inv. 1875.
Wright, Rebecca R., 888A. Inv. 1885.
Wright, Willard, 1422A. Inv. 1895.
Wuthrich, Mathias, 569A. W. 1875. Inv. 1875.

Young, Louis, 1546A. W. 1897.

Young, Louisa, 1609A. W. 1898.
Young, Nicholas V., 1305A. Inv. 1893.
Young, Samuel T., 281A. W. 1860.
Youngs, James H., 246A. Inv. 1857.

Zeising, Charles A., 971A. W. 1887.
Zern, Rachel P., 889A. W. 1885.
Zern, William H., 890A. W. 1885. Inv. 1885.
Zern, William R., 972A. W. 1887.
Zimmer, William, 685A. W. 1879. Inv. 1879.
Zonza, Marco, 1253A. Inv. 1892.

BERGEN COUNTY.

Abbott, Whitfield B., 7823B. W. 1890
Abbott, William, 7727B. W. 1889. Inv. 1889.
Abelemann, Theresia, 9016B. Inv. 1899.
Abelmann, Frederick, 6904B. W. 1880.
Abernathy, William, 4136B. Inv. 1828.
Achenbach, Anna L., 6175B. Inv. 1875.
Achenbach, George, 3219B. B. 40, p. 138. W. 1802.
Achenbach, George, 6344B. W. 1874. Inv. 1874.
Achenbach, John, 6992B. W. 1881. Inv. 1881.
Achenbach, Margaret, 6899B. Inv. 1880, 1882.
Achenbach, Thomas, 6116B. W. 1871. Inv. 1871.
Achenbach, Thomas L., 7054B. Inv. 1882.
Achilles, Amalie S. M., 8304B. W. 1894. Inv. 1894.
Ackenback, Henry, 5462B. Inv. 1859.
Acker, Catharine, 5339B. W. 1856. Inv. 1856.
Acker, John D., 4241B. Inv. 1830.
Acker, Maria, 7171B. W. 1883. Inv. 1883.
Ackerman, A. Warner, 9017B. W. 1899.
Ackerman, Aaron, 4670B. W. 1838. Inv. 1838.
Ackerman, Aaron, 7728B. W. 1889.
Ackerman, Aaron C., Sr., 6117B. W. 1871. Inv. 1871.
Ackerman, Aaron I., 4461B. Inv. 1834.,
Ackerman, Abigail S., 6373B. Inv. 1875.
Ackerman, Abraham, 235B. Wd. 1745.
Ackerman, Abraham, 507B. B. H, p. 295. W. 1762.
Ackerman, Abraham, 760B. Inv. 1768.
Ackerman, Abraham, 1424B. B. M, p. 277, &c. Int. 1784.
Ackerman, Abraham, 1990B. B. 31, p. 531. Int. 1790.
Ackerman, Abraham, 3866B. W. 1821. Inv. 1821.
Ackerman, Abraham, 6267B. W. 1873. Inv. 1873.
Ackerman, Abraham A., 4835B. W. 1843. Inv. 1843.
Ackerman, Abraham A., 7938B. W. 1891.
Ackerman, Abraham D., 6046B. W. 1870. Inv. 1870.
Ackerman, Abraham G., 5552B. W. 1861. Inv. 1861.
Ackerman, Abraham G., 6787B. W. 1879. Inv. 1879.
Ackerman, Abraham G., 7648B. W. 1888. Inv. 1888.

Ackerman, Abraham I., 1659B. B. 29, p. 220, &c. W. 1786.
Ackerman, Abraham I., 2151B. B. 32, p. 524. W. & Cod. 1791.
Ackerman, Abraham I., 4862B. W. 1844. Inv. 1844.
Ackerman, Abraham I., 5499B. W. 1860. Inv. 1860.
Ackerman, Abraham K., 8051B. W. 1892.
Ackerman, Abraham L., 5295B. W. 1855. Inv. 1855.
Ackerman, Abraham P., 4094B. W. 1827. Inv. 1827.
Ackerman, Abram, 8159B. W. 1893.
Ackerman, Adam L., 6183B. W. 1872. Inv. 1872.
Ackerman, Albert A., 7263B. W. 1884. Inv. 1884.
Ackerman, Albert D., 5210B. W. 1853. Inv. 1853.
Ackerman, Andrew, 3985B. W. 1824. Inv. 1824.
Ackerman, Andrew, 5701B. W. 1864. Inv. 1864.
Ackerman, Andrew G., 7065B. W. 1882. Inv. 1882.
Ackerman, Andrew H., 8740B. W. 1897.
Ackerman, Catharine, 5826B. W. 1866. Inv. 1866.
Ackerman, Catharine, 5931B. W. 1868. Inv. 1868.
Ackerman, Catharine, 6900B. W. 1880. Inv. 1880.
Ackerman, Catharine A., 7939B. W. 1891.
Ackerman, Cornelius, 747B. B. I, p. 91. W. 1767.
Ackerman, Cornelius, 3574B. W. 1813. Inv. 1813.
Ackerman, Cornelius D., 6993B. Inv. 1881.
Ackerman, Daniel J., 4289B. W. 1831. Inv. 1831.
Ackerman, David, 65B. W. 1724.
Ackerman, David, 426B–487B. B. G, p. 332. W. 1760. Inv. 1761.
Ackerman, David, 770B. Int. 1767. Inv. 1768.
Ackerman, David, 2224B–2228B. B. 33, p. 167, &c. W. 1793. Inv. 1793.
Ackerman, David, 4290B. W. 1831.
Ackerman, David, 7729B. W. 1889. Inv. 1889.
Ackerman, David I., 6268B. W. 1873. Inv. 1873.

Ackerman, David, Jr., 5500B. W. 1860. Inv. 1860.
Ackerman, David, Sr., 483B–492B. B. H, p. 59. W. 1761. Inv. 1761.
Ackerman, David A., 5340B. W. 1856. Inv. 1856.
Ackerman, David D., 4409B. W. 1833. Inv. 1833.
Ackerman, David D., 4972B. W. 1847. Inv. 1847.
Ackerman, David I., 5138B. W. 1851. Inv. 1851.
Ackerman, David R., 5932B. Inv. 1868.
Ackerman, Eliza, 7824B. W. 1890. Inv. 1890.
Ackerman, Elizabeth, 5006B. W. 1848. Inv. 1848.
Ackerman, Elizabeth, 6502B. W. 1876. Inv. 1876.
Ackerman, Elizabeth Y., 8571B. W. 1896. Inv. 1896.
Ackerman, Elsie, 5602B. Inv. 1862.
Ackerman, Estella, 6604B. Inv. 1877.
Ackerman, Garret, 5296B. W. 1855. Inv. 1855.
Ackerman, Garret A., 3288B. B. 40, p. 398. Grd. 1803.
Ackerman, Garret A. N., 7172B. W. 1883. Inv. 1883.
Ackerman, Garret C., 7173B. W. 1883. Inv. 1883.
Ackerman, Garret D., 5501B. W. 1860. Inv. 1860.
Ackerman, Garret G., 6047B. W. 1870. Inv. 1870.
Ackerman, Garret D., 7940B. W. 1891. Inv. 1891.
Ackerman, Garret I., 5170B. W. 1852. Inv. 1852.
Ackerman, Garret I., 7466B. W. 1886. Inv. 1886.
Ackerman, Garret J., 5603B. W. 1862. Inv. 1862.
Ackerman, Garret J., 8570B. W. 1895. Inv. 1895.
Ackerman, Gerret, 511B. B. H, p. 280. W. & Cod. 1762.
Ackerman, Gerret, 1084B. B. L, p. 94, &c. W. 1774.
Ackerman, Gilbert B., 9018B. W. 1899.
Ackerman, Gilliam, 8572B. Inv. 1896.
Ackerman, Hannah, 5046B. Inv. 1849.
Ackerman, Hannah, 7066B. W. 1882. Inv. 1882.
Ackerman, Hannah, 7549B. W. 1887. Inv. 1887.
Ackerman, Hannah, 9196B. W. 1900. Inv. 1900.
Ackerman, Henry A., 6788B. W. 1879. Inv. 1879.
Ackerman, Henry G., 8303B. W. 1894. Inv. 1894.
Ackerman, Henry L., 6503B. W. 1876. Inv. 1876.
Ackerman, Henry P., 4137B. W. 1828. Inv. 1828.
Ackerman, Henry P., 5297B. W. 1855. Inv. 1855.
Ackerman, Henry Z., 7550B. W. & Cod. 1887. Inv. 1887.
Ackerman, Hester, 7264B. W. 1884. Inv. 1884.
Ackerman, Isaac, 3343B. W. 1806. Inv. 1806.

Ackerman, Isaac M., 3478B. Inv. 1810.
Ackerman, Jacob, 3536B. W. 1812. Inv. 1812.
Ackerman, Jacob G., 8052B. W. 1892. Inv. 1892.
Ackerman, Jacob J., 5933B. Inv. 1868.
Ackerman, James, 4095B. W. 1827. Inv. 1827.
Ackerman, James, 4291B. W. 1831. Inv. 1831, 1835.
Ackerman, James, Jr., 5770B. Inv. 1865.
Ackerman, James, Sr., 3943B. W. 1823. Inv. 1823.
Ackerman, James D., 9197B. W. 1900.
Ackerman, James G., 4810B. W. 1842. Inv. 1842.
Ackerman, James I., 3944B. Inv. 1823.
Ackerman, James L., 6269B. W. 1873. Inv. 1873.
Ackerman, James L., 4784B. W. 1841. Inv. 1841.
Ackerman, James W., 4188B. W. 1829. Inv. 1829.
Ackerman, Jane, 5771B. W. 1865. Inv. 1865.
Ackerman, Johanes, 430B. Inv. 1760.
Ackerman, Johannes, 232B. B. D, p. 324, &c. W. 1745.
Ackerman, Johannies, 1865B–1869B. B. 29, p. 496, &c. W. 1787. Inv. 1787.
Ackerman, Johannis, 495B. B. H, p. 52. W. 1761. Inv. 1761.
Ackerman, John, 2761B. B. 36, p. 433. W. 1797.
Ackerman, John, 3792B. W. 1819. Inv. 1819.
Ackerman, John, 4900B. Inv. 1845.
Ackerman, John, 5298B. W. 1855. Inv. 1856.
Ackerman, John, 6694B. Inv. 1878.
Ackerman, John, 8053B. W. 1892. Inv. 1892.
Ackerman, John, Jr., 4138B. W. 1828. Inv. 1828.
Ackerman, John A., 4338B. W. 1832. Inv. 1832.
Ackerman, John A., 5299B. W. 1855. Inv. 1855.
Ackerman, John A., 5772B. W. 1865. Inv. 1865.
Ackerman, John A., 8160B. W. 1893.
Ackerman, John A., 8741B. W. 1897.
Ackerman, John C., 6504B. Inv. 1876.
Ackerman, John G., 4189B. W. & Cod. 1829. Inv. 1829.
Ackerman, John G., 7360B. W. 1885. Inv. 1885.
Ackerman, John G. I., 8573B. W. & Cod. 1896. Inv. 1896.
Ackerman, John H., 5773B. Inv. 1865.
Ackerman, John H., 6605B. W. 1877. Inv. 1877.
Ackerman, John I., 4017B. Inv. 1824.
Ackerman, John I., 4096B. Inv. 1827.
Ackerman, John I., 5827B. W. 1866. Inv. 1866.
Ackerman, John I. W., 6048B. W. 1870. Inv. 1870.
Ackerman, John J., 3690B. W. 1816. Inv. 1816.
Ackerman, John J., 4139B. Inv. 1828.
Ackerman, John J., 6606B. Inv. 1877.
Ackerman, John L., 4973B. Inv. 1847.
Ackerman, John P., 4190B. Inv. 1829.
Ackerman, John P., 6901B. Inv. 1880.
Ackerman, Joseph, 5429B. Inv. 1858.
Ackerman, Lawrence, 1225B–1270B. B. 25, p. 329. W. 1782.

Ackerman, Lawrence, 3986B. W. 1824. Inv. 1824.

Ackerman, Lawrence, 4974B. Inv. 1847.

Ackerman, Lawrence A., 3901B. W. 1822.

Ackerman, Lawrence A., 5702B. W. 1864. Inv. 1864.

Ackerman, Leah, 8879B. W. 1898. Inv. 1898.

Ackerman, Lydia, 5828B. W. 1866. Inv. 1866.

Ackerman, Lydia, 7941B. W. 1891.

Ackerman, Margaret, 5047B. W. 1849. Inv. 1849.

Ackerman, Margaret, 6949B. W. 1870. Inv. 1871.

Ackerman, Margaret, 8161B. W. 1893. Inv. 1893.

Ackerman, Margaret C., 8574B. Inv. 1896.

Ackerman, Maria, 3752B. W. 1818. Inv. 1818.

Ackerman, Maria, 8448B. W. & Cod. 1895. Inv. 1895.

Ackerman, Marmaduke, 3827B. Inv. 1820.

Ackerman, Mary, 7942B. W. 1891.

Ackerman, Matilda, 6505B. W. 1876. Inv. 1876.

Ackerman, Morris S., 4785B. W. 1841. Inv. 1841.

Ackerman, Nancy, 9019B. W. 1899. Inv. 1899.

Ackerman, Nicholas B., 8162B. W. 1893. Inv. 1893.

Ackerman, Nicholas L., 6270B. Inv. 1873.

Ackerman, Paul, 6902B. W. 1880. Inv. 1880.

Ackerman, Peter, 3317B. W. 1805. Inv. 1805.

Ackerman, Peter, 3575B. Int. 1813. Inv. 1813.

Ackerman, Peter, 7730B. Inv. 1889.

Ackerman, Peter A., 4242B. W. 1830. Inv. 1830.

Ackerman, Peter A., 5703B. W. 1864. Inv. 1864.

Ackerman, Peter A. L., 8449B. W. 1895.

Ackerman, Peter H., 5991B. W. 1869. Inv. 1869.

Ackerman, Peter I., 5553B. W. & Cod. 1861. Inv. 1861.

Ackerman, Peter I., 7265B. W. 1884. Inv. 1885.

Ackerman, Peter P., 5829B. W. 1866. Inv. 1866.

Ackerman, Rachel R., 7943B. W. 1891.

Ackerman, Ralph, 5341B. Inv. 1856.

Ackerman, Richard, 4243B. W. 1830. Inv. 1830.

Ackerman, Richard, 5638B. W. 1863. Inv. 1863, 1885.

Ackerman, Thomas, 413B. B. G, p. 53, &c. W. 1759. Inv. 1759.

Ackerman, William, 6118B. W. 1871. Inv. 1871.

Ackerman, William A., 7361B. W. 1885. Inv. 1885.

Ackerman, William A., 8450B. W. 1895.

Ackerson, Ann E., 9198B. W. 1900. Inv. 1900.

Ackerson, Catharine, 6607B. W. 1877. Inv. 1877.

Ackerson, Cornelius C., 4059B. W. 1826. Inv. 1826.

Ackerson, Cornelius G., 5934B. W. 1868. Inv. 1868.

Ackerson, David P., 5886B. W. 1867. Inv. 1867.

Ackerson, Edward, 4140B. W. 1828. Inv. 1828.

Ackerson, Garret, 5342B. W. 1856.

Ackerson, Garret, Jr., 7551B. W. 1887. Inv. 1887.

Ackerson, Garret G., 7944B. W. 1891.

Ackerson, Hannah, 5830B. Inv. 1866.

Ackerson, Harriet, 7067B. Inv. 1882.

Ackerson, Jacob, 3274B. B. 40, p. 205. Grd. 1803.

Ackerson, Jacob, 6608B. W. 1877. Inv. 1877.

Ackerson, Jan, 3753B. W. 1818. Inv. 1818.

Ackerson, Jane, 7945B. W. 1891. Inv. 1891.

Ackerson, John T., 4204B. Inv. 1829.

Ackerson, Peter P., 7266B. W. 1884. Inv. 1884.

Ackerson, Peter T., 4292B. W. 1831. Inv. 1831.

Ackerson, Sophia, 8451B. W. 1895.

Ackerson, Thomas D., 9020B. W. 1899. Inv. 1899.

Ackerson, Thomas P., 7467B. W. 1886. Inv. 1886.

Ackhart, Jane, 5171B. W. 1852. Inv. 1852.

Ackhart, William, 4901B. W. 1845. Inv. 1845.

Adams, Martha F., 7731B. W. 1889.

Ader, John, 5502B. W. 1860.

Adickes, Johann N., 9200B. W. 1899.

Adickes, John P., 9201B. W. 1900.

Aider, Jacob, 7362B. W. 1885.

Akerman, Johanis, 307B–310B. B. E, p. 542, &c. W. 1751. Inv. 1751.

Akins, Jane, 4902B. W. 1845. Inv. 1845.

Albert, Hezekiah, 6119B. Inv. 1871.

Albrecht, Joseph, 9202B. W. 1900.

Alcock, Edward, 6994B. W. 1881. Inv. 1881.

Alden, Whiting M., 6429B. W. 1875. Inv. 1875.

Alexander, George, 4606B. Inv. 1837.

Alexander, Thomas, 4293B. Inv. 1831.

Allaire, Auzulette, 6789B. Inv. 1879.

Allaire, Frances H., 8054B. W. 1892. Inv. 1893.

Allaire, George Y., 5300B. W. 1855. Inv. 1855.

Allen, Caroline C., 7468B. W. 1886.

Allen, Harvey A., 7068B. W. 1882. Inv. 1882.

Allen, James, 5831B. W. 1866. Inv. 1866.

Allen, Jane, 6506B. W. 1876. Inv. 1876.

Allen, John, Jr., 3576B. W. 1813. Inv. 1813.

Allen, Lavinia, 8452B. W. 1895.

Allen, Paul B., 6790B. W. 1879.

Allen, Peter, 4294B. Inv. 1831.

Allen, Robert, 4462B. W. 1834. Inv. 1834.

Aller, Agnes, 5430B. W. 1858. Inv. 1858.

Allison, Garrett, 9203B. W. 1900.

Allison, William H., 9021B. W. 1899. Inv. 1900.

Alson, Eva, 9205B. Inv. 1900.

Alyea, Albert A., 5887B. W. 1867. Inv. 1867.

Alyea, Albert P., 5007B. Inv. 1848.

Alyea, Annatie, 3902B. W. 1822. Inv. 1822.

Alyea, David A., 5431B. Inv. 1858.

Alyea, Hannah A., 7174B. Inv. 1883.

Alyea, Henry, 6271B. W. 1873. Inv. 1873.

Alyea, Jacohus, 3155B–3159B–3161B–3163B. B. 39, p. 176. W. 1800. Int. 1800. Inv. 1800. Ren. 1800.

Alyea, John, 5554B. Inv. 1861.

Alyea, Maria, 7732B. W. 1889. Inv. 1889.

Alyea, Richard, 6272B. Inv. 1873.

Alyea, Thomas W., 8163B. W. 1893. Inv. 1894.

Amend, Adolph, 7175B. W. 1883. Inv. 1883 1897.

Amend, Alexander, 8576B. W. & Cod. 1896.
Amerman, Albert, 6995B. W. & Cod. 1881. Inv. 1881.
Amery, Clara, 8453B. W. 1895.
Amery, John, 8743B. W. 1897.
Ames, Robert, 5888B. W. 1867. Inv. 1867.
Amos, Godfried, 9206B. W. & Cod. 1900. Inv. 1900.
Amos, Richard T., 5172B. Inv. 1852.
Anderson, Abraham, 5935B. W. 1868. Inv. 1868.
Anderson, Albert, 8305B. W. 1894.
Anderson, Charlotte, 7469B. W. 1886. Inv. 1886.
Anderson, David I., 6273B. W. 1873. Inv. 1873.
Anderson, Elbert, 3577B. W. 1813.
Anderson, Freeman, 4563B. Inv. 1836.
Anderson, Garret M., 5774B. Inv. 1865.
Anderson, Jane L., 8742B. W. 1898.
Anderson, John, 3903B. Inv. 1822.
Anderson, John, 5173B. W. 1852. Inv. 1852.
Anderson, John, 5832B. W. 1866. Inv. 1866.
Anderson, John, 5936B. Inv. 1868, 1869.
Anderson, John C. Z., 4564B. Inv. 1836.
Anderson, John D., 5992B. W. 1869. Inv. 1869, 1875.
Anderson, John D., 8164B. Inv. 1893.
Anderson, John P., 6791B. W. 1879. Inv. 1879.
Anderson, Matilda, 5463B. W. 1859. Inv. 1859.
Anderson, Matthew, 6430B. W. & Cod. 1875.
Anderson, Peter, 3537B. Inv. 1812.
Anderson, Rachel A., 6050B. Inv. 1870.
Andrews, John W., 8165B. W. & Cod. 1893.
Andrews, Lavinia G., 8880B. W. 1898.
Andriss, Abraham, 98B. B. B, pp. 466, 467 & 468. W. 1733.
Angel, Samuel, 4244B. Inv. 1830.
Annett, Robert, 6274B. W. 1873. Inv. 1873.
Annett, Robert, 7470B. W. 1886.
Anthony, Annie R., 6903B. W. 1880. Inv. 1881.
Anthony, Henry, 5139B. Inv. 1851.
Anthony, William R., 6184B. W. 1872. Inv. 1872.
Aplin, Frank F., 8577B. W. 1896.
Appleman, Frederick, 6904B. W. 1880.
Archer, John, 6431B. Inv. 1875.
Archer, Oliver H. P., 9022B. W. & Cod. 1899. Inv. 1899.
Arcularius, Henry, Sr., 5301B. W. & Cod. 1855. Inv. 1855. Ren. 1855.
Ariyanse, Jan, 3615B. W. 1814. Inv. 1814.
Armstrong, Bethiah H., 8578B. W. 1896.
Armstrong, John, 6996B. W. 1881. Inv. 1881.
Armstrong, John M., 8744B. W. 1897. Inv. 1897.
Arnault, Fridolin, 8575B. W. 1896.
Aryanse, Resolvert, 4671B. W. 1838. Inv. 1838.
Arthur, John, 6609B. Inv. 1878.
Atchison, Andrew, 6120B. W. 1871.
Atterbury, Lewis, 8055B. W. & Cod. 1892. Inv. 1893.
Auryansen, Aury, 2757B. B. 36, p. 440. W. 1797.
Auryansen, Catharine, 7471B. Inv. 1886.
Auryansen, Daniel I., 7267B. W. 1884. Inv. 1884.
Auryansen, Daniel R., 3723B. Inv. 1817.

Auryansen, Gerrit, 4245B. W. 1830. Inv. 1830.
Auryansen, John, 3615B. W. 1814. Inv. 1814.
Auryansen, John, 6507B. W. 1876. Inv. 1876.
Auryansen, Maria, 6610B. W. 1877. Inv. 1877.
Auten, Isaac N., 7268B. W. 1884.
Azpell, Thomas F., 7649B. W. 1888.

Bach, August, 7946B. W. 1891.
Bachmann, Conrad W., 8579B. W. 1896.
Backster, Lucy A., 6275B. W. & Cod. 1873. Inv. 1873, 1874.
Badeau, Adam, 8454B. W. 1895.
Bailey, Isabella F., 7552B. W. 1887. Inv. 1888.
Bailey, John, 6695B. W. 1878. Inv. 1878.
Bailey, Matthew A., 7825B. W. 1890.
Bailey, Nathaniel, 3754B. Inv. 1818.
Bailey, Susan, 3578B. W. 1813. Inv. 1813.
Bain, Dudley W., 8455B. W. 1895.
Bainbridge, Robert, 8580B. W. 1896. Inv. 1896.
Baker, Casper, 7733B. Inv. 1889.
Baker, Catharine, 7947B. W. 1891. Inv. 1891.
Baker, Drusilla F., 6276B. Inv. 1873.
Baker, George, 8745B. W. 1897.
Baker, John, 6792B. Inv. 1879.
Baker, Peter, 7734B. W. & Cod. (2) 1889. Inv. 1890.
Baker, Priscilla V., 8581B. W. 1896.
Bakman, Joseph, 8746B. W. 1897. Inv. 1897.
Baldwin, Bradley H., 8168B. Inv. 1893.
Baldwin, Catharine, 7069B. Inv. 1882.
Baldwin, Catharine, 7176B. Inv. 1883.
Baldwin, David, 4097B. W. 1827. Inv. 1827.
Baldwin, David, 5503B. W. 1860. Inv. 1860.
Baldwin, David, 8881B. W. 1898. Inv. 1898.
Baldwin, David D., 7177B. Inv. 1883.
Baldwin, Jane G., 7735B. W. 1889.
Baldwin, Margaret, 8747B. W. & Cod. 1897.
Baldwin, Maria, 5833B. Inv. 1866.
Baldwin, Stephen, 1276B. B. 25, p. 356. Int. 1783.
Baldwin, Thomas, 5343B. W. 1856.
Baldwin, Vincent W., 9023B. W. 1899.
Ballagh, John H., 7650B. W. 1888.
Ballentine, Jane, 6905B. W. & Cod. 1880. Inv. 1880.
Balletto, Gerolomo, 9207B. W. 1900.
Bamper, Garret H., 6277B. W. 1873. Inv. 1873.
Bamper, Garret H., 8306B. W. 1894.
Bancker, Gerard, 3299B. W. 1804. Inv. 1804.
Banister, Joseph, 3691B. Inv. 1815.
Banks, Charles, 4410B. Inv. 1833.
Banks, Martha, 8307B. W. 1894. Inv. 1894.
Banta, Aaron, 3479B. Inv. 1810.
Banta, Abraham, 4607B. W. 1837. Inv. 1837.
Banta, Abraham A., 6345B. W. 1874. Inv. 1874.
Banta, Abraham A., 7651B. Inv. 1888.
Banta, Agnes, 5639B. W. 1863. Inv. 1863.
Banta, Charles W., 9024B. Inv. 1899.
Banta, Catharine, 3480B. W. 1810. Inv. 1811.
Banta, Catharine, 6611B. W. 1877. Inv. 1877.
Banta, Charity R., 6432B. W. 1875. Inv. 1875.
Banta, Cornelia, 4191B. W. 1829. Inv. 1829.
Banta, Cornelius, 4295B. Inv. 1831.
Banta, Cornelius, 5387B. Inv. 1857.
Banta, Cornelius Epke, 21B–25B. W. 1719. Inv. 1719.

Banta, Cornelius H., 5254B. W. 1854. Inv. 1854.
Banta, Cornelius T., 3579B. W. & Cod. 1813. Inv. 1813.
Banta, David, 1283B–1287B. B. 25, p. 310. W. 1783. Inv. 1783.
Banta, David, 4296B. Inv. 1831.
Banta, David D., 4513B. Inv. 1835.
Banta, David W., 4339B. Inv. 1832.
Banta, Derick, 3387B. W. 1807. Inv. 1807.
Banta, Elizabeth, 3692B. W. 1816. Inv. 1816.
Banta, Garret, 3538B. W. 1812.
Banta, Garret H., 4786B. W. 1841. Inv. 1841.
Banta, Garret H., 7269B. Inv. 1884.
Banta, Garret J., 6346B. Inv. 1874.
Banta, Garret S., 7270B. W. 1884. Inv. 1884.
Banta, Garrit D., 4340B. W. 1832. Inv. 1832.
Banta, Gilbert, 5048B. W. 1849. Inv. 1849.
Banta, Gitty, 7948B. W. 1891.
Banta, Hendrick, 3724B. W. 1817. Inv. 1817.
Banta, Hendrick, 3755B. W. 1818. Inv. 1818.
Banta, Henry, 7736B. W. 1889.
Banta, Henry G., 5555B. W. 1861. Inv. 1861.
Banta, Henry G., 6508B. W. 1876. Inv. 1876.
Banta, Henry H., 5100B. W. 1850.
Banta, Henry H., Sr., 5704B. W. 1864. Inv. 1864.
Banta, Henry J., 8308B. Inv. 1894.
Banta, Henry W., 5008B. Inv. 1848.
Banta, Hester, 4837B. W. 1843. Inv. 1843.
Banta, Jacob, 3180B. Int. 1767. Inv. 1768.
Banta, Jacob, 3539B. Inv. 1812.
Banta, Jacob, 4297B. W. 1831. Inv. 1831.
Banta, Jacob C., 4863B. Inv. 1844.
Banta, Jacob D., 4341B. W. 1832. Inv. 1832.
Banta, Jacob D., 7071B. W. 1882. Inv. 1882.
Banta, Jacob G., 5604B. Inv. 1862.
Banta, Jacob H., 4463B. Inv. 1834.
Banta, Jacob H., 5464B. W. 1859. Inv. 1859.
Banta, Jacob Hendreckse, 3169B. B. E, p. 221. W. 1748.
Banta, Jacob J., 2373B. B. 35, p. 66. W. 1794.
Banta, Jacob J., 6433B. Inv. 1875.
Banta, Jacob T., 5388B. Inv. 1857.
Banta, Jacob W., 3177B. B. H, p. 402. W. & Cod. 1764.
Banta, Jamime, 4298B. Inv. 1831.
Banta, Jane, 5640B. W. 1863. Inv. 1863.
Banta, Jane, 5705B. W. & Cod. 1864. Inv. 1864.
Banta, Jane A., 9208B. W. 1900. Inv. 1900.
Banta, Jane E., 5211B. W. 1853. Inv. 1853.
Banta, Johannes, 1337B–1341B. B. 25, p. 344. W. 1782. Inv. 1783.
Banta, John, 1660B–1671B–1672B. B. 29, p. 201, &c. W. 1786. Inv. 1786.
Banta, John, 3388B. W. 1807. Inv. 1807.
Banta, John, 4608B. W. 1837. Inv. 1837.
Banta, John B., 7826B. W. 1890. Inv. 1890.
Banta, John C., 4018B. Inv. 1825.
Banta, John C., 8166B. W. 1893. Inv. 1893.
Banta, John D., 3904B. Inv. 1822.
Banta, John G., 5937B. W. 1868. Inv. 1868.
Banta, John G., 8582B. W. 1896.
Banta, John H., 5302B. W. 1855. Inv. 1855.
Banta, John H., 8167B. Inv. 1893.
Banta, John H. T., 7363B. W. 1885. Inv. 1885.
Banta, John J., 5174B. W. 1852. Inv. 1852.
Banta, John S., 3300B. Inv. 1804.
Banta, John T., 2965B. B. 38, p. 203. Grd. 1799.

Banta, John V., 6509B. Inv. 1876.
Banta, John W., 4721B. W. & Cod. 1839. Inv. 1839.
Banta, John W., 5465B. W. 1859. Inv. 1860.
Banta, Lavina, 9209B. W. 1899. Order 1900.
Banta, Leah, 4514B. Inv. 1835.
Banta, Margaret, 7070B. W. 1882. Inv. 1882.
Banta, Naomi C., 7364B. Inv. 1885.
Banta, Samuel, 4060B. W. 1826. Inv. 1826.
Banta, Samuel, 4935B. W. 1846. Inv. 1846.
Banta, Samuel A., 6347B. W. 1874. Inv. 1875.
Banta, Samuel T., 6434B. W. 1875. Inv. 1875.
Banta, Sarah, 6612B. Inv. 1877.
Banta, Sieba D., 1164B. B. 22, p. 90. W. 1780.
Banta, Thomas, 3987B. W. 1824. Inv. 1824.
Banta, Thomas S., 5212B. W. 1853. Inv. 1853.
Banta, Vrouty, 3945B. W. 1823. Inv. 1823.
Banta, Weart H., 4811B. W. 1842. Inv. 1842.
Banta, Wiert, 3165B. B. B, p. 441. W. 1733.
Banta, Wiert, 3793B. W. 1819. Inv. 1819.
Banta, Weart D., 4464B. W. 1834. Inv. 1834.
Banta, William S., 9210B. W. 1900. Inv. 1900.
Bantaw, Hendrick, 1053B. B. L, p. 150. W. 1774.
Bantaw, Jacob Cornelius, 911B–916B. B. K, p. 405. W. & Cod. 1771.
Baracco, John James, 4342B. Inv. 1832.
Barber, James, 9199B. Inv. 1900.
Barber, Ralph P., Jr., 7737B. Inv. 1889.
Barcow, Ephraim, 3318B. Inv. 1805.
Bard, Caezer, 4246B. Inv. 1830.
Bardan, John, 3174B. B. H, p. 287. W. 1762.
Barling, Elizabeth A., 6793B. Inv. 1879.
Barling, Henry A., 8583B. Inv. 1896.
Barnes, Sylvester L., 6794B. W. 1879.
Barr, Hendrick, 3580B. W. 1813. Inv. 1814.
Barrett, Reuben N., 8584B. W. 1896. Inv. 1896.
Barrie, James, 3B. Inv. 1716 or 1719–
Bartholf, Abraham, 7178B. W. 1883. Inv. 1883.
Bartholf, Albert, 7271B. W. 1884. Inv. 1884.
Bartholf, Benjamin, 3319B. Inv. 1805.
Bartholf, Benjamin, 5504B. W. 1860. Inv. 1860.
Bartholf, Cornelius, 9025B. Inv. 1899.
Bartholf, Fanny, 6185B. Inv. 1872.
Bartholf, Henry B., 5556B. Inv. 1861.
Bartholf, James, 8748B. Inv. 1897.
Bartholf, Jane, 8309B. W. & Cod. 1894. Inv. 1894.
Bartholf, John, 6696B. W. 1878. Inv. 1878.
Bartholf, John, 5303B. W. 1855.
Bartholf, John, 7365B. W. 1885. Inv. 1885.
Bartholf, William, 7553B. Inv. 1887.
Bartholf, Yelles, 3320B. Inv. 1805.
Bartol, Barnabas, 4722B. W. 1839.
Bartow, Frank M., 8585B. W. & Cod. 1896.
Bartow, Margaret, 8311B. W. 1894.
Bartram, Joseph, 434B. B. G, p. 325. W. & Cod. 1760.
Bartram, Joseph, 7652B. W. 1888.
Bartrom, Anthony, 4672B. W. 1838. Inv. 1838.
Bartrom, John, 3182B. B. K, p. 97. W. 1769. Ren. 1769.
Bastian, Alice, 9026B. W. 1899.

4

Berry, Sarah, 7738B. W. & Cod. 1889. Inv. 1889.
Berry, William, 6702B. W. 1878. Inv. 1878.
Berryhill, Robert, 3659B. W. 1815. Inv. 1815.
Berryman, Maria, 5994B. Inv. 1869.
Berthelf, Stephen, 3148B. B. 38, p. 533. W. 1800.
Berthoff, Guiliam, 1426B–1428B. B. 27, p. 488; M, p. 277. Int. 1785, 1784.
Bertolf, Abraham, 1999B. B. 31, p. 537, &c. W. 1790.
Bertholf, Casparus, 2222B. B. 34, p. 18. Wd. 1792.
Bertholf, David, 5142B. W. 1851. Inv. 1851.
Bertholf, John, 2220B. B. 34, p. 18. Grd. 1792.
Bertholf, John S., 4937B. W. 1846. Inv. 1846.
Bertholph, Casparus, 2067B. B. 32, p. 555. Wd. 1791.
Bervoort, John, 3660B. Inv. 1815.
Bervoort, Samuel, 3345B. W. 1806. Inv. 1806.
Best, Eugene H., 6436B. Inv. 1875.
Beswick, Wright, 8058B. W. 1892.
Betts, Julia A., 7828B. W. 1890.
Beyer, Katharina, 7275B. W. 1884. Inv. 1884.
Bick, Henry, 7554B. Inv. 1887.
Bigelow, William L., 8883B. W. 1898. Inv. 1898.
Biggam, Henry H., 6613B. Inv. 1877.
Bigler, Mary, 8459B. W. 1895.
Billings, Peter, 5609B. Inv. 1862.
Bills, Silvenus, 5345B. W. 1856. Inv. 1856.
Bisset, George, 3757B. W. 1818. Inv. 1818.
Black, Jane, 7829B. Inv. 1890.
Black, Robert, 7555B. W. 1887.
Blackledge, Benjamin, 5103B. Inv. 1850.
Blackledge, Benjamin, Jr., 3541B. Inv. 1812.
Blackledge, J. Arthur, 8172B. W. 1893.
Blackledge, James P., 8313B. W. 1894. Inv. 1894.
Blackledge, Peter, 4567B. Inv. 1836.
Blacklidge, Benjamin, 3661B. W. 1815. Inv. 1815.
Blacklidge, John J., 6437B. Inv. 1875.
Blacklidge, Katalintje, 4566B. W. 1836. Inv. 1837.
Blair, Jacob H., 7276B. Inv. 1884.
Blanch, Abraham, 4193B. W. 1829. Inv. 1829.
Blanch, Abraham, 6428B. W. 1874.
Blanch, Isaac, 1542B. B. M, p. 278. Grd. 1784.
Blanch, Lydia, 8059B. W. 1892. Inv. 1892.
Blanch, Richard, 4977B. W. 1847. Inv. 1847.
Blanch, Richard A., 5255B. Inv. 1854.
Blanch, Thomas, 3946B. W. 1823. Inv. 1823.
Blanch, Thomas D., 6188B. W. 1872. Inv. 1872.
Blanchard, Anny, 2250B. B. 33, p. 145. Wd. 1793.
Blanchard, Isaac, Susannah, 2246B. B. 33, p. 145. Wds. 1793.
Blanchard, Isaac, 3263B. B. 40, p. 275. Wd. 1803.
Blanchard, Reyneir, 2248B. B. 33, p. 145. Grd. 1793.
Blanchard, Reyneir, 2244B. B. 33, p. 145. Grd. 1793.
Blanchard, Rynear, 3139B. B. 38, p. 538. Int. 1800.
Blanck, William F., 8884B. W. 1898. Inv. 1898.
Blankenhorn, Ferdinand, 7830B. W. & Cod. 1890.

Blaque, Giles, 8752B. W. & Cod. 1897. Inv. 1897.
Blaque, Denis, 8173B. W. 1893. Inv. 1893.
Blatt, Annie A., 9213B. W. 1900. Inv. 1900.
Blauvelt, Aaron, 4568B. W. 1836. Inv. 1837.
Blauvelt, Abraham A., 3542B. W. 1812. Inv. 1812.
Blauvelt, Abraham A., 5889B. W. 1867. Inv. 1867.
Blauvelt, Abraham C., 7653B. W. 1888.
Blauvelt, Abraham D., 5346B. Inv. 1856.
Blauvelt, Abraham D., 5707B. W. 1864. Inv. 1864.
Blauvelt, Abraham G., 2764B. B. 36, p. 454. W. 1797.
Blauvelt, Abraham H., 3758B. W. 1818. Inv. 1818.
Blauvelt, Abraham I., 5176B. W. 1852. Inv. 1852.
Blauvelt, Abraham I., 6122B. W. 1871. Inv. 1871.
Blauvelt, Abraham T., 2256B–2264B. B. 33, p. 168. Int. 1793. Inv. 1793.
Blauvelt, Albert C., 9033B. W. 1899. Inv. 1899.
Blauvelt, Caty, 2147B. B. 32, p. 555. Wd. 1791.
Blauvelt, Christian, 3947B. W. 1823. Inv. 1823.
Blauvelt, Cornelius, 2489B. B. 33, p. 359, &c. Wd. 1795.
Blauvelt, Cornelius, 3506B. W. 1811. Inv. 1811.
Blauvelt, Cornelius A., 3906B. Inv. 1822.
Blauvelt, Cornelius A., 5708B. Inv. 1864.
Blauvelt, Cornelius A., 6123B. Inv. 1871.
Blauvelt, Cornelius D., 2608B. B. 36, p. 33. Grd. 1796.
Blauvelt, Cornelius D., 2612B. B. 36, p. 32. Grd. 1796.
Blauvelt, Cornelius D., 7556B. W. 1887.
Blauvelt, Cornelius I., 5052B. W. 1849. Inv. 1849.
Blauvelt, Cornelius J., 5559B. W. 1861. Inv. 1861.
Blauvelt, Cornelius J., 8174B. W. 1893. Inv. 1893.
Blauvelt, Cornelius I., 6348B. W. 1874. Inv. 1874.
Blauvelt, Daniel A., 4904B. W. 1845. Inv. 1845.
Blauvelt, Daniel A., 6124B. W. 1871. Inv. 1871.
Blauvelt, Daniel D., 6278B. W. & Cod. 1873. Inv. 1873.
Blauvelt, Daniel T., 4301B. W. 1831. Inv. 1831.
Blauvelt, David, 4839B. W. 1843.
Blauvelt, David C., 4515B. W. 1835. Inv. 1835.
Blauvelt, David C., 8587B. W. 1896.
Blauvelt, David D., 5053B. W. 1849. Inv 1849.
Blauvelt, David I., 7277B. W. 1884. Inv. 1884.
Blauvelt, David J., 8588B. W. 1896.
Blauvelt, Elizabeth, 2606B. B. 36, p. 32. Int. 1796.
Blauvelt, Elizabeth, 6349B. W. 1874. Inv. 1874.
Blauvelt, Ellen, 6798B. Inv. 1879.
Blauvelt, Garret B., 8885B. W. 1898. Inv. 1898.

Bogert, Ann D., 6705B. Inv. 1878.
Bogert, Benjamin, 5507B. W. 1860. Inv. 1860.
Bogert, Anna, 8062B. Inv. 1892.
Bogert, Benjamin C., 6907B. W. & Cod. 1880. Inv. 1880.
Bogert, Bridget A., 5775B. Inv. 1865.
Bogert, Casparus, 4062B. W. 1826. Inv. 1826.
Bogert, Catharine, 5348B. W. 1856. Inv. 1856.
Bogert, Cornelia, 6439B. W. 1875. Inv. 1875.
Bogert, Cornelius, 2938B. B. 38, p. 102. W. 1798.
Bogert, Cornelius, 3446B. W. 1809. Inv. 1809.
Bogert, Cornelius, 3481B. Inv. 1810.
Bogert, Cornelius, 4303B. W. 1831.
Bogert, Cornelius C., 4866B. W. 1844. Inv. 1844.
Bogert, Cornelius J., 4344B. W. 1832. Inv. 1832.
Bogert, Cornelyus, 3141B-3145B. B. 38, p. 527. W. 1800. Inv. 1800.
Bogert, David, 6189B. W. 1872. Inv. 1872.
Bogert, David J., 280B. W. 1873. Inv. 1873.
Bogert, Dine, 5349B. W. 1856. Inv. 1856.
Bogert, Effie, 5834B. Inv. 1866.
Bogert, Eliza, 7831B. W. 1890.
Bogert, Elizabeth, 5178B. W. 1852. Inv. 1852.
Bogert, Elizabeth A., 7183B. Inv. 1883.
Bogert, Ellen D., 9035B. W. 1899.
Bogert, Euphemia, 8590B. Inv. 1896.
Bogert, Gilbert, 3617B. Inv. 1810.
Bogert, Gilbert D., 7655B. W. 1888.
Bogert, Gilliam A., 6801B. W. 1879. Inv. 1879.
Bogert, Gilliam R., 6614B. W. & Cod. 1877. Inv. 1877.
Bogert, Guiliam, 1416B-1432B. B. M, p. 264. W. 1783. Int. 1784.
Bogert, Hendrick, 1331B. B. 25, p. 292. W. 1783.
Bogert, Hendrick, 3221B. B. 40, p. 139. W. 1802.
Bogert, Hendrick, 3794B. W. 1819. Inv. 1819.
Bogert, Henry, 3948B. W. 1823. Inv. 1823.
Bogert, Henry C., 4102B. W. 1827. Inv. 1827.
Bogert, Henry H., 4609B. Inv. 1837.
Bogert, Irene W., 6281B. Inv. 1873.
Bogert, Isaac, 1430B. B. M, p. 277. Int. 1784.
Bogert, Isaac, 4978B. W. 1847. Inv. 1847.
Bogert, Isaac I., 4814B. W. 1842. Inv. 1842.
Bogert, Jacob, 2252B. B. 33, p. 164, &c. W. 1793.
Bogert, Jacob, 3828B. W. 1820. Inv. 1820.
Bogert, Jacob A., 5890B. W. 1867. Inv. 1867.
Bogert, Jacob C., 5390B. W. 1857. Inv. 1857.
Bogert, Jacob C., 5561B. Inv. 1861.
Bogert, Jacob G., 7074B. W. 1882. Inv. 1882.
Bogert, Jacob J., 7184B. W. 1883.
Bogert, Jacob J., 7739B. W. 1889. Inv. 1889.
Bogert, Jacob J., 8177B. Inv. 1893.
Bogert, Jacob M., 6353B. W. 1874.
Bogert, Jacobus, 3581B. W. & Cod. 1813. Inv. 1813.
Bogert, Jacobus, 3618B. W. 1814. Inv. 1814.
Bogert, Jacobus, 4724B. W. 1839. Inv. 1839.
Bogert, Jacobus A., 3695B. W. 1816. Inv. 1816.
Bogert, James, 6126B. W. 1871. Inv. 1871.
Bogert, James D., 6999B. Inv. 1881.
Bogert, James R., 6615B. W. 1877. Inv. 1877.

Bogert, James S., 5213B. W. 1853. Inv. 1853.
Bogert, Jane Ann, 6802B. W. 1879.
Bogert, Jennette B. L., 6282B. Inv. 1873.
Bogert, Johannis, 3265B. B. 40, p. 387. W. 1803.
Bogert, John, 4867B. W. 1844. Inv. 1844.
Bogert, John, 3172B. Inv. 1760.
Bogert, John, 4019B. W. 1825. Inv. 1825.
Bogert, John, 4752B. W. 1840. Inv. 1840.
Bogert, John A., 9214B. W. 1900.
Bogert, John C., 8315B. W. 1894.
Bogert, John H., 4103B. Inv. 1827.
Bogert, John J., 2762B. B. 36, p. 460. Int. 1797.
Bogert, John J., 5940B. W. 1868. Inv. 1868.
Bogert, John J., 8063B. W. 1892. Inv. 1892.
Bogert, John J., 8179B. Inv. 1893.
Bogert, John P., 6616B. W. 1877. Inv. 1878.
Bogert, John R., 4610B. W. 1837. Inv. 1837.
Bogert, John S., 3582B. W. 1813. Inv. 1813.
Bogert, John S., 4611B. W. 1837. Inv. 1837.
Bogert, Jost, 3867B. W. 1821.
Bogert, Louisa M., 8756B. W. 1897. Inv. 1897.
Bogert, Luykes, 1188B-1189B. B. 22, p. 277. W. 1780. Inv. 1780.
Bogert, Margaret, 6803B. Inv. 1879.
Bogert, Maria, 5054B. W. 1849. Inv. 1849.
Bogert, Maria, 5179B. W. 1852. Inv. 1852.
Bogert, Maria, 5508B. W. 1860. Inv. 1860.
Bogert, Matthew S., 6354B. W. 1874. Inv. 1874.
Bogert, Mary, 5835B. W. 1866. Inv. 1866.
Bogert, Mary, 6617B. Inv. 1877.
Bogert, Matthew, 1434B-1444B. B. M, p. 252. W. 1784. Inv. 1784.
Bogert, Matthew M., 6127B. W. 1871. Inv. 1871.
Bogert, Matthew P., 5104B. W. 1850. Inv. 1850, 1874.
Bogert, Nicholas J., 4979B. W. 1847. Inv. 1847.
Bogert, Peter, 1678B-1682B-1686B. B. 29, p. 210, &c. W. 1786. Int. 1786. Inv. 1786.
Bogert, Peter, 3447B. W. 1809. Inv. 1809.
Bogert, Peter, 3907B. W. & Cod. 1822. Inv. 1822.
Bogert, Peter C., 5509B. W. 1860. Inv. 1860.
Bogert, Peter I., 3868B. Inv. 1821.
Bogert, Peter J., 7075B. Inv. 1882.
Bogert, Peter R., 6440B. W. 1875. Inv. 1875.
Bogert, Peter, Sr., 3900B. W. 1824. Inv. 1824.
Bogert, Peter S., 6706B. W. 1878. Inv. 1878.
Bogert, Peter W., 5643B. W. 1863. Inv. 1863.
Bogert, Rebecca, 8757B. W. 1897.
Bogert, Roelif, 3795B. Inv. 1819.
Bogert, Roelof P., 4570B. W. 1836. Inv. 1836.
Bogert, Sally, 5709B. W. 1864. Inv. 1864.
Bogert, Samuel A., 5891B. W. 1867. Inv. 1867.
Bogert, Samuel J., 4248B. W. 1830. Inv. 1830.
Bogert, Samuel J., 5710B. Inv. 1864.
Bogert, Samuel M., 4345B. Inv. 1832.
Bogert, Samuel S., 4612B. Inv. 1837.
Bogert, Sarah A., 6355B. W. 1874.
Bogert, Seba, 4939B. W. 1846. Inv. (2) 1846.
Bogert, States, 5105B. W. 1850. Inv. 1850.
Bogert, Stephen, 3266B. B. 40, p. 395. W. 1803.
Bogert, Stephen, 4980B. Inv. 1847.

Brinkerhoff, Hetty, 6442B. W. 1875. Inv. 1875, 1877.
Brinkerhoff, Jacob, 925B-926B. B. K, p. 344. W. 1771. Inv. 1772.
Brinkerhoff, Jacob, 7000B. W. 1881. Inv. 1881 (2, 1882).
Brinkerhoff, Jacob S., 7477B. W. 1886. Inv. 1886.
Brinkerhoff, Jacob A., 5837B. Inv. 1866.
Brinkerhoff, Jacob G., 5180B. W. 1852. Inv. 1852.
Brinkerhoff, Jacob J., 5648B. W. 1863. Inv. 1863.
Brinkerhoff, James G., 5351B. W. 1856. Inv. 1856.
Brinkerhoff, James H., 5214B. W. 1853. Inv. 1853.
Brinkerhoff, James H., 6284B. W. 1873. Inv. 1873.
Brinkerhoff, James J., 7081B. W. 1882. Inv. 1882.
Brinkerhoff, Jane R., 7478B. Inv. 1886.
Brinkerhoff, John, 3950B. W. 1823. Inv. 1823.
Brinkerhoff, John D., 6052B W. 1870. Inv. 1870.
Brinkerhoff, John H., 7560B. W. 1887. Inv. 1888.
Brinkerhoff, John J., 8066B. W. 1892. Inv. 1892.
Brinkerhoff, John R., 7834B. Inv. 1890.
Brinkerhoff, Lawrence J., 5215B. W. 1853. Inv. 1853.
Brinkerhoff, Margaret, 4754B. W. 1840. Inv. 1841.
Brinkerhoff, Margaret, 4868B. W. 1844. Inv. 1844.
Brinkerhoff, Maria, 4144B. W. 1828. Inv. 1828.
Brinkerhoff, Nicholas, 3796B. W. & Cod. 1819. Inv. 1819.
Brinkerhoff, Peter S., 4304B. W. & Cod. 1831. Inv. 1831.
Brinkerhoff, Rachel, 5562B. W. 1861. Inv. 1861.
Brinkerhoff, Rachel, 6708B. Inv. 1878.
Brinkerhoff, Ralph, 5056B. Inv. 1849.
Brinkerhoff, Ralph H., 5512B. Inv. 1860.
Brinkerhoff, Roilef, 3543B. W. 1812. Inv. 1812.
Brinkerhoff, Schuyler W., 8596B. Inv. 1896.
Brinkerhoff, Sebe J., 4613B. W. 1837. Inv. 1837.
Brinkerhoff, Sophia, 4518B. Inv. 1835.
Brinkerhoff, Sophia, 7954B. W. 1891. Inv. 1891.
Brinkerhoff, Theodosia G., 7835B. W. 1890.
Brinkerhoof, Angenetye, 2614B. B. 35, p. 348. Int. 1796.
Britton, Cornelius, 4614B. Inv. 1837.
Brevoort, Garret, 4940B. Inv. 1846.
Brockholls, Henry, 3179B. B. H, p. 607. W. 1766.
Brockholz, Anthony, 56B. W. 1723.
Broking, John H., 7659B. W. 1888. Inv. 1888.
Broking, Lisette, 7836B. Inv. 1890.
Brosnahan, Catharine, 8183B. Inv. 1893.
Brosnahan, Hugh, 7282B. W. 1884. Inv. 1884.
Bross, Matilda, 6618B. W. 1877. Inv. 1877.
Brough, William, 5838B. W. 1866.
Brough, Sarah, 6053B. Inv. 1870.
Brouwer, Hessel, 1843B. B. 29, p. 521, &c. W. 1787.

Brouwer, Jacob, 1847B-1851B. B. 29, p. 526, &c. W. 1787. Inv. 1787.
Brower, Abraham, 132B. B. C, p. 82. W. 1736.
Brower, Abraham A., Jr., 3829B. W. 1820. Inv. 1820.
Brower, Abraham D., 3050B. B. 38, p. 201. Int. 1799.
Brower, Abram D., 9218B. W. 1900.
Brower, David V., 8597B. W. 1896.
Brower, John, 2500B-2502B. B. 33, p. 359, &c. Int. 1795. Inv. 1795.
Brower, John, 4677B. W. 1838. Inv. 1838.
Brower, Lettice, 4908B. W. 1845. Inv. 1845.
Brower, Salome, 7837B. W. 1890.
Brown, Abraham H., 5777B. Inv. 1865.
Brown, Angeline H., 7741B. W. 1889. Inv. 1889.
Brown, Anna, 7186B. Inv. 1883.
Brown, Anthony S., 8598B. W. 1896. Inv. 1896.
Brown, Bridget, 8460B. Inv. 1895.
Brown, Daniel, 3725B. W. 1817. Inv. 1817.
Brown, Elizabeth R. F., 8889B. W. 1898.
Brown, Henry, 2602B. B. 35, p. 331, &c. W. 1796.
Brown, Henry, 2936B. B. 38, p. 4. Wd. 1798.
Brown, Henry, 5998B. W. 1869. Inv. 1869.
Brown, Henry I., 4300B. Inv. 1831.
Brown, Henry, Jr., 4305B. Inv. 1831.
Brown, James, 7561B. Inv. 1887.
Brown, James D., 8317B. Inv. 1894.
Brown, John, 3951B. W. 1823. Inv. 1823.
Brown, John P., 6054B. W. 1870. Inv. 1873.
Brown, John R., 6130B. Inv. 1871.
Brown, John W., 7660B. W. 1888.
Brown, Josiah T., 7562B. W. 1887.
Brown, Margaret, 7283B. W. 1884.
Brown, Margaret, 7479B. Inv. 1886.
Brown, Martha A., 8761B. W. 1897.
Brown, Martin, 6443B. Inv. 1875.
Brown, Michael, 7082B. W. 1882. Inv. 1882.
Brown, Rachel, 5433B. Inv. 1858.
Brown, Samuel, 6909B. Inv. 1880.
Brown, Teunis, 4519B. W. 1835. Inv. 1835.
Brown, Washington M., 6357B. Inv. 1874.
Brownfield, Frederic, 8461B. W. 1895. Inv. 1895.
Bruhn, Henry, 8762B. W. 1897. Inv. 1897.
Buckbee, Benjamin, 6191B. W. 1872. Inv. 1872.
Buckingham, Joseph, 3662B. W. 1815. Inv. 1815.
Buckley, Ellen A. P., 7284B. W. 1884.
Buckley, John, 7187B. W. 1883.
Budd, Nathaniel, 4678B. Inv. 1838.
Bullis, Garret, 8462B. W. 1895. Inv. 1895.
Bunce, Mary J., 8067B. W. 1892.
Burdett, Abraham S., 7838B. Inv. 1890.
Burdett, Charles F., 7557B. Inv. 1887.
Burdett, Harriet, 6131B. Inv. 1871.
Burdett, Henry, 6358B. Inv. 1874.
Burdett, Jesse B., 8890B. W. 1898.
Burdett, John S., 4981B. W. 1847. Inv. 1847.
Burdett, Rachel, 5943B. Inv. 1868.
Burdett, Stephen, 5143B. Inv. 1851.
Burg, Richard, 8763B. Inv. 1897.
Burger, Charles F., 9037B. W. 1899.
Burger, Elias, 4104B. W. & Cod. 1827. Inv. 1827.
Burger, Martin, 8599B. W. 1896.
Burges, Joseph, 5610B. Inv. 1862.
Burgess, Robert, 9038B. W. 1899.

Burhans, Samuel, 2265B. B. 33, p. 150, &c. W. 1793.
Burke, Dennis, 8463B. W. 1895.
Burling, Jane, 2149B. B. 32, p. 555. Int. 1791.
Burnett, John, 8600B. W. 1896. Inv. 1896.
Burnham, Benjamin S., 8891B. W. 1898.
Burns, Bernard, 5144B. Inv. 1851.
Burns, John, 7955B. W. 1891.
Burns, Sarah, 4195B. W. 1829.
Burnside, Robert, 5469B. W. 1859.
Burr, Abram P., 8464B. Inv. 1895.
Burris, Sophia, 6709B. Inv. 1878.
Burritt, Anna W., 9219B. W. 1900.
Burroughs, William M., 5711B. Inv. 1864.
Burrows, Jerome, 8068B. Inv. 1892.
Burt, George, 4788B. W. 1841. Inv. 1841.
Buschmann, Bruno, 7083B. W. 1882. Inv. 1882.
Bush, Abigail, 5010B. Inv. 1848.
Bush, Abraham, 3348B. Inv. 1805.
Bush, Abraham, 5839B. W. 1866. Inv. 1866.
Bush, Amos, 7480B. Inv. 1886.
Bush, Anna, 7742B. W. 1889. Inv. 1889.
Bush, Ary, 3696B. W. 1816. Inv. 1816.
Bush, Conrad, 4020B. W. 1825. Inv. 1825.
Bush, Conrad P., 8069B. W. 1892. Inv. 1892.
Bush, David D., 3697B. Inv. 1816.
Bush, Garret, 5057B. W. 1849. Inv. 1849.
Bush, Hannah, 2270B. B. 33, p. 169. Int. 1793.
Bush, John C., 7370B. W. 1885. Inv. 1885.
Bush, John H., 4417B. W. 1833. Inv. 1833.
Bush, Joshua, 2381B. B. 35, p. 69. Int. 1794.
Bush, Maria, 6515B. Inv. 1876.
Bush, Peter A., 5434B. Inv. 1858.
Bush, Peter C., 4841B. Inv. 1843.
Bush, Peter D., 8892B. W. 1898. Inv. 1898.
Bush, Peter R., 4145B. W. 1828. Inv. 1828.
Bush, Peter S., 6359B. W. 1874. Inv. 1874.
Bush, Rachel, 5181B. W. 1852. Inv. 1852.
Bush, Samuel P., 8184B. Inv. 1893.
Bush, William, 4105B. Inv. 1827.
Bush, William V., 5563B. W. 1861. Inv. 1861.
Buskirk, Jeremiah, 2417B. B. 35, p. 70. Wd. 1794.
Butler, James, 3349B. Inv. 1806.
Butterworth, William, 6806B. Inv. 1879.
Buttre, John C., 8186B. W. 1893.
Byard, Adam, 5649B. W. 1863. Inv. 1863.
Byard, Conrad, 6360B. W. 1874. Inv. 1874.
Byard, David, 3623B. W. 1814. Inv. 1814.
Byrne, Peter, 7084B. W. 1882. Inv. 1882.
Byrnes, Mary, 8318B. Inv. 1894.

Cadmus, Abraham, 3304B. W. 1804. Inv. 1804.
Cadmus, Abraham, 5216B. Inv. 1853.
Cadmus, Andrew, 3830B. W. 1820. Inv. 1820.
Cadmus, Annie M., 9040B. W. 1899. Inv. 1900.
Cadmus, Charles H., 7371B. Inv. 1885.
Cadmus, David, 5999B. W. 1869. Inv. 1869.
Cadmus, Garret, 6192B. W. 1872. Inv. 1872.
Cadmus, Halmagh, 8764B. Inv. 1897.
Cadmus, Hartman, 603B–608B. B. H, p. 377. W. 1764. Int. 1764. Ren. 1764.
Cadmus, Henry, 5392B. Inv. 1857.
Cadmus, Henry, 6710B. W. 1878. Inv. 1878, 1881.
Cadmus, Isaac, 2216B–2218B. B. 34, p. 1. W. 1792. Inv. 1792.
Cadmus, James, 6711B. W. 1878. Inv. 1878.

Cadmus, Johannes, 1653B–1655B. B. 27, p. 488. Int. 1785. Inv. 1785.
Cadmus, John P., 6712B. W. 1878. Inv. 1878.
Cadmus, Jorg, 1690B. B. 29, p. 204, &c. W. 1786.
Cadmus, Margaret, 7001B. W. 1881. Inv. 1881.
Cadmus, Richard, 4725B. W. 1839. Inv. 1839.
Cadmus, Richard, 5611B. W. 1862. Inv. 1862.
Cahill, John, 7002B. Inv. 1881.
Cahill, Thomas, 3624B. Inv. 1814.
Cairns, Douglass, 3698B. W. 1816. Inv. 1817.
Calaum, Robert, 6193B. W. 1872. Inv. 1872.
Cameron, Alexander J., 7956B. W. 1891.
Cameron, Catherine C., 7563B. W. 1887.
Cameron, Donald L., 9220B. W. 1900.
Campbell, Abraham, 4982B. W. 1847. Inv. 1847.
Campbell, Abraham, 5182B. Inv. 1852.
Campbell, Abraham A., 9041B. W. 1899. Inv. 1899.
Campbell, Abraham D., 8601B. Inv. 1896.
Campbell, Adolphus W., 5352B. W. 1856. Inv. 1856.
Campbell, Alida, 5470B. W. 1859. Inv. 1859.
Campbell, Archibald, 3194B. B. 39, p. 209. W. 1801.
Campbell, Archibald, 4306B. Inv. 1831.
Campbell, Arphema, 8602B. W. 1896.
Campbell, Catharine, 2004B. B. 31, p. 542. W. 1790.
Campbell, Christian, 3421B. Inv. 1808.
Campbell, Cornelius, 6361B. W. 1874. Inv. 1874.
Campbell, David, 4520B. W. 1835. Inv. 1835.
Campbell, David, 5435B. W. 1858. Int. 1858. Inv. 1858. Ren. 1858.
Campbell, David A., 8319B. Inv. 1894.
Campbell, David P., 7285B. W. & Cod. 1884. Inv. 1884.
Campbell, Eliza, 7564B. W. 1887.
Campbell, Elsie, 5712B. W. 1864. Inv. 1864.
Campbell, Fanny, 6910B. Inv. 1880.
Campbell, George, 5944B. W. 1868.
Campbell, Hannah, 3422B. Inv. 1808.
Campbell, Jacob, 5513B. W. & Cod. 1860. Inv. 1860.
Campbell, Jacob D., 4941B. Inv. 1846.-
Campbell, James, 4021B. W. 1825. Inv. 1825.
Campbell, James, 6362B. W. 1874. Inv. 1874.
Campbell, James, 6911B. W. 1880.
Campbell, James A., 7565B. W. 1887. Inv. 1887.
Campbell, Jane, 8187B. W. 1893.
Campbell, John, 3663B. W. 1815. Inv. 1816.
Campbell, John, 4065B. W. 1826. Inv. 1826.
Campbell, John A., 5650B. W. 1863. Inv. 1863.
Campbell, John A., 7743B. Inv. 1889.
Campbell, John C., 5713B. W. 1864.
Campbell, Maria L., 7839B. W. 1890.
Campbell, Peter, 4679B. Inv. 1838.
Campbell, Robert, 4942B. Inv. 1846.
Campbell, Robert, 8188B. W. & Cod. 1893. Inv. 1893.
Campbell, Sally A., 7840B. W. 1890.
Campbell, Sarah, 3509B. W. 1811. Inv. 1812.
Campbell, Simon, 4307B. W. 1831. Inv. 1831.
Campbell, William, 2272B–2273B. B. 33, p. 151, &c. W. 1793. Inv. 1793.
Campbell, William, 5307B. W. & Cod. 1855. Inv. 1855.

Campbell, William, 441B. Int. 1760.
Canann, Annie, 9221B. W. 1900.
Canfield, Sarah W., 8189B. W. 1893.
Cappler, Caroline, 6516B. W. & Cod. 1876.
Card, Emma, 6194B. W. 1872.
Carlin, Edward, 8070B. Inv. 1892.
Carling, Margaret, 6195B. Inv. 1872.
Carling, Michael, 5651B. W. 1863.
Carlock, Abraham, 5011B. W. 1848. Inv. 1849.
Carlock, Abraham, 6363B. W. 1874. Inv. 1874.
Carlock, Abraham, 6912B. Inv. 1880.
Carlock, Fanny, 6448B. W. 1875.
Carlock, Henry M., 4146B. Inv. 1828.
Carlock, Maria, 8320B. W. 1894. Inv. 1894.
Carlock, Mariah, 4983B. W. 1847.
Carlock, Rachel P., 7957B. W. 1891.
Carlock, Walter V., 8071B. Inv. 1892.
Carlough, Christian, 5652B. W. 1863. Inv. 1863.
Carlough, David, 5145B. W. 1851. Inv. 1851.
Carlough, Hannah, 6913B. W. 1880. Inv. 1880.
Carlough, Henry, Sr., 9042B. W. 1899. Inv. 1899.
Carlough, James, 5892B. W. 1867. Inv. 1867.
Carlough, John, 3991B. W. 1824. Inv. 1824.
Carlough, John H., 5257B. W. 1854. Inv. 1854.
Carlough, Sarah, 5436B. Inv. 1858.
Carlough, Susan, 5308B. W. 1855. Inv. 1855.
Carlough, William, 6444B. Inv. 1875.
Carpenter, Mary A., 8793B. W. 1900. Inv. 1902.
Carr, Mary C., 8765B. W. 1897.
Carson, John, 6517B. Inv. 1876.
Carter, Lorenzo, 8893B. W. 1898.
Cashman, Catharine, 8766B. W. 1897.
Cashman, Daniel, 5183B. W. 1852. Inv. 1853.
Caspar, Gabiel, 6518B. W. 1876. Inv. 1876.
Casper, Michael, 5778B. W. 1865. Inv. 1865.
Cassedy, George, 4842B. Inv. 1843.
Cassedy, Quintilian, 4196B. W. 1829.
Cella, Angelina, 9222B. W. 1900.
Chaffee, James, 7003B. W. 1881. Inv. 1881.
Chapman, Ezra, 7481B. Inv. 1886.
Chapman, George W., 4909B. W. 1845.
Chapman, John C., 7744B. Inv. 1889.
Chapman, Lebbens, Jr., 6519B. W. 1876. Inv. 1876.
Chapple, John, 3303B. W. 1804. Inv. 1804.
Charlton, Benjamin, 5514B. W. 1860. Inv. 1860.
Chase, Nelson, 7841B. W. 1890. Inv. 1890.
Chase, William D., 7745B. Inv. 1889.
Chastney, Jane, 8603B. W. 1896.
Chebsey, Charles, 4418B. W. 1833. Inv. 1833.
Cheever, George B., 7842B. W. & Cod. 1890.
Chenn, Gabriel, 6520B. W. 1876. Inv. 1876.
Chester, Ann, 7661B. W. 1888.
Chester, Charles T., 6914B. W. 1880. Inv. 1880.
Chevrotiere, Basil C. de la, 4106B. Inv. 1827.
Child, Charles, 6000B. Inv. 1869.
Chittenden, Anning S., 6196B. Inv. 1872.
Chittenden, Julia A., 6521B. W. 1876. Inv. 1876.
Chittenden. Nathaniel, 5146B. W. 1851. Inv. 1851.
Choisy, George L., 7086B. Inv. 1882.
Christeen, John, 889B-891B. Int. 1770. Inv. 1771.

Christeson, John, 7B. W. 1716.
Christianson, Caroline, 7087B. Inv. 1882.
Christianson, Edward T., 6619B. W. 1877. Inv. 1877.
Christie, Andrew W., 8321B. W. 1894. Inv. 1894.
Christie, Ann, 8322B. W. 1894. Inv. 1894.
Christie, Anna, 7188B. W. 1883. Inv. 1883.
Christie, Albert B., 7662B. W. 1888. Inv. 1888.
Christie, Caroline, 6522B. W. 1876.
Christie, Charlotte B., 8767B. W. 1897. Inv. 1897.
Christie, Cornelius R., 8323B. W. & Cod. 1894. Inv. 1894.
Christie, Cornelius W., 7372B. W. 1885.
Christie, Daniel J., 5714B. Inv. 1864.
Christie, David, 4615B. W. 1837. Inv. 1837.
Christie, David, 5012B. Inv. 1848.
Christie, David, 7004B. Inv. 1881.
Christie, David H., 5393B. Inv. 1857.
Christie, David W., 7663B. W. 1888.
Christie, Dowah R., 7664B. W. 1888. Inv. 1888.
Christie, Dower, 5893B. W. 1867. Inv. 1867.
Christie, Eliza A., 9043B. W. 1899.
Christie, Ellen, 7286B. W. 1884. Inv. 1884.
Christie, Garret J., 5894B. Inv. 1867.
Christie, George J., 6523B. W. 1876.
Christie, Jacob, 6524B. W. 1876. Inv. 1876.
Christie, James, 3726B. W. & Cod. 1817. Inv. 1817.
Christie, James L., Sr., 8190B. Inv. 1893.
Christie, James P., 4943B. Inv. 1846.
Christie, James W., 6285B. W. 1873. Inv. 1873.
Christie, Jane, 6915B. W. 1880. Inv. 1880.
Christie, Jemima, 6525B. Inv. 1877.
Christie, Jemima, 7287B. Inv. 1884.
Christie, John, 7B. W. 1716.
Christie, John D., 4571B. W. 1836. Inv. 1836.
Christie, John, Jr., 6055B. Inv. 1870.
Christie, John D., 7005B. W. 1881. Inv. 1881.
Christie, John I., 6807B. W. 1879. Inv. 1879.
Christie, John J., 9044B. W. 1899.
Christie, John P., 5653B. W. 1863. Inv. 1863.
Christie, John W., 3664B. W. 1815. Inv. 1815.
Christie, John W., 5106B. W. 1850. Inv. 1850.
Christie, Lydia A., 8604B. W. 1896.
Christie, Margaret, 6713B. W. 1878. Inv. 1878.
Christie, Margaret, 7746B. W. 1889.
Christie, Peter D., 4197B. W. 1829. Inv. 1829.
Christie, Peter J., 8072B. W. 1892. Inv. 1892.
Christie, Peter R., 7373B. W. & Cod. (2) 1885. Inv. 1885.
Christie, Peter W., 4869B. W. & Cod. 1844. Inv. 1844.
Christie, Ralph, 6286B. W. 1873. Inv. 1873.
Christie, Richard, 5437B. Inv. 1858.
Christie, Samuel, 5564B. W. 1861. Inv. 1861.
Christie, Samuel P., 4147B. Inv. 1828.
Christie, Sarah, 7747B. Inv. 1889.
Christie, William, 3449B. W. 1809. Inv. 1809.
Christie, William, 8073B. Inv. 1892.
Christie, William H., 5895B. Inv. 1867.
Christie, William P., 4107B. Inv. 1827.
Christopher, Charles K., 8191B. W. 1893. Inv. 1893.
Christopher, Henry, 5945B. W. 1868. Inv. 1868.

Condrey, Mary, 8325B. W. 1894.
Congdon, Samuel, 7960B. W. 1891.
Conklin, Ann, 6058B. W. 1870. Inv. 1870.
Conklin, Catharine, 7483B. Inv. 1886.
Conklin, Charles, 9047B. W. 1899.
Conklin, Christiana, 8468B. W. & Cod. 1895. Inv. 1895.
Conklin, David, 8770B. W. 1897.
Conkling, Elijah, 5779B. W. 1865. Inv. 1865.
Conklin, Eliza J., 6528B. Inv. 1876.
Conklin, Isaac, 1821B–1823B. B. 29, p. 536. Int. 1787. Inv. 1787.
Conklin, Jacob, 3762B. Inv. 1818.
Conklin, John, 3910B. W. 1822. Inv. 1822.
Conklin, John A., 4308B. W. 1831. Inv. 1831.
Conklin, John B., 8326B. W. 1894.
Conklin, John J., 8469B. W. 1895.
Conklin, John L., 4984B. Inv. 1847.
Conklin, John W., 8771B. W. 1897.
Conklin, Lena, 2214B. Int. 1792.
Conklin, Levi, 8327B. W. 1894.
Conklin, Lewis, 4148B. W. 1828. Inv. 1828.
Conklin, Louis H. F., 7089B. W. 1882.
Conklin, Madaline, 6715B. Inv. 1878.
Conklin, Robert, 6621B. W. 1877. Inv. 1877.
Conklin, William, 4022B. W. 1825. Inv. 1825.
Conklin, William, 5472B. W. 1859. Inv. 1859.
Conner, Edmon S., 8074B. W. 1892. Inv. 1892.
Conner, William A., 7484B. Inv. 1886.
Connolly, Patrick, 5897B. W. 1867.
Connor, Cleveland A., 9227B. W. 1900.
Connor, Eliza, 9228B. W. 1900.
Connor, Eliza J., 6365B. W. & Cod. 1874.
Conord, Jean M., 8328B. W. 1894.
Conover, Jacob, 5060B. W. 1849. Inv. 1849.
Conrad, Sarah, 9048B. W. 1899.
Conrad, Elise, 8772B. W. 1897. Inv. 1897.
Contini, Anthony, 8773B. W. 1897. Inv. 1897.
Conway, Johanna, 6622B. Inv. 1877.
Coogan, William, 7567B. Inv. 1887.
Cook, David, 4149B. Inv. 1828.
Cook, David, 6716B. Inv. 1878.
Cook, Michael, 3423B. Inv. 1808.
Cook, Richard, 338B. Inv. 1754.
Cook, Robert, 4789B. Inv. 1841.
Cook, William, 8195B. W. 1893. Inv. 1893.
Cooke, Bernard, 4522B. Inv. 1835.
Cooley, Benjamin, 4350B. Inv. 1832.
Cooley, Benjamin, Sr., 3351B. W. 1806. Inv. 1806.
Coon, Henry, 5715B. W. 1864. Inv. 1864.
Cooper, Abraham B., 9049B. W. 1899.
Cooper, Albert, 3797B. W. 1819. Inv. 1819.
Cooper, Alice E., 9050B. W. 1899.
Cooper, Cornelius, 3196B. B. 39, p. 257. Int. 1801. Inv. 1801.
Cooper, Cornelius, 3197B. B. 39, p. 366. Wd. 1801.
Cooper, Cornelius S., 8470B. W. 1895. Inv. 1895.
Cooper, Cornelius T., 5655B. W. 1863. Inv. 1863.
Cooper, Garret, 3197B. B. 39, p. 366. Grd. 1801.
Cooper, Garret, 3198B. B. 39, p. 366. Grd. 1801.
Cooper, Garret, 3870B. Inv. 1821.
Cooper, Garrit, 3727B. W. 1817. Inv. 1817.
Cooper, George R., 8896B. W. 1898. Inv. 1898.
Cooper, Henry, 4726B. W. 1839. Inv. 1839.
Cooper, Henry A., 5716B. W. 1864.

Cooper, James C., 8897B. W. 1898. Inv. 1898.
Cooper, James L., 6717B. Inv. 1878.
Cooper, John, 3451B. W. 1809. Inv. 1809.
Cooper, John, 6445B. W. 1875. Inv. 1875.
Cooper, John J., 6446B. Inv. 1875.
Cooper, Leah, 8903B. Inv. 1898.
Cooper, Letitia, Richard, 3198B. B. 39, p. 366. Wds. 1801.
Cooper, Nicholas, 2787B. B. 36, p. 462. Wd. 1797.
Cooper, Peter, 1837B–1841B. B. 29, p. 528, &c. W. 1787. Inv. 1787.
Cooper, Peter C., 3911B. W. 1822. Inv. 1822.
Cooper, Peter C., 6134B. W. 1871. Inv. 1871.
Cooper, Peter R., 5656B. W. 1863. Inv. 1863.
Cooper, Richard J., 3544B. W. 1812. Inv. 1812.
Cooper, Richard P., 5185B. W. 1852. Inv. 1852.
Cooper, Richard T., 5259B. W. 1854. Inv. 1854.
Cooper, Sophia, 8898B. W. 1898.
Cooper, Thomas, 5059B. Inv. 1849.
Cooper, Tunis R., 7568B. W. 1887. Inv. 1887.
Cooper, Tunis, Sr., 6198B. W. 1872. Inv. 1872, 1883.
Cooper, William, 9051B. W. 1899.
Corbett, John, 8899B. Inv. 1898.
Corkhill, Matthew, 8900B. W. 1898.
Cormack, William, 6917B. Inv. 1880.
Cornelison, John, 4150B. W. 1828. Inv. 1828.
Cornelisse, Matheis, 251B–253B. B. E, p. 251, &c. W. 1748. Inv. 1748.
Cornell, Jacobus, 984B. B. K, p. 498. W. 1772.
Cornell, Joseph I., 6529B. W. 1876. Inv. 1876.
Corr, John, 4681B. Inv. 1838.
Corrigan, John A., 7376B. W. 1885.
Corrigan, Luke, 5217B. W. 1853.
Cory, Sarah E., 8329B. W. 1894.
Cory, Uzal, 7666B. W. 1888. Inv. 1888.
Cosman, Eliza, 6199B. W. 1872. Inv. 1872.
Costelow, Hannah J., 6810B. W. 1879. Inv. 1879.
Costigan, Julia A., 8901B. W. 1898. Inv. 1898.
Costner, Maria, 8611B. W. 1896. Inv. 1896.
Cotinal, Charles, 3389B. W. 1807.
Cough, Elizabeth, 2121B. B. 32, p. 555. Wd. 1791.
Cough, Mary, 2119B. B. 32, p. 555. Wd. 1791.
Coughlan, Bridget, 8471B. W. 1895. Inv. 1895.
Coulston, Mary, 8902B. W. 1898. Inv 1898.
Coulter, William, 3763B. W. 1818. Inv. 1820.
Countey, John, 9052B. W. 1899.
Courson, Gertie, 1449B. B. 26, p. 499; B. M, p. 276. Int. 1784.
Courter, John, 4023B. Inv. 1825.
Courter, John H., 8196B. W. 1893. Inv. 1893.
Courter, William, Jr., 7961B. W. 1891. Inv. 1891.
Courter, William A., 7845B. Inv. 1890.
Courter, William W., 5186B. W. 1852. Inv. 1852.
Covenhoven, Eve, 3700B. W. 1816. Inv. 1816.
Covenhoven, Garret, 3953B. W. 1823. Inv. 1823.
Covenhoven, Peter, 3482B. Inv. 1810.
Cox, James, 9230B. W. 1900.
Coxhead, Charles S., 8472B. W. 1895.

Debaun, Henry, 5946B. W. 1868. Inv. 1868.
Debaun, Jacob, 3269B. B. 40, p. 318. W. 1803.
Debaun, Jacob, 3511B. W. 1811. Inv. 1811.
Debaun, Jacob, 5219B. W. 1853. Inv. 1853.
De Baun, Jacob, 8775B. W. 1897.
Debaun, Jacob D., 7380B. W. 1885. Inv. 1885.
De Baun, Jacob I., 6814B. W. & Cod. 1879. Inv. 1879.
De Baun, Jacob S., 6815B. W. 1879. Inv. 1879.
Debaun, James, 4945B. W. 1846. Inv. 1846.
Debaun, John, 4683B. Inv. 1838.
Debaun, John, 4817B. W. 1842. Inv. 1842.
Debaun, John, 5842B. W. 1866.
De Baun, John, 6002B. W. 1869. Inv. 1869.
De Baun, John J., 7194B. Inv. 1883.
De Baun, John P., 5781B. W. 1865. Inv. 1865.
De Baun, John T., 6718B. Inv. 1878.
De Baun, John W., 8615B. W. 1896.
De Baun, John Y., 8475B. W. 1895. Inv. 1895.
Debaun, Jost, 4845B. W. 1843. Inv. 1843.
De Baun, Margaret, 7487B. W. 1886. Inv. 1886.
Debaun, Peter, 4524B. W. & Cod. 1835. Inv. 1835.
Debaun, Peter C., 4911B. W. 1845. Inv. 1845.
Debaun, Peter D., 4757B. Inv. 1840.
Debaun, Peter J., 5517B. W. 1860. Inv. 1860.
Debaun, Peter, Jr., 5109B. W. 1850. Inv. 1850.
Debaun, Petrus, 2956B. B. 37, p. 295. W. 1798.
Debaun, Rachel, 5061B. W. 1849. Inv. 1849.
De Baun, Thomas, 8075B. W. 1892. Inv. 1892.
Debaun, Tyne, 5062B. W. 1849.
Debavoice, William, 5394B. Inv. 1857.
Dechert, Balthasar, 6200B. Inv. 1872.
Dechert, Conrad, 5720B. Inv. 1864.
Decker, Margaret, 7381B. W. 1885. Inv. 1885.
Decker, Thomas, 5843B. W. 1866. Inv. 1866.
Decker, William, 7382B. W. 1885. Inv. 1885.
Dechert, Sophia, 8335B. W. 1894.
De Clark, William, 5220B. W. 1853. Inv. 1853.
Dederer, Christian, Sr., 1694B–1706B. B. 29, p. 223. Int. 1786. Inv. 1786.
Dederix, Daniel, 2687B. B. 35, p. 348. Int. 1795.
Dedrix, Cornelius, 1451B. B. M, p. 273. W. 1784.
Dedrix, Daniel, 3913B. W. 1822. Inv. 1822.
Deeths, George, 6624B. W. 1877. Inv. 1877.
Deeths, John, 3912B. W. 1822. Inv. 1822.
Degraff, Henry, 5567B. W. 1861. Inv. 1861.
Degraw, Ann, 6533B. Inv. 1876.
Degraw, Casparus, 3584B. Inv. 1813.
Degraw, Eleanor, 4111B. Inv. 1827.
Degraw, Elizabeth, 3992B. W. 1824. Inv. 1824.
Degraw, John, 4946B. W. 1846. Inv. 1846.
Degraw, John, 7383B. W. & Cod. 1885. Inv. 1885.
De Graw, Leonard, 3628B. W. 1814. Inv. 1814.
De Graw, Liendert, 1455B. B. 27, p. 477, &c. W. 1784.
Degraw, William, 5187B. W. 1852. Inv. 1852.
Degray, Daniel, 6625B. W. 1877. Inv. 1877.

Degray, John, 3352B. W. 1806. Inv. 1807.
Degray, John, 4469B. W. 1834. Inv. 1834.
Degray, Lena, 3764B. W. 1818. Inv. 1818.
Degroat, Anna, 6532B. W. 1876. Inv. 1876.
De Groat, James, 5568B. W. 1861. Inv. 1861.
De Groat, Robert, 6719B. W. 1878. Inv. 1878.
Degroat, William, 6201B. W. 1872.
Degroot, Aaron, 4203B. W. 1829.
Degroot, Angeenitje, 972B. Int. 1772.
De Groot, Gustavus A., 5947B. W. 1868.
De Groot, Jacob, 3073B. B. 38, p. 539. Grd. 1800.
Degroot, Jan, 115B–117B. B. C, p. 25. W. 1735. Inv. 1735.
Degroot, Johanna, 5110B. W. 1850. Inv. 1850.
Degroot, John, 119B. B. C, p. 27. W. 1735.
De Groot, Samuel E., 9241B. W. & Cod. 1900. Inv. 1905.
Degrote, Peter A., 3321B. W. 1805.
Dehiel, Hannah, 8616B. W. 1896.
Deighen, Owen, 6816B. W. 1879. Inv. 1879.
De Kraker, Josiah, 6817B. W. 1879. Inv. 1879.
de la Chevrotiere, Basil C., 4106B. Inv. 1827.
Delamater, Abraham, 3322B. W. 1805. Inv. 1805.
Delamater, Abraham, 5782B. W. 1865. Inv. 1865.
Delamater, Isaac, 1456B–1458B. B. M, p. 276. Int. 1784. Inv. 1784.
Delamarter, Isaac A., 5783B. W. 1865. Inv. 1865.
Delamater, Johannes, 1460B. B. M, p. 275. Int. 1784.
Delamater, John, 2291B. B. 33, p. 169. Int. 1793.
Delemontanye, Henry, 3294B. B. 40, p. 320. Grd. 1803.
Demaray, Harriet, 7010B. W. 1881. Inv. 1881.
Demare, John, 3586B. W. & Cod. 1813. Inv. 1813.
Demaree, Pieter, 601B. B. H, p. 312. W. 1763.
Demarest (see Desmarest).
Demarest, Aaron A., 8478B. W. 1895.
Demarest, Aaron L., 7384B. W. 1885. Inv. 1885.
Demarest, Abraham, 3993B. W. 1824. Inv. 1824.
Demarest, Abraham, 5353B. W. 1856. Inv. 1856.
Demarest, Abraham D., 7667B. W. 1888.
Demarest, Abraham G., 4251B. Inv. 1830.
Demarest, Abraham G., 5518B. W. 1860. Inv 1860.
Demarest, Abraham G., 7847B. Inv. 1890.
Demarest, Abraham G., 9242B. W. 1900. Inv. 1901.
Demarest, Abraham I., 8776B. W. & Cod. 1897. Inv. 1897.
Demarest, Abraham J., 5261B. Inv. 1854.
Demarest, Abraham J., 5569B. W. 1861. Inv. 1861.
Demarest, Abraham J., 7668B. W. & Cod. 1888. Inv. 1888.
Demarest, Abraham N., 4846B. W. 1843. Inv. 1843.
Demarest, Albert, 4352B. W. 1832. Inv. 1832.
Demarest, Andrew W., 5899B. Inv. 1867.
Demarest, Ann, 4619B. W. 1837. Inv. 1837.
Demarest, Ann, 5721B. W. 1864. Inv. 1864.
Demarest, Anne, 3728B. W. 1817. Inv. 1817.

Demarest, Anne, 7295B. W. & Cod. 1884. Inv. 1884.
Demarest, Annie A., 6919B. W. 1880. Inv. 1880.
Demarest, Arie, 1649B. B. 27, p. 468. W. 1785.
Demarest, Barbara, 4947B. W. 1846. Inv. 1846.
Demarest, Barney, 5844B. W. 1866. Inv. 1866.
Demarest, Belinda, 7848B. W. 1890.
Demarest, Benjamin, 2010B–2011B. B. 30, p. 545. &c. W. 1790. Inv. 1790.
Demarest, Benjamin B., 5570B. W. 1861.
Demarest, Benjamin D., 3729B. W. 1817. Inv. 1817.
Demarest, Benjamin P., 1708B–1710B. B. 29, p. 223. Int. 1786. Inv. 1786.
Demarest, Benjamin S., 7570B. W. 1887. Inv. 1887.
Demarest, Catharine, 5063B. W. 1849. Inv. 1849.
Demarest, Catharine, 7385B. W. 1885. Inv. 1885.
Demarest, Catherine, 8336B. W. 1894. Inv. 1894.
Demarest, Cornelius A., 7386B. W. 1885.
Demarest, Cornelius C., 7750B. W. 1889.
Demarest, Cornelius J., 5845B. Inv. 1866.
Demarest, Cornelius S., 5846B. W. 1866. Inv. 1866.
Demarest, Corenlius V. B., 9058B. W. 1899. Inv. 1899.
Demarest, Daniel, 4353B. W. 1832. Inv. 1832.
Demarest, Daniel J., 5722B. Inv. 1864.
Demarest, Daniel N., 3305B. W. 1804. Inv. 1804.
Demarest, Daniel, Sr., 3223B. B. 40, p. 203. W. 1802.
Demarest, David, 970B. Int. 1772.
Demarest, David, 1464B. B. M, p. 254. W. 1784.
Demarest, David, 2504B–2509B. B. 33, p. 351, &c. W. 1795. Inv. 1795.
Demarest, David, 2618B. B. 35, p. 333. W. 1796.
Demarest, David, 6202B. W. 1872. Int. 1872.
Demarest, David, 8076B. Inv. 1892.
Demarest, David A., 7488B. W. 1886. Inv. 1886.
Demarest, David A. G., 6203B. W. 1872. Inv. 1872.
Demarest, David, Jr., 464B. B. G, p. 374. W. 1761. Int. 1761.
Demarest, David, Sr., 460B–469B. B. G, p. 130. W. 1760. Int. 1760.
Demarest, David, Sr., 569B–838B–845B. B. I, p. 246. W. & Cod. 1768. Inv. 1768.
Demarest, David A., 3765B. Inv. 1818.
Demarest, David A., 5519B. W. & Cods. 1860. Inv. 1860.
Demarest, David H., 6818B. Inv. 1879.
Demarest, David I., 4067B. Inv. 1826.
Demarest, David I., 5723B. W. 1864. Inv. 1864.
Demarest, David J., 3730B. W. 1817.
Demarest, David N., 3766B. W. 1818. Inv. 1818.
Demarest, David P., 3456B. Inv. 1809.
Demarest, David P., 3831B. W. 1820. Inv. 1820.
Demarest, David P., 3873B. W. 1821. Inv. 1821.

Demarest, David S., 3353B. W. 1806. Inv. 1806.
Demarest, David S., 3483B. W. 1810. Inv. 1815.
Demarest, David S., 6626B. W. 1877. Inv. 1877.
Demarest, Elizabeth, 6003B. W. 1869. Inv. 1869.
Demarest, Elizabeth, 8777B. W. 1897.
Demarest, Ellen, 5221B. W. 1853. Inv. 1853.
Demarest, Frederick J., 7849B. W. 1890.
Demarest, Garret A., 4818B. Inv. 1842.
Demarest, Garret D., 6720B. Inv. 1878.
Demarest, Garret I., 5724B. W. 1864. Inv. 1864.
Demarest, Garret S., 8199B. W. 1893.
Demarest, Gerret, 3702B. W. 1816. Inv. 1816.
Demarest, Hannah, 3799B. W. 1819. Inv. 1819.
Demarest, Hannah, 6819B. Inv. 1879.
Demarest, Helen A., 8200B. W. 1893. Inv. 1893.
Demarest, Hester, 4620B. W. 1837. Inv. 1837.
Demarest, Jacob, 3703B. W. 1816. Inv. 1816.
Demarest, Jacob, 4200B. W. 1829. Inv. 1829.
Demarest, Jacob A., 5354B. W. 1856. Inv. 1856.
Demarest, Jacob A., 8201B. W. & Cod. 1893. Inv. 1893.
Demarest, Jacob D., 4201B. W. 1829. Inv. 1829.
Demarest, Jacob D., 7850B. W. 1890. Inv. 1890.
Demarest, Jacob J., 5311B. Inv. 1855.
Demarest, Jacob R., 7296B. W. & Cod. 1884. Inv. 1884.
Demarest, Jacobus, 3393B. W. 1807. Inv. 1807.
Demarest, Jacobus, 3731B. W. 1817.
Demarest, Jacobus D., 3254B. Inv. 1806.
Demarest, Jacomintye, 3702B. W. 1816. Inv. 1816.
Demarest, James, 4525B. W. 1835. Inv. 1835.
Demarest, James, 4874B. W. 1844. Inv. 1844.
Demarest, James, 4948B. W. 1846. Inv. 1846.
Demarest, James, 7751B. W. 1889. Inv. 1889. Decree 1889.
Demarest, James A., 5473B. W. 1859. Inv. 1859.
Demarest, James A., 9059B. Inv. 1899.
Demarest, James A. L., 6369B. W. 1874. Inv. 1874.
Demarest, James C., 3452B. W. 1809. Inv. 1809.
Demarest, James C., 5111B. W. 1850. Inv. 1850.
Demarest, James D., 4252B. W. 1830.
Demarest, James D., 8337B. W. 1894.
Demarest, James G., 4819B. W. 1842. Inv. 1843.
Demarest, James I., 8778B. W. 1897. Inv. 1897.
Demarest, James J., 5520B. W. 1860. Inv. 1860.
Demarest, James J., 8338B. W. 1894.
Demarest, James N., 3585B. Inv. 1813.
Demarest, James P., 5188B. W. 1852. Inv. 1852.
Demarest, James P., 5948B. W. 1868. Inv. 1868.
Demarest, James P., 6138B. W. 1871. Inv. 1871.

Demarest, Jane, 7091B. W. & Cod. 1882. Inv. 1882.
Demarest, Jane, 7752B. Inv. 1889.
Demarest, Jane, 7851B. W. 1890. Inv. 1890.
Demarest, Jane, Sr., 6627B. W. & Cod. 1877. Inv. 1877.
Demarest, Jane B., 7489B. W. 1886. Inv. 1886.
Demarest, Jane E., 7387B. Inv. 1885.
Demarest, Jasper, 4875B. W. 1844. Inv. 1844.
Demarest, Jasper, 6449B. W. 1875. Inv. 1875.
Demarest, Joast, 4727B. W. 1839. Inv. 1839.
Demarest, Johannes, 1468B. B. M, p. 249. W. 1784.
Demarest, John, 1004B. Grd. 1773.
Demarest, John, 3453B. W. & Cod. 1809. Inv. 1809.
Demarest, John, 3586B. W. & Cod. 1813. Inv. 1813.
Demarest, John, 4847B. W. 1843. Inv. 1843.
Demarest, John, 5014B. W. 1848. Inv. 1848.
Demarest, John A., 5725B. W. 1864. Inv. 1864.
Demarest, John A., 6820B. W. 1879. Inv. 1879.
Demarest, John A., 7964B. Inv. 1891.
Demarest, John C., 6059B. W. 1870. Inv. 1870.
Demarest, John D., 6628B. W. & Cod. 1877. Inv. 1877.
Demarest, John G., 4470B. W. 1834. Inv. 1834.
Demarest, John I., 3832B. W. 1820. Inv. 1820.
Demarest, John I., 4820B. Inv. 1842.
Demarest, John I., 6629B. W. 1877. Inv. 1877.
Demarest, John I., Sr., 3800B. Inv. 1819.
Demarest, John J., 6204B. W. 1872. Inv. 1872.
Demarest, John J., 6060B. Inv. 1870.
Demarest, John J., 6534B. W. 1876. Inv. 1876.
Demarest, John R., 5147B. W. & Cod. 1851. Inv. 1851.
Demarest, John S., 4949B. W. 1846. Inv. 1846.
Demarest, Julia H., 9235B. W. 1900.
Demarest, Justin, 6721B. W. 1878. Inv. 1878.
Demarest, Lawrence, 4202B. W. 1829. Inv. 1829.
Demarest, Leah, 3048B. B. 38, p. 201. Int. 1799.
Demarest, Leah, 6205B. Inv. 1872.
Demarest, Margaret, 5015B. W. 1848. Inv. 1848.
Demarest, Margaret, 5064B. Inv. 1849.
Demarest, Margaret, 6630B. Inv. 1877.
Demarest, Margaret, 8202B. W. 1893. Inv. 1894.
Demarest, Margaret, 8203B. Inv. 1893.
Demarest, Maria, 7092B. W. 1882. Inv. 1882.
Demarest, Maria, 7965B. W. 1891. Inv. 1891.
Demarest, Mary, 5474B. Inv. 1859.
Demarest, Mary, 6631B. W. 1877. Inv. 1877.
Demarest, Mayara, 5208B. W. 1852. Inv. 1852.
Demarest, Nicholas, 3512B. W. 1811. Inv. 1811.
Demarest, Nicholas C., 7753B. W. 1889. Inv. 1889.
Demarest, Nicholas D., 3425B. W. 1808. Inv. 1808.

Demarest, Nicholas S., 6294B. W. & Cod. 1873. Inv. 1873.
Demarest, Nicholas S., 7388B. Inv. 1885.
Demarest, Patty, 4876B. Inv. 1844.
Demarest, Peter, 601B. B. H, p. 312. W. 1763.
Demarest, Peter, 3546B. W. 1812. Inv. 1812.
Demarest, Peter A., 7195B. Inv. 1883.
Demarest, Peter D., 4877B. W. 1844. Inv. 1844.
Demarest, Peter D., 5016B. W. 1848. Inv. 1848.
Demarest, Peter I., 3833B. W. 1820. Inv. 1820.
Demarest, Peter J., 3426B. W. 1808. Inv. 1809.
Demarest, Peter J., 5262B. Inv. 1854.
Demarest, Peter J., 5263B. W. 1854. Inv. 1854.
Demarest, Peter J., 5571B. Inv. 1861.
Demarest, Peter J., 6206B. Inv. 1872.
Demarest, Peter J., 7669B. W. 1888. Inv. 1888.
Demarest, Peter J. A., 5355B. W. 1856 Inv. 1856.
Demarest, Peter James, 3834B. Inv. 1820.
Demarest, Peter P., 3355B. Inv. 1806.
Demarest, Peter P., 4986B. W. 1847. Inv. 1847.
Demarest, Peter S., 994B. B. K, p. 506, &c. W. 1772.
Demarest, Peter S., 1307B. B. 25, p. 357. Grd. 1783.
Demarest, Peter S., 4152B. W. 1822.
Demarest, Peter S., 4420B. W. 1833. Inv. 1833.
Demarest, Peter S., 5475B. W. 1859. Inv. 1859.
Demarest, Peter S., 5949B. W. 1868. Inv. 1868.
Demarest, Rachel, 7490B. Inv. 1886.
Demarest, Rachel, 7754B. W. 1889. Inv. 1889. Decree 1889.
Demarest, Rachel C., 7196B. Inv. 1883.
Demarest, Ralph I., 4471B. W. 1834. Inv. 1834.
Demarest, Ralph S., 7852B. Inv. 1890.
Demarest, Roelof, 3629B. W. 1814. Inv. 1814.
Demarest, Ryer, 4153B. Inv. 1828.
Demarest, Sally, 6920B. W. 1880. Inv. 1880.
Demarest, Samuel, 515B. B. H, p. 154. W. 1762. Inv. 1762.
Demarest, Samuel, 3666B. W. 1815. Inv. 1815.
Demarest, Samuel G., 5189B. W. 1852. Inv. 1852.
Demarest, Samuel B., 3270B. B. 40, p. 388. W. 1803.
Demarest, Samuel C., 5222B. W. & Cod. 1853. Inv. 1853.
Demarest, Samuel D., 6821B. Inv. 1879.
Demarest, Samuel I., 4821B. W. 1842. Inv. 1842.
Demarest, Samuel P., 3427B. W. 1808. Inv. 1808.
Demarest, Samuel P., 4621B. W. 1837. Inv. 1837.
Demarest, Samuel P., 7011B. W. 1881.
Demarest, Samuel R., 6207B. W. 1872. Inv. 1872.
Demarest, Samuel S., 8617B. W. 1896. Inv. 1896.
Demarest, Sarah, 8204B. Inv. 1893.

Demarest, Sarah M., 9060B. W. 1899, 1901. Decree 1899.

Demarest, Simon, 502B. B. G, p. 423. W. 1761.

Demarest, Simon, 2619B–2623B. B. 35, p. 341, &c. W. 1796. Inv. 1797.

Demarest, Simon, 4154B. W. 1828.

Demarest, Simon S., 7012B. W. 1881. Inv. 1881.

Demarest, Simon W., 5148B. Inv. 1851.

Demarest, Stephen, 4472B. W. 1834. Inv. 1834.

Demarest, Thomas B., 7966B. W. 1891.

Demarest, Thunis, 2789B–2791B. B. 36, p. 461. Int. 1797. Ren. 1797.

Demarest, Tiney, 6822B. W. 1879. Inv. 1879.

Demarest, William, 4155B. W. 1828. Inv. 1828.

Demarest, William A., 7197B. W. 1883. Inv. 1883.

Demerest, Samuel D., 3667B. W. 1815. Inv. 1815.

DeMoldt, George, 3152B. B. 39, p. 127. W. & Cod. 1800.

Demorest, Gashe, David, 2379B. B. 35, p. 70. Wds. 1794.

Demorest, Samuel C., 2285B–2287B. B. 33, p. 169. Int. 1793. Inv. 1793.

Demot, Michael, 1833B. Inv. 1787.

De Mott, Anna, 7572B. W. 1887, 1898. Inv. 1887.

De Mott, Catharine, 8077B. W. 1892. Inv. 1892.

Demott, Claesye, 1936B. B. 30, p. 246. W. 1789.

De Mott, Elizabeth O., 8339B. W. 1894. Inv. 1894.

Demott, Garret, 4526B. Inv. 1835.

De Mott, George, 3152B. B. 39, p. 127. W. & Cod. 1800.

Demott, George, 3199B. B. 39, p. 343. Wd. 1801.

Demott, Henry, 4950B. Inv. 1846.

Demott, Henry, 4987B. W. 1847. Inv. 1847.

Demott, Jacob, 4912B. W. 1845. Inv. 1845.

Demott, Jacob, Jr., 6061B. Inv. 1870.

Demott, Jacob J., 7093B. W. 1882. Inv. 1882.

Demott, James B., 5612B. Inv. 1862.

Demott, John, 4354B. W. 1832. Inv. 1832.

De Mott, John, 6004B. W. & Cod. 1869.

Demott, John I., 4473B. Inv. 1834.

De Mott, John J., 8906B. W. & Cods. 1898. Inv. 1899.

De Mott, Leah, 7853B. W. 1890.

Demott, Maria, 5847B. W. 1866. Inv. 1866.

Demott, Martin, 4574B. Inv. 1836.

De Mott, Matties, 377B–381B. B. F, p. 368. Inv. 1757. Rcpt. for W. 1757.

Demott, Michael, 1647B. B. 27, p. 490. Int. 1785.

Demott, Michael, 3199B. B. 39, p. 343. Grd. 1801.

Demott, Michael, 4527B. Inv. 1835.

Demott, Michael, 4913B. W. 1845.

De Mott, Rachel, 7967B. W. 1891. Inv. 1891.

Dempsey, Jane, 8954B. W. 1890.

Dempsey, John A., 6139B. W. 1871.

Den Blaker, John, 6535B. W. 1876. Inv. 1876.

Den Bleyker, Daniel, 9237B. W. 1900. Inv. 1900.

Dennerker, Charles W., 9236B. W. 1900.

Dennis, Samuel, 7968B. Inv. 1891.

Denniston, Daniel, 3994B. Inv. 1824.

Depew, Daniel D., 6922B. W. 1880. Inv. 1880.

De Peyster, Abraham W., 3306B. W. 1804. Inv. 1831.

De Peyster, Ann E., Sarah C., William A., 3226B. B. 40, p. 141. Wds. 1802.

De Peyster, Catharine A., 3224B. B. 40, p. 141. Wd. 1802.

De Peyster, Christiana, 4528B. W. 1835. Inv. 1835.

De Peyster, Frederick, 3224B. B. 40, p. 141. Grd. 1802.

De Peyster, Frederick, 3239B. B. 40, p. 141. Grd. 1802.

De Peyster, Harriot C., 3225B. B. 40, p. 141 Wd. 1802.

De Peyster, Peter R., 5439B. W. 1858. Inv. 1858.

Deppert, John M., 7571B. W. 1887.

Deronde, Abraham, 8205B. W. 1893. Inv. 1893.

Deronde, John W., 8340B. W. 1894. Inv. 1894.

Desmarest, Jan, Jr., 34B–37B. W. 1719. Inv. 1719.

Desmarest, Jan, Sr., 33B–36B. W. 1719.

Desmarest, Samuel, 77B. B. B, pp. 111–115. W. 1728.

Detlefsen, Hans C., 8206B. W. 1893.

Dettling, Christian, 8341B. W. 1894.

Devoe, Aaron, 3767B. W. 1818.

Devoe, Abraham, 4355B. Inv. 1832.

DeVoe, Catharine, 8779B. W. 1897.

Devoe, David, 4988B. W. 1847. Inv. 1847.

Devoc, Gabriel, 4024B. Inv. 1825.

Devoe, James, 5784B. Inv. 1865.

Devoe, Sarah Ann, 7094B. W. 1882. Inv. 1882.

De Voe, William, 7969B. W. & Cod. 1891. Inv. 1891.

Devour, Harman, 5190B. W. 1852. Inv. 1852.

De Vreese, Johanna, 6823B. W. 1879. Inv. 1879.

Dewar, Ann R., 7297B. W. 1884.

Dewar, William, 6450B. W. 1875. Inv. 1875.

De Wit, Petrus, 3454B. W. 1809. Inv. 1809.

De Wolf, Hubert, 4989B. W. 1847. Inv. 1847.

Dey, Eleanor, 3200B. B. 39, p. 231. Int. 1801.

Dey, John, 3086B. B. 39, p. 131. Grd. 1800.

Dey, Richard, 3513B. Inv. 1811.

Dey, Theunis, 1873B. B. 29, p. 491, &c. W. & Draft 1787.

De Yoe, Anna B., 9051B. W. 1899.

De Yoe, Ephraim, 9062B. W. 1899.

Deyoe, Joseph P., 8207B. Inv. 1893.

De Young, Cornelius, 8618B. W. 1896. Inv. 1896.

Dickenson, George, 4474B. Inv. 1834.

Dickinson, Andrew, 7298B. W. 1884. Inv. 1884.

Dickinson, Asa W., 9063B. W. 1899.

Dickinson, Elvira C., 7491B. W. 1886.

Dickinson, George, 4356B. W. 1832.

Diedericks, Abraham, 3036B. B. 38, p. 191, &c. W. 1799.

Diehl, Catharine, 6536B. W. 1876.

Dierauf, Andrew, 8479B. W. 1895.

Dieterich, Valentine, 8480B. W. 1895.

Dill, Otto, 5661B. W. 1863.

Dimmick, John J., 9064B. W. 1899.

Dinkel, Mary A., 6921B. Inv. 1880.

Disch, Jacob, 6370B. W. 1874. Inv. 1874.

Dixon, Isaac, 8481B. W. 1895.
Dixon, Mary, 8482B. W. & Cod. 1895.
Dixon, William, 4951B. W. 1846. Inv. 1846.
Dixon, William K., 8907B. W. 1898.
Dobbs, William, 1470B-1474B. B. M, p. 277. Int. 1784. Inv. 1785.
Dobler, John W. B., 8078B. W. 1892. Inv. 1892.
Dods, James, Sr., 3587B. W. 1813.
Donahay, James P., 8208B. Inv. 1893.
Donnelly, Annie, 8209B. Inv. 1893.
Donnelly, Catharine, 9238B. W. 1900.
Donner, John O., 9239B. W. 1900. Inv. 1900.
Dooley, Patrick J., 8619B. W. 1896. Inv. 1896.
Doolittle, Frank W., 8909B. Inv. 1898.
Dooty, Ferriss, 4156B. W. 1828. Inv. 1828.
Doremus, Albert G., 5395B. Inv. 1857.
Doremus, Andrew, 6451B. Inv. 1875.
Doremus, Anna, 4914B. Inv. 1845.
Doremus, Anne, 4848B. W. 1843. Inv. 1843.
Doremus, Catharine, 923B. Inv. 1880.
Doremus, Cornelius, 3307B. W. 1804. Inv. 1804.
Doremus, Cornelius D., 9065B. W. 1899.
Doremus, David, 3394B. W. 1807.
Doremus, David, 8079B. W. 1892. Inv. 1892.
Doremus, David R., 7299B. W. 1884. Inv. 1884.
Doremus, George, 101B. B. B, p. 475. W. 1733.
Doremus, George, 4253B. W. 1830. Inv. 1830.
Doremus, George, 5950B. Inv. 1868.
Doremus, George C., 3395B. W. 1807. Inv. 1808.
Doremus, George R., 7855B. W. 1890. Inv. 1897.
Doremus, Hassel, 3227B. B. 39, p. 417. W. 1802.
Doremus, Hassel, 5223B. Inv. 1853.
Doremus, Henry, 3732B. W. 1817. Inv. 1817.
Doremus, Henry P., 6371B. W. 1874. Inv. 1874.
Doremus, Henry, Sr., 4421B. W. 1833. Inv. 1833.
Doremus, Henry H., 3428B. W. 1808. Inv. 1808.
Doremus, Hester, 9066B. Inv. 1899.
Doremus, Jacob B., 3954B. Inv. 1823.
Doremus, James, 5396B. W. 1857. Inv. 1857.
Doremus, Jane, 6722B. W. 1878. Inv. 1879.
Doremus, Jane, 9067B. Inv. 1899.
Doremus, Jane C., 8620B. W. 1896. Inv. 1896.
Doremus, Jemima, 9240B. W. & Cod. 1900. Inv. 1900.
Doremus, John, 397B. B. F, p. 513. W. 1758.
Doremus, John, 6723B. W. 1878. Inv. 1878.
Doremus, John W., 7198B. Inv. 1883.
Doremus, Joseph, 6824B. W. 1879. Inv. 1879.
Doremus, Peter, 4684B. W. 1838. Inv. 1838.
Doremus, Peter W., 9243B. W. 1900.
Doremus, Polly, 5149B. W. 1851. Inv. 1851.
Doremus, Richard, 5951B. W. 1868. Inv. 1868.
Doremus, Susan, 6537B. W. 1876.
Doremus, William, 7389B. W. 1885.
Dormann, Louise, 8080B. W. 1892.
Doty, Ellen, 4728B. W. 1839.
Doty, Letty A., 8342B. W. 1894.
Doty, Teresa, 6924B. W. 1880.
Dougherty, Sarah T., 8908B. W. 1898. Inv. 1898.

Dougherty, William C., 6372B. W. 1874. Inv. 1874.
Doughty, Sarah, 3704B. W. 1816.
Doyle, Philip, 3396B. W. 1807. Inv. 1807.
Drake, James S., 8621B. W. 1896.
Dreiver, Franz, 5848B. W. 1866. Inv. 1866.
Drew, Agnes, 7755B. W. 1889. Inv. 1889.
Drew, Margaret A., 9068B. W. 1899. Inv. 1899.
Drew, William, 6295B. W. 1873. Inv. 1873.
Drummond, Peter, 9069B. W. 1899.
Drummond, Robert, 1831B. B. 29, p. 535. Int. 1787.
Drummond, Robert, 3183B. Inv. 1787.
Drummond, Samuel, 6295B. Inv. 1873.
Drummond, William, 3201B. B. 39, p. 363. W. 1801.
Du Bois, Jacob, 8622B. W. & Cod. 1896. Inv. 1896.
Dubois, Julius M., 9070B. Inv. 1899.
Dubois, Thomas R., 8081B. W. 1892.
Ducommun, Jules, 8082B. Inv. 1892.
Duffy, John, 6538B. W. 1876. Inv. 1876.
Duffy, Michael C., 8910B. Inv. 1898.
Duke, Thomas, 7670B. W. 1888.
Dulfer, Elizabeth, 6925B. W. 1880. Inv. 1880.
Dulfer, John B. C., 7492B. Inv. 1886.
Dulmer, Henriah, 8623B. W. 1896. Inv. 1896.
Dunn, James, 6632B. Inv. 1877.
Dunn, Thomas R. C., 6724B. Inv. 1878.
Duntze, Emil, 8483B. W. 1895.
Durando, Eliza P., 5521B. Inv. 1860.
Durando, Paul M. P., 5065B. W. & Cod. 1849. Inv. 1849.
Durant, William, 4357B. Inv. 1832.
Durell, Phillip, 3271B. B. 40, p. 275. Int. 1803.
Durie, Cornelius, 5066B. W. 1849. Inv. 1849.
Durie, Cornelius N., 8780B. W. 1897.
Durie, David, 3455B. W. 1809. Inv. 1809.
Durie, David, 5356B. W. 1856.
Durie, David C., 6208B. W. 1872. Inv. 1872.
Durie, David N., 8624B. Inv. 1896.
Durie, Garret D., 9071B. Inv. 1899.
Durie, Garret I., 4622B. W. 1837. Inv. 1837.
Durie, Gerrit, 3914B. W. 1822. Inv. 1822.
Durie, James, 5785B. Inv. 1865.
Durie, Jan, 1008B. B. L, p. 1. W. 1773.
Durie, John, 2283B. B. 33, p. 153. W. 1793.
Durie, John D., 4822B. W. 1842. Inv. 1842.
Durie, John D., 8781B. W. 1897. Inv. 1897.
Durie, John I., 3356B. W. 1806. Inv. 1806.
Durie, John I., 5112B. W. 1850. Inv. 1850.
Durie, John I., 6209B. W. & Cod. 1872. Inv. 1872.
Durie, John P., 3801B. W. 1819. Inv. 1819.
Durie, Magdalen, 9072B. W. 1899. Inv. 1899.
Durie, Nicholas C., 5952B. W. & Cod. 1868. Inv. 1868.
Durie, Rachel, 9244B. W. 1900. Inv. 1900.
Durie, Wieyntye, 1622B. Inv. 1786.
Duryea, Eliza A., 9073B. W. 1899.
Duryea, Jacob, 5440B. Inv. 1858.
Duryea, John A., 6725B. Inv. 1878.
Duryea, John P., 5953B. W. 1868. Inv. 1868.
Duryea, Marie, 6825B. W. 1879. Inv. 1879.
Duryea, Peter, Jr., 7970B. Inv. 1891.
Duryee, Jane, 2706B. B. 36, p. 32. Int. 1796.
Dusenberry, Ida A., 8343B. W. 1894. Inv. 1894.
Duy, Jacob C., 7095B. W. 1882. Inv. 1882.
Dwight, James H., 6297B. W. 1873. Inv. 1874.

Earl, Edward, 4358B. W. 1832. Inv. 1832.
Earl, Edward, 6005B. W. 1869. Inv. 1869.
Earl, Jacob, 3308B. W. 1804. Inv. 1804.
Earl, Rynier, 3429B. Inv. 1808.
Earl, Silvester, 1057-1064B. B. L, p. 130, &c. W. 1774.
Earl, William C., 6926B. Inv. 1880.
Earle, Ann Maria, 6452B. W. 1875. Inv. 1875.
Earle, Benjamin S., 8484B. W. 1895.
Earle, Charity, 4475B. Inv. 1834.
Earle, Catharine, 5067B. W. 1849. Inv. 1849.
Earle, Cornelius J., 4623B. W. 1837. Inv. 1837.
Earle, Daniel R., 3588B. Inv. 1813.
Earle, Edward, 340B-341B. B. F, p. 273. W. 1755. Inv. 1755.
Earle, Edward, 1921B. B. 31, p. 245, &c. W. 1788.
Earle, Edward I., 6210B. W. & Cod. 1872. Inv. 1872.
Earle, Edward, Sr., 15B. W. 1717.
Earle, Elias, 3995B. W. 1824. Inv. 1824.
Earle, Elizabeth, 4990B. Inv. 1847.
Earle, Elizabeth, 6539B. W. & Cod. 1876. Inv. 1876.
Earle, Garret I., 4422B. Inv. 1833.
Earle, Harriet, 4423B. Inv. 1833.
Earle, John, 2293B-2295B-2297B. B. 33, p. 159. W. 1793. Int. 1793. Ren. 1793.
Earle, John, 4476B. W. 1834. Inv. 1834.
Earle, John, 4624B. W. 1837. Inv. 1837.
Earle, John E., 3357B. Inv. 1806.
Earle, John P., 3630B. Inv. 1814.
Earle, Morris, 4424B. W. 1833. Inv. 1833.
Earle, Morris, Jr., 3955B. Inv. 1823.
Earle, Nathaniel, 3484B. W. 1810. Inv. 1810.
Earle, Philip, 1925B. B. 31, p. 257. Int. 1788.
Earle, Philip, 4529B. W. 1835. Inv. 1835.
Earle, Philip I., 4685B. Inv. 1838.
Earle, Robert, Sr., 3631B. W. 1814. Inv. 1814.
Easton, Chauncey, 5068B. W. 1849. Inv. 1849.
Easton, Ellen, 7971B. W. 1891.
Easton, Job, 5397B. Inv. 1857.
Ebbes, Charles, 7013B. W. 1881.
Ebbes, William H., 7199B. W. 1883. Inv. 1883.
Eckel, Henry, 7390B. Inv. 1885.
Eckel, Tobias, 7573B. W. 1887. Inv. 1887.
Eckersen, Gerret, 3040B. B. 38, p. 106. W. & Cod. 1799.
Eckerson, Abraham, 4991B. W. & Cod. 1847. Inv. 1847.
Eckerson, Abraham T., 6826B. W. 1879. Inv. 1879.
Eckerson, Ann, 6827B. W. 1879. Inv. 1879.
Eckerson, Catharine, 6374B. W. 1874. Inv. (2) 1874.
Eckerson, Cornelius, 4729B. W. 1839. Inv. 1839.
Eckerson, Cornelius, 5017B. W. 1848. Inv. 1848.
Eckerson, Cornelius, Jr., 8344B. W. 1894. Inv. 1894.
Eckerson, Cornelius G., 6927B. W. 1880. Inv. 1880.
Eckerson, Cornelius J., 5849B. W. 1866. Inv. 1866.
Eckerson, Daniel A., 7014B. W. 1881. Inv. 1881.
Eckerson, David D., 6540B. Inv. 1876.

Eckerson, David T., 4477B. Inv. 1834.
Eckerson, Edward T., 4530B. W. 1835. Inv. 1835.
Eckerson, Gertrude, 7671B. Inv. 1888.
Eckerson, Hannah, 5357B. W. 1856. Inv. 1856.
Eckerson, Hannah, 8485B. Inv. 1895.
Eckerson, Jacob, 5358B. W. & Cod. 1856. Inv. 1856.
Eckerson, Jacob T., 3485B. W. 1810. Inv. 1810.
Eckerson, James, 6541B. W. 1876. Inv. 1876.
Eckerson, James A., 6453B. W. 1875. Inv. 1875.
Eckerson, Jane, 7200B. W. 1883. Inv. 1883.
Eckerson, John I., 6375B. Inv. 1874.
Eckerson, John T., 4204B. Inv. 1829.
Eckerson, Leah, 5786B. W. 1865. Inv. 1865.
Eckerson, Margaret A., 9245B. W. 1900. Inv. 1900.
Eckerson, Maria, 4359B. W. 1832. Inv. 1832.
Eckerson, Rachel, 7391B. Inv. 1885.
Eckerson, Sarah E., 6542B. Inv. 1876.
Eckerson, Thomas, 3768B. W. 1818. Inv. 1818.
Eckerson, Thomas, 4205B. W. 1829. Inv. 1829.
Eckerson, Thomas A., 9074B. Inv. 1899.
Eckerson, Thomas E., 5728B. W. 1864. Inv. 1864.
Eckerson, Thomas J., 4915B. Inv. 1845.
Eckhart, William, 3397B. W. 1807. Inv. 1807.
Edgar, James N., 8210B. W. 1893.
Edsall, Catharine, 2944B-2932B. B. 36, p. 462. Wd. 1798. Lt. 1798.
Edsall, Daniel, 5726B. Inv. 1864.
Edsall, Daniel, Jane, Samuel, 2948B. B. 37, p. 302. Wds. 1798.
Edsall, Garret L., 7392B. W. 1885. Inv. 1885.
Edsall, Jacob, 2793B. B. 36, p. 460. Int. 1797.
Edsall, Jacob, 2950B. B. 37, p. 302. Wd. 1798.
Edsall, James, 610B. B. H, p. 504. W. 1764.
Edsall, John, 2015B-2019B-2021B. B. 30, p. 543, &c. W. 1790. Int. 1790. Ren. 1790.
Edsall, John, 2797B. B. 36, p. 462. Wd. 1797.
Edsall, Mary, 5727B. W. 1864. Inv. 1864.
Edsall, Naomi, 4791B. Inv. 1841.
Edsall, Peter, 2954B, 2932B. B. 36, p. 462. Wd. 1798. Lt. 1798.
Edsall, Peter, 8625B. W. 1896.
Edsall, Samuel, 289B-292B. B. E, p. 453. W. 1750. Inv. 1750.
Edsall, Samuel, 2795B. B. 36, p. 462. Grd. 1797.
Edsall, Samuel, 2944B. B. 36, p. 462. Grd. 1798.
Edsall, Samuel, 2948B. B. 37, p. 302. Grd. 1798.
Edsall, Samuel, 2952B. B. 36, p. 462. Grd. 1798.
Edsall, Samuel, 3457B. W. 1809.
Edsall, Samuel, 7096B. W. 1882. Inv. 1882.
Edwards, Moses, 6928B. W. & Cod. 1880. Inv. 1880.
Egan, Annie E., 9075B. W. 1899.
Enricks, John, 5613B. W. 1862. Inv. 1862.
Eichell, George W., 8486B. W. 1895.
Eicks, Anna M., 9076B. W. & Cod. 1899.
Eicks, Hermann H., Sr., 7756B. W. & Cod. 1889. Inv. 1889.
Eiff, Patrick, 7097B. Inv. 1882.
Eireman, Andrew, 8211B. W. 1893.

Eisele, Fidelis, 6543B. W. 1876. Inv. 1876.
Eiseman, Andrew, 8782B. W. 1897. Inv. 1897.
Elkins, James, 9246B. W. 1900. Inv. 1900.
Elkins, William, 7493B. W. 1886.
Elliott, James R., 8212B. Inv. 1893.
Ellis, Rebecca, 8487B. W. 1895. Inv. 1895.
Ellis, Samuel, 3187B. Inv. 1795.
Ellis, Thomas, 7856B. W. 1890.
Elsworth, William I., 3632B. W. 1814. Inv. 1814.
Elting, Jane, 5662B. W. 1863. Inv. 1863.
Eltinge, Wilhemus, 5150B. W. 1851. Inv. 1851.
Ely, Abraham, 5018B. Inv. 1848.
Ely, Adraanna, 7393B. W. 1885.
Ely, James, 6929B. Inv. 1880.
Ely, William, 4478B. W. 1834. Inv. 1834.
Engel, John, 6062B. W. 1870. Inv. 1870.
Engelking, Henry, 9247B. W. 1900. Inv. 1901.
England, Isaac W., 7394B. W. 1885. Inv. 1885.
Engle, Andrew, 3486B. W. & Cod. 1810. Inv. 1810.
Engle, Henry D., 7574B. W. 1887.
Engle, James, 4575B. W. 1836. Inv. 1836.
Engle, John, 5312B. Inv. 1855.
Engle, Wilhelmina, 8345B. Inv. 1894.
Engler, Henry F., 9248B. Inv. 1900.
English, Jacob H., 6828B. Inv. 1879.
Ennis, James, 2799B. B. 36, p. 432. W. 1797.
Ennis, Mary, James, 2801B. Wds. 1797.
Ennis, Mary, Jane, 2803B. B. 36, p. 462. Wds. 1797.
Ennis, John, 2807B. B. 36, p. 462. Wd. 1797.
Ennis, William, 1156B–1158B. B. M, p. 19. W. 1776. Int. 1776.
Erdle, Christian, 6726B. Inv. 1878.
Erdmann, Frederick, 8783B. Inv. 1897.
Ernest, Godfrey, 8911B. Inv. 1898.
Erwin, John L., 4686B. W. 1838. Inv. 1838.
Esenwein, Harriet A., 8912B. W. 1898.
Essing, Barbara, 8488B. W. 1895.
Estephe, Joseph, 8626B. Inv. 1896.
Estile, Thomas, 3095B. Inv. 1824.
Eugster, Christian, 7757B. W. 1889.
Everes, Barret, 2299B. B. 33, p. 162. W. 1793.
Evers, Frederick C., 8784B. W. 1897. Inv. 1897.
Evers, Johannes, Sr., 3228B. B. 40, p. 274. W. 1802.
Everson, Benjamin, 5663B. Inv. 1863.
Everson, Jacob, 4360B. W. & Cods. 1832. Inv. 1835.
Everson, John, 4479B. Inv. 1834.

Fagan, Patrick, 6829B. W. 1879. Inv. 1879.
Fair, George, 5954B. W. & Cods. 1868. Inv. 1868.
Fairbirn, John, 4206B. W. 1829.
Fank, Theresa, 9249B. W. 1900.
Farlee, George W., 8786B. W. 1897.
Farr, Robert W., 6633B. W. 1877. Inv. 1877.
Faxon, Francis G., 9250B. W. 1900.
Fay, Mary, 8627B. W. 1896.
Fay, Terence, 6140B. Inv. 1871.
Feldman, Jacob, 6830B. W. 1879.
Feldmann, Caspar H., 7098B. W. 1882
Feldmann, Katharine, 6831B. Inv. 1879.
Felter, Alexander, 5019B. W. & Cod. 1848. Inv. 1848.

Felter, David, 8913B. W. 1898.
Ferdon, Abraham, 8346B. W. 1894. Inv. 1894.
Ferdon, Abram, 7857B. Inv. 1890.
Ferdon, Barney N., 9077B. W. & Cod. 1899. Inv. 1899.
Ferdon, Effie, 7099B. Inv. 1882.
Ferdon, Elizabeth, 4992B. W. 1847. Inv. 1847.
Ferdon, Harriett L., 8628B. W. 1896.
Ferdon, Henry, 5224B. Inv. 1853.
Ferdon, Henry, Jr., 8347B. W. 1894.
Ferdon, Jacob, 3032B. B. 38, p. 201. Int. 1799.
Ferdon, Jacob, 5787B. Inv. 1865.
Ferdon, Jacob I., 7016B. W. 1881. Inv. 1881.
Ferdon, James, 5900B. W. 1867. Inv. 1867.
Ferdon, Jane, 5398B. Inv. 1857.
Ferdon, John W., 4792B. W. 1841. Inv. 1841.
Ferdon, Johannis, 3034B. B. 38, p. 203. Grd. 1799.
Ferdon, Tietye, John, 3034B. B. 38, p. 203. Wds. 1799.
Ferdon, John, 4112B. W. 1827. Inv. 1827.
Ferdon, John A., 5788B. W. 1865. Inv. 1865.
Ferdon, Leah, 8787B. W. 1897. Inv. 1897.
Ferdon, Nicholas, 5664B. W. 1853. Inv. 1863.
Ferdon, Wilhemus, 3487B. W. 1810. Inv. 1810.
Ferguson, Atkinson P., 5069B. Inv. 1849.
Fickler, Ernest, 7758B. Inv. 1889.
Field, Amanda, 7300B. W. 1884. Inv. 1884.
Fielding, Abraham, 4823B. W. 1842. Inv. 1842.
Fielding, Belinda, 8629B. W. 1896. Inv. 1896.
Fielding, Daniel, 3430B. Inv. 1808.
Fielding, James, 4576B. W. 1836. Inv. 1836.
Finch, Henry, 5850B. W. 1866.
Finch, Isaac P., 5851B. W. 1866. Inv. 1866.
Finlayson, Robert, 8489B. W. 1895. Inv. 1895.
Finn, Solomon, 684B. Int. 1765.
Fischer, Emma S., 9078B. W. 1899. Inv. 1899.
Fish, John, 3514B. W. 1810. Inv. 1811.
Fish, Osulla, 4361B. Inv. 1832.
Fisher, Conrad, 5113B. W. 1850. Inv. 1850.
Fisher, David, 4113B. W. 1827. Inv. 1827.
Fisher, David, 5191B. W. 1852. Inv. 1852.
Fisher, David M., 8788B. Inv. 1897.
Fisher, Edward, 2893B. B. 37, p. 301. Int. 1798.
Fisher, George H., 6211B. W. 1872. Inv. 1873.
Fisher, John, 7972B. W. 1891. Inv. 1891.
Fisher, Margaret C., 6634B. W. 1877. Inv. 1877.
Fisher, Maria, 3705B. W. 1816.
Fisher, Michael, 3229B. B. 40, p. 34. W. 1802.
Fisher, Michael, 7672B. W. 1888. Inv. 1888.
Fisher, Peter, 845B. B. K, p. 99. W. 1769.
Fisher, Rynhart, 3202B. B. 39, p. 365. W. 1801.
Fisher, Tunis, 3398B. Inv. 1807.
Fisher, William, 7395B. Inv. 1885.
Fisyner, Barent, 3323B. W. 1805. Inv. 1805.
Fitzgerald, Catherine, 7673B. W. 1888. Inv. 1888.
Fitzgerald, Edward, 6930B. Inv. 1880.
Fitzgerald, Maurice, 7759B. W. 1889.
Flagler, Phoebe V., 7100B. Inv. 1882.
Flaherty, Michael, 7301B. Inv. 1884.

Garrabrants, Cornelius, 3633B. W. 1814. Inv. 1814.

Garrabrantse, Garrabrant H., 2809B. B. 36, p. 428. W. 1797.

Garrebrants, Myndert, 1333B. B. 25, p. 336. W. 1783.

Garrebrants, Peter, 4069B. Inv. 1826.

Garreson, John P., 4026B. W. 1825. Inv. 1829.

Garretse, Henry I., 3706B. Inv. 1816.

Garretson, Garret, 1207B-1211B. B. M, p. 53. W. 1781. Inv. 1781.

Garretson, John G., 8354B. W. 1894. Inv. 1894.

Garretson, Rem S., 4425B. W. 1833. Inv. 1833.

Garrison, Aaron A., 5614B. W. & Cod. 1862. Inv. 1862.

Garrison, Abraham, 3230B. B. 40, p. 108. Int. 1802.

Garrison, Abraham H., 4916B. W. 1845. Inv. 1845.

Garrison, Albert, 4952B. W. 1846. Inv. 1846.

Garrison, Garret, 5478B. W. 1859. Inv. 1859.

Garrison, Garret H., 4759B. W. 1840. Inv. 1840.

Garrison, Garret I., 5193B. W. 1852. Inv. 1852.

Garrison, Hassel, 5116B. W. 1850. Inv. 1850.

Garrison, Helmegh, 5072B. W. 1849. Inv. 1849.

Garrison, Hessel H., 3272B. B. 40, p. 397. Int. 1803.

Garrison, Jacob, 5264B. W. 1854. Inv. 1854.

Garrison, Jacob, Sr., 3634B. W. 1814. Inv. 1814.

Garrison, Jacob I., 4025B. W. 1825. Inv. 1825.

Garrison, John A., 8636B. W. 1896.

Garrison, John I., 4687B. Inv. (2) 1838.

Garrison, Leah, 3589B. W. 1813.

Garrison, Leah, 5665B. Inv. 1863.

Garrison, Maria, 5116B. W. 1850.

Garrison, Maria, 5524B. W. 1860.

Garrison, Mary, 6065B. W. 1870. Inv. 1870.

Garrison, Mary A., 8794B. W. 1897.

Garrison, Peter, 3835B. W. 1820. Inv. 1820.

Garrison, Peter, 5313B. W. 1855. Inv. 1855.

Garrison, Peter A., 5265B. Inv. 1854.

Garrison, Peter A., 5359B. W. 1856. Inv. 1856.

Garritse, John, 3324B. W. 1805. Inv. 1805.

Garritse, John H., 3488B. W. 1810. Inv. 1810.

Garritson, Almira, 7017B. Inv. 1881.

Garritson, John I., 4688B. W. 1838. Inv. 1838.

Gartman, Thomas J., 8795B. W. 1897. Inv. 1899.

Gash, Thomas, 7303B. Inv. 1884.

Gaskin, Charles, 6544B. Inv. 1876.

Gaus, Charles, 7974B. W. 1891.

Gautier, Eliza, 3273B. B. 40, p. 276. Grd. 1803.

Gautier, Helen D., Samuel T., Thomas B., 3273B. B. 40, p. 276. Wds. 1803.

Gautier, Thomas, 3231B. B. 40, p. 204. Int. 1802.

Gecox, Caroline, 8919B. W. 1898.

Gecox, William, 6213B. W. 1872. Inv. 1872.

Geib, John, Sr., 3802B. Inv. 1819.

Gemon, A. Celina, 8637B. W. 1896.

Geoghegan, James, 6934B. W. 1880. Inv. 1880.

George, Frank C., 8921B. W. 1898.

Georgi, Charles W., 6935B. Inv. 1880.

Georgii, Jacobine, 7676B. W. 1888.

Geppert, Richard, 7762B. W. 1889.

Gerbrantse, Merselius, 1645B. B. 27, p. 489. Int. 1785.

Gerecke, Fredericka, 8920B. W. 1898.

Gero, Daniel, 3915B. W. & Cod. 1822. Inv. 1822.

Gerrebrantse, Gerrebrant, 2133B. B. 32, p. 532. W. 1791.

Gerretse, Rachel, 1940B. B. 30, p. 247. Int. 1789.

Gibbons, Julia, 5902B. Inv. 1867.

Giebner, Herman, 7495B. Inv. 1886.

Gieren, Daniel, 6454B. W. 1875. Inv. 1875.

Giese, Reynier V., 1327B. B. 25, p. 307. W. 1783.

Giesen, Renier V., 784B. B. K, p. 4. W. 1768.

Gilbert, Augustus De P., 8085B. W. 1892.

Gilbert, Elizabeth P., 9082B. W. 1899. Inv. 1899.

Gilbert, Henry V., 8495B. W. 1895.

Gilbert, Jane R., 8086B. W. 1892.

Gilfillan, William, 7861B. W. 1890. Inv. 1890.

Gilfillan, William M., 8087B. Inv. 1892.

Gill, Sarah M., 835<B. W. 1894. Inv. 1894.

Gillam, Joseph, 5360B. W. 1856.

Gillam, Michael, 3030B. B. 38, p. 202. Int. 1799.

Gilleland, Thomas, 3358B. Inv. 1806.

Gilmor, Margaret, 4878B. W. 1844.

Gismond, Emanuel G., 7581B. W. 1887. Inv. 1887.

Githens, Joseph C., 9254B. W. & Cod. 1900. Inv. 1900.

Givernand, Theodore, 7206B. W. 1883. Inv. 1883.

Glaser, Andrew, 6379B. W. 1874. Inv. 1874.

Glass, Robert, 3874B. W. 1821. Inv. 1821.

Glassford, James, 8088B. W. 1892. Inv. 1892.

Glastaeter, James, 7015B. Inv. 1881.

Gleitzmann, William, 8356B. W. 1894.

Glisman, Joseph, 8496B. W. 1895.

Glover, David T., 6456B. W. 1875. Inv. 1875.

Gnade, Richard E., 7580B. W. 1887.

Godwin, Abraham Resolve, 3837B. W. 1820. Inv. 1820.

Goelet, Mary, 1260B-1264B-1268B. B. 25, pp. 109, 356. W. 1784. Int. 1782.

Goesser, Theophilus, 7101B. W. 1882.

Goesser, Wilhilmina, 8922B. W. 1898.

Goetchius, John, 4159B. W. 1828. Inv. 1828.

Goetchues, Henry, 5226B. W. 1853. Inv. 1853.

Goetschius, Henry, 6298B. W. 1873. Inv. 1873.

Goetschius, John H., 5525B. W. 1860. Inv. 1860.

Goetschius, John I., 3836B. Inv. 1820.

Goetschius, John P., 5526B. W. 1860. Inv. 1860.

Goetschius, John Z., 7399B. W. 1885. Inv. 1885.

Goetschius, Peter, 4208B. W. 1829. Inv. 1829.

Goetschius, Rachel, 1478B-1485B. B. M, p. 257. W. 1784.

Goetschius, Stephen, 4625B. W. 1837. Inv. 1837.

Goetschius, Stephen J., 8215B. W. & Cod. 1893. Inv. 1893.

Haring, Abraham B., 8503B. W. 1895. Inv. 1895.
Haring, Abraham C., 3733B. W. 1817. Inv. 1817.
Haring, Abraham D., 4760B. W. 1840. Inv. 1840.
Haring, Abraham D., Jacob D., 3232B. B. 39, p. 492. Wds. 1802.
Haring, Abraham D., 5615B. W. 1862. Inv. 1862.
Haring, Abraham F., 5442B. W. 1858. Inv. 1858.
Haring, Abraham I., 3203B. B. 39, p. 207. W. 1801. Inv. 1801.
Haring, Abraham I., 3489B. Inv. 1810.
Haring, Abram G., 6067B. W. 1870.
Haring, Alletta, 6143B. W. 1871. Inv. 1871.
Haring, Annatye, 3359B. W. & Cod. 1806. Inv. 1806.
Haring, Betsey, 7980B. W. 1891. Inv. 1891.
Haring, Cathrena, 3803B. W. 1819. Inv. 1819.
Haring, Charity, 7589B. W. 1887. Inv. 1887.
Haring, Cornelis, 4277B. B. L, p. 271. W. 1775.
Haring, Cornelius, 1378B.
Haring, Cornelius A., 3490B. W. 1810. Inv. 1810.
Haring, Cornelius C., 3360B. W. 1806. Inv. 1807.
Haring, Cornelius C., 4794B. W. 1841. Inv. 1841.
Haring, Cornelius R., 7210B. W. & Cod. 1883. Inv. 1883.
Haring, Daniel. 1486B. B. M, p. 270. W. 1784.
Haring, Daniel, 3361B. W. 1806. Inv. 1806.
Haring, Daniel J., 5266B. W. 1854. Inv. 1854.
Haring, David A., 3204B. B. 39, p. 341. W. 1801. Inv. 1801.
Haring, David A., 5020B. Inv. 1848.
Haring, David D., 7766B. W. 1889. Inv. 1889.
Haring, David F., 8359B. W. 1894.
Haring, David P., 5229B. W. & Cod. 1853. Inv. 1853.
Haring, David P., 6549B. Inv. 1876.
Haring, David R., 4955B. W. 1846. Inv. 1846.
Haring, David, Elizabeth, 3274B. B. 40, p. 205. Wds. 1803.
Haring, Elizabeth, 3875B. Inv. 1821.
Haring, Elizabeth, 4731B. W. 1839. Inv. 1839.
Haring, Elizabeth, 5152B. W. 1851. Inv. 1851.
Haring, Elizabeth, 7864B. W. 1890.
Haring, Evelene H., 8801B. W. 1897. Inv. 1897.
Haring, Frederick, 3401B. W. & Cods. 1807. Inv. 1807.
Haring, Frederick, 4917B. W. 1845. Inv. 1845.
Haring, Frederick A., 7211B. W. & Cod. 1883. Inv. 1883.
Haring, Frederick I., 6008B. W. 1869. Inv. 1869.
Haring, Garret A., 6068B. W. 1870.
Haring, Garret F., 4795B. W. 1841. Inv. 1841.
Haring, Gitty, 6457B. W. 1875. Inv. 1875.
Haring, Harmanus, 4209B. W. 1829. Inv. 1829.
Haring, Henry, 4027B. W. 1825. Inv. 1825.
Haring, Henry, 5443B. W. & Cod. 1858. Inv. 1858.

Haring, Henry I., 5401B. W. 1857. Inv. 1857.
Haring, Isaac I., 5073B. Inv. 1849.
Haring, Isaac P., 4028B. W. 1825. Inv. 1825.
Haring, Jacob, 1178B–1187B. B. M, pp. 46, 56. W. 1779. Inv. 1780. Acct. 1782.
Haring, Jacob, 3459B. W. 1809. Inv. 1809.
Haring, Jacob, 3668B. W. 1815. Inv. 1815.
Haring, Jacob, 5117B. Inv. 1850.
Haring, Jacob A., 7304B. W. 1884.
Haring, James, 3548B. Inv. 1812.
Haring, James, 5574B. Inv. 1861.
Haring, James A., 5118B. W. 1850. Inv. 1850.
Haring, Jane, 5666B. W. 1863. Inv. 1863.
Haring, Johannis, 2895B. B. 37, p. 286. W. 1798.
Haring, Johannis T., 3590B. W. & Cod. 1813. Inv. 1813.
Haring, John, 3956B. W. 1823. Inv. 1823.
Haring John, 4115B. Inv. 1827.
Haring, John, 4994B. W. 1847. Inv. 1847.
Haring, John, 6734B. W. 1878. Inv. 1878.
Haring, John, 7037B. W. 1881. Inv. 1881.
Haring, John, Sr., 3234B. B. 40, p. 103. W. & Cod. 1802.
Haring, John A., 3233B. B. 39, p. 493. Grd. 1802.
Haring, John A., 5267B. W. 1854. Inv. 1854.
Haring, John A., 6382B. W. 1874. Inv. 1874.
Haring, John A. D., 5957B. W. 1868. Inv. 1868, 1877.
Haring, John C., 3669B. W. 1815. Inv. 1815.
Haring, John Corns, 1123B. B. L, p. 269. W. 1775.
Haring, John D., 4311B. W. 1831. Inv. 1831.
Haring, John D., 5667B. W. 1863. Inv. 1863.
Haring, John F., 4579B. W. 1836. Inv. 1836.
Haring, John G., 1966B. B. 30, p. 236. W. & Cod. 1789.
Haring, John J., 7212B. Inv. 1883.
Haring, Lavina, 8803B. W. 1897. Inv. 1897.
Haring, Margaret, 5021B. W. 1848. Inv. 1848.
Haring, Margaret, 5444B. W. 1858. Inv. 1858.
Haring, Margaret, 6637B. W. 1877. Inv. 1877.
Haring, Maria, 7213B. W. 1883. Inv. 1883.
Haring, Maria, 7305B. W. 1884. Inv. 1884.
Haring, Mariah, 6458B. W. 1875. Inv. 1875.
Haring, Mary, 6383B. Inv. 1874.
Haring, Mary A., 7981B. W. & Cod. 1891. Inv. 1891.
Haring, Nicholas J., 8645B. W. 1896.
Haring, Peter A., 4029B. W. 1825. Inv. 1825.
Haring, Peter D., 4824B. W. 1842. Inv. 1842.
Haring, Peter D., 5732B. Inv. 1864.
Haring, Peter T., 6384B. Inv. 1874.
Haring, Petrus, 2210B. B. 34, p. 18. Grd. 1792.
Haring, Petrus, 3402B. W. 1807. Inv. 1807.
Haring, Ruliff C., 4628B. W. 1837. Inv. 1837.
Haring, Rachel, 6837B. Inv. 1879.
Haring, Rachel, 9086B. W. & Cod. 1899. Inv. 1899.
Haring, Ralph D., 8091B. W. 1892.
Haring, Rulof, 2491B. B. 33, p. 359, &c. Grd. 1795.
Haring, Sally, 6638B. Inv. 1877.
Haring, Samuel, 6838B. W. 1879. Inv. 1879.
Haring, Samuel D., 3233B. B. 39, p. 493. Wd. 1802.
Haring, Teunis, 7019B. W. & Cod. 1881. Inv. 1881.

Herring, Henry C., 8092B. W. & Cod. 1892. Inv. 1892.
Herring, Jane, 6642B. Inv. 1877.
Herring, Sabina B., 8505B. W. & Cod. 1895. Inv. 1895.
Herring, Stephen, 6216B. Inv. 1872.
Herring, Thomas H., 6386B. W. 1874. Inv. 1874.
Herrmann, Joseph, 7110B. W. 1882. Inv. 1882.
Herron, Hattie A., 8806B. W. 1897. Inv. 1897.
Hertie, Conrardus, 105B. B. B, p. 472. W. 1733.
Hewitt, William, 8225B. Inv. 1893.
Heymer, David, 3207B. B. 39, p. 211. Wd. 1801.
Hickey, Margaret, 9261B. W. 1900.
Hicks, John R., 3724B. Inv. 1817.
Higinson, Leah, 6839B. Inv. 1879.
Hilbers, Frederick, 9262B. W. 1900.
Hilbert, Margaretha, 8507B. W. 1895.
Hill, August, 9263B. W. 1900.
Hill, Benjamin, 7404B. W. 1885. Inv. 1885.
Hill, Elizabeth, 6643B. Inv. 1877.
Hill, Gabriel, 6937B. W. 1880. Inv. 1880.
Hill, George E., 6644B. W. 1877. Inv. 1877.
Hill, James, 4689B. W. 1838.
Hill, James A., 7111B. Inv. 1882.
Hill, John B., 5230B. W. 1853.
Hillyer, Sarah J., 8093B. W. 1892. Inv. 1892.
Hinch, John H., 8094B. W. 1892. Inv. 1892.
Hinchman, Lot, 4427B. W. 1833.
Hine, Frank A., 8807B. W. 1897.
Hine, John, 7405B. W. 1885.
Hines, Eide H., 8365B. W. 1894.
Hirlimann, Salome, 7406B. W. 1885.
Hiscox, Julia A., 8508B. W. 1895. Inv. 1895.
Hiscox, Justus S., 7983B. W. 1891. Inv. 1892.
Hoadley, Alice C., 7020B. W. 1881. Inv. 1881.
Hoadley, David, 6304B. W. 1873. Inv. 1873.
Hoadley, Elizabeth C., 8930B. W. 1898.
Hoadley, Olivia, 8095B. W. 1892.
Hoadley, Tappan, 6387B. W. 1874. Inv. 1875.
Hoagland, Cornelius, 2891B. B. 37, p. 301. Int. 1798.
Hobe, Maria S., 8226B. W. 1893.
Hodnett, Margaret J., 9264B. W. 1900.
Hodnett, Patrick H., 9265B. W. 1900.
Hoffman, Fred H., 8509B. W. 1895.
Hoffmann, Francis, 8651B. W. 1896.
Hoffman, Lewis J., 8810B. W. 1897.
Hogelandt, Cordarus, 4117B. W. 1827. Inv. 1827.
Hogenkamp, John, 2536B–2540B. B. 33, p. 347, &c. W. 1795. Inv. 1796.
Hogenkamp, Mydert, 4690B. W. 1838. Inv. 1838.
Holbrow, Josephine G., 8808B. W. 1897. Inv. 1897.
Holcomb, Horace, 7308B. Inv. 1884.
Holden, Horatio N., 6938B. W. 1880. Inv. 1880.
Holden, Mary, 8227B. W. 1893. Inv. 1895.
Holderum, William, 5119B. W. 1850. Inv. 1850.
Holdron, Audries, 3671B. W. 1815. Inv. 1815.
Holdrom, Cornelius, 4312B. W. 1831. Inv. 1831.
Holdrom, Cornelius C., 7984B. W. & Cod. 1891. Inv. 1891.
Holdrom, Hetty, 8361B. W. 1894. Inv. 1894.

Holdrom, James, 6645B. W. & Cod. 1877. Inv. 1877.
Holdrom, Letty, 7309B. W. 1884. Inv. 1884.
Holdrom, Margaret, 4631B. W. 1837. Inv. 1837.
Holdrom, Nicholas, 4364B. W. 1832. Inv. 1832.
Holdrom, Nicholas W., 4691B. Inv. 1838.
Holdrom, William, 4071B. W. 1826. Inv. 1826.
Holdrom, William, 4692B. Inv. 1838.
Holdrom, William C., 6217B. W. 1872. Inv. 1872.
Holdrum, John C., 8809B. Inv. 1897.
Holdrum, Sarah, 4957B. Inv. 1846.
Holdrum, William, 4762B. Inv. 1840.
Hollander, Albert, 6550B. W. 1876. Inv. 1876.
Hollister, Gratia B., 7866B. W. 1890.
Hollister, John B., 8366B. W. 1894.
Hollock, Thomas, 3770B. W. 1818. Inv. 1818.
Holly, Wenzel, 6840B. Inv. 1879.
Holmes, George W., 7867B. W. 1890.
Holmes, Grace, 3284B. B. 40, p. 205. Grd. 1803.
Holmes, John Wells, 4483B. Inv. 1834.
Holmes, Jonathan, 3284B. B. 40, p. 205. Grd. 1803.
Holsman, Catharine, 5734B. Inv. 1864.
Holst, Catharine M., 8362B. W. 1894. Inv. 1894.
Holst, George F., 7868B. Inv. 1890.
Holst, John H., 7678B. W. 1888.
Holst, John H., 7869B. Inv. 1890.
Holt, Mary, 7870B. W. 1890.
Holt, Thomas, 7498B. W. 1886. Inv. 1886.
Holtke, Frederick, 6841B. W. 1879.
Homans, I. Smith, Jr., 6842B. W. & Cod. 1879. Inv. 1880.
Homans, Sheppard, 8931B. W. 1898.
Hook, Jacob V., 8652B. W. 1896.
Hook, William, 8112B. W. 1882.
Hooper, Henry M., 8510B. Inv. 1895.
Hoper, Henry A. N., 3958B. W. 1823. Inv. 1823.
Hopkins, David A., 7871B. W. 1890.
Hopkins, Edward F., 7768B. W. 1889.
Hopkins, Obadiah, 6551B. W. 1876. Inv. 1876.
Hopkins, Violet F., 7985B. W. 1891.
Hoppe, Abraham, 3309B. W. & Cod. 1804. Inv. 1804.
Hoppe, Anderis, 1827B. B. 29, p. 515, &c. W. 1787.
Hoppe, Anderis I., 471B–447B. B. H, p. 50. W. 1761. Inv. 1760.
Hoppe, Ernest, 7986B. W. 1891. Inv. 1891.
Hoppe, Gerret, 1715B. B. 29, p. 212. W. 1786.
Hoppe, Jacob, 3636B. W. 1814. Inv. 1814.
Hopper, Abraham, 3309B. W. & Cod. 1804. Inv. 1804.
Hopper, Abraham, 3838B. W. 1820. Inv. 1820.
Hopper, Abraham, 4825B. W. 1842. Inv. 1842.)
Hopper, Abraham, 6218B. W. 1872. Inv. 1873.
Hopper, Abraham, 7021B. W. 1881. Inv. 1881.
Hopper, Abraham A., Jr., 6646B. W. 1880. Inv. 1880.
Hopper, Abraham A., Sr., 6646B. W. 1877. Inv. 1877.

Hopper, John W., 7874B. W. 1890.
Hopper, Lavina, 6388B. W. 1874. Inv. 1874.
Hopper, Levi, 8653B. W. 1896.
Hopper, Lewis, 6844B. W. 1879. Inv. 1879.
Hopper, Mary, 2071B. B. 32, p. 555. Wd. 1791.
Hopper, Mary, 6224B. W. 1872. Inv. 1872.
Hopper, Michael, 5154B. W. 1851. Inv. 1851.
Hopper, Nicholas, 4580B. W. 1836. Inv. 1836.
Hopper, Nicholas, 5272B. W. 1854. Inv. 1854.
Hopper, Peter, 3771B. W. 1818.
Hopper, Peter A., 3709B. Inv. 1816.
Hopper, Peter H., 6845B. W. 1879. Inv. 1879.
Hopper, Peter I., 4313B. W. 1831. Inv. 1831.
Hopper, Richard, 7875B. W. 1890. Inv. 1890.
Hopper, Rinard, 4732B. W. 1839. Inv. 1839.
Hopper, Sarah, 5669B. W. 1863. Inv. 1864.
Hopper, Sarah, 7876B. Inv. 1890.
Hopper, Sarah M., 8097B. W. 1892. Inv. 1892.
Hopper, Stephen G., 8369B. W. 1894.
Hopper, Susan, 8370B. W. 1894. Inv. 1894.
Hopper, William A., 4763B. W. 1840. Inv. 1840.
Hopper, William A., 6146B. W. 1871. Inv. 1871.
Hopper, William C., 7218B. W. 1883. Inv. 1883.
Hopper, William G., 5120B. W. 1850. Inv. 1850.
Hopper, William S., 6846B. Inv. 1879.
Hopping, Aaron D., 6553B. W. 1876. Inv. 1876.
Horan, Patrick, 7409B. W. 1885.
Horn, Jacob, 3592B. W. 1813. Inv. 1813.
Horn, William S., 7770B. Inv. 1889.
Hosey, Francis, 6072B. W. 1870. Inv. 1870.
Houghton, John, 5736B. W. 1864. Inv. 1864.
House, Henry, 6461B. W. 1875. Inv. 1875.
Houseman, Abraham I., 3021B-3026B. B. 38, p. 82. W. 1798. Inv. 1799.
Houseman, Catherine, 9092B. Inv. 1899.
Houseman, Thomas, 6305B. W. 1873.
Housman, Abraham, 5670B. Inv. 1863.
Housman, Isaac, 4798B. W. 1841. Inv. 1841.
Housman, James, 3998B. W. 1824.
Housman, Margaret, 3151B. B. 39, p. 181. W. 1800.
Housman, Maria, 6940B. Inv. 1880.
Housman, Titus, 5273B. W. 1854. Inv. 1854.
Howard, Halmagh G., 8654B. Inv. 1896.
Howard, Isaac, 7023B. W. 1881. Inv. 1881.
Howard, John P., 7410B. W. & Cod. (3) 1885. Inv. 1885.
Howard, Peter, 5791B. W. 1865. Inv. 1865.
Howard, Susan E., 8512B. W. 1895.
Hoyt, Ralph, 6741B. Inv. 1878.
Hubbell, Henry W., 7311B. W. 1884.
Huber, Charles W., 7877B. W. 1890.
Hubschmitt, George, 8933B. W. 1898.
Hubschmitt, Philip A., 7878B. W. 1890.
Huchet, Auguste A., 7679B. W. 1888.
Hude, Emil, 8228B. Inv. 1893.
Hudson, William, 7771B. W. 1889.
Huether, Henry, 9093B. W. 1899.
Hughes, Charles, 6847B. Inv. 1879.
Hughes, Elisha, 9094B. W. 1899.
Hume, Andrew W. M., 8934B. W. 1898.
Humphrey, John, 5074B. W. 1849.
Humphrey, William H., 5121B. Inv. 1850.
Hune, Katharine, 8655B. W. 1896.
Hunter, David, 7312B. W. 1884.
Hunter, Helen M., 7772B. W. 1889.

Hunter, Hugh W., 8935B. W. 1898.
Hunter, Robert J., 7680B. W. 1888.
Huntington, Mary, 9095B. W. 1899.
Hurley, Catharine, 3918B. Inv. 1822.
Hutchings, Helen L. V., 7681B. W. 1888.
Hutchinson, Ann, 6462B. Inv. 1875.
Huttemeyer, Aldolph, 8229B. W. 1893. Inv. 1893.
Huyler, Ann, 7987B. Inv. 1891.
Huyler, Benjamin W., 6941B. Inv. 1880.
Huyler, Cornelius, 4072B. W. 1826. Inv. 1826.
Huyler, Garret, 6648B. Inv. 1877.
Huyler, Henry, 6942B. W. & Cod. 1880.
Huyler, George, 8371B. W. 1894. Inv. 1894.
Huyler, Jacob, 3637B. Inv. 1814.
Huyler, John, 3772B. W. 1818.
Huyler, John, 6073B. W. & Cod. 1870. Inv. 1870.
Huyler, John P., 7592B. W. & Cod. 1887. Inv. 1887.
Huyler, John W., 7593B. W. 1887.
Huyler, Maria, 7879B. W. 1890. Inv. 1890.
Huyler, Peter, 6306B. W. & Cod. 1873. Inv. 1873.
Huyler, Wilhemus, 4314B. Inv. 1831.
Huyler, William B., 8230B. Inv. 1893.
Huyler, William J., 7988B. W. 1891. Inv. 1891.
Huysman, Abraham, 2391B. B. 35, p. 68. W. 1794.
Huysman, Isack, 2899B-2903B. B. 38, p. 101. W. 1798. Inv. 1799.
Huysman, James, 3365B. W. & Cod. 1806. Inv. 1806.
Hyde, Stephen, 7773B. W. 1889.
Hyer, Benjamin B., 6463B. Int. 1875.
Hyer, Jane M., 6147B. W. 1871. Inv. 1875.

Irish, Lewis, 7682B. W. 1888.
Irving, Francina, 7411B. W. 1885. Inv. 1885.
Irving, Henry J., 7880 B. Inv. 1890.
Iserman, Mary C., 7313B. Inv. 1884.

Jacklin, James, 2397B. B. 35, p. 69. Int. 1794.
Jackson, Betty, 8372B. W. 1894.
Jackson, Francis, 7412B. W. 1885. Inv. 1885.
Jackson, Jane, 8373B. W. 1894. Inv. 1894.
Jackson, Mary, 5737B. Inv. 1864.
Jackson, Mary, 7500B. Inv. 1886.
Jackson, Mary R., 8656B. W. 1896.
Jackson, Sarah, 9268B. W. 1900. Inv. 1900.
Jackson, William, 3593B. W. 1813.
Jackson, William, 8374B. W. 1894.
Jackson, William, Junr., 1503B. B. M, p. 275. Int. 1784.
Jackson, William G., 7501B. Inv. 1886.
Jacobs, Roclef, 3460B. W. 1809. Inv. 1809.
Jacobson, Frederick, 7413B. W. & Cod. 1885.
Jacobson, Sarah H., 9269B. W. & Cods. 1900.
Jacobus, Cornelius I., 7502B. W. 1886. Inv. 1887.
Jacobus, Elma, 8098B. W. & Cod. 1892. Inv. 1892.
Jacobus, James, 3404B. W. 1807. Inv. 1807.
Jacobus, Roelof, 3877B. Inv. 1821.
Jacobusse, Garrit, 786B. B. I, p. 362. W. 1768.
Jacobusse, Jacobus, 2127B. B. 32, p. 542, &c. W. 1791.
Jacox, Mariah, 5960B. W. 1868.
Jacquot, Marie, 6848B. W. 1879. Inv. 1879.
Jane, Thomas, 704B. Int. 1766. Ren. 1766.

Jaquess, John, 2751B. B. 36, p. 461. Int. 1797.
Jarvis, James, 4258B. W. 1830.
Jay, James, 3735B. W. 1817.
Jeanneret, Auguste, 7024B. W. 1881.
Jeanneret, Julliette C., 8513B. W. 1895.
Jeffers, George, 8099B. Inv. 1892.
Jefferson, Elizabeth, 9096B. Inv. 1899.
Jefferson, Jane, 6849B. W. 1879. Inv. 1880.
Jeffery, John, 5318B. W. 1855. Inv. 1855.
Jeffries, William, 6074B. W. 1870. Inv. 1870.
Jellison, William G., 8231B. W. 1893.
Jenkins, William, 6075B. W. 1870. Inv. 1870.
Jenner, William, 4534B. W. 1835. Inv. 1835.
Jennings, Orton W., 9270B. W. 1900.
Jerolaman, James N., 4484B. Inv. 1834.
Jerolemon, Cornelius C., 5617B. W. 1862. Inv. 1862.
Jeroloman, Cornelius I., 4633B. W. & Cod. 1837. Inv. 1837.
Jeroloman, John, 3405B. Inv. 1807.
Jeroloman, John C., 4693B. W. 1838. Inv. 1838.
Jersey, Daniel, 4694B. W. 1838. Inv. 1838.
Jersey, Hannah R., 8886B. W. 1898. Inv. 1898.
Jersey, Henry P., 6225B. W. 1872. Inv. 1872.
Jersey, Peter A., 8813B. W. 1897. Inv. 1897.
Johanning, William, 8657B. W. 1896.
Johnson, Charles A. F., 8814B. W. 1897.
Johnson, John, 3019B. Int. 1799.
Johnson, John, 4826B. W. 1842. Inv. 1842.
Johnson, John P., 7115B. W. 1882. Inv. 1882.
Johnson, Nathan T., 6226B. W. 1872. Inv. 1873.
Johnson, Robert, 1507B. B. M, p. 277. Int. 1784.
Joline, William, 4581B. Inv. 1836.
Jones, Dorcas, 19B. W. 1719.
Jones, Edward, 4634B. W. 1837.
Jones, Nicholas, 1509B. B. M, p. 253. W. 1784.
Jones, Nicholas, 2399B–2403B. B. 35, p. 59. W. 1794. Inv. 1797.
Jones, Obadiah, 7683B. W. 1888.
Jones, Sarah, 8658B. W. 1896.
Jones, William, 5576B. Inv. 1861.
Joralemon, Christopher C., 5274B. W. 1854. Inv. 1854.
Joralemon, James V., 5445B. Inv. 1858.
Joralemon, Teunis, 1034B. Grd. 1773.
Jordan, Jacob, 6464B. W. 1875. Inv. 1875.
Jordan, Jane, 5075B. W. 1849. Inv. 1849.
Jordan, John, 3919B. Wd. 1822.
Jordan, Joseph, 6227B. W. & Cod. 1872. Inv. 1872.
Jordan, Joseph, 8659B. Inv. 1896.
Jordan, Mary A., 8815B. Inv. 1897.
Jordan, William, 6012B. Inv. 1869.
Joseph, Eugene C. L., 6742B. W. 1878. Inv. 1878.
Jost, Christina, 8514B. W. 1895.
Jourden, Joseph, 3594B. W. 1813. Inv. 1813.
Joyce, William, 7503B. W. 1886.
Jurianse, Altie, 241B. Int. 1746.
Jurianse, Garret, 255B. B. E, p. 277, &c. W. 1749.
Jurianse, John, 405B. B. G, p. 74. W. 1759. Inv. 1759.
Jurrance, Gerrebrant, 2364B–2365B. B. 33, p. 152, &c. W. 1793. Inv. 1793.

Kaiser, Leopold, 6228B. W. 1872. Inv. 1872.
Kanous, John G., 3518B. Inv. 1811.

Kanouse, Jacob, 4118B. Inv. 1827, 1828.
Kappeler, Carl, 8375B. W. 1894.
Kaseman, Otto J., 8816B. W. 1897.
Katherler, George, 6229B. Inv. 1872.
Kearney, Gilbert, 7314B. W. 1884.
Kearney, Isabella, 8817B. W. 1897.
Kearney, James, 6426B. Inv. 1874.
Kearney, James G., 7414B. W. 1885.
Kearney, Nicholas, 8936B. W. 1898.
Kearney, Rachel, 6148B, 6426B. W. 1871. Int. 1871, 1874.
Kearny, James, 4315B. W. 1831. Inv. 1831.
Keasler, Zachariah, 5904B. W. 1867. Inv. 1867.
Keenan, Owen J., 6389B. Inv. 1874.
Keivanhoven, Ralph, 7116B. Inv. 1882.
Keller, Juliana, 8232B. W. 1893. Inv. 1893.
Keller, Mathus, 8376B. Inv. 1894.
Kellett, John W., 7118B. Inv. 1883.
Kells, James, 4031B. W. 1825. Inv. 1825.
Kelly, Daniel, 8100B. W. 1892.
Kelly, Lavinia, 8515B. W. 1895.
Kelly, Margaret, 8818B. Inv. 1897.
Kelly, Patrick, 8377B. W. 1894.
Kempfner, Henry, 7774B. W. 1889.
Kennedy, Patrick, 6654B. Inv. 1877.
Kenny, Peter, 8660B. Inv. 1896.
Kent, Cornelius, 7117B. W. & Cod. 1882. Inv. 1882.
Kent, David, 6943B. Inv. 1880.
Kent, Jacob, 8661B. Inv. 1896.
Kent, Jane G., 7315B. W. 1884. Inv. 1884.
Kessler, Bernard, 6230B. Inv. 1872.
Kewin, Eliza A., 9097B. W. 1899. Inv. 1899.
Keyser, Jacob, 3595B. W. 1813.
Keyser, Sarah, 6944B. Inv. 1880.
Kidder, Frederick, 6743B. Inv. 1878.
Kidder, Mary W., 9271B. W. & Cods. 1900.
Kiehn, Henrietta, 7989B. W. 1891.
Kiel, George, Sr., 8233B. Inv. 1893.
Kierstead, Luke, 365B–367B. Int. 1757. Ren. 1757.
Kierstead, Luke John, 2815B. B. 46, p. 461. Int. 1797.
Kiggy, John, 8379B. W. 1894.
Kimmacher, Elise, 8819B. W. 1897. Inv. 1897.
Kimble, William, 3638B. Inv. 1814.
Kimmelmann, Frederick, 8384B. Inv. 1894.
King, Arie, 3519B. W. 1810. Inv. 1811.
King, Charles, 8820B. W. 1897.
King, Frederika, 8378B. W. 1894.
King, John, 3841B. Inv. 1820.
King, John G., 7990B. W. 1891.
King, Kenneth K., 7119B. Inv. 1882.
King, Maria, 9272B. W. 1900.
Kingsland, Aaron, 1807B–1809B. B. 29, p. 535. Int. 1787. Inv. 1787.
Kingsland, Aaron, 3366B. Inv. 1806.
Kingsland, Andrew T., 5402B. Inv. (2) 1857. Ord. 1857.
Kingsland, David, 3639B. W. 1814. Inv. 1814.
Kingsland, David J., 4213B. Inv. 1829.
Kingsland, Edmund, 207–217B, 219B. B. D, p. 48. W. 1743. Cod. 1743.
Kingsland, Edmund Wm., 4161B. W. 1828. Inv. 1829.
Kingsland, Elizabeth, 3840B. W. 1820. Inv. 1820.
Kingsland, Enoch I., 8380B. Inv. 1894.
Kingsland, George, 5855B. W. & Cods. 1866. Inv. 1867.

Kingsland, Gustavus, 896B. B. L, p. 394. W. 1775.

Kingsland, Gustavus, 3079B. B. 38, p. 528. W. 1800.

Kingsland, Henry, 4162B. W. & Cod. 1828. Inv. 1829.

Kingsland, Henry W., 5362B. W. 1856. Inv. 1856.

Kingsland, Isaac. 1295B. B. 25, p. 266. W. 1783.

Kingsland, Jane, 7025B. W. 1881. Inv. 1881.

Kingsland, John, 835B. W. 1768.

Kingsland, Nidemiah, 899B. B. K, p. 267. W. 1770.

Kingsland, Stephen, 1718B–1722B. B. 29, p. 213, &c. W. 1786. Int. 1786.

Kingsland, Stephen, 7881B. W. 1890. Inv. 1890.

Kingsland, William, 1009B. B. L, p. 63, &c. W. 1773.

Kingsland, William, 3077B. B. 39, p. 183. Int. 1800.

Kingsland, William, 3549B. W. 1812. Inv. 1812.

Kingsland, William C., 5232B. W. & Cod. 1853. Inv. 1853.

Kinney, Elizabeth, 7882B. Inv. 1890.

Kinzley, Jacob, 8381B. W. 1894.

Kip, Abraham, 3550B. W. & Cod. 1812. Inv. 1812.

Kip, Ann, 7775B. W. & Cods. 1889.

Kip, Effie, 7415B. W. 1885. Inv. 1885.

Kip, Gerret, 3461B. W. 1809. Inv. 1809.

Kip, Hendrick, 1377B. B. 25, p. 325. W. 1783.

Kip, Hendrick, 2817B–2821B. B. 36, p. 436. W. 1797. Inv. 1797.

Kip, Henry, 4996B. W. 1847. Inv. 1847.

Kip, Henry P., 4764B. W. 1840. Inv. 1840.

Kip, Henry P., 7026B. W. 1881. Inv. 1881.

Kip, Jacob, 750B, 3657B. B. H, p. 370. W. 1763. Inv. 1767.

Kip, Jane, 3736B. W. 1817. Inv. 1817.

Kip, John, 4073B. W. 1826. Inv. 1826.

Kip, Nicholas, Sr., 3462B. W. 1809. Inv. 1809.

Kip, Nicholas G., 3842B. W. 1820. Inv. 1820.

Kip, Peter, 3597B. W. & Cod. 1813. Inv. 1813.

Kip, Pieter, 1817B. B. 29, p. 523, &c. W. 1787.

Kip, Sally, 6554B. W. 1876. Inv. 1876.

Kip, Walling, 6945B. W. 1880. Inv. 1880.

Kipp, Abraham, 6013B. W. 1869. Inv. 1869.

Kipp, Albert R., 7595B. W. 1887.

Kipp, Catherine, 8821B. W. 1897.

Kipp, David, 5738B. W. 1864. Inv. 1864.

Kipp, Garret, 6076B. W. 1870. Inv. 1870.

Kipp, Helen, 7504B. W. & Cod. 1886. Inv. 1887.

Kipp, Henry, 5076B. W. 1849. Inv. 1849.

Kipp, Henry J., 9098B. Inv. 1899.

Kipp, Isaac, 3596B. W. 1813. Inv. 1813.

Kipp, James, 7027B. W. 1881. Inv. 1881, 1889.

Kipp, John, 5618B. Inv. 1862.

Kipp, John B., 7991B. W. 1891.

Kipp, John W., 8234B. W. 1893. Inv. 1893.

Kipp, Lydia, 8662B. W. 1896. Inv. 1897.

Kipp, Mary, 5403B. W. 1857. Inv. 1857.

Kipp, Nicause, 3406B. W. 1807.

Kipp, Nicholas, 5792B. W. 1865. Inv. 1865.

Kipp, Peter A., 4695B. Inv. 1838.

Kipp, Peter S., 6649B. Inv. 1877.

Kipp, Tiney, 5577B. W. 1861. Inv. 1861.

Kipp, William, 6149B. W. 1871. Inv. 1871.

Kipp, William A., 8663B. W. 1896. Inv. 1896.

Kipp, William B., 5363B. W. 1856. Inv. 1856.

Klatsbach, Burkhart, 2633B. B. 35, p. 341. Int. 1796.

Kleber, George, 8516B. W. 1895. Inv. 1895.

Klein, Charles, 6465B. Inv. 1875.

Klein, Philip, 7883B. W. 1890.

Knapp, Agnes M., 9099B. W. 1899.

Knapp, Anna M. M., 9100B. W. 1899.

Knapp, Cyrus, 6231B. W. 1872. Inv. 1872.

Knapp, Joseph M., 8517B. W. 1895.

Knapp, Manning M., 8101B. W. 1892.

Knapp, Stuart F. R., 6850B. W. 1879. Inv. 1880.

Knörzer, William, 7316B. W. 1884.

Knowles, Juliette, 6307B. W. 1873. Inv. 1873.

Kober, Fred, 9273B. W. 1900.

Koch, J. George, 6390B. W. 1874. Inv. 1874.

Koch, Katharine E., 8664B. W. 1896.

Koch, Minna, 8382B. W. 1894.

Koch, Robert H., 7992B. W. 1891. Inv. 1891.

Koelble, Jacob G., 7684B. Inv. 1888.

Koerner, Paul G., 6077B. W. 1870. Inv. 1870.

Kohbertz, Anna, 9101B. W. 1899.

Kohbertz, Frederick, 6232B. W. 1872. Inv. 1872.

Kometer, Arthur B., 9274B. Inv. 1900.

Konnight, Conrod, 4214B. W. 1829. Inv. 1829.

Konnight, Martin, 3999B. Inv. 1824.

Konnight, Peter, 5122B. Inv. 1850.

Kost, Charles, Jr., 8383B. Inv. 1894.

Koster, Bernard, 9275B. W. 1900.

Koster, Henry, 8665B. W. & Cods. 1896. Inv. 1896.

Kough, Casparus, Jr., 2123B. B. 32, p. 555. Grd. 1791.

Kough Casparus, 3276B. B. 40, p. 397. Int. 1803.

Kough, Casparus, 7028B. W. 1881. Inv. 1881.

Kough, David, 3236B. B. 39, p. 492. Wd. 1802.

Kough, Elias, 2125B. B. 32, p. 544. Int. 1791.

Kough, Elizabeth, 2121B. B. 32, p. 555. Wd. 1791.

Kough, George, 3310B. Inv. 1804.

Kough, Mary, 2119B. B. 32, p. 555. Wd. 1791.

Kovenoven, Samuel, 1278B. B. 25, p. 321. W. 1783.

Krause, Josef, 8666B. W. 1896.

Krech, Christian G., 7416B. W. 1885. Inv. 1885.

Kreille, Margaret, 7993B. W. 1891.

Krieger, Charles, 8667B. W. 1896. Inv. 1896.

Kronewither, John, 8822B. W. 1897.

Krottenthaler, Frederick, 9102B. W. 1899.

Krouse, Ernest, 7776B. W. 1889. Inv. 1889.

Kuehner, George, 8668B. W. 1896.

Kugler, Gottfried, Sr., 8937B. W. 1898.

Kuhn, Adam, 8669B. W. 1896.

Kuhn, Justus, 9103B. W. 1899.

Kuhn, Louisa Victoria, 6744B. W. 1878.

Kuntz, Casimier, 6391B. W. 1874. Inv. 1874.

Kunz, George H., 6150B. Inv. 1871.

Kunz, Hermine, 8938B. W. 1898.

Kuyper, Hendricus, 1406B. B. 25, p. 355. Int. 1783.

Kyle, Elizabeth, 7505B. W. 1886.

Kyle, Samuel, 7219B. W. 1883.

Labagh, John, 8102B. W. 1892.
Labagh, Mary C., 8385B. Inv. 1894.
La Fetra, William H., 9104B. Inv. 1899.
Lahr, Henri, 7596B. W. 1887.
Laird, Mary L., 9105B. W. 1899.
Lake, Abraham, 5671B. W. 1863. Inv. 1863.
Lake, Charity, 6555B. W. 1876. Inv. 1876.
Lake, Court, 6308B. W. 1873. Inv. 1873.
Lamare, Alphonse, 6745B. W. 1878.
Lamb, Samuel, 4032B. W. 1825. Inv. 1825.
Lane, Albert, 7685B. W. 1888. Inv. 1889.
Lane, Henry, 582B. B. H, p. 366. W. 1763.
Lanehart, Jacob, 4368B. Inv. 1832.
Lang, John, 7994B. W. 1891.
Lang, John R., 4485B. W. 1834. Inv. 1835.
Lannigan, William, 8823B. W. 1897.
Lansing, Gerret G., 3598B. W. 1813. Inv. 1814.
Lansing, Mary, 3843B. W. 1820. Inv. 1820.
Lape, Henry, 3325B. W. 1805. Inv. 1805.
Larkins, Cornelia, 6233B. W. 1872. Inv. 1873.
Larmour, James, 4000B. Inv. 1824.
Laroe, Abraham, 1405B. B. 25, p. 355. Int. 1783.
Laroe, Henderik, 479B. B. H, p. 55. W. 1761.
Laroe, James, 79B. B. B, pp. 439, 440, &c. W. 1730.
Laroe, Samuel, 686B. B. 4, p. 67. W. 1765.
Larsen, Valentine, 8386B. Inv. 1894.
Larue, Henry, 4430B. W. 1833. Inv. 1833.
Larue, John, 4920B. W. 1845.
Last, Adrian, 7995B. W. 1891. Inv. 1891.
Latour, Isidor P., 7506B. W. 1886.
Lauer, Maria, 8518B. W. 1895.
Lauerman, Barbara, 7029B. W. 1881.
Lauerman, Malchor, 7030B. W. 1881.
Lauterbach, Frederick, 8939B. W. 1898.
Lawback, John, 5619B. W. 1862. Inv. 1862.
Lawless, Margaret, 8940B. W. 1898. Inv. 1898.
Lawrence, Stephen, 5275B. W. 1854. Inv. 1854.
Lawson, Sarah J., 7597B. W. 1887.
Lawton, Jennie, 8519B. W. 1895.
Lazear, Johannis, 1070B. B. L, p. 180. W. 1774.
Lazier, John, 1513B. B. M, p. 278. Int. 1784.
Lazier, Mary, 3072B. Wd. 1800.
Lazier, Nicholas, 2109B. B. 32, p. 533, &c. W. 1791.
Lazier, Nicholas, 692B. B. G, p. 419. W. 1761. Inv. 1765.
Leary, Ellen, 7508B. Inv. 1887.
Leary, Patrick, 8670B. W. 1896.
Ledwith, James, 8387B. W. 1894.
Leggett, Abraham, 9276B. Inv. 1900.
Lee, William, Sr., 4215B. W. 1829. Inv. 1831.
Lehman, Kunigunda, 8103B. Inv. 1892.
Lehnert, Christian, 7507B. Inv. 1886.
Leive, Henry, 8388B. W. 1894.
Le Maire, Susana, 5578B. W. 1861. Inv. 1862.
Lemarie, Emile M., 8941B. Inv. 1898.
Lemoine, Joseph, 4582B. Inv. 1836.
Lench, Margaret, 7220B. W. 1883.
Lennon, John N., 9106B. W. 1899.
Lestrange, Edward, 6078B. Inv. 1870.
Leswing, Theobold, 6466B. W. 1875.
Letson, Sarah M., 9277B. W. 1900.
Letson, William W., 8235B. W. 1893.
Levien, Frederick A., 8520B. W. 1895.
Lewis, Abraham, 4635B. Inv. 1837.

Lewis, Catharine, 6556B. Inv. 1876.
Lewis, Ebenezer, 4696B. Inv. 1838.
Lewis, George, 7317B. Inv. 1884.
Lewis, Henry, 6151B. W. 1871. Inv. 1871.
Lewis, Martha, 9278B. W. 1900.
Leydecker, Abraham, 1013–1027B. B. K, p. 446, &c. W. 1773.
Leydecker, Elizabeth, 1515B. B. M, p. 246. W. 1784.
Leydecker, Gerret, 3367B. W. 1806. Inv. 1807.
Leydecker, Ryck, 708B. B. H, p. 635. W. 1766.
Lias, Laurent, 5793B. Inv. 1865.
Liens, Coonrad, 850B. B. K, p. 137. W. & Cod. 1769.
Light, Peter, 2113B. B. 32, p. 530, &c. W. 1791.
Light, Peter, 3185B. Inv. 1794.
Lihou, Charles H., 8942B. W. 1898.
Lindemann, William L., 9108B. W. & Cod. 1899. Inv. 1899.
Lindsley, Charles H., 9107B. W. 1899.
Lindsley, Silvia A., 8521B. W. 1895.
Lines, Abraham, 3844B. W. 1820. Inv. 1820.
Lines, Abraham, 4636B. Inv. 1837.
Lines, Abraham C., 3551B. W. 1812. Inv. 1812.
Lines, Conrad, 4765B. W. 1840. Inv. 1840.
Lines, John, 1791B–1795B. B. 29, p. 531, &c. W. 1787. Inv. 1787.
Lines, Peter, 2407B. B. 35, p. 49. W. 1794.
Lingo, John H., 4765B. W. 1840. Inv. 1840.
Link, Andrew, 8389B. W. 1894. Inv. 1894.
Linkroum, David, 7996B. Inv. 1891.
Linkroum, Garret, 7997B. W. 1891. Inv. 1891.
Linn, Margaret A., 8824B. W. 1897.
Litchholt, Garret, 4369B. W. 1832. Inv. 1832.
Litchholt, John, 4259B. Inv. 1830.
Litchholt, John G., 4583B. Inv. 1836.
Litchhult, Martin, 7599B. W. 1887. Inv. 1887.
Litchhutt, Susannah, 5155 B. W. 1851. Inv. 1851.
Litchult, Caroline, 8943B. W. 1898.
Litchult, Garret, 8522B. Inv. 1895.
Lochmann, Peter, 8104B. Inv. 1892.
Lockstaedt, Adolphus, 7777B. W. 1889.
Lockstaedt, Regina, 8671B. W. & Cod. 1896.
Lockwood, Jane, 6467B. W. 1875. Inv. 1875.
Lockwood, Lawrance, 5961B. W. 1868. Inv. 1868.
Lockyer, Catharine, 7417B. W. 1885. Inv. 1885.
Lombard, Rosanna M., 7508B. Inv. 1886.
Loots, Johannis, 612B. B. H, p. 447. W. 1764.
Loots, Johannis, 788B. Inv. 1768.
Loots, John, 226B. B. D, p. 239, &c. W. 1744.
Loots, Paul, 575B. B. H, p. 392. W. 1763.
Loots, Paul, 616B. Inv. 1763.
Lord, Mary A., 8672B. W. 1896.
Lorillard, Fream, 8391B. W. 1894.
Lott, Gertrude, 4260B. W. 1830. Inv. 1830.
Lottermann, Anton, 8390B. W. 1894.
Lounsbery, George H., 7884B. Inv. 1890.
Lovett, John, Jr., 5739B. Inv. 1864.
Low, Charles H., 6851B. W. 1879. Inv. 1879.
Low, Cornelius, 3807B. Inv. 1819.
Lowder, Robert, 4163B. W. 1828. Inv. 1828.
Lowe, Mary, 6946B. Inv. 1880.
Lowe, Metta, 6852B. Inv. 1879.
Lowther, Sarah, 7885B. W. 1890. Inv. 1890.

Lozer, Hellebrant, 235B. Grd. 1745.
Lozer, Hellebrant, 589B. B. H, p. 315. W. 1763. Int. 1763. Inv. 1763.
Lozier, Abraham, 3237B. B. 40, p. 106. W. 1802.
Lozier, Abraham, 5023B. Inv. 1848.
Lozier, Abram A., 7998B. W. 1891.
Lozier, Catharine, 7418B. Inv. 1885.
Lozier, Cornelius, 3672B. W. & Cod. 1815. Inv. 1815.
Lozier, David, 3673B. W. 1815. Inv. 1816.
Lozier, Elizabeth, 8105B. Inv. 1892.
Lozier, George, 4120B. Inv. 1827.
Lozier, George, 5856B. Inv. 1866.
Lozier, Harriet, 4119B. Inv. 1827.
Lozier, Jacob, 3277B. B. 40, p. 392. W. 1803. Inv. 1803.
Lozier, Jacob, 5446B. W. 1858. Inv. 1858.
Lozier, Jacob, 6014B. Inv. 1869.
Lozier, Jacob G. H., 7120B. W. 1882. Inv. 1882.
Lozier, Jacob J., 7778B. Inv. 1889.
Lozier, John, 3326B. Inv. 1805.
Lozier, John, 3921B. W. 1822. Inv. 1822.
Lozier, John, 4261B. Inv. 1827.
Lozier, John, 5364B. W. 1856. Inv. 1856.
Lozier, John, 7419B. W. 1885. Inv. 1885.
Lozier, John, Jr., 5233B. W. 1853. Inv. 1853.
Lozier, John S., 6152B. W. 1871. Inv. 1871.
Lozier, Jost, Sr., 3920B. W. 1822. Inv. 1822.
Lozier, Leah, 4431B. W. 1833. Inv. 1833.
Lozier, Mary, 4733B. Inv. 1839.
Lozier, Nicholas, 229B. Ren. 1745.
Lozier, Nicholas, John, Eleanor, 3075B. B. 38, p. 539. Wds. 1800.
Lozier, Nicholas, 4121B. W. 1827. Inv. 1828.
Lozier, Peter, 599B. Ren. 1767.
Lozier, Peter, 752B. B. I, p. 206. W. 1767.
Lozier, Peter, 4033B. W. 1825. Inv. 1825.
Lozier, Peter A., 7600B. W. 1887.
Lozier, Pieter, 3640B. W. 1814. Inv. 1814.
Lozier, Sarah, 6153B. W. 1871. Inv. 1871.
Lozier, Stephen, 7601B. W. 1887. Inv. 1887.
Lozier, Stephen, 8392B. Inv. 1894.
Lozier, Stephen, 8944B. Inv. 1898.
Lubbersen, John, 7318B. W. 1884. Inv. 1885.
Lüders, Emil, 6853B. W. 1879. Inv. 1879.
Ludlam, Anthony, 4164B. W. 1828. Inv. 1828.
Luers, Henry, 6015B. W. 1869.
Luke, William H., 8673B. Inv. 1896.
Lundstrom, Nils J., 9279B. W. 1900.
Lurz, Joseph, 6392B. Inv. 1874.
Lusk, David T., 6079B. W. 1870.
Lusk, Thomas T., 5123B. Inv. 1850.
Lutkins, Abraham, 8523B. W. 1895.
Lutkins, Andrew, 7319B. W. 1884. Inv. 1884.
Lutkins, Getty, 5404B. W. 1857. Inv. 1857.
Lutkins, Harman, 4637B. Inv. 1837.
Lutkins, Harme, 962B–966B. B. K. p. 402. W. 1772. Inv. 1772.
Lutkins, Herman, Jr., 3808B. Inv. 1819.
Lutkins, John, 4697B. Inv. 1838.
Lutkins, John, 8393B. W. 1894. Inv. 1894.
Lutkins, Peter, 4165B. W. 1828. Inv. 1828.
Lutkins, Peter, 7420B. W. 1885. Inv. 1885.
Lydacker, Garret A., 4001B. W. 1824. Inv. 1824.
Lydecker, Abraham, 4799B. Inv. 1841.
Lydecker, Abraham, 7421B. W. 1885. Inv. 1885.
Lydecker, Cornelius, 1168B–1172B. B. 22, p. 93. W. 1784. Inv. 1784.
Lydecker, David, 5672B. W. 1863. Inv. 1863.
Lydecker, Eliza Ann, 7320B. W. 1884.

Lydecker, Garret, 5024B. W. 1848. Inv. 1848.
Lydecker, Garret A., 7686B. W. 1888. Inv. 1888.
Lydecker, Garret D., 5579B. Inv. 1861.
Lydecker, Garret J., 7031B. W. 1881. Inv. 1881.
Lydecker, James, 4002B. W. 1824. Inv. 1824.
Lydecker, John, 5077B. W. 1849. Inv. 1849.
Lydecker, John R., 8524B. W. 1895.
Lydecker, Julia K., 9109B. W. 1899.
Lydecker, Maria, 4849B. W. 1843. Inv. 1843.
Lydecker, Maria D., 8394B. W. & Cod. 1894. Inv. 1894.
Lyell, Catharine, 7032B. W. 1881. Inv. 1882.
Lyell, John H., 7033B. W. & Cod. 1881. Inv. 1881.
Lyle, George, 6854B. Inv. 1879.
Lyman, George D., 7779B. Inv. 1889.
Lyman, Joseph, 7121B. W. 1882.
Lynch, James L., 9280B. W. 1900.
Lyne, Conrad, 135B–137B. Int. 1738. Inv. 1738.
Lynn, Abraham, 938B. B. K, p. 346. W. 1771.
Lyon, Aaron, 4432B. Inv. 1833.
Lyon, Enos, 4282B. Inv. 1830.
Lyon, Justus, 901B. Int. 1770.
Lyon, Thomas, 3959B. W. 1823.
Lyons, Bridget, 6309B. W. 1873.
Lyons, Charles, 8825B. W. 1897.
Lyons, Charles H., 8236B. Inv. 1893.
Lyons, Henry, 6650B. Inv. 1877.
Lyons, Kate, 9281B. W. 1900.
Lyons, Lawrence, 5962B. Inv. 1868.
Lyons, Samuel, 4433B. W. 1833. Inv. 1833.
Lynt, Dennis, 3878B. W. 1821.

Maass, F. William, 7422B. W. 1885. Inv. 1885.
Mabie, Cornelius, 6651B. W. 1877. Inv. 1877.
Mabie, Cornelius P., 9110B. W. 1899.
Mabie, Frederick B., 6557B. W. 1876. Inv. 1876.
Mabie, Harriet, 5740B. Inv. 1864.
Mabie, Henry, 4997B. Inv. 1847.
Mabie, Isaac, 4535B. W. 1835. Inv. 1835.
Mabie, John, 8106B. W. 1892. Inv. 1892.
Mabie, Peter, 3960B. W. 1823. Inv. 1823.
Mabye, Jasper, 3432B. W. 1808. Inv. 1808.
Mabye, Peter, 2829B–2833B. B. 36, p. 451. W. 1797. Inv. 1797.
MacDonald, David, 7221B. W. & Cod. 1883. Inv. 1883.
Macdonald, Jane D., 8237B. W. 1893.
Macdonald, Thomas, 3599B. W. 1813.
MacDonald, William H., 8826B. W. 1897.
Machauer, Alois, 7687B. W. 1888.
Machett, Mary, 3961B. Inv. 1823.
Machett, Peter, 7222B. W. & Cod. 1883. Inv. 1883.
Mack, William, 7423B. W. 1885.
Mackay, Donald, 8674B. Inv. 1896.
Mackay, Walter W., 8575B. Inv. 1896.
Macken, James, 4486B. W. 1834. Inv. 1834.
Mackie, Jacob, 6652B. W. 1877. Inv. 1877.
Mackrel, John, 3600B. Inv. 1813.
MacManus, John, 6855B. Inv. 1879.
Magelson, Tadus, 1074B–1078B. B. I., p. 126. W. 1774. Int. 1774.
Magher, Michael, 6310B. W. 1873. Inv. 1873.
Magill, Robert, 6856B. Inv. 1879.
Mahoney, Denis J. O., 6080B. W. 1870.
Mallinson, Henry, 8676B. W. 1896.
Mallon, Patrick, 9111B. W. 1899.

Mead, Giles, 2558B. B. 33, p. 358, &c. Int. 1795.
Mead, Gilbert H., 6471B. Inv. 1875.
Mead, Henry, 3641B. W. 1814. Inv. 1815.
Mead, John, 239B. Inv. 1745.
Mead, John, 854B. B. K, p. 95. W. 1769.
Mead, John P., 3963B. Inv. 1823.
Mead, Peter, 2103B. B. 32, p. 520. W. 1791.
Mead, Pyeter, 244B–247B. B. E, p. 437, &c. W. 1747. Ren. 1749.
Mebie, Ysaac, 4535B. W. 1835. Inv. 1835.
Meeker, Elizabeth, 4768B. W. 1840. Inv. 1840.
Meeker, Uzal, 4217B. Inv. 1829.
Meginnis, John F., 8949B. W. 1898.
Mehan, Thomas, 6236B. W. 1872. Inv. 1872.
Mehrhof, Margaret, 8680B. Inv. 1896.
Mehrhof, Nicholas, Jr., 9117B. Inv. 1899.
Meier, Henry, 5405B. W. 1857. Inv. 1857.
Meier, Hermannus, 2096B. B. 32, p. 535, &c. W. & Cod. 1791.
Meister, John C., 8681B. W. 1896. Inv. 1897.
Meister, John C., 9289B. W. 1900. Inv. 1900, -1901.
Mellenot, Elenor, 650B. B. H, p. 580. W. 1765.
Mellows, David, Jr., 3208B. B. 39, p. 231. Int. 1801.
Mellows, David H., 3368B. W. 1806. Inv. 1806.
Mergenthaler, Margarette, 9288B. W. 1900.
Merkel, Frederick, 6656B. W. 1877. Inv. 1877.
Merseker, Mary, 4921B. Inv. 1845.
Merseles, Elizabeth, 3100B. B. 39, p. 178. W. 1800.
Merseles, Merseles, 3100B. B. 39, p. 178. W. 1800.
Merseles, Merseles I., 4639B. W. 1837. Inv. 1837.
Merseles, Peter, 4373B. W. 1832. Inv. 1832.
Merselis, Edo C., 4487B. Inv. 1834.
Mesenger, Michael, 5196B. W. 1852. Inv. 1852.
Messenger, Hannah A., 7691B. W. 1888, 1900.
Messenger, John S., 9290B. W. 1900. Inv. 1900.
Meyer, Aard, 8950B. W. 1898. Inv. 1898.
Meyer, Cord H., 8397B. W. 1894, 1898. Inv. 1894.
Meyer, Cornelius, 2307B–2311B. B. 33, p. 146, &c. W. 1793. Int. 1793.
Meyer, Frederick R., 7035B. Inv. 1881.
Meyer, Louis, 6396B. W. 1874. Inv. 1874.
Meyers, Charles, 8244B. W. 1893.
Meyers, John H., 6082B. W. 1870. Inv. 1870.
Michelar, Lewis, 5156B. W. 1851. Inv. 1851.
Micheler, John, 3676B. W. 1815. Inv. 1815.
Michielse, Enoch, 43B. W. 1720.
Mickler, John, 4537B. W. & Cod. 1835. Inv. 1835.
Mieding, Carl F. C., 8246B. Inv. 1893.
Miesegaes, John, 8682B. W. 1896.
Miles, Henry G., 6561B. Inv. 1876.
Millane, Bridget, 9118B. W. 1899. Inv. 1899.
Miller, Catharine, 5582B. W. 1861. Inv. 1861.
Miller, Catharine, 7606B. Inv. 1887.
Miller, Christian, 5531B. W. 1860. Inv. 1860.
Miller, Christopher, 8245B. W. 1893.
Miller, Ezra, 7424B. W. 1885. Inv. 1885.
Miller, Israel, 4123B. W. 1827. Inv. 1827.
Miller, Joast, 3737B. Inv. 1817.
Miller, John, 5532B. Inv. 1860, 1876.
Miller, John, 7607B. W. 1887. Inv. 1883.

Miller, Joseph B., 7323B. Inv. 1884.
Miller, Livington K., 6657B. W. 1877. Inv. 1877.
Miller, Mary E., 9291B. W. 1900.
Mills, Agnes B., 8526B. W. 1895.
Mills, Francis J., 6562B. Inv. 1877.
Milspaugh, John S., 7888B. Inv. 1890.
Minns, William, 6858B. W. 1879. Inv. 1879.
Mitchel, Charles, 4488B. Inv. 1834.
Mix, Ella W. W., 8951B. W. 1898.
Moelter, Joseph, 7324B. W. 1884. Inv. 1884.
Mohns, Julia, 8003B. W. 1891.
Mohrhardt, Anton, 7223B. W. 1883.
Molen, William, 2708B–2710B. B. 36, p. 461. Int. 1797. Inv. 1797.
Molloy, Catharine, 7781B. W. 1889.
Monaghan, Owen, 8108B. W. 1892.
Monfort, Mary E., 8952B. W. 1898. Inv. 1898.
Monroe, Angus, 3845B. W. 1820. Inv. 1820.
Monroe, Daniel, 4374B. Inv. 1832.
Monroe, Sarah, 8829B. W. 1897.
Montague, Ebenezer, 6859B. Inv. 1879.
Montonye, Abraham, 3209B. B. 39, p. 229. W. & Cod. 1801. Inv. 1801.
Montanye, Henry, 4734B. W. 1839. Inv. 1839.
Montgomery, Caroline, 8398B. W. 1894.
Moore, Abraham S., 4218B. W. 1829. Inv. 1829.
Moore, Anna F., 9119B. W. 1899. Inv. 1899.
Moore, Benjamin P., 6313B. W. 1873. Inv. 1873.
Moore, Clara F., 7782B. W. 1889.
Moore, David, 7692B. W. 1888. Inv. 1888.
Moore, Eliza, 5620B. W. 1862. Inv. 1865.
Moore, Elizabeth, 8953B. W. 1898.
Moore, Ellen, 8527B. W. & Cod. 1895. Inv. 1895.
Moore, Fanny, Rachel, 1728B. B. 29, p. 224. Wds. 1786.
Moore, Francis, 451B. B. G, p. 284. W. 1760. Inv. 1760.
Moore, George H., 5673B. Inv. 1863.
Moore, Hannah, 9120B. W. 1899. Inv. 1899.
Moore, Harry, 6016B. W. 1869. Inv. 1869.
Moore, Helma, 1726B. B. 29, p. 224. Wd. 1786.
Moore, Henry T., 6017B. Inv. 1869.
Moore, Jacob, 1724B. B. 29, p. 224. Grd. 1786.
Moore, Jacob J., 5320B. W. 1855. Inv. 1855.
Moore, Jane, 5621B. Inv. 1862.
Moore, Jane, 6157B. W. 1871. Inv. 1871.
Moore, Jane A., 5674B. Inv. 1863.
Moore, John, 4317B. W. 1831. Inv. 1831.
Moore, John, 4959B. W. 1846. Inv. 1846.
Moore, John C., 5857B. Inv. 1866.
Moore, John H., 8954B. W. 1898.
Moore, John L. (V.) K., 6158B. Inv. 1871.
Moore, John M., 3922B. Inv. 1822.
Moore, Lewis, 4850B. W. & Cod. 1843. Inv. 1843.
Moore, Lewis, 5675B. Inv. 1863.
Moore, Louisa, 8247B. Inv. 1893.
Moore, Mary, 5905B. W. 1868. Inv. 1868.
Moore, Mary, 6860B. Inv. 1879.
Moore, Peter D., 8955B. W. 1898. Inv. 1898.
Moore, Phebe A., 6159B. Inv. 1871.
Moore, Samuel, 3369B. W. 1806. Inv. 1806.
Moore, Samuel, 3492B. W. 1810. Inv. 1810.
Moore, Samuel S., 7325B. W. 1884. Inv. 1884.

Moore, Samuel T., 1730B. B. 29, p. 224. Grd. 1786.
Moore, Sarah, 4800B. Inv. 1841.
Moore, Sarah, 6949B. Inv. 1880.
Moore, Siney, 7512B. W. 1886. Inv. 1886.
Moore, Thomas, 1639B-1643B. B. 27, p. 489. Int. 1785. Inv. 1785.
Moore, Thomas J., 5197B. W. 1852. Inv. 1852.
Moore, Thomas S., 4489B. Inv. 1834.
Moore, William, 3774B. Inv. 1818.
Moore, William M. P., 5277B. W. 1854. Inv. 1854.
Morffet, Frederick W., 7780B. W. 1889.
Morgan, Morgan, 4003B. W. 1824.
Morice, Henry P., 7608B. Inv. 1887.
Morrin, Cornelius, 794B. B. I, p. 262. W. 1768.
Morris, Gouveneur, 3738B. W. & Cod. 1817.
Morris, John, 6472B. Inv. 1875.
Morris, Joseph, 121B-129B. B. C, p. 40. W. 1735. Inv. 1735.
Morris, Joshua, 3739B. W. 1817. Inv. 1817.
Morris, Margaret, 5794B. Inv. 1865.
Morrison, Alexander, 4034B. W. 1825. Inv. 1825.
Morrison, William A., 4219B. Inv. 1829.
Morrow, George, 6950B. W. 1880. Inv. 1880.
Morrow, Rebecca, 8528B. W. 1895.
Morsch, John, 8248B. W. 1893.
Morse, James O., 7224B. Inv. 1883.
Morse, Joseph, 3775B. W. 1818. Inv. 1818.
Mortimer, Campbell, 8249B. W. 1893.
Morton, William D., 5858B. Inv. 1866.
Moses, Dorothy, 7513B. Inv. 1886.
Mosley, Alfred, 8250B. W. 1893. Inv. 1893.
Moss, Benjamin, 3923B. W. 1822. Inv. 1822.
Mourison, James, 4035B. W. 1825. Inv. 1825.
Mowerson, Abraham, 3554B. Inv. 1812.
Mowerson, Abraham, 8399B. W. 1894. Inv. 1894.
Mowerson, Elizabeth, 5906B. W. 1867. Inv. 1867.
Mowerson, Jacob P., 5795B. W. 1865. Inv. 1865.
Mowerson Jane, 7225B. W. 1883. Inv. 1883.
Mowerson, John, 6314B. W. 1873. Inv. 1873.
Mowerson, Peter, 5078B. W. 1849. Inv. 1849.
Mowerson, Peter J., 5278B. Inv. 1854.
Mowerson, Peter P., 5533B. Inv. 1860.
Mowerson, Rachel, 8251B. W. 1893. Inv. 1893.
Mowerson, Rachel, 9121B. W. & Cod. 1899. Inv. 1899.
Mowreson, James, 6747B. W. 1878. Inv. 1878.
Muchmore, Arianna F., 7609B. W. 1887.
Muchmore, William B., 7126B. Inv. 1882.
Muisinger, Nicholas, 756B. Int. 1767.
Mulford, Jonathan, 3677B. Inv. 1815.
Mulholland, Bernard, 8252B. Inv. 1893.
Mulholland, Margaret M., 8004B. Inv. 1891.
Muller, Dina, 9122B. W. 1899.
Müller, Emil, 7226B. W. 1883. Inv. 1883.
Müller, Jacob P., 7125B. W. 1882.
Müller, Peter, 7610B. W. 1887.
Mulligan, Mary, 5365B. Inv. 1856.
Mulligan, William, 5534B. W. 1860. Inv. 1860.
Mulligan, William, 7784B. W. 1889.
Munn, Jane, 7693B. W. 1888. Inv. 1888.
Munn, Samuel, 7227B. W. 1883. Inv. 1883.
Munroe, Edmund S., 9123B. W. 1899.

Munroe, Sarah S., 6746B. W. 1878, 1881. Inv. 1878.
Murphy, Bridget, 6861B. W. 1879. Inv. 1879.
Murphy, Eliza, 8400B. W. 1894.
Murphy, John, 5676B. W. 1863.
Murphy, Mary, 6473B. Inv. 1875.
Murphy, Patrick, 6397B. W. 1874. Inv. 1874.
Murray, Abbie B., 7038B. W. 1881. Inv. 1881.
Murray, Bernard, 8005B. W. 1891.
Murray, Edward, 5966B. W. 1868. Inv. 1868.
Murray, Peter, 8109B. W. 1892.
Murray, Peter, 8956B. W. 1898.
Mussmann, Henry, 8683B. W. 1896.
Muysinger, Conrad, 1732B-1734B. B. 29, p. 223. Int. 1786. Inv. 1786.
Muysinger, Nicholas, 3327B. W. 1805. Inv. 1805.
Muysinger, Peter, 3370B. W. 1806. Inv. 1806.
Myer, Abraham, 1519B-1523B. B. M, p. 265. W. 1784. Inv. 1784.
Myer, Garret, 5535B. W. & Cod. 1860. Inv. 1860.
Myer, Johanes, 345B-347B. B. F, p. 271. W. 1755. Inv. 1755.
Myer, John, Sr., 5366B. W. 1856. Inv. 1856.
Myerhoff, John, 6018B. W. 1869. Inv. 1869.
Myers, Abraham G., 6398B. W. 1874. Inv. 1874.
Myers, David, 4735B. W. 1839. Inv. 1839.
Myers, David J., 9124B. W. 1899.
Myers, Isaac D., 6658B. Inv. 1877.
Myers, John C., 7514B. W. 1886.
Myers, Martin, 4769B. W. 1840. Inv. 1840.
Myers, Martin M., 5583B. W. 1861. Inv. 1861.
Myers, Thomas, 5796B. W. 1865. Inv. 1865.
Myres, Martin T., 7515B. W. 1886. Inv. 1886.

Nadernau, Theodore, 8957B. W. 1898.
Nafee, Garrit, 3964B. W. 1823.
Nagel, Henderik, 3371B. W. & Cod. 1806. Inv. 1806.
Nagel, Johannes, 3520B. W. 1811. Inv. 1811.
Nally, Elizabeth, 8830B. W. 1897.
Naman, Peter, 6474B. W. 1875. Inv. 1875.
Nau, Ann Elizabeth, 6951B. W. 1880.
Naugle, Barney, 4490B. W. 1834. Inv. 1834.
Naugle, Bernard, 5859B. W. 1866. Inv. 1866.
Naugle, David, 4318B. W. 1831. Inv. 1831.
Naugle, David B., 7127B. Inv. 1882.
Naugle, Debby, 6952B. Inv. 1880.
Naugle, Garret, 3776B. W. 1818. Inv. 1818.
Naugle, Henry, 4220B. W. 1829. Inv. 1829.
Naugle, Henry I., 3777B. Inv. 1818.
Naugle, Henry I., 4263B. Inv. 1830.
Naugle, Hester, 5860B. Inv. 1866.
Naugle, Hildebrant, 9125B. Inv. 1899.
Naugle, Isaac, 3372B. W. 1806. Inv. 1806.
Naugle, John D., 4801B. W. 1841. Inv. 1841.
Naugle, John I., 4036B. Inv. 1825.
Naugle, Rachel, 5741B. W. 1864. Inv. 1864.
Naugle, Resolvert, 5967B. W. 1868. Inv. 1868.
Neafie, John, 3740B. W. 1817.
Neate, William, 3238B. B. 40, p. 189. Int. 1802.
Neddermann, Friederika H., 7425B. W. 1885. Inv. 1885.
Needham, Catharine, 3710B. W. 1816. Inv. 1816.
Needham, William, 3407B. W. 1807.

Neff, Angelus, 6749B. W. 1878. Inv. 1878.
Neff, Catharine, 7426B. Inv. 1885.
Nefies, Garret, 336B. Int. 1754.
Neighmond, Margaret, 8401B. Inv. 1894.
Neighmond, Margaret, Sr., 7785B. W. 1889.
Nelson, Mary, 7889B. W. 1890.
Newcomb, Charles, 6237B. W. 1872. Inv. 1872.
Newcomb, Colin G., 6238B. W. 1872. Inv. 1872.
Newcomb, Elizabeth P., 8529B. W. 1895.
Newkirk, Ann, 3879B. Inv. 1821.
Newkirk, Garret, 4375B. W. 1832. Inv. 1832.
Newkirk, Garret J., 3809B. Inv. 1819.
Newkirk, Hendrick, 3521B. W. 1811. Inv. 1811.
Newkirk, Jacob, 3778B. W. 1818. Inv. 1818.
Newkirk, John M., 6083B. Inv. 1870.
Newkirk, Matthew, 6315B. W. 1873. Inv. 1873.
Newkirk, Matthew P., 3810B. Inv. 1819.
Newland, Adrian, 7611B. W. 1887.
Newton, Charles W., 6160B. W. 1871. Inv. 1871.
Newton, Isaac, 5742B. W. 1864.
Nexsen, John, 4585B. Inv. 1836.
Nichols, Ekin, 6563B. W. 1876. Inv. 1876.
Nicholson, Mary M., 8958B. W. 1898.
Nicholson, Mary P., 8684B. W. 1896.
Nicolaisen, Josephine, 6084B. W. 1870. Inv. 1870.
Nicoll, Deborah, 3408B. W. & Cod. 1807.
Nicoll, Euphemia, 3880B. Inv. 1821.
Nicoll, Isaac, 3328B. W. 1805. Inv. 1805.
Nicoll, Walter D., 3409B. W. 1807.
Nicoll, William, 3433B. W. 1808. Inv. 1808.
Nielson, James J., 8685B. Inv. 1896.
Niepoth, John H., 5907B. Inv. 1867.
Nitzsche, Otto S., 6239B. Inv. 1872.
Niven, Thornton M., 8530B. W. 1895. Inv. 1895.
Nix, John, 3678B. W. 1815. Inv. 1815.
Norman, Catharine, 7128B. Inv. 1882.
Normon, John S., 4640B. W. 1837. Inv. 1837.
Norris, Pamelia, 7694B. W. 1888.
Norrish, James W., 8832B. W. 1897. Inv. 1897.
Nortgnagle, Phillipp, 6953B. W. 1880.

Oakley, Alfred, 8110B. W. 1892.
Oakley, Fanning T., 6750B. W. & Cod. 1878. Inv. 1878.
Oblenis, Garret, 6399B. W. 1874. Inv. 1874.
Oblenis, John, 6400B. Inv. 1874.
Ohlinger, Peter, 8254B. W. 1893.
O'Brian, Charles A., 3522B. Inv. 1811.
Ochs, Andrew, 7890B. W. 1890. Inv. 1890.
Ochs, John, 8531B. W. 1895.
Ochs, Joseph, 9292B. W. 1900.
Odell, William H., 7326B. Inv. 1884.
Oehler, John F., 6316B. Inv. 1873.
Ogden, Jacob, 4074B. Inv. 1826.
Ogden, James D., 3239B. B. 40, p. 141. Wd. 1802.
Ogden, William, 4037B. Inv. 1825.
Ogden, William, 8253B. W. 1893.
Ogilby, Robert, 3965B. W. 1823. Inv. 1823.
O'Hanlon, Patrick, 4004B. W. 1824. Inv. 1824.
Olden, Obadiah, 5321B. W. 1855. Inv. 1855.
Older, Margaret, 6475B. Inv. 1875.
Oldis, Benjamin G., 5322B. W. 1855.
Oldis, Garret, 4264B. W. 1830. Inv. 1830.
Oldis, Garret, 6751B. W. 1878. Inv. 1878.

Oldis, Garret G., 8111B. W. 1892. Inv. 1892.
Oldis, John G., 7129B. W. & Cods. (3) 1882. Inv. 1882.
Oliver, Hugh, 3881B. Inv. 1821.
Oliver, James, 5323B. Inv. 1855.
Oliver, William, 5448B. W. 1858. Inv. 1858.
Oltar, John, 8686B. W. 1896.
Onderdonk, Daniel, 8532B. W. 1895.
Onderdonk, Rem, 4434B. Inv. 1833.
Onderdonk, Ursula, 8112B. W. 1892.
O'Neil, Michael, 6317B. W. 1873. Inv. 1873.
O'Niell, Catharine, 6659B. W. 1877. Inv. 1877.
Oothout, Abraham, 2473B. B. 35, p. 70. Grd. 1794.
Oothout, Abraham, 2467B. B. 35, p. 71, &c. Grd. 1794.
O'Rourke, George, 8411B. Inv. 1894.
Orser, John, 6085B. W. 1870. Inv. 1870.
Osborn, Catharine H., 8006B. W. 1891.
Osborn, Charles, 1080B. Grd. 1774.
Osborn, Garrit A., 7228B. W. 1883. Inv. 1883.
Osborn, Samuel, 4538B. Inv. 1835.
Osborn, Thomas, 4586B. Inv. 1836.
Osborn, William, 7695B. Inv. 1888.
Osborne, John, 4802B. W. 1841. Inv. 1841.
Osburn, Catharine, 5235B. W. 1853. Inv. 1853.
Ostler, John, 7696B. W. 1888.
Ostler, Susan, 8402B. W. 1894.
Ostrander, Elizabeth S., 6019B. W. 1869. Inv. 1869.
Otloh, Francis H., 5124B. W. 1850. Inv. 1850.
O'Toole, Edward J., 9293B. W. 1900.
O'Toole, Patrick, 9126B. W. 1899.
Otten, Lütje, 7786B. W. 1889.
Outwater, Elizabeth, 2645B. B. 35, p. 347. Int. 1796.
Outwater, George, 7891B. W. 1890.
Outwater, Henry, 7612B. W. 1887. Inv. 1887.
Outwater, Jacob, 2212B. B. 34, p. 18. Wd. 1792.
Outwater, Jacob, 2909B. B. 37, p. 283. W. 1798.
Outwater, Jacob, 5622B. W. 1862. Inv. 1862.
Outwater, Jacob, 7892B. W. & Cod. 1890. Inv. 1890.
Outwater, James, 4166B. W. 1828. Inv. 1828.
Outwater, John, 2562B. B. 33, p. 359. Grd. 1795.
Outwater, John, 3966B. W. & Cod. 1823. Inv. 1823.
Outwater, John H., 7039B. W. 1881.
Outwater, John P., 7327B. Inv. 1884.
Outwater, John R., 7427B. W. 1885. Inv. 1885.
Outwater, Peter, 5482B. W. 1859. Inv. 1859.
Outwater, Peter R., 6161B. W. 1871. Inv. 1871.
Outwater, Richard, 5449B. W. 1858. Inv. 1858.
Outwater, Thomas, 315B. B. H, p. 557, &c. W. 1763.
Overbaugh, William, 8113B. W. 1892.

Packer, Abraham W., 7787B. Inv. 1889.
Packer, Orsilla, 8959B. W. 1898.
Packer, William J., 5677B. W. 1863. Inv. 1863.
Packer, William W., 9127B. W. 1899. Inv. 1899.
Pake, Martin, 5324B. W. 1855. Inv. 1855.

Pake, Wilmina, 6086B. W. 1870. Inv. 1870.
Palmer, Alphe, 7428B. W. 1885.
Palmer, Edwin P., 7130B. Inv. 1882.
Palmer, Elizebeth, 8007B. W. 1891.
Palmer, James, 5367B. W. 1856.
Palmer, William, 8255B. W. 1893. Inv. 1893.
Pangburn, Jennie, 8833B. W. 1897.
Parcels, Cornelius, 7517B. W. 1886.
Parcels, David, 7613B. W. 1887.
Parcels, Jacob, 6564B. Inv. 1876.
Parcels, Walter, 4378B. Inv. 1832.
Parish, Daniel, 5968B. W. 1868. Inv. 1868.
Park, James, 3679B. W. 1815.
Park, Katharine V. W., 6954B. W. 1880. Inv. 1880.
Parker, Benjamin C. C., 5483B. W. & Cod. 1859. Inv. 1859.
Parker, George B., 8256B. W. 1893.
Parkhurst, Chester, 7131B. W. 1882. Inv. 1882.
Parlaman, John, 4642B. W. 1837. Inv. 1837.
Parlemon, Maria, 5125B. Inv. 1850.
Parsel, Jacob, 4883B. W. 1844. Inv. 1844.
Parsel, Jacob, 5450B. Inv. 1858.
Parsell, Jacob, 4539B. Inv. 1835.
Parsells, Samuel, 6565B. W. 1876. Inv. 1876.
Parsels, Abraham, 4641B. W. 1837. Inv. 1837.
Parsels, John, 4491B. W. 1834. Inv. 1834.
Parsels, William, 5861B. Inv. 1866.
Parsils, Jacob, 8960B. W. 1898.
Parsils, Samuel, 5969B. W. 1868. Inv. 1868.
Parsons, Lucy S., 8257B. W. 1893. Inv. 1894.
Partridge, Elizabeth B., 8834B. W. 1897. Inv. 1897.
Pasco, Charles, Sr., 5368B. W. 1856.
Paterson, John, 361B–363B. Int. 1756. Ren. 1756.
Paton, Eliza Jane, 7040B. Inv. 1881.
Patterson, David P., 6862B. W. 1879. Inv. 1879.
Paulison, James, 6752B. Inv. 1878.
Paulison, John, 4075B. W. 1826. Inv. 1826.
Paulison, John P., 8533B. W. 1895.
Paulison, John R., 6401B. W. 1874. Inv. 1874.
Paulison, Joseph D., 6566B. Inv. 1876.
Paulison, Paul, 4376B. W. 1832. Inv. 1832.
Paulison, Paul, 6240B. Inv. 1872.
Paulison, Paul R., 8008B. W. 1891. Inv. 1891.
Paulison, Richard, 6318B. W. & Cod. 1873. Inv. 1873.
Paulison, Richard R., 5970B. W. 1868.
Paulusson, Jacobus, 3434B. W. 1808. Inv. 1808.
Paulusson, John I., 5236B. W. 1853. Inv. 1853.
Paulusson, Paulus, 4643B. W. 1837. Inv. 1837.
Paustian, Dorathea, 8961B. Inv. 1898.
Paustian, Ernst, 8403B. Inv. 1894.
Pawson, Jane B., 6753B. Inv. 1878.
Payn, Samuel, 4377B. Inv. 1832.
Payne, William, 7516B. W. 1886. Inv. 1886.
Peach, Frederick J., 6660B. Inv. 1877.
Peack, David, 5862B. Inv. 1866.
Peack, Elizabeth, 4319B. W. 1831. Inv. 1831.
Peack, John, 4320B. Inv. 1831.
Peack, Maria S. D., 6020B. Inv. 1869.
Peack, Peter, 6021B. Inv. 1869.
Pearsall, Hannah W., 9128B. W. 1899.
Pearsall, Peter, 5079B. Inv. 1849.

Pearson, Ella M. J., 9294B. W. 1900.
Pease, Luther M., 8009B. W. 1891.
Peck, Charles F., 7893B. W. 1890.
Peck, David, 3410B. W. 1807. Inv. 1807.
Peck, Gideon, 5743B. W. 1864. Inv. 1864.
Peck, Johanes, 2839B–2843B. B. 36, p. 419. W. 1797. Inv. 1798.
Pedrick, Silas, 4435B. W. 1833.
Peek, Daniel, 3811B. W. 1819. Inv. 1819.
Peek, Jacobus, 1131–1142B. B. L, p. 294. W. & Cod. 1775.
Pell, William, 3711B. W. 1816. Inv. 1816.
Pennal, Jennie, 8258B. W. 1893.
Percival, William, 6162B. W. 1871. Inv. 1871.
Periam, Joseph, 1527B. B. 26, p. 419; M, p. 247. W. 1784.
Perkins, Azariah, 5744B. Inv. 1864.
Perkins, Emma, 8534B. Inv. 1895.
Perrie, Daniel, 3846B. W. 1820. Inv. 1820.
Perrine, John, 6402B. W. 1874. Inv. 1874.
Perry, Catharine, 6241B. W. 1872. Inv. 1872.
Perry, Catharine, 9129B. W. 1899. Inv. 1899.
Perry, Daniel D., 4884B. W. 1844. Inv. 1844.
Perry, Daniel P., 4492B. W. 1834. Inv. 1834.
Perry, David, 6163B. W. 1871. Inv. 1871.
Perry, Hannah, 5451B. W. 1858. Inv. 1858.
Perry, Henry, 6754B. W. 1878. Inv. 1878.
Perry, Isaac D., 4960B. W. 1846. Inv. 1846.
Perry, Jacob, 5080B. W. 1849. Inv. 1849.
Perry, John, 8962B. W. 1898.
Perry, John D., 4540B. W. 1835. Inv. 1835.
Perry, John P., 6567B. W. & Cod. 1876. Inv. 1876.
Perry, Magdaline, 5025B. W. 1848. Inv. 1848.
Perry, Margaret, 8404B. W. 1894.
Perry, Peter, 2637B–2641B. B. 36, p. 27. W. 1796. Inv. 1797.
Perry, Peter, 4803B. W. 1841. Inv. 1841.
Perry, Peter, 7228B. W. 1884. Inv. 1884.
Perry, Peter D., 4321B. W. 1831. Inv. 1831.
Perry, Peter J., 6755B. W. 1878. Inv. 1878.
Perry, Peter P., 5797B. W. 1865. Inv. 1865.
Perry, Priscilla, 7697B. W. & Cod. 1888. Inv. 1888.
Persel, Jacob, 2714B. B. 36, p. 449. W. 1797. Ren. 1797.
Persen, Gerard, 6022B. W. 1869. Inv. 1869.
Peters, Henry N., 8963B. W. 1898. Inv. 1898.
Peters, William, 8259B. W. 1893.
Peterse, William, 3189B. Inv. 1796.
Peterson, Abraham, 7132B. W. 1882. Inv. 1882.
Peterson, Abraham C., 3741B. Inv. 1817.
Peterson, Albert A., 6242B. Inv. 1872.
Peterson, Andrew, Albart, 2610B. B. 36, p. 32. Wds. 1796.
Peterson, Ann E., 8835B. W. 1897. Inv. 1897.
Peterson, Barne, 5081B. W. 1849. Inv. 1849.
Peterson, Cornelius, 3555B. W. 1812. Inv. 1812.
Peterson, Elizabeth, 7894B. W. 1890. Inv. 1890.
Peterson, Henry, 8405B. W. 1894. Inv. 1894.
Peterson, James, 6661B. W. 1877. Inv. 1877.
Peterson, John, 3556B. W. 1812. Inv. 1812.
Peterson, John, 5198B. Inv. 1852.
Peterson, John, 4265B. Inv. 1830.
Peterson, John, 8406B. Inv. 1894.
Peterson, John, Helena, 2608B–2616B. B. 36, p. 33. Wds. 1796.

Peterson, John N., 6863B. W. 1879. Inv. 1879.
Peterson, Luke, 3463B. W. 1809. Inv. 1809.
Peterson, Mary C., 8260B. W. 1893. Inv. 1893.
Peterson, Nicholas, 3779B. W. 1818. Inv. 1818.
Peterson, Nicholas, 5745B. W. 1864. Inv. 1864.
Peterson, Nicholas I., 5325B. W. 1855. Inv. 1855.
Peterson, Nicholas T., 7229B. W. 1883. Inv. 1883.
Peterson, Rachel, 6662B. W. 1877. Inv. 1877.
Peterson, Thomas, 5863B. W. 1866. Inv. 1866.
Peterson, Thomas N., 6164B. W. 1871. Inv. 1871.
Peterson, William A., 6756B. W. 1878. Inv. 1878.
Peterson, William B., 5623B. W. 1862. Inv. 1862, 1877.
Peterson, William J., 5536B. Inv. 1860.
Petrey, George, 4322B. Inv. 1831.
Pettigrew, Robert H., 9130B. W. & Cods. 1899.
Phelps, Jeremiah W., 7895B. W. 1890. Inv. 1892.
Phelps, William W., 8407B. W. 1894.
Phillips, Charles A., 8535B. W. 1895.
Phillips, Charlotte, 6864B. Inv. 1879.
Phillips, Wheeler W., 8261B. W. 1893. Inv. 1894.
Phillips, Whitman, 7896B. W. & Cod. 1890.
Phipps, George, 7429B. W. 1885.
Picken, Thomas, 7897B. W. 1890.
Picken, Thomas, Sr., 5279B. W. 1854. Inv. 1854.
Pickens, James, 8687B. W. 1896.
Pierce, John H., 5971B. W. 1868. Inv. 1868.
Pieterse, Jeurie, 1529B. B. M, p. 278. W. 1784.
Pilesfelt, Hannes, Sr., 1198B. B. M, p. 50. W. 1781.
Pinhorn, William, 44B–48B. W. 1720. Inv. 1720.
Pirovano, Charles F., 8688B. W. 1896.
Pirovano, Franziska L., 8836B. W. 1897. Inv. 1897.
Plant, Edward S., 8010B. W. 1891.
Plath, Ernst A., 9131B. W. 1899.
Plympton, George S., 7518B. W. 1886.
Poissonier, Jane W., 8964B. Inv. 1898.
Poland, Edward, 8965B. W. 1898.
Polex, Johanna, 8115B. W. 1892.
Pollon, John, 7788B. W. 1889.
Pond, Benjamin F., 8689B. W. 1896.
Poole, William, 7133B. W. 1882. Inv. 1882.
Poor, Arthur H., 5624B. Inv. 1862.
Poor, Edward E., 9295B. W. & Cod. 1900. Inv. 1901.
Pope, Henry, 4699B. Inv. 1838.
Post, Abraham, 3847B. Inv. 1820.
Post, Abraham, 8262B. W. 1893.
Post, Abraham, 4644B. W. 1837. Inv. 1837.
Post, Abraham A., 8011B. W. 1891. Inv. 1891.
Post, Abraham I., 5026B. Inv. 1848.
Post, Abraham I., 5027B. Inv. 1848.
Post, Abraham R., 6087B. W. 1870. Inv. 1870.
Post, Abram P., 5746B. W. 1864. Inv. 1864.
Post, Adrian, 3373B. W. 1805. Inv. 1805.
Post, Adrian, 3967B. W. 1823. Inv. 1823.

Post, Adrian, 4736B. W. 1839. Inv. 1839.
Post, Benjamin M., 8536B. W. 1895. Inv. 1895.
Post, Casper, 4827B. W. 1842. Inv. 1842.
Post, Catharine, 6865B. W. 1879. Inv. 1879.
Post, Cornelia, 4851B. Inv. 1843.
Post, Cornelius, 2117B. B. 32, p. 555. Grd. 1791.
Post, Cornelius, 3557B. W. 1812. Inv. 1812.
Post, Cornelius, Jr., 5326B. W. 1855. Inv. 1855.
Post, Cornelius C., 5369B. Inv. 1856.
Post, Egbert, 3924B. W. 1822. Inv. 1822.
Post, Elizabeth, 3812B. W. 1819. Inv. 1819.
Post, Elizabeth, 4885B. Inv. 1844.
Post, Garret C., 4436B. W. 1833. Inv. 1833.
Post, Garrit, 3925B. W. 1822. Inv. 1822.
Post, Gerrit, 659B. B. H, p. 577. W. 1765.
Post, Hannah C., 7780B. W. 1889. Inv. 1889.
Post, Harriet A., 6663B. W. 1877. Inv. 1877.
Post, Henry P., 8537B. W. 1895. Inv. 1895.
Post, Isaac, 3642B. W. 1814. Inv. 1814.
Post, Jacob, 4379B. W. 1832. Inv. 1832.
Post, Jacobus, 2871B. B. 37, p. 301. Int. 1798.
Post, Johannis, 1403B. B. 25, p. 263. W. 1783.
Post, John, 2092B–2094B. B. 32, p. 544. Int. 1791. Ren. 1791.
Post, John, 5864B. W. 1866. Inv. 1866.
Post, John, 7898B. W. 1890.
Post, John A., 3643B. Inv. 1814.
Post, John A., 5028B. W. 1848. Inv. 1848.
Post, John Andrew, 6568B. Inv. 1876.
Post, John C., 4804B. W. 1841. Inv. 1841.
Post, John E., 8012B. W. 1891.
Post, John G., 7614B. W. & Cod. 1887. Inv. 1887.
Post, John I., 5865B. W. 1866. Inv. 1866.
Post, John P., 5747B. Inv. 1864.
Post, John R., 6866B. Inv. 1879.
Post, Joseph, 7899B. W. 1890. Inv. 1890.
Post, Julia A., 8538B. W. 1895.
Post, Margaret, 5908B. W. 1867. Inv. 1867.
Post, Maria, 7430B. Inv. 1885.
Post, Maria, 8263B. W. 1893. Inv. 1893.
Post, Mary, 6165B. W. 1871. Inv. 1871.
Post, Mary A., 8690B. W. 1896.
Post, Michael, 3341B. Inv. 1804.
Post, Peter, 1387B. B. 25, p. 349. W. 1783.
Post, Peter, 5484B. Inv. 1859.
Post, Peter, Sr., 1391B–1395B–1397B. B. 23, p. 98. W. 1781.
Post, Peter T., 3017B. Int. 1799.
Post, Rachel J., 6476B. W. 1875. Inv. 1875.
Post, Sarah, 9296B. W. 1900. Inv. 1900.
Post, Theodore, 6569B. W. 1876. Inv. 1876.
Post, Tunis C., 5798B. Inv. 1865.
Post, Zachariah K., 6570B. W. 1876. Inv. 1876.
Powell, Henry, 6166B. W. 1871. Inv. 1871.
Powles, Abraham, 3680B. W. 1815.
Powles, Henry, 3742B. W. 1817. Inv. 1817.
Powles, Jacob, 4587B. W. 1836. Inv. 1836.
Powles, John M., 4961B. W. 1846. Inv. 1846.
Powles, Stephen, 4962B. W. 1846. Inv. 1846.
Powless, Paul, 7900B. W. 1890.
Prange, Randolph C., 8114B. W. 1895.
Pratt, Elisha H., 9297B. W. 1900.
Pratt, Lucy A., 5866B. W. 1866. Inv. 1867.
Pratt, Robert, 8966B. W. 1898.
Praul, Cornelius, 7329B. W. 1884.

Rathbone, Martha M., 4999B. W. 1847.
Rathmann, George, Sr., 7698B. W. 1888.
Ratto, Maria, 8692B. W. 1896.
Ravenscroft, Joseph, 5030B. Inv. 1848.
Raymond, Jane E., 7620B. W. 1887.
Rea, Margaret A., 7043B. W. 1881. Inv. 1881.
Readio, William, 8972B. W. 1898.
Redner, Elizabeth, 3713B. W. 1816. Inv. 1816.
Rednor, Coonrand, 3524B. W. 1811. Inv. 1811.
Reed, Catharine, 6957B. Inv. 1880.
Reeve, David, 4381B. Inv. 1832.
Reid, Jane, 4853B. Inv. 1843.
Reid, Joseph B., 7905B. Inv. 1890.
Reid, Robert, 4169B. W. 1828. Inv. 1828.
Reinhardt, Gottlieb, 6025B. W. 1869.
Reinhardt, Henry, 8693B. W. 1896.
Reipe, Frederick W., 6958B. Inv. 1880.
Remick, William, 6750B. W. 1878. Inv. 1878.
Rennie, Robert, 7135B. W. 1882.
Repplier, Julia, 8973B. W. 1898.
Retan,- Catharine, 5586B. Inv. 1861.
Retan, Daniel I., 4077B. Inv. 1826.
Retan, Henry, 6959B. W. 1880. Inv. 1880.
Reton, Daniel, 4039B. W. 1825. Inv. 1825.
Reton, Daniel, 4924B. W. 1845.
Reton, Daniel D., 5801B. Inv. 1865.
Reton, Thomas, Sr., 3927B. W. 1822. Inv. 1822.
Reuvers, Johannis P., 5678B. W. 1863. Inv. 1863.
Reuvus, Pietze, 5802B. Inv. 1865.
Reyerse, George, 944B-953B. Inv. 1771.
Reyerse, George, 2202B. B. 34, p. 2. W 1792.
Reyerse, George, 1984B-1986B. B. 30, p. 235 W. 1789. Int. 1789.
Reyerse, Jacob, 1401B. B. 25, p. 261. W. 1783.
Reyerse, Luke, 521B, 526B, 628B. B. H, p. 413. W. 1764. Inv. 1764.
Reyersen, Deerick, 736B-741B. B. J, p. 88. W. 1767. Inv. 1767.
Reyerson, Johannes, 1227B-1228B. B. M, p. 52. W. 1782. Inv. 1782.
Reynolds, Edward MacD., 8841B. W. 1897.
Reynolds, John, 9302B. W. 1900.
Reynolds, Sarah M., 8694B. Inv. 1896.
Rheutan, Abraham, 6320B. W. 1873. Inv. 1873.
Rhoades, Henry E., 7621B. W. 1887.
Riach, Alexander, 3329B. Inv. 1805.
Ricardo, Eliza A., 7431B. W. & Cod. (2) 1885, 1899. Inv. 1885.
Rich, Jane L., 6477B. Inv. 1875.
Richards, Burnet, 3464B. W. 1809. Inv. 1809,
Richards, Nathaniel, 1548B-1550B. B. M, p. 262. W. 1784. Int. 1784.
Richards, Thomas W., 9133B. W. 1899.
Richards, Warner, 1554B. B. M, p. 257. W. 1784.
Richardson, David, 6167B. W. & Cods. 1871. Inv. 1871.
Richardson, John, 6960B. W. 1880. Inv. 1880.
Richardson, Sam M., 7906B. Inv. 1890.
Richter, August, 9134B. W. 1899. Inv. 1899.
Richter, Charles E., 8119B. W. 1892.
Rider, Chauncy B., 6321B. Inv. 1873.
Rider, Francis, 5972B. Inv. 1868.
Ridgway, John, Sr., 4078B. W. 1826. Inv. 1826.

Ridner, John, 3644B. W. & Cod. 1814. Inv. 1814.
Riede, Georg J., 7136B. W. 1882.
Rief, Paul, 9303B. W. 1900.
Riehl, John, 7137B. W. 1882. Inv. 1882.
Riemann, Henry, 7807B. W. & Cod. 1890.
Riepe, Elizabeth, 8266B. W. 1893.
Riggs, Marcus C., 6478B. W. 1875. Inv. 1875.
Riker, Abraham, 3849B. W. 1820. Inv. 1820.
Riker, Abraham B., 3780B. Inv. 1818.
Riker, Caroline E., 6322B. W. 1873. Inv. 1873.
Riker, Peter, 4886B. W. 1844. Inv. 1844.
Riker, Peter, 8544B. W. 1895.
Riker, Samuel M., 8974B. W. 1898.
Riley, Catharine, 7230B. W. 1883. Inv. 1883.
Riley, Daniel, 7699B. W. 1888. Inv. 1888.
Riley, Elizabeth, 9304B. W. 1900.
Riley, Jacob, 5238B. Inv. 1853.
Riley, Jacob F., 7231B. W. 1883. Inv. 1883.
Riley, James, 8267B. W. 1893.
Risley, Hubbell W., 7138B. W. 1882. Inv. 1882.
Risley, Jane W., 7044B. W. & Cod. 1881. Inv. 1881.
Roberson, Susan, 6760B. Inv. 1878.
Roberts, James, 8842B. Inv. 1897.
Robertson, Samuel, 6573B. W. 1876.
Robertson, William H., 8695B. W. 1896.
Robinson, B. Frank, 8409B. W. 1894.
Robinson, Benjamin F., 7232B. W. 1883. Inv. 1883.
Robinson, Caroline A., 8410B. W. & Cod. 1894.
Robinson, Dominick, 1950B. B. 30, p. 247. Int. 1789.
Robinson, Emma J., 8696B. W. 1896.
Robinson, Fransintye, 2045B. B. 31, p. 543. Int. 1790.
Robinson, Robert, 3681B. W. 1815.
Robinson, William P., 6168B. W. 1871.
Rochester, Roswell H., 8843B. W. 1897.
Rockwood, William E., 9135B. W. 1899.
Rodewolt, Paul, 8697B. Inv. 1896.
Roe, Elias, Matthew, 2423B. B. 35, p. 70. Wds. 1794.
Roe, Samuel, John, 2421B. B. 35, p. 70. Wds. 1794.
Roedler, Frederick, 6169B. W. 1871. Inv. 1871.
Roem, Adolph, 8120B. W. 1892. Inv. 1892.
Roemer, Sophie C., 8844B. Inv. 1897.
Rogers, Peter, 7700B. Inv. 1888.
Rognon, Catharine, 8698B. W. 1896.
Rohlin, Catharine, 7230B. W. 1883. Inv. 1883.
Rohrscheib, Margaretha, 6961B. W. 1880.
Rollins, George W., 8268B. Inv. 1893.
Rolston, William, 7701B. W. 1888.
Romain, Ralph B., 5537B. Inv. 1860.
Romaine, Daniel, 8121B. W. 1892.
Romaine, Jacob, 6323B. W. 1873. Inv. 1873.
Romaine, Martin, 7520B. W. & Cods. (2) 1854.
Romaine, Nicholas D., 6869B. W. 1879. Inv. 1879.
Romaine, Nicholas T., 9136B. W. 1899. Inv. 1899.
Romaine, Richard, 8122B. Inv. 1892.
Romeyn, Amelia A. L., 8975B. W. 1898.
Romeyn, Elizabeth, 5327B. W. 1855.
Romeyn, Flora M. C., 8014B. W. 1891.
Romeyn, James V. C., 4770B. W. 1840. Inv. 1840.
Romeyn, Joanna B., 7139B. Inv. 1882.

Sandford, Benjamin, 3602B. W. 1813. Inv. 1813.
Sandford, Catharine, 4041B. Inv. 1825.
Sandford, Enoch, 2877B. B. 37, p. 288. W. 1798.
Sandford, Michael, 3886B. W. 1821.
Sandford, Peregrine, 296B–300B. B. E, p. 438, &c. W. 1750. Ren. 1750.
Sandford, Peter, 4268B. W. 1830.
Sandford, Sarah, 29B–39B. W. 1719. Inv. 1719.
Sandford, Sarah, 3279B. B. 40, p. 273. W. 1803.
Sandford, Sophia, 2875B. B. 38, p. 4. Int. 1798.
Sandford, William, 109B–110B. B. B, pp. 415–419. W. & Cod. 1733. Int. 1733. Af. 1733.
Sandford, William, 302B–304B. B. E, p. 408. W. 1750. Ren. 1750.
Sandford, William, 2873B. B. 38, p. 4. Int. 1798.
Saul, Lucretia R., 5454B. Inv. 1858.
Saunders, Peter, 2718B. B. 36, p. 426. W. 1797.
Saunier, Abraham, 4544B. Inv. 1835.
Saunier, Paul, 3781B. W. 1818. Inv. 1819.
Sawtelle, Elizabeth L., 7703B. W. 1888.
Sawyer, Richard, 4648B. Inv. 1837.
Scalegata, Stephen, 8848B. Inv. 1897.
Scallan, Andrew, 4649B. W. 1837. Inv. 1837.
Schaefer, George, 7908B. W. 1890.
Shafer, Anna E., 9309B. W. 1900.
Scheffler, Christiana, 8124B. W. 1892.
Scheller, Benedict, 7704B. W. 1888.
Schiesswohl, Friedrich, 7792B. W. 1889.
Schleafle, Madeline, 8157B. W. 1891.
Schlechler, Lawrence, 7140B. W. 1882.
Schleisner, Andrew, 7528B. W. 1886. Inv. 1886.
Schlosser, Joseph, 8015B. W. 1891.
Schlosser, Michael, 9142B. W. & Cod. 1899.
Schlueter, John M., 9141B. W. 1899.
Schluter, Emma N., 6245B. W. 1872.
Schmenger, Michael, 5974B. W. 1868. Inv. 1868.
Schmidt, August, 7436B. W. 1885.
Schmidt, John A., 5975B. W. 1868. Inv. 1868.
Schmidt, John D., 6963B. Inv. 1880.
Schminke, Charles H., 9311B. W. 1900.
Schmitt, Louis, 8125B. W. 1892.
Schmults, John, 7705B. W. 1888. Inv. 1888.
Schnebly, Catharine J., 7793B. W. 1889.
Schnebly, William, 6665B. Inv. 1877.
Schnebly, Thomas, 6246B. Inv. 1872.
Schneider, Ferena, 6872B. W. 1879. Inv. 1879.
Schneider, Henry, 6873B. W. 1879. Inv. 1879.
Schoeninger, Elizabeth M., 7233B. W. 1883. Inv. 1883.
Schoeninger, Joseph, 7909B. W. 1890. Inv. 1890.
Schoenniger, Frederick, 6170B. W. 1871. Inv. 1871.
Schoonmaker, Eve, 5749B. W. 1864. Inv. 1864.
Schoonmaker, Henry, 6576B. W. 1876. Inv. 1876.
Schoonmaker, Isaac, 3887B. Inv. 1819, 1824.
Schoonmaker, Isaac H., 8270B. Inv. 1893.
Schoonmaker, James, 7331B. Inv. 1884.
Schopperle, Justina, 8413B. Inv. 1894.
Schor, George, 7234B. W. 1883. Inv. 1883.
Schor, George F., 7622B. Inv. 1887.
Schott, Sarah A., 6480B. Inv. 1875.

Schraeder, A., 9143B. Inv. 1899.
Schroeder, Johann H. W., 5587B. W. 1861.
Schroeter, Paul G. A., 8700B. W. 1896.
Schrott, Abram, 7332B. Inv. 1884.
Schultz, Mary, 7333B. Inv. 1884.
Schulz, Benie, 7704B. W. 1889.
Schureman, Jeremiah, 3969B. Inv. 1823.
Schuyler, Aaron P., 4590B. Inv. 1836.
Schuyler, Adoniah, 531B. B. H, p. 180. W. 1762.
Schuyler, Adonijah, 2413B. B. 35, p. 70. Grd. 1794.
Schuyler, Arent, 3374B. W. 1806. Inv. 1807.
Schuyler, Arent I., 3280B. B. 40, p. 398. Int. 1803. Inv. 1804.
Schuyler, Isaac, 3090B. B. 38, p. 538. Int. 1800.
Schuyler, John, 1028B. B. K, p. 526. W. 1773.
Schuyler, John, 3411B. W. 1807.
Schuyler, John A., 3782B. Inv. 1818.
Schuyler, Peter, 527B. B. H, p. 178. W. 1762.
Schuyler, Peter, 3436B. W. 1808.
Schuyler, Philip A., 3526B. W. 1811. Inv. 1811.
Schuyler, Philip I., 4494B. Inv. 1834.
Schuyler, Phillip, 633B. B. H, p. 397. W. 1764.
Schuyler, Theunis D., 3088B. B. 39, p. 131. Wd. 1800.
Schwartz, Andreas, 8977B. W. 1898.
Schwartz, Anna E., 8978B. W. 1898.
Schwenka, Valentine, 8016B. W. 1891.
Scofield, Hezekiah, 3331B. W. 1804. Inv. 1804.
Scott, Henry, 8701B. W. 1896.
Scott, Isaac, 5085B. Inv. 1849.
Scott, John, 5911B. W. 1867. Inv. 1876.
Scott, John, Sr., 5126B. W. 1850.
Scott, Mary, 9144B. W. 1899.
Scott, Rachel M., 9307B. W. 1900. Inv. 1900.
Scott, Richard, 4384B. W. 1832. Inv. 1833.
Seaman, John, 4385B. W. 1832. Inv. 1833.
Sears, Andrew, 6481B. Inv. 1875.
Seck, John Geo., 6666B. W. 1877. Inv. 1877.
Secor, Margaret J., 8702B. W. 1896. Inv. 1898.
Sedore, Alexander, 5680B. Inv. 1863.
Sedore, Conrad, 4650B. Inv. 1837.
Seeling, Claus, 5408B. W. 1857.
Sehendube, Charles, 7433B. W. 1885.
Seilheimer, Adolph, 8703B. Inv. 1896.
Seilheimer, John P., 6874B. W. 1879. Inv. 1879.
Seiss, George, 7141B. W. 1882. Inv. 1883, 1889.
Semken, John H., 8546B. W. 1895.
Shackelton, Oscar O., 9312B. W. 1900.
Shafer, Henry, 8017B. Inv. 1891.
Shafer, Philip H., 9145B. W. 1899. Inv. 1899.
Shaffer, Benjamin F., 8414B. W. 1894. Inv. 1894.
Sheeran, Mary, 7706B. W. 1888.
Shepard, Elizabeth A., 7434B. W. 1885.
Shepard, Oliver H., 9308B. W. 1900.
Shepherd, Anna, 1082B. Wd. 1774.
Shepherd, Catherine, 1787B. B. 29, p. 536. Int. 1787.
Shepherd, Elizabeth, 1032B. B. L, p. 50. W. 1773.
Shepherd, George, 3682B. Wd. 1815.
Shepherd, John, 1036B. Wd. 1773.

Shepherd, Mary A., 8979B. W. 1898.
Shepperd, John, 988B–992B. Int. 1772. Inv. 1772.
Sherwood, John D., 8018B. W. 1891.
Shevrotier, Jacob, 5626B. W. 1862. Inv. 1862.
Shevrotier, Joseph, 6247B. W. 1872. Inv. 1872.
Shimp, George, Jr., 4440B. Inv. 1833.
Shoorts, Adolph, 477B–505B. B. G, p. 430. W. 1761.
Shorter, Edson H., 8127B. Inv. 1892.
Shuart, Elizabeth, 6585B. W. 1876.
Shuart, Elizabeth A., 8126B. W. 1892.
Shuart, Henry A., 5409B. Inv. 1857.
Shuart, Idolphius I., 6964B. Inv. 1880.
Shuart, John A., 7045B. Inv. 1881.
Shuart, John H., 8980B. W. 1898.
Shuart, John J., 5917B. W. 1867. Inv. 1867.
Shuler, Babette, 6403B. W. 1874.
Shurte, Adolphus, 4772B. W. 1840. Inv. 1840.
Shurte, Christian, 3929B. W. 1822. Inv. 1822.
Shurte, Daniel, 5239B. W. 1853. Inv. 1853.
Shurte, Isaac A., 5804B. W. 1865. Inv. 1865.
Shurte, Isaac I., 5750B. W. 1864. Inv. 1864.
Shurte, James, 6482B. Inv. 1875.
Shurte, William, 2721B. B. 36, p. 461. Int. 1797.
Shuttleworth, William, 7334B. W. 1884. Inv. 1884.
Shutts, Clarence W., 8271B. W. 1893. Inv. 1894.
Shutts, Mary V., 8704B. W. 1896. Inv. 1896.
Sibbald, Mary, 8415B. W. 1894.
Sickels, Abraham, 3311B. W. 1804. Inv. 1804.
Sickels, Esther B., 8705B. W. 1896. Inv. 1896.
Sickels, Hendrick, 1361B–1365B. B. 25, p. 338. W. 1783. Inv. 1783?
Sickels, John, 3930B. W. 1822. Inv. 1822.
Sickels, Robert, 3243B. B. 40, p. 204. W. 1802.
Sickels, Robert, 3244B. B. 40, p. 273. W. 1802.
Siems, John, 7335B. W. 1884. Inv. 1884.
Siess, Elizabeth, 8983B. W. 1898. Inv. 1898.
Siess, Louis, 8547B. W. 1895.
Sighels, Henderick, 1361B–1365B. B. 25, p. 338. W. 1783. Inv. 1783?
Simms, David, 8416B. W. 1894. Inv. 1894.
Simonson, Hannah, 5202B. Inv. 1852.
Simonson, Hannah, 5410B. W. 1857.
Simonson, Simon, 2192B. B. 35, p. 12. W. 1792.
Simonson, Simon, 4854B. W. 1843. Inv. 1843.
Simonson, Simon, 5681B. Inv. 1863.
Simpson, Francis, 4125B. Inv. 1827.
Simpson, Julius M., 8706B. W. 1896.
Simpson, Robert, 6667B. W. 1877.
Sindle, Maria A., 9146B. W. 1899. Inv. 1900.
Sindle, William, 8417B. W. 1894. Inv. 1894.
Sip, Halmagh, 5328B. Inv. 1855.
Sip, Ida, 539B–543B. W. & Cod. 1762.
Sipp, John, 114B. B. B, p. 569, &c. W. 1734.
Sisson, Charles G., 7235B. Inv. 1883.
Sisson, Oliver A., 7435B. W. 1885.
Skidmore, Cornelius H., 5031B. Inv. 1848.
Skidmore, John, 3888B. Inv. 1821.
Slattery, Margaret M., 7530B. W. & Cod. 1886. Inv. 1887.
Slingerland, Henry, 3714B. Inv. 1816.
Slingerland, John, 4006B. W. 1824. Inv. 1824.

Slingerlant, Theunis, 374B. B. F, p. 454. W. 1757.
Sloat, John, 4126B. W. 1827.
Sloat, John J., 7529B. W. 1886. Inv. 1886.
Sloat, Peter G., 4171B. Inv. 1828.
Sloat, Rebecca, 4651B. W. 1837. Inv. 1837.
Slocum, Edward C., 8988B. W. 1898.
Sloot, John, 1564B–1566B. B. M, p. 276. Int. 1784. Inv. 1784.
Slott, Peter, 4042B. W. & Cod. 1825. Inv. 1825.
Slott, Peter, Sr., 1633B. B. 27, p. 471, &c. W. 1785.
Slunt, George, 6090B. W. 1870. Inv. 1870.
Slunt, John, 8418B. W. 1894.
Slutt, John, 1564B–1566B. B. M, p. 276. Int. 1784. Inv. 1784.
Smedberg, Oscar, 6668B. W. 1877. Inv. 1877.
Smellegar, John, 3293B. B. 40, p. 320. Grd. 1803.
Smith, Abel, 2795B. B. 36, p. 462. Grd. 1797.
Smith, Abel, 2950B. B. 37, p. 302. Grd. 1798.
Smith, Abel, 2944B. B. 36, p. 462. Grd. 1798.
Smith, Abel, 2952B. B. 36, p. 462. Grd. 1798.
Smith, Abel, 3281B. B. 40, p. 395. W. 1803.
Smith, Abel, 4225B. W. 1829. Inv. 1829.
Smith, Abigail, 5872B. W. 1866. Inv. 1866.
Smith, Able, 350B. B. F, p. 282. W. 1755.
Smith, Abram, 9313B. Inv. 1900.
Smith, Agnes, 8849B. W. 1897. Inv. 1897.
Smith, Albert, 5682B. W. 1863. Inv. 1863.
Smith, Albert, 7436B. W. 1885.
Smith, Albert, 7795B. W. 1889.
Smith, Allen T., 6028B. W. 1869. Inv. 1870.
Smith, Andrew H., 8850B. W. 1897. Inv. 1897.
Smith, Andries, 4925B. W. 1845. Inv. 1845.
Smith, Catharine, Job, Jr., Mary, 3283B. B. 40, p. 205. Wds. 1803.
Smith, Catharine, 6091B. W. 1870. Inv. 1870.
Smith, Catharine, 6404B. W. 1874. Inv. 1874.
Smith, Celia E., 8851B. W. 1897. Inv. 1898.
Smith, Charity, 5157B. W. 1851. Inv. 1851.
Smith, Christiana, 8019B. W. 1891. Inv. 1891.
Smith, Cornelia, 1637B. B. 27, p. 489. Int. 1785.
Smith, Cornelius, 4591B. Inv. 1836.
Smith, Cornelius A., 7437B. W. 1885. Inv. 1885.
Smith, Daniel, 3211B. B. 39, p. 364. W. 1801.
Smith, Daniel, Jr., 3245B. B. 40, p. 36. Wd. 1802.
Smith, Daniel D., 7623B. W. 1887. Inv. 1887.
Smith, Eliza A., 8981B. W. 1898.
Smith, Enoch, 3282B. B. 40, p. 397. Int. 1803. Ren. 1803.
Smith, Elizabeth A., 7624B. W. 1887.
Smith, Gamaliel, 3970B. W. 1823.
Smith, Garret A., 5372B. W. 1856. Inv. 1856.
Smith, George, 4226B. W. 1829. Inv. 1829.
Smith, George Rae, 6248B. Inv. 1872.
Smith, Hannah, Jane, Mary, Phebe, 3284B. B. 40, p. 205. Wds. 1803.
Smith, Hannah, 5873B. W. 1866.
Smith, Hannah, 5805B. W. 1865. Inv. 1865.
Smith, Henry A., 8852B. Inv. 1897.
Smith, Jacob A., 6171B. W. 1871. Inv. 1871.
Smith, Jacob J., 8548B. W. 1895. Inv. 1895.
Smith, James, 4080B. Inv. 1826.
Smith, James, Joseph, Phebe, 3246B. B. 40, p. 36. Wds. 1802.
Smith, Jane, 5912B. W. 1867. Inv. 1867.
Smith, Job, 2317B. B. 33, p. 155, &c. W. 1793.

Smith, Job, 2647B–2651B. W. 1796. Inv. 1797.
Smith, John, 11B. Inv. 1716.
Smith, John, 2948B. B. 37, p. 302. Grd. 1798.
Smith, John, 3212B. B. 39, p. 343. Int. 1801.
Smith, John, 3375B. W. 1806. Inv. 1807.
Smith, John, 4495B. Inv. 1834.
Smith, John, 5373B. Inv. 1856.
Smith, John A., 5032B. W. 1848. Inv. 1848.
Smith, John A., 8128B. W. 1892. Inv. 1892.
Smith, John D., 8272B. W. 1893. Inv. 1893.
Smith, John J., 5588B. Inv. 1861.
Smith, John P., 7046B. Inv. 1881.
Smith, John R., 5751B. W. 1864. Inv. 1864.
Smith, John W., 7142B. W. 1882. Inv. 1882.
Smith, Margaret, 3246B. B. 40, p. 36. Grd. 1802.
Smith, Margaret, 6249B. W. 1872. Inv. 1872.
Smith, Michael, 1742B. B. 29, p. 200. W. 1786.
Smith, Peter, 4496B. Inv. 1834.
Smith, Peter, 6577B. W. 1876.
Smith, Philip, 1560B. B. M, p. 251. W. 1784.
Smith, Philip P., 4703B. Inv. 1838.
Smith, Samuel S., 6764B. W. 1878. Inv. 1878.
Smith, Sarah B., 8707B. Inv. 1896.
Smith, Sarah F., 7527B. Inv. 1886.
Smith, Stephen P., 6250B. W. 1872. Inv. 1872.
Smith, Storms C., 7625B. Inv. 1887.
Smith, Thomas, 6965B. W. 1880. Inv. 1880.
Smith, Thomas R., 4227B. W. 1829.
Sneden, Jacob, 5683B. W. 1863. Inv. 1863.
Sneden, Robert N., 9314B. W. 1900.
Sneden, Sarah B., 8419B. Inv. 1894.
Snyder, Adam, 4386B. W. 1832. Inv. 1832.
Snyder, Andrew, 3851B. Inv. 1820.
Snyder, Annie, 8708B. W. 1896. Inv. 1896.
Snyder, Catharine, 5455B. Inv. 1858.
Snyder, Garret, 5033B. W. 1848.
Snyder, Garret G., 8853B. W. 1897.
Snyder, Garret R., 7143B. W. 1882. Inv. 1882.
Snyder, George, 8420B. W. 1894.
Snyder, George T., 4887B. W. 1844. Inv. 1844.
Snyder, James D., 7236B. W. 1883. Inv. 1883.
Snyder, John A., 5752B. W. 1864. Inv. 1864.
Snyder, John R., 7526B. Inv. 1886.
Snyder, John T., 6578B. Inv. 1876.
Snyder, Lawrence, 7626B. Inv. 1887.
Snyder, Maria, 8273B. W. 1893. Inv. 1893.
Snyder, Nancy, 7707B. W. 1888.
Snyder, Philip, 8274B. W. 1893. Inv. 1893.
Snyder, Richard, 4963B. W. 1846. Inv. 1846.
Snyder, Thomas, 3247B. B. 40, p. 105. W. 1802.
Snyder, Thomas G., 7910B. W. 1890. Inv. 1890.
Snyder, Thomas R., 9315B. W. 1900.
Soeteman, Pieter, 6765B. W. 1878. Inv. 1878.
Soley, Charles J., 8275B. W. 1893. Inv. 1894.
Sommer, Henry, 6405B. W. 1874. Inv. 1874.
Sorg, Nicholas, 8709B. W. 1896.
Spader, Clara, 8276B. W. 1893.
Sparks, William C., 7144B. W. 1882. Inv. 1882.
Spear, Abraham, 1917B. B. 31, p. 257. Int. 1788.
Spear, Benjamin, 4497B. W. 1834. Inv. 1834.
Spear, David H., 8982B. W. 1898. Inv. 1898.
Spear, Henry, Jr., 4855B. W. 1843. Inv. 1843.
Spear, Jacob, 2659B–2661B. B. 35, p. 348. Int. 1796. Inv. 1797.
Spear, John H., 7911B. W. 1890. Inv. 1890.

Spears, Benjamin, 974B. B. K, p. 400. W. 1772.
Speer, Aaron, 4081B. Inv. 1826.
Speer, Barrent, 3889B. W. 1821. Inv. 1821.
Speer, Hendrick, Sr., 903B. Int. 1770.
Speer, Henry, 3437B. W. 1808. Inv. 1808.
Speer, Henry B., 3852B. W. 1820. Inv. 1820.
Speer, Henry I., 7145B. W. 1882. Inv. 1882.
Speer, Henry M., 7912B. W. 1890. Inv. 1891.
Speer, Jacob H., 5913B. Inv. 1867.
Speer, John, 4441B. Inv. 1833.
Speer, John H., 6483B. W. 1875. Inv. 1876.
Speers, Christiana, 8129B. W. 1892. Inv. 1892.
Speers, Jane, 7047B. W. 1881. Inv. 1881.
Speers, Moses, 5753B. W. 1864.
Spencer, Mary L., 8421B. W. 1894.
Spengeman, Conrad, 9148B. W. 1899. Inv. 1899.
Speth, John B., 9147B. W. 1899.
Speth, Margaret S., 9316B. Inv. 1900.
Spier, Barendt, 535B. B. H, p. 274. W. 1762. Int. 1762.
Spier, Barent, 769B, 875B. B. I, p. 353. Int. 1768. Inv. 1770.
Spinning, Jabez, 4737B. W. 1839. Inv. 1839.
Spikerboor, John W., 8549B. Inv. 1895.
Spintler, John A., 6092B. W. 1870. Inv. 1870.
Spittaels, Louis, 9317B. W. 1900.
Sprague, Henrietta P., 8550B. W. 1895.
Sprentz, Fritz, 8551B. W. 1895.
Sprigg, Jonathan, 5411B. W. 1857. Inv. 1857.
Sprigg, Thomas, 4738B. W. 1839.
Stadtlander, Henry, 5914B. Inv. 1867.
Stachle, Frederick, 8984B. W. 1898.
Stagg, Albert, 6669B. W. 1877. Inv. 1877.
Stagg, Christina De P., 8277B. W. & Cod. 1893. Inv. 1893.
Stagg, Cornelius I., 3971B. Inv. 1823.
Stagg, David, 3715B. Inv. 1816.
Stagg, Jacob, 4545B. W. 1835. Inv. 1835.
Stagg, James S., 4773B. W. 1840. Inv. 1840.
Stagg, Jane, 4325B. W. 1831.
Stagg, John, 139B. B. C, p. 242, &c. W. 1738.
Stagg, John C., 4269B. W. 1830. Inv. 1830.
Stagg, John D. P., 7525B. W. 1886.
Stagg, Joseph W., 8985B. W. 1898.
Stagg, Paul, 2566B. B. 33, p. 359, &c. Int. 1795.
Stagg, Richard, 5538B. W. 1860. Inv. 1860.
Stagg, Richard, Jr., 5976B. Inv. 1868.
Stahl, Frederick, 6406B. W. 1874. Inv. 1874.
Staib, Jacob, 7627B. Inv. 1887.
Stanfield, John, 4704B. W. 1838. Inv. 1838.
Stansbury, Josephine B., 6766B. W. 1878. Inv. 1878.
Staunton, Richard, 2719B. B. 36, p. 460. Int. 1797.
Steele, Adam, 5627B. W. 1862.
Steele, Christopher, 4270B. W. 1830.
Steinbrenner, Katharine, 8986B. W. 1898.
Steinecke, Charles, 6670B. W. 1877. Inv. 1877.
Steinle, Frederick, 8422B. W. & Cod. 1894. Inv. 1895.
Stephan, Joseph, 7796B. W. & Cod. 1889.
Stephanie, Fred, 8250B. W. 1893. Inv. 1893.
Stephens, James H., 5915B. W. 1867. Inv. 1873.
Stephens, John H., 7628B. W. 1887. Inv. 1887.
Stevens, Henry, 5754B. Inv. 1864.
Stevens, John, 4739B. Inv. 1839.

Stevens, Lena, 7524B. W. 1886.
Stevens, Rachel, 4774B. W. 1840. Inv. 1840.
Stevens, Rose H., 8552B. W. 1895.
Stevenson, Cornelia P., 8710B. W. 1896.
Stever, Henry, 9318B. W. 1900. Inv. 1900.
Steward, Charles, 3559B. Inv. 1812.
Steward, Mathew, 5329B. W. 1855. Inv. 1855.
Stewart, John, 6324B. Inv. 1873.
Stewart, John A., 85⸲3B. W. 1895.
Stewart, Martha, 7797B. W. 1889.
Stewart, Robert, 3783B. W. 1818. Inv. 1819.
Stickney, Sarah, 4082B. W. 1826. Inv. 1826.
Stillman, Eliza L., 8987B. W. & Cod. 1898.
Stilwell, Mary, 3412B. Inv. 1807.
Stilwill, Ezekiel, 3283B. B. 40, p. 205. Grd. 1803.
Stober, Catharine, 8423B. W. 1894. Inv. 1894.
Stöcker, Julius, 7336B. W. 1884. Inv. 1884.
Stockholm, Charity, 3603B. W. 1813.
Stolley, Francis S., 6671B. Inv. 1877.
Stone, David, 4442B. W. 1833. Inv. 1833.
Stone, Fortunatus, 4705B. W. 1838. Inv. 1838.
Stone, Joseph, 4546B. W. 1835. Inv. 1835.
Stone, Samuel, 4443B. W. & Cod. 1833. Inv. 1833.
Stonehouse, Jelto, 9319B. W. 1900. Inv. 1900.
Stor, Henry, 5282B. W. 1854. Inv. 1854.
Stor, Jacob, 5158B. W. 1851. Inv. 1852.
Stor, Michael, 4172B. Inv. 1828.
Stor, Peter, 3890B. Inv. 1821.
Storbeck, Anna B., 8278B. W. 1893.
Storm, Adelaide M., 7337B. W. 1884. Inv. 1884.
Storm, Staas, 4173B. W. 1828. Inv. 1828.
Stormes, Abram I., 8130B. W. 1892.
Stormes, Isaac J., 5087B. W. 1849. Inv. 1849.
Storms, Abraham C., 8989B. W. 1898. Inv. 1898.
Storms, Abraham Q., 5000B. Inv. 1847, 1849.
Storms, Albert C., 8711B. W. 1896. Inv. 1896.
Storms, Albert J., 5806B. W. 1865. Inv. 1865.
Storms, Andrew J., 5086B. Inv. 1849.
Storms, Conrad, 4964B. Inv. 1846.
Storms, Cornelius, 4740B. W. 1839. Inv. 1839.
Storms, Frederick, 3891B. W. 1821. Inv. 1821.
Storms, Henry, 2977B. B. 38, p. 204. Grd. 1799.
Storms, Henry, 5240B. W. 1853. Inv. 1853.
Storms, Henry, 9149B. W. 1899. Inv. 1899.
Storms, Henry C., 9320B. W. 1900. Inv. 1900.
Storms, Isaac, 4228B. W. 1829. Inv. 1829.
Storms, Isaac J., 7438B. W. 1885.
Storms, Jacob, 3604B. W. 1813. Inv. 1813.
Storms, Jane, 8279B. W. 1893. Inv. 1893.
Storms, John, 4888B. W. & Cod. 1844. Inv. 1844.
Storms, John A., 8990B. W. 1898.
Storms, John P., 7237B. Inv. 1883.
Storms, Margaret, 4706B. Inv. 1838.
Storms, Margaret, 5916B. W. 1867. Inv. 1867.
Storms, Staats, 7798B. W. 1889. Inv. 1889.
Stout, Elizabeth, 8712B. Inv. 1896.
Stout, Jonathan, 3245B. B. 40, p. 36. Grd. 1802.
Stover, Philip, 6672B. W. 1877. Inv. 1877.
Stowe, Eliza A. W., 6767B. W. 1878. Inv. 1878.

Strange, Mary, 3784B. W. 1818.
Straut, Coonrad, 8020B. W. 1891. Inv. 1891.
Straut, John, 6325B. Inv. 1873.
Straut, John, Sr., 3972B. W. 1823. Inv. 1823.
Straut, John A., 7708B. Inv. 1888.
Straut, Richard, 6251B. W. 1872. Inv. 1872.
Straut, Susannah, 4775B. W. 1840. Inv. 1840.
Strehl, Henry, 7238B. Inv. 1883.
Streicher, Florian, 8991B. W. 1898.
Striffler, Christian, 9150B. W. 1899.
Stringham, Mary, 1746B-1748B. B. 29, p. 223. Int. 1786. Inv. 1787.
Strippel, Conrad, 8280B. Inv. 1893.
Strohsahl, Henry, 8424B. W. 1894. Inv. 1894.
Strunk, Heinrich, 7799B. W. 1889.
Strunkie, Martin, 8425B. W. 1894.
Stuart, Charles, 6093B. Inv. 1870.
Stultz, Jacob, 4829B. Inv. 1842.
Sturr, Catharine, 8854B. W. 1897.
Sturr, Henry M., 6326B. W. 1873. Inv. 1873.
Sturr, John H., 8992B. W. 1898.
Sturr, Rachel, 8426B. W. 1894.
Sturr, William, 7913B. W. 1890.
Stuyversant, Peter, 905B. B. K, p. 305. W. 1770.
Stuyversant, Peter, 3942B. W. 1822. Inv. 1822.
Stymest, Garret, 1002B. B. K, p. 429, &c. W. 1772.
Suffern, George, 3647B. W. 1814. Lt. 1842.
Sullivan, Edward, 7523B. W. 1886.
Sullivan, Eliza, 8855B. W. 1897.
Sullivan, Ellen, 7146B. W. 1882. Inv. 1882.
Sullivan, James, 4965B. Inv. 1846.
Sullivan, James, 9321B. W. 1900.
Sullivan, Michael, 7522B. W. 1886.
Sutherland, Hannah, 6327B. Inv. 1873.
Sutherland, Mehitable C., 6962B. W. 1880.
Swan, William, 1038B. B. K, p. 529. W. 1773.
Sweeney, James, 4776B. Inv. 1840.
Swenarton, Thomas, 7239B. Inv. 1883.
Swett, Alexander J., 7338B. W. 1884. Inv. 1884.
Swin, Valentine, 5034B. W. 1848. Inv. 1848.
Swinton, Herbert, 8993B. Inv. 1898.
Sysling, Edward, 9151B. W. 1899.

Taggart, Hannah W., 9322B. W. 1900.
Talcott, Daniel W., 9152B. Inv. 1899.
Taliafero, Sarah A., 6172B. Inv. 1871.
Tallman, Cornelius, 1234B-1240B. B. 25, p. 332. W. 1782. Inv. 1782.
Tallman, John J., 6484B. W. 1875. Inv. 1875, 1880.
Tallman, Lavinia, 7439B. W. 1885. Inv. 1885.
Tallman, Mary, 3312B. W. 1804.
Tanner, Charles, 8427B. W. 1894. Inv. 1894.
Tarbox, Lucy O., 8785B. Inv. 1897.
Tavernier, Louisa J., 8856B. W. 1897.
Taylor, Abraham J., 7629B. W. 1887. Inv. 1887.
Taylor, Andrew B., 8554B. W. 1895.
Taylor, Archibald, 6768B. W. 1878. Inv. 1879.
Taylor, Cornelius D., 6579B. W. 1876. Inv. 1876.
Taylor, Edward, 5486B. W. 1859.
Taylor, Emma E., 6485B. W. 1875. Inv. 1875.
Taylor, George, 4547B. Inv. 1835.
Taylor, Isaac, 7440B. W. 1885. Inv. 1885.
Taylor, John, 2608B. B. 36, p. 33. Grd. 1796.
Taylor, John, 2612B. B. 36, p. 32. Grd. 1796.
Taylor, John, 8428B. W. 1894.
Taylor, Joseph, 8281B. Inv. 1893.

Taylor, Mary, 7240B. W. 1883.
Taylor, Moses, 6094B. W. & Cod. 1870. Inv. 1870.
Taylor, Samuel, 5203B. W. 1852. Inv. 1852.
Tearman, William, 3785B. W. 1818. Inv. 1818.
Terheun, Abraham, 2663B. B. 35, p. 335. W. & Cod. 1796.
Terheun, Albert, 2322B. B. 33, p. 160, &c. W. 1793.
Terheun, Albert, 3683B. Inv. 1815.
Terheun, Derck, 712B. B. I, p. 60. W. 1766.
Terheun, Henry M., 4083B. Inv. 1826.
Terheun, Jacob, 4229B. W. & Cod. 1829. Inv. 1829.
Terheun, Jacob, 8429B. W. 1894. Inv. 1894.
Terheun, Jacob, Jr., 4044B. W. 1825. Inv. 1825.
Terheun, John, 4500B. W. & Cods. 1834. Inv. 1834.
Terheun, John, 7630B. W. 1887.
Terheun, John J., 5330B. W. 1855. Inv. 1855.
Terheun, Richard A., 7148B. Inv. 1882.
Terheun, Stephanus, 2675B. B. 36, pp. 28–9. W. 1796.
Terhun, David, 2182B–2190B. B. 34, p. 6. W. 1792. Inv. 1792.
Terhune, Abraham A., 5127B. W. 1850. Inv. 1850.
Terhune, Abraham A. L., 5128B. W. 1850.
Terhune, Abraham R., 5412B. W. 1857. Inv. 1857.
Terhune, Abraham, Jr., 5241B. W. 1853. Inv. 1853. Ren. 1853.
Terhune, Abram A., 8131B. Inv. 1892.
Terhune, Abram V., 8282B. Inv. 1893.
Terhune, Albert, 3376B. Inv. 1806.
Terhune, Albert, 3413B. W. 1807. Inv. 1807.
Terhune, Albert, 3438B. Inv. 1808. Inv. 1808.
Terhune, Albert, 4326B. W. 1831. Inv. 1831.
Terhune, Albert G., 6407B. W. & Cod. 1874. Inv. 1874.
Terhune, Albert I., 4498B. W. 1384. Inv. 1834.
Terhune, Albert I., 5035B. W. 1848. Inv. 1848.
Terhune, Albert J., 5977B. W. 1868. Inv. 1868.
Terhune, Albert J., 6875B. W. 1879. Inv. 1879.
Terhune, Albert J., 7914B. W. 1890.
Terhune, Albert J., 4285B. Inv. 1830.
Terhune, Albert M., 5978B. W. 1868.
Terhune, Albert R., 5979B. W. 1868. Inv. 1868.
Terhune, Albert T., 6580B. Inv. 1876.
Terhune, Andrew A., 6486B. W. 1875. Inv. 1875.
Terhune, Ann, 4499B. Inv. 1834.
Terhune, Anna, 5807B. W. 1865. Inv. 1865.
Terhune, Anna, 8713B. W. 1896.
Terhune, Charles, 5874B. Inv. 1866.
Terhune, Cornelius, 3249B. B. 40, p. 4. Grd. 1802.
Terhune, Cornelius, 3250B. B. 40, p. 4. Grd. 1802.
Terhune, Cornelius, 5283B. W. & Cod. 1854.
Terhune, Daniel, 5808B. W. 1865. Inv. 1865.
Terhune, David, 3684B. W. 1815. Inv. 1815.
Terhune, David, 8132B. W. 1892. Inv. 1892.
Terhune, Edward, 9323B. W. 1900.
Terhune, Elizabeth, 4548B. W. 1835
Terhune, Elizabeth, 8283B. W. 1893. Inv. 1893.

Terhune, Garret S., 5809B. W. 1865. Inv. 1865.
Terhune, Gilliam, 3973B. Inv. 1823.
Terhune, Gilliam, 4387B. Inv. 1832.
Terhune, Gilliam C., 6966B. W. 1880. Inv. 1880.
Terhune, Hannah A., 5684B. W. 1863. Inv. 1863.
Terhune, Harmen, 4127B. W. 1827. Inv. 1827.
Terhune, Henry, 4128B. W. 1827. Inv. 1827.
Terhune, Henry S., 5242B. W. 1853. Inv. 1853.
Terhune, Henry Z., 5159B. W. 1851. Inv. 1851.
Terhune, Hetty, 7631B. W. 1887. Inv. 1887.
Terhune, Isaac, 4327B. W. 1831. Inv. 1831.
Terhune, Jacob, 9153B. W. 1899. Inv. 1899.
Terhune, Jacob C., 7147B. W. & Cod. (2) 1882. Inv. 1882.
Terhune, Jacobus, 3080B–3084B. B. 39, p. 129. W. 1800. Inv. 1800.
Terhune, James, 4856B. W. 1843. Inv. 1843.
Terhune, James A., 6328B. W. 1873. Inv. 1873.
Terhune, James R., 6673B. W. 1877. Inv. 1877.
Terhune, Joanna, 8430B. W. 1894. Inv. 1894.
Terhune, Johannes, 1799B–1803B. B. 29, p. 498, &c. W. 1787. Inv. 1787.
Terhune, John, 2055B–2059B. B. 30, p. 547, &c. W. 1790. Inv. 1790.
Terhune, John, 3332B. W. 1805. Inv. 1805.
Terhune, John, 4857B. W. 1843. Inv. 1843.
Terhune, John, 9154B. W. 1899.
Terhune, John A., 5685B. W. 1863. Inv. 1853.
Terhune, John E., 8431B. W. 1894.
Terhune, John H., 7241B. Inv. 1883.
Terhune, John H., 8021B. W. 1891. Inv. 1891.
Terhune, John I., 3648B. Inv. 1814.
Terhune, John I., 8994B. W. 1898.
Terhune, John J., 5456B. W. 1858. Inv. 1858.
Terhune, John M., 6674B. W. 1877, 1879. Inv. 1877.
Terhune, John M., 6769B. W. 1878. Inv. 1878.
Terhune, John R., 5755B. Inv. 1864.
Terhune, John R., 7339B. W. 1884. Inv. 1884.
Terhune, John V. H., 8432B. W. & Cod. 1894. Inv. 1894.
Terhune, John W., 6581B. W. 1876. Inv. 1876.
Terhune, John Z., 6408B. Inv. 1874.
Terhune, Margaret, 7048B. W. 1881. Inv. 1881.
Terhune, Margaret, 8284B. W. 1893. Inv. 1893.
Terhune, Margaretta, 7242B. W. 1883. Inv. 1883.
Terhune, Maria, 6173B. W. 1871. Inv. 1871.
Terhune, Martin, 5413B. Inv. 1857.
Terhune, Mary, 4084B. Inv. 1826.
Terhune, Mary A., 9155B. W. 1899.
Terhune, Mary Ann, 8133B. W. 1892. Inv. 1893.
Terhune, Nelly, 5980B. Inv. 1868.
Terhune, Nelly, 7340B. W. 1884.
Terhune, Nicholas, 7341B. Inv. 1884.
Terhune, Nickase, 3439B. W. 1808. Inv. 1808.
Terhune, Paul, 5331B. W. 1855. Inv. 1855.
Terhune, Paul R., 4174B. Inv. 1828.
Terhune, Peter, 5686B. W. 1863. Inv. 1863.
Terhune, Peter A., 3527B. Inv. 1811.

Terhune, Peter A., 4328B. Inv. 1831.
Terhune, Peter J., 5284B. Inv. 1854.
Terhune, Peter R., 6876B. W. 1879. Inv. 1879.
Terhune, Poulis, 5129B. W. 1850. Inv. 1850.
Terhune, Priscilla, 6329B. W. 1873. Inv. 1873.
Terhune, Rachel, 5539B. W. 1860. Inv. 1860.
Terhune, Rachel E., 6675B. W. 1877. Inv. 1877.
Terhune, Ralph, 6095B. W. 1870. Inv. 1870.
Terhune, Richard, 5487B. W. 1859. Inv. 1859.
Terhune, Richard, 7800B. W. 1889. Inv. 1889.
Terhune, Richard P., 8857B. W. 1897.
Terhune, Roelef, 3377B. W. 1805. Inv. 1805.
Terhune, Stephen, 2546B–2550B. B. 33, p. 346, &c. W. 1795. Inv. 1795.
Terhune, Stephen, 3213B. B. 39, p. 364. W. 1801.
Terhune, Stephen G., 7342B. Inv. 1884.
Terhune, Theodorus, 4926B. Inv. 1845.
Terhune, Tiney, 5285B. Inv. 1854.
Terhune, William, 5875B. Inv. 1866.
Terhune, William, 7531B. W. 1886. Inv. 1886.
Terhune, William S., 8714B. W. 1896.
Terhuyn, Allebartis, 1040B. B. L, p. 43. W. 1773.
Terhuyn, Allebirt A., 3285B. B. 40, p. 311. W. 1803.
Terry, William O., 8134B. W. 1892. Inv. 1892.
Terwilleger, Ann, 6582B. W. 1876. Inv. 1876.
Terwilleger, James V. B., 7441B. W. 1885. Inv. 1885.
Terwilleger, John, 4927B. Inv. 1845.
Terwilleger, John I., 8433B. W. 1894. Inv. 1894.
Terwilleger, Margaret, 9156B. W. 1899.
Textor, Jacob, 7243B. Inv. 1883.
Thew, James, 3313B. Inv. 1804.
Thomas, Daniel, 6967B. W. 1880. Inv. 1880.
Thomas, Daniel D., 6877B. Inv. 1879.
Thomas, Frederick G., 6583B. W. & Cod. 1876. Inv. 1876.
Thompson, Catharine E., 8022B. W. 1891.
Thompson, Hettee, 7915B. W. 1890.
Thompson, Nicholas, 5981B. W. 1868. Inv. 1868.
Thompson, Susan, 5540B. W. 1860. Inv. 1860.
Thompson, Thomas P., 5810B. W. 1865. Inv. 1865.
Thomson, Ceasar P., 5982B. W. 1868. Inv. 1868.
Thornhill, Christopher, 5332B. Inv. 1855.
Thornton, John H., 8715B. Inv. 1896.
Thorp, John, 5983B. W. 1868. Inv. 1868.
Thurber, George, 7916B. W. 1890.
Thurston, John, 5756B. Inv. 1864.
Thurston, William, 7149B. W. 1882. Inv. 1882.
Tibaw, Peter, 3314B. Inv. 1804.
Tice, Abraham, 3378B. Inv. 1805.
Tice, Abraham D., 5414B. W. 1857. Inv. 1857.
Tice, Christian, 1911B–1915B. B. 31, p. 247, &c. W. 1788. Inv. 1788.
Tice, Dedcrick, 3133B. B. 38, p. 525. W. 1800.
Tice, Elizabeth, 4777B. W. 1840. Inv. 1840.
Tice, Harmon, 8023B. W. 1891. Inv. 1891.

Tice, Jacob, 7343B. W. 1884. Inv. 1884.
Tice, Martin M., 8996B. W. 1898.
Tichenor, James, 4309B. B. M, p. 165. Int. 1783.
Tiebout, Robert, 5811B. W. 1865.
Tiemeyer, Gerhard H., 9324B. W. 1900.
Tierney, Michael, 7917B. W. 1890.
Tiers, Valentine, 4043B. W. 1825. Inv. 1825.
Tillotson, Daniel, 7801B. Inv. 1889.
Tilton, Alletta, 4549B. Inv. 1835.
Tilyou, Vincent, 7709B. W. 1888.
Timmett, John Peter, 4230B. W. 1829. Inv. 1829.
Tinkey, Garret, 4175B. Inv. 1828.
Tise, Abraham, 3248B. B. 39, p. 493. Grd. 1802.
Tise, Abraham, 3259B. B. 39, p. 493. Grd. 1802.
Tise, Abraham, 4652B. Inv. 1837.
Tise, Ann, Leah, Peggy, Peter, Rachel, 3248B. B. 39, p. 493. Wds. 1802.
Tise, Henry, Sr., 3786B. W. 1818. Inv. 1818.
Titus, Eliza, 7049B. Inv. 1881.
Titus, James, 6409B. W. 1874. Inv. 1874.
Tobias, Cuffie, 5984B. W. 1865.
Toers, Jakemintie, 222B. B. D, p. 235. W. 1744.
Toers, Lawrance, 3286B. B. 40, p. 272. W. 1803.
Tolcott, Antone, 7575B. Inv. 1887.
Tomer, Christopher, 3465B. W. & Cod. 1809. Inv. 1810.
Tomes, Charles H., 6174B. W. 1871. Inv. 1872.
Tompson, Thomas P., 8995B. W. 1898.
Tourse, Samuel J., 6252B. W. 1872. Inv. 1872.
Towle, Hannah E., 7802B. W. 1889.
Townsend, Charlotte, 5036B. Inv. 1848.
Townsend, John S., 6330B. W. 1873. Inv. 1873.
Townsend, Joseph, 4653B. Inv. 1837.
Trabusiner, Joseph, 8135B. W. 1892.
Trachsler, Joseph B., 5918B. Inv. 1867.
Trall, Selden D., 8492B. W. 1895.
Traphagen, Martine, 4388B. W. 1832. Inv. 1832.
Trask, Emily A., 8716B. W. 1896.
Trautwein, Sophia, 8717B. W. 1896. - Inv. 1897.
Trischman, Michael, 5919B. W. 1867.
Troost, Jacob, 9325B. W. & Cod. 1900.
Troust, Aaron, 7150B. W. 1882.
Trowbridge, Joseph A., 6096B. Inv. 1870, 1871.
Tuers, Aaron, 4592B. W. 1836. Inv. 1836.
Tuers, Cornelius, 3974B. Inv. 1823.
Tuers, Effie, 6410B. W. 1874. Inv. 1874.
Tuers, Frances, 3975B. W. 1823.
Tuers, Johannis, 1280B–1367B. B. 25, p. 356. Int. 1783. Inv. 1783.
Tuers, Nicholas, 3685B. W. 1815. Inv. 1834.
Tuers, Samuel, 3745B. W. 1817. Inv. 1817.
Tuers, William, 3333B. Inv. 1805.
Tukey, Stephen H., 9326B. W. 1900.
Tuma, John, 8285B. W. 1893.
Turfler, George F., 9157B. W. 1899. Inv. 1899.
Turner, James, 6584B. W. 1876. Inv. 1876.
Turner, May S., 8997B. W. 1898.
Turnure, Carrie D., 7710B. W. 1888.
Turnure, John L., 8718B. W. 1896.
Turnure, Milton, 8024B. W. 1891.
Turse, Jacob, 4707B. W. 1838. Inv. 1838.

Turse, Jacob, 5130B. W. 1850. Inv. 1850.
Turse, John I., 4830B. W. 1842. Inv. 1842.
Tuttle, Merritt, 8025B. W. 1891.
Tuvers, Thomas, 3440B. Inv. 1808.
Tyse, Philiph, 1095B–1102B. B. L, p. 228, &c. W. 1774.
Tyson, Susan A., 7632B. W. 1887.
Tyson, William, 6968B. Inv. 1880.

Umstätter, Katharine, 9158B. W. 1899.
Underdonk, Elizabeth, 6585B. W. 1876.
Unkart, Edmund, 7244B. W. 1883.
Uster, Louis G., 8136B. W. 1892.

Valentine, David, 4889B. W. 1844. Inv. 1844.
Valentine, Jacob, 6029B. W. 1869. Inv. 1869.
Valentine, Jacob J., 4778B. Inv. 1840.
Valentine, Jacob, Jr., 3287B. B. 40, p. 270. W. 1803.
Valentine, Jacob W., 7633B. W. 1887. Inv. 1887.
Valentine, John D., 6878B. W. 1879. Inv. 1879.
Valentine, Joseph, 5160B. Inv. 1851.
Valentine, Margaret, 2328B. B. 33, p. 148, &c. W. 1793.
Valentine, Margaret, 6411B. W. 1874. Inv. 1874.
Valentine, Mary, 5204B. Inv. 1852.
Valentine, William, 5812B. W. 1865. Inv. 1865.
Valleau, Magdalen, 354B–357B–359B. B. F, p. 324. W. 1755. Ren. 1755. Release 1755.
VanAle, Hendrick, 1353B. B. 25, p. 314. W. 1783. Inv. 1783.
VanAllen, Andrew, 585B. B. H, p. 386. W. 1763.
Van Allen, Andrew H., 1274B. Wd. 1782.
Van Allen, Garritiea, 4085B. W. 1826. Inv. 1826.
Van Allen, Henry, 3494B. Inv. 1807, 1810.
VanAllen, John, 1952B. B. 30, p. 238. W. 1789.
Van Allen, John, 3441B. W. & Cod. 1808. Inv. 1808.
Vanallen, John, 4007B. W. 1824. Inv. 1824.
Van Allen, Luke, 4593B. Inv. 1836.
Vanallen, Maria, 4129B. W. 1827. Inv. 1827.
VanAllen, Peter, 410B. B. H, p. 58. W. 1759.
Van Allen, Peter, 4501B. Inv. 1834.
Van Allen, Peter H., 1272B. Grd. 1782.
Van Antwerp, James E., 6879B. W. 1879. Inv. (2) 1879.
Van Beuren, Sylvester, 4654B. Inv. 1837.
Van Blarcom, Albert, 4045B. Inv. 1825.
Van Blarcom, Daniel, 3649B. Inv. 1814.
Van Blarcom, Elias, 4831B. Inv. 1842.
Van Blarcom, Eliza, 9328B. W. & Cod. 1900. Inv. 1900.
Van Blarcom, Eve, 4741B. Inv. 1839.
Van Blarcom, Isaac, 3605B. W. 1813. Inv. 1813.
Van Blarcom, Isaac, 4805B. W. 1841. Inv. 1841.
Van Blarcom, Isaac D., 8719B. W. 1896. Inv. 1896.
Van Blarcom, Jacob Z., 6969B. W. 1880. Inv. 1880.
Van Blarcom, James, 6030B. W. 1869.
Van Blarcom, James A., 8720B. W. 1896.
Van Blarcom, John I. S., 4708B. Inv. 1838.
Van Blarcom, John T., 4086B. W. 1826. Inv. 1826.

Van Blarcom, Martin, 4594B. W. 1836. Inv. 1836.
Van Blarcom, Lewis, 7442B. W. 1885. Inv. 1885.
Van Blarcom, Peter, 2089B. B. 32, p. 544. Int. 1791.
Van Blarcom, Peter, 5687B. W. 1863. Inv. 1863.
Van Blarcom, Peter, 6770B. W. 1878. Inv. 1878.
Van Blarcom, Peter H., 5374B. Inv. 1855.
Van Blarcom, Peter I., 4008B. W. 1824. Inv. 1824.
Van Blarcom, Stephen, 6586B. W. 1876. Inv. 1876.
Van Blarcom, Thomas, 9329B. W. 1900.
Van Blarcom, William P., 6676B. W. & Cod. (5) 1877.
Van Blarcom, William P., 8434B. Inv. 1894.
Van Blarcom, William W., 6870B. Inv. 1880.
Van Blarcome, John, 4231B. W. 1829. Inv. 1829.
Van Blarcome, Rebecca, 8286B. W. 1893. Inv. 1893.
Van Blarcum, John, 7050B. W. 1881. Inv. 1881.
Van Blarcum, John R., 7533B. W. 1886.
Van Blarcum, Sarah, 7344B. W. 1884. Inv. 1885.
Vanblaricom, Harman, 3214B. B. 39, p. 256. W. 1801.
VanBlarkom, Gisbert, 455B. B. H, p. 408. W. 1764.
Vanblarricom, David, 3334B. Inv. 1805.
Vanblerkom, John, 1045B. B. K, p. 539. W. 1773.
van Boskarck, Lawrence, 50B–54B. B. A, pp. 322, 326. W. 1724. Inv. 1724.
VanBoskerck, Andrew, 544B. B. H, p. 208. W. 1762.
VanBoskerck, John, 2085B–2087B. B. 32, p. 544. Int. 1791 (1796). Inv. 1791.
Van Boskerck, Lucas, 4550B. W. 1835.
VanBoskerk, Abraham, 2476B. B. 35, p. 47. W. 1794.
Van Boskerk, James, Sr., 3977B. W. 1823. Inv. 1824.
VanBoskerk, John, 1321B. B. 25, p. 318. W. 1783.
Van Boskerk, John, 3722B. W. 1816. Inv. 1818.
Van Boskerk, John, 3854B. W. & Cod. 1820. Inv. 1820.
Vanboskerk, Lawrence, 1085B. Book L, p. 97. W. 1774.
VanBoskerk, Pieter, 145B–158B, 159B–162B. B. C, pp. 208–213. W. & Cods. 1738. Inv. 1738.
van Boskerk, Pieter (see Pieter Boskerk).
VanBossum, Harmanies, 2867B. B. 36, p. 2. W. 1798.
Van Boussum, Philip, 2987–2993B. B. 38, p. 267. W. & Cod. 1799. Inv. 1799.
Van Brunt, John, 6880B. W. 1879. Inv. 1879.
Van Brunt, Margaret, 7151B. W. 1882. Inv. 1882.
Van Bueren, Beekman, 3560B. W. 1812. Inv. 1812.
VanBueren, John, 3128B. Book 38, p. 538. Int. 1800.
VanBunschoten, Elias E., 2425 B. B. 35, p. 70. Wd. 1794.
VanBunschoten, James, Matthew, 2421B. B. 35, p. 70. Wds. 1794.

VanBunschoten, John E., 2421 B. B. 35, p. 70. Grd. 1794.
VanBunschoten, John E., 2423B. B. 35, p. 70. Grd. 1794.
VanBunschoten, John E., 2425B. B. 35, p. 70. Grd. 1794.
Van Buren, Peter, 4806B. Inv. 1841.
Van Buskerk, Paul, 3495B. Inv. 1810.
VanBuskirck, Lawrence, 330B. B. F, p. 109, &c. W. 1753.
Van Buskirk, Abraham, 3379B. W. 1806. Inv. 1806.
Van Buskirk, Abraham, 3976B. Inv. 1823.
Van Buskirk, Abraham, Elshe, Mary, Wintye, 3288B. B. 40, p. 398. Wds. 1803.
Van Buskirk, Abraham, 6587B. W. 1876. Inv. 1876.
Van Buskirk, Abraham, 7803B. W. 1889.
Vanbuskirk, Andrew, 3466B. W. 1809. Inv. 1809.
Van Buskirk, Andrew, 4130B. W. 1827, Inv. 1827.
Van Buskirk, Ann, 4046B. Inv. 1825.
Van Buskirk, Catharine, 4047B. W. 1825. Inv. 1825.
Van Buskirk, Cornelius, 3814B. W. 1819. Inv. 1819.
Van Buskirk, Cornelius, 4966B. W. 1846. Inv. 1846.
Van Buskirk, Cornelius, 6176B. Inv. 1871.
Van Buskirk, David, 6031B. W. 1869. Inv. 1869.
VanBuskirk, Elizabeth, 3010B. B. 38, p. 203. Wd. 1799.
Van Buskirk, Elsha, 3528B. W. 1811. Inv. 1811.
Van Buskirk, Henry, 8137B. W. 1892. Inv. 1892.
Van Buskirk, Jacob, 3561B. Inv. 1812.
Van Buskirk, Jacob, 8435B. W. 1894. Inv. 1895.
Van Buskirk, Jacob, Sr., 7443B. W. 1885.
VanBuskirk, Jacobus, 742B. B. I, p. 99. W. 1767.
VanBuskirk, Jacobus, 958B. B. K, p. 403, &c. W. 1771.
VanBuskirk, Jane, 3013B. B. 38, p. 203. Wd. 1799.
Van Buskirk, John, 3853B. W. 1820. Inv. 1820.
Van Buskirk, John, 4595B. W. 1836. Inv. 1836.
Van Buskirk, John, 5920B. W. 1867. Inv. 1867.
Van Buskirk, John, 6177B. W. 1871.
Van Buskirk, John, 6097B. Inv. 1870.
Van Buskirk, John, 6331B. W. 1873. Inv. 1874.
Van Buskirk, John A., 6412B. W. 1874. Inv. 1874.
Van Buskirk, John I., 4329B. Inv. 1831.
Van Buskirk, John I., 6098B. W. 1870. Inv. 1870.
Van Buskirk, John W., 8721 B. W. 1896.
VanBuskirk, Lawrance, 3005B. B. 38, p. 202 Int. 1799.
Van Buskirk, Lawrence, 6881B. W. 1879. Inv. 1880.
Van Buskirk, Lucretia, 4596B. W. & Cods. 1836. Inv. 1837.
Van Buskirk, Margaret, 9159B. W. 1899. Inv. 1899.
Van Buskirk, Peter, 3815B. W. 1819.

Van Buskirk, Peter, 4890B. W. 1844. Inv. 1844.
Van Buskirk, Rachel, 6032B. W. 1869. Inv. 1869.
Van Buskirk, Rachel, 6413B. W. 1874. Inv. 1874.
Van Buskirk, Stephen, 4131B. Inv. 1827.
Van Buskirk, Thomas, 3529B. W. 1811. Inv. 1811.
Van Buskirk, Thomas, 5286B. W. 1854. Inv. 1854.
Van Buskirk, Thomas A., 4967B. Inv. 1846.
Van Buskirk, Thomas L., 3650B. W. 1814. Inv. 1814.
Van Buskirk, Willminah, 9330B. W. 1900.
Van Bussam, John, 3562B. Inv. 1812.
Van Bussum, Andrew B., 5287B. W. 1854. Inv. 1854.
Van Bussum, David, 3931B. W. 1822. Inv. 1822.
Van Bussum, David D., 6588B. Inv. 1876.
Van Bussum, Garret D., 7711B. Inv. 1888.
VanBussum, Harmanus, 2997B–3001B. B. 38, p. 188. W. 1799. Inv. 1799.
Van Bussum, Harmanus H., 4444B. W. 1833. Inv. 1833.
Van Bussum, Peter, 3651B. W. 1814. Inv. 1814.
Van Bussum, Philip P., 7152B. W. 1882. Inv. 1882.
Van Cleef, John, 4087B. Inv. 1826.
Van Cleve, Joseph, 4655B. W. 1837. Inv. 1837.
Van Cleve, Lizzie, 6487B. W. 1875. Inv. 1875.
Vandalinda, Gilburt, 4928B. W. 1845. Inv. 1845.
Vandalinda, Ralph J. 8138B. W. 1892.
Vandalinder, James R., 7918B. W. 1890. Inv. 1890.
VanDalsem, John, 2859B–2865B. B. 36, p. 1. W. 1798. Inv. 1798.
Van Dalsem, John, 3215B. Wd. 1801.
Van Dalsem, John, 5628B. W. 1862. Inv. 1862.
Van De Kolk, Andrew, 7245B. W. 1883. Inv. 1883.
Vandelende, Roelef, 2081B. B. 32, p. 519, &c. W. 1791.
Van de Linda, David, 4330B. W. 1831.
Van Delinda, Elizabeth, 3496B. Inv. 1810.
Van Delinda, Henry, 7153B. W. 1882. Inv. 1882.
Vandelinda, Jacob G., 4656B. Inv. 1837.
Vandelinda, James, 4048B. Inv. 1825.
Van Delinda, John A., 8026B. W. & Cod. 1891.
Vandelinda, Margaret, 5161B. Inv. 1851.
Vandelinda, Mary, 6492B. Inv. 1875.
VanDelinda, Peter, 726B–735B. B. I, p. 48. W. 1766. Int. 1766. Inv. 1767.
Van Delinda, Ralph D., 4445B. Inv. 1833.
Vandelinda, Ralph J., 5162B. Inv. 1851.
VanDeLinde, Benjamin, 1956B. B. 30, p. 239. W. 1789.
VanDenberg, Barney, 8998B. W. 1898. Inv. 1898.
Vandenberg, Gerrit, 7246B. W. 1883. Inv. 1883.
Vanden Hook, Jacob, 8652B. W. 1896.
Vanderbeck, Catharine A., 9160B. W. & Cod. 1899.
Van Derbeck, Charlotte S., 8139B. W. 1892.
Van Derbeck, Cornelia, 8027B. W. 1891. Inv. 1891.

Vanderbeck, Hannah, 5375B. Inv. 1856.
Vanderbeck, Jury, 4832B. Inv. 1842.
Vanderbeck, Paul I., 4389B. Inv. 1832.
Vanderbeek, Paulus, 555B–564B. B. H, p. 150. W. 1762. Inv. 1765.
Van Der Beek, Abraham, 4502B. W. 1834. Inv. 1834.
Van Derbeek, Ann, 4176B. W. 1828. Inv. 1828.
Van Derbeek, Aury, 3686B. W. 1815. Inv. 1815.
Vanderbeek, Catharine, 7635B. W. 1887.
Van Derbeek, Conrad, 3978B. Inv. 1823.
Van Derbeek, Cornelius, 4446B. Inv. 1833.
Van Derbeek, Harman J. 7444B. W. 1885.
Vanderbeek, Harmen, 4858B. W. 1843 Inv. 1843, 1845.
Vanderbeek, Henry J., 6033B. W. 1869. Inv. 1869.
Vanderbeek, Henry P., 5757B. W. 1864. Inv. 1864.
Vanderbeek, Elizabeth, Isaac, 3249B. B. 40, p. 4. Wds. 1802.
Van Derbeek, Harmanis, 6488B. W. 1875. Inv. 1875.
Vanderbeek, Henry H., 6771B. W. 1878. Inv. 1878.
Vanderbeek, Isaac, 3216B. B. 39, p. 419. W. 1801.
Vanderbeek, Isaac, 3249B. B. 40, p. 4. Grd. 1802.
Vanderbeek, Isaac, 3250B. B. 40, p. 4. Grd. 1802.
Vanderbeek, Isaac A., 5243B. W. 1853. Inv. 1853.
Vanderbeek, Isaac P., 3263B. B. 40, p. 276. Grd. 1803.
Van Derbeek, Isaac P., 4447B. W. 1833. Inv. 1833.
Vanderbeek, Jacob, 7534B. W. 1886. Inv. 1886.
Vanderbeek. Jacob A., 6034B. W. 1869.
Vanderbeek, Jacob H., 8028B. Inv. 1891.
Vanderbeek, Jacob S., 6589B. W. 1876.
Vanderbeek, James, 6035B. Inv. 1869.
Vanderbeek, James, 7712B. W. 1888.
VanDerbeek, Jan, 2979B–2983B. B. 38, p. 193. W. 1799. Inv. 1799.
Van Derbeek, Jeremiah, 4657B. Inv. 1837.
Van Derbeek, John, 3414B. Inv. 1807.
Van Derbeek, John, 3497B. Inv. 1810.
Vanderbeek, John, Gashe, 3250B. B. 40, p. 4. Wds. 1802.
Van Der Beek, John, 5163B. W. 1851. Inv. 1851.
Vanderbeek, John, 8555B. W. 1895.
Vanderbeek, John J., 6871B. Inv. 1880.
Vanderbeek, John P., 4177B. W. & Cod. 1828. Inv. 1828.
Vanderbeek, John R., 7535B. W. 1886. Inv. 1886.
Vanderbeek, Jurria, 3716B. W. 1816. Inv. 1816.
Vanderbeek, Magdalene. 8029B. W. 1891.
Vanderbeek, Margaret, 6178B. W. 1871. Inv. 1871.
Vanderbeek, Mary, 3717B. W. 1816. Inv. 1816.
Vanderbeek, Paul, 4929B. W. 1845. Inv. 1845.
Van Derbeek, Paul, 5164B. W. 1851. Inv. 1851.
Vanderbeek, Paul P., 5288B. Inv. 1854.
Van Derbeek, Paulis, 3408B. Inv. 1810.
VanderBeek, Poulis, 2578B. W. 1795.

Vanderbeek, Richard, 5037B. W. 1848. Inv. 1848.
Van Der Beek, Samuel, 5457B. W. 1858. Inv. 1858.
Vanderbeek, Samuel, 5813B. Inv. 1865.
Vanderbeek, Sarah J. 8140B. W. 1892.
Van Der Beek, Solomon F., 5205B. W. 1852. Inv. 1852.
Vanderbeek, Theresa S., 8999B. W. 1898.
Vanderoef, Henry V. L., 8030B. W. 1891. Inv. 1891.
Vanderbilt, Aaron, 4503B. Inv. 1834.
Vanderbilt, Isaac, 6332B. W. 1873. Inv. 1873.
Vanderbilt, Margaret, 6489B. Inv. 1875.
Vanderhoof, Cornelius, 1905B. B. 31, p. 248, &c. W. 1788.
Vanderhoof, Garret, 2723B. B. 36, p. 424. W. 1797.
Van Derhoof, Garret, 3892B. W. 1821. Inv. 1821.
Vanderhoof, Henry, 3289B. B. 40, p. 275. Int. 1803.
Vanderhoof, Jacob, 1875B–1879B. B. 29, p. 529. W. 1787. Inv. 1787.
Vanderhoof, Rachel, Elizabeth, Jane, 2975B. B. 38, p. 204. Wds. 1799.
Vanderhoof, Thomas, 4551B. Inv. 1835.
Vanderhooft, Cornelius, 663B. B. H, p. 512. W. 1765.
Vanderpool, James, 5088B. W. 1849. Inv. 1849.
Vanderpool, Osee, 5629B. W. 1862.. Inv. 1863.
Vanderruf, Jacob, 1875B–1879B. B. 29, p. 529. W. 1787. Inv. 1787.
Vandervater, Albertus G., 8158B. Inv. 1891.
Van Deusen, Angeline M., 9000B. W. 1898.
Van Dien, Albert, 4390B. Inv. 1832.
Van Dien, Albert J., 6882B. W. 1879. Inv. 1879.
Van Dien, Andries, 3606B. W. 1813. Inv. 1813.
VanDien, Casparus, 2415B. B. 35, p. 70. Wd. 1794.
VanDien, Cornelis, 383B–387B. B. F, p. 452. W. 1757. Inv. 1757.
Van Dien, Cornelius, 4232B. W. 1829.
Van Dien, Cornelius G., 4807B. W. 1841. Inv. 1841.
VanDien, Derck, 1089B–1093B. B. L, p. 218. W. 1774. Int. 1774.
Van Dien, Garret, 5244B. W. 1853. Inv. 1853.
Van Dien, Garret G., 7345B. W. 1884. Inv. 1885.
Van Dien, Garret H., 6333B. W. 1873. Inv. 1873.
Van Dien, Garret H., 6972B. Inv. 1880.
Van Dien, Hannah, 7536B. W. 1886. Inv. 1886.
Van Dien, Harmen, 5415B. W. 1857. Inv. 1857.
Van Dien Herman, 7445B. Inv. 1885.
Van Dien, Jane, 4709B. W. & Cod. 1838. Inv. 1838.
Van Dien, John G., 5630B. W. 1862. Inv. 1862.
Van Dien, John H., 6772B. Inv. 1878.
Van Dien, John Z., 6414B. W. 1874. Inv. 1874, 1880.
Van Dien, Phebe T., 7154B. Inv. 1882.
Van Dien, Rachel B., 7919B. W. 1890. Inv. 1891.
Van Dien, Richard, 3746B. Inv. 1817.

Van Houte, John H., 3788B. W. 1818. Inv. 1818.
Van Houten, Abraham, 4392B. Inv. 1832.
VanHouten, Adrian, 2729B. B. 36, p. 462. Wd. 1797.
VanHouten, Adrian G., 1246B-1251B. B. 25, p. 355. Int. 1782. Inv. 1782.
Van Houten, Ann, 9331B. W. 1900.
VanHouten, Anna, 2679B. B. 35, p. 347. Int. 1796.
Van Houten, Anna V., 6179B. Inv. 1871.
Van Houten, Bridget, 8141B. W. 1892. Inv 1892.
Van Houten, Cornelius, 3855B. W. 1820. Inv. 1820.
Van Houten, Cornelius C., 4553B. Inv. 1835.
Van Houten, Cornelius I., 4051B. W. 1825. Inv. 1825.
Van Houten, Corynes, 2967B. B. 38, p. 190. W. 1799.
Van Houten, Crinus, 5541B. Inv. 1860.
Vanhouten, Garrabrant C., 3718B. W. 1816. Inv. 1816.
Van Houten, Garrebrant, 4331B. Inv. 1831.
VanHouten, Gerebrant, 1974B. B. 30, p. 242. W. & Cod. 1789.
Van Houten, Halmagh, 3979B. Inv. 1823.
VanHouten, Helmagh, 1410B. B. M, p. 47. W. 1782.
Van Houten, Helmagh, 3292B. B. 40, p. 393, W. 1803. Inv. 1804.
VanHouten, Helmagh, 1569B. B M, p. 268. W. 1784.
Van Houten, Henry J. 7054B. W. 1881. Inv. 1881.
Van Houten, Isaac, 4393B. Inv. 1832.
VanHouten, Jacob, 1901B. B. 31, p. 255, &c. W. 1788.
Van Houten, Jacob G. 6974B. W. 1880. Inv. 1880.
Van Houten, Jesse, 6775B. Inv. 1878.
VanHouten, John, 2174B-2176B. B. 34, p. 11. W. 1792. Int. 1792.
VanHouten, John, 2586B. B. 33, p. 358, &c. Int. 1795.
VanHouten, John, 3124B. B. 38, p. 529, W. & Cod. 1800.
Vanhouten, John, 3607B. W. 1813. Inv. 1813.
Vanhouten, John, 4394B. W. 1832. Inv. 1832.
Van Houten, John C., 4449B. Inv. 1833.
Van Houten, John G., 4132B. Inv. 1827.
Van Houten, John H., 5038B. W. 1848. Inv. 1848.
Vanhouten, John H., 6415B. W. 1874. Inv. 1874.
Van Houten, John J., 3789B. W. 1818. Inv. 1818.
Van Houten, John J., 5488B. Inv. 1859.
Van Houten, John M., 5165B. W. 1851. Inv. 1851.
Van Houten, John P., 3653B. W. 1814. Inv. 1814.
Van Houten, John R., 6253B. Inv. 1872.
Van Houten, John V., 6975B. Inv. 1880.
Van Houten, Lydia, 8723B. W. 1896. Inv. 1896.
Van Houten, Martin, 4931B. Inv. 1845.
Van Houten, Martin, Jr., 4932B. Inv. 1845.
Van Houten, Mary S., 9332B. W. 1900.
VanHouten, Paul, 2681B. B. 35, p. 348. Int. 1796.
Van Houten, Paul, 3816B. Inv. 1819.
Van Houten, Paul, 6100B. W. 1870. Inv. 1870.

Van Houten, Rachel, 4554B. Inv. 1835.
Van Houten, Ralph, 4450B. W. 1833. Inv. 1833.
Van Houten, Rebecca, 7055B. Inv. 1881.
Van Houten, Richard G., 3531B. W. 1811. Inv. 1811.
VanHouten, Robbert, 1758B. B. 29, p. 500, &c. W. 1786.
VanHouten, Roelof, 907B. B. K, p. 294. W. & Cod. 1770.
Van Houten, Roelef R., 3253B. B. 40, p. 4. Int. 1802.
Van Houten, Ryer, 4395B. Inv. 1832.
Van Houten, Tinie, 3500B. Inv. 1810.
VanHowten, Caty, 1628B. B. 33, p. 161, &c. W. 1785.
Van Iderstine, Andrew, 5458B. W. 1858. Inv. 1858.
Van Iderstine, Casparus H., 3468B. Inv. 1809.
Van Iderstine, Catharine, 5590B. Inv. 1861.
Van Iderstine, Eliza, 7594B. W. 1887. Inv. 1887.
Van Iderstine, Henry H., 8290B. Inv. 1893.
Van Iderstine, Henry P., 8389B. W. & Cod. 1893. Inv. 1893.
Van Iderstine, Jane, 9162B. W. 1899.
Van Iderstine, John, 4779B. W. 1840. Inv. 1840.
Van Iderstine, Michael, 6490B. W. 1875. Inv. 1875, 1885.
Van Iderstine, Peter, 5245B. W. 1853. Inv. 1853.
VanIderstine, Tadeus, 3130B-3131B. B. 38, p. 531. W. 1800. Inv. 1801.
VanIderstine, Tauda I., 1927B. B. 31, p. 250, &c. W. 1788.
Van Iderstine, Theodore, 6677B. W. 1877. Inv. 1877.
Van Iderstine, Tunis, 3687B. W. 1815. Inv. 1815.
Van Iderstine, Tunis, 4712B. W. 1838. Inv. 1838.
Vanmeter, Sarah, 4451B. W. 1833.
Vanmeulen, Sarah M., 7924B. W. 1890. Inv. 1890.
Van Ness, Robert, 3380B. Inv. 1806.
Van NewKerk, Catrina Mattheus, 636B. B. H, p. 437. W. 1764.
Van Norden, Andrew, 3532B. Inv. 1811.
Van Norden, John, 3501B. W. 1810. Inv. 1811.
Van Norden, Mary A., 7804B. W. 1889.
Van Norden, Matilda, 9163B. W. 1899.
VanNorstrand, John, 3122B. B. 39, p. 131. Wd. 1800.
Van Norstrand, John, 5089B. W. 1849. Inv. 1849.
VanNostrandt, Christopher, 2336B. B. 33, p. 170. Int. 1793.
Van Orden, Adam, 8034B. W. 1891.
VanOrden, Andries, 798B. B. I, p. 251. W. 1768. Inv. 1768.
Van Orden, Ann, 6254B. Inv. 1872.
Van Orden, David, 5591B. W. 1861. Inv. 1861.
Van Orden, Harmanus, 4052B. W. 1825. Inv. 1825.
Van Orden, James, 8291B. W. 1893.
Van Orden, Lawrence B., 5631B. W. 1862. Inv. 1862.
Vanorden, Stephen, 1369B. B. 25, p. 347. W. 1783.
Van Ostrand, Charlotte, 8035B. W. & Cod. 1891.

Van Ostrand, Jacob, 7346B. W. 1884. Inv. 1884.

Van Reype, Cornelius, Sr. 978. B. K, p. 485. W. 1772.

Van Reype, Harmen, 3533B. W. 1811. Inv. 1811.

Van Reyper, Frederick, 4505B. W. 1834. Inv. 1834.

Van Reyper, Hannah, 6680B. W. 1877. Inv. 1877.

Van Reyper, Harman G., 9333B. W. 1900. Inv. 1900.

VanRhoder, Abraham Marks, 3118B. B. 38, p. 539. Int. 1800.

VanRipen, Derick, 1573B–1575B. Int. 1784. Inv. 1784.

van Ripen, Jurie, 249B. Int. 1748.

Van Riper, Abraham, 6976B. W. 1880. Inv. 1880.

Van Riper, Abraham, 7537B. W. 1886. Inv. 1886.

Van Riper, Andrew F., 5039B. W. 1848. Inv. 1848.

Van Riper, Anna, 7636B. W. 1887. Inv. 1887.

Van Riper, Cornelius, 3894B. W. 1821. Inv. 1821.

Van Riper Cornelius, 6678B. W. & Cod. 1877. Inv. 1877.

Van Riper, Cornelius G., 6036B. W. 1869. Inv. 1869.

Van Riper, Ellen, 6416B. W. 1874. Inv. 1874.

Van Riper, Garret, 3335B. Inv. 1805.

Van Riper, Garret, 4658B. Inv. 1837.

Van Riper, Garret, 5688B. W. 1863. Inv. 1863.

Van Riper, Garret G., 3608B. Inv. 1813.

Van Riper, Garret I., 3895B. W. & Cod. 1821. Inv. 1821.

Van Riper, Garret M. 5985B. W. 1868. Inv. 1868.

Van Riper, George, 5417B. W. 1857. Inv. 1857, 1877.

Van Riper, Gitty, 5418B. W. 1857. Inv. 1857.

Van Riper, Harman, 6417B. W. 1874. Inv. 1874.

Van Riper, Jacob, 3417B. Inv. 1807.

Van Riper, Jacob, 3748B. W. 1817. Inv. 1817.

Van Riper, Jacob G., 8556B. W. 1895. Inv. 1895.

Van Riper, Jane, 4089B. Inv. 1826.

Van Riper, Jerry, 4009B. Inv. 1824.

Van Riper, Jerry, 5419B. Inv. 1857.

Van Riper, John G., 3382B. Inv. 1806.

Van Riper, John G. 7248B. Inv. 1883.

Van Riper, John N. 8292B. Inv. 1893.

Van Riper, Mary, 5632B. W. 1862. Inv. 1862.

Van Riper, Nicholas, 4504B. Inv. 1834.

Van Riper, Rachel, 5040B. W. 1848. Inv. 1848.

Van Riper, Richard, Sr., 3442B. W. 1808. Inv. 1808.

Van Riper, Rynard, 6883B. W. 1879. Inv. 1879.

Van Riper, Simeon, 260B–262B. Int. 1749. Ren. 1749.

Van Riper, Simeon, 5420B. W. 1857. Inv. 1857.

Van Riper, Stephen, 6101B. W. 1870. Inv. 1870.

Van Riper, Stephan S., 6679B. Inv. 1877.

Van Riper, Thomas, 3336B. Inv. 1805.

Van Riper, Walling, 6334B. Inv. 1873.

Van Riper, William H., 6255B. W. 1872. Inv. 1872.

Van Roden, John, 7347B. W. 1884. Inv. 1884.

VanRype, Garret C., 2588B–2592B. B. 33, p. 344, &c. W. 1795. Inv. 1796.

Vanrypen, Isack, 1103B–1107B. B. L, p. 185, &c. W. 1774. Dr. 1768.

VanRypen, Simeon, 1577B. B. M, p. 278. Int. 1784.

Van Ryper, Cornelius, 3188B. Inv. 1796.

Van Ryper, Elizabeth, 7348B. W. & Cod. 1884. Inv. 1884.

Van Ryper, Frederick, 5758B. W. 1864. Inv. 1864.

Van Ryper, Garret F., 4506B. W. 1834. Inv. 1834.

Van Ryper, Isaac, 3381B. W. 1806. Inv. 1806.

Van Ryper, Jacob C., 4133B. W. 1827. Inv. 1827.

Van Ryper, John I., 4780B. W. 1840. Inv. 1840.

Van Ryper, Peter, 6977B. W. 1880. Inv. 1880.

Van Saan, Henry J., 4233B. W. 1829. Inv. 1829.

Van Saan, Jacob I. S., 3817B. W. 1819. Inv. 1819.

VanSaen, Albert, 2727B. B. 36, p. 462. Grd. 1797.

VanSaen, Isaac, 2437B. B. 35, p. 52, &c. W. 1794.

VanSaen, John, 1345B–1349B. B. 25, p. 341. W. 1783. Inv. 1783.

Van Saen, Marytie, 3337B. W. 1805. Inv. 1805.

Van Saun, Aaron, 4892B. Inv. 1844.

Van Saun, Albert I., 7921B. Inv. 1890.

Van Saun, Albert Z., 5290B. Inv. 1854.

Van Saun, Christina, 7156B. Inv. 1882.

Vansaun, Cornelius J., 4396B. Inv. 1832.

Van Saun, Cornelius J., 7155B. W. 1882. Inv. 1882.

Van Saun, David, 4053B. W. 1825. Inv. 1825.

Van Saun, Elsie H., 7922B. W. 1890. Inv. 1890.

Van Saun, Epka, 3443B. W. 1808. Inv. 1808.

Van Saun, Henry, 7702B. W. 1888. Inv. 1888.

Van Saun, Hester, 4833B. W. 1842. Inv. 1842.

Van Saun, Hester, 5689B. Inv. 1863.

Van Saun, Isaac, 4452B. Inv. 1833.

Van Saun, Isaac J., 4893B. Inv. 1844.

Van Saun, Isaac J., 7448B. Inv. 1885.

Van Saun, Isaac L., 5131B. W. 1850. Inv. 1850.

Van Saun, Jacob, 4234B. W. 1829. Inv. 1829.

Van Saun, Jacob H., 4507B. Inv. 1834.

Van Saun, John, 4453B. W. 1833. Inv. 1833.

Van Saun, John C., 5090B. W. & Cod. 1849. Inv. 1849.

Van Saun, John I., 7052B. W. 1881. Inv. 1881.

Van Saun, John J., 5489B. W. 1859. Inv. 1859.

Van Saun, John L., 3933B. Inv. 1822.

Van Saun, Lizzie, 9334B. W. 1900. Inv. 1900.

Van Saun, Lucas, 5091B. W. 1849. Inv. 1849.

Van Saun, Lucas I., 5041B. W. 1848. Inv. 1848.

Van Saun, Lukes, 3565B. W. 1812. Inv. 1813.

Van Saun, Margaret, 6776B. W. 1878. Inv. 1878.

Van Saun, Mary, 5542B. W. 1860. Inv. 1860.

Van Saun. Mary, 6777B. W. & Cod. 1878. Inv. 1878.

Van Saun, Phebe, 4010B. W. 1824. Inv. 1824.

Van Saun, Samuel, 3469B. Inv. 1809.

Van Saun, William, 6884B. Inv. 1879.

Van Sciven, John, 5092B. W. 1849. Inv. 1849.

Van Sciven, Margaret A., 7449B. W. 1885. Inv. 1885.

Van Sciver, Peter, 7249B. W. 1883. Inv. 1883.

Van Seters, Cornelius, 8557B. W. 1895.

VanSeyl, Peter, 2427B–2431B. B. 35, p. 62. W. 1794. Inv. 1795.

VanSile, Evert, 1759B. Book 29, p. 198, &c. W. 1786.

Van Skiver, John J. 6685B. W. 1877. Inv. 1877.

Van Slyke, Tunis W., 5922B. Inv. 1867.

Van Tile, Catharine E., 4508B. Inv. 1836.

Vantuyle, Abraham, 1051B–1109B. Int. 1773. Inv. 1774.

Van Valen, Barney, 5543B. W. 1860. Inv. 1860.

Van Valen, Cornelius, 5814B. W. 1865. Inv. 1865.

Van Valen, David, 8036B. W. 1891. Inv. 1891.

Van Valen, Jacob, 5166B. W. 1851. Inv. 1851.

Van Valen, James, 4397B. Inv. 1832.

Van Valen, John, 9164B. W. 1899.

Van Valen, Joseph, 6592B. W. 1876. Inv. 1876.

Van Voorhease, Issac, 4659B. W. 1837. Inv. 1837.

Van Voorhees, Abraham, 4272B. W. 1830. Inv. 1830.

VanVoorhees, Jan, 821B–827B. B. I, p. 270. W. 1767. Int. 1767. Inv. 1768.

Van Voorhies, Albert, 5246B. W. 1853. Inv. 1853.

Van Voorhies, Jane, 5690B. W. 1863. Inv. 1863.

Van Voorhis, Aaron, 6491B. W. 1875. Inv. 1875.

Van Voorhis, Aaron, 7450B. Inv. 1885.

VanVoorhis, Albert, 3934B. W. 1822. Inv. 1822.

Van Voorhis, Albert H., 8142B. Inv. 1892.

Van Voorhis, Albert, Sr., 3935B. W. 1822. Inv. 1822.

Van Voorhis, Isaac A., 4286B. Inv. 1830.

Van Voorhis, John A., 4454B. W. 1833. Inv. 1833.

Van Voorhis, John A., 5877B. W. 1866. Inv. 1866.

Van Voorhis, John H., 4090B. Inv. 1826.

Van Voorhis, Margaret, 8724B. W. & Cod. 1896.

Van Voorhis, Nicholas H., 4508B. Inv. 1834.

Van Voorhis, Rachel, 6102B. W. 1870. Inv. 1870.

Van Vorst, Ann K., 8437B. W. 1894. Inv. 1894.

Van Vorst, Cornelius, 326B. B. F, p. 128, &c. W. 1753.

Van Vorst, Cornelius, 3790B. W. 1818.

Vanvorst, Garret, 1624B. B. 27, p. 479. W. 1785.

Van Vorst, Garret, 4509B. W. 1834.

Van Vorst, John, 4398B. Inv. 1832.

Van Vorst, John G., 4399B. W. 1832. Inv. 1832.

Van Vorst, Walling, 4968B. Inv. 1846.

VanWagene, Peter Garretse, 716B. B. I, p. 80. W. & Cod. 1766.

VanWagenen, Aultye, 2447B–2451B. B. 35, p. 61. W. 1794. Inv. 1794.

Van Wagenen, Garret P., 3384B. W. 1806. Inv. 1806.

VanWagenen, Gerrit, 2596B. B. 33, p. 344, &c. W. 1795.

Van Wagenen, Jacob, 3566B. W. 1812. Inv. 1812.

Van Wagenen, Jacob, 4744B. W. 1839. Inv. 1839.

VanWagenen, Johannis, 420B. B. G, p. 118. W. 1759.

VanWagenen, Johannis, 2735B. B. 36, p. 446. W. 1797.

Van Wagenen, John, 4134B. Inv. 1827.

VanWagenon, John, 2338B–2342B. B. 33, p. 165, &c. W. 1793. Inv. 1793.

VanWaggenen, Cornelius, 814B. Int. 1768. Inv. 1768. Ren. 1768.

VanWaggener, John H., 2743B. B. 36, p. 460. Int. 1797.

VanWaggener, Mary, 2441B–2445B. B. 35, p. 69. Int. 1794. Inv. 1794.

Van Waggoner, Bridget, Helmagh. 3293B. B. 40, p. 320. Wds. 1803.

Van Wagonen, Halmaigh, 4599B. W. 1836. Inv. 1836.

VanWagonen, Jacob, 1611B–1612B. B. 27, p. 485. W. 1785. Inv. 1785.

Van Wagonen, Jacob, 4600B. Inv. 1836.

VanWagonen, John, 2785B. B. 36, p. 462. Grd. 1797.

Van Wagonen, John, 4178B. W. 1828. Inv. 1828.

Van Wagoner, Catharine, 3383B. W. 1806. Inv. 1806.

Van Wagoner, David, 4743B. W. 1839. Inv. 1839.

Van Wagoner, Eleanor, 7157B. Inv. 1882.

Van Wagoner, Garret G., 4660B. W. 1837. Inv. 1837.

Van Wagoner, Hannah, 7158B. Inv. 1882.

Van Wagoner, Henry, 3818B. Inv. 1819.

Van Wagoner, Jane D., 8725B. Inv. 1896.

Van Wagoner, John, 3255B. B. 40, p. 275. Int. 1802.

Van Wagoner, John, 7056B. Inv. 1881.

Van Wagoner, John J., 6593B. W. 1876.

Van Wagoner, Richard, 7927B. Inv. 1890.

Van Wagoner, Samuel, 5759B. W. 1864. Inv. 1864.

VanWenkel, Henry, 1616B. B. 27, p. 473. W. 1785.

vanWinckel, Jacob Jacobson, Sr., 90B–91B. B. B, p. 311. W. 1732. Int. 1732.

vanWinckel, Waling Jacobson, 84B. B. B, p. 133. W. 1729.

VanWinckel, Daniel, 640B. B. H, p. 399. W. 1764.

VanWinkel, Hinderik, 867B. B. K, p. 108. W. 1769.

Van Winkel, Jacob, 4400B. W. 1832. Inv. 1832.

VanWinkel, Johannis Walings, 866B. B. K, p. 135. W. 1769.

Van Winkel, Joseph, 3470B. W. 1809. Inv. 1809.

Van Winkel, Simeon, 3471B. W. 1809. Inv. 1809.

VanWinkel, Theodorus, 2419B. B. 35, p. 70. Grd. 1794.

Van Winkel, Theodorus, 3472B. W. 1809. Inv. 1809.

VanWinkel, Waling, 1570B–1580B. B. M, p. 259. W. 1784. Inv. 1784.

Voorhis, Henry A., 5376B. W. 1856. Inv. 1856.
Voorhis, Henry A. L., 6104B. W. 1870. Inv. 1870.
Voorhis, Henry H., 5247B. W. 1853. Inv. 1853.
Voorhis, Henry H., 7452B. Inv. 1885.
Voorhis, Henry J., 5633B. W. 1862. Inv. 1862.
Voorhis, Henry N., 7715B. W. 1888. Inv. 1888.
Voorhis, Isaac N., 8143B. Inv. 1892.
Voorhis, Jacob T., 9341B. W. 1900. Inv. 1900.
Voorhis, James, 4556B. Inv. 1835.
Voorhis, John A., 5422B. W. 1857. Inv. 1857.
Voorhis, John A., 5692B. W. 1863. Inv. 1863.
Voorhis, John A., 9003B. W. 1898.
Voorhis, John J., 5878B. Inv. 1866.
Voorhis John L., 5094B. Inv. 1849.
Voorhis, John Q., 8727B. W. 1896. Inv. 1896.
Voorhis, Lucas J., 5335B. W. 1855. Inv. 1855.
Voorhis, Lucas J., 5879B. W. 1866. Inv. 1866.
Voorhis, Lydia, 7716B. W. 1888. Inv. 1888.
Voorhis, Margaret, 5167B. W. 1851. Inv. 1851.
Voorhis, Margaret, 7809B. W. 1899. Inv. 1889.
Voorhis, Nicholas A., 7349B. W. 1884. Inv. 1884.
Voorhis, Nicholas I., 7637B. W. & Cod. 1887. Inv. 1887.
Voorhis, Peter A. H., 7717B. W. 1888.
Voorhis, Peter I., 8294B. W. 1893. Inv. 1893.
Voorhis, Rachel, 4894B. W. 1844.
Voorhis, Ralph, 9169B. W. & Cod. 1899.
Voorhis, Richard A., 8440B. W. 1894. Inv. 1894.
Voorhis, Thomas, 6257B. W. 1872. Inv. 1872.
Voorhis, William W., 9170B. W. 1899. Inv. 1899.
Vorwald, Charles, 8728B. Inv. 1896.
Vos, Johannes, 998B. B. K, p. 496, &c. W. 1772.
Voss, Fannie A., 6978B. W. & Cod. 1880. Inv. 1880.
Vossler, George, 9171B. W. 1899.
Vreeland, Abraham, 4091B. W. 1826. Inv. 1826.
Vreeland, Aighe, 3937B. W. 1822. Inv. 1822.
Vreeland, Ann K., 5817B. Inv. 1865.
Vreeland, Benjamin, 4287B. Inv. 1830.
Vreeland, Cornelius, 4011B. Inv. 1824.
Vreeland, Cornelius, 7161B. W. 1882. Inv. 1882.
Vreeland, Cornelius, 8441B. Inv. 1894.
Vreeland, Cornelius C., 5592B. W. 1861.
Vreeland, Cornelius R., 3859B. Inv. 1820.
Vreeland, David L., 8864B. Inv. 1897.
Vreeland, Edo, 5336B. W. & Cod. 1855.
Vreeland, Edo, 9342B. W. 1900.
Vreeland, Eliza, 7250B. W. 1883. Inv. 1883.
Vreeland, Ellen M., 6683B. Inv. 1877.
Vreeland, Enoch E., 6258B. W. 1872. Inv. 1874.
Vreeland, Enoch G., 4334B. Inv. 1831.
Vreeland, Enoch I., 5593B. Inv. 1861.
Vreeland, Garret, 1589B–1593B. B. M, p. 251. W. 1784. Inv. 1784.
Vreeland, George, 2572B–2574B. B. 33, p. 353, &c. W. 1795. Inv. 1795.
Vreeland, George, 4012B. W. & Cod. 1824. Inv. 1824.

Vreeland, George E., 8037B. W. & Cod. 1891. Inv. 1891.
Vreeland, Gerret, 4054B. W. 1825. Inv. 1825.
Vreeland, Gertrude, 7058B. Inv. 1881.
Vreeland, Hannah, 8442B. W. 1894.
Vreeland, Hartman Michaelson, 60B–63B. Int. 1724. Inv. 1724.
Vreeland, Henry I., 3207B. B. 39, p. 211. Grd. 1801.
Vreeland, Isaac, 4235B. W. 1829. Inv. 1829.
Vreeland, Isaac E., 3473B. Inv. 1809.
Vreeland, Jacob J., 5490B. W. 1859. Inv. 1859.
Vreeland, Jacob R., 6779B. Inv. 1878.
Vreeland, James, 8729B. W. 1896. Inv. 1896.
Vreeland, James B., 5491B. W. 1859. Inv. 1859, 1860.
Vreeland, Jane, 5377B. W. 1856. Inv. 1856.
Vreeland, Jane, 9004B. W. 1898.
Vreeland, John, 2737B. B. 36, p. 455. W. 1797.
Vreeland, John, 3567B. W. 1812. Inv. 1812.
Vreeland, John, 3980B. W. 1823.
Vreeland, John, 6037B. W. 1869. Inv. 1869.
Vreeland, John B., 5423B. W. 1857. Inv. 1857.
Vreeland, John G., 4013B. W. 1824. Inv. 1825.
Vreeland, John G., 4455B. Inv. 1833.
Vreeland, John J., 5880B. W. 1866. Inv. 1867.
Vreeland, John, Sr., 3654B. W. 1814. Inv. 1814.
Vreeland, Machiel Hartmanse, 806B. B. I, p. 266. W. 1768.
Vreeland, Margaret, 4662B. W. 1837. Inv. 1837.
Vreeland, Margaret, 5292B. W. 1854. Inv. 1854.
Vreeland, Mary, 7251B. W. 1883. Inv. 1883.
Vreeland, Matilda, 7539B. W. 1886. Inv. 1886.
Vreeland, Michael, 3339B. W. 1805. Inv. 1805.
Vreeland, Michael, 4781B. W. 1840. Inv. 1840.
Vreeland, Michael D., 4456B. W. 1833. Inv. 1833.
Vreeland, Michael G., 4335B. Inv. 1831.
Vreeland, Michael H., 6684B. Inv. 1877.
Vreeland, Michael I., 4182B. W. 1828.
Vreeland, Michael R., 8295B. W. 1893. Inv. 1894.
Vreeland, Naomi, 6038B. Inv. 1869.
Vreeland, Nicholas, 3295B. B. 40, p. 313. W. 1803.
Vreeland, Nicholas, 7453B. Inv. 1885.
Vreeland, Paul B., 5492B. Inv. 1859.
Vreeland, Peter I., 3981B. Inv. 1823.
Vreeland, Rachel C., 5493B. W. 1859.
Vreeland, Richard, 6419B. W. 1874. Inv. 1874.
Vreeland, Richard C., 8038B. W. 1891. Inv. 1891.
Vreeland, Richard M., 5095B. W. 1849. Inv. 1849.
Vreeland, Sarah, 5881B. W. 1866.
Vreeland, Sarah, 6596B. W. 1876. Inv. 1876.
Vreeland, Sophia, 8144B. W. & Cod. 1892. Inv. 1892.
Vreeland, Sophia E., 9172B. W. 1899.
Vreeland, Stephen D. M., 5494B. Inv. 1859.
Vreeland, Thomas, 5248B. W. & Cod. 1853. Inv. 1853.

Vreelandt, Cornelius, 3822B. W. 1819. Inv. 1819.

Vreelandt, Cornelius, 5134B. W. 1850. Inv. 1850.

Vreelandt, Jacob, 2178B–2180B. B. 34, p. 17. Int. 1792. Inv. 1792.

Vreelandt, Michael C., 3896B. W. 1821. Inv. 1821.

Vreelandt, Wieyntye, 1620B. B. 27, p. 489. Int. 1785.

Vrelandt, Elias, 268B–274B–276B–278B–281B– 284B–286B. B. E, p. 196, &c. W. 1748. Int. 1748. Inv. 1749. Ct. 1748. Acct. 1749. Pt. 1748. Ren. 1749.

Vrelandt, Simon, 674B. B. H, p. 492. W. 1765. Inv. 1765.

Wackenheim, Joseph, 5923B. W. 1867.

Wackenheim, Mathias, 5762B. W. 1864. Inv. 1864.

Wade, Nehemiah, 3385B. W. 1805.

Wadleigh, Charlotte, 6979B. W. 1880. Inv. 1880.

Wagner, Bertha, 7925B. W. 1890.

Wagner, Emma, 8039B. W. 1891.

Wagner, John, Sr., 9005B. W. 1898. Inv. 1898.

Wagner, Susan E., 7351B. Inv. 1884.

Wagner, William, 6259B. W. 1872. Inv. 1872.

Wagner, Wilhelmina, 8559B. W. 1895.

Wagoner, John, Jr., 7926B. Inv. 1890.

Wake, John P., 6335B. W. 1873. Inv. 1873.

Walderum, Isaac, 4713B. W. 1838. Inv. 1838.

Waldron, Adolph, 3256B. B. 40, p. 3. W. 1802.

Waldron, Joseph, 4714B. Inv. 1838.

Waldron, Rachel M., 3568B. W. 1812. Inv. 1813.

Walke, Mary E., 8560B. W. 1895.

Walker, Ann E., 7928B. W. 1890.

Walker, Eliza B., 7059B. Inv. 1881.

Walker, Marcus, 7640B. W. 1887. Inv. 1888.

Wallace, Ernest, 8730B. W. 1896.

Walling, John, 5042B. W. 1848. Inv. 1848.

Walquist, Charles, 4782B. Inv. 1840.

Walsh, Bridget, 7252B. W. 1883.

Walsh, Edward T., 4558B. Inv. 1835.

Walsh, Thomas, Sr., 6493B. W. 1875. Inv. 1875.

Walter, Barbara, 9173B. W. 1899.

Walter, Ellwood, 6687B. Inv. 1877.

Walter, Johanna B., 7060B. W. 1881. Inv. 1881.

Walters, Ruth, 8731B. W. 1896.

Walters, Thomas, 6980B. Inv. 1880.

Walthery, Albert, 5088B. W. 1868. Inv. 1868.

Walthery, Eugene, 8871B. Inv. 1897.

Wanamaker, Richard, 6260B. W. 1872. Inv. 1872.

Wandell, Livingston, 6494B. W. 1875. Inv. 1876.

Wanemake, Peter, 682B. Int. 1765.

Wanmaker, Christian, 4663B. W. 1837. Inv. 1837.

Wanmaker, Christian, 7546B. W. 1886. Inv. 1886.

Wanmaker, Christian A., 5001B. W. 1847. Inv. 1847.

Wanmaker, Conrad, 4014B. W. 1824. Inv. 1824.

Wanmaker, Drew, 9006B. W. 1898.

Wanmaker, Esther E., 7929B. W. 1890.

Wanmaker, Eve, 7641B. W. & Cod. 1887.

Wanmaker, Henry R., 5043B. W. 1848. Inv. 1848.

Wanmaker, John, 4457B. Inv. 1833.

Wanmaker, Richard, 4183B. W. 1828. Inv. 1828.

Wanmaker, Richard H., 7810B. W. 1889. Inv. 1889.

Wannamaker, Abraham, 3011B. B. 38, p. 203. Grd. 1799.

Wannamaker, Christian, 1311B–1320B. B. 25, p. 355. Int. 1783. Inv. 1783.

Wannemaker, William, 1972B. B. 30, p. 248. Int. 1789.

Ward, Charles W., 7642B. W. 1887.

Ward, Elenor, 2075B–2079B. B. 32, p. 531, &c. W. 1791. Inv. 1791.

Ward, George W., 7352B. Inv. 1884.

Ward, Henry, 3610B. Inv. 1813.

Ward, John, 5424B. W. 1857. Inv. 1857.

Ward, John J., 6261B. Inv. 1872.

Ward, Peter M., 8040B. Inv. 1891.

Ward, Peter, Sr., 3569B. W. 1812. Inv. 1812.

Ward, Robert C. A., 8732B. W. 1896. Inv. 1896.

Wark, Valeria R., 9343B. W. 1900.

Watkins, Abigail B., 9344B. W. & Cod. 1900. Inv. 1900.

Watkins, Charles S., 6105B. W. & Cod. 1870. Inv. 1870.

Warman, Richard, 88B. B. B, p. 345. W. 1732.

Warner, Alexander H., 7162B. W. 1882.

Waters, John, 7454B. W. 1885.

Watson, James, 9007B. W. 1898. Inv. 1898.

Watson, James S., 6262B. Inv. 1872.

Wattkins, Joseph, 312B. Int. 1751.

Wattson, Thomas, 318B–322B. B. F, p. 62. W. 1752. Inv. 1752.

Weaver, Garret, 4458B. Inv. 1833.

Weaver, James, 5135B. Inv. 1850.

Weber, Joseph, 8733B. W. 1896.

Webster, George, 1597B. B. M, p. 277. Int. 1784.

Wegmann, Mary W., 8865B. W. 1897.

Weideman, William, 9008B. W. 1898.

Weigle, August H., 9345B. W. 1900.

Weigold, Annie, 8041B. Inv. 1891.

Weild, James H., 9346B. W. 1900.

Weinert, William, 9174B. W. 1899.

Weinmann, Joseph, 8866B. W. 1897. Inv. 1897.

Weir, Frances E., 7163B. Inv. 1882.

Weis, Adam, 9175B. Inv. 1899.

Weisenburger, Frederick, 7455B. W. 1885.

Weisenburger, Jacobina, 6981B. W. 1880.

Weiser, Joseph, 7811B. W. 1889.

Weisgerber, John P., 9009B. W. 1898.

Wellbrock, Annie, 8868B. W. 1897.

Weller, Mary, 4664B. Inv. 1837.

Welling, John, 4236B. Inv. 1829.

Wells, Elizabeth, 8042B. W. 1891.

Wells, Isabella A., 8043B. W. 1891.

Wenk, Simon, 7353B. W. 1884.

Wentzel, Charles, 8867B. W. 1897.

Wentzell, Henry 6106B. Inv. 1870.

Werger, William, 8145B. W. 1892.

Wessels, Lucas, 3535B. W. 1811.

Wessels, Margaret, 3823B. W. 1819.

West, Hannah, 4715B. W. 1838. Inv. 1838.

West, Henry, 7812B. Inv. 1889.

West, John H., 9010B. Inv. 1898.

West, William, 4015B. W. 1824.

Westerfield, Benjamin, 5096B. W. 1849. Inv. 1849.

Westerfield, David, 4237B. W. 1829. Inv. 1829.

Westervelt, Aaron H., 6597B. Inv. 1876.

Westervelt, Abraham, 2069B. B. 32, p. 555. Grd. 1791.
Westervelt, Abraham, 2560B. B. 33, p. 359, &c. Grd. 1795.
Westervelt, Abraham, 3688B. W. 1815. Inv. 1815.
Westervelt, Abraham, 5693B. W. & Cod. 1863. Inv. 1863.
Westervelt, Abraham C., 4716B. W. 1838. Inv. 1838.
Westervelt, Abraham P., 5818B. Inv. 1865.
Westervelt, Agnes, 4783B. Inv. 1840.
Westervelt, Albert, 1152B. B. 39, p. 175. W. 1776.
Westervelt, Albert, 4933B. W. 1845. Inv. 1845.
Westervelt, Albert A., 4717B. W. 1838. Inv. 1838.
Westervelt, Albert C., 5249B. W. & Cod. 1853. Inv. 1853.
Westervelt, Albert P., 5459B. W. 1858. Inv. 1858.
Westervelt, Ann, 3749B. W. 1817. Inv. 1817.
Westervelt, Ann, 6983B. W. 1880. Inv. 1880.
Westervelt, Anna P., 6420B. W. 1874. Inv. 1874.
Westervelt, Belicah, 3938B. W. 1822. Inv. 1822.
Westervelt, Benjamin, 3611B. W. 1813. Inv. 1815.
Westervelt, Benjamin, 3824B. W. 1819. Inv. 1819.
Westervelt, Benjamin C., 4184B. Inv. 1828.
Westervelt, Benjamin D., 8443B. Inv. 1894.
Westervelt, Benjamin P., 4934B. W. & Cod. 1845. Inv. 1845.
Westervelt, Benjamin R., 5694B. W. 1863. Inv. 1863.
Westervelt, Casparus, 3474B. W. & Cod. 1809. Inv. 1809.
Westervelt, Casparus, 5293B. W. 1854. Inv. 1854.
Westervelt, Casparus I., 4895B. W. 1844. Inv. 1845.
Westervelt, Casparus, Sr., 2683B. B. 35, p. 492. W. 1796.
Westervelt, Casper P., 5819B. Inv. 1865.
Westervelt, Casper P., 6984B. W. 1880. Inv. 1880.
Westervelt, Catharine, 7253B. Inv. 1883.
Westervelt, Catharine E., 8561B. W. 1895.
Westervelt, Catharine R., 9347B. W. & Cod. 1900. Inv. 1900.
Westervelt, Catlyntie, 3860B. W. 1820.
Westervelt, Cornelius, 3719B. W. 1816. Inv. 1816.
Westervelt, Cornelius D., 5168B. W. 1851. Inv. 1851.
Westervelt, Cornelius D., 7813B. Inv. 1889.
Westervelt, Cornelius J., 6985B. W. 1880. Inv. 1880.
Westervelt, Cornelius J., 8869B. Inv. 1897.
Westervelt, Cornelius L., 7254B. W. 1883. Inv. 1883.
Westervelt, Cornelius P., 4746B. W. 1839. Inv. 1839.
Westervelt, Cornelius S., 5544B. Inv. 1860.
Westervelt, Daniel, 6682B. W. 1877. Inv. 1877.
Westervelt, David H., 8870B. Inv. 1897.
Westervelt, David I., 7255B. W. & Cod. 1883. Inv. 1883.
Westervelt, Dower, 3939B. W. 1822. Inv. 1822.

Westervelt, Effy, 5634B. W. 1862. Inv. 1862.
Westervelt, Eliza, 6688B. Inv. 1877.
Westervelt, Eliza D., 7930B. W. 1890. Inv. 1899.
Westervelt, Elizabeth, 5136B. W. 1850. Inv. 1850.
Westervelt, Elizabeth, 5820B. Inv. 1865.
Westervelt, Garret, 4275B. W. 1830. Inv. 1830.
Westervelt, Garret, 6039B. W. 1869. Inv. 1869.
Westervelt, Garret, 6887B. Inv. 1879.
Westervelt, Garret I., 6181B. W. & Cod. 1871. Inv. 1871.
Westervelt, Hannah, 4718B. W. 1838. Inv. 1838.
Westervelt, Harriet, 7354B. Inv. 1884.
Westervelt, Helen K., 6986B. Inv. 1880.
Westervelt, Henry, 5378B. W. 1856. Inv. 1856.
Westervelt, Henry, 5495B. W. 1859. Inv. 1859.
Westervelt, Henry B., 5989B. W. 1868. Inv. 1868.
Westervelt, Henry D., 5635B. W. & Cod. 1862. Inv. 1862.
Westervelt, Henry H., 5207B. W. 1852. Inv. 1852.
Westervelt, Henry I., 5496B. W. 1859. Inv. 1859.
Westervelt, Henry P., 7543B. Inv. 1886.
Westervelt, Herbert, 8296B. W. & Cod. 1893. Inv. 1893.
Westervelt, Isaac, 3570B. W. 1812. Inv. 1812.
Westervelt, Issack, 1148B. B. L, p. 357. W. 1775.
Westervelt, Jacob, 3750B. W. 1817. Inv. 1817.
Westervelt, Jacobus, 189B. B. D, pp. 108, 109. W. 1743.
Westervelt, Jacobus, 1309B. B. 25, p. 357. Wd. 1783.
Westervelt, James, 3215B. Grd. 1801.
Westervelt, James, 3655B. Inv. 1814.
Westervelt, James, 5002B. Inv. 1847.
Westervelt, James I., 3475B. W. 1809. Inv. 1809.
Westervelt, Jan, 3720B. W. 1816.
Westervelt, Jane, 5379B. W. & Cod. 1856. Inv. 1856.
Westervelt, Jane, 5695B. W. 1863. Inv. 1863.
Westervelt, Jane, 6336B. W. 1873. Inv. 1874.
Westervelt, Jasper, 5546B. W. 1860. Inv. 1860.
Westervelt, Jasper A., 4860B. Inv. 1843.
Westervelt, Jasper B., 4055B. Inv. 1825.
Westervelt, Jerry, 2961B. B. 38, p. 202. Int. 1799.
Westervelt, Johannes, 3257B. B. 40, p. 33. W. 1802.
Westervelt, Johannis, 954-957B-982B. B. K, p. 301. W. 1771. Inv. 1772.
Westervelt, John, 1881B-1883B. B. 29, p. 535. Int. 1787. Inv. 1787.
Westervelt, John, 3120B. B. 39, p. 131. Grd. 1800.
Westervelt, John, 3897B. W. 1821. Inv. 1821.
Westervelt, John A., 4602B. W. 1836. Inv. 1836.
Westervelt, John B., 5003B. W. 1847. Inv. 1847.
Westervelt, John B., 5924B. W. 1867. Inv. 1867.
Westervelt, John C., 3296B. B. 40, p. 320. Int. 1803.
Westervelt, John C., 3504B. Inv. 1810.
Westervelt, John C., 4747B. W. 1839. Inv. 1839.

Wilson, David H., 6989B. W. 1880. Inv. 1880.
Wilson, Eliza M., 5763B. W. 1864. Inv. 1864.
Wilson, James, 3340B. W. 1805. Inv. 1805.
Wilson, Jane H., 5337B. W. 1855. Inv. 1869.
Wilson, John, 9012B. W. 1898. Inv. 1898.
Wilson, Peter, 4057B. W. 1825, 1858. Inv. 1825. Pt. 1858.
Wilson, James, 8873B. W. 1897. Inv. 1897.
Wilson, John, 7540B. W. 1886.
Wilson, Margaret, 7645B. W. 1887. Inv. 1887.
Wilson, Peter, 6041B. W. 1869. Inv. 1869.
Wilson, Susan, 7166B. W. 1882.
Winans, John, 4336B. Inv. 1831.
Winant, Adolphus B., 5764B. Inv. 1864.
Winant, Albert B., 7545B. W. & Cod. 1886. Inv. 1886.
Winant, Ann, 7167B. W. & Cod. 1882. Inv. 1882.
Winant, Beekman, 8045B. W. 1891.
Winant, Daniel M., 6598B. W. 1876. Inv. 1876.
Winant, William, 6784B. W. 1878. Inv. 1878.
Windhouer, John, 9350B. W. 1900.
Winfield, Aaron B., 5380B. W. 1856. Inv. 1856.
Winne, John, 3656B. W. 1813. Inv. 1814.
Winner, Edo, 4404B. Inv. 1832.
Winner, Lavines, 3258B. B. 40, p. 139. W. 1802.
Winter, Aaron A., 9351B. W. 1900. Inv. 1900.
Winter, Abraham B., 7815B. W. 1889. Inv. 1889.
Winter, Abraham H., 5097B. Inv. 1849.
Winter, Abraham I., 4861B. W. 1843. Inv. 1843.
Winter, Andrew, 3983B. Inv. 1823.
Winter, Andrew, 7258B. Inv. 1883.
Winter, Antie, Margaret, William, 3259B. B. 39, p. 493. Wds. 1802.
Winter, Cornelius, 5381B. W. 1856. Inv. 1856.
Winter, Daniel, 6042B. W. 1869. Inv. 1869.
Winter, Henry, 4666B. W. 1837. Inv. 1837.
Winter, Henry W., 5822B. W. 1865. Inv. 1865.
Winter, Hester, 1301B. B. M, p. 55. Int. 1781.
Winter, Hester, 6109B. Inv. 1870.
Winter, Ida, 9352B. W. 1900. Inv. 1900.
Winter, Jacob P., 3791B. Inv. 1818.
Winter, John, 4604B. Inv. 1836.
Winter, John, 4667B. W. 1837.
Winter, John A., 6892B. W. 1879. Inv. 1879.
Winter, Martha, 8562B. W. 1895.
Winter, Mary, 6893B. W. 1879. Inv. 1879.
Winter, Peter H., 5765B. W. 1864. Inv. 1864.
Winter, Peter I., 4559B. Inv. 1835.
Winter, Thomas B., 7934B. W. 1890. Inv. 1890.
Winter, William H., 5425B. W. 1857. Inv. 1857.
Winter, William H. W., 6691B. W. 1877. Inv. 1877.
Winterburn, Maria, 9353B. W. 1900.
Winters, Abraham P., 8149B. W. 1892. Inv. 1892.
Winters, Barney, 8874B. W. 1897. Inv. 1897.
Winters, Henry P., 7259B. W. 1883. Inv. 1883.
Winters, Margaret, 5882B. W. 1866. Inv. 1866.
Wirrmann, Francis E., 9182B. W. 1899.
Wise, Daniel, 9183B. W. 1899.

Wisner, John G., 8150B. W. 1892.
Witty, Henry, 3689B. W. 1815. Inv. 1815.
Witty, William, 4239B. Inv. 1829.
Woertendike, Frederick F., 5548B. W. 1860. Inv. 1860.
Woertendike, Sarah, 4897B. W. 1844. Inv. 1844.
Woertendyck, Frederick, 5926B. W. 1867. Inv. 1867.
Woertendyck, Mayara, 5208B. W. 1852. Inv. 1852.
Woertendyck, Peter, 5250B. W. 1853.
Woertendyk, Rynear A., 7169B. W. & Cods. (3) 1882. Inv. 1882.
Woertendyke, Albert, 5005B. W. 1847. Inv. 1847.
Woertendyke, Frederick, 2745B. B. 36, p. 421. W. 1797.
Woertendyke, Jacob, 2453B-2457B. B. 35, p. 58. W. 1794. Inv. 1794.
Woertendyke, Jacob, 5461B. W. 1858. Inv. 1858.
Woertendyke, James P., 6340B. W. 1873. Inv. 1873.
Woertendyke, Maria, 3218B. B. 39, p. 342. W. 1801. Inv. 1801.
Woertendyke, Reynear, 3445B. W. & Cod. 1808. Inv. 1808.
Wohlcke, Franz, 8300B. W. 1893.
Wolf, Edmund, 8301B. Inv. 1893.
Wolff, William, 7646B. W. 1887.
Woltz, Frederick, 6182B. Inv. 1871.
Wood, Annie C., 7061B. W. 1881.
Wood, Frederick, 7356B. W. 1884.
Wood, James C., 7541B. Inv. 1886.
Wood, Stephen S., 8875B. Inv. 1897.
Wood, William A., 9178B. W. 1899.
Woodard, Gilbert, 3571B. W. 1812. Inv. 1812.
Woodcock, Charles, 8439B. W. 1894. Inv. 1894.
Woodruff, Anna M., 9184B. W. 1899. Inv. 1899.
Woodruff, Benjamin, 1780B-1782B-1785B. B. 29, p. 533, &c. W. 1787. Int. 1787. Inv. 1787.
Woodruff, Daniel, 4185B. W. 1828. Inv. 1828.
Wool, Joseph, 7168B. W. 1882.
Woolsey, Katharine B. C., 7720B. W. 1888.
Workman, William, 6422B. W. 1874.
Wortendyck, John, 4896B. W. 1844. Inv. 1844.
Wortendyke, Abraham, 5426B. W. 1857. Inv. 1857.
Wortendyke, Abraham A., 6043B. W. 1869. Inv. 1869.
Wortendyke, Abram C., 7357B. W. 1884. Inv. 1885.
Wortendyke, Albert A., 8302B. W. 1893. Inv. 1893.
Wortendyke, Ann, 6894B. W. 1879. Inv. 1879.
Wortendyke, C. R., 6692B. W. 1877. Inv. 1877.
Wortendyke, Charity, 8876B. Inv. 1897.
Wortendyke, Christina, 6895B. Inv. 1879.
Wortendyke, Cornelius, 3940B. W. 1822. Inv. 1822.
Wortendyke, Cornelius, 8046B. W. 1891. Inv. 1891.
Wortendyke, Cornelius A., 7459B. Inv. 1885.
Wortendyke, Cornelius A., 7638B. Inv. 1887.
Wortendyke, Cornelius R., 7639B. Inv. 1887.
Wortendyke, Effie, 9185B. W. 1899.
Wortendyke, Eliza A., 7935B. W. 1890.
Wortendyke, Elizabeth, 8563B. W. 1895. Inv. 1895.

Zabriskie, Albert G., 7464B. W. 1885. Inv. 1885.
Zabriskie, Albert H., 2753B. B. 36, p. 442. W. 1797.
Zabriskie, Albert H., 5427B. W. 1857. Inv. 1857.
Zabriskie, Albert J., 4561B. W. 1835. Inv. 1835.
Zabriskie, Andreas A., 2358B–2362B. B. 33, p. 144, &c. W. 1793. Int. 1793.
Zabriskie, Andrew, 2051B. B. 31, p. 543. Wd. 1790.
Zabriskie, Andrew, 4668B. W. 1837. Inv. 1837.
Zabriskie, Andrew A., 1601B. B. M, p. 278. Wd. 1784.
Zabriskie, Andrew C., 5768B. W. & Cod. 1864.
Zabriskie, Annatye, 3260B. B. 39, p. 492. W. 1802.
Zabriskie, Benjamin, 4460B. W. 1833. Inv. 1833.
Zabriskie, Benjamin J., 4511B. W. & Cods. 1834. Inv. 1834.
Zabriskie, Casper, 5099B. W. 1849. Inv. 1849.
Zabriskie, Catharina, 2467B. B. 35, p. 71, &c. Wd. 1794.
Zabriskie, Caty, 2049B. B. 31, p. 543. Wd. 1790.
Zabriskie, Caty, 6693B. W. 1877. Inv. 1877.
Zabriskie, Caty A., 8739B. W. 1896. Inv. 1896.
Zabriskie, Christian, 1112B–1122B. B. L, p. 175. W. 1774.
Zabriskie, Christian, 2047B. B. 31, p. 543. Grd. 1790.
Zabriskie, Christian, 4512B. W. & Cods. 1834. Inv. 1834.
Zabriskie, Christian A., 2073B. B. 32, p. 555. Grd. 1791.
Zabriskie, Christian A., 3614B. W. 1813. Inv. 1813.
Zabriskie, Christian J., 5550B. W. 1860. Inv. 1860.
Zabriskie, Cornelius, 5598B. W. 1861. Inv. 1861.
Zabriskie, Cornelius C., 5823B. W. & Cods. 1865. Inv. 1865.
Zabriskie, Cornelius J., 7170B. W. 1882. Inv. 1882.
Zabriskie, David J., 9191B. W. 1899.
Zabriskie, David W., 7724B. W. 1888.
Zabriskie, Effe, 5599B. W. 1861. Inv. 1861.
Zabriskie, Elizabeth, 2965B. B. 38, p. 203. Wd. 1799.
Zabriskie, Elizabeth, 4337B. W. 1831. Inv. 1831.
Zabriskie, Garret, 4093B. Inv. 1826.
Zabriskie, Garret, 5294B. W. 1854. Inv. 1854.
Zabriskie, Garret A., 2963B. B. 38, p. 203. Grd. 1799.
Zabriskie, Garret Al., 5252B. W. 1853. Inv. 1853. Ren. 1853.
Zabriskie, Garret H., 5927B. W. & Cod. 1867. Inv. 1867.
Zabriskie, Garret H., 8048B. W. 1891. Inv. 1891.
Zabriskie, Garret H., 9014B. W. 1898.
Zabriskie, Garrit H., 6601B. W. 1876. Inv. 1876.
Zabriskie, George, 3115B. B. 38, p. 540. Wd. 1800.
Zabriskie, George J., 7818B. W. 1889. Inv. 1889.
Zabriskie, George W., 7725B. W. 1888.
Zabriskie, Gertrude L., 9355B. W. 1900.

Zabriskie, Gilliam, 6425B. W. 1874. Inv. 1874.
Zabriskie, Guilliam J., 7936B. W. 1890.
Zabriskie, Hannah, 8049B. W. 1891.
Zabriskie, Hendrick C., 1767B–1771B. B. 29, p. 208, &c. W. 1786. Inv. 1786.
Zabriskie, Henry, 4720B. W. 1838. Inv. 1838.
Zabriskie, Henry, 7726B. W. 1888.
Zabriskie, Henry A., 5498B. W. 1859. Inv. 1859.
Zabriskie, Henry G., 8153B. Inv. 1892.
Zabriskie, Henry H., 4407B. W. 1832. Inv. 1832.
Zabriskie, Henry J., 5600B. W. 1861. Inv. 1861.
Zabriskie, Henry, Jr., 4750B. W. 1839. Inv. 1839.
Zabriskie, Isaac, 6896B. W. 1879. Inv. 1879.
Zabriskie, Isaac J., 9015B. W. & Cod. 1898.
Zabriskie, Jacob, 2920B. B. 38, p. 99. W. 1798.
Zabriskie, Jacob, 6897B. W. 1879. Inv. 1879.
Zabriskie, Jacob, 3316B. Inv. 1804.
Zabriskie, Jacob, 3864B. W. & Cod. 1820.
Zabriskie, Jacob A., 6500B. W. 1875. Inv. 1875.
Zabriskie, Jacob A. L., 5385B. W. 1856. Inv. 1856.
Zabriskie, Jacob H., 2693B. B. 36, p. 27, &c. W. 1796.
Zabriskie, Jacob H., 4898B. W. 1844. Inv. 1844.
Zabriskie, Jacob H., 9192B. Inv. 1899.
Zabriskie, Jacob I., 4058B. W. 1825. Inv. 1825.
Zabriskie, Jacob I., 5428B. W. 1857. Inv. 1857.
Zabriskie, Jacob I. H., 7819B. W. 1889.
Zabriskie, Jacob J., 8154B. W. 1892. Inv. 1892.
Zabriskie, Jane, 6990B. W. 1880. Inv. 1880.
Zabriskie, Jane, 7547B. Inv. 1886.
Zabriskie, Jane D., 7062B. Inv. 1881.
Zabriskie, Jasper J., 5928B. W. 1867. Inv. 1867.
Zabriskie, John, 2600B. B. 33, p. 358. Int. 1794.
Zabriskie, John, 3721B. W. 1816. Inv. 1816.
Zabriskie, John, 4016B. W. 1824. Inv. 1824.
Zabriskie, John, 5253B. W. 1853. Inv. 1853.
Zabriskie, John A., 2963B. B. 38, p. 203. Wd. 1799.
Zabriskie, John A., 4240B. W. 1829. Inv. 1829.
Zabriskie, John A., 4408B. W. 1832. Inv. 1832.
Zabriskie, John A., 6342B. W. 1873. Inv. 1873.
Zabriskie, John A., 8155B. W. 1892.
Zabriskie, John A. L., 5769B. W. 1864. Inv. 1864.
Zabriskie, John C., 4899B. W. 1844. Inv. 1844.
Zabriskie, John C., 8446B. W. 1894.
Zabriskie, John C., 8568B. W. & Cod. 1895. Inv. 1895.
Zabriskie, John G., 8569B. W. 1895. Inv. 1896.
Zabriskie, John H., 6115B. W. 1870. Inv. 1870.
Zabriskie, John H., 7937B. W. 1890.
Zabriskie, John J., 4751B. W. 1839. Inv. 1839.
Zabriskie, John J., 7820B. W. 1889.

Zabriskie, John J., 6602B. Inv. 1876.
Zabriskie, John Jr., 2354B–2356B. B. 33, p. 169. Int. 1793. Ren. 1793.
Zabriskie, John L., Sarah, 2471B. B. 35, p. 70. Wds. 1794.
Zabriskie, John T., 9193B. W. 1899. Inv. 1899.
Zabriskie, John Z., 7465B. W. 1885. Inv. 1885.
Zabriskie, Joost, 1964B. B. 30, p. 248. Int. 1789.
Zabriskie, Lavinia, 4562B. W. 1835. Inv. 1835.
Zabriskie, Maria, 4669B. W. 1837. Inv. 1837.
Zabriskie, Maria, 5601B. W. 1861. Inv. 1862.
Zabriskie, Maria, 5029B. W. 1867. Inv. 1867.
Zabriskie, Maria, 6343B. W. 1873. Inv. 1873.
Zabriskie, Maria, 7548B. W. 1886. Inv. 1886.
Zabriskie, Martha, 3900B. W. 1821. Inv. 1821.
Zabriskie, Martha, 4749B. W. 1839.
Zabriskie, Mary, 5825B. Inv. 1865.
Zabriskie, Mary M., 7063B. W. 1881. Inv. 1881.
Zabriskie, Nicholas, 3984B. W. 1823. Inv. 1823.
Zabriskie, Nicholas B., 5386B. W. 1856. Inv. 1856.
Zabriskie, Peter, 3111B. B. 38, p. 538. Int. 1800.

Zabriskie, Peter A., 6501B. W. 1875. Inv. 1875.
Zabriskie, Peter H., 6603B. W. 1876. Inv. 1876.
Zabriskie, Peter H., 8447B. W. 1894.
Zabriskie, Peter J., 5699B. Inv. 1863.
Zabriskie, Rebecca, 5700B. W. 1863. Inv. 1863.
Zabriskie, Richard, 3261B. B. 40, p. 108. Int. 1802.
Zabriskie, Sally A., 7821B. W. 1889.
Zabriskie, Stephen, 5885B. W. 1866. Inv. 1866.
Zabriskie, Stephen T., 5209B. W. 1852. Inv. 1852.
Zabriskie, Steven, 3573B. W. 1812.
Zabriskie, William H., 5551B. Inv. 1860.
Zabriskie, Wiby, 6898B. Inv. 1879.
Zabriskie, William J., 6991B. W. 1880. Inv. 1880.
Zabriskie, William V. D., 7647B. W. 1887.
Zeluff, Simeon, 4605B. Inv. 1836.
Zielley, Charles, 9194B. W. 1899.
Zimmermann, Katharine, 8050B. W. 1891.
Zink, Adam, Sr., 9356B. W. 1900.
Zinn, John, 8878B. W. 1897.
Zipp, John H., 7822B. Inv. 1889.
Zippel, Frederick, 5930B. W. 1867.
Zschwetzke, Ferdinand, 9195B. W. 1899.

BURLINGTON COUNTY.

Aaronson, Abigail F., 19422C. W. & Cod. 1884. Inv. 1884.
Aaronson, Benjamin, 3579C–3584C. W. 1742. Inv. 1743.
Aaronson, Benjamin, 6229C–6232C. Wd. 1758.
Aaronson, Benjamin, 11367C. B. 32, p. 185. Int. 1791. Inv. 1791.
Aaronson, Caleb, 15825C. Inv. 1853.
Aaronson, Charles P., 17682C. W. 1871. Inv. 1871.
Aaronson Clayton, 17470C. W. 1869. Inv. 1869.
Aaronson, Edward, 14090C. Inv. 1832.
Aaronson, Elizabeth, 16307C. W. 1857. Inv. 1857.
Aaronson, Elizabeth, 20637C. W. 1892. Inv. 1892.
Aaronson, Esther L., 15361C. Inv. 1848.
Aaronson, Ezra, 16319C. W. 1858. Inv. 1858.
Aaronson, Ezra B., 17566C. Inv. 1870.
Aaronson, George, 13766C. W. 1828. Inv. 1828.
Aaronson, Hannah, 5997C–5999C. Wd. 1758.
Aaronson, Hannah, 12851C. Inv. 1816, 1833.
Aaronson, James, 19031C. W. 1881. Inv. 1881.
Aaronson, John, 4921C–4924C. Wd. 1752.
Aaronson, John, 11001C. B. M, p. 315. W. 1785.
Aaronson, John, 15639C. Inv. 1851.
Aaronson, John, 17933C. W. 1873. Inv. 1873.
Aaronson, John B. 19863C. W. 1887. Inv. 1887.
Aaronson, John H., 14340C. Inv. 1835.
Aaronson, Joseph, 4925C–4930C, 5989C–5995C. W. 1752. Inv. 1752. Acct. 1758.
Aaronson, Joseph, 11418C. B. 34, p. 403. Int. 1792. Inv. 1793. Ren. 1792.

Aaronson, Joseph, 14179C. W. 1833. Inv. 1833.
Aaronson, Joshua F., 18915C. W. 1880. Inv. 1880.
Aaronson, Lettice, 15730C. W. 1852. Inv. 1852.
Aaronson, Levi, 21760C. W. 1900.
Aaronson, Mary, 13848C. Inv. 1829.
Aaronson, Nathan, 19554C. W. 1885. Inv. 1885.
Aaronson, Samuel, Sr., 14341C. W. 1835. Inv. 1835.
Aaronson, Samuel, 19864C. W. 1887. Inv. 1887.
Aaronson, Sarah P., 17567C. Inv. 1870.
Aaronson, Stacy, 19733C. W. 1886. Inv. 1886.
Aaronson, T. Elwood, 20023C. Inv. 1888.
Aaronson, T. Elwood, 20335C. Inv. 1890.
Aaronson, Thomas, 16886C. W. 1865. Inv. 1865.
Aaronson, Thomas, Sr., 13938C. W. 1830. Inv. 1830.
Aaronson, William, Benjamin, Joseph, 11527C. B. 33, p. 480. Wds. 1794. Tr. 1794.
Aaronson, William F., 18504C. W. 1877. Inv. 1877.
Aaronson, William S., 18916C. Inv. 1880.
Abbott, John, 3189C–3191C. W. 1740.
Abbott, John, 11076C. B. 28, p. 17. W. 1786. Inv. 1786.
Abbott, John, 11571C. B. 35, p. 208. W. 1795.
Abbott, John, 12389C. Inv. 1809.
Abbott, Joseph, 21211C. Inv. 1896.
Abbott, Marmaduke, 13490C. Inv. 1825.
Abbott, Samuel, 13767C. W. 1828.
Abbott, Timothy, 10062C–10076C. B. 23, p. 146. W. (2) 1782. Inv. 1784.

Abbott, William, 11478C. B. 33, p. 51. Int. 1793. Inv. 1793.

Abdill, John S., 20024C. W. 1888. Inv. 1888.

Abel, David, 19555C. W. 1885. Inv. 1885.

Abel, Mary, 20191C. W. 1889. Inv. 1889.

Abercrombie, Catharine, 18220C. W. 1875. Inv. 1875.

Abercrombie, John D., 18917C. W. 1880. Inv. 1880.

Abraham, George, 11419C. B. 34, p. 375. W. 1792.

Acaby, Charles, 12910C. Inv. 1817.

Ackley, John B., 18097C. W. 1874. Inv. 1875.

Acreman, Hannah, 10847C. ›B. 25, p. 79. Int. 1783. Inv. 1784.

Acreman, Philip, 10757C. B. 23, p. 60. W. 1781. Inv. 1781.

Adames, James, 991–996C. W. 1722. Inv. 1722.

Adams, Alexander, 11764C. B. 37, p. 390. Int. 1798. Inv. 1798.

Adams, Alexander H., 18918C. Inv. 1880.

Adams, Amelia, 18221C. W. 1875. Inv. 1875.

Adams, Asa, 13491C. Inv. 1825.

Adams, Bartholamew, 12975C. W. 1818. Inv. 1818.

Adams, Charles, 14794C. Inv. 1841.

Adams, Charles T., 18222C. Inv. 1875.

Adams, David, 17568C. Inv. 1870.

Adams, Elizabeth, 13849C. W. 1829. Inv. 1829.

Adams, Ellis, 17801C. Inv. 1873.

Adams, Enoch, 20796C. W. 1892.

Adams, Esther, 983–989C, 1147–1150C. W. 1722. Inv. 1722. Acct. 1725.

Adams, Ezra, 13392C. Inv. 1824.

Adams, Frank T., 18919C. W. 1880. Inv. 1880.

Adams, Franklin, 19556C. Inv. 1885.

Adams, Hannah, 13393C. Inv. 1824.

Adams, Hannah J., 18782C. W. 1879. Inv. 1879.

Adams, Harriet E., 21080C. W. 1895. Inv. 1895.

Adams, Henrietta T., 18632C. W. 1878.

Adams, Isaac, 18505C. W. 1877. Inv. 1877.

Adams, Isiah, 16506C. Inv. 1860.

Adams, Jacob, 12018C. B. 39, p. 510. Int. 1802. Inv. 1802.

Adams, Jacob, 13164C. Inv. 1821.

Adams, Jacob, 14006C. Inv. 1831.

Adams, Jacob, 18223C. Inv. 1875.

Adams, James, 16507C. Inv. 1860.

Adams, James E., 20638C. Inv. 1892.

Adams, Jedidiah, 2043C–2050C. Int. 1731. Inv. 1731. Ren. 1731. Ct. 1731.

Adams, John, 10231C–10234C. B. 18, p. 210. Int. 1777. Inv. 1777.

Adams, John, 12789C. Inv. 1815.

Adams, John, 16372C. W. 1859. Inv. 1860.

Adams, John, 17569C. W. 1870. Inv. 1870.

Adams, John, 17934C. W. 1873.

Adams, John, Sr., 15552C. W. 1850. Inv. 1850.

Adams, John W., 16416C. Inv. 1859.

Adams, Jonathan, 11568C. B. 33, p. 474. W. 1794.

Adams, Joseph, 11824C. B. 38, p. 354. W. 1799. Inv. 1799.

Adams, Joseph, 13394C. W. 1824. Inv. 1824.

Adams, J. Wesley, 18353C. W. 1876. Inv. 1876.

Adams, Mary A., 20025C. Inv. 1888.

Adams, Mary N., 20192C. W. & Cod. 1889. Inv. 1889.

Adams, Nathan, 9613C–9618C. B. 17, p. 65. W. 1774. Inv. 1774.

Adams, Parnel, 10235C–10238C. B. 18, p. 99. W. 1777. Inv. 1777.

Adams, Rebecca, 16801C. W. 1863. Inv. 1863.

Adams, Rebecca, 19557C. Inv. 1885.

Adams, Reuben, 17935C. Inv. 1873.

Adams, Samuel, 21081C. W. 1895. Inv. 1895.

Adams, Samuel B., 19558C. W. 1885. Inv. 1885.

Adams, Samuel C., 16901C. W. 1865. Inv. 1865.

Adams, Stephen, 15636C. Inv. 1851.

Adams, Thomas, 13850C. W. 1829. Inv. 1829.

Adams, William, 13395C. Inv. 1824.

Adams, William, 16122C. Inv. 1856.

Adams, William G., 16737C. Inv. 1863.

Addis, Thomas, 5563C–5565C. B. 8, p. 57. Int. 1755. Inv. 1755.

Addoms, Jeremiah, 3421C–3424C. W. 1742. Inv. 1742.

Adolph, George W., 20336C. Inv. 1890.

Agar, Isaac T., 19423C. W. 1884.

Agar, Martha, 20337C. W. 1890.

Aikins, George L., 20639C. W. 1892.

Aikman, Franklinia E., 16147C. W. 1857. Inv. 1857.

Aikman, Thomas, 15553C. Inv. 1850.

Aitken, Andrew, 20501C. Inv. 1891.

Aken, Joseph, 15554C. Inv. 1850.

Albertson, Anna, 16123C. Inv. 1856.

Albertson, Samuel, 16026C. Inv. 1855.

Albertson, Simeon, 6213C. Inv. 1748.

Albertus, John, 173C–175C. W. 1709. Inv. 1709.

Albright, Samuel, 17802C. W. 1872.

Alcott, Ann E., 18224C. Inv. 1875.

Alcott, Beulah A., 18354C. W. 1876. Inv. 1876.

Alcott, Charles H., 19424C. W. 1884.

Alcott, Elizabeth, 16308C. Inv. 1857.

Alcott, Elizabeth B., 19425C. W. 1884.

Alcott, Hannah, 17132C. Inv. 1866.

Alcott, Jane A., 18633C. W. 1878. Inv. 1878.

Alcott, John, 18783C. W. 1879. Inv. 1879.

Alcott, Thomas C., 17803C. W. 1872. Inv. 1872.

Alcott, William, 4173C–4178C. W. 1748. Inv. 1748.

Alcott, William, 18784C. Inv. 1879.

Alcott, Zaccheus, 14180C. W. 1833. Inv. 1833.

Alderson, Harrison, 17683C. W. 1871. Inv. 1871.

Allan, James, 17685C. Inv. 1871.

Allan, Robert, 18225C. W. & Cod. 1875. Inv. 1875.

Allbright, John, Sr., 20502C. W. 1891. Inv. 1891.

Allbright, Philip, 21082C. W. 1895. Inv. 1895.

Allen, Abraham, 11420C. B. 34, p. 407. Int. 1792. Inv. 1792.

Allen, Abraham, Sr., 9821C–9830C. B. 16, p. 484. W. 1775. Inv. 1775. Acct. 1776.

Allen, Alfred E., 19296C. Inv. 1883.

Allen, Ann, 16802C. Inv. 1863.

Allen, Anna M., 19559C. W. 1885. Inv. 1885.

Allen, Atlantic, 18634C. W. 1878. Inv. 1878.

Allen, Benjamin, 2057C. Wd. 1731.

Allen, Benjamin, 11891C. B. 39, p. 169. Int. 1800. Inv. 1800.

Allen, Benjamin, 16508C. W. 1860. Inv. 1860.

Allen, Benjamin, Jr., 3853C. Adm. 14. Int. 1746. Inv. 1746.

Allen, Catharine R., 18098C. Inv. 1874.

Allen, David, 17684C. Inv. 1871.

Allen, Deborah, 2059C. Int. 1731.

Allen, Eliza, 18099C. W. 1874. Inv. 1874.

Allen, Eliza, 19426C. W. 1884. Inv. 1885.
Allen, Elizabeth, 18635C. W. 1878. Inv. 1878.
Allen, George, 5987C–5988C. Adm. 183. B. 9, p. 77. Int. 1758. Inv. 1758.
Allen, George, 16417C. W. 1859. Inv. 1859.
Allen, George, 18506C. Inv. 1877.
Allen, Grace A., 18355C. W. 1876.
Allen, James, 11368C. B. 32, p. 73. W. & Cod. 1790. Inv. 1790.
Allen, James, 13768C. W. 1828. Inv. 1828.
Allen, James, 18636C. W. 1878. Inv. 1878.
Allen, James, Margaret, Mary, Richard, Hariott, 11892C. B. 39, p. 174. Wds. 1800. Tr. 1800.
Allen, James J., 16124C. Inv. 1856.
Allen, James, Sr., 6867C–6872C. B. 10, p. 367. W. & Cod. 1761. Inv. 1761.
Allen, Jesse B., 17936C. Inv. 1873.
Allen, Job, 15024C. Inv. 1844.
Allen, John, 5123C–5125C. Adm. 104. B. 7, p. 307. Int. 1753. Inv. 1753.
Allen, John, 11002C. B. 27, p. 17. Int. 1785. Inv. 1785.
Allen, John, 11149C. B. 29, p. 74. Int. 1787. Inv. 1787. Ren. 1787.
Allen, John, 11369C. B. 32, p. 94. Int. 1790. Inv. 1790.
Allen, John, 11421C. B. 34, p. 404. Int. 1792. Inv. 1793.
Allen, John, Sr., 4601C–4603C. B. 7, p. 29. Int. 1750. Ren. 1750.
Allen, Joseph E., 17133C. W. 1866. Inv. 1866.
Allen, Joseph W., 16752C. W. 1862. Inv. 1862.
Allen, Joseph, Sr., 14342C. W. 1835. Inv. 1835.
Allen, Judah, 2051–2056C, 2061–2064C. W. 1731. Inv. 1731.
Allen, Judith, 10799C. B. 23, p. 169. W. 1782. Inv. 1782.
Allen, Kitty V., 15025C. Inv. 1844.
Allen, Lettice H., 14945C. W. 1843. Inv. 1843.
Allen, Martha H., 19865C. W. 1887. Inv. 1887.
Allen, Martin, 20640C. W. 1892.
Allen, Mary, 11321C. B. 32, p. 72. W. 1790.
Allen, Mary, 11573C. B. 35, p. 239. W. 1795. Inv. 1795.
Allen, Mary R., 21605C. W. 1899. Inv. 1899.
Allen, Matthew, 6523C. Adm. 334. B. 10, p. 43. Int. 1760. Inv. 1760.
Allen, Ralph, 10800C. B. 23, p. 144. W. 1782. Rens. (2) 1777, 1778.
Allen, Rebekah, 5131C–5136C. W. 1753. Inv. 1753.
Allen, Robert, 10924C. B. 25, p. 515. W. 1784. Inv. 1784.
Allen, Sallie M., 18637C. W. 1878. Inv. 1878.
Allen, Samuel, 13851C. W. 1829. Inv. 1829.
Allen, Samuel, 15026C. Inv. 1844.
Allen, Samuel, Sr., 10239C–10246C. B. 18, p. 154. W. 1777. Inv. 1777.
Allen, Samuel J., 17937C. Inv. 1873.
Allen, Sarah B., 19176C. Inv. 1882.
Allen, Thomas, 3665C–3666C. Adm. 7. Int. 1744. Inv. 1744.
Allen, Thomas, 11572C. B. 35, p. 252. Int. 1795. Inv. 1795.
Allen, Thomas, 14640C. Inv. 1839.
Allen, William, 7715C–7716C. B. 12, p. 78. W. 1765.
Allen, William, 13351C. Inv. 1823.
Allen, William, 14795C. W. 1841. Inv. 1841.
Allen, William, 16688C. Inv. 1862.
Allen, William B., 16803C. Inv. 1863.
Allen, William C., 14007C. Inv. 1831.

Allen, William M., 17938C. Inv. 1873.
Allen, William R., 16804C. W. & Cod. 1863. Inv. 1864.
Allen, William R., 17804C. W. 1872.
Allibone, Francenia B., 16805C. W. 1863.
Allibone, Frances B., 19734C. Inv. 1886.
Allin, Benjamin, 5125C–5130C. W. 1752. Inv. 1753.
Allinson, Abraham R., 17144C. Inv. (2) 1867, 1880.
Allinson, David, 16320C. W. 1858.
Allinson, Eliza A., 18785C. W. 1879. Inv. 1879.
Allinson, Elizabeth, 8285C–8286C. B. 13, p. 429. W. 1768.
Allinson, Elizabeth, 16125C. W. 1856. Inv. 1856.
Allinson, John C., 12553C. W. 1812. Inv. 1812.
Allinson, Joseph, 5657C–5660C. B. 8, p. 311. W. 1756.
Allinson, Mary, 16418C. W. 1859. Inv. 1859.
Allinson, Peter, 10801C. B. 24, p. 215. Int. 1782. Inv. 1782.
Allinson, Samuel, 7299C. B. 11, p. 204. Grd. 1762.
Allinson, Samuel, 11893C. B. 39, p. 59. W. 1800. Inv. 1800.
Allinson, Samuel, 17686C. W. 1871. Inv. 1871.
Allinson, Thomas, 5353C–5356C. W. 1754. Inv. 1754.
Allinson, Thomas, 13769C. W. 1828. Inv. 1828.
Allinson, William, 14796C. W. 1841. Inv. 1841.
Allinson, William J., 18100C. W. 1874.
Allison, John, Adm. 342. Int. 1761.
Allison, John, 13852C. Inv. 1829.
Allison, Rebecca W., 18639C. W. 1878. Inv. 1878.
Allison, Richard, 675C. Int. 1716.
Allison, Richard, 2195–2200C, 2641C–2646C. W. 1731. Inv. 1733. Acct. 1733.
Allison, Ruth, 12019C. B. 39, p. 510. W. 1802. Inv. 1802.
Allison, Sibyl, 16027C. W. 1855. Inv. 1855.
Allmeroth, Augustus, 18638C. W. 1878.
Alloway, Isaac, 15555C. W. 1850.
Alloway, John, 16689C. Inv. 1862.
Alloway, Mary B., 21461C. W. 1898. Inv. 1898.
Alloway, Susanah, 17939C. W. 1873. Inv. 1874.
Alloways, Elias, 20026C. W. 1888.
Alloways, Isaac S., 19427C. W. 1884.
Alloways, Jacob, 12911C. Inv. 1817.
Alloways, John, 10758C. B. 23, p. 209. Int. 1781. Inv. 1781.
Alloways, Rhoda, 21761C. W. 1900.
Alston, Addie, 20797C. Inv. 1893.
Alzheimer, John, 21606C. W. 1899.
Ambler, John, 11765C. B. 38, p. 23. W. 1798.
Amos, Philip, 2789C. Int. 1735.
Anderson, Aaron, 11801C. W. 1806. Inv. 1806.
Anderson, Aaron, 13853C. Inv. 1829.
Anderson, Abraham, 18356C. W. & Cods. 1876. Inv. 1876.
Anderson, Andrew, Jr., 11150C. B. 29, p. 30. W. 1787. Inv. 1787.
Anderson, Andrew, Sr., 11077C. B. 28, p. 1. W. 1786. Inv. 1786.
Anderson, Eliakim, 10802C. B. 24, p. 195. W. 1782.

Anderson, Elizabeth I., 21762C. Inv. 1900.
Anderson, George, Jr., 13854C. Inv. 1829.
Anderson, Henry, 11953C. B. 39, p. 461. Int. 1801. Inv. 1801.
Anderson, Isaac, 10803C. B. 23, p. 186. W. 1782.
Anderson, Jacob, 17941C. W. 1873. Inv. 1873.
Anderson, Jeremiah, 11322C. B. 32, p. 70. W. 1790.
Anderson, John R., 20641C. W. 1892. Inv. 1892, 1900.
Anderson, Jonathan, 6233C-6234C. Adm. 188. B. 9, p. 207. Int. 1759. Inv. 1759.
Anderson, Joshua, 13396C. Inv. 1824.
Anderson, Josiah, 12198C. W. 1805. Inv. 1805.
Anderson, Margaret, 21462C. W. 1898. Inv. 1898.
Anderson, Michael, 21328C. W. 1897. Inv. 1897.
Anderson, Phebe, 11268C. B. 31, p. 314. W. 1789. Int. 1789. Inv. 1789. Ren. 1789.
Anderson, Rachel, 21083C. W. 1895. Inv. 1895.
Anderson, Sarah, 14257C. W. 1834. Inv. 1834.
Anderson, William, 15556C. Inv. 1850.
Anderson, William, 16978C. W. 1865. Inv. 1865.
Andrew, James, Jr., 20193C. Inv. 1889.
Andrew, Thomas C., 17942C. W. 1873. Inv. 1874.
Andrews, Benajah, 7717C-7720C. B. 12, p. 54. W. 1765.
Andrews, Benajah D., 16606C. Inv. 1861.
Andrews, Ebenezer, 4605C-4607C. Adm. 68. Int. 1750. Inv. 1751. Ren. 1751.
Andrews, Edward, 677C-682C. W. 1717. Inv. 1717.
Andrews, Isaac, 13098C. W. 1820.
Andrews, Jacob, 9831C-9836C. B. 17, p. 281. W. 1775. Inv. 1776.
Andrews, John, 12554C. Inv. 1812.
Andrews, Lydian, 1801C-1810C. Int. 1729. Inv. 1729. Acct. 1729.
Andrews, Marcy, 16509C. W. 1860.
Andrews, Mary, 18640C. W. 1878. Inv. 1878.
Andrews, Mordecai, 2883-2888C. W. 1736. Inv. 1736.
Andrews, Mordicai, 7373C-7380C. B. 11, p. 304. W. 1763. Inv. 1763.
Andrews, Nathan, 19560C. Inv. 1885.
Andrews, Peter, 4881C-4883C. Grd. 1751.
Andrews, Peter, 5661C-5666C. B. 8, p. 345. W. 1756. Inv. 1757.
Andrews, Peter, 7381C-7386C. Adm. 236. B. 11, p. 413. Int. 1763. Inv. 1763. Acct. 1766.
Andrews, Samuel, 7367C-7372C. B. 11, p. 324. W. 1763. Inv. 1763.
Andrews, Samuel, 18920C. Inv. 1880.
Andrews, Sarah, 9329C-9334C. W. 1773. Inv. 1773.
Andrews, Susan, 16419C. Inv. 1859.
Andrews, Thomas, 5797C-5804C, 9838C-9840C. Bs. 8, 15, pp. 379, 531. W. & Cod. 1757. Inv. 1757. Acct. 1775.
Andrus, Roger, 683C-687C. W. 1717. Inv. 1718.
Angevine, John, 8613C-8616C. Adm. 297. B. 15, p. 71. Int. 1770, Inv. 1770.
Annan, George, 19866C. W. 1887.
Annan, Robert, 12790C. Inv. 1815.
Annelly, Edward, 3095C-3096C. Int. 1739.
Annon, Martha, 20338C. W. 1890.
Antram, Ann, 10804C. B. 24, p. 192. W. 1782. Inv. 1782.

Antram, David, 13039C. W. 1819.
Antram, Hannah, 7225C. B. 11, p. 205. Wd. 1762.
Antram, Hannah, 8287C-8288C. Adm. 286. B. 13, p. 435. Int. 1768. Inv. 1768.
Antram, Isaac, 3667C-3668C. W. 1744.
Antram, Isaac, 6525C-6530C. B. 10, p. 56. W. 1760. Inv. 1760.
Antram, Isaac, 9349C, 9841C. Adm. 332. B. 15, p. 526. Int. 1775. Wd. 1773. Af. 1775.
Antram, John, 2066C-2069C. W. 1731. Inv. 1731.
Antram, John, 12345C. W. 1808. Inv. 1808.
Antram, Joseph, 11359C. B. 32, p. 158. W. 1791.
Antram, Thomas 6236C-6245C. B. 9, p. 395. Int. 1759. Inv. 1759. Acct. 1761.
Antram, Thomas, 12556C. W. 1812.
Antram, Zachariah, 11766C. B. 37, p. 388. W. 1798. Inv. 1798. Ren. 1798.
Antrim, Aaron, 12555C. Inv. 1812.
Antrim, Benajah, 13165C. Inv. 1821.
Antrim, Benajah, 21084C. W. 1895. Inv. 1895.
Antrim, Daniel, 19033C. W. 1881.
Antrim, Esther, 17027C. Inv. 1865.
Antrim, Hannah, 17134C. W. 1866. Inv. 1866.
Antrim, Isaac, 1725C. W. 1867. Inv. 1867.
Antrim, John, 19735C. W. & Cod. 1886. Inv. 1886.
Antrim, Joseph, 11220C. B. 29, p. 544. W. 1788. Inv. 1788. Ren. 1788.
Antrim, Joseph S., 21085C. W. 1895.
Antrim, Mary B., 20934C. W. 1894. Inv. 1894.
Antrim, Samuel N., 13314C. Inv. 1823.
Antrim, Thomas, 16030C. Inv. 1855.
Antrum, James, 3098-3102C. W. 1739. Inv. 1739.
Antrum, James, 3313C-3316C. Int. 1741. Inv. 1741.
Antrum, John, 797C-801C. W. 1719. Inv. 1719.
Antrum, John, 10848C. B. 24, p. 198. W. 1783. Inv. 1783.
Antrum, Thomas, 2201C. W. 1732.
Apelgate, George, 12557C. W. 1812. Inv. 1812.
Apelgate, Nicholas, 12912C. W. 1817. Inv. 1817.
Aplegate, Sarah, 12691C. W. 1814. Inv. 1814
App, Phebe, 18921C. Inv. 1880.
Appelgate, Benjamin, 5137C-5140C. W. 1753.
Appelgate, Deborah, 14258C. W. 1834. Inv. 1834.
Appleby, William H., 18641C. Inv. 1878, 1880.
Applegate, Beulah H., 19561C. W. 1885.
Applegate, John W., 19032C. Inv. 1881.
Applegate, Richard, 14181C. Inv. 1833.
Applegate, Samuel, 19867C. W. 1887. Inv. 1887.
Applegate, Sarah, 14343C. W. 1835. Inv. 1835.
Applegate, Silas, 11269C. B. 31, p. 318. Int. 1789. Inv. 1789.
Applegate, Thomas F., 15027C. Inv. 1844.
Appleton, Anna M., 17805C. W. 1872. Inv. 1872.
Appleton, Cornelius, 10696C. Bs. 21, 25, pp. 101, 232. W. 1779. Inv. 1779. Acct. 1783.
Appleton, John, 11574C. B. 35, p. 252. Int. 1795. Inv. 1795.
Appleton, Joseph, 7887C-7888C. Int. 1766.
Appleton, Joseph, Samuel, Martha, 12080C. B. 40, p. 266. Wds. 1803. Tr. 1803.
Appleton, Josiah, Sr., 12692C. W. 1814.
Appleton, Richard, 725C-730C. W. 1716. Inv. 1716.

Atkinson, Elizabeth, 13941C. W. 1830. Inv. 1830.
Atkinson, Elizabeth, 14260C. W. 1834.
Atkinson, Elizabeth, 18643C. W. 1878. Inv. 1878.
Atkinson, Elizabeth, 19870C. W. 1887. Inv. 1887.
Atkinson, Elizabeth C., 20504C. W. 1891.
Atkinson, Ellen, 12619C. W. 1813. Inv. 1813.
Atkinson, Empson, 11078C. B. 28, p. 36. W. 1786. Inv. 1786.
Atkinson, George W., 17135C. Inv. 1866.
Atkinson, Hannah, 12020C. B. 40, p. 118. W. 1802. Inv. 1802.
Atkinson, Hannah, Mercy, Aden, Jr., 11954C. B. 39, p. 305. Wds. 1801. Tr. 1801.
Atkinson, Hope, 6873C–6878C. B. 10, p. 217. W. 1761. Inv. 1761.
Atkinson, Hope, 7593C–7596C. B. 12, p. 21. Wd. 1764.
Atkinson, Isaiah, 15111C. W. 1845. Inv. 1845.
Atkinson, Isaiah, 21763C. W. 1900. Inv. 1900.
Atkinson, James, 5997C–5999C. Grd. 1758.
Atkinson, James, 6229C–6232C. Grd. 1758.
Atkinson, Job, 19564C. W. & Cod. 1885. Inv. 1885.
Atkinson, Job, 21608C. W. 1899.
Atkinson, John, 8471C–8474C. W. 1769. Inv. 1769.
Atkinson, John, 12199C. W. 1805. Inv. 1805.
Atkinson, John, 15270C. W. 1847. Inv. 1847.
Atkinson, Jonathan, 7889C. Wd. 1766.
Atkinson, Joseph, 6531C–6536C. B. 10, p. 25. W. 1760. Inv. 1760.
Atkinson, Joseph, 11640C. B. 35, p. 444. W. 1796. Inv. 1796.
Atkinson, Joseph W., 20030C. W. 1888.
Atkinson, Keziah, 15637C. Inv. 1851.
Atkinson, Lewis, 19036C. Inv. 1881.
Atkinson, Mahlon S., 17136C. W. 1866. Inv. 1856.
Atkinson, Mary A., 18231C. Inv. 1875.
Atkinson, Mary A., 19871C. W. 1887.
Atkinson, Michael, 9079C–9082C. B. 15, p. 460. W. 1772. Inv. 1772.
Atkinson, Moses, 14261C. Inv. 1834.
Atkinson, Mychel, 3855C–3860C. W. 1746. Inv. 1746.
Atkinson, Nathan, 18644C. W. 1878. Inv. 1878.
Atkinson, Rachel, 6181C–6182C, 6001C–6007C. W. 1758. Inv. 1758. Acct. 1762.
Atkinson, Rachel L., 21463C. W. 1898. Inv. 1898.
Atkinson, Samuel, 9843C–9848C. B. 17, p. 153. W. 1775. Inv. 1775.
Atkinson, Samuel, 11712C. B. 37, p. 40. W. 1797.
Atkinson, Samuel, 12151C. W. 1804.
Atkinson, Samuel, 14883C. Inv. 1842.
Atkinson, Samuel, Jr., 10852C. B. 25, p. 78. Int. 1783. Inv. 1783.
Atkinson, Samuel, Sr., 10759C. B. 23, p. 188. W. & Cod. 1781. Inv. 1781.
Atkinson, Sarah. Adm. 134. B. 7, p. 477. Int. 1754.
Atkinson, Sarah, 10853C. B. 24, p. 206. W. 1783. Inv. 1783.
Atkinson, Sarah, 11954C. B. 39, p. 305. Grd. 1801. Tr. 1801.
Atkinson, Sarah, 12292C. W. 1807. Inv. 1807.
Atkinson, Sarah, 15271C. W. 1847. Inv. 1847.
Atkinson, Sarah, 16213C. Inv. 1857.

Atkinson, Sarah Ann, 13942C. W. 1830. Inv. 1830.
Atkinson, Stacy, 10806C. B. 24, p. 185. W. 1782. Inv. 1782.
Atkinson, Stacy, 15638C. Inv. 1851.
Atkinson, Susannah, 11576C. B. 35, p. 205. W. 1795. Inv. 1795.
Atkinson, Susannah, 12852C. W. 1816. Inv. 1816.
Atkinson, Thomas, 3103–3104C. W. 1739.
Atkinson, Thomas, 11370C. B. 32, p. 161. W. 1791. Inv. 1791.
Atkinson, Thomas, 15112C. W. 1845. Inv. 1845.
Atkinson, Thomas, Sr., 5805C–5823C. B. 8, p. 497. W. 1757. Inv. 1757. Acct. 1760.
Atkinson, William, 467C–474C, 1940C–1944C. W. 1714. Inv. 1714. Acct. (2) 1719, 1730.
Atkinson, William, 5357C–5364C. W. 1754 Inv. 1754.
Atkinson, William, 8101C–8105C. W. 1767. Inv. 1767.
Atkinson, William, 11152C. B. 29, p. 76. Int. 1787. Inv. 1788.
Atkinson, William, 12248C. W. 1806. Inv. 1806.
Atkinson, William, 14262C. W. 1834. Inv. 1834.
Atkinson, William, 15189C. Inv. 1846.
Atkinson, William, 18101C. W. 1874. Inv. 1874.
Atkinson, William E., 17808C. W. 1872. Inv. 1872.
Atkinson, William H., 18922C. Inv. 1880.
Atwood, Anthony, 14643C. W. 1839. Inv. 1839.
Atwood, Hepsibah, 15925C. W. 1854. Inv. 1854.
Atwood, Samuel S., 18786C. W. 1879. Inv. 1879.
Aureen, Jonas, 428C–434C. Int. 1713. Inv. 1713. Acct. 1713.
Austen, Joseph, 17471C. Inv. 1869.
Austin, Abraham M., 16805C. Inv. 1863.
Austin, Allen, 16420C. W. 1859.
Austin, Amasa, 20031C. W. & Cod. 1888. Inv. 1888.
Austin, Amos, 8617C–8620C. B. 15, p. 96. W. 1770. Inv. 1770.
Austin, Amos, 14948C. Inv. 1843.
Austin, Amos, 15640C. Inv. 1851.
Austin, Amos S., 16807C. W. 1863. Inv. 1863.
Austin, Asa, 19177C. Inv. 1882.
Austin, Caleb, 11416C. B. 32, p. 186. Grd. 1791.
Austin, Caleb, 12200C. W. 1805. Inv. 1805.
Austin, Caleb, 13166C. W. 1821. Inv. 1821.
Austin, Caleb, 15641C. Inv. 1851.
Austin, Caleb, 16028C. W. 1855. Inv. 1855.
Austin, Charles, 12082C. B. 40, p. 350. Wd. 1803.
Austin, Charles, 15454C. W. 1849. Inv. 1849.
Austin, Charles, 19298C. Inv. 1883.
Austin, Cyrus, 11892C. B. 39, p. 174. Grd. 1800. Tr. 1800.
Austin, Francis, 1095–1100C. W. 1723. Inv. 1723.
Austin, Francis, 9351C–9354C. B. 15, p. 492. Wd. 1773.
Austin, Francis, 10807C. B. 24, p. 175. W. 1782. Inv. 1782.
Austin, Francis, 14558C. Inv. 1838.
Austin, Francis, 14797C. W. & Cod. 1841. Inv. 1841.

Barber, Joseph, 12696C. W. & Cod. 1814. Map.
Barber, Joseph, 14477C. Inv. 1837.
Barckley, Robert, 19431C. W. 1884.
Barcklow, Amy, 16691C. W. 1862. Inv. 1862.
Barcklow, Elisha, 16033C. W. 1855. Inv. 1855.
Barcklow, Joseph H., 20033C. W. 1888. Inv. 1888.
Barclay, Anne W. C., 18103C. Inv. 1874.
Bard, John, 5365C–5370C. Adm. 130. Int. 1754. Inv. 1754. Acct. 1755.
Bard, Peter, 2647C. W. 1734.
Bard, Peter, 4183C. Grd. 1748.
Bard, Peter. Adm. 293. B. 14, p. 124. Int. 1769. Ren. 1769.
Bard, Samuel, 8475C–8482C. B. 14, p. 105. W. 1769. Inv. 1770.
Bareford, John, 16034C. W. 1855. Inv. 1855.
Bareford, John H., 21212C. W. 1896.
Bareford, Stacy W., 16129C. Inv. 1856.
Barker, Abigail, 14730C. Inv. 1840.
Barker, Abraham, 13168C. Inv. 1821.
Barker, Elizabeth, 11643C. B. 35, p. 428. W. 1796. Inv. 1796.
Barker, Francis, 2663C. Int. 1734.
Barker, Joshua, 3760C–3762C. W. 1745
Barker, Robert, 2889–2890C. W. 1736.
Barr, John, 19301C. W. 1883. Inv. 1883.
Barrett, Hannah A., 15642C. Inv. 1851.
Barrett, Hezekiah, 14951C. W. 1843. Inv. 1843.
Barrett, James, 13943C. W. 1830. Inv. 1830.
Barrett, Sarah, 15557C. W. 1850. Inv. 1850.
Barritt, Timothy, 18646C. Inv. 1878.
Barry, Jane, 13771C. W. 1828.
Barry, John, 11577C. B. 35, p. 253. Int. 1795. Inv. 1795.
Barry, Michael, 20505C. W. 1891.
Barryann, James, 20342C. Inv. 1890.
Barth, Margaret, 18510C. Inv. 1877.
Barth, Michael, 19038C. W. 1881. Inv. 1881.
Bartlett, Mary, 19039C. W. 1881. Inv. 1881.
Bartlett, Mary, 19873C. W. 1887.
Bartlett, Nathan, 16897C. W. 1864. Inv. 1864.
Bartlett, Phebe, 19874C. W. 1887.
Bartlett, Richard T., 20197C. Inv. 1889.
Bartlett, Simeon P., 18232C. Inv. 1875.
Bartling, Mary J., 17352C. W. 1868.
Barton, Aaron, 12021C. B. 40, p. 182. W. 1802. Inv. 1802.
Barton, David, 11896C. B. 39, p. 69. W. 1800. Inv. 1800.
Barton, Edward, 2984–2990C. W. 1737. Inv. 1737.
Barton, Isaac, 12391C. Inv. 1809.
Barton, John, 5371C–5372C. Adm. 123, 124. B. 8, p. 38. Int. 1754. Inv. 1754. Ren. 1754.
Barton, Jonathan, 3191C–3194C. W. 1740.
Barton, Jonathan, 12249C. W. 1806. Inv. 1806.
Barton, Sarah, 12976C. W. 1818. Inv. 1818.
Barton, Thomas, Sr., 3C–6C, 9C–14C. W. 1689. Inv. 1689. Acct. 1699. Memorandum.
Barton, William, 5573C–5578C. B. 8, p. 77. W. 1755. Inv. 1755.
Bartram, Elizabeth, 14478C. W. 1837. Inv. 1837.
Bass, Jeremiah, 1225–1230C. W. 1725. Inv. 1727.
Bassett, Jane W., 20034C. W. 1888. Inv. 1888.
Bassnet, Sarah, 6275C–6276C. Int. 1759.
Bassnitt, Sarah, 2649–2656C. W. 1734. Inv. 1741.
Basstick, Henry. Adm. 279. B. 13, p. 102. Int. 1767.

Bastian, Washington, 19432C. W. 1884. Inv. 1884.
Batchelder, Seth, 18923C. W. 1880. Inv. 1880.
Batchelor, Eli, 12712C. Inv. 1814.
Bateman, Ishmael, 1101–02C, 1151C–1152C. Int. 1724. Inv. 1723.
Bateman, Samuel J., 18788C. W. 1879.
Bates, Aaron, 11578C. B. 35, p. 253. Int. 1795. Inv. 1795.
Bates, Ann E., 18509C. W. 1877.
Bates, Caroline, 17573C. Inv. 1870.
Bates, Daniel, 17137C. W. 1866. Inv. 1866.
Bates, David, 18358C. W. 1876.
Bates, Jeremiah, 5567C–5572C. B. 8, p. 230. W. 1755. Inv. 1755.
Bates, John, 6009C–6010C. Adm. 155. B. 8, p. 306. Int. 1756. Inv. 1756.
Bates, John, 13856C. W. 1829. Inv. 1829.
Bates, Joshua, 12620C. W. 1813. Inv. 1813.
Bates, Moses, 16511C. Inv. 1860.
Bates, William, 4187C. Adm. 57. Int. 1748. Inv. 1748.
Bates, William T., 19737C. W. 1886. Inv. 1886.
Batterson, Joseph W., 16896C. Inv. 1864.
Bauer, Jacob, 20642C. W. 1892. Inv. 1892.
Baugh, Sarah, 15192C. W. 1846. Inv. 1846.
Bavis, Abigail, 11897C. B. 39, p. 72. Int. 1800.
Bayles, Eve, 18511C. Inv. 1877.
Baynton, Benjamin, 7391C–7394C. B. 11, p. 375. W. 1763.
Baynton, Mary, 4773C–4776C. W. 1750.
Baynton, Peter, 3585C–3588C. W. 1743.
Baxter, Joseph, 14344C. Inv. 1835.
Beagary, Emanuel, 13590C. Inv. 1826.
Beakey, Thomas, Sr., 19875C. W. 1887.
Beaks, William, 249C–251C. W. 1711. Inv. 1711.
Beal, Philip, 14479C. W. 1837. Inv. 1837.
Beatty, Ann C., 21766C. W. 1900. Inv. 1900.
Beatty, Catherine, 21767C. W. 1900. Inv. 1900.
Beatty, Daniel, 21768C. W. 1900.
Beatty, John, 16325C. W. 1858. Inv. 1858.
Beatty, Joseph T., 20643C. Inv. 1892.
Beatty, Joseph T., 20343C. Inv. 1890.
Beatty, Maria B., 17138C. W. 1866. Inv. 1866.
Beaum, John, 11767C. B. 38, p. 35. Int. 1798. Inv. 1799.
Bechtel, Jonas, 18924C. Inv. 1880.
Bechtold, Francis J., 16607C. Inv. 1860.
Bechtold, Samuel, Jr., 17472C. W. 1869. Inv. 1869.
Beck, Aaron, 11323C. B. 32, p. 97. Int. 1790. Inv. 1790.
Beck, Aasa, 11079C. B. 28, p. 73. Int. 1786. Inv. 1786. Ren. 1786.
Beck, Amy, 20800C. W. 1893.
Beck, Ann, 667C–674C. W. 1716. Inv. 1716.
Beck, Charles, 15363C. Inv. 1848.
Beck, Godferry, 1620C–1793C. Wd. 1728.
Beck, Godfrey, 5673C. Adm. 161. B. 8, p. 357. Int. 1757. Inv. 1757.
Beck, Henry, 575C–579C. W. 1715. Inv. 1715.
Beck, Henry, 10247C–10252C. B. 18, p. 97. W. 1777. Inv. 1777.
Beck, James, 1613–1619C, 1621–1622C. Int. 1728. Acct. 1729.
Beck, James, 11423C. B. 34, p. 405. Int. 1792. Inv. 1792.
Beck, John 573C. Inv. 1715.
Beck, Joseph, 11361C. B. 32, p. 172. W. 1791. Inv. 1791.
Beck, Mary. Adm. 162. B. 8, p. 357. Int. 1757.

Beck, Roweth. 10253C–10258C. B. 19, p. 23. W. 1777. Inv. 1777.

Beckenbach, John, 21088C. W. 1895. Inv. 1895.

Beckett, Henry, 17687C. W. 1871. Int. 1872. Inv. 1871.

Bedgood, Richard. Adm. 209. B. 9, p. 415. Int. 1760.

Beckman, Mary E., 18513C. Inv. 1877.

Beldin, Elisha, 18360C. W. & Cods. 1876. Inv. 1876.

Bell, Isaac, 15828C. Inv. 1853.

Bell, John, 19040C. W. 1881.

Bell, Sarah, 21330C. W. 1897. Inv. 1897.

Bellange, John, 849C. W. 1720.

Bellangee, Aaron, 17252C. W. 1867. Inv. 1867.

Bellangee, James, Sr., 11324C. B. 32, p. 64. W. 1790. Inv. 1790.

Bellangee, Margaretter F., 18647C. W. 1878. Inv. 1878.

Bellangee, Samuel, 11579C. B. 35, p. 243. W. 1795. Inv. 1795.

Bellangee, Thomas 12853C. W. 1816. Inv. 1816.

Bellanger, Thomas, 18361C. W. 1876.

Bellemere, Philip, 19567C. W. 1885.

Bellengee, Martha E., 21466C. W. 1898. Inv. 1898.

Bellis, William, 1796C–1799C. W. 1729. Inv. 1729.

Bennet, Alexander, 129C–131C. W. 1708. Inv. 1709.

Bennet, Henry, 12490C. Inv. 1811.

Bennet, John, 3049C. Int. 1738.

Bennet, John. Adm. 25. Int. 1747.

Bennet, Jonathan, 11768C. B. 38, p. 35. Int. 1798.

Bennet, Joseph, 12977C. W. 1818. Inv. 1818.

Bennet, Mary, 7891C–7894C. W. 1766. Inv. 1766.

Bennet, Richard, 7895C–7898C. B. 13, p. 3. W. 1766. Inv. 1766.

Bennet, Samuel, 14798C. W. 1841. Inv. 1841.

Bennet, William, 13591C. Inv. 1826.

Bennett, Ann S., 20938C. W. 1894. Inv. 1894.

Bennett, Elijah, 17688C. Inv. 1871.

Bennett, Henry K., 19876C. Inv. 1887.

Bennett, John, 4017C. Inv. 1747.

Bennett, Joshua, 14264C. Inv. 1834.

Bennett, Margaret J., 19433C. W. 1884. Inv. 1884.

Bennett, Mary H., 15928C. Inv. 1854.

Bennett, Michael, 17689C. Inv. 1871.

Bennett, Moses S., 17353C. W. 1868.

Bennett, Roxanna, 16128C. Inv. 1856.

Bennett, Samuel H., 13690C. Inv. 1827.

Bennett, Samuel I., 15829C. W. 1853. Inv. 1853.

Bennett, Thomas, 4871C–4872C. Adm., 92, 93. B. 7, p. 303. Int. 1752. Inv. 1752. Ren. 1752.

Bennett, Uriah, 18512C. Inv. 1877.

Benoist, James M., 13691C. W. 1827. Inv. 1827.

Benoist, John J., 15193C. W. 1846. Inv. 1846.

Bentliff, Joseph, 17809C. Inv. 1872.

Berg, Hannah C., 16898C. W. 1864. Inv. 1864.

Berkinshire, Thomas, Jr., 8307C–8308C. B. 13, p. 433. Int. 1768.

Berrien, William, 12697C. Inv. 1814.

Berry, Samuel M., 20344C. Inv. 1890.

Berry, William, 17810C. W. 1872.

Berryman, John, 4401C–4406C. Int. 1749. Inv. 1749. Ren. 1749.

Beswick, Aaron, 4785C–4786C. W. 1751.

Bevins, Matthew, 11153C. B. 29, p. 78. Int. 1787.

Bevis, Thomas, 5825C–5837C. B. 8, p. 565. W. 1757. Int. 1758. Inv. 1757.

Bibbey, Richard, 2071C–2203C. Int. 1732. Inv. 1730.

Bickerdike, Hannah, 11769C. B. 37, p. 390. Int. 1798. Ren. 1798.

Bickham, Dinah, 11826C. B. 38, p. 342. W. 1799.

Bickham, John, 8489C–8494C. B. 14, p. 74. W. 1769. Inv. 1769.

Bickley, Abraham, 1231–1242C. W. 1725. Inv. 1727.

Bickley, Abraham, 3733C–3737C. Int. 1744. Inv. 1746. Acct. 1746.

Bickley, Mary, 4189C. Adm. 46. Int. 1748. Inv. 1748.

Bickley, Samuel, 10680C. B. 6, p. 285. W. 1749. Int. 1750. Copy of will.

Bickley, William, 3113–3116C. W. 1739. Inv. 1739.

Biddle, Abigail, 15830C. W. 1853. Inv. 1853.

Biddle, Charlotte, 12854C. W. 1816. Inv. 1816.

Biddle, Charlotte, 13318C. W. 1823. Inv. 1823.

Biddle, Henry C., 19738C. W. 1886.

Biddle, Israel, 16326C. Inv. 1858.

Biddle, Israel, 16899C. Inv. 1864.

Biddle, Joseph, 11348C. B. 32, p. 98. Grd. 1790.

Biddle, Joseph, 11360C. B. 32, p. 187. Grd. 1791.

Biddle, Joseph, 11424C. B. 34, p. 382. W. 1792. Inv. 1792.

Biddle, Joseph, Sr., 10077C–10083C. B. 17, p. 321. W. 1776. Inv. 1776.

Biddle, Joseph W., 21089C. Inv. 1895.

Biddle, Richard R., 15929C. Inv. 1854.

Biddle, Sarah, 12293C. W. 1807. Inv. 1837.

Biddle, Sarah, 12438C. W. 1810. Inv. 1810.

Biddle, Sarah T., 19568C. W. 1885. Inv. 1885.

Biddle, Stacy, 11770C. B. 37, p. 385. W. 1798. Inv. 1799.

Biddle, Thomas, 11480C. B. 33, p. 50. Int. 1793.

Biddle, Thomas, 12294C. Inv. 1807.

Biddle, Thomas, 13169C. Inv. 1821.

Biddle, Thomas, 15028C. Inv. 1844.

Biddle, William, Sr., 253C–258C. W. 1711. Inv. 1711.

Bidjo, Jacob, 11580C. B. 35, p. 255. Int. 1795.

Bigalow, Isaac, 13397C. W. 1824. Inv. 1824.

Biggio, Joseph, 17139C. W. 1866. Inv. 1866.

Bikerdike, Hannah, 8483C–8487C. B. 13, p. 514. W. 1769. Inv. 1769.

Biles, Rebecca, 12793C. W. 1815. Inv. 1815.

Biles, Samuel, 3195C–3198C. Int. 1740. Inv. 1741.

Billiss, William, 11581C. B. 35, p. 254. Int. 1795. Inv. 1795.

Bills, Sylvester, 13494C. W. 1825. Inv. 1825.

Bills, Washington, 18105C. Inv. 1875.

Bingham, Mary, 19877C. W. 1887. Inv. 1887.

Bioren, John, 20198C. W. & Cod. 1889. Inv. 1889.

Birch, Elizabeth, 11713C. B. 37, p. 68. W. 1797.

Birch, Hannah M., 19878C. W. 1887.

Bircham, Henry, 475C–489C. W. 1714. Inv. 1714.

Bird, George C., 19179C. W. 1882. Inv. 1882.

Bird, Hannah, 13592C. Inv. 1826.

Bird, John, 12698C. Inv. 1814.

Bird, John, 19302C. W. 1883. Inv. 1883.

Bird, Rachel A., 16327C. Inv. 1858.
Bird, Richard, 14886C. Inv. 1842.
Bird, Thomas C., 18648C. Inv. 1878.
Bird, Thomas, Sr., 19434C. W. 1884. Inv. 1884.
Bird, William, 17690C. W. 1871. Inv. 1871.
Birkensha, Thomas 10085C–10090C. B. 20, p. 174. W. 1776. Inv. 1776.
Birkett, Thomas, 20199C. W. & Cod. 1889. Inv. 1889.
Birmingham, Daniel, 20035C. W. 1888. Inv. 1888.
Biship, Emilie E., 21467C. W. 1898.
Bishop, Abigail, 11898C. B. 39, p. 53. W. 1800.
Bishop, Abigail, 14559C. W. 1838. Inv. 1838.
Bishop, Barzillia, 11714C. B. 37, p. 61. W. 1797. Inv. 1797.
Bishop, Benjamin H., 20200C. W. 1889. Inv. 1889.
Bishop, Catharine U., 17474C. W. 1869.
Bishop, Charles C., 18362C. W. 1876. Inv. 1877.
Bishop, Eber, 13398C. Inv. 1824.
Bishop, Elizabeth, 15457C. W. 1849. Inv. 1849.
Bishop, Japheth, 11582C. B. 35, p. 255. Wd. 1795.
Bishop, Japheth, 13495C. W. 1825.
Bishop, Job, 15644C. W. 1851.
Bishop, John, 4191C. Grd. 1748.
Bishop, John, 6012C–6022C. W. 1758. Inv. 1758. Acct. 1762.
Bishop, John, 6887C–6905C. B. 10, p. 364. W. 1761. Inv. 1761.
Bishop, John, 11315C. B. 31, p. 322. Grd. 1789.
Bishop, John, 11425C. B. 34, p. 409. Grd. 1792.
Bishop, John, 12392C. W. & Cod. 1809. Inv. 1809.
Bishop, John, 12856C. Inv. 1816.
Bishop, John, 16902C. Inv. 1864.
Bishop, John, Sr., 16808C. W. & Cod. 1863. Inv. 1863.
Bishop, Joseph, 17944C. Inv. 1873.
Bishop, Joseph F., 20201C. W. 1889. Inv. 1889.
Bishop, Joshua, 12152C. Inv. 1804.
Bishop, Lucia, 12295C. W. 1807. Inv. 1807.
Bishop, Martha M., 20644C. W. 1892. Inv. 1892.
Bishop, Mary, 6245C–6248C. W. 1759. Inv. 1759.
Bishop, Mary, 14009C. Inv. 1831.
Bishop, Mary M., 19879C. W. 1887.
Bishop, Moses, 16035C. Inv. 1855.
Bishop, Preston, 19041C. W. 1881.
Bishop, Rachel, 15458C. W. 1849. Inv. 1849.
Bishop, Rebecca, 12855C. Inv. 1816.
Bishop, Rebecca F., 20801C. Inv. 1893.
Bishop, Rebecca W., 17945C. W. 1873. Inv. 1873.
Bishop, Rebekah, 11425C. B. 34, p. 409. Wd. 1792.
Bishop, Robert, 5141C–5142C, 5840C–5842C. Adm. 119. B. 8, p. 15. Int. 1753. Inv. 1753. Acct. 1757.
Bishop, Robert, Sr., 11426C. B. 34, p. 376. W. 1792. Inv. 1792.
Bishop, Robert M., 16903C. Inv. 1864.
Bishop, Samuel, 11427C. B. 34, p. 359. W. 1792. Inv. 1792.
Bishop, Samuel W., 21468C. Inv. 1898.

Bishop, Susannah, 13692C. Inv. 1827.
Bishop, Thomas, 3037–3039C. Grd. 1737.
Bishop, Thomas. Adm. 33. Int. 1747.
Bishop, Thomas, Sr., 3862C–3868C. B. 5, p. 257. W. 1746. Inv. 1746.
Bishop, Timothy, 15831C. W. 1853. Inv. 1853.
Bishop, Timothy M., 20202C. Inv. 1889.
Bishop, Vincent, 8289C–8292C, 8495C–8498C. B. 13, p. 315; B. 14, p. 125. Wd. 1768, 1769.
Bishop, William, 11362C. B. 32, p. 133. W. 1791. Inv. 1791.
Bishop, William, 19880C. W. & Cod. 1887. Inv. 1887.
Bishop, William Sr., 15364C. W. 1848. Inv. 1848.
Bishop, William C., 21769C. W. 1900. Inv. 1900.
Bispham, Ann H., 16328C. W. & Cod. 1858. Inv. 1858.
Bispham, Benjamin, 5143C–5148C. W. 1753. Inv. 1753.
Bispham, Benjamin, 12978C. Inv. 1818.
Bispham, Charles, 11827C. B. 38, p. 338. W. 1799.
Bispham, Charles, 19180C. W. & Cod. 1882.
Bispham, Elizabeth, 12621C. Inv. 1813.
Bispham, Elizabeth, 12794C. W. 1815.
Bispham, Hinchman, 12084C. B. 40, p. 266. Int. 1803. Inv. 1803.
Bispham, John, 12558C. Inv. 1812.
Bispham, John, 12699C. Inv. 1814.
Bispham, John, Jr., 7395C–7398C. B. 11, p. 455. Wd. 1763.
Bispham, John, Sr., 11363C. B. 32, p. 146. W. & Cod. 1791. Inv. 1791.
Bispham, Joseph, 5149C–5152C. W. 1753. Inv. 1753.
Bispham, Joseph, 14093C. Inv. 1832.
Bispham, Joshua, 15643C. Inv. 1851.
Bispham, Joshua, Jr., 10851C. B. 24, p. 217. Grd. 1783.
Bispham, Joshua, Sr., 11583C. B. 35, p. 241. W. 1795. Inv. 1795.
Bisham, Joshua, Sr., 14010C. W. 1831. Inv. 1831.
Bispham, Samuel, 12393C. W. 1809. Inv. 1809.
Bispham, William, 13694C. Inv. 1827.
Black, Abigail A., 20506C. W. 1891. Inv. 1891.
Black, Achsah, 16217C. W. 1857. Inv. 1857.
Black, Ann T., 16421C. Inv. 1859.
Black, Charles, 13593C. Inv. 1826.
Black, Charles, 16904C. Inv. 1864.
Black, Charles, 18789C. W. & Cod. 1879. Inv. 1879.
Black, Charles N., 20019C. Inv. 1887.
Black, Clayton A., 19881C. W. 1887. Inv. 1888.
Black, Edwin, 20345C. W. 1890.
Black, Eliza L., 17253C. W. 1867. Inv. 1867.
Black, Elizabeth, 14094C. W. 1832. Inv. 1832.
Black, Elizabeth W., 16608C. W. 1861. Inv. 1861.
Black, Emily N., 21611C. W. 1899. Inv. 1899.
Black, Ezra, 11527C. B. 33, p. 480. Grd. 1794. Tr. 1794.
Black, Ezra, 13170C. W. 1821. Inv. 1821.
Black, Ezra, 13857C. Inv. 1829.
Black, Franklin, 20203C. Inv. 1889.
Black, George, 17811C. Inv. 1872.
Black, Hannah M., 19569C. Inv. 1885.
Black, Hannah M., 20036C. Inv. 1888.

Borden, John, Jr., 14416C. Inv. 1836.
Borden, Jonathan, 9356C–9364C, 9623C–9625C. B. 14, p. 518; B. 15, p. 499. Int. 1773. Inv. 1773. Acct. (2) 1773, 1774. Ren. 1773.
Borden, Joseph, 7723C–7730C. B. 12, p. 192. W. 1765. Inv. 1765.
Borden, Joseph, Jr., 11225C. B. 30, p. 60. Int. 1788. Inv. 1788. Ren. 1788.
Borden, Joseph, Sr., 11364C. B. 32, p. 108. W. & Cods. 1791. Inv. 1791.
Borden, Joseph, Sr., 12914C. W. 1817. Inv. 1817, 1838.
Borden, Josiah, 13595C. Inv. 1826.
Borden, Lucia, 15196C. W. 1846.
Borden, Martha A., 17147C. Inv. 1866.
Borden, Mary, 13321C. Inv. 1823.
Borden, Mary, 14560C. W. 1838. Inv. 1838.
Borden, Mary, 16609C. W. 1861. Inv. 1861.
Borden, Rebecca, 13695C. W. 1827. Inv. 1827.
Borden, Richard, 4787C–4790C. W. 1751.
Borden, Richard, Jr., 11006C. B. 27, p. 22. Wd. 1785.
Borden, Richard, Sr., 11006C. B. 27, p. 22. Grd. 1785.
Borden, Richard, Sr., 11605C. B. M, p. 322. W. 1785. Inv. 1785.
Borden, Ruth, 20204C. W. 1889.
Borden, Safty, 6907C–6912C. B. 11, p. 199. W. 1761. Inv. 1761.
Borden, Sarah A., 20039C. W. 1888. Inv. 1889.
Borden, William H., 14265C. Inv. 1834.
Borden, William H., 17143C. Inv. 1866.
Born, John, 5155C–5160C. W. 1753. Inv. 1753.
Borradaill, Arthur, 6583C–6586C. B. 10, p. 44. W. 1760.
Borradaill, Marjery, 7399C–7404C. B. 11, p. 433. W. 1763. Inv. 1763.
Borradaill, William, 11584C. B. 35, p. 236. W. 1795. Inv. 1795.
Bortan, Obadiah, 6913C–6920C, 7412C–7414C. B. 10, p. 304. W. 1761. Inv. 1761. Acct. 1764.
Borton, Abigail, 11272C. B. 31, p. 263. W. 1789. Inv. 1789.
Borton, Abraham, 10263C–10266C. B. 18, p. 366. W. 1777. Inv. 1777.
Borton, Amy, 21213C. W. & Cod. 1896. Inv. 1896.
Borton, Anna H., 19882C. W. 1887. Inv. 1887.
Borton, Caleb, 12022C. B. 40, p. 60. W. 1802. Inv. 1802.
Borton, Deborah, 12201C. W. 1805.
Borton, Elizabeth, 13596C. W. 1826. Inv. 1826.
Borton, Elizabeth C., 21090C. W. 1895. Inv. 1895.
Borton, Elizabeth W., 20651C. W. 1892. Inv. 1892.
Borton, Ephraim, 14480C. W. 1837. Inv. 1837.
Borton, Esther, 11715C. B. 37, p. 70. Grd. 1797.
Borton, Hannah, 16329C. W. 1858. Inv. 1858.
Borton, Isaac, 12297C. W. 1807. Inv. 1807.
Borton, Jacob, 7405C–7409C. Adm. 239. B. 11, p. 422. Int. 1763. Inv. 1763. Acct. 1764.
Borton, Jacob, 12085C. B. 40, p. 267. Grd. 1803.
Borton, Jacob, 13773C. Inv. 1828.
Borton, Jacob, 14954C. W. 1843. Inv. 1843.
Borton, Job, 14799C. W. 1841. Inv. 1841.
Borton, John, 11828C. B. 38, p. 355. W. 1799. Inv. 1799.
Borton, John, 12857C. Inv. 1816.
Borton, John, 15834C. W. 1853. Inv. 1853.

Borton, John, 17141C. Inv. 1866.
Borton, John W., 18364C. Inv. 1876.
Borton, Joseph, 2991–2994C. W. 1737. Inv. 1737.
Borton, Joseph, 11644C. B. 35, p. 490. Int. 1796.
Borton, Joseph, 12701C. Inv. 1814.
Borton, Joseph, 17355C. Inv. 1868.
Borton, Joshua, 13171C. W. & Cod. 1821. Inv. 1821.
Borton, Joshua, 20652C. W. & Cod. 1892.
Borton, Josiah, 11325C. B. 32, p. 96. Int. 1790. Inv. 1790.
Borton, Josiah, 14646C. Inv. 1839.
Borton, Levi, 15461C. Inv. 1849.
Borton, Lydia, 20347C. W. 1890. Inv. 1890.
Borton, Martha W., 15735 C. W. & Cod. 1852. Inv. 1852.
Borton, Mary, 17473C. W. & Cod. 1869. Inv. 1869.
Borton, Obadiah, 15116C. Inv. 1845.
Borton, Pemberton, 17691C. W. 1871. Inv. 1871.
Borton, Rachel, 11365C. B. 32, p. 186. Int. 1791.
Borton, Rachel, Lydia, Esther, 11715C. B. 37, p. 70. Wds. 1797.
Borton, Reuben, 14183C. Inv. 1833.
Borton, Richard, 14184C. W. 1833. Inv. 1833.
Borton, Samuel, 11645C. B. 35, p. 252. Int. 1795. Inv. 1796.
Borton, Sarah J., 21331C. Inv. 1897.
Borton, Thomas, 12085C. B. 40, p. 267. Wd. 1803.
Borton, Thomas, 16908C. W. 1864. Inv. 1864.
Borton, Uriah, 14732C. W. 1840. Inv. 1840.
Borton, William, 7415C–7420C. B. 11, p. 34. W. 1763. Inv. 1763.
Borton, William, 10697C. B. 22, p. 30. Int. 1779. Inv. 1779.
Borton, William, 12440C. Inv. 1810.
Borton, William, 19303C. W. 1883. Inv. 1883.
Borton, William J., 20940C. W. 1894. Inv. 1894.
Bossell, Barzilla, 5953C–5956C. Int. 1757. Inv. 1757.
Bostwick, Thomas, 14955C. Inv. 1843.
Bottinghouse, Elizabeth, 6035C–6036C. 2417M. Inv. 1758.
Boucher, John, 2455–2470C. Accts. (2) 1733.
Boucher, Samuel, 11081C. B. 28, p. 47. W. 1786.
Boudinot, Elias, 13172C. W. & Cod. 1821.
Bougher, Reading H., 21770C. W. 1900.
Boulton, Benjamin, 15366C. W. 1848. Inv. 1849.
Boulton, Edward, 1003–1008C. W. 1721. Inv. 1721.
Boulton, Edward, 14345C. W. 1835. Inv. 1835.
Boulton, Eliza A., 20040C. Inv. 1888.
Boulton, Esther, 13399C. W. 1824. Inv. 1824.
Boulton, Hannah, 13496C. W. 1825. Inv. 1825.
Boulton, Hannah, 18234C. Inv. 1875.
Boulton, Isaac, 5161C–5168C. W. 1753. Inv. 1753.
Boulton, Isaac, 11956C. B. 39, p. 361. W. 1801. Inv. 1801.
Boulton, James B., 19182C. Inv. 1882.
Boulton, John, 12153C. W. 1804.
Boulton, Joseph, 13858C. W. 1829. Inv. 1829.
Boulton, Joshua E., 17031C. Inv. 1865.
Boulton, Samuel, 17142C. Inv. 1866.
Boulton, Samuel D., 16690C. W. 1862.
Boulton, Sarah, 3674C–3676C. W. 1744.

Boulton, Sarah, 18926C. W. 1880. Inv. 1880.
Boulton, Thomas, 12394C. W. 1809. Inv. 1809.
Boulton, William, 11428C. B. 34, p. 406. Int. 1792. Inv. 1792.
Boulton, William, 16218C. W. 1857. Inv. 1857.
Boulton, William E., 17030C. Inv. 1865.
Bound, Cato, 13322C. W. 1823. Inv. 1823.
Bound, William, 20205C. W. 1889. Inv. 1890.
Bowen, William C., 20508C. Inv. 1891.
Bowers, James H., 21771C. W. 1900.
Bowers, John, Sr., 11957C. B. 39, p. 221. Int. 1801. Inv. 1801.
Bowers, Lydia B., 20206C. W. 1889. Inv. 1889.
Bowker, Achsah, 19703C. W. 1888. Inv. 1888.
Bowker, Achsah, 21772C. W. 1900.
Bowker, Ann, 13173C. W. 1821. Inv. 1821.
Bowker, Charles, 17575C. W. 1870. Inv. 1870.
Bowker, Daniel, 10857C. B. 25, p. 99. Wd. 1783.
Bowker, Daniel, 21773C. W. 1900. Inv. 1900.
Bowker, Dennis, 19043C. W. 1881. Inv. 1881.
Bowker, Hester, 19329C. Inv. 1883.
Bowker, Isaiah, 15029C. W. 1844. Inv. 1844.
Bowker, Isiah, 15648C. Inv. 1851.
Bowker, James C., 16130C. Inv. 1856.
Bowker, Japheth, 16906C. W. 1864. Inv. 1864.
Bowker, Jemima, 11273C. B. 31, p. 318. Int. 1789. Inv. 1789.
Bowker, John, 11274C. B. 31, p. 259. W. 1789.
Bowker, John, 14561C. Inv. 1838.
Bowker, Joseph, 12023C. B. 40, p. 181. W. 1802. Inv. 1803.
Bowker, Joseph H., 21469C. Inv. 1898.
Bowker, Mary, 12154C. B. 40, p. 468. Wd. 1804. Pt. 1804.
Bowker, Stephen, 17947C. W. 1873. Inv. 1873.
Bowker, William, 16692C. Inv. 1862.
Bowlby, Thomas, 2073C-2075C. W. 1730. Inv. 1730.
Bowman, Catharine, 12395C. Inv. 1809.
Bowman, Conrod, 11716C. B. 37, p. 69. Int. 1797. Inv. 1797.
Bowne, Edward, 17692C. W. 1871. Inv. 1871.
Bowne, Edward L., 19436C. Inv. 1884.
Bowne, Elizabeth, 19741C. W. 1886. Inv. 1886.
Bowne, Elizabeth L., 18235C. W. & Cod. 1875. Inv. 1875.
Bowne, James, 13774C. W. 1828. Inv. 1828.
Bowne, James, 19042C. Inv. 1881.
Bowne, James, 20041C. Inv. 1888.
Bowne, John W., 18514C. W. 1877. Inv. 1877.
Bowne, Mary, 20042C. Inv. 1888.
Bowne, Nathan C., 21470C. W. 1898. Inv. 1898.
Bowne, Philip, 9365C-9368C. B. 14, p. 543. Grd. 1773.
Bowne, Philip, 11646C. B. 35, p. 490. Int. 1796.
Bowne, Philip, 12561C. W. 1812. Inv. 1812.
Bowne, Philip, 13775C. Inv. 1828.
Bowne, Philip, 18651C. W. 1878. Inv. 1878.
Bowne, Samuel, 20043C. W. 1888. Inv. 1888.
Bowne, Sarah, 14266C. Inv. 1834.
Bowne, Sarah, 16516C. W. 1860. Inv. 1860.
Bowne, Sarah, 20653C. W. 1892. Inv. 1892.
Bowne, Theodore, 17475C. W. 1869. Inv. 1869.
Bowne, William, 21471C. Inv. 1898.
Boyd, Helen, 16909C. W. 1866. Inv. 1866.

Boyd, James, 11899C. B. 39, p. 54. W. 1800. Inv. 1800. Ren. 1800.
Boyd, John, 11829C. B. 38, p. 362. Int. 1799. Inv. 1800.
Boyd, Kitturah, 13944C. Inv. 1830.
Boyd, Susan, 18109C. Inv. 1874.
Boyd, Thomas, 14267C. Inv. 1834.
Boyer, Jacob, 13174C. W. 1821. Inv. 1822.
Boyer, John K. 19183C. W. 1882. Inv. 1882.
Boyter, Charles, 17576C. W. 1870.
Bozorth, Simon, 5169C-5176C. W. 1753. Inv. 1753.
Bozorth, William, 16810C. W. 1863.
Bozworth, Samuel, 12155C. W. 1804.
Bracebridge, George, 20044C. W. 1888.
Brackney, Francis, 7911C-7914C. B. 12, p. 299. W. 1766. Inv. 1766.
Brackney, Matthies, 3869C-3875C. W. 1746. Inv. 1746. Acct. 1766.
Brackney, Ruth, 16036C. W. 1855. Inv. 1855.
Braddock, Asa, 16422C. Inv. 1859.
Braddock, Barzillai, 13323C. W. 1823. Inv. 1823.
Braddock, Barzillai R., 15367C. Inv. 1848.
Braddock, Daniel, 12298C. W. 1807. Inv. 1807.
Braddock, Darnel, 13175C. Inv. 1821.
Braddock, Elizabeth L. 20348C. W. 1890. Inv. 1890.
Braddock, Elton, 17254C. W. 1867. Inv. 1867.
Braddock, George E., 15736C. W. 1852. Inv. 1852.
Braddock, Hope, 19304C. W. 1883. Inv. 1883.
Braddock, Jacob B., 19572C. Inv. 1885.
Braddock, Jemima, 13776C. Inv. 1828.
Braddock, Job, 11647C. B. 35, p. 489. Int. 1796. Inv. 1796.
Braddock, Job, 14481C. Inv. 1837.
Braddock, Job, 20207C. W. 1889. Inv. 1889.
Braddock, John, 16811C. W. 1863. Inv. 1863.
Braddock, John H., 14889C. Inv. 1841.
Braddock, Jonathan, 13497C. Inv. 1825.
Braddock, Josiah, 16039C. W. 1855.
Braddock, Ner, 15368C. W. 1848. Inv. 1848.
Braddock, Priscilla A., 17577C. W. 1870. Inv. 1870.
Braddock, Rehoboan, 12560C. W. 1812. Inv. 1812.
Braddock, Reuben, 10808C. B. 24, p. 183. W. 1782. Inv. 1782.
Braddock, Robert, 8107C-8114C, 9627C-9629C. B. 13, p. 86; B. 15, p. 516. W. 1767. Inv. 1767. Acct. 1774.
Braddock, Robert, 14890C. W. 1842. Inv. 1842.
Braddock, Sarah, 15197C. W. 1846. Inv. 1846.
Braddock, Sarah A., 18110C. W. 1874.
Braddock, William, 15921C. W. 1853. Inv. 1853.
Braddock, William, Jr., 19573C. Inv. 1885.
Bradford, Susan V., 15933C. W. 1854.
Bradock, Robert, 479C-481C. W. 1714. Inv. 1714.
Bradshaw, Paul, 9083C-9086C. W. 1772. Inv. 1772.
Brady, Barnabas, 12202C. Inv. 1805.
Brakeley, John H., 21472C. W. 1898. Inv. 1898.
Brakeley, Mary A., 21473C. Inv. 1898.
Braman, Samuel, 9631C-9634C. B. 15, p. 510. Wd. 1774.
Branin, Amos, 16512C. Inv. 1860.
Branin, Amos H., 21614C. Inv. 1899.

Branin, Barzillai, 13233C. W. 1822. Inv. 1822.
Branin, Barzillai, 14891C. Inv. 1842.
Branin, Charles, 13597C. Inv. 1826.
Branin, Eli, 14417C. Inv. 1836.
Branin, Elizabeth, 15835C. W. & Cod. 1852. Inv. 1852.
Branin, Francis, 16038C. W. 1855. Inv. 1855.
Branin, Francis, 21615C. W. & Cod. 1899.
Branin, Gershom, 14647C. Inv. 1839.
Branin, Isaiah, 18652C. W. 1878.
Branin, John, 11900C. B. 39, p. 74. Grd. 1800. Tr. 1800.
Branin, John, 17357C. W. 1868. Inv. 1868.
Branin, Levi J., 21616C. Inv. 1899.
Branin, Lewis A., 21091C. W. 1895. Inv. 1895.
Branin, Michael, 7721C-7722C. Adm. 262. B. 12, p. 187. Int. 1765. Inv. 1765.
Branin, Perinah, 11900C. B. 39, p. 74. Wd. 1800. Tr. 1800.
Branin, Whital, 19184C. W. 1882. Inv. 1882.
Branin, William, 12623C. Inv. 1813.
Brannall, James, Jr., 21774C. Inv. 1900.
Brannin, Lydia, 15737C. Inv. 1852.
Brannin, Margaret, 20045C. Inv. 1888.
Branson, Abigail P., 20046C. Inv. 1888.
Branson, Charles L., 19883C. W. 1887. Inv. 1887.
Branson, Elizabeth, 7421C-7422C. Adm. 133. B. 7, p. 467. Int. 1754. Inv. 1763.
Branson, Ivins, 15738C. Inv. 1852.
Branson, James, 15645C. Inv. 1851.
Branson, John, 15646C. W. 1851. Inv. (2) 1851, 1852.
Branson, Jonathan, Sr., 11830C. B. 38, p. 324. W. 1799.
Branson, Rachel A., 17476C. W. 1869.
Branson, Ruth, 11831C. B. 38, p. 362. Int. 1799.
Branson, Samuel, 12299C. Inv. 1807.
Branson, Samuel P., 15934C. Inv. 1854.
Branson, Thomas, 3678C-3680C. W. 1744.
Branson, William, 15273C. W. 1847. Inv. 1847.
Brasington, Margaret, 11007C. B. M, p. 293. W. 1785. Inv. 1785.
Brathwaite, James, 803C, 853C. Int. 1719. Acct. 1720.
Bray, Mary, 3589C-3592C. Int. 1743. Inv. 1743.
Brayman, Benjamin, 7253C-7256C. B. 11, p. 231. W. 1762. Inv. 1763.
Brayman, Samuel, 13777C. Inv. 1828.
Brewer, John, 14956C. W. 1843. Inv. 1843.
Brewer, John M., 16513C. Inv. 1860.
Brewin, Leander, 19742C. W. 1886. Inv. 1886.
Brian, Abraham, 3877C-3880C. Int. 1742. Inv. 1742.
Brian, Benjamin, 4045C-4048C. W. 1747.
Brian, Haran, 6249C-6261C. B. 9, p. 306. W. 1759. Int. 1759. Inv. 1759. Acct. 1761. Ren. 1759.
Brian, Jacob, 8293C-8298C. B. 13, p. 293. W. 1768. Inv. 1768.
Brian, Mary, 8115C-8120C. B. 13, p. 85. W. 1767. Inv. 1767.
Brian, Samuel, 3317C-3322C. W. 1741. Inv. 1741.
Brian, Thomas, 2995-3000C. W. 1735. Inv. 1735.
Brian, Thomas, 10091C-10098C. B. 17, p. 319. W. 1776. Inv. 1776.

Brian, William, 5667C-5671C. B. 8, p. 235. W. 1756. Inv. 1756.
Briant, Elijah, 17255C. W. 1867. Inv. 1867.
Briant, Rebecca, 4039C-4044C. W. 1747. Inv. 1747.
Brice, James F., 15739C. Inv. 1852.
Brice, Mary A., 18236C. Inv. 1876.
Brick, Henry 21474C. W. 1898.
Brick, John I., 21775C. W. 1900. Inv. 1900.
Brick, Joseph I., 17358C. W. 1868.
Brick, Joseph M., 21617C. Inv. 1899.
Brick, Mary, 16219C. W. & Cods. 1857. Inv. 1857.
Brick, Rebecca, 20047C. W. 1888. Inv. 1888.
Brick, William, 15559C. W. 1850. Inv. 1850.
Bridger, Jane, 17578C. Inv. 1870.
Bridger, Thomas, 17949C. Inv. 1873.
Brient, Thomas, 20805C. W. 1893. Inv. 1893.
Briggs, Abel, 11155C. B. 29, p. 72. Int. 1787. Inv. 1787.
Briggs, Amos, 14957C. Inv. 1843.
Briggs, David, 12491C. Inv. 1811.
Briggs, David, 12562C. Inv. 1812.
Briggs, Francis, 7423C-7428C, 8122C-8128C. B. 11, p. 322. W. 1763. Inv. 1763. Acct. 1767.
Briggs, George, 6921C-6924C. W. 1761. Inv. 1761.
Briggs, Hannah, 7731C-7734C. B. 12, p. 127. Wd. 1765.
Briggs, Jane, 19437C. W. & Cod. 1884. Inv. 1884.
Briggs, John, 5177C-5182C. W. 1753. Inv. 1753.
Briggs, John, 8495C-8498C. B. 14, p. 125. Grd. 1769.
Briggs, Levi, 8129C-8134C. Adm. 275. B. 12, p. 385. Int. 1766. Inv. 1767. Ren. 1766.
Briggs, Mary, 7735C-7738C. B. 12, p. 56. W. 1765. Inv. 1766.
Briggs, Sarah, 7739C-7740C, 8132C-8134C. Adm. 256. B. 12, p. 57. Int. 1765. Inv. 1766. Acct. 1767.
Bright, Joseph, 14011C. Inv. 1831.
Brighton, Mary, 17943C. Inv. 1873.
Brighton, William, 16910C. Inv. 1864.
Brinly, Alfred, 19185C. Inv. 1882.
Britton, Ann J., 20654C. W. 1892. Inv. 1892.
Britton, Rhoda, 19045C. W. 1881. Inv. 1881.
Brock, Charles, 17813C. W. 1872. Inv. 1872.
Brock, Daniel, 10555C-10558C. B. 18, p. 3. Wd. 1778.
Brock, Daniel, 14733C. W. 1840. Inv. 1840.
Brock, Daniel, 16423C. W. 1859. Inv. 1859.
Brock, James, 16220C. W. 1857. Inv. 1857.
Brock, John, 6931C-6936C. W. 1761. Inv. 1761.
Brock, John, 10555C-10558C. B. 18, p. 3. Grd. 1778.
Brock, John, 12915C. W. 1817. Inv. 1817.
Brock, John, 14418C. W. & Cod. 1836. Inv. 1836.
Brock, Oddy, 6925C-6930C. B. 10, p. 340. W. 1761. Inv. 1763.
Brock, Oddy, 18792C. Inv. 1879.
Brock, Oddy, Sr., 17477C. W. 1869. Inv. 1869.
Brock, Rachel C., 21776C. W. 1900. Inv. 1900.
Brock, Sarah, 16514C. W. 1860. Inv. 1860.
Brock, Susan H., 17478C. W. 1869. Inv. 1869.
Brock, Uriah, 13778C. W. 1828. Inv. 1828.
Brock, Uriah, 14185C. Inv. 1833.
Brock, William, 15274C. Inv. 1847.
Brock, William D., 18927C. W. 1880. Inv. 1880.

Broderick, Edmond. Adm. 60. Int. 1749.
Broderick, Thomas, Sr., 11082C. B. 28, p. 74. Int. 1786. Inv. 1786.
Brody, Ellen, 19574C. W. 1885. Inv. 1885.
Brody, Mary, 20349C. W. 1890. Inv. 1890.
Brody, Michael, 18928C. W. 1880. Inv. 1880.
Brody, Michael, 20941C. Inv. 1894.
Broeser, Dorethea, 17814C. W. 1872.
Brognard, John, 13324C. Inv. 1823.
Brognard, Joseph, 13234C. W. 1822. Inv. 1823.
Brooke, John, 177C. W. 1709.
Brookes, John, 3055-3058C. Int. 1738. Inv. 1738.
Brookes, Joseph, 19438C. Inv. 1884.
Brookfield, William, 4931C-4932C. Adm. 74. Int. 1751. Inv. 1752.
Brooks, Ann, 14012C. W. 1831. Inv. 1831.
Brooks, Edward, 11429C. B. 34, p. 348. W. 1792.
Brooks, Edward, 11585C. B. 35, p. 232. W. 1795. Inv. 1795. Ren. 1795.
Brooks, Edward T., 14482C. Inv. 1837.
Brooks, Elizabeth, 14562C. Inv. 1838.
Brooks, Frederick, 13400C. Inv. 1824.
Brooks, Frederick, 13696C. Inv. 1827.
Brooks, Hannah, 18365C. W. & Cod. 1876. Inv. 1876.
Brooks, Hephziba, 17694C. W. 1871. Inv. 1871.
Brooks, Job, 16812C. Inv. 1863.
Brooks, John, 2658-2662C. W. 1734. Inv. 1734.
Brooks, John, 4179C-4181C. Acct. 1748.
Brooks, John, 14892C. W. 1842. Inv. 1842.
Brooks, John, Jr., 13325C. Inv. 1823.
Brooks, Mary, 12079C. W. 1818. Inv. 1818.
Brooks, Samuel, 15647C. Inv. 1851.
Brooks, Susannah, 16813C. W. 1863. Inv. 1863.
Brooks, Thomas, 14186C. W. 1833. Inv. 1833.
Brooks, Thomas, Sr., 11008C. B. 27, p. 16. Int. 1785. Inv. 1785.
Brooks, William, 15369C. Inv. 1848.
Broomhead, Caroline, 19046C. W. 1881. Inv. 1881.
Broomhead, John, 21214C. W. 1896. Inv. 1896.
Broomhead, Martha, 21777C. Inv. 1900.
Broomhead, Mary, 17033C. W. 1865. Inv. 1865.
Brotherton, David, 20048C. W. 1888.
Brotherton, Peter, 21475C. W. 1898. Inv. 1900.
Brower, David, 16912C. Inv. 1863.
Brown, A. Benson, 18237C. W. 1875. Inv. 1875.
Brown, Abraham, 483C-485C. W. 1714. Inv. 1714.
Brown, Abraham, 7597C-7602C. B. 11, p. 513. W. 1764. Inv. 1764.
Brown, Abraham, 13945C. W. 1830. Inv. 1830.
Brown, Abraham, 14268C. W. 1834. Inv. 1834.
Brown, Abraham, 15198C. Inv. 1846.
Brown, Abraham, 15370C. W. & Cod. 1848.
Brown, Abraham B. 16753C. Inv. 1862.
Brown, Amos, 10099C-10102C, 10559C-10560C. B. 16, p. 506; B. 18, p. 51. Int. 1776. Inv. 1776. Acct. 1778.
Brown, Ann, 16911C. W. 1864. Inv. 1864.
Brown, Ann C., 17695C. W. 1872. Inv. 1872.
Brown, Anna, 16814C. W. 1863.
Brown, Benjamin. Adm. 54. B. 6, p. 330; B. 7, p. 96. Int. 1748.
Brown, Benjamin, 11366C. B. 32, p. 117. W. 1791.

Brown, Benjamin B., 19575C. W. 1885.
Brown, Benjamin H., 20655C. Inv. 1892.
Brown, Bowes R., 15462C. Inv. 1849.
Brown, Caralile, 21092C. W. 1895.
Brown, Catharine, 16815C. W. 1863. Inv. 1863.
Brown, Charles, 17579C. W. 1870. Inv. 1871.
Brown, Charles, 18515C. W. 1877. Inv. 1877.
Brown, Charles W., 21476C. W. 1898. Inv. 1898.
Brown, Clayton, 12702C. Inv. 1814.
Brown, Clayton, 15275C. W. 1847. Inv. 1847.
Brown, Clayton L., 18366C. Inv. 1876.
Brown, Daniel N., 14269C. W. 1834. Inv. 1834.
Brown, Ebenezer, 7603C-7604C. Adm. 243. B. 12, p. 27. Int. 1764. Inv. 1765.
Brown, Eliza E., 19743C. W. 1886. Inv. 1887.
Brown, Elizabeth A., 20049C. W. 1888. Inv. 1888.
Brown, Elizabeth C., 20806C. W. 1893. Inv. 1893.
Brown, Elizabeth K., 21332C. W. 1897.
Brown, Esther, 15649C. W. 1851. Inv. 1851.
Brown, Ezekiel, 16424C. Inv. 1859.
Brown, Franklin K., 21093C. W. 1895.
Brown, George, 11156C. B. 29, p. 55. W. 1787.
Brown, George, 13598C. Inv. 1826.
Brown, George, 20807C. W. 1893.
Brown, George C., 16754C. W. 1862. Inv. 1862.
Brown, George F., 21094C. W. 1895.
Brown, Henry, 20656C. W. 1892. Inv. 1892.
Brown, Hezekiah, 12563C. Inv. 1812.
Brown, Ida E., 18793C. W. 1879.
Brown, Isaac, 17256C. W. 1867. Inv. 1867.
Brown, Isaac, 17580C. Inv. 1870.
Brown, Isaac, 18653C. W. 1878. Inv. 1878.
Brown, Isaac C., 15463C. Inv. 1849.
Brown, Jacob R., 14563C. W. 1838. Inv. 1838.
Brown, James, 6551C-6556C. Adm. 341. B. 10, p. 168. Int. 1760. Inv. 1760. Acct. 1761.
Brown, Joanna, 4193C-4196C, 8626C-8632C. B. 5, p. 408; B. 15, p. 63. W. 1748. Inv. 1748. Accts. (2) 1765, 1770.
Brown, John, 261C-263C. W. 1710. Inv. 1710.
Brown, John, 3001-3002C. W. 1737.
Brown, John, 4197C-4200C. W. 1748. Inv. 1748.
Brown, John, 9853C-9856C. B. 15, p. 541. Int. 1775. Inv. 1775.
Brown, John, 10698C. B. 21, p. 183. W. 1779. Inv. 1779.
Brown, John, 19047C. W. 1881. Inv. 1881.
Brown, John, 19186C. W. & Cod. 1882. Inv. 1882.
Brown, John, 13599C. Inv. 1826.
Brown, John, 13859C. Inv. 1829.
Brown, John, 16515C. W. 1860. Inv. 1860.
Brown, John, 20350C. W. & Cod. 1890. Inv. 1890.
Brown, John, Jr., 13100C. W. & Cod. 1820. Inv. 1820.
Brown, John, Sr., 10699C. B. 21, p. 223. W. 1779. Inv. 1779.
Brown, John F., 18794C. W. 1879.
Brown, John M., 16816C. W. 1863. Inv. 1863.
Brown, Jonathan, 9365C-9368C. B. 14, p. 543. Wd. 1773.
Brown, Jonathan, 13600C. Inv. 1826.
Brown, Joseph, 12146C. B. 40, p. 350. Grd. 1803.
Brown, Joseph, 12492C. W. 1811.
Brown, Joseph, 14419C. Inv. 1836.

Brown, Joseph, Sr., 13697C. W. 1827. Inv. 1827.
Brown, Joseph R., 15650C. W. 1851. Inv. 1851.
Brown, J. Wardell, 18367C. W. & Cod. 1876. Inv. 1877.
Brown, Ladora, 18654C. W. 1878. Inv. 1878.
Brown, Lancelot, 3881C–3884C, 7749C–7751C. W. 1746. Inv. 1746. Acct. 1765.
Brown, Lyndon, 11326C. B. 32, p. 96. Int. 1790. Inv. 1791.
Brown, Margaret, 4409C–4412C. Int. 1749. Inv. 1751.
Brown, Martha, 7605C–7607C, 7741C–7742C. B. 12, p. 37. W. 1765. Inv. 1765.
Brown, Martha W., 21333C. W. 1897. Inv. 1897.
Brown, Mary, 10930C. B. 25, p. 453. W. 1784. Inv. 1784.
Brown, Mary, 11157C. B. 29, p. 75. Int. 1787.
Brown, Mary, 11275C. Inv. 1789.
Brown, Mary, 14346C. W. 1835. Inv. 1835.
Brown, Mary, 15371C. Inv. 1848.
Brown, Mary, 17581C. W. 1870. Inv. 1870.
Brown, Mary S., 20942C. Inv. 1894.
Brown, Nathan J., 20808C. W. 1893.
Brown, Nicholas, 1103C–1106C, 1629C–1636C. W. 1724. Inv. 1724. Acct. 1728.
Brown, Noah, 15651C. Inv. 1851.
Brown, Peter, 10858C. B. 25, p. 98. Int. 1783. Inv. 1784.
Brown, Preserve, 4407C, 4934C–4936C. Adm. 189. B. 7, p. 101. Int. 1749. Inv. 1749. Acct. 1752.
Brown, Rebecca, 16037C. W. 1855. Inv. 1856.
Brown, Richard, 2791–2796C. W. 1735. Inv. 1735.
Brown, Richard, 15372C. W. 1848. Inv. 1848.
Brown, Robert, 9087C–9090C. Adm. 310. B. 14, p. 438. Int. 1772. Inv. 1773.
Brown, Robert H., 17479C. W. 1869. Inv. 1869.
Brown, Ruth A., 20809C. Inv. 1893.
Brown, Samuel, 7743C–7748C, 7753C–7756C. B. 12, p. 66. W. 1765. Inv. 1765.
Brown, Samuel, 15030C. W. 1844. Inv. 1844.
Brown, Samuel, 15935C. W. 1854. Inv. 1854. 1884.
Brown, Sarah E., 20351C. Inv. 1890.
Brown, Sharp, 12493C. W. 1811.
Brown, Susan, 15560C. W. 1850.
Brown, Susanna, 20352C. W. 1890. Inv. 1890.
Brown, Susannah, 14013C. W. 1831.
Brown, Thomas, 12250C. W. 1806. Inv. 1806.
Brown, Thomas, 14095C. Inv. 1832.
Brown, Thomas, 15836C. W. 1853. Inv. 1853.
Brown, Thomas, 16425C. Inv. 1859.
Brown, Tressa, 18929C. W. 1880.
Brown, Uriah, 16647C. W. 1861. Inv. 1861.
Brown, Winifred, 20509C. W. 1891. Inv. 1891.
Brown, Zabulon, 6023C–6034C. W. 1758. Inv. 1758. Acct. 1764.
Brown, Zebulon, 6937C–6942C. B. 10, p. 353. W. 1761. Inv. 1761. Ren. 1761.
Brown, Zebulon, 8862C–8868C. B. 14, p. 407. Acct. 1771.
Browning, George, 14420C. Inv. 1836.
Browning, Hannah, 13326C. W. 1823. Inv. 1823.
Bruce, William J., 20943C. Inv. 1894.
Bruere, Ann, 16333C. W. 1858. Inv. 1858.
Bruere, Henry, 17697C. Inv. 1871.
Bruere, Peter, 15740C. W. 1852. Inv. 1852

Bruere, Peter, 21202C. Inv. 1900.
Bruere, Ruth A., 21215C. W. 1896.
Bruker, Gottlieb, 20944C. W. 1894. Inv. 1894.
Brunk, George, 20657C. W. 1892.
Brush, Ard, 12916C. W. 1817. Inv. 1817.
Brush, Margaret, 15031C. Inv. 1844.
Brush, William, 15373C. Inv. 1848.
Bryan, Abraham, 15276C. Inv. 1847.
Bryan, Ann, 15741C. W. 1852. Inv. 1852.
Bryan, Benjamin S., 17696C. W. 1871. Inv. 1871.
Bryan, Charles, 15464C. W. 1849. Inv. 1849.
Bryan, Charles H., 17950C. W. 1873. Inv. 1873.
Bryan, Elizabeth, 4791C–4796C. W. 1751. Int. 1751. Ren. 1751.
Bryan, Guy, 20050C. W. 1888.
Bryan, John, 2673C. W. 1734. Af. 1734.
Bryan, Joseph, 15374C. Inv. 1848.
Bryan, Mahlon, 14270C. Inv. 1834.
Bryan, Rebecca S., 21477C. W. & Cod. 1898. Inv. 1898.
Bryan, Richard H., 18655C. Inv. 1878.
Bryan, Samuel B., 16309C. W. 1857. Inv. 1857.
Bryan, Sarah, 19576C. W. 1885. Inv. 1885.
Bryan, Shedlock, 14271C. W. 1834. Inv. 1834.
Bryan, Thomas, Jr., 2665–2672C. W. 1736. Inv. 1737.
Bryant, Haron, 11717C. B. 37, p. 62. W. 1797. Inv. 1797.
Buchanan, Grace, 12086C. B. 40, p. 342. W. 1803. Inv. 1803.
Buck, Elizabeth B., 21334C. W. 1897. Inv. 1897.
Buck, Jermiah, 15936C. Inv. 1854.
Buckelew, James, 10267C–10272C. B. 18, p. 483. W. 1777. Inv. 1777.
Buckley, Abbie L., 20658C. W. 1892.
Buckley, Abraham, 351C. Grds. 1712.
Buckley, Joseph, 4609C–4610C. Int. 1750.
Buckman, Benjamin, 17145C. W. 1866. Inv. 1866.
Buckman, Elizabeth, 17952C. W. 1873. Inv. 1873.
Buckman, Jacob, 17480C. W. 1869. Inv. 1869.
Buckman, John, 15742C. W. & Cod. 1852. Inv. 1852.
Buckman, Keziah H., 21618C. Inv. 1899.
Buckman, Mary A., 19744C. W. & Cod. 1886.
Buckman, William T., 21778C. W. 1900. Inv. 1900.
Budd, Abigail, 11718C. B. 37, p. 70. Grd. 1797. Tr. 1797.
Budd, Abigail, 12858C. W. 1816. Inv. 1816.
Budd, Achsah I., 19577C. W. 1885. Inv. 1885.
Budd, Alfred, 20353C. Inv. 1890.
Budd, Andrew E., 19187C. W. 1882. Inv. 1882.
Budd, Ann, 15561C. W. 1850. Inv. 1850.
Budd, Ann. P., 20354C. W. 1890.
Budd, Benjamin S., 14187C. Inv. 1833.
Budd, Catherine, 7609C–7614C. B. 12, p. 30. W. 1764. Inv. 1764.
Budd, Daniel, 14347C. Inv. 1835.
Budd, David, 6569C–6576C. B. 10, p. 46. W. 1760. Inv. 1760.
Budd, Duglas, 19305C. Inv. 1883.
Budd, Edwin, 17034C. W. 1865. Inv. 1865.
Budd, Edwin M., 16913C. W. 1864. Inv. 1864.
Budd, Elizabeth, 5579C–5588C. Int. 1738. Inv. 1738. Acct. 1755.

Bullock, John, 3323C–3330C. W. 1741. Inv. 1741.
Bullock, John, 12156C. W. 1804.
Bullock, Joseph, Sr., 11430C. B. 34, p. 368. W. 1792. Inv. 1792.
Bullock, Joseph, Sr., 14015C. W. 1831. Inv. 1831.
Bullock, Joseph C., 20208C. Inv. 1889.
Bullock, Lydia, 14421C. W. 1836. Inv. 1836.
Bullock, Margaret, 16610C. Inv. 1861.
Bullock, Mary, 19747C. Wı 1886. Inv. 1886.
Bullock, Mary R., 18111C. W. 1874.
Bullock, Rebecca, 14649C. W. 1839. Inv. 1839.
Bullock, Samuel, 17257C. W. 1867. Inv. 1867.
Bullock, Timothy C., 15119C. Inv. 1845.
Bullock, William W., 17817C. W. 1872. Inv. 1872.
Bulock, Susannah, 5845C–5848C. W. 1757.
Bunn, John, 11903C. B. 39, p. 71. Int. 1800.
Bunn, John, 12251C. W. 1806. Inv. 1807.
Bunn, William, 14097C. W. 1832. Inv. 1832.
Bunting, Aaron, 11771C. B. 37, p. 378. W. 1798.
Bunting, Aaron, 20810C. W. 1893. Inv. 1893.
Bunting, Alice, 14016C. W. 1831. Inv. 1831.
Bunting, Ann, 15562C. W. 1850.
Bunting, Benjamin, 16818C. W. 1863. Inv. 1863.
Bunting, Dorothy, 13602C. Inv. 1826.
Bunting, Elizabeth, 12441C. Inv. 1810.
Bunting, Elizabeth, 19439C. Inv. 1884.
Bunting, Elizabeth L., 19189C. Inv. 1882.
Bunting, George S., 16221C. Inv. 1857.
Bunting, George W., 18930C. W. 1880. Inv. 1880.
Bunting, Isaac, 12564C. Inv. 1812.
Bunting, Isaac, 14190C. W. 1833. Inv. 1833.
Bunting, Isaac, Sr., 11586C. B. 35, p. 248. W. 1795. Inv. 1795.
Bunting, Israel, 12796C. W. 1815. Inv. 1815.
Bunting, Jacob M., 20209C. W. 1889. Inv. 1889.
Bunting, Jacob P., 18797C. W. 1879. Inv. 1879.
Bunting, Jacob T., 16917C. Inv. 1864.
Bunting, John, 1017–1022C. W. 1722. Inv. 1722.
Bunting, John, 11371C. B. 32, p. 182. Int. 1791. Inv. 1791. Ren. 1791.
Bunting, John, 13177C. W. 1821. Inv. 1821.
Bunting, John, 18657C. W. 1878. Inv. 1878.
Bunting, John, Jr., 1945–1952C. W. 1729. Int. 1729. Inv. 1729. Ren. 1729.
Bunting, Joshua, 12349C. W. 1808. Inv. 1808.
Bunting, Joshua, 14422C. Inv. 1836.
Bunting, Mary, 3435C–3440C. W. 1742. Inv. 1742. Ren. 1742.
Bunting, Mary, 13603C. W. 1826. Inv. 1826.
Bunting, Mary, 14348C. W. 1835. Inv. 1835.
Bunting, Mary W., 20811C. Inv. 1893.
Bunting, Newbury, 12203C. W. 1805. Inv. 1805.
Bunting, Phebe, 16611C. Inv. 1861.
Bunting, Phineas, 10103C–10108C, 10859C. B. 17, p. 299; B. 24, p. 217. W. 1776. Int. 1783. Inv. 1776.
Bunting, Samuel, 1157–1160C. W. 1724. Inv. 1724.
Bunting, Samuel, 14650C. W. 1839. Inv. 1839.
Bunting, Samuel, 16131C. Inv. 1856.
Bunting, Samuel, 18931C. Inv. (2) 1880.
Bunting, Samuel, 19190C. W. 1882.
Bunting, Samuel, Jr., 3339C–3342C. W. 1741. Inv. 1741.

Bunting, Samuel, Sr., 3331C–3338C. W. 1741. Inv. 1741.
Bunting, Samuel I., 14734C. W. 1840. Inv. 1840.
Bunting, Samuel S., 14801C. W. 1841. Inv. 1841.
Bunting, Sarah, 1023–1024C. W. 1722. Inv. 1723.
Bunting, Sarah, 12859C. W. 1816. Inv. 1816.
Bunting, Thomas, 10279C–10284C. B. 18, p. 68. W. 1777. Inv. 1777.
Bunting, Timothy, 12252C. W. 1806. Inv. 1806.
Bunting, William, 9369C–9374C. Adm. 319. B. 14, p. 535. Int. 1773. Inv. 1773. Acct. 1773.
Bunting, William B., 19748C. W. 1886.
Bur, Phebe, 11530C. B. 33, p. 453. W. 1794. Inv. 1794.
Burch, James, 16900C. W. 1864.
Burcham, James, 265C–271C. W. 1709. Inv. 1709. Acct. 1710.
Burcham, Joseph, 15–27C. W. 1704. Inv. 1704. Rel. 1704.
Burden, John, 4034C–4038C. W. & Copy, 1747.
Burden, Jonathan, 11649C. B. 35, p. 486. Int. 1796.
Burdsall, Abigal, 15838C. Inv. 1853.
Burdsall, Elijah, 11832C. B. 38, p. 363. Int. 1799. Inv. 1799.
Burdsall, Jacob, 2205–2212C. Int. 1731. Inv. 1732. Acct. 1733.
Burdsall, Jane, 2213–2216C. Wd. 1732.
Burdsall, Stephen, 1107–1112C. Int. 1723. Inv. 1723. Ren. 1723.
Burdsall, William, 13780C. W. 1828.
Burges, Benjamin, 13604C. W. 1826. Inv. 1826.
Burges, Thomas, 12860C. W. 1816. Inv. 1816.
Burgess, Mary W., 20512C. W. 1891.
Burk, Edward, 19191C. W. 1882. Inv. 1883.
Burk, James, 18239C. W. 1875.
Burk, Julia, 21779C. W. 1900. Inv. 1901.
Burke, Walter, 10285C–10288C. B. 18, p. 474. Int. 1777. Inv. 1777.
Burling, Abraham, 13040C. Inv. 1819.
Burling, Jane, 6577C–6581C, 8299C–8301C. B. 9, p. 429. W. 1760. Inv. 1759. Acct. 1768.
Burling, John D., 16042C. Inv. 1855.
Burling, Mary, 16819C. W. 1863. Inv. 1863.
Burnick, Joseph, 20515C. W. 1891. Inv. 1891.
Burns, Catharine, 17036C. Inv. 1865.
Burns, Charles D., 21479C. W. 1898.
Burns, Isaac W., 14802C. Inv. 1841.
Burns, James, 20945C. W. 1894. Inv. 1894.
Burns, Mary, 17951C. W. 1873. Inv. 1873.
Burns, Peter. Adm. 187. Int. 1759.
Burns, Sophia M., 20051C. Inv. 1888.
Burr, Abigail, 11529C. B. 33, p. 466. W. 1794. Inv. 1794.
Burr, Abigail A., 17698C. W. & Cod. 1871. Inv. 1871.
Burr, Alfred T., 21335C. Inv. 1897.
Burr, Augustus W., 20513C. W. 1891. Inv. 1891.
Burr, Charles, 17148C. W. 1866.
Burr, Edmund, W., 16821C. Inv. 1863.
Burr, Elizabeth H., 17258C. W. 1867. Inv. 1867.
Burr, Ezra, 20812C. Inv. 1893.
Burr, Grace C., 20356C. W. 1890.
Burr, Hannah, 14651C. W. 1839.
Burr, Henry, 3593C–3596C. W. 1743. Inv. 1743.

Burr, Henry, 11083C. B. 28, p. 78. Int. 1786. Inv. 1786.
Burr, Henry, 14349C. W. & Cod. 1835. Inv. 1835.
Burr, Henry B., 17818C. Inv. 1872.
Burr, Henry, Jr., 11084C. B. 28, p. 81. Wd. 1786.
Burr, Henry, Sr., 12158C. W. 1804. Inv. 1804.
Burr, Hudson, 12565C. W. 1812. Inv. 1812.
Burr, Jane, 12704C. W. 1814. Inv. 1814.
Burr, John, 12159C. Inv. 1804.
Burr, John, 14098C. Inv. 1832.
Burr, Joseph, 8135C–8140C. W. 1767.
Burr, Joseph, 11650C. B. 35, p. 468. W. 1796.
Burr, Joseph, 11733C. B. 37, p. 69. Grd. 1797.
Burr, Joseph, 11959C. B. 39, p. 299. W. 1801. Inv. 1801.
Burr, Joseph, Jr., 9921C–9928C. B. 15, p. 534. Grd. 1775.
Burr, Joseph, Sr., 10761C. B. 23, p. 1. W. 1781. Inv. 1781.
Burr, Joseph B., 13499C. W. 1825. Inv. 1825.
Burr, Joseph T., 16916C. W. 1864. Inv. 1864.
Burr, Joshua S., 17037C. Inv. 1865.
Burr, Leah, 16040C. W. 1855.
Burr, Lylee W., 18368C. W. & Cod. 1876. Inv. 1876.
Burr, Margaret, 17259C. W. 1867.
Burr, Margaret G., 20357C. W. 1890.
Burr, Mary, 18658C. W. 1878. Inv. 1878.
Burr, Mercy A., 21095C. W. 1895.
Burr, Phebe, 14484C. W. 1837. Inv. 1837.
Burr, Samuel H., 16820C. W. 1863. Inv. 1863.
Burr, Susan N., 17681C. Inv. 1866.
Burr, Susan W., 18798C. W. 1879. Inv. 1879.
Burr, Thomas, 11904C. B. 39, p. 66. W. 1800. Inv. 1802.
Burr, William, 11587C. B. 35, p. 215. W. 1795. Inv. 1795.
Burr, William, 17481C. Inv. 1869.
Burr, William H., 16426C. Inv. 1859.
Burr, William R., 20358C. W. & Cod. 1890. Inv. 1890.
Burr, William W., 15652C. Inv. 1851.
Burrell, Anthony, 19192C. W. 1882.
Burrough, Ann, 11011C. B. M, p. 297. W. 1785. Inv. 1785.
Burrough, Ann, 14564C. Inv. 1838.
Burrough, Benjamin, 13178C. Inv. 1821.
Burrough, Beulah, 17356C. W. 1868. Inv. 1869.
Burrough, Kitturah C., 19049C. W. 1881. Inv. 1881.
Burrough, Marmaduke, 15032C. W. 1844. Inv. 1847.
Burrough, Martha, 12625C. Inv. 1813.
Burrough, Reuben, 13781C. W. 1828. Inv. 1828.
Burrough, Samuel, Sr., 11482C. B. 33, p. 19. W. 1793. Inv. 1793.
Burrough, Sarah, 12350C. W. 1808. Inv. 1808.
Burrows, Michael, 12024C. B. 40, p. 183. W. 1802. Inv. 1802.
Burtis, Aaron, 12160C. Inv. 1804.
Burtis, Daniel L., 16331C. Inv. 1858.
Burtis, Daniel, Sr., 15745C. Inv. 1852.
Burtis, Eleanor H., 18238C. Inv. 1875.
Burtis, Francis, 21480C. Inv. 1898.
Burtis, Francis S., 15938C. Inv. 1854.
Burtis, Ida, 20946C. W. 1894.
Burtis, Lucy T., 16427C. W. 1859. Inv. 1859.
Burtis, Martha A., 17149C. Inv. 1868.
Burtis, Martha R., 17361C. W. 1868. Inv. 1868.
Burtis, Mary, 18517C. W. 1877.

Burtis, Milton H., 20514C. Inv. 1891.
Burtis, Samuel, 18369C. W. 1876. Inv. 1876.
Burtis, Samuel, Sr., 15033C. W. 1844. Inv. 1844.
Burtis, Vashte S., 18799C. W. 1879.
Burtis, Wesley, 19308C. Inv. 1883.
Burtis, Wikoff, 15199C. Inv. 1846.
Burtis, William, 16332C. W. & Cod. 1858. Inv. 1858.
Burton, Ann, 8303C–8306C. B. 13, p. 434. Int. 1768. Inv. 1768.
Burton, Ann R., 20210C. W. 1889. Inv. 1889.
Burton, Charles, 13698C. W. 1827. Inv. 1827.
Burton, Charles W., 20659C. W. 1892. Inv. 1892.
Burton, David R., 21217C. W. 1896.
Burton, Phinehas, Sr., 15466C. W. 1849.
Burton, William. Adm. 199. Int. 1759.
Busby, John, 2213–2216C. Grd. 1732.
Busby, Mary, 1637C–1639C. W. 1728. Inv. 1728.
Bush, Charlotte, 21216C. Inv. 1896.
Bussom, Maria, 14652C. Inv. 1839.
Busson, Benjamin, 8870C–8874C. B. 15, p. 233. W. 1771. Inv. 1771.
Bustill, Elizabeth, 491C–493C. W. 1714. Inv. 1714.
Bustill, Samuel, 3441C–3451C, 5589C–5595C. W. 1742. Acct. 1755.
Bustill, Samuel, Jr., 3117–3118C, 3453C–3456C. Int. 1739. Inv. 1743.
Bustill, William, 273C–278C. W. 1710. Inv. 1710.
Butcher, Benajah, 11695C. B. 35, p. 491. Grd. 1796.
Butcher, Benajah, 13101C. W. 1820. Inv. 1820.
Butcher, John, 1641C–1645C, 2455C–2470C. W. 1728. Inv. 1728. Accts. 1733.
Butcher, John, 3003–3006C. B. 4, p. 124. W. 1737.
Butcher, John, 12980C. W. 1818. Inv. 1821.
Butcher, John, Jr. Adm. 48. B. 6, p. 328; B. 7, p. 94. Int. 1748.
Butcher, Joseph, 6587C–6595C. B. 10, p. 33. W. 1760. Inv. 1760. Acct. 1765.
Butcher, Martha, 18659C. W. 1878. Inv. 1878.
Butcher, Rebecca P., 20660C. W. 1892.
Butcher, Samuel, 3763C–3766C. W. 1745. Inv. 1745.
Butcher, Thomas, 6597C–6604C. B. 9, p. 433. W. 1760. Inv. 1760. Ren. 1760.
Butcher, Thomas, 10809C. B. 24, p. 187. W. 1782. Inv. 1783.
Butcher, Thomas, 13782C. W. 1828. Inv. 1828.
Butcher, William, 1469C–1471C. W. 1728. Inv. 1728.
Butler, Abel, 11627C. B. 35, p. 256. Grd. 1795. Tr. 1795.
Butler, Abel, 12025C. B. 40, p. 133. W. 1802. Inv. 1803.
Butler, Benjamin M., 21218C. W. 1896.
Butler, Israel, 9871C–9873C. B. 15, p. 531. Int, 1775. Ren. 1775.
Butler, James, 5849C–5852C. Adm. 169. B. 8, p. 517. Int. 1757. Inv. 1757. Acct. 1758. Ren. 1757.
Butler, John, 4205C–4208C. W. 1748. Inv. 1748.
Butler, John, 8641C–8642C. B. 15, p. 8. Int. 1770.
Butler, John, 11431C. B. 34, p. 391. W. & Cod. 1792. Inv. 1792.

Butler, John, Jr., 5743C–5745C. B. 8, p. 360. Grd. 1756.
Butler, Rachel, 12088C. B. 40, p. 345. W. 1803. Inv. 1803.
Butler, Samuel, 11833C. B. 38, p. 331. W. 1799.
Butler, William R., 17260C. Inv. 1867.
Butterfield, John, 18112C. W. 1874. Inv. 1874.
Butterfield, Nancy, 18518C. W. 1877.
Butterworth, Ann, 16222C. W. 1857. Inv. 1857.
Butterworth, Job, 20052C. W. & Cod. 1888. Inv. 1888.
Butterworth, John, 18800C. W. 1879. Inv. 1879.
Butterworth, John, Sr., 14653C. W. & Cods. 1839. Inv. 1839.
Butterworth, Joseph, 12494C. W. 1811. Inv. 1812.
Butterworth, Joseph E., 17953C. W. & Cod. 1873. Inv. 1873.
Butterworth, Keturah, 20053C. W. & Cod. 1888.
Butterworth, Matilda M., 21481C. W. 1898. Inv. 1898.
Butterworth, Rachel, 19884C. W. & Cod. 1887. Inv. 1887.
Butterworth, Richard, 21096C. W. 1895. Inv. 1895.
Butterworth, Samuel, 12705C. W. & Cod. 1814. Inv. 1815.
Butterworth, Sarah L., 20516C. Inv. 1891.
Butterworth, William, 13861C. Inv. 1829.
Butts, Charles A., 21780C. W. 1900. Inv. 1900.
Buxton, James, 9351C–9354C. B. 15, p. 492. Grd. 1773.
Buxton, James, 10913C. B. 24, p. 217. Grd. 1783.
Buxton, James, 11085C. B. 28, p. 80. Int. 1786. Inv. 1786.
Buzby, Amos, 12797C. W. 1815. Inv. 1815.
Buzby, Amos, 15279C. Inv. 1847.
Buzby, Amos, 17362C. W. 1868. Inv. 1868.
Buzby, Benjamin, 5675C–5680C. W. 1756. Inv. 1756.
Buzby, Benjamin, 13103C. Inv. 1820.
Buzby, Charles, 20211C. Inv. 1889.
Buzby, Daniel, 16822C. W. 1863. Inv. 1863.
Buzby, Edward, 21219C. Inv. 1896.
Buzby, Emeline, 19193C. Inv. 1882.
Buzby, Emily, 18370C. W. 1876. Inv. 1876.
Buzby, George, 18932C. W. 1880. Inv. 1880.
Buzby, Hannah, 12798C. W. 1815. Inv. 1815.
Buzby, Hannah, 13041C. W. 1819. Inv. 1819.
Buzby, Hudson, 16918C. W. 1864. Inv. 1864.
Buzby, Isaac, 13042C. Inv. 1819.
Buzby, Jabez, 12089C. B. 40, p. 350. Int. 1803. Inv. 1803.
Buzby, John, 5375C–5398C. W. & Cod. 1754. Inv. (2) 1754. Acct. 1756.
Buzby, John, 13605C. W. 1826. Inv. 1826.
Buzby, John, 14191C. W. 1833. Inv. 1833.
Buzby, John, 19440C. Inv. 1884.
Buzby, John, 20517C. Inv. 1891.
Buzby, John W., 21781C. W. 1900. Inv. 1900.
Buzby, Joseph, 12495C. W. 1811. Inv. 1811.
Buzby, Margaret, 21620C. Inv. 1899.
Buzby, Mary, 11086C. B. 28, p. 46. W. 1786. Inv. 1787.
Buzby, Mary, 16041C. Inv. 1855.
Buzby, Mary H., 19581C. Inv. 1885.
Buzby, Nicholas, 1465C–1467C. W. 1727. Inv. 1727.
Buzby, Nicholas, 17038C. W. 1865. Inv. 1865.

Buzby, Richard, 19749C. W. 1886. Inv. 1886.
Buzby, Richard S., 20813C. Inv. 1893.
Buzby, Robert C., 19885C. W. 1887. Inv. 1887.
Buzby, Sarah, 13606C. W. 1826. Inv. 1826.
Buzby, Sarah, 16612C. W. 1861. Inv. 1861.
Buzby, Thomas, 12861C. W. 1816. Inv. 1816.
Buzby, Thomas, 13104C. Inv. 1820.
Buzby, Thomas, 13179C. Inv. 1821.
Buzby, Thomas, Sr., 9375C–9382C. B. 16, p. 236. W. 1773. Inv. 1773.
Buzby, William, 6263C–6272C. B. 9, p. 265. W. 1759. Inv. 1759.
Buzby, William, 12799C. Inv. 1815.
Buzby, William, 13180C. Inv. 1821.
Buzby, William, 13235C. Inv. 1822.
Buzby, William, John E., Hannah, Joseph, Thomas, Sarah, 12090C. B. 40, pp. 385, 386. Wds. 1803. Tr. 1803.
Buzby, William C., 19309C. Inv. 1883.
Byles, Sarah L., 17699C. Inv. 1871.
Byles, Sarah L., 21782C. Inv. 1900.

Cahill, Rachel, 13500C. W. 1825. Inv. 1825.
Caille, Theophile, 689C. W. 1717.
Cain, Catharine, 16223C. Inv. 1857.
Cain, James, 20814C. W. 1893. Inv. 1893.
Cain, John, 6039C–6045C. Inv. 1758. Acct. 1758.
Cain, John, 19441C. W. 1884.
Cain, Michael, 21336C. W. 1897.
Cain, Philip, 16134C. Inv. 1856.
Cain, William, 6687C–6688C. Adm. 337. B. 10, p. 169. Int. 1760. Inv. 1760.
Cale, Daniel, 12862C. W. 1816. Inv. 1816.
Cale, Daniel, 13607C. Inv. 1826.
Cale, John C., 18801C. Inv. 1879.
Cale, Josiah, 14893C. W. 1842. Inv. 1842.
Calhoun, Charles, 10931C. B. 25, p. 480. W. 1784. Inv. 1784.
Callender, Katherine, 11277C. B. 31, p. 264. W. & Cod. 1789. Inv. 1790.
Calver, Rebecca, 20661C. W. 1892. Inv. 1892.
Calver, William G., 17154C. Inv. 1866.
Calvert, Ann, 11432C. B. 34, p. 409. Wd. 1792.
Calvert, Martha, 11087C. B. 28, p. 75. Int. 1786.
Calvert, William, 9907C–9910C. B. 15, p. 535. Grd. 1775.
Calvert, William, 10860C. B. 25, p. 84. W. 1783. Inv. 1786.
Camel, John, 14565C. Inv. 1838.
Cameron, David A., 16135C. Inv. 1856.
Campbell, Colin, 7915C–7924C. B. 12, p. 295. Int. 1766. Inv. 1773.
Campbell, James, 14803C. W. 1841. Inv. 1841.
Campbell, Jonathan P., 20815C. Inv. 1893.
Campbell, Mary, 15746C. W. 1852. Inv. 1852.
Campbell, Mary A., 21783C. W. 1900.
Campbell, Quintin, Jr., 16335C. W. 1858.
Campion, Benjamin C., 21482C. W. 1898. Inv. 1898.
Campion, John, 16044C. W. 1855.
Campion, Joseph, 13862C. W. 1829. Inv. 1829.
Campion, Joseph, 16616C. Inv. 1861.
Campion, Richard, 8309C–8312C. Int. 1768. Inv. 1768.
Campion, Richard, 15563C. W. 1850.
Campion, Sarah, 11772C. B. 37, p. 382. W. 1798. Inv. 1798.
Camron, Joseph, 16043C. W. 1855. Inv. 1855.
Cane, John, 5597C–5598C. Inv. 1755.
Cann, Eliza, 17954C. W. 1873. Inv. 1873.
Cann, Robert, 11651C. B. 35, p. 448. W. 1796. Inv. 1796.

Cannon, Elias B., 14654C. Inv. 1839.

Cannon, Garrit S., 19750C. W. 1886. Inv. 1886.

Cannon, James, 19751C. W. 1886.

Cannon, Maria, 17956C. W. 1873. Inv. 1873.

Cannon, William. Adm. 118. B. 7, p. 422. Int. 1753.

Capern, Thomas, 16224C. Inv. 1857.

Carey, John, 10762C. B. 24, p. 173. W. 1781.

Carey, Peter, 20054C. W. 1888.

Carithers, Thomas W., 12253C. W. 1806. Inv. 1806.

Carliell, John, 1243-48C. W. 1725. Inv. 1725.

Carlile, Anne, 11278C. B. 31, p. 315. W. 1789. Int. 1789. Inv. 1789. Ren. 1789.

Carlile, Isaac, 12071C. B. 40, p. 184. Grd. 1802.

Carlile, Isaac, 12800C. Inv. 1815.

Carlile, John, 3767C-3768C. W. 1745.

Carlile, Langston, 10730C. B. 23, p. 207. Int. 1780.

Carlile, Rebecca, 13403C. Inv. 1824.

Carlisle, John, 13863C. Inv. 1829.

Carlisle, William, 21337C. W. 1897.

Carlton, Mary J., 21621C. W. 1899.

Carman, Caleb, 12300C. W. 1807. Inv. 1807.

Carman, Caleb, 12566C. Inv. 1812.

Carman, Elizabeth, 12351C. W. 1808. Inv. 1826.

Carman, Elizabeth, 15120C. Inv. 1845.

Carman, Jacob, 1161-64C. Int. 1724. Inv. 1724.

Carman, Jacob, 13946C. W. 1830. Inv. 1830.

Carman, James C., 18933C. W. & Cod. 1880.

Carman, John, 11433C. B. 34, p. 405. Int. 1792. Inv. 1792. Ren. 1792.

Carman, John, 11652C. B. 35, p. 489. Int. 1796.

Carman, Joseph, 13236C. Inv. 1822.

Carman, Joseph, 18660C. W. 1878. Inv. 1878.

Carman, Joshua, 14566C. W. & Cod. 1838. Map.

Carman, Lydia, Abigail, Levina, Ann, 11719C. B. 37, p. 70. Wds. 1797. Tr. 1797.

Carman, Martha S., 19752C. Inv. 1886.

Carman, Mary E., 20212C. W. 1889. Inv. 1889.

Carman, Mary W., 21784C. W. 1900.

Carman, Rebecca, 18519C. W. 1877.

Carman, Thomas, 16919C. W. 1864. Inv. 1865.

Carman, Timothy, 2891-2898C. Int. 1736. Inv. 1736. Acct. 1737.

Carman, William, 20359C. W. 1890.

Carmelee, William R., 16694C. W. 1862. Inv. 1862.

Carmelia, Abigail, 19753C. W. 1886.

Carmick, Peter, 6273C. W. & Cod. 1759.

Carney, Samuel, 16518C. W. 1860. Inv. 1860.

Carpenter, Hezekiah, 393C-396C. Inv. 1713. Acct. 1745.

Carpenter, John M., 20360C. W. & Cod. 1890. Inv. 1890.

Carpenter, Richard, 17151C. W. 1866. Inv. 1866.

Carr, Ann, 14894C. W. 1842. Inv. 1842.

Carr, Ann, 18520C. Inv. 1877.

Carr, Ann, 19442C. W. 1884. Inv. 1884.

Carr, Brazillia, 17150C. Inv. 1866.

Carr, Caleb, 10861C. B. 25, p. 90. W. 1783.

Carr, Caleb, Sr., 14895C. W. 1842. Inv. 1847.

Carr, Eliza, 17819C. Inv. 1872.

Carr, Griffith W., 20816C. Inv. 1893.

Carr, Isaac, 12706C. W. 1814. Inv. 1814.

Carr, Jane, 16136C. Inv. 1856.

Carr, John H., 14192C. W. 1833. Inv. 1834.

Carr, Joseph, Jr., 19886C. W. 1887.

Carr, Maria, 19754C. W. 1886. Inv. 1886.

Carr, Mary, 17363C. W. 1868. Inv. 1868.

Carr, Mercy A., 18241C. W. 1875. Inv. 1875.

Carr, Norris, 9641C-9644C, 9876C-9878C. B. 15, p. 502, 548. Int. 1774. Inv. 1774. Acct. 1775.

Carr, Patrick J., 19887C. W. 1887.

Carr, Samuel, 12051C. B. 40, pp. 137, 184. Grd. 1802.

Carr, Samuel, 14099C. B. & Cod. 1832. Inv. 1832.

Carr, Samuel, 11972C. B. 39, p. 221. Grd. 1801.

Carragan, Catharine, 17957C. Inv. 1873.

Carroll, Henry, 2477-2490C. W. 1732. Int. 1732. Inv. 1732. Acct. 1733.

Carroll, Henry 19050C. W. 1881.

Carroll, Thomas, 4807C. Adm. 71, 72. Int. 1751. Inv. 1751. Ren. 1751.

Carruthers, John, 16428C. W. 1859.

Carskaddan, Harriet, 17820C. W. 1872. Inv. 1872.

Carslake, David M., 19194C. Inv. 1882.

Carslake, Elizabeth, 18662C. Inv. 1878.

Carslake, Joel, 15467C. Inv. 1849.

Carslake, John, 13404C. Inv. 1824.

Carslake, Joseph, 16615C. Inv. 1861.

Carslake, Joseph M., 18661C. Inv. 1878.

Carslake, Mary F., 18934C. W. 1880. Inv. 1880.

Carslake, Nathan, 21483C. W. 1898.

Carslake, William, 13608C. W. 1826. Inv. 1826.

Carslake, William, 16755C. W. 1862. Inv. 1862.

Carslake, William W., 15653C. Inv. 1851.

Carson, Abraham, 19310C. Inv. 1883.

Carson, James, Sr., 20662C. W. & Cod. 1892. Inv. 1892.

Carson, Rachel, 11960C. B. 39, p. 352. Int. 1801. Inv. 1801.

Carter, Augusta L., 19755C. Inv. 1886.

Carter, Catherine S., 19582C. W. 1885. Inv. 1885.

Carter, James, 21785C. Inv. 1900.

Carter, John M., 18242C. W. 1875. Inv. 1875.

Carter, Letitia, 12442C. W. 1810. Inv. 1810.

Carter, Nathaniel, 5853C-5856C. Adm. 163. B. 8, p. 357. Int. 1757. Inv. 1757. Acct. 1757.

Carter, Phebe, 18521C. W. 1877. Inv. 1877.

Carter, Priscilla, 16334C. W. 1858. Inv. 1858.

Carter, Robert B., 20947C. W. 1894.

Carter, William, Sr., 16617C. Inv. 1861.

Cartright, Ansel S., 19888C. W. 1887.

Carty, Anna M., 20817C. W. 1893. Inv. 1893.

Carty, Asa, 13405C. Inv. 1824.

Carty, Carrel, 17701C. Inv. 1871.

Carty, Charlotte, 14806C. W. 1842. Inv. 1842.

Carty, Daniel, 11088C. B. 28, p. 76. Int. 1786. Inv. 1786.

Carty, Douglas T., 20663C. W. 1892.

Carty, Felix, 3745C. Adm. 1. B. 5, p. 7. Int. 1743. Inv. 1743.

Carty, Israel, 15200C. Inv. 1846.

Carty, John, Sr., 14017C. Inv. 1831.

Carty, Jonathan, 14735C. W. 1840. Inv. 1840.

Carty, Jonathan, 15121C. Inv. 1845.

Carty, Joseph, 17821C. Inv. 1872.

Carty, Mary, 13501C. W. 1825. Inv. 1825.

Carty, Rebecca, 15034C. W. 1844. Inv. 1844.

Carty, Tamer, 13406C. W. 1824. Inv. 1824.

Carty, William, 18935C. Inv. 1880.

Cary, Shershaw, 133–139C. Int. 1709. Inv. 1708. Acct. 1709.
Cascaden, George, 20518C. W. 1891.
Casey, John, 21484C. W. 1898.
Casey, John A., 20213C. W. 1889.
Casey, Mary A., 20519C. W. 1891.
Casner, Joseph, 17955C. W. 1873. Inv. 1873.
Cassaboom, Nathaniel, 8875C–8876C. B. 15, p. 109. Int. 1771.
Cassells, Jane, 15035C. Inv. 1844.
Castello, James, 17152C. W. 1866.
Cathcart, Benjamin, 18908C. W. 1881.
Cathcart, Howell, 20214C. Inv. 1889.
Cathcart, Jacob, 15839C. W. 1853. Inv. 1853.
Cathcart, Samuel, 20664C. W. 1892.
Cathcart, Thomas, 15939C. W. 1854. Inv. 1854.
Catherly, Peter. Adm. 349. B. 10, p. 173. Int. 1761.
Cattell, James, 10862C. B. 25, p. 78. Int. 1783. Inv. 1783. Ren. 1783.
Cattell, James, 12254C. Inv. 1806.
Caughlin, Edward, 20665C. Inv. 1892.
Cavalier, David, 13502C. W. 1825. Inv. 1825.
Cavelier, John, 12626C. Inv. 1813.
Cavileer, Burrows F., 21622C. Inv. 1899.
Cavileer, Charles, 15036C. Inv. 1844.
Cavileer, Elizabeth W., 17153C. Inv. 1866.
Cavileer, Ezekial W., 21097C. W. 1895.
Cavileer, John, 14655C. Inv. 1839.
Cavileer, John, 21786C. Inv. 1900.
Cavileer, Mulford M., 17482C. W. 1869. Inv. 1869.
Cavileer, Phebe A., 18663C. W. 1878. Inv. 1878.
Cawley, Samuel, 16137C. W. 1856. Inv. 1856.
Ceaser, Amy, 19195C. W. 1882. Inv. 1882.
Ceaser, Gloucester, 15940C. W. 1854. Inv. 1854.
Chadeayne, Anna, 17664C. W. 1870. Inv. 1870.
Chafey, Charles, 21098C. W. 1895. Inv. 1895.
Chafey, George F., 19756C. Inv. 1886.
Chafey, James, 16133C. W. 1856.
Chafey, Joshua, 21485C. Inv. 1898.
Challender, Rebecca, 17155C. W. 1866. Inv. 1866.
Challender, Wright H., 18244C. Inv. 1875.
Chamberlain, Louisa T., 21338C. W. 1897.
Chamberlain, Theodore, 21486C. W. 1898.
Chambers, Ann, 13609C. W. 1826. Inv. 1826.
Chambers, Charles, 17822C. Inv. 1872.
Chambers, Daniel, 15280C. W. 1847. Inv. 1847.
Chambers, David, 19051C. Inv. 1881.
Chambers, Gershom, 20055C. W. 1888. Inv. 1888.
Chambers, Henry, 13237C. W. 1822. Inv. 1823.
Chambers, James, 17583C. W. 1870.
Chambers, John, 4421C–4426C. W. 1749. Inv. 1749.
Chambers, John, 13181C. Inv. 1821.
Chambers, John, 15941C. Inv. 1854.
Chambers, John, 19012C. Inv. 1880.
Chambers, Joseph, 18664C. W. 1878.
Chambers, Keziah, 20056C. W. 1888.
Chambers, Robert, Sr., 12627C. W. 1813. Inv. 1813.
Chambers, Thomas, 17156C. Inv. 1866.
Chambers, William, 12301C. Inv. 1867.
Chambers, William, 15201C. W. 1846. Inv. 1846.
Chambers, William F., 12628C. Inv. 1813.

Champion, Benjamin M., 18802C. W. 1879. Inv. 1879.
Champion, John, 9635C–9640C. B. 17, p. 73. W. 1774. Inv. 1774.
Champion, Matthew, 2797–2802C. W. 1735. Inv. 1735.
Chancellor, Catharine A., 20215C. Inv. 1889.
Chandler, George, Sr., 13328C. W. 1823. Inv. 1823.
Chandler, Phebe, 12707C. W. 1814. Inv. 1814.
Chandler, Rebecca D., 16225C. W. 1857. Inv. 1857.
Chapman, Abraham, 6609C–6612C. Wd. 1760.
Chapman, Abraham, 13238C. W. 1822. Inv. 1822.
Chapman, Beulah R., 16138C. W. 1856.
Chapman, Clarissa, 13329C. W. 1823. Inv. 1823, 1824.
Chapman, Edward. Adm. 129. Int. 1754.
Chapman, Hannah, 14804C. W. 1841. Inv. 1841.
Chapman, Isaac P., 14100C. W. 1832. Inv. 1832.
Chapman, John, 6047C–6051C. Adm. 179. B. 8, p. 533. Int. 1758. Inv. 1758. Acct. 1758.
Chapman, John, 6609C–6612C. B. 9, p. 455. Grd. 1760.
Chapman, John, 11012C. B. M, p. 293. W. 1785. Inv. 1785.
Chapman, John, 14018C. Inv. 1831.
Chapman, John, 17958C. W. 1873. Inv. 1873.
Chapman, Robert, 4413C–4420C. B. 6, p. 315. W. 1749. Inv. 1749. Af. 1770.
Chapman, Robert, Jr., 2685–2698C. Int. 1731. Acct. 1732.
Chapman, Sarah, 15037C. W. & Cod. 1844. Inv. 1844.
Chapman, William, 13610C. W. 1826. Inv. 1826.
Chapman, William, Sr., 12255C. W. 1806. Inv. 1807.
Charmely, Anthony, 13239C. Inv. 1822.
Charmely, Elizabeth, 13783C. W. 1828.
Chartres, Deborah A., 18371C. W. 1876.
Chase, Ruth B., 16613C. W. 1861.
Cheeks, Henry, 16920C. W. 1864. Inv. 1866.
Cheeks, Mary A., 21339C. W. 1897.
Cheesman, William D., 20818C. W. 1893.
Chesher, John, Jr., 2675–2680C. W. 1734. Inv. 1734.
Cheshire, Benjamin, 3199C–3204C. W. 1740. Inv. 1740.
Cheshire, John, 3119–3126C. W. 1739. Inv. 1739. Ren. 1739.
Chesshire, Jonathan, 10289C–10294C. B. 18, p. 127. W. 1777. Inv. 1777.
Chester, George, 4209C. Adm. 47. Int. 1748. Inv. 1748.
Cheston, Emily H., 18243C. W. 1875. Inv. 1875.
Cheston, Eva H., 20216C. W. 1889.
Chew, Ann, 18372C. Inv. 1876.
Chew, Elizabeth, 13330C. W. 1823. Inv. 1823.
Chew, Nathaniel, 9901C–9902C. B. 15, p. 533. Int. 1775.
Chew, Rebecca A., 21787C. W. 1900.
Chicone, Michael, 14611C. Inv. 1826.
Childs, James, 13105C. Inv. 1820.
Childs, Jane L., 13947C. Inv. 1830.
Childs, John, 13182C. Inv. 1821.
Childs, John, 17364C. W. 1868. Inv. 1868.
Childs, Mary, 15840C. Inv. 1853.
Childs, Thomas J., 17039C. Inv. 1865.
Chipman, Thomas, 187C. W. 1709.

Cholister, Charles M., 20057C. W. 1888.
Christian, John, 13407C. W. 1824.
Christian, John, 19583C. Inv. 1885.
Christian, Tamer, 15281C. W. 1847. Inv. 1847.
Christine, William W., 20217C. Inv. 1889.
Christopher, John M., 16046C. W. 1855. Inv. 1855.
Christopher, John M., 21487C. W. 1898. Inv. 1898.
Christopher, Joseph H., 15564C. W. 1850. Inv. 1850.
Christopher, Samuel S., 16336C. Inv. 1858.
Christopher, Theodore L., 21623C. Inv. 1899.
Christy, Benjamin, 19052C. W. 1881. Inv. 1881.
Christy, Patrick, 20520C. W. 1891.
Chumard, James, 16045C. Inv. 1855.
Chumard, John, 9383C-9390C, 10863C. B. 16, p. 118; B. 24, p. 219. W. 1773. Inv. 1773. Acct. 1783.
Chumard, Thomas, 10932C. B. 25, p. 539. Int. 1784.
Church, Christopher, 1953C. Int. 1730.
Church, John, 20819C. W. 1893.
Church, Samuel, 15565C. W. & Cod. 1850. Inv. 1850.
Church, William, 12161C. Inv. 1804.
Cile, Anne. Adm. 154. B. 8, p. 306. Int. 1756.
Cipres, Elizabeth, 5399C-5400C. Adm. 142. B. 8, p. 65. Int. 1754. Inv. 1754.
Clammans, Benjamin, 4351C. Wd. 1748.
Clancy, Martin, 20820C. Inv. 1893.
Clap, Austin, 11159C. B. 29, p. 25. W. 1787. Inv. 1787.
Clap, George, 7757C-7760C. B. 12, p. 43. W. 1765. Inv. 1765.
Clap, John, 1372C. B. 32, p. 184. Int. 1791. Inv. 1791.
Clap, Tacy, 14736C. W. 1840. Inv. 1840.
Clapp, Martha, 11773C. B. 38, p. 27. W. 1798. Inv. 1798.
Clark, Ann, 14101C. W. 1832. Inv. 1832.
Clark, Benjamin, 11483C. B. 33, p. 50. Int. 1793. Inv. 1793.
Clark, Brainard, 14485C. Inv. 1837.
Clark, Catharine, 15468C. W. 1849. Inv. 1849.
Clark, Catharine, Jr., 14656C. W. 1839. Inv. 1840.
Clark, Elizabeth, 17584C. W. 1870.
Clark, Enoch, 14193C. Inv. 1833.
Clark, Jacob, Jr., 13044C. Inv. 1819.
Clark, Jacob, Sr., 13043C. Inv. 1819.
Clark, John, 11531C. B. 33, p. 454. W. & Cod. 1794.
Clark, John, 12092C. B. 40, p. 384. Int. 1803.
Clark, John, 12091C. B. 40, p. 385. Int. 1803.
Clark, John, 17365C. W. 1868. Inv. 1868.
Clark, John G., 15841C. W. 1853. Inv. 1853.
Clark, Joseph A., 14019C. W. 1831.
Clark, Letitia, 14657C. W. 1839. Inv. 1839.
Clark, Maria E., 21624C. W. 1899. Inv. 1899.
Clark, Mary, 15375C. W. 1848. Inv. 1848.
Clark, Mary, 21488C. Inv. 1898.
Clark, Philip E., 17366C. W. 1868. Inv. 1868.
Clark, Samuel, 11653C. B. 35, p. 478. W. 1796.
Clark, Samuel, 14897C. Inv. 1842.
Clark, Thomas, 141C-143C. W. 1708. Inv. 1708.
Clark, Thomas, 2077C-2081C. W. 1731. Inv. 1731.
Clark, Thomas, 4937C-4940C, 5265C-5268C. Adm. 95 B. 7, p. 304. Int. 1752. Inv. 1752, 1754. Acct. 1753.

Clark, Thomas A., 17700C. W. 1871.
Clark, William, 12352C. W. 1808. Inv. 1808.
Clarke, Daniel, 2217-2220C. Int. 1732. Inv. 1732.
Clarke, Elizabeth, 15747C. W. 1852. Inv. 1852.
Clarke, Julia A. K., 17157C. W. 1866. Inv. 1866.
Clarkson, Anthony, 10700C. B. 22, p. 15. Int. 1779.
Clarkson, Maria L., 21220C. Inv. 1896.
Clay, George B. L., 21489C. W. 1898. Inv. 1898.
Claypole, David, 14567C. Inv. 1838.
Claypole, Jane, 19443C. W. 1884.
Claypole, Thomas, 15469C. Inv. 1849.
Claypool, Charles W., 18113C. W. 1874. Inv. 1874.
Claypoole, Abraham, 12629C. W. 1813. Inv. 1813.
Claypoole, Abram K., 19889C. W. 1887. Inv. 1887.
Claypoole, Edward, 17959C. W. 1873. Inv. 1873.
Claypoole, Hannah, 16517C. W. 1860.
Clayton, Ann, 14568C. W. 1838. Inv. 1838.
Clayton, John, 661C. Inv. 1716.
Clayton, Mary, 1537C. W. 1848. Inv. 1849.
Cleavenger, Thomas, 9091C-9092C. Adm. 312. B. 14, p. 507. Int. 1772. Inv. 1772.
Cleayton, Parnell, 4211C-4217C. W. 1748. Inv. 1748.
Clegg, Joseph, 4611C-4614C. W. 1750. Inv. 1750.
Clemans, Edward, 3891C-3895C. W. 1746. Inv. 1746.
Clemens, Benjamin, 4351C. Wd. 1748.
Clevenger, Barzillai, Sr., 14898C. W. 1842. Inv. 1842.
Clevenger, Barzillai N., 19444C. W. 1884. Inv. 1884.
Clevenger, Daniel, 18665C. W. 1878. Inv. 1878.
Clevenger, Isaac R., 16757C. Inv. 1862.
Clevenger, Job, 12864C. W. 1829. Inv. 1829.
Clevenger, John, 14960C. Inv. 1843.
Clevenger, John S., 21340C. W. 1897.
Clevenger, Samuel G., 14961C. Inv. 1843.
Clevenger, Sarah, 13699C. Inv. 1827.
Clevenger, William D., 19897C. Inv. 1887.
Clevinger, William, 14486C. Inv. 1837.
Clewell, Edward, 17836C. W. 1872. Inv. 1872.
Clifford, John, 12801C. W. 1815.
Clift, George, 17582C. W. 1870. Inv. 1870.
Clift, Rebecca H., 20218C. W. 1889. Inv. 1889.
Clifton, John, 8877C-8880C, 9094C-9096C. B. 14, pp. 381, 419. W. 1771. Inv. 1771. Acct. 1772.
Clifton, Simun, 1647C-1649C. W. 1728. Inv. 1728.
Clifton, Thomas, 14272C. Inv. 1834.
Clime, Samuel, 15377C. Inv. 1848.
Cline, Ephraim, 15038C. Inv. 1844.
Cline, Frances S., 16921C. W. 1864. Inv. 1864.
Cline, John, 11905C. B. 39, p. 72. Int. 1800. Inv. 1800.
Cline, Margaret W., 20948C. W. 1894.
Cline, Mary M., 14487C. W. 1837. Inv. 1837.
Cline, Thomas, 12630C. Inv. 1813.
Clinton, Francis H., 20361C. Inv. 1890.
Clinton, Harriet C., 21625C. W. 1899.
Cliver, Charity P., 21099C. Inv. 1895.
Cliver, Charles, 16429C. Inv. 1859.
Cliver, Elizabeth, 17823C. Inv. 1872.
Cliver, Joel, 15842C. Inv. 1853.

Cliver, John B. 18114C. W. 1874. Inv. 1874.
Cliver, Jonathan R., 14805C. W. 1841. Inv. 1841.
Cliver, Jonathan R., 15566C. W. 1850. Inv. 1850.
Cliver, Sarah, 21221C. Inv. 1896.
Cliver, Stacy, 20521C. Inv. 1891.
Cliver, Susan M., 20362C. W. 1890.
Cliver, William, 14194C. Inv. 1833.
Clothier, Anne, 5189C-5194C. B. 6, p. 5. W. 1753. Inv. 1753.
Clothier, Caleb, 13503C. W. 1825. Inv. 1825.
Clothier, Gamaliel, 11654C. B. 35, p. 424. W. 1796. Inv. 1796. Ren. 1796.
Clothier, John W., 20522C. W. 1891. Inv. 1891.
Clothier, Marianna, 19311C. W. 1883. Inv. 1883.
Clothier, Sarah A., 19890C. W. 1887.
Clothier, William, 19053C. W. 1881. Inv. 1881.
Cloud, Charles R., 18373C. Inv. 1876.
Clowes, Joseph, 4941C-4942C. W. 1752.
Clowes, Patience, 6277C-6280C. B. 9, p. 299. W. 1759.
Clubb, Isabella, 1027-1032C. W. 1723. Lt. 1722.
Clunn, Caleb, 15470C. Inv. 1849.
Clunn, John, Jr., 11835C. B. 38, p. 364. Int. 1799. Inv. 1799.
Clunn, John, Sr., 11834C. B. 38, p. 328. W. 1799. Inv. 1799.
Clutch, Hugh, 11373C. B. 32, p. 181. Int. 1791. Inv. 1791.
Coat, Ann, 1955-1962C. W. 1729. Inv. 1729.
Coat, Barzillai, 10933C. B. 25, p. 525. W. & Cod. 1784. Inv. (2) 1784, 1789.
Coat, William, 11226C. B. 30, p. 61. Wd. 1788.
Coate, Asahel, 16519C. W. 1860. Inv. 1860.
Coate, Barzillai, 12981C. Inv. 1818.
Coate, Daniel, 12026C. B. 40, p. 184. Int. 1802. Inv. 1802.
Coate, John, 10295C-10297C. B. 18, p. 616. Acct. 1777.
Coate, John, 11089C. B. 28, p. 11. W. 1786. Inv. 1786.
Coate, Marmaduke, 1651C-1655C. W. 1728. Inv. 1728.
Coate, Marmaduke, 4615C-4620C. Adm. 65. W. 1749. Int. 1750. Inv. 1750.
Coate, Mary I., 17158C. W. & Cod. 1866. Inv. 1866.
Coate, Michael, 12709C. W. 1814. Inv. 1814.
Coate, Philip S., 19819C. Inv. 1884.
Coate, Samuel, 19054C. Inv. 1881.
Coate, Sarah, 13504C. W. 1825. Inv. 1825.
Coate, Sarah, 14658C. W. 1839. Inv. 1839.
Coate, Susanna, 17702C. W. 1871. Inv. 1872.
Coate, Thomas, 11374C. B. 32, p. 184. Int. 1791.
Coate, William, 4427C-4436C. W. 1749. Inv. 1749. Acct. 1761.
Coate, William, 12496C. Inv. 1811.
Coate, William, 13331C. Inv. 1823.
Coates, Henry 20363C. W. 1890.
Coates, Thomas H., 15843C. Inv. 1853.
Coats, Israel, 10731C. B. 22, p. 22. Int. 1780.
Cobb, Hosea, 17960C. Inv. 1873.
Cobb, James R., 20821C. W. 1893.
Cobson, John, 13107C. W. 1820. Inv. 1821.
Cochey, John, 11090C. B. 28, p. 76. Int. 1786. Inv. 1786. Ren. 1786.

Cock, Walter, 1249-1256C. W. 1725. Inv. 1725. Acct. 1727.
Cocklin, Bridget, 21788C. W. 1900.
Coe, Robert, 12355C. Inv. 1808.
Coer, Joel, 18374C. W. 1876.
Coffey, Margaret A., 21490C. Inv. 1898.
Cogler, John, 11327C. B. 32, p. 89. W. 1790. Inv. 1790.
Cogswell, Emma S., 21341C. W. 1897. Inv. 1897.
Cohlan, Patrick. Adm. 80. B. 7, p. 299. Int. 1751.
Cole, Aaron, 16430C. W. 1859. Inv. 1859.
Cole, Anna B., 21100C. W. 1895. Inv. 1895.
Cole, Elizabeth G., 17824C. W. 1872. Inv. 1872.
Cole, George, 11720C. B. 37, p. 68. Int. 1797.
Cole, Henry, 15942C. W. 1854. Inv. 1854.
Cole, James, 15748C. Inv. 1852.
Cole, Joseph B., 21342C. Inv. 1897.
Cole, Joseph D., 17703C. Inv. 1871.
Cole, Martha, 15378C. Inv. 1845.
Cole, Nathan W., 15379C. W. 1848. Inv. 1848.
Cole, Rebecca, 15654C. W. 1851.
Cole, Rebecca, 17585C. W. 1870. Inv. 1870.
Cole, William C. Adm. 101. B. 7, p. 306. Int. 1752.
Coleman, Charles, 13784C. Inv. 1828.
Coleman, Elizabeth, 15122C. W. 1845. Inv. 1846.
Coleman, Isaac P., 17483C. Inv. 1869.
Coleman, James, 12027C. B. 40, p. 515. Int. 1802. Inv. 1802.
Coleman, Jesse, 13612C. Inv. 1826.
Coleman, Jesse, 14020C. Inv. 1831.
Coleman, John, Sr., 12256C. W. 1806. Inv. 1806.
Coleman, Nathaniel, 14899C. W. & Cod. 1842. Inv. 1842.
Coleman, Samuel, 17825C. W. 1872. Inv. 1872.
Coleman, Thomas, 2491-2500C. Int. 1733. Inv. 1735. Ren. 1733. Acct. 1735.
Coles, Abigail S., 18666C. Inv. 1878.
Coles, Abraham H., 13408C. Inv. 1824.
Coles, Charles, 14659C. Inv. 1839.
Coles, Charles B., Jr., 20949C. Inv. 1894.
Coles, Clayton R., 20666C. W. 1892. Inv. 1892.
Coles, David B., 19055C. W. 1881. Inv. 1881.
Coles, Elizabeth, 17159C. W. 1866.
Coles, Isaiah T., 21101C. Inv. 1895.
Coles, Jane, 8515C-8516C. W. 1769.
Coles, Joseph, 13240C. W. 1822. Inv. 1822.
Coles, Joseph W., 19757C. Inv. 1886.
Coles, Lydia S., 21491C. W. 1898.
Coles, Martha H., 20950C. Inv. 1894.
Coles, Rachel, 18115C. W. 1884.
Coles, Rachel S., 21626C. W. 1899. Inv. 1899.
Coles, Samuel, 11464C. B. 34, p. 409. Grd. 1792.
Coles, Samuel, 12443C. Inv. 1810.
Coles, Samuel, 13106C. W. 1820. Inv. 1820.
Coles, Sarah, 17367C. Inv. 1868.
Coles, Thomas, 12710C. Inv. 1814.
Coles, William, 13241C. Inv. 1822.
Colkit, Joseph, 21789C. W. 1900. Inv. 1900.
Colkitt, Anna, 17040C. Inv. 1865.
Colkitt, Benjamin G., 17827C. Inv. 1872.
Colkitt, Benjamin S., 21102C. W. 1895.
Colkitt, Eliza, 20364C. W. 1890. Inv. 1890.
Colkitt, Emeline B., 19891C. Inv. 1887.
Colkitt, Hannah, 20822C. W. 1893. Inv. 1893.
Colkitt, James, 14660C. Inv. 1839.
Colkitt, Joseph, 15123C. Inv. 1845.
Colkitt, Mary, 16520C. W. 1860. Inv. 1860.

Colkitt, Rachel, 15471C. W. 1849. Inv. 1849.
Colkitt, Robert, 5401C–5404C. Grd. 1754.
Colkitt, Samuel, 12353C. Inv. 1808.
Colkitt, Samuel S., 21343C. Inv. 1897.
Coll, James, Sr., 17961C. W. 1873. Inv. 1873.
Collaton, John, 16338C. Inv. 1858.
Collet, Joshua W., 15380C. Inv. 1848.
Collet, Laura S., 21222C. W. & Cod. 1896. Inv. 1897.
Collier, George, 18245C. W. 1875.
Collier, Samuel, Sr., 17704C. W. 1871. Inv. 1871.
Collins, A. B., 18375C. Inv. 1876.
Collins, Abijah. Adm. 208. B. 9, p. 415. Int. 1760.
Collins, Albemarle, 12497C. Inv. 1811.
Collins, Arthur, 13045C. W. 1819. Inv. 1819.
Collins, Barzillai, 13700C. Inv. 1827.
Collins, Bridget, 21790C. Inv. 1900.
Collins, Charles, 18667C. W. 1878. Inv. 1878.
Collins, Charles, Sr., 15282C. W. 1847. Inv. 1847.
Collins, Clayton, 19196C. W. 1882.
Collins, Deborah, 13242C. W. 1822. Inv. 1822.
Collins, Edward K., 17586C. Inv. 1870.
Collins, Elizabeth, 13108C. W. 1820. Inv. 1820.
Collins, Elizabeth, 15844C. W. 1853. Inv. 1853.
Collins, Elizabeth, 18803C. W. 1879. Inv. 1879.
Collins, Esther E., 21223C. W. 1896.
Collins, Francis, 855C. Inv. 1720.
Collins, Francis, 1381C–1385C–1387C. W. 1726. Int. 1728. Inv. 1728.
Collins, Francis, 6944C–6948C, 8518C–8520C. B. 10, p. 355; B. 13, p. 495. W. 1761. Inv. 1761. Acct. 1769.
Collins, Francis B., 16047C. W. & Cods. 1855. Inv. 1855.
Collins, George, 4621C–4624C. Int. 1750. Inv. 1750.
Collins, Isaac, 21224C. W. & Cod. 1896. Inv. 1896.
Collins, Isaac, Sr., 12917C. W. 1817. Inv. 1817.
Collins, Job, 13701C. W. 1827. Inv. 1827.
Collins, Job, Jr., 12708C. W. 1814. Inv. 1814.
Collins, John, 12918C. W. 1817. Inv. 1817.
Collins, John 14350C. W. 1835. Inv. 1835.
Collins, John, 16337C. W. 1858. Inv. 1858.
Collins, John, 17264C. Inv. 1867.
Collins, John, Sr., 6949C–6954C. B. 10, p. 346. W. 1761. Inv. 1761.
Collins, John L., 21791C. W. 1900.
Collins, Joseph, 15567C. W. 1850.
Collins, Joseph, Sr., 12498C. W. 1811. Inv. 1811.
Collins, Levi, 13409C. Inv. 1824.
Collins, Mary 12863C. W. 1816. Inv. 1816.
Collins, Mary E., 20365C. W. 1890.
Collins, Phebe A., 17265C. Inv. 1867.
Collins, Samuel, 12631C. Inv. 1813.
Collins, Thomas, 16431C. W. & Cod. 1859. Inv. 1859.
Collins, Thomas H., 20219C. Inv. 1889.
Collins, Thomas M., 19056C. Inv. 1881.
Collins, William, 20823C. W. 1893.
Collins, William G., 19197C. W. 1882. Inv. 1882.
Collom, Jonathan G., 16226C. Inv. 1857.
Collom, Samuel S., 20951C. W. 1894. Inv. 1895.
Collum, James, 9391C. Ren. 1773.

Collum, Mary, 5865C–5867C, 5599C–5606C. B. 8, p. 130. W. 1755. Inv. 1757. Acct. 1762.
Collum, William, 3343C–3344C. W. 1741.
Colson, David, 15381C. W. 1848. Inv. 1848.
Colton, Edward, 17369C. W. 1868.
Colvin, James L., 16049C. Inv. 1855.
Combs, Elizabeth A., 19198C. W. 1882. Inv. 1882.
Combs, John F. R., 16339C. W. 1858. Inv. 1858.
Comfort, David, 21627C. W. 1899. Inv. 1899.
Comfort, Martha R., 20058C. W. 1888. Inv. 1888.
Comfort, Sarah A., 20059C. W. 1888. Inv. 1888.
Comfort, Thomas, 16614C. W. 1861. Inv. 1861.
Comly, Elizabeth, 16433C. W. 1859. Inv. 1859.
Comron, Daniel, 3127–3130C. W. 1739. Inv. 1739.
Conaro, Jacob, 10934C. B. 25, p. 536. Int. 1784. Inv. (2) 1786.
Conarroe, Thomas, 7227C. B. 11, p. 205. Grd. 1762.
Conarroe, Thomas, 7799C–7802C. B. 12, p. 127. Grd. 1765.
Conarroe, Thomas, 10439C–10442C. B. 18, p. 74. Grd. 1777.
Conarroe, Thomas, 11484C. B. 33, p. 2. W. 1793.
Condict, Stephen V. R., 15039C. Inv. 1844.
Congle, Andrew, 12632C. W. 1813.
Congo, Annie M., 19446C. W. 1884.
Congo, Emanuel W., 14488C. W. 1837. Inv. 1837.
Congo, Martha, 15040C. W. 1844. Inv. 1844.
Conklin, Anthony, 17705C. W 1871. Inv. 1871.
Conly, Patrick, 4437C. W. 1749.
Conn, Gilbert, 16048C. W. 1855. Inv. 1855.
Conn, Samuel, 11013C. B. M, p. 291. W. 1785. Inv. 1785.
Conn, William, 20367C. W. 1890.
Connell, John, 19584C. W. 1885.
Connell, Patrick, 17962C. Inv. 1873.
Connely, Mary, 17042C. W. 1865. Inv. 1866.
Conner, Ellwood, 20824C. W. 1893.
Conner, Mary K., 20825C. Inv. 1893.
Conner, William, 20826C. W. 1893.
Conners, Cornelius, 20060C. Inv. 1888.
Connolly, Bernard, 19585C. W. & Cod. 1885.
Connors, Richard, 19199C. Inv. 1882.
Conover, Adam, 19312C. W. 1883.
Conover, Edward, 17826C. W. 1872. Inv. 1872.
Conover, Isaac, 17706C. W. 1871. Inv. 1871.
Conover, Rebecca, 15041C. Inv. 1844.
Conover, Theodorus, 16340C. W. 1858. Inv. 1858.
Conrad, John, 19057C. W. 1881. Inv. 1881.
Conrad, Solomon, 19758C. W. 1886.
Conro, Andrew, 9879C–9882C. B. 16, p. 446. W. 1775.
Conro, Jacob, 4943C–4944C. Adm. 96, 97. B. 7, p. 304. Int. 1752. Inv. 1752. Ren. 1752.
Conroe, Darling, Sr., 10561C–10568C. B. 20, p. 110. W. 1778. Inv. 1778.
Conrow, Abraham E., 21628C. W. 1899. Inv. 1899.
Conrow, Darling, 11091C. B. 28, p. 81. Grd. 1786. Tr. 1786.
Conrow, Darling, 11227C. B. 30, p. 56. Int. 1788. Inv. 1788.
Conrow, Darling 16922C. Inv. 1864.

Conrow, Darling, 19586C. Inv. 1885.
Conrow, Darling, Rebekah, Japhet, David, 11091C. B. 28, p. 81. Wds. 1786. Tr. 1786.
Conrow, Darling, Sr., 15124C. W. 1845. Inv. 1845.
Conrow, Elizabeth, 16521C. W. 1860. Inv. 1860.
Conrow, George N., 18523C. Inv. 1877.
Conrow, Isaac, Sr., 12982C. W. 1818. Inv. 1819.
Conrow, Jaliel, 12028C. B. 40, p. 119. Int. 1802.
Conrow, J. Atkinson, D. Thornton, Walter T., A. Engle, Anna, 21629C. Inv. 1899. Wds.
Conrow, Mark, 15568C. Inv. 1850.
Conrow, Mary A., 19058C. Inv. 1881.
Conrow, Nathan H., 19313C. W. 1883. Inv. 1883.
Converly, Rachel, 17965C. W. 1873.
Convery, James, 20667C. Inv. 1892.
Conway, Catharine, 20220C. W. 1889.
Conyngham, Redmond, 7431C–7434C. B. 11, p. 442. Grd. 1763.
Cook, Abagial, 16432C. Inv. 1859.
Cook, Ann, 20831C. W. 1893. Inv. 1894.
Cook, Annie E., 18116C. W. 1874.
Cook, Apollo, 12444C. Inv. 1810.
Cook, Caroline, 18376C. W. 1876. Inv. 1876.
Cook, Diadamia, 14962C. W. 1843. Inv. 1843.
Cook, Eliza M., 16522C. Inv. 1860.
Cook, Elizabeth S., 17963C. W. 1873.
Cook, Ezra, 11588C. B. 35, p. 253. Int. 1795. Inv. 1795.
Cook, James, 20523C. Inv. 1891.
Cook, Joseph, 18246C. W. 1875. Inv. 1875.
Cook, Joseph H., 15655C. W. 1851. Inv. 1851.
Cook, Josiah, 13785C. W. 1828. Inv. 1828.
Cook, Rebecca, 12162C. Inv. 1804.
Cook, Sarah, 17160C. W. 1867. Inv. 1867.
Cook, William, 13505C. W. 1825. Inv. 1825.
Cook, William, 16695C. Inv. 1862.
Cooke, Abigail, 13410C. Inv. 1824.
Cooke, Caleb, 12093C. B. 40, p. 265. Int. 1803. Inv. 1803.
Cooke, David, 19587C. W. 1885. Inv. 1885.
Cooke, Joel, 11721C. B. 37, p. 66. Int. 1797. Inv. 1797.
Cooke, John M., Mary, Anthony, Joel, Jr., 11961C. B. 39, p. 352. Wds. 1801. Tr. 1801.
Cooke, Thomas, 3457C–3462C. W. 1742. Inv. 1742.
Cooke, Thomas, 11655C. B. 35, p. 488. Int. 1796. Inv. 1797.
Cooke, William, 2681–2684C. Int. 1734. Inv. 1734.
Cooke, William, 6613C–6616C. Int. 1760. Inv. 1760.
Cooke, William, 11656C. B. 35, p. 491. Grd. 1796.
Cooke, William, 11656C. B. 35, p. 491. Wd. 1796.
Cooke, William, 12711C. W. 1814. Inv. 1814.
Cool, William, 8313C–8316C. B. 13, p. 434. Int. 1767. Ren. 1767.
Cooley, Simon. Adm. 51. Int. 1748.
Coombe, Thomas R., 19892C. W. 1887.
Coombs, Harrison, 17484C. Inv. 1869.
Cooper, Benjamin, 14569C. W. 1838. Inv. 1838.
Cooper, Benjamin, Jr., 7619C. B. 11, p. 515. W. 1764.
Cooper, Caroline H., 17163C. Inv. 1866.
Cooper, Charles, 21630C. W. 1899.
Cooper, Clark, 16227C. Inv. 1857.

Cooper, Elizabeth, 7925C–7928C. B. 13, p. 50. W. 1766. Inv. 1766.
Cooper, Elizabeth, 19588C. W. & Cods. 1885.
Cooper, Hannah, 17161C. W. & Cod. 1866. Inv. 1866.
Cooper, Hannah, 21492C. Inv. 1898.
Cooper, Henry, 6955C–6962C. W. 1760. Inv. 1760. Mem. 1760.
Cooper, Henry 20524C. W. 1891. Inv. 1891.
Cooper, James, 3897C–3900C. Adm. 17. Int. 1746. Inv. (2) 1746, 1747.
Cooper, James, 13183C. W. 1821. Inv. 1821.
Cooper, John, 11657C. B. 35, p. 480. W. 1796.
Cooper, John, 16923C. Inv. 1864.
Cooper, Lydia G., 21225C. W. 1896. Inv. 1896.
Cooper, Margaret, 17368C. W. 1868. Inv. 1868.
Cooper, Rebecca, 12499C. W. 1811. Inv. 1811.
Cooper, Theodosia B., 17707C. W. 1871. Inv. 1871.
Cooper, Thomas, 11485C. B. 33, p. 52. Int. 1793.
Cooper, William C., 17964C. W. 1873. Inv. 1873.
Coore, Enoch, 2221C–2224C. W. 1731. Inv. 1731.
Coore, Enoch, Sr., 495C–497C. W. 1714. Inv. 1713.
Cope, George B., 19893C. W. 1887. Inv. 1888.
Coppock, Bartholomew, 2899–2902C. Int. 1736. Inv. 1736.
Coppuck, Daniel, 14570C. Inv. 1838.
Coppuck, Elizabeth, 15382C. W. 1848. Inv. 1848.
Coppuck, James, 13702C. Inv. 1827.
Coppuck, John K., 13506C. Inv. 1825.
Coppuck, Peter V., 17587C. W. 1870. Inv. 1870.
Corbit, Israel S., 16139C. W. 1856. Inv. 1856.
Cordingley, George, 21103C. Inv. 1895.
Core, Sarah, 1671–1676C. W. 1728. Inv. 1728.
Corey, Charles, 13948C. Inv 1830.
Corey, Wilfred, 21493C. Inv. 1898.
Corker, Samuel, 3059–3060C. Int. 1738. Ren. 1738.
Corliss, William, 5405C. Adm. 131. B. 7, p. 466. Int. 1754. Inv. 1754.
Cormick, Thomas, 16140C. W. 1856.
Cornell, Job, 5857C–5864C. B. 8, p. 432. Int. 1757. Inv. 1757. Acct. 1757.
Corner, Rhoda, 13786C. W. 1828. Inv. 1828.
Cornish, James, 11160C. B. 29, p. 78. Int. 1787. Inv. 1787.
Cornish, John, Sr., 11092C. B. 28, p. 44. W 1786. Inv. 1786.
Cornish, Mary B., 17041C. W. 1865. Inv. 1865.
Cornwell, Daniel, 14351C. Inv. 1835.
Corry, Arthur, 13703C. Inv. 1827.
Corry, Mary, 14021C. W. 1831. Inv. 1831.
Corson, Edwin, 21631C. W. 1899.
Cossons, John, 4049C–4052C. W. 1747. Inv. 1747.
Costard, John, 1259–1270C. W. 1725. Int. 1725. Inv. 1725. Acct. 1725.
Costello, Julia, 18804C. W. 1879.
Costello, Margaret, 19589C. W. 1885.
Costill, Elizabeth, 15472C. W. 1849.
Costill, Hannah A., 18668C. W. 1878.
Costill, Joseph, 12633C. W. 1813. Inv. 1814.
Costill, Josiah, 15569C. W. 1850. Inv. 1850.
Costill, Mary A., 16696C. Inv. 1862.
Costill, Philip S., 19059C. W. 1881.
Cotter, James, 18522C. Inv. 1877.
Cotter, John, Sr., 20827C. W. 1893. Inv. 1893.
Cotton, Charles, 16141C. Inv. 1856.

Craft, Emlen, 19202C. Inv. 1882.
Craft, George, 15128C. W. 1845. Inv. 1845.
Craft, Gersham, 3681C–3684C. Int. 1744. Inv. 1745.
Craft, Gershom, 12398C. Inv. 1809.
Craft, James, 180C–183C. W. 1709. Inv. 1709.
Craft, James, 4945C–4948C. W. 1752. Inv. 1752.
Craft, James, 12302C. W. 1807. Inv. 1807.
Craft, James, 12713C. Inv. 1814.
Craft, James, Sr., 12356C. W. 1808. Inv. 1808.
Craft, Joseph, 13705C. W. 1827. Inv. 1827.
Craft, Margaret, 6289C–6295C. W. 1759. Inv. 1759. Acct. 1760.
Craft, Mary, 14808C. Inv. 1841.
Craft, Mary, 17829C. W. 1872. Inv. 1872.
Craft, Mary S., 16434C. Inv. 1859.
Craft, Margaret, 14738C. W. 1840.
Craft, Margaret, 16697C. W. 1862. Inv. 1862.
Craft, Rachel, 14900C. W. 1842.
Craft, Samuel, 11722C. B. 37, p. 33. W. 1797. Inv. 1797. Ren. 1797.
Craft, Thomas, 2803–2806C. W. 1735. Inv. 1735.
Craft, Thomas, 10299C–10302C. B. 18, p. 619. Int. 1777. Inv. 1777.
Craft, Thomas B., 21106C. Inv. 1895.
Craft, Watson, 13867C. Inv. 1829.
Craig, Andrew, 12257C. Inv. 1806.
Craig, Joseph, 12714C. W. 1814. Inv. 1820.
Craig, Theodosia, 13614C. W. & Cod. 1826. Inv. 1826.
Crain, John, 16342C. Inv. (2) 1858.
Crain, Joseph W., 19448C. Inv. 1884.
Crain, Mary A., 21793C. Inv. 1900.
Crain, Sarah, 19894C. W. 1887. Inv. 1887.
Crain, Thomas, 20668C. Inv. 1892.
Cramer, Aaron G., 20222C. W. 1889. Inv. 1889.
Cramer, Abraham, 13332C. Inv. 1823.
Cramer, Amos T., 20828C. W. 1893.
Cramer, Ann, 15129C. Inv. 1845.
Cramer, Asa S., 18118C. Inv. 1874.
Cramer, Caleb, 12986C. W. 1818. Inv. 1818.
Cramer, Caleb, 14273C. W. 1834. Inv. 1834.
Cramer, Caleb S., 15042C. W. 1844. Inv. 1844.
Cramer, Caleb W., 18670C. Inv. 1878.
Cramer, Chalkley, 12445C. Inv. 1810.
Cramer, Charles, 17830C. W. & Cod. 1872. Inv. 1872.
Cramer, Charles B., 18805C. W. 1879. Inv. 1879.
Cramer, Clayton, 19593C. W. 1885. Inv. 1885.
Cramer, Darius, 16435C. Inv. 1859.
Cramer, Dorcas, 15473C. W. 1849. Inv. 1849.
Cramer, Eli, 21107C. W. & Cod. 1895. Inv. 1895.
Cramer, Eli, Sr., 15384C. W. 1848. Inv. 1848.
Cramer, Gideon, 16228C. Inv. 1857.
Cramer, Hope, 18525C. W. 1877. Inv. 1877.
Cramer, I. Budd, 20669C. W. 1892. Inv. 1892.
Cramer, Isaac, 11775C. B. 38, p. 35. Int. 1798. Inv. (2) 1799.
Cramer, Isaac, 14661C. W. & Cod. 1839. Inv. 1839.
Cramer, Jacob, 7937C–7942C. B. 13, p. 12. W. 1766. Inv. 1766.
Cramer, John S., 18936C. W. 1880. Inv. 1880.
Cramer, Joseph B. 15749C. W. 1852. Inv. 1852.
Cramer, Joseph B., 21108C. W. 1895. Inv. 1895.
Cramer, Mary, 14809C. Inv. 1841.
Cramer, Mary L., 18377C. W. 1876. Inv. 1876.

Cramer, Sarah S., 16436C. Inv. 1859.
Cramer, Seymour, 14739C. Inv. 1840.
Cramer, Stephen, 10303C–10314C. B. 18, pp. 184, 690. W. 1777. Inv. 1777. Acct. 1778.
Cramer, Uriah, 15474C. Inv. 1849.
Cramer, Uriah, 15750C. Inv. 1852.
Cramer, William S., 17966C. Inv. 1873.
Crammer, Chalkly, 17371C. Inv. 1868.
Crammer, John, 6619C–6623C. Adm. 211. B. 9, p. 416. Int. 1760. Inv. 1760. Acct. 1761.
Crammer, John, 12803C. Inv. 1815.
Crammer, Jonathan, 16926C. Inv. 1864.
Crammer, Mary, 18806C. Inv. 1879.
Crane, John, 13244C. Inv. 1822.
Crane, Mary, 17708C. Inv. 1871.
Crane, Nathan S., 19449C. Inv. 1884.
Cranmer, John, 17485C. W. 1869. Inv. 1869.
Craven, Elizabeth, 21794C. W. 1900. Inv. 1900.
Craven, Michael J., 21795C. Inv. 1900.
Crawford, George, 12303C. Inv. 1807.
Crawford, Mary, 15130C. W. 1845. Inv. 1845.
Crawshaw, James, 16927C. Inv. 1864.
Craythorn, Robert M., 20526C. W. & Cod. 1891.
Creamer, Catharine, 17591C. Inv. 1870.
Creed, William M., 19203C. Inv. 1882.
Creely, Amos, 14195C. Inv. 1833.
Creely, Hannah, 14196C. Inv. 1833.
Creely, Marshall, 14810C. W. 1841. Inv. 1841.
Creely, Nelson, 17831C. Inv. 1872.
Cresson, Jacob, 17680C. Inv. 1865.
Cresson, Sarah. Adm. 320. B. 14, p. 535. Int. 1773.
Cripps, Benjamin, 4393C. Grd. 1748.
Cripps, Grace, 4625C–4630C. W. 1750. Inv. 1752.
Cripps, Hannah, 6963C–6966C. B. 11, p. 205. Wd. 1761.
Cripps, John, 2807–2811C. Int. 1735. Inv. 1735.
Cripps, Nathaniel, 3901C–3908C. W. 1746.
Cripps, Samuel, 6967C–6972C. B. 11, p. 201. W. 1761. Inv. 1761. Ren. 1762.
Crispin, Benjamin, 5607C–5615C. Adm. 121. B. 8, p. 16. Int. 1754. Inv. 1754. Acct. 1755.
Crispin, Benjamin, 15475C. W. 1849. Inv. 1849.
Crispin, Benjamin, 16050C. Inv. 1855.
Crispin, Caleb, 12804C. W. 1815. Inv. 1815.
Crispin, Emanuel, 16756C. Inv. 1862.
Crispin, Esther, 20829C. W. & Cod. 1893. Inv. 1893.
Crispin, George, 17589C. W. 1870. Inv. 1870.
Crispin, John, 15285C. W. 1847. Inv. 1847.
Crispin, John B., 16229C. Inv. 1857.
Crispin, Jonathan, 13245C. W. 1822. Inv. 1822.
Crispin, Joshua, 15476C. W. 1849. Inv. 1849.
Crispin, Mary, 11434C. B. 34, p. 405. Int, 1792.
Crispin, Patience, 11486C. B. 33, p. 42. W. 1793. Inv. 1796. Map 1792.
Crispin, Paul, 12865C. Inv. 1816.
Crispin, Paul, 16928C. W. 1864. Inv. 1864.
Crispin, Rachel, 11487C. B. 33, p. 49. Int. 1793. Inv. 1793.
Crispin, Rebecca M., 20223C. W. 1889. Inv. 1889.
Crispin, Silas, 4443C–4446C. W. 1749.
Crispin, Silas, 11488C. B. 33, p. 49. Int. 1793. Inv. 1793. Ren. 1792.
Crispin, William, 14489C. W. 1837. Inv. 1837.
Crispin, Woodmansie, 21109C. Inv. 1894–5.
Croasdale, Jeremiah, 13949C. Inv. 1830.

Crockford, George, 4631C–4640C. Int. **1750.** Inv. 1750. Ren. 1750. Acct. 1752.
Crockford, Powell 14662C. Inv. 1839.
Crockford, Susan, 19060C. W. 1881. Inv. 1881.
Cromwell, Caroline E. J., 17590C. Inv. 1870.
Cronk, George, 19594C. W. 1885. Inv. 1886.
Crooks, William, 12164C. W. 1804. Inv. 1804.
Crosby, John, 283C. B. 1, p. 279. W. 1710.
Crosby, John, 6625C. Adm. 346. B. 10, p. 170. Int. 1761. Inv. 1760.
Crosby, Nathan, 4809C–4812C. Int. 1751. Inv. 1751.
Croshaw, George, 11014C. B. 27, p. 9. W. 1785. Inv. 1785.
Croshaw, George, 18526C. W. 1877. Inv. 1877.
Croshaw, Hannah, 12304C. W. 1807. Inv. 1807.
Croshaw, Isaiah, 11375C. B. 32, p. 185. Int. 1791. Inv. 1791.
Croshaw, John, 11279C. B. 31, p. 318. Int. 1789. Inv. 1790.
Croshaw, John, 13950C. Inv. 1830.
Croshaw, John, Sr., 9895C–9900C. B. 17, p. 273. W. 1775. Inv. 1775.
Croshaw, Samuel, 15571C. W. 1850. Inv. 1850.
Croshaw, Thomas, 11162C. B. 29, p. 74. Int. 1787. Inv. 1787. Ren. 1787.
Crosin, David, 20830C. W. 1893. Inv. 1894.
Cross, Abner, 14571C. Inv. 1838.
Cross, Caleb, 17043C. W. 1865. Inv. 1865.
Cross, Charles, 21495C. W. 1898. Inv. 1898.
Cross, George W., 20956C. Inv. 1894.
Cross, Joseph, 21346C. W. 1897. Inv. 1897.
Cross, Lydia W., 19450C. W. 1884.
Crossley, Sarah, 19204C. Inv. 1882.
Crothers, Nathan, 12165C. W. 1804.
Crowley, Nicholas S., 19061C. Inv. 1881.
Crowley, Sebastian, 18527C. Inv. 1877.
Crowther, William, 12987C. Inv. 1818.
Croxford, George, 12399C. Inv. 1809.
Crozer, Joseph, 11258C. B. 30, p. 61. Grd. 1788.
Crozer, Joseph, 13412C. Inv. 1824.
Crozer, Samuel, 15286C. Inv. 1847.
Cruize, James. Adm. 31. Int. 1747.
Cubardly, Wesley, 15385C. Inv. 1848.
Cubberley, James, 5407C–5412C. B. 7, p. 513. W. 1754. Inv. 1754.
Cubberley, John, 11590C. B. 35, p. 212. W. 1795.
Cubberley, Mary, 12400C. W. 1809. Inv. 1809.
Cubberley, Mary C., 17709C. W. 1871.
Cubberley, William, 11106C. B. 28, p. 81. Grd. 1786.
Cubberly, James, 2903–2906C. Acct. 1736.
Cubberly, Mary 9113C–9118C. B. 15, p. 412. W. 1772. Inv. 1772.
Cubberly, Philip H., 17592C. Inv. 1870.
Culin, John, 18807C. Inv. 1879.
Culp, John, 11836C. B. 38, p. 335. W. 1799.
Cummings, Mary A., 16929C. Inv. 1864.
Cummings, Sarah, 14572C. Inv. 1838.
Cummings, Thomas, 12305C. W. 1807. Inv. 1807.
Cummings, William C., 12401C. Inv. 1809.
Cunningham, Denis, 20527C. W. 1891.
Cunningham, James, 19895C. W. 1887.
Cunningham, Stephen, 13706C. Inv. 1827.
Cupples, Joseph, 15043C. Inv. 1844.
Curl, John E., 20670C. Inv. 1892.
Curless, Henry W., 17164C. W. 1866.
Curlis, Elizabeth, 18248C. W. 1875. Inv. 1875.
Curlis, George, 20368C. W. 1890.
Curlis, Job, 12062C. B. 40, p. 62. Grd. 1802.

Curlis, Nancy, 13508C. W. 1825. Inv. 1825.
Curliss, George, 12919C. Inv. 1817.
Curry, William, 12094C. B. 40, p. 467. W. 1803. Int. 1803. Inv. 1803.
Curtin, Hannah, 21796C. W. 1900.
Curtis, Abraham T., 18937C. W. 1880. Inv. 1880.
Curtis, Ann, 19896C. W. 1887. Inv. 1887.
Curtis, Charlotte, 16930C. Inv. 1864.
Curtis, David, 145C–147C. W. 1708. Inv. 1708.
Curtis, David, 16931C. W. 1864. Inv. 1864.
Curtis, Isaac A., 13413C. Inv. 1824.
Curtis, John, 7943C–7946C. B. 13, p. 9. W. 1766.
Curtis, John, 9903C–9905C. B. 15, p. 540. Int. 1775. Inv. 1775.
Curtis, John, 11094C. B. 28, p. 77. Int. 1786. Inv. 1786.
Curtis, John, 11435C. B. 34. p. 403. Int. 1792. Inv. 1792.
Curtis, John S., 17588C. W. 1870. Inv. 1870.
Curtis, Jonathan, 8882C–8886C. B. 15, p. 179. W. 1771. Inv. 1771.
Curtis, Jonathan, 13110C. W. 1820.
Curtis, Joseph, 4815C–4818C. Grd. 1751.
Curtis, Joseph, 7761C–7766C. B. 12, p. 62. W. 1765. Inv. 1765.
Curtis Margaret, 16525C. W. 1860. Inv. 1860.
Curtis, Mary, 12988C. W. 1818. Inv. 1818.
Curtis, Mary S., 14274C. Inv. 1834.
Curtis, Patience, 11723C. B. 37, p. 53. W. 1797. Inv. 1797. Ren. 1797.
Curtis, Rebecca, 15943C. W. 1854.
Curtis, Sarah, 11724C. B. 37, p. 69. Grd. 1797.
Curtis, Sarah, 14901C. Inv. 1842.
Curtis, Thomas, 91–94C. Acct. 1698. Pt. 1706.
Curtis, Thomas, 2227C–2229C. Int. 1732. Inv. 1732.
Curtis, Thomas, 4219C–4224C. W. 1748. Inv. 1748.
Curtis, Thomas, 11533C. B. 33, p. 479. Int. 1794. Inv. 1794.
Curtis, Thomas, 11658C. B. 35, p. 414. W. 1796. Inv. 1796.
Curtis, Thomas, Sr., 12715C. W. 1814. Inv. 1814.
Curtis, Tilton, Achsah, 11724C. B. 37, p. 69. Wds. 1797.
Cushman, Isaac, 4951C–4955C. Adm. 83. B. 7, p. 301. Int. 1752. Inv. 1752. Acct. 1752.
Cushman, John, 13707C. Inv. 1827.
Cutler, Sarah, 3007–3008C. W. 1737.
Cutler, William, 2511–2514C. W. 1733.
Cutler, William, 3345C–3348C. Int. 1741. Inv. 1741.
Cutter, Joseph, 17486C. W. 1869. Inv. 1869.
Cutter, Mary J., 21496C. W. 1898. Inv. 1898.
Cuyler, Henry, Jr., Catharine, 10935C. B. 25, p. 542. Wds. 1784.

Dagner, Abigail, 13246C. W. 1822. Inv. 1822.
Dailey, Ann, 19760C. W. 1886.
Dailey, Joseph, 21497C. Inv. 1898.
Daisy, Samuel, 12402C. Inv. 1809.
Dalbey, Barton, 15751C. Inv. 1852.
Dalton, Henry, 10702C. B. 22, p. 70. Acct. 1779.
Dalton, James, 13708C. Inv. 1827.
Dancer, Ralph, 17713C. Inv. 1871.
Danely, Joel L., 17045C. W. 1865. Inv. 1865.
Danford, James, 4447C–4452C. Int. 1749. Inv. 1749. Ren. 1749.
Dangger, Nathaniel, 10764C. B. 23, p. 210. Int. 1781.

Daniels, J. Wheaton, 21797C. W. 1900.
Danley, Daniel, 20063C. Inv. 1888.
Danley, John, 20671C. W. 1892. Inv. 1893.
Dannelly, Joseph, 15659C. W. 1851. Inv. 1851.
Danser, Abiah, 12716C. W. 1814. Inv. 1814.
Danser, Jesse, 14811C. W. 1841. Inv. 1841.
Danser, John D., 14197C. Inv. 1833.
Danser, Samuel J., 14353C. W. 1835. Inv. 1835.
Dansor, Mary, 13709C. Inv. 1827.
Danz, Frederick, 20957C. W. 1894. Inv. 1894.
Darby, Christianna, 21347C. W. 1897.
Darby, James M., 21499C. W. 1898.
Darcus, Joseph, 15572C. Inv. 1850.
Dargin, William, 21498C. W. 1898. Inv. 1898.
Darkin, Nicholas, 19321C. W. & Cod. 1883. Inv. 1883.
Darnel, Edmund, 15656C. W. & Cod. 1851. Inv. 1851.
Darnel, Edward, 11329C. B. 32, p. 58. W. 1790. Inv. 1790.
Darnel, Hannah, 16437C. Inv. 1859.
Darnel, Jane, 13111C. W. 1820. Inv. 1820.
Darnel, Joshua, 13509C. Inv. 1825.
Darnel, Lewis, 11591C. B. 35, p. 231. W. 1795. Inv. 1795.
Darnel, Rachel, 15796C. Inv. 1852.
Darnell, Aaron, 18378C. Inv. 1876.
Darnell, Caleb, 19898C. W. 1887. Inv. 1887.
Darnell, David, 21500C. W. & Cod. 1898. Inv. 1898.
Darnell, Enoch, 17487C. W. 1869. Inv. 1869.
Darnell, Hannah, 9119C–9122C. W. 1772. Inv. 1772.
Darnell, Howard, 21348C. Inv. 1897.
Darnell, Isaac, 16230C. W. 1857. Inv. 1857.
Darnell, Isaiah, 15287C. Inv. 1847.
Darnell, Mary, 17594C. W. 1870. Inv. 1870.
Darnell, Mary L., 15288C. W. 1847. Inv. 1847.
Darwood, John G., 17372C. W. 1868. Inv. 1868.
Dashield, Robert, 21231C. Inv. 1896.
Davenport, Emanuel, 11228C. B. 30, p. 58. Int. 1788. Inv. 1788.
Davenport, Francis, Sr., 101C–108C, 1537C–1542C. B. 1, p. 174. W. 1707. Int. 1720. Inv. 1707. Bill of Sale, 1720. Acct. 1727.
Davenport, Mary A., 17832C. Inv. 1872.
Davidson, Ann, 17262C. W. 1867.
Davidson, Benjamin, 16310C. W. 1859.
Davidson, Catharine, 16619C. W. 1861.
Davidson, Elizabeth, 19451C. W. 1884.
Davidson, Jane, 19899C. W. & Cod. 1887. Inv. 1888.
Davidson, Margaret, 18250C. W. 1875.
Davidson, Robert, 12805C. W. 1815.
Davidson, Robert, 20369C. W. 1890. Inv. 1890.
Davis, Abbie F., 17968C. W. 1873. Inv. 1873.
Davis, Abigail, 21226C. W. & Cod. 1896. Inv. 1896.
Davis, Andrew, 10811C. B. 24, p. 215. Int. 1782. Inv. 1782.
Davis, Andrew, 13247C. W. 1822. Inv. 1822.
Davis, Andrew, 19595C. W. 1885. Inv. 1885.
Davis, Ann, 11163C. B. 29, p. 3. W. 1787. Inv. 1787.
Davis, Annie, 21798C. Inv. 1900.
Davis, Atlee G., 17967C. Inv. 1873.
Davis, Benjamin, 2099C–2101C. Int. 1731. Inv. 1731.
Davis, Benjamin, 14963C. Inv. 1843.
Davis, Clayton, 15752C. W. 1852. Inv. 1852.
Davis, Catharine, 19900C. W. 1887.
Davis, David, 4641C–4646C. Adm. 37. Int. 1748. Inv. 1749. Acct. 1750.

Davis, David, 14740C. W. 1840. Inv. 1840.
Davis, David, 18938C. W. 1880. Inv. 1880.
Davis, Eliza, 20958C. W. 1894. Inv. 1894.
Davis, Elizabeth, 16343C. W. 1858. Inv. 1858.
Davis, Elizabeth, 20224C. W. 1889. Inv. 1889.
Davis, Gabriel, 11977C. B. 39, p. 461. Grd. 1801.
Davis, George C., 17165C. W. 1866. Inv. 1866.
Davis, Henry, 18119C. W. 1874. Inv. 1874.
Davis, Howel, 10732C. B. 23, p. 208. Int. 1780.
Davis, Ivins, 15202C. Inv. 1846.
Davis, Ivins, 21633C. Inv. 1899.
Davis, Jacob, 12866C. Inv. 1816.
Davis, James, 12717C. W. 1814.
Davis, James, 16142C. Inv. 1856.
Davis, James, 16344C. Inv. 1858. Notice of Settlement, 1859.
Davis, J. Howard, 20064C. W. 1888. Inv. 1888.
Davis, Job, 11725C. B. 37, p. 68. Int. 1797.
Davis, John, 11015C. B. 27, p. 20. Int. 1785. Inv. 1785.
Davis, John C., 14275C. Inv. 1834.
Davis, John I., 17488C. W. 1869. Inv. 1869.
Davis, John I., 19901C. Inv. 1887.
Davis, Jonathan, 11164C. B. 29, p. 80. Wd. 1787.
Davis, Jonathan, 13868C. Inv. 1829.
Davis, Jonathan, 15289C. Inv. 1847.
Davis, Joseph, 12568C. Inv. 1812.
Davis, Joseph, 15753C. W. 1852. Inv. 1852.
Davis, Joshua, 16143C. W. 1856. Inv. 1856.
Davis, Laura G., 19205C. W. 1882.
Davis, Levi, 12989C. Inv. 1818.
Davis, Margaret, 12446C. W. 1810. Inv. 1810.
Davis, Margaret, 13869C. Inv. 1829.
Davis, Mary, 11964C. B. 39, p. 267. Int. 1801. Inv. 1801.
Davis, Mary, 14964C. Inv. 1843.
Davis, Mary, 16144C. Inv. 1856.
Davis, M. C., 16051C. Inv. 1855.
Davis, Michael, 18939C. W. 1880. Inv. 1880.
Davis, Nancy, 18671C. W. 1878. Inv. 1878.
Davis, Phebe A., 19316C. W. 1883. Inv. 1883.
Davis, Rachel W., 17261C. W. 1867.
Davis, Rebecca, 18249C. W. 1875. Inv. 1875.
Davis, Ruth, 15477C. Inv. 1849.
Davis, Samuel, Jr., 8529C–8530C. Inv. 1769.
Davis, Samuel, Sr., 9393C–9398C. B. 14, p. 531. W. 1773. Inv. 1773.
Davis, Samuel S., 18528C. Inv. 1877.
Davis, Thomas W., Sr., 20370C. W. 1890. Inv. 1890.
Davis, William, 7435C–7446C. B. 11, p. 377. W. & Cod. 1763. Inv. 1763. Acct. 1767.
Davis, William, 10865C. B. 24, p. 197. W. 1783. Inv. 1783.
Davis, William, 11330C. B. 32, p. 97. Int. 1790. Inv. 1791.
Davis, William, Jr., 14965C. Inv. 1843.
Davis, William C., 16145C. W. 1856. Inv. 1856.
Davy, Harriet, 14354C. W. 1835. Inv. 1835.
Davy, John B., 13248C. W. 1822. Inv. 1822.
Dawson, Francis, 9399C–9402C. B. 16, p. 146. W. 1773.
Dawson, Rachel, 9907C–9910C. B. 15, p. 535. Wd. 1775.
Dawson, Robert. Adm. 26. Int. 1747.
Dawson, Samuel, 13414C. Inv. 1824.
Dawson, Thomas, 1819–1822C. Inv. 1729.
Dawson, William, 14812C. Inv. 1841.
Day, John, 1165–1170C. W. 1724.
Day, Sarah, 13415C. Inv. 1824.
Day, Sarah B., 21110C. Inv. 1895.

Dayton, Mary E., 18808C. Inv. 1879.
Dayton, Samuel S., 18809C. W. & Cod. 1879. Inv. 1879.
Deacon, Abigal, 16146C. Inv. 1856.
Deacon, Alfred A., 20832C. W. 1893. Inv. 1893.
Deacon, Ann B., 17595C. W. 1870. Inv. 1870.
Deacon, Ann S., 18380C. W. 1876.
Deacon, Anna H., 20672C. W. 1892. Inv. 1892.
Deacon, Anna M., 21634C. W. 1899. Inv. 1899.
Deacon, Barzillai, 18672C. W. 1878.
Deacon, Barzillai, Sr., 12306C. W. 1807. Inv. 1807.
Deacon, Benajah, 17373C. W. 1868. Inv. 1868.
Deacon, Beulah, 14573C. W. 1838. Inv. 1838.
Deacon, Catharine, 14741C. W. 1840. Inv. 1840.
Deacon, Charles, 15203C. W. 1846. Inv. 1846.
Deacon, Daniel, 13788C. Inv. 1828.
Deacon, David, 14742C. W. 1840. Inv. 1840.
Deacon, David, 15845C. W. 1853. Inv. 1853.
Deacon, David A., 21349C. W. 1897.
Deacon, Elizabeth, 15386C. W. 1848. Inv. 1848.
Deacon, Elizabeth B., 19452C. W. 1884.
Deacon, Elizabeth B., 21227C. Inv. 1896.
Deacon, Elizabeth B., 21501C. W. & Cod. 1898. Inv. 1898.
Deacon, Elizabeth H., 17374C. W. 1868. Inv. 1868.
Deacon, Elizabeth W., 17710C. W. 1871. Inv. 1879.
Deacon, Ella M., 20959C. Inv. 1894.
Deacon, Ellen, 21111C. W. 1895.
Deacon, Eugene M., 19902C. W. 1887.
Deacon, George, 1271C–1276C. B. 2, p. 311. W. 1725. Inv. 1725.
Deacon, George, 1825C–1827C. W. 1729. Inv. 1729.
Deacon, George, 11165C. B. 29, p. 77. Int. 1787. Inv. 1787. Ren. 1787.
Deacon, George, 14198C. Inv. 1833.
Deacon, George, 15573C. W. & Cod. 1850. Inv. 1851.
Deacon, George, 20371C. W. 1890. Inv. 1890.
Deacon, George B., 18381C. W. 1876. Inv. 1876.
Deacon, George, Jr., 16231C. W. 1857. Inv. 1857.
Deacon, Hannah E., 17490C. W. 1869. Inv. 1869.
Deacon, Henry C., 19761C. W. 1886. Inv. 1886, 1901.
Deacon, Henry I., 20673C. W. 1892. Inv. 1892.
Deacon, Hop Z., 19596C. W. 1885. Inv. 1885.
Deacon, Isaac, Rachel, Theodosia, 11331C. B. 32, p. 98, Wds. 1790. Tr. 1790.
Deacon, Isaac, 12636C. Inv. 1813.
Deacon, Israel S., 20674C. Inv. 1892.
Deacon, Jacob, 15387C. W. 1848. Inv. 1848.
Deacon, James, 12920C. W. 1817. Inv. 1817.
Deacon, James, Ann, George, Jr., 11376C. B. 32, p. 186. Wds. 1791.
Deacon, James, 16052C. Inv. 1855.
Deacon, Jeremiah H., 21799C. W. & Cod. 1900. Inv. 1900.
Deacon, Job, 13249C. Inv. 1822.
Deacon, John, 6627C–6628C. Adm. 345. B. 10, p. 170. Int. 1760. Inv. 1760.
Deacon, John, 11839C. B. 39, p. 73. Grd. 1799. Tr. 1799.
Deacon, John, 14424C. W. 1836. Inv. 1836.
Deacon, John, 16526C. W. 1860. Inv. 1860.
Deacon, John C., 17596C. W. 1870. Inv. 1870.

Deacon, John, Sr., 15204C. W. 1846. Inv. 1846.
Deacon, Jonathan E., 18121C. W. 1874. Inv. 1874.
Deacon, Joseph, 12357C. W. 1808. Inv. 1808.
Deacon, Joseph, 18673C. Inv. 1878.
Deacon, Joseph, Sr., 16053C. W. 1855. Inv. 1856.
Deacon, Joseph R., 13870C. Inv. 1829.
Deacon, Joseph R., 19762C. W. 1886.
Deacon, Kezia E., 17712C. W. 1871. Inv. 1872.
Deacon, Louisa B., 19206C. Inv. 1882.
Deacon, Lydia R., 21635C. W. 1899.
Deacon, Maria W., 18674C. Inv. 1878.
Deacon, Martha, 16438C. W. 1859. Inv. 1859.
Deacon, Mary, 17834C. W. 1872. Inv. 1873.
Deacon, Mary R., 21800C. W. 1900. Inv. 1900.
Deacon, Nelson W., 17046C. W. 1865.
Deacon, Rachel, 13510C. W. 1825. Inv. 1825.
Deacon, Rebecca, 15846C. W. 1853. Inv. 1853.
Deacon, Rebecca A. H., 20372C. W. 1890. Inv. 1890.
Deacon, Rebecca E., 16698C. W. 1862. Inv. 1862.
Deacon, Richard, 17166C. W. 1866. Inv. 1866.
Deacon, Robert, 13710C. W. 1827. Inv. 1827.
Deacon, Robert A. H., 15657C. Inv. 1851.
Deacon, Robert F., 17969C. Inv. 1873.
Deacon, Samuel, 14574C. Inv. 1838.
Deacon, Sarah, 14813C. W. 1841. Inv. 1841.
Deacon, Sarah A. H., 17047C. W. 1865.
Deacon, Sarah B., 18675C. W. 1878. Inv. 1878.
Deacon, Susanna, 12095C. B. 40, p. 344. W. 1803. Inv. 1803.
Deacon, Susannah, 11331C. B. 32, p. 98. Grd. 1790. Tr. 1790.
Deacon, Susannah, 11376C. B. 32, p. 186. Grd. 1791.
Deacon, Tabitha B., 20065C. W. 1888. Inv. 1888.
Deacon, Thomas, 13711C. Inv. 1827.
Deacon, Thomas, 15658C. W. 1851. Inv. 1851.
Deacon, Thomas E., 12938C. Grd. 1816.
Deacon, Thomas E., 15847C. Inv. 1853.
Deacon, William, 11599C. B. 35, p. 257. Grd. 1795.
Deacon, William, 14355C. Inv. 1835.
Deacon, William, 15290C. W. 1847. Inv. 1847.
Deacon, William, 15388C. W. 1848. Inv. 1848.
Deacon, William G., 19207C. W. 1882. Inv. 1882.
Deacon, William H., 19596C. W. 1885. Inv. 1885.
Deacon, William R., 15944C. W. 1854. Inv. 1854.
Deacon, William, Sr., 12500C. W. 1811. Inv. 1811.
Deady, Elizabeth F., 19208C. W. 1882.
Dean, John, 16618C. W. 1861.
Dearnal, John, 6297C–6304C. B. 9, p. 301. W. & Cod. 1759. Inv. 1759.
Decaen, Francis, 15389C. W. 1848. Inv. 1848.
DeCamp, James, 20225C. W. 1889. Inv. 1889.
Decamp, John, 18529C. W. 1877. Inv. 1877.
DeCamp, John, 18530C. Inv. 1877.
Decamp, Joseph, 17489C. W. 1869. Inv. 1869.
Decamp, Margaret, 18251C. W. 1875. Inv. 1875.
DeCamp, Wardell B., 20528C. W. 1891.
De Cou, Abigail, 19903C. W. 1887. Inv. 1887.
DeCou, Caroline, 21228C. Inv. 1896.
DeCou, Daniel, 21502C. W. 1898. Inv. 1898.
DeCou, Francis, 18811C. Inv. 1879.
DeCou, Helena, 16439C. Inv. 1859.
DeCou, Isaac, 20373C. W. 1890. Inv. 1890.

Decou, Isaac, Sr., 14663C. W. 1839. Inv. 1839.

Decou, Jacob, 2813–2820C. W. 1735. Inv. 1736.

Decou, John E., 17711C. Inv. 1871.

DeCou, Keziah, 18531C. Inv. 1877.

Decou, Wesley G., 18253C. Inv. 1875.

De Cow, Achsah, 11168C. B. 29, p. 80. Grd. 1787. Tr. 1787.

Decow, Amos T., 18379C. Inv. 1876.

Decow, Daniel, 15044C. W. 1844. Inv. 1844.

Decow, David, 18120C. Inv. 1874.

De Cow, Eber, 11166C. B. 29, p. 66. W. 1787.

Decow, Eber, Jr., 14814C. Inv. 1841.

Decow, Hannah, 10743C. B. 23, p. 206. Int. 1780.

DeCow, Isaac, Jr., 5615C–5618C. B. 8, p. 203. W. 1755.

DeCow, Isaac, Sr., 5619C–5622C. B. 8, p. 209. W. 1755.

Decow, Isaac, Sr., 11377C. B. 32, p. 125. W. 1791. Inv. 1791.

DeCow, Israel, 7767C–7777C. B. 12, p. 108. W. 1765. Inv. 1765. Acct. 1767.

Decow, James, 17833C. W. 1872. Inv. 1872.

De Cow, John, Sr., 12637C. W. 1813. Inv. 1813.

De Cow, Joseph, 11167C. B. 29, p. 77; B. 32, p. 183. Int. 1787, 1791. Inv. 1788. Ren. 1787.

De Cow, Joseph, Clayton, Mary, 11168C. B. 29, p. 80. Wds. 1787. Tr. 1787.

Decow, Mary, Joseph, Jr., 11726C. B. 37, p. 71. Wds. 1797. Pt. 1797.

Decow, Mary, 13789C. W. 1828. Inv. 1828.

Decow, Robert, 12718C. Inv. 1814.

De Cow, Samuel, 12030C. B. 40, p. 138. Int. 1802. Inv. 1804.

Decow, Wesly, 17597C. W. 1870. Inv. 1870.

De Cow, William, 12447C. Inv. 1810.

DeHart, William, 17970C. W. 1873. Inv. 1873.

Deighan, John, 21636C. W. 1899.

De Klyn, Barnt, 13416C. W. 1824.

Delaney, Michael, 17971C. Inv. 1873.

Delany, James, 10936C. B. 25, p. 538. Int. 1784. Inv. 1784.

Delany, William, 16932C. W. 1864. Inv. 1864.

Delatush, Henry, 8651C–8666C. B. 15, p. 57. W. 1770. Inv. 1770.

Delatush, John, 7947C–7948. Adm. 266. B. 12, p. 291. Int. 1766. Inv. 1766.

Dellett, James, 21503C. W. 1898. Inv. 1898.

Dellett, Manasses, 20833C. Inv. 1893.

Dellett, Mary, 21504C. W. 1898. Inv. 1898.

Dellett, Rebecca, 21230C. W. & Cod. 1896. Inv. 1896.

DeLotbiniere, Louis F. C., 11378C. B. 32, p. 178. W. 1791.

Dempsey, Mary, 19317C. W. 1883.

Dempsey, James, 17491C. W. 1869. Inv. 1869.

Dennis, Eliza, 21350C. Inv. 1897.

Dennis, Jacob, 14902C. W. 1842. Inv. 1842.

Dennis, Joseph, 5413C–5416C. W. 1754. Inv. 1754.

Dennis, Meribah, 20226C. W. 1889.

Dennis, Susan B., 19062C. Inv. 1881.

Dennis, Thomas, 19904C. W. 1887. Inv. 1887.

Dennis, William, 20066C. W. 1888.

Dentzer, John, 20529C. W. 1891.

DeRochbrune, Sarah S., 20676C. Inv. 1892.

Derockbrune, William, 15131C. Inv. 1845.

Detterer, Otto, 21351C. Inv. 1897.

Devenish, Joseph, 4053C–4056C. W. 1747. Inv. 1747.

Deviney, Jane S., 20677C. W. 1892. Inv. 1892.

Devincy, Joseph, 16823C. Inv. 1863.

Devitt, Edward W., 20067C. W. 1888. Inv. 1888.

Devoe, John, 17972C. W. 1873.

Devoe, Susan, 20068C. W. 1888. Inv. 1888.

DeWitt, Peter, 17492C. W. 1869. Inv. 1869.

Dichfield, John. Adm. 315. B. 14, p. 524. Int. 1773.

Dicker, Barbara, 9911C–9918C. B. 16, p. 496. Int. 1775. Inv. 1775. Acct. 1775.

Dicker, Michael, 10111C–10112C. B. 16, p. 6. Int. 1776.

Dickerson, John, 20675C. W. 1892.

Dicks, Joseph B., 13871C. Inv. 1829.

Dicks, William, 13417C. Inv. 1824.

Dickson, Hannah, 17493C. W. 1869.

Dickson, John, 15574C. W. 1850.

Dieterich, Joseph, 21229C. W. 1896.

Dill, Bathiah C., 21352C. W. & Cods. 1897. Inv. 1897.

Dill, Joseph C., 20607C. Inv. 1891.

Dill, Josiah, 20530C. W. 1891. Inv. 1891.

Dill, Matilda A., 20834C. W. 1893. Inv. 1893.

Dillon, George, 16758C. Inv. 1862.

Dillon, James, 10733C. B. 22, p. 271. W. 1780.

Dillon, Thomas, 21353C. W. 1897.

Dillwyn, George, 13112C. W. & Cod. 1820. Inv. 1820.

Dillwyn, Sarah, 13615C. W. & Cods. 1826. Inv. 1826.

Dilworth, William, 10866C. B. 25, p. 43. W. 1783.

Dippey, John, 10765C. B. 23, p. 134; B. 25, p. 100. Int. 1781. Inv. 1782. Acct. 1782.

Disbrow, Joseph, 11192C. B. 29, p. 81. Grd. 1787.

Ditrich, Peter, 6629C–6630C. Adm. 336. B. 10, p. 169. Int. 1760. Inv. 1760.

Diville, George, 12307C. Inv. 1807.

Dixon, Samuel, 21354C. Inv. 1897.

Dobbin, James, 11837C. B. 38, p. 339. W. 1799.

Dobbin, Zebbedy, 11965C. B. 39, p. 305. Int. 1801. Inv. 1801.

Dobbins, Ambrose E., 20069C. Inv. 1888.

Dobbins, Damaris, 19905C. W. 1887. Inv. 1888.

Dobbins, Edward T., 15132C. W. 1845. Inv. 1845.

Dobbins, Elizabeth S., 20678C. W. 1892. Inv. 1893.

Dobbins, Hannah L., 17263C. W. 1867. Inv. 1867.

Dobbins, Hillman, 14743C. W. 1840. Inv. 1840.

Dobbins, James, 10113C–10116C. B. 18, p. 55. Int. 1776. Inv. 1777.

Dobbins, James, Jr., 11592C. B. 35, p. 254. Int. 1795. Inv. 1795.

Dobbins, James L., 16345C. Inv. 1858.

Dobbins, Joab, 14105C. W. 1832. Inv. 1832.

Dobbins, John, Jr., 17494C. W. 1869. Inv. 1869.

Dobbins, John, Sr., 14815C. W. & Cod. 1841. Inv. 1841.

Dobbins, John S., 16346C. W. 1858. Inv. 1858.

Dobbins, Mary, 11907C. B. 39, p. 74. Wd. 1800. Tr. 1800.

Dobbins, Richard J., 14025C. Inv. 1831.

Dobbins, Samuel, 15945C. W. 1854. Inv. 1854.

Dobbins, Samuel A., 19763C. Inv. 1886.

Dobbins, Sarah B., 19318C. W. 1883. Inv. 1883.

Dobbins, Stacy, 15946C. Inv. 1854.

Dobbins, William, 15291C. W. 1847. Inv. 1847.

Dobbins, William, Ann, 11593C. B. 35, p. 257. Wds. 1795.

Dodd, Rebecca, 19063C. W. 1881. Inv. 1881.

Dodge, George H., 20070C. W. 1888. Inv. 1888.

Dolton, Hugh, 19064C. W. 1881. Inv. 1881.

Donnelly, Mary, 17973C. W. 1873. Inv. 1873.

Donnelly, Patrick, 20679C. W. 1892. Inv. 1892.

Donovan, John, Sr., 21355C. W. 1897.

Doolittle, Stephen R., 16054C. W. 1855. Inv. 1855.

Doran, Stacy, 15947C. W. 1854. Inv. 1854.

Doren, Samuel, 21232C. W. 1896.

Dorn, Barbara D., 20531C. W. & Cod. 1891.

Dorn, Mathias, 16933C. W. 1864. Inv. 1864.

Doron, Charles S., 21356C. W. 1897. Inv. 1897.

Doron, Eliza, 19764C. W. 1886.

Doron, James, 12867C. Inv. 1816.

Doron, John, 12166C. W. 1804.

Doron, John, 19598C. W. 1885. Inv. 1885.

Doron, Thomas, 12403C. W. 1809. Inv. 1810.

Doron, William H., 21357C. Inv. 1897.

Dorsey, Martha, 12806C. W. 1815. Inv. 1815.

Dotey, Ebenezer, 10867C. B. 25, p. 97. Int. 1783. Inv. 1783.

Dougherty, Daniel, 17048C. Inv. 1865.

Dougherty, Hugh, 16148C. Inv. 1856.

Dougherty, James, 10766C. B. 23, p. 211. Int. 1781. Inv. 1782. Acct. 1782.

Dougherty, James, 10812C. B. 23, p. 210. Int. 1782.

Dougherty, John, 11659C. B. 35, p. 489. Int. 1796. Inv. 1796.

Dougherty, Patrick, 20533C. W. 1891. Inv. 1891.

Doughten, Franklin C., 19597C. W. 1885. Inv. 1885.

Doughten, George, 20532C. W. 1891.

Doughten, Sarah W., 19319C. W. 1883. Inv. 1883.

Doughten, William, 15045C. Inv. 1844.

Doughty, Daniel, 10569C–10572C. B. 20, p. 176. W. 1778.

Doughty, Elias, 4647C–4652C, 8317C–8319C. B. 6, p. 395; B. 13, p. 433. W. 1750. Inv. 1751. Acct. 1768.

Douglas, John, 10868C. B. 24, p. 216. Int. 1783. Inv. 1783.

Douglass, Alexander, 14490C. W. 1837. Inv. 1837.

Douglass, George, 5873C–5876C. B. 8, p. 466. W. 1757. Inv. 1757.

Douglass, Harriet, 21801C. Inv. 1900.

Douglass, Jacob M., 17974C. W. & Cod. 1873. Inv. 1878.

Douglass, John. Adm. 225. B. 11, p. 240. Int. 1762.

Douglass, Joseph, Mary, Jacob, Thomas, Jr., 12096C. B. 40, p. 455. Wds. 1803. Tr. 1803.

Douglass, Robert, 11534C. B. 33, p. 479. Int. 1794. Inv. 1794.

Douglass, Sarah W., 18676C. W. 1878. Inv. 1878.

Douglass, Thomas, 8321C–8324C. B. 13, p. 434. Int. 1768. Ren. 1768.

Douglass William, 4949C–4950C. Int. 1752.

Douglass, William, 10869C. B. 25, p. 58. W. 1783.

Douglass, William, 11966C. B. 39, p. 233. Int. 1801. Inv. 1801.

Douns, George, 18532C. Inv. 1877.

Downey, Dennis, 4453C. Int. 1749.

Downs James, 13511C. Inv. 1825.

Downs, James M., 17598C. W. 1870.

Downs, Jesse L., 19766C. W. 1886. Inv. 1886.

Downs, John, 13333C. Inv. 1823.

Downs, Mary, 19765C. W. 1886. Inv. 1886.

Downs, Samuel S., 19209C. W. 1882. Inv. 1882.

Downs, Timothy, 19767C. W. 1886.

Doyle, Bridget, 21112C. W. 1895.

Doyle, Gregory, 18940C. W. 1880. Inv. 1880.

Doyle, Margaret, 21358C. W. 1897. Inv. 1898.

Doyle, Patrick, 21233C. W. 1896.

Draper, Edward, Elizabeth, 2705C. Wds. 1734.

Draper, James, 10817C. B. 23, p. 212. Grd. 1782.

Draper, Thomas, 2703C–2707C. Int. 1734. Inv. 1734.

Drear, John, 19820C. W. 1886.

Drinker, Daniel, 12807C. W. 1815. Inv. 1815.

Drinker, Joseph D., 14199C. Inv. 1833.

Dubel, Emma, 18122C. W. 1874. Inv. 1874.

Dubel, John, Sr., 15754C. W. 1852. Inv. 1852.

Dubel, John E., 20960C. W. 1894. Inv. 1895.

Dubell, Abraham, Sr., 17593C. Inv. 1870.

Dubell, Julia A. M., 20961C. W. 1894.

Duckworth, William, 1659–1670C. Int. 1727. Inv. 1728. Acct. 1730.

Dudley Ann B., 20962C. W. 1894.

Dudley Charles, Sr., 16934C. Inv. 1864.

Dudley, Clayton H., 19065C. Inv. 1881.

Dudley, Darling, 13418C. Inv. 1824.

Dudley, Elizabeth, 14356C. W. 1835. Inv. 1835.

Dudley Elizabeth, 15755C. W. 1852. Inv. 1852.

Dudley, Elizabeth, 16232C. Inv. 1857.

Dudley, Elwood, 19453C. Inv. 1884.

Dudley, Evan, 13113C. Inv. 1820.

Dudley, Francis, 7387C–7390C. B. 11, p. 279. Grd. 1763.

Dudley, Francis, 10813C. B. 23, p. 152; B. 25, p. 545. W. 1782. Inv. 1782. Acct. 1784.

Dudley, George E., 20680C. W. 1892.

Dudley, Isaac, 13334C. W. 1823. Inv. 1823.

Dudley, John, Sr., 15292C. W. 1847. Inv. 1847.

Dudley, Joseph, 15390C. Inv. 1848.

Dudley, Joshua, Sr., 13790C. W. 1828. Inv. 1828.

Dudley, Lydia, 19066C. Inv. 1881.

Dudley, Martin H., 19320C. W. 1883. Inv. 1883.

Dudley, Mary, 17835C. W. 1872. Inv. 1872.

Dudley, Nathaniel M., 21638C. W. & Cod. 1899. Inv. 1899.

Dudley, Rachel, 11095C. B. 28, p. 52. W. 1786. Inv. 1786.

Dudley, Rachel, 15133C. Inv. 1845.

Dudley, Thomas, 14276C. W. & Cod. 1834. Inv. 1834. Maps (2) 1834.

Dudley Thomas, Sr., 13872C. W. 1829. Inv. 1829.

Dudley, William B., 19599C. W. 1885. Inv. 1885.

Dudly, John H., 21637C. W. 1899. Inv. 1900.

Duer, George S., 18909C. Inv. 1876.

Duer, Joseph, Sr., 10315C–10320C. B. 19, p. 84. W. 1777. Inv. 1777.

Duffy, Daniel, 20681C. W. 1892.

Duffy, Margaret, 21802C. W. 1900.

Duffy, Sarah, 21234C. W. 1896.

Dugdale, Sarah M., 19210C. Inv. 1882.

Dugdale, Thomas, 16935C. Inv. 1864.

Duglass, Charles, 12501C. Inv. 1811.

Duglass, Elizabeth, 11280C. B. 31, p. 267. W. 1789. Inv. 1789.

Duglass, John, 7261C. B. 11, p. 240. Inv. 1762.

Duglass, Joseph, 12031C. B. 40, p. 180. W. 1802. Inv. 1802.

Duglass, William, 11332C. B. 32, p. 97. Int. 1790. Inv. 1791.

Dull, George, 18533C. Inv. 1877.
Dullea, Edward, 20374C. W. 1890.
Duncan, Alexander, 17495C. Inv. 1869.
Dungan, Joseph B., 15756C. Inv. 1852.
Dungan, Josiah, 12502C. Inv. 1811.
Dunn, Benajah, 12358C. Inv. 1808.
Dunn, Nathan, 15110C. Inv. 1844.
Dunn, Thomas H., 18252C. W. 1875. Inv. 1875.
Dunne, Bridget B., 21803C. W. 1900.
Dunyan, Timothy, 13419C. Inv. 1824.
Durbin, Leonadas W., 19906C. Inv. 1887.
Durell, Abigail, 21505C. W. & Cod. 1898. Inv. 1898.
Durell, Abner, 20071C. W. 1888. Inv. 1889.
Durell, Darby, 8887C–8890C, 9125C–9126C. Adm. 304. B. 14, p. 419; B. 15, p. 109. Int. 1771. Inv. 1771. Acct. 1771.
Durell, Elizabeth, 18534C. W. 1877.
Durell, Elwood, 19907C. Inv. 1887.
Durell, Jeremiah, 14357C. W. 1835. Inv. 1835.
Durell, Jonathan, 13712C. W. 1827. Inv. 1827.
Durell, Lydia, 12359C. W. 1808. Inv. 1808.
Durell, Samuel, 15757C. Inv. 1852.
Durell,-Sarah, 13616C. Inv. 1826.
Durell, William, 16759C. W. 1862. Inv. 1862.
Durell, William, 19908C. Inv. 1887.
Dusolt, John, 19768C. W. 1886.
Dutton Emeline, 20375C. W. 1890.
Dutton, Sarah J., 21639C. W. 1899. Inv. 1899.
Dutton, Simeon, 18677C. W. 1878. Inv. 1878.
Dutton, Thomas, Jr., 15478C. Inv. 1849.
Duval, Alice, 13951C. Inv. 1830.
Dye, Henry, 14358C. W. 1835. Inv. 1835.
Dyer, John C., 14575C. Inv. 1838.
Dyer, William, 20227C. Inv. 1889.

Eacret, Daniel, 13184C. W. 1821. Inv. 1821.
Eakin, Alexander, 11535C. B. 33, p. 481. Grd. 1794.
Eakin, Nancy, 11535C. B. 33, p. 481. Wd. 1794.
Eakman, Ann, 17975C. Inv. 1873.
Earl, Abigail, 16055C. W. 1855. Inv. 1855.
Earl, Anna M., 20963C. W. 1894.
Earl, Anna W., 19909C. W. & Cod. 1887. Inv. 1887.
Earl, Anthony S., 14277C. Inv. 1834.
Earl, Caleb, 12000C. B. 39, p. 305. Grd. 1801. Tr. 1801.
Earl, Caleb, 12808C. W. 1815. Inv. 1815.
Earl, Caleb, 17976C. W. 1873. Inv. 1873.
Earl, Charles, 16699C. W. 1862. Inv. 1862.
Earl, Charles N., 17377C. Inv. 1868.
Earl, Charlotte, 16824C. W. 1863. Inv. 1863.
Earl, Daniel, 12204C. W. 1805. Inv. 1805.
Earl, Daniel S., 20072C. W. 1888. Inv. 1888.
Earl, Edith, 12921C. W. 1817. Inv. 1817.
Earl, Elizabeth, 12097C. B. 40, p. 385. Int. 1803. Inv. 1804.
Earl, Elizabeth K., 17266C. W. 1867.
Earl, Franklin W., 19322C. W. 1883. Inv. 1883.
Earl, John, 12205C. W. 1805. Inv. 1805.
Earl, John, 14491C. Inv. 1837.
Earl, John, Sr., 12638C. W. 1813. Inv. 1813.
Earl, John S., 13185C. Inv. 1821.
Earl, Joseph, 14664C. W. 1839. Inv. 1839.
Earl, Joshua S., 14026C. W. 1831. Inv. 1831.
Earl, Kezia, 19067C. W. 1881. Inv. 1881.
Earl, Leah, 16936C. W. 1864. Inv. 1864.
Earl, Letitia, 14425C. W. 1836. Inv. 1836.
Earl, Maria, 21113C. W. 1895. Inv. 1895.
Earl, Martha, 14492C. W. 1837. Inv. 1837.
Earl, Martha S., 17376C. W. 1868. Inv. 1868.
Earl, Mary, 15948C. W. 1854. Inv. 1854.

Earl, Mary, 13420C. Inv. 1824.
Earl, Mary, Sr., 12503C. W. 1811. Inv. 1811.
Earl, Mary H., 21506C. W. 1898. Inv. 1898.
Earl, Michael, 15575C. W. 1850. Inv. 1850.
Earl, Rebecca N., 18678C. Inv. 1878.
Earl, Rebecca W., 19769C. Inv. 1886.
Earl, Richard W., 17714C. W. 1871. Inv. 1872.
Earl, Samuel, 11838C. B. 38, p. 360. W. 1799. Int. 1799. Inv. 1799. Ren. 1799.
Earl, Samuel W., 18254C. W. 1875.
Earl, Sarah, 13512C. W. 1825. Inv. 1825.
Earl, Tanton, 12308C. W. & Cod. 1807. Inv. 1807.
Earl, Tanton, 15949C. Inv. 1854.
Earl, Tanton, 17378C. W. 1868. Inv. 1869.
Earl, Theodosia, 15391C. W. 1848. Inv. 1848.
Earl, Thomas, 4813C. Adm. 81. Int. 1752. Inv. 1751.
Earl, Thomas, 12032C. B. 39, p. 502. Int. 1802. Inv. 1802.
Earl, Thomas, 15205C. Inv. 1846.
Earl, Thomas, Jr., 12258C. Inv. 1806.
Earl, Thomas S., 14200C. Inv. 1833.
Earl, Thomas S., 15950C. Inv. 1854.
Earl, Thomas, Sr., 10573C–10576C. B. 19, p. 123. W. 1778.
Earl, Thomas, Sr., 12404C. W. 1809.
Earl, Tucker, 12098C. B. 40, p. 347. W. 1803.
Earl, William, 6053C–6054C. Adm. 184. B. 9, p. 93. Int. 1758. Inv. 1758.
Earle, Joseph. Adm. 110. B. 7, p. 421. Int. 1753.
Earle, William, Sr., 2516–2518C. W. 1733.
Earley, Jesse, 18941C. W. 1880. Inv. 1880.
Earling, Lenard, 19621C. W. 1884. Inv. 1884.
Earling, Margaret, 20835C. W. 1893. Inv. 1893.
Earll, William, 3205C–3218C. W. 1740. Inv. 1740. Acct. 1756.
Earls, Joseph, 5417C–5418C. Inv. 1754.
Early, Charles, 16937C. W. 1864.
Early, Charles, 17379C. W. 1868. Inv. 1868.
Early, Eliza, 20228C. Inv. 1889.
Early, Hope, 15576C. W. 1850. Inv. 1850.
Early, James, 16149C. W. 1856. Inv. 1857.
Early, John, 14426C. Inv. 1836.
Early, John F., 21032C. Inv. 1894.
Early, Mary, 14903C. Inv. 1842.
Early, William, 14576C. W. 1838. Inv. 1838.
Earnest, John H., 19600C. Inv. 1885.
Earnest, Thomas, 12099C. B. 40, p. 266. Int. 1803. Inv. 1804.
Earnshaw, John W. S., 20534C. W. 1891.
Easdail, Samuel, 11776C. B. 38, p. 36. Int. 1798.
Eastburn, Ann, 18382C. W. 1876. Inv. 1876.
Eastburn, Beulah, 21114C. W. 1895.
Eastburn, Kirkbride, 16761C.. W. 1862. Inv. 1862.
Eastburn, Sarah B., 19601C. W. 1885.
Easton, John, 341C–344C. Inv. 1712. Acct. 1712.
Easton, John, 339C–344C. Inv. 1717. Bond 1711. Acct. 1711.
Eayre, Asa, 13250C. W. 1822. Inv. 1822.
Eayre, Clement A., 20535C. W. 1891.
Eayre, Deborah, 12100C. B. 40, p. 454. Int. 1803. Inv. 1804.
Eayre, Elizabeth, 5269C–5274C. W. 1753. Inv. 1753.
Eayre, Habakuk, 11536C. B. 33, p. 473. W. & Cod. 1794. Inv. 1794.
Eayre, Hezekiah, 11594C. B. 35, p. 253. Int. 1795, Inv. 1795.

Eayre, Hosea, 11489C. B. 33, p. 49. Int. 1793. Inv. 1793. Ren. 1793.

Eayre, Isaac W., 17496C. Inv. 1869.

Eayre, John, Sr., 10577C–10582C, 10870C. B. 20, p. 180; B. 25, p. 100. W. 1778. Inv. 1778. Acct. 1783.

Eayre, Joseph, 10871C. B. 25, p. 99. Grd. 1783.

Eayre, Joseph, 11490C. B. 33, p. 4. W. & Cod. 1793. Inv. 1793.

Eayre, Joseph W., 16203C. W. 1856. Inv. 1857.

Eayre, Levi, 11436C. B. 34, p. 404. Int. 1792. Inv. 1792.

Eayre, Lydia, 20073C. W. & Cod. 1888. Inv. 1888.

Eayre, Mary, 11967C. B. 39, p. 303. W. 1801. Inv. 1801.

Eayre, Mary, Keziah, 11839C. B. 39, p. 73. Wds. 1799. Tr. 1799.

Eayre, Mary, 13513C. W. 1825.

Eayre, Mary Ann, 15479C. W. 1849. Inv. 1857.

Eayre, Mortimer H., 19068C. Inv. 1881.

Eayre, Ner, 7949C–7951C. Adm. 268. B. 12, p. 294. Int. 1766. Inv. 1766. Ren. 1766.

Eayre, Richard, 3061–3066C. W. 1738. Inv. 1738.

Eayre, Richard, 7779C–7784C, 8892C–8898C. B. 12, p. 116; B. 15, p. 101. W. 1765. Inv. 1765. Acct. 1771.

Eayre, Richard, 14359C. W. 1835. Inv. 1836.

Eayre, Thomas, 6973C–6978C. B. 10, p. 348. W. 1761. Inv. 1761.

Eayre, Thomas, 9127C–9146C. B. 14, pp. 285, 419; B. 15, p. 16. W. & Cods. (2) 1770. Inv. 1770. Accts. (2) 1770, 1772.

Eayre, Thomas, 11096C. B. 28, p. 74. Int. 1786. Inv. 1786.

Eayre, Thomas, Jr., 10871C. B. 25, p. 99. Wd. 1783.

Eayre, Thomas W., 15046C. W. 1844. Inv. 1844.

Eckman, Rebecca, 20536C. Inv. 1891.

Edge, Daniel. Adm. 28. Int. 1747.

Edgerton, Thomas D., 19602C. Inv. 1885.

Edman, Thomas, 17599C. W. 1870. Inv. 1870.

Edwards, Ann, 13114C. W. 1820. Inv. 1820.

Edwards, Benjamin H., 18942C. W. 1880.

Edwards, Ephraim, 691C. Int. 1717.

Edwards, Hardy, 18123C. W. 1874. Inv. 1874.

Edwards, John, 2712–2718C. W. 1734. Inv. 1734.

Edwards, John, 4815C–4818C. Wd. 1751.

Edwards, John, 12569C. W. 1812. Inv. 1812.

Edwards, Joseph, 14577C. Inv. 1838.

Edwards, Mary, 19323C. W. 1883. Inv. 1883.

Edwards, Moses, 10117C–10118C. Inv. 1776.

Edwards, Owen, 4225C–4228C. W. 1748. Inv. 1748.

Edwards, Reece, 10725C. B. 22, p. 58. Grd. 1779.

Edwards, Richard, 5870C–5872C, 10691C. B. 8, p. 442. Int. (2) 1757.

Edwards, Richard, 11291C. B. 31, p. 322. Grd. 1789.

Edwards, Richard, Sr., 11840C. B. 38, p. 366. Int. 1799. Ren. 1799.

Edwards, Samuel H., 16440C. W. 1860.

Edwards, William, 18124C. W. 1874. Inv. 1874.

Egan, John P., 20376C. W. 1890. Inv. 1890.

Egan, Mary, 20074C. W. 1888. Inv. 1888.

Egbert, George F., 18126C. Inv. 1874.

Egbert, Jacob, 14027C. W. 1831. Inv. 1831.

Egbert, Jacob, 20682C. W. 1892. Inv. 1892.

Egbert, John C., 18255C. W. 1875. Inv. 1875.

Eggman, Christopher, 8141C–8142C. Inv. 1767.

Egley, Elizabeth, 17167C. W. 1866.

Egley, George A., 18125C. W. 1874. Inv. 1874.

Egley, Thomas, 15480C. W. 1849. Inv. 1849.

Eisele, George P., 20229C. Inv. 1889.

Ekings, John, 19454C. W. 1884.

Elberson, Charles, 19324C. W. 1883.

Elberson, Daniel, 12719C. Inv. 1814.

Elberson, Edward H., 21115C. W. 1895. Inv. 1895.

Elberson, Lewis, 19325C. Inv. 1883.

Elberson, Nicholas, 13514C. W. 1825. Inv. 1825.

Elbertson, George H., 19910C. Inv. 1887.

Eldredge, Margaret, 11842C. B. 38, p. 343. W. & Cod. 1799. Inv. 1799.

Eldridge, Abigail, 11097C. B. 28, p. 76. Int. 1786. Inv. 1786.

Eldridge, Abigail, 14744C. Inv. 1840.

Eldridge, Abraham, 11229C. B. 29, p. 540. W. 1788. Inv. 1788.

Eldridge, Abraham, 14278C. Inv. 1834.

Eldridge, Amey, 11281C. B. 31, p. 321. Grd. 1789.

Eldridge, Ann, 10119C–10124C. B. 16, p. 496; B. 21, p. 345. Int. 1776. Acct. 1776.

Eldridge, Daniel, 10814C. B. 24, p. 189. W. 1782. Inv. 1782. Af. 1781.

Eldridge, Esther, 10583C–10586C. W. 1778. Inv. 1778. Ren. 1778.

Eldridge, Jabez, 11169C. B. 29, p. 14. W. 1787. Inv. 1787.

Eldridge, James, 6631C–6634C, 7447C–7450C. B. 10, p. 36. W. 1760. Inv. 1760. Acct. 1763.

Eldridge, John, 9919C–9920C. B. 15, p. 532. Inv. 1775.

Eldridge, John, 11841C. B. 38, p. 368. Wd. 1799.

Eldridge, John, 12206C. Inv. 1805.

Eldridge, Jonathan, 2907–2910C. W. 1736. Inv. 1736.

Eldridge, Jonathan, 7621C–7628C. B. 12, p. 28. W. 1764. Inv. 1764.

Eldridge, Jonathan, 11098C. B. 28, p. 50. W. 1786. Inv. 1786.

Eldridge, Mary, Jonathan, Daniel, Noah, 9921C–9928C. B. 15, p. 534. Wds. 1775.

Eldridge, Noah, 11491C. B. 33, p. 14. W. 1793. Inv. 1793.

Eldridge, Obadiah, 7263C–7268C. B. 11, p. 208. W. 1762. Inv. 1762.

Eldridge, Obadiah, 16311C. W. 1855.

Eldridge, Obadiah, John, 11281C. B. 31, p. 321. Wds. 1789.

Eldridge, Obediah, 9929C–9934C, 10125C–10126C. B. 15, p. 501; B. 16, p. 485. Int. 1774. Inv. 1775. Acct. 1776.

Eldridge, Rebecca, 20230C. W. 1889.

Eldridge, Reuben, 10872C. B. 25, pp. 96, 100. Int. 1783. Inv. 1783. Acct. 1783.

Eldridge, William, 13791C. Inv. 1828.

Elkinton, Enoch, 13421C. Inv. 1824.

Elkinton, George, 399C–401C. W. 1713. Inv. 1713.

Elkinton, George, 1829C–1831C. W. 1729. Inv. 1729.

Elkinton, George, 12405C. W. 1809. Inv. 1809.

Elkinton, Joseph, 1277–1284C. Int. 1725. Inv. 1725. Acct. 1738.

Elkinton, Mary, 501C. W. 1714.

Elkinton, Thomas, 2911–2914C. W. 1736. Inv. 1736.

Ellis, Abigail S., 17050C. W. 1865. Inv. 1865.

Ellis, Agnes, 15134C. Inv. 1845.

Ellis, Amos, 12720C. Inv. 1814.

Ellis, Ann, 18127C. W. 1874. Inv. 1874.
Ellis, Bathseba, 11595C. B. 35, p. 209. W. 1795.
Ellis, Caroline S., 19211C. W. 1882. Inv. 1882.
Ellis, Charles, 11737C. B. 37, p. 69. Grd. 1797. Pt. 1797.
Ellis, Charles, 19603C. W. & Cod. 1885. Inv. 1885.
Ellis, Charles R., 20964C. W. 1894.
Ellis, Daniel, 11177C. B. 29, p. 80. Grd. 1787.
Ellis, Daniel, 14745C. W. 1840. Inv. 1840.
Ellis, Daniel, Sr., 11537C. B. 33, p. 450. W. 1794. Inv. 1794.
Ellis, Elizabeth, 14279C. W. 1834. Inv. 1834.
Ellis, Francis, 6979C–6982C. B. 10, p. 153. W. 1761.
Ellis, George, 3009–3012C. Int. 1737. Inv. 1737.
Ellis, Hannah, 20075C. W. & Cod. 1888. Inv. 1888.
Ellis, Henrietta, 17977C. W. & Cod. 1873. Inv. 1873.
Ellis, Henry G., 17497C. W. 1869. Inv. 1869.
Ellis, Hudson S., 18128C. W. 1874. Inv. 1874.
Ellis, James, 19069C. Inv. 1881.
Ellis, Joseph, 11016C. B. 27, p. 14. Int. 1785. Inv. 1787. Ren. 1785.
Ellis, Levi, 21804C. Inv. 1900.
Ellis, Mark, 10873C. B. 24, p. 194. W. 1783.
Ellis, Mary, 14493C. W. 1837. Inv. 1837.
Ellis, Mary, 14494C. Inv. 1837.
Ellis, Meribah, 16825C. W. 1863.
Ellis, Peter, 11726C. B. 37, p. 71. Grd. 1797. Pt. 1797.
Ellis, Peter, 13952C. W. 1830.
Ellis, Peter, 16441C. W. 1859. Inv. 1859.
Ellis, Peter H., 17600C. W. & Cod. 1870. Inv. 1870.
Ellis, Rowland, 11727C. B. 37, p. 68. Int. 1797.
Ellis, Samuel, 15759C. Inv. 1852.
Ellis, Samuel H., 20537C. Inv. 1891.
Ellis, Samuel S., 19911C. W. 1887. Inv. 1887.
Ellis, Susannah, 11660C. B. 35, p. 442. W. 1796. Inv. 1796.
Ellis, Thomas, 11492C. B. 33, p. 50. Int. 1793.
Ellis, William H., 16826C. W. 1863. Inv. 1863.
Ellis, Wright, 15135C. Inv. 1845.
Ellison, Andrew, Jr., 18256C. Inv. 1875.
Ellison, Elizabeth, 14280C. Inv. 1834.
Ellison, Frederick, 15392C. Inv. 1848.
Ellison, Hannah. 14665C. W. 1839. Inv. 1839.
Ellison, John, 6983C–6984C. Adm. 214. B. 10, p. 176. Int. 1761. Inv. 1761.
Ellison, Joseph, 12448C. W. 1810. Inv. 1810.
Ellison, Sarah, 14106C. Inv. 1832.
Elmes, George, Sr., 20377C. W. 1890. Inv. 1890.
Elton, Elizabeth, 151C. Int. 1708.
Elton, Revel, 10127C–10128C. B. 21, p. 496. Int. 1776.
Elton, Revel, 11477C. B. 34, p. 409. Grd. 1792.
Elton, Revel, Jr., 10767C. B. 23, p. 212. Wd. 1781.
Elton, Revell, Sr., 7786C–7788C. B. 12, pp. 70, 155. W. 1765.
Elton, Thomas, 11843C. B. 38, p. 350. W. 1799. Inv. 1799. Ren. 1799.
Elton, William. 10734C. B. 22, p. 174. W. 1780.
Elwell, Alexander, 20231C. Inv. 1889.
Elwell, Lydia B., 19770C. W. 1886.
Ely, Abigail L., 21640C. W. 1899. Inv. 1899.
Ely, Henry P., 17978C. W. 1873. Inv. 1873.
Ely, Mary R., 19771C. W. 1886. Inv. 1886.
Ely, Theresa I., 21641C. W. 1899.

Embry, Nicholas, 6635C–6638C. B. 10, p. 43. W. 1760. Inv. 1760.
Emlen, Jemima E., 21805C. W. 1900. Inv. 1901.
Emlen, Rebecca, 17049C. Inv. 1865.
Emlen, Samuel, 14578C. W. & Cods. 1838. Inv. 1838.
Emlen, Susanna, 13047C. W. 1819.
Emley, Abner, 14107C. W. 1832. Inv. 1832.
Emley, Anthony, 11908C. B. 39, p. 71. Int. 1800. Inv. 1800.
Emley, Burgis A., 13335C. Inv. 1823.
Emley, Daniel, 14201C. Inv. 1833.
Emley, Douglass, 18537C. Inv. 1877.
Emley, Elizabeth, 13115C. Inv. 1820.
Emley, Elizabeth, 18257C. W. 1875. Inv. 1875.
Emley, Emily C., 18536C. Inv. 1877.
Emley, Hannah M., 16938C. W. 1864. Inv. 1864.
Emley, Hannah S., 18943C. W. 1880. Inv. 1880.
Emley, Henry, 19070C. W. 1881.
Emley, John, 16057C. W. 1855.
Emley, John, 14746C. Inv. 1840.
Emley, John E., 14281C. Inv. 1834.
Emley, Joseph, 13515C. Inv. 1825.
Emley, Joseph, 15393C. Inv. 1848.
Emley, Joseph, 17755C. W. & Cod. 1871. Inv. 1871.
Emley, Joseph, Sr., 12259C. W. 1806. Inv. 1806.
Emley, Joseph W., 19772C. W. 1886.
Emley, Josephine, 19912C. W. 1887. Inv. 1887.
Emley, Joshua, 14747C. Inv. 1840.
Emley, Mary, 17267C. W. 1867.
Emley, Oliver H. P., 18812C. W. 1879. Inv. 1879.
Emley, Peter, 14904C. W. 1842. Inv. 1842.
Emley, Phebe, 14666C. W. 1839. Inv. 1839.
Emley, Phebe A., 21116C. W. 1895.
Emley, Samuel, 11099C. B. 28, p. 39. W. 1786. Inv. 1786.
Emley, Samuel, 12504C. W. 1811. Inv. 1811.
Emley, Samuel, 15394C. W. 1848. Inv. 1849.
Emley, Samuel, Sr., 10937C. B. 25, p. 436. W. 1784. Inv. 1784.
Emley, Samuel E., 17268C. W. 1867. Inv. 1867.
Emley, Sarah, 16056C. W. 1855. Inv. 1855.
Emley, Sexton, 14905C. Inv. 1842.
Emley, Solomon, 15395C. W. 1848. Inv. 1848.
Emley, Thomas, 13713C. W. & Cod. 1827. Inv. 1827.
Emley, Thomas, 21806C. W. 1900.
Emley, Thomas, Jr., 17269C. Inv. 1867.
Emley, Thomas, Sr., 12167C. W. 1804. Inv. 1804.
Emley, Thomas N., 15951C. W. 1854. Inv. 1854.
Emley, Tunis, 15952C. W. & Cod. 1854. Inv. 1854.
Emley, William, 2519–2524C. W. 1732. Inv. 1732.
Emley, William, 12570C. W. & Cod. 1812. Inv. 1812.
Emley, William I., 19326C. W. 1883. Inv. 1883.
Emley, William I., 20232C. W. 1889. Inv. 1899.
Emley, William S., 16442C. W. 1859. Inv. 1859.
Emlin, Thomas, 16058C. Inv. 1855.
Emly, Charles, 16527C. W. 1860. Inv. 1860.
Emmers, Louis, 21807C. W. 1900.
Emmons, Edward, 15396C. W. 1848. Inv. 1849.
Emmons, Joshua. 16939C. Inv. 1864.
Emmons, Samuel, 15760C. Inv. 1852.
Endecott, Joseph, 4057C–4062C. W. 1747. Inv. 1747.

Evans, Joseph B., 14495C. Inv. 1837.
Evans, Joseph E., 16827C. Inv. 1863.
Evans, Joseph T., 17052C. W. 1865. Inv. 1865.
Evans, Josiah, 21236C. W. 1896. Inv. 1896.
Evans, Lewis, 13714C. Inv. 1827.
Evans, Lydia B., 20378C. W. 1890.
Evans, Lydia S., 19213C. W. 1882. Inv. 1882.
Evans, Margaret B., 18947C. W. 1880. Inv. 1880.
Evans, Mary, 14818C. Inv. 1841.
Evans, Mary, 19455C. Inv. 1884.
Evans, Miles, 15762C. Inv. 1852.
Evans, Moses G., 17715C. W. 1871.
Evans, Nathan, 16941C. Inv. 1864.
Evans, Nathan, 18948C. Inv. 1880.
Evans, Rachel, 18130C. W. 1874.
Evans, Rebecca, 16942C. Inv. 1864.
Evans, Rebecca, 21118C. W. 1895. Inv. 1895.
Evans, Rebecca C., 16621C. W. 1861.
Evans, Rebecca E., 19915C. Inv. 1887.
Evans, Samuel, 11226C. B. 30, p. 61. Grd. 1788.
Evans, Samuel, 12033C. B. 39, p. 493. W. & Cod: 1802. Inv. 1802.
Evans, Samuel, 19775C. W. 1886. Inv. 1886.
Evans, Sarah, 11333C. B. 32, p. 63. W. 1790. Inv. 1790.
Evans, Susan, 21119C. W. 1895.
Evans, Thomas, 4455C-4460C. W. 1749. Inv. 1749.
Evans, Thomas, 10874C. B. 25, pp. 55, 544. W. 1783. Inv. 1783. Acct. 1784.
Evans, Thomas B., 18818C. W. 1879.
Evans, Uriah, 18386C. W. 1876.
Evans, William, 15136C. W. 1845. Inv. 1845.
Evans, William, 16943C. W. 1864.
Evans, William, 18261C. Inv. 1875.
Evaul, Abraham, 17716C. Inv. 1871.
Evaul, Annar, 14749C. Inv. 1840.
Evaul, Henry, 18539C. W. 1877. Inv. 1877.
Evaul, Isaac, 14750C. W. 1840. Inv. 1840.
Evens, Amos, 20686C. W. 1892. Inv. 1892.
Evens, Elizabeth, 17982C. W. 1873.
Evens, Elizabeth S., 16348C. W. 1858.
Evens, Emmor J., 19456C. Inv. 1884.
Evens, Isaac S., 18679C. W. 1878. Inv. 1878.
Evens, Jacob, 11380C. B. 32, p. 173. W. 1791. Inv. 1792.
Evens, Jacob, 14667C. W. 1839. Inv. 1839.
Evens, Jesse, 20233C. W. 1889. Inv. 1889.
Evens, John, 3909C-3917C. W. 1746. Inv. 1746. Ren. 1746.
Evens, Joseph, 15954C. W. & Cod. 1854.
Evens, Keturah M., 19212C. W. 1882.
Evens, Martha, 17270C. W. & Cod. 1867. Inv. 1867.
Evens, Martha, 21120C. W. 1895. Inv. 1895.
Evens, Martha M., 20077C. W. 1888.
Evens, Mary, 14360C. W. 1835.
Evens, Mary, 18819C. W. 1879.
Evens, Nathan, 8531C-8534C. W. 1769. Inv. 1769.
Evens, Rachel K., 21809C. W. 1900. Inv. 1900.
Evens, Thomas, 154C. W. 1708.
Evens, Thomas, 6055C-6059C. W. 1758. Inv. 1758. Acct. 1766.
Evens, Thomas, 17498C. W. 1869.
Evens, Thomas, 18385C. W. 1876. Inv. 1877.
Evens, Thomas, Sr., 12639C. W. 1813. Inv. 1813.
Evens, William, 1681-1688C. W. 1728. Inv. 1728.

Evens, William, 7001C-7008C. B. 10, p. 212. W. & Cod. 1761. Inv. 1761. Acct. 1762.
Evens, William, 11845C. B. 38, p. 327. W. 1799. Inv. 1799.
Everham, Daniel, 20965C. W. & Cod. 1894. Inv. 1894.
Everingham, Joseph, Adm. 245. B. 11, p. 538. Int. 1764.
Everingham, Unity, 13252C. Inv. 1822.
Everly, Samuel, 17602C. W. 1870. Inv. 1870.
Everman, Lewis, 15484C. Inv. 1849.
Evernham, William, 11538C. B. 33, p. 482. W. 1794. Inv. 1794.
Eves, Ann, 14031C. Inv. 1831.
Eves, John, 3219C-3226C. W. 1740. Inv. 1740.
Eves, John, 9147C-9148C. Adm. 311. B. 14, p. 506. Int. 1772. Inv. 1772.
Eves, Joseph, 12571C. Inv. 1812.
Eves, Mary, 4461C-4464C. W. 1749. Inv. 1749.
Eves, Mary, 4957C-4960C. W. 1752. Inv. 1752.
Eves, Samuel, 6305C-6310C. B. 9, p. 178. W. 1759. Inv. 1759.
Eves, Samuel, 10875C. B. 24, p. 217. Wd. 1783.
Eves, Samuel, 15578C. W. & Cod. 1850. Inv. 1850.
Eves, Thomas, 1677C, 1679C. W. 1728. Inv. 1728.
Eves, Thomas, 5877C-5882C. B. 8, p. 377. W. 1757. Inv. 1757.
Evingham, Joseph, 7629C-7630C, 7791C-7794C. B. 11, p. 538. Inv. 1764. Acct. 1765. St. 1767.
Ewan, Absalom, 8326C-8330C. B. 12, p. 535. W. 1768. Inv. 1768.
Ewan, Absalom, 14751C. W. 1840. Inv. 1840.
Ewan, Absalom, Jr., 12868C. Inv. 1816.
Ewan, Ambrose, 7274C-7278C. Adm. 219. B. 11, p. 225. Int. 1762. Inv. 1762. Acct. 1763.
Ewan, Beriah, 15295C. W. 1847. Inv. 1847.
Ewan, Beriah, 16829C. W. 1863.
Ewan, Charles, 18820C. Inv. 1879.
Ewan, Charles, Sr., 16622C. W. 1861. Inv. 1861.
Ewan, Daniel, 18259C. Inv. 1875.
Ewan, David, 12260C. W. 1806. Inv. 1806.
Ewan, David, 15048C. Inv. 1844.
Ewan, Elgin F., 20234C. Inv. 1889.
Ewan, Evan, 13422C. Inv. 1824.
Ewan, Hannah, 18535C. W. 1877. Inv. 1877.
Ewan, Huldah, 16059C. W. 1855. Inv. 1855.
Ewan, Job, 20076C. W. & Cod. 1888. Inv. 1888.
Ewan, Levinah, 16828C. W. 1863. Inv. 1863.
Ewan, Mary, 18680C. Inv. 1878.
Ewan, Rebeccah, 15397C. W. 1848. Inv. 1848.
Ewan, William, 11596C. B. 35, p. 254. Int. 1795. Inv. 1795.
Ewen, William, 15579C. W. 1850. Inv. 1850.
Ewin, John, 2231C, 2233C. W. 1732. Inv. 1732.
Eyre, Ann E., 18131C. W. 1874.
Eyre, George, 7009C-7018C. B. 10, p. 150. W. 1761. Inv. 1769.
Eyre, Henry H., 17380C. W. 1868. Inv. 1868.
Eyre, Hannah L., 17271C. W. 1867. Inv. 1867.
Eyre, James, 16944C. Inv. 1864.
Eyre, Joshua, 18821C. W. 1879. Inv. 1879.
Eyre, Mary, 17381C. W. 1868. Inv. 1868.
Eyre, Rebeckah, 11020C. B. M, p. 294. W. 1785. Inv. 1785.
Eyre, Samuel, 11231C. B. 30, p. 27. W. 1788. Inv. 1789.

Fagan, Mary, 14283C. Inv. 1834.

Fenimore, Priscilla, 16061C. Inv. 1855.
Fenimore, Rebecca, 12723C. W. 1814. Inv. 1814.
Fenimore, Rebecca, 16060C. Inv. 1855.
Fenimore, Rebecca, 17055C. W. 1865. Inv. 1865.
Fenimore, Rebecca, 17719C. W. 1871.
Fenimore, Richard, 411C-414C. W. 1713. Inv. 1713.
Fenimore, Richard, 11282C. B. 31, p. 269. W. 1789. Inv. 1789.
Fenimore, Richard, 15485C. W. 1849. Inv. 1849.
Fenimore, Rosanna, 21363C. Inv. 1897.
Fenimore, Ruth A., 17983C. Inv. 1873.
Fenimore, Samuel, 10129C-10130C. B. 16, p. 488. Int. 1776.
Fenimore, Samuel, 10591C-10594C, 10972C. B. 25, p. 545. W. 1778. Inv. 1778. Acct. 1784.
Fenimore, Samuel, 17172C. W. 1866. Inv. 1866.
Fenimore, Sarah, 11493C. B. 33, p. 55. Wd. 1793.
Fenimore, Sarah, 11662C. B. 35, p. 463. W. 1796.
Fenimore, Sarah, 18681C. W. 1878. Inv. 1878.
Fenimore, Thomas, 8989C-8992C. B. 15, p. 105. Grd. 1771.
Fenimore, Thomas, 12574C. W. 1812. Inv. 1812.
Fenimore, Thomas, 13517C. Inv. 1825.
Fenimore, Washington, 15137C. Inv. 1845.
Fenimore, William, 941C. W. 1721. Inv. 1721.
Fenimore, William, 11021C. B. 27, p. 17. Int. 1785.
Fenimore, William, 18540C. W. & Cod. 1877. Inv. 1877.
Fenimore, William H., 20687C. Inv. 1892.
Fennell, Thomas, 14821C. Inv. 1841.
Fennon, Francis, 17720C. W. 1871. Inv. 1871.
Fenton, Benjamin F., 16762C. W. 1862. Inv. 1862.
Fenton, Eleazer, 1689C-1691C. W. 1728. Inv. 1728.
Fenton, Eleazar, 11283C. B. 31, p. 272. W. 1789. Inv. 1789.
Fenton, Elizabeth, 12036C. B. 40, p. 117. W. 1802.
Fenton, Enoch, 2235-2240C. W. 1732. Inv. 1732.
Fenton, Enoch, 5681C-5685C. Adm. 150. B. 8, p. 304. Int. 1756. Inv. 1756. Acct. 1757.
Fenton, Jeremiah, 2245C-2247C. Int. 1732. Inv. 1732.
Fenton, Joel, Sr., 17382C. W. 1868.
Fenton, Robert, 13423C. W. 1824. Inv. 1824.
Fenton, Samuel, 8143C-8150C. B. 13, p. 92, W. 1767. Inv. 1767.
Fenton, Samuel, 12360C. Inv. 1808.
Fenton, Samuel, 12724C. W. 1814. Inv. 1814.
Fenton, Thomas, 21239C. Inv. 1896.
Fenwick, James A., 19214C. W. 1882. Inv. 1882.
Ferguson, Alexander, 6145C-6146C. Acct. 1758.
Ferguson, Ann, 17840C. W. 1872. Inv. 1872.
Ferguson, Gideon, 16623C. W. & Cod. 1861. Inv. 1861.
Ferguson, John. Adm. 250. B. 12, p. 21. Int. 1764.
Ferguson, John, 14204C. Inv. 1833.
Ferguson, William, 13337C. Inv. 1823.
Ferris, Martha B., 18541C. Inv. 1877.
Fetters, Charles, 11539C. B. 33, p. 480. Int. 1794. Inv. 1794.

Fidler, Daniel, 14907C. W. 1842.
Field, Benjamin, 12310C. W. 1807. Inv. 1807.
Field, Benjamin, Sr., 10769C. B. 22, p. 258. W. 1781. Inv. 1781.
Field, Caleb, 15207C. Inv. 1846.
Field, Edward, 14752C. W. 1840. Inv. 1840.
Field, Francis, 11232C. B. 30, p. 60. Int. 1788. Inv. 1789.
Field, Furman, 15138C. W. 1845. Inv. 1845.
Field, Hannah, 16831C. W. 1863.
Field, Hannah, Sr., 12575C. W. 1812. Inv. 1812.
Field, Isaac, 16152C. W. 1856. Inv. 1856.
Field, Isaac, Sr., 12725C. W. 1814. Inv. 1814.
Field, Joseph C., 16234C. W. 1857. Inv. 1857.
Field, Mary, 10940C. B. 25, p. 542. Wd. 1784.
Field, Mary, 14969C. W. 1843. Inv. 1843.
Field, Nathaniel, 2529-2544C. Int. 1732. Inv. 1732. Acct. 1732.
Field, Newberry, 12408C. W. 1809. Inv. 1810.
Field, Robert, 6062C-6064C. Adm. 182. B. 9, p. 29. W. 1758. Int. 1758.
Field, Robert, 9989C-9994C. B. 17, p. 138. W. 1775.
Field, Robert, 16763C. Inv. 1862.
Field, Thomas S., 15398C. Inv. 1848.
Fields, Thomas, 14970C. W. 1843. Inv. 1843.
Fillman, H. J., 21651C. W. 1899. Inv. 1900.
Fillman, Mary A., 20079C. Inv. 1888.
Finginger, Peter, 10818C. Inv. 1782.
Finkaneer, Catharine, 11910C. B. 39, p. 167. W. 1800. Inv. 1800.
Finkere, Elizabeth, 10817C. B. 23, p. 212. Wd. 1782.
Finn, John, 17984C. Inv. 1873.
Fireng, George, 21121C. Inv. 1895.
Fireng, John P., 20080C. W. 1888. Inv. 1888.
Fireng, Mary, 15141C. W. 1845. Inv. 1845.
Fish, Elias, 14971C. Inv. 1843.
Fish, Hezekiah H., 15139C. Inv. 1845.
Fish, John, 15208C. W. 1846. Inv. 1846.
Fish, Mahlon, 15140C. W. 1845. Inv. 1845.
Fish, Sarah, 16236C. Inv. 1857.
Fisher, John 945C-948C. Inv. 1721. Lt. 1723.
Fisher, William, 805C. W. 1719.
Fishter, Peter, 17985C. Inv. 1873.
Fisler, Benjamin S., 16445C. Inv. 1859.
Fitchett, William, 18822C. W. 1879.
Fits, Samuel, 13878C. W. 1829. Inv. 1829.
Fitzpatrick, Edward, 16624C. Inv. 1861.
Fitzpatrick, Margaret, 20837C. W. & Cod. 1893. Inv. 1893.
Fitzpatrick, Michael, 19458C. W. 1884.
Fitzpatrick, Morris, 21811C. W. 1900.
Flago, John, 11437C. B. 32, p. 182. Int. 1792. Inv. 1792.
Flanagan, Margaret, 19777C. W. 1886. Inv. 1886.
Flanigan, Rose, 18389C. W. 1876. Inv. 1876, 1892.
Fleming, Charles E., 17273C. W. 1867.
Flenard, Charles H., 18823C. Inv. 1879.
Flenard, George, 18279C. W. 1875.
Flenard, Mary, 21122C. Inv. 1895.
Fletcher, James, 3349C-3350C. W. 1741.
Fletcher, Thomas, 17276C. Inv. 1867.
Flintham, John, 5885C-5889C. Adm. 151. B. 8, p. 305. Int. 1756. Inv. 1756. Acct. 1757.
Flitcraft, John, 14669C. Inv. 1839.
Flower, William, 3605C-3607C. Adm. 2. Int. 1743. Inv. 1743.
Flynn, Bridget, 21509C. W. 1898.
Flynn, Dennis, 17173C. Inv. 1866.
Flynn, James C., 21123C. W. 1895.

Flynn, Jane A., 17986C. W. 1873. Inv. 1873.
Flynn, John, Sr., 21812C. W. 1900.
Flynn, Mary, 19330C. Inv. 1883.
Flynn, Patrick W., 17383C. Inv. 1868.
Fohman, John 21510C. W. 1898. Inv. 1898.
Foley, Ellen, 20236C. Inv. 1889.
Foley, Patrick, 18262C. W. 1875. Inv. 1875.
Folkes, Thomas, 10327C–10332C, 10703C. B. 19, p. 305; B. 22, p. 66. W. 1777. Inv. 1777. Acct. 1779.
Folwell, Caleb S., 15049C. W. 1844. Inv. 1844.
Folwell, Caroline B., 20379C. W. 1890. Inv. 1890.
Folwell, Charles H., Sr., 19459C. W. 1884. Inv. 1884.
Folwell, Elizabeth, 6639C–6642C. B. 10, p. 137. W. 1760.
Folwell, George, 10941C. B. 25, p. 507. W. 1784.
Folwell, George D., 13618C. Inv. 1826.
Folwell, John, 4921C–4924C. Grd. 1752.
Folwell, John, 8905C–8908C. W. 1771. Inv. 1771.
Folwell, John, 10819C. B. 23, p. 181. W. 1782. Inv. 1782.
Folwell, John, 13254C. W. 1822. Inv. 1822.
Folwell, John, 16350C. W. 1860. Inv. 1860.
Folwell, Joseph, 10333C–10336C. B. 18, p. 472. Int. 1777. Inv. 1777.
Folwell, Joshua, 15958C. W. 1854. Inv. 1854.
Folwell, Kezia, 20838C. W. & Cod. 1893.
Folwell, Lydia, 12101C. B. 40, p. 350. Wd. 1803.
Folwell, Mary, 14205C. W. 1833. Inv. 1833.
Folwell, Nathan, 2135C. W. 1731.
Folwell, Nathan, 6643C–6646C. B. 9, p. 437. W. 1760.
Folwell, Nathan, 12101C. B. 40, p. 350. Grd. 1803.
Folwell, Nathan, 19331C. Inv. 1883.
Folwell, Nathan, 12726C. W. 1814. Inv. 1814.
Folwell, Nathan, Sr., 11846C. B. 38, p. 348. W. 1799. Inv. 1799.
Folwell, Sarah, 10820C. B. 23, p. 167. W. 1782. Int. 1782.
Folwell, Twining, 16945C. Inv. 1864.
Folwell, William, 230C, 233C. Int. 1710. Inv. 1710.
Folwell, William, 7457C–7462C. B. 11, p. 303. W. 1763. Inv. 1763.
Folwell, William, 12922C. Inv. 1817.
Folz, Jacob, 17722C. W. 1871. Inv. 1871.
Foord, William, 7795C–7797C. B. 12, p. 78. W. 1765. Ren. (2) 1763.
Foord, William, 13050C. Inv. 1819.
Foot, Penelope, 17174C. W. 1866. Inv. 1866.
Foote, William, 18133C. W. 1874.
Forbes, John, 21364C. W. 1897. Inv. 1897.
Force, Jacob, 12640C. W. 1813. Inv. 1813.
Force, Richard, 20839C. W. 1893.
Ford, Ann, 12641C. W. 1813.
Ford, Ezekiel S., 21813C. W. 1900.
Ford, Laura, 16351C. W. 1858. Inv. 1858.
Ford, Mary, 14108C. Inv. 1832.
Ford, Mary, 19778C. Inv. 1886.
Ford, Nicholas, 16701C. Inv. 1862.
Ford, Rachel, 17838C. Inv. 1872.
Ford, Samuel, 13793C. Inv. 1828.
Ford, Samuel, 21365C. W. 1897.
Ford, Thomas, 2085–2098C. Int. 1731. Inv. 1731. Ren. 1731. Acct. 1732.
Ford, Thomas, 14206C. Inv. 1833.
Fordham, Richard, 7639C–7644C. Adm. 247. B. 12, p. 16. Int. 1764. Inv. 1764. Acct. 1764.

Forker, David, 19779C. W. 1886.
Forker, Henry, 19460C. W. & Cod. 1884. Inv. 1885.
Forker, Reuben, 16947C. W. 1864. Inv. 1864.
Forker, Samuel, 14207C. W. 1833. Inv. 1833.
Forker, Thomas, 10942C. B. 25, p. 467. W. 1784.
Forman, Elizabeth, 11438C. B. 34, p. 401. W. 1792. Inv. 1792.
Forman, Elizabeth, 16946C. W. 1864. Inv. 1864.
Forman, Harriet, 15296C. Inv. 1847.
Forman, Isaac, 9653C–9656C. B. 16, p. 335. W. 1774.
Forman, Isaac, 16625C. W. 1861. Inv. 1861.
Forman, Isaac, Jr., 6189C–6194C. W. 1758. Inv. 1758.
Forman, John, 15399C. W. 1848. Inv. 1848.
Forman, John W., 15050C. W. 1844. Inv. 1844.
Forman, Jonathan, 2821–2824C. Int. 1735. Inv. 1735.
Forman, Joseph M., 20967C. Inv. 1894.
Forman, Rebekah, 11103C: B. 28, p. 32. W. 1786. Inv. 1787.
Forman, Susan, 17987C. W. 1873. Inv. 1873.
Forman, Thomas, 16531C. Inv. 1860.
Forman, Thomas, Sr., 10943C. B. 25, p. 518. W. 1784. Inv. 1784.
Forsyth, Amos, 11847C. B. 38, p. 367. Wd. 1799.
Forsyth, Ann, 14670C. W. 1839. Inv. 1839.
Forsyth, Ann, Jr., 11663C. B. 35, p. 491. Wd. 1796. Tr. 1796.
Forsyth, Ann, Sr., 11663C. B. 35, p. 491. Grd. 1796. Tr. 1796.
Forsyth, Elizabeth. Adm. 316. B. 14, p. 524. Int. 1773.
Forsyth, John, 9657C–9659C. Adm. 328. B. 15, p. 523. Int. 1774. Inv. 1774.
Forsyth, John, 16153C. W. 1856. Inv. 1856.
Forsyth, Joseph, 11664C. B. 35, p. 490. Int. 1796. Inv. 1796.
Forsyth, Joseph, 14497C. W. 1837. Inv. 1837.
Forsyth, Joshua, 10944C. B. 25, p. 448. W. 1784. Inv. 1784. Bills of sale (2) 1782.
Forsyth, Joshua, 17500C. W. & Cod. 1869. Inv. 1869.
Forsyth, Lydia, Joseph, Jr., Matthew, 11728C. B. 37, p. 70. Wds. 1797.
Forsyth, Lydia, 13876C. Inv. 1829.
Forsyth, Matthew, 2525–2528C. W. 1733. Inv. 1733.
Forsyth, Matthew, 7953C–7964C. W. 1749. Inv. 1749. Acct. 1766. Ren. 1749.
Forsyth, Matthew, 10337C–10340C, 10737C. B. 18, p. 140; B. 23, p. 211. W. 1777. Inv. 1777. Acct. 1780.
Forsyth, Matthew, 14428C. Inv. 1836.
Forsyth, Michael, 16702C. W. 1862. Inv. 1862.
Forsyth, Samuel, John, Jr., 11022C. B. 27, p. 21. Wds. 1785. Tr. 1785.
Forsyth, Samuel, 18543C. Inv. 1877.
Forsyth, Samuel C., 17839C. W. 1872. Inv. 1872.
Forsyth, Sarah, 20968C. W. 1894. Inv. 1895.
Forsyth, Thomas, Sr., 14284C. W. 1834. Inv. 1834.
Forsyth, Thomas W., 17175C. Inv. 1866.
Forsyth, Washington, 17988C. Inv. 1873.
Fort, Abraham, 18390C. W. 1876. Inv. 1876.
Fort, Andrew, 16532C. W. 1860. Inv. 1860.
Fort, Ann, 7280C–7290C. B. 11, p. 235. W. 1762. Inv. 1763. Acct. 1763.

Fort, Catharine K., 18682C. W. 1878. Inv. 1878.
Fort, Charles P., 19605C. W. 1885. Inv. 1886.
Fort, Elizabeth C., 18824C. Inv. 1879.
Fort, George D., 20380C. W. 1890. Inv. 1890.
Fort, John, Sr., 11104C. B. 27, p. 523. W. 1786. Inv. 1786.
Fort, John, Sr., 12508C. Inv. 1811.
Fort, John A., 21814C. W. 1900.
Fort, Joshua, 19780C. W. 1886. Inv. 1886.
Fort, Marmaduke, Sr., 11600C. B. 35, p. 210. W. 1795. Cv. 1795.
Fort, Mary, 12449C. Inv. 1810.
Fort, Mary P., 20688C. W. 1892. Inv. 1892.
Fort, Rebecca A., 18391C. Inv. 1876.
Fort, Rebecca A., 21366C. Inv. 1897.
Fort, Robert N., 19917C. Inv. 1887.
Fort, Roger, 4471C–4474C, 4653C–4659C. W. 1749. Inv. 1749. Acct. 1750.
Fort, Samuel, 12037C. B. 39, p. 501. W. 1802. Inv. 1802.
Fort, Samuel, 17176C. W. 1866. Inv. 1866.
Fort, Samuel, 17177C. Inv. 1866.
Fort, Samuel, Sr., 15662C. W. 1851. Inv. 1851.
Fort, William S., 17989C. Inv. 1873.
Fortescue, Sarah, 12991C. W. 1818. Inv. 1819.
Fortiner, Hope, 13338C. Inv. 1823.
Fortiner, Marmaduke, 16062C. W. 1855. Inv. 1855.
Fortiner, Simeon, 14032C. Inv. 1831.
Fortnum, William E., 20969C. Inv. 1894-96.
Forvour, Samuel E., 16833C. Inv. 1863.
Fosset, Stephen, 19461C. Inv. 1884.
Foster, Abigail B., 18134C. W. 1874. Inv. 1874.
Foster, Albert, 21367C. W. & Cod. 1897.
Foster, Amariah, 12261C. Inv. 1806.
Foster, Amey, 11848C. B. 38, p. 363. Int. 1799. Inv. 1799.
Foster, Caleb, 11911C. B. 39, p. 70. Int. 1800. Inv. 1800.
Foster, Charles, 12361C. W. 1808. Inv. 1808.
Foster, Elizabeth, 20081C. W. 1888. Inv. 1888.
Foster, Esther, 13794C. W. 1828.
Foster, George W., 14208C. W. 1833. Inv. 1833.
Foster, Hudson, 18263C. Inv. 1875.
Foster, Isaac, 4241C–4246C. W. 1748. Inv. 1748.
Foster, Job, 13795C. Inv. 1828.
Foster, John, 7019C–7024C. Adm. 343. B. 10, p. 174. Int. 1761. Inv. 1761. Ren. 1761.
Foster, Joshua, 12038C. B. 40, p. 133. W. & Cods. 1802. Inv. 1802.
Foster, Joshua, 14033C. Inv. 1831.
Foster, Josiah, 8667C–8674C. B. 14, p. 213. W. & Cod. 1770.
Foster, Nicholas, 13255C. Inv. 1822.
Foster, Rosina D., 19918C. Inv. 1887.
Foster, Sarah, 12406C. W. 1809. Inv. 1809.
Foster, Sarah B., 18542C. W. 1877. Inv. 1877.
Foster, Susan, 14109C. Inv. 1832.
Foster, Thomas, 11665C. B. 35, p. 439. W. 1796. Inv. 1796.
Foster, Thomas, 13339C. W. 1823. Inv. 1823.
Foster, Uriah, 12407C. W. 1809. Inv. 1809.
Foster, William, 10603C–10612C. B. 20, p. 106. W. 1778. Inv. 1778.
Foster, William, 10945C. B. 25, p. 491. W. 1784. Inv. 1784.
Foster, William, 16948C. Inv. 1864.
Foster, William, 17990C. W. 1873. Inv. 1873.
Foulks, Elizabeth E., 20840C. Inv. 1893.
Foulks, Jacob, Sr., 14972C. Inv. 1843.

Foulks, John, 10946C. B. 25, p. 517. W. 1784. Inv. 1784.
Foulks, Lucy I., 16949C. W. 1864.
Foulsham, John B., 19215C. W. 1882.
Fowler, Alice, 12362C. Inv. 1808.
Fowler, Ella K., 21652C. W. 1899.
Fowler, Jacob, 14110C. W. 1832. Inv. 1832.
Fowler, John, Jr., 2249–2262C. Int. 1731. Inv. 1731. Acct. 1732.
Fowler, Joseph, Sr., 12450C. W. 1810. Inv. 1810.
Fowler, Meribah, 14361C. Inv. 1835.
Fowler, Richard A., 20970C. W. 1894. Inv. 1894.
Fowler, William, 18392C. W. 1876. Inv. 1876.
Fowler, William, 18825C. Inv. 1879.
Fox, Ann, 14753C. W. 1840. Inv. 1841.
Fox, Esther, 15051C. W. 1844. Inv. 1844.
Fox, Isaac, 15849C. W. 1853.
Fox, Isaac, Sr., 15848C. W. 1853. Inv. 1853.
Fox, John, 15765C. Inv. 1852.
Fox, Jonathan, 11105C. B. 28, p. 80. Int. 1786. Inv. 1787.
Fox, Jonathan, 14034C. Inv. 1831.
Fox, Jonathan, 16626C. W. 1861. Inv. 1861.
Fox, Lemuel, 17384C. W. 1868. Inv. 1868.
Fox, Lettice, 17178C. Inv. 1866.
Fox, Lydia A., 18826C. W. 1879. Inv. 1879.
Fox, Mary, 2263C, 2267C. W. 1732. Inv. 1732.
Fox, Samuel, 13256C. W. 1822. Inv. 1822.
Fox, Sarah, 14822C. Inv. 1841.
Fox, Thomas, 1473C, 1477C. W. 1727. Inv. 1727.
Fox, Thomas J., 17721C. W. 1871. Inv. 1871.
Fox, William, 1833C, 1835C. Int. 1729. Inv. 1729.
Fox, William, 11170C. B. 29, p. 22. W. 1787. Inv. 1787.
Fox, William, 13424C. W. 1824. Inv. 1824.
Fox, William, 16832C. W. 1863.
Foy, Eliza, 21124C. W. 1895. Inv. 1896.
Foy, Thomas, 20238C. W. 1889.
Frake, Elizabeth, 19919C. W. 1887.
Frake, George, 17053C. W. 1865.
Francis, Jane, 5623C–5628C. Adm. 138. B. 7, p. 499. Int. 1754. Inv. 1755. Acct. 1755.
Francis, Richard, 857C, 859C. W. 1720. Inv. 1720.
Frankish, Joseph, 19463C. W. & Cods. 1884. Inv. 1885.
Franklin, Benjamin, 17991C. Inv. 1873.
Franklin, Benjamin, 17992C. W. 1873. Inv. 1874.
Franklin, Letitia, 12168C. Inv. 1804.
Franklin, Samuel, 11540C. B. 33, p. 480. Int. 1794. Inv. 1795.
Franks, Henry Benjamin, 6359C–6364C. B. 9, p. 312. W. 1758. Inv. 1758.
Frazer, Benjamin T., 15758C. Inv. 1852.
Frazer, Joseph, 13877C. Inv. 1829.
Frazer, Lewis K., 18393C. Inv. 1876.
Frazer, Thomas, 18949C. W. 1880. Inv. 1880.
Frazier, Aaron, 17604C. W. 1870. Inv. 1870.
Frazier, Aaron R., 20239C. Inv. 1889.
Frazier, John, 15142C. Inv. 1845.
Frazier, Robert, 12642C. Inv. 1813.
Frazier, Solomon, 15581C. Inv. 1850.
Frech, Christian, 21368C. W. & Cod. 1897. Inv. 1897.
Frech, John, Sr., 19462C. W. 1884.
Freck, Barnard, 7965C–7966C, 8332C–8334C. Adm. 270. B. 12, p. 295; B. 13, p. 434. Int. 1766. Inv. 1767. Acct. 1768.
Frederick, John, 20082C. W. 1888. Inv. 1888.

Fredricks, Margaretha, 17603C. W. 1870.
Freeman, Ann, 19073C. W. 1881.
Freeman, Isaac, 14581C. Inv. 1838.
Freeman, Morris, 5629C-5632C. B. 8, p. 132.
W. 1755. Inv. 1755.
Freeman, Nancy, 15763C. Inv. 1852.
Freeman, Thomas, 3013C. Int. 1737.
French, Anna M., 18683C. W. 1878. Inv.
1879.
French, Benjamin, 4088C-4090C, 4095-4097C.
W. & Copy 1747. Inv. 1747.
French, Burrows M., 20540C. Inv. 1891.
French, Charles, 14285C. W. 1834. Inv. 1834.
French, Christianna, 21369C. W. 1897. Inv.
1897.
French, Deborah H., 17056C. W. 1865.
French, Edward, 4091C-4093C. Int. 1740.
Inv. 1740.
French, Edward, 11504C. B. 33, p. 55. Grd.
1793.
French, Edward, 13257C. W. 1822. Inv. 1822.
French, Edward, 17723C. W. 1871. Inv. 1872.
French, Elizabeth, 15297C. W. 1847. Inv.
1847.
French, Elizabeth H., 18950C. W. 1880. Inv.
1881.
French, Francis, 13051C. W. 1819. Inv. 1819.
French, Francis, 15764C. Inv. 1852.
French, George, 13715C. W. 1827. Inv. 1827.
French, Hannah, 11969C. B. 39, p. 346. W.
1801. Inv. 1802.
French, Jackson B., 13619C. Inv. 1826.
French, Jemima, 11284C. B. 31, p. 274. W.
1789. Inv. 1789.
French John, 1837C-1842C. W. 1729. Inv.
1729.
French, John, 2271-2284C. W. 1729. Inv.
1729. Acct. 1732.
French, John H., 20381C. Inv. 1890.
French, Joseph, 13258C. Inv. 1822.
French, Joseph, 13518C. Inv. 1825.
French, Joseph, 18135C. Inv. 1874.
Frensh, Joshua, 13519C. Inv. 1825.
French, Livingston B., 18951C. Inv. 1880.
French, Mary, 13716C. W. 1827. Inv. 1827.
French, Mary A. 19332C. W. & Cod. 1883.
Inv. 1883.
French, Phebe, 13717C. W. 1827. Inv. 1827.
French, Rachel, 15143C. Inv. 1845.
French, Rebecca, 16627C. Inv. 1861.
French, Richard, 3770C-3775C, 3934C-3935C.
W. & Copy 1745. Inv. 1745.
French, Richard, 15144C. Inv. 1845.
French, Robert, 6655C-6658C. B. 10, p. 132.
W. 1760. Inv. 1760.
French, Robert, 12509C. W. 1811. Inv. 1811.
French, Ruth, 11970C. B. 39, p. 458. W. 1801.
Inv. 1801.
French, Sabilla S., 18544C. Inv. 1877.
French, Thomas, 7025C-7032C. Adm. 164.
B. 8, p. 385. Int. 1757. Inv. 1757. Acct.
1761.
French, Thomas, 11023C. B. 27, p. 16. Int-
1785. Inv. 1785.
French, Thomas, 14973C. Inv. 1843.
French, Thomas, Sr., 3778C-3783C. B. 5, p.
190. W. 1745. Inv. 1745. Ren. 1745.
French, Uriah, Sr., 13340C. W. 1823. Inv.
1823.
French, William J., 17179C. Inv. 1866.
French, William, Sr., 10770C. B. 23, p. 209;
B. 24, p. 218. Int. 1781. Inv. 1781. Acct.
1782.

Frettwell, Joshua, 861C-871C, 1218C-1224C.
W. 1721. Inv. 1721. Accts. 1724.
Frettwell, Peter, 747C, 751C. W. 1718. Inv.
1718.
Friday, George, Sr., 19920C. W. 1887.
Friend, Elizabeth, 14362C. Inv. 1835.
Friend, Mathias, 20971C. W. 1894.
Frisby, Elizabeth, 16834C. W. 1863. Inv. 1863.
Frisby, Mary E., 19333C. W. 1883. Inv. 1883.
Frisby, Perry, 15298C. W. 1847. Inv. 1847.
Frisby, Perry G. W., 18264C. Inv. 1875.
Fryer, Anthony, 3700C-3706C. W. & Copy
1744. Inv. 1744.
Furman, Barzillai, 14363C. W. 1835. Inv.
1835.
Furman, Josiah, 12169C. B. 40, p. 466. W.
1804. Inv. 1804.
Furman, Moore, 12363C. W. 1808. Inv. 1808.
Furman, Richard P., 21653C. W. 1899. Inv.
1900.
Furman, Thomas S., 21511C. Inv. 1898.
Furnis, Benjamin, 1257C. Int. 1725.
Furnis, Martha, 7967C-7968C. W. 1766.
Furnis, Samuel, 1285-1288C. W. 1725. Inv.
1727.
Furniss, Benjamin, 1481C. Inv. 1727.

Gabel, Eliza, 19607C. W. & Cod. 1885. Inv.
1885.
Gage, Esther A., 18394C. Inv. 1876.
Gager, Lester S., 17502C. W. 1869. Inv. 1869.
Gale, Alexander, 16063C. W. 1855. Inv. 1855.
Gale, Cornelius, 11541C. B. 33, p. 53. Int.
1794.
Gale, David, 4099C. Adm. 38. Int. 1748. Inv.
1747.
Gale, Harriet, 13052C. W. 1819.
Gale, John S., 16765C. Inv. 1862.
Gale, William C., 19074C. Inv. 1881.
Gall, Anna M., 21125C. W. 1895.
Gallagher, James, 19921C. W. 1887.
Gallagher, John, 11024C. B. M, p. 324. W.
1785. Inv. 1785.
Gallagher, Owen, 19608C. W. 1885.
Gallagher, Patrick, 21654C. Inv. 1899.
Gallet, August P. N. B., 16312C. W. 1857.
Inv. 1857.
Gambel, Samuel, 5419C-5422C. W. 1754. Inv.
1754.
Gamble, Joseph, 18545C. W. 1877. Inv. 1877.
Gamble, Mary, 11729C. B. 37, p. 35. W. 1797.
Inv. 1797.
Gamble, Patrick, 11382C. B. 32, p. 164. W.
1791. Inv. 1791. Copy of Will.
Gamble, William, 7431C-7434C. B. 11, p. 442.
Wd. 1763.
Gananwar, David, 14035C. Inv. 1831.
Gandy, George, 17605C. Inv. 1870.
Gano, Daniel, 11171C. B. 29, p. 76. Int. 1787.
Inv. 1787.
Gard, William, 4965C-4968C. Int. 1752. Inv.
1752.
Gard, William, 12727C. W. 1814. Inv. 1814.
Gardiner, Ann B., 20541C. W. & Cods. 1891.
Gardiner, James, 19335C. W. 1883. Inv. 1883.
Gardiner, John, Sr., 12728C. W. 1814. Inv.
1814.
Gardiner, John A., 18546C. Inv. 1877.
Gardiner, Joseph, 3463C-3468C. W. 1742. Inv.
1742.
Gardiner, Joseph, 12090C. B. 40, p. 385, 386.
Grd. 1803. Tr. 1803.
Gardiner, Joseph, 14036C. W. 1831. Inv.
1832.

Gardiner, Joseph, 21126C. W. 1895. Inv. 1895.
Gardiner, Mary, 14754C. W. 1840. Inv. 1840.
Gardiner, Mathews, 351C. Wd. 1712.
Gardiner, Peter, 17385C. W. 1868. Inv. 1868.
Gardiner, Thomas, 349C. Inv. 1712.
Gardiner, Thomas, 1120–1126C. Acct. 1721.
Gardiner, Thomas, 10738C. B. 23, p. 206. Int. 1780. Inv. 1780.
Gardiner, William, 15850C. Inv. 1853.
Gardner, Daniell, 287C, 289C. W. 1711. Inv. 1709.
Gardner, John, 13341C. Inv. 1823.
Gardner, Mathew, 2105C, 2107C. W. 1731. Inv. 1731.
Gardner, Thirza A., 17606C. W. 1870. Inv. 1870.
Garey, Julia A., 20972C. W. 1894. Inv. 1895.
Gargan, John, 16836C. W. 1863. Inv. 1864.
Garner, Benjamin, 12729C. W. 1814. Inv. 1814.
Garon, James, 16907C. W. 1863. Inv. 1863.
Garon, John, 16835C. Inv. 1863.
Garon, Mary C., 19781C. W. 1886. Inv. 1886.
Garon, Samuel, 17386C. Inv. 1868.
Garon, Sarah, 16952C. W. 1864. Inv. 1864.
Garon, Uriah, 16953C. Inv. 1864.
Garren, Benjamin, 16076C. W. 1855. Inv. 1855.
Garrett, Mary S., 21370C. W. 1897.
Garrigues, Rebecca T., 19782C. W. 1886.
Garrigues, William A., 17843C. W. 1872. Inv. 1872.
Garrison, Jacob, 189C. B. AAA, p. 296; B. 1, p. 244. Release 1709. See 70 Q.
Garrison, William, 12643C. W. 1813. Inv. 1813.
Gartland, Catharine, 18395C. Inv. 1876.
Garwood, Alice, 11973C. B. 39, p. 384. W. 1801. Inv. 1801.
Garwood, Asa, 12207C. Inv. 1805.
Garwood, Asael, 20841C. Inv. 1893.
Garwood, Benjamin, 15052C. · Inv. 1844.
Garwood, Benjamin, 16703C. W. 1862. Inv. 1883.
Garwood, Charity, 11601C. B. 35, p. 226. W. 1795. Inv. 1795.
Garwood, Daniel, 10947C. B. 25, p. 522. W. 1784. Inv. 1784.
Garwood, Dorothy, 11285C. B. 31, p. 319. Int. 1789. Inv. 1789.
Garwood, Ephraim, 19216C. Inv. 1882.
Garwood, Hannah, 11172C. B. 29, p. 74. Int. 1787. Inv. 1787.
Garwood, Hannah, 19922C. Inv. 1887.
Garwood, Hannah S., 18265C. Inv. 1875.
Garwood, Hezekiah, 15299C. W. 1847. Inv. 1847.
Garwood, Hezekiah, Sr., 12809C. W. 1815. Inv. 1815.
Garwood, Israel, 12730C. Inv. 1814.
Garwood, Jacob, 7033C–7038C, 9163C–9166C. B. 10, p. 321; B. 14, p. 501. W. 1761. Inv. 1761. Acct. 1772.
Garwood, Jacob, 10948C. B. 25, p. 478. W. 1784. Inv. 1784.
Garwood, Jacob, 11849C. B. 38, p. 366. Int. 1799. Inv. 1799.
Garwood, James, 13342C. Inv. 1823.
Garwood, James, 16950C. Inv. 1864.
Garwood, Japheth, 14209C. W. & Cod. 1833. Inv. 1833.
Garwood, Job, 20240C. W. 1889. Inv. 1889.

Garwood, John, 4969C–4974C. W. 1752. Inv. 1752.
Garwood, John, 12810C. Inv. 1815.
Garwood, John, 15665C. W. 1851. Inv. 1851.
Garwood, John, 19336C. W. 1883. Inv. 1883.
Garwood, Joseph, Sr., 10771C. B. 23, p. 179; B. 24, p. 218. W. 1781. Inv. 1781. Acct. 1782.
Garwood, Joshua S., 17058C. Inv. 1865.
Garwood, Noah, 11912C. B. 39, p. 72. Int. 1800. Inv. 1800.
Garwood, Rachel, 16352C. Inv. 1858.
Garwood, Rachel, 19464C. Inv. 1884.
Garwood, Rebecca, 21815C. Inv. 1900.
Garwood, Samuel, 10613C–10618C, 10772C. B. 20, p. 203; B. 23, p. 211. W. 1778. Inv. 1779. Acct. 1781.
Garwood, Samuel, 12645C. W. 1812. Inv. 1812.
Garwood, Samuel, 17057C. W. 1865. Inv. 1865.
Garwood, Sarah A., 21655C. W. 1899. Inv. 1899.
Garwood, Solomon, 4975C–4980C. Adm. 87. B. 7, p. 302. Int. 1752. Inv. 1752. Acct. 1752.
Garwood, Thomas, 3785C–3788C. B. 7, p. 163. W. 1751.
Garwood, Thomas, 9167C–9168C, 9403C–9404C, 9974C–9976C. B. 14, p. 517; B. 15, p. 548. Int. 1772. Inv. 1775. Acct. 1775.
Garwood, William, 8151C–8158C. B. 13, p. 70. W. 1767. Inv. 1767.
Garwood, William, 15300C. Inv. 1847.
Garwood, William, 15582C. Inv. 1850.
Garwood, William, 18396C. Inv. 1876.
Gas, Thomas, 17387C. W. 1868.
Gaskell, Josiah, 7039C–7044C. B. 11, p. 211. W. 1761. Inv. 1761.
Gaskill, Aaron, 10876C. B. 25, p. 96. Int. 1783. Inv. 1783.
Gaskill, Abel, 14498C. Inv. 1837.
Gaskill, Abraham, 17281C. W. & Cod. 1867. Inv. 1867.
Gaskill, Abraham, 19465C. W. 1884. Inv. 1884.
Gaskill, Ann, 15959C. Inv. 1854.
Gaskill, Ann B., 21127C. W. 1895. Inv. 1896.
Gaskill, Barzilla, 15960C. Inv. 1854.
Gaskill, Benjamin, 17993C. W. & Cod. 1873. Inv. 1873.
Gaskill, Beulah, 13053C. W. 1819. Inv. 1819.
Gaskill, Caleb, 16628C. W. & Cod. 1861. Inv. 1861.
Gaskill, Caleb, 20689C. Inv. 1892.
Gaskill, Caleb S., 19609C. W. 1885. Inv. 1885.
Gaskill, Charles, 12223C. Inv. 1817.
Gaskill, Charles, 16237C. W. 1857. Inv. 1857.
Gaskill, Charles, 16353C. Inv. 1858.
Gaskill, Charles W., 17994C. W. 1873.
Gaskill, Daniel, 11971C. B. 39, p. 220. Int. 1801. Inv. 1801.
Gaskill, Daniel, 15666C. Inv. 1851.
Gaskill, David, 15400C. Inv. 1848.
Gaskill, Edward, 11666C. B. 35, p. 419. W. 1796.
Gaskill, Elizabeth, 12811C. Inv. 1815.
Gaskill, Elizabeth A., 17842C. Inv. 1872.
Gaskill, Elizabeth R., 17841C. W. 1872.
Gaskill, George, 16154C. W. 1856. Inv. 1856.
Gaskill, George, 21656C. W. 1899.
Gaskill, George H., 20241C. W. 1889.
Gaskill, Huldah, 14210C. W. 1833. Inv. 1833.

Gibbs, Mary, 18266C. W. 1875. Inv. 1875.
Gibbs, Mary, 18686C. W. 1878. Inv. 1878.
Gibbs, Mary L., 15210C. W. 1846. Inv. 1846.
Gibbs, Nina, 20843C. W. 1893.
Gibbs, Rebekah, 10949C. B. 25, p. 542. Wd. 1784.
Gibbs, Richard, 3015–3022C. Int. 1737. Inv. 1737. Acct. 1739.
Gibbs, Richard, 13054C. W. 1819. Inv. 1819.
Gibbs, Seth, 14365C. W. 1835. Inv. 1835.
Giberson, Margaret, 20691C. Inv. 1892.
Giberson, Robert D., 20085C. Inv. 1888.
Gibson, Isaac, 5429C–5434C. Adm. 139, 140. B. 8, p. 64. Int. 1754. Inv. 1755. Acct. 1755. Ren. 1754.
Gibson, Jacob, 11914C. B. 39, p. 64. W. 1800. Inv. 1800.
Gibson, Jacob, 17996C. Inv. 1873.
Gibson, John, 1483–1488C. W. 1727. Inv. 1727.
Gibson, John, 4989C–5000C. W. 1752. Inv. 1752. Acct. 1762.
Gibson, Levi, 11915C. B. 39, p. 168. W. 1800.
Gibson, Levi, 16705C. W. 1862. Inv. 1862.
Gibson, Samuel, 291C–295C. W. 1710. Inv. 1710.
Giffard, Charles S., 14672C. W. 1839. Inv. 1839.
Giffard, Job B., 15301C. Inv. 1847.
Giffard, Jonathan, 15961C. Inv. 1854.
Giffard, Rehoboam B., 15302C. Inv. 1847.
Giffard, Susannah, 15145C. W. 1845.
Giffard, Thomas, 15303C. Inv. 1847.
Giffard, William, 16956C. W. 1864. Inv. 1864.
Giffing, Martha, 11850C. B. 38, p. 337. W. 1799.
Gifford, Isaac, 17180C. Inv. 1866.
Gifford, John, 15663C. Inv. 1851.
Gifford, John D., 19217C. W. 1882. Inv. 1882.
Gifford, Jonathan, Sr., 13521C. W. 1825. Inv. 1825.
Gifford, Robert, 13117C. Inv. 1820.
Gifford, Thomas, 14583C. Inv. 1838.
Gifford, Thomas, 19338C. Inv. 1883.
Gilbert, Amos, 16448C. W. 1859.
Gilbert, Amos, 20543C. Inv. 1891.
Gilbert, Ann, 17724C. Inv. 1871.
Gilbert, Ellis, 19611C. Inv. 1885.
Gilbert, George, 14499C. W. 1837. Inv. 1837.
Gilbert, George, 21513C. W. 1898.
Gilbert, Jesse, 14038C. Inv. 1831.
Gilbert, John, 811C. Wd. 1719.
Gilbert, Jonathan, 20243C. W. 1889. Inv. 1889.
Gilbert, Joseph, 14974C. Inv. 1843.
Gilbert, Pearson, 15853C. Inv. 1853.
Gilbert, Rebecca, 21128C. Inv. 1895.
Gilbert, Rebecca S., 20544C. W. 1891. Inv. 1891.
Gilbert, Sarah, 16065C. W. 1855. Inv. 1855.
Gilbert, Thomas B., 18267C. Inv. 1875.
Gilbert, Timothy, 16238C. W. 1857. Inv. 1857.
Gilbert, Valentine, 19784C. W. 1886. Inv. 1886
Gilbert, William, 16764C. Inv. 1862.
Gilbert, Zachary, 15664C. W. 1851. Inv. 1851.
Gilberthorpe, Esther, 345C–347C. W. 1712. Inv. 1712.
Gilberthorpe, Thomas, 297–301C. Inv. 1711.
Gilham, Robert, 2427–2443C. W. 1728. Inv. 1728. Acct. 1732.
Gill, Lydia, 15211C. W. 1846. Inv. 1846.
Gill, Mary, 9179C–9186C, 9939C–9941C. B. 15, pp. 312, 541. W. 1772. Int. 1772. Acct. 1775.
Gill, Thomas, 4555C. Grd. 1749.

Gill, Thomas, 5453C–5456C. Wd. 1754. Bond 1754.
Gill, Thomas, 7803C–7810C, 8676C–8682C. B. 12, p. 45; B. 15, p. 11. W. 1765. Inv. 1770. Acct. 1770.
Gill, Thomas, 14823C. W. 1841. Inv. 1841.
Gillam, Lucas, 3707C–3716C. Int. 1743. Inv. 1743. Ren. 1743. Acct. 1743.
Gillam, Robert, 4103C–4108C. W. 1747. Inv. 1747.
Gillam, Simon, 14673C. Inv. 1839.
Gillingham, Deborah P., 18687C. W. 1878.
Gillingham, George L., 18954C. Inv. 1880.
Gillingham, Lydia B., 17280C. W. 1867.
Gillis, Anna M., 20692C. Inv. 1892.
Gillis, George P., 17388C. Inv. 1868.
Gilmore, Hugh, 20086C. W. 1888.
Gilson, Horner N., 20382C. Inv. 1890.
Ginglen, David, 16740C. Inv. 1862.
Ginglen, John, 17725C. W. 1871. Inv. 1871.
Ginglen, Joseph B. H., 20244C. W. 1889.
Ginnet, Margaret, 7811C–7812C, 7832C–7834C. Adm. 258. B. 12, p. 126. Int. 1765. Inv. 1765. Acct. 1766.
Gipson, John, 16706C. Inv. 1862.
Githens, Catharine, 21816C. W. 1900. Inv. 1900.
Githens, Clayton, 15852C. Inv. 1853.
Githens, Franklin, 19218C. W. 1882.
Githens, George, 12731C. W. 1814. Inv. 1814.
Githens, Jacob, 15304C. Inv. 1847.
Githens, Jacob L., 18955C. W. 1880. Inv. 1880.
Githens, John, 12646C. Inv. 1813.
Githens, Joseph, 12102C. B. 40, p. 385. Int. 1803. Inv. 1803.
Githens, Margaret, 18136C. W. 1874.
Githens, Martha, 13522C. W. 1825. Inv. 1825.
Githens, Mary, 13954C. Inv. 1830.
Githens, Rebecca, 18268C. W. 1875. Inv. 1875.
Githens, Samuel, 13259C. Inv. 1822.
Githens, Samuel E., 21241C. Inv. 1896.
Givin, Robert, 21129C. Inv. 1895.
Glading, Samuel, 19077C. W. 1881.
Glause, Margaret, 15487C. W. & Cod. 1849.
Gleason, Lawrence, 18827C. Inv. 1879.
Gleeson, John, Sr., 20087C. W. 1888. Inv. 1888.
Glenn, Charles H., 17061C. Inv. 1865.
Glover, Barclay W., 17845C. Inv. 1872.
Glover, Elizabeth C., 19339C. W. 1883. Inv. 1883.
Glover, Isaac, 17279C. W. 1867. Inv. 1867.
Glover, Richard, 12208C. Inv. 1805.
Glover, Susan W., 18397C. W. 1876.
Glover, Thomas, 13797C. Inv. 1828.
Glover, William, 13720C. Inv. 1827.
Glover, William, 17610C. Inv. 1870.
Goff, James, 19219C. W. 1882. Inv. 1882.
Goforth, George, 2545–2546C. W. 1732.
Gokler, John, 20844C. Inv. 1893.
Goldacker, Carl, 20545C. W. 1891. Inv. 1891.
Goldey, Mary, 17611C. W. 1870. Inv. 1870.
Goldsborough, Fanny, 18810C. W. 1880. Inv. 1880.
Goldsborough, Robert L., 20088C. Inv. 1888.
Goldsmith, Isaac P., 20845C. W. 1893. Inv. 1893.
Goldsmith, Mary M., 15768C. Inv. 1852.
Goldy, Ann, 17504C. W. 1869.
Goldy, Eliza H., 18547C. W. 1877. Inv. 1877.
Goldy, Eliza S., 20089C. Inv. 1888.
Goldy, Isaiah, 16707C. W. 1862. Inv. 1862.
Goldy, Isaiah P., 19612C. W. & Cod. 1885. Inv. 1885.

Goldy, John, 14212C. Inv. 1833.
Goldy, John, Sr., 12209C. W. 1805. Inv. 1805.
Goldy, Joseph, 9661C–9666C. B. 15, p. 551. Int. 1774. Inv. 1774. Ren. 1774.
Goldy, Joseph, 15401C. W. 1848. Inv. 1848.
Goldy, Joseph, 18688C. W. 1878. Inv. 1878.
Goldy, Lettis, 19220C. W. 1882. Inv. 1882.
Goldy, Restore M., 17612C. Inv. 1870.
Goldy, Samuel, 1289–1294C. Int. 1725. Inv. 1725.
Goldy, Samuel, 18269C. Inv. 1875.
Goldy, William, 4823C–4824C. W. 1751. Inv. 1751.
Golisha, Jacob, 777C. Int. 1718.
Good, Marriott A., 20514C. Inv. 1898.
Good, Paul E., 21515C. Inv. 1898.
Goodbeer, William, 18270C. Inv. 1875.
Goodell, George, 20846C. W. & Cod. 1893.
Goodenough, Joseph, 20693C. Inv. 1892.
Goodenough, J. Wesley, 18548C. Inv. 1877.
Goodenough, William, 21242C. Inv. 1896.
Goodher, Abigail D., 20974C. W. 1894.
Goodher, Emeline, 21130C. W. 1895.
Goodher, Mary E., 19613C. W. 1885.
Gooldy, Elizabeth, 158C. Int. 1708.
Gorden, Lewis, 17846C. W. 1872. Inv. 1872.
Gordin, Peter, 1295–1298C. W. 1725. Inv. 1725.
Gordon, Francis B., 20975C. W. 1894.
Gordon, James, 15583C. W. 1850. Inv. 1850.
Gordon, Robert, 10619C–10622C. B. 16, p. 515. Int. 1778. Inv. 1778.
Gordon, Sarah, 17997C. W. 1873.
Gordon, Thomas F., 16535C. W. 1860. Inv. 1861.
Gordon, William, 9667C–9670C. Adm. 325. B. 15, p. 525. Int. 1774. Inv. 1774.
Gorman, Michael, 20090C. W. 1888. Inv. 1888.
Gorman, Robert G., 19078C. W. 1881. Inv. 1881.
Gorsuch, Hannah, 15767C. W. 1852. Inv. 1852.
Gorsuch, Lydia, 16957C. W. 1864.
Goslin, Hannah, 15053C. Inv. 1844.
Gosling, John, 5883C–5884C. Adm. 158, 159. B. 8, p. 340. Int. 1756. Inv. 1757. Ren. 1756.
Gould, William, 17847C. W. 1872.
Goulding, George. Adm. 11. Int. 1745.
Grady, Martin, 17998C. W. & Cods. 1873. Inv. 1873.
Graff, Martha C., 20694C. W. 1892.
Graham, Elizabeth, 9945C–9946C. B. 15, p. 538. Acct. 1775.
Graham, George, 12647C. Inv. 1813.
Graham, Jane, 14500C. W. & Cod. 1837. Inv. 1837.
Graham, John, 14501C. Inv. 1837.
Graham, Mary, 12924C. W. 1817. Inv. 1817.
Grange, Catherine, 3023–2025C. W. 1737.
Grange, Matthew, 3227C–3230C. W. 1740. Lt. 1740.
Grant, Ann, 16313C. W. 1857.
Grant, Caleb, 17277C. Inv. 1867.
Grant, Charity, 14111C. W. 1832. Inv. 1832.
Grant, Henrietta, 18398C. W. 1876. Inv. 1876.
Grant, Horace, 18137C. W. 1874. Inv. 1874.
Grant, Isaac, 14502C. Inv. 1837.
Grant, James, 15212C. W. 1846.
Grant, Joseph J., 21659C. Inv. 1899.
Grant, Joshua I., 21516C. W. 1898. Inv. 1898.
Grant, Josiah, 21179C. Inv. 1894.
Grant, Larner, 13344C. Inv. 1823.
Grant, Sarah, 19221C. W. 1882. Inv. 1882.
Grant, Thomas, 12510C. W. 1811. Inv. 1811.

Grant, Thomas, 14039C. W. 1831. Inv. 1831.
Grant, William, 13186C. W. 1821. Inv. 1821.
Grant, William B., 14908C. Inv. 1842.
Gratz, William S., 20094C. W. 1888.
Grau, Cunrad, Jr., 17062C. W. 1865. Inv. 1865.
Graves, Richard, 11603C. B. 35, p. 221. W. 1795. Int. 1795.
Gray, Charlotte, 21131C. W. 1895.
Gray, George, 21660C. W. 1899.
Gray, James, 14213C. W. 1833. Inv. 1833.
Gray, Jesse H., 18828C. Inv. 1879.
Gray, John E., 20546C. W. 1891.
Gray, Keturah H., 21243C. W. 1896. Inv. 1896.
Gray, Sarah, 20091C. Inv. 1888.
Gray, William W., 20092C. W. 1888.
Greaves, John, 16536C. W. 1860. Inv. 1860.
Greaves, Mary T., 16629C. W. 1861. Inv. 1861.
Greaves, William, 19614C. W. & Cod. 1885. Inv. 1885.
Green, Elizabeth, 9947C–9952C. B. 17, p. 107. W. 1775. Inv. 1775.
Green, John, 2289C–2293C. W. 1732. Inv. 1732.
Green, Joseph, 7463C–7464C. Adm. 229. B. 11, p. 269. Int. 1763. Inv. 1763.
Green, Joseph, 17389C. W. 1868.
Green, Joseph, 17505C. W. 1869. Inv. 1869.
Green, Mary A., 21817C. Inv. 1900.
Green, Mary W., 20093C. W. 1888. Inv. 1888.
Green, Thomas, 4101C. Adm. 19. Int. 1747. Inv. 1747.
Green, Thomas, 5435C–5444C. B. 7, p. 526. W. 1754. Inv. 1754. Acct. 1754.
Green, William, 19222C. W. 1882.
Greene, John W., 21517C. W. 1898. Inv. 1898.
Greenman, David, 11494C. B. 33, p. 53. Int. 1793.
Greenoak, John, Sr., 3718C–3724C. Int. 1744. Inv. 1744. Ren. 1744. Afs. (2) 1744.
Greenwald, Sebastian, 19785C. W. 1886.
Greenwood, John, 21661C. Inv. 1899.
Gregory, Anna M., 21818C. W. 1900.
Gregory, Clark B., 21662C. W. 1899.
Gregory, Harriet L., 21372C. W. 1897.
Gregory, Mary L., 21518C. W. 1898. Inv. 1898.
Grellet, Rebecca, 16630C. W. 1861. Inv. 1861.
Grellet, Stephen, 16066C. W. 1855. Inv. 1855.
Grey, Adelaide R., 17726C. W. 1870.
Griffe, George, 16239C. W. 1857.
Griffith, Alexander, 581C–584C. Int. 1715.
Griffith, John, 12925C. Inv. 1817.
Griffith, Joseph W., 15962C. Inv. 1854.
Griffith, Mary, Adm. 100. B. 7, p. 306. Int. 1752.
Griffith, Mary, 17278C. W. 1867. Inv. 1867.
Griffith, Mary, 19079C. W. 1881.
Griffith, Morgan, 3937C–3940C. W. 1746. Inv. 1746.
Griffith, Robert, 2547–2550C. W. 1733.
Griffith, William, 585C–588C. Int. 1715.
Griffith, William, 13620C. W. 1826. Inv. 1826.
Griffitts, James, 14429C. Inv. 1836.
Grigg, Jacob, 20847C. Inv. 1893.
Griggs, Ann, 10704C. B. 20, p. 399. W. 1779.
Griggs, Daniel, 10950C. B. 25, p. 540. Int. 1784. Inv. 1789.
Griggs, J. Ryland, 19924C. Inv. 1887.
Griggs, Thomas, 7465C–7470C. W. 1763. Inv. 1763.
Grimes, Elizabeth, 9943C–9944C. Adm. 331. B. 15, p. 526. Int. 1775. Inv. 1775.
Grimes, John, 3789C–3792C. W. 1745. Inv. 1745.
Grinslade, John, Sr., 11175C. B. 29, p. 18. W. 1787. Inv. 1787. Ren. 1788.

Griscom, Hannah A., 19925C. W. 1887. Inv. 1887.
Griscom, John, 15769C. W. 1852. Inv. (2) 1852.
Griscom, Mary H., 16837C. W. 1863. Inv. 1863.
Griscom, Susan D., 16240C. W. 1857. Inv. 1857.
Grissom, Elizabeth, 21819C. W. 1900.
Grissom, John, 13621C. Inv. 1826.
Grissom, Thomas, 18271C. W. 1875.
Gross, Clemens, 20695C. W. 1892.
Gross, John C., 19786C. Inv. 1886.
Gross, Thomas, 16241C. Inv. 1857.
Groves, Isabella, 21519C. W. 1898.
Grubb, Elizabeth Van R., 19850C. W. 1886.
Grubb, Euphemia B., 21244C. Inv. 1896.
Grubb, Joseph, 16164C. W. 1856.
Grubb, Mary R., 15146C. W. 1845. Inv. 1845.
Grubb, Robert, 17390C. Inv. 1868.
Grubb, Robert, Sr., 12732C. W. 1814. Inv. 1814.
Guesregan, Margarette, 21820C. W. 1900.
Guiles, Francis, 17060C. W. 1865.
Guinnell, Thomas, 9411C-9420C. B. 14, p. 539; B. 16, p. 56. W. 1773. Inv. 1773. Acct. 1773.
Gummere, Elizabeth D., 18272C. W. 1875.
Gummere, Elizabeth H., 21132C. W. 1895.
Gummere, John, 15147C. Inv. 1845.
Gummere, Mary, 19926C. W. 1887.
Gummere, William, 21373C. W. 1897. Inv. 1897.
Gurney, Eliza P., 19080C. W. & Cod. 1881. Inv. 1881.
Guynip, Benjamin, 13118C. W. 1820.
Gwinn, Patrick, 3609C-3612C. Int. 1742. Inv. 1742.

Haas, Edwin, 18273C. W. & Cod. 1875. Inv. 1875.
Haas, Theodore, 19467C. W. 1884. Inv. 1884.
Hackney, Elizabeth, 7291C-7296C. B. 11, p. 197. W. 1762. Inv. 1762.
Hackney, Grace, 17185C. W. 1866. Inv. 1866.
Hackney, Hugh, Hannah, Priscilla, Abraham, 12040C. B. 40, p. 62. Wds. 1802. Tr. 1802.
Hackney, Isaiah, 12039C. B. 39, p. 510. Int. 1802. Inv. 1802.
Hackney, Isaiah, 15584C. Inv. 1850.
Hackney, Job, 14824C. W. 1841. Inv. 1841.
Hackney, Joseph, 11851C. B. 38, p. 345. W. 1799. Inv. 1799.
Hackney, Mary, 10951C. B. 25, p. 446. W. 1784. Inv. 1784.
Hackney, Mary, 17613C. Inv. 1870.
Hackney, Rebeckah, 12040C. B. 40, p. 62. Grd. 1802. Tr. 1802.
Hackney, Thomas, 6067C-6074C. W. 1758. Inv. 1758. Acct. 1761.
Hackney, Thomas, Sr., 10739C. B. 22, p. 129. W. 1780.
Hackney, William, 13345C. W. 1823. Inv. 1824.
Haffey, John K., 19081C. W. 1881.
Hagaman, Aaron, 12511C. Inv. 1811.
Hagaman, John, 12410C. W. 1809. Inv. 1809.
Hagel, Catherine, 21374C. W. 1897.
Hagerthey, Charles St. C., 20547C. Inv. 1891.
Hagerthey, George W., 18956C. W. &. Cod. 1880. Inv. 1880.
Haight, Anna M., 20245C. Inv. 1889.
Hailey, Ann, 16632C. W. 1861. Inv. 1861.

Haily, Edward, 10952C. B. 25, p. 503. W. 1784.
Haines, Aaron, 12411C. Inv. 1809.
Haines, Aaron, 13260C. Inv. 1822.
Haines, Aaron, 14366C. W. 1835. Inv. 1835.
Haines, Aaron S., 18549C. W. 1877. Inv. 1877.
Haines, Aaron W., 14430C. W. 1836. Inv. 1836.
Haines, Abel, 16838C. Inv. 1863.
Haines, Abel, 19340C. Inv. 1883.
Haines, Abigail, 15305C. W. 1847.
Haines, Abigal S., 19927C. W. 1887. Inv. 1887.
Haines, Abraham, 13261C. Inv. 1822.
Haines, Abraham, Jr., 6659C-6660C. 7814C-7818C. B. 10, p. 126. Inv. 1760. Acct. 1765.
Haines, Abram, 6075C-6086C. B. 8, p. 502. W. 1758. Inv. 1758. Acct. 1763.
Haines, Achsah E., 15054C. W. 1844. Inv. 1844.
Haines, Adelaide W., 20246C. Inv. 1889.
Haines, Agnes H., 20095C. Inv. 1888.
Haines, Albert, 20247C. W. & Cod. 1889.
Haines, Albert, 20548C. Inv. 1891.
Haines, Alexander, 17727C. Inv. 1871.
Haines, Alfred C., 21520C. W. & Cod. 1898.
Haines, Amos, 5687C-5694C. W. 1756. Inv. 1756. Acct. 1758.
Haines, Ann, 16355C. W. 1858.
Haines, Ann, 16958C. W. 1864. Inv. 1864.
Haines, Ann, John, 11604C. B. 35, p. 255. Wds. 1795.
Haines, Annah, 17848C. W. 1872. Inv. 1872.
Haines, Ann B., 17506C. W. 1869. Inv. 1869.
Haines, Anne, 15963C. W. 1854. Inv. 1854.
Haines, Arthur, 16959C. W. 1864. Inv. 1864.
Haines, Barclay, 15488C. W. 1849. Inv. 1849.
Haines, Barclay, 19082C. W. 1881. Inv. 1881.
Haines, Barclay E., 19928C. W. 1887.
Haines, Benjamin, 8425C-8427C. Grd. 1768.
Haines, Benjamin, Sr., 11974C. B. 39, p. 217. W. 1801. Inv. 1801.
Haines, Benjamin M., 16449C. Inv. 1859.
Haines, Bethuel, 13346C. W. 1823. Inv. 1823.
Haines, Beulah, 18957C. W. 1880. Inv. 1880.
Haines, Biddle, 17614C. W. 1870. Inv. 1870.
Haines, Caleb, 5695C-5707C. B. 8, p. 347. W. 1757. Inv. 1757. Acct. 1760.
Haines, Caleb, 14040C. W. & Cod. 1831. Inv. 1831.
Haines, Caleb, 16537C. W. 1860. Inv. 1860.
Haines, Caleb, 16708C. W. 1862.
Haines, Caleb, 17282C. Inv. 1867.
Haines, Caleb P., 19223C. W. 1882.
Haines, Carlile, 9671C-9678C. B. 15, p. 547; B. 16, p. 396. W. 1774. Inv. 1774. Acct. 1775.
Haines, Casper W., 18399C. W. 1876. Inv. 1876.
Haines, Charles, 19083C. W. 1881. Inv. 1881.
Haines, Charles, 19929C. W. 1887. Inv. 1887.
Haines, Charles, 16633C. W. 1861.
Haines, Charles, 18550C. W. 1877. Inv. 1877.
Haines, Charles, 21821C. W. 1900. Inv. 1900.
Haines, Charles, Nathaniel, 12103C. B. 40, p. 267. Wds. 1803.
Haines, Charles, Jr., 19084C. W. & Cod. 1881.
Haines, Clayton, 12870C. W. 1816. Inv. 1816.
Haines, Core, 14825C. W. & Cod. 1841. Inv. 1841.
Haines, Daniel, 18958C. Inv. 1880.

Haines, John N., 19933C. Inv. 1887.
Haines, John S., 18140C. Inv. 1874.
Haines, Jonathan, 1693C-1700C, 2126C-2130C. W. 1729. Inv. 1729. Acct. 1731.
Haines, Jonathan, 11027C. B. M, p. 335. W. 1785. Inv. 1785.
Haines, Jonathan, 15214C. W. 1846. Inv. 1847.
Haines, Jonathan, 16244C. W. 1857. Inv. 1857.
Haines, Joseph, 11028C. B. 27, p. 19. Int. 1785. Inv. 1785.
Haines, Joseph, 5002C-5010C. Adm. 85. B. 7, p. 301. Int. 1752. Inv. 1752. Acct. 1763.
Haines, Joseph, 11029C. B. 27, p. 19. Int. 1785. Inv. 1785.
Haines, Joseph, 12103C. B. 40, p. 267. Grd. 1803.
Haines, Joseph, 12512C. W. 1811. Inv. 1811.
Haines, Joseph, 13347C. Inv. 1823.
Haines, Joseph, 14503C. W. 1837. Inv. 1837.
Haines, Joseph, 15215C. W. 1846. Inv. 1846.
Haines, Joseph, 16769C. Inv. 1862.
Haines, Joseph, 17284C. W. 1867. Inv. 1867.
Haines, Joseph A., 15404C. W. 1848.
Haines, Joseph C., 21822C. Inv. 1900.
Haines, Joseph E., 16157C. Inv. 1856.
Haines, Joseph F., 19469C. W. 1884. Inv. 1884.
Haines, Joseph W., 16710C. Inv. 1862.
Haines, Joshua B., 13956C. Inv. 1830.
Haines, Joshua W., 15216C. W. 1846. Inv. 1846.
Haines, Josiah, 1843-1852C. W. &. Cod. 1728. Inv. 1728. Acct. 1729.
Haines, Josiah, 10877C. B. 25, p. 62. W. 1783. Ren. 1783.
Haines, Josiah, 11288C. B. 31, p. 281. W. 1789. Inv. 1789.
Haines, Josiah, 13622C. Inv. 1826.
Haines, Josiah, 14674C. Inv. 1839.
Haines, Josiah, 14976C. Inv. 1843.
Haines, Josiah, Sr., 12513C. W. 1811. Inv. 1811.
Haines, Kezia, 14977C. W. 1843. Inv. 1843.
Haines, Letitia P., 20096C. W. 1888. Inv. 1888.
Haines, Levi, 11916C. B. 39, p. 73. Grd. 1800.
Haines, Levi, 13348C. Inv. 1823.
Haines, Lydia, 15061C. Inv. 1844.
Haines, Lydia, 18000C. W. 1873. Inv. 1873.
Haines, Lydia L., 20248C. W. 1889. Inv. 1889.
Haines, Lydia W., 21823C. Inv. 1900.
Haines, Margaret, 8691C-8694C. B. 15, p. 48. Int. 1770. Inv. 1770.
Haines, Margaret S., 21824C. W. 1900. Inv. 1900.
Haines, Martha, 14587C. W. 1838. Inv. 1839.
Haines, Martha, 17063C. W. 1865. Inv. 1865.
Haines, Martha B., 19224C. Inv. 1882.
Haines, Martha T., 19342C. Inv. 1883.
Haines, Mary, 12105C. B. 40, p. 342. W. 1803. Inv. 1803.
Haines, Mary, 12106C. B. 40, p. 463. W. 1803. Inv. 1803.
Haines, Mary, 13349C. Inv. 1823.
Haines, Mary, 14287C. W. 1834. Inv. 1834.
Haines, Mary, 15586C. W. & Cod. 1850.
Haines, Mary, 16158C. Inv. 1856.
Haines, Mary, 16960C. W. & Cod. 1864. Inv. 1864.
Haines, Mary A., 17616C. W. 1870. Inv. 1870.
Haines, Mary A., 18001C. W. 1873.
Haines, Mary A., 19087C. W. 1881.
Haines, Mary B., 16839C. W. 1863. Inv. 1863.
Haines, Mary E., 18278C. W. 1875.

Haines, Mary H., 18552C. W. 1877. Inv. 1877.
Haines, Mary S., 18401C. W. 1876.
Haines, Mary W., 16245C. W. 1857. Inv. 1857.
Haines, Mordecai S., 19934C. Inv. 1887.
Haines, Moses, 10773C. B. 23, p. 207. Int. 1781. Inv. 1781. Cert. 1781.
Haines, Naaman W., 21245C. W. 1896. Inv. 1901.
Haines, Naoma B., 19343C. W. 1883. Inv. 1883.
Haines, Naomi P., 20848C. Inv. 1893.
Haines, Nathan, 4825C-4830C. W. 1751. Inv. 1751.
Haines, Nathan, 11336C. B. 32, p. 90. W. 1790. Inv. 1790.
Haines, Nathan, 13881C. Inv. 1829.
Haines, Nathan, 15217C. W. 1846. Inv. 1846.
Haines, Nathan, 17509C. W. 1869. Inv. 1869.
Haines, Nathan B., 18142C. W. 1874. Inv. 1874.
Haines, Nathan B., 21663C. Inv. 1899.
Haines, Nathaniel, 11234C. B. 30, p. 41. W. 1788. Inv. 1789.
Haines, Nehemiah, 3794C-3798C. W. 1745. Inv. 1745.
Haines, Nehemiah, 12364C. W. 1808. Inv. 1808.
Haines, Nehemiah, John, 2123C. Wds. 1731.
Haines, Ner, 15489C. Inv. 1849.
Haines, Noah, 11544C. B. 33, p. 479. Int. 1794. Inv. 1794.
Haines, Phebe, 14214C. W. 1833. Inv. 1833.
Haines, Phebe, 19225C. W. & Cod. 1882. Inv. 1882.
Haines, Priscilla M., 20384C. W. 1890.
Haines, Prudence E., 20699C. W. 1892.
Haines, Rachel, 11917C. B. 39, p. 54. W. 1800. Inv. 1800.
Haines, Rachel, 15671C. W. 1851. Inv. 1851.
Haines, Rachel, 17189C. W. 1866. Inv. 1866.
Haines, Rachel D., 19226C. W. 1882. Inv. 1884.
Haines, Rebecca, 8917C-8922C. B. 15, p. 228. W. 1771. Inv. 1771.
Haines, Rebecca, 15856C. W. 1853.
Haines, Rebecca, 14675C. W. & Cod. 1839. Inv. 1839.
Haines, Rebecca, 20977C. W. 1894.
Haines, Rebecca, Jr., 13957C. Inv. 1830.
Haines, Rebecca B., 19787C. W. 1886. Inv. 1886.
Haines, Rehoboam B., 20849C. W. 1893.
Haines, Renard, Charles, 21246C. Inv. 1896. Wds.
Haines, Reuben, 15964C. W. 1854. Inv. 1854.
Haines, Richard, 3941C-3944C. W. 1746. Inv. 1746.
Haines, Richard, 18694C. W. 1878. Inv. 1878.
Haines, Richard R., 21376C. W. 1897. Inv. 1897.
Haines, Robert, 13187C. W. 1821. Inv. 1821.
Haines, Robert W., 16709C. Inv. 1862.
Haines, Samuel, 4247C-4254C. W. 1748. Inv. 1748.
Haines, Samuel, 11289C. B. 29, p. 331. W. 1789. Inv. 1789.
Haines, Samuel, 16961C. W. 1864. Inv. 1864.
Haines, Samuel, 14215C. Inv. 1833.
Haines, Samuel, Sr., 13188C. W. 1821. Inv. 1821.
Haines, Samuel J., 16962C. W. 1864. Inv. 1864.
Haines, Samuel L., 13523C. W. 1825. Inv. 1825.

Haines, Samuel N., 16963C. W. 1864.
Haines, Samuel P., 17065C. W. 1865. Inv. 1865.
Haines, Samuel S., 19470C. W. 1884. Inv. 1884.
Haines, Sarah, 13524C. Inv. 1825.
Haines, Sarah, 13427C. W. 1824. Inv. 1824.
Haines, Sarah, 14216C. Inv. 1833.
Haines, Sarah, 17286C. Inv. 1867.
Haines, Sarah, 19344C. W. 1883.
Haines, Sarah, 19618C. W. 1885. Inv. 1885.
Haines, Sarah A., 18832C. W. 1879. Inv. 1879.
Haines, Sarah A., 19472C. W. 1884. Inv. 1884.
Haines, Sarah C., 20551C. W. 1891. Inv. 1891.
Haines, Sarah L., 20385C. W. 1890. Inv. 1890.
Haines, Sarah W., 20552C. W. 1891.
Haines, Simeon, 11545C. B. 33, p. 450. W. 1794. Int. 1794. Inv. 1795.
Haines, Simeon, 13428C. Inv. 1824.
Haines, Simeon, 19345C. W. 1883. Inv. 1883.
Haines, Solomon, 13119C. W. 1820. Inv. 1820.
Haines, Stacy, 14909C. W. 1842. Inv. 1842.
Haines, Stacy, 15218C. Inv. 1846.
Haines, Stacy B., 20553C. Inv. 1891–92.
Haines, Stephen, 18959C. W. 1880. Inv. 1880.
Haines, Stokes, 21133C. W. 1895.
Haines, Stokes, Sr., 17729C. W. 1871. Inv. 1871.
Haines, Susan B., 17396C. W. 1868. Inv. 1868.
Haines, Susan D., 19088C. W. 1881.
Haines, Susanna, 21522C. W. & Cod. 1898. Inv. 1898.
Haines, Susanna B., 16634C. W. 1861. Inv. 1861.
Haines, Thomas, 5197C–5202C. W. 1753. Inv. 1753.
Haines, Thomas, 8165C–8167C. W. 1767. Inv. 1767.
Haines, Thomas, 10774C. B. 23, p. 209. Int. 1781.
Haines, Thomas, 11546C. B. 33, p. 470. W. 1794. Inv. 1794.
Haines, Thomas, 12872C. Inv. 1816.
Haines, Thomas, 13525C. Inv. 1825.
Haines, Thomas, 16539C. W. 1860. Inv. 1860.
Haines, Thomas, Isaac, 11977C. B. 39, p. 461. Wds. 1801.
Haines, Thomas, Jr., Samuel, 11733C. B. 37, p. 69. Wds. 1797.
Haines, Thomas L., 19089C. W. 1881. Inv. 1881.
Haines, Uriah W., 18141C. W. 1874. Inv. 1874.
Haines, William, 5445C–5448C. B. 8, p. 99. W. 1754.
Haines, William, 11047C. B. 27, p. 22. Grd. 1785.
Haines, William, 11334C. B. 32, p. 554. Inv. 1791. Grd. 1790.
Haines, William, 12735C. Inv. 1814.
Haines, William, 12926C. W. 1817. Inv. 1817.
Haines, William, Caleb, 2123C. Grds. 1731.
Haines, William C., 19473C. Inv. 1884.
Haines, William E., 14676C. Inv. 1839.
Haines, William E., 19346C. W. 1883. Inv. 1883.
Haines, William F., 20978C. Inv. 1894.
Haines, William H., 21523C. W. 1898. Inv. 1898.
Haines, William N., 12927C. W. 1817. Inv. 1817.

Haines, William N., 14588C. Inv. 1838.
Haines, William R., 13526C. W. 1825. Inv. 1825.
Haines, Zebedee, 16540C. Inv. 1860.
Hains, Frances, 4679C–4682C. W. 1750.
Hains, John P., 18691C. Inv. 1878.
Hains, Reuben P., Sr., 20850C. W. 1893. Inv. 1893.
Hair, George, 10878C. B. 24, p. 217. Int. 1783.
Halbauer, John G., 21825C. W. 1900. Inv. 1900.
Hale, Charlotte L., 18275C. W. 1875. Inv. 1875.
Hale, C. S., 17186C. W. & Cod. 1866.
Hale, James L., 17850C. Inv. 1872.
Haley, William, 21524C. W. 1898. Inv. 1898.
Hall, Abel, 14113C. W. 1832. Inv. 1832.
Hall, Bartholomew, 6671C–6678C, 8923C–8925C. B. 10, p. 23; B. 15, p. 65. W. 1760, Inv. 1760. Acct. 1771.
Hall, Burgiss, 4487C–4492C, 4831C–4833C. W. 1749. Inv. 1749. Acct. 1751.
Hall, Charles, 11978C. B. 39, p. 221. Int. 1801. Inv. 1801.
Hall, Charles, 21664C. W. 1899.
Hall, Daniel, 191C. Int. 1709.
Hall, Daniel, 1713C–1867C. Adm. 3. Int. 1728. Inv. 1728. Acct. 1729.
Hall, Edward C., 17187C. W. 1866. Inv. 1866.
Hall, Elizabeth, 14677C. W. 1839. Inv. 1839.
Hall, Eupheimia, 16631C. W. & Cod. 1861. Inv. 1861.
Hall, Francis, 7645C–7646C. B. 12, p. 34. W. 1764.
Hall, George W., 13798C. Inv. 1828.
Hall, George W., 21665C. W. 1899. Inv. 1900.
Hall, Henry. Adm. 322. B. 15, p. 524. Int. 1774.
Hall, Hezekiah, 15668C. W. 1851. Inv. 1851.
Hall, Isaac C., 20386C. W. 1890.
Hall, Isaiah, 14756C. Inv. 1840.
Hall, James, 13958C. W. 1830. Inv. 1830.
Hall, John, 12514C. W. 1811.
Hall, Joseph, 11440C. B. 34, p. 406. Int. 1792.
Hall, Lurana, 19090C. W. 1881.
Hall, Mable, 8339C–8344C. B. 13, p. 424. W. 1768. Inv. 1768.
Hall, Naomi, 11918C. B. 39, p. 165. W. 1800. Inv. 1800.
Hall, Pheba H., 17851C. W. 1872. Inv. 1872.
Hall, Samuel, 5011C–5016C. W. 1752. Inv. 1752.
Hall, Thomas, 669C–6670C. Adm. 207. B. 9, p. 409. Int. 1760. Inv. 1760.
Hall, Thomas, 15062C. W. 1844. Inv. 1844.
Halliburton, Marcus P., 20979C. Inv. 1894.
Hallinan, John, 21525C. W. 1898.
Halloway, Benjamin, 11441C. B. 34, p. 390. W. 1792.
Halpin, Catharine, 18002C. W. 1873. Inv. 1873.
Halsted, George W., 18914C. W. 1879.
Hamilton, Alexander, 18555C. W. 1877.
Hamilton, Joseph A., 14041C. Inv. 1831.
Hamilton, Kesiah L., 20701C. W. 1892.
Hammell, Enoch, 11780C. B. 38, p. 34. Int. 1798. Inv. 1798.
Hammell, Hannah, 11106C. B. 28, p. 81. Wd. 1786.
Hammell, James, Sr., 13350C. Inv. 1823.
Hammell, John, 2724C–2726C. W. 1734.
Hammell, John, 8683C–8686C, 9188C–9190C. B. 14, pp. 333, 418. W. & Cod. 1770. Inv. 1770. Acct. 1772.
Hammell, Keturah, 15857C. W. 1853.

Hammell, Mary A., 20387C. W. 1890.
Hammell, Moses, Sr., 12313C. W. 1807. Inv. 1807.
Hammell, Sarah, 15309C. W. 1847. Inv. 1847.
Hammell, William, 8345C–8347C. Adm. 289. B. 12, p. 525. Int. 1768. Inv. 1768. Ren. 1768.
Hammell, William, 13055C. Inv. 1819.
Hammett, John, Sr., 13189C. Inv. 1821.
Hammett, Mary, 15858C. W. 1853. Inv. 1853.
Hammill, Samuel, 12648C. Inv. 1813.
Hammit, Aaron, 11668C. B. 35, p. 488. Int. 1796.
Hammitt, Caroline, 19935C. W. 1887. Inv. 1887.
Hammitt, Elizabeth, 12365C. Inv. 1808.
Hammitt, George, 11235C. B. 30, p. 22. W. 1788. Inv. 1788. Ren. 1788.
Hammitt, John, 10875C. B. 24, p. 217. Grd. 1783.
Hammitt, Joseph, 11919C. B. 39, p. 57. W. 1800.
Hammitt, Thomas, 10347C–10359C. B. 18, p. 152. W. 1777. Inv. 1777.
Hammitt, Thomas, 13882C. Inv. 1829.
Hammitt, Thomas R., 20980C. W. 1894. Inv. 1894.
Hampton, Keziah, 14826C. Inv. 1841.
Hance, Charles D., 18274C. W. & Cod. 1875. Inv. 1875.
Hance, David, 14757C. W. 1840. Inv. 1840.
Hance, Edmund, 18138C. W. 1874. Inv. 1874.
Hance, Edward, 12814C. Inv. 1815.
Hance, Jediah, 13721C. Inv. 1827.
Hance, John, 18403C. Inv. 1876.
Hance, Samuel, 6087C–6090C. B. 9, p. 118. W. 1758. Inv. 1758.
Hance, Samuel, Jr., 16242C. Inv. 1857.
Hance, Susan B., 21377C. W. 1897. Inv. 1897.
Hance, William, 18402C. Inv. 1876.
Hanckel, John M., Jr., 12515C. W. 1811. Inv. 1811.
Hancock, Alexander, 14368C. Inv. 1835.
Hancock, Alice H., 20981C. Inv. 1894.
Hancock, Amy, 15063C. Inv. 1844.
Hancock, Amy, 19227C. W. & Cod. 1882. Inv. 1882.
Hancock, Amy C., 17188C. W. 1866. Inv. 1866.
Hancock, Anna S., 19936C. Inv. 1887.
Hancock, Benjamin D., 15859C. Inv. 1853.
Hancock, Benjamin R., 19619C. Inv. 1885.
Hancock, Charity, 17730C. W. & Cod. 1871. Inv. 1871.
Hancock, Clayton, 20097C. W. 1888.
Hancock, Daniel, 11018C. B. 27, pp. 21, 22. Grd. 1785.
Hancock, Daniel, 11054C. B. 27, p. 21. Grd. 1785. Tr. 1785.
Hancock, Daniel, 11116C. B. 28, p. 82. Grd. 1786.
Hancock, Daniel, 11952C. B. 39, p. 74. Grd. 1800.
Hancock, Daniel, 11997C. B. 39, p. 233. Grd. 1801.
Hancock, Daniel, 16768C. W. 1862, Cod. 1863. Inv. 1863.
Hancock, Daniel, Sr., 12314C. W. & Cod. 1807. Inv. 1807.
Hancock, D. Conrow, 17288C. Inv. 1867.
Hancock, Edward. Adm. 171, 172. B. 8, p. 518. Int. 1757. Ren. 1757.
Hancock, Edward D., 20982C. Inv. 1894.
Hancock, Eleanor, 19474C. W. 1884. Inv. 1884.
Hancock, Elijah, 15770C. W. 1852. Inv. 1852.

Hancock, Elizabeth, 17731C. W. 1871. Inv. 1871.
Hancock, Elizabeth R., 21378C. W. 1897. Inv. 1897.
Hancock, George, 15310C. W. 1847. Invs. (2) 1847.
Hancock, Godfrey, 14288C. Inv. 1834.
Hancock, Godfrey, 16160C. Inv. 1856.
Hancock, Godfrey, Jr., 10740C. B. 21, p. 290. W. 1780. Inv. 1780.
Hancock, Godfrey, Sr., 10351C–10354C. B. 19, p. 38. W. 1777. Inv. 1777.
Hancock, Hulitt, 13429C. Inv. 1824.
Hancock, Isaac, 11107C. B. 28, p. 81. Grd. 1786. Tr. 1786.
Hancock, Isaac, 14589C. Inv. 1838.
Hancock, John, 1715–1720C. W. 1728. Inv. 1728. Ren. 1728.
Hancock, John, 12107C. B. 40, p. 263. W. 1803. Inv. 1803. Ren. 1803.
Hancock, John, 15587C. Inv. 1850.
Hancock, John C., 14217C. Inv. 1833.
Hancock, Joseph, 15771C. W. 1852.
Hancock, Joseph, 18692C. Inv. 1878.
Hancock, Margaret H., 19788C. Inv. 1886.
Hancock, Martha B., 21666C. Inv. 1899.
Hancock, Patience, 16635C. W. 1861. Inv. 1861.
Hancock, Phebe, 12993C. W. 1818. Inv. 1818.
Hancock, Ridgway, 20249C. W. 1889.
Hancock, Samuel, 11107C. B. 28, p. 81. Wd. 1786. Tr. 1786.
Hancock, Thomas, 12263C. Inv. 1806.
Hancock, Thomas, 16068C. Inv. 1855.
Hancock, Thomas, 16159C. Inv. 1856.
Hancock, Thomas E., 15965C. Inv. 1854.
Hancock, Thomas E., 21379C. W. 1897. Inv. 1897.
Hancock, William, 9686C–9692C. B. 16, p. 379. W. 1774. Inv. 1774.
Hancock, William, 11495C. B. 33, p. 34. W. 1793. Inv. 1793.
Hancock, William C., 18960C. W. & Cod. 1880. Inv. 1880.
Hancock, William R., 19475C. Inv. 1884.
Hand, Sarah, 20388C. W. 1890.
Hanes, Jeremiah, 9679C–9684C. W. 1774. Inv. 1774.
Hank, Amos, 13264C. Inv. 1822.
Hank, John, Sr., 9191C–9195C. B. 14, p. 507. Int. 1772. Inv. 1772.
Hankins, Ivins, 17855C. Inv. 1872.
Hankins, John S., 19789C. W. 1886. Inv. 1886.
Hankins, Joseph, 12171C. B. 40, p. 466. W. 1804. Inv. 1804.
Hankins, Thomas, 16069C. W. 1855.
Hankinson, John B., Sr., 18404C. W. 1876. Inv. 1876.
Hankinson, Risdon, 21247C. W. 1896. Inv. 1896.
Hankinson, William, 13430C. Inv. 1824.
Hankinson, William W., 19620C. Inv. 1885.
Hanlon, Edward, 12516C. Inv. 1811.
Hannan, Anna, 15148C. Inv. 1845.
Hansell, Hannah, 19937C. W. 1887. Inv. 1887.
Hansell, James S., 19091C. W. 1881. Inv. 1881.
Hansell, Milton, 21526C. W. 1898. Inv. 1898.
Hansen, Lorenz P., 21134C. W. 1895. Inv. 1895.
Hanson, John. Adm. 193. Int. 1759.
Hanson, John, 20098C. W. 1888. Inv. 1888.
Harbert, George, 18833C. Inv. 1879.
Harbert, Sarah, 21667C. W. 1899.

Harbert, Walter, 4835C–4840C. W. 1751. Inv. 1751.
Harden, Charles, 16965C. Inv. 1864.
Harden, Charles, 20018C. Inv. 1885.
Harding, Thomas, 95C–97C. W. 1708. Inv. 1708.
Hardy, Mary, 11236C. B. 30, p. 57. Int, 1788. Inv. 1789.
Hargrove, George, 4255C–4258C. Adm. 43. Int. 1748. Inv. 1748. Notice 1748.
Hargrove, James M., 19347C. W. & Cod. 1883. Inv. 1883.
Hargrove, Martin V., 20702C. W. 1892.
Hargrove, William, 15966C. W. 1854. Inv. 1854.
Harker, Aaron, Sr., 17395C. W. 1868. Inv. 1868.
Harker, Benjamin, 15490C. Inv. 1849.
Harker, Benjamin, Sr., 20983C. Inv. 1894.
Harker, Charles M., 18405C. Inv. 1876.
Harker, Edith, 20099C. W. 1888.
Harker, Edmond, 18406C. W. 1876. Inv. 1876.
Harker, Edmund, 10705C. B. 22, p. 36. Int. 1779. Inv. 1782.
Harker, John, 14758C. W. 1840. Inv. 1840.
Harker, Joseph, 17190C. W. 1866. Inv. 1866.
Harker, Mary A., 17283C. W. 1867.
Harker, Thomas, 17852C. Inv. 1872.
Harker, Thomas A., 20851C. W. 1893. Inv. 1893.
Harkney, William, 353C–357C. W. 1712. Inv. 1712.
Harman, Anna, 19622C. W. 1885.
Harmer, David, 18553C. W. 1877. Inv. 1877.
Harmer, Hugh R., 16964C. Inv. 1864.
Harmer, Joshua L., 21527C. W. 1898.
Harmer, Martha, 21380C. W. 1897. Inv. 1897.
Harned, John, 18061C. W. 1880.
Harper, Sallie W., 20984C. Inv. 1894.
Harper, William, 4675C–4677C. Int. 1750. Ren. 1750.
Harrington, Abraham, 6091C–6096C. B. 9, p. 78. W. 1758. Inv. 1758.
Harris, Abraham, 14759C. W. 1840. Inv. 1840.
Harris, Anna M., 18962C. W. 1880. Inv. 1880, 1884, 1897.
Harris, Benjamin, 1479C. Inv. ?
Harris, Daniel, Mary, 11496C. B. 33, p. 55. Wds. 1793.
Harris, Edmund, 10953C. B. 25, p. 451. W. 1784. Inv. 1784.
Harris, Edward, 16841C. W. 1863. Inv. 1863.
Harris, Edward, Sr., 13265C. W. 1822. Inv. 1822.
Harris, Elizabeth T., 15149C. W. 1845. Inv. 1845.
Harris, Francis, 11290C. B. 31, p. 319. Int. 1789.
Harris, Hannah, 12211C. W. 1805. Inv. 1805.
Harris, Henry E., 21668C. W. 1899. Inv. 1899.
Harris, James, 12212C. Inv. 1805.
Harris, James, 12577C. Inv. 1812.
Harris, John, 13351C. Inv. 1823.
Harris, John, 20100C. W. 1888. Inv. 1888.
Harris, John L., 14218C. W. 1833. Inv. 1833.
Harris, Joseph, 15772C. Inv. 1852.
Harris, Joseph, 17397C. W. 1868. Inv. 1868.
Harris, Joseph, 18407C. W. 1876. Inv. 1876.
Harris, Joseph, Sr., 16636C. Inv. 1861.
Harris, Lettic L., 18554C. W. 1877. Inv. 1877.
Harris, Lydia Peel, 13623C. W. & Cods. (3) 1826. Inv. 1826.
Harris, Mary, 17285C. W. 1867.

Harris, Mary, 17508C. W. 1869. Inv. 1869.
Harris, Rezine, 12108C. B. 40, p. 450. W. & Cod. 1803. Inv. 1804.
Harris, Samuel, 7819C–7822C. Adm. 259, 260. B. 12, p. 154. Int. 1765. Inv. 1765. Acct. 1766. Ren. 1765.
Harris, Samuel, 12109C. B. 40, p. 455. Int. 1803.
Harris, Sarah, 16162C. W. 1856. Inv. 1856.
Harris, Thomas, 14678C. Inv. 1839.
Harris, Thomas, 14827C. W. 1841. Inv. 1841.
Harris, William, 11496C. B. 33, p. 55. Grd. 1793.
Harris, William, 12110C. B. 40, p. 456. W. 1803.
Harris, Zephaniah, 8169C–8172C, 8928C–8930C. Adm. 280. B. 13, p. 103; B. 15, p. 101. Int. 1767. Inv. 1771. Acct. 1771.
Harrison, Alice, 7053C–7056C. B. 10, p. 320. W. 1761.
Harrison, Benjamin, 18408C. Inv. 1876.
Harrison, Deborah, 13883C. W. 1829. Inv. 1829.
Harrison, Isaac, 12454C. W. 1810. Inv. 1810.
Harrison, Joseph, 10355C–10358C. B. 18, p. 215. W. 1777. Inv. 1777.
Harrison, Peter, 4110C–4113C. W. 1747. Inv. 1748.
Harrison, Richard, 10359C–10362C. W. 1777. Inv. 1777.
Harrison, Richard, Sr., 3469C–3478C. W. 1742. Inv. 1742. Rcpts. (5) 1742.
Harrison, Thomas, 8695C–8700C. B. 14, p. 228. W. 1770. Inv. 1770.
Harrison, Thomas, 17398C. W. 1868. Inv. 1868.
Harrison, Thomas, Sr., 14114C. W. 1832. Inv. 1832.
Hart, Anne, 12736C. W. 1814.
Hart, William. Adm. 238. B. 11, p. 424. Int. 1763.
Hartley, Thomas, 16840C. W. 1863. Inv. 1863.
Hartley, William, 11030C. B. 27, p. 18. Int. 1785. Inv. 1786.
Hartman, Charles R., 20101C. Inv. 1888.
Hartman, John, 12873C. Inv. 1816.
Hartman, Samuel, 13431C. Inv. 1824.
Hartman, Sarah A., 20703C. W. 1892.
Hartshorn, Clayton, 19623C. W. 1885. Inv. 1885.
Hartshorn, Edward S., 21826C. Inv. 1900.
Hartshorn, Jane, 19228C. Inv. 1882.
Hartshorn, Samuel, 18695C. Inv. 1878.
Hartshorn, Samuel Wright, 7823C–7826C. B. 12, p. 37. Wd. 1765.
Hartshorn, William, Sr., 17066C. W. 1865. Inv. 1865.
Hartshorne, Ann, 16246C. W. 1857.
Hartshorne, Gamaliel, 20554C. W. & Cod. 1891.
Hartshorne, Hannah, 10775C. B. 22, p. 178. W. 1781. Inv. 1781.
Hartshorne, John, 17289C. W. 1867. Inv. 1867.
Hartshorne, Joseph, 17510C. W. 1869. Inv. 1869.
Hartshorne, Mary, 16161C. W. 1856. Inv. 1856.
Hartshorne, Robert, 9422C–9430C, 5017C–5026C. B. 7, p. 424; B. 15, p. 473. Int. 1752. Inv. 1762. Acct. 1773.
Hartshorne, Samuel W., 14590C. W. & Cod. 1838. Inv. 1838.
Hartshorne, Sarah, 16070C. W. 1855.

Hartshorne, Sarah A., 15773C. Inv. 1852.
Hartshorne, Shreve, 21135C. W. 1895.
Hartshorne, Susan T., 18556C. W. 1877. Inv. 1877.
Hartshorne, Thomas, 20102C. W. 1888.
Harvey, Abbie S., 21669C. Inv. 1899.
Harvey, Abigail, 13722C. Inv. 1827.
Harvey, Ann, 12265C. W. 1806. Inv. 1807.
Harvey, Esther, 14591C. W. 1838. Inv. 1838.
Harvey, Job, 11384C. B. 32, p. 153. W. 1791. Inv. 1791. Ren. 1791.
Harvey, Job, 13527C. Inv. 1825.
Harvey, John, 5449C–5452C. W. 1754. Inv. 1754.
Harvey, John, 11442C. B. 34, p. 395. W. 1792. Inv. 1792. Ren. 1792.
Harvey, John, 11607C. B. 35, p. 255. Int. 1795.
Harvey, John, 15491C. Inv. 1849.
Harvey, Mary, 11385C. B. 32, p. 123. W. 1791.
Harvey, Mary, 17067C. W. 1865.
Harvey, Mary E., 20555C. W. 1891. Inv. 1891.-
Harvey, Mary P., 18557C. W. 1877. Inv. 1877.
Harvey, Peter, 7C, 110C. Burlington Rec. p. 23. B. 1, p. 184. Int. 1694. Inv. 1707. Acct. 1707.
Harvey, Peter, 8931C–8934C. B. 15, p. 176. W. 1771. Inv. 1771.
Harvey, Peter, 16247C. Inv. 1857.
Harvey, Peter, Sr., 14910C. W. 1842.
Harvey, Sarah, 17853C. Inv. 1872.
Harvey, Stephen, 16767C. W. 1862. Inv. 1862.
Harvey, Thomas, 15967C. W. 1854. Inv. 1854.
Harvey, William P., 16248C. Inv. 1857.
Harvey, William T., 20250C. W. 1889. Inv. 1891.
Haselton, Hannah, Adm. 206. B. 9, p. 409. Int. 1760.
Hasker, William, 505C, 509C. W. 1714. Inv. 1714.
Hasset, Michael, 18693C. Inv. 1878.
Hassett, Dennis, 20389C. W. 1890.
Hatkinson, Elizabeth, 7395C–7398C. B. 11, p. 455. Grd. 1763.
Hatkinson, Elizabeth, 15150C. Inv. 1845.
Hatkinson, John, 8935C–8938C. W. 1771. Inv. 1771.
Haufler, Jacob, 21528C. Inv. 1898.
Haug, Louis, 21529C. Inv. 1898.
Haven, Thomas A., 15860C. Inv. 1853.
Havens, Ann, 15219C. W. 1846. Inv. 1846.
Havens, Georgeanna, 21248C. W. 1896. Inv. 1896.
Havens, Joseph, 14978C. W. 1843.
Havens, Samuel, 19790C. W. 1886. Inv. 1886.
Haverstick, George M., 20704C. Inv. 1892.
Havey, Michiel, 18963C. W. 1880. Inv. 1880.
Hawkins, Alexander, 16966C. Inv. 1864.
Hawkins, Charles, 19476C. W. 1884.
Hawkins, William, 8701C–8704C. B. 15, p. 74. Int. 1770. Inv. 1770.
Hawkins, William E., 17732C. W. 1871. Inv. 1871.
Hay, Charles, 13723C. Inv. 1827.
Haydock, Mary A., 15405C. W. 1848. Inv. 1850.
Hayes, Henry, Sr., 13190C. W. & Cod. 1821. Inv. 1821.
Hayes, Jacob, 7057C–7062C. B. 10, p. 427. W. 1761. Inv. 1761.

Hayes, Joseph, 15311C. W. 1847. Inv. 1847.
Hays, Addis, 15588C. Inv. 1850.
Hays, Addis, 18964C. Inv. 1880.
Hays, Charles, 15774C. Inv. 1852.
Hays, Elizabeth, 17068C. Inv. 1865.
Hays, Godfry H., 18558C. Inv. 1877.
Hays, Hannah, 15969C. W. 1854. Inv. 1855.
Hays, Harriet, 18834C. W. 1879. Inv. 1879.
Hays, Harriet S., 17856C. W. 1872. Inv. 1873.
Hays, Henry, 13884C. W. 1829. Inv. 1829.
Hays, John, 11108C. B. 28, p. 49. W. 1786.
Hays, Mary, 19348C. W. 1883. Inv. 1883.
Hays, Michael, 16637C. W. & Cod. 1861. Inv. 1861.
Hays, Sarah, 16357C. Inv. 1858.
Hays, Stacy, 16249C. Inv. 1857.
Hays, William, 6335C–6347C. B. 9, p. 138. W. 1759. Inv. 1759. Acct. 1761.
Hays, William, 15220C. W. 1846. Inv. 1846.
Hays, William H., 15312C. Inv. 1847.
Hays, William R., 15861C. W. 1853. Inv. 1853.
Hays, William, Sr., 13724C. W. & Cod. 1827. Inv. 1827.
Hayter, William, 16711C. W. 1862. Inv. 1862.
Haywood, George, 19229C. W. & Cod. 1882. Inv. 1882.
Haywood, James, 8173C–8176C, 9694C–9697C. B. 13, p. 62. W. & Cod. 1767. Inv. 1768. Acct. 1774.
Haywood, Sarah H., 15775C. Inv. 1852.
Haywood, Thomas, 11920C. Inv. 1800.
Hazlehurst, Elizabeth, 14115C. W. & Cods. (3) 1832. Consents (3) 1811, 1818, 1820.
Heacock, Julia A., 20390C. W. 1890. Inv. 1891.
Head, Penrose B., 17069C. W. 1865.
Headdle, James, 11176C. B. 29, p. 79. Int. 1787.
Headley, Elizabeth, 12315C. Inv. 1807.
Headley, John, 15862C. W. 1853.
Headley, Joseph, 12041C. B. 39, p. 511. Int. 1802.
Heal, William, 19791C. W. 1886.
Heard, Thomas A., 18559C. W. 1877.
Heaton, Charles, 20391C. Inv. 1890.
Heaton, David, 18560C. W. 1877. Inv. 1877.
Heaton, John, 10776C. B. 23, p. 205. Int. 1781. Inv. 1781.
Heaton, John H., 18561C. Inv. 1877.
Heaton, Joseph, 17192C. Inv. 1866.
Heaton, Richard, 11443C. B. 35, p. 257. Wd. 1792.
Heaton, Robert, 14219C. Inv. 1833.
Heaton, Thomas, 14116C. Inv. 1832.
Heaviland, Eliza A., 21670C. W. 1899.
Heaviland, Frank F., 21381C. W. 1897.
Heaviland, John, 12264C. Inv. 1806.
Heaviland, Joseph J., 18696C. W. 1879. Inv. 1878.
Heaviland, Joshua L., 20556C. W. 1891.
Heaviland, Samuel, 16358C. Inv. 1858.
Heaviland, Sarah A., 20557C. Inv. 1891.
Heaviland, Sarah C., 17854C. Inv. 1872.
Heck, Martin, 21671C. W. 1899.
Hedger, Benjamin, 12815C. W. 1815. Inv. 1816.
Hedges, Mary, 9431C–9436C. B. 14, p. 525. W. 1773. Inv. 1773.
Heineken, John F. D., 16969C. Inv. 1864.
Heineken, Maria E., 14592C. W. 1838. Inv. 1838.
Heins, George L., 16071C. W. 1855. Inv. 1855.

Hewlings, James H., 13266C. Inv. 1822.
Hewlings, John, 13799C. W. 1828. Inv. 1828.
Hewlings, Joseph, 3725C–3732C. W. 1744. Inv 1744.
Hewlings, Joseph, 12042C. B. 40, p. 59. W. 1802. Inv. 1803.
Hewlings, Julia A., 17618C. W. 1870.
Hewlings, Lewis, 14760C. Inv. 1840.
Hewlings, Lydia, 16713C. W. 1862. Inv. 1862.
Hewlings, Lydia L., 14828C. W. 1841. Inv. 1841.
Hewlings, Samuel, 13191C. Inv. 1821.
Heulings, Sarah, 13192C. W. 1821. Inv. 1821.
Hewlings, Samuel L., 13530C. Inv. 1825.
Hewlings, Thomas B., 11921C. B. 39, p. 73. Wd. 1800.
Hewlings, Thomas H., 18284C. W. 1875.
Hewlings, Thomas P., 11498C. B. 33, p. 53. Int. 1793. Inv. 1793.
Hewlings, William, 13961C. Inv. 1830.
Hewlings, William, Sr., 11031C. B. M, p. 295. W. 1785. Inv. 1785.
Hewston, John W., 16640C. W. 1861. Inv. 1861.
Hickey, Mary, 18015C. W. 1873. Inv. 1873.
Hicks, Deborah, 14117C. W. 1832. Inv. 1832.
Higbee, Beulah W., 16542C. W. 1860.
Higbee, Hugh H., 14912C. W. 1842. Inv. 1842.
Higbee, John, 655C–660C. W. 1716. Inv. 1716.
Higbee, John, 4683C–4684C. Adm. 69. Int. 1750. Inv. 1750.
Higbee, John, 12172C. B. 40, p. 468. Int. 1804. Inv. 1804.
Higbee, Rebecca, 19792C. Inv. 1886.
Higbee, Samuel, 13725C. Inv. 1827.
Higgins, Deborah, 20395C. W. 1890.
Higgins, Eliakim, 12517C. Inv. 1811.
Higgins, Mary A., 18698C. Inv. 1878.
Higgins, Patrick, 11980C. B. 39, p. 389. W. 1801. Inv. 1801.
Higgins, Patrick, 19938C. W. 1887.
Higgins, Phebe, 20105C. W. 1888. Inv. 1888.
Higgins, William A. N., 19793C. W. 1886. Inv. 1886.
High, Benjamin, 16543C. Inv. 1860.
Hilier, Jacob, 12995C. W. 1818. Inv. 1818.
Hill, Anne, 7069C–7076C. W. 1761. Inv. 1761. Acct. 1763.
Hill, Louisa, 15968C. Inv. 1854.
Hill, Mary A., 21251C. W. 1896.
Hill, Nathan, 14504C. Inv. 1837.
Hill, Peter, 13193C. Inv. 1821.
Hill, Robert, 6679C–6682C. W. 1760. Inv. 1760.
Hill, Samuel, 11032C. B. M, p. 333. W. 1785. Inv. 1785.
Hill, Seth, 193–201C. Inv. 1709. Af. 1709.
Hill, Smith, 13267C. W. 1822. Inv. 1822.
Hill, Sylvester G., 13531C. Inv. 1825.
Hillard, John, 807C–809C. Int. 1719. Inv. 1719.
Hillegas, Joseph K., 16544C. W. 1860. Inv. 1860.
Hillenbrand, Anton, 17857C. W. 1872. Inv. 1872.
Hiller, John, 1307–1312C. Acct. 1725.
Hiller, John, 5891C–5897C. W. 1757. Inv. 1757. Acct. 1758.
Hiller, John, 9953C–9956C. B. 16, p. 453. W. 1775.
Hiller, Uriah, 4493C–4495C. Int. 1749. Inv. 1749.
Hilliard, Edward, 15675C. Inv. 1851.
Hilliard, Elizabeth, 15492C. W. 1849. Inv. 1849.

Hilliard, Frances, 11386C. B. 32, p. 186. Grd. 1791.
Hilliard, Frances, 11444C. B. 34, p. 409. Grd. 1792. Tr. 1792.
Hilliard, Hollinshead, 13800C. Inv. 1828.
Hilliard, Isaac, 12266C. W. 1806. Inv. 1806.
Hilliard, Isaac, Hannah, Elizabeth, Rebecca, 11444C. B. 34, p. 409. Wds. 1792. Tr. 1792.
Hilliard, John, 11337C. B. 32, p. 96. Int. 1790. Inv. 1790.
Hilliard, Joseph, 14980C. W. 1843. Inv. 1843.
Hilliard, Lydia H., 21827C. W. 1900. Inv. 1900.
Hilliard, Martha, 2825–2828C. W. 1735. Inv. 1735.
Hilliard, Mary, 11386C. B. 32, p. 186. Wd. 1791.
Hilliard, Mary, 17193C. W. 1866. Inv. 1866.
Hilliard, Samuel, 16359C. W. 1858. Inv. 1859.
Hilliard, Uriah, 11291C. B. 31, p. 322. Wd. 1789.
Hilliard, Uriah, 13056C. Inv. 1819.
Hillier, Abraham, 8177C–8182C. B. 13, p. 252. W. 1767. Inv. 1768.
Hillier, Edward, 7977C–7982C. W. 1766. Inv. 1766.
Hillier, Frances, 20396C. W. 1890. Inv. 1890.
Hillier, Isaac, 12213C. W. 1805. Inv. 1805.
Hillier, John, 10133C–10134C. Inv. 1776.
Hillier, Richard, 21828C. W. 1900.
Hillier, Richard A., 18003C. W. 1873. Inv. 1873.
Hills, George M., 20397C. W. 1890.
Hilsee, Samuel, 13433C. Inv. 1824.
Hilton, Annie, 20253C. W. 1889.
Hilton, William, 15676C. Inv. 1851.
Hilyard, Emeline E., 21252C. W. 1896.
Hilyard, Hannah R., 19093C. W. 1881.
Hilyard, James, 18411C. W. 1876. Inv. 1876.
Hilyard, Jonathan, 15407C. W. 1848. Inv. 1848.
Hilyard, Jonathan, 16967C. W. 1864. Inv. 1864.
Hilyard, Joseph W., 19478C. W. 1884. Inv. 1884.
Hilyard, Martha, 13532C. W. 1825. Inv. 1825.
Hilyard, Mary, 15590C. W. 1850. Inv. 1850.
Hilyard, Samuel, 11477C. B. 34, p. 409. Wd. 1792.
Hilyard, Samuel, 13268C. W. 1822.
Hilyard, William, 15591C. W. 1850. Inv. 1850.
Hinchman, Eliza W., 17733C. W. 1871. Inv. 1871.
Hinchman, Elizabeth, 12214C. W. 1805. Inv. 1805.
Hinchman, Jacob, 17070C. Inv. 1865.
Hinchman, James, 13533C. Inv. 1825.
Hinchman, John, 11292C. B. 31, p. 279. W. 1789. Inv. 1789.
Hinchman, John, 16073C. W. 1855.
Hinchman, John, 18562C. Inv. 1877.
Hinchman, Joseph C., 21531C. Inv. (2) 1898.
Hinds, John, 11111C. B. 28, p. 77. Int. 1786.
Hines, John, 21673C. Inv. 1899.
Hoagland, Eleanor, 11781C. B. 38, p. 139. Cert. 1798.
Hoagland, Okey, 12649C. Inv. 1813.
Hodge, Alice C., 18699C. W. 1878. Inv. 1878.
Hodge, Samuel, 14432C. Inv. 1836.
Hodgkinson, John, 11855C. B. 38, p. 362. Int. 1799.
Hodgkinson, John, Sr., 12816C. W. 1815.

Hodgkinson, Peter, 11569C. B. 33, p. 479. Int. 1794. Inv. 1795.
Hodgson, Thomas, 12043C. B. 39, p. 503. Int. 1802. Inv. 1802.
Hodson, John, 1495C, 1497C. W. 1727. Inv. 1727.
Hodson, John, 11671C. B. 35, p. 488. Int. 1796. Inv. 1796.
Hodson, John, 16842C. Inv. 1863.
Hodson, John, 18700C. W. 1878. Inv. 1878.
Hodson, Lucretia, 18282C. W. 1875. Inv. 1875.
Hoeckley, Christian F., 17512C. W. 1869. Inv. 1869.
Hoeckly, Charles R., 17400C. Inv. 1868.
Hoffman, Henry, 16165C. Inv. 1856.
Hoffman, Martin M., 17290C. W. 1867.
Hofford, Martin L., 20106C. W. 1888. Inv. 1888.
Hoile, Increase, 14220C. W. 1833. Inv. 1833.
Hoile, Margaret, 17619C. W. 1870.
Hoile, Nicholas, 13885C. W. 1829. Inv. 1829.
Holcomb, Sheperd, 17194C. Inv. 1866.
Holeman, Beulah W. 21253C. W. 1896.
Holeman, Daniel, 13534C. Inv. 1825.
Holeman, Elias, Sr., 13726C. W. 1827. Inv. 1828.
Holeman, Wesley, 14913C. Inv. 1842.
Holland, Benjamin, 12366C. Inv. 1808.
Holland, Daniel, 14042C. Inv. 1831.
Holland, Elizabeth, 19349C. W. 1883. Inv. 1883.
Holland, John, 13801C. Inv. 1828.
Holland, Watson, 14594C. W. 1838. Inv. 1838.
Hollenbeck, Joseph, 17195C. W. 1866. Inv. 1866.
Hollingshead, Anthony, 5453C–5456C. Grd. 1754. Bond 1754.
Hollingshead, Charles, 18283C. W. 1875.
Hollingshead, John, 876C. Acct. 1720.
Hollinshead, Alice, 13352C. W. 1823. Inv. 1823.
Hollinshead, Ann, 10954C. B. 25, pp. 442, 544, W. 1784. Inv. 1784. Acct. 1784.
Hollinshead, Benjamin, 10136C–10143C. Adm. 251, 253. B. 12, p. 27, 36; B. 16, p. 496. Int. (2) 1764. Acct. 1776.
Hollinshead, Benjamin, 13434C. W. 1824. Inv. 1824.
Hollinshead, Benjamin F., 21383C. W. 1897. Inv. 1897.
Hollinshead, Caroline, 21532C. Inv. 1898.
Hollinshead, Charles H., 16844C. Inv. 1863.
Hollinshead, Clayton, 13535C. W. 1825. Inv. 1825.
Hollinshead, Edmund, 10955C. B. 25, p. 464. W. 1784.
Hollinshead, Edmund, 12412C. W. 1809. Inv. 1809.
Hollinshead, Elizabeth, 16251C. W. 1857. Inv. 1857.
Hollinshead, Elwood, 21384C. Inv. 1897.
Hollinshead, Enoch, 19479C. W. 1884. Inv. 1884.
Hollinshead, Hugh, 7079C. Grd. 1761.
Hollinshead, Hugh, 8833C–8836C. B. 15, p. 68. Grd. 1770.
Hollinshead, Hugh, 8705C–8708C. Adm. 301. B. 15, p. 70. Int. 1770. Inv. 1770. Ren. 1770.
Hollinshead, Hugh, 11112C. B. 28, p. 80. Int. 1786. Inv. 1786.
Hollinshead, Hugh, 14595C. Inv. 1838.

Hollinshead, Jacob, 13121C. W. 1820. Inv. 1820.
Hollinshead, Jacob, 18967C. Inv. 1880.
Hollinshead, Jerusha, 11387C. B. 32, p. 122. W. 1791. Inv. 1791.
Hollinshead, Joel, 15408C. W. 1848. Inv. 1848.
Hollinshead, John, 10145C–10148C. B. 16, p. 496. Wd. 1776.
Hollinshead, John, 11237C. B. 30, p. 58. Int. 1788. Inv. 1788.
Hollinshead, John, 11735C. B. 37, p. 67. Int. 1797. Inv. 1797.
Hollinshead, John, 11981C. B. 39, p. 266. W. 1801.
Hollinshead, John, 12044C. B. 39, p. 502. Int. 1802. Note 1782. Powers of Attorney (3) 1789. Lt. 1802. Statement 1802.
Hollinshead, John, 12267C. W. 1806. Inv. 1806.
Hollinshead, John, Jr., 3131–3134C. W. 1739. Inv. 1739.
Hollinshead, Joseph, 11033C. B. 27, p. 18. Int. 1785. Inv. 1785.
Hollinshead, Joseph, 16250C. Inv. 1857.
Hollinshead, Lydia, 12996C. W. 1818. Inv. 1818.
Hollinshead, Miriam, 15064C. W. 1844. Inv. 1844.
Hollinshead, Morgan, 14118C. Inv. 1832.
Hollinshead, Rebecca, 13727C. Inv. 1827.
Hollinshead, Samuel, 10777C. B. 23, p. 210. Int. 1781. Inv. 1781.
Hollinshead, Thomas, 13122C. W. 1820. Inv. 1820.
Hollinshead, Thomas, 14370C. W. 1835. Inv. 1835.
Hollinshead, William, 3351C–3354C. W. 1741.
Hollinshead, William, 13536C. W. 1825. Inv. 1825.
Hollis, Stephen, 16252C. W. 1857.
Holloway, Alice, 17401C. Inv. 1868.
Holloway, Benjamin, 15409C. Inv. 1848.
Holloway, Ellen R., 21385C. Inv. 1897.
Holloway, George R., 19480C. Inv. 1884.
Holloway, James, 7045C–7051C. B. 10, p. 299. W. 1761.
Holloway, James, 13194C. Inv. 1821.
Holloway, James, 17858C. Inv. 1872.
Holloway, John, 695C, 697C. W. 1717. Inv. 1717.
Holloway, John K., 21533C. W. 1898. Inv. 1898.
Holloway, Joseph, 11238C. B. 30, p. 60. Int. 1788. Inv. 1788.
Holloway, Peter, 17402C. Inv. 1868.
Holloway, Rebecca, 15677C. W. 1851. Inv. 1851.
Holloway, Robert, 15678C. Inv. 1851.
Holloway, Samuel, 14761C. W. 1840. Inv. 1840.
Holloway, Susanna, 14119C. W. 1832. Inv. 1832.
Holmes, Anna H., 19882C. W. 1887. Inv 1887.
Holmes, Margaret, 7297C. B. 11, p. 204. Wd. 1762.
Holmes, Rachel, 20987C. W. 1894.
Holmes, Samuel, 13962C. Inv. 1830.
Holmes, Sarah, 14679C. W. 1839. Inv. 1839.
Holmes, Thomas, 13624C. Inv. 1826.
Holsey, Joel, 11922C. B. 39, p. 62. W. 1800. Inv. 1800.
Holzbaur, Jacob, 19625C. W. 1885. Inv. 1885.

Homer, Sarah, 20854C. W. 1893. Inv. 1893.
Homes, Mary E., 17071C. W. 1865. Inv. 1865.
Honyon, Francis, 10371C–10376C. B. 18, p. 139, 600. Int. 1777. Inv. 1777. Acct. 1777.
Hood, Samuel, 13963C. Inv. 1830.
Hood, Thomas, 18412C. Inv. 1876.
Hooley, William, 19350C. W. 1883.
Hooper, Abraham, 11782C. B. 38, p. 139. Int. 1798. Inv. 1798.
Hooper, Elinor, 13625C. W. 1826. Inv. 1826.
Hooper, Elizabeth, 14762C. Inv. 1840.
Hooper, Emily, 18413C. Inv. 1876.
Hooper, Giles, 11388C. B. 32, p. 114. W. 1791. Inv. 1791.
Hooper, Isaac, 15865C. W. 1853. Inv. 1853.
Hooper, Jerusha, 15493C. Inv. 1849.
Hooper, John, 12737C. W. 1814. Inv. 1814.
Hooper, John M., 17859C. W. 1872. Inv. 1872.
Hooper, Margaret, 11923C. B. 39, p. 72. Int. 1800. Inv. 1800.
Hooper, Margaret, 12518C. Inv. 1811.
Hooper, William, 6349C–6358C. B. 9, p. 312. Int. 1759. Inv. 1759. Ren. 1759. Acct. 1760.
Hooper, William, 12817C. Inv. 1815.
Hooper, William, 14680C. Inv. 1839.
Hooper, William C., 21674C. W. 1899.
Hooton, Ann, 16314C. W. 1858. Inv. 1858.
Hooton, Anna, 13123C. Inv. 1820.
Hooton, Atlantic B., 21386C. Inv. 1897.
Hooton, Benjamin, 16714C. W. 1862. Inv. 1862.
Hooton, Isaac, 12268C. Inv. 1806.
Hooton, Joseph, 18701C. W. & Cod. 1878. Inv. 1878.
Hooton, Joseph, Sr., 14681C. W. 1839. Inv. 1839.
Hooton, Thomas, 3739C–3744C. W. & Cod. 1744. Inv. 1744.
Hooton, Thomas, 13537C. W. 1825. Inv. 1825.
Hooton, Thomas, Jr., 12269C. W. 1806. Inv. 1806.
Hooton, William, 10149C–10154C. B. 17, p. 343. W. & Cod. 1776.
Hooton, William, 15864C. Inv. 1853.
Hopewell, Benjamin, 13269C. W. 1822. Inv. 1822.
Hopewell, Daniel, 10109C, 10155C–10159C. B. 18, p. 63. W. 1776. Int. 1776. Inv. 1776. Ren. 1776.
Hopewell, Elizabeth, 4497C–4498C, 10679C. B. 6, p. 27. W. 1748. Copy of Will.
Hopewell, John, Adm. 176. B. 8, p. 532. Int. 1758.
Hopewell, Joseph, 5457C–5460C, 10689C. W. 1754. Inv. 1754. Copy of Will.
Hopewell, Nathaniel, 3747C–3749C. W. 1744. Inv. 1744.
Hopkins, Abel, 11445C. B. 34, p. 407. Int. 1792. Inv. 1792.
Hopkins, Ann, 18004C. W. 1873.
Hopkins, Beulah L., 20855C. W. 1893. Inv. 1893.
Hopkins, Charles, Kitty, 11924C. B. 39, p. 74. Wds. 1800. Tr. 1800.
Hopkins, Emily J., 20254C. W. 1889. Inv. 1889.
Hopkins, Harriet L. 19626C. W. 1885. Inv. 1885.
Hopkins, Joseph, 15866C. Inv. 1853.
Hopkins, Lillie E., 18912C. Inv. 1879.
Hopkins, Marmaduke B., 18563C. W. 1877. Inv. 1877.
Hopkins, Mary, 11924C. B. 39, p. 74. Grd. 1800. Tr. 1800.

Hopkins, Patrick, 21675C. W. 1899.
Hopkins, Reading P., 17620C. Inv. 1870.
Hopkins, Sarah E., 20988C. W. 1894. Inv. 1894.
Hopkins, Thomas, 16545C. W. 1860. Inv. 1861.
Hopkins, William, 5027C–5029C. W. 1752. Inv. 1752.
Hopkinson, Ann, 13728C. W. 1827.
Hopkinson, Francis, 17621C. W. 1870.
Hopkinson, Mary Y., 16450C. W. 1859. Inv. 1859.
Hopkinson, Mary Y., 18005C. Inv. 1873.
Horn, James, 16451C. Inv. 1859.
Horn, Lucy A., 21534C. Inv. 1898.
Hornby, William, 20563C. W. 1891. Inv. 1891.
Horne, Harry, 20706C. Inv. 1892.
Horner, Benjamin, 13886C. Inv. 1829.
Horner, Benjamin B., 21535C. Inv. 1898.
Horner, Catherine J., 21676C. W. 1899. Inv. 1899.
Horner, Charles H., 20398C. W. 1890.
Horner, David, 20107C. Inv. 1888.
Horner, Eleazar, 19351C. W. 1883. Inv. 1883.
Horner, Elias, 16253C. W. 1857.
Horner, Elizabeth D., 17860C. Inv. 1872.
Horner, George W., 17728C. W. 1871. Inv. 1871.
Horner, Isaac, 203C, 207C. W. 1709. Inv. 1709.
Horner, Isaac, 7081C–7084C. B. 10, p. 558. W. 1760. Inv. 1760.
Horner, Isaac, 7477C–7482C, 9437C–9439C. B. 11, p. 379; B. 14, p. 514. W. & Cod. 1763. Inv. 1763. Acct. 1773.
Horner, Isaac, 15410C Inv. 1848.
Horner, Jacob, 4499C. Inv. 1749.
Horner, Job, 6113C–6114C. Adm. 177. B. 8, p. 533. Int. 1758. Inv. 1758.
Horner, John, 1721C. Inv. 1728.
Horner, John, 9557C–9971C. Adm. 330. B. 15, p. 526; B. 16, p. 483. Int. 1775. Inv. 1775. Ren. 1775. Acct. 1776.
Horner, John, 16254C. Inv. 1857.
Horner, John, 16968C. W. 1364. Inv. 1864.
Horner, John S., 16360C. Inv. 1858.
Horner, Joseph, 8939C–8944C. Adm. 300. B. 15, p. 102, 72. Int. 1770. Inv. 1770. Acct. 1771. Ren. 1770.
Horner, Joseph, 20399C. W. 1890. Inv. 1890.
Horner, Joshua, 1113–1118C. W. 1723. Inv. 1721.
Horner, Lydiah, 424C. Inv. 1713.
Horner, Maria, 19094C. W. 1881. Inv. 1881.
Horner, Priscilla E., 21387C. W. 1897.
Horner, Richard, 14371C. Inv. 1835.
Horner, Sarah, 20707C. W. 1892.
Horner, Whesley, 17287C. Inv. 1867.
Hornor, Alfred, 15679C. Inv. 1851.
Hornor, Ann, 18143C. W. 1874.
Hornor, Damarus, 18414C. Inv. 1876.
Hornor, Isaac, Sr., 13270C. W. 1822. Inv. 1822.
Hornor, Jacob A., 21136C. Inv. 1895.
Hornor, Job S., 18006C. W. 1873.
Hornor, John, 16642C. W. 1861. Inv. 1861.
Hornor, John, Sr., 14981C. W. 1843. Inv. 1843.
Hornor, Joseph, 12579C. W. 1812. Inv. 1812.
Hornor, Joseph, 14914C. Inv. 1842.
Hornor, Kezia, 15872C. W. 1853. Inv. 1853.
Hornor, Margaret D., 21829C. W. 1900. Inv. 1900.

Hornor, William, 12928C. W. 1817. Inv. 1817.

Horsman, Marmaduke, 4501C–4506C. W. 1749. Inv. 1749.

Horstmann, Margaret, 21677C. W. 1899.

Horwood, Nathaniel, 1979–2004C. Int. 1730. Invs. (5) 1730–31. Acct. 1731.

Hoskins, John, 12738C. W. 1814.

Hoskins, John, 13802C. Inv. 1828.

Hoskins, Lydia, 14829C. W. 1841. Inv. 1841.

Hoskins, Rachel, 15222C. W. 1846. Inv. 1846.

Hough, Benjamin B., 11548C. B. 33, p. 457. W. 1794.

Hough, Charlotte, 15065C. W. 1844. Inv. 1844.

Hough, Daniel, 11736C. B. 37, p. 54. W. & Cod. 1797. Inv. 1797.

Hough, Elizabeth, 16641C. W. 1861. Inv. 1861.

Hough, Jane, 11446C. B. 34, p. 397. W. 1792.

Hough, Jonathan, 10623C–10626C. B. 16, p. 513. Int. 1778. Inv. 1778.

Hough, Jonathan, 10778C. B. 22, p. 235. W. 1781. Inv. 1781.

Hough, Jonathan, 13887C. W. 1829. Inv. 1829.

Hough, Joseph N., 14289C. Inv. 1834.

Hough, Mercy, 13803C. W. 1828.

Hough, Samuel, 12818C. W. 1815.

Hough, Susannah, 12874C. Inv. 1816.

Hough, Thomas, 2921–2924C. W. 1736.

Hough, William, 10779C. B. 22, p. 256. W. 1781. Inv. 1781.

Hovey, Enoch, 18564C. W. 1877.

Hovey, Franklin S., 21254C. W. & Cod. 1896.

Hovey, John A., 17734C. Inv. 1871.

How, Anna, 10956C. B. 25, p. 501. W. 1784.

How, Anna, 11737C. B. 37, p. 69. Wd. 1797. Pt. 1797.

How, Mary, Adm. 285. B. 13, p. 435. Int. 1768.

How, Micajah, 3231C–3232C. W. 1740.

How, Robert F., 14043C. W. 1831. Inv. 1831.

How, Samuel, 10957C. B. 25, p. 496. W. & Cod. 1784.

How, Samuel, 11672C. B. 35, p. 438. W. 1796. Inv. 1800.

How, Samuel, Jr., 11177C. B. 29, p. 80. Wd. 1787.

Howard, Alexander, 12929C. W. 1817. Inv. 1817.

Howard, Elizabeth, 13729C. W. 1827. Inv. 1827.

Howard, George W., 21536C. W. 1898.

Howard, Michael, 4685C–4688C. Int. 1750. Inv. 1750.

Howard, Miller, 19231C. W. & Cod. 1882. Inv. 1882.

Howard, Robert H., 19095C. W. 1881. Inv. 1881.

Howard, Thomas M., 14044C. Inv. 1831.

Howell, Ann, 14290C. W. 1834. Inv. 1834.

Howell, Benjamin T., 18068C. Inv. 1880.

Howell, Clarissa, 18007C. W. 1873. Inv. 1873.

Howell, George, Jr., 15151C. Inv. 1845.

Howell, Hannah, 14682C. W. 1839. Inv. 1839.

Howell, Hannah P., 18969C. W. 1880.

Howell, Ira, 21255C. W. 1896.

Howell, John, 14045C. Inv. 1831.

Howell, John C., 17072C. W. 1865.

Howell, Joseph, 11447C. B. 34, p. 408. Int. 1792. Inv. 1792.

Howell, Laban T., 17403C. Inv. 1868.

Howell, Mary A., 17861C. W. 1872. Inv. 1872.

Howell, Noah, 11982C. B. 39, p. 362. W. & Cod. 1801.

Howell, Philip F., 14291C. Inv. 1834.

Howell, Samuel, 12111C. B. 40, p. 265. Int. 1803.

Howell, Thomas, 11783C. B. 37, p. 391. Wd. 1798. Tr. 1798.

Howell, Thomas R., 12112C. B. 40, p. 468. Wd. 1803. Pt. 1803.

Hoye, Elizabeth, 12045C. B. 39, p. 510. Int. 1802.

Hoyle, Sarah L., 17196C. W. 1866. Inv. 1866.

Hozier, Gideon R., 15494C. Inv. 1849.

Hubbs, Allen, 21388C. W. 1897.

Hubbs, Edward, 15592C. W. 1850. Inv. 1850.

Hubbs, Edwin, 18565C. Inv. 1877.

Hubbs, Ellis, 17391C. W. 1868. Inv. 1868.

Hubbs, Isaiah, 15411C. Inv. 1848.

Hubbs, Jacob, 13804C. W. 1828.

Hubbs, Samuel C., 20400C. W. 1890. Inv. 1890.

Hubbs, Sarah A., 21389C. W. 1897.

Hubley, Adam, Jr., 10958C. B. 25, p. 542. Grd. 1784.

Hubley, Lydia, 10958C. B. 25, p. 542. Wd. 1784.

Huddell, George H., 19352C. W. 1883. Inv. (2) 1883.

Huddell, Martha, 20564C. W. & Cod. 1891.

Huddy, Hugh, 699C, 701C. W. 1717. Inv. 1717.

Hudson, Edward, 13888C. Inv. 1829.

Hudson, John, 209–215C. W. 1709. Inv. 1709.

Hudson, John, 4841C, 4689C, 5032C–5035C. W. 1751. Inv. 1751. Acct. 1752.

Huestis, Jonathan, 5461C–5464C. W. 1754. Inv. 1754.

Huestis, Joseph, 5465C–5468C. B. 7, p. 504. W. 1754. Inv. 1754.

Huestis, Joseph, 10131C. B. 24, p. 214. Int. 1777.

Huestis, Joseph, 10377C–10380C. B. 18, p. 619. Int. 1777. Inv. 1778.

Huestis, Moses, 12580C. Inv. 1812.

Huettinger, John W., 21678C. Inv. 1899.

Huff, Abigail, 16255C. W. 1857. Inv. 1857.

Huff, Charles, 15970C. Inv. 1854.

Huff, Charles D., 17735C. Inv. 1870.

Huff, Edmund M., 18415C. W. 1876. Inv. 1876.

Huff, Isaac, 11448C. B. 34, p. 403. Int. 1792. Inv. 1792.

Huffnagle, Allen, 19939C. W. 1887.

Huffnagle, William K., 15971C. W. & Cod. 1854. Inv. 1854.

Hugen, John, 10741C. B. 21, p. 111. W. 1780. Inv. 1780.

Hugg, Abigail C., 14120C. W. 1832. Inv. 1832.

Hugg, Isaac, 17197C. W. 1866. Inv. 1866.

Hugg, James, 16845C. W. 1863. Inv. 1863.

Hugg, Joseph, 20401C. Inv. 1890.

Hugg, Mary M., 14292C. W. 1834. Inv. 1834.

Hugg, Richard M., 18566C. W. & Cod. 1877. Inv. 1877.

Huggins, John M., 16843C. Inv. 1863.

Hughes, Charles John, 10707C. B. 22, p. 60. Wd. 1779.

Hughes, Charles J., 15152C. Inv. 1845.

Hughes, Charles Philpot, 10706C. B. 21, p. 90; B. 22, p. 66. W. 1779. Int. 1779. Inv. 1779. Acct. 1780.

Hughes, Christopher C., 21137C. W. 1895. Inv. 1895.

Hughes, Elizabeth M., 20255C. W. 1889. Inv. 1889.

Hughes, Ellen L., 21679C. W. 1899.
Hughes, Fanney C., 19353C. W. 1883. **Inv.** 1883.
Hughes, Hannah, 21390C. W. 1897.
Hughes, John A., 16452C. W. 1859.
Hughes, John A., Jr., 15777C. W. 1852. **Inv.** 1852.
Hughes, Mary, 12650C. Inv. 1813.
Hughes, Mary Magn., 10707C. B. 22, p. 60. Grd. 1779.
Hughes, Mary M., 11239C. B. 30, p. 18. W. 1788. Inv. 1788.
Hughes, Richard, 13805C. Inv. 1828.
Hughes, Thomas, 20402C. W. 1890.
Hughes, William, 12270C. Inv. 1806.
Hughes, William, 12739C. Inv. 1814.
Hughs, William, 2417–2420C, 2557–2560C. Int. 1732. Inv. 1733. Ren. 1732.
Hulburt, Chauncey, 21256C. W. & Cods. 1896. Inv. 1897.
Hulfish, William, 12740C. W. 1814. Inv. 1814.
Hullings, Samuel D., Jr., 20856C. W. 1893.
Hulme, Anna B., 20403C. W. & Cods. 1890. Inv. 1890.
Hulme, Charles F., 21257C. W. 1896. **Inv.** 1896.
Hulme, George, 15593C. W. & Cod. 1850. Inv. 1851.
Hulme, James S., 18970C. W. 1880. Inv. 1880.
Hulme, Joseph K., 17394C. W. & Cod. 1868. Inv. 1868.
Hulme, Rebecca A., 16715C. W. 1862. Inv. 1862.
Hults, William, 21258C. W. 1896.
Hume, Ann, 11034C. B. M, p. 206. W. 1785. Int. 1785. Inv. 1787. Ren. 1785.
Humphrey, Gidion, 17862C. W. & Cod. 1872. Inv. 1872.
Humphries, Isaac, 9441C–9444C. B. 14, p. 519. Int. 1773. Inv. 1773.
Humphries, Joshua, Sr., 956–961C, 1853C–1866C. W. 1721. Inv. 1721. Acct. 1729.
Humphries, Joshua, 9445C–9448C. W. 1773. Inv. 1773.
Humphries, Richard, 2925–2928C. Int. 1736. Inv. 1736.
Hunloke, Sarah, 4235C–4239C, 4259C–4262C. W. 1748. Inv. 1748. Ren. 1748.
Hunloke, Thomas, 2749C. Grd. 1728.
Hunloke, Thomas, 3945C–3952C. W. 1746. Inv. 1748.
Hunt, Alfred, 20108C. W. & Cod. 1888. Inv. 1888.
Hunt, Benjamin, 13353C. Inv. 1823.
Hunt, Elisha, 18009C. W. 1873. Inv. 1873.
Hunt, Elisha H., 18416C. W. 1876. Inv. 1876.
Hunt, Hannah, 14683C. W. 1839. Inv. 1839.
Hunt, John, 13626C. W. 1826. Inv. 1826.
Hunt, John, 17622C. W. 1870. Inv. 1871.
Hunt, John, Jr., 13435C. Inv. 1824.
Hunt, Margaret, 1499C, 1501C. W. 1727. **Inv.** 1727.
Hunt, Martha, 8709C–8714C, 9198C–9203C. B. 14, pp. 272, 418. W. 1770. Inv. 1770. Acct. (2) 1772.
Hunt, Mary H., 19354C. W. 1883. Inv. 1883.
Hunt, Mordecai, 21830C. W. & Cod. 1900. Inv. 1900.
Hunt, Peter, 12455C. W. 1810. Inv. 1810.
Hunt, Phebe, 15680C. Inv. 1851.
Hunt, Robert, 653C. Inv. 1716.
Hunt, Robert, 7647C–7662C. B. 11, p. 488. W. 1764. Inv. 1764.
Hunt, Samuel, 879C. Inv. 1721.

Hunt, Samuel, 11113C. B. 28, p. 79. Int. 1786.
Hunt, Solomon, 17863C. W. 1872. Inv. 1872.
Hunt, Susan, 18010C. Inv. 1873.
Hunt, Willet H., 16074C. Inv. 1855.
Hunt, William, 881C, 883C. W. 1720. Inv. 1720.
Hunter, Charles, 18971C. Inv. 1880.
Hunter, Elizabeth A., 20989C. W. & Cod. 1894. Inv. 1894.
Hunter, Elmer V., 20990C. Inv. 1894.
Hunter, Ezra, 20857C. Inv. 1893.
Hunter, Franklin, 21680C. Inv. 1899.
Hunter, George B., 20565C. Inv. 1891.
Hunter, George W., 19795C. Inv. 1886.
Hunter, John, 11856C. B. 38, p. 366. **Int.** 1799. Inv. 1799.
Hunter, John P., 17736C. W. 1871. Inv. 1871.
Hunter, John R., 16453C. Inv. 1859.
Hunter, Thomas, 14596C. Inv. 1838.
Hunter, Thomas, 20708C. W. 1892. Inv. 1892.
Hunter, William, 12173C. B. 40, p. 468. Int. 1804. Inv. 1804.
Hunter, William W., 16075C. W. 1855. Inv. 1855.
Huntsman, Abraham, 11449C. B. 34, p. 407. Int. 1792. Inv. 1792.
Huntsman, Abraham, 14293C. Inv. 1834.
Huntsman, John, 12819C. Inv. 1815.
Huntsman, Rachel, 13436C. Inv. 1824.
Huntsman, Sarah, 11673C. B. 35, p. 491. Int. 1796. Inv. 1796.
Hurlburt, William F., 18008C. W. 1873.
Hurry, Harry, 21537C. Inv. 1898.
Hursey, Dorothy, 18410C. Inv. 1877.
Hustis, Sarah A., 16163C. **Inv.** 1856.
Huston, Amos W., 19940C. W. 1887. Inv. 1887.
Hutcheson, Rachel, 511C. Inv. 1714.
Hutchin, Amos, 12581C. W. 1812. Inv. 1812.
Hutchin, Ann, 11240C. B. 30, p. 61. Wd. 1788.
Hutchin, Elizabeth, 11035C. B. 27, p. 22. Wd. 1785.
Hutchin, Hannah, 14830C. W. & Cod. 1841. Inv. 1842.
Hutchin, John, 10822C. B. 23, p. 134. Int. 1782. Inv. 1787.
Hutchins, Aaron, 19627C. Inv. 1885.
Hutchins, Alfred, 19941C. W. 1887.
Hutchins, Hugh, 4263C–4264C. Adm. 55, 56. Int. 1748. Inv. 1748. Ren. 1748.
Hutchins, Margaret, 20109C. Inv. 1888.
Hutchinson, Daniel, 12741C. Inv. 1814.
Hutchinson, Eli, 13806C. Inv. 1828.
Hutchinson, Elijah, 13964C. Inv. 1830.
Hutchinson, Elizabeth, 12582C. Inv. 1812.
Hutchinson, Elizabeth, 16716C. W. 1862. **Inv.** 1862.
Hutchinson, Hannah, 20404C. W. 1890. **Inv.** 1890.
Hutchinson, Israel, 13627C. Inv. 1826.
Hutchinson, John, 11389C. B. 32, p. 139. W. 1791. Inv. 1791.
Hutchinson, John, 14831C. Inv. 1841.
Hutchinson, John P., 18285C. Inv. 1875.
Hutchinson, Jonathan, 11450C. B. 34, p. 386. W. 1792. Inv. 1792.
Hutchinson, Jonathan, 12215C. W. 1805. Inv. 1805.
Hutchinson, Mahlon, 21259C. W. 1896.
Hutchinson, Mary W., 21391C. W. 1897.
Hutchinson, Randal, Jr., 15778C. Inv. 1852.
Hutchinson, Robert, 10780C. B. 23, p. 183. W. 1781. Inv. 1781.
Hutchinson, William, 7085C. Adm. 344. B. 10, p. 174. Int. 1761. Inv. 1761.

Jackson, Richard, 13731C. Inv. 1827.
Jackson, Robert, 3613C-3614C. W. 1742.
Jackson, Robert, 16546C. Inv. 1860.
Jacobs, Ann, 13808C. W. 1828. Inv. 1828.
Jacobson, Henry, 3601C-3603C. W. 1743.
James, Alexander H., 19796C. W. 1886.
James, Ann, 19797C. W. 1886.
James, John, 5037C-5038C. Adm. 84. B. 7, p. 301. Int. 1752. Inv. 1752.
James, Mary, 14505C. W. 1834.
James, Robert, 14832C. Inv. 1841.
James, William, 17864C. Inv. 1872.
Jameson, Hannah, 19358C. W. 1883. Inv. 1883.
Jamison, John, 18569C. Inv. 1877.
Jamison, Margaret, 17865C. Inv. 1872.
Jaques, Daniel, 11926C. B. 39, p. 74. Wd. 1800.
Jaques, Gershom R., 11784C. B. 37, p. 391. Wd. 1798.
Jaques, Richard, 21538C. Inv. 1898.
Jarvis, James, 14685C. Inv. 1839.
Jarvis, Lucy, 13890C. W. 1829.
Jayne, Araminta C., 20994C. W. 1894.
Jeanes, Arthur H., 20567C. W. & Cod. 1891.
Jeffras, Daniel, 17866C. W. 1872. Inv. 1872.
Jemison, Abraham C., 19359C. W & Cod. 1883. Inv. 1883.
Jemison, Lewis, 20858C. W. & Cod. 1893. Inv. 1895.
Jenkins, Annie J., 18570C. W. 1877. Inv. 1877.
Jenkins, George B., 16166C. Inv. 1856.
Jenkins, Henry, 2561-2572C. Int. 1733. Inv. 1733. Acct. 1734. Lt. 1733.
Jenkins, Isaac, 16361C. W. 1858. Inv. 1858.
Jenkins, Jacob, 19232C. W. 1882. Inv. 1882.
Jenkins, Josiah, 12113C. B. 40, p. 384. Int. 1803. Inv. 1803.
Jenkins, Rachel, 12414C. W. 1809. Inv. 1809.
Jenkins Richard, 18145C. W. 1874. Inv. 1874.
Jenkins, Sarah, 12742C. W. 1814. Inv. 1814.
Jenkins, Zepheniah, 11857C. B. 38, p. 363. Int. 1799. Inv. 1799.
Jenness, Mark, 16717C. W. 1862. Inv. 1862.
Jennings, Elizabeth G., 19097C. W. 1881. Inv. 1881.
Jennings, Joseph, 18144C. W. 1874. Inv. 1874.
Jennings, Samuel, 217C-219C. W. 1709.
Jess, Jonathan, Adm. 213. B. 9, p. 417. Int. 1760.
Jess, Zachariah, 1171-1176C. W. 1724. Int. 1724. Inv. 1724.
Jessup, Elizabeth, 14984C. W. 1843. Inv. 1843.
Jessup, Elizabeth L., 21392C. Inv. 1897.
Jessup, Esther A., 21393C. Inv. 1897.
Jessup, Isaac W., 14506C. W. 1837. Inv. 1837.
Jessup, John, 13629C. Inv. 1826.
Jewell, George, 20568C. W. 1891. Inv. 1891.
Jinkens, Benjamin, 11179C. B. 29, p. 68. W. 1787. Inv. 1787.
Jobes, Charles, 15681C. W. 1851. Inv. 1851.
Jobes, Daniel, 18702C. W. 1878. Inv. 1878.
Jobes, Isaac, 11180C. B. 29, p. 79. Int. 1787. Inv. 1787.
Jobes, Mary G., 15496C. Inv. 1849.
Jobes, William G., 21139C. W. 1895.
Jobs, Samuel, 5469C-5474C. Adm. 135. B. 7, p. 498. Int. 1754. Inv. 1754. Acct. 1756.
Jobson, Sarah A., 21682C. W. 1899. Inv. 1899.
Johnson, Aaron, 16718C. W. 1862. Inv. 1862.

Johnson, Aaron, 18420C. W. 1876.
Johnson, Abner P., 18836C. W. 1879. Inv. 1879.
Johnson, Abraham, Sr., 13732C. Inv. 1827.
Johnson, Abram, 20859C. Inv. 1893.
Johnson, Alfred, 19482C. W. 1884. Inv. 1884.
Johnson, Amor W., 18288C. W. 1875. Inv. 1875.
Johnson, Amos, 19798C. Inv. 1886.
Johnson, Ann, 13538C. W. & Cod. 1825. Inv. 1825.
Johnson, Ann, 15314C. W. 1847. Inv. 1847.
Johnson, Ann, 18011C. W. 1873. Inv. 1873.
Johnson, Augustus S., 21260C. W. 1896. Inv. 1896.
Johnson, Bathshebe, 19629C. W. 1885. Inv. 1885.
Johnson, Caleb N., 16971C. Inv. 1864.
Johnson, Charles, 17738C. Inv. 1871.
Johnson, Charles E., 19630C. Inv. 1885.
Johnson, Charles R., 17182C. Inv. 1866.
Johnson, Edward C., 16362C. W. 1858. Inv. 1858.
Johnson, Elizabeth, 11037C. B. M, p. 312. W. 1785. Ren. 1785.
Johnson, Elizabeth, 19631C. W. 1885. Inv. 1885.
Johnson, Elizabeth, 21539C. Inv. 1898.
Johnson, Ezekiel, 15067C. W. 1844. Inv. 1844.
Johnson, George B., 19942C. Inv. 1887.
Johnson, George H., 17404C. W. 1868. Inv. 1868.
Johnson, Hugh, 14222C. W. 1833. Inv. 1833.
Johnson, Hugh, 16847C. W. 1863. Inv. 1863.
Johnson, Isaac, 14434C. Inv. 1836.
Johnson, Isaac, 16256C. W. 1857. Inv. 1857.
Johnson, Isaac, 18421C. W. 1876. Inv. 1876.
Johnson, Jacob, 12931C. W. 1817. Inv. 1817.
Johnson, Jacob, 20710C. Inv. 1892.
Johnson, Jefferson, 20406C. W. 1890. Inv. 1890.
Johnson, Jesse, 14373C. Inv. 1835.
Johnson, Job, 20112C. Inv. 1888.
Johnson, John, 11500C. B. 33, p. 17. W. 1793. Inv. 1793.
Johnson, John, 16454C. W. 1859. Inv. 1859.
Johnson, John D., 18289C. W. 1875. Inv. 1876.
Johnson, John T., 17291C. Inv. 1867.
Johnson, Jonas, 13274C. Inv. 1822.
Johnson, Jonathan, 10880C. B. 25, p. 87. W. 1783.
Johnson, Jonathan, 13275C. W. 1822. Inv. 1822.
Johnson, Jonathan, 18422C. W. 1876. Inv. (2) 1876, 1874.
Johnson, Jonathan, 19098C. Inv. 1881.
Johnson, Joseph, 17292C. W. 1868.
Johnson, Joseph, 17405C. W. 1867, 1868.
Johnson, Joseph, 17868C. Inv. 1872.
Johnson, Julia, 19799C. W. 1886.
Johnson, Kitty M., 19360C. W. & Cods. 1883. Inv. 1883.
Johnson, Levi, 17739C. W. 1871. Inv. 1871.
Johnson, Levy G., 20407C. W. 1890. Inv. 1890.
Johnson, Mahlon, 17867C. Inv. 1872.
Johnson, Martha, 19632C. W. 1885. Inv. 1885.
Johnson, Mary, 13630C. W. 1826. Inv. 1826.
Johnson, Mary A., 18837C. W. & Cod. 1879. Inv. 1879.
Johnson, Mary A., 20257C. W. 1889.
Johnson, Mary E., 21540C. W. & Cod. 1898.

Johnson, Mathias, 10627C–10630C. B. 20, p. 184. W. 1778. Inv. 1778.

Johnson, Matthias, 11117C. B. 28, p. 80. Int. 1786. Ren. 1786.

Johnson, Matthias, Jr., 15155C. W. 1845. Inv. 1845.

Johnson, Nicholas, 14046C. W. 1831. Inv. 1831.

Johnson, Pauline, 20258C. W. 1889. Inv. 1889.

Johnson, Robert M., 21832C. W. 1900.

Johnson, Samuel M., 18838C. Inv. 1879.

Johnson, Sarah, 13539C. Inv. 1825.

Johnson, Sarah, 14047C. W. 1831.

Johnson, Sarah, 17514C. W. 1869.

Johnson, Simon, 10825C. B. 24, p. 191. W. 1782. Inv. 1782.

Johnson, Sollis, 11452C. B. 34, p. 370. W. 1792.

Johnson, Thomas, Adm. 255. B. 12, p. 43. Int. 1765. Ren. 1764.

Johnson, Thomas, 12519C. Inv. 1811.

Johnson, William, 13057C. W. 1819. Inv. 1819.

Johnson, William, 14048C. Inv. 1831.

Johnson, William, 14833C. Inv. 1841.

Johnson, William C., 18012C. W. 1873. Inv. 1873.

Johnson, William H., 16167C. Inv. 1856.

Johnston, Abigail, 13355C. W. 1823. Inv. 1823.

Johnston, James, R., 17073C. W. 1865. Inv. 1865.

Johnston, John, Adm. 200. B. 9, p. 243. Int. 1759.

Johnston, Margaret A., 18146C. W. 1874. Inv. 1874.

Johnston, Thomas, 1503C, 1505C. W. 1727. Inv. 1727.

Johnston, William, 19633C. Inv. 1885.

Johnson, William A., 19634C. W. 1885. Inv. 1885.

Jolley, James, 6365C–6368C. B. 9, p. 279. W. 1759.

Jolly, Jennet, 12653C. W. 1813. Inv. 1814.

Jolly, John, Adm. 88, 89. B. 7, p. 302. Int. 1752. Ren. 1752.

Jolly, John, Sr., Adm. 246. Int. 1764.

Jolly, Pamela, 14763C. Inv. 1840, 1844.

Jones, Aaron, 16168C. W. 1856. Inv. 1856.

Jones, Abraham, 11858C. B. 38, p. 346. W. & Cod. 1799. Inv. 1799.

Jones, Allen, 20259C. W. & Cod. 1889. Inv. 1889.

Jones, Amanda H., 21833C. W. 1900. Inv. 1900.

Jones, Amy, 17183C. W. 1866. Inv. 1866.

Jones, Ann, 13631C. W. 1826. Inv. 1826.

Jones, Ann, 18147C. W. 1874. Inv. 1874.

Jones, Anna, 17074C. Inv. 1865.

Jones, Anna H., 20569C. Inv. 1891.

Jones, Aquilla, 15596C. Inv. 1850.

Jones, Arthur, 13196C. Inv. 1821.

Jones, Asael, 12654C. Inv. 1813.

Jones. Benjamin, 4265C–4275C. W. 1748. Inv. 1748. Acct. 1760.

Jones, Benjamin, 4695C–4697C. Wd. 1750.

Jones, Benjamin, 11390C. B. 32, p. 163. W. 1791. Inv. 1791.

Jones, Benjamin, 13540C. Inv. 1825.

Jones, Benjamin, 19635C. W. 1885.

Jones, Benjamin, Sr., 11675C. B. 35, p. 465. W. 1796. Inv. 1796. Ren. 1796.

Jones, Charles, 14123C. Inv. 1832.

Jones, Charles, 16547C. W. 1860. Inv. 1860.

Jones, Charles B., 17406C. Inv. 1858.

Jones, Charles F., 20113C. W. 1888.

Jones, David, 649–651C. W. 1716.

Jones, Darnell, 19361C. W. 1883.

Jones, Edith A., 21140C. Inv. 1895.

Jones, Edmond, 3615C–3618C. Int. 1743. Inv. 1743.

Jones, Edward, 8359C–8366C. B. 13, p. 315. Int. 1768. Inv. 1768. Ren. 1768.

Jones, Eli S., 18290C. W. 1875. Inv. 1875.

Jones, Eliza, 20260C. W. 1889. Inv. 1889.

Jones, Elizabeth, 12367C. W. 1808. Inv. 1808.

Jones, Elizabeth, 15315C. W. 1847.

Jones, Elizabeth, Sr., 12743C. W. 1814. Inv. 1814.

Jones, Ellen, 20995C. Inv. 1894.

Jones, Elma, 21834C. Inv. 1900.

Jones, Esther, 13632C. Inv. 1826.

Jones, Hannah, 21141C. W. 1895.

Jones, Hannah A., 15972C. Inv. 1854.

Jones, Henrietta, 19636C. W. 1885. Inv. 1885.

Jones, Hezekiah, 6661C–6663C, 6685C Grd. 1760.

Jones, Hezekiah, 12318C. Inv. 1807.

Jones, Hezekiah, 18291C. W. 1875. Inv. 1875.

Jones, Ira, 14295C. Inv. 1834.

Jones, Isaac, 3799C. Adm. 13. W. 1745. Int. 1745.

Jones, Isaac, 11501C. B. 33, p. 48. Int. 1793. Inv. 1793.

Jones, Isaac, 18839C. Inv. 1879.

Jones, Israel, 11676C. B. 35, pp. 486, 490. Int. (2) 1796. Ren. 1796.

Jones, James, 11181C. B. 29, p. 76. Int. 1787. Inv. 1787.

Jones, Jane, Adm. 99. B. 7, p. 305. Int. 1752. Inv. 1752.

Jones, Job, 11593C. B. 35, p. 257. Grd. 1795.

Jones, Job, 11744C. B. 37, p. 70. Grd. 1797.

Jones, Job, 13633C. W. 1826.

Jones, Job, 15224C. Inv. 1846.

Jones, John, 2745–2748C. Int. 1734. Inv. 1734.

Jones, John, 14296C. W. 1834. Inv. 1834.

Jones, John, Sr., 11118C. B. 28, p. 14. W. 1786. Inv. 1786.

Jones, John M., 14297C. Inv. 1834.

Jones, Jonathan, 19483C. W. 1884. Inv. 1884.

Jones, Joseph, 12217C. Inv. 1805.

Jones, Joseph, 13634C. W. 1826. Inv. 1826.

Jones, Joseph, 16257C. W. 1857. Inv. 1857.

Jones, Joseph, Sr., 14916C. W. 1842. Inv. 1842.

Jones, Joshua, 14985C. W. 1843. Inv. 1843.

Jones, Josiah, 10381C–10382C. B. 18, p. 610. Int. 1777.

Jones, Josiah, 13733C. W. 1827. Inv. 1827.

Jones, Levi, 15868C. Inv. 1853.

Jones, Lizzie L., 17740C. W. 1871.

Jones, Lloyd, 18571C. Inv. 1877.

Jones, Margaret, 20860C. W. & Cods. 1893. Inv. 1893.

Jones, Margaret F., 17624C. W. 1870. Inv. 1871.

Jones, Margaret P., 19099C. W. 1881.

Jones, Mary, 4691C–4693C. Wd. 1750.

Jones, Mary, 13276C. Inv. 1822.

Jones, Mary, 18423C. Inv. 1876.

Jones, Mary D., 17741C. W. 1871. Inv. 1871.

Jones, Michael, 14223C. Inv. 1833.

Jones, Nathaniel B., 17075C. W. 1865. Inv. 1865.

Jones, Patrick, 6683C–6684C. Adm. 203. B. 9, p. 387. Int. 1760. Inv. 1760.

Jones, Paul, 17293C. W. 1867. Inv. 1867.
Jones, Phebe A., 19100C. W. 1881.
Jones, Rachel, 14049C. W. 1831. Inv. 1831.
Jones, Rachel S., 17625C. Inv. 1870.
Jones, Robert, 15973C. W. 1854.
Jones, Robert S., 11453C. B. 34, p. 351. W. 1792. Ren. 1792.
Jones, Rowland, 17294C. W. 1867. Inv. 1867.
Jones, Samuel, 7064C-7067C, 7087C-7090C. Adm. 347. B. 10, p. 171. Int. 1761. Inv. 1761. Acct. 1761. Ren. 1761.
Jones, Samuel, 10881C. B. 25, p. 69. W. 1783. Inv. 1783.
Jones, Samuel, 11859C. B. 38, p. 351. W. & Cod. 1799. Inv. 1799.
Jones, Samuel, 12218C. Inv. 1805.
Jones, Samuel, 12271C. W. 1806. Inv. 1806.
Jones, Samuel, 16363C. W. 1858. Inv. 1858.
Jones, Samuel, 19637C. W. & Cod. 1885. Inv. 1885.
Jones, Samuel H., 19362C. W. & Cod. 1883. Inv. 1883.
Jones, Sarah L., 19484C. Inv. 1884.
Jones, Susanna, 18840C. Inv. 1879.
Jones, Thomas, 17295C. Inv. 1867.
Jones, Wade T., 17869C. W. 1872. Inv. 1872.
Jones, William, 10960C. B. 25, p. 505. W. 1784.
Jones, William, 15412C. W. 1848. Inv. 1848.
Jones, William, Jr., 15682C. W. 1851. Inv. 1851.
Jones, William, Sr., 15683C. W. 1851. Inv. 1851.
Jones, William R., 15225C. W. 1846. Inv. 1846.
Jones, William T., 19363C. W. 1883. Inv. 1883.
Joralemon, John, 19485C. W. 1884.
Jordan, Julia A., 21541C. W. 1898. Inv. 1898.
Jordan, Patrick, 21835C. W. 1900.
Joseph, Mary A., 18972C. W. 1880.
Josiah, Elizabeth, 15156C. W. 1845. Inv. 1845.
Joslin, Isaac, 18424C. Inv. 1876.
Joyce, Allen, 17407C. W. & Cod., 1868. Inv. 1868.
Joyce, Allen V., 20861C. W. 1893.
Joyce, Ann S., 18703C. Inv. 1878.
Joyce, Daniel, 14374C. W. 1835. Inv. 1835.
Joyce, Daniel, Jr., 14764C. W. 1840. Inv. 1840.
Joyce, Elwood, 20570C. W. 1891. Inv. 1891.
Joyce, Hannah K., 17296C. W. 1867. Inv. 1867.
Joyce, Harriet, 17184C. Inv. 1866.
Joyce, Joseph S., 16848C. W. 1863. Inv. 1863.
Joyce, Mahlon, 16258C. W. 1857. Inv. 1857.
Joyce, Samuel P., 14834C. Inv. 1841.
Joyce, Thomas, 10961C. B. 25, p. 541. Int. 1784.
Joyce, Thomas, 13437C. W. 1824. Inv. 1824.
Joyce, William, Jr., 14298C. Inv. 1834.
Judge, James, 19233C. W. 1882.
Juliet, Martha A., 15974C. W. 1854. Inv. 1854.
Julliard, Leon S., 17297C. Inv. 1867.
Justice, Joseph, 13541C. Inv. 1825.
Justin, Harry B., 18340C. Inv. 1875.

Kaighn, Bartram, 19638C. W. 1885.
Kaighn, John, Adm. 145. B. 8, p. 161. Int. 1755.
Kaighn, John, 12858C. W. 1812.
Kaigne, William, Adm. 21. Int. 1747.
Kain, Ann, 17076C. W. 1865.

Kain, Annie E., 20415C. W. 1890.
Kain, Benjamin S., 21836C. W. 1900. Inv. 1900.
Kain, Charles, 16169C. W. 1856. Inv. 1856.
Kain, Isaac, 15068C. Inv. 1844.
Kain, Levi L., 18148C. W. 1874.
Kain, Mary, 13125C. W. 1820.
Kain, William, 12319C. Inv. 1807.
Kain, William, 18973C. W. 1880.
Kain, William, Jr., 12275C. Inv. 1806.
Kain, William H., 16259C. Inv. 1857.
Kaine, William, 6687C-6688C. Adm. 337. B. 10, p. 169. Int. 1760. Inv. 1760.
Kale, Ann, 19943C. Inv. 1887.
Kale, Christopher, 12368C. Inv. 1808.
Kale, Henry, 15069C. Inv. 1844.
Kale, Henry, Sr., 12932C. W. 1817. Inv. 1817.
Kale, Rachel, 14917C. Inv. 1842.
Kale, Samuel, 14986C. W. 1843. Inv. 1843.
Karge, Jacob, 18974C. W. 1880. Inv. 1880.
Karr, Stacy, 16170C. Inv. 1856.
Kashner, George J., 19234C. W. 1882.
Kashner, William H., 20408C. W. 1890.
Kay, Charles R., 19101C. W. 1881. Inv. 1881.
Kay, Joseph, 885C. Inv. 1721.
Kealy, Thomas, 16364C. Inv. 1858.
Kearns, Nicholas, Adm. 41, 42. Int. 1748. Ren. 1748.
Keating, Eliza, 20114C. W. 1888. Inv. 1888.
Keating, Robert, 7835C-7836C. Adm. 254. B. 12, p. 35. Int. 1764. Inv. 1765.
Keegan, Andrew, 18975C. W. 1880.
Keegan, Ann R., 19102C. W. 1881. Inv. 1881.
Keelar, Mary B., 17198C. W. 1866.
Keeler, Amos, 16365C. W. 1858. Inv. 1858.
Keeler, Hannah, 12272C. Inv. 1806.
Keeler, Henry, 18292C. Inv. 1875.
Keeler, Jacob, 14050C. W. 1831. Inv. 1831.
Keeler, Jacob, 17408C. Inv. 1868.
Keeler, John B., 16772C. W. & Cod. 1862. Inv. 1862.
Keeler, Lafayette, 15797C. Inv. 1852.
Keeler, Mary E., 17742C. W. 1871.
Keeler, Samuel B., 20261C. W. 1889. Inv. 1889.
Keeler, Sarah H., 21683C. W. 1899. Inv. 1899.
Keeler, Sarah J., 18149C. W. & Cod. 1874. Inv. 1874.
Keeler, Thomas F., 20571C. W. 1891. Inv. 1891.
Keeler, William, 14124C. W. 1832. Inv. 1832.
Keeler, William, 15869C. W. 1853. Inv. 1853.
Keelty, Dennis F., 20711C. W. 1892.
Keen, Ann B., 18294C. W. 1875. Inv. 1875.
Keen, Elias, 11502C. B. 33, p. 54. Int. 1793. Inv. 1793.
Keen, Reynold, 14435C. Inv. 1836.
Keen, Sarah, 14987C. W. 1843. Inv. 1843.
Keen, William S., 16850C. Inv. 1863.
Keetch, John Z., 16972C. Inv. 1864.
Kelb, John, 16773C. Inv. 1862.
Kelley, Abraham, 13734C. Inv. 1827.
Kelley, Abraham B., 18976C. Inv. 1880.
Kelley, Daniel, 18293C. Inv. 1875.
Kelley, Elmer, 18013C. Inv. 1873.
Kelley, George W., 17871C. Inv. 1872.
Kelley, Isaac, 13635C. Inv. 1826.
Kelley, James, 13277C. Inv. 1822.
Kelley, John, 14051C. W. 1831. Inv. 1831.
Kelley, Joseph, 14375C. W. 1835. Inv. 1835.
Kelley, Joseph F., 17872C. Inv. 1872.
Kelley, William, 10962C. B. M, p. 287; B. 24, p. 216. Int. 1783. Pt. 1783.

Kellock, Robert, 21685C. Inv. 1899.
Kellum, John, 16548C. Inv. 1860.
Kellum, Mary, 17199C. Inv. 1866.
Kellum, Ziba W., 14125C. Inv. 1832.
Kelly, Abraham, 11038C. B. 27, p. 14. Int. 1785. Inv. 1786.
Kelly, Curtis Q., 19103C. Inv. 1881.
Kelly, Daniel, 20996C. W. 1894.
Kelly, Elizabeth W., 18704C. W. 1878. Inv. 1878.
Kelly, Hannah, 10383C–10384C. W. 1777.
Kelly, John, 2011C. Int. 1730.
Kelly, John W., 16849C. W. 1863. Inv. 1863.
Kelly, Mary, 20115C. W. 1888. Inv. 1888.
Kelly, Patrick, 10385C–10394C. B. 18, p. 134. W. 1777. Inv. 1777.
Kelly, Thomas B., 20572C. Inv. 1891.
Kelly, William B., Sr., 20409C. W. 1890.
Kelly, William E., 18705C. W. 1878. Inv. 1878.
Kelly, William J., 21684C. W. 1899.
Kelvey, Mary J., 21837C. W. 1900. Inv. 1900.
Kemble, Amos, 19486C. W. 1884. Inv. 1884.
Kemble, Benjamin, 11182C. B. 29, p. 63. W. 1787. Int. 1787. Ren. 1787.
Kemble, Benjamin, 18425C. W. & Cod. 1876. Inv. 1876.
Kemble, Charles D., 15975C. Inv. 1854.
Kemble, Edward, 3953C–3963C. Adm. 5. Int. 1744. Inv. 1744. Acct. 1746.
Kemble, Edward, 15597C. Inv. 1850.
Kemble, Hannah H., 15598C. Inv. 1850.
Kemble, James L., 20997C. W. 1894. Inv. 1894.
Kemble, Job, 15413C. Inv. 1848.
Kemble, Joseph, 12655C. Inv. 1813.
Kemble, Joseph S., 15672C. Inv. 1851.
Kemble, Levi, 21143C. Inv. 1895.
Kemble, Lydia R., 18977C. W. 1880. Inv. 1880.
Kemble, Mary A., 20998C. W. 1894.
Kemble, Priscilla, 14686C. Inv. 1839.
Kemble, Robert S., 18150C. W. 1874.
Kemble, Samuel, 1733C, 1737C. W. 1729. Inv. 1729.
Kemble, Samuel, 18706C. W. 1878. Inv. 1879.
Kemble, Samuel, Sr., 11183C. B. 29, p. 1. W. 1787. Inv. 1787. Rens. (2) 1787.
Kemble, Samuel T., 21839C. W. & Cod. 1900.
Kemble, Thomas, Sr., 7983C–7990C. B. 13, p. 45. W. 1766. Inv. 1766.
Kempton, Eliza, 17409C. W. 1868.
Kempton, James, 12273C. Inv. 1806.
Kempton, James H., 17299C. Inv. 1867.
Kempton, John, 16171C. W. 1856. Inv. 1856.
Kempton, Rachel, 12656C. Inv. 1813.
Kempton, William S., 15497C. W. 1849. Inv. 1849.
Kenaday, John, 11294C. B. 31, p. 319. Int. 1789.
Kendal, Thomas, 221C. W. 1709.
Kendrick, John H., 20713C. Inv. 1892.
Kennedy, Daniel, 5203C–5204C. Adm. 106, 107. B. 7, p. 420. Int. 1753. Inv. 1753. Ren. 1753.
Kennedy, James, 18913C. Inv. 1879.
Kennedy, Robert, 15070C. W. 1844. Inv. 1844.
Kennedy, Samuel W., 20714C. W. & Cod. 1892.
Kennedy, Sarah B., 16260C. Inv. 1857.
Kensenger, Samuel, 15599C. Inv. 1850.
Kerby, Recompence, 887C. W. 1720. Lt. 1726.
Kerlin, Barclay, 17874C. Inv. 1872.
Kerlin, Israel, 15673C. Inv. 1851.

Kerlin, John, 13891C. W. 1829. Inv. 1829.
Kerlin, Matthias, 13197C. W. 1821. Inv. 1821.
Kerlin, Peter, 7301C–7306C. W. 1762. Inv. 1762. Ren. 1762.
Kerlin, Peter, 17743C. Inv. 1871.
Kerlin, Thomas, 12114C. B. 40, p. 348. W. 1803. Inv. 1803.
Kern, Charles T., 21840C. W. 1900.
Kerr, James, 17626C. Inv. 1870.
Kerwood, William, 11549C. B. 33, p. 480. Wd. 1794.
Kester, John, 16456C. W. & Cod. 1859. Inv. 1859.
Kester, Joseph, 18572C. Inv. 1877.
Kester, Martha B., 20410C. W. 1890.
Kester, Pearson, 12175C. Inv. 1804.
Kester, Peter, 13278C. W. 1822. Inv. 1822.
Kester, Peter H., 16550C. Inv. 1860.
Keys, William, 20999C. Inv. 1894.
Keyser, Esther H., 16551C. W. 1860.
Kid, Robert, 14436C. W. 1836. Inv. 1837. Afs. 1847.
Kidd, Sarah A., 15071C. Inv. 1844.
Kille, Abraham, 11038C. B. 27, p. 14. Int. 1785. Inv. 1786.
Kille, Benjamin K., 17077C. Inv. 1865.
Kille, George M., 20715C. W. 1892. Inv. 1892.
Kille, Mary A., 15226C. W. 1846. Inv. 1846.
Kille, Priscilla R., 21542C. W. 1898.
Kille, Robert K., 21000C. W. 1894.
Killee, Joseph, 15600C. Inv. 1850.
Killey, Caroline L., 21261C. Inv. 1896.
Killey, David, 15871C. W. 1853. Inv. 1853.
Killey, Hannah, 8715C–8722C. B. 14, p. 268. W. 1770. Int. 1770. Inv. 1770. Ren. 1770.
Killey, James D., 16455C. Inv. 1859.
Killey, Maria R., 20712C. W. 1892. Inv. 1892.
Killey, Patrick, Adm. 127, 128. B. 8, p. 39. Int. 1754. Ren. 1754.
Kimble, Benjamin, 1723C, 1727C. W. 1728. Inv. 1728.
Kimble, Benjamin, 11785C. B. 38, p. 139. Int. 1798. Inv. 1798.
Kimble, Charles S., 17870C. Inv. 1872.
Kimble, Daniel, 15976C. W. 1854. Inv. 1854.
Kimble, Edward, 11119C. B. 28, p. 74. Int. 1786. Inv. 1786. Ren. 1786.
Kimble, Henry B., 17298C. Inv. 1867.
Kimble, James J., 21838C. W. 1900.
Kimble, Job, 17410C. Inv. 1868.
Kimble, John D., 16077C. Inv. 1855.
Kimble, Joseph, 1729C, 1731C. W. 1728. Inv. 1728.
Kimble, Joseph, 14598C. Inv. 1838.
Kimble, Joseph, 15870C. W. 1853. Inv. 1853.
Kimble, Joseph, Sr., 15977C. W. 1854. Inv. 1854.
Kimble, Peter S., 20116C. W. 1888.
Kimble, Samuel, 11454C. B. 34, p. 406. Int. 1792. Inv. 1792.
Kimble, Samuel, 13892C. Inv. 1829.
Kimble, Sarah, Charles, Elton, Benjamin, Jr., 12046C. B. 39, p. 305. Wds. 1801. Tr. 1801.
Kimble, Thomas G., 19487C. W. 1884. Inv. 1884.
Kimmins, Anne, 2829–2836C. Int. 1735. Inv. 1735. Acct. 1735.
Kimpson, Samuel, 8183C–8186C. W. 1767. Inv. 1767.
Kindall, John, 4509C–4512C. Int. 1749. Inv. 1749.
Kindle, Isaiah, 13893C. Inv. 1829.
Kiner, Kate, 19364C. W. 1883.

King, Andrew, 7483C–7486C. B. 11, p. 261. W. 1763. Inv. 1763.
King, Ann, 21262C. W. 1896. Inv. 1896.
King, Anna, 14052C. Inv. 1831.
King, Benjamin, 21142C. W. 1895. Inv. 1895.
King, Caroline C., 21263C. W. 1896.
King, Daniel S., 15684C. Inv. 1851.
King, David, 17200C. W. 1866. Inv. 1866.
King, Elizabeth, 19365C. W. 1883. Inv. 1883.
King, Elizabeth, 19488C. Inv. 1884.
King, Emily H., 21394C. Inv. 1897.
King, Francis, 2837–2840C. Int. 1735. Inv. 1735.
King, Francis, Jr., 4279C. Wd. 1748.
King, Harmanus, 1507C, 1511C. W. 1727. Inv. 1727.
King, Isaac A., 17875C. Inv. 1872.
King, John, 12657C. Inv. 1813.
King, John, 15498C. Inv. 1849.
King, John, Sr., 13279C. W. 1822. Inv. 1822.
King, Joseph, 12875C. Inv. 1816.
King, Levi, 11740C. B. 37, p. 68. Int. 1797. Inv. 1797.
King, Lydia, 17744C. W. 1871. Inv. 1871.
King, Mary A., 20262C. W. 1889.
King, Miles, 16366C. Inv. 1858.
King, Moses, 12415C. Inv. 1809.
King, Peter, 13058C. W. 1819. Inv. 1819.
King, Peter S., 15685C. Inv. 1851.
King, Reay, 13438C. Inv. 1824.
King, Rebecca, 21001C. Inv. 1894.
King, Samuel, 7991C–7992C. Adm. 264. B. 12, p. 290. Int. 1766. Inv. 1766.
King, Samuel, 17411C. W. 1868.
King, Sarah, 17412C. W. 1868.
King, Sarah, 19580C. Inv. 1882.
King, William, 3801C–3803C. W. 1745. Inv. 1745.
King, William, 12174C. Inv. 1804.
King, William, 14835C. Inv. 1841.
King, William, 16973C. Inv. 1864.
King, William, 19639C. W. 1885. Inv. 1885.
King, William W., 16172C. W. 1856. Inv. 1856.
King, William W., 17876C. W. 1872. Inv. 1872.
Kingston, William, 1513C, 1515C, 1517C. Inv. 1727. Ren. 1727.
Kinsey, Abraham, 11741C. B. 37, p. 66. Int. 1797. Ren. 1797.
Kinsey, Ann L., 19489C. W. 1884. Inv. 1884.
Kinsey, Charles, 15601C. W. 1850.
Kinsey, Elizabeth L., 18295C. W. 1875.
Kinsey, Hannah, 12320C. W. 1807.
Kinsey, James, 12047C. B. 39, p. 498. W. & Cods. 1802.
Kinsey, William S., 17079C. W. 1865.
Kinsinger, William, 14126C. Inv. 1832.
Kirby, Amy, 18014C. W. 1873. Inv. 1873.
Kirby, Ann E., 20411C. W. 1890. Inv. 1890.
Kirby, Caleb, 16457C. Inv. 1859.
Kirby, Clark B., 21264C. W. 1896. Inv. 1896.
Kirby, George B., 19366C. W. 1883. Inv 1883.
Kirby, George H., 18841C. W. 1879. Inv. 1879.
Kirby, Helena, 20263C. W. 1889. Inv. 1889.
Kirby, Israel, 15316C. Inv. 1847.
Kirby, Israel, 15227C. Inv. 1846.
Kirby, Jacob, Sr., 13280C. W. 1822. Inv. 1822.
Kirby, James J., 18151C. W. 1874. Inv. 1874.
Kirby, Job, 17873C. W. 1872. Inv. 1872.
Kirby, John W., 18428C. Inv. 1876.
Kirby, Joseph, 11677C. B. 35, p. 489. Int. 1796. Inv. 1797

Kirby, Martha G., 19236C. W. & Cod. 1882. Inv. 1882.
Kirby, Mary, 18842C. W. 1879. Inv. 1879.
Kirby, Richard, 3233C–3236C. W. 1733. Inv. 1741.
Kirby, Samuel, 12876C. Inv. 1816.
Kirby, Thomas, 15414C. W. 1848. Inv. 1848.
Kirby, William H., 19367C. W. 1883. Inv. 1884.
Kirk, John, 21686C. W. 1899. Inv. 1899.
Kirk, Josiah A., 15499C. Inv. 1849.
Kirk, Josiah W., 15500C. W. 1849.
Kirkbride, Ann, 17877C. W. 1872. Inv. 1872.
Kirkbride, Annie B., 18426C. Inv. 1876.
Kirkbride, Cornelia, 20573C. W. 1891.
Kirkbride, Jacob, 16549C. Inv. 1860.
Kirkbride, John, 16458C. W. 1859. Inv. 1859.
Kirkbride, Joseph, 11549C. B. 33, p. 480. Grd. 1794.
Kirkbride, Joseph, 12115C. B. 40, p. 464. W. 1803. Inv. 1803.
Kirkbride, Joseph, 15415C. Inv. 1848.
Kirkbride, Martha, 13809C. W. 1828. Inv. 1828.
Kirkbride, Mary, 12369C. W. 1808.
Kirkbride, Phineas R., 17078C. W. 1865. Inv. 1865.
Kirkbride, Phinehas, Sr., 12820C. W. 1815. Inv. 1815.
Kirkbride, Phinehas, 18427C. W. & Cod. 1876.
Kirkbride, Richard M., 17515C. Inv. 1869.
Kirkbride, Samuel, 17413C. Inv. 1868.
Kirkland, Thomas, 14687C. Inv. 1839.
Kirkpatrick, Matilda, 14507C. W. 1837. Inv. 1837.
Kirkpatrick, William H., 19235C. W. 1882.
Kitt, John, 11349C. B. 32, p. 95. Int. 1790. Inv. 1790.
Klein, Anton, 19800C. W. & Cod. 1886. Inv. 1886.
Klein, Sophia, 21002C. Inv. 1894.
Kline, Beulah W., 18016C. W. 1873.
Kline, Ella, 21395C. Inv. 1897.
Kline, Jacob, 21265C. W. 1896. Inv. 1896.
Knight, Elizabeth, 9205C–9206C. B. 14, p. 507. Int. 1772.
Knight, Gilbert W., 18152C. W. 1874. Inv. 1874.
Knight, Joseph, 13281C. Inv. 1822.
Knight, Thomas, 13439C. W. & Cod. 1824. Inv. 1824.
Knipe, Jonathan, 8723C–8728C. B. 15, p. 11. Inv. 1770. Acct. 1770.
Knowles, Henry, 19490C. Inv. 1884.
Knowles, John, 20716C. Inv. 1892.
Knowles, Mary, 21396C. W. 1897. Inv. 1897.
Knowlton, Miner, 17745C. W. 1871. Inv. 1871.
Knox, Henry T., 20117C. W. 1888.
Koch, William, 18707C. Inv. 1878.
Koebler, Henry, 20118C. W. 1888. Inv. 1888.
Kolb, Charles, 21687C. W. 1899.
Kolster, Abraham J., 20412C. W. 1890.
Kramer, Elizabeth, 18573C. W. 1877.
Krebs, Phillip, 17516C. W. 1869. Inv. 1870.
Kreiner, Henry, 19640C. W. 1885. Inv. 1885.
Kressler, Anna C., 19237C. Inv. 1882.
Krewson, Isaac R., 13894C. Inv. 1829.
Krieger, John G., 20119C. W. 1888.
Kroesen, Adraiana, 6147C–6149C. Wd. 1758.
Kroesen, Cornelis, 4513C–4516C, 6131C–6134C. W. 1749. Inv. 1749. Acct. 1758.
Kromer, Grace Ann, 15317C. W. 1847. Inv. 1847.

Leek, George W., 18979C. Inv. 1880.

Leek, John, 11339C. B. 32, p. 96. Int. 1790. Inv. 1790.

Leek, John, Sr., 10401C–10404C, 10631C–10633C. B. 18, p. 689; B. 19, p. 214. W. 1777. Inv. 1777. Acct. 1778.

Leek, Maja, 17081C. Inv. 1865.

Leek, Stephen, 5205C–5210C. B. 7, p. 334. W. 1753. Inv. 1755.

Leek, William, 15157C. Inv. 1845.

Leek, William L., 15418C. W. 1848. Inv. 1848.

Leers, Charles, 17897C. W. 1872. Inv. (2) 1872–4.

Leeson, John, 161C. Inv. 1708.

Leeson, Landrick, 19493C. Inv. 1884.

Leeson, Mary, 19240C. W. 1882. Inv. 1882.

Leitch, Edwin, 20720C. W. 1892. Inv. 1892.

Leitch, Elizabeth, 16173C. W. 1856. Inv. 1856.

Leitch, Malcom, 19107C. Inv. 1881.

Lejambe, Alexis N., 16735C. Inv. 1862.

Leland, Adam, 2753C. Int. 1734.

Leland, Henry P., 17308C. Inv. 1867.

Lemon, Thomas, 17628C. Inv. 1870.

LeMunyon, David, 18587C. Inv. 1877.

Lennox, James, 12879C. W. 1816. Inv. 1816.

Leonard, Ann, 12461C. Inv. 1810. Pt. 1810.

Leonard, Frances, 11984C. B. 39, p. 459. W. 1801. Inv. 1801.

Leonard, John, 18575C. W. 1877. Inv. 1877.

Leonard, Mary, 14225C. W. 1833. Inv. 1833.

Lesele, Christian, 18845C. W. 1879. Inv. 1879.

Letchworth, Mary, 16975C. W. 1864.

Letchworth, William, 14688C. W. 1839. Inv. 1839.

Letts, William T., 19241C. W. 1882. Inv. 1882.

Leusner, August, 20868C. Inv. 1893.

Leverty, James, 16774C. Inv. 1862

Levick, Mary A., 21399C. W. 1897. Inv. 1898.

Lewallen, Isaac, 14599C. Inv. 1838.

Lewallen, Reuben, 14600C. W. 1838. Inv. 1838.

Lewallen, Samuel G., 15688C. W. 1851. Inv. 1851.

Lewis, Aaron, 19494C. Inv. 1884.

Lewis, Anna, 18709C. W. 1878. Inv. 1878.

Lewis, Benjamin, 16720C. W. 1862. Inv. 1862.

Lewis, Charles, 19948C. Inv. 1887.

Lewis, Daniel B., 20721C. W. 1892. Inv. 1892.

Lewis, Gidion, 17416C. Inv. 1868.

Lewis, Isaac, 6707C–6708C. Inv. 1760.

Lewis, Jacob, 11184C. B. 29, p. 72. Int. 1787. Inv. 1786,

Lewis, Jacob, 13811C. W. 1828. Inv. 1828.

Lewis, Jacob, 13966C. Inv. 1830.

Lewis, James, 3355C–3356C. W. 1741.

Lewis, James, 17302C. Inv. 1867.

Lewis, John C., 18430C. W. 1876. Inv. 1876.

Lewis, Joseph, Samuel, Sarah, 11928C. B, 39, p. 74. Wds. 1800. Tr. 1800.

Lewis, Joseph, Sr., 12998C. Inv. 1818.

Lewis, Joseph D., 12935C. W. 1817. Inv. 1817.

Lewis, Paul, 5045C–5046C, 8196C–8198C. Adm. 82. B. 7, p. 300. Int. 1752. Inv. 1752. Acct. 1767.

Lewis, Rachel, 11928C. B. 39, p. 74. Grd. 1800. Tr. 1800.

Lewis, Samuel, 11788C. B. 38, p. 138. Int. 1798. Inv. 1798.

Lewis, William, 12587C. Inv. 1812.

Lewis, William, 13737C. Inv. 1827.

Lewis, William C., 18980C. Inv. 1880.

Lewis, William H., 18019C. W. 1873. Inv. 1873.

Liebermann, Albert, 21066C. W. 1894. Inv. 1894.

Lightcap, Franklin, 21546C. W. 1898. Inv. 1898.

Likes, Johanna, 19806C. W. 1886. Inv. 1886.

Liming, Denvilde, 6695C–6701C. B. 9, p. 439. W. 1760. Inv. 1760.

Linch, Jesse, 12658C. W. 1813. Inv. 1813.

Linch, Michael, 11295C. B. 31, p. 283. W. 1789. Inv. 1789.

Lincoln, Mary G., 21843C. W. 1900. Inv. 1900.

Lincoln, Samuel, 16554C. Inv. 1860.

Lindamore, William, 1427C. Int. 1726.

Lindenniger, Matthias, 13129C. W. & Cod. 1820. Inv. 1820.

Lindsay, Margaretta, 21147C. W. 1895.

Line, George R., 18431C. W. & Cod. 1876. Inv. 1877.

Line, William, 1969C–1970C. W. 1730. Int. 1726.

Lines, Jedediah, 14601C. W. 1838. Inv. 1838.

Ling, Jacob, 10963C. B. 25, p. 536. Int. 1784. Inv. 1784.

Lingle, John, 18432C. W. & Cod. 1876. Inv. 1876.

Linker, Elizabeth, 20722C. W. 1892.

Linton, Benjamin, 12417C. W. 1809. Inv. 1809.

Linton, Hannah, 13544C. W. 1825. Inv. 1825.

Lipincott, Thomas, 15321C. W. 1847. Inv. 1847.

Lippencott, Esther, 11678C. B. 35, p. 440. W. 1796. Inv. 1796.

Lippincot, Jacob, 3237C–3242C. W. 1737. Inv. 1740.

Lippincott, Aaron, 21268C. W. & Cod. 1896. Inv. 1896.

Lippincott, Aaron T., 13442C. Inv. 1824.

Lippincott, Abel, 9981C–9987C. B. 17, p. 196. W. 1775. Inv. 1775. Ren. 1775.

Lippincott, Abigail, 14437C. W. 1836. Inv. 1836.

Lippincott, Abigail S., 18154C. W. 1874.

Lippincott, Abraham, 12049C. B. 39, p. 496. W. 1802. Inv. 1802.

Lippincott, Abraham, 16261C. Inv. 1857.

Lippincott, Ahab, 15686C. W. 1851. Inv. 1851.

Lippincott, Albert A., 19371C. Inv. 1883.

Lippincott, Amasa, 16721C. W. 1862. Inv. 1862.

Lippincott, Amey, 16262C. W. 1857. Inv. 1857.

Lippincott, Amos, 15319C. Inv. 1847.

Lippincott, Amos H., 16776C. W. 1862. Inv. 1862.

Lippincott, Amy K., 18020C. Inv. 1873.

Lippincott, Ann, 4281C–4285C. W. 1748. Inv. 1748.

Lippincott, Ann, 12050C. B. 40, p. 184. Int. 1802. Inv. 1802.

Lippincott, Ann R., 18846C. Inv. 1879.

Lippincott, Ann T., 16976C. Inv. 1864.

Lippincott, Anna, 11392C. B. 32, p. 129. W. 1791. Inv. 1791.

Lippincott, Anna, 13545C. W. 1825. Inv. 1825.

Lippincott, Anna G., 21688C. W. 1899. Inv. 1899.

Lippincott, Anna H., 20414C. W. 1890. Inv. 1890.

Lippincott, Annie E., 20415C. W. 1890.

Lippincott, Aquila, 19108C. W. 1881. Inv. 1881.

Lippincott, Aquilla, 11296C. B. 31, p. 320. Int. 1789. Inv. 1789.

Lippincott, Arney, 12276C. W. 1806. Inv. 1808.

Lippincott, Arney 16462C. Inv. 1859.
Lippincott, Asa, 17630C. W. 1870. Inv. 1870.
Lippincott, Asa R., 20869C. W. 1893. Inv. 1893.
Lippincott, Atlantic W., 18710C. W. 1878. Inv. 1878.
Lippincott, Beaulah, Joseph, 12051C. B. 40, pp. 137, 184. Wds. 1802.
Lippincott, Benjamin, 11042C. B. M, p. 349. W. 1785. Inv. 1785.
Lippincott, Benjamin, 14918C. W. & Cod. 1842. Inv. 1842.
Lippincott, Benjamin H., 16080C. W. 1855. Inv. 1855.
Lippincott, Benjamin M., 17520C. Inv. 1869.
Lippincott, Beulah, 14989C. Inv. 1843.
Lippincott, Caleb, 6373C–6375C, 8544C–8550C. Adm. 178. B. 8, p. 533; B. 13, p. 495. Int. 1758. Inv. (2) 1758, 1759. Acct. 1769.
Lippincott, Caleb, 14766C. Inv. 1840.
Lippincott, Caleb, 15320C. W. 1847. Inv. 1847.
Lippincott, Caleb, 17305C. W. 1867.
Lippincott, Caleb, Sr., 12117C. B. 40, p. 452. W. 1803. Inv. 1803.
Lippincott, Caleb A., 11609C. B. 35, p. 252. Int. 1795. Inv. 1795.
Lippincott, Carlton P., 20723C. W. 1892.
Lippincott, Charles, 19242C. W. 1882. Inv. 1882.
Lippincott, Charles, Sr., 20124C. W. 1888. Inv. 1888.
Lippincott, Charlotte, 15502C. W. 1849. Inv. 1849.
Lippincott, Clarkson C., 16367C. W. 1858. Inv. 1858.
Lippincott, Clayton, 19372C. W. 1883.
Lippincott, Clayton, 20724C. W. 1892. Inv. 1892.
Lippincott, C. Morgan, 20870C. W. 1893.
Lippincott, Crispin, 19949C. W. 1887. Inv. 1887.
Lippincott, Daniel, 10407C–10412C. B. 18, p. 146. W. 1777. Inv. 1777.
Lippincott, Daniel, 10782C. B. 23, p. 198. W. 1781. Inv. 1781.
Lippincott, Daniel D., 17631C. Inv. 1870.
Lippincott, Daniel P., 15075C. Inv. 1844.
Lippincott, David, 17521C. Inv. 1869.
Lippincott, Deborah C., 20416C. Inv. 1890.
Lippincott, Edith, 16368C. W. 1858.
Lippincott, Edith, 16555C. W. 1860. Inv. 1860.
Lippincott, Edmond W., 16852C. W. 1863. Inv. 1863.
Lippincott, Edward, 15228C. W. 1846. Inv. 1846.
Lippincott, Edward, 21400C. Inv. 1897.
Lippincott, Edwin, 17747C. W. 1871. Inv. 1871.
Lippincott, Edwin, 20417C. W. 1890. Inv. 1890.
Lippincott, Elisha A., 15602C. Inv. 1850.
Lippincott, Elizabeth, 12176C. W. 1804. Inv. 1804.
Lippincott, Elizabeth, 12659C. W. 1813. Inv. 1813.
Lippincott, Elizabeth, 12936C. W. 1817. Inv. 1817.
Lippincott, Elizabeth, 16463C. Inv. 1859.
Lippincott, Elizabeth, 20418C. Inv. 1890.
Lippincott, Elizabeth, 21844C. W. 1900.
Lippincott, Elizabeth E., 20125C. Inv. 1888.
Lippincott, Elwood, 18298C. Inv. 1875.
Lippincott, Emma S., 19109C. W. 1881.
Lippincott, Esther, 16977C. W. 1864. Inv. 1864.
Lippincott, Ezekiel, 10709C. B. 21, p. 1. W. 1779. Inv. 1779.

Lippincott, Ezekiel, 10964C. B. 25, p. 541. Int. 1784.
Lippincott, Francis, 13967C. Inv. 1830.
Lippincott, Freedom, 3625C–3628C. W. 1743. Inv. 1743.
Lippincott, Freedom, 8371C–8376C. B. 13, p. 420. W. 1768. Inv. 1768.
Lippincott, Freedom W., 19950C. Inv. 1887.
Lippincott, George M., 21148C. W. 1895. Inv. 1895.
Lippincott, George W., 21547C. W. & Cod. 1898. Inv. 1898.
Lippincott, Grace P., 20419C. W. & Cods. 1890. Inv. 1890.
Lippincott, Hannah, 11679C. B. 35, p. 489. Int. 1796. Inv. 1797.
Lippincott, Hannah, 11863C. B. 38, p. 364. Int. 1799. Inv. 1799.
Lippincott, Hannah, 12321C. W. 1807. Inv. 1807.
Lippincott, Hannah, 15504C. W. 1849. Inv. 1850.
Lippincott, Hannah, 15503C. W. 1849. Inv. 1849.
Lippincott, Hannah, 16081C. W. 1855.
Lippincott, Hannah, 17205C. Inv. 1866.
Lippincott, Hannah, 17882C. W. & Cod. 1872. Inv. 1872.
Lippincott, Hannah B., 21401C. W. 1897. Inv. 1897.
Lippincott, Henry C., 21149C. W. 1895. Inv. 1895.
Lippincott, Henry W., 14838C. W. 1841. Inv. 1841.
Lippincott, Hepsibah, 16263C. W. 1857. Inv. 1857.
Lippincott, Hope, 11340C. B. 32, p. 98. Grd. 1790. Pt. 1790. Tr. 1790.
Lippincott, Hope, 15781C. W. 1852. Inv. 1852.
Lippincott, Horace, 21548C. Inv. 1898.
Lippincott, Hugh, 17632C. W. 1870. Inv. 1870.
Lippincott, Isaac, 11393C. B. 32, p. 185. Int. 1791. Inv. 1791.
Lippincott, Isaac, 16369C. W. 1858. Inv. 1858.
Lippincott, Isaac, 18433C. W. 1876. Inv. 1876.
Lippincott, Isaac, 20725C. W. 1892. Inv. 1892.
Lippincott, Isaac, Jr., 11503C. B. 33, p. 38. W. 1793. Inv. 1793.
Lippincott, Isaac, Sr., 11043C. B. 27, p. 6. Grd. 1785. Tr. (2) 1785.
Lippincott, Isaac, Sr., 11044C. B. 27, p. 6. Tr. (2) 1785.
Lippincott, Isaiah, 18299C. Inv. 1875.
Lippincott, Israel, 18576C. W. 1877. Inv. 1877.
Lippincott, Jacob, 5905C–5910C. B. 8, p. 433. W. 1757. Inv. 1757.
Lippincott, Jacob, 10710C. B. 20, p. 369. W. 1779. Inv. 1779.
Lippincott, Jacob, Jr., 8349C–8352C. B. 13. p. 433. Wd. 1768.
Lippincott, Jacob C., 15076C. W. & Cod. 1844. Inv. 1844.
Lippincott, James, 5047C–5054C. W. 1752. Inv. 1752.
Lippincott, James, 6709C–6714C. B. 10, p. 140. W. 1760. Inv. 1760.
Lippincott, James, 12462C. Inv. 1810.
Lippincott, James, 15505C. W. 1849. Inv. 1849.
Lippincott, James, 16556C. W. 1860. Inv. 1860.
Lippincott, James L., 15158C. W. 1845. Inv. 1845.
Lippincott, Jemima, 15419C. W. 1848. Inv. 1848.
Lippincott, Job, 6377C–6388C. B. 9, p. 223. W. 1759. Int. 1759. Inv. 1759. Ren. 1759.

Lippincott, Job, 9995C–10003C. B. 17, p. 102. W. 1775. Inv. 1775.
Lippincott, Job, 12177C. Inv. 1804.
Lippincott, Job, 16370C. W. 1858. Inv. 1858.
Lippincott, John, 11297C. B. 31, p. 285. W. 1789. Inv. 1789.
Lippincott, John, 13443C. W. 1824. Inv. 1824.
Lippincott, John, Sr., 10744C. B. 22, p. 228; B. 25, p. 544. W. & Cod. 1780. Inv. 1780. Acct. 1784
Lippincott, John B., 15506C. Inv. 1849.
Lippincott, John N., 15077C. W. 1844. Inv. 1844.
Lippincott, John S., 13812C. W. 1828. Inv. 1828.
Lippincott, John S., 18155C. W. 1874.
Lippincott, Jonathan, 6389C–6394C. B. 9, p. 229. W. 1759. Inv. 1759.
Lippincott, Jonathan, 13639C. Inv. 1826.
Lippincott, Joseph, 10413C–10416C. B. 18, p. 610. Int. 1777. Inv. 1777.
Lippincott, Joseph, 10711C. B. 20, p. 402. W. 1779. Inv. 1779.
Lippincott, Joseph, 13201C. W. 1821. Inv. 1821.
Lippincott, Joseph, 15603C. W. 1850. Inv. 1850.
Lippincott, Joseph, 16174C. W. 1856. Inv. 1856.
Lippincott, Joseph, 17306C. Inv. 1867.
Lippincott, Joseph, 20726C. W. 1892.
Lippincott, Joseph B., 15978C. Inv. 1854.
Lippincott, Joseph P., 17883C. W. 1872.
Lippincott, Joshua, 12660C. W. 1813. Inv. 1813.
Lippincott, Joshua, 13202C. Inv. 1821.
Lippincott, Joshua, 19495C. Inv. 1884.
Lippincott, Joshua, 20420C. Inv. 1890.
Lippincott, Josiah, 13130C. W. 1820. Inv. 1820.
Lippincott, Josiah, 15159C. Inv. 1845.
Lippincott, Josiah, 21689C. Inv. 1899.
Lippincott, Levi, 12999C. W. 1818. Inv. 1818.
Lippincott, Levi, 15782C. W. 1852. Inv. 1852.
Lippincott, Levi, 21402C. W. 1897. Inv. 1897.
Lippincott, Lydia, 17884C. Inv. 1872.
Lippincott, Lydia H., 19643C. W. & Cod. 1885.
Lippincott, Margaret, 21269C. W. 1896. Inv. 1896.
Lippincott, Mark, 20264C. W. 1889.
Lippincott, Marmaduke, 15078C. Inv. 1844.
Lippincott, Marmaduke, 17885C. Inv. 1872.
Lippincott, Martha, Hope, Rebecca, 11340C. B. 32, p. 98. Wds. 1790. Tr. 1790.
Lippincott, Mary, 11044C. B. 27, p. 21. Wd. (2) 1785. Tr. (2) 1785.
Lippincott, Mary, 11504C. B. 33, p. 55. Wd. 1793.
Lippincott, Mary, 11610C. B. 33, p. 228. W. 1795. Inv. 1795. Report 1795.
Lippincott, Mary, 14509C. Inv. 1837.
Lippincott, Mary, 15687C. W. 1851. Inv. 1851.
Lippincott, Mary, 16082C. W. 1855. Inv. 1855.
Lippincott, Mary, 16557C. W. 1860. Inv. 1860.
Lippincott, Mary, 19951C. W. 1887. Inv. 1887.
Lippincott, Mary, 21007C. W. 1894. Inv. 1894.
Lippincott, Mary L., 16264C. W. 1857. Inv. 1857.
Lippincott, Mary L., 21690C. W. 1899. Inv. 1899.
Lippincott, Mary P., 19243C. W. & Cod. 1882. Inv. 1882.
Lippincott, Mary W., 19110C. W. 1881. Inv. 1881.

Lippincott, Micajah, 12588C. Inv. 1812.
Lippincott, Moses, 5055C–5062C. W. 1752. Inv. 1752.
Lippincott, Nathan, 13060C. Inv. 1819.
Lippincott, Nathan, 19496C. Inv. 1884.
Lippincott, Nathan E., 20126C. Inv. 1888.
Lippincott, Peter, 16265C. Inv. 1857.
Lippincott, Phebe, 17206C. W. 1866. Inv. 1866.
Lippincott, Preston, 14378C. W. 1835.
Lippincott, Priscilla, 14839C. W. 1841. Inv. 1841.
Lippincott, Priscilla, 21549C. W. 1898. Inv. 1898.
Lippincott, Priscilla M., 19244C. W. 1882. Inv. 1882.
Lippincott, Rachel, 13968C. Inv. 1830.
Lippincott, Rachel, 19112C. W. 1881.
Lippincott, Rachel, 20421C. W. & Cods. 1890. Inv. 1890.
Lippincott, Rachel, 21008C. Inv. 1894.
Lippincott, Rachel S., 21150C. W. 1895. Inv. (3) 1895, 1898.
Lippincott, Rebecca, 10783C. B. 23, p. 166; B. 25, p. 543. W. 1781. Acct. 1784.
Lippincott, Rebecca P., 16083C. Inv. 1855.
Lippincott, Rebecca P., 19644C. W. 1885.
Lippincott, Rebekah, 12826C. W. 1815. Inv. 1815.
Lippincott, Restore, 3357C–3362C. W. 1741. Inv. 1741.
Lippincott, Restore, 13282C. Inv. 1822.
Lippincott, Restore G., 14438C. Inv. 1836.
Lippincott, Richard, 11121C. B. 28, p. 75. Int. 1786. Inv. 1786.
Lippincott, Richard, 11985C. B. 39, p. 231. W. 1801. Inv. 1801.
Lippincott, Samuel, 963–970C. W. 1721. Inv. 1721.
Lippincott, Samuel, 6715C–6726C, 14557C. B. 9, p. 410. W. 1760. Inv. 1760. Acct. 1763. Copy of Will 1760.
Lippincott, Samuel, 11044C. B. 27, p. 21. Grd. 1785. Tr. 1785.
Lippincott, Samuel, 11864C. B. 38, p. 326. W. 1799. Inv. 1799.
Lippincott, Samuel, 12219C. W. 1805. Inv. 1805.
Lippincott, Samuel, 13969C. W. 1830. Inv. 1830.
Lippincott, Samuel, 14054C. Inv. 1831.
Lippincott, Samuel, 18021C. W. 1873. Inv. 1873.
Lippincott, Samuel, 18156C. W. 1874. Inv. 1874.
Lippincott, Samuel, 21151C. Inv. 1895.
Lippincott, Samuel, Sr., 11045C. B. M, p. 306; B. 33, pp. 478, 481. W. 1785. Int. 1794. Inv. 1785, 1795. Copy of Will 1785. Bond 1794.
Lippincott, Samuel, Sr., 11046C. B. M, p. 346. W. 1785. Inv. 1785.
Lippincott, Samuel, Sr., 16371C. W. 1858. Inv. 1858.
Lippincott, Samuel H., 19807C. Inv. 1886.
Lippincott, Samuel R., 18711C. W. 1878. Inv. 1878.
Lippincott, Sarah, 12880C. W. 1816. Inv. 1816.
Lippincott, Sarah, 13061C. Inv. 1819.
Lippincott, Sarah, 15229C. W. 1846. Inv. 1846.
Lippincott, Sarah, 16853C. W. 1863. Inv. 1863.
Lippincott, Sarah, 18981C. Inv. 1880.
Lippincott, Sarah A., 19245C. Inv. 1882.
Lippincott, Seth, 11122C. B. 28, p. 78. Int. 1786. Inv. 1786. Ren. 1786.
Lippincott, Seth, 15873C. W. 1853. Inv. 1853.

Lippincott, Stacy, 11789C. B. 38, p. 37. Int. 1798. Inv. 1798.
Lippincott, Stacy, 12937C. Inv. 1817.
Lippincott, Stacy, 15079C. Inv. 1844.
Lippincott, Stacy, Sr., 17307C. Inv. 1867.
Lippincott, Stacy B., 18847C. W. 1879. Inv. 1879.
Lippincott, Stacy B., 12938C. Wd. 1816.
Lippincott, Stacy B., 21009C. Inv. 1894.
Lippincott, Susannah, 21403C. W. 1897.
Lippincott, Thomas, 5911C–5918C, 8200C–8202C. B. 8, p. 462. W. 1757. Inv. 1757. Acct. 1767.
Lippincott, Thomas, 10417C–10420C, 10797C. B. 19, p. 418; B. 23, p. 211. W. 1777. Inv. 1777. Acct. 1781.
Lippincott, Thomas, 13546C. Inv. 1825.
Lippincott, Thomas, 13970C. Inv. 1830.
Lippincott, Thomas, 21152C. W. 1895.
Lippincott, Thomas, Sr., 13640C. W. 1826. Inv. 1826.
Lippincott, Wallace, Hannah, 11340C. B. 32, p. 98. Wds. 1790. Pt. 1790.
Lippincott, Walter R., 18848C. W. 1879. Inv. 1879.
Lippincott, William, 11047C. B. 27, p. 22. Wd. 1785.
Lippincott, William, 12661C. W. 1813. Inv. 1813.
Lippincott, William, 14919C. W. 1842. Inv. 1842.
Lippincott, William, 18577C. W. 1877. Inv. 1877.
Lippincott, William F., 17207C. Inv. 1866.
Lippincott, William G., 20727C. W. 1892. Inv. 1892.
Lippincott, William R. 21270C. Inv. 1896.
Lippy, Mary, 19111C. W. 1881. Inv. 1882.
Lipsett, Lewis, 11551C. B. 33, p. 480. Int. 1794. Inv. 1794.
Lishman, Henry, 11243C. B. 30, p. 10. W. 1788. Inv. 1788.
Lishman, Jacob, 14300C. W. & Cod. 1834. Inv. 1834.
Lishman, Jacob, 16465C. W. 1859.
Lishman, Sarah, 17522C. W. 1869. Inv. 1869.
Little, Kennedy, 18296C. W. 1875. Inv. 1875.
Little, William, 7677C–7680C. Adm. 222, 223. B. 11, p. 240. Int. 1762. Inv. 1764. Ren. 1762.
Liverett, George, 1389C, 1391C. W. 1726. Inv. 1726.
Livezey, Edith S., 15507C. W. 1849. Inv. 1849.
Livezey, Elizabeth, 15080C. W. 1844. Inv. 1844.
Livezey, Hannah, 13444C. Inv. 1824.
Livezey, Moses, 18297C. W. 1875.
Livezey, Robert P., 16111C. W. 1855. Inv. 1855.
Livezy, Sarah A., 19373C. W. 1883. Inv. 1883.
Lloyd, Hannah S., 20127C. W. 1888.
Lloyd, James, 10965C. B. 25, p. 495. W. 1784. Inv. 1784.
Lloyd, Samuel, 18022C. Inv. 1873.
Lloyd, William, 12747C. Inv. 1814.
Lloyd, William, 16558C. Inv. 1860.
Lloyd, William H., 17748C. W. 1871. Inv. 1871.
Lob, Abraham, 11505C. B. 33, p. 54. Int. 1793.
Lockart, John, 11475C. B. 34, p. 408. Grd. 1792.

Lockart, John, 12220C. W. 1805. Inv. 1805.
Lockoney, James, 5039C–5044C. W. 1752. Inv. 1752.
Lockwood, Sarah E., 20128C. Inv. 1888.
Lodge, Zerabable T., 21550C. W. 1898.
Lofink, Adam, 21691C. W. 1899.
Logan, Anthony, 16559C. W. 1860. Inv. 1860.
Logan, Charity, 18023C. W. & Cod. 1873. Inv. 1873.
Logan, George, 15230C. Inv. 1846.
Logan, Israel W., 13971C. Inv. 1830.
Logan, James, 12118C. B. 40, p. 263. W. 1803, Inv. 1803.
Logan, James, 17417C. W. 1868. Inv. 1868.
Logan, John S., 20577C. W. 1891. Inv. 1891.
London, John, 10712C. B. 21, p. 222. W. 1779. Inv. 1779.
Long, Alexander, 13203C. W. 1821. Inv. 1821.
Longhurst, Henry, 2311C. Inv. 1731.
Longstreet, Abigail, 17418C. W. 1868. Inv. 1869.
Longstreet, Asher, 20422C. Inv. 1890.
Longstreet, Henry H., 20423C. W. & Cods. 1890. Inv. 1890.
Longstreth, John, 13062C. W. 1819. Inv. 1819.
Loper, John, 13965C. Inv. 1830.
Lord, Ebenezer B., 16266C. Inv. 1857.
Lord, Robert, 2841–2848C. W. 1735. Inv. 1735. Acct. 1737.
Loree, Miriam, 18157C. W. 1874. Inv. 1875.
Loree, William, 17886C. W. 1872. Inv. 1872.
Loreman, Thomas, 16643C. Inv. 1861.
Loreman, Thomas, 18434C. Inv. 1876.
Loss, Charles, 14602C. W. 1838. Inv. 1839.
Lott, Mary, 11986C. B. 39, p. 348. W. 1801. Inv. 1805.
Louder, Joseph A., 16315C. W. 1857.
Louderbough, Elizabeth, 18982C. W. 1880. Inv. 1880.
Loudon, John S., 14226C. W. 1833. Inv. 1833.
Lourd, Michael, 17082C. W. 1865. Inv. 1865.
Love, Alexander, 12463C. Inv. 1810.
Love, Daniel, 14301C. W. 1834. Inv. 1834.
Love, John B., 20424C. Inv. 1890.
Love, Joseph B., 14767C. Inv. 1840.
Loveland, Charles, Jr., 10784C. B. 23, p. 208. Int. 1781. Inv. 1781.
Loveland, Charles, Sr., 10883C. B. 25, p. 101. W. 1783. Int. 1783. Inv. 1783.
Loveland, George M., 16979C. Inv. 1864.
Loveland, Guy B., 17887C. Inv. 1872.
Loveland, John, 15508C. Inv. 1849.
Loveland, John C., 19374C. Inv. 1883.
Loveland, Rachel J., 18578C. Inv. 1877.
Loveland, Samuel, 11455C. B. 34, p. 363. W. 1792. Inv. 1792.
Loveless, Joseph, 20129C. W. 1888. Inv. 1888.
Lovell, James, 12824C. W. 1815.
Lovell, James, 12881C. Inv. 1816.
Lovell, John, 7307C–7308C. Adm. 221. B. 11, p. 231. Int. 1762. Inv. 1762.
Lovell, John, 7631C–7638C. B. 11, p. 480. Grd. 1764.
Lovell, John, 12825C. W. 1815. Inv. 1815.
Lovell, Joseph, 13063C. W. 1819. Inv. 1819.
Lovell, Thomas, 15231C. W. 1846.
Lovett, Aaron, 3805C–3810C. W. 1745. Inv. 1750.
Lovett, Jonathan, 5479C–5482C. W. 1754.
Lovett, Josiah, 1321–1326C. W. 1725. Inv. 1725.
Lovett, Samuel, 17C–21C, 1964C–1968C. Int. 1704. Inv. 1695. Acct. 1704.

Lovett, Samuel, 4519C–4522C. W. 1749.
Lovland, Charles, Jr., 14439C. W. 1836. Inv. 1836.
Lowden, Ann M., 20425C. W. 1890.
Lowden, Beulah, 18435C. W. 1876. Inv. 1876.
Lowden, Dederick, 13356C. W. 1823. Inv. 1823.
Lowden, Frederick, 13641C. W. 1826. Inv. 1826.
Lowden, Harriet, 16980C. Inv. 1864.
Lowden, John S., 20578C. W. 1891. Inv. 1891.
Lowden, Samuel, 10497C. W. 1884. Inv. 1884.
Lowden, Samuel, Sr., 13813C. Inv. 1828.
Lowden, William, 14130C. Inv. 1832.
Lowrey, James, 18300C. W. 1875. Inv. 1875.
Lowry, Thomas, 11120C. B. 27, p. 13. Int. 1786. Inv. 1786.
Lucas, Edward, 11244C. B. 30, p. 61. Wd. 1788.
Lucas, John, 14440C. W. 1836. Inv. 1836.
Lucas, John, 17749C. W. 1871. Inv. 1871.
Lucas, John H., 16854C. W. 1863.
Lucas, Josiah W., 16373C. Inv. 1858.
Lucas, Miles, N., 21845C. W. 1900.
Lucas, Robert, 3244C–3250C, 9476C–9478C. B. 4, p. 229; B. 15, p. 496. W. 1740. Inv. 1740. Acct. 1773.
Lucas, Robert, 11244C. B. 30, p. 61. Grd. 1788.
Lucas, Robert, 13131C. W. 1820.
Lucas, Robert, Sr., 12662C. W. 1813. Inv. 1813.
Lucas, Sarah, 13357C. W. 1823. Inv. 1823.
Lucas, Seth, 9480C–9488C. B. 16, p. 66. W. 1773. Inv. 1773.
Lucas, William, 14146C. Inv. 1832.
Lucas, William, 20265C. Inv. 1889.
Lucus, Thomas H., 15783C. Inv. 1852.
Lucus, William, 15784C. Inv. 1852.
Ludlow, Abraham, 14990C. Inv. 1843.
Lufbery, Abraham F., 12939C. Inv. 1817.
Luke, Henry C., 19645C. W. 1885.
Luke, William, 13972C. W. 1830. Inv. 1830.
Lukemire, Esther H., 20266C. W. 1889.
Lukemire, John, 18849C. Inv. 1879.
Lukemire, Thomas, 12119C. B. 40, p. 467. Int. 1803. Inv. 1803.
Lukens, Joseph H., 21692C. W. 1899. Inv. 1899.
Lukens, Mary, 18712C. Inv. 1878.
Lull, William, 18436C. W. 1876. Inv. 1876.
Lundy, Joseph, 15232C. W. & Cod. 1846. Inv. 1846.
Lundy, Mary W., 20130C. W. & Cods. 1888. Inv. 1888.
Lundy, Richard, 17888C. W. 1872. Inv. 1872.
Lupardus, Jacob, W., 14131C. Inv. 1832.
Lute, Sophia, 18850C. W. 1879.
Luttz, Henry, 16644C. W. 1861. Inv. 1861.
Lutz, Hiram, 21693C. W. 1899. Inv. 1899.
Lutz, Julia A., 19498C. Inv. 1884.
Lutz, Michael, 19375C. W. 1883.
Lybrand, Henry J., 19113C. W. 1881. Inv. 1881.
Lycan, Jacob, 10966C. B. 25, p. 538. Int. 1784.
Lycan, Nicholas, 7993C–7998C. Adm. 274. B. 12, p. 385. Int. 1766. Inv. 1766. Acct. 1766.
Lyde, Charlotte F., 15509C. W. 1849. Inv. 1849.
Lyde, Elizabeth, 17633C. W. 1870. Inv. 1870.
Lyde, Elizabeth, 17889C. Inv. 1872.
Lyell, Thomas, 9489C–9492C. Adm. 321. B. 15, p. 493. Int. 1773. Inv. 1773.

Lynam, John, 18579C. W. 1877.
Lynch, Ann, 19646C. W. 1885.
Lynch, Ann, 19647C. W. 1885.
Lynch, George 20579C. W. 1891. Inv. 1891.
Lynch, Patrick, 17523C. W. 1869.
Lyndon, William, 8953C–8958C. B. 15, p. 122. W. 1771. Inv. 1771.
Lynn, James, 20131C. W. 1888.
Lynn, Mary A., 20580C. W. 1891.
Lyon, Charles, 11048C. B. 25, pp. 301, 307. Af. 1785.
Lyon, Charles, 11680C. B. 35, p. 488. Int. 1796. Inv. 1796.
Lyons, Margaret, 20132C. W. 1888. Inv. 1888.
Lytle, Hannah, 21694C. W. 1899. Inv. 1900.

Macbride, David, 1742C. Inv. 1728.
Macdaniel, Daniel, 361C, 365C. W. 1712. Inv. 1712.
Macdonald, Robert, 2764–2776C. Acct. 1734.
Macelroy, Patrick, 1973–1978C. W. 1730. Int. 1730. Inv. 1730.
Mack, Bridget, 18302C. Inv. 1875.
Mackason, Ann, 18713C. W. 1878. Inv. 1878.
Mackason, Mary, 21010C. W. 1894. Inv. 1894.
Mackdonald, Robert, 2374–2388C. Int. 1732. Inv. (2) 1732–33. Pt. 1732. Acct. 1733.
Macken, Jennett A., 17634C. W. 1870.
Macpherson, Angus, N., 18437C. W. & Cod. 1876. Inv. 1876.
Macpherson, Emeline, 18851C. W. 1879. Inv. 1879.
Madden, William, 16981C. Inv. 1864.
Mæeson, John, 1739C. W.
Magee, Peter, 21153C. W. 1895.
Mager, Michael, 11790C. B. 37, p. 383. W. 1798. Inv. 1798.
Mahan, Hannah, 17752C. W. & Cod. 1871. Inv. 1871.
Mahan, Henry, 17635C. W. 1870. Inv. 1870.
Mahon, Isaac, 19648C. W. 1885. Inv. 1885.
Mahoney, Thomas O., 21011C. W. 1894. Inv. 1895.
Maines, George, 17524C. Inv. 1869.
Maines, William, 19808C. Inv. 1886.
Maitland, Milton W., 19501C. W. 1884.
Major, William, 17525C. Inv. 1869.
Malfeson, Bernard J., 14510C. W. 1837. Inv. 1837.
Malfeson, Rachel G., 14840C. W. 1841. Inv. 1842.
Malloy, Michael, 20133C. Inv. 1888.
Malone, Bridget, 18983C. W. 1880.
Malone, Margaret, 19649C. W. 1885.
Malone, Patrick, 18714C. Inv. 1878.
Maloy, Rodgers, 21271C. W. 1896.
Malsbury, Beulah, 12940C. Inv. 1817.
Malsbury, Caleb, 12748C. Inv. 1814.
Malsbury, Ezekiel, 20267C. W. 1889.
Malsbury, James, 18303C. Inv. 1875.
Malsbury, James L., 15604C. Inv. 1850.
Malsbury, Moses W., 16982C. Inv. 1864.
Malsbury, William, 12052C. B. 39, p. 510. Int. 1802. Inv. 1802.
Malsbury, William, 18718C. Inv. 1878.
Manington, Jacob, 12592C. Inv. 1812.
Mannering, Patrick, 10827C. B. 24, p. 193. W. 1782. Int. 1782. Inv. 1786. Ren. 1782.
Manning, Susan, 19499C. W. 1884.
Mannix, James, 20581C. W. 1891.
Manson, Thomas H., 21154C. Inv. 1895.
Mapps, David, 14603C. W. 1838. Inv. 1838.
Maps, Reuben, 19114C. W. 1881. Inv. 1881.
Marble, James, 17751C. W. 1871. Inv. 1879.

Marble, Mercy, 18852C. W. 1879. Inv. 1879.
Margerum, Reading, 21551C. W. & Cod. 1898. Inv. 1898.
Mariner, Edward, 14841C. Inv. 1841.
Mariott, Abraham, 7107C–7116C. B. 10, p. 370. W. 1761. Inv. 1761. Acct. 1762.
Maris, William, Jr., 21012C. W. 1894. Inv. 1894.
Marlin, Joseph W., Sr., 21847C. W. 1900.
Marll, Thomas, 10967C. B. 25, p. 541. Int. 1784. Inv. 1785.
Marlon, John, 11506C. B. 33, p. 52. Int. 1793. Inv. 1793.
Marlow, Thomas, 15233C. Inv. 1846.
Marlsbury, Jonathan, 11791C. B. 38, p. 37. Int. 1798. Inv. 1798. '
Marmion, Samuell, 2849–2852C. W. 1835.
Marner, James, 5919C–5922C. B. 8, p. 360. W. 1757.
Marple, Amos J., 17419C. Inv. 1869.
Marple, Rebecca, 16779C. W. 1862.
Marriot, John, 3251C–3256C. Int. 1740. Inv. 1740. Ren. 1740.
Marriott, Isaac, 367C, 369C, 371C, 373C. W. 1712. Int. 1712. Inv. 1712. Ren. 1712.
Marriott, Joseph, 1745C, 1747C. Int. 1728. Inv. 1728.
Marriott, Joseph, 12120C. B. 40, p. 266. Int. 1803.
Marriott, Samuel, 703C–710C. W. 1717. Inv. 1717.
Marriott, Samuel, 1033–1036C. W. 1722. Inv. 1722.
Marsh, Benjamin V., 19246C. W. 1882. Inv. 1883.
Marsh, Christiana, 18984C. W. 1880. Inv. 1881.
Marshall, James, 753C–758C. W. & Cod. 1718.
Marshall, John, 5717C–5820C. B. 8, p. 309. W. 1756.
Marshall, John L., 15785C. Inv. 1852.
Marshall, Thomas, 12663C. W. 1813.
Marshall, Thomasin, 533C. Wd. 1709.
Martel, Fanny, 15512C. W. 1849.
Marter, Abraham, 15690C. W. 1851. Inv. 1851.
Marter, Abraham, 21846C. W. 1900. Inv. 1900.
Marter, Charles, 17309C. Inv. 1867.
Marter, Charles S., 21155C. W. 1895. Inv. 1895.
Marter, John W., 21156C. Inv. 1895.
Marter, Michael, 12664C. W. 1813. Inv. 1813.
Marter, Richard, 13204C. Inv. 1821.
Marter, Thomas, 13898C. W. 1829. Inv. (2) 1829.
Marter, Thomas, 19500C. W. 1884. Inv. 1884.
Marter, Thomas A., 21013C. W. 1894.
Marter, William, 15787C. W. 1852. Inv. 1852.
Marter, William, 17526C. W. 1869. Inv. 1869.
Marter, William, 20425C. W. 1890. Inv. 1890.
Martin, Alexander, 19115C. W. 1881. Inv. 1882.
Martin, Annie E., 21272C. W. 1896.
Martin, Catherine, 15510C. W. 1849. Inv. 1849.
Martin, Elizabeth, 11185C. B. 29, p. 78. Int. 1787. Inv. 1787.
Martin, Elizabeth, 14132C. Inv. 1832.
Martin, Humphrey, 12418C. Inv. 1809.
Martin, James, 17209C. Inv. 1866.
Martin, John B., 17750C. W. & Cod. 1871. Inv. 1871.
Martin, Margaret, 16375C. W. 1858. Inv. 1858.
Martin, Mary, 14604C. W. 1838. Inv. 1838.

Martin, Mary, 21273C. Inv. 1896.
Martin, Richard, 11049C. B. 27, p. 20. Int. 1785. Inv. 1785.
Martin, Sevron, 15511C. Inv. 1849.
Mason, Abraham, 13814C. W. 1828. Inv. 1828.
Mason, Ellinor, 15081C. W. 1844. Inv. 1844.
Mason, James, 12178C. B. 40, p. 468. Int. 1804. Inv. 1804.
Mason, James, Sr., 10885C. B. 25, p. 74. W. 1783. Int. 1783. Inv. 1784.
Mason, James, 14921C. Inv. 1842.
Mason, Job, 15786C. Inv. 1852.
Mason, John, 1869–1880C. Int. 1728. Inv. 1728. Acct. (2) 1729.
Mason, John, 10421C–10426C. B. 18, p. 358. W. 1777. Inv. 1777.
Mason, John, 11987C. B. 39, p. 219. W. 1801. Inv. 1801.
Mason, John, 13642C. W. 1826. Inv. 1826.
Mason, Joseph, 18159C. Inv. 1874.
Mason, Joshua, 12464C. Inv. 1810.
Mason, Kemble, 11394C. B. 32, p. 185. Int. 1791.
Mason, Keziah, 18853C. W. 1879. Inv. 1879.
Mason, Mary. Adm. 15, 16. Int. 1746. Ren. 1746.
Mason, Mary E., 18580C. W. 1877. Inv. 1877.
Mason, Rachel, 16175C. W. 1856. Inv. 1856.
Mason, Rachel, Jr., 14605C. W. 1838. Inv. 1838.
Mason, Samuel, 13132C. W. 1820. Inv. 1820.
Mason, Samuel B., 15692C. Inv. 1851.
Mason, Sarah, 16855C. W. 1863. Inv. 1863.
Mason, Solomon, 16560C. W. 1860. Inv. 1860.
Mason, Solomon L., 21552C. W. 1898. Inv. 1898.
Mason, Susanna G., 21695C. W. & Cod. 1899. Inv. 1899.
Mason, William K., 18160C. W. & Cods. 1874. Inv. 1874.
Mathes, Michael, 17527C. W. 1869.
Mathews, Amacy, 11792C. B. 38, p. 37. Wd. 1798.
Mathews, Asa, 11792C. B. 38, p. 37. Grd. 1798.
Mathews, John C., 20728C. Inv. 1892.
Mathews, Thomas, 19651C. W. 1885. Inv. 1885.
Mathews, Thomas, 20268C. Inv. 1889.
Mathis, Aaron, 15693C. Inv. 1851.
Mathis, Adam, 15691C. Inv. 1851.
Mathis, Amelia, 16984C. Inv. 1864.
Mathis, Barzillai, 12520C. Inv. 1811.
Mathis, Benjamin, 13445C. Inv. 1824.
Mathis, Benjamin, 18304C. Inv. 1875.
Mathis, Caleb A., 17208C. Inv. 1866.
Mathis, Clayton, 14379C. Inv. 1835.
Mathis, Daniel, 20426C. W. 1890. Inv. 1890.
Mathis, Daniel, Sr., 14441C. W. & Cod. 1836. Inv. 1836.
Mathis, David W., 20729C. Inv. 1892.
Mathis, Dorothy A., 21696C. W. 1899.
Mathis, Eli, 11612C. B. 35, p. 247. W. 1795. Inv. 1795.
Mathis, Eli, 14689C. W. 1839. Inv. 1839.
Mathis, Eli, 18158C. Inv. 1874.
Mathis, Elihu, 16176C. Inv. 1856.
Mathis, Ellis, 16722C. W. & Cod. 1862. Inv. 1862.
Mathis, Enoch, 13000C. W. 1818. Inv. 1818.
Mathis, Enoch, 21157C. Inv. 1895.
Mathis, James, 11743C. B. 37, p. 65. Int. 1797. Inv. 1797.
Mathis, Jeremiah, 7487C–7491C. Adm. 233. B. 11, p. 302. Int. 1763. Inv. 1763. Acct. 1766.
Mathis, Jeremiah, Sr., 19247C. Inv. 1882.

Mathis, Job, 8959C–8972C. W. & Cods. (2) 1771. Inv. 1771. Ren. 1771.
Mathis, Job, 10886C. B. 25, p. 97. Int. 1783. Inv. 1783.
Mathis, John, 10713C. B. 21, p. 164. W. 1779.
Mathis, Joseph W., 21848C. Inv. 1900.
Mathis, Julia S., 15874C. W. 1853. Inv. 1853.
Mathis, Mahlon, 17083C. Inv. 1865.
Mathis, Mary, 16085C. W. 1855. Inv. 1855.
Mathis, Micajah, 16267C. W..1857. Inv. 1857.
Mathis, Micajah, 12179C. W. 1804. Inv. 1804.
Mathis, Samuel S., 20427C. W. 1890. Inv. 1890.
Mathis, Zebulon M. P., 18305C. Inv. 1875.
Matlack, Abigail, 14768C. W. 1840. Inv. 1840.
Matlack, Abigail, 19650C. Inv. 1885.
Matlack, Ann, 2583–2586C. Int. 1732. Ren. 1732.
Matlack, Anna S., 18715C. W. & Cod. 1878. Inv. 1878.
Matlack, Arthur, 15605C. Inv. 1850.
Matlack, Benjamin, 18581C. W. 1877. Inv. 1877.
Matlack, Beulah, 14511C. W. 1837. Inv. 1837.
Matlack, Clarkson, 20269C. W. 1889. Inv. 1889.
Matlack, Eleanor, 15606C. W. & Cod. 1850. Inv. 1850.
Matlack, Elizabeth, 14380C. Inv. 1835.
Matlack, Elizabeth C., 20582C. W. & Cods. 1891. Inv. 1891.
Matlack, Ephraim, 10714C. B. 20, p. 414. W. 1779. Inv. 1779.
Matlack, Esther, 14227C. W. 1833. Inv. 1833.
Matlack, George, 3135–3140C. W. 1739. Inv. 1739.
Matlack, George, 8000C–8009C, 10005C–10007C. B. 13, p. 35; B. 17, p. 538. W. 1766. Inv. 1766. Acct. 1775.
Matlack, George, 10887C. B. 24, p. 216. Int. 1783. Inv. 1783.
Matlack, George 18716C. Inv. 1878.
Matlack, George, 14920C. W. 1842. Inv. 1842.
Matlack, George, Jr., 8377C–8380C. B. 12, p. 523. Wd. 1768.
Matlack, Hannah, 15875C. Inv. 1853.
Matlack, Isaac, 16084C. Inv. 1855.
Matlack, Jeremiah, 8203C–8212C. B. 13, p. 52. W. 1767. Inv. 1767.
Matlack, Jeremiah, 13643C. Inv. 1826.
Matlack, John, 14133C. W. 1832. Inv. 1832.
Matlack, John, 16856C. Inv. 1863.
Matlack, Joseph, 12749C. W. 1814. Inv. 1814.
Matlack, Joseph, 16374C. Inv. 1858.
Matlack, Mary G., 18438C. Inv. 1876.
Matlack, Matson K., 17890C. W. 1872. Inv. 1872.
Matlack, Mordecai, 21274C. W. 1896. Inv. 1896.
Matlack, Rebecca, 14512C. W. 1837. Inv. 1837.
Matlack, Rebecca, 19502C. W. 1884. Inv. 1884.
Matlack, Reuben, 12370C. Inv. 1808.
Matlack, Samuel, 14134C. W. 1832. Inv. 1832.
Matlack, Samuel, 16983C. W. 1864.
Matlack, Samuel R., 18439C. Inv. 1876.
Matlack, Sara, 12941C. Inv. 1817.
Matlack, Sarah, 16585C. Inv. 1860.
Matlack, Stacy, 15082C. W. 1844. Inv. 1844.
Matlack, Thomas, 5923C–5928C. Adm. 170. B. 8, p. 518. Int. 1757. Inv. 1757. Acct. 1760.
Matlack, William, 2583–2586C. Inv. 1732. Ren. 1732.

Matlack, William, 11611C. B. 35, p. 227. W. 1795. Inv. 1795.
Matlack, William, 19116C. W. 1881. Inv. 1881.
Matlack, William, 13644C. Inv. 1826.
Matlack, William, Jr., 2143–2150C. W. 1730. Inv. 1730.
Matlock, Mary, 4191C. Wd. 1748.
Matthew, Asher, 19503C. Inv. 1884.
Matthias, Edward H., 21014C. W. 1894.
Mauger, Frederick M., 18161C. W. 1874. Inv. 1874.
Maulsbury, Samuel, 18717C. W. 1878. Inv. 1878.
Maurley, Henry, 513C, 516C. W. 1714. Inv. 1714.
Mauroy, Joseph F., 14513C. Inv. 1837.
Maxbur, Hannah, 2313–2315C. Inv. 1732.
Maxell, Isaac, 14135C. Inv. 1832.
Maxell, John, 13001C. W. 1818. Inv. 1818.
Maxell, Sarah, 13358C. W. 1823. Inv. 1823.
Maxwell, Esther, 7309C–7314C. B. 11, p. 205. W. 1762. Inv. 1762.
Maxwell, James, 15083C. Inv. 1844.
Maxwell, James, 19952C. Inv. 1887.
Maxwell, Walter K., 21158C. Inv. 1895.
Maxwell, William, 14055C. Inv. 1831.
May, Christian, 7117C. Adm. 351. B. 10, p. 173. Int. 1761. Inv. 1761.
May, Edmund, 20730C. W. 1892. Inv. 1892.
Mayer, Jacob, 20428C. W. 1890.
Maylin, Elizabeth, 15979C. Inv. 1854.
Maylin, Joseph, 14302C. W. 1834. Inv. 1834.
McAllister, John, 14136C. W. 1832. Inv. 1832.
McAniney, Daniel, 16858C. W. 1863.
McBride, Edward, 12665C. Inv. 1813.
McCaffrey, Owen, 11865C. B. 38, p. 363. Int. 1799. Inv. 1801.
McCall, Edward R., 15876C. W. 1853.
McCarthy, John, 18854C. W. 1879.
McCarty, Dennis, 3027C. Int. 1737.
M'Carty, James, Adm. 326. B. 15, p. 525. Int. 1774.
McCarty, Kerrol, 12322C. Inv. 1807.
McCarty, Silas, 11507C. B. 33, p. 16. W. 1793. Inv. 1793.
McCashlend, Ann, 12121C. B. 40, p. 468. Int. 1803. Inv. 1803.
McCawley, Robert, 5721C–5722C, 6396C–6398C. Adm. 156. B. 8, p. 339. Int. 1756. Inv. 1757. Acct. 1759.
McClain, George, 20731C. W. 1892.
McClain, John, 11186C. B. 29, p. 77. Int. 1787. Inv. 1787.
McClane, Charles, 9215C–9216C. B. 14, p. 434. Int. 1772.
McClane, Diana, 11245C. B. 29, p. 543. W. 1788. Inv. 1788.
McClary, Robert, 13064C. Inv. 1819.
McClaskey, Mary, 19248C. W. 1882. Inv. 1882.
McCleery, John P., 20583C. W. 1891. Inv. 1891.
McCleery, Joseph, 16466C. W. 1859. Inv. 1859.
McClo, John, 14606C. Inv. 1838.
McCloe, Samuel, Sr., 16561C. W. 1860. Inv. 1860.
McCloskey, Jane L., 21553C. W. 1898. Inv. 1898.
McCloskey, Thomas, 20429C. W. 1890.
McCloud, Henry, 12589C. W. 1812. Inv. 1812.
McClow, Henry, 21015C. W. 1894. Inv. 1894.

McClune, David, 10635C–10636C. B. 16, p. 522. Int. 1778.

McClutche, James, 9217C–9232C. B. 14, p. 515; B. 15, pp. 47, 70. Int. (2) 1770. Inv. (2) 1770. Acct. 1772.

McCluthey, Daniel, 7615C–7618C. Adm. 241. B. 11, p. 468. Int. 1764. Inv. 1764. Acct. 1764.

McCormick, Eliza, 19249C. Inv. 1882.

McCormick, Francis, 16986C. W. 1864.

McCormick, Samuel, 19956C. Inv. 1887.

McCredy, Charles, 15420C. W. 1848. Inv. 1848.

McCulley, John, 9493C–9496C. B. 16, p. 393. W. 1773.

McCully, Martha, 20134C. Inv. 1888.

McCully, Samuel, 15788C. Inv. 1852.

McCurdy, Hugh, 14442C. Inv. 1836.

McCurtin, Daniel, 10888C. B. 25, pp. 95, 100. Int. 1783. Acct. 1783. Af. 1783.

McDonald, Elizabeth, 20584C. W. 1891.

McDonald, John, 20732C. W. 1892.

McDonald, Michael, 20430C. Inv. (2) 1890.

McDonald, Rosie, 20955C. W. & Cod. 1897.

McDonnell, Edward, 21016C. Inv. 1894.

McDonnell, Ellen, 21849C. Inv. 1900.

McDonnell, Michael, 21275C. W. 1896.

McDowell, Hamilton, 18855C. W. 1879. Inv. 1879.

McElhinney, James, 20871C. W. 1893.

McElroy, Charles C., 18856C. Inv. 1879.

McElroy, Herbert, 11298C. B. 31, p. 320. Int. 1789.

McElroy, Samuel, 15234C. Inv. 1846.

McElwee, Hannah, 21404C. Inv. 1897.

McElwee, Hugh, 18582C. W. & Cod. 1877. Inv. 1877.

McElwee, John, 16562C. Inv. 1860.

McElwee, John, 17420C. Inv. 1868.

McEniry, Patrick, 19652C. W. 1885.

McFadden, Amanda, 21017C. W. 1894.

McFarland, William, 12666C. Inv. 1813.

McGeary, Anna, 20872C. W. 1893.

McGill, Daniel, 18719C. W. 1878.

McGloffin, James, 15877C. W. 1853. Inv. 1853.

McGonigal, Mary, 21018C. W. 1894. Inv. 1895.

McConigle, Samuel, 19958C. W. 1887.

McGovern, Ann, 17753C. W. 1871. Inv. 1871.

McGovern, Franklin, 20733C. W. 1891. Inv. 1892.

McGowan, John, 14842C. W. 1841. Inv. 1841.

McGrain, Mary, 19117C. W. 1881. Inv. 1881.

McGrath, Patrick, 13899C. Inv. 1829.

McGuran, Patrick, 12122C. B. 40, p. 385. Int. 1803.

McGwire, James, 11552C. B. 33, p. 480. Int. 1794. Inv. 1794.

McHenry, George, 16987C. W. & Cod. 1864. Inv. 1865.

McHenry, Matthew, 16563C. Inv. 1860.

McHugh, Catharine, 19794C. W. 1886. Inv. 1886.

McHugh, Ellen, 21554C. W. 1898. Inv. 1898.

McHugh, Michael, 18440C. W. 1876. Inv. 1876.

McIlhenny, Caroline, 20270C. W. 1889.

McIlvain, James, 21019C. W. & Cod. 1894. Inv. 1894.

McIlvaine, David, 15980C. W. 1854. Inv. 1854.

McIlvaine, Margaret S., 16988C. W. 1864.

McIlvaine, Rebecca C., 11988C. B. 39, p. 391. Wd. 1801.

McIlvaine, Sarah, 17636C. W. 1870. Inv. 1870.

McIlvaine, William 11988C. B. 39, p. 391. Grd. 1801.

McIlvaine, William, 12277C. W. & Cods. 1806. Inv. 1806.

McIlvaine, William, 15981C. W. 1854.

McIntire, John, 15878C. W. 1853. Inv. 1853.

McIntosh, John, 4523C. Adm. 62. Int. 1749. Inv. 1749.

McIntosh, Joseph, 10427C–10429C. B. 18, p. 143. Int. 1777. Inv. 1777.

McIntyre, James, 17891C. W. 1872.

McIntyre, Jane, 21160C. Inv. 1895.

McIntyre, Margaret, 21161C. W. 1895. Inv. 1895.

McKarson, Abijah, 13973C. Inv. 1830.

McKean, Thomas B., 11246C. B. 30, p. 32. W. 1788.

McKean, William, 15607C. Inv. 1850.

McKeen, Catharine, 20431C. Inv. 1890.

McKeen, John F., 18720C. Inv. 1878.

McKeen, Margaret, 15689C. Inv. 1851.

McKeen, Robert, 15235C. W. 1846. Inv. 1845.

McKeen, Samuel, 20586C. W. 1891. Inv. 1891.

McKeffery, Rose, 21555C. W. 1898. Inv. 1899.

McKelvy, Elwood, 15982C. W. 1854. Inv. 1854.

McKeone, Edward, 21697C. W. 1899. Inv. 1899.

McKim, Alexander, 18307C. Inv. 1875.

McKim, Elizabeth, 18306C. Inv. 1875.

McKim, Emeline, 21276C. W. 1896. Inv. 1896.

McKnight, Jane G., 19118C. W. & Cod. 1881. Inv. 1881.

McKnight, John L., 17421C. W. 1868. Inv. 1869.

McKnight, Joseph, 14381C. W. 1835. Inv. 1835.

McKnight, William, 15501C. W. 1849.

McKoy, David M., 15084C. Inv. 1844.

McLaughlin, William, 10968C. B. 25, p. 539. Int. 1784.

McLean, Archibald, 19504C. W. & Cod. 1884. Inv. 1884.

McLean, Jean, 21698C. W. 1899.

McLean, Mary J., 19953C. W. 1887. Inv. 1887.

McLeoud, Abigail, 14056C. W. 1832. Inv. 1832.

McManus, Hugh J., 18985C. W. 1880.

McMaster, Thomas, 15160C. Inv. 1845.

McMurtrie, William, 14443C. Inv. 1836.

McNamee, Moses, 18025C. W. 1873. Inv. 1873.

McNeal, Daniel, 18441C. Inv. 1876.

McNeal, John, 21159C. W. & Cod. 1895. Inv. 1895.

McNeal, Malcolm R., 18162C. Inv. 1874.

McNeal, Robert, 16086C. W. 1855. Inv. 1855.

McNeese, John, 7837C. Adm. 181. B. 8, p. 534. Int. 1758. Inv. 1763.

McNish, John, 7513C–7516C. B. 11, p. 335. W. 1763. Int. 1763.

McPherson, John, 11187C. B. 29, p. 74. Int. 1787. Inv. 1787.

McReynolds, Owen, 12521C. Inv. 1811.

McShane, John, 20135C. W. 1888.

McStravick, Mary H., 20136C. W. & Cod. 1888.

McSurley, Felix, 8214C–8218C. Adm. 244. B. 11, p. 537. Int. 1764. Inv. 1767. Acct. 1767.

McSurley, James, 8396C–8400C. Adm. 273. B. 12, p. 385. Int. 1766. Inv. 1766. Acct. 1768.

McSweeney, Edmund, 11681C. B. 35, p. 487. Int. 1796. Inv. 1796.

McVaugh, Lydia, 16723C. W. 1862. Inv. 1862.

McVaugh, Mayberry, 16177C. W. 1856. Inv. 1856.

McVicker, Daniel, 13738C. Inv. 1827.

McWee, Elizabeth, 16857C. W. 1863. Inv. 1863.

McWee, William, 16467C. W. & Cod. 1859. Inv. 1859.

McWright, Joseph, 20432C. Inv. 1890.

Mealey, Patrick, 20271C. Inv. 1889.

Meany, William, 18721C. Inv. 1878.

Mearns, Andrew, 14843C. W. 1841. Inv. 1841.

Mearns, John, 11682C. B. 35, p. 447. W. & Cod. 1796. Inv. 1797.

Mearns, Wilhemina, 13739C. W. 1827. Inv. 1827.

Measey, Benjamin, 15322C. Inv. 1847.

Meeks, Elizabeth, 15323C. Inv. 1847.

Meeks, John, 13974C. W. 1830. Inv. 1830.

Meeks, John B., 20433C. W. 1890.

Meeks, Joseph, 16087C. W. 1855. Inv. 1855.

Meeks, Mary, 16985C. Inv. 1864.

Meeks, Rebecca, 16777C. W. 1862. Inv. 1862.

Meghee, Safety, 8736C–8740C. W. 1770. Inv. 1770.

Meirs, Joseph, 12123C. B. 40, p. 457. W. 1803. Inv. 1803.

Melhollen, Barney, 12827C. Inv. 1815.

Mercer, Josiah, 1525–1528C. W. 1727. Inv. 1727.

Mercer, Josiah, 10677C. B. 2, p. 439. W. 1727. Inv. 1727. Part of Will.

Merchant, Paul, 4525C–4528C. Int. 1749. Inv. 1749.

Meredith, James, 18857C. W. 1879. Inv. 1879.

Merick, Roger, 2587–2590C. W. 1733. Inv. 1733.

Merit, John, 3251C–3256C. Int. 1740. Inv. 1740. Ren. 1740.

Merrick, Robert, 14228C. Inv. 1833.

Merrill, Isaac J., 19653C. W. 1885. Inv. 1885.

Merrill, Margrett, 21699C. W. 1899. Inv. 1900.

Merrill, Richard, 14607C. W. 1838. Inv. 1838.

Merrit, Abraham, 8011C–8016C. W. 1766. Inv. 1766.

Merrit, Abraham, Sr., 14922C. W. 1842. Inv. 1842.

Merrit, Isaac, 11341C. B. 32, p. 95. Int. 1790.

Merrit, Sarah, 8381C–8384C. Adm. 284. B. 13, p. 330. Int. 1768. Inv. 1768.

Merritt, Abraham, 20434C. W. 1890.

Merritt, Ann, 16778C. Inv. 1862.

Merritt, Beulah, 18442C. W. 1876.

Merritt, Catharine C., 20734C. W. 1892.

Merritt, Charles, 15879C. Inv. 1853.

Merritt, Charles, Jr., 15608C. Inv. 1850.

Merritt, Elizabeth, 12828C. Inv. 1815.

Merritt, Ewan, 18163C. W. 1874.

Merritt, Isaac, Sr., 11188C. B. 29, p. 28. W. 1787. Inv. 1787. Ren. 1787. Af. 1787.

Merritt, Jacob, 12882C. Inv. 1816.

Merritt, Jacob, 21277C. W. & Cod. 1896. Inv. 1896.

Merritt, Keziah, 18722C. W. 1878. Inv. 1878.

Merritt, Thomas, 11989C. B. 39, p. 390. W. 1801. Inv. 1801.

Mershon, Catharine, 13900C. W. 1829.

Mershon, Daniel, 13065C. Inv. 1819.

Mershon, Daniel S., 19250C. Inv. 1882.

Mershon, Emeline M., 21163C. W. 1895.

Mershon, Henry M., 13066C. Inv. 1819.

Mershon, Martha L., 21556C. W. 1898.

Mershon, Philip, 13002C. W. 1818. Inv. 1818.

Metcalf, Annia M., 19954C. W. 1887.

Mette, Elizabeth, 21700C. Inv. 1899.

Meyer, Andrew, 4529C–4532C. W. 1749.

Meyer, Joseph B., 18024C. Inv. 1873.

Meyer, Michael, 21020C. W. 1894. Inv. 1894.

Meyrs, Andro, 12324C. W. 1807. Inv 1807.

Michalis, John F., 20587C. Inv. 1891.

Michell, Eberhard, 21021C. W. 1894.

Mick, Borick, 11553C. B. 33, p. 467. W. 1794. Inv. 1795.

Mick, Elizabeth, 12053C. B. 39, p. 511. Wd. 1802.

Mickel, Peter, Sr., 21278C. W. 1896.

Mickle, Anna M., 19809C. W. 1886. Inv. 1886.

Mickle, Charles, 18026C. W. 1873. Inv. 1873.

Mickle, Isaac, 9043C–9046C. B. 14, p. 404. Grd. 1771.

Mickle, Mary, 5723C–5730C. W. 1756. Inv. 1756.

Middleton, Aaron, 11929C. B. 39, p. 71. Int. 1800. Inv. 1800.

Middleton, Abel, 13205C. Inv. 1821.

Middleton, Allen, 18164C. W. & Cod. 1874. Inv. 1875.

Middleton, Amos, 8757C–8758C. B. 14, p. 406. Grd. 1770.

Middleton, Amos, 12883C. W. & Cod. 1816. Inv. 1816.

Middleton, Ann, 13975C. W. 1830. Inv. 1830.

Middleton, Asa, 8017C–8018C, 11342C. B. 12, p. 385; B. 32, p. 94. Int. 1766, 1790. Inv. 1766.

Middleton, Avis, 13901C. W. 1829. Inv. 1829.

Middleton, Benjamin H., 15324C. W. 1847. Inv. 1847.

Middleton, Charles, 16564C. Inv. 1860.

Middleton, Charles, 21279C. Inv. 1896.

Middleton, Daniel T., 19955C. W. 1887. Inv. 1887.

Middleton, David, 13003C. W. 1818. Inv. 1818.

Middleton, Edward, 14303C. Inv. 1834.

Middleton, Elizabeth, 593C. Inv. 1715.

Middleton, Elizabeth, 3257C–3260C. W. 1740. Inv. 1740.

Middleton, Elizabeth, 13133C. Inv. 1820.

Middleton, Elizabeth, 14444C. W. 1836. Inv. 1836.

Middleton, George, 8749C–8756C. B. 15, p. 48. W. 1770. Inv. 1770.

Middleton, Gideon, 13815C. W. 1828. Inv. 1828.

Middleton, Grace, 13446C. Inv. 1824.

Middleton, Hannah, 11683C. B. 35, p. 423. W. 1796. Inv. 1796.

Middleton, Henry, 17210C. Inv. 1866.

Middleon, Hudson, 8385C–8394C, 10828C. B. 13, p. 294; B. 23, p. 211. W. 1768. Inv. 1768. Ren. 1768. Acct. 1781.

Middleton, Jacob, Sr., 13004C. W. 1818. Inv. 1818.

Middleton, James, 13816C. Inv. 1828.

Middleton, Jane, 7119C–7126C. W. 1761. Inv. 1761. Acct. 1764.

Middleton, Joel, 13818C. W. 1828. Inv. 1828.

Middleton, Joel H., 17422C. W. & Cod. 1868. Inv. 1868.

Middleton, John, 3363C–3369C. W. 1741. Inv. 1741.

Middleton, John, 7837C–7842C. B. 12, p. 173. W. 1765. Inv. 1765.

Middleton, John, 11961C. B. 39, p. 352. Grd. 1801. Tr. 1801.

Middleton, John S., 17084C. Inv. 1865.

Middleton, John, Sr., 13547C. W. 1825. Inv. 1825.

Middleton, Jonathan, 10969C. B. 25, p. 455. W. 1784. Inv. 1790.

Middleton, Joseph, 13817C. W. 1828. Inv. 1828.

Middleton, Josiah H., 13548C. W. 1825. Inv. 1825.

Middleton, Lydia, 13447C. W. 1824. Inv. 1824.

Middleton, Lydia, 13645C. W. 1826. Inv. 1826.

Middleton, Martha, 375C–381C. W. 1712. Inv. 1712. Acct. 1713.

Middleton, Martha, 17892C. W. 1872. Inv. 1872.

Middleton, Mary A., 20272C. W. 1889. Inv. 1889.

Middleton, Montgomery, 14382C. Inv. 1835.

Middleton, Nathan, 6727C–6732C. B. 10, p. 31. W. & Cod. 1760. Inv. 1760.

Middleton, Nathan, 10173C–10175C. B. 16, p. 485. Acct. 1776.

Middleton, Nathan, 11355C. B. 32, p. 98. Grd. 1790.

Middleton, Nathan, 13448C. Inv. 1824.

Middleton, Nathan, 13549C. W. 1825. Inv. 1825.

Middleton, Nathan, Jr., 8973C–8976C. B. 15, p. 104. Wd. 1771.

Middleton, Nathaniel, 13976C. Inv. 1830.

Middleton, Nathaniel, Sr., 13283C. W. 1822. Inv. 1822.

Middleton, Priscilla, 17085C. W. 1865 Inv. 1865.

Middleton, Rachel W., 18986C. W. 1880. Inv. 1880.

Middleton, Rebecca C., 16645C. W. 1861. Inv. 1861.

Middleton, Robert, 14383C. W. 1835. Inv. 1835.

Middleton, Samuel, 12590C. W. 1812. Inv. 1812.

Middleton, Samuel, 12591C. W. 1812. Inv. 1812.

Middleton, Samuel, 14137C. Inv. 1832.

Middleton, Samuel, Sr., 16565C. W. 1860. Inv. 1860.

Middleton, Sarah, 14138C. W. 1832. Inv. 1832.

Middleton, Sarah A., 20273C. Inv. 1889.

Middleton, Sarah A., 20873C. W. 1893. Inv. 1893.

Middleton, Sharon, 14923C. W. & Cods. 1842. Inv. 1842.

Middleton, Solomon S., Sr., 18723C. W. 1878. Inv. 1878.

Middleton, Thomas, 1327–1330C. W. 1724. Inv. 1725.

Middleton, Thomas, 6733C–6735C. Int. 1760. Inv. 1760.

Middleton, Thomas, 7127C–7132C. W. 1761. Inv. 1761.

Middleton, Thomas, 12124C. B. 40, p. 461. W. 1803. Inv. 1803.

Middleton, Thomas, 14445C. Inv. 1836.

Middleton, William, 1749C, 1753C. W. 1729. Inv. 1729.

Middleton, William E., 18987C. W. 1880.

Miercken, John W., 18165C. W. & Cod. 1874. Inv. 1874.

Miercken, Lydia L., 19810C. W. & Cod. 1886.

Milbine, Daniel, 17211C. W. 1866.

Mileor, Charles, 4715C–4716C. Int. 1750.

Miles, John, 15789C. W. 1852.

Miles, Mary, 18858C. W. 1879.

Millard, Charles, 1393–1400C. W. 1727. Inv. 1727.

Millees, Michael, 4705C–4714C. W. 1748. Inv. 1748. Acct. 1750.

Millekan, Thomas, 5211C–5214C. W. 1753. Inv. 1753.

Miller, Caspar, 17310C. W. 1867.

Miller, Catharine, 12465C. W. 1810. Inv. 1810.

Miller, Charles, 11613C. B. 35, p. 253. Int. 1795. Inv. 1795.

Miller, Elizabeth, 11614C. B. 35, p. 238. W. 1795. Inv. 1795.

Miller, Elizabeth, 20735C. W. 1892.

Miller, Esther, 12125C. B. 40, p. 384. W. 1803. Inv. 1803.

Miller, George J., 18859C. Inv. 1879.

Miller, James, 13134C. W. 1820. Inv. 1820.

Miller, Jane, 19251C. Inv. 1882.

Miller, Jane E., 17754C. W. 1871. Inv. 1871.

Miller, John, 2853–2859C. Inv. 1735. Inv. 1735. Acct. 1738.

Miller, Joseph, 15421C. W. 1848. Inv. 1848.

Miller, Joseph, 18583C. W. 1877. Inv. 1877.

Miller, Louis, 20274C. Inv. 1889.

Miller, Nicholas, 12419C. W. 1809.

Miller, Rachel, 14608C. W. 1838. Inv. 1838.

Miller, Rachel, 15513C. Inv. 1849.

Miller, Rebecca P., 21022C. W. 1894. Inv. 1894.

Miller, Robert, 11299C. B. 28, p. 408. W. 1789.

Miller, Robert D., 18166C. W. 1874.

Miller, Samuel, 19376C. W. 1883. Inv. 1883.

Miller, Sarah, 8757C–8758C. B. 14, p. 436. Wd. 1770.

Miller, Sarah C., 18724C. W. 1878. Inv. 1878.

Miller, Thomas, 813C–816C. W. 1719. Inv. 1719.

Miller, Thomas, 8019C–8020C. Adm. 272. B. 12, p. 384. Int. 1766. Inv. 1766.

Miller, Thomas C., 16566C. W. 1860. Inv. 1860.

Miller, William, 8743C–8748C, 9211C–9214C. B. 14, p. 503; B. 15, p. 52. W. 1770. Inv. 1770. Acct. 1772.

Miller, William, 11930C. B. 39, p. 174. Int. 1800. Inv. 1802.

Miller, William C., 20874C. W. 1893.

Miller, William W., 18027C. W. 1873. Inv. 1873.

Milles, William, Sr., 8741C–8742C. W. 1770.

Milligan, Charles, 16859C. Inv. 1863.

Mills, Elizabeth, 18988C. W. 1880. Inv. 1880.

Mills, Francis, 2317–2321C. W. 1732. Inv. 1732.

Mills, John, 223C–225C. W. 1709. Inv. 1709.

Mills, John, 10637C–10638C. B. 19, p. 300. W. 1778.

Mills, William, 517C. Inv. 1714.

Milnor, Alexander P., 16376C. Inv. 1858.

Milnor, Francis W., 21280C. W. & Cod. 1896. Inv. 1897.

Milnor, John, 3371C–3374C. W. 1741. Inv. 1745.

Milnor, John M., 13740C. Inv. 1827.

Milnor, Marianne, 18989C. W. 1880. Inv. 1880.

Milnor, Thomas, 17423C. W. 1868. Inv. 1868.

Mingin, Joseph, 13819C. Inv. 1828.

Mingle, Elizabeth S., 19811C. Inv. 1886.

Moore, Thomas, 11456C. B. 34, p. 408. Wd. 1792.
Moore, Thomas, 11745C. B. 37, p. 67. Int. 1797. Inv. 1797.
Moore, Thomas, Sr., 11344C. B. 32, p. 68. W. 1790. Inv. 1790.
Moore, Uriah, 11345C. B. 32, p. 93. Int. 1790. Inv. 1790.
Moore, Washington R., 14058C. Inv. 1831.
Moore, William, 15325C. Inv. 1847.
Moorehouse, Robert H., 21282C. W. 1896. Inv. 1896.
Moran, Mary, 21852C. W. 1900. Inv. 1900.
Morehouse, George Y., 16468C. W. 1859. Inv. 1859.
Morgan, Daniel, 6141C–6144C. B. 9, p. 57. W. 1758. Inv. 1758.
Morgan, Elias, 18310C. Inv. 1875.
Morgan, Elias F., 19253C. W. 1882.
Morgan, Elizabeth R., 14769C. W. 1840. Inv. 1840.
Morgan, Elizer, 11249C. B. 30, p. 34. W. 1788. Inv. 1788.
Morgan, Griffith, 14447C. Inv. 1836.
Morgan, Hannah, 10970C. B. 25, p. 472. W. 1784. Inv. 1784.
Morgan, Isaac, 14993C. W. 1843. Inv. 1843.
Morgan, Isaac, 20139C. W. 1888. Inv. 1889.
Morgan, John S., 16469C. Inv. 1859.
Morgan, Joseph B., 18311C. Inv. 1875.
Morgan, Joseph H., 16377C. Inv. 1858.
Morgan, Mary, 18862C. W. 1879. Inv. 1879.
Morgan, Morris, 4185C. Wd. 1748.
Morgan, Morris, 8401C–8402C. B. 12, p. 524. Int. 1768.
Morgan, Patience, 11866C. B. 38, p. 362. Int. 1799. Inv. 1801.
Morgan, Robert, 2929–2932C. Int. 1736. Inv. 1736.
Morland, John, 895C–897C. W. 1720. Inv. 1720.
Morris, Anthony S., 19656C. W. & Cods. 1885. Inv. 1885.
Morris, Barnard, 15609C. W. 1850.
Morris, Barney, 19814C. W. 1886.
Morris, John, 12667C. Inv. 1813.
Morris, John, 14304C. W. 1834. Inv. 1834.
Morris, Margaret, 12884C. W. & Cod. 1816. Inv. 1816.
Morris, Margaret E., 20737C. W. 1892. Inv. 1892.
Morris, Mary, 5063C–5068C. W. 1752. Inv. 1752.
Morris, Mary, 21024C. W. 1894.
Morris, Mary P., 18443C. W. & Cod. 1876.
Morris, Mary S., 15423C. W. & Cod. 1848. Inv. 1848.
Morris, Patience, 13207C. W. 1821. Inv. 1821.
Morris, Rebecca W., 17638C. W. & Cod. 1870. Inv. 1870.
Morris, Richard H., 14845C. W. 1841. Inv. 1841.
Morris, Ruth, 15694C. W. 1851. Inv. 1851.
Morris, Samuel, 12522C. Inv. 1811.
Morris, Sarah J., 18028C. Inv. 1873.
Morris, Thomas E., 17313C. W. 1867. Inv. 1867.
Morris, William, 10971C. B. 25, p. 96. Int. 1784.
Morris, William, 17528C. Inv. 1869.
Morrison, Anna E., 19379C. W. & Cod. 1883. Inv. 1883.
Morrison, Lydia B., 15695C. W. 1851.

Mortland, James, 18992C. W. 1880. Inv. 1880.
Mortland, Mary A., 18586C. W. 1877.
Morton, Joseph, 3261C–3270C. Int. 1738. Inv. (2) 1738. Ren. 1738. Acct. 1740.
Morton, Joseph L., 18864C. Inv. 1879.
Morton, Michael, 13647C. Inv. 1826.
Morton, Restore, 13821C. W. 1828. Inv. 1828.
Morton, Stacy F., 15515C. W. 1849. Inv. 1849.
Morton, Susan, 18993C. W. 1880. Inv. 1880.
Morton, Thomas, 10745C. B. 22, p. 145. W. 1780. Inv. 1780.
Morton, William, 14927C. Inv. 1842.
Mosher, Elizabeth, 18863C. Inv. 1879.
Mott, Adam, 2333–2339C. Int. 1732. Inv. (2) 1732. Pt. 1732.
Mott, Anna M., 17212C. W. 1866.
Mott, Anne, 11300C. B. 31, p. 322. Grd. 1789.
Mott, Ebenezer, 8759C–8760C. B. 14, p. 347. W. 1770.
Mott, Gershom, 19505C. W. 1884. Inv. 1884.
Mott, Hannah B., 17314C. W. 1867. Inv. 1867.
Mott, Henry, 14059C. W. 1831. Inv. 1831.
Mott, Richard, 16179C. W. & Cod. 1856. Inv. 1856.
Mott, Richard F., 20568C. W. 1891. Inv. 1891.
Mott, Sarah, 11300C. B. 31, p. 322. Wd. 1789.
Mott, Sarah, 13007C. W. 1818. Inv. 1818.
Mott, Thomas, 1331–1334C. W. 1725. Inv. 1726.
Mott, Thomas, 6409C–6410C. Adm. 102, 103. B. 7, p. 307. Int. 1753. Inv. 1753. Ren. 1752.
Mott, William, Adm. 49. B. 6, p. 328; B. 7, p. 95. Int. 1748.
Mount, Catharine, 11191C. B. 29, p. 81. Wd. 1787.
Mount, Joel, 20876C. W. 1893. Inv. 1893.
Mount, John, 14384C. Inv. 1835.
Mount, Joseph, 13285C. Inv. 1822.
Mount, Mary, Joseph, Rebecca, 11192C. B. 29, p. 81. Wds. 1787.
Mount, Matthias, 11191C. B. 29, p. 81. Grd. 1787.
Mount, Matthias, Sr., 14514C. W. 1837. Inv. 1837.
Mount, Rebecca, 18167C. W. 1874. Inv. 1874.
Mount, Richard, 11193C. B. 29, p. 73. Int. 1787. Inv. (2) 1787.
Mount, Samuel, 14139C. W. 1832. Inv. 1832.
Mount, Theodosia, 15236C. W. 1846. Inv. 1846.
Mount, William, 7493C–7498C. Adm. 228. B. 11, p. 262. Int. 1763. Inv. 1765. Acct. 1765.
Mulbine, John C., 16860C. Inv. 1863.
Mullen, Anna, 19120C. W. 1881. Inv. 1881.
Mullen, Anne, 12467C. W. 1810.
Mullen, Edward, 5276C–5284C. W. 1753. Inv. 1753.
Mullen, Edward, 8021C–8030C. B. 13, p. 30; B. 14, p. 23. W. 1766. Inv. 1766. Acct. 1769.
Mullen, Elizabeth, 13068C. W. 1819. Inv. 1819.
Mullen, Elizabeth, 13977C. W. 1830.
Mullen, John, 13822C. Inv. 1828.
Mullen, John, Sr., 11250C. B. 30, p. 1. W. 1788.
Mullen, Joseph, 11931C. B. 39, p. 60. W. & Cod. 1800. Inv. 1802.
Mullen, Samuel, 13449C. Inv. 1823.
Mullennix, Rachel S., 20140C. W. 1888. Inv. 1888.
Muller, Charles, 18308C. W. 1875.
Müller, Charles L., 19380C. W. 1883. Inv. 1883.
Mullica, Thomas M., 20292C. W. 1889.

Mulraney, Thomas, 21557C. Inv. 1898.
Mulraney, William, 19959C. Inv. 1887.
Mulvey, John, 16180C. Inv. 1856.
Mundy, John J., 21025C. W. 1894. Inv. 1894.
Munz, Jacob, Sr., 20435C. W. 1890. Inv. 1890.
Murdock, Anna W., 20738C. W. & Cods. 1892. Inv. 1892.
Murdock, William, 13978C. Inv. 1830.
Murdock, William, 21026C. W. 1894. Inv. 1894.
Murfin, John, 8977C–8978C. W. 1771.
Murfin, Mary, 11251C. B. 30, p. 52. W. 1788.
Murfin, Robert, 5215C–5220C. Adm. 108. B. 7, p. 420. Int. 1753. Inv. 1753. Acct. 1754.
Murfin, Sarah, 7499C–7504C. B. 11, p. 320. W. 1763. Inv. 1763.
Murfin, William, 3483C–3488C. W. 1742. Inv. 1742.
Murfin, William, 8979C–8984C. B. 15, p. 170. W. 1771. Inv. 1771.
Murphy, Catharine, 20739C. W. 1892.
Murphy, Elizabeth N., 19121C. W. 1881. Inv. 1881.
Murphy, Mary L., 21406C. W. 1897. Inv. 1900.
Murphy, Patrick, 17756C. Inv. 1871.
Murphy, Patrick, 18444C. Inv. 1876.
Murphy, Peter, 20436C. Inv. 1890.
Murphy, Philip, 21853C. W. 1900.
Murphy, Rachel N., 19381C. W. & Cod. 1883. Inv. 1883.
Murphy, Stephen, 4533C. Adm. 62½. Int. 1749. Inv. 1749.
Murphy, Thomas, 20589C. W. 1891.
Murphy, William R., 20141C. W. 1888.
Murray, Henry, 15985C. Inv. 1854.
Murray, John E., 18727C. W. 1878.
Murray, Leonard, 8761C–8766C. Adm. 292. B. 14, p. 64; B. 15, p. 65. Int. 1769. Inv. 1770. Acct. 1770.
Murray, Matilda, 20142C. Inv. 1888.
Murray, Patrick, 16646C. W. 1861. Inv. 1861.
Murray, Sarah A., 20437C. W. 1890.
Murray, Stacy, 16378C. W. 1858. Inv. 1858.
Murrel, Joseph, 8551C–8554C. W. 1769. Inv. 1769.
Murrell, Harding, 11932C. B. 39, p. 74. Grd. 1800. Tr. 1800.
Murrell, Jane, 13904C. Inv. 1829.
Murrell, Samuel E., 14928C. W. 1842. Inv. 1842.
Murrell, Thomas, Mary Ann, Joseph, 11932C. B. 39, p. 74. Wds. 1800. Tr. 1800.
Murrell, William, 4535C–4538C. W. 1749. Inv. 1749.
Murry, Ceaser, 11867C. B. 38, p. 340. W. 1799. Inv. 1800.
Murry, Elizabeth, 12468C. W. 1810. Inv. 1810.
Murry, Elizabeth, 14690C. W. 1839.
Murry, William, 20740C. Inv. 1892.
Musgrove, Sarah, 15237C. W. 1846. Inv. 1846.
Myers, Aaron, 17086C. W. 1865. Inv. 1865.
Myers, Ann, 13979C. Inv. 1830.
Myers, Anthony, 15516C. Inv. 1849.
Myers, George, 6399C–6402C. B. 9, p. 287. Int. 1759. Inv. 1759.
Myers, George W., 17893C. W. 1872. Inv. 1872.
Myers, Harriet, 17529C. Inv. 1869.
Myers, Jacob, 12096C. B. 40, p. 455. Grd. 1803. Tr. 1803.
Myers, Jacob, 12750C. W. 1814. Inv. 1814.

Myers, Jacob, 13208C. Inv. 1821.
Myers, Jane, 16724C. W. 1862. Inv. 1862.
Myers, John, 12829C. Inv. 1815.
Myers, John, 13069C. W. 1819. Inv. 1819.
Myers, John, 14846C. Inv. 1841.
Myers, Rebecca, 20275C. W. 1889. Inv. 1889.
Myers, Stacy, 18728C. Inv. 1878.
Myers, Theodocia, 15880C. Inv. 1853.
Myers, William C., 21854C. W. 1900.

Nack, Francis J., 20877C. W. 1893.
Nack, Margaretta, 21702C. W. 1899.
Nale, Aber C., 17530C. Inv. 1869.
Naughton, Catharine, 16991C. W. 1864. Inv. 1864.
Naylor, Allen, 17894C. W. 1872. Inv. 1872.
Naylor, Amy, 17757C. W. 1871. Inv. 1871.
Naylor, Benjamin, 17639C. Inv. 1870.
Naylor, Eliza C., 20741C. W. 1892.
Naylor, Jacob S., 15161C. Inv. 1845.
Naylor, John R., 21855C. W. 1900. Inv. 1900.
Naylor, Joseph, 15610C. W. 1850.
Naylor, Lydia, 13550C. Inv. 1825.
Naylor, Van Sciver, 20878C. Inv. (2) 1893.
Naylor, William H., 21283C. W. 1896.
Naylor, William N., 19960C. W. 1887. Inv. 1887.
Neal, Spencer, 19657C. W. 1885. Inv. 1885.
Neale, Eliza, 21407C. W. 1897. Inv. 1897.
Neale, Isaac, 11685C. B. 35, p. 487. Int. 1796. Inv. 1801.
Neale, John, 4287C–4288C. W. 1748.
Neale, John, 12180C. W. 1804.
Neale, Margaret B., 21408C. W. 1897. Inv. 1897.
Neale, Martha, 17426C. W. 1868. Inv. 1868.
Neale, Mary, 12523C. W. & Cod. 1811. Inv. 1811.
Neale, Thomson, 12371C. W. & Cod. 1808.
Neall, Thomas, 16472C. W. 1859. Inv. 1859.
Nealon, Hannah, 11194C. B. 29, p. 73. Int. 1787.
Needles, John, Jr., 18588C. W. 1877. Inv. 1877.
Needles, William, 16992C. Inv. 1864.
Neese, Caroline, 21164C. W. 1895. Inv. 1895.
Negus, Isaac, 10891C. B. 24, p. 217. Int. 1783. Inv. 1784.
Nelson, Alexander, 12751C. Inv. 1814.
Nelson, Alexander G., 18030C. Inv. 1877.
Nelson, George, 11868C. B. 38, p. 364. Int. 1799. Inv. 1799.
Nelson, Gibson M., 16470C. Inv. 1859.
Nelson, Isaac, 12668C. Inv. 1813.
Nelson, Margaret, 13008C. W. 1818. Inv. 1818.
Nelson, Robert, 13209C. Inv. 1821.
Ness, John, 1037–1045C. Inv. 1722. Acct. 1722. Bond 1722.
Nevius, Benjamin, 17315C. W. 1867. Inv. 1867.
New, Daniel, 20742C. W. 1892.
Newberry, Henry, 711C, 713C. 1335C–1338C. Int. 1717. Inv. 1718. Acct. 1725.
Newbold, Alexander, 17640C. W. 1870. Inv. 1870.
Newbold, Amy, 15983C. Inv. 1854.
Newbold, Barzillai, 5933C–5936C. B. 8, p. 434. W. 1757. Inv. 1757.
Newbold, Barzillai, 12830C. W. 1815. Inv. 1815.
Newbold, Barzillai, 21409C. Inv. 1897.
Newbold, Caleb, 11125C. B. 28, p. 55. W. 1786. Inv. 1786.

Newbold, Caleb, 15881C. W. 1853. Inv. 1853.
Newbold, Caleb, 21027C. W. 1894.
Newbold, Charles, 12325C. Inv. 1807.
Newbold, Charles D., 14448C. Inv. 1836.
Newbold, Charlotte, 20143C. Inv. 1888.
Newbold, Clayton, 17641C. W. 1870.
Newbold, Cleayton, 12594C. W. 1812. Inv. 1812.
Newbold, Cleayton, 16861C. W. 1863. Inv. 1863.
Newbold, Daniel, 11631C. B.'35, p. 256. Grd. 1795.
Newbold, Daniel, 12831C. W. 1815. Inv. 1815.
Newbold, David S., 18589C. Inv. 1877.
Newbold, Elizabeth, 14847C. W. 1841. Inv. 1842.
Newbold, Euphemia, 14515C. W. 1837. Inv. 1837.
Newbold, Hannah, 14449C. W. 1836. Inv. 1836.
Newbold, Hannah P., 18445C. W. 1876. Inv. 1876.
Newbold, Harriet S., 20144C. W. 1888. Inv. 1888.
Newbold, James, 899C. Inv. 1697.
Newbold, James, 14691C. Inv. 1839.
Newbold, John, 8555C–8556C. Adm. 294. B. 14, p. 124. Int. 1769. Inv. 1770.
Newbold, John, 13070C. W. 1819. Inv. 1820.
Newbold, Joseph, 11346C. B. 32, p. 84. W. 1790. Inv. 1790.
Newbold, Joseph, 14305C. Inv. 1834.
Newbold, Joseph, 17642C. Inv. 1870.
Newbold, Louisa F., 18168C. W. 1874.
Newbold, Mary, 11347C. B. 32, p. 66. W. 1790. Inv. 1790.
Newbold, Michael, 7505C–7510C. B. 11, p. 381. W. 1763. Inv. 1763.
Newbold, Michael, 18313C. W. & Cods. 1875. Inv. 1875.
Newbold, Michael, Sr., 901C, 971C–974C. B. 2, p. 171. W. 1721. Inv. 1721.
Newbold, Michael E., 19961C. W. 1887. Inv. 1887.
Newbold, Rachel, 13450C. W. 1824. Inv. 1824.
Newbold, Rachel L., 15882C. W. 1853. Inv. 1853.
Newbold, Reading, 14230C. Inv. 1833.
Newbold, Reading, 20743C. W. 1892. Inv. 1892.
Newbold, Rebecca, 18169C. W. 1874. Inv. 1874.
Newbold, Rebecca S., 17643C. W. 1870. Inv. 1870.
Newbold, Samuel, 11616C. B. 35, p. 223. W. 1795. Inv. 1796.
Newbold, Samuel, 15517C. Inv. 1849.
Newbold, Samuel H., 15984C. W. 1854.
Newbold, Sarah, 10973C. B. 25, p. 482. W. 1784.
Newbold, Sarah, 13135C. W. 1820. Inv. 1820.
Newbold, Susanna, 15326C. W. 1847. Inv. 1847.
Newbold, Thomas, 3375C–3380C. W. 1741. Inv. 1741.
Newbold, Thomas, 11126C. B. 28, p. 75. Int. 1786. Inv. 1787.
Newbold, Thomas, 20145C. W. 1888. Inv. 1888.
Newbold, Thomas, Sr., 13359C. W. 1823. Inv. 1824.
Newbold, Watson, 18170C. W. 1874. Inv. 1874.

Newbold, William, 13823C. W. 1828. Inv. 1831.
Newbold, William A., 20438C. W. 1890.
Newbold, William I., 15088C. Inv. 1844.
Newbold, William, Sr., 11554C. B. 33, p. 476. W. 1794.
Newbould, Joshua, 227C–303C. W. 1709. Inv. 1710.
Newbury, Mary, 1928C. Acct. 1729.
Newbury, William, 1409C–1411C. W. 1726. Inv. 1726.
Newcome, Richard, 29C–31C. W. 1705. Inv. 1705.
Newell, Asher, 16471C. Inv. 1859.
Newell, Hugh, 21166C. Inv. 1895.
Newell, Hugh, Sr., 10715C. B. 21, p. 4. W. 1779. Inv. 1779.
Newell, James, 16380C. W. 1858. Inv. 1858.
Newell, John, 12221C. W. 1805. Inv. 1805.
Newell, Joseph, 14516C. Inv. 1837.
Newell, Mary, 13824C. W. 1828. Inv. 1828.
Newell, Robert, 19421C. Inv. 1883.
Newell, Thomas, Jr., 18033C. Inv. 1873.
Newell, Thomas, Sr., 17896C. Inv. 1872.
Newhall, Eleazer, 4843C–4844C. Adm. 78. B. 7, p. 299. Int. 1751. Inv. 1751.
Newland, Mehetable, 13551C. Inv. 1825.
Newton, Anner, 16567C. Inv. 1860.
Newton, Daniel, 14611C. Inv. 1838. Ord. 1839. Bond 1839.
Newton, Daniel, 17644C. W. 1870. Inv. 1870.
Newton, Hannah, 12420C. W. 1809. Inv. 1809.
Newton, Isaac, 13451C. W. 1824. Inv. 1824.
Newton, Isaac, 21028C. W. 1894. Inv. 1894.
Newton, John, 17087C. Inv. 1865.
Newton, Joseph, 13360C. Inv. 1823.
Newton, Joshua, 16568C. Inv. 1860.
Newton, Mary, 13905C. W. 1829. Inv. 1829.
Newton, Mary A., 18171C. Inv. 1874.
Newton, Michael, 11794C. B. 37, p. 390. Int. 1798. Inv. 1799.
Newton, Richard P., 20439C. W. 1890. Inv. 1890.
Newton, Robert, 13741C. Inv. 1827.
Newton, Samuel, 12469C. W. 1810. Inv. 1810.
Newton, Samuel, 13648C. Inv. 1826.
Newton, William, 17645C. Inv. 1870.
Newton, William S., 18032C. Inv. 1873.
Nicholl, Margaret, 18446C. W. 1876.
Nichols, Abel H., 19507C. Inv. 1884.
Nichols, Abram, 19962C. W. 1887. Inv. 1887.
Nichols, Alexander, 12885C. W. 1816. Inv. 1816.
Nichols, Alexander, 13286C. Inv. 1822.
Nicholson, George, 975–981C. W. 1721. Inv. 1721-2.
Nicholson, Joseph, 3272C–3278C. W. 1740. Inv. 1740.
Nicholson, Samuel, 12470C. Inv. 1810.
Nickle, Andrew, 12832C. Inv. 1815.
Nipe, Jonathan. Adm. 295. B. 14, p. 124. Int. 1770.
Nipkens, Leonard J., 17427C. W. 1868.
Nippins, Ann, 17531C. W. 1869. Inv. 1869.
Nippins, Edward, 17758C. W. 1871.
Nippins, Henry, 21165C. Inv. 1895.
Nippins, William, 13009C. Inv. 1818.
Nippins, William, 17088C. Inv. 1865.
Nippins, William, 20146C. W. & Cod. 1888.
Nixon, James, 13825C. W. 1828. Inv. 1828.
Nixon, James, 16088C. Inv. 1855.
Nixon, James, 20276C. W. 1889.
Nixon, John, 15791C. Inv. 1852.
Nixon, John W., 15696C. Inv. 1851.

Ong, Isaac, 595C–600C. Int. 1715. Inv. 1715. Pt. 1715.

Ong, Jeremiah, 3969C–3972C. W. 1746. Inv. 1746.

Orsprong, Henry, 19123C. W. 1881. Inv. 1881.

Osborn, Catharine, 13649C. Inv. 1826.

Osborn, Phebe, 15425C. Inv. 1848.

Osborn, Richard, 11617C. B. 35, p. 206. W. 1795. Inv. 1795.

Osborn, Roger, 4298C–4303C.¹ W. 1748. Inv. (2) 1748. Af. (2) 1748.

Osborn, Smith S., 11783C. B. 37, p. 391. Grd. 1798. Tr. 1798.

Osborn, Smith S., Catharine, 12112C. B. 40, p. 468. Grds. 1803. Pt. 1803.

Osbourn, William, 10431C–10432C. B. 18, p. 139. Int. 1777.

Oselwean, John, 11349C. B. 32, p. 95. Int. 1790. Inv. 1790.

Osmond, Benjamin, 17316C. **Inv. 1867.**

Osmond, John, 3965C–3968C. W. 1746. Inv. 1746.

Ottinger, George, 17534C. Inv. 1869.

Overton, Joseph, 5285C–5296C. W. 1753. Inv. 1753. Acct. 1754.

Owen, Griffith, 14231C. W. 1833. Inv. 1833.

Owen, Griffith W., 21703C. W. 1899.

Owen, Jesse, 14771C. W. 1840. Inv. 1840.

Owen, Joshua, 1543–1552C. Int. 1728. Inv. 1727. Acct. 1732.

Owen, Joshua, 3811C–3816C. W. 1745. Inv. 1745.

Owen, Matilda G., 17216C. W. 1866. Inv. 1866.

Owen, Rachel, 15987C. W. 1854.

Owen, Rowland, 10433C–10438C. B. 18, p. 465. W. 1777. Inv. 1777.

Owens, Edward H., 18034C. Inv. 1873.

Owens, Elizabeth, 20592C. W. 1891. Inv. 1892.

Ozmon, Emilie, 16473C. W. & Cod. 1859.

Pachee, John, 3030–3032C. W. 1737.

Page, Abigail H., 17089C. W. 1865. Inv. 1866.

Page, Abner, 15988C. Inv. 1854.

Page, Agnes, 14994C. W. 1843. Inv. 1843.

Page, Ann, 18173C. Inv. 1874.

Page, Anna H., 19382C. W. 1883. Inv. 1883.

Page, Asa, 13907C. W. 1829. Inv. 1829.

Page, Clayton H., 15162C. Inv. 1845.

Page, Clayton H., 20441C. W. 1890.

Page, Edward, 12054C. B. 40, p. 183. Int. 1802. Inv. 1803.

Page, Edward, Sr., 12942C. W. 1817. Inv. 1817.

Page, Elizabeth F., 15883C. W. 1853. Inv. 1853.

Page, Gilbert, 16727C. Inv. 1862.

Page, John, 2109–2122C. Int. 1728. Inv. 1728. Rcpt. 1729. Acct. 1731.

Page, John, 5487C–5490C. W. 1754. Inv. 1754.

Page, Margaret, 16569C. W. 1860.

Page, Nathan, 16381C. Inv. 1858.

Page, Phebe, 12372C. W. 1808. Inv. 1808.

Page, Richard H., 20442C. W. 1890. Inv. 1890.

Page, Sarah C., 16474C. W. 1859. Inv. 1859.

Page, Thomas, 18447C. W. 1876.

Page, William, 14694C. W. 1839. Inv. 1839.

Paige, William, 2751C. Int. 1734.

Paine, Nathaniel, 115C. W. 1707.

Paine, Thomas, 33C–35C. W. 1704. **Inv. 1705.**

Paine, Thomas, 12127C. B. 40, p. 455. Int. 1803.

Painter, George, 12421C. Inv. 1809.

Paist, Elizabeth K., 21284C. W. 1896.

Paist, Eucledes, 16862C. Inv. 1863.

Paladini, Alexander, 19661C. W. & Cod. 1885. Inv. 1885.

Paladini, Elizabeth M. L., 21167C. W. 1895. Inv. 1895.

Palmer, Eliza, 17898C. W. 1872. Inv. 1872.

Palmer, Hannah, 14140C. W. 1832.

Palmer, Jane, 12943C. W. 1817. Inv. 1817.

Palmer, Jerusha, 16182C. W. 1856. Inv. 1856.

Palmer, Nathaniel. Adm. 242. B. 11, p. 537. Int. 1764.

Palmer, Sarah, 14141C. W. 1832. Inv. 1833.

Palmer, States, 16091C. W. 1854.

Palmer, Sterne, 16092C. Inv. 1855.

Pancoast, Abigail, 13012C. Inv. 1818.

Pancoast, Ann, 9521C–9524C. B. 16, p. 54. W. 1773. Inv. 1773.

Pancoast, Caleb, 7315C–7318C. B. 11, p. 194. W. 1762. Inv. 1762.

Pancoast, Caroline M., 21859C. W. 1900. Inv. 1900.

Pancoast, Deborah, 18729C. W. 1878. Inv. 1878.

Pancoast, Elizabeth, 4539C. W. 1749.

Pancoast, Emily, 17646C. W. 1870. Inv. 1870.

Pancoast, Esther, 14518C. W. 1837. Inv. 1837.

Pancoast, George, 16728C. W. 1862. Inv. 1862.

Pancoast, George H., 19254C. W. 1882. Inv. 1882.

Pancoast, Hannah, 20880C. W. & Cod. 1893. Inv. 1893.

Pancoast, Harriet S., 18994C. W. 1880. Inv. 1880.

Pancoast, Israel, 4721C–4723C. Wd. 1750.

Pancoast, James, 15426C. W. 1848. Inv. 1848.

Pancoast, John, 4305C–4308C, 4717C–4720C. Adm. 63, 64. Int. 1748. Inv. 1748, 1750. Ren. 1749.

Pancoast, John, 4549C–4554C, 5731C–5741C. W. 1749. Inv. 1749. Accts. (2) 1757.

Pancoast, John, 5743C–5745C. B. 8, p. 360. Wd. 1756.

Pancoast, John, 12596C. W. 1812. Inv. 1812.

Pancoast, John, 13210C. Inv. 1821.

Pancoast, John, 14848C. W. & Cod. 1841. Inv. 1841.

Pancoast, Joseph, 4542C–4548C, 6744C–6752C. B. 6, p. 301. W. 1749. Inv. 1749. Acct. 1760.

Pancoast, Joseph, 8043C–8048C, 8558C–8560C. B. 13, p. 18; B. 14, p. 74. W. & Cod. 1766. Inv. 1766. Acct. 1769.

Pancoast, Joseph, 12422C. Inv. 1809.

Pancoast, Joseph, Jr., 2327–2332C. W. 1732. Inv. 1732.

Pancoast, Joseph, Jr., 10829C. B. 23, p. 174. W. 1782. Inv. 1782.

Pancoast, Lewis W., 15922C. W. 1856. Inv. 1856.

PanCoast, Marmaduke S., 20278C. W. 1889. Inv. 1889.

Pancoast, Mary, 4721C–4723C. Grd. 1750.

Pancoast, Mary, 17428C. W. 1868.

Pancoast, Meribah, 7689C–7690C. Adm. 248. B. 12, p. 16. Int. 1764. Inv. 1764.

Pancoast, Nathan D., 20747C. Inv. 1892.

Pancoast, Samuel, 16729C. Inv. 1862.

Pancoast, Sarah, 12055C. B. 40, p. 58. W. 1802.

Pancoast, Sarah, 12944C. W. 1817.

Pancoast, Sarah, 15163C. W. 1845. Inv. 1845.

Pancoast, Sarah M., 19662C. W. 1885. Inv. 1885.

Pancoast, Solomon, 14995C. Inv. 1843.

Peacock, Benjamin, 13909C. W. 1829. Inv. 1829.
Peacock, Charles T., 19665C. W. 1885.
Peacock, David, 13287C. Inv. 1822.
Peacock, Elizabeth, 9699C–9702C. W. 1774. Inv. 1774.
Peacock, Ezra C., 21035C. W. 1894. Inv. 1894.
Peacock, Hooton, 15519C. W. 1849. Inv. 1849.
Peacock, Isaac, 12598C. W. 1812. Inv. 1812.
Peacock, J. Franklin, 21285C. W. 1896. Inv. 1896.
Peacock, John, 6413C–6418C. Adm. 198. B. 9, p. 230. Int. 1759. Inv. 1759. Acct. 1760.
Peacock, John, 11196C. B. 29, p. 33. W. 1787. Inv. 1787.
Peacock, John, 12278C. W. 1806. Inv. 1806.
Peacock, John, 12525C. Inv. 1811.
Peacock, John, 17763C. W. 1871. Inv. 1871.
Peacock, John, Sr., 11350C. B. 32, p. 77. W. 1790. Inv. 1790.
Peacock, John H., 13650C. Inv. 1826.
Peacock, Margaret, 13363C. W. 1823. Inv. 1823.
Peacock, Margaret, 14614C. Inv. 1838.
Peacock, Mary, 13138C. Inv. 1820.
Peacock, Mary, 13651C. W. 1826. Inv. 1826.
Peacock, Melchezedeck, 13288C. W. 1822.
Peacock, Melsent, 13826C. W. 1828.
Peacock, Rachel, 21704C. Inv. 1899.
Peacock, Sarah, 15240C. W. 1846. Inv. 1846.
Peacock, Susannah, 12526C. W. 1811. Inv. 1811.
Peacock, Thomas, 14144C. W. 1832. Inv. 1832.
Peacock, Thomas, 14451C. W. 1836. Inv. 1836.
Peak, Charles, 16183C. W. 1856. Inv. 1856.
Peak, Trial, 13652C. Inv. 1826.
Pearce, Amos, 11871C. B. 38, p. 334. W. 1799.
Pearce, Ann, 18176C. W. 1874. Inv. 1874.
Pearce, Francis S., 20444C. W. 1890. Inv. 1890.
Pearce, Robert, 13827C. W. 1828. Inv. 1828.
Pearce, William S., 15697C. W. 1851. Inv. 1851.
Pearson, Abel, 8561C–8566C. Adm. 291. B. 14, p. 64. Int. 1759. Inv. 1769. Acct. 1769.
Pearson, Catherine, 601C. W. 1715.
Pearson, Elizabeth B., 16783C. W. 1862. Inv. 1863.
Pearson, Ester J., 19965C. W. 1887. Inv. 1887.
Pearson, George D., 13211C. Inv. 1821.
Pearson, Henry 15611C. W. 1850.
Pearson, Isaac, 4309C–4312C. W. 1748.
Pearson, Isaac, 7139C. B. 11, p. 204. Grd. 1761.
Pearson, Isaac, 12057C. B. 40, p. 56. W. 1802. Int. 1802.
Pearson, Isaac, 17318C. W. 1867. Inv. 1867.
Pearson, James, 1127–1128C. W. 1723.
Pearson, James, 7133C–7138C, 10693C. B. 10, p. 327. W. 1761. Inv. 1761. Copy of Will.
Pearson, James, 10457C–10460C. B. 18, p. 468. Int. 1777. Inv. 1777.
Pearson, John, 7140C. B. 11, p. 204. Wd. 1761.
Pearson, John, 10785C. B. 23, p. 207; B. 24, p. 218. Int. 1781. Inv. 1782. Acct. 1783.
Pearson, John, 11301C. B. 31, p. 321. Int. 1789.
Pearson, John, 12752C. Inv. 1814.
Pearson, Jonathan, 2005C. W. 1731.
Pearson, Joseph, 7843C–7848C. B. 12, p. 196. W. 1765. Inv. 1765. Ren. 1765.
Pearson, Joseph, 17434C. W. 1868. Inv. 1869.
Pearson, Loraney, 14061C. W. 1831. Inv. 1831.
Pearson, Maher, 13014C. Inv. 1818.
Pearson, Margaret, 15884C. Inv. 1853.
Pearson, Mary, 8985C–8988C. W. 1771.
Pearson, Mary, 13454C. Inv. 1824.
Pearson, Mary H., 21180C. Inv. 1894.
Pearson, Robert, 5301C–5314C. W. 1753. Inv. 1753.
Pearson, Sarah, 11508C. B. 33, p. 48. Int. 1793. Inv. 1793.
Pearson, Thomas, 4313C–4318C. Int. 1748. Inv. 1748.
Pearson, Thomas, 13074C. Inv. 1819.
Pearson, William, 15793C. W. 1852. Inv. 1852.
Peart, Ralph, 10009C–10012C. B. 17, p. 150. W. 1775.
Peaslee, Sarah N., 18595C. Inv. 1877.
Peck, Benjamin, 9626C–9528C. B. 14, pp. 517, 540. Acct. 1773.
Peck, Rhoda, 14615C. Inv. 1838.
Peck, William H., 17648C. Inv. 1870.
Peddrick, William, 14616C. Inv. 1838.
Pedrick, William, 15885C. W. 1853.
Peeps, Henry, 769C–771C. W. 1718. Inv. 1718.
Peirce Edward, 3141–3144C. Int. 1739. Inv. 1739.
Peirce, Joseph, 13653C. W. 1826. Inv. 1826, 1844.
Peirce, Rebecca H. G., 20445C. Inv. 1890.
Pelletier, Wienceslas, 19508C. W. 1884.
Pelty, William, Adm. 24. Int. 1747.
Pemberton, Ann, James, 10976C. B. M, p. 286. Grds. 1784.
Pemberton, Ann, Jr., Israel, Joseph, Charles, Mary, Elizabeth, John, Sarah, 10976C. B. M, p. 286. Wds. 1784.
Pemberton, Joseph, 10975C. B. M, p. 286; B. 28, p. 82. Int. 1784. Bond 1786.
Penery, M. Louisa, 20748C. Inv. 1892.
Penigton, Sarah, 12326C. W. 1807.
Penington, Ann, 12279C. W. 1806.
Penington, Isaac, 12128C. B. 40, p. 349. Int. 1803. Inv. 1804.
Penington, Sarah, 12326C. W. 1807.
Pennington, Job B., 16656C. W. 1861. Inv. 1862.
Pennock, William H., 20881C. W. 1893.
Penquite, Gershom, 11934C. B. 39, p. 73. Grd. 1800.
Penquite, Gershom, 14617C. W. 1838. Inv. 1838.
Penquite, Jane, 10831C. B. 24, p. 215. Int. 1782.
Penquite, Jane, Ann, Mary, 11934C. B. 39, p. 73. Wds. 1800.
Peppler, Asenath A., 20446C. W. 1890.
Peppler, Margaret, 19966C. W. 1887. Inv. 1887.
Peppler, William, 16476C. W. 1859. Inv. 1859.
Perine, Hannah, William, 11992C. B. 39, p. 221. Wds. 1801. Tr. 1801.
Perkins, Abraham, 7691C–7698C. B. 11, p. 500. W. 1764. Inv. 1764.
Perkins, Abraham, 18997C. Inv. 1880.
Perkins, Abraham, Jr., 21412C. Inv. 1897.
Perkins, Asa L., 20749C. Inv. 1892.
Perkins, Caleb, 18036C. W. 1873. Inv. 1873.
Perkins, Charles H., 20447C. W. 1890. Inv. 1890.

Perkins, Daniel N., 20148C. W. 1888. Inv. 1889.
Perkins, David, 2341-2344C. W. 1731. Inv. 1731.
Perkins, David, 16273C. Inv. 1857.
Perkins, Edward R., 17649C. W. 1870.
Perkins, Edward W., 20882C. W. 1893. Inv. 1894.
Perkins, Eliza, 20280C. Inv. 1889.
Perkins, Eliza, 21036C. W. 1894.
Perkins, George W., 18448C. Inv. 1876.
Perkins, Isaac S., 17764C. W. 1871.
Perkins, Isaac S., 20293C. Inv. 1889.
Perkins, Isaac, Sr., 15165C. W. 1845. Inv. 1845.
Perkins, Jacob, 21169C. Inv. 1895.
Perkins, Jacob, Jr., 2165C. Inv. 1731.
Perkins, Jacob, Jr., 14389C. W. 1835. Inv. 1835.
Perkins, Jacob, Sr., 2159-2164C. W. 1731. Int. 1731. Inv. 1731.
Perkins, Jacob, Sr., 11457C. B. 34, p. 371. W. 1792. Inv. 1792.
Perkins, John, 19821C. Inv. 1886.
Perkins, John B., 21037C. Inv. 1894.
Perkins, Rebecca A., 14695C. W. 1839. Inv. 1839.
Perkins, Richard V. S., 20150C. Inv. 1888.
Perkins, Samuel, 14996C. Inv. 1843.
Perkins, Samuel, Sr., 16570C. Inv. 1860.
Perkins, Sarah, 18449C. W. 1876. Inv. 1877.
Perrine, John, 11872C. B. 38, p. 361. Int. 1799. Inv. 1800.
Perrine, Mary, 19967C. Inv. 1887.
Perry, Emanuel, 20448C. W. 1890. Inv. 1891.
Perry, John, 5939C-5942C. Adm. 165, 166. B. 8, p. 385. Int. 1757. Inv. 1757. Ren. 1757.
Perry, John, 12373C. Inv. 1808.
Perry, Joseph, 16475C. Inv. 1859.
Peters, David, 8223C-8224C. Adm. 277. B. 13, p. 101. Int. 1767. Inv. 1767.
Peters, George S., 18450C. W. 1876. Inv. 1876.
Peters, John S., 18175C. W. 1874.
Peterson, Elizabeth, 18998C. W. 1880. Inv. 1880.
Peterson, Teresa L., 17900C. W. 1872. Inv. 1872.
Pettet, Beulah, 13559C. W. 1825. Inv. 1825.
Petticrew, William, 2295C. Int. 1732.
Pettit, Allice, 759C-764C. W. 1718. Inv. 1718.
Pettit, Ann, 10893C. B. 24, p. 213. W. 1783. Inv. 1785.
Pettit, Howard S., 21413C. Inv. 1897.
Pettit, John, 11054C. B. 27, p. 21. Wd. 1785. Tr. 1785.
Pettit, Jonathan, 21170C. W. 1895.
Pettit, Mahlon, 18451C. Inv. 1876.
Pettit, Moses, 765C, 767C. W. 1718. Inv. 1718.
Pettit, William, 11796C. B. 38, p. 35. Int. 1798.
Pettit, William, 15923C. Inv. 1853.
Petty, John, 2009C. Int. 1730.
Petty, John, 7849C-7850C. W. 1765.
Pew, Charles, 18866C. W. 1879. Inv. 1879.
Pew, Charlotte B., 19125C. Inv. 1881.
Pew, Edward, 18867C. W. 1879.
Pew, James A., 15520C. Inv. 1849.
Pew, Josiah B., 19666C. W. 1885. Inv. 1885.
Pew, Lydia, 15428C. W. 1848. Inv. 1848.
Pew, Samuel B., 21286C. W. 1896. Inv. 1897.
Pew, William, 17218C. W. 1866. Inv. 1866.

Pew, William H., 17536C. W. 1869. Inv. 1869.
Phares, Ann, 15429C. W. 1848. Inv. 1848.
Phares, Daniel, 20281C. W. 1889. Inv. 1889.
Phares, Elizabeth, 14851C. Inv. 1841.
Phares, Emily, 21861C. W. 1900. Inv. 1901.
Phares, John, 14696C. Inv. 1839.
Phares, John C., 18596C. Inv. 1877.
Phares, Mary, 19471C. Inv. 1882.
Phares, Rebecca A., 18731C. W. 1878. Inv. 1878.
Phares, Robert, 10894C. B. 24, p. 217. Wd. 1783.
Phares, Thomas, 14307C. Inv. 1834.
Phares, William, 8403C-8406C, 10895C. B. 13, p. 476; B. 24, p. 218. Int. 1768. Inv. 1768. Acct. 1783.
Phares, William, 10894C. B. 24, p. 217. Grd. 1783.
Pharo, Archelaus R., 19968C. Inv. 1887.
Pharo, Gervas, 12527C. Inv. 1811.
Pharo, James, 6753C-6765C. B. 9, p. 427. W. 1760. Inv. 1760. Acct. 1765.
Pharo, James, 12528C. W. 1811.
Pharo, Joseph W., 16782C. W. 1862. Inv. 1862.
Pharo, Louisa W., 19822C. W. 1886. Inv. 1886, 1887.
Pharo, Sikee, Samuel, Ann, Robert, Hannah, 11351C. B. 32, p. 98. Wds. 1790. Tr. 1790.
Pharo, Stephen, 16781C. W. 1862. Inv. 1862.
Pharo, Timothy, 11351C. B. 32, p. 98. Grd. 1790. Tr. 1790.
Pharo, Timothy, 15989C. W. 1854. Inv. 1854.
Pheasant, Phebe, 19969C. Inv. 1887.
Phiefer, Samuel, 19509C. Inv. (2) 1884.
Phile, Phillip, 11555C. B. 33, p. 479. Int. 1794.
Phillips, Anthony, 14852C. Inv. 1841.
Phillips, Anthony, 21706C. W. 1899. Inv. 1899.
Phillips, Charity, 18037C. W. 1873. Inv. 1873.
Phillips, Damaris, 11619C. B. 35, p. 214. W. 1795. Inv. 1795.
Phillips, Elizabeth, 16477C. Inv. 1859.
Phillips, Ephraim, 10717C. B. 22, p. 26. Int. 1779. Inv. 1779.
Phillips, Jacob E., 17436C. Inv. 1858.
Phillips, John, 10857C. B. 25, p. 99. Grd. 1783.
Phillips, John, 11396C. B. 32, p. 181. Int. 1791. Inv. 1792. Ren. 1791.
Phillips, John, 14452C. W. 1836. Inv. 1836.
Phillips, John, Sr., 11556C. B. 33, p. 461. W. 1794. Int. 1799. Inv. 1794, 1800. Ren. 1799.
Phillips, John H., 18911C. Inv. 1878.
Phillips, Margaret, 13910C. W. 1829. Inv. 1829.
Phillips, Mary S., 21560C. W. 1898. Inv. 1898.
Phillips, Peter, 6767C-6770C. B. 10, p. 139. W. 1760. Inv. 1760.
Phillips, Peter, 11873C. B. 38, p. 324. W. 1799. Inv. 1799.
Phillips, Samuel, 12058C. B. 39, p. 495. W. 1802. Inv. 1802.
Phillips, Samuel, 17650C. W. & Cod. 1870. Inv. 1870.
Phillips, Sarah, 6771C-6772C. B. 10, p. 360. W. 1760.
Phillips, Theodore B., 21561C. W. 1898.
Phillips, Thomas, 11874C. B. 38, p. 362. Int. 1799. Inv. 1799.
Phillis, Louis, 21705C. Inv. 1899.
Pickering, Job S., 15698C. Inv. 1851.

Pidcock, William, 8049C–8052C. Int. 1767. Inv. 1767.
Pierce, David, 21414C. W. 1897. Inv. 1897.
Pierson, Alexander D., 15166C. W. 1845. Inv. 1845.
Pierson, David, 12424C. Inv. 1809.
Pierson, Rebecca J., 14232C. W. 1833. Inv. 1833.
Pike, Stephen, 13654C. Inv. 1826.
Pilgrim, James, 16274C. Inv. 1857.
Pilgrim, John, 16275C. Inv. 1857.
Pimm, John, 5749C–5750C. Adm. 149. B. 8, p. 304. Int. 1756. Inv. 1756. Ren. 1756.
Pine, Benjamin, 11318C. B. 31, p. 322. Grd. 1789.
Pine, Hannah, 11397C. B. 32, p. 184. Int. 1791.
Pine, Hope, 15241C. W. 1846. Inv. 1846.
Pine, Samuel, 10896C. B. 24, p. 216. Int. 1783. Inv. 1783. Ren. 1783.
Pinkerton, James, 20151C. W. 1888.
Pinket, William, 16994C. W. 1864.
Pinn, Rachel J., 17538C. W. 1869. Inv. 1869.
Piper, John, 12327C. W. 1807. Inv. 1808.
Piper, John, 19126C. Inv. 1881.
Piper, Martha, 12472C. Inv. 1810.
Pipet, Isaac, 11128C. B. 28, p. 79. Int. 1786. Inv. 1786.
Pippet, Isaac, 12473C. Inv. 1810.
Pippet, John, 17765C. W. 1871.
Pippet, Moses, 11686C. B. 35, p. 415. W. 1796. Inv. 1796.
Pippett, Moses, 15242C. Inv. 1846.
Pippit, Charles, 13289C. Inv. 1822.
Pippit, John, 11907C. B. 39, p. 74. Grd. 1800. Tr. 1800.
Pippitt, Ann, 16571C. W. 1860.
Pippitt, Benjamin, 17539C. Inv. 1869.
Pippitt, Elizabeth, 21707C. Inv. 1899.
Pippitt, Elizabeth P., 18177C. Inv. 1874.
Pitcher, Reuben, 14618C. Inv. 1838.
Pitman, Aaron, Jr., 12059C. B. 40, p. 120. Wd. 1802.
Pitman, Abner, 16864C. W. 1863. Inv. 1863.
Pitman, Amy, 12599C. Inv. 1812.
Pitman, Ann, 8225C–8226C. Adm. 276. B. 13, p. 101. Int. 1767. Inv. 1767.
Pitman, Benjamin, 12059C. B. 40, p. 120. Grd. 1802.
Pitman, Caleb, 14145C. W. 1832. Inv. 1832.
Pitman, Hannah, 12060C. B. 40, p. 62. Int. 1802. Inv. 1802.
Pitman, James, 19510C. W. 1884. Inv. 1884.
Pitman, John, 11509C. B. 33, p. 51. Int. 1793. Inv. 1793.
Pitman, Joseph, 12374C. W. 1808. Inv. 1808.
Pitman, Mary A., 18868C. W. 1879.
Pitman, Samuel, 12474C. W. 1810.
Pitman, Samuel, 15521C. Inv. 1849.
Pitman, William, 20883C. W. 1893. Inv. 1893.
Pittman, Caleb, 16276C. Inv. 1857.
Pittman, Daniel, 16572C. W. 1860. Inv. 1860.
Pittman, John H., 20152C. Inv. 1888.
Pittman, Robert, 16865C. W. 1863. Inv. 1863.
Pittman, Thomas H., 19257C. W. 1882. Inv. 1882.
Plasket, Isaac, 19383C. Inv. 1883.
Platt, Aaron, 12888C. Inv. 1816.
Platt, Charity, 13828C. W. 1828. Inv. 1828.
Platt, Charles, 17537C. Inv. 1869.
Platt, Elizabeth, 11458C. B. 34, p. 347. W. 1792. Inv. 1793.
Platt, Elwood, 20449C. W. 1890. Inv. 1890.

Platt, George, 16478C. Inv. 1859.
Platt, Hannah, 14619C. W. 1838. Inv. 1838.
Platt, Jacob, 12889C. W. 1816. Inv. 1816.
Platt, John, 11178C. B. 29, p. 80. Grd. 1787.
Platt, Joseph, Sr., 15990C. Inv. 1854.
Platt, Lawrence M., 19127C. W. 1881. Inv. 1881.
Platt, Lettis, 14697C. W. 1839. Inv. 1839.
Platt, Lydia, 17091C. W. 1865.
Platt, Mary, 19128C. W. & Cod. 1881. Inv. 1881.
Platt, Phineas, 10897C. B. 25, p. 98. Int. 1783.
Platt, Thomas, 8407C–8408C. Adm. 287. B. 13, p. 436. Int. 1768. Inv. 1768.
Platt, Thomas, 13455C. Inv. 1824.
Plitzer, Mathias, 16784C. Inv. 1862.
Plotts, John, 14698C. Inv. 1839.
Plum, Charles W., 15794C. Inv. 1852.
Plummer, Benjamin, 20450C. W. 1890. Inv. 1894.
Poinset, Peter, 14853C. W. 1841. Inv. 1841.
Poinsett, Alice, 18314C. W. 1875. Inv. 1875.
Poinsett, Benjamin, 18179C. W. 1874. Inv. 1874.
Poinsett, Benjamin F., 18180C. Inv. 1874.
Poinsett, Caleb, 21415C. W. 1897. Inv. 1897.
Poinsett, David, 16383C. Inv. 1858.
Poinsett, Irick, 18452C. Inv. (2) 1876, 1879.
Poinsett, John. Adm. 224. B. 11, p. 240. Int. 1762.
Poinsett, John, 21708C. W. & Cod. 1899. Inv. 1899.
Poinsett, Joseph, 14519C. Inv. 1837.
Poinsett, Martha, 21709C. Inv. 1899.
Poinsett, Martha, 21862C. W. 1900. Inv. 1900.
Poinsett, Samuel, 13655C. Inv. 1826.
Poinsett, William, 16277C. Inv. 1857.
Polgreen, Elizabeth, 8409C–8410C. W. 1768.
Polhemus, Garret H., 18038C. Inv. 1873.
Polhemus, Leah, 18732C. W. 1878.
Polhemus, Montgomery, 13139C. Inv. 1820.
Polis, Rebecca, 18733C. Inv. 1878.
Polis, William, 19823C. W. 1886. Inv. 1886.
Pollard, Joshua, 11055C. B. 25, p. 165; B. 27, p. 13. Int. (2) 1785. Inv. 1785, 1786.
Pool, Abigail, 15522C. W. 1849. Inv. 1849.
Poole, George W., 21710C. W. 1899.
Poole, Jacob, 13212C. Inv. 1821.
Poole, Jacob, 19668C. Inv. 1885.
Poole, John S., 14854C. Inv. 1841.
Poole, Samuel, 14453C. Inv. 1836.
Poolgreen, James, 11993C. B. 39, p. 352. Int. 1801.
Pope, James J., 18178C. Inv. 1874.
Pope, John, 13364C. Inv. 1823.
Pope, Joseph, 8227C–8232C, 8567C–8569C. B. 13, p. 54; B. 14, p. 79. W. 1767. Inv. 1767. Acct. 1769.
Pope, Joseph, 12600C. Inv. 1812.
Pope, Joseph, Sr., 10786C. B. 22, p. 251. W. 1781.
Pope, Mary, 10898C. B. 25, p. 47. W. 1783.
Pope, Nathaniel, 527C–531C, 773C. W. 1714. Inv. 1714. Acct. 1718.
Pope, Nathaniel, 13140C. Inv. 1820.
Pope, Richard, 12529C. W. 1811. Inv. 1811.
Pope, Samuel, 15700C. Inv. 1851.
Pope, Sarah, 13560C. W. 1825.
Pope, Thomas, 17321C. W. 1867. Inv. 1867.
Porter, John S., 20451C. W. 1890. Inv. 1890.
Porter, Joshua, 12061C. B. 40, p. 61. Int. 1802. Inv. 1802.
Porter, Thomas, 12224C. Inv. 1805.
Porter, William, 16995C. W. 1864. Inv. 1864.

Post, Joseph C., 18999C. Inv. 1880.
Potter, Robert, 20153C. W. 1888. Inv. 1888.
Potts, Aaron, 17540C. Inv. 1869.
Potts, Amy, 12183C. W. 1804. Inv. 1804.
Potts, Amy, 14390C. W. 1835. Inv. 1835.
Potts, Amy, 14855C. W. 1841. Inv. 1841.
Potts, Benjamin, 15991C. Inv. 1854.
Potts, John, 17319C. Inv. 1867.
Potts, Joseph, Sr., 14062C. W. 1831. Inv. 1831.
Potts, Margaret, 15327C. W. 1847. Inv. 1847.
Potts, Mary, 17320C. W. 1867.
Potts, Mary L., 19000C. W. & Cod. 1880. Inv. 1880.
Potts, Nathaniel, 7143C. Adm. 217. B. 10, p. 222. Int. 1761. Inv. 1761.
Potts, Rebecca, 16866C. W. 1863. Inv. 1863.
Potts, Richard, 11003C. B. 27, p. 21. Grd. 1785. Pt. 1785. Tr. 1785.
Potts, Samuel, 13656C. Inv. 1826.
Potts, Thomas, 3495C-3498C. Int. 1742. Inv. 1742.
Potts, Thomas, 5491C-5498C. W. 1754. Inv. 1754.
Potts, Thomas, 13075C. Inv. 1819.
Potts, Thomas A., 16867C. Inv. 1863.
Potts, William, 11687C. B. 35, p. 490. Int. 1796. Inv. 1797.
Potts, William, 20750C. W. 1892. Inv. 1892.
Potts, William, Sr., 10899C. B. 24, p. 212. W. 1783. Inv. 1783.
Powell, Abigail, 20154C. Inv. 1888.
Powell, Abigail A., 17651C. Inv. 1870.
Powell, Ann, 12225C. Inv. 1805.
Powell, Benajah B., 17901C. Inv. 1872.
Powell, Christopher, 7525C-7530C. W. 1763. Inv. 1763.
Powell, Charles M., 18039C. W. 1873. Inv. 1873.
Powell, Elizabeth, 8774C-8780C. Adm. 296. B. 15, pp. 2, 48. Int. 1770. Inv. 1770. Acct. 1770.
Powell, Isaac, 7531C-7534C. B. 11, p. 425. W. 1763. Inv. 1763.
Powell, Isaac, 16573C. Inv. 1860.
Powell, Jacob, 14520C. W. 1837. Inv. 1837.
Powell, Jacob, 14856C. Inv. 1841.
Powell, Jacob, Jr., 10439C-10442C. B. 18, p. 74. Wd. 1777.
Powell, James, 17541C. Inv. 1869.
Powell, James W., 15992C. Inv. 1854.
Powell, John, 6419C-6426C. B. 9, p. 216. W. 1759. Inv. 1759.
Powell, John, 10443C-10444C. B. 18, p. 603. Int. 1777.
Powell, John, 10445C-10449C. B. 18, p. 143. Int. 1777. Inv. 1777.
Powell, John, Sr., 643C-647C. W. 1716. Inv. 1716.
Powell, John Sr., 13561C. Inv. 1825.
Powell, John H., 21038C. Inv. 1894.
Powell, John H., 21287C. Inv. 1896.
Powell, Joseph, 11582C. B. 35, p. 255. Grd. 1795.
Powell, Joseph, 12945C. Inv. 1817.
Powell, Joseph, Sr., 12226C. W. 1805. Inv. 1805.
Powell, Joseph L., 18734C. Inv. 1878.
Powell, Leander T., 19511C. Inv. 1884.
Powell, Mary, 16278C. Inv. 1857.
Powell, Mary C., 17652C. Inv. 1870.
Powell, Mary H., 20155C. Inv. 1888.
Powell, Robert, 5401C-5404C. Wd. 1754.
Powell, Rowland, 1529-1536C. Int. 1726. Inv. 1727. Acct. 1727.

Powell, Samuel, 8989C-8992C. B. 15, p. 105. Wd. 1771.
Powell, Samuel, 10177C-10178C. B. 18, p. 52. Int. 1776.
Powell, Samuel, 18040C. Inv. 1873.
Powell, Samuel M., 14620C. W. 1838. Inv. 1838, 1843.
Powell, Sarah, 17219C. W. & Cod. 1866. Inv. 1866.
Powell, Sarah K., 21416C. W. 1897. Inv. 1897.
Powell, Stacy W., 19129C. Inv. 1881.
Powell, Susan, 19384C. W. 1883. Inv. 1883.
Powell, Thomas, 10977C. B. 25, p. 536. Int. 1784. Ren. 1784.
Powell, William, 13657C. W. 1826. Inv. 1826.
Powell, William, 17322C. W. & Cod. 1867. Inv. 1867.
Pownal, Mary, 7535C-7540C. B. 11, p. 334. W. 1763. Inv. 1763.
Poynsett, Peter, 9631C-9634C. B. 15, p. 510. Grd. 1774.
Prat, William, 3145-3148C. W. 1739. Inv. 1740.
Pratt, Jonathan, 4777C. Rcpt. 1744.
Prenot, Charles E., 19970C. W. 1887.
Price, Ann S., 19824C. W. 1886. Inv. 1886.
Price, Charles H., 20156C. W. 1888.
Price, Edward Randolphus, 5315C-5318C. Adm. 115, 116. B. 7, p. 422. Int. 1753. Inv. 1753. Ren. 1753.
Price, Eliza, 14699C. W. 1839. Inv. 1839.
Price, Elizabeth C., 21288C. Inv. 1896.
Price, Henry R., 19385C. W. 1883. Inv. 1883.
Price, Job, 11797C. B. 38, p. 34. Int. 1798. Inv. 1798. Ren. 1798.
Price, John, 7542C-7546C. Adm. 230. B. 11, p. 301. Int. 1763. Inv. 1763. Acct. 1764.
Price, Joseph, 14391C. W. 1835.
Price, Joseph P., 19130C. Inv. 1881.
Price, Lewis T., 20751C. W. 1892.
Price, Mary, 11994C. B. 39, p. 352. Int. 1801. Inv. 1801.
Price, Rees, 11352C. B. 32, p. 97; B. 40, p. 467. Int. 1790, 1804. Inv. 1790.
Price, Samuel S., 21712C. W. 1899. Inv. 1899.
Price, Thomas, 5943C-5946C. B. 8, p. 397. Int. 1756. Inv. 1756.
Price, Thomas, 6773C-6774C. Adm. 212. B. 9, p. 417. Int. 1760. Inv. 1760.
Price, Thomas S., 15089C. Inv. 1844.
Price, William, 13141C. W. 1820. Inv. 1820.
Price, William, 16094C. Inv. 1855.
Price, William B., 17435C. Inv. 1868.
Pricket, Zachariah, 1761C-1765C. W. 1727. Inv. 1728.
Prickett, Ann, 14997C. W. 1843. Inv. 1844.
Prickett, Atlantic S., 18453C. W. 1876.
Prickett, Clayton R., 21863C. W. 1900. Inv. 1900.
Prickett, Dillwyn C., 18454C. Inv. 1876.
Prickett, Edwin L., 21713C. W. 1899. Inv. 1899.
Prickett, Elizabeth, 15523C. Inv. 1849.
Prickett, Isaac, 4845C-4846C, 5319C-5324C. Adm. 66. Int. 1750. Inv. 1751. Acct. 1753.
Prickett, Joseph, 13658C. Inv. 1826.
Prickett, Joseph F., 18315C. Inv. 1875.
Prickett, Sarah, 13659C. Inv. 1826.
Prickett, Zachariah, 5221C-5226C, 5637C-5640C. W. 1753. Int. 1753. Acct. 1755.
Prickitt, Aaron, 14521C. Inv. 1837.
Prickitt, Abram L., 18181C. W. 1874. Inv. 1874.
Prickitt, Allen, 19825C. W. 1886, Inv. 1886.

Prickitt, Ann, 13743C. W. 1827. Inv. 1827.
Prickitt, Ann, 15328C. W. 1847. Inv. 1847.
Prickitt, Ann S., 19512C. W. 1884.
Prickitt, Barzillai, 11197C. B. 29, p. 53. W. 1787. Inv. 1787.
Prickitt, Barzillai, 13744C. Inv. 1827.
Prickitt, Barzillai, 16184C. W. 1856. Inv. 1856.
Prickitt, Barzillai, 19667C. W. 1885. Inv. 1885.
Prickitt, Bethuel H., 20884C. 'W. 1893.
Prickitt, Budd, 21171C. W. 1895. Inv. 1895.
Prickitt, Caleb S., 15993C. Inv. 1854.
Prickitt, Charles, 15090C. W. 1844. Inv. 1844.
Prickitt, Charles S., 20885C. Inv. 1893.
Prickitt, Clayton, 16868C. Inv. 1863.
Prickitt, Edmund D., 18597C. W. & Cod. 1877. Inv. 1877.
Prickitt, Eliza, 19131C. W. 1881.
Prickitt, Elizabeth A., 21864C. W. 1900.
Prickitt, Esther S., 20594C. W. 1891. Inv. 1891.
Prickitt, Hannah, 13829C. W. 1828. Inv. 1828.
Prickitt, Hannah, 17221C. Inv. 1866.
Prickitt, Ira, 14454C. Inv. 1836.
Prickitt, Isaac, 16384C. Inv. 1858.
Prickitt, Isaac, 16479C. W. 1859. Inv. 1859.
Prickitt, Jacob, 12670C. W. 1813. Inv. 1813.
Prickitt, Jacob, 14392C. W. 1835. Inv. 1835.
Prickitt, Jacob, Sr., 10013C–10021C. B. 16, p. 506; B. 17, p. 277. W. 1775. Inv. 1775. Acct. 1776.
Prickitt, Japhet G., 16095C. W. 1855. Inv. 1855.
Prickitt, Job, 14308C. Inv. 1834.
Prickitt, Job, 15886C. Inv. 1853.
Prickitt, Job, Sr., 13562C. W. 1825. Inv. 1825.
Prickitt, John, 3037–3039C. Grd. 1737.
Prickitt, Joseph, 14063C. Inv. 1831.
Prickitt, Josiah, 16730C. Inv. 1862.
Prickitt, Josiah, 8053C–8058C. B. 13, p. 27. W. 1766. Inv. 1766.
Prickitt, Josiah, 16574C. Inv. 1860.
Prickitt, Josiah A., 17093C. Inv. 1865.
Prickitt, Mahlon, 18598C. W. 1877. Inv. 1877.
Prickitt, Martha S., 19001C. Inv. 1880.
Prickitt, Mary, 14522C. W. 1837. Inv. 1837.
Prickitt, Mary A., 17902C. W. 1872. Inv. 1873.
Prickitt, Mary J., 16093C. W. & Cod. 1855. Inv. 1855.
Prickitt, Nathan, 19258C W. 1882. Inv. 1882.
Prickitt, Nelson, 19669C. W. 1885. Inv. 1885.
Prickitt, Norris, 16480C. Inv. 1859.
Prickitt, Sabillah, 15524C. W. & Cod. 1849. Inv. 1849.
Prickitt, Samuel, 12184C. Inv. 1804.
Prickitt, Samuel G., 21562C. W. 1898.
Prickitt, Sarah, 15699C. W. & Cod. 1851. Inv. 1851.
Prickitt, Sarah J., 19670C. W. 1885. Inv. 1885.
Prickitt, Sarah S., 19513C. Inv. 1884.
Prickitt, Stacy, 17437C. W. 1868. Inv. 1868.
Prickitt, Stacy C., 16185C. Inv. 1856.
Prickitt, Susan N., 15525C. Inv. 1849.
Prickitt, Thomas, 15795C. Inv. 1852.
Prickitt, Thomas R., 20752C. W. 1892. Inv. 1892.
Prickitt, Thomas S., 17654C. Inv. 1870.

Prickitt, Zachariah, 8993C–8996C, 10024C–10029C. B. 14, p. 354. W. 1771. Inv. 1771. Acct. 1775.
Prickitt, Zachariah, 17220C. Inv. 1866.
Printz, Keziah, 21711C. W. 1899.
Probasco, Tunis, 11459C. B. 34, p. 406. Int. 1792. Inv. 1792.
Probeck, Christine, 20886C. W. 1893. Inv. 1893.
Probeck, John, 17653C. Inv. 1870.
Prosser, Benjamin, 12227C. W. 1805. Inv. 1805.
Prosser, Benjamin, 17092C. W. 1865. Inv. 1865.
Prosser, Deborah, 13911C. W. 1829. Inv. 1829.
Prot, William, 3145C–3148C. W. 1739. Inv. 1740.
Proud, Abraham, 14621C. W. 1838.
Proud, Benjamin, 13918C. Inv. 1829.
Proud, Lucretia, 15329C. W. 1847.
Proud, Samuel D., Sr., 21417C. W. 1897. Inv. 1897.
Proud, Thomas, 14523C. Inv. 1837.
Prout, Arthur, 14857C. W. 1841. Inv. 1841.
Provoost, Delia A., 19971C. W. 1887. Inv. 1887.
Pryor, Ann, 14300C. Inv. 1834.
Pryor, Matthew W., 14064C. Inv. 1831.
Pryor, Thomas, 11252C. B. 30, p. 60. Int. 1788. Inv. 1788.
Pullen, James, Jr., 12753C. Inv. 1814.
Pullen, James, Sr., 13912C. W. 1829. Inv. 1829.
Pullen, William, 11510C. B. 33, p. 27. W. 1793.
Pullin, Davison, 17094C. W. 1865.
Pumyea, A. VanLiew, 21172C. W. 1895.
Pyne, William, 11253C. B. 30, p. 20. W. 1788.

Quain, Daniel, 19002C. W. 1880.
Quain, Hannah, 19671C. Inv. 1885.
Quan, Amos, 18042C. Inv. 1873.
Quan, Charles, 13076C. Inv. 1819.
Quan, Luke, 13015C. Inv. 1818.
Quan, Scipio, 13142C. Inv. 1820.
Quann, George L., 19826C. W. 1886. Inv. 1886.
Quary, Robert, 437C, 439C. W. 1713. Int. 1713.
Quest, James, 6775C–6778C. Adm. 210. B. 9, p. 416. Int. 1760. Inv. 1760.
Quest, Rebecca, 11302C. B. 31, p. 292. W. 1789. Inv. 1789.
Quick, Arthur, 15526C. Inv. 1849.
Quick, John, Sr., 13365C. W. 1823. Inv. 1823.
Quick, Matilda, 15527C. W. 1849.
Quicksal, Ann,, 10787C. B. 23, p. 85. W. 1781. Inv. 1781.
Quicksall, Aaron, 13830C. Inv. 1828.
Quicksall, Aaron, 14622C. Inv. 1838.
Quicksall, Arny, 11935C. B. 39, p. 72. Int. 1800. Inv. 1800.
Quicksall, George, 20282C. W. 1889. Inv. 1889.
Quicksall, Henry B., 20887C. W. 1892. Inv. 1894.
Quicksall, John, 16481C. W. & Cod. 1859. Inv. 1859.
Quicksall, John, Jr., 10900C. B. 25, p. 41. W. 1783. Inv. 1783. Ren. 1783.
Quicksall, John, Sr., 10978C. B. 25, p. 458. W. & Cod. 1784. Inv. 1784.

Reed, Bowes, 11558C. B. 32, p. 337. W. 1794.
Reed, Charles S., 18317C. Inv. 1875.
Reed, Howard, 20889C. Inv. 1893.
Reed, Joseph A., 18735C. Inv. 1878.
Reed, Joseph J., 20455C. W. 1890.
Reed, Sarah, 18184C. Inv. 1874.
Reed, Solomon, 13914C. Inv. 1829.
Reed, William, Adm. 226. B. 11, p. 241. Int. 1762
Reed, William, 21290C. W. 1896. Inv. 1898.
Reed, Wilmer, 21291C. W. 1896.
Reeder, Catherine, 21419C. Inv. 1897.
Reeder, Charles, 19386C. W. 1883. Inv. 1883.
Reeder, Joseph, 19827C. W. 1886. Inv. 1886, 1897.
Reeder, William, 10903C. B. 25, p. 197. Inv. 1783.
Reese, Caroline M., 20456C. W. 1890.
Reeve, Abraham, 13564C. W. & Cod. 1825. Inv. 1825.
Reeve, Absalom, 12756C. W. 1814. Inv. 1814.
Reeve, Anna S., 20597C. W. 1891.
Reeve, Benjamin S., 14700C. W. 1839. Inv. 1839.
Reeve, Charles W., 19003C. Inv. 1880.
Reeve, Elizabeth, 6797C–6800C. B. 10, p. 102. Int. 1760. Inv. 1760.
Reeve, Elizabeth W., 17323C. W. 1867. Inv. 1867.
Reeve, Elleson, 14858C. Inv. 1841.
Reeve, Joab, 15888C. W. 1853.
Reeve, John, 3629C–3632C. W. 1743. Inv. 1743.
Reeve, John, 14701C. Inv. 1838.
Reeve, John N., 16188C. Inv. 1856.
Reeve, John N., 21420C. Inv. 1897.
Reeve, Jonathan, Jr., 6795C–6796C, 8059C–8062C, 8067C–8072C. B. 11, p. 444; B. 12, p. 386; B. 14, p. 504. W. 1763. Int. 1766. Inv. 1766. Acct. 1772. Ren. 1766.
Reeve, Joseph, 8233C–8040C. B. 14, p. 501. W. 1767. Inv. 1767. Acct. 1772.
Reeve, Joseph L., 21174C. W. 1895. Inv. 1895.
Reeve, Josiah, 14772C. W. 1840. Inv. 1840.
Reeve, Josiah, 21868C. W. 1900. Inv. 1900.
Reeve, Josiah R., 19676C. W. 1885.
Reeve, Levina, 15703C. W. 1851. Inv. 1852.
Reeve, Mark S., 21717C. W. 1899.
Reeve, Martha N., 19828C. W. 1886. Inv. 1886.
Reeve, Micajah, 10467C–10470C. B. 18, p. 335. W. 1777. Inv. 1777.
Reeve, Moses, 12835C. Inv. 1815.
Reeve, Nehemiah, 5751C–5752C. Adm. 125. B. 8, p. 38. Int. 1754. Inv. 1754.
Reeve, Neremiah, 11875C. B. 38, p. 364. Int. 1799. Inv. 1799.
Reeve, Priscilla W., 18045C. W. 1873. Inv. 1873.
Reeve, Regina B., 21175C. Inv. 1895.
Reeve, Richard, 14151C. W. 1832. Inv. 1832.
Reeve, Samuel, 12757C. Inv. 1814.
Reeve, Samuel, 14525C. Inv. 1837.
Reeve, Thomas, 14624C. Inv. 1838.
Reeve, Walter, 5505C–5510C, 6153C–6154C. W. 1754. Inv. 1754. Acct. 1758.
Reeve, William, 13456C. W. 1824. Inv. 1824.
Reeves, Abraham, 10653C–10658C. B. 18, p. 693. Int. 1778. Inv. 1778.
Reeves, Abraham, 14456C. W. 1836. Inv. 1836.
Reeves, Ann, 17656C. W. 1870. Inv. 1870.
Reeves, Anne, 2591–2600C. W. 1733. Inv. 1733. Acct. 1734.

Reeves, Anthony, 21039C. Inv. 1894.
Reeves, Eli, 13017C. W. 1818. Inv. 1818.
Reeves, Elizabeth, 13981C. W. 1830. Inv. 1830.
Reeves, Hannah, 16187C. W. 1856. Inv. 1856.
Reeves, Hannah, 19004C. W. 1880. Inv. 1880.
Reeves, Henry, 12425C. Inv. 1809.
Reeves, Henry F., 19675C. Inv. 1885.
Reeves, Joel, 14859C. Inv. 1841.
Reeves, John, 11936C. B. 39, p. 56. W. 1800. Inv. 1800.
Reeves, John, 15330C. Inv. 1847.
Reeves, John H., 14234C. Inv. 1833.
Reeves, John M., 14860C. Inv. 1841.
Reeves, Jonathan, 1413C–1418C. W. 1726. Inv. 1726.
Reeves, Joseph, 15994C. Inv. 1854.
Reeves, Joseph, 16189C. W. 1856.
Reeves, Joseph J., 19516C. W. 1884. Inv. 1884.
Reeves, Josiah G., 13915C. Inv. 1829.
Reeves, Martha, 18456C. W. 1876. Inv. 1876.
Reeves, Mary, 14623C. Inv. 1838.
Reeves, Rachel J., 13982C. W. 1830. Inv. 1830.
Reeves, Rebecca, 6647C–6654C. B. 9, p. 413. W. 1760. Inv. 1760. Acct. 1760.
Reeves, Richard, 10471C–10474C. B. 18, p. 620. Int. 1777. Inv. 1777.
Reeves, Richard, 18183C. W. 1874. Inv. 1874.
Reeves, Samuel, 3033–3036C. W. 1737. Inv. 1737.
Reeves, Samuel, 13291C. Inv. 1822.
Reeves, Sarah, 14310C. W. 1834. Inv. 1834.
Reeves, Sarah, 15889C. W. 1853. Inv. 1853.
Reeves, Sarah, 17657C. W. 1870.
Reeves, Sarah T., 18457C. Inv. 1876.
Reeves, Vashti, 15798C. W. 1852. Inv. 1852.
Reeves, Walter, 2345–2360C. Acct. 1732.
Reeves, Walter, 8417C–8420C. B. 13, p. 433, Int. 1768. Inv. 1768.
Reeves, William, 7699C–7702C. Adm. 237. B. 11, pp. 413, 424. Int. 1763. Inv. 1764.
Reeves, William, 11798C. B. 37, p. 390. Int. 1798. Inv. 1798.
Reeves, Zachariah, 15995C. Inv. 1854.
Reeves, Zachariah R., 21040C. W. 1894.
Regan, Charlotte, 15704C. W. 1851. Inv. 1851.
Regan, Grace, 21869C. W. 1900. Inv. 1900.
Regan, John, 14702C. Inv. 1839.
Regan, Joseph, 20755C. W. 1892. Inv. 1892.
Regan, Peter, 17438C. Inv. 1868.
Regan, Theadosia A., 17542C. Inv. 1869.
Reid, Aaron, 18736C. W. 1878. Inv. 1879.
Reid, Joseph, 18185C. W. 1874.
Reid, Sarah M., 20283C. W. & Cod. 1889. Inv. 1889.
Reilly, Catharine, 17544C. W. 1869. Inv. 1869.
Reilly, Charles, 12758C. W. 1814. Inv. 1814.
Reily, James, 21421C. Inv. 1897.
Reily, John, 12759C. Inv. 1814.
Reily, Sarah, 14311C. Inv. 1834.
Remine, Benjamin, 16788C. Inv. 1862.
Remine, Mary E., 21418C. W. 1897.
Remmele, Jacob, 16482C. W. 1859. Inv. 1859.
Revell, Mary, 609C–611C. W. 1715. Inv. 1715.
Reves, Joseph, 3385C–3386C. Adm. 32. Int. 1747. Inv. 1747.
Reves, Rachel, 89C, 741C. Wd. 1705.

Robbins, Martha S., 16192C. W. 1856. Inv. 1856.

Robbins, Nathan, 11240C. B. 30, p. 61. Grd. 1788.

Robbins, Robert L., 16484C. W. 1859. Inv. 1859.

Robbins, Sarah, 16483C. W. 1859. Inv. 1859.

Robbins, Thomas, 11305C. B. 31, p. 322. Wd. 1789.

Roberts, Agnes, 11688C.. B. 35, p. 435. W. 1796. Inv. 1796.

Roberts, Allen, 19260C. W. 1882. Inv. 1882.

Roberts, Amos, 19679C. W. 1885. Inv. 1885.

Roberts, Amy J., 20757C. W. 1892.

Roberts, Ann, 17225C. Inv. 1866.

Roberts, Ann, 21042C. W. 1894. Inv. 1895.

Roberts, Arthur, 13293C. Inv. 1822.

Roberts, Asa, 16485C. W. 1859. Inv. 1859.

Roberts, Benjamin, 16997C. Inv. 1864.

Roberts, Charles P., 18870C. W. 1879. Inv. 1879.

Roberts, David, 19007C. W. & Cod. 1880. Inv. 1880.

Roberts, Deborah, 18871C. W. 1879. Inv. 1879.

Roberts, Ebenezer, 15998C. W. 1854. Inv. 1854.

Roberts, Edmund, 10980C. B. 25, pp. 537, 544. Int. 1784. Inv. 1784. Agreement 1783. Acct. 1784.

Roberts, Elizabeth, 14396C. W. 1835. Inv. 1835.

Roberts, Enoch, 10834C. B. 25, p. 53. W. 1782. Inv. 1782.

Roberts, Enoch, 15434C. W. & Cod. 1848. Inv. 1848.

Roberts, Enoch, Jr., 15000C. Inv. 1843.

Roberts, Esther, 12131C. B. 40, p. 262. W. & Cod. 1803. Inv. 1803.

Roberts, Esther, 14526C. W. 1837. Inv. 1837.

Roberts, Ezra, 14154C. W. 1832. Inv. 1832.

Roberts, George, 14066C. Inv. 1831.

Roberts, George, 20460C. W. 1890.

Roberts, Hannah, 14397C. W. 1835. Inv. 1835.

Roberts, Hannah, 16787C. W. 1862. Inv. 1862.

Roberts, Henry W., 20601C. W. 1891.

Roberts, Hugh, 16653C. W. 1861. Inv. 1861.

Roberts, Isaac, 15707C. W. 1851. Inv. 1851.

Rogers, Isaac H., 15891C. Inv. 1853.

Roberts, Izry, 15435C. Inv. 1848.

Roberts, Jacob, 16098C. Inv. 1855.

Roberts, Jane, 19387C. W. 1883. Inv. 1883.

Roberts, Job, 15169C. W. 1845. Inv. 1845.

Roberts, Joel, 16654C. Inv. 1861.

Roberts, John, 1061C–1066C. Int. 1723. Inv. 1723.

Roberts, John, 8789C–8792C. Adm. 298. B. 15, p. 71. Int. 1770. Inv. 1770. Ren. 1770.

Roberts, John, 15892C. W. 1853. Inv. 1853.

Roberts, John, 16388C. W. 1858.

Roberts, John, Jr., 11514C. B. 33, p. 51. Int. 1793. Inv. 1793.

Roberts, John, Sr., 4123C. Adm. 29. Int. 1747. Inv. 1747.

Roberts, John, Sr., 11513C. B. 33, p. 1. W. 1793. Inv. 1793.

Roberts, John, Sr., 13749C. W. & Cod. 1827. Inv. 1827.

Roberts, Jonathan M., 20159C. Inv. 1888.

Roberts, Joseph, 19520C. W. 1884. Inv. 1884.

Roberts, Joseph, Jr., 12132C. B. 40, p. 349. Int. 1803.

Roberts, Joseph, Sr., 13663C. W. 1826. Inv. 1826.

Roberts, Joseph E., 19977C. W. 1887. Inv. 1887.

Roberts, Joseph H., 20288C. W. 1889. Inv. 1889.

Roberts, Joshua, 11622C. B. 35, p. 240. W. 1795. Inv. 1795.

Roberts, Joshua, 12837C. Inv. 1815.

Roberts, Joshua, 18462C. Inv. 1876.

Roberts, Joshua, Sr., 15333C. W. 1847. Inv. 1848.

Roberts, Josiah, 14862C. W. 1841. Inv. 1841.

Roberts, Lydia, 21292C. W. 1896. Inv. 1896.

Roberts, Lydia B., 21043C. Inv. 1894.

Roberts, Margaret, 12838C. W. 1815. Inv. 1815.

Roberts, Mary H., 20602C. Inv. 1891.

Roberts, Mary W., 19261C. Inv. 1882.

Roberts, Naomi, 16099C. W. 1855. Inv. 1855.

Roberts, Nathan, 18319C. W. 1875.

Roberts, Nathan S., 18463C. W. 1876. Inv. 1876.

Roberts, Phebe, 21569C. W. 1898. Inv. 1898.

Roberts, Phebe M., 21719C. W. 1899. Inv. 1899.

Roberts, Rachel, 16998C. W. 1864. Inv. 1864.

Roberts, Rachel, 19978C. Inv. 1887.

Roberts, Rachel A., 19979C. W. 1887.

Roberts, Rachel B., 19680C. Inv. 1885.

Roberts, Rebecca, 19134C. W. 1881.

Roberts, Rebecca, 19388C. W. 1883.

Roberts, Rebecca, 19389C. W. 1883. Inv. 1883.

Roberts, Rhoda, 15334C. W. 1847. Inv. 1848.

Roberts, Richard, 6801C–6802C. Adm. 201, 202. B. 9, p. 243. Int. 1759. Inv. 1759. Ren. 1759.

Roberts, Richard B., 11748C. B. 37, p. 39. W. 1797. Inv. 1797. Ren. 1797.

Roberts, Samuel, 12534C. Inv. 1811.

Roberts, Samuel, 13214C. W. 1821. Inv. 1821.

Roberts, Samuel, 14315C. W. 1834. Inv. 1834.

Roberts, Samuel, 20891C. W. 1893. Inv. 1893.

Roberts, Samuel L., 19135C. Inv. 1881.

Roberts, Sarah, 20758C. W. 1892.

Roberts, Stacy B., 17903C. W. 1872. Inv. 1872.

Roberts, Thomas, 1891C, 1895C. W. 1730. Inv. 1730.

Roberts, William, 13833C. Inv. 1828.

Roberts, William, 13917C. W. 1829. Inv. 1829.

Roberts, William, 14527C. W. 1837. Inv. 1837.

Roberts, William, 18600C. W. 1877. Inv. 1877.

Roberts, William, 21425C. Inv. 1897.

Roberts, William, Jr., 13145C. Inv. 1820.

Robins, Aaron, 6427C–6430C. B. 9, p. 326. W. 1759. Inv. 1759.

Robins, Benjamin, 6803C–6808C. B. 10, p. 146. W. 1760. Inv. 1760.

Robins, Charles, 13750C. W. 1827. Inv. 1827.

Robins, Elizabeth, 7851C–7854C. B. 12, p. 83. W. 1765. Inv. 1765.

Robins, John P., 17324C. W. 1867. Inv. 1867.

Robins, Nathaniel, Sr., 11130C. B. 28, p. 19. W. 1786. Inv. 1786.

Robins, Timothy, 4125C. Adm. 36. Int. 1747. Inv. 1747.

Robinson, Alice, 21873C. W. 1900.

Robinson, David, 18872C. W. 1879.

Robinson, Edward, 3289C–3292C. Int. 1740. Inv. 1740.

Robinson, George, 21426C. Inv. 1897.
Robinson, Henry, 20289C. Inv. 1889.
Robinson, Henry L., 19681C. W. 1885. Inv. 1885.
Robinson, John, 11060C. B. 27, p. 16. Int. 1785. Inv. 1785.
Robinson, John, 13146C. W. 1820. Inv. 1820.
Robinson, John, 19831C. W. 1886.
Robinson, Richard, 1129-1134C, 1354C-1356C. Int. 1723. Inv. 1723. Acct. 1725.
Robinson, Richard, 15529C. W. 1849. Int. 1849.
Robinson, William N., 21874C. W. 1900. Inv. 1900.
Robison, Sarah, 3973C-3982C. W. & Cod. 1746. Inv. 1747. Af. 1747.
Robson, James, 13147C. W. & Cod. 1820. Inv. 1820.
Rock, James F., 14067C. W. 1831. Inv. 1831.
Rockaway, George, 17098C. Int. 1869. Inv. (2) 1865.
Rockhill, Amos, 12535C. W. 1811. Inv. 1811.
Rockhill, Ann, 11877C. B. 38, p. 337. W. 1790.
Rockhill, Ann, 18873C. W. 1879. Inv. 1879.
Rockhill, Benjamin C., 19390C. Inv. 1883.
Rockhill, Clement, 19391C. Inv. 1883.
Rockhill, Clement, Sr., 15001C. W. & Cod. 1843. Inv. 1843.
Rockhill, David, 11061C. B. M, p. 299. W. 1785. Int. 1785. Inv. 1785. Ren. 1785. Cert. 1785.
Rockhill, Edward, 1067-1070C. W. 1722. Inv. 1722.
Rockhill, Edward, 13148C. W. 1820. Inv. 1820.
Rockhill, Edward, Sr., 11306C. B. 31, p. 295. W. 1789. Inv. 1789. Ren. 1789.
Rockhill, Isaiah, Jr., 19832C. Inv. 1886.
Rockhill, Isaiah, Sr., 20892C. W. 1893.
Rockhill, John, 8793C-8796C. Adm. 299. B. 15, p. 71. Int. 1770. Inv. 1770.
Rockhill, John, 11200C. B. 29, p. 78. Int. 1787. Inv. 1788.
Rockhill, Joseph, 17658C. Inv. 1870.
Rockhill, Robert, 7159C-7162C. B. 10, p. 155, etc. W. 1761.
Rockhill, Samuel, 9723C-9730C. B. 16, p. 330. W. 1774. Inv. 1774.
Rockhill, Samuel N., 20603C. Inv. 1891.
Rockhill, Solomon, 17659C. W. 1870. Inv. 1870.
Rockhill, Thomas, 11623C. B. 35, p. 213. W. 1795. Inv. 1795.
Rockhill, William, 12133C. B. 40, p. 266. Int. 1803. Inv. 1803.
Rodgers, John, 8241C-8246C, 8575C-8577C. B. 13, p. 57. W. 1767. Inv. 1767. Acct. 1769.
Rodman, Ann, 14863C. W. 1841. Inv. 1841.
Rodman, David W., 14707C. Inv. 1839.
Rodman, Isaac P., 12471C. W. 1810. Inv. 1810.
Rodman, Isaac P., 17099C. W. 1865. Inv. 1865.
Rodman, John, 5754C-5768C. B. 8, p. 306. W. 1756.
Rodman, John, 12185C. Inv. 1804.
Rodman, Mary, 7163C-7168C. W. 1761. Int. 1761. Ren. 1761.
Rodman, Pearson, 18186C. W. 1874. Inv. 1874.
Rodman, Samuel, 7169C-7172C. B. 10, p. 417. W. 1761.

Rodman, Scamon, 7319C-7324C. B. 11, p. 219. W. & Cod. 1762.
Rodman, Susanna, 12536C. W. 1811. Inv. 1811.
Rodman, Thomas, 11689C. B. 35, p. 489. Int. 1796. Inv. 1796.
Roff, John, 16101C. Inv. 1855.
Rogers, Abigail, 14155C. Inv. 1832.
Rogers, Abigail, 15530C. W. 1849. Inv. 1849.
Rogers, Abner, 12229C. Inv. 1804.
Rogers, Abner, 12839C. W. 1815. Inv. 1815.
Rogers, Abner, 16100C. W. 1855.
Rogers, Abram, 16389C. Inv. 1858.
Rogers, Agnes H., 21181C. W. 1895. Inv. 1895.
Rogers, Alfred, 21427C. Inv. 1897.
Rogers, Allen, 16655C. W. 1861. Inv. 1861.
Rogers, Amey, 14156C. W. 1832. Inv. 1832.
Rogers, Amos, 12331C. Inv. 1807.
Rogers, Ann, 14528C. W. 1837. Inv. 1837.
Rogers, Ann, 15246C. Inv. 1846.
Rogers, Anna, 15002C. W. 1843. Inv. 1843.
Rogers, Asa, 13459C. Inv. 1824.
Rogers, Asa, 14625C. W. 1838. Inv. 1838.
Rogers, Benjamin, 14398C. W. 1835. Inv. 1835.
Rogers, Benjamin, 16577C. Inv. 1860.
Rogers, Benjamin S., 18049C. W. 1873. Inv. 1873.
Rogers, Catherine, 12537C. W. 1811. Inv. 1811.
Rogers, Catharine C., 21182C. W. 1895.
Rogers, Catharine E., 17660C. W. 1870. Inv. 1871.
Rogers, Charles M., 16871C. Inv. 1863.
Rogers, David, 18874C. Inv. 1879.
Rogers, David D., 19579C. Inv. 1884.
Rogers, Elizabeth, 15801C. Inv. 1852.
Rogers, Elizabeth A., 21720C. W. 1899. Inv. 1899.
Rogers, Elton, 17226C. W. 1866. Inv. 1866.
Rogers, Enoch, 18464C. W. 1876. Inv. 1876.
Rogers, Ezekiel, 11992C. B. 39, p. 221. Grd. 1801. Tr. 1801.
Rogers, George A., 20893C. Inv. 1893.
Rogers, George W., 19980C. Inv. 1887.
Rogers, Hannah, 19262C. W. 1882. Inv. 1882.
Rogers, Henry, 15614C. W. 1850. Inv. 1850.
Rogers, Henry, Jr., 15436C. Inv. 1848.
Rogers, Isaac, 4555C. Wd. 1749.
Rogers, Isaac, 10747C. B. 22, p. 216. W. 1780. Inv. 1780.
Rogers, Isaac, 13294C. Inv. 1822.
Rogers, Isaac, 13664C. Inv. 1826.
Rogers, Isaac, 13678C. Inv. 1826.
Rogers, Isaac, 21570C. W. 1898. Inv. 1898.
Rogers, James, 14157C. Inv. 1832.
Rogers, Job, 11878C. B. 38, p. 363. Int. 1799. Inv. 1799.
Rogers, Job, 17548C. W. 1869. Inv. 1869.
Rogers, Joel, 18738C. W. 1878. Inv. 1878.
Rogers, John, 7855C-7856C. B. 12, p. 78. W. 1765.
Rogers, John, 11879C. B. 38, p. 365. Int. 1799. Inv. 1799.
Rogers, John, 12538C. Inv. 1811.
Rogers, John, 15893C. Inv. 1853.
Rogers, John, 16486C. Inv. 1859.
Rogers, John, Jr., 3294C-3298C. W. 1740. Inv. 1740.
Rogers, John, Sr., 12601C. W. 1812. Inv. 1812.
Rogers, John H., 17772C. W. & Cod. 1871. Inv. 1871.

Rue, William A., 18742C. Inv. 1878.
Rue, William S., 19685C. W. 1885. Inv. 1885.
Rulon, Abel, 16193C. W. & Cod. 1856. Inv. 1856.
Rulon, Anna E., 19834C. W. 1886.
Rulon, David, 10659C–10664C. W. 1778. Inv. 1778.
Rulon, David, Sr., 13834C. W. 1828.
Rulon, David C., 20462C. W. 1890. Inv. 1890.
Rulon, Ephraim, 10179C–10180C. B. 16, p. 493. Inv. 1776.
Rulon, James C., 17907C. Inv. 1873.
Rulon, Leah, 11749C. B. 37, p. 49. W. 1797. Inv. 1797. Ren. 1797.
Rulon, Samuel, 14930C. W. 1842. Inv. 1842.
Rulon, William, 17227C. W. 1866. Inv. 1866.
Rumsey, Mary A., 19523C. W. 1884.
Rush, Abraham S., 19009C. W. 1880.
Rush, Agnes, 18187C. W. 1874. Inv. 1874.
Rush, George, 14317C. W. & Cod. 1734. Inv. 1834.
Rush, Maria, 18050C. W. 1873. Inv. 1873.
Rush, Mary A. J., 20759C. W. 1892. Inv. 1892.
Rush, Michael, 12332C. Inv. 1807.
Rush, Michael, 12426C. Inv. 1809.
Rush, Samuel, 18044C. W. & Cod. 1873. Inv. 1873.
Rush, William, 11886C. B. 38, p. 367. Grd. 1799.
Rush, William, 11949C. B. 39, p. 73. Grd. 1800.
Russ, James, 21295C. W. 1896.
Russel, Abraham, 9731C–9732C. Int. 1774.
Russell, Algernon S., 13085C. Inv. 1819.
Russell, Henrietta, 17662C. Inv. 1870.
Ryall, George, Jr., 13295C. Inv. 1822.
Ryan, Anna M., 20295C. Inv. 1889.
Ryan, Bridget, 21723C. W. 1899.
Ryan, James, 11201C. B. 29, p. 79. Int. 1787. Inv. 1787.
Ryan, Mary, 20463C. W. 1890. Inv. 1890.
Ryan, Thomas, 16487C. W. 1859. Inv. 1859.
Ryerson, Charles, 20296C. W. 1889.
Ryner, James, 7857C–7860C. W. 1765. Inv. 1765.

Sager, John, 11882C. B. 38, p. 330. W. 1799. Inv. 1799.
Sager, John, 12952C. Inv. 1817.
Sager, Mary, 14318C. W. 1834. Inv. 1834.
Sager, Samuel, 15710C. Inv. 1851.
Sager, Thomas R., 18320C. W. 1875. Inv. 1875.
Sager, William H., 21875C. W. 1900. Inv. 1900.
Sailer, Charles, 19264C. Inv. 1882.
Sailer, John, 15615C. Inv. 1850.
Sailer, Samuel, 14159C. Inv. 1832.
Saint, Thomas, 6431C–6432C. Adm. 194. B. 9, p. 229. Int. 1759. Inv. 1759. Ren. 1759.
Sakit, Simon, 779C. Inv. 1718.
Salder, Alexander, Adm. 61. Int. 1749.
Salor, Patience T., 16657C. W. 1861. Inv. 1861.
Saltar, James, 12134C. B. 40, p. 462. W. 1803.
Saltar, John, 1137–1140C. W. 1723. Inv. 1723.
Saltar, John, 16391C. W. 1858. Inv. 1859.
Saltar, Lawrence, 10906C. B. 25, p. 78. Int. 1783. Inv. 1788. Pt. 1787.
Saltar, Margaret H., 16279C. W. 1857. Inv. 1857.
Saltar, Richard, 7331C–7342C. B. 12, p. 115. W. & Copy, 1765. Inv. 1768.

Saltar, Sarah, John, 10907C. B. 25, p. 99. Grds. 1783. Pt.
Saltar, Sarah, Jr., 10907C. B. 25, p. 99. Wd. 1783. Pt.
Salter, Thomas, 1135–1136C. W. 1723.
Salters, Alfred, 20760C. Inv. 1892.
Salters, Thomas, 16872C. Inv. 1863.
Sampson, James, 13081C. Inv. 1819.
Samson, Benjamin, 17908C. W. 1872. Inv. 1872.
Samson, Jacob, 18743C. Inv. 1878.
Samson, Maria, 19265C. Inv. 1882.
Sandford, William, 19835C. W. 1886. Inv. 1886.
Sankey, James M., 21296C. W. 1896. Inv. 1896.
Sankey, Rebecca W., 21044C. Inv. 1894.
Sapp, Emma, 19266C. W. 1882. Inv. 1882.
Sapp, Robert, 17326C. Inv. 1867.
Sapp, Samuel, 19982C. W. 1887.
Sapp, William, 15335C. W. 1847. Inv. 1847.
Satterthwait, Ann, 14319C. W. 1834. Inv. 1835.
Satterthwait, Ann, 20761C. W. 1892.
Satterthwait, Charles, 21431C. W. 1897. Inv. 1897.
Satterthwait, George, 18465C. W. 1876. Inv. 1876.
Satterthwait, Harriet G., 21572C. W. 1898.
Satterthwait, Jacob, 16658C. W. 1861. Inv. 1861.
Satterthwait, Jane C., 19983C. W. 1887. Inv. 1887.
Satterthwait, Jane D., 21432C. W. & Cod. 1897. Inv. 1897.
Satterthwait, Joseph, 18467C. W. & Cod. 1876. Inv. 1876.
Satterthwait, Joshua, Jr., 15336C. Inv. 1847.
Satterthwait, Joshua W., 12009C. B. 39, p. 305. Grd. 1801. Tr. 1801.
Satterthwait, Nathan, 20297C. W. & Cod. 1889. Inv. 1889.
Satterthwaite, Ann, 641C, 719C–724C. Int. 1717. Inv. 1717.
Satterthwaite, Benjamin, 12429C. Inv. 1809.
Satterthwaite, Benjamin, 17768C. W. 1871.
Satterthwaite, Daniel, 19010C. W. & Cod. 1880. Inv. 1880.
Satterthwaite, Deborah, 21183C. W. & Cod. 1895. Inv. 1895.
Satterthwaite, Edwin, 19011C. Inv. 1880.
Satterthwaite, Elizabeth, 16402C. Inv. 1858.
Satterthwaite, George, 2761C. Int. 1734.
Satterthwaite, Isaac, 18466C. W. 1876. Inv. 1876.
Satterthwaite, James, 443C–447C. W. 1713. Inv. 1714.
Satterthwaite, Jane, 13463C. W. 1824. Inv. 1824.
Satterthwaite, Joseph, 14530C. W. 1837. Inv. 1837.
Satterthwaite, Joshua, 16194C. Inv. 1856.
Satterthwaite, Joshua W., Sr., 12953C. W. 1817. Inv. 1818.
Satterthwaite, Mary, 3387C–3391C. W. 1741. Inv. 1745.
Satterthwaite, Mary, 15803C. Inv. 1852.
Satterthwaite, Reuben, 12063C. B. 40, p. 119. Int. 1802. Inv. 1802.
Satterthwaite, Richard, 6813C–6820C. B. 10, p. 93. W. 1760. Inv. 1760.
Satterthwaite, Samuel, 9529C–9532C. W. 1773. Inv. 1773.
Satterthwaite, Samuel, 11307C. B. 31, p. 306. W. 1789. Inv. 1789.

Satterthwaite, Susannah, 9533C–9438C. B. 16, p. 169. W. 1773. Inv. 1773.
Satterthwaite, S. Bunting, 21184C. W. 1895.
Satterthwaite, William, 3827C–3832C. Int. 1740. Inv. 1740.
Satterthwaite, William, 4133C–4136C. W. 1747.
Satterthwaite, William, 13368C. Inv. 1823.
Satterthwaite, William, Sr., 12954C. W. 1817. Inv. 1817.
Satterwaite, David, 6809C–6812C. B. 10, p. 417. Int. 1760. Inv. 1760.
Saturday, Hudson, 18051C. Inv. 1873.
Saunders, Lydia, 18767C. W. 1878.
Saunders, Solomon L., 13021C. Inv. 1818.
Saunders, Tabitha, 15616C. W. 1850. Inv. 1850.
Saunders, William W., 21045C. W. 1894.
Savage, John, 17327C. Inv. 1867.
Savage, John Sr., 17228C. W. 1866.
Sawyer, Ephraim S., 13919C. W. 1829. Inv. 1829.
Sawyer, Sabra, 16280C. W. 1857.
Sawyer, Thomas C., 16281C. Inv. 1857.
Sayler, William, 14320C. Inv. 1834.
Saylor, William, 18875C. W. 1879. Inv. 1879.
Sayre, Caroline D., 21433C. W. 1897. Inv. 1897.
Scattergood, Abraham B., 21046C. Inv. 1894.
Scattergood, Absolum B., 20894C. W. & Cods. 1893. Inv. 1893.
Scattergood, Benjamin, 3499C–3502C. Int. 1742. Inv. 1742.
Scattergood, Benjamin, 13666C. W. 1826. Inv. 1826.
Scattergood, Beulah A., 19984C. W. 1887. Inv. 1887.
Scattergood, Caleb, 14068C. Inv. 1831.
Scattergood, Caleb Sr., 11353C. B. 32, p. 79. W. 1790. Inv. 1790.
Scattergood, Christopher, 1575C–1577C. W. 1727. Inv. 1727.
Scattergood, David, 10718C. B. 20, p. 373. W. & Cod. 1779. Inv. 1779.
Scattergood, Elizabeth, 15895C. Inv. 1853.
Scattergood, Elizabeth, 20162C. Inv. 1888.
Scattergood, Jonathan, 10475C–10480C. W. 1777. Inv. 1777.
Scattergood, Joseph, 2361-2364C. W. 1732. Inv. 1732.
Scattergood, Joseph, 5511C–5514C. B. 7, p. 531. W. 1754.
Scattergood, Joseph I., Sr., 14238C. W. 1833. Inv. 1833.
Scattergood, Joseph J., 16734C. Inv. 1862.
Scattergood, Joshua, 5075C–5076C. Adm. 86, 94. B. 7, p. 303. Int. 1752. Inv. 1752. Ren. 1752.
Scattergood, Margaret B., 19136C. W. 1881.
Scattergood, Mary, 14458C. W. 1836. Inv. 1836.
Scattergood, Nathan M., 14160C. W. 1832. Inv. 1832.
Scattergood, Rachel, 17771C. W. 1871.
Scattergood, Samuel, 2777C. Grd. 1734.
Scattergood, Samuel, 3642C–3644C. W. 1743.
Scattergood, Samuel, 9013C–9022C. B. 14, p. 383. W. 1771. Inv. 1771. Ren. 1771.
Scattergood, Thomas, 2169C–2171C. W. 1730. Inv. 1731.
Scattergood, Thomas, 3753C–3758C. W. 1744. Inv. 1745.
Scattergood, Thomas, 9247C–9258C, 9733C–9734C. B. 14, p. 488; B. 15, p. 516. W. 1772. Inv. 1773. Acct. 1774.

Scattergood, Thomas, 13835C. Inv. 1828.
Scattergood, Thomas, 17770C. Inv. 1871.
Scattergood, William A., 18744C. Inv. 1878.
Schanck, Alfred, 19985C. W. 1887.
Schanck, Garret, 11996C. B. 39, p. 304. Int. 1801.
Schenck, Charlotte S., 19137C. W. & Cod. 1881. Inv. 1881.
Schenck, David, 14399C. Inv. 1835.
Schenck, David K., 19138C. Inv. 1881.
Schenck, John, 12603C. W. 1812. Inv. 1812.
Schenck, Leah, 13022C. W. 1818. Inv. 1818.
Schermerhorn, William E., 21185C. Inv. 1896.
Schlesinger, Henry, 18321C. Inv. 1875.
Schmid, Bartholome, 20163C. W. 1888.
Schmidt, Xaver, 21434C. W. 1897.
Schneider, August, 19139C. Inv. 1881.
Schnider, August, 18876C. Inv. 1879.
Scholey, Frances, 4727C–4732C. W. 1750. Inv. 1750.
Scholey, John, 2867–2871C. W. 1735. Inv. 1735.
Scholey, John, 4331C–4342C. W. 1748. Inv. 1748. Acct. 1748.
Scholey, John, 5957C–5960C. W. 1757. Inv. 1757.
Scholey, Jonathan, 6167C–6170C, 9260C–9265C. Int. 1758. Inv. 1758. Acct. 1772.
Scholey, Joseph, 18052C. W. 1873. Inv. 1873.
Scholey, Samuel, 4847C–4854C. Adm. 79. B. 7, p. 299. Int. 1751. Inv. 1751. Acct. 1751. Mem. 1751.
Scholey, Thomas, 1191C–1194C. W. 1724. Inv. 1724.
Scholfield, Ellen, 17229C. Inv. 1866.
Schooley, Asa, 19686C. W. 1885. Inv. 1886.
Schooley, Edward, 20895C. Inv. 1893.
Schooley, James, 13667C. Inv. 1855.
Schooley, Joseph, 16103C. Inv. 1855.
Schooley, Robert, 2365–2371C. Int. 1732. Inv. 1732. Acct. 1735.
Schoolle, Asa, 14321C. W. 1834. Inv. 1834.
Schoolle, Asa W., 19524C. Inv. 1884.
Schorp, Frederick, Adm. 136. B. 7, p. 498. Int. 1754.
Schuman, Fredric, 20298C. W. 1889. Inv. 1889.
Schurch, Samuel, 19013C. W. 1880. Inv. 1880.
Schuyler, Aaron, 11257C. B. 30, p. 59. Int. 1788. Inv. 1789. Ren. 1788.
Schuyler, Aaron, 18470C. Inv. 1876.
Schuyler, Abraham, 13668C. Inv. 1826.
Schuyler, Arent, 6147C–6149C. Grd. 1758.
Schuyler, Arent, 7179C. Grd. 1761.
Schuyler, Arent, 10750C. B. 21, p. 288. W. 1780.
Schuyler, Charles, Abraham, 11258C. B. 30, p. 61. Wds. 1788.
Schuyler, Charles, 15804C. Inv. 1852.
Schuyler, George, 18322C. Inv. 1875.
Schuyler, John, 11997C. B. 39, p. 233. Wd. 1801.
Schuyler, Peter, 15170C. W. 1845. Inv. 1845.
Schuyler, Philip, 16196C. Inv. 1856.
Schuyler, Sarah, 15805C. W. 1852. Inv. 1852.
Scoby, Timothy, 14450C. Inv. 1836.
Scofield, Maria, 14626C. W. 1838. Inv. 1838.
Scott, Abraham, 1553C–1555C. W. 1728. Inv. 1728.
Scott, Abraham, 13023C. Inv. 1818.
Scott, Abraham, 15247C. Inv. 1846.
Scott, Abram M., 21724C. Inv. 1899.
Scott, Alexander Q., 19687C. W. 1885. Inv. 1885.

Scott, Andrew, 14069C. Inv. 1831.
Scott, Benjamin R., 14531C. W. 1837. Inv. 1837.
Scott, Bethuel, 12955C. W. 1817. Inv. 1817.
Scott, Deborah, 18469C. W. 1876. Inv. 1876.
Scott, Elizabeth, 20164C. Inv. 1888.
Scott, Elizabeth B., 21876C. W. 1900.
Scott, Esther, 17773C. W. 1871. Inv. 1871.
Scott, Hannah, 11937C. B. 39, p. 73. Wd. 1800. Tr. 1799.
Scott, Henry, 535C, 537C. W. 1714. Inv. 1714.
Scott, Henry, 9539C-9544C, 11823C. B. 16, p. 232; B. 38, p. 36. W. 1773. Int. 1798. Inv. 1773.
Scott, Henry, 17774C. W. 1871. Inv. 1871.
Scott, Israel, 13984C. Inv. 1830.
Scott, James, 2013-2026C. Int. 1730. Inv. 1731. Acct. 1731.
Scott, James, 16392C. W. 1858. Inv. 1858.
Scott, Job, 20762C. Inv. 1892.
Scott, John, 11561C. B. 33, p. 481. Wd. 1794.
Scott, John, 14070C. Inv. 1831.
Scott, John, 16002C. Inv. 1854.
Scott, John, 19688C. Inv. 1885.
Scott, Jonathan, 5769C-5772C, 6605C-6608C, 10690C. B. 8, p. 250; B. 9, p. 450. W. 1756. Int. 1760. Copy of Will.
Scott, Jonathan, 11561C. B. 33, p. 481. Grd. 1794.
Scott, Jonathan, 11624C. B. 35, p. 255. Grd. 1795.
Scott, Jonathan, 14071C. Inv. 1831.
Scott, Joseph, 1373C, 1375C, 1377C. Int. 1726. Inv. 1726. Acct. 1726.
Scott, Joseph, 11562C. B. 33, p. 478. Int. 1794. Inv. 1795.
Scott, Joseph, 11803C. B. 38, p. 36. Int. 1798. Inv. 1798.
Scott, Joseph, Jr., 11624C. B. 35, p. 255. Wd. 1795.
Scott, Margaret, 21186C. W. 1895. Inv. 1895.
Scott, Martha, 11937C. B. 39, p. 73. Grd. 1800. Tr. 1799.
Scott, Martha, 13920C. W. 1829. Inv. 1829.
Scott, Martin, 9735C-9753C. B. 16, p. 371. W. 1774. Inv. 1774. Statement (4) 1774.
Scott, Mary, Adm. 204. B. 9, p. 387. Int. 1760.
Scott, Priscilla, 11750C. B. 37, p. 52. W. 1797. Inv. 1797.
Scott, Priscilla, 14072C. Inv. 1831.
Scott, Rachel, 18877C. W. 1879. Inv. 1879.
Scott, Rachel E., 21877C. W. 1900.
Scott, Samuel R., 19267C. Inv. 1882.
Scott, Sarah L., 18323C. W. 1875. Inv. 1875.
Scott, Thomas, 3983C-3985C. W. 1746. Ren. 1746.
Scott, Thomas S., 19268C. Inv. 1882.
Scott, Warren C., 18188C. Inv. 1874.
Scroggy, Ann, 14532C. Inv. 1837.
Scroggy, Samuel, 16496C. Inv. 1859.
Scroggy, Samuel, 18602C. Inv. 1877.
Scroggy, Samuel, 12539C. W. 1811.
Scull, Eliza B., 21047C. W. 1894. Inv. 1894.
Seaman, Aaron, 15999C. W. 1854. Inv. 1854.
Seaman, David, 12378C. Inv. 1808.
Seaman, Samuel, 17000C. Inv. 1864.
Seaman, Stephen, 12064C. B. 40, p. 119. Int. 1802. Inv. 1802.
Searle, Edward, 12841C. Inv. 1815.
Searle, Mary, 10794C. B. 23, p. 408. Int. 1781. Inv. 1781.
Sears, Jesse R., 18603C. W. 1877. Inv. 1877.
Sears, Josephus, 13921C. W. 1829. Inv. 1829.

Sears, Josephus H., 16579C. Inv. 1860.
Sears, Lydia, 21878C. Inv. 1900.
Sears, William C., 16003C. W. 1854. Inv. 1854.
Sease, Henry, 12065C. B. 39, p. 497. W. 1802.
Seckel, John, 18053C. W. 1873. Inv. 1873.
Seebohm, Jacob, 12842C. W. 1815.
Seed, Isaac, 11131C. B. 28, p. 75. Int. 1786. Inv. 1786.
Seeds, Jacob, 17769C. W. 1871.
Seeds, Jacob, 21187C. Inv. 1895.
Seeds, Joseph, 19140C. W. 1881. Inv. 1881.
Seeds, Mary E., 21048C. W. 1894. Inv. 1895.
Segl, Max, 21049C. W. 1894. Inv. 1894.
Sehmann, Adam, 19269C. Inv. 1882.
Sehmann, Jacob, 16793C. W. 1862.
Selby, Samuel, 10908C. B. 25, p. 64. W. 1783.
Sell, William, 4343C. Grd. 1748.
Sellers, Nathan, 17443C. W. 1868. Inv. 1868.
Selsey, Joel, 14931C. Inv. 1842.
Selsey, Mary, 19689C. W. 1885.
Semple, Samuel, Sr., 19141C. W. 1881.
Senat, George L., 21573C. W. & Cod. 1898. Inv. 1899.
Sever, Abigail, 17909C. Inv. 1872.
Sever, Benjamin, 12763C. W. 1814. Inv. 1814.
Sever, Daniel, 14460C. W. 1836. Inv. 1836.
Sever, Emmeline, 14708C. Inv. 1839.
Sever, John W., 20464C. W. 1890. Inv. 1890.
Sever, Mary, 12892C. W. 1816. Inv. 1816.
Sever, Peter, 10789C. B. 23, p. 140. W. 1781. Int. 1781. Inv. 1781.
Sever, Sarah, 14864C. W. 1841. Inv. 1841.
Sever, William, 14776C. Inv. 1840.
Severns, Mary A., 21879C. W. 1900.
Severns, William, 12675C. Inv. 1813.
Severs, William, 16282C. Inv. 1857.
Sexton, Caroline B., 19690C. W. 1885.
Sexton, Daniel, 13369C. W. 1823. Inv. 1823.
Sexton, Elizabeth, 19691C. W. & Cod. 1885. Inv. 1885.
Sexton, Ezekiel, 15171C. W. 1845. Inv. 1845.
Sexton, James, 16874C. Inv. 1863.
Sexton, James C., 18468C. Inv. 1876.
Sexton, Lucy L., 19692C. W. 1885. Inv. 1885.
Sexton, Peter, 16659C. W. 1861. Inv. 1861.
Sexton, Rachel, 14239C. W. 1833. Inv. 1833.
Sexton, Samuel A., 16873C. Inv. 1863.
Sexton, Sarah, 14461C. W. 1836. Inv. 1836.
Shafer, Jacob, 14400C. Inv. 1835.
Shaffer, Alexander, Levinah, 12066C. B. 39, p. 503. Wds. 1802.
Shaffer, Jacob, 12066C. B. 39, p. 503. Grd. 1802.
Shaffer, Joseph, 17776C. Inv. 1871.
Shaffer, Sarah A., 19986C. W. 1887. Inv. 1887.
Shaffer, Sarah E., 21725C. W. 1899. Inv. 1899.
Shanecy, William, 9759C-9760C. B. 15, p. 502. Int. 1774.
Sharp, Aaron, 21880C. W. 1900. Inv. 1900.
Sharp, Aaron, Sr., 15172C. W. 1845. Inv. 1845.
Sharp, Able, 17910C. Inv. 1872.
Sharp, Abraham, 13836C. Inv. 1828.
Sharp, Alicenia P., 20896C. W. 1893. Inv. 1893.
Sharp, Amos, 11259C. B. 30, p. 13. W. 1788. Inv. 1788.
Sharp, Amos, 17001C. W. 1864. Inv. 1864.
Sharp, Amy, 16661C. Inv. 1861.
Sharp, Barclay, 19142C. Inv. 1881.
Sharp, Barzillai, 13985C. Inv. 1830.

Sherman, Alice, 18605C. W. 1877.
Sherman, John, 19527C. Inv. 1884.
Sherman, Samuel, 19270C. W. 1882. Inv. 1882.
Sherwin, James, 3149C–3152C. Int. 1739. Inv. 1739.
Sherwin, William, 5519C–5522C, 8798C–8804C. B. 7, p. 508; B. 15, p. 16. W. 1754. Inv. 1754. Accts. (2) 1769, 1770.
Sherwood, Annie T. M., 18746C. W. & Cod. 1878. Inv. 1878.
Sherwood, Mary A., 20764C. W. 1892.
Shields, Daniel, 11998C. B. 39, p. 346. W. 1801.
Shields, David, 13298C. Inv. 1822.
Shinn, Aaron, 12284C. Inv. 1806.
Shinn, Amos, 10495C–10498C. B. 16, p. 516. Int. 1777. Inv. 1777.
Shinn, Aquila, 12843C. W. 1815. Inv. 1815.
Shinn, Asa, 11625C. B. 35, p. 252. Int. 1795. Inv. 1796.
Shinn, Asa G., 14866C. Inv. 1841.
Shinn, Barzillai, 11354C. B. 32, p. 95. Int. 1790. Inv. 1790.
Shinn, Caleb, Adm. 90, 91. B. 7, p. 303. Int. 1752. Ren. 1752.
Shinn, Caleb, 11638C. B. 35, p. 256. Grd. 1795.
Shinn, Caleb, 14403C. W. 1835. Inv. 1835.
Shinn, Caleb A. L., 19014C. W. 1880. Inv. 1880.
Shinn, Charles C., 19838C. W. 1886. Inv. 1886.
Shinn, Charles L., 20300C. W. 1889. Inv. 1889.
Shinn, Clement, 1563C, 1565C. Int. 1727. Inv. 1727.
Shinn, Curlis, 14074C. Inv. 1831.
Shinn, Earl, 19145C. Inv. 1881.
Shinn, Elizabeth, 12186C. W. 1804. Inv. 1804.
Shinn, Elizabeth, 16005C. W. & Cods. 1854. Inv. 1854.
Shinn, Esaah, 11399C. B. 32, p. 181. Int. 1791. Inv. 1791.
Shinn, Elizabeth, 11806C. B. 38, p. 28. W. 1798. Inv. 1798.
Shinn, Elizabeth, 13986C. W. 1830. Inv. 1831.
Shinn, Elizabeth, 18054C. W. 1873. Inv. 1873.
Shinn, Elizabeth B., 17447C. W. 1868.
Shinn, Ellen B., 18879C. W. 1879.
Shinn, Frances, 15094C. W. 1843. Inv. 1844.
Shinn, Francis, 11880C. B. 38, p. 367. Inv. 1799. Grd. 1799.
Shinn, Francis, 12230C. Inv. 1805.
Shinn, Francis, Sr., 11308C. B. 31, p. 303. W. 1789. Inv. 1789.
Shinn, George, 5077C–5078C. W 1752.
Shinn, George, 11880C. B. 38, p. 367. Inv. 1799. W d. 1799.
Shinn, George, 14240C. W. 1833. Inv. 1833.
Shinn. Hannah, 11692C. B. 35, p. 466. W. 1796.
Shinn, Hannah, 15248C. W. 1846. Inv. 1846.
Shinn, Hannah, 15617C. W. 1850. Inv. 1850.
Shinn, Isaac, 14709C. Inv. 1839.
Shinn, Isaac, 18880C. Inv. 1879.
Shinn, Isaac. 20301C. Inv. 1889.
Shinn, Isaiah. 9761C–9762C. Adm. 329. B. 15, p. 523. Int. 1774. Inv. 1774.
Shinn, Isaiah, 11807C. B. 38, p. 37. Grd. 1798.
Shinn. Isaiah, Susannah, 11309C. B. 31, p. 322. Wds. 1789.
Shinn, Israel, 11841C. B. 38, p 368. Grd. 1799.
Shinn, Israel, 12333C. W. 1807. Inv. 1807.

Shinn, Jacob, 10169C–10172C. Grd. 1776. Ren. 1776.
Shinn, Jacob, Sr., 11626C. B. 35, p. 203. W. 1795. Inv. 1795.
Shinn, James, 4855C–4860C. Adm. 73. Int. 1751. Inv. 1751. Acct. 1751.
Shinn, James, 5227C–5232C. Adm. 111. B. 7, p. 421. Int. 1753. Inv. 1753. Acct. 1754.
Shinn, James L., 19271C. W. 1882.
Shinn, James M., 20302C. Inv. 1889.
Shinn, Jane, 13467C. W. 1824. Inv. 1824.
Shinn, Job, 11515C. B. 33, p. 51. Int. 1793.
Shinn, Job, 14534C. W. 1837. Inv. 1837.
Shinn, John, 2948–2953C. W. 1736. Inv. 1736.
Shinn, John, 8079C–8080C. Adm. 267. B. 12, p. 291. Int. 1766. Inv. 1766.
Shinn, John, 11999C. B. 39, p. 458. W. 1801. Inv. 1801.
Shinn, John, 14241C. Inv. 1833.
Shinn, John, 16004C. W. 1854. Inv. 1854.
Shinn, John, Jr., 1567C, 1569C. W. 1727. Inv. 1727.
Shinn, John B., 20303C. W. 1889.
Shinn, John G., 15618C. Inv. 1850.
Shinn, John G., 18472C. Inv. 1876.
Shinn, Jonathan, 15174C. Inv. 1845.
Shinn, Joseph, 6442C–6446C. Adm. 190. B. 9, p. 177. Int. 1759. Inv. 1759. Acct. 1759.
Shinn, Joseph, 11751C. B. 37, p. 71. Grd. 1797. Pt. 1797.
Shinn, Joseph, 12053C. B. 39, p. 511. Grd. 1802.
Shinn, Joseph, 14867C. Inv. 1841.
Shinn, Joseph B., Sarah, 12000C. B. 39, p 305. Wds. 1801. Tr. 1801.
Shinn, Joshua, 13468C. Inv. 1824.
Shinn, Josiah H., 18747C. W. 1878.
Shinn, Lavinia, 13923C. W. 1829. Inv. 1829.
Shinn, Levi, 2759C. Grd. 1734.
Shinn, Levi, 13371C. Inv. 1823.
Shinn, Lydia, 19044C. Inv. 1881.
Shinn, Martha, 14710C. W. 1839.
Shinn, Mary, 12001C. B. 39, p. 459. W. 1801. Inv. 1801.
Shinn, Mary, 12187C. W. 1804. Inv. 1804.
Shinn, Mary, 12231C. W. 1805. Inv. 1805.
Shinn, Mary, 12476C. W. 1809. Inv. 1809.
Shinn, Mercey, 16105C. W. 1855. Inv. 1855.
Shinn, Meribah, 14463C. W. 1836. Inv. 1836.
Shinn, Nathan, 13987C. Inv. 1830.
Shinn, Nathan, 18055C. W. 1873. Inv. 1873.
Shinn, Phebe, 20899C. W. & Cod. 1893.
Shinn, Rebecca, 12285C. W. 1806. Inv. 1806.
Shinn, Rebecca, 13024C. W. 1818.
Shinn, Restore, 12002C. B. 39, p. 233. Int. 1801. Inv. 1801.
Shinn, Restore, 12068C. B. 39, p. 501. W. 1802. Inv. 1802.
Shinn, Samuel, 12003C. B. 39, p. 267. Int. 1801. Inv. 1801.
Shinn, Samuel, 12232C. Inv. 1805.
Shinn, Samuel, 12956C. W. 1817. Inv. 1817.
Shinn, Samuel, 14778C. Inv. 1840.
Shinn, Samuel B., 16791C. W. 1862.
Shinn, Sarah, 13469C. W. 1824. Inv. 1824.
Shinn, Sarah, 13669C. Inv. 1826.
Shinn, Solomon, 11062C. B. M, p. 341. W. 1785. Inv. 1785.
Shinn, Solomon, 13082C. Inv. 1819.
Shinn, Solomon, 17329C. Inv. 1867.
Shinn, Stacy, 11938C. B. 39, p. 72. Int. 1800. Inv. 1802.
Shinn, Susan, 17778C. W. 1871. Inv. 1871.

Shinn, Thomas, 5325C–5334C. W. 1753. Inv. 1753. Lt.
Shinn, Thomas, 10145C–10148C. B. 16, p. 496. Grd. 1776.
Shinn, Thomas, 10499C–10500C. B. 18, p. 141. Int. 1777.
Shinn, Thomas, 11400C. B. 32, p. 183. Int. 1791. Inv. 1791.
Shinn, Thomas, 11939C. B. 39, p. 68. W. 1800. Inv. 1800.
Shinn, Thomas, 13149C. W. 1820. Inv. 1820.
Shinn, Thomas, Sr., 10835C. B. 24, p. 180. W. 1782. Inv. 1782.
Shinn, Thomas B., 18189C. Inv. 1874.
Shinn, Thomas D., 19146C. W. 1881. Inv. 1881.
Shinn, Thomas V., 14535C. W. 1837. Inv. 1837.
Shinn, Vincent, 10981C. B. 25, p. 538. Int. 1784. Inv. 1784. Pt. 1784.
Shinn, Vincent, Jr., 11807C. B. 38, p. 37. Wd. 1798.
Shinn, William, Israel, Vincent Jr., 11401C. B. 32, p. 187. Wds. 1791. Tr. 1789.
Shinn, William, Israel, 11751C. B. 37, p. 71. Wds. 1797. Pt. 1797.
Shinn, William, 14162C. Inv. 1832.
Shinn, William, Jr., 8255C–8260C, 8430C–8436C. B. 13, pp. 79, 435. W. 1767. Inv. 1767. Acct. 1768.
Shinn, William C., 16197C. W. 1856.
Shinn, William N., 17779C. W. & Cods. 1871. Inv. 1871.
Shinn, Ziba, 17002C. W. 1863. Inv. 1863.
Shinn, Ziba Jr., 15902C. Inv. 1853.
Shipley, Ann M., 18326C. Inv. 1875.
Shipley, Eddy, 18327C. Inv. 1875.
Shipley, Mary P., 19989C. W. 1887. Inv. 1887.
Shippen, Elizabeth J., 15438C. W. 1848. Inv. 1848.
Shippen, Margaret, 15898C. W. 1853.
Shippen, Richard, 17446C. W. 1868. Inv. 1868.
Shiras, Alexander, 12541C. W. & Cod. 1811.
Shiras, Alexander, 13150C. W. 1820.
Shiras, James E., 18059C. Inv. 1873.
Shiras, Joanna, 16581C. Inv. 1860.
Shiras, Peter, 13566C. W. 1825. Inv. 1826.
Shiras, Sarah B., 19694C. W. 1885.
Shiras, Susan J., 17665C. W. 1870. Inv. 1870.
Shivers, Joseph C., 20304C. W. & Cod. 1889. Inv. 1889.
Shoemaker, John H., 16660C. W. 1861.
Sholl, Joseph, 20609C. W. 1891.
Short, Thomas, 9027C–9028C. B. 14, p. 415. Int. 1771.
Shorten, Archibald, 311H. Int. 1744.
Shoser, Anthony, 20466C. W. 1890.
Shotwell, Eleanor K., 19272C. W. 1882.
Shotwell, Hannah L., 19015C. Inv. 1880.
Shotwell, Joshua, 17233C. Inv. 1866.
Shourds, Daniel, 10720C. B. 21, p. 216. W. 1779. Inv. 1779.
Shourds, John, 14075C. Inv. 1831.
Shourds, Joseph, 7549C–7554C. Adm. 234. B. 11, p. 305. Int. 1763. Inv. 1763. Acct. 1764.
Shourds, Samuel, 8437C–8442C, 9030C–9032C. B. 13, p. 460; B. 15, p. 101. W. 1768. Inv. 1768. Acct. 1771.
Shourds, Samuel, 11063C. B. M, p. 311. W. 1785. Inv. 1785.

Shourds, Thomas, 11402C. B. 32, p. 183. Int. 1791. Inv. 1791.
Shrader, Frederick, 17449C. W. 1868. Inv. 1868.
Shreve, Abigail, 11940C. B. 39, p. 65. W. 1800. Inv. 1801.
Shreve, Abigail, 14324C. W. 1834. Inv. 1834.
Shreve, Abram Z., 21576C. Inv. 1898.
Shreve, Agnes E., 18749C. W. 1878.
Shreve, Alexander, 16007C. W. & Cod. 1854. Inv. 1854.
Shreve, Alexander, 19990C. W. 1887. Inv. 1887.
Shreve, Alexander R., 18503C. Inv. 1876.
Shreve, Ann, 18881C. W. 1879.
Shreve, Ann N., 18058C. W. 1873. Inv. 1873.
Shreve, Benjamin, 4861C–4866C. W. 1751. Inv. 1751.
Shreve, Benjamin, 15095C. W. 1844. Inv. 1844.
Shreve, Benjamin, 18748C. W. 1878.
Shreve, Benjamin P., 16488C. Inv. 1859.
Shreve, Caleb, 3299C–3302C. W. 1740.
Shreve, Caleb, 3987C–3990C. W. 1746. Inv. 1746.
Shreve, Caleb, 6451C–6453C. Grd. 1759.
Shreve, Caleb, 11465C. B. 34, p. 405. Int. 1792. Inv. 1792.
Shreve, Caleb, 14404C. Inv. 1835.
Shreve, Caleb, 15439C. W. 1848. Inv. 1848.
Shreve, Caleb, Sr., 11133C. B. 28, p. 8. W. 1786. Inv. 1786.
Shreve, Charles, 12893C. Inv. 1816.
Shreve, Charles, 20765C. W. 1892. Inv. 1892.
Shreve, Charles N., 20766C. W. 1892. Inv. 1892.
Shreve, Edith A., 17550C. Inv. 1869.
Shreve, Edward W., 19695C. Inv. 1885.
Shreve, Elisha L., 13670C. Inv. 1826.
Shreve, Eliza, 19147C. W. & Cod. 1881. Inv. 1881.
Shreve, Elizabeth, 13083C. W. 1819.
Shreve, Elizabeth, 13151C. Inv. 1820.
Shreve, Elizabeth, 14868C. W. 1841. Inv. 1841.
Shreve, Elizabeth, 15533C. Inv. 1849.
Shreve, Elizabeth, 16008C. W. 1854. Inv. 1855.
Shreve, Elizabeth S., 20305C. Inv. 1889.
Shreve, Ellen C., 18473C. Inv. 1876.
Shreve, Emma, 21727C. W. 1899.
Shreve, Grace, 15005C. W. 1843. Inv. 1843.
Shreve, Hannah, 11516C. B. 33, p. 36. W. 1793. Inv. 1794.
Shreve, Isaac, 13837C. W. 1828. Inv. 1828.
Shreve, Isaac, 17102C. Inv. 1865.
Shreve, Isaac, Sr., 13752C. Inv. 1827.
Shreve, Isaac A., 16393C. W. 1858. Inv. 1858.
Shreve, Israel, 17101C. Inv. 1865.
Shreve, James, 15807C. W. 1852. Inv. 1852.
Shreve, James, 16283C. Inv. 1857.
Shreve, James D., 20467C. W. 1890.
Shreve, J. E. Whitaker, 21883C. W. 1900. Inv. 1901.
Shreve, Job, Sr., 13567C. W. & Cod. 1825.
Shreve, John A. L., 17780C. W. 1871.
Shreve, Jonathan, 5773C–5774C. Adm. 152. B. 8, p. 305. Int. 1756. Inv. 1756.
Shreve, Jonathan L., 16582C. W. 1860.
Shreve, Joseph, 6447C–6449C. Adm. 168. B. 8, p. 517. Int. 1757. Inv. (2) 1759.
Shreve, Joseph, 17781C. W. 1871. Inv. 1871.
Shreve, Joseph, Sr., 13988C. W. 1830. Inv. 1830.

Shreve, Joseph D., 19696C. W. 1885. Inv. 1885.
Shreve, Joshua, 5233C–5236C. W. 1753. Inv. 1753.
Shreve, Joshua, 13084C. W. 1819.
Shreve, Joshua, 15711C. Inv. 1851.
Shreve, Julia G., 18882C. Inv. 1879.
Shreve, Martha A., 16665C. W. 1860. Inv. 1861.
Shreve, Martha R., 17448C. W. 1868. Inv. 1868.
Shreve, Mary, 20468C. W. 1890.
Shreve, Mary, 21052C. W. 1894.
Shreve, Mary, 21188C. Inv. 1895.
Shreve, Mary H., 19697C. W. 1885.
Shreve, Mary R., 16666C. W. 1861.
Shreve, Peter, 19148C. Inv. 1881.
Shreve, Peter, Sr., 15712C. Inv. 1851.
Shreve, Phebe A., 18606C. W. 1877. Inv. 1877.
Shreve, Phebe R., 19395C. W. 1883.
Shreve, Rebecca, 15619C. Inv. 1850.
Shreve, Rebecca, 16664C. Inv. 1861.
Shreve, Rebecca L., 20469C. W. 1890.
Shreve, Reuben, 14869C. Inv. 1841.
Shreve, Samuel H., 21435C. W. 1897. Inv. 1897.
Shreve, Sarah, 6451C–6453C. Wd. 1759.
Shreve, Sarah, 18060C. W. & Cod. 1873. Inv. 1873.
Shreve, Sarah A., 21436C. W. 1897. Inv. 1897.
Shreve, Sarah B., 21297C. W. 1896. Inv. 1896.
Shreve, Sarah H., 17911C. W. 1872. Inv. 1872.
Shreve, Sarah H., 19273C. W. 1882. Inv. 1882.
Shreve, Sarah M., 20900C. W. 1893.
Shreve, Stacy B., 15808C. Inv. 1852.
Shreve, Susan H., 15924C. W. 1853. Inv. 1854.
Shreve, Tanton E., 14405C. Inv. 1835.
Shreve, Thomas, 4127C–4132C. W. 1747. Inv. 1750.
Shreve, Thomas, 15713C. W. 1851. Inv. 1851.
Shreve, William, 12676C. W. 1813. Inv. 1813.
Shreve, William, 14870C. Inv. 1841.
Shropshire, Israel R., 21577C. W. 1898.
Shuff, Christopher, 11881C. B. 38, p. 365. Int. 1799. Inv. 1799.
Shuff, Grace, 13924C. W. 1829.
Shuff, Nathaniel, 13470C. W. 1824. Inv. 1824.
Shuff, Nathaniel, 14325C. Inv. 1834.
Shute, Rebeckah, 11693C. B. 35, p. 431. W. 1796. Inv. 1796.
Shute, Samuel, 13372C. W. 1823. Inv. 1823.
Shute, Samuel, Sr., 10982C. B. 25, p. 427. W. 1784. Inv. 1784.
Shute, William, 1310C. B. 31, p. 320. Int. 1789. Inv. 1789. Ren. 1789.
Sickles, Mary, 12542C. W. 1811. Inv. 1811.
Siddons, Jane, 12136C. B. 40, p. 458. W. 1803. Inv. 1803.
Siegfried, Joseph, 21298C. W. 1896. Inv. (2) 1896.
Sigars, Joel D. W., 14871C. Inv. 1841.
Silpath, Alice, 19528C. W. 1884.
Silpath, Daniel, 14536C. W. 1837. Inv. 1837.
Silpath, George, 21578C. W. 1898. Inv. 1898.
Silpath, John, 14872C. W. & Cod. 1841.
Silpath, John, 20610C. W. 1891. Inv. 1892.
Silpath, Nathan C., 16489C. W. 1859.
Silpath, Philip F., 19149C. W. 1881. Inv. 1881.

Silver, David, 7555C–7560C. B. 11, p. 347. W. 1763. Inv. 1763.
Silver, Elizabeth, 13926C. Inv. 1829.
Silvers, Archibald, 13925C. Inv. 1829.
Silvers, William D., 18471C. Inv. 1876.
Silverthorn, Jane, 17666C. W. 1870.
Simington, George, 13838C. W. 1828. Inv. 1829.
Simmons, John C., 15337C. Inv. 1847.
Simmons, Ahab, 9755C–9758C. W. 1828. Inv. Wd. 1774.
Simons, Isaac, 14242C. Inv. 1833.
Simons, Jacob, 12137C. B. 40, p. 350. Int. 1803. Inv. 1803.
Simons, Jacob, 19396C. W. 1883.
Simons, John, 7861C–7866C. B. 12, p. 189. W. 1765. Inv. 1765.
Simons, Mary, 17667C. Inv. 1870.
Simons, Rachel, 15809C. W. 1852. Inv. 1852.
Simons, Thomas, 10501C–10504C. B. 18, p. 610. Int. 1777. Inv. 1777.
Simons, Thomas, 14537C. W. 1837.
Simons, Thomas A., 17551C. Inv. 1869.
Simons, William, 8081C–8082C. Adm. 269. B. 12, p. 295. Int. 1766. Inv. 1766.
Simons, William, 11403C. B. 32, p. 177. W. 1791. Inv. 1791.
Simonson, George A., 19529C. W. 1884.
Simonson, Sarah R., 15534C. W. 1849. Inv. 1849.
Simpson, Peter, 20700C. Inv. 1892.
Simpson, Susanna, 13671C. Inv. 1826.
Sims, Clifford S., 21299C. W. 1896.
Sims, Thompson N., 13989C. Inv. 1830.
Sinclair, Washington, 19839C. Inv. 1886.
Sipler, David, 11808C. B. 38, p. 36. Int. 1798. Inv. 1798.
Sipler, John, 21189C. Inv. 1895.
Sirket, John, 307C, 309C. W. 1711. Inv. 1713.
Sisom, Catharine, 20470C. W. 1890. Inv. 1890.
Sisom, Charles, 20585C. W. 1892.
Sisom, Elizabeth, 20471C. Inv. 1890.
Sisom, Joseph, 14538C. Inv. 1837.
Sisom, Philip, 15896C. W. 1853. Inv. 1853.
Sitgraves, William, 14076C. Inv. 1831.
Sivezey, David, 16875C. W. 1863. Inv. 1863.
Skeeles, William, 4169C. Grd. 1747.
Skeeles, William, 8443C–8452C. B. 13, p. 300. W. 1768. Inv. 1787.
Skellenger, Phebe, 12138C. B. 40, p. 451. W. 1803. Inv. 1805.
Skellenger, Stephen, 11941C. B. 39, p. 71. Int. 1800. Inv. 1800.
Skinner, Catherine, 12069C. B. 40, p. 120. Int. 1802.
Skirim, Mary, 18062C. Inv. 1873.
Skirm, Abraham, 11064C. B. M., p. 302. W. 1785. Inv. 1785.
Skirm, Joseph, 11355C. B. 32, p. 98. Wd. 1790.
Slack, Effie B., 19698C. W. 1885.
Slack, George T., 17552C. W. 1869. Inv. 1869.
Slack, John R., 18608C. W. 1877. Inv. 1877.
Slaney, Anne, 4879C–4880C, 10682C. B. 7, p. 125. W. 1751. Copy of Will.
Slaney, Edward, 5079C–5080C. Adm. 75. B. 7, p. 298. Int. 1751. Inv. 1752.
Sleeper, Ann, 18064C. Inv. 1873.
Sleeper, Benjamin, 20901C. Inv. 1893.
Sleeper, Hannah, 2955–2960C. W. 1736. Inv. 1736.
Sleeper, Jane, 11628C. B. 35, p. 256. Grd. 1795.
Sleeper, Jane, 13753C. W. 1827. Inv. 1827.

Smith, John, 8805C–8810C. W. 1771.
Smith, John, 10983C. B. 25, p. 537. Int. 1784. Inv. 1787.
Smith, John, 12334C. W. 1807. Inv. 1807.
Smith, John, 16736C. Inv. 1862.
Smith, John, 18066C. W. 1873. Inv. 1873.
Smith, John, Sr., 12139C. B. 40, p. 343. W. 1803. Inv. 1803.
Smith, John C., 16668C. Inv. 1861.
Smith, John E., 14077C. Inv. 1831.
Smith, John F., 20165C. Inv. 1888.
Smith, John S., 14163C. Inv. 1832.
Smith, Jonathan, 9763C–9766C. B. 16, p. 337. W. 1774.
Smith, Jonathan, 15249C. W. 1846. Inv. 1846.
Smith, Joseph, 1911C, 1913C. W. 1728. Inv. 1728.
Smith, Joseph, 8811C–8822C. Adm. 302. B. 15, p. 72. Int. 1770. Inv. 1770.
Smith, Joseph, 9033C–9038C, 10034C–10037C. B. 14, p. 415; B. 15, p. 548. Int. 1771. Inv. 1771. Acct. 1775.
Smith, Joseph, 11810C. B. 37, p. 389. Int. 1798. Inv. 1798. Rem. 1798.
Smith, Joseph, 13300C. W. 1822. Inv. 1822.
Smith, Joseph, 17104C. Inv. 1865.
Smith, Joseph H., 16669C. W. 1861. Inv. 1861.
Smith, Joseph R., 15250C. W. 1846. Inv. 1846.
Smith, Josephus, 19530C. W. 1884. Inv. 1884.
Smith, Joshua, 1571C, 1573C. W. 1728. Inv. 1728.
Smith, Joshua, 6163C–6165C. Adm. 174. B. 8, p. 519. Int. 1758. Acct. 1759.
Smith, Joshua R., 14243C. W. 1833. Inv. 1833.
Smith, Josiah, 16106C. Inv. 1855.
Smith, Lydia, 19699C. W. 1885. Inv. 1885.
Smith, Manuell, 909C–932C, 1043C–1044C, 1196C–1202C. W. 1720. Inv. 1720. Acct. 1724, 1729. Ren. 1720. Cv. 1729.
Smith, Margaret, 13673C. W. 1826. Inv. 1826.
Smith, Margaret, 20306C. Inv. 1889.
Smith, Margaret M., 16107C. W. & Cod. 1855. Inv. 1855.
Smith, Margaret Y., 21729C. W. 1899. Inv. 1899.
Smith, Maria, 19397C. W. 1883.
Smith, Martha, 13990C. W. 1830. Inv. 1830.
Smith, Mary, 2749C. Wd. 1728.
Smith, Mary, 1767C–1774C. W. 1728. Inv. 1729. Acct. 1736.
Smith, Mary, 7561C–7562C. W. 1763.
Smith, Mary, 11811C. B. 38, p. 33. W. 1798. Inv. 1798.
Smith, Mary, 12380C. Inv. 1808.
Smith, Mary, 13568C. W. 1825. Inv. 1825.
Smith, Mary, 13839C. W. 1828. Inv. 1828. Mem.
Smith, Mary, 16108C. W. 1855.
Smith, Mary, 20307C. W. 1889. Inv. 1889.
Smith, Mary B., 18067C. Inv. 1873.
Smith, Merebah, 14078C. W. 1831. Inv. 1831.
Smith, Myra G., 19993C. W. 1887.
Smith, Nicholl F., 18883C. W. 1879. Inv. 1879.
Smith, Patrick, 20017C. W. 1886.
Smith, Patrick, 18190C. W. 1874. Inv. 1874.
Smith, Penelope, 18750C. W. 1878. Inv. 1878.
Smith, Rachel, 13674C., Inv. 1825.
Smith, Rachel, 15175C. W. 1845. Inv. 1845.
Smith, Ralph, 2779C. Int. 1734.
Smith, Rebecca, 4737C–4740C. Int. 1750. Inv. 1750.

Smith, Richard, Adm. 339. B. 10, p. 70. Int. 1760.
Smith, Richard, 12140C. B. 40, p. 349. W. 1803. Int. 1803. Inv. 1803.
Smith, Richard, 18476C. W. & Cod. 1876. Inv. 1876.
Smith, Richard Jr., 4875C–4878C. W. 1750.
Smith, Richard, Sr., 4867C–4870C, 10681C. B. 7, p. 117. W. 1751. Copy of Will.
Smith, Richard, Sr., 10984C. B. 25, p. 484. W. & Cod. 1784. Inv. (2) 1792.
Smith, Richard M., 13675C. Inv. 1826.
Smith, Richard S., 11694C. B. 35, p. 411. W. 1796.
Smith, Robert, 12845C. W. 1815. Inv. 1815.
Smith, Samuel, 785C–787C. W. 1718. Inv. 1718.
Smith, Samuel, 2607–2608C. W. 1733.
Smith, Samuel, 10183C–10186C. B. 17, p. 245. W. 1776.
Smith, Samuel, 11313C. B. 31, p. 320. Int. 1789.
Smith, Samuel, 16789C. Inv. 1862.
Smith, Samuel R., 16490C. W. 1859. Inv. 1859.
Smith, Samuel J., 14406C. W. 1835. Inv. 1835.
Smith, Samuel W., 13756C. Inv. 1827.
Smith, Sarah, 13373C. W. 1823. Inv. 1823.
Smith, Sarah J., 15176C. W. 1845. Inv. 1845.
Smith, Sarah R., 19531C. W. 1884. Inv. 1884.
Smith, Sarah W., 13086C. W. 1819. Inv. 1819.
Smith, Sheldon C., 16396C. W. 1858. Inv. 1858.
Smith, Solomon, 2749C. Grd. 1728.
Smith, Solomon, 3157C–3176C. W. 1739. Int. 1742. Inv. 1739. Maps, 1739. Ren. 1739, 1742.
Smith, Susan D., 18329C. W. 1875. Inv. 1875.
Smith, Thomas, 1775–1784C. W. 1728. Inv. 1728. Acct. 1728.
Smith, Thomas, 3511C–3516C. W. 1742. Inv. 1742.
Smith, Thomas, 11943C. B. 39, p. 67. W. 1800. Inv. 1800.
Smith, Thomas, 12233C. W. 1805. Inv. 1805.
Smith, Thomas, 12478C. Inv. 1810.
Smith, Thomas, 12677C. W. 1813.
Smith, Thomas, 12958C. Inv. 1817.
Smith, Thomas, Jr., 3037–3039C. Wd. 1737.
Smith, Thomas, Jr., 10752C. B. 22, p. 261. W. 1780.
Smith, Thomas, Sr., 10187C–10192C. B. 18, p. 34. W. 1776. Inv. 1776.
Smith, Thomas, Sr., 10751C. B. 22, p. 263. W. 1780. Inv. 1780.
Smith, Thomas, 14244C. W. 1833. Inv. 1833.
Smith, Thomas B., 13301C. Inv. 1822.
Smith, Thomas L., 14781C. Inv. 1840.
Smith, William, 11518C. B. 33, p. 46. W. 1793. Int. 1793.
Smith, William, 15899C. W. 1853. Inv. 1853.
Smith, William, 17331C. W. 1867. Inv. 1867.
Smith, William, 17914C. Inv. 1872.
Smith, William, 18330C. Inv. 1875.
Smith, William, 13569C. Inv. 1825.
Smith, William, 13757C. Inv. 1827.
Smith, William, 12766C. W. 1814. Inv. 1814.
Smith, William, Jr., 12189C. W. 1804.
Smith, William Sr., 11564C. B. 33, p. 462. W. 1794. Bond, Caveat, Appeal, etc. 1794.

Smith, William A., 16877C. Inv. 1863.
Smith, William L., 11630C. B. 35, p. 254. Int. 1795. Inv. 1795.
Smock, Enois, 14079C. W. 1831. Inv. 1831.
Smock, Simon, 18751C. W. 1878. Inv. 1878.
Smylie, William, 11466C. B. 34, p. 403. Int. 1792. Inv. 1792.
Smyth, Lindley M., 20308C. W. 1889. Inv. 1889.
Smyth, William P., 21884C. W. 1900. Inv. 1900.
Snider, Elizabeth, 12895C. Inv. 1816.
Snoden, Christoper, 311C–313C. W. 1711. Inv. 1711.
Snowden, Margaret, 12430C. W. 1809. Inv. 1809.
Snowden, Mary, 13471C. Inv. 1824.
Snowden, William, 3823C–3826C. Int. (2) 1742, 1745.
Snowden, William, 11944C. B. 39, p. 166. W. 1800. Inv. 1800.
Snyder, Hannah, 20611C. W. 1891.
Snyder, Peter, 14933C. Inv. 1842.
Snyder, Peter, 15006C. W. 1843.
Snyder, Sarah L., 20309C. Inv. 1889.
Snyder, William, 17783C. Inv. 1871.
Soby, Leonard, 20903C. Inv. 1893.
Somers, John, 10909C. B. 24, p. 208. W. 1783. Inv. 1783.
Sonmans, Peter, 10193C–10199C. W. 1776. Int. 1776.
Sooy, Benjamin, 17915C. Inv. 1872.
Sooy, Benjamin, 19275C. W. 1882. Inv. 1882.
Sooy, Catharine, 17005C. Inv. 1863.
Sooy, Ebenezar, 16584C. Inv. 1860.
Sooy, Edwin C., 18069C. W. 1873.
Sooy, Ephraim C., 15339C. Inv. 1847.
Sooy, Ezekiel, 20310C. Inv. 1889.
Sooy, John, 11467C. B. 34, p. 365. W. 1792. Inv. 1792.
Sooy, John, 14164C. Inv. 1832, 1834.
Sooy, Jonathan L., 18884C. W. 1879. Inv. 1879.
Sooy, Josephus, 17105C. Inv. 1865.
Sooy, Lucy A., 15536C. Inv. 1849.
Sooy, Nicholas, 15715C. W. 1851. Inv. 1851.
Sooy, Nicholas, 19841C. W. 1886. Inv. 1886.
Sooy, Nicholas, Sr., 13374C. W. 1823. Inv. 1823.
Sooy, Richard, 14165C. W. 1832. Inv. 1832.
Sooy, William, 21304C. W. 1896.
Sooy, William H., 17006C. W. 1864. Inv. 1864.
Sooy, William H., 18752C. W. 1878. Inv. 1878.
Soper, John W., 21054C. Inv. 1894.
Soper, Meribah, 21885C. W. 1900. Inv. 1900.
Soper, Reuben, 14782C. Inv. 1840.
Souder, Annie, 20166C. Iny. 1888.
Souder, William DeR., 21579C. W. 1898.
Souder, Walter N., 20904C. W. 1893. Inv. 1893.
South, Benjamin, 15096C. W. 1844. Inv. 1844.
Southard, Deborah, James, 11695C. B. 35, p. 491. Wds. 1796.
Southard, John, 15716C. W. 1851. Inv. 1851.
Southard, John, 16878C. Inv. 1863.
Southard, John, 18753C. W. 1878. Inv. 1878.
Southard, Lydia, 21730C. W. & Cod. 1899. Inv. 1899.
Southwick, Deborah, James, Jr., 10910C. B. 25, p. 99. Wds. 1783.
Southwick, John, 14540C. Inv. 1837.

Southwick, Joseph, 13928C. Inv. 1829.
Southwick, Joseph, Jr., 13375C. Inv. 1823.
Southwick, Josiah, 9277C–9281C. B. 16, p. 453. W. 1772. Agreement 1772.
Southwick, Samuel, 14080C. Inv. 1831.
Southwick, Sarah W., 17007C. Inv. 1864.
Southwick, Solomon, 10509C–10516C, 10798C. B. 18, p. 91; B. 24, p. 218. W. 1777. Inv. 1777. Acct. 1781.
Sowersby, Elizabeth, 18057C. W. 1873.
Sowersley, Robert, Sr., 15621C. W. 1850. Inv. 1850.
Spachius, Philip, 14166C. Inv. 1832.
Spachius, Philip, Sr., 12767C. W. 1814. Inv. 1814.
Spaer, William F., 19150C. Inv. 1881.
Spamer, Theodore, 20311C. W. 1889. Inv. 1889.
Spann, James, 11066C. B. 27, p. 14. Int. 1785. Inv. 1787.
Sparks, Reuben B., 20905C. W. & Cod. 1893. Inv. 1893.
Spear, Joseph, 3177C–3179C. Int. 1739.
Speed, William, 17554C. Inv. 1869.
Spellerberg, Anthony, 20167C. Inv. 1888.
Spence, Catherine, 10201C–10204C, 10517C–10518C. B. 17, p. 346. W. 1776. Inv. 1776.
Spence, George, 9569C–9574C. B. 16, p. 170. W. 1773. Inv. 1773.
Spence, George, 17106C. Inv. 1865.
Spence, Robert, 11468C. B. 34, p. 404. Int. 1792. Inv. 1793.
Spence, William, 10669C–10670C. B. 22, p. 12. Int. 1778.
Spence, William, 10721C. B. 22, p. 12. Int. 1779. Inv. 1779.
Spencer, Jonathan J., 17332C. W. 1867. Inv. 1867.
Spencer, Margaret, 19398C. W. 1883. Inv. 1883.
Spencer, Nathan, 14711C. W. 1839. Inv. 1839.
Spencer, Sarah H., 13991C. W. 1830.
Spencer, Sarah L., 18068C. Inv. 1873.
Spicer, Jacob, 12335C. W. 1807. Inv. 1807.
Spillard, John, 20472C. W. 1890.
Spragg, James, 14245C. Inv. 1833.
Springer, Amos, 12234C. Inv. 1805.
Springer, Sarah, 17108C. Inv. 1865.
Springer, William, 17107C. Inv. 1865.
Sprong, Garrit, 7867C. Adm. 257. B. 12, p. 112. Int. 1765. Inv. 1765.
Sprowl, Rebecca A., 18754C. W. 1878. Inv. 1878.
Sprowls, Andrew, 16492C. W. 1859.
Stackhouse, Abraham, 21074C. Inv. 1896.
Stackhouse, Alice, 17109C. W. 1865. Inv. 1865.
Stackhouse, Clayton H., 20615C. Inv. 1891.
Stackhouse, Elizabeth L., 20616C. W. 1891.
Stackhouse, Esther, 21581C. W. 1898.
Stackhouse, George, 20473C. W. 1890. Inv. 1890.
Stackhouse, Hannah B., 18885C. W. & Cod. 1879. Inv. 1879.
Stackhouse, Henry, 21732C. W. 1899.
Stackhouse, Jane, 17334C. W. 1867. Inv. 1868.
Stackhouse, Joseph, 15622C. W. 1850. Inv. 1850.
Stackhouse, Joseph, 20771C. Inv. 1892.
Stackhouse, Lydia, 20474C. W. 1890. Inv. 1890.
Stackhouse, Meribah, 19994C. W. & Cod. 1887. Inv. 1887.
Stackhouse, Robert, 19151C. W. 1881. Inv. 1881.

Stackhouse, Samuel, 9767C–9770C. B. 15, p. 502. Int. 1774. Ren. 1774.
Stackhouse, Samuel, 11202C. B. 29, p. 75. Int. 1787.
Stackhouse, Samuel, 12479C. Inv. 1810.
Stackhouse, Samuel, 16670C. W. 1862. Inv. 1862.
Stackhouse, Susan, 20168C. W. 1888. Inv. 1888.
Stackhouse, William, 20169C. W. 1888. Inv. 1888.
Stacy, Mahlon, 3517C–3522C. Int. 1742. Inv. 1742. Ren. 1742.
Stacy, Rabekah, 315C, 319C. W. 1711. Inv. 1711.
Stanton, Bridget, 19017C. W. 1880.
Stanton, Daniel, 21191C. W. 1895. Inv. 1895.
Stanton, Susan, 21192C. W. 1895.
Staples, Thomas, 6455C–6462C. W. 1759. Inv. 1759.
Staples, Thomas, Jr., 4557C–4562C. Adm. 53. Int. 1748. Inv. 1748. Acct. 1749.
Stark, Hannah A., 20170C. Inv. 1888.
Starkey, Abel, 12678C. Inv. 1813.
Starkey, Asher, 18886C. W. 1879.
Starkey, Clarissa, 20612C. Inv. 1891.
Starkey, James, 4563C–4568C. W. 1749. Inv. 1749.
Starkey, John, 11469C. B. 34, p. 367. W. 1792.
Starkey, Samuel, 12896C. Inv. 1816.
Starkey, Thomas, 3991C–3996C. Int. 1746. Inv. 1746. Pt. 1746.
Starkey, Thomas, 16398C. Inv. 1858.
Stead, Joseph, 19700C. Inv. 1885.
Stecher, Rudolph, 20171C. W. 1888.
Steele, William, 21193C. W. & Cod. 1895. Inv. 1895.
Steinmann, Albert, 21194C. W. 1895. Inv. 1895.
Stelle, Samuel, 6463C–6466C. B. 9, p. 319. W. 1759. Inv. 1759.
Sterling, Benjamin, 13302C. Inv. 1822.
Sterling, Elizabeth, 14167C. Inv. 1832.
Sterling, James, 13025C. W. & Cods. (2) 1818. Inv. 1818.
Sterling, James H., 16794C. W. 1862. Inv. 1862.
Sterling, Rebecca, 14873C. W. 1841. Inv. 1841.
Sterling, Samuel S., 13216C. Inv. 1821.
Stevens, Hettie A., 21886C. W. 1900. Inv. 1900.
Stevens, Isaiah S., 21439C. W. 1897.
Stevens, John, Adm. 314. B. 14, p. 524. Int. 1773.
Stevens, John, 15537C. Inv. 1849.
Stevens, Joseph, 18477C. Inv. 1876.
Stevens, Lewis, 19276C. Inv. 1882.
Stevens, Mary, 14712C. Inv. 1839.
Stevens, Robert, 3523C–3528C. W. 1742. Inv. 1742.
Stevens, Thomas, 14246C. Inv. 1833.
Stevenson, Bathsheba, 14464C. W. 1836. Inv. 1836.
Sevenson, Caleb, 12679C. W. 1813. Inv. 1814.
Stevenson, Charles, 17555C. Inv. 1869.
Stevenson, Cornell, 13087C. Inv. 1819.
Stevenson, Cornell, Sr., 11203C. B. 29, p. 70. W. 1787. Inv. 1787.
Stevenson, David, 14874C. Inv. 1841.
Stevenson, Edmund M., 20312C. W. 1889. Inv. 1889.
Stevenson, Elnathan, 4345C–4350C. W. 1748. Inv. 1748.

Stevenson, Elnathan, 10911C. B. 25, p. 60. W. 1783. Inv. 1783.
Stevenson, Elnathan, 12604C. W. 1812. Inv. 1812.
Stevenson, Ezra, 12768C. W. 1814.
Stevenson, Ezra, 17236C. W. 1866. Inv. 1866.
Stevenson, George, 17013C. W. 1864.
Stevenson, Hannah, 20172C. W. 1888. Inv. 1888.
Stevenson, Joseph, 16880C. Inv. 1863.
Stevenson, Joshua, 17669C. W. 1870. Inv. 1870.
Stevenson, Martha, 13376C. W. 1823. Inv. 1823.
Stevenson, Martha, 14168C. Inv. 1832.
Stevenson, Mary, 3067–3072C. Int. 1738. Inv. 1738.
Stevenson, Mary, 10519C–10523C. B. 18, p. 77. W. 1777. Inv. 1777.
Stevenson, Mary, 11945C. B. 39, p. 64. W. 1800. Inv. 1800.
Stevenson, Mary, 18887C. Inv. 1879.
Stevenson, Nathaniel, 2965–2970C. W. 1736. Inv. 1736.
Stevenson, Peter, 13217C. W. 1821. Inv. 1821.
Stevenson, Samuel, 11519C. B. 33, p. 29. W. 1793. Inv. 1793.
Stevenson, Samuel, 12286C. Inv. 1806.
Stevenson, Samuel, 20475C. W. 1890. Inv. 1890.
Stevenson, Thomas, 12543C. Inv. 1811.
Stevenson, Thomas M., 12959C. Inv. 1817.
Stevenson, William, 1203–1210C. W. 1724. Inv. 1724.
Stevenson, William, Adm. 18. Int. 1746.
Stevenson, William, Sr., 12381C. Inv. 1808.
Stevenson, William, Sr., 20613C. W. & Cod. 1891. Inv. 1891.
Steward, Aaron, 13992C. Inv. 1830.
Steward, Abner, 12005C. B. 39, p. 348. W. 1801. Inv. 1801.
Steward, Alexander, 384C, 388C. W. 1712. Inv. 1712.
Steward, Ann, 14326C. W. 1834. Inv. 1834.
Steward, Elizabeth H., 17009C. Inv. 1864.
Steward, George, 14934C. W. 1842. Inv. 1842.
Steward, George, 15900C. Inv. 1853.
Steward, Isaac, Sr., 16881C. W. 1863. Inv. 1863.
Steward, John, 9575C–9580C. B. 16, p. 208. W. 1773. Inv. 1773.
Steward, John, 10039C–10042C. W. 1775. Inv. 1775.
Steward, John, 11946C. B. 39, p. 168. W. 1800. Inv. 1800.
Steward, John, 16288C. Inv. 1857.
Steward, Jonathan, 13929C. W. 1829. Inv. 1829.
Steward, Joseph, 614C, 617C. W. 1715. Inv. 1715.
Steward, Joseph, 2609–2615C. W. 1733. Inv. 1733. Acct. 1737.
Steward, Joseph, 10836C. B. 23, p. 143. W. 1782. Inv. 1782.
Steward, Joseph, 12680C. Inv. 1813.
Steward, Josiah, 5089C–5093C. W. 1752. Inv. 1752.
Steward, Josiah, 17014C. W. 1864. Inv. 1864.
Steward, Lydia, 18478C. Inv. 1876.
Steward, Margaret, 16397C. Inv. 1858.
Steward, Martha, 12480C. W. 1810. Inv. 1810.
Steward, Mary, 13153C. W. 1820. Inv. 1820.
Steward, Samuel, 14247C. W. 1833. Inv. 1833.
Steward, Thomas, 13088C. Inv. 1819.

Stockton, Job, Jr., 2397C. W. 1732.
Stockton, Job, Sr., 2399–2402C. W. 1732.
Stockton, John, 4137C–4141C. W. 1747. Inv. 1747.
Stockton, John, 7575C–7582C. B. 11, p. 442. W. 1763. Inv. 1763.
Stockton, John W., 20772C. W. 1892. Inv. 1892.
Stockton, Jonathan, 12235C. W. 1805. Inv. 1805.
Stockton, Jonathan, 15178C. Inv. 1845.
Stockton, Joseph, 3393C–3400C. W. 1741. Inv. 1741.
Stockton, Joseph, 15253C. W. 1846. Inv. 1846.
Stockton, Lewis, 13472C. W. 1824. Inv. 1824.
Stockton, Lucretia, 15254C. W. 1846. Inv. 1846.
Stockton, Lydia, 17010C. Inv. 1864.
Stockton, Margaret, 11315C. B. 31, p. 322. Wd. 1789.
Stockton, Martha, 16399C. W. 1858. Inv. 1858.
Stockton, Mary, 15539C. W. & Cod. 1849. Inv. 1849.
Stockton, Mary Louisa, 14171C. W. 1832.
Stockton, Meribah, 19843C. W. & Cod. 1886. Inv. 1886.
Stockton, Monrow, 11631C. B. 35, p. 256. Wd. 1795.
Stockton, Monrow, 14327C. W. 1834. Inv. 1834.
Stockton, Obadiah, 12006C. B. 39, p. 461. Int. 1801. Inv. 1802.
Stockton, Patience, 12431C. Inv. 1809.
Stockton, Rachel A., 18334C. W. 1875. Inv. 1875.
Stockton, Rachel A., 21305C., W. 1896.
Stockton, Richard, 125C–127C. W. 1707. Inv. 1707.
Stockton, Richard, 5775C–5777C. Wd. 1756.
Stockton, Samuel, 12899C. W. 1816.
Stockton, Samuel, 12900C. W. 1816. Inv. 1816.
Stockton, Samuel, 13090C. Inv. 1819.
Stockton, Samuel, 15340C. W. 1847. Inv. 1847.
Stockton, Samuel, 17785C. W. 1871. Inv. 1871.
Stockton, Samuel, 19997C. W. 1887. Inv. 1887.
Stockton, Samuel W., 17919C. Inv. 1872.
Stockton, Samuel W., 20173C. Inv. 1888.
Stockton, Stacy, 12544C. W. 1811. Inv. 1811.
Stockton, Stacy, 15811C. W. 1852. Inv. 1852.
Stockton, Susan, 15008C. W. 1843. Inv. 1843.
Stockton, William, 10793C. B. 23, p. 176. W. 1781. Copy of Will.
Stockton, William, 12846C. Inv. 1815.
Stockton, William, 15098C. Inv. 1844.
Stockton, William Jr., 13765C. Inv. 1827.
Stockton, William C., 16316C. Inv. 1857.
Stockton, William N., 17011C. Inv. 1864.
Stockton, William W., 14466C. W. 1836. Inv. 1837.
Stoddard, Edward, 21306C. Inv. 1890.
Stoddard, William, 15099C. Inv. 1844.
Stoddard, William, 16198C. Inv. 1856.
Stokes, Abigail, 13027C. W. 1818. Inv. 1818.
Stokes, Abram Z., 21887C. Inv. 1900.
Stokes, Anna, 11696C. B. 35, p. 476. W. 1796. Inv. 1796.
Stokes, Anna N., 21056C. W. 1894. Inv. 1894.

Stokes, Anne, 14248C. Inv. 1833.
Stokes, Asher W., 17112C. W. 1865. Inv. 1865.
Stokes, Barclay, 15100C. W. 1844. Inv. 1844.
Stokes, Benjamin, 4355C–4358C. W. 1748. Inv. 1748.
Stokes, Benjamin R., 19152C. W. 1881. Inv. 1881.
Stokes, Caleb, 16588C. W. 1860. Inv. 1860.
Stokes, Chalkley, 19153C. Inv. 1881.
Stokes, Charles, 19278C. W. & Cod. 1882. Inv. 1882.
Stokes, Charles, 21733C. W. 1899. Inv. 1899.
Stokes, David, 13993C. W. 1830. Inv. 1830.
Stokes, Elizabeth, 4085C–4890C. W. 1751. Inv. 1751.
Stokes, Elizabeth, 19702C. W. & Cod. 1885. Inv. 1885.
Stokes, Elizabeth B., 18074C. W. 1873.
Stokes, Emma, 21888C. W. & Cod. 1900. Inv. 1901.
Stokes, Frances, 15624C. W. 1850. Inv. 1850.
Stokes, Hannah, 11521C. B. 33, p. 7. W. 1793. Inv. 1793.
Stokes, Hannah, 11752C. B. 37, p. 65. Int. 1797.
Stokes, Hannah H., 19400C. W. 1883.
Stokes, Hannah L., 18192C. W. 1874.
Stokes, Harriet, 18193C. W. 1874. Inv. 1874.
Stokes, Herbert N., 16400C. Inv. 1858.
Stokes, Hesekiah, 20906C. Inv. 1893.
Stokes, Hollinshead, 21057C. W. & Cod. 1894. Inv. 1894.
Stokes, Isaac, 15177C. W. 1845. Inv. 1845.
Stokes, Israel, 16671C. W. 1861. Inv. 1861.
Stokes, Janett, 17668C. Inv. 1870.
Stokes, Jarvis, 12191C. W. 1804. Inv. 1805.
Stokes, John, 4569C–4573C. W. 1749. Inv. 1749.
Stokes, John, 5237C–5238C, 523H. Int. 1753. Inv. 1753.
Stokes, John, 11404C. B. 32, p. 167. W. 1791. Inv. 1792.
Stokes, John, 15341C. W. 1847. Inv. 1847.
Stokes, John, 16009C. W. 1854. Inv. 1854.
Stokes, John, Sr., 11812C. B. 38, p. 24. W. 1798. Inv. 1798.
Stokes, John H., 12961C. Inv. 1817.
Stokes, John H., 18075C. W. 1873. Inv. 1873.
Stokes, John L., 13473C. Inv. 1824.
Stokes, Joseph, 6467C–6486C. W. 1759. Inv. (2) 1759. Acct. 1768.
Stokes, Joseph, 9271C–9275C. B. 15, p. 481. W. 1772. Inv. 1772.
Stokes, Joseph, 12142C. B. 40, p. 385. Int. 1803. Inv. 1803.
Stokes, Joseph, 12192C. Inv. 1804.
Stokes, Joseph, 15255C. W. 1846. Inv. 1846.
Stokes, Joseph, 15718C. W. 1851. Inv. 1851.
Stokes, Joseph, 16790C. W. 1862. Inv. 1862.
Stokes, Joseph, Jr., 8973C–8976C. B. 15, p. 104. Grd. 1771.
Stokes, Joseph W., 17237C. W. 1866. Inv. 1866.
Stokes, Joshua, 17333C. W. 1867. Inv. 1867.
Stokes, Joshua, Sr., 15342C. W. 1847.
Stokes, Mary, 15343C. W. 1847. Inv. 1847.
Stokes, Mary, 18335C. W. & Cod. 1875. Inv. 1875.
Stokes, Mary K., 21889C. W. 1900. Inv. 1900.
Stokes, Nathan H., 17921C. W. 1872.
Stokes, Nathaniel N., 18336C. W. 1875. Inv. 1875.

Sutton, Abigail H., 21734C. W. 1899. Inv. 1899.
Sutton, Bartholomew J., 20483C. W. 1890. Inv. 1890.
Sutton, Daniel, 321C, 323C. W. 1711. Inv. 1711.
Sutton, Daniel, 3997C–4000C. W. 1746.
Sutton, Edward, 21060C. W. 1894.
Sutton, Elizabeth, 11136C. B. 28, p. 71. W. 1786. Inv. 1786.
Sutton, Garret, 16292C. W. 1857.
Sutton, Jane, 7177C. Wd. 1761.
Sutton, John J., 13681C. Inv. 1826.
Sutton, John J., 21059C. W. & Cod. 1894. Inv. 1894.
Sutton, Mary, Sr., 6491C–6496C, 7182C–7184C. B. 9, p. 305. W. 1759. Inv. 1759. Acct. 1761.
Sutton, Rachel M., 17335C. W. 1867. Inv. 1867.
Sutton, Robert, 8083C–8090C. W. 1766. Int. 1766, Inv. 1766.
Sutton, Robert J., 15180C. W. 1845. Inv. 1845.
Sutton, Sophia G., 21586C. W. 1898. Inv. 1898.
Sutton, Susan H., 21735C. W. 1899. Inv. 1899.
Sutts, Anna, 12606C. W. 1812.
Sutts, Jonathan, 14715C. Inv. 1839.
Sutts, Joseph, 10722C. B. 22, p. 29. Int. 1779.
Sutts, Mary, 16001C. Inv. 1854.
Sutts, William, 14084C. Inv. 1831.
Sutvan, Jacob, 14249C. Inv. 1833.
Suydam, Peter L., 19534C. Inv. 1884.
Suydam, Sarah L., 20316C. W. 1889.
Swaim, Harriet A., 17114C. W. 1865. Inv. 1865.
Swaim, John, 18889C. Inv. 1879.
Swaim, Thomas, 16672C. W. 1851. Inv. 1861.
Swain, Aaron, 11405C. B. 32, p. 170. W. 1791. Inv. 1791.
Swain, Gilbert L., 19155C. W. 1881. Inv. 1881.
Swain, John, 4144C–4145C, 3438H. Int. 1746. Acct. 1747.
Swain, Maria D., 18890C. W. 1879.
Swain, Samuel, 11316C. B. 31, p. 321. Int. 1789. Inv. 1789. Ren. 1789.
Swain, Samuel, 15625C. W. 1850. Inv. 1850.
Swain, William, 18614C. Inv. 1877.
Swann, Elizabeth A., 18613C. W. 1877. Inv. 1877.
Swanson, William, 19281C. W. 1882. Inv. 1882.
Sweeten, William, 4343C. Wd. 1748.
Swem, William, 14716C. W. 1839. Inv. 1839.
Swift, Ann, 16676C. W. 1861. Inv. 1861.
Swiggett, Henrietta, 14717C. W. 1839. Inv. 1839.
Swiggett, Mary E., 14541C. W. 1837. Inv. 1837.
Sykes, Anthony, 13220C. W. 1821. Inv. 1822.
Sykes, Anthony, Sr., 10912C. B. M, p. 289. W. 1783. Inv. 1783. Ren. 1787.
Sykes, Benjamin, 12070C. B. 40, p. 62. Int. 1802. Inv. 1802.
Sykes, Benjamin, 17115C. Inv. 1865.
Sykes, Benjamin, Jr., 12008C. B. 39, p. 304. Int. 1801. Inv. 1801.
Sykes, George, 19019C. Inv. 1880.
Sykes, John, 9059C–9062C. B. 15, p. 291. W. & Cod. 1771.
Sykes, John, 18485C. W. 1876.
Sykes, Katharine, 14467C. W. & Cod. 1836. Inv. 1840.

Sykes, Lydia B., 15626C. Inv. 1850.
Sykes, Mary, 12546C. W. 1811.
Sykes, Mary, 15627C. W. 1850. Inv. 1850.
Sykes, Rebecca, 18196C. W. 1874. Inv. 1874.
Sykes, Samuel, 13931C. W. 1829.
Sykes, Thomas, 16010C. W. 1854.
Symonds, John, 11948C. B. 38, p. 52. W. 1800.

Taaff, Brien, 20317C. Inv. 1889.
Tage, Benjamin, 15903C. W. 1853. Inv. 1853.
Tage, William, 16403C. W. & Cod. 1858. Inv. 1858.
Taggart, Samuel, 14085C. Inv. 1831.
Talbart, William, 3529C–3534C. Int. 1742. Inv. 1742. Lt. 1742.
Talbert, Abraham S., 14937C. Inv. 1842.
Talbert, Ann P., 18486C. W. & Cods. 1876. Inv. 1876.
Talbert, Elizabeth, 17557C. W. 1869. Inv. 1869.
Talbert, Grace, 11813C. B. 38, p. 140. Grd. 1798.
Talbert, Jonathan, Ann, Abraham, Elizabeth, 11813C. B. 38, pp. 37, 140. Wds. 1798.
Talbert, Rachel, 11317C. B. 31, p. 312. W. 1789.
Talbert, Thomas, 11813C. B. 38, p. 37. Grd. 1798.
Talbert, William, 11814C. B. 38, p. 37. Int. 1798. Inv. 1804. Ren. 1798.
Talbott, Robert, 1365–1372C. Int. 1725. Inv. 1726. Lt. 1725.
Tallman, Agnes, 17015C. W. 1864. Inv. 1864.
Tallman, Augustine, 10754C. B. 23, p. 210. Int. 1780.
Tallman, Beulah, 14542C. W. 1837. Inv. 1837.
Tallman, B. Frank, 21587C. W. 1898. Inv. 1898.
Tallman, Francis A., 15719C. Inv. 1851.
Tallman, Joseph, 13221C. W. 1821. Inv. 1821.
Tallman, Joseph, Jr., 12771C. Inv. 1814.
Tallman, Mary, 16497C. W. 1859.
Tallman, Peter, 11137C. B. 28, p. 77. Int. 1786. Ren. 1786.
Tallman, Thomas, 9063C–9067C. Adm. 306, 307. B. 14, p. 411. Int. 1771. Inv. 1773. Cert. 1771.
Tallman, Thomas W., 10723C. B. 22, p. 70. Wd. 1779. Pt. 1779.
Tallman, Thomas W., 12237C. W. 1805. Declaration, 1805.
Talman, Hannah, 9283C–9286C. B. 14, p. 423. Grd. 1772.
Talman, Job, 6171C–6174C. B. 9, p. 62. W. 1758.
Talman, Joseph, Sr., 10986C. B. 25, p. 510. W. 1784.
Talman, Thomas W., 10913C. B. 24, p. 217. Wd. 1783.
Talman, Thomas Woodmansee, 9283C–9286C. B. 14, p. 423. Wd. 1772.
Tanier, Thomas S., 20910C. W. 1893.
Tanner, John, 11356C. B. 32, p. 83. W. 1790. Int. 1790. Inv. 1790.
Tanser, Margaret, 18487C. W. 1876.
Tantum, George B., 15822C. W. 1852. Inv. 1852.
Tantum, John, 3535C–3540C. W. 1742. Inv. 1742.
Tantum, John, 13028C. Inv. 1818.
Tantum, John, Jr., 3180C–3184C. W. 1739. Inv. 1739.

Taylor, Sarah L., 18200C. W. & Cod. 1874. Inv. 1874

Taylor, Stacy, 11700C. B. 35, p. 485. W. 1796. Inv. 1796.

Taylor, Stacy, 20174C. W. 1888. Inv. 1888.

Taylor, Stacy B., 21162C. Inv. 1896.

Taylor, Tabitha, 18490C. W. 1876. Inv. 1876.

Taylor, Thomas, 5095C-5100C, 7344C-7347C. B. 7, p. 194. W. 1752. Inv. 1752. Acct. 1759.

Taylor, Thomas, 13841C. W. 1828. Inv. 1828.

Taylor, Thomas, 16199C. W. 1856. Inv. 1856.

Taylor, Thomas, 16885C. Inv. 1863.

Taylor, Thomas, 21737C. W. 1899. Inv. 1899.

Taylor, Thomas, Jr., 15256C. W. 1846. Inv. 1846.

Taylor, Thomas, Sr., 13683C. W. 1826. Inv. 1826.

Taylor, Thomas R., 18201C. W. 1874. Inv. 1874.

Taylor, Wesley, 19158C. Inv. 1881.

Taylor, Wilhelmina, 21197C. Inv. 1895.

Taylor, William, 4575C-4583C. Adm. 58. Int. 1749. Inv. 1749. List of debts, 1749. Acct. 1749.

Taylor, William, 12682C. Inv. 1813.

Taylor, William, 15905C. Inv. 1853.

Taylor, William, 16404C. Inv. 1858.

Taylor, William, Jr., 14875C. Inv. 1841.

Taylor, William, Sr., 3645C-3650C. W. (2) 1756. Inv. 1756.

Taylor, William, Sr., 15541C. W. 1849. Inv. 1849.

Taylor, William C., 16796C. W. 1862. Inv. 1862.

Taylor, William S., 16884C. Inv. 1863.

Taylor, William S, 19709C. Inv. 1885.

Taylor, Zephaniah, 11262C. B. 30, p. 59. Int. 1788. Inv. 1789.

Temple, J. Lowler, 21894C. W. 1900. Inv. 1900.

TenEyck, John C., 18893C. W. 1879. Inv. 1879.

TenEyck, Sarah, 16013C. W. 1854.

Tennent, Gilbert, 8265C-8277C. W. 1767. Int. 1767. Inv. 1767. Certificate 1767.

Territt, Samuell, 545C-549C. W. 1714. Inv. 1718.

Tesnow, John H., 21738C. W. 1899.

Thacher, Watson F., 21895C. W. 1900.

Thackara, Elizabeth, 19020C. W. 1880.

Tippenhauer, Charles H., 20623C. Inv. 1891.

Thomas, Absalom, 11470C. B. 34, p. 406. Int. 1792. Inv. 1792.

Thomas, Ann W., 18757C. W. 1878. Inv. 1878.

Thomas, Anna L., 19159C. Inv. 1881.

Thomas, Benjamin, 10723C. B. 22, p. 70. Grd. 1779. Pt. 1779.

Thomas, Benjamin, 10914C. B. 25, p. 96. Int. 1783. Inv. 1783.

Thomas, Benjamin, 17790C. W. 1871. Inv. 1871.

Thomas, Ellen, 21062C. W. 1894.

Thomas, Elton, 16498C. Inv. 1859.

Thomas, Francis, 18198C. W. 1874. Inv. 1874.

Thomas, George, 13091C. Inv. 1819.

Thomas, George W., 21447C. W. & Cod. 1897.

Thomas, Harriet, 19537C. W. 1884. Inv. 1884.

Thomas, Henrietta G., 19710C. W. 1885. Inv. 1885.

Thomas, John, 4747C-4749C. W. 1750. Inv. 1750.

Thomas, Joseph, 4751C-4752C. Int. 1750.

Thomas, Joseph, 17016C. W. 1864. Inv. 1864.

Thomas, Joseph L., 16201C. W. 1856. Inv. 1856.

Thomas, Joseph L., Sr., 21063C. Inv. 1894.

Thomas, Joseph M., 19847C. Inv. 1886.

Thomas, Lewis, 2175-2180C. Int. 1731. Inv. 1731.

Thomas, Mary, 20777C. Inv. 1892.

Thomas, Nathaniel, 5525C-5528C. B. 7, p. 502. W. 1754.

Thomas, Olivia R., 21739C. W. & Cod. 1899.

Thomas, Philip, 3077-3082C. Int. 1738. Inv. 1738. Ren. 1738.

Thomas, Rebecca, 17118C. W. 1865. Inv. 1865.

Thomas, Robert, Adm. 324. B. 15, p. 524. Int. 1774.

Thomas, Robert, 11523C. B. 33, p. 54. Int. 1793.

Thomas, Robert, 18894C. W. 1879. Inv. 1879.

Thomas, Rowland, 11406C. B. 32, p. 180. Int. 1791. Inv. 1791.

Thomas, Sarah, 13684C. Inv. 1826.

Thomas, Seth, 13380C. Inv. 1823.

Thomas, Solomon, 12608C. Inv. 1812.

Thomas, William, 11263C. B. 30, p. 8. W. 1788. Inv. 1788.

Thomas, William F., 20775C. W. 1892. Inv. 1892.

Thomason, John, 19021C. W. 1880. Inv. 1880.

Thompson, Alexander, Sr., 15542C. W. 1849. Inv. 1849.

Thompson, Alfred, 17460C. W. 1868. Inv. 1868.

Thompson, Andrew, 10987C. B. 25, p. 536. Int. 1784.

Thompson, Ann, 15181C. Inv. 1845.

Thompson, Arthur, 13154C. Inv. 1820.

Thompson, Arthur H., 15347C. Inv. 1847.

Thompson, Edward T., 21311C. W. 1896.

Thompson, Elias, 15348C. W. 1847. Inv. 1847.

Thompson, Elizabeth, 9773C-9776C. B. 17, p. 52. W. 1774.

Thompson, Elizabeth, 14784C. W. 1840. Inv. 1840.

Thompson, George, 14721C. W. 1839.

Thompson, Hannah, 15820C. W. 1852. Inv. 1852.

Thompson, Hannah, 19160C. W. 1881. Inv. 1881.

Thompson, Henry, 6833C-6834C, 7185C-7189C. Adm. 338, 348. B. 10, pp. 102, 171. Int. 1760, 1761. Inv. 1760, 1761. Acct. 1762.

Thompson, Henry, 14251C. Inv. 1833.

Thompson, John, 6497C-6502C, 6828C-6831C. B. 9, p. 280. W. 1759. Inv. 1759. Acct. 1760.

Thompson, John, 12336C. Inv. 1807.

Thompson, John M., 14172C. Inv. 1832.

Thompson, Joseph, 15442C. Inv. 1848.

Thompson, Mary R., 17558C. W. 1869.

Thompson, Nelson D., 17022C. Inv. 1872.

Thompson, Nicholas S., 16112C. Inv. 1855.

Thompson, Rachel, 13305C. W. 1822. Inv. 1822.

Thompson, Rachel A., 21588C. W. 1898.

Thompson, Samuel, 16406C. W. 1858. Inv. 1858.

Thompson, Susanna S., 21198C. W. 1895.

Thompson, Thomas, 3651C-3654C. W. 1743. Inv. 1743.

Thompson, Thomas, 11634C. B. 35, p. 207. W. 1795. Inv. 1795.

Thompson, Thomas, 12963C. W. 1817. Inv. 1817.

Thompson, Thomas T., 17670C. W. 1870. Inv. 1870.

Thompson, William, 15722C. Inv. 1851.
Thomson, James, 2027C. W. 1733.
Thorn, Anthony, 18758C. W. 1878. Inv. 1878.
Thorn, Benjamin, 11208C. B. 29, p. 73. Int. 1787. Inv. 1787.
Thorn, Benjamin, 14876C. Inv. 1841.
Thorn, Benjamin, 15257C. Inv. 1846.
Thorn, Edith, 17671C. W. 1870. Inv. 1870.
Thorn, Edward, 19022C. W. 1880. Inv. 1880.
Thorn, Enoch, 14331C. Inv. 1834.
Thorn, Isaac, 14544C. W. 1837. Inv. 1837.
Thorn, Isaac, 21740C. Inv. 1899.
Thorn, Isaac, Jr., 14877C. W. 1841. Inv. 1841.
Thorn, James, 12072C. B. 40, p. 154. Int. 1802. Inv. 1802.
Thorn, John, 6504C–6508C. B. 9, p. 213. W. 1759. Inv. 1759.
Thorn, John, 11701C. B. 35, p. 412. W. 1796. Inv. 1796.
Thorn, John, 12337C. Inv. 1807.
Thorn, Joseph, 4277C. Grd. 1748.
Thorn, Joseph, 10043C–10046C. B. 17, p. 114. W. 1774.
Thorn, Thomas, Joseph, 8279C–8281C. Grds. 1767.
Thorn, Katharina, 8091C–8094C. W. 1766. Inv. 1766.
Thorn, Langhorne, 15010C. Inv. 1843.
Thorn, Samuel, 10525C–10528C. B. 18, p. 144. W. 1777. Inv. 1777.
Thorn, Sarah, Thomas, 12009C. B. 39, p. 305. Wds. 1801. Tr. 1801.
Thorn, Tacy, 14545C. W. 1837. Inv. 1837.
Thorn, Thomas, 7869C–7876C. Acct. 1766. Ren. 1765.
Thorn, Thomas, 11209C. B. 29, p. 38. W. 1787. Inv. 1787.
Thorn, Thomas, 12010C. B. 39, p. 233. Int. 1801. Inv. 1801.
Thorn, Thomas, 16113C. W. 1855. Inv. 1855.
Thorn, Thomas, Joseph, 9587C–9590C. B. 14, p. 517. Grd. 1773.
Thorn, William, 3541C–3546C. W. 1742. Inv. 1742.
Thorn, William 12382C. W. 1808. Inv. 1808.
Thorne, John, 3041–3046C. W. 1737. Inv. 1737.
Thorne, Mary R., 20778C. Inv. 1892.
Thorne, Thomas, 8095C–8098C. Adm. 261. B. 12, p. 154. Int. 1765. Inv. 1767.
Thornton, James, 20913C. Inv. 1893.
Thornton, John, 20914C. W. 1893. Inv. 1893.
Thornton, Mary, 17119C. Inv. 1865.
Thornton, Samuel C., 16405C. Inv. 1858.
Thornton, Samuel C., 20175C. W. 1888.
Thornton, Susan S., 21064C. W. 1894.
Throp, Thomas, 12383C. W. & Cod. 1808. Inv. 1808.
Tice, Ziba K., 19161C. W. 1881.
Tiel, William, 16011C. W. 1854. Inv. 1854.
Tietze, Oscar, 21741C. W. 1899.
Tilier, Charles, 17338C. W. 1867. Inv. 1867.
Tillton, Elizabeth, 11070C. B. M, p. 298. W. 1785. Inv. 1785. Ren. 1785.
Tilmon, Alexander, 19538C. W. 1884. Inv. 1884.
Tilton, Abraham, 7349C–7358C. B. 11, p. 217. W. 1762. Int. 1762. Inv. 1762.
Tilton, Abraham, Jr., 8279C–8281C, 9587C–9590C, 10915C. B. 14, p. 517; B. 24, p. 219. Wd. 1767, 1773. Acct. 1783.
Tilton, Abraham, Sr., 14470C. W. 1836. Inv. 1836.

Tilton, Jediah, 10529C–10534C. W. 1777. Inv. 1777.
Tilton, Josiah B., 20915C. Inv. 1893.
Tilton, Lucy, 10047C–10050C. Int. 1775. Inv. 1775.
Tilton, Nathan, 20001C. W. 1887. Inv. 1887.
Tilton, Patience, Adm. 40. Int. 1748.
Tilton, Rhoda, 13842C. W. & Cod. 1828. Inv. 1828.
Tilton, Samuel, 19283C. W. 1882. Inv. 1882.
Timings, Ann T., 21065C. Inv. 1894.
Timings, John B., 21589C. W. 1898. Inv. 1899.
Timings, Philip C., 18759C. Inv. 1878.
Timson, George, 1915C–1917C. B. 3, p. 35. Int. 1729. Inv. 1729.
Tindall, Achsa, 13476C. W. 1824. Inv. 1824.
Tindall, Amy, 19284C. W. 1882. Inv. 1882, 1883.
Tindall, John W., 16295C. Inv. 1857.
Tindall, Thomas, 551C–555C. W. 1714. Inv. 1714.
Tindall, Thomas, 621C–624C. W. 1715.
Tindill, Sarah, 20776C. W. 1892. Inv. 1892.
Titus, Phebe L., 19285C. W. 1882.
Tole, John E., 20002C. W. 1887.
Tole, Mary, 20321C. W. 1889.
Tomlinson, Abner B., 17017C. W. 1864. Inv. 1864.
Tomlinson, Annie M., 19848C. W. 1886. Inv. 1886.
Tomlinson, Elizabeth H., 16589C. W. 1860. Inv. 1860.
Tomlinson, John, 16294C. W. 1857. Inv. 1857.
Tomlinson, John H., 16499C. W. 1859. Inv. 1859.
Tomlinson, Joshua, 18338C. W. 1875. Inv. 1875.
Tomlinson, Keziah, 16407C. W. 1858. Inv. 1858.
Tompkins, Ezra C., 18339C. W. 1875. Inv. 1875.
Tompson, Henry, 2873–2876C. W. 1735. Inv. 1735.
Toms, Joseph H., 20486C. Inv. 1890.
Tonkin, Edward, 8453C–8459C, 9778C–9784C. B. 14, p. 539. Inv. 1768. Acct. 1774.
Tonkin, Edward, 11138C. B. 28, p. 53. W. 1786. Inv. 1786.
Tonkin, Edward, 9801I. B. 13, p. 371. W. 1768.
Tonkin, Hephzibah, 12964C. W. 1817. Inv. 1817.
Tonkin, John, 2877–2878C. W. 1735.
Tonkin, Mary, 11261C. B. 29, p. 548. W. 1788. Inv. 1788.
Tonkin, Mary, 13381C. Inv. 1823.
Tonkins, Susannah, 3833C–3835C. Adm. 10. Int. 1745. Inv. 1745.
Tonner, Edward, 14173C. Inv. 1832.
Townsend, Barclay B., 19539C. Inv. 1884.
Townsend, Benjamin, 16797C. Inv. 1862.
Townsend, Deborah, 4147C–4149C. W. 1747. Ren. 1747.
Townsend, Firman, 17672C. Inv. 1870.
Toy, Abigail, 16500C. W. 1859. Inv. 1859.
Toy, Anna J., 18617C. Inv. 1877.
Toy, Caroline, 21199C. W. 1895.
Toy, Daniel Sr., 8461C–8464C. W. 1768. Inv. 1768.
Toy, Edward, 21896C. W. & Cod. 1900. Inv. 1900.

Toy, Elias, 935C. Inv. 1720.
Toy, Elias, 7583C–7584C, 10215C. Adm. 231.
B. 11, p. 301. Int. 1763. Inv. 1763. Acct.
1779.
Toy, Elias, 10213C. B. 16, p. 488. Int. 1776.
Toy, Elias, 13092C. W. 1819. Inv. 1819.
Toy, Elizabeth, 18618C. Inv. 1877.
Toy, Elizabeth R., 19023C. W. 1880. Inv.
1880.
Toy, Frederick, 3547C–3552C. W. 1742. Inv.
1742.
Toy, Frederick, 4151C–4153C. W. 1747.
Toy, Hannah, 13574C. W. 1825. Inv. 1825.
Toy, Hezekiah, 13155C. Inv. 1820.
Toy, Hezekiah, Sr., 12482C. W. 1810. Inv.
1810.
Toy, Isaiah, 12609C. W. 1812. Inv. 1812.
Toy, Isaiah, 3837C–3842C. W. 1745. Inv.
1745.
Toy, Isaiah, 16741C. W. 1862. Inv. 1863.
Toy, Jacob, 13933C. Inv. 1829.
Toy, James, Sr., 11210C. B. 29, p. 59. W.
1787. Inv. 1787.
Toy, John, 19711C. W. 1885.
Toy, Margaret, 8825C–8828C. W. 1770. Inv.
1770.
Toy, Margaret, 10988C. B. 25, p. 533. W.
1784. Inv. 1784.
Toy, Mary, 14086C. W. 1831. Inv. 1831.
Toy, Nicholas, 6183C–6188C. B. 9, p. 75. W.
1758. Inv. 1758.
Toy, Nicholas, 15349C. Inv. 1847.
Toy, Rachel, 16202C. W. 1856.
Toy, Rhoda, 12144C. B. 40, p. 344. W. 1803.
Inv. 1803.
Toy, Thomas, 16012C. Inv. 1854.
Toy, Thomas S., 15011C. Inv. 1843.
Toye, Cordelia L., 21897C. Inv. 1900.
Tracey, William, 20176C. W. 1888.
Tracy, Mary, 20779C. Inv. 1892.
Trappe, Frederick, 20177C. Inv. 1888.
Trego, Smith E., 17337C. Inv. 1867.
Trent, William, 1211–1216C, 1433C–1448C. Int.
1724. Inv. 1726, 1727. Ren. 1724.
Trimble, Sarah A., 18760C. Inv. 1878.
Tripler, John K., 21448C. W. 1897. Inv. 1897.
Tripp, James, 16590C. W. 1860. Inv. 1860.
Troath, William, 3303C–3308C. W. 1740. Inv.
1740.
Troth, Amos, 14785C. W. 1840. Inv. 1840.
Troth, Edith, 15102C. W. 1844. Inv. 1844.
Troth, Elizabeth, 7191C–7200C. B. 10, p. 215.
W. 1761. Inv. 1761. Acct. 1762.
Troth, Esther, 12847C. W. 1815. Inv. 1815.
Troth, Isaac, 10916C. B. 25, p. 49. W. &
Cod. 1783. Inv. 1783.
Troth, Isaac, 14332C. W. 1834. Inv. 1834.
Troth, Job, 11318C. B. 31, p. 322. Wd. 1789.
Troth, John, 18078C. Inv. 1873.
Troth, John, Jr., 12848C. Inv. 1815.
Troth, John T., 16533C. Inv. 1860.
Troth, Levi, 15543C. Inv. 1849.
Troth, Levi, 21742C. W. & Cod. 1899. Inv.
1900.
Troth, Lydia, 11815C. B. 38, p. 35. Int. 1798.
Inv. 1799.
Troth, Mary, 16887C. W. 1863.
Troth, Paul, 3083–3088C. W. 1738. Inv. 1738.
1738.
Troth, Rebecca, 15443C. W. 1848. Inv. 1848.
Troth, Samuel, 13382C. Inv. 1823.
Troth, William, 12384C. W. 1808. Inv. 1809.
Troth, William, 20487C. W. 1890. Inv. 1890.
Trott, John, 12683C. Inv. 1813.

Trotter, Thomas C., 13222C. W. 1821. Inv.
1821.
Trout, Christopher, 14252C. Inv. 1833.
Trout, Jacob, 13934C. Inv. 1829.
Trout, John, Adm. 141. B. 8, p. 65. Int. 1754.
Trout, John, 5529C–5530C. Inv. 1754.
Trout, Joseph K., 16675C. W. 1861.
Trout, William, 15258C. Inv. 1846.
Trouts, Christopher, 10535C–10540C. B. 18,
p. 609. Int. 1777. Inv. 1777. Ren. 1777.
Troxell, Charles, 19406C. W. 1883.
Truax, Collin, 19540C. W. 1884. Inv. 1884.
Tucker, Ebenezer, 15182C. Inv. 1845.
Tucker, Elizabeth S. L., 18202C. W. 1874.
Inv. 1874.
Tucker, George W., 15544C. W. & Cods. 1849.
Inv. 1849.
Tucker, Reuben, 12483C. Inv. 1810.
Tuckness, Henry, 6509C–6510C. B. 9, p. 287.
W. 1759.
Tuckney, Henry, 557C, 561C, 625C. W. 1714.
Inv. 1714.
Tuckney, Robert, 3047C. Int. 1737.
Tudor, Andrew, 19712C. W. 1885. Inv. 1885.
Tudy, Bristol, 12385C. Inv. 1808.
Tule, Harriet P., 17461C. Inv. 1868.
Tuley, John, 11702C. B. 35, p. 488. Int. 1796.
Inv. 1797.
Tuley, Mary, 11753C. B. 37, p. 70. Grd. 1797.
Tr. 1797.
Tuley, Thomas, 4003C–4008C. W. 1746. Inv.
1746.
Tuley, Thomas, 11703C. B. 35, p. 491. Wd.
1796.
Tuley, William, Ann, Jonathan, Mary, Patty,
11753C. B. 37, p. 70. Wds. 1797. Tr. 1797.
Tuly, Jonathan, 8465C–8470C, 9069C–9071C.
B. 13, p. 426; B. 14, p. 409. W. 1768. Inv.
1771. Acct. 1771.
Turner, Absalom, 10051C–10052C. Adm. 333.
B. 15, p. 527. Int. 1775. Inv. 1775.
Turner, Elijah, 11264C. B. 30, p. 57. Int.
1788.
Turner, George, 6835C–6839C. B. 10, p. 15.
W. 1760. Inv. 1760.
Turner, Hannah, 16200C. W. 1856. Inv. 1856.
Turner, Henry, 20916C. W. 1893. Inv. 1893.
Turner, John, 3185C–3188C. Int. 1739. Inv.
1739.
Turner, Joseph, 20322C. W. 1889.
Turner, Rachael, 18203C. W. 1874.
Turner, William, 14878C. Inv. 1841.
Tuttle, Daniel, Adm. 317. B. 14, p. 524. Int.
1773.
Tweed, Jane F., 17923C. W. 1872. Inv. 1872.
Tweedale, Samuel, 21066C. W. 1894.
Tweedy, Nathaniel, 8829C–8832C. B. 15, p.
3. Int. 1770.
Tyler, John, 5779C–5781C. Grd. 1756.
Tyler, Richard R., 13575C. W. 1825.
Tyson, Ann., 14471C. W. 1836. Inv. 1836.
Memorandum 1836.
Tyson, Esther, 10671C–10674C. W. 1778. Inv.
1778.
Tyson, Maria, 13093C. Inv. 1819.

Underhill, Ira B., 16317C. W. 1857. Inv.
1858.
Ungerer, Charles C., 21312C. W. 1896.
Unkle, Joseph, 13477C. W. 1824. Inv. 1824.
Updike, Mary, 18082C. Inv. 1873.
Updike, Robert A., 17240C. Inv. 1866.
Updike, Samuel, 11704C. B. 35, p. 487. Int.
1796. Inv. 1796.

Vanskiver, William, 10053C–10061C. B. 17, p. 243. W. 1775. Int. 1775. Ren. (2) 1775.
Vantilberg, Sophia, 16743C. Inv. 1862.
Vanvane, Henry, 21200C. W. 1895. Inv. 1895.
VanWagoner, Julia A., 20920C. W. 1893.
Van Wyck, Mary, 15259C. W. 1846. Inv. 1846.
Vanzandt, Joseph, 13156C. Inv. 1820.
Varney, Margaret B., 21070C. Inv. 1894.
Vaughn, Caleb B., 20324C. W. 1889.
Vaughn, Samuel, 11140C. B. 28, p. 81. Wd. 1786.
Veldran, James, 18619C. W. 1877. Inv. 1877.
Veldran, Rachel, 18765C. Inv. 1878.
Venable, Arthur, 11524C. B. 33, p. 52. Int. 1793. Inv. 1793.
Venable, Caroline, 20179C. W. 1888. Inv. 1888, 1890.
Venable, Joseph, 11884C. B. 38, p. 365. Int. 1799. Inv. 1799.
Venable, Josiah, 17559C. W. 1869. Inv. 1869.
Venable, Margaret J., 18764C. Inv. 1878.
Venable, Mary S., 18491C. W. & Cod. 1876. Inv. 1876.
Venable, Miriam, 18079C. W. 1873.
Venable, Rebecca, 14879C. Inv. 1841.
Venable, Rebecca, 19286C. W. 1882. Inv. 1882.
Venable, Thomas, 9785C–9788C. B. 15, p. 522. Inv. 1774.
Venable, Thomas, 10917C. B. 24, p. 204. W. 1783. Inv. 1783.
Venable, William, 19713C. W. 1885.
Venicomb, Ann E., 20325C. W. 1889. Inv. 1889.
Venicomb, Francis, 11071C. B. M, p. 308. W. 1785. Inv. 1785.
Venicomb, Joseph E., 18620C. W. 1877. Inv. 1877.
Venicomb, William, 843C, 847C. W. 1719. Inv. 1719.
Venicomb, William, 12011C. B. 39, p. 220. Int. 1801.
Venicomb, William, 12967C. W. 1817. Inv. 1817,
Venicomb, William E., 14547C. Inv. 1837.
Vennel, Samuel A., 21899C. W. 1900. Inv. 1900.
Verner, David, 21317C. Inv. 1896.
Vernon, George, 20780C. W. 1892. Inv. 1892.
Vernon, James, 11705C. B. 35, p. 462. W. 1796.
Vernon, John, 10541C–10542C. B. 18, p. 597. Int. 1777.
Vernon, Joseph, 18492C. W. 1876. Inv. 1876.
Verree, James, 4891C–4898C. W. & Cod. 1751. Inv. 1751.
Verree, James, 11706C. B. 35, p. 458. W. 1796. Inv. 1797.
Verry, Elizabeth, 14787C. W. 1840.
Vickery, William B., 20489C. W. 1890. Inv. 1890.
Vincent, Sarah W., 16502C. Inv. 1859.
Voorhees, Ann, 12074C. B. 40, p. 62. Wd. 1802.
Voorhees, Daniel J., 18766C. Inv. 1878.
Voorhees, Elias, 14548C. W. 1837. Inv. 1837.
Voorhees, Frederick, 19714C. W. 1885. Inv. 1885.
Voorhees, Hannah H., 20781C. W. 1892.
Voorhees, Lizzie M. B., 20625C. W. 1891. Inv. 1891.

Voorhees, Ruliph, 11885C. B. 38, p. 366. Int. 1799. Inv. 1802.
Voorhies, John, 11707C. B. 35, p. 488. Int. 1796. Inv. 1796.
Voorhis, Abraham, 21071C. W. 1894.
Voss, Gustave, 21316C. W. 1896.

Wade, Patrick, 15183C. Inv. 1845.
Wadlin, Anthony, 8841C–8842C. B. 15, p. 47. Int. 1770.
Wagner, Joseph, 17791C. Inv. 1871.
Wainright, George, 1925C. W. 1729.
Wainright, William, 14087C. Inv. 1831.
Wainrite, Mary, 5531C–5534C. B. 8, p. 100. W. 1754. Inv. 1754.
Wainwright, Edwin, 21900C. Inv. 1900.
Wainwright, Joel, 17562C. W. 1869.
Wainwright, John A., 16016C. Inv. 1854.
Wainwright, Mary, 19853C. W. 1886. Inv. 1886.
Wainwright, Nicholas, 5101C–5106C. W. 1752. Inv. 1753.
Wainwright, Thomas, 18084C. W. 1873. Inv. 1873.
Wakefield, Thomas, 89C, 741C. Grd. 1705. Bond 1706.
Walker, Ann, 13686C. W. 1826. Inv. 1826.
Walker, Benjamin, 3849C–3852C. Adm. 8. Int. 1745, 1753. Inv. 1745.
Walker, David, 6208C–6212C, 10685C. B. 9, p. 136. W. 1758. Inv. 1758. Copy of Will.
Walker, DeLancey G., 21901C. Inv. 1900.
Walker, Eliza G., 21450C. Inv. 1897.
Walker, Emily P., 17795C. W. 1871. Inv. 1871.
Walker, John V. L., 12968C. W. 1817. Inv. 1818.
Walker, John W., 15814C. Inv. 1852.
Walker, Joseph, 12684C. W. 1813. Inv. 1813.
Walker, Joseph, 17563C. W. 1869. Inv. 1869.
Walker, Margaret, 12774C. Inv. 1814.
Walker, Phebe, 4365C. 4368C. W. & Copy 1748. Inv. 1748.
Walker, Richard, 5239C–5242C, 10686C. B. 7, p. 359. W. 1753. Inv. 1753. Copy of Will.
Wall, Ann M., 15351C. W. 1847.
Wall, Humphrey, 12012C. B. 39, p. 267. Int. 1801. Inv. 1801.
Wall, Humphrey, 12484C. W. 1810. Inv. 1810.
Wallace, Albert, 21744C. Inv. 1899.
Wallace, Anna, 15907C. Inv. 1853.
Wallace, Benjamin, 16409C. Inv. 1858.
Wallace, Charles, 19542C. Inv. 1884.
Wallace, Eliza B., 16680C. W. & Cod. 1861. Inv. 1862.
Wallace, Elizabeth, 19162C. W. 1881.
Wallace, Hope, Mary, 9592C–9594C. B. 15, p. 496. Wds. Acct. 1773.
Wallace, Jane, 20490C. W. 1890. Inv. 1890.
Wallace, John, 11754C. B. 37, p. 50. W. 1797. Inv. 1797.
Wallace, John, 12775C. Inv. 1814.
Wallace, John, 21451C. W. 1897. Inv. 1897.
Wallace, John, Jr., 11949C. B. 39, p. 73. Wd. 1800.
Wallace, John, Sr., 10217C–10220C, 10839C. B. 17, p. 347; B. 24, p. 215. W. 1776. Int. (2) 1782. Inv. 1782.
Wallace, John S., 17564C. Inv. 1869.
Wallace, Martha, Isaac, 11886C. B. 38, p. 367. Wds. 1799.
Wallace, Philip, 9789C–9790C, 10840C. Adm. 323. B. 15, p. 523; B. 23, p. 211. Int. 1774. Inv. 1774. Acct. 1782.

Wallace, Philip, Jr., 5107C–5110C. Int. 1752. Inv. 1752.

Wallace, Rachel B., 15445C. W. 1848. Inv. 1848.

Wallace, Samuel, 11407C. B. 32, p. 182. Int. 1791. Inv. 1791.

Wallace, Samuel, 14788C. Inv. 1840.

Wallace, Smith B., 21072C. W. 1894. Inv. 1894.

Wallace, Sybilla, 16890C. Inv. 1863.

Wallace, Thomas, 9592C–9594C. B. 15, p. 496. Acct. 1773.

Wallace, Thomas, 11886C. B. 38, p. 367. Grd. 1799.

Wallace, Thomas, 11949C. B. 39, p. 73. Grd. 1800.

Wallace, Thomas, 14174C. Inv. 1832.

Wallace, Thomas, 14472C. Inv. 1836.

Wallace, Thomas, Sr., 6195C–6206C. B. 9, p. 139. W. 1758. Inv. 1758. Acct. 1767.

Wallace, William, 9287C–9292C. B. 15, p. 424. W. 1772. Inv. 1772.

Wallace, William, 11708C. B. 35, p. 475. W. 1796.

Wallace, William, 15908C. Inv. 1853.

Wallan, Elizabeth, 16679C. Inv. 1861.

Wallin, John, Adm. 282. B. 13, p. 105. Int. 1767. Ren. 1767.

Walling, Anna, 12432C. W. 1809. Inv. 1809.

Walling, Joseph, 12433C. Inv. 1809.

Walling, Thomas, 12339C. W. 1807. Inv. 1807.

Wallis, Phillip, 5641C–5646C. B. 8, p. 128. W. 1755. Inv. 1755.

Wallis, Thomas, 75C–84C. W. 1705. Int. 1705. Inv. 1705. Acct. 1705.

Waln, C. Caroline, 21745C. W. 1899.

Waln, Joseph, 17792C. W. 1871. Inv. 1872.

Waln, Mary N., 20180C. Inv. 1888.

Waln, Richard, 18083C. Inv. 1873.

Walsh, John, 2971C. Int. 1736.

Walsh, Margaret, 19715C. Inv. 1885.

Walsh, Robert, 16744C. W. 1862. Inv. 1862.

Walter, Catharine, 19408C. W. 1883. Inv. 1883.

Walter, Maria H., 18895C. Inv. 1879.

Walter, William, 18206C. W. 1874. Inv. 1874.

Walters, Augustus, 20782C. W. 1892.

Walters, Charles A., 18621C. W. 1877.

Walters, Henry, 19287C. Inv. 1882.

Walters, John, 18205C. Inv. 1874.

Walters, Mary B., 19163C. W. 1881. Inv. 1881.

Walton, Abigail, 13997C. W. 1830. Inv. 1830.

Walton, Elizabeth B., 20491C. Inv. 1890.

Walton, Israel, 16891C. W. 1863. Inv. 1863.

Walton, Jeremiah, 12434C. W. 1809. Inv. 1809.

Walton, Joseph, 21590C. W. 1898. Inv. 1898.

Walton, Mary A., 16116C. Inv. 1855.

Walton, Mary A., 18896C. W. 1879. Inv. 1879.

Walton, Mary R., 20783C. W. 1892. Inv. 1892.

Walton, Matilda, 17565C. W. 1869. Inv. 1869.

Walton, Phebe, 14628C. W. 1838. Inv. 1839.

Walton, Richard, 9791C–9796C. B. 16, p. 257. W. 1774. Inv. 1774.

Walton, Robert C., 13762C. W. 1827. Inv. 1827.

Walton, Sarah S. 21746C. Inv. 1899.

Walton, Silas, 13479C. W. 1824. Inv. 1824.

Walton, Susan, 14789C. W. 1840. Inv. 1840.

Walton, William, 19409C. W. 1883. Inv. 1883.

Wampole, Elizabeth, 19024C. W. 1880. Inv. 1880, 1884.

Ward, Aaron, 16204C. W. 1856. Inv. 1856.

Ward, Benjamin, 7877C–7880C. B. 12, p. 52. W. 1765.

Ward, David, 14175C. Inv. 1832.

Ward, Edmund, 17793C. W. 1871.

Ward, Harriet C., 21902C. Inv. 1900.

Ward, Hezekiah, 14790C. Inv. 1840.

Ward, Hezekiah, 16681C. W. 1861. Inv. 1861.

Ward, James, 19164C. W. 1881.

Ward, James, 20784C. W. 1892.

Ward, John, 16297C. Inv. 1857.

Ward, John, 5647C–5650C. B. 8, p. 150. W. 1755. Inv. 1755.

Ward, John, Jr., 4591C, 4900C–4902C. Adm. 52. Int. 1748. Inv. 1748. Acct. 1751.

Ward, John, Sr., 12239C. W. 1805.

Ward, John G., 20785C. Inv. 1892.

Ward, Joseph P., 18342C. W. 1875. Inv. 1875.

Ward, Rachel, 18897C. W. 1879.

Ward, Samuel, 12610C. Inv. 1812.

Ward, Samuel, 19543C. W. 1884. Inv. 1884.

Ward, Walter, Jr., 20786C. Inv. 1892.

Ward, William, 5243C–5248C. Adm. 109. B. 7, p. 420. Int. 1753. Inv. 1753. Acct. 1753.

Ward, William, 18343C. W. 1875. Inv. 1875.

Wardel, Samuel, 10990C. B. 25, p. 546. Int. 1784. Inv. 1784.

Wardell, Anthony, 11219C. B. 27, p. 20. Int. 1785. Rcpt. 1814.

Wardell, John, Sr., 10543C–10546C. W. 1777. Inv. 1777.

Wardell, Sarah, 13478C. W. 1824. Inv. 1824.

Wardell, William, 10996C. B. 25, p. 540. Int. 1784.

Wardle, A. Rhoads, 21452C. W. 1897.

Ware, Almena, 20921C. Inv. 1893.

Waring, William, 13157C. W. 1820. Inv. 1820.

Warner, Abigail, 17120C. W. 1865.

Warner, Abigail, 21201C. Inv. 1895.

Warner, Charles C., 17794C. Inv. 1871.

Warner, Charlotte, 13763C. Inv. 1827.

Warner, Edward F., 19854C. Inv. 1886.

Warner, Elizabeth, 15446C. Inv. 1848.

Warner, Emma H., 21903C. W. 1900. Inv. 1900.

Warner, Francis B., 13576C. Inv. 1825.

Warner, Francis B., 16592C. Inv. 1860.

Warner, Isaac, 15014C. Inv. 1843.

Warner, James B., 18898C. W. 1879. Inv. 1879.

Warner, James R., 15813C. Inv. 1852.

Warner, Jesse, 13383C. W. 1823. Inv. 1823.

Warner, John, 13223C. W. 1821. Inv. 1821.

Warner, John A., 18493C. Inv. 1876.

Warner, Nathaniel, 17243C. Inv. 1866.

Warner, Nimrod, 20004C. Inv. 1887.

Warner, Silas, 14410C. Inv. 1835.

Warner, Stephen, 15104C. W. 1844. Inv. 1844.

Warner, Thomas R., 20181C. W. 1888. Inv. 1888.

Warner, William, 15723C. Inv. 1851.

Warner, William, 17674C. Inv. 1870.

Warner, William, 19025C. Inv. 1880.

Warnock, Eliza, 19544C. W. 1884.

Warnock, Jane, 20787C. Inv. 1892.

Warren, Benjamin T., 21318C. W. 1896. Inv. 1896.

Warren, Gamaliel, 12548C. Inv. 1811.

Warren, Gamaliel, 19410C. Inv. 1883.

Warren, George W., 18899C. Inv. 1879.

Warren, Hillman D., 19855C. Inv. 1886.

Warren, John, 2413–2416C. Int. 1732. Inv. 1732. Ren. 1732.
Warren, John, 5783C–5786C. B. 8, p. 258. W. 1756. Inv. 1756.
Warren, John, 11755C. B. 37, p. 67. Int. 1797. Inv. 1797.
Warren, John, 14411C. W. 1835. Inv. 1835.
Warren, John, 15105C. W. 1844. Inv. 1844.
Warren, John, 15909C. Inv. 1853.
Warren, Joseph, 14549C. W. 1837. Inv. 1837.
Warren, Joseph L., 20492C. W. 1890.
Warren, Rebecca M., 20005C. W. 1887. Inv. 1887.
Warren, Rebekah, 11756C. B. 37, p. 66. Int. 1797. Inv. 1797. Ren. 1797.
Warren, Thomas, 12287C. W. 1806. Inv. 1806.
Warren, Thomas J., 21073C. W. 1894.
Warren, Thomas T., 15260C. Inv. 1846.
Warrick, Abraham, 10918C. B. 25, p. 73. W. 1783. Inv. 1783.
Warrick, Anthony H., 16015C. Inv. 1854.
Warrick, Henry C., 17019C. W. 1864. Inv. 1864.
Warrick, Isaac, 21203C. Inv. 1894–5.
Warrick, Samuel, Jr., 7881C–7884C. B. 12, p. 113. W. 1765. Inv. 1765.
Warrick, Sarah, 16410C. Inv. 1858.
Warriner, Justin B., 15545C. Inv. 1849.
Warrington, Ann, 18344C. Inv. 1875.
Warrington, Benjamin, 16205C. W. 1856. Inv. 1856.
Warrington, Enoch, 12685C. Inv. 1813.
Warrington, Esther, 19165C. W. 1881. Inv. 1881.
Warrington, Hannah, 20626C. W. 1891.
Warrington, Henry, 8599C–8605C. B. 14, p. 23. W. & Cod. 1769. Inv. 1769. Ren. 1769.
Warrington, Henry, 17342C. Inv. 1867.
Warrington, Henry, Sr., 13998C. Inv. 1830.
Warrington, Henry, Sr., 15724C. W. 1851. Inv. 1851.
Warrington, Henry D., 18900C. Inv. 1879.
Warrington, John, 4155C. Adm. 6. Int. 1744. Inv. 1744.
Warrington, John, 12549C. Inv. 1811.
Warrington, Joseph, 12145C. B. 40, p. 346. W. 1803. Inv. 1803.
Warrington, Joseph, 13843C. Inv. 1828.
Warrington, Josiah, 17462C. W. 1868. Inv. 1869.
Warrington, Mary L., 21591C. W. 1898. Inv. 1898.
Warrington, Rachel, 16593C. Inv. 1860.
Warrington, Seth, 20788C. Inv. 1892.
Warrington, Susanna, 18622C. W. 1877. Inv. 1877.
Warrington, Thomas, 12386C. Inv. 1808.
Warrington, Thomas, 16298C. Inv. 1857.
Warrington, William, 12075C. B. 40, p. 137. Int. 1802. Inv. 1803.
Warrington, William H., 19716C. W. 1885.
Warwick, Jacob, 11757C. B. 37, p. 69. Wd. 1797. Tr. 1797.
Warwick, Matthew, 1919–1924C. Int. 1729. Inv. 1729.
Washington, Nancy, 17121C. W. 1865.
Waterman, Amos, 17020C. Inv. 1863.
Waterman, Hannah M., 17463C. W. 1868. Inv. 1868.
Waterman, Keziah, 20493C. W. 1890.
Waterman, Learner, 14722C. Inv. 1839.
Waterman, Samuel, 13158C. W. 1820. Inv. 1820.

Waterman, Samuel B., 15106C. Inv. 1844.
Waters, Susan C., 21904C. W. 1900. Inv. 1900.
Waters, William C., 20922C. W. 1893.
Waterworth, William, Adm. 288. B. 12, p. 525. Int. 1768.
Watford, Thomas B., 21905C. W. 1900. Inv. 1900.
Watkins, Benjamin, 7885C–7886C. Adm. 263. B. 12, p. 284. Int. 1765. Inv. 1765.
Watkins, Francis B., 19545C. W. 1884. Inv. 1884.
Watkins, Solomon, 10724C. B. 20, p. 367; B. 22, p. 359. W. 1779. Inv. 1779. Acct. 1779.
Watkinson, Abel, 13844C. W. 1828. Inv. 1828.
Watkinson, Abiajah, 10919C. B. 24, p. 217; B. 25, p. 100. Int. 1783. Inv. 1783. Acct. 1783.
Watkinson, Annie F., 21319C. W. 1896.
Watkinson, Deborah, 14412C. W. 1835. Inv. 1835.
Watkinson, Deborah, 16503C. W. 1859.
Watkinson, Eleazar, 11408C. B. 32, p. 157. W. 1791. Inv. 1791.
Watkins, Helen B., 19546C. W. 1884.
Watkinson, John, 12776C. W. 1814. Inv. 1814.
Watkinson, John W., 15631C. W. 1850. Inv. 1850.
Watkinson, Mary, 5535C–5538C. W. 1754. Inv. 1754.
Watkinson, Mary, 12905C. Inv. 1816.
Watkinson, Paul, 2777C. Grd. 1734.
Watkinson, Paul, 5111C–5121C. W. 1752. Inv. 1752. Acct. 1761.
Watkinson, Priscilla, 21747C. W. 1899. Inv. 1899.
Watkinson, Richard, 12906C. W. 1816. Inv. 1816.
Watkinson, Stacy, 12777C. W. 1814. Inv. 1814.
Watkinson, William, 14723C. Inv. 1839.
Watson, Isaac, 1579C, 1581C. W. 1727. Inv. 1727.
Watson, Isaac, 4595C–4597C. W. 1749. Inv. 1749.
Watson, James, 1071–1076C. W. 1722. Inv. 1722.
Watson, John, 23C. Inv. 1704.
Watson, John, 10920C. B. 24, p. 200. W. 1783. Inv. 1785.
Watson, John, 12340C. W. 1807. Inv. 1807.
Watson, John, 12611C. Inv. 1812.
Watson, John, Sr., 10841C. B. 23, p. 194. W. 1782.
Watson, Joseph, 13845C. W. & Cod. 1828. Inv. 1828.
Watson, Marmaduke, 4593C–4594C. W. 1749.
Watson, Marmaduke, 8843C–8846C. B. 15, p. 68. Grd. 1770.
Watson, Marmaduke, 11758C. B. 37, p. 36. W. 1797. Inv. 1797.
Watson, Mary, 11141C. B. 28, p. 78. Int. 1786. Inv. 1786.
Watson, Matthew, 4753C–4756C. B. 7, p. 13. W. 1750.
Watson, Matthew, Adm. 122. B. 8, p. 37. Int. 1754.
Watson, Rebecca, 12435C. Inv. 1809.
Watson, William, 7201C–7208C. B. 11, p. 213. W. 1762. Inv. 1762. Acct. 1765.
Watts, Martha, 21320C. W. 1896. Inv. 1896.
Wattson, John, 165C, 169C, 171C. W. 1704. Int. 1704. Mem.
Weast, John, 4903C. Adm. 67. Int. 1750. Inv. 1750.

Weatherby, Isaac, 15261C. W. 1846. Inv. 1846.
Weaver, Edward, 5249C–5254C, 10687C. B. 7, p. 351. W. 1753. Inv. 1753. Copy of Will.
Weaver, Edward, 9797C–9800C. W. 1774. Inv. 1774.
Weaver, Emma M., 20923C. W. 1893. Inv. 1893.
Weaver, Hepzebah, 11887C. B. 38, p. 326. W. 1799. Inv. 1799.
Weaver, John, 15352C. W. 1847. Inv. 1847.
Weaver, Sabilla, 18345C. W. 1875. Inv. 1875.
Weaver, Thomas, 14629C. Inv. 1838.
Webb, Catharine, 21321C. W. 1896. Inv. 1896.
Webb, Daniel, 12341C. Inv. 1807.
Webb, Daniel, 14176C. W. 1832. Inv. 1832.
Webb, John, 3843C–3847C. Adm. 9. Int. 1745. Inv. 1745. Acct. 1745.
Webb, Sarah, 18085C. Inv. 1873.
Webb, Stacy, 18769C. W. 1878. Inv. 1878.
Webb, Zebulon, 13159C. Inv. 1820.
Weber, Francis, 17925C. Inv. 1872.
Weber, John, 21906C. W. 1900. Inv. 1900.
Weber, Rudolph, 17464C. W. 1868.
Webster, Ann, 20182C. W. 1888.
Webster, Eliza P., 20494C. W. 1890.
Webster, Hope, 15107C. W. 1844. Inv. 1844.
Webster, Lawrence, 12969C. Inv. 1817.
Weeks, Job, 17122C. W. 1865. Inv. 1865.
Weeks, Lydia C., 20789C. W. 1892. Inv. 1892.
Weeks, Samuel, 16799C. Inv. 1862.
Weeks, Samuel, 18346C. W. 1875. Inv. 1875.
Weeks, William H., 20326C. W. 1889. Inv. 1889.
Weens, Mary, 19411C. Inv. 1853.
Weigle, Henry, 21907C. W. 1900.
Weiss, Wilhelmina, 20924C. W. & Cod. 1893. Inv. 1893.
Welch, Joseph, 2625–2628C. W. 1733. Inv. 1734.
Welch, William, 11409C. B. 32, p. 116. W. 1791. Inv. 1791. Ren. 1791.
Weld, Amelia P., 20627C. W. 1891. Inv. 1891.
Weld, Horatio H., 20183C. W. 1888. Inv. 1888.
Welding, Ann, 8843C–8846C. B. 15, p. 68. Wd. 1770.
Welding, John, 6841C–6847C. Adm. 195, 196. B. 9, p. 212. Int. 1759. Inv. 1760. Acct. 1760. Ren. 1759.
Wells, Abraham, 12240C. Inv. 1805.
Wells, Abraham, 12778C. Inv. 1814.
Wells, Abraham, 16594C. W. 1860. Inv. 1860.
Wells, Abraham, 19412C. Inv. 1883.
Wells, Anne, 18351C. W. & Cod. 1875.
Wells, Eli, 14253C. Inv. 1833.
Wells, Eliza A., 18901C. W. 1879. Inv. 1879.
Wells, Elwood, 20925C. W. 1893. Inv. 1893.
Wells, Hannah, 13480C. W. 1824.
Wells, John, 87C. Int. 1705.
Wells, John, 15910C. W. 1853.
Wells, John, 16299C. Inv. 1857.
Wells, Joseph, 19857C. W. 1886. Inv. 1886.
Wells, Joseph, Jr., 14334C. Inv. 1834.
Wells, Joseph K., 19717C. W. 1885.
Wells, Josiah, 16412C. W. 1858. Inv. 1858.
Wells, Martha, 17343C. W. 1867. Inv. 1867.
Wells, Martha A., 21204C. Inv. 1895.
Wells, Mary A., 19858C. W. 1886. Inv. 1886.
Wells, Matilda C., 21205C. W. 1895.
Wells, Rachel, 11709C. B. 35, p. 437. W. & Cod. 1796. Inv. 1796.
Wells, Robert, 20006C. W. 1887.

Wells, Sarah, 13577C. W. 1825. Inv. 1825.
Wells, Seth, 16300C. W. 1857. Inv. 1857.
Wells, Thomas B., 18623C. W. 1877.
Wells, T. Nelson, 14791C. W. 1840. Inv. 1840.
Wells, William, 18770C. Inv. 1878.
Welsh, Agnes, 19166C. W. 1881.
Welsh, Peter, 13578C. Inv. 1825.
Werry, John, 21453C. W. 1897.
Wessells, Henry T., 20184C. W. 1888.
Wester, Asa, 20628C. W. 1891. Inv. 1891.
West, Charles, 13481C. Inv. 1821.
West, Edward B., 18086C. Inv. 1873.
West, Elizabeth, 15015C. W. & Cod. 1843. Inv. 1843.
West, Elizabeth, 19547C. W. & Cod. 1884.
West, George, Sr., 13095C. W. & Cod. 1819. Inv. 1819.
West, Hannah, 12779C. Inv. 1814.
West, James, 18208C. Inv. 1874.
West, Jane, 15184C. W. 1845. Inv. 1845.
West, Jerusa, 13384C. W. 1823. Inv. 1824.
West, John, 5255C, 5963C–5981C. Adm. 117. B. 7, p. 422. Int. 1753. Inv. 1753. Acct. 1757.
West, John, 12780C. W. 1814. Inv. 1814.
West, John, 13224C. W. 1821. Inv. 1821.
West, John, 15447C. Inv. 1848.
West, John S., 19167C. W. 1881. Inv. 1881.
West, Marmaduke, 11410C. B. 32, p. 127. W. 1791. Inv. 1791.
West, Mary, 9801C–9802C. Adm. 327. B. 15, p. 523. Int. 1774. Inv. 1774.
West, Mayhew, 12550C. Inv. 1811.
West, Minent, Adm. 252. B. 12, p. 29. Int. 1764.
West, Rachel, 10725C. B. 22, p. 58. Wd. 1779.
West, Samuel B., 17344C. Inv. 1867.
West, Samuel L., 21748C. W. 1899. Inv. 1899.
West, Thomas, 11636C. B. 35, p. 207. W. 1795. Inv. 1795.
West, Vincent, 7703C–7704C. Inv. 1764.
West, William, 12080C. B. 40, p. 266. Grd. 1803. Tr. 1803.
West, William N., 18902C. Int. 1879.
Westcott, Edmund S., 18771C. W. 1878. Inv. 1878.
Wester, Ellen, 21908C. W. 1900. Inv. 1900.
Wester, John, 13032C. W. 1818. Inv. 1818.
Wester, Samuel, 15725C. W. 1851. Inv. 1851.
Wester, Thomas, Sr., 13579C. W. 1825. Inv. 1827.
Wester, William, 13764C. Inv. 1827.
Westland, Nathaniel, 635C–640C. W. 1716. Inv. 1717.
Weston, Charles, 1823C. Int. 1729.
Weston, Louisa, 19718C. Inv. 1885.
Wetherill, Anna, 13482C. W. 1824. Inv. 1824.
Wetherill, Catharine, 10991C. B. 25, p. 538. Int. 1784. Ren. 1784.
Wetherill, Christopher, 241C, 243C. W. 1711. Inv. 1711.
Wetherill, Christopher, 11142C. B. 26, p. 422. W. 1786.
Wetherill, Elizabeth, 20790C. Inv. 1892.
Wetherill, Isaac, 13225C. W. 1821. Inv. 1821.
Wetherill, John, Jr., 11143C. B. 28, p. 76. Int. 1786. Inv. 1786. Ren. 1786.
Wetherill, John, Sr., 11411C. B. 32, p. 120. W. 1791. Inv. 1791.
Wetherill, Joseph, 13160C. Inv. 1820.
Wetherill, Samuel, 11525C. B. 30, p. 536. W. 1793.

Wetherill, Samuel R., 16892C. Inv. 1863.
Wetherill, Sarah, 13161C. W. 1820. Inv. 1820.
Wetherill, Sarah J., 19548C. W. 1884. Inv. 1884.
Wetherill, Thomas, 6511C–6516C. B. 9, p. 247. W. & Cod. 1759.
Wetherill, Thomas, 10992C. B. 25, p. 430. W. 1784. Int. 1784. Inv. 1784.
Wetherill, Thomas, 15546C. Inv. 1849.
Wever, Joseph, 10993C. B. 25, p. 541. Int. 1784. Inv. 1784.
Weyman, Christian, 19288C. W. 1882. Inv. 1884.
Whalen, Thomas, 17345C. W. 1867. Inv. 1867.
Wharton, Anne, 14335C. W. 1834. Inv. 1834.
Wharton, Charles H., 14254C. W. & Cod. 1833. Inv. 1837.
Wharton, John, 10994C. B. M, p. 285. Int. 1784. Ren. 1784.
Wharton, Rodman, 16018C. W. 1854. Inv. 1854.
Wheat, Benjamin, 627C. W. 1715.
Wheeler, Anne, 10726C. B. 21, p. 286. W. 1779. Int. 1779.
Wheeler, Rebecca, 2181C. W. 1731.
Wheeler, Robert, 563C, 565C. W. 1714. Inv. 1714.
Whigmore, Jacob, 10221C. Int. 1776.
Whitaker, Richard, 19719C. W. 1885.
Whitcraft, Nancy, 17124C. Inv. 1865.
Whitcraft, Sarah, 20631C. W. 1891.
White, Abel, 16504C. W. 1859. Inv. 1859.
White, Alanson, 14631C. Inv. 1838.
White, Benjamin, 16301C. Inv. 1857.
White, Benjamin, 13483C. Inv. 1824.
White, Benjamin, Sr., 13033C. W. 1818. Inv. 1818.
White, Benjamin, Sr., 18347C. W. 1875. Inv. 1875.
White, Beulah S., 21592C. Inv. 1898.
White, Blanchard, 13385C. Inv. 1823.
White, Charles, 16118C. W. 1855.
White, Charles H., 19859C. W. 1886.
White, Charles W., 21749C. W. 1899. Inv. 1899.
White, Cubit, 17927C. W. 1872. Inv. 1873.
White, Edward, 14550C. Inv. 1837.
White, Elizabeth, 1077C–1081C, 1490C–1494C. Int. 1722. Inv. 1722. Acct. 1727.
White, Elizabeth R., 21593C. W. & Cod. 1898.
White, Hannah, 18494C. Inv. 1876.
White, James H., 16682C. W. 1861. Inv. 1861.
White, James T., 16411C. W. 1858. Inv. 1858.
White, Jane F., 21909C. W. 1900. Inv. 1900.
White, John, 16302C. Inv. 1857.
White, John, 17123C. W. 1865. Inv. 1865.
White, John E., 18209C. W. 1874. Inv. 1874.
White, John M., 11213C. B. 29, p. 80. Wd. 1787.
White, John, Sr., 11072C. B. M, p. 328. W. 1785. Inv. 1785.
White, Joseph, 5539C–5540C, 5545C–5546C. B. 7, p. 522. W. 1754. Inv. 1755.
White, Joseph, 17244C. Inv. 1866.
White, Joseph, 19860C. W. 1886. Inv. 1886.
White, Joseph, Jr., 5541C–5544C. B. 8, p. 134. W. 1754.
White, Josiah, 10795C. B. 22, p. 285. W. 1781.
White, Letitia, 18348C. Inv. 1875.
White, Margaret, 19289C. W. 1882. Inv. 1882.
White, Martha, 1583C–1585C. W. 1727. Inv. 1729.
White, Mary, 6850C–6854C. B. 10, p. 140. W. 1760. Inv. 1760.

White, Mary, 13484C. Inv. 1824.
White, Mary, 13580C. W. 1825. Inv. 1825.
White, Mary, 19720C. W. 1885.
White, Mary, 21075C. Inv. 1894.
White, Mary E., 20629C. W. 1891.
White, Michael, 18210C. W. 1874. Inv. 1874.
White, Peter, 13034C. W. 1818. Inv. 1818.
White, Philip, 10547C–10548C. B. 18, p. 74. Int. 1777.
White, Philip, 10727C. B. 22, p. 15. Int. 1779.
White, Rebecca W., 14088C. W. 1831. Inv. 1831.
White, Richard, 21910C. W. 1900. Inv. 1900.
White, Robert, 19290C. Inv. 1882.
White, Samuel, 13035C. W. 1818. Inv. 1818.
White, Samuel, 14940C. Inv. 1842.
White, Samuel, 17796C. W. 1871. Inv. 1871.
White, Samuel, 19721C. Inv. 1885.
White, Sarah, 14724C. Inv. 1839.
White, Sarah S., 20007C. W. 1887. Inv. 1887.
White, Susannah, 19861C. W. 1886. Inv. 1886.
White, Taylor, 12013C. B. 39, p. 391. Int. 1801.
White, Thomas, George, Samuel, 12146C. B. 40, p. 350. Wds. 1803.
White, Tylee W., 20630C. W. 1891. Inv. 1893.
White, Unity, 2185C. W. 1731.
White, William, 12014C. B. 39, p. 391. Int. 1801. Inv. 1801.
White, William, 15353C. Inv. 1847.
Whitehead, James, 10921C. B. 24, p. 216. Int. 1783.
Whitehouse, Job, Sr., 12970C. W. 1817. Inv. 1817.
Whitehouse, John, 13999C. Inv. 1830.
Whitehouse, Olivia, 13386C. W. 1823. Inv. 1823.
Whitson, Nathaniel, 11637C. B. 35, p. 253. Int. 1795. Inv. 1795.
Whitton, Rhoda, 13307C. W. 1822. Inv. 1822.
Whitton, William, 12076C. B. 39, p. 501. W. 1802. Inv. 1802.
Why, Samuel, 17465C. W. 1868.
Wickers, Thomas, 16745C. Inv. 1862.
Wickquahd, William, 1083–1088C. Int. 1722. Inv. 1722.
Wickward, Syllinia, 18775C. W. 1878..
Wickward, William, 18624C. Inv. 1877.
Wiegand, Elizabeth A., 19856C. W. 1886. Inv. 1886.
Wiegand, George, 15016C. W. 1843. Inv. 1843.
Wiegand, George, 19291C. W. & Cod. 1882.
Wiegand, Hannah, 21076C. Inv. 1894.
Wiegand, Martha D., 20185C. W. 1888. Inv. 1888.
Wiegand, Samuel, 15354C. Inv. 1847.
Wigg, James W., 15017C. W. 1843. Inv. 1843.
Wigmore, Jacob, 10223C–10995C. B. 16, p. 487; B. 25, p. 100. Int. 1776. Acct. 1784.
Wikoff, Aukey, 14413C. W. 1835. Inv. 1835.
Wilcox, Joseph, 12686C. W. 1813. Inv. 1813..
Wilde, James, 63C. Grd. 1705.
Wildes, Tilton, 17928C. Inv. 1872.
Wildes, William, 12015C. B. 39, p. 268. Int. 1801. Inv. 1801.
Wiley, Christopher, 11950C. B. 39, p. 71. Int. 1800. Inv. 1800.
Wiley, John, 12077C. B. 40, p. 118. W. 1802. Inv. 1802.
Wiley, Mary, 21206C. W. 1895. Inv. 1895.
Wilgus, Henry P., 19026C. W. 1880. Inv. 1880.

Wilits, Thomas, 14552C. W. 1837. Inv. 1837.
Wilkins, Alfred, 18495C. W. 1876. Inv. 1876.
Wilkins, Amos, 7209C-7214C, 9803C-9813C. B. 10, p. 330; B. 15, p. 520. W. 1761. Inv. 1761. Accts. (2) 1774.
Wilkins, Amos, 12551C. W. 1811. Inv. 1811.
Wilkins, Amos, 17245C. W. 1865. Inv. 1866.
Wilkins, Amos, 19292C. W. 1882. Inv. 1882.
Wilkins, Ann E., 20186C. W. 1888.
Wilkins, Benjamin, 15911C. Inv. 1853.
Wilkins, Benjamin J., 13581C. W. 1825. Inv. 1825.
Wilkins, Benjamin, Sr., 14089C. W. 1831. Inv. 1831.
Wilkins, Burr, 21322C. Inv. 1896.
Wilkins, Charles, 15018C. W. 1843. Inv. 1843.
Wilkins, Clayton, 18496C. W. 1876. Inv. 1876.
Wilkins, David, 16119C. W. 1855. Inv. 1855.
Wilkins, Eliza A., 20187C. W. 1888.
Wilkins, Elizabeth, 12342C. Inv. 1807.
Wilkins, Elizabeth, 19168C. W. 1881. Inv. 1881.
Wilkins, Elizabeth F., 21207C. Inv. 1895.
Wilkins, Isaac, 5983C-5984C. Adm. 167. B. 8, p. 442. Int. 1757. Inv. 1757.
Wilkins, Jacob, 9293C-9296C. B. 14, p. 435. Grd. 1772.
Wilkins, Jacob, Sr., 11073C. B. M, p. 318. W. 1785. Inv. 1785.
Wilkins, Jacob S., 14632C. Inv. 1838.
Wilkins, James, 12195C. W. 1804. Inv. 1804.
Wilkins, John, 11471C. B. 34, p. 385. W. 1792. Inv. 1792.
Wilkins, John, 12687C. W. 1813. Inv. 1813.
Wilkins, Joshua, 13226C. Inv. 1821.
Wilkins, Joshua, 14941C. Inv. 1842.
Wilkins, Joshua, 21911C. W. 1900.
Wilkins, Joshua B., 19169C. Inv. 1881.
Wilkins, Lydia, 15019C. W. 1843. Inv. 1843.
Wilkins, Mary E., 17346C. W. 1867. Inv. 1867.
Wilkins, Mary M., 20632C. Inv. 1891.
Wilkins, Nathan, 15448C. W. 1848. Inv. 1848.
Wilkins, Nathan S., 20633C. Inv. 1891.
Wilkins, Patience, 16746C. W. 1862. Inv. 1862.
Wilkins, Phebe V., 20791C. W. 1892.
Wilkins, Rebecca, 13306C. Inv. 1822.
Wilkins, Rebecca A., 15632C. Inv. 1850.
Wilkins, Rebecca A., 18774C. W. 1878.
Wilkins, Ridgway, 21594C. Inv. 1898.
Wilkins, Samuel, 14942C. W. 1842. Inv. 1842.
Wilkins, Samuel R., 19413C. W. 1883. Inv. 1883.
Wilkins, Sarah, 20008C. W. 1887. Inv. 1887.
Wilkins, Sarah D., 20009C. W. 1887.
Wilkins, Sydney, 16595C. Inv. 1860.
Wilkins, Thomas, 2879-2882C. W. 1735. Inv. 1735.
Wilkins, Thomas, 15449C. W. 1848. Inv. 1848.
Wilkins, Thomas, 19722C. W. 1885. Inv. 1885.
Wilkins, Thomas, Jr., 11214C. B. 29, p. 72. Int. 1787. Inv. 1787.
Wilkins, Thomas, Sr., 11412C. B. 32, p. 141. W. & Cod. 1791. Inv. 1791.
Wilkins, Uriah, 12241C. Inv. 1805.
Wilkins, William, 6215C-6222C, 9809C-9813C. B. 9, p. 74; B. 15, p. 520. W. 1758. Inv. 1758. Acct. 1774.
Wilkins, William, 12387C. Inv. 1808.
Wilkins, William, 14880C. Inv. 1841.
Wilkins, William, Jr., 9293C-9296C. B. 14, p. 435. Wd. 1772.
Wilkins, William Sr., 13036C. W. 1818. Inv. 1818.

Wilkinson, James, 14630C. W. 1838. Inv. 1838.
Wilkinson, Nathaniel, 7705C-7706C. W. 1764.
Wilkinson, Samuel, 14792C. W. 1840. Inv. 1840.
Wilkinson, Samuel, 15355C. Inv. 1847.
Willard, Charles L., 20011C. Inv. 1887.
Willard, Dwight D., 18625C. W. 1877. Inv. 1877.
Willcox, Joseph, 8377C-8380C. B. 12, p. 523. Grd. 1768.
Wille, Anton, 20327C. W. 1889. Inv. 1889.
Willets, Benjamin H., 15633C. Inv. 1850.
Willets, Joseph, 16019C. W. 1854. Inv. 1855.
Willets, Micajah, 12243C. W. 1805. Inv. 1805.
Willets, Walter, 15548C. Inv. 1849.
Willetts, Edith D., 21920C. Inv. 1900.
Willetts, Richard, 15356C. Inv. 1847.
Willgus, William, 11473C. B. 34, p. 408. Int. 1792. Inv. 1792.
Williams, Ann, 13582C. Inv. 1825.
Williams, Charles, 18087C. Inv. 1872.
Williams, David, 12343C. Inv. 1807.
Williams, David, 16318C. W. 1857. Inv. 1857.
Williams, Eliza A., 16207C. Inv. 1856.
Williams, Elizabeth, 11526C. B. 33, p. 12. W. 1793. Inv. 1794.
Williams, Hannah C., 20328C. W. & Cod. 1889. Inv. 1889.
Williams, Henry G., 16683C. W. 1861. Inv. 1861.
Williams, Hepzibah, 13162C. W. 1820. Inv. 1820.
Williams, Huldah, 13935C. Inv. 1829.
Williams, Isaac, 16747C. Inv. 1862.
Williams, Joel, 15726C. W. & Cod. 1851. Inv. 1851.
Williams, John, 11215C. B. 29, p. 79. Int. 1787. Inv. 1788.
Williams, John, 13387C. Inv. 1823.
Williams, Jonathan G., 21323C. W. 1896. Inv. 1896.
Williams, Judah, 10997C. B. 25, p. 462. W. 1784. Inv. 1784.
Williams, Mary, 20926C. W. 1893.
Williams, Mary A., 17929C. W. 1872. Inv. 1872.
Williams, Mary H., 19723C. Inv. 1885.
Williams, Moses, 12288C. Inv. 1806.
Williams, Phebe, 18212C. W. 1874. Inv. 1874.
Williams, Sarah, 18088C. Inv. 1873.
Williams, Sarah W., 21912C. W. 1900.
Williams, William, 13037C. Inv. 1818.
Williams, William, 20792C. Inv. 1892.
Williams, William, 20927C. W. 1893.
Williamson, Abraham, 6223C-6228C. Adm. 173. B. 8, p. 519. Int. 1758. Inv. 1758. Acct. 1758.
Williamson, Adelaide, 20010C. W. 1887. Inv. 1887.
Williamson, Amos, 19549C. Inv. 1884.
Williamson, John, 9815C-9820C. B. 16, p. 326. W. 1774. Inv. 1774.
Williamson, John, 21750C. W. 1899. Inv. 1899.
Williamson, Josephine B., 19293C. W. 1882. Inv. 1882.
Williamson, William, 21595C. W. 1898.
Willis, George, 453 C. W. 1713.
Willis, George, 2189C. W. & Cod. 1731.
Willis, George, 3309C-3312C. W. 1742.
Willis, John, 4599C. Adm. 50. Int. 1748. Inv. 1748.
Willis, Mary A., 16596C. W. & Cod. 1860.
Willis, Robert, 11413C. B. 32, p. 131. W. 1791. Inv. 1791.

Willit, Deliverance, 16206C. Inv. 1856.
Willits, Abigal, 4163C. W. 1747.
Willits, David, 12971C. Inv. 1817.
Willits, Eliakim, 12688C. W. 1813. Inv. 1813.
Willits, Henry, 14551C. W. 1837. Inv. 1837.
Willits, James, 11472C. B. 34, p. 378. W. 1792. Inv. 1792.
Willits, John, 12242C. Inv. 1805.
Willits, Joseph, 12196C. W. 1804. Inv. 1804.
Willits, Mary, 21455C. Inv. 1897.
Willits, Phebe, Jr., 13309C. Inv. 1822.
Willits, Rebecca, 16209C. Inv. 1856.
Willits, Rachel A., 18349C. W. 1875.
Willits, Richard, Sr., 15262C. W. 1846. Inv. 1846.
Willits, Stephen, Sr., 15185C. W. 1845. Inv. 1845.
Willitts, Amos S., 15913C. W. 1853. Inv. 1853.
Willitts, Chalkley, 19724C. Inv. 1885.
Willitts, Chalkley, 20495C. W. 1890. Inv. 1890.
Willitts, Henrietta R., 21751C. W. 1899.
Willitts, James, Sr., 3655C-3658C. W. 1743. Inv. 1743.
Willitts, John W., 20634C. W. 1891.
Willitts, Joshua, 15547C. Inv. 1849.
Willitts, Rachel, 21596C. W. 1898.
Willow, Levi, 12972C. W. 1817. Inv. 1817.
Wills, Aaron, 12244C. W. 1805.
Wills, Aaron, 18350C. W. 1875. Inv. 1875.
Wills, Amos, 12781C. Inv. 1814.
Wills, Amos B., 17675C. Inv. 1870.
Wills, Amy, 18626C. W. 1877. Inv. 1877.
Wills, Ann, 17125C. W. 1865. Inv. 1866.
Wills, Ann D., 20793C. W. & Cod. 1892. Inv. 1892.
Wills, Augustus M., 20012C. W. 1887. Inv. 1887.
Wills, Benjamin H., 17347C. Inv. 1867.
Wills, Chalkley J., 19170C. Inv. 1881.
Wills, Charles, 15450C. W. 1848. Inv. 1848.
Wills, Charles, 20188C. W. 1888. Inv. 1888.
Wills, Charles, 20329C. W. 1880. Inv. 1889.
Wills, Charlotte B., 18497C. W. 1876. Inv. 1876.
Wils, Daniel, 1587-1594C. 1932-1938C. W. 1727. Inv. 1728. Acct. 1729.
Wills, Daniel, 4157C-4162C, 4383C. W. 1747. Int. 1748. Inv. 1747.
Wills, Daniel, 6855C-6860C. B. 10, p. 143. W. 1760. Inv. 1760.
Wills, Daniel, 7707C-7714C. B. 12, p. 27. W. 1764. Inv. 1764.
Wills, Daniel, 12154C. B. 40, p. 468. Grd. 1804. Pt. 1804.
Wills, Daniel, 16597C. Inv. 1860.
Wills, Daniel, 18772C. W. 1878. Inv. 1878.
Wills, Elizabeth, 10755C. B. 22, p. 199. W. 1780. Inv. 1780.
Wills, Elizabeth, 12612C. W. 1812. Inv. 1812.
Wills, Elizabeth C., 18089C. W. 1873. Inv. 1873.
Wills, Elizabeth F., 21324C. W. & Cod. 1896. Inv. 1896.
Wills, Elizabeth H., 18903C. Inv. 1879.
Wills, George, Hannah, 5475C-5478C, 5547C-5550C. Wds. 1754.
Wills, Hannah, 14000C. W. 1830. Inv. 1830.
Wills, Henry W., 20013C. W. 1887. Inv. 1887.
Wills, Jacob, 11759C. B. 37, p. 66. Int. 1797. Inv. 1797.

Wills, Jacob, 12147C. B. 40, p. 349. Int. 1803. Inv. 1803.
Wills, James, 6517C-6522C. B. 9, p. 492. W. 1759. Inv. 1759.
Wills, James, 10842C. B. 23, p. 208. Int. 1782. Inv. 1782.
Wills, Joab, 10225C-10228C. B. 16, p. 488. Int. 1776. Inv. 1776. Ren. 1776.
Wills, Joab, 13485C. Inv. 1824.
Wills, Joab, 21752C. W. 1899.
Wills, John, 351C. Grd. 1712.
Wills, John, 567C-569C. W. 1714. Inv. 1714.
Wills, John, 811C. Grd. 1719.
Wills, John, 4009C-4014C. W. 1746. Inv. 1746.
Wills, John, 7215C. Adm. 216. B. 10, p. 207. Int. 1761. Inv. 1761.
Wills, John B., 17676C. W. 1870. Inv. 1870.
Wills, John M., 14793C. Inv. 1840.
Wills, John M., 19171C. W. 1881.
Wills, Joseph, 2973-2982C. Int. 1736. Inv. 1736. Ren. 1736. Acct. 1739.
Wills, Joseph, 15263C. W. 1846. Inv. 1846.
Wills, Joseph P., 16208C. W. & Cod. 1856. Inv. 1856.
Wills, Lydia S., 19294C. W. 1882.
Wills, Margaret, 4385C-4388C, 5551C-5556C. Acct. 1748. Acct. 1754.
Wills, Mary, 12289C. W. 1806. Inv. 1806.
Wills, Mary H., 15451C. W. 1848. Inv. 1848.
Wills, Merope, 12782C. Inv. 1814.
Wills, Micajah, 11760C. B. 37, p. 30. W. 1797. Inv. 1797.
Wills, Micajah R., 20189C. W. 1888. Inv. 1888.
Wills, Moses, 12344C. W. 1807. Inv. 1807.
Wills, Moses, 18090C. W. 1873. Inv. 1873.
Wills, Rachel, 17466C. W. 1868. Inv. 1868.
Wills, Rebecca, 12148C. B. 40, p. 345. W. & Cod. 1803.
Wills, Rebecca B., 19725C. W. 1885. Inv. 1885.
Wills, Samuel, 12149C. B. 40, p. 385. Int. 1803. Inv. 1804.
Wills, Samuel, 15815C. W. & Cod. 1852. Inv. 1852.
Wills, Samuel J., 20014C. W. 1887. Inv. 1887.
Wills, Sarah S., 18905C. Inv. 1879.
Wills, Thomas, 6861C-6866C. B. 9, p. 389. W. 1760. Inv. 1760.
Wills, William R., 20015C. W. 1887. Inv. 1887.
Wills, William S., 18091C. W. 1873. Inv. 1873.
Wills, William W., 18773C. W. 1878. Inv. 1878.
Wills, Zebedee, 13583C. W. 1825. Inv. 1825.
Wills, Zebedee M., 17246C. W. 1866. Inv. 1866.
Wills, Zebedee M., 20635C. W. 1891.
Willson, Robert, 325C, 327C. W. 1709. Inv. 1709.
Wilmerton, Abraham, 17797C. Inv. 1871.
Wilmerton, Emaline H., 20496C. W. 1890.
Wilmerton, Fenimore, 13388C. Inv. 1823.
Wilmerton, Griffith, 14553C. Inv. 1837.
Wilmerton, Mary, 18776C. Inv. 1878.
Wilmerton, Paul, 11443C. B. 35, p. 257. Grd. 1792.
Wilmerton, Paul, 11599C. B. 35, p. 257. Grd. 1795.
Wilmerton, Paul, 13936C. W. 1829. Inv. 1829.

Woodward, Alice, 16742C. W. 1862. Inv. 1862.
Woodward, Anthony, 10998C. B. 25, p. 439. W. 1784.
Woodward, Apollo, 12485C. W. 1810.
Woodward, Appollo H., 17931C. Inv. 1872.
Woodward, Benajah B., 17677C. W. 1870. Inv. 1870.
Woodward, Benjamin, Jr., 13487C. Inv. 1824.
Woodward, Caleb A., 18214C. Inv. 1874.
Woodward, Clemence H., 21210C. W. 1895. Inv. 1895.
Woodward, Edith H., 16598C. W. 1860. Inv. 1860.
Woodward, Edward T., 20499C. Inv. 1890.
Woodward, Edwin F., 18352C. Inv. 1875.
Woodward, Elizabeth, 16020C. W. 1854. Inv. 1854.
Woodward, George, Sr., 13038C. W. 1818. Inv. 1818.
Woodward, Hannah, 10922C. B. M, p. 288. W. 1783. Int. 1792.
Woodward, Hannah, 18502C. W. & Cod. 1876. Inv. 1876.
Woodward, Increase, 13311C. W. 1822.
Woodward, James L., 17130C. Inv. 1865.
Woodward, Jesse, 14003C. W. 1830. Inv. 1830.
Woodward, John, 10999C. B. 25, p. 540. Int. 1784. Inv. 1784.
Woodward, John E., 15108C. W. 1844. Inv. 1844.
Woodward, Joseph, 11000C. B. 25, p. 444. W. 1784. Inv. 1784.
Woodward, Joseph, 12290C. W. 1806. Inv. 1806.
Woodward, Margaret, 14004C. W. 1830. Inv. 1830.
Woodward, Mary, 13937C. W. 1829. Inv. 1829.
Woodward, Rebecca A., 17247C. W. 1866. Inv. 1866.
Woodward, Rebeccah, 15020C. W. 1843. Inv. 1843.
Woodward, Reuben S., 16303C. W. 1857.
Woodward, Samuel, 7361C-7366C. B. 11, p. 207. W. 1762. Inv. 1762.
Woodward, Samuel, 15816C. W. 1852. Inv. 1852.
Woodward, Samuel L., 15021C. W. 1843. Inv. 1843.
Woodward, Thomas, 10843C. B. 23, p. 160. W. 1782. Inv. 1782.
Woodworth, Joseph, 14336C. Inv. 1834.
Woolley, Sarah, 11216C. B. 29, p. 5. W. 1787. Inv. 1787.
Woolman, Samuel, 4761C-4766C. W. 1750. Inv. 1750.
Woolman, Abner, 9309C-9315C. B. 15, p. 437. W. 1772. Inv. 1772.
Woolman, Abraham, 11075C. B. M, p. 317. W. 1785. Inv. 1786.
Woolman, Abraham S., Jr., 16021C. Inv. 1854.
Woolman, Amanda M., 19729C. W. 1885. Inv. 1885.
Woolman, Ann, 14944C. W. 1842. Inv. 1842.
Woolman, Asher, 11710C. B. 35, p. 483. W. 1796. Int. 1796. Inv. 1796. Ren. 1796.
Woolman, Asher, 12783C. Inv. 1814.
Woolman, Asher, 17248C. W. 1866. Inv. 1866.
Woolman, Benjamin R., 16599C. W. 1860. Inv. 1860.
Woolman, Burr, 15109C. W. 1844.

Woolman, Caroline B., 21599C. W. 1898. Inv. 1898.
Woolman, Charles S., 15727C. W. & Cod. 1851. Inv. 1851.
Woolman, Daniel, 16749C. Inv. 1862.
Woolman, Daniel, 19730C. Inv. 1885.
Woolman, Daniel, 21079C. W. 1894
Woolman, David, 14005C. W. 1830. Inv. 1830.
Woolman, Eber P., 15915C. Inv. 1853.
Woolman, Elizabeth, 789C, 795C. W. 1718. Inv. 1718.
Woolman, Elizabeth, 9595C-9598C. B. 16, p. 189. W. 1773. Inv. 1773.
Woolman, Elizabeth B., 18501C. Inv. 1876.
Woolman, Franklin, 20330C. W. 1889. Inv. 1889.
Woolman, George, 14726C. Inv. 1839.
Woolman, George H., 19295C. Inv. 1882.
Woolman, Granville, 16022C. W. & Cod. 1854. Inv. 1854.
Woolman, Granville S., 17678C. Inv. 1870.
Woolman, James, 14473C. Inv. 1836.
Woolman, Jervis S., 18628C. Inv. 1877.
Woolman, John, 791C-794C. W. 1718. Inv. 1718.
Woolman, John A., 14727C. W. 1839. Inv. 1839.
Woolman, John A., 21457C. W. 1897. Inv. 1897.
Woolman, John J., 19173C. W. 1881. Inv. 1881.
Woolman, Jonah, 11888C. B. 38, p. 352. W. 1799. Inv. 1799.
Woolman, Joseph, 15268C. Inv. 1846.
Woolman, Maria, 16600C. Inv. 1860.
Woolman, Mary, 12849C. W. 1815. Inv. 1815.
Woolman, Mary, 16601C. W. 1860. Inv. 1860.
Woolman, Mary R., 20331C. Inv. 1890.
Woolman, Phebe, 17348C. W. 1867. Inv. 1867.
Woolman, Phebe W., 20332C. W. 1889. Inv. 1889.
Woolman, Rachel, 11817C. B. 38, p. 22. W. 1798. Inv. 1798.
Woolman, Rachel, 12613C. W. 1812. Inv. 1812.
Woolman, Rachel, 16121C. W. 1855. Inv. 1855.
Woolman, Rebecca, 15358C. W. 1847. Inv. 1847.
Woolman, Samuel, 15022C. W. 1843. Inv. 1843.
Woolman, Samuel F., 14337C. W. 1834. Inv. 1834.
Woolman, Sarah, 14474C. Inv. 1836.
Woolman, Sarah B., Jr., 20929C. W. & Cod. 1893. Inv. 1893.
Woolman, Susanna, 13389C. W. 1823.
Woolman, Thomas, 14881C. Inv. 1841.
Woolman, Uriah, 11084C. B. 28, p. 81. Grd. 1786.
Woolman, Uriah, 12197C. W. 1804. Inv. 1805.
Woolman, Uriah, 17249C. W. 1866. Inv. 1866.
Woolman, William, 13390C. Inv. 1823.
Woolman, William, 17129C. Inv. 1865.
Woolman, William H., 20497C. W. 1890. Inv. 1890.
Woolman, Zimri H., 19027C. W. 1880. Inv. 1880.
Woolmann, Mary, 14255C. W. 1833. Inv. 1833.
Woolston, Abigail L., 18215C. W. 1874.
Woolston, Amanda H., 21458C. W. 1897. Inv. 1897.
Woolston, Ann, 18629C. W. 1877. Inv. 1877.
Woolston, Ann M., 20930C. W. & Cod. 1893. Inv. 1893.

Wright, David, 16603C. W. 1860. Inv. 1860.
Wright, David, Sr., 11414C. B. 32, p. 136. W. 1791. Inv. 1791.
Wright, Ebenezer, 4171C. Wd. 1747.
Wright, Edith V., 18094C. W. 1873. Inv. 1873.
Wright, Edward R., 19417C. W. 1883.
Wright, Elizabeth, 13688C. Inv. 1826.
Wright, Elizabeth, 16604C. W. 1860. Inv. 1860.
Wright, Elizabeth, Sarah, 11476C. B. 34, p. 410. Wds. 1792. Tr. 1792.
Wright, Elizabeth B., 16686C. W. 1861. Inv. 1861.
Wright, Ellis, 13489C. W. 1824. Inv. 1824.
Wright, Empson, 4371C-4377C. Adm. 20. Int. 1747. Inv. 1747. Acct. 1748.
Wright, Ezekiel, 9073C-9078C. B. 15, p. 263. W. 1771. Inv. 1771.
Wright, Ezekiel, 16687C. W. 1861. Inv. 1861.
Wright, Fanny, 19553C. W. 1884.
Wright, Frettwell, 11821C. B. 37, p. 381. W. 1798. Inv. 1798.
Wright, Fretwell, 12078C. B. 40, p. 62. Int. 1802. Inv. 1803.
Wright, George M., 19731C. Inv. 1885.
Wright, George W. A., 20932C. W. 1893. Inv. 1893.
Wright, Hannah, 15917C. Inv. 1853.
Wright, Hannah, 21918C. W. & Cod. 1900. Inv. 1900.
Wright, Helen, 11475C. B. 34, p. 408. Wd. 1792.
Wright, Isaiah, 11218C. B. 29, p. 75. Int. 1787. Inv. 1787. Ren. 1787.
Wright, Israel, 10796C. B. 23, p. 157. W. 1781. Copy of will.
Wright, Israel, Jr., 11820C. B. 38, p. 38. Wd. 1798.
Wright, John, 2629-2640C.. W. 1732. Int. 1733. Inv. 1733. Ren. 1733. Acct. 1736.
Wright, John, 10846C. B. 25, pp. 97, 543. Int. 1782, 1785. Inv. 1782. Acct. 1784
Wright, John, 11417C. B. 32, p. 183. Int. 1791.
Wright, John, 13585C. W. 1825. Inv. 1825.
Wright, John, 14256C. Inv. 1833.
Wright, John, 16505C. W. 1859. Inv. 1859.
Wright, John, 19418C. W. 1883. Inv. 1883.
Wright, John W., 16304C. Inv. 1857.
Wright, Jonathan, 3557C-3572C. B. 4, p. 345, etc. W. 1742. Inv. 1744.
Wright, Jonathan, 11822C. B. 38, p. 32. W. 1798. Inv. 1798.
Wright, Joseph, 629C-635C. W. 1715. Inv. 1715.
Wright, Joseph, 11146C. B. 28, p. 77. Int. 1786. Inv. 1786.
Wright, Joseph, 11639C. B. 35, p. 252. Int. 1795. Inv. 1795.
Wright, Joseph, 15823C. W. 1852. Inv. 1852.
Wright, Joshua, 3405C-3412C. W. 1741. Inv. 1741.
Wright, Joshua, 4909C-4919C, 9298C-9308C. B. 7, p. 105; B. 14, p. 417. W. 1751. Inv. 1751. Acct. 1772.
Wright, Joshua, Adm. 157. B. 8, p. 340. Int. 1756.
Wright, Joshua, 9609C-9612C. B. 16, p. 112. W. 1773.
Wright, Josiah, 5651C-5656C. B. 8, p. 201. W. 1755. Inv. 1755.
Wright, Lettitia, 17799C. W. 1871. Inv. 1871.
Wright, Mahlon, 11147C. B. 28, p. 37. W. 1786. Inv. 1786.

Wright, Martha, 12615C. W. 1812.
Wright, Mary, 11415C. B. 32, p. 175. W. 1791.
Wright, Mary, 12245C. W. 1805. Inv. 1805.
Wright, Mary, 12616C. W. 1812.
Wright, Mary, 17026C. Inv. 1863.
Wright, Mary, 17800C. W. 1871 Inv. 1871.
Wright, Mary, Sr., 14177C. W. 1832.
Wright, Mary E., 21757C. W. 1899.
Wright, Meriam, Adm. 144. B. 8, p. 87. Int. 1755.
Wright, Nathan, 12690C. W. 1813. Inv. 1813.
Wright, Nathan, 17679C. Inv. 1870.
Wright, Noah E., 20022C. W. 1887. Inv. 1887.
Wright, Rebecca, 18217C. W. 1874. Inv. 1874.
Wright, Richard, 5787C-5795C. B. 8, p. 324. W. 1756. Inv. 1757. Acct. 1763.
Wright, Robert, 3573C-3578C. W. 1742. Inv. 1742.
Wright, Robert, 13096C. W. 1819. Inv. 1819.
Wright, Sallie B., 20334C. W. 1889.
Wright, Samuel, 7585C-7592C. B. 11, p. 245. W. 1763. Inv. 1763.
Wright, Samuel, 7889C. Grd. 1766.
Wright, Samuel, 11148C. B. 28, p. 24. W. 1786.
Wright, Samuel, 12786C. Inv. 1814.
Wright, Samuel, 20933C. W. 1893. Inv. 1893.
Wright, Samuel, Sr., 15918C. Inv. 1853.
Wright, Samuel E., 21603C. W. 1898.
Wright, Samuel L., 16605C. Inv. 1860.
Wright, Sarah, 11952C. B. 39, p. 74. Wd. 1800.
Wright, Sarah, 15187C. W. 1845. Inv. 1845.
Wright, Sarah, 15453C. Inv. 1848.
Wright, Sarah, 17466C. W. 1868. Inv. 1868.
Wright, Sarah, 19732C. W. 1885. Inv. 1885.
Wright, Sarah A., 21758C. W. 1899. Inv. 1899.
Wright, Stephen, 3659C-3664C. W. 1743. Inv. 1743.
Wright, Thomas, 7223C. Adm. 215. B. 10, p. 176. Int. 1761. Inv. 1761.
Wright, Thomas, 8607C-8612C. B. 14, p. 46. W. 1769. Inv. 1769.
Wright, Thomas, 11757C. B. 37, p. 69. Grd. 1797. Tr. 1797.
Wright, Thomas, 13586C. Inv. 1825.
Wright, Thomas, 16893C. W. 1863. Inv. 1863.
Wright, Thomas, Jonathan, 11416C. B. 32, p. 186. Wds. 1791.
Wright, William, 11140C. B. 28, p. 81. Grd. 1786.
Wright, William, 12079C. B. 40, p. 115. W. 1802. Inv. 1802.
Wright, William, 12487C. W. 1810. Inv. 1810. Lt. 1812.
Wright, William, 15919C. Inv. 1853.
Wright, William, 14556C. W. 1837. Inv. 1837.
Wright, William C., 13847C. Inv. 1828.
Wright, William C., 16305C. Inv. 1857.
Wrightt, William S., 13391C. Inv. 1823.
Wright, William T., 17932C. W. 1872. Inv. 1872.
Wrighter, Jacob, 13097C. Inv. 1819.

Yard, Benjamin, 11266C. B. 30, p. 57. Int. 1788.
Yard, Benjamin, 11267C. B. 30, p. 54. W. & copy 1788. Int. 1788. Inv. 1788.

Yard, Joseph, 3089-3094C. Int. 1738. Inv. 1738. Af. 1755.
Yeager, Jacob R., 19419C. Inv. 1883.
Yost, Ephriam, 19175C. Inv. 1881.
Young, Benjamin L., 18779C. Inv. 1878.
Young, Elizabeth, 21919C. W. 1900.
Young, Lydia, 19029C. Inv. 1880.
Yourle, Elizabeth, 14475C. W. 1836. Inv. 1836.

Zane, James H., 18096C. W. 1873. Inv. 1873.
Zane, Sarah, 12388C. Inv. 1808.
Zanes, Elnathan, 2307C. Int. 1732.
Zehner, Jacob, 16024C. W. 1854. Inv. 1854.
Zelley, Aaron, 15824C. Inv. 1852.
Zelley, Abraham, 14638C. Inv. 1838.
Zelley, Abraham, Sr., 12850C. W. 1815. Inv. 1815.
Zelley, Benjamin, 15269C. W. & Cod. 1846. Inv. 1846.
Zelley, Benjamin R., 16212C. W. 1856. Inv. 1856.
Zelley, Daniel, 10756C. B. 21, p. 130. W. 1779.
Zelley, Daniel, 12488C. W. 1810. Inv. 1810.
Zelley, Daniel, 14639C. Inv. 1838.
Zelley, Daniel, 17250C. W. 1866.
Zelley, Daniel S., 18218C. Inv. 1874.

Zelley, Elizabeth, 18219C. W. 1874. Inv. 1874.
Zelley, George, 12908C. W. 1816. Inv. 1817.
Zelley, Hannah, 18095C. Inv. 1873.
Zelley, Jemima, 18907C. Inv. 1879.
Zelley, Job, 16025C. Inv. 1854.
Zelley, John, 9323C-9328C. Adm. 309. B. 14, p. 411. Int. 1772. Inv. 1772.
Zelley, John, 16751C. Inv. 1862.
Zelley, Joseph, 12787C. W. 1814. Inv. 1814.
Zelley, Joseph P., 21604C. W. 1898. Inv. 1898.
Zelley, Josiah, 15359C. W. 1847. Inv. 1847.
Zelley, Margaret, 13313C. Inv. 1822.
Zelley, Martha, 13587C. Inv. 1825.
Zelley, Mary, 14338C. Inv. 1834.
Zelley, Noah, 12909C. W. 1816. Inv. 1816.
Zelley, Noah, 17131C. W. 1865. Inv. 1865.
Zelley, Priscilla, 15360C. W. 1847. Inv. 1848.
Zelley, Silvanus, 11711C. B. 35, p. 445. W. 1796. Inv. 1796.
Zelley, Silvanus, 12788C. Inv. 1814.
Zelley, Sylvanus, 16306C. Inv. 1857.
Zelley, William B., 19030C. W. 1880. Inv. 1880.
Zelley, William E., 21759C. Inv. 1899.
Zelly, Julia A., 20500C. W. 1890.
Zigenfus, Isaac, 21460C. Inv. 1897.

CAMDEN COUNTY.

Abbott, James, 236D. W. 1852. Inv. 1853.
Abel, Alice W., 3623D. W. 1896.
Able, Elizabeth, 1526D. W. 1877.
Abrich, Anton, 3762D. W. 1897.
Ackenle, Magdalena, 2504D. W. 1888.
Ackerman, Lawrence, Jr., 1736D. W. 1879. Inv. 1879.
Ackley, Cornelia, 3335D. Inv. 1894.
Ackley, Henry, 797D. Inv. 1865.
Ackley, Mary F., 952D. W. 1868. Inv. 1868.
Ackley, Thomas, 640D. W. 1853. Inv. 1863.
Adams, Aaron, 2397D. W. 1887. Inv. 1887.
Adams, Ellen J., 1064D. W. 1870.
Adams, George, 798D. Inv. 1865.
Adams, Israel B., 2291D. Inv. 1886.
Adams, Luke, 331D. W. & Cod. 1854. Inv. 1855.
Adams, Mary I., 1592D. Inv. 1878.
Adams, Rebecca, 3903D. W. 1898.
Adams, Reuben B., 904D. Inv. 1867.
Adkisson, Perry, 1458D. W. 1876.
Aggings, Charles, 3624D. W. 1896.
Aitkinson, Jonathan, 627D. W. 1861. Inv. 1861.
Albert, Ernest, 2505D. W. 1888.
Albertson, Ann, 746D. W. 1864. Inv. 1864.
Albertson, Ann, 747D. Inv. 1854.
Albertson, Annie S., 3904D. W. 1898.
Albertson, Anthony, 196D. Inv. 1851.
Albertson, Chalkey, 1668D. Inv. 1880.
Albertson, David, 2D. Inv. 1844.
Albertson, David, 2196D. W. & Cod. 1885. Inv. 1885.
Albertson, Isaac, 1D. W. 1844. Inv. 1844.
Albertson, Isaac, 1172D. W. 1872. Inv. 1872.
Albertson, John, 20D. Inv. 1845, 1846.
Albertson, John, 512D. W. 1858. Inv. 1858.
Albertson, Josiah, 105D. Inv. 1849.
Albertson, Josiah, 332D. Inv. 1854.
Albertson, Josiah, 552D. W. 1859. Inv. 1859.

Albertson, Mary A., 4203D. W. 1900.
Albertson, Mary M., 2914D. W. 1891.
Albertson, Samuel C., 2100D. W. 1884. Inv. 1884.
Albertson, Samuel F., 363D. Inv. 1858.
Albertson, Sarah, 4204D. W. 1900. Inv. 1900.
Albertson, William, 2292D. W. 1886.
Alcott, Logan, 1308D. W. 1874. Inv. 1874.
Aleck, George, 4205D. W. 1900. Ren. 1900.
Alexander, Elvina, 2101D. Inv. 1884.
Alexander, Hannah, 429D. W. 1856. Inv. 1856.
Alexander, John C., 2197D. Inv. 1885.
Allan, Mary A., 1066D. W. & Cod. 1870.
Allen, Asa, 1065D. Inv. 1870.
Allen, Benjamin, 4057D. W. 1899.
Allen, David, 2642D. Inv. 1889.
Allen, Elizabeth, 1310D. W. 1874.
Allen, Emily C., 4206D. W. 1900.
Allen, Gertrude, 2198D. W. 1885. Inv. 1885.
Allen, Henry, 1122D. Inv. 1871.
Allen, Jeremiah, 2915D. Inv. 1891.
Allen, Joseph B., 1820D. W. 1880.
Allen, Joseph H., 1173D. Inv. 1872.
Allen, Mary, 2643D. W. 1889. Inv. 1889.
Allen, Michael, 1260D. Inv. 1873.
Allen, Samuel, 1737D. W. & Cod. 1879. Inv. 1879.
Allnutt, Catharine C., 1527D. Inv. 1877.
Allnutt, James, 849D. Inv. 1866.
Allnutt, Joseph, George, James, Annie E., Emily, 1004D. Inv. 1869.
Alsop, Mary, 1174D. Inv. 1872.
Alsop, William J., 1261D. Inv. 1873.
Alston, William, 3336D. W. 1894.
Altemus, Rebecca N., 1924D. W. 1882.
Alward, George W., 2644D. Inv. 1889.
Ambrows, William, 905D. W. 1867.
Ambruster, Amelia, 3625D. W. 1896.
Ambruster, David, 4058D. W. 1899.

Ambruster, John, 2102D. W. 1884.
Amis, Mark, 1067D. W. 1870.
Amon, Jacob, 1373D. W. 1875. Inv. 1875.
Amon, Rachel A., 3207D. W. 1893. Inv. 1893.
Anderson, Charles, 749D. Inv. 1864.
Anderson, Charles J., 3482D. Inv. 1895.
Anderson, Elizabeth, 4059D. W. 1899.
Anderson, George H., 3337D. Inv. 1894.
Anderson, John E., 4207D. W. 1900. Ren. 1900.
Anderson, Paul, 2103D. W. 1884.
Anderson, Robert, 2104D. W. 1884. Inv. 1884.
Anderson, Sarah A., 3056D. Inv. 1892.
Andrew, Thomas, 4060D. W. & Cod. 1899. Inv. 1899.
Andrew, Thomas, Sr., 1309D. W. 1874. Inv. 1874.
Andrews, Ann, 748D. W. & Cod. 1864. Inv. 1864.
Andrews, Esther D., 2786D. W. 1890. Inv. 1891.
Andrews, Jacob, 2506D. Inv. 1888.
Andrews, John R., 799D. Inv. 1865.
Andrews, Samuel, 750D. Inv. (2) 1864.
Andrews, Susan H., 1903D. Inv. 1883.
Andrews, Susan H., 2105D. Inv. 1884.
Anthony, George, 4061D. W. 1899. Inv. 1899.
Applegate, William M., 3483D. W. 1895.
Appleton, Ann, 2006D. W. 1883.
Appleton, George W., 2293D. W. 1885. Inv. 1887.
Archer, Benjamin, 108D. Inv. 1849.
Archer, Benjamin F., 3208D. W. 1893. Inv. 1893.
Archer, Charles S., 2916D. W. 1891. Inv. 1891.
Archer, George S., 161D. Inv. 1850.
Archer, Mark B., 1005D. W. 1869.
Archer, Samuel, 1528D. Inv. 1877.
Armstrong, Bulah A., 634D. W. 1863. Inv. 1863.
Armstrong, Emaline, 2007D. W. 1883.
Armstrong, George, 3905D. W. 1898.
Armstrong, Isaac, 953D. Inv. 1868.
Armstrong, James A., 2199D. W. 1885. Inv. 1886.
Armstrong, Joseph B., 3209D. W. 1893.
Arrison, Mary J., 3485D. W. 1895.
Arthur, James, Sr., 2917D. W. 1891.
Arty, Julius, 77D. W. 1847.
Ashbrook, Joseph, 2200D. Inv. 1885.
Ashburner, Eliza L., 4062D. W. 1899. Inv. 1899. Ren. 1899.
Ashby, Franklin, 4063D. W. 1899.
Ashhead, Amos, 162D. W. 1850. Inv. 1850.
Ashead, Ira, 163D. W. 1850.
Asher, George, 2645D. W. 1889.
Ashton, Espin, 3338D. Inv. 1894.
Ashton, John R., 2507D. W. 1888. Inv. 1888. Ren. 1888.
Ashton, Samuel, 3626D. W. 1896.
Aspden, Susan T., 4209D. W. 1900.
Aspen, Jane, 4208D. W. 1900. Ren. 1900.
Atkinson, Amasa G., 1068D. W. 1870. Inv. 1870.
Atkinson, Elizabeth L., 1311D. W. 1874.
Atkinson, James W., 1459D. Inv. 1876.
Atkinson, John, 2646D. W. 1889.
Atkinson, Joseph, 3484D. W. 1895.
Atkinson, Josiah, 106D. W. 1849. Inv. 1849.
Atkinson, Priscilla, 107D. W. 1849. Inv. 1849.
Atkinson, Sarah A., 3906D. W. 1898. Inv. 1898.

Atwood, Joseph, 2398D. Inv. 1887.
Austermuhl, William, 1738D. Inv. 1879.
Austin, Eliza S., 1312D. W. & Cod. 1874.
Austin, Emily A., 2508D. W. 1888.
Avis, Wilmer U. G., 3339D. W. 1894.
Ayars, John C., 3210D. W. 1893. Inv. 1894.
Ayer, Harriet A. P., 1313D. W. 1874. Inv. 1875.
Ayers, James W., 3627D. W. 1896. Inv. 1897.
Ayers, Rosanna, 850D. W. 1866. Inv. 1866.
Ayres, Sarah, 280D. Inv. 1853.
Azcarate, Maria J., 2201D. W. & Cod. 1885.

Babcock, Lewis H., 3907D. Inv. 1898.
Bachrach, Levi, 3628D. W. & Cod. 1896. Ren. 1896.
Back, Matthew, 3908D. Inv. 1898.
Badger, Sarah A., 3211D. W. 1893.
Baghurst, Mary, 4064D. W. 1899.
Bailey, Elizabeth, 3629D. W. 1896. Inv. 1896.
Bailey, Emma D., 1835D. W. & Cod. 1881.
Bailey, Rachel, 2918D. W. 1891. Inv. 1891.
Bailey, Richard S., 628D. W. 1861. Inv. 1861.
Bailey, William, 800D. W. 1865. Inv. 1865.
Bailey, William T., 3212D. Inv. 1893.
Bailleul, George, 78D. Inv. 1847.
Baird, Andrew, 2294D. Inv. 1886.
Baird, Christianna, 3764D. W. 1897.
Baker, Ann J., 2919D. W. 1891. Inv. 1891.
Baker, Caldwell, 3340D. W. 1894.
Baker, Edward, 1925D. Inv. 1882.
Baker, Ella, 3909D. W. 1898.
Baker, Frederick, 164D. W. 1850. Inv. 1850.
Baker, James S., 109D. W. 1849. Inv. 1849.
Baker, James T., 2295D. W. 1886.
Baker, John, 1836D. W. 1881.
Baker, Joseph, 1123D. Inv. 1871.
Baker, Newsom, 1175D. Inv. 1872.
Baker, Robert C., 1837D. W. 1881. Inv. 1881.
Baker, Sarah A., 2296D. W. 1886.
Bakley, Christopher, Sr., 4065D. W. 1899.
Balderston, Mark, 2647D. W. & Cod. 1889.
Ballaron, Francisco, 4210D. W. 1900.
Ball, Emeline A., 4066D. W. 1899.
Ballenger, Thomas E., 1069D. Inv. 1870.
Ballinger, Atlantic, 237D. W. 1852. Inv. 1852.
Ballinger, Lydia H., 1669D. W. & Cod. 1880. Inv. 1880.
Ballinger, Mark, 3341D. Inv. 1894.
Ballou, Almena D., 3630D. W. 1896. Inv. 1897. Ren. 1896.
Ballou, Moses, 1739D. W. 1879.
Balser William, 1176D. W. 1872.
Balser, William P., 3910D. W. 1898.
Bamford, John, 2787D. W. & Cod. 1890.
Ban, Emeline, 50D. Inv. 1846.
Bancroft, Josephine C., 3765D. Inv. 1897.
Bancroft, Rebecca W., 2399D. W. 1887.
Bancroft, Reuben F., 3631D. W. 1896. Inv. 1897.
Bantom, George W., 3057D. W. 1892. Inv. 1893. Ren. 1892.
Barber, George H., 1740D. W. & Cod. 1879. Inv. 1879.
Barclay, Ellen C., 2297D. Inv. 1886.
Bargh, Anna M., 2788D. W. 1890.
Bargh, William, 3632D. W. 1896. Inv. 1896.
Barkla, Anna, 2509D. Inv. 1888.
Barkman, Mary, 2920D. W. 1891.
Barnard, Charles S., 3633D. W. 1896. Ren. 1896.
Barnard, Margaret, 1177D. W. 1872. Inv. 1872.

Barr, Philip, 4211D. W. 1900.
Barratt, John, 4212D. W. 1900.
Barrett, Aaron, 2921D. W. 1891. Inv. 1891.
Barrett, John J., 4213D. W. 1900.
Barrett, Joseph H., 2298D. W. 1886.
Barrett, Samuel, 630D. W. & Cod. 1861. Inv. 1861.
Barrie, James, 3486D. W. 1895.
Barry, Alice, 2922D. W. 1891. Inv. 1891.
Barry, James J., 4214D. Inv. 1900.
Bartholomew, Isaac, 3342D. W. 1894. Inv. 1894.
Barton, Elizabeth, 801D. Inv. 1865.
Barton, John, 802D. Inv. 1865.
Barton, Joseph, 1670D. Inv. 1880.
Barton, Joshua, 691D. W. 1863. Inv. 1863.
Barton, Nathaniel, 333D. Inv. 1854.
Barton, Rhoda, 629D. W. 1861.
Bartram, Isaac L., Sr., 3089D. W. 1892. Ren. 1892.
Baseman, John T., 1593D. Inv. 1878.
Bassett, Silas, 110D. W. 1849. Inv. 1849.
Bassler, Jacob, Jr., 3487D. W. 1895.
Bastin, Edson S., 3766D. W. 1897. Inv. 1898. Ren. 1897.
Bate, Henry, 1533D. W. 1877.
Bate, John, 3763D. W. 1897.
Bateman, Ann, 2789D. W. 1890.
Bates, Annie R., 3767D. W. 1897.
Bates, Beulah C., 3058D. W. 1892. Inv. 1892.
Bates, Cornelia J., 3213D. W. 1893.
Bates, Eli, 2299D. Inv. 1886.
Bates, Hope M., 1240D. W. 1873. Inv. 1874.
Bates, James, 513D. W. 1858. Inv. 1858.
Bates, James C., 2648D. Inv. 1889.
Bates, Rebecca, 430D. Inv. 1856.
Bates, William, 471D. W. 1857. Inv. 1857.
Batten, Richard T., 1838D. Inv. 1881.
Batten, Washington G., 1839D. Inv. 1881.
Battle, Thomas, 3343D. Inv. 1894.
Baxendale, Mary, 1741D. W. 1879.
Baxter, John, Sr., 2510D. W. 1888. Inv. 1888.
Baxter, Walter, 3768D. Inv. 1897.
Bayard, Jane, 2511D. W. 1888. Ren. 1888.
Bayliss, Eliza, 4215D. W. 1900.
Baynes, John, 472D. W. 1857. Inv. 1858.
Beagary, John, 197D. Inv. 1851.
Beagary, Mary, 198D. W. 1851. Inv. 1851.
Beagary, Rebecca, 1124D. W. 1871. Inv. 1871.
Beakley, Micajah, 1374D. W. 1875. Inv. 1875.
Beans, Caroline E., 1742D. W. 1879.
Beasley, George, 2923D. W. 1891.
Beaston, Elizabeth, 851D. W. 1866. Inv. 1866.
Beck, John, 3488D. W. 1895. Inv. 1895.
Beck, John, Sr., 3634D. W. 1896.
Beck, Mary E., 1594D. W. 1878.
Beck, Katherine, 4216D. Inv. 1900.
Beckel, Louise F., 2300D. W. 1886.
Beckenbach, Jacob A., 2301D. W. 1886. Inv. 1887.
Becker, John, 1821D. W. 1880.
Becker, Julius L. F., 2401D. W. 1887. Inv. 1887.
Becker, Louisa, 2790D. W. 1890.
Beckett, Amanda, 431D. Inv. 1856.
Beckett, Elizabeth, 2302D. W. 1886.
Beckley, James, 389D. W. 1855. Inv. 1855.
Beckley, Marmaduke, 852D. Inv. 1866.
Beebe, Deborah, 199D. Inv. 1851.
Beech, Elizabeth, 3489D. W. 1895.
Beeston, Emma, 3012D. W. 1898.
Beetle, James, 3059D. W. 1892.
Beetle, John M., 1743D. Inv. 1879.
Begary, Emmanuel, 51D. Inv. 1846.

Beideman, Benjamin C., 4067D. W. 1899. Inv. 1899.
Beideman, Casper S., 1927D. W. 1882.
Beideman, Jacob, 3490D. Inv. 1895.
Beideman, William, 334D. Inv. 1854.
Belisle, David W., 2402D. W. 1887. Inv. 1887.
Bell, Hughes, 516D. W. 1858. Inv. 1858.
Bell, James H., 2924D. Inv. 1891.
Bell, Robert J., 2512D. W. 1888.
Bell, Thomas, 666D. W. 1862. Inv. 1862.
Beller, George L., 1926D. Inv. 1882.
Benard, Lydia, 1840D. W. 1881.
Bender, Elizabeth J., 3060D. W. 1892.
Bender, George, 3061D. W. 1892.
Bender, John, 1822D. W. 1880.
Bendler, John, 473D. Inv. 1857.
Bendler, John E., 1928D. W. 1882. Inv. 1882.
Bendler, Mary A., 1929D. Inv. 1882.
Bennett, Charles L., 2925D. W. 1891.
Bennett, Elizabeth W., 2513D. Inv. 1888.
Bennett, Lewis, 751D. Inv. 1864.
Bennett, Richard G., 432D. Inv. 1856.
Bennett, Simeon, 2303D. W. 1886. Inv. 1886.
Bennett, William, 752D. W. 1864. Inv. 1864.
Bennett, William S., Sr., 3013D. W. 1898.
Bensel, Henry 3214D. W. 1893.
Bentham, Edward, 707D. Inv. 1863.
Berberich, Maria V., 3215D. W. 1893. Inv. 1893.
Berbrich, Frank, 2400D. W. 1887.
Berg, Christian, 1744D. W. 1879. Inv. 1879.
Berge, John, 3491D. Inv. 1895.
Berge, Margaretha, 3769D. W. 1897. Inv. 1897.
Bergen, Charity V., 3347D. W. 1894.
Bergen, Christopher A., 3635D. Inv. 1896.
Berger, Levi, 2106D. W. 1884.
Bernard, Alfred, 906D. Inv. 1867.
Berry, Andrew, 3492D. Inv. 1895.
Berry, Henry, 517D. W. 1858. Inv. 1859.
Berryman, Charles, 1006D. Inv. 1869.
Berryman, John M. P., 3914D. W. 1898.
Besser, George W., 4069D. Inv. 1899.
Besser, William P., 2514D. W. 1888.
Best, Adam, 3493D. Inv. 1895.
Best, Anna, 3770D. W. 1897. Inv. 1897.
Best, John H., 3915D. W. 1898. Inv. 1898.
Bettle, Edward, 3344D. W. 1894.
Betts, Achilles, 22D. W. 1845. Inv. 1846.
Betts, Silas, Sr., 3636D. W. 1896. Ren. 1896.
Betz, Peter H., 1930D. W. 1882. Inv. 1882.
Beutler, George F., 3348D. W. 1894.
Bewley, Mary J., 3345D. In. 1894.
Bickley, Elizabeth H., 3637D. W. 1896.
Bierenson, Aadne, 238D. Inv. 1852.
Billington, Samuel H., 3349D. Inv. 1894.
Bingham, Anna G., 4217D. W. 1900.
Birkett, Caroline S., 3916D. W. 1898. Inv. 1898.
Bisbee, William O., 3917D. W. 1898. Inv. 1899.
Bishop, Brittain, 111D. Inv. 1849.
Bishop, Brittain, 1893D. Inv. 1883.
Bishop, Daniel, 515D. W. 1858. Inv. 1858.
Bishop, George W., 2649D. Inv. 1889.
Bishop, Jane D., 4218D. W. 1900. Inv. 1901.
Bishop, Rickleth, 1595D. Inv. 1878.
Bishop, Seth C., 2791D. Inv. 1890.
Bishop, Theodore H., Sr., 2008D. W. 1883. Inv. 1883.
Bisphan, Benjamin, 3D. W. 1844. Inv. 1844.
Bitting, Ann E., 2926D. W. 1891.
Bittle, Jacob, Jr., 3771D. W. 1897.
Bittle, Josiah C., 3918D. W. 1898. Ren. 1898.

Bittle, Richard, 227D. Inv. 1852.
Bittle, Thomas, 2515D. W. 1888. Inv. 1888. Ren. 1888.
Bittner, Frederick, 1376D. Inv. 1875.
Black, Thomas, 4D. Inv. 1844.
Blackburn, George W., 3494D. W. & Cod. 1895.
Blackwood, Abigail, 3062D. W. 1892. Inv. 1892.
Blackwood, Anna, 2927D. W. 1891.
Blackwood, Thomas R., 3495D. W. 1895.
Blair, Francis L., 1241D. Inv. 1873.
Blair, Joseph, Sr., 4070D. W. 1899. Ren. 1899.
Blake, James, 626D. W. 1860.
Blake, John, 2792D. W. 1890.
Blake, Thomas, 2304D. W. 1886.
Blatherwick, John, 3496D. W. 1895.
Blauvelt, Ann, 1529D. Inv. 1877.
Blenkow, David, 1530D. Inv. 1877.
Bloomsburg, John 2009D. W. 1883.
Blumenthal, Millie, 3063D. Inv. 1892.
Boadle, John, 1596D. W. 1878. Inv. 1878.
Boardman, Thomas, 390D. W. 1855. Inv. 1855. -
Bobst, Julius, 2928D. W. 1891.
Bode, Christina, 4071D. W. 1899.
Bode, Henry, 2305D. W. 1886.
Bodine, J. Alfred, 4072D. Inv. 1899.
Bodine, Joel, 1745D. W. 1879. Inv. 1879.
Bogar, Frances, 165D. Inv. 1850.
Boggs, Eliza A., 2010D. Inv. 1883.
Boggs, Ellis, 1178D. Inv. 1872.
Boggs, Joshua H., 631D. W. 1861. Inv. 1861.
Boggs, Sarah, 281D. Inv. 1853.
Boice, Enoch C., 4073D. W. 1899. Inv. 1899.
Bolt, John, 2403D. W. 1887. Inv. 1888.
Bolzan, Charles, 3911D. W. 1898.
Bond, Aleathea E., 3638D. W. 1896.
Bond, Ida, 3919D. W. 1898.
Bond, Mary D., 2404D. Inv. 1887.
Bond, Mary T., 753D. W. 1864. Inv. 1864.
Bond, Ruth, 2202D. W. & Cod. 1885.
Bond, Simeon H., 1841D. W. 1881. Inv. 1881.
Bond, Thomas, 518D. Inv. 1858.
Bonnin, Robert Y., 1179D. Inv. 1872.
Bonsall, Bartram L., 2793D. W. 1890. Inv. 1892.
Bonsall, Henry L., 4219D. Inv. 1900.
Boody, Samuel S., 3064D. W. 1892.
Boogar, James, 2107D. W. 1884.
Booskirk, Mahlon V., 2517D. Inv. 1888.
Booth, Helen McCall, 2650D. Wd. 1889.
Borton, Azariah, 667D. W. 1862. Inv. 1862.
Borton, David, 519D. Inv. 1858.
Bosch, Elizabeth, 3346D. W. 1894.
Bosch, Mary A., 1531D. W. 1877. Inv. 1877.
Bossert, Harry, 3772D. W. 1897.
Bott, Christian, 3497D. W. 1895.
Bottomley, Henry, 2912D. Inv. 1890.
Bottomley, John T., 3216D. Inv. 1893.
Boulton, Benjamin F., 3920D. Inv. 1898.
Bourquard, William J., 3350D. W. 1894.
Bourquin, Frederick, 3773D. W. 1897. Inv. 1897.
Bowden, Benjamin F., 1070D. Inv. 1870.
Bowen, Dayton J., 708D. W. 1863.
Bowen, Joanna, 2108D. W. 1884. Inv. 1884.
Bowker, Joseph, 4074D. W. 1899. Ren. 1899.
Bowley, Joseph, 1460D. Inv. 1876.
Bowser, Ann E., 4220D. W. 1900.
Bowyer, Arthur, 282D. Inv. 1853.
Bowyer, Charles P., 3498D. Inv. 1895.
Bowyer, Jeremiah, 2011D. W. & Cod. 1883.
Bowyer, Sarah A., 3351D. W. 1894.

Boyer, Edmund N., 3639C. W. 1896.
Boylan, Matthew, 1314D. Inv. 1874.
Boyle, Allice, 2405D. W. 1887.
Boylen, Margaret, 2651D. Inv. 1889.
Boys, Elisha, 1461D. Inv. 1876.
Brace, John, 3499D. W. 1895. Inv. 1895.
Braddock, Anna C., 3065D. W. 1892.
Braddock, Elizabeth, 3500D. W. 1895.
Braddock, Sallie A., 3774D. W. 1897.
Bradley, Isabella, 1532D. W. 1877.
Bradley, John, 632D. W. 1861.
Bradley, John, 803D. W. 1865.
Bradley, Shelah, 633D. W. 1861.
Bradley, William, 375D. W. 1897.
Bradshaw, Claudius W., 4075D. W. 1899.
Brady, Alice, 3352D. W. 1894.
Branch, William, 4221D. Inv. 1900.
Branin, Abijah, Sr., 4222D. W. 1900. Inv. 1900.
Branin, Henry E., 3776D. Inv. 1897.
Brannen, Walter, 3921D. W. 1898.
Bray, James A., 2516D. Inv. 1888, 1889.
Braymer, Orange W., 3922D. Inv. 1898.
Bready, Michael, 1534D. W. 1877.
Breece, Joseph W., 1671D. Inv. 1880.
Breese, Henrietta W., 3217D. W. 1893. Inv. 1893.
Brennen, Catherine, 4223D. W. 1900.
Brewer, Edmund, 3066D. W. 1892. Inv. 1892.
Brewer, Joseph, 1842D. Inv. 1881.
Brick, Benjamin H., 200D. W. 1851.
Brick, Eliza, 21D. W. 1845. Inv. 1845.
Brick, Elizabeth, 5D. W. 1844. Inv. 1844.
Brick, Elizabeth, Maria, Samuel, 337D. Inv. 1854.
Brick, Jacob S., 853D. Inv. 1856.
Brick, John, 6D. Inv. 1844.
Brick, John P., 754D. W. 1864. Inv. 1864.
Brick, John R., 1180D. W. 1872. Inv. 1872.
Brick, Mercy H., 3067D. W. & Cods. (2) 1892. Inv. 1892.
Brick, Samuel, 434D. Inv. 1856.
Brick, Samuel, 433D. W. 1856. Inv. 1856.
Brick, Samuel F., 1007D. Inv. 1869.
Brick, William, 335D. Inv. 1854.
Brick, William, 435D. Inv. 1856.
Brick, Zibiah, 1843D. W. & Cod. 1881. Inv. 1881.
Briggs, John C., 907D. Inv. 1867.
Briggs, Samuel, 436D. Inv. 1856.
Brill, Anna E., 1181D. W. 1872.
Brill, George, 1125D. W. 1871.
Brinnisholtz, Jane, 3068D. W. 1892.
Briscoe, Alexander, 4078D. W. 1899.
Brittain, Frank C., 4224D. W. 1900.
Broadwater, George, 1672D. W. 1880. Inv. 1880.
Brooks, Amy J., 4076D. W. 1899. Inv. 1899.
Brooks, James M., 3777D. W. 1897. Ren. 1897.
Brooks, Jethro B., 1597D. W. 1878. Inv. 1878.
Brooks, Joseph H., 1746D. W. 1879. Inv. 1879.
Brooks, Mary, 635D. Inv. 1861.
Brooks, Mary W., 1242D. W. 1873. Inv. 1873.
Brotherton, Isaac B., 1931D. W. 1882.
Brown, Albert P., 3069D. W. 1892.
Brown, Arthur, 520D. Inv. 1858.
Brown, Benjamin F., 804D. Inv. 1865.
Brown, Charles C., 2012D. W. 1883.
Brown, Clayton, 1008D. W. 1860. Inv. 1869.
Brown, David B., 2406D. W. 1887.
Brown, Edward B., 1535D. Inv. 1877.
Brown, Elizabeth, 1747D. W. 1879. Inv. 1879.

Collins, William, 26D. W. 1845. Inv. 1845.
Comley, Catherine, 3788D. W. 1897. Inv. 1897.
Conery, William, 2940D. W. 1891.
Conley, Daniel R., 3363D. W. 1894.
Connelly, John, 2658D. W. 1889.
Connelly, Margaret, 2528D. W. 1888. Inv. 1888.
Connor, James, 1939D. W. 1882. Inv. 1882.
Conover, Charles G., 4231D. Inv. 1900.
Conover, Sarah A., 1828D. W. 1880.
Conrad, Elijah, 2529D. W. 1888.
Conroy, Fenton, 2808D. W. 1890. Inv. 1893.
Conway, Thomas G., 1849D. W. 1881.
Cook, Esther, 346D. Inv. 1854.
Cook, John, 347D. W. & Cod. 1855. Inv. 1854.
Cook, John H., 2118D. W. 1884. Rens. (2) 1884.
Cook, William B., 2119D. W. 1884. Inv. 1884.
Cooke, Leoni, 114D. Inv. 1849.
Coombs, Cornelia S., 2659D. W. 1889. Inv. 1889.
Cooney, James, 2313D. W. 1886.
Cooper, Abigail, 959D. Inv. 1874. Copy of Will 1868.
Cooper, Agnes, 481D. W. 1857. Inv. 1857.
Cooper, Alexander, 3224D. W. 1893. Inv. 1893.
Cooper, Anna B., 2413D. W. 1887.
Cooper, Benjamin D., 2017D. W. 1883. Inv. 1883.
Cooper, Benjamin W., 713D. W. 1863. Inv. 1863. Map.
Cooper, Catharine, 3934D. W. 1898. Ren. 1898.
Cooper, Daniel B., 527D. Inv. 1858.
Cooper, Elizabeth, 588D. W. 1860. Inv. 1860.
Cooper, Elizabeth B., 2660D. W. & Cod. 1889. Inv. 1890.
Cooper, Elizabeth K., 2314D. W. 1886. Inv. 1886.
Cooper, Elizabeth K., 2939D. Inv. 1891.
Cooper, Elizabeth W., 2018D. W. 1883. Inv. 1883.
Cooper, Esther L., 1322D. Inv. 1874.
Cooper, Hannah, 115D. Copy of Will 1849. Order 1850.
Cooper, Hannah, 3364D. W. 1894.
Cooper, Isaac, 8D. Inv. 1844.
Cooper, James B., 348D. W. 1854. Inv. 1854.
Cooper, John, 3365D. W. & Cod. 1894.
Cooper, John L., 1013D. W. 1869. Inv. 1869.
Cooper, Joseph B., 2661D. W. & Cod. 1889. Inv. 1891.
Cooper, Joseph B., Sr., 674D. W. 1862. Inv. 1862. Ren. 1862.
Cooper, Joseph M., 2212D. W. 1885. Inv. 1885.
Cooper, Joseph W., Sr., 1129D. W. & Cod. 1871. Inv. 1871.
Cooper, Josiah C., 3935D., W. 1898.
Cooper, Lydia, 2019D. W. 1883.
Cooper, Mary, 1077D. W. 1870.
Cooper, Mary V., 396D. W. 1855. Inv. 1855.
Cooper, Phebe E., 2414D. Inv. 1887.
Cooper, Prudence, 856D. W. 1866. Inv. 1866.
Cooper, Rachel, 3078D. W. 1892. Inv. 1893.
Cooper, Rebecca, 204D. W. 1851. Inv. 1851.
Cooper, Rebecca F., 2120D. W. 1884. Inv. 1884.
Cooper, Rebecca M., 1014D. W. 1869. Inv. 1869.
Cooper, Richard M., 1323D. W. 1874. Inv. 1874.

Cooper, Sabra, 2020D. W. 1883.
Cooper, Samuel, 1468D. Inv. 1876.
Cooper, Samuel H., 589D. Inv. 1860.
Cooper, Sarah W., 1829D. W. 1880. Inv. 1881.
Cooper, Tacy, 3366D. W. 1894.
Cooper, Walter M., 1940D. Inv. 1882.
Cooper, William, 116D. W. 1849. Inv. 1849.
Cooper, William B., 2530D. W. 1888. Inv. 1888.
Cooper, William D., 1388D. W. 1875. Inv. 1875.
Cooper, William M., 397D. W. 1855. Inv. 1855.
Cooper, William M., 1850D. W. 1881. Inv. 1881.
Cooper, William W., 857D. Inv. 1866.
Cope, Lydia C., 441D. Inv. 1856.
Cordery, Thomas C., 1469D. Inv. 1876.
Cork, William H., 3515D. Inv. 1895.
Corliss, David W., 2809D. W. 1890.
Cormell, Mary A., 2531D. W. 1888. Inv. 1889.
Corson, Anna E., 2532D. Inv. 1888.
Corson, Isaac, 483D. Inv. 1857.
Corson, James C., 1539D. Inv. 1877.
Cossabone, Evan, 482D. Inv. 1857.
Costill, Hannah, 2121D. W. 1884.
Cottrell, John, 3516D. W. 1895.
Coulter, Charles C., 3367D. W. 1894. Inv. 1894.
Coulter, John, 3936D. W. 1898.
Cowan, Debbie A., 4232D. W. 1900.
Cowls, William, 714D. Inv. 1863.
Cowperthwait, Hannah E., 2315D. Inv. 1886.
Cowperthwait, John K., 1246D. W. & Cod. 1873. Inv. 1873.
Cowperthwait, Sarah, 1389D. W. 1875. Inv. 1875.
Cowperthwaite, Ambrose, 715D. W. 1863. Inv. 1863.
Cowperthwaite, Dillwyn, 758D. W. 1864. Inv. 1864.
Cox, Ann E., 2533D. W. 1888. Inv. 1888. Ren. 1888.
Cox, Elizabeth, 2415D. W. & Cod. 1887. Inv. 1887.
Cox, Emmarilla, 1757D. W. 1879.
Cox, Hannah, 3079D. W. & Cod. 1892. Ord. Testimony 1891.
Cox, James, 528D. W. 1858. Inv. 1858.
Cox, James, 3789D. W. & Cod. 1897. Inv. 1897.
Cox, Matilda M., 1130D. W. 1871.
Cox, Phebe A., 398D. W. & Cod. 1855. Inv. 1855.
Cox, Rebecca, 2941D. W. 1891.
Cox, Sarah A., 2021D. W. 1883. Inv. 1883.
Cox, Sarah C., 2316D. W. 1886. Inv. 1886.
Cox, William, 3517D. Inv. 1895.
Coy, Henry, 1851D. Inv. 1881.
Coyle, Martin, Sr., 4090D. W. 1899.
Cozens, Samuel H., 205D. Inv. 1851.
Craig, Gilbert H., 1325D. W. 1874. Inv. 1874.
Craig, Joseph, 4233D. W. 1900.
Craig, Margaret, 1131D. W. 1871.
Cramer, Charles, 1015D. W. 1869. Inv. 1869.
Cramer, Isaac, 3368D. W. 1894. Inv. 1894.
Cramer, Job R., 3649D. W. 1896.
Cranmer, Hiram A., 3650D. Inv. 1896.
Craven, Albion, 3369D. W. 1894. Inv. 1894.
Crawford, Isabella H., 1540D. W. 1877. Inv. 1877.
Crawford, Oliver, 1678D. Inv. 1880.
Crawford, William S., 4234D. Inv. 1900.
Cray, Margaret L., 3787D. W. 1897.

Deith, Charles, Sr., 1830D. W. 1880.
Deitrich, Magdalena, 2025D. Inv. 1883.
DeLaCour, Elizabeth, 2124D. W. 1884. Inv. 1884.
DeLaCour, Joseph C., Sr., 2947D. W. 1891.
DelaCroix, Clement J., 1249D. W. 1873.
Delap, Mary A., 2419D. W. 1887. Inv. 1888. Ren. 1887.
Dellmuth, Henry, 3522D. W. 1895.
Demby, James, 3086D. W. 1892.
Dempsey, Dominick, 1947D. Inv. 1882.
Denfer, John, 1472D. W. 1876. Inv. 1876.
Denny, John, 291D. Inv. 1853.
Depuy, J. Stewart, 2541D. W. 1888. Inv. 1888.
Depuy, Mary A., 3087D. W. 1892.
Derrickson, Jacob T., 2813D. W. 1890. Inv. 1890.
Derrickson, Luke, 717D. W. 1863.
Desborough, Eveline K., 2948D. Inv. 1891.
Desborough, Joseph W., 2542D. W. 1838. Inv. 1889.
DeShields, John, 4238D. W. 1900.
Deveney, John, Sr., 1831D. W. & Cods. (2) 1880.
Devenport, Isaac L., 399D. Inv. 1855.
Dickensheets, George W., 2949D. Inv. 1891.
Dickensheets, Henrietta L., 2420D. Inv. 1887.
Dickerson, John B., 3523D. Inv. 1895.
Dickinson, Daniel, 1605D. W. 1878.
Dickinson, Frances, 1948D. W. 1882.
Dieter, Esther, 1545D. W. 1877. Inv. 1877.
Dietz, Christopher L., 4239D. Inv. 1900.
Dilkes, Elizabeth, 3088D. W. 1892.
Dilkes, Joseph, 119D. W. 1849. Inv. 1849.
Dilks, Andrew, Sr., 292D. W. 1853. Inv. 1853.
Dilks, Drusilla, 4094D. W. 1899.
Dilks, William L., 443D. Inv. 1856.
Dill, James, 811D. W. 1865. Inv. 1865.
Dill, Mary, 2320D. W. 1886.
Dill, William S., 1762D. W. 1879.
Dillman, Anna, 1187D. W. 1872.
Dillon, Edward P., 293D. W. 1853. Inv. 1853.
Dillon, Elizabeth, 27D. W. 1845. Inv. 1845.
Dinsdale, George, 1606D. Inv. 1878.
Disston. Thomas S., 3792D. W. 1897.
Diver, J. Paul, 1949D. W. 1882. Inv. 1882.
Dix, Noah, 2950D. Inv. 1891.
Dixon, George M., Sr., 2814D. W. 1890.
Dobbins, George W., 2321D. W. 1886.
Dobbins, Mary A., 3090D. W. 1892.
Dobbins, Micajah, 2322D. W. & Cods. (2) 1886. Inv. 1886. Ren. 1886.
Dobbs, Amildred, 530D. Inv. 1858.
Dobbs, Isabella, 2026D. Inv. 1883.
Dobbs, James, 1393D. W. 1875. Inv. 1875.
Dobbs, Samuel B., 590D. Inv. 1860.
Dobleman, Frederick, 1832D. W. 1880.
Dodamead John W., 3091D. W. 1892.
Dodamead, Thomas, 858D. W. 1866. Inv. 1866.
Dodd, Isaac H., 2815D. W. 1890. Inv. 1890.
Dodd, Jacob F., 2323D. Inv. 1886.
Dodd, Rebecca, 1950D. W. 1882.
Dodd, Samuel, Sr., 2543D. Inv. 1888.
Dodson, Edward, 245D. W. 1852.
Dole, Joseph, 591D. Inv. 1860.
Donnelly, Joseph, 2027D. W. 1883. Inv. 1883.
Donnelly, William, 531D. Inv. 1858.
Doran, Hester, 2421D. W. 1887. Ren. 1887.
Doran, Matthew, 4240D. W. 1900.
Doran, Patrick, 1679D. W. 1880.
Dorman. Josiah F., 3227D. W. 1893.
Doron. Elwood, 2028D. W. 1883.
Dorsey, John, 4241D. W. 1900.

Dorsey, Philip, 812D. Inv. 1865.
Dotterer, James D., 1188D. Inv. 1872.
Dotterer, Thomas, 914D. Copy of Will 1867. Af. 1867.
Doughten, Abigail R., 1951D. W. 1882. Inv. 1882.
Doughten, Anna D., 3656D. W. 1896.
Doughten, David, 592D. W. 1860. Inv. 1860.
Doughten, Isaac, 859D. W. 1866. Inv. 1866.
Doughten, William S., 1853D. Inv. 1881.
Doughty, John, 120D. Inv. 1849.
Doughty, John, 2951D. W. 1891. Inv. 1891.
Dove, John, Sr., 2544D. W. 1888. Inv. 1889.
Dover, William, 1952D. W. 1882. Inv. 1882.
Dowling, Christopher, 1135D. W. 1871.
Down, Charles P., 679D. W. 1862.
Down, John, 85D. Inv. 1847.
Down, Rebecca A., 3657D. W. 1896.
Down, William, 1473D. W. 1876. Inv. 1876.
Downs, Jane A., 593D. W. 1860. Inv. 1861.
Downs, John, 172D. Inv. 1850.
Draper, Annie E., 2029D. W. 1883.
Draper, Esther. 4095D. W. 1899.
Draper, Samuel, 4096D. W. 1899.
Drighouse Nathan, 1248D. W. 1873.
Driver, James R., 2422D. W. 1887. Inv. 1887.
Drury, Mary B. S., 3228D. W. 1893.
Dubose, Louis, 1474D. W. 1876. Inv. 1876.
Duddy, Mary F., 3376D. Inv. 1894.
Dudley, Thomas H., 3229D. W. & Cod. 1893.
Duffell, David, Jr., 760D. Inv. 1864.
Duffield, Jonathan, 3231D. W. 1893.
Duffy, Edward J., 2665D. Inv. 1889.
Dukeman, Lydia, 2324D. W. 1886.
Dungan, Benjamin, 644D. Inv. 1861.
Dunham, Charles S., 3941D. W. & Cod. 1898. Ren. 1898.
Dunlop, Alice, 1854D. W. 1881.
Dunmore, Temperance, 1475D. W. 1876.
Dunn, James, 485D. Inv. 1857.
Dunn, James, Sr., 2666D. W. 1889.
Dunn, Maria, 153D. Inv. 1849.
Dunn, Thomas E., 3793D. W. 1897. Inv. 1897.
Dunton, Alden B., 2325D. Inv. 1886.
Dunton, William W., 2952D. W. & Cod. 1891. Inv. 1891.
Durges, John, 3524D. W. 1895.
Duryee, Drucilla E., 2953D. W. & Cod. 1891. Inv. 1891, 1892.
Duson, Mary W., 1394D. W. 1875.
Duval, William L., 2423D. W. 1887. Inv. 1887.
Dwyer, John, 3525D. W. 1895.
Dyer, Mary A., 3658D. W. 1896.
Dyer, Reeves S., 3230D. Inv. 1893.

Eames, George W., 3526D. W. 1895.
Eames, William H., 2954D. W. 1891. Ren. 1891.
Earl, Benjamin B., 3659D. W. 1896.
Earl, Cornelia A., 3527D. W. 1895. Inv. 1895.
Earley, Caleb, 350D. W. 1854. Inv. 1854.
Earley, Patrick, 2816D. Inv. 1890.
Earling, Archibald M., 680D. Inv. 1862.
Eastburn, Jonathan, 1250D. W. & Cod. 1873.
Easterbrook, Richard, 4099D. Inv. 1899.
Eastlack, Anna C., 3942D. W. 1898. Inv. 1898.
Eastlack, Elizabeth W., 3377D. W. 1894. Inv. 1894.
Eastlack, Hannah, 2215D. W. & Cod. 1885. Inv. 1885.
Eastlack, Hannah E., 962D. W. 1868. Inv. 1868.

Felden, Mary J., 3379D. W. 1894. Inv. 1894.
Felton, Charles H., 2426D. W. 1887. Inv. 1888.
Fender, Angeline, 2672D. W. 1889.
Fenemore, William, 294D. W. 1853. Inv. 1853.
Fenimore, Caleb, 1191D. W. 1872. Inv. 1872.
Fenner, Thomas, 2035D. W. 1883.
Fennimore, Lydia, 2219D. W. 1885.
Fenton, Frank A., 2126D. W. 1884. Inv. 1884.
Ferguson, Franklin, 1548D. W. 1877.
Fetters, Bethany, 2961D. W. 1891. Ren. 1891.
Fetters, Jonathan, 444D. Inv. 1856.
Fetters, Richard, 718D. W. 1863. Inv. 1863.
Fetters, Richard, Jr., 353D. Inv. 1854.
Fetters, Sarah L., 354D. W. 1854. Inv. 1855.
Few, William, 1192D. W. 1872.
Fewring, William, 2036D. W. 1883. Inv. 1883.
Ffirth, Thomas T., 558D. Inv. 1859.
Fidell, Charles, 3237D. Inv. 1893.
Fiehrer, Annie, 3236D. W. 1893.
Field, Ann, 1397D. Inv. 1875.
Field, George W., Sr., 3949D. W. 1898. Inv. 1898.
Field, James, Sr., 815D. W. 1865. Inv. 1865.
Figner, William C., 3533D. W. 1895.
Fine, John, Sr., 1330D. W. 1874. Inv. 1874.
Finley, Elizabeth G., 2037D. Inv. 1883.
Finnegan, James, 915D. Inv. 1867.
Finnegan, Mathew, 1957D. W. 1882.
Finnemore, Isaac, 3239D. W. 1893.
Finney, Samuel, 2220D. Inv. 1885.
Firth, Samuel F., 4100D. Inv. 1899.
Fish, Annie, 3380D. W. 1894.
Fish, Benjamin, 123D. Inv. 1849.
Fish, Elizabeth, 2221D. W. 1885.
Fish, Hezekiah H., 209D. Inv. 1851.
Fish, James, Sr., 355D. Inv. 1854.
Fish, John, 445D. W. 1856. Inv. 1857.
Fish, Joseph, 1020D. Inv. 1869.
Fish, Kate L., 3950D. W. 1898.
Fish, Mary A., 1080D. W. 1870.
Fish, Mary A., 1479D. W. 1876.
Fish, Richman, 1193D. W. 1872. Inv. 1872.
Fish, Samuel H., 2818D. Inv. 1890.
Fisher, George, 1264D. Inv. 1873.
Fisher, Jeremiah. 595D. Inv. 1860.
Fisher, Philip, 3800D. W. 1897.
Fisher, Prudence K., 3801D. W. 1897.
Fisher, Robert W., 3534D. W. 1895.
Fisler, Lorenzo F., Sr., 1136D. W. 1871.
Fitchett, William, 3802D. W. 1897.
Fitzer, James, Sr., 2962D. W. 1891. Inv. 1891.
Fitzgerald, Thomas, 3664D. W. 1896.
Fitzmaurice, Thomas, 2963D. W. 1891.
Fitzpatrick, John, 2671D. W. 1889. Inv. 1890.
Fitzpatrick, Patrick, 3803D. W. 1897.
Fitzsimmons, Peter, 3535D. W. 1895. Inv. 1895.
Flatley, Bartholomew, 3952D. W. 1898.
Fleetwood, Richard T., 605D. Inv. 1860.
Fletcher, Rebecca W., 3536D. W. 1895.
Flick, Leonard, 3238D. W. 1893.
Flinn, William, 3099D. W. 1892.
Flint, Horace K., 3100D. Inv. 1892.
Flood, James, 4245D. W. 1900. Inv. 1900.
Flowers, Lenora, 4101D. W. 1899. Inv. 1899.
Flynn, James, 2673D. Inv. 1889.
Foley, John P., 4246D. W. 1900.
Folks, Susan, 4247D. W. 1900. Inv. 1900.
Follansbee, Joshua, 210D. Inv. 1851.
Folwell, James, 967D. W. 1868. Inv. 1868, 1877.
Folwell, Joseph, 4248D. W. 1900. Inv. 1900.

Folwell, Joseph D., 1549D. Inv. 1877.
Folwell, Mary A., 1252D. W. & Cod. 1873.
Folwell, Robert, 1398D. W. & Cod. 1875. Inv. 1876.
Folwell, William, 1137D. W. 1871. Inv. 1871.
Forbes, William H., 3665D. Inv. 1896.
Ford, James G., 682D. Inv. 1862.
Ford, Philip, 2127D. W. 1884. Inv. 1884.
Forrest, Benjamin, Sr., 3381D. W. 1894. Inv. 1894.
Fort, John, 1399D. W. 1875. Inv. 1875.
Fortiner, Aaron T., 917D. Inv. 1867.
Fortiner, Daniel, 1400D. Inv. 1875.
Fortiner, Elwood K., 4102D. W. 1899. Inv. 1899.
Fortiner, George R., 3382D. W. 1894. Inv. 1895.
Fortiner, Jemima, 1683D. W. & Cod. 1880. Inv. 1880.
Fortiner, Martha M., 2820D. W. 1890. Inv. 1890.
Fortiner, Samuel M., 1194D. Inv. 1872.
Fortiner, William, 918D. Inv. 1867.
Fortiner, William T., 2964D. W. 1891.
Foster, Amariah, 3240D. Inv. 1893.
Fowler, Abel, 356D. W. 1854. Inv. 1854.
Fowler, Amy, 1138D. Inv. 1871.
Fowler, Anne J., 2550D. W. 1888. Inv. 1888.
Fowler, Ellwood H., 4249D. W. 1900. Inv. 1900. Ren. 1900.
Fowler, Frank A., 3101D. W. 1892. Inv. 1893.
Fowler, Hannah K., 3102D. W. 1892. Inv. 1892.
Fowler, Jacob H., 486D. W. 1857. Inv. 1857.
Fowler, Jacob P., 2819D. W. 1890. Inv. 1890.
Fowler, Jonathan, 249D. W. 1852. Inv. 1852.
Fowler, Oliver S., 2038D. W. 1883.
Fowler, Rennels, 1550D. Inv. 1877.
Fox, Adam, 645D. Inv. 1861.
Fox, Peter, 357D. W. 1854. Inv. 1854.
Fox, Timothy, 3666D. W. 1896. Inv. 1896.
Frahlinger, Anton, 3537D. Inv. 1895.
Fraley, Mary E., 1480D. W. 1876. Inv. 1876.
Francine, James L., 863D. W. 1866. Inv. 1866.
Frankish, William, 2333D. W. 1886. Inv. 1887.
Franklin, Joseph, 3953D. W. 1898.
Franks, Henry H., 2427D. W. 1887.
Franlinger, Francis, 358D. Inv. 1854.
Franz, Philip, 4250D. W. 1900. Inv. 1900.
Frantz, Ruth A., 2428D. Inv. 1887.
Frazee, Susan V. H., 1195D. W. 1872.
Frazor, Cornelius, 1331D. W. 1874. Inv. 1874.
Fredericks, Peter J., 2674D. Inv. 1889.
Fredricks, Henry, 3954D. Inv. 1898.
Freeman, Ann, 916D. W. 1867. Inv. 1867.
Freeman, Charles, 28D. Inv. 1845.
Freeman, Clinton H., 1958D. W. 1882.
Freeman, Elizabeth J., 3955D. W. 1898.
Freeman, Quintin, 211D. Inv. 1851.
French, Charles B., 1139D. W. 1871. Inv. 1871.
French, Edward, 3538D. Inv. 1895.
French, Hewlings M., 295D. Inv. 1853.
French, Joseph, 919D. Inv. 1867.
French, Sophia, 29D. Inv. 1845.
French, Uziel, 59D. Inv. 1846.
French, William N., 2675D. W. 1889. Inv. 1889.
Frisby, Joseph, 1196D. W. 1872.
Fritzinger, Henry W., 1858D. W. & Cod. 1881. Inv. 1881.
Frost, Frank B., 3103D. W. 1892. Inv. 1893.
Frost, William, 816D. W. 1865. Inv. 1865.
Fry, Henry, 596D. Inv. 1860.

17

Graf, William, 4109D. W. 1899.
Graff, Edmund, Sr., 299D. W. 1853. Inv. (2) 1853.
Graff, Priscilla, 2041D. W. 1883. Inv. 1883.
Graham, Archibald M., 2225D. W. 1885. Ren. 1885.
Graham, Moses, 1960D. W. 1882.
Graham, William, 1265D. Inv. 1873.
Graham, William J., 1141D. W. 1871.
Grant, John L., 1403D. Inv. 1875.
Grant, John P., 1404D. Inv, 1875.
Gray, Ella P., 2676D. Inv. 1889.
Gray, Frank A., 2335D. Inv. 1886.
Gray, John C., 2555D. W. 1888.
Gray, Sarah, 2226D. W. 1885.
Green, Elizabeth, 2967D. W. 1891.
Green, Jane, 2679D. W. 1889. Inv. 1889.
Green, Lorenzo S., 361D. W. 1854. Inv. 1854.
Green, Mary A., 101D. Inv. 1847.
Green, Robert, 2132D. Inv. 1884.
Greenan, Hugh, Sr., 4110D. W. 1899. Inv. 1900.
Greene, Abigail, 3810D. W. 1897.
Greene, Albert J., 2336D. W. 1886. Inv. 1886.
Greenen, Rosa, 1552D. W. 1877.
Greenhouse, Martin E., 3811D. Inv. 1897.
Greer John, 3544D. W. 1895.
Gregory, Eliza, 1334D. W. 1874.
Gregory, Mary C., 3110D. W. 1892. Inv. 1892.
Grey, Mary G., 2677D. W. & Cod. 1889.
Grihle, Elizabeth, 362D. Inv. 1854.
Griffee, John, 4257D. W. 1900. Ren. (2) 1900.
Griffin, Bridget, 3245D. W. 1893.
Griffin, Ellen, 2556D. W. 1888.
Griffin, John, 3672D. W. 1896. Inv. 1896.
Griffiths, John, 3964D. W. 1898. Inv. 1899. Ren. (2) 1898.
Grimes, Henry, 60D. W. 1846.
Grimshaw, Maria C., 2968D. W. 1891.
Grindle, Wesley, 1686D. W. 1879. Inv. 1880. Cv. 1879.
Groff, Adelia J., 1199D. W. & Cod. 1872.
Gross, Samuel, 3965D. W. 1898. Inv. 1898.
Grosscup, Sarah A., 2680D. W. 1889.
Grossman, Heinrich, 3812D. W. 1897. Ren. 1897.
Grossmick, Mary, 3246D. W. 1893.
Groves, Mary A., 2557D. W. 1888. Inv. 1888.
Groves, William, 2681D. W. 1889. Inv. 1889.
Grumley, Philip N., 3966D. Inv. 1898.
Gsand, Maria E., 1961D. W. 1882.
Gudgins, Elizabeth, 2227D. W. 1885. Inv. 1885.
Guice, John, 1083D. W. 1870.
Guie, William T., 301D. Inv. 1853.
Guilfoy, Patrick, 2969D. W. 1891.
Guthman, Elizabeth, 300D. W. 1853. Inv. 1854.
Guthrie, Catharine, 2682D. W. 1889.
Guyant, John, 2133D. Inv. 1884.
Guyer, Louisa, 2338D. W. 1886.

Haberstroh, Frederick, 1481D. Inv. 1876.
Hackett. Josiah L., 3967D. Inv. 1898.
Hage, William, 3247D. W. 1893.
Hageman, Laurence, 124D. W. 1849.
Hagen, Ernst, 2683D. W. 1889.
Hager, John, 2684D. W. 1889.
Hagerman, Cornelius, 1142D. W. 1871. Inv. 1871.
Hagerman, Maria, 2228D. W. 1885. Inv. 1885.
Hagerman, Samuel C., 1770D. W. 1879.
Hagerty, Robert, 1862D. Inv. 1881.

Hahn, John D., 2363D. W. 1886.
Haight, Jane S., 4111D. W. & Cod. 1899. Inv. 1899.
Haines, Aaron N., 968D. Inv. 1868.
Haines, Abigail R., 3673D. W. 1896. Inv. 1896.
Haines, Amos, 817D. Inv. 1865.
Haines, Ann, 61D. W. 1846. Inv. 1846.
Haines, Edward C., 1611D. Inv. 1878.
Haines, Elizabeth, 125D. Inv. 1849.
Haines, Elizabeth, 302D. W. 1853. Inv. 1853.
Haines, Ellwood, 1963D. W. 1882.
Haines, Emma, 2970D. W. & Cods. (4) 1891. Inv. 1891.
Haines, George T., 3384D. W. 1894.
Haines, Hannah A., 2558D. W. 1888. Inv. 1888.
Haines, Hewlings, 1025D. Inv. 1869.
Haines, Isaac, 446D. W. 1856. Inv. 1856.
Haines, Jacob, 364D. Inv. 1854.
Haines, John, 2828D. W. 1890. Inv. 1890.
Haines, John M., 763D. W. 1864. Inv. 1864. Ren. 1864.
Haines, Joseph M., 3813D. Inv. 1897.
Haines, Mannaduke, 30D. Inv. 1845.
Haines, Marshall L., 2559D. Inv. 1888.
Haines, Mary, 2135D. Inv. 1884.
Haines, Mary M., 402D. Inv. 1855.
Haines, Nancy, 646D. W. 1861. Inv. 1861.
Haines, Samuel, 3385D. W. 1894. Inv. 1894. Ren. 1894.
Haines, Sarah A., 10D., W. 1844. Inv. 1844.
Haines, Thomas, 2134D. Inv. 1884.
Haines, Thomas C., 3814D. W. 1897. Inv. 1897.
Haines, William, 3248D. W. & Cod. 1893. Inv. 1893. Ren. 1893.
Haines, William A., 4112D. W. 1899.
Haines, William H., 3111D. W. 1892.
Hale, Charles B., 1612D. W. 1878. Inv. 1878.
Hale, Evalina P., 2560D. W. 1888. Inv. 1889.
Hale, James, 31D. W. 1845. Inv. 1845.
Hale, James C., 2561D. W. 1888. Inv. 1889.
Hale, John W., 2685D. W. 1889.
Hale, Sallie H., 3249D. Inv. 1893.
Hale, Sumner, 1962D. W. 1882.
Hall, Alice B., 2686D. Inv. 1889.
Hall, Ezekiel, 598D. W. 1860.
Hall, Hannah W., 969D. Copy of Will, 1868.
Hall, Josiah, 2562D. Inv. 1888.
Hall, Morris W., 3968D. W. 1898.
Halliburton, William J., 2042D. W. 1883.
Halliday, Abigail L., 2972D. W. 1891. Inv. 1896.
Halliday, Elias H., 3112D. W. 1892. Inv. 1896.
Halliday, Eliza T., 3815D. W. 1897. Inv. 1897. Ren. 1897.
Hallman, Margaret, 2973D. W. 1891.
Hallowell, Charles, 3816D. W. 1897.
Hallworth, Isaac, 1143D. W. 1871.
Halthouse, John H., 4258D. W. 1900.
Hamel, John B., 4113D. W. 1899.
Hamell, Alexander H., 1026D. Inv. 1869.
Hamell, Hannah, 1405D. Inv. 1875.
Hamersley, Elizabeth, 764D. W. 1864. Inv. 1864. Ren. 1864.
Hamilton, Alexander, 2974D. W. 1891.
Hamilton, John W., 3674D. Inv. 1896.
Hamilton, Richard, 2229D. Inv. 1885.
Hammelehle, Christian, 3250D. W. 1893.
Hammell, Elizabeth A., 3969D. W. 1898.
Hammell, Israel, 1255D. W. 1873. Inv. 1873.

Hibbert, John W., 4122D. W. 1899.
Hider, Charity, 127D. W. 1849.
Hider, John, 88D. W. 1847. Inv. 1847.
Hider, Mary, 1968D. W. 1882. Inv. 1883.
Hider, Ralph, 3119D. W. 1892. Inv. 1892. Ren. 1892.
Hiers, Edmund M., 366D. Inv. 1854.
Hiestand, John W., 2439D. W. 1887.
Higbee, Alice, 32D. Inv. 1845.
Higbee, Edward Y., 1027D. Inv. 1869.
Higbie, Sophia, 3393D. W. 1894.
Higginbotham, John, 1407D. W. 1875.
Higgins, Henry, 2971D. W. 1891.
Higgins, Mary A., 3677D. W. 1896.
Higgins, Thomas, 602D. W. 1860.
Higham, James W., 3821D. W. 1897.
Hill, Capitol S., 3394D. Inv. 1894.
Hillman, Aaron C., 1028D. Inv. 1869.
Hillman, Abel, 367D. Inv. 1854.
Hillman, Abel, 4123D. Inv. 1899.
Hillman, Alfred, 2342D. Inv. 1886.
Hillman, Eliza A., 3395D. Inv. 1894.
Hillman, Elizabeth, 1029D. Inv. 1869.
Hillman, Ephraim, 33D. Inv. 1845.
Hillman, Joseph S., 3678D. W. & Cod. 1896. Ren. 1896.
Hillman, Kesiah, 1772D. Inv. 1879.
Hillman, Samuel, 450D. Inv. 1856.
Hillman, Samuel S., 2440D. Inv. 1887.
Hilyard, Jacob, 722D. Inv. 1863.
Himmelburger, Barbara, 63D. W. 1846.
Hinchman, Amy, 924D. Inv. 1867.
Hinchman, Hannah A., 925D. Inv. 1867.
Hinchman, Hannah A., 2978D. Inv. 1891.
Hinchman, Joseph M., 1203D. Inv. 1872.
Hinchman, Joseph, Sr., 1408D. W. 1875. Inv. 1875.
Hinchman, Martha, 1773D. W. 1879.
Hinchman, Millard M., 2565D. Inv. 1888.
Hinchman, Samuel M., 866D. Inv. 1866.
Hinchman, Thomas, 1557D. W. 1877. Inv. 1877.
Hinchman, William C., Sr., 3979D. W. 1898. Inv. 1899.
Hineline, Anna D., 684D. Inv. 1862.
Hines, Catharine M., 2832D. Inv. 1890.
Hines, James L., 3396D. W. 1894. Inv. 1894.
Hitchner, Jacob, 2343D. W. 1886.
Hix, Hannah, 129D. Inv. 1849.
Hoag, Frederic A., 2834D. W. 1890.
Hoare, Robert, 368D. W. 1854. Inv. 1854.
Hobensack, Lucetta A., 3397D. W. 1894.
Hobson, John, 2136D. W. 1884. Inv. 1884.
Hodson, Marquis D., 1969D. W. 1882.
Hoeflich, Rudolph K., 1558D. W. 1877. Inv. 1877.
Hoell, Conrad, 1970D. W. 1882. Inv. 1883.
Hoelzle, John F., 3113D. W. 1892. Inv. 1892.
Hoerr, John, 723D. Inv. 1863.
Hoff, Ruth, 2344D. W. 1886.
Hofflinger, Joseph, Sr., 1409D. W. 1875.
Hofflinger, William C., 867D., Inv. 1866.
Hoffman, Henry W., 2345D. W. 1886.
Hoffman, Louis, 818D. W. 1865. Inv. 1865.
Hoffman, Mary W., 4124D. W. 1899. Inv. 1899.
Hoffman, Michael, 2979D. W. 1891. Ren. 1891.
Hoffman, William C., 4125D. W. 1899.
Hogan, Charles D., 1688D. Inv. 1880.
Hogan, Thomas, 2688D. W. 1889.
Holbrook, Martha, 3822D. W. & Cod. 1897. Ren. 1897.
Holland, John, 404D. Inv. 1855.

Holland, Sarah, 405D. Inv. 1855.
Hollingshead, Charles F., 3258D. W. 1893.
Hollingshead, Emma, 4261D. Inv. 1900.
Hollinshead, Joshua, 89D. Inv. 1847.
Hollinshed, Charles, 1559D. Inv. 1877.
Holl, John G., 1087D. W. 1870.
Holloway, George W., 3548D. W. 1895.
Holmes, Hannah, 130D. W. 1849.
Holmes, Martha, 1267D. W. 1873.
Holmes, Richard, 4262D. W. 1900.
Holt, Fannie M., 2981D. Inv. 1891.
Holt, Robert W., 3120D. Inv. 1892.
Holvick, George, 2566D. Inv. 1888.
Homer, Matthias, 3398D. W. 1894.
Hooten, Aaron, 64D. Inv. 1846.
Hooten, Alexander, 1865D. W. 1881. Inv. 1881. Cv. 1881.
Hooten, Charles B., 217D. Inv. 1851.
Hooton, Elizabeth, 765D. W. 1864. Inv. 1864.
Hooton, Isaac, 766D. W. 1864. Inv. 1864.
Hooten, William, Sr., 369D. W. 1854. Inv. 1854.
Hope, Robert, 1410D. Inv. 1875.
Hope, William M., 685D. W. 1862. Inv. 1862.
Hopkins, Aaron, 724D. Inv. 1863.
Hopkins, Anna, 3823D. W. 1897. Ren. 1897.
Hopkins, Anna H. R., 156cD. W. 1877.
Hopkins, Eliza, 2980D. W. 1891. Inv. 1891.
Hopkins, Elizabeth L., 1971D. W. 1881. Inv. 1882.
Hopkins, Griffith M., 131D. Inv. 1849.
Hopkins, Griffith M., 647D. Inv. 1861.
Hopkins, John E., 2137D. W. 1884.
Hopkins, Sarah, 2441D. W. 1887.
Hopkins, Sarah C., 3399D. W. 1894. Inv. 1894. Ren. 1894.
Horan, Mary, 3824D. W. 1897. Inv. 1898. Cv. 1897.
Horan, Michael, 1615D. W. 1878.
Horbury, Samuel, 2687D. W. 1889.
Horey, Elizabeth, 1616D. Inv. 1878.
Horey, John, 452D. Inv. 1856.
Horn, George, 1204D. W. 1872. Inv. 1872.
Horn, Jacob, 65D. Inv. 1846.
Horn, John, 3121D. W. 1892.
Horn, Josiah, 66D. W. 1846. Inv. 1846.
Horn, Mary A., 1483D. W. 1876.
Horneff, Jacob, 2231D. W. 1885. Inv. 1885.
Horneff, John, 3122D. W. 1892. Ren. 1892.
Horner, Asa P., Sr., 2138D. W. & Cod. 1884. Inv. 1884.
Horner, Benjamin, 1411D. Inv. 1875.
Horner, Emmaline, 1030D. Inv. 1869.
Horner, Eunice, 3400D. Inv. 1894.
Horner, Joanna, 1689D. W. 1880.
Horner, Joel, Sr., 2689D. W. 1889. Inv. 1889.
Horner, John, 1205D. Inv. 1872.
Horner, John H., 767D. Inv. 1864.
Horner, Lewis, 4263D. W. 1900.
Horner, Marlon, 451D. Inv. 1856.
Horner, Marlon F., 3980D. W. 1898. Inv. 1898.
Horner, Merrit, 35D. Inv. 1845.
Horner, Richard, 574D. Inv. 1859.
Horner, Sarah, 2982D. W. 1891. Inv. 1891.
Horner, Sarah A., 3123D. W. & Cod. 1892. Inv. 1892.
Horner, William, 1031D. Inv. 1869.
Hotchkiss, Charles A., 3825D. W. 1897.
Hough, Mary D., 3549D. W. 1895.
House, George, 538D. W. 1858. Inv. 1858.
Hovey, Amanda, 2690D. W. & Cod. 1889. Inv. 1889. Ren. 1889.
Hovey, Henry, 2567D. W. 1888.

Hovis, Thomas K., 40D. Inv. 1844. Assignment.
Hovley, Philip, 2833D. Inv. 1890.
Howard, Charles, 3401D. W. 1894.
Howard, James H., 3679D. W. 1896. Inv. 1896.
Howard, Thomas, 2346D. W. 1886. Inv. 1886.
Howard, William H., 2835D. Inv. 1890.
Howarth, John, 1866D. Inv. 1881.
Howarth, John, Sr., 648D. W. 1861.
Howarth, Mehitable H., 3124D. W. & Cod. 1892. Inv. 1893.
Howarth, William, Sr., 3550D. D. 1895.
Howell, Charles T., 2983D. W. 1891.
Howell, Emma C., 491C. W. 1857. Inv. 1857.
Howell, Eugene A., Sr., 3259D. W. 1893. Inv. 1894.
Howell, George G., 2836D. Inv. 1890.
Howell, Jane A., 254D. W. 1852. Inv. 1852. Ren. 1852.
Howell, Josephine B., 2139D. Inv. 1884.
Howell, Mary K., 1774D. Inv. 1879.
Howell, Richard W., 566D. W. 1859.
Howell, Thomas, 4342D. W. 1891.
Howell, William, 819D. Inv. 1865.
Hoy, Thomas H., 4126D. W. 1899.
Hoyt, Harry P., 3981D. Inv. 1898.
Hubbard, George A., 1561D. Inv. 1877.
Huber, Frederick, 2837D. W. 1890.
Huber, Magdalena, 2442D. W. 1887. Inv. 1887.
Hubert, Littleton, 2568D. W. 1888.
Hubert, Richard, 2443D. Inv. 1887.
Huckel, Horatio G., 3402D. W. 1894.
Hufsey, Millard F., 3403D. W. 1894.
Hufty, Josephine R., 2140D. W. 1884. Inv. 1884.
Hufty, Samuel, Sr., 1337D. Inv. 1874.
Hugg, Charles S., 2691D. Inv. 1889.
Hugg, Nathan L., 3982D. Inv. 1898.
Hughes, Francis, 3826D. W. 1897.
Hughes, James, 686D. W. 1862. Inv. 1862.
Hughes, Michael, 1032D. W. 1869.
Hughes, William A., 3551D. Inv. 1895.
Huisberger, Charles F., 216D. Inv. 1851.
Hulker, Harry T., 2680D. W. 1896. Inv. 1896.
Hull, Caroline C., 1338D. Inv. 1874.
Hults, Sylvenus, 370D. Inv. 1854.
Humes, George, 2347D. Inv. 1886.
Humphreys, Charles F., 2049D. W. 1883.
Hunt, Ann, 1867D. W. 1881.
Hunt, Ellery J., 2984D. W. 1891.
Hunt, E. Price, 2692D. Inv. 1889.
Hunt, Henry F., 3552D. W. 1895.
Hunt, Jacob S., 1412D. Inv. 1875.
Hunt, John P., 3553D. Inv. 1895.
Hunt, Joseph B., 3125D. Inv. 1892.
Hunt, Julia R., 2050D. W. 1883.
Hunt, Ralph, Sr., 768D. W. 1854. Inv. 1864.
Hunt, Ralph, Sr., 4127D. W. 1899. Inv. 1900.
Hunt, Ralph M., 1617D. W. 1878. Inv. 1878.
Hunt, Samuel B., 34D. Inv. 1845.
Hunt, Samuel P., 2693D. Inv. 1889.
Hunt, William, 3827D. W. & Cod. 1897. Inv. 1897.
Hunt, Willis H., 4264D. W. 1900.
Hunter, Christianna, 255D. Inv. 1852.
Hurff, Henry, Sr., 304D. W. 1853. Inv. 1853, 1855.
Hurff, John C., 868D. W. 1866. Inv. 1866.
Hurff, Joseph T., 2985D. W. 1891. Inv. 1891.
Hurff, Nancy, 539D. W. 1858. Inv. 1858.
Hurley, Alice C., 3126D. W. 1892.

Hurto, William H., 926D. W. 1867.
Husfelt, Christian, 303D. Inv. 1853.
Hussner, Lillie E., 3983D. Inv. 1898.
Hussong, Henry, 3404D. Inv. 1894.
Hussong, Peter, 2839D. Inv. 1890.
Huston, Abner, Sr., 3260D. W. & Cod. 1893. Ren. 1893.
Huston, Charlotte, 687D. W. 1862.
Huston, Hope, 971D. Inv. 1868.
Huston, Jesse E., 2348D. W. 1886.
Huston, Joshua, 218D. Inv. 1851.
Huston, Rebecca D., 3828D. W. 1897. Ren. 1897.
Huston, William H., 2694D. Inv. 1889.
Huston, William H., 2838D. Inv. 1890.
Hutchins, George, 2444D. W. 1887. Inv. 1887.
Hutchinson, David, 371D. Inv. 1854.
Hutchinson, Henry M., 1618D. W. 1878.
Hutchinson, Mary, 4265D. W. 1900. Ren. 1900.
Hutton, David J., 4128D. W. 1899.
Hutton, David W. J., 2986D. W. 1891.
Hutton, George, 972D. Copy of Will 1868.
Hylton, Anna M., 3554D. W. 1895. Inv. 1895.
Hylton, John D., 3261D. W. 1893.
Hylton, John S., 1562D. Inv. 1877.
Hylton, William R., Sr., 3555D. Inv. 1895.

Idell, Alfred, 603D. Inv. 1860.
Ingersoll, Annie, 2695D. W. 1889. Inv. 1889.
Ingersoll, Thomas, 2696D. W. 1889. Inv. 1889.
Ingham, Catharine A., 2697D. W. 1889. Ren. 1889.
Innes, Ellen M., 1972D. W. 1882.
Innis, John, 4129D. Inv. 1899.
Inskeep, John, 1869D. W. 1881. Inv. 1881. Ren. 1881.
Inskeep, John K., 258D. Inv. 1852.
Ireland, Catharine, 2987D. W. 1891.
Ireland, Elijah, 820D. Inv. 1865.
Ireland, Marshall, 3681D. W. 1896.
Ireland, Millicent B., 649D. W. 1861. Inv. 1861.
Isard, Amelia L., 3127D. Inv. 1892.
Isard, Eleazer C., 1619D. W. 1878.

Jack, Thomas, 3682D. W. 1896.
Jackle, Frederick, 2445D. W. 1887. Inv. 1887.
Jackson, Almira F., 3829D. W. 1897. Ren. 1897.
Jackson, George, 453D. W. 1856. Inv. 1856.
Jackson, Henry, 3683D. W. 1896.
Jaggard, Robert, 36D. Inv. 1845.
Jakeway, Hannah, 560D. Inv. 1859.
James, Thomas D., 2569D. W. 1888. Inv. 1888.
James, Timothy, 2988D. W. 1891.
Jaskolski, Apolanary, 3262D. W. 1893.
Jefferis, Joshua, 2349D. Inv. 1886.
Jefferis, William H., 3128D. Inv. 1892.
Jeffers, William N., 305D. W. 1853. Inv. 1853.
Jenkins, Alfred H., 3263D. W. 1893. Inv. 1894.
Jenkins, Andrew, 132D. Inv. 1849.
Jenkins, John J., 4266D. Inv. 1900.
Jenkins, Josiah, 2446D. W. 1887. Inv. 1887.
Jenkins, Richard S., 3129D. W. 1892.
Jenkins, Robert, 3984D. W. 1898.
Jenkins, Samuel H., 492D. W. 1857. Inv. 1857.
Jenkins, William H., 1413D. W. 1875. Inv. 1876.
Jenkins, Wilson H., 4130D. W. 1899.
Jenks, Katharine F., 4267D. W. 1900. Inv. 1900.

Jennings, Charles P., 3405D. W. 1894. Inv. 1894.
Jennings, James, 2840D. W. 1890. Ren. 1890.
Jennings, Job, 2841D. W. 1890. Inv. 1890.
Jennings, Napoleon B., 2232D. Inv 1885.
Jerred, St. Pierre, 3794D. Inv. 1898.
Jess, William H., 2989D. Inv. 1891.
Jessup, John J., 256D. W. 1852. Inv. 1852.
Jessup, Josiah A., 561D. Inv. 1859.
Jester, Caleb, 257D. Inv. 1852.
Jewett, Moses, 3684D. W. 1896.
Jinnett, James, Sr., 406D. W. 1855. Inv. 1855.
Johnson, Amanda, 3556D. W. 1895.
Johnson, Ann E., 2051D. W. 1883.
Johnson, Elizabeth, 2570D. Inv. 1888.
Johnson, Elizabeth L., 3557D. W. 1895. Inv. 1896.
Johnson, George, 3264D. W. 1893.
Johnson, George H., 1690D. W. 1880.
Johnson, Hannah, 1620D. W. 1878.
Johnson, Henry L., Sr., 3406D. W. 1894.
Johnson, Jacob, Sr., 2842D. W. 1890. Inv. 1890.
Johnson, James, 2990D. W. 1891.
Johnson, James L., 3685D. Inv. 1896.
Johnson, John, 1145D. W. 1871.
Johnson, Joseph K., 3265D. Inv. 1893.
Johnson, Joseph W., 3130D. W. 1892.
Johnson, Kesiah, 4131D. W. 1899. Inv. 1899.
Johnson, Margaret, 372D. Inv. 1854.
Johnson, Margaret, 3266D. W. 1893. Inv. 1893.
Johnson, Martha E., 4268D. W. 1900. Inv. 1900.
Johnson, Mary, 133D. Inv. 1849.
Johnson, Rachel G., 3131D. W. 1892.
Johnson, Rebecca M., 4269D. W. 1900. Inv. 1900.
Johnson, Reves L., 3132D. W. 1892.
Johnson, Robert, 1339D. W. 1874.
Johnson, Robert S., 1485D. Copy of Will, 1867.
Johnson, Rudolph H., 4132D. W. 1899.
Johnson, William S., 4133D. Inv. 1899.
Jones, Andrew J., 972D. Inv. 1868.
Jones, Christopher, 1268D. Inv. 1873.
Jones, Edwin, 4134D. W. 1899.
Jones, Eliza, 2052D. Inv. 1883.
Jones, Emma D. B., 1870D. Inv. 1881.
Jones, George, Sr., 2698D. W. 1889. Inv. 1889.
Jones, Hannah, 3558D. W. 1895.
Jones, Hannah M., 2699D. W. 1889. Inv. 1890. Ren. 1889.
Jones, H. Lydia, 650D. W. 1861.
Jones, Isaac, 1414D. W. 1875. Inv. 1876.
Jones, Isaac, 3267D. W. 1893.
Jones, James M., 1775D. W. 1870.
Jones, John C., 1033D. Copy of Will, 1869.
Jones, John H., 927D. W. 1876.
Jones, Josiah, Sr., 2141D. W. 1884.
Jones, Lydia H., 1669D. W. 1880. Inv. 1880.
Jones, Mary, 540D. W. 1858.
Jones, Mary A., 2843D. Inv. 1890.
Jones, Mary H., 37D. W. 1845. Inv. 1845.
Jones, Mary P., 3831D. Inv. 1897.
Jones, Mercy H., 3407D. W. 1894. Inv. (2) 1895.
Jones, Samuel H., 3686D. W. & Cods. (2), Copy of Will, 1896.
Jones, Sarah H., 1484D. W. 1876.
Jones, S. Preston, 2991D. Inv. 1891.
Jones, Susanna, 2571D. W. 1883.

Jones, Thomas, 2992D. Inv. 1891.
Jones, Thomas B., 821D. W. 1865. Inv. 1865.
Jones, Willis, 3830D. Inv. 1897.
Jordan, Emeline, 134D. Inv. 1849.
Jordan, Gideon, 1415D. Inv. 1875.
Jorrell, Martha W., 4135D. W. 1899.
Joseph, John, 1486D. W. 1876.
Joslin, Elial, 769D. W. 1864. Inv. 1865.
Josting, Henry, 3832D. W. 1897.
Jubilee, Sheppard, 1034D. W. 1869. Inv. 1869.

Kaighn, Elias, 770D. Inv. 1864.
Kaighn, Grace E., 1259D. W. 1873. Inv. (2) 1873, 1874.
Kaighn, James, 214D. Inv. 1851.
Kaighn, John, 306D. Inv. 1853.
Kaighn, John B., 307D. Inv. 1853.
Kaighn, John M., 1206D. W. & Cod. 1872. Inv. 1872.
Kaighn, John M., 3985D. Inv. 1898.
Kaighn, Joseph, 2053D. W. 1883. Inv. 1883.
Kaighn, Martha A., 2700D. W. 1889. Inv. 1889.
Kaighn, Mary C., 1341D. W. 1874. Inv. 1874.
Kaighn, Mary E., 1691D. W. 1880. Inv. 1880.
Kaighn, Sarah A., 308D. Inv. 1853.
Kaighn, William S., 2054D. Inv. 1883.
Kairer, William, 3409D. Inv. 1894.
Kaiser, Max, 4270D. W. 1900. Inv. 1901.
Kaminskie, Sarah, 2233D. W. 1885.
Kammer, Anna M., 2234D. Inv. 1885.
Kammer, Frederick, 2235D. Inv. 1885.
Kane, Charles H., 2350D. W. 1886.
Kane, Ellen, 2056D. W. 1883.
Kars, Egbert, 2351D. W. 1886. Inv. 1886.
Kating, Mary, 1621D. W. 1878.
Kauck, Charles D., 1622D. W. 1878.
Kaumann, Ruth T., 567D. W. 1859. Inv. 1859.
Kay, Benjamin, 135D. Inv. 1849.
Kay, Benjamin, 175D. Inv. 1850. Copy of Will, 1850. Ord. 1850.
Kay, Briggs, 2572D. W. & Cods. (2) 1888. Inv. 1888.
Kay, Elizabeth B., 365D. W. 1854. Inv. 1854. Ren. (2) 1854.
Kay, Elizabeth H., 1623D. W. 1878.
Kay, Henrietta, 1692D. W. 1880. Inv. 1880.
Kay, Henrietta H., 1624D. W. 1878. Inv. 1878.
Kay, Isaac M., 3268D. W. 1893.
Kay, Jacob, 454D. Inv. 1856.
Kay, Job B., 1776D. W. & Cod. 1879. Inv. 1879.
Kay, John, 136D. Inv. 1849.
Kay, Joseph, 38D. Inv. 1845.
Kay, Joseph, 2236D. W. 1885. Inv. 1885.
Kay, Joseph F., 3408D. W. 1894. Inv. 1894.
Kay, Josiah, 250D. W. 1852. Inv. 1852.
Kay, Maria C., 3687D. W. 1896. Inv. 1896.
Kay, Rachel E., 3559D. W. & Cod. 1895. Inv. 1895.
Kay, Rebecca, 2237D. W. 1885. Inv. 1885.
Kean, Daniel C., 3269D. W. 1893. Inv. 1893.
Keefe, Hugh, 2093D. W. 1891. Inv. 1891.
Keefer, Peter, 3410D. Inv. 1894.
Keen, Jane S., 1777D. Inv. 1879.
Keen, Jesse, 00D. Inv. 1847.
Keighton, Walter B., 2447D. Inv. 1887.
Keighton, Walter B., 2573D. W. 1888. Inv. 1889.

Keller, George, 568D. Inv. 1859.
Kelley, Edward, Sr., 3986D. W. 1898. Inv. 1899.
Kelley, James, 2142D. Inv. 1884.
Kelley, Robert H., 3270D. W. & Cod. 1893.
Kelley, Sylvester L., Sr., 2449D. W. 1887. Inv. 1889.
Kelley, Thomas C., 3411D. W. 1894. Inv. 1894.
Kellick, William, 380D. Inv. 1854.
Kelling, Conrad, 2701D. W. 1889. Ren. (2) 1889.
Kellogg, Mary R., 2702D. W. 1889.
Kellum, Benjamin, 260D. Inv. 1852.
Kellum, Gilbert, 12D. Inv. 1844.
Kelly, Charles, 3833D. W. 1897.
Kelly, Edward P., 4136D. Inv. 1899. Copy of Will 1899. Ren. 1899.
Kelly, John, 869D. Inv. 1866.
Kelly, John, 2238D. W. 1885.
Kelly, Margaret, 3133D. W. & Cod. 1892. Inv. 1893.
Kelly, Margaret, 3688D. W. 1896.
Kelly, Margaret H. C., 3987D. W. 1898. Inv. 1898. Ren. 1898.
Kelly, Patrick, 3560D. W. 1895.
Kelly, Samuel J., 2448D. W. 1893. Inv. 1887.
Kelton, George, 1693D. W. 1880. Inv. 1880.
Kempton, Annie, 3834D. W. 1897. Inv. 1897. Ord.
Kempton, Jane A., 1973D. W. 1882.
Kenderdine, Justinian, 1088D. W. 1870. Inv. 1870.
Keneman, John, 2703D. W. 1889.
Kenna, Andrew, 3412D. W. 1894.
Kennedy, Edward, Sr., 3413D. W. 1894.
Kennedy, James, 2844D. W. & Cod. 1890.
Keown, David, Sr., 1625D. W. 1878.
Keown, Samuel, 3561D. Inv. 1895.
Keown, William, Sr., 2450D. W. & Cod. 1887.
Ker, Frances, 771D. Inv. 1864.
Kern, Christopher, 1872D. Inv. 1881.
Kerns, James H., 2143D. Inv. 1884.
Kerns, Maria, 3134D. W. 1892.
Kerr, Isabella, 1035D. W. 1869.
Ketterer, Ferdinand, Sr., 1342D. W. 1874.
Kiefer, Peter, 1871D. W. 1881.
Kiger, Sarah A., 3835D. W. 1897.
Kihnle, Jacob, 3272D. W. 1893. Inv. 1893.
Killiam, John W., 2352D. W. 1886.
Killingbeck, Joshua, 3562D. W. 1895.
Killinger, Christian, 3273D. W. 1893. Inv. 1893.
Kinching, Edward, 1036D. W. 1869.
Kindle, Jonathan, 493D. Inv. 1857.
King, Benjamin, 137D. Inv. 1849.
King, Clara L., 3689D. W. 1896. Inv. 1896.
King, Henry C., 2704D. W. 1889. Inv. 1892.
King, Maria M., 688D. W. 1862. Inv. 1863.
King, William T., 176D. W. 1850. Inv. 1850. Ren. 1849. Tr. 1849. Ord. 1850.
Kinkade, William, 1873D. W. 1881. Inv. 1881.
Kinkle, Charles P. F., 455D. Inv. 1856.
Kirby, Abraham, 261D. W. 1852.
Kirby, Eunice, 3988D. Inv. 1898.
Kirby, Gertrude A., 2451D. W. 1887.
Kirby, Rebecca H., 1146D. W. 1871. Inv. 1871.
Kirby, Mary, 2574D. W. 1888.
Kirk, Joseph, 1778D. W. 1879.
Kirk, Mary A., 1874D. Inv. 1881.
Kirk, William A., 2994D. W. 1891.
Kirkbride, Howard N., 3564D. Inv. 1895.
Kirkbride, Jane R., 1694D. Inv. 1880.
Kirkbride, Job, 1626D. W. 1878. Inv. 1878.

Kirkbride, Joel P., 2845D. W. 1890. Inv. 1890.
Kirkbride, Jonathan, Sr., 928D. Inv. 1867.
Kiss, Mary, 4137D. W. 1899.
Kleaver, Elizabeth L., 4138D. Inv. 1899.
Kleiber, Paul, 3989D. W. 1898. Ren. 1898.
Kleisz, Eliza H., 3414D. Inv. 1894.
Kline, Isaac, 1779D. W. 1879.
Klopp, Albert, 3836D. W. 1897.
Klostermann, Herman, Sr., 1563D. W. 1877. Inv. 1878.
Kneass, Margaret, 373D. W. 1854. Inv. 1854.
Knecht, William, 2846D. W. 1890.
Knight, George H., 3565D. Inv. 1895.
Knight, Jonas, 1269D. W. 1873.
Knight, Josephine J., 3990D. W. 1898.
Knight, Thomas C., 3690D. W. 1896.
Knipe, Edmund, 2452D. W. 1887. Inv. 1887.
Knowlton, Charles H., 3991D. Inv. 1898.
Knox, John N., Sr., 2453D. W. 1887. Inv. 1887.
Knox, William H., 3566D. W. 1895. Inv. 1895. Ren. 1895.
Koch, Ernest, 1207D. W. 1872.
Koenemann, William H., 3135D. W. 1892.
Koenig, George H., 1147D. W. & Cod. 1871.
Kohl, Wilhelm F., 4271D. W. 1900.
Kohler, Susan A., 1564D. W. 1877.
Kolb, Adam, 1565D. W. 1877.
Kolbeck, Joseph, 1416D. W. 1875. Inv. 1875.
Kraft, Annie M., 3136D. W. 1892.
Krauss, Gottlieb F., 1780D. W. 1879.
Kretschmer, Herman, 3415D. W. 1894. Inv. 1894. Ren. 1894.
Kronenwetter, Michael, 4272D. W. 1900.
Kuhfuss, Mary, 3274D. W. 1893.
Kuhfuss, William, 3992D. W. 1898.
Kullman, August, 3567D. W. 1895. Inv. 1896.
Kumlchn, Catherine, 3788D. W. 1897. Inv. 1897.

Lack, Jacob, 1487D. W. 1876.
LaConey, Catharine, 3137D. W. & Cod. 1892. Inv. 1892.
Laird, Granville W., 2575D. Inv. 1888.
Lamb, Catharine, 1148D. Inv. 1871.
Lamb, Daniel, 929D. W. 1867. Inv. 1867.
Lamb, James W., 262D. W. 1852. Inv. 1852.
Lamplugh, William, 1271D. Inv. 1873.
Land, Adam, 833D. Inv. 1865.
Landwehr, Nicholas, 870D. Inv. 1866.
Lane, John G., 3725D. W. 1899. Inv. 1899.
Lane, Margaret T., 4139D. W. 1899.
Langendorf, Daniel G., 4140D. W. 1899. Inv. 1900.
Laning, Emma J., 2847D. W. 1890. Inv. 1890.
Larson, Buren, 2705D. W. 1889. Inv. 1889.
Larue, Amelia, 3692D. W. 1896.
Latcham, Charles C., 3568D. W. 1895.
Laverty, Mary A., 3138D. W. 1892.
Lawrence, John, 2055D. Inv. 1883.
Lawrence, John J., 1974D. Inv. 1882.
Lawrence, William P., 871D. Copy of Will, 1866.
Laws, Caleb, Sr., 2239D. W. 1885.
Lawson, Isaac, 1875D. W. 1881.
Layer, William, 1566D. W. 1877. Inv. 1877.
Layland, William, 2454D. W. 1887.
Leach, Jacob, 309D. Inv. 1853.
Leach, Lavinia M., 1417D. Inv. 1875.
Leadbeater, John, Jr., 138D. W. 1849. Inv. 1849.
Leap, Seth H., Jr., 3707D. Inv. 1897.
LeConey, Anna E., 2706D. Inv. 1889.
Leconey, Chalkley, 3837D. W. 1897.

Leconey, Emmaline H., 3416D. W. 1894.
LeConey, Richard, 2707D. Inv. 1889.
Leconey, Sarah J., 4320D. W. 1900.
Lee, Catherine C., 4273D. Inv. 1900.
Lee, Eliza, 2353D. W. 1886.
Lee, Elizabeth, 1270D. W. 1873.
Lee, George, 872D. Inv. 1866.
Lee, John S., 3691D. Inv. 1897.
Lee, Rachel P., 2455D. W. 1887.
Lee, Sarah, 2456D. W. 1887.[1]
Lee, Sarah D., 4141D. W. 1899. Ren. 1899.
Lee, William H., 3993D. Inv. 1898.
Leeds, Wilmer P., 2240D. Inv. 1885.
Lees, Mary M., 3417D. W. 1894.
Lehman, Emma, 3994D. W. 1898. Inv. 1898.
Lehman, Jacob E., 4274D. W. 1900.
Leitenberger, Johan G., 1975D. W. 1882.
Lelarge, Henry, 494D. Inv. 1857.
Lennon, Matthew, Sr., 3139D. W. 1892.
Lenny, William, 1418D. Inv. 1875.
Leo, William I., 873D. Inv. 1866.
Leob, Charles, 651D. Inv. 1861.
Leon, Jacob H., 4275D. W. 1900.
Leonard, Gilbert, 2576D. W. 1888.
Leonard, Mary S., 772D. W. 1864. Inv. 1864.
Leonhard, Helene, 1876D. W. 1881.
Lesage, Henry, 3418D. W. 1894. Inv. 1894.
Leslie, Stevenson, 1272D. Inv. 1873.
Letellier, Alphonse, 2241D. Inv. 1885.
Letts, Michael, 3275D. W. & Cod. 1893.
Levering, Clement, 1037D. W. 1869. Inv. 1869.
Levy, Frank P., 4142D. W. 1899.
Lewallen, Susan, 2144D. W. 1884. Inv. 1884.
Lewis, Ann M., 1781D. Inv. 1879.
Lewis, Anna R., 1567D. W. 1877.
Lewis, Jefferson, 3140D. Inv. 1892.
Lewis, Joseph, Sr., 374D. W. 1854. Inv. 1854.
Lewis, Levi, 1488D. W. 1876. Inv. 1876.
Lewis, Samuel, 3141D. Inv. 1892.
Lewis, Sel'na L., 2995D. Inv. 1891.
Lewis, William N., 263D. Inv. 1852.
Leybrant, Henry P., 2242D. Inv. 1885.
Lezenby, Cornelius, 4143D. W. 1899.
Lindsay, Anna M., 2458D. W. 1887.
Liness, Margaret M., 3569D. W. 1895.
Lintner, John, 1877D. W. 1881.
Lipincott. Nathaniel, 2996D. W. 1891.
Lippincott, Abraham, 177D. W. 1850. Inv. 1850.
Lippincott, Ahab H., 2848D. W. 1890.
Lippincott, Anna M., 2708D. W. 1889.
Lippincott, Anna O., 2057D. W. 1883. Inv. 1883.
Lippincott, Benjamin, 3142D. Inv. 1892.
Lippincott, Charles, 1419D. W. 1875. Inv. 1875.
Lippincott, Christiana, 2457D. W. 1887.
Lippincott, Deborah S., 3419D. Inv. 1894.
Lippincott, Hannah. 310D. W. 1853. Inv. 1853.
Lippincott, Isaac P., 3995D. W. 1898.
Lippincott, James S., 2243. W. 1885. Inv. 1885.
Lippincott, John H., 375D. Inv. 1854.
Lippincott, John H., Sr., 3693D. W. 1896. Inv. 1896.
Lippincott, Joseph. 3420D. W. 1894. Inv. 1894.
Lippincott, Joseph E., 974D. W. 1868. Inv. 1868.
Lippincott, Joseph K., Sr., 604D. W. 1860. Inv. 1860.
Lippincott. Levi C., 2244D. W. 1885. Inv. 1885.
Lippincott, Lydia, 1420D. W. 1875. Inv. 1875.

Lippincott, Lydia, 2145D. W. 1884.. Inv. 1884.
Lippincott, Martha A., 1343D. Inv. 1873.
Lippincott, Mary A., 3143D. W. 1892. Inv. 1892.
Lippincott, Nathan M., 1421D. W. 1875. Inv. 1875.
Lippincott, Rachel, 219D. W. 1851. Inv. 1851.
Lippincott, Rachel S., 2709D. W. 1889. Inv. 1889.
Lippincott, Samuel A., 67D. Inv. 1846.
Lippincott, Sarah, 822D. W. 1865. Inv. 1865.
Lippincott, Sarah S., 3276D. W. 1893. Inv. 1893.
Lippincott, Susanna C., 1627D. W. 1878. Inv. 1878.
Littchel, Margaret L., 2146D. W. 1884.
Little, John, 1878D. W. 1881.
Little, Julia S., 1208D. W. & Cod. 1872. Inv. 1872.
Little, Susanna, 2245D. W. 1885. Inv. 1885.
Litzenberg, Davis B., 3570D. W. 1895.
Lloyd, David H., 2710D. W. 1889.
Lock, Jasper, 1273D. W. 1873. Inv. 1873.
Locke, Ishmael, 264D. Inv. 1852.
Locke, John V., 495D. Inv. 1857.
Logan, Andrew, 3694D. W. 1896.
Logan, Emma J., 4276D. W. 1900.
Logan, John J., 2711D. Inv. 1889.
Lolly, Charles F., 1344D. Inv. 1874.
Long, Elizabeth C., 4144D. W. 1899.
Long, Mary, 1089D. W. 1870.
Long, Nathan, 1782D. W. 1879. Inv. 1879.
Long, Thomas, 3571D. W. 1895, 1896.
Longhead, Elizabeth J., 773D. Inv. 1864.
Longhead, James A., 220D. Inv. 1851.
Longland, Robert R., 3563D. Inv. 1897.
Lonton, Joseph, 496D. Inv. 1857.
Lord, James B., 2577D. Inv. 1888.
Lord, John, 139D. W. 1849. Inv. 1849.
Lord, John W., 2913D. Inv. 1890.
Loring, Thomas, Sr., 2997D. W. 1891. Inv. 1891.
Love, William, 407D. Inv. 1855.
Lovejoy, Mary A., 3421D. W. & Cod. 1894. Inv. 1894.
Lovell, Olney I., 541D. W. 1858.
Lowe, Isaac L., 874D. W. 1866. Inv. 1866.
Lowe, Isaac S., 1976D. Inv. 1882.
Lownsbury, Francis. 2998D. W. 1891.
Lucas, William, 2849D. Inv. 1890.
Luce, Joseph J., 1628D. W. 1878.
Ludlow, Joseph W., 2999D. W. 1891. Inv. 1892.
Lummis, Samuel, 275D. Inv. 1852.
Lutes, William R., 4277D. W. 1900.
Luttenbacher, Dennis, 2850D. Inv. 1890.
Lutton, Robert, 569D. W. 1859. Inv. 1859.
Lutz, Sallie E., 3144D. W. 1892.
Lybrand, Joseph M., 408D. W. 1855. Inv. 1855.
Lyman, Maria W., 875D. Inv. 1866.
Lytle, Samuel, 1149D. Inv. 1871.

Macdonald, Malcolm. Sr., 4278D. W. 1900.
Mace, James R., 3838D. W. 1897.
Mackenzie, Alexander G., 1090D. W. & Cod. 1870. Inv. 1870.
Mackenzie, Prudence, 3000D. W. 1891. Inv. 1892.
Mackey, Charles C., 1695D. W. 1880. Inv. 1880.
Mackey, Henry, 930D. Inv. 1867.
Maddock, David R., 652D. W. 1861. Inv. 1861.
Madison, Jane, 3422D. W. 1894. Ren. 1894.
Madison, Sarah, 3423D. Inv. 1894.

McDowell, Thomas, Sr., 876D. W. 1866. Inv. 1866.
McElmoyl, John, 2859D. Inv. 1890.
McElveney, John, 2246D. W. 1885.
McGeady, John, 1700D. W. 1880.
McGeady, Mary, 1884D. Inv. 1881.
McGlothlin, Nancy, 1979D. W. & Cod. 1882. Inv. 1882.
McGonigle, Annie R., 2716D., Inv. 1889.
McGonigle, Isaac, 1212D. Inv. 1872.
McGonigle, Mary, 2717D. W. 1889.
McGuire, Mary, 3002D. W. 1891. Inv. 1891. Ren. 1891.
McHarg, Peter, 1346D. W. & Cod. 1874. Inv. 1874.
McHugh, Ann, 3843D. W. 1897.
McIlhenny, William, 457D. W. 1856. Inv. 1856.
McIntire, Mary A., 1275D. Inv. 1873.
McKain, John D., 179D. Assignment 1850.
McKee, David, 976D. Inv. 1868.
McKeen, Sally J., 2462D. W. 1887. Inv. 1887.
McKeen, Thomas, 2062D. Inv. 1883.
McKeghian, James, 654D. Inv. 1861.
McKenna, Mary A., 3844D. W. 1897.
McKenney, Felix, 2718D. W. 1889.
McKeown, Benjamin, 978D. Copy of Will 1868.
McKinstry, Harrison, 1492D. Inv. 1876.
McKnight, William, 1213D. W. 1872. Inv. 1872.
McLain, Anna M., 3702D. W. 1896. Inv. 1896.
McLain, James, 690D. Inv. 1862.
McLain, Mary, 1423D. W. 1875.
McLain, Samuel, 932D. Inv. 1867.
McLain, Sarah M., 2583D. W. 1888. Inv. 1888.
McLaughlin, Ella B., 2860D. W. 1890.
McLaughlin, James, 3149D. W. 1892. Inv. 1893.
McLaughlin, John, 4289D. W. 1900.
McLeod, Abraham, 3703D. W. & Cod. 1896.
McMaster, Samuel, 2358D. Inv. 1886.
McMinn, Margaret, 878D. W. 1866.
McMinn, Rebecca V., 4001D. W. 1898. Inv. 1898.
McMonigle, Patrick, 1885D. Inv. 1881.
McMurtrie, B. T., 314D. Inv. 1853.
McNeill, Anna E., 3003D. W. & Cod. 1891. Inv. 1891.
McNeill, John, 3704D. W. 1896.
McNeilly, Susanna, 3850D. W. 1897.
McVaugh, Silas, 142D. Inv. 1849.
Mead, Alfred H., 3705D. W. 1896. Inv. 1895, 1896.
Mead, Charlotte M., 4290D. W. 1900. Inv. 1900.
Mead, Harvey, 775D. W. 1864. Inv. 1864.
Mead, Lucetta, 3706D. W. 1896.
Measey, John, 1093D. Inv. 1870.
Measey, John, 2359D. Inv. 1886.
Meehan, Henrietta A., 4291D. W. 1900.
Meguire, Elizabeth M., 3428D. W. 1894.
Meiler, George, 4292D. W. 1900.
Mellon, Jane, 826D. Inv. 1865.
Meny, Rosa, 2584D. W. 1888. Inv. (2) 1888.
Merembeck, Emma C., 3429D. W. 1894.
Merriel, Mary A., 3430D. W. 1894. Inv. 1896.
Merriel, William M., 1786D. W. 1879.
Merritt, Alfred C., 1276D. Inv. 1873.
Merritt, William, 4221D. Inv. 1900.

Merry, Theophilus, 726D. W. & Cod. 1863. Inv. 1863.
Meryweather, Ann, 2148D. Inv. 1884.
Meryweather, Ellen, 1424D. Inv. 1875.
Meryweather, John, 1277D. W. 1873.
Messinger, David, 2149D. W. 1884. Inv. 1885.
Messinger, John, 3004D. W. 1891.
Mester, Frank, 3287D. W. 1895. Inv. 1895. Ren. 1895.
Metcalf, William, 4293D. W. 1900.
Metz, Mary, 2585D. W. 1888.
Metzger, Joseph J., 2360D. W. & Cod. 1886.
Meyer, Adaline, 2361D. W. 1886.
Myers, William D., 3150D. W. 1892. Inv. 1892.
Michellon, James P., 3845D. W. 1897.
Mick, Jacob, Sr., 3846D. W. 1897. Inv. 1897. Ren. 1897.
Mickle, Ann, 979D. Inv. 1868.
Mickle, Isaac W., 692D. W. 1862. Ren. 1862.
Mickle, John W., 655D. W. 1861. Inv. 1862. Ren. 1861.
Middleton, Abigail, 180D. Inv. 1850.
Middleton, Amos A., Sr., 143D. W. 1849. Inv. 1849
Middleton, Amy E., 3431D. W. 1894. Inv. 1894.
Middleton, Bowman H., 877D. Inv. 1866.
Middleton, David D., 2719D. Inv. 1889.
Middleton, Elizabeth F., 4294D. Inv. 1900.
Middleton, George, Sr., 2586D. W. 1888. Inv. 1888.
Middleton, Hannah, 2720D. Inv. 1889.
Middleton, Jacob, 267D. W. 1852. Inv. 1852.
Middleton, John C., 1347D. Inv. 1874.
Middleton, Joseph, 13D. Inv. 1844.
Middleton, Josiah V., 3575D. W. 1895. Inv. 1896. Ren. 1895.
Middleton, Lemuel, 2721D. Inv. 1889.
Middleton, Rebecca B., 4295D. W. 1900.
Middleton, Sarah, 2587D. Inv. 1888.
Middleton, Susan, 221D. Inv. 1851.
Milheiser, Martin, 3005D. W. 1891.
Millar, William A., 3271D. Inv. 1895.
Millard, Russel, 608D. Inv. 1860.
Millard, William B., 3006D. W. 1891. Inv. 1892.
Miller, Angelina L. M., 1493D. Inv. 1876.
Miller, Ann T., 3007D. W. 1891.
Miller, Casper, 1787D. Inv. 1879.
Miller, Christina, 4296D. W. 1900.
Miller, Daniel, 980D. Inv. 1868.
Miller, Edgar L., 4002D. W. 1898.
Miller, George K., 3708D. Inv. 1896.
Miller, George W., 776D. Inv. 1864.
Miller, Jacob, 1980D. Inv. 1882.
Miller, Jane, 3709D. W. 1896. Inv. 1896.
Miller, John, 1094D. W. 1870. Inv. 1871.
Miller, Joseph P., 3151D. W. 1892.
Miller, Maggie, 2722D. Inv. 1889.
Miller, Mary A., 101D. Inv. 1847.
Miller, Mary A., 1788D. Inv. 1879.
Miller, Mary J., 3281D. W. 1893.
Miller, Sarah A., 1789D. W. 1879. Inv. 1879.
Miller, Susan R., 4003D. W. 1898.
Miller, Thomas, 222D. Inv. 1851.
Miller, William, 2861D. W. 1890.
Milligan, John, 268D. W. & Cod. 1852. Ord. 1852.
Milligan, William C., 1030D. Inv. 1869.
Millingar, Elizabeth, 2463D. W. 1887.
Millis, John H., 279D. Inv. 1852.
Mills, Mary, 4146D. W. 1899.

Mills, Morton, 2862D. W. 1890.
Milnes, Benjamin, 4297D. W. 1900.
Mines, George W., 4004D. W. 1898.
Missimer, Jennie, 2863D. W. 1890.
Mitchell, Edward, 181D. Inv. 1850.
Mitchell, John, 2464D. W. 1887.
Mitchell, William, 182D. Inv. 1850.
Mitchell, William F., 3432D. W. 1894.
Mitten, Simon W., 3008D. Inv. 1891.
Moffet, Joseph, 879D. Inv. 1866.
Moffett, Agnes, 4147D. W. & Cod. 1899.
Moffett, Charles C., 3847D. W. 1897. Ren. 1897.
Moffett, Susan, 3710D. W. 1896.
Moffit, Ann, 2864D. Inv. 1890.
Moffitt, Thomas Q., 2362D. W. 1886.
Moles, James, 2865D. W. 1890. Inv. 1890.
Molloy, James, 458D. W. 1856. Inv. 1857.
Money, William W., 3711D. W. 1896. Inv. 1896.
Monroe, Edgar, 3576D. W. 1895.
Monroe, William, 223D. Inv. 1851.
Monroe, William, 656D. Inv. 1861.
Montgomery, Amelia, 3712D. W. 1896. Inv. 1896.
Montgomery, Elizabeth, 3433D. W. 1894. Inv. 1894.
Montgomery, Mary C., 2588D. W. & Cods. (4) 1888, 1895. Inv. 1888.
Moody, Olivia S., 2866D. W. & Cod. 1890.
Mooney, John D., 1571D. W. 1877. Inv. 1881.
Mooney, John T., 2465D. Inv. 1887.
Mooney, Robert, 3282D. Inv. 1893.
Moore, Aaron, 1572D. Inv. 1877.
Moore, Alexander, 500D. W. 1857. Inv. 1857. Ren. 1857.
Moore, Annie M., 3152D. W. 1892.
Moore, Barclay, 2589D. W. 1888. Inv. 1889.
Moore, Elmer, 1886D. W. 1881. Inv. 1881.
Moore, Emma, 4148D. W. 1899.
Moore, Gilbert H., 4149D. W. 1899. Inv. 1900.
Moore, Isaiah W., 1887D. W. 1881. Inv. 1881.
Moore, James D., 1278D. Inv. 1873.
Moore, Jemima, 2590D. W. 1888. Inv. 1888.
Moore, John, 183D. Inv. 1850.
Moore, Joseph J., 1348D. Inv. 1874.
Moore, Martin, 1632D. Inv. 1878.
Moore, Smith G., 1425D. W. 1875. Inv. 1875.
Moran, Mary, 3425D. W. 1895.
Morang, John D., 4005D. W. 1898.
Morgan, Caroline, 2247D. W. 1885. Inv. 1886.
Morgan, Edward, 459D. Inv. 1856.
Morgan, Elizabeth, 1494D. W. 1876.
Morgan, George, 3848D. W. 1897. Inv. 1898.
Morgan, Hannah, 3009D. W. 1891. Ren. 1891.
Morgan, Hugh, 3010D. W. 1891. Inv. 1892.
Morgan, John, Sr., 1888D. W. 1881. Inv. 1881.
Morgan, Lucy, 1889D. W. 1881.
Morgan, Randal W., 2150D. W. 1884.
Morgan, Richard, 4006D. W. 1898.
Morgan, Rollin H., 2151D. W. 1884. Inv. 1884.
Morgan, William, 1573D. Inv. 1877.
Moring, William, 4007D. Inv. 1898.
Morrell, John R., 951D. Copy of Will, 1867.
Morrey, George, 2591D. W. 1888.
Morris, Elizabeth, 693D. W. 1862.
Morris, Ellwood, 1214D. Inv. 1872.
Morris, Griffith, 1426D. W. 1875. Inv. 1875.

Morris, Henry A., 4150D. W. 1899. Ren. 1899.
Morris, James H., 3713D. W. 1896. Ren. 1896.
Morris, John, 933D. W. & Cod. 1867. Inv. 1867.
Morris, John, 2723D. W. & Cod. 1889.
Morris, Sarah E., 4298D. Inv. 1900.
Morton, Charles A., 3153D. W. 1892.
Morton, Stillman, 2592D. Inv. 1888.
Morton, William, 1095D. W. 1870.
Mosche, Christiana L., 1633D. W. 1878.
Moss, Hannah, 4008D. W. 1898. Ren. 1898.
Moss, John, 2466D. W. 1887. Int. 1887.
Moss, Samuel, 3283D. W. & Cod. 1893. Inv. 1893.
Moss, Thomas, Sr., 2593D. Inv. 1888.
Mount, Elizabeth L., 3577D. W. 1895.
Mount, Frank, 3284D. W. 1893.
Mulford, Abigail, 934D. Inv. 1867.
Mulford, Albert L., 4151D. W. 1899.
Mulford, Isaac B., 1981D. W. 1882. Inv. 1883.
Mulford, Isaac S., 1279D. W. 1873. Inv. 1873.
Mulford, Jane M., 1790D. W. 1879. Inv. 1879.
Mulford, John, 91D. Inv. 1847.
Mulford, William B., 2867D. W. 1890.
Mulholland, Thomas, 3714D. W. 1896.
Mull, Jacob, 92D. W. 1847. Inv. 1847.
Muller, Franz, 4299D. W. 1900.
Mullin, Hugh, 2724D. Inv. 1889.
Mullin, James, 2725D. Inv. 1889.
Mullin, Joseph, 880D. W. 1866. Inv. 1866.
Mumford, Charles, 1150D. W. 1871.
Mumford, William E., 460D. Inv. 1856.
Munter, Edward J., 3578D. W. 1895.
Munyan, Samuel H., 1427D. Inv. 1875.
Munyan, Sarah K., 3285D. W. 1893.
Murphy, Catharine, 2726D. W. 1889. Inv. 1889.
Murphy, John, 3849D. Inv. 1897.
Murphy, Sarah L., 2594D. Inv. 1888.
Murphy, William C., 3579D. W. 1895. Inv. 1895. Ren. 1895.
Murray, Gustavus M., 4009D. W. & Cod. 1898.
Murray, William F. F., 3434D. Inv. 1894.
Murry, Abigail, 501D. Inv. 1857.
Murry, James, 827D. Inv. 1865.
Murry, John, 828D. W. 1865.
Musselman, Mary E., 1634D. W. & Cod. 1878. Inv. 1878.
Myers, Caroline C., 377D. Inv. 1854.
Myers, George, 4010D. W. 1898.
Myers, Jane J., 1495D. W. 1876. Inv. 1877.
Myers, Joseph, 609D. Inv. 1860.
Myers, Sarah, 3286D. Inv. 1893.
Mylin, Amos K., 1151D. Inv. 1871.
Myrose, Harmon, 69D. W. 1846. Inv. 1846.
Myrose, Lewis, 93D. Inv. 1847.

Nace, Maria, 3154D. W. 1892. Inv. 1893. Ren. 1892.
Nale, James, 1701D. W. 1880. Inv. 1880.
Napier, Hannah, 881D. W. 1866.
Naylor, John, 882D. W. 1866. Inv. 1866.
Neall, Daniel W., 2467D. Inv. 1887.
Neall, Samuel W., 2248D. W. & Cod. 1885. Inv. 1885.
Nece, Sarah R., 1215D. W. 1872. Inv. 1872.
Neff, John R., Sr., 883D. Copy of Will, 1866.
Neff, Mary A., 3288D. W. 1893. Ren. 1893.

Neild, Francis, 542D. Inv. 1858.
Neligh, Robert, 3436D. Inv. 1894.
Nesbitt, Charles W., 1152D. W. 1871.
Neumayer, Eberhard, 4301D. Inv. 1899.
Neutze, Ferdinand, 2868D. W. & Cod. 1890.
Newell, William, 2064D. W. 1883.
Newkirk, Charles H., 3715D. W. 1896. Ren. 1896.
Newkirk, Charles S., 3011D. W. 1892.
Newman, Richard, 3437D. W. 1894.
Newton, John S., 461D. Inv. 1856.
Newton, Levi B., 1791D. W. 1879. Inv. 1879.
Nichols, Alonzo D., 1998D. Inv. 1882.
Nichols, Susan T., 2468D. W. 1887. Inv. 1888.
Nicholson, Amy H., 3012D. Inv. 1891.
Nicholson, Bulah H., 728D. W. & Cod. 1863. Inv. 1863.
Nicholson, David, 1702D. Inv. 1880.
Nicholson, Frances, 1096D. W. 1870.
Nicholson, Henrietta, 4300D. W. 1900. Inv. 1900.
Nicholson, Isaac, 1097D. W. 1870. Inv. 1870.
Nicholson, John, 70D. Inv. 1846.
Nicholson, Joseph, 1703D. W. 1880. Inv. 1880.
Nicholson, Priscilla, 1280D. W. & Cod. 1873.
Nicholson, Samuel, 2249D. W. 1885. Inv. 1885.
Nicholson, Sarah, 224D. W. 1851. Inv. 1851.
Nicholson, William C., 3716D. Inv. 1896.
Nicholson, Zebedee, 4011D. W. 1898.
Nichuals, Amelia, 3435D. Inv. 1894.
Nichuals, Andrew J., 3155D. W. 1892.
Nichuals, J. Oscar, 3851D. W. 1897. Inv. 1897.
Nield, George L., 4302D. W. 1900.
Nield, Mary, 2063D. W. 1883. Inv. 1883.
Nixon, Caleb, 144D. W. 1849. Inv. 1849.
Nixon, John, 935D. Inv. 1867.
Nixon, Samuel, 410D. W. 1855. Inv. 1855.
Noble, William, 2869D. W. 1890.
Noll, Rebecca, 3289D. W. 1803. Ren. 1893.
Noll, Sarah A., 1792D. W. 1879.
Norcross, Ann M., 2727D. W. 1889.
Norcross, Job, Sr., 378D. W. 1854. Inv. 1854.
Norcross, Joseph, Sr., 145D. Inv. 1849.
Norcross, Lewis B., 1216D. W. 1872. Inv. 1872.
Norcross, Martha, 936D. Inv. 1867.
Norcross, Susanna S., 2250D. W. 1885.
Norcross, William, Sr., 3717D. W. 1896. Inv. 1897.
Norris, Isaac W., 94D. Inv. 1847.
Norris, Mary, 502D. W. 1857. Inv. 1857.
North, Aaron, 1281D. Inv. 1873.
Northrop, Rebecca, 379D. Inv. 1854.
Norton, Joseph F., 1040D. W. 1869. Inv. 1869.
Nowland, Ann, 1098D. W. 1870.
Nowrey, Mary A., 4154D. W. 1899.
Nutt, William H., 2251D. W. 1885. Inv. 1885.

Oakley, Andrew L., 3718D. W. 1896.
Oblinger, Mary, 729D. Inv. 1863.
Obrian, John, 829D. Inv. 1865.
O'Brien, Edward, 1217D. W. 1872. Inv. 1872.
O'Brien, Michael, 3719D. Inv. 1896.
O'Brien, Thomas, 2595D. W. 1888.
O'Connor, Edmund W., 4155D. W. 1899.
O'Donnell, Edward, 3290D. W. 1893.
O'Donnell, Ellen, 1793D. W. 1879.
O'Donnell, Ellen, 2596D. W. & Cod. 1888. Ren. 1888.
O'Donnell, Margaret, 2597D. Inv. 1888.
O'Donnell, Martin, 1496D. W. 1876.
Oelkrug, Frederick, 4303D. W. 1900.

Offley, Ann, 146D. W. 1849. Inv. 1849.
Ogden, Sarah H., 2598D. W. 1888. Inv. 1888. Ren. 1888.
Ogg, James, 1282D. W. 1873. Inv. 1873.
O'Hara, Owen, 1574D. Inv. 1877.
O'Kane, Thomas, 1428D. W. 1875. Inv. 1875.
Oldfield, Jabez, 3852D. W. 1897.
Olt, Augustus, 3013D. W. 1891.
O'Mara, Nancy, 4012D. W. 1898.
O'Neil, Catharine, 2152D. W. 1884.
O'Neil, Matthew, 1218D. Inv. 1872.
O'Neil, Timothy, 2870D. Inv. 1890.
O'Neill, George, 4156D. Inv. 1899.
Oney, Mary, 3156D. W. 1892.
Opfer, John, 2871D. W. 1890.
O'Rourke, Edward, Sr., 3438D. W. 1894.
Osborn, George W., 1099D. W. 1870.
O'Shea, Dennis, 4013D. Inv. 1898.
Osler, Anna, 1890D. W. 1881.
Osler, John, 1041D. W. 1869.
Osler, Joseph, 884D. W. 1866. Inv. 1866.
Owen, Abraham, 610D. W. 1861. Cv. 1860.
Owens, Margaret, 1497D. W. 1876. Inv. 1877.

Page, Elizabeth, 1635D. W. 1878.
Page, Isabella G., 1154D. Inv. 1871.
Palen, Clara A. 2728D. W. & Cods. (2) 1889. Inv. 1889.
Palen, Vincent, 2153D. W. & Cods. (3) 1884. Inv. 1885.
Palm, Charles, 2729D. W. 1889.
Paris, Dorothy, 3439D. W. 1894. Inv. 1894.
Paris, Harman, 3291D. W. 1893.
Parke, Sarah C., 1575D. W. & Cods. (2) 1877. Inv. 1879.
Parker, Alice, 71D. W. 1846.
Parker, Charles F., 2065D. W. 1883. Inv. 1883.
Parker, Fanny S., 1801D. W. 1881. Inv. 1882.
Parker, Hannah, 777D. W. 1864.
Parker, John, 2066D. W. 1883. Inv. 1884.
Parker, Josiah, 3853D. W. 1897. Inv. 1897.
Parker, Mary, 2730D. W. 1889. Inv. 1889.
Parker, Mary L., 885D. Inv. 1866.
Parker, Nathaniel W., 3014D. W. 1891.
Parker, Sarah, 72D. Inv. 1846.
Parker, William K., 2155D. Inv. 1884.
Parkerson, Amelia, 4304D. W. 1900.
Parkes, Nehemiah, 2154D. Inv. 1884.
Parkham, William, 411D. W. 1855. Inv. 1855.
Parkinson, John, 1636D. W. 1878.
Parks, John H., 2252D. Inv. 1885.
Parrish, William D., 981D. Copy of Will 1868.
Parry, Caleb, 3720D. W. 1896.
Parsons, Joseph, C., 778D. Inv. 1864.
Parsons, Stephen, 2872D. Inv. 1890.
Parvin, Jared A., 1350D. Inv. 1874.
Patrick, Isaac, 4157D. Inv. 1899.
Patterson, Philip B., 1429D. W. 1875.
Patterson, William, 2067D. Inv. 1883.
Patton, Walter, 1637D. W. 1878. Inv. 1878.
Paul, Benjamin L., 886D. W. 1866. Inv. 1866.
Paul, Elizabeth, 1704D. W. 1880.
Paul, Hannah, 1349D. W. 1874. Inv. 1874.
Paul, Howard W., 1430D. W. 1875.
Paul, James A., Sr., 2364D. W. 1886.
Paul, Joseph H., 1431D. Inv. 1875.
Paul, Richard M., 1638D. W. 1878. Inv. 1878.
Paul, Samuel P., 2068D. W. 1883.
Paul, William S., 779D. W. 1864.
Paul, Yeamans, Sr., 1042D. W. & Cod. 1869. Inv. 1869.
Paullin, Charles, 3440D. W. & Cod. 1894.
Paulson, Mildred C., 1432D. W. 1875.

CAMDEN COUNTY.

239

Pringle, William, 2367D. W. 1886.
Prior, John, 1353D. Inv. 1874.
Pritchett, Esther, 2475D. Inv. 1887.
Prosl, Jacob, 3858D. W. 1897.
Prosser, Joseph S., 3585D. Inv. 1895.
Proud, Ann C., 887D. Inv. 1866.
Proud, Samuel, 697D. W. 1862. Inv. 1862.
Purnell, George W. C., 3859D. W. 1897.
Purnell, James W., 1709D. W. & Cod. 1880. Inv. 1880.
Purnell, Joshua, 939D. W. 1867. Inv. 1868.

Quass, Anna D., 3296D. Inv. 1893.
Quick, Isabella, 1504D. W. 1876.
Quicksall, Caleb S., 1287D. W. 1873. Inv. 1873.
Quicksall, Drusilla, 937D. W. 1867. Inv. 1867.
Quicksall, Mary A., 3722D. Inv. 1896.
Quig, Mary, 1155D. W. 1871.
Quigley, Patrick, 2605D. W. 1888. Inv. 1888.
Quincey, James J., 1896D. Inv. 1881.
Quinn, Jeanette, 3723D. W. 1896.
Quinn, Margaret, 781D. W. 1864. Inv. 1864.
Quint, Silas H., 4017D. W. 1898.

Rafferty, Mary, 2875D. W. 1890.
Ragen, Wolf, 1354D. W. 1874.
Raleigh, Maurice, 1985D. Inv. 1882.
Rambo, George D., 3023D. Inv. 1891.
Ramsden, James, 888D. W. 1866. Inv. 1866.
Ramsden, James V., Mary, Clarence, Elizabeth, 985D. Inv. 1868.
Rancorn, Peter, 1435D. W. 1875. Inv. 1875.
Randall, Frank H., 4018D. W. 1898.
Randall, Levi B., 3158D. W. 1892.
Rankin, Hugh, 2255D. W. 1885.
Rankin, Rebecca, 3159D. W. 1892.
Rankin, Sarah, 3860D. W. 1807. Inv. 1897.
Raybold, Mary C., 3024D. W. 1891. Inv. 1891.
Read, Benjamin E., 3025D. Inv. 1891.
Read, Charles A., 782D. Inv. 1864.
Read, Edmund E., 3861D. W. 1897.
Read, James, Sr., 783D. Inv. 1864.
Read, John S., 1986D. W. 1882. Inv. 1882.
Read, Joseph S., 2256D. Inv. 1885.
Read, Thomas A., 784D. Inv. 1864.
Read, William, 418D. Inv. 1855.
Read, William T., Sr., 3026D. W. & Cod. 1891. Inv. 1891.
Redfield, Ann, 2736D. W. & Cod. 1889.
Redfield, James H., 2784D. Inv. 1889.
Redfield, Matilda O., 3297D. W. & Cod. 1893. Inv. 1894.
Redfield, Samuel, 2257D. Inv. 1885.
Redman, Harriet, 225D. Inv. 1851.
Redman, James H., 3862D. Inv. 1897.
Redman, Mary, 2476D. W. 1887. Inv. 1887.
Redman, Samuel B., 2258D. W. 1885. Inv. 1885.
Redman, Thomas, 73D. Inv. 1846.
Reed, Catharine, 4019D. W. 1898.
Reed, Charles T., 2259D. W. 1885. Inv. 1885. Ren. 1885.
Reed, Edwin, 3586D. W. 1895.
Reed, Enos, 2260D. W. 1885. Inv. 1885.
Reed, Jacob, 270D. W. 1852. Inv. 1852.
Reeve, Samuel A., 4161D. W. & Cods. (2) 1899. Inv. 1899.
Reeve, Sarah W., 2606D. W. 1888. Inv. 1888.
Reeves, Charles, 831D. W. 1865. Inv. 1865.
Reeves, Sarah H., 3160D. Inv. 1892.
Reeves, Samuel M., 2368D. W. 1886. Inv. 1886. Ren. 1886.
Reilley, Bridget, 1897D. Inv. 1881.

Reilly, Bridget, 1356D. W. 1874.
Reilly, James, 1355D. W. 1874.
Reilly, Mary, 3863D. W. 1897.
Reinbold, Frederick, 1898D. W. 1881.
Reininger, Laurence, 3587D. W. 1895.
Remick, Louisa, 4162D. W. 1899. Inv. 1899.
Rensswick, Ernest H., 4163D. W. 1899.
Repsher, Howard E., 3027D. Inv. 1891.
Repsher, Margaretta H., 2369D. Inv. 1886.
Rexon, Thomas, Jr., 3588D. W. 1895. Inv. 1895.
Reynolds, Sarah, 2737D. W. 1889. Inv. 1890.
Rhees, John L., 41D. Assignment, 1844.
Rhoads, Deborah, 3161D. W. & Cod. 1892. Inv. 1892.
Rice, Josiah S., 1156D. W. 1871. Inv. 1871.
Rice, Mary A., 4307D. W. & Cod. 1900.
Riceman, Charles H., 1577D. W. 1877.
Rich, Daniel, 4020D. W. 1898. Ren. 1898.
Rich, William, 1987D. W. 1882. Inv. 1882.
Richards, Deborah M., 4021D. W. & Cod. 1898. Inv. 1898.
Richards, John, 1288D. Inv. 1873.
Richards, Sarah H., 2070D. W. 1883. Inv. 1883.
Richards, Thomas H., 2159D. Inv. 1884.
Richards, William B., 1436D. W. 1875. Inv. 1875.
Richardson, Amelia, 4164D. W. 1899.
Richman, Anna, 3864D. W. 1837. Inv. 1897. Cv.
Richman, David, 611D. W. 1860. Inv. 1860.
Richman, Henrietta, 889D. W. 1866.
Richman, John W., 504D. Inv. 1857.
Richman, Thomas, 2477D. W. 1887. Inv. 1887.
Richman, Whitten, 271D. Inv. 1852.
Richter, Franz, Sr., 1578D. W. & Cod. 1877. Inv. 1877.
Rickey, Frank, 3162D. W. 1892.
Rickey, Jesse, 2738D. Inv. 1889.
Rickey, Mary, 2739D. W. & Cod. 1889. Inv. 1889.
Ridgway, Charles S., 3724D. W. 1896.
Ridgway, Franklin, 1437D. Inv. 1875.
Ridgway, Sarah J., 1899D. W. 1881. Inv. 1881.
Riempp, William A., 1048D. W. 1869.
Riggins, Sarah A., 3298D. W. 1893. Inv. 1893.
Riley, Emery P., 463D. Inv. 1856.
Riley, Joseph H., 890D. W. 1866. Inv. 1866.
Rimke, Edward, 2740D. Inv. 1889.
Ringel, Simeon T., 2370D. W. 1886. Inv. 1886.
Risdon, Turner, 414D. W. 1855. Inv. 1855.
Risley. D. Somers, 3163D. W. 1892.
Rittenhouse, David, 2261D. W. 1885. Inv. 1896.
Rittenhouse, Mary, 891D. W. 1866. Inv. 1866.
Ritter, Angeline G., 4308D. W. 1900. Ren. (2) 1899.
Roach, William M., 2262D. W. 1885.
Robb, Thomas, 1289D. W. 1873. Inv. 1873.
Robbins, Anne B., 4022D. W. 1898.
Robbins, Harrison, 3164D. W. 1893. Inv. 1892.
Robbins, John A., 4165D. W. 1899.
Robbins, Vanroom, 2478D. W. 1887. Inv. 1887.
Robert, Francis, 2071D. W. 1883.
Roberts, Benjamin M., 316D. Inv. 1853.
Roberts, Caleb, 1900D. W. 1881. Inv. 1881.

Sauselein, Amanda, 3591D. W. 1895. Ren. (3) 1895.
Savery, Mary E., 1800D. Inv. 1879.
Sawyer, Jason W., 1803D. W. 1879. Inv. 1879.
Sawyers, John, 1103D. Inv. 1870.
Sawyers, John, 1802D. Inv. 1879.
Sawyers, Mary, 1801D. Inv. 1879.
Szyre, Cora B., 3593D. Inv. 1895.
Scanlan, Owen, 1291D. W. 1873.
Scantlen, Isabella, 3729D. Inv. 1896.
Scarborough, Selinda V., 3594D. Inv. 1895.
Scarff, John, 2882D. Inv. 1890.
Scargle, Jane, 4169D. W. 1899.
Scargle, Thomas, Sr., 1440D. Inv. 1875.
Scattergood, David, 942D. W. 1867.
Schaefer, John M., 4032D. W. 1898.
Schafer, Henry, 4311D. W. & Cod. 1900. Inv. 1900.
Schaffer, Joseph, 1715D. W. 1880. Inv. 1881.
Schaperkotter, Frederick 1051D. W. 1869.
Schaus, John, 3171D. Inv. 1892.
Schellinger, Henry F., 1220D. Inv. 1872.
Schenck, Eliza, 2165D. W. 1884. Inv. 1884.
Schenck, John V., 1990D. W. 1882.
Schenck, Margaretta, 1580D. W. 1877.
Scheperkotter, Annie, 3031D. W. 1891.
Schettinger, Frederica W., 3868D. W. 1897.
Schiemer, Charles F., 1643D. W. 1878.
Schietinger, George, 2883D. W. 1890. Inv. 1890.
Schleich, Roman, 4033D. W. 1898.
Schlisler, Martin, 45D. Inv. 1845.
Schloarr, Adam, 3730D. W. 1896. Ren. (2) 1896.
Schlotfeldt, Bernhard, 3450D. W. 1894. Inv. 1894.
Schmeckenburger, Martin, 2746D. W. 1889.
Schmid, Maria, 3595D. W. 1895. Inv. 1895.
Schmidt, Anna G., 3177D. W. 1892.
Schmidt, Fridolin, 4312D. W. 1900.
Schmitz, Mathias, 1644D. W. 1878.
Schneckenburger, Mary H., 2884D. W. 1890.
Schneider, France J., 4170D. W. 1899.
Schneider, Magdalene, 2609D. W. 1888.
Schnitzins, John, 2610D. W. 1888.
Schnitzins, Wilhelmina, 3032D. W. 1891.
Schnitzler, Anthony J., 1157D. W. 1871. Inv. 1871.
Schoellkopf, Frederick, 1507D. W. 1876.
Schofield, Daniel, 3451D. W. 1894. Inv. 1895.
Schrack, Elizabeth, 1645D. W. 1878.
Schrack, Welling, 3033D. W. 1891. Inv. 1891.
Schregler, Lawrence, 3596D. W. 1895.
Schreiner, Richard C., 1441D. Inv. 1875.
Schubert, John, 3302D. W. 1893. Inv. 1893.
Schuda, Mathias, 4171D. W. 1899.
Schuler, Alonza W., 2267D. W. 1885.
Schultz, Wilhelmine, 2268D. W. 1885.
Schwaab, William H., 2076D. Inv. 1883.
Schwartz Christian, 2483D. W. 1887.
Schweinhagen, Charles, 3597D. Inv. 1895.
Schweinhagen, Mary, 1517D. W. 1876.
Schweinsburg, Martha, 2747D. W. 1889. Inv. 1889.
Scott, James B., 3869D. W. 1897. Ren. 1897.
Scott, Joshua, 1506D. Inv. 1876.
Scott, Sarah L., 4313D. W. 1900.
Scott, Thomas R., 4314D. W. & Cod. 1900. Inv. 1900.
Scott, Walter, 2166D. W. 1884. In.. 1884.
Scovel, Alden C., 1904D. W. 1881.
Scovel, Emily H., 2195D. Inv. 1884.
Scudder, Martha, 3029D. W. 1891.

Scudder, William C., 4172D. Inv. 1899.
Scull, Joab, 1442D. W. 1875.
Scull, Mary D., 3598D. Inv. 1895.
Scull, Samuel, 786D. W. 1864. Inv. 1864.
Seaber, Adolph F., 138D. Inv. 1850.
Seal, Lewis, 3303D. W. 1893.
Sell, Charles, 2484D. W. 1887.
Sell, Rosalie, 4034D. W. 1898.
Sellers, Joseph W., 2269D. Inv. 1885.
Sellers, Robert W., 2748D. Wd. 1888.
Senseman, Emilius, 4315D. W. 1900.
Sensfelder, George, 2885D. W. 1890.
Sensfelder, Margaret, 2167D. W. 1884.
Setley, George, 658D. Inv. 1861
Severns, Charles, Sr., 3034D. W. 1891. Inv. 1891.
Severns, Elizabeth T., 2270D. W. 1885.
Sewallen, Isaac, 44D. Inv. 1845.
Sexton, Catharine, 4316D. W. 1900.
Sexton, Eliza M., 700D. Inv. 1862.
Sexton, William G., 464D. Inv. 1856.
Seybold, Charles H., 2271D. W. 1885.
Seybold, John D., 1902D. W. 1881. Inv. 1881.
Seybold, Solomon, 4035D. W. 1898.
Seybold, Sophia C., 2168D. W. 1884. Inv. 1884.
Seymour, John T., Jr., 3452D. Inv. 1894.
Shackley, Joseph O., 3172D. W. 1892.
Shanahan, Michael C., 3870D. W. 1897. Inv. 1897.
Shane, George, 319D. Inv. 1853.
Shanklin, Joseph K., 3871D. W. 1897.
Shanklin, Joseph W., 2485D. W. 1887. Inv. 1887.
Sharp, Charles, 1905D. W. 1881. Inv. 1882.
Sharp, Deborah, 2749D. W. 1889.
Sharp, Elizabeth A., 2486D. W. 1887. Inv. 1888.
Sharp, Ella C., 4173D. W. 1899. Inv. 1899.
Sharp, Ellis S., 3173D. W. 1892.
Sharp, Emily M., 2750D. W. 1889.
Sharp, Hugh, 2886D. Inv. 1890.
Sharp, Jacob B., 1104D. W. 1870. Inv. 1870.
Sharp, Jacob W., 943D. W. 1867. Inv. 1867.
Sharp, John, 3731D. W. 1896. Inv. 1896.
Sharp, John F., 1508D. W. 1876.
Sharp, John R., 3304D. W. 1893. Inv. 1894.
Sharp, Joseph, 3599D. W. 1895.
Sharp, Joshua P., 738D. Inv. 1863.
Sharp, Julia A., 2380D. W. & Cod. 1886. Inv. 1886.
Sharp, Lucy A., 1292D. W. 1873.
Sharp, Richard, 419D. W. 1855. Inv. 1855.
Sharp, Susan, 4036D. W. 1898.
Sharp, Thomas L., 2487D. W. 1887. Int. 1887. Ren. 1887.
Sharpless, Blakey, 320D. W. 1853. Inv. 1853.
Sharpless, Leah A., 1105D. W. 1870. Inv. 1870.
Sharpless, Mary O., 835D. W. & Cod. 1865. Inv. 1865.
Shaw, Caleb, 659D. W. 1861.
Shaw, Joseph, 2077D. W. 1883.
Shaw, Sarah M., 3872D. Inv. 1897.
Shearman, Amanda A., 1509D. W. 1876.
Sheeran, Catharine A., 3305D. W. 1893.
Sheets, John A. J., 2613D. Inv. 1888.
Sheets, Rachel T., 3306D. W. 1893. Inv. 1893.
Sheldon, Charles W., 2614D. Inv. 1888.
Sheldon, Firmen, 2488D. W. 1887. Inv. 1888.
Sheldon, John C., 95D. Inv. 1847.
Shemely, Charles, 3732D. W. 1896.

18

Sockume, Eunice W., 3737D. W. 1896. Inv. 1896. Ren. (2) 1896.
Sockume, Leven, 836D. W. 1865. Inv. 1865.
Somers, Daniel, 837D. W. 1865. Inv. 1865.
Somers, John, 3039D. W. 1891.
Somers, Mary A., 3457D. W. 1894. Ren. 1894.
Somers, William, 1584D. W. 1877. Inv. 1877.
Sooy, Louisa, 2890D. W. 1890. Inv. 1890.
Sordan, Bayard, 2490D. W. 1887.
Sorden, Julia A., 3178D. W. 1892.
Sorden, William, 1446D. Inv. 1875.
Sothern, Thomas, 3738D. W. 1896.
Souder, John L., 4179D. W. 1899.
Souders, Aaron, 3458D. Inv. 1894.
Souders, Francis F., 2755D. W. 1889.
Souders, Isabel D., 3877. W. 1897.
Souders, John R., 578D. W. 1859. Inv. 1859.
Southard, Samuel C., 3739D. W. 1896.
Southwick, Charles W., 3459D. Inv. 1894.
Spangler, Charles P., 3878D. W. 1897.
Spangler, Christian E., 2276D. W. 1885.
Spangler, Roxanna M., 2491D. W. & Cod. 1887. Inv. 1887.
Sparks, Abner, 3179D. W. 1892. Ren. 1892.
Sparks, Amelia, 4180D. W. 1899.
Sparks, Mary, 3040D. W. 1891.
Sparks, Mary P., 2277D. W. & Cod. 1885. Inv. 1885.
Sparks, Washington, 990D. W. 1868. Inv. 1868.
Sparrow, Adam, 2891D. W. 1890.
Spate, Margaret, 1806D. Inv. 1879.
Spate, Victor, 1650D. W. 1878. Inv. 1878.
Spear, Adrain, 2278D. W. 1885.
Spencer, John E., 1359D. W. 1874. Inv. 1874.
Spencer, Mary A., 46D. W. 1845.
Springer, Amy, 2785D. W. 1889.
Squire, Annie D., 3041D. W. 1891.
Stackhouse, Elizabeth, 3460D. W. 1894.
Stadler, Francis, 1295D. W. 1873. Inv. 1873.
Staebler, Charles, 1908D. Inv. 1881.
Stafford, John, 4321D. Inv. 1900.
Stafford, Joseph C., 2892D. Inv. 1890.
Stafford, Joseph C., Sr., 1360D. W. & Cod. 1874. Inv. 1874.
Stafford, Richard, 619D. W. 1860. Inv. 1860.
Stagg, Sarah M., 1447D. W. 1875.
Staiger, Annie B., 2893D. Inv. 1890.
Stalcup, James, 467D. Inv. 1856.
Stanger, Abby E., 579D. Inv. 1859.
Stanley, James, 2617D. W. 1888.
Stanton, Thomas, 2894D. W. 1890.
Starn, Charles W., 2618D. W. 1888. Inv. 1889. Ren. 1887.
Starn, Joseph, 16D. Inv. 1844.
Starn, Joseph A., 4041D. W. 1898.
Starn, Josiah, 1651D. Inv. 1878.
Starn, William, 788D. W. 1864. Inv. 1864.
Starr, Eliza B., 3740D. W. 1896. Inv. 1896.
Starr, Emeline, 2087D. W. 1883.
Starr, Jesse W., 2492D. Inv. 1887.
Starr, Moses, 2756D. Inv. 1889.
Staten, Henry, 1361D. W. 1874. Inv. 1874.
Staten, James H., 1719D. W. 1880.
Statham, Jonathan, 421D. W. 1855. Inv. 1855.
Statham, Mary A., 468D. W. 1856. Inv. 1856.
Stathem, Anna E., 1053D. W. 1869. Inv. 1869.
Stathem, Isaac W., 507D. W. 1857. Inv. 1857.
Steed, George W., 3741D. W. 1896.
Steelman, Joel, 739D. W. 1863.
Steelman, Sarah F., 2170D. W. 1884. Inv. 1885.
Steelman, William, 838D. Inv. 1865.
Stehr, Vensel, 546D. Inv. 1858.

Stein, John, 2493D. W. 1887.
Stein, William, Sr., 4322D. W. 1900.
Stelwagon, Caroline W., 3605D. W. 1895. Inv. 1895.
Stephany, George F., 2385D. W. & Cod. 1886.
Stephany, Louise F., 2300D. W. 1886.
Sterling, James, 580D. Inv. 1859.
Sterling, Robert, 1054D. W. 1869. Inv. 1869.
Stetser, Aaron, Sr., 2619D. W. 1888. Inv. 1888.
Stetser, Joseph L., 3880D. W. 1897. Ren. 1897.
Stetser, Lydia A., 3881D. W. 1897.
Stetson, James P., 1992D. Inv. 1882.
Stevens, Daniel, 2088D. W. 1883. Inv. 1883.
Stevens, James H., 2171D. W. 1884.
Stevenson, Amos C., 3180D. W. 1892.
Stevenson, Ashfield, 152D. Inv. 1849.
Stevenson, Joseph T., 2172D. Inv. 1884.
Stevenson, Sarah E., 2382D. W. 1886. Inv. 1886.
Stevenson, Thomas, 324D. Inv. 1853.
Stevers, Ann, 1056D. W. 1869.
Steward, Samuel P., 1055D. W. 1869. Inv. 1869.
Steward, Sarah J., 1993D. W. 1882.
Stewart, Charlotte S., 4323D. W. 1900. Ren. 1900.
Stewart, Elizabeth H., 4181D. Inv. 1899.
Stewart, James, 2173D. W. 1884.
Stewart, William, 839D. Inv. 1865.
Stibbs, Phebe, 2086D. Inv. 1883.
Stigale, John B., 2279D. W. 1885.
Stiles, Abigail, 2757D. W. 1889. Inv. 1889.
Stiles, John, Sr., 581D. W. 1859. Inv. 1859.
Stiles, Mary B., 840D. W. 1865.
Stiles, Priscilla, 3181D. W. 1892. Inv. 1892.
Stiles, Samuel W., 2620D. W. 1888. Inv. 1888.
Still, Jane, 2758D. W. 1889. Inv. 1889. Ren. 1889.
Stille, Maria, 153D. Inv. 1849.
Stillwell, George W., 3606D. W. 1895.
Stilwell, James O., 3042D. W. 1891.
Stites, Harriet M., 3310D. W. 1893. Inv. 1893.
Stites, John K. F., 2089D. W. 1883. Inv. 1883.
Stivers, Ann, 1056D. W. 1869.
Stoaner, Andrew, 1652D. W. & Cod. 1878.
Stockham, John E., 2621D. W. 1888.
Stockton, Ann M., 3882D. Inv. 1897.
Stockton, Francis A., 1653D. W. 1878.
Stockton, George, 1362D. Inv. 1874.
Stockton, John H., 1585D. W. 1877.
Stoddart, Anna, 2622D. W. 1888. Inv. 1888. Ren. 1888.
Stoddart, Levi, 2623D. W. 1888.
Stokeley, Jacob, 3883D. W. 1897.
Stokely, Joseph, Sr., 1515D. W. 1876. Inv. 1876.
Stokes, Josephine B., 2624D. W. 1888.
Stokes, Martha B., 1994D. W. 1882. Inv. 1882.
Stokes, Martha N., 2759D. Inv. 1889.
Stone, Elias M., 2494D. W. 1887.
Stone, Ellie, 3182D. Inv. 1892.
Stone, Isaac C., 3742D. W. 1896.
Stone, Isaiah, 1448D. W. & Cod. 1875. Inv. 1875.
Stone, Jacob P., 190D. Inv. 1850.
Stone, John, 3096D. Inv. 1891.
Stone, John W., 4042D. Inv. 1898.
Stone, Kiturah, 325D. Inv. 1853.
Stone, Lydia C., 4182D. Inv. 1899.
Stone, Richard, Benjamin, Edward, Emma, Catharine, Jacob, 325D. Inv. 1853.
Stout, Edward, 620D. W. 1860. Inv. 1860.
Stout, Rebecca, 1449D. W. 1875. Inv. 1875.

Tice, Richard H., 841D. Inv. 1865.
Tice, Samuel C., 326D. Inv. 1853. **Ren.** 1853.
Tice, Sophia, Cornelia, Cornelius, **Josiah,** 231D. Inv. 1851.
Tice, William H., 947D. Inv. 1867.
Tice, William H. H., 792D. Inv. 1864.
Tickner, George, 1518D. W. 1876.
Tiedeken, Theodore, 2497D. Inv. 1887.
Tierney, Thomas, 3468D. Inv. 1894.
Tiesmeier, Ferdinand, 2900D. W. 1890.
Tilton, Espress, 2179D. Inv. 1884.
Tindall, George, 1110D. W. 1870.
Tinuswood, Daniel B., 278D. Inv. 1852.
Titus, Caroline, 702D. Inv. 1862.
Titus, John, 1058D. Inv. 1869.
Todd, James, 1298D. Inv. 1873.
Tomlinson, Edwin, 3747D. Inv. 1896.
Tomlinson, Ephraim, Jr., 2626D. Inv. **1888.**
Tomlinson, Ephraim, Sr., 3317D. W. & Cod. 1893. Inv. 1893.
Tomlinson, Isaac, 988D. W. 1868. Inv. 1868. Ren. 1868.
Tomlinson, Isaac H., 157D. Inv. 1849.
Tomlinson, James, 1166D. Inv. 1871.
Tomlinson, Sarah, 158D. W. 1849. Inv. 1849.
Tomlinson, Sarah W., 2090D. W. 1883. Inv. 1883.
Tomlinson, William I., 4189D. W. 1899. Inv. 1899.
Tompkins, Zebulon S., 3043D. W. 1891.
Tongue, Charles H., 2821D. Inv. 1890.
Toole, Ebenezer, 232D. Inv. 1851.
Torrey, James W., 3318D. W. 1893.
Torrey, John W., 1299D. W. 1873. Inv. 1873.
Tough, John M., 3748D. W. 1896. Inv. 1896.
Tourtelot, Numa R., 548D. W. 1858. Inv. 1858.
Tousie, Ruth, 100D. W. 1847. Inv. 1847.
Towell, John, 1657D. W. & Cod. 1878. **Inv.** 1878.
Towell, Mary, 3319D. W. & Cod. 1893. Inv. 1893.
Townsend, Henry C., 4046D. W. 1898.
Townsend, James H., 3191D. W. & Cod. 1892.
Townsend, Jesse, 1165D. W. 1871. Inv. 1871.
Traute, Henry J., 1910D. W. 1881.
Travis, Job, 1587D. W. 1877. Inv. 1877.
Tredick, Mary W., 3889D. W. 1897. Inv. 1897.
Trinkle, Watson, 3320D. Inv. 1893.
Tromenschlager, Edward, 2627D. W. 1888.
Trost, Catharine, 4190D. W. 1899.
Trost, John B., 2763D. W. 1889.
Troth, Asahel, 1519D. W. & Cod. 1876.
Truax, George F., 3045D. W. 1891.
Truax, Mary J., 3044D. W. 1891.
Trueax, Clayton, 1520D. W. 1876.
Trueax, John W., 4047D. W. 1898.
Trueax, Rachel, 2628D. W. 1888.
Truett, Lydia, 1300D. W. 1873.
Trunick, Henry C., 4048D. Inv. 1898.
Tucker, Joseph B., 904D. Inv. 1868.
Turner, Edward, 1724D. W. 1880. Inv. 1880.
Turner, George, 3321D. W. 1893. Ren. 1893.
Turner, Isaac S., 793D. Inv. 1864.
Turner, John, 547D. W. 1858. Inv. 1858.
Turner, William A., 3890D. W. 1897.
Turnley, Charles W., Sr., 1059D. W. 1869. Inv. 1869.
Turnley, Elizabeth R., 1911D. W. 1881. **Inv.** 1881.

Turpin, Joseph B., Sr., 4327D. W. 1900. **Inv.** 1900.
Turton, Robert S., 703D. W. 1862. Inv. 1862.
Turton, Walter B. F., 2180D. W. 1884.
Tuttle, Jacob, 74D. W. 1846. Inv. 1846.
Tuttle, Mary, 192D. Inv. 1850.
Tweed, Moore, 742D. Inv. 1863.
Tweed, William, 583D. W. 1859. Inv. 1859.
Tweedy, Joseph, Sr., 4328D. W. 1900.
Tyas, William, 2901D. W. 1890.
Tyer, Richard C., 1060D. Inv. 1869.
Tyler, Louisa B., 3610D. W. 1895.

Ulbrich, Charles H., 3611D. Inv. 1895.

Valentin, William M., 3898D. W. 1897. Inv. 1898.
Vance, Robert, 1167D. W. 1871.
VanCourt, John, 3046D. W. 1891. Inv. 1891.
VanCourt, Martha, 1999D. W. 1882.
Vandegrift, Isaac, 3192D. W. 1892.
Vandegrift, Leonard G., 3749D. W. 1896.
Vanderslice, Alice, 508D. W. 1857.
Vanderslice, Eliza, 3899D. W. 1897.
VanDexter, Joseph, 4191D. Inv. 1899.
Vaneman, Samuel, 2764D. W. 1889.
Van Fossen, Henry, 1725D. Inv. 1880.
VanGelder, Elizabeth H., 1658D. W. 1878. Inv. 1878.
VanGelder, George H., 1588D. Inv. 1877.
VanGelder, Jane, 1659D. W. & Cod. 1878. Inv. 1878.
VanGezell, Amy W., 3469D. W. 1894.
VanGilder, Aaron, 4192D. W. 1899.
Vanhorn, Isaac, 842D. Inv. 1865.
VanHorn, Mary A., 1912D. W. 1881. Ren. 1881.
Vanhorn, Susan, 383D. W. 1854. Inv. 1854. Ren. 1854.
Vanluvener, Samuel, 47D. W. 1845. Inv. 1845.
VanNest, Jacob M., 2612D. W. 1895.
VanSchoick, Nicholas, 3047D. Inv. 1891.
Vansciver, Hannah C., 3470D. W. & Cods. (2) 1894. Inv. 1894.
Vanstavans, Maria, 327D. W. 1853. Inv. 1853.
Vare, Henry, 995D. Inv. 1868.
Vaughan, Margaretta M., 3613D. W. 1895. Inv. 1895.
Vautier, John M., 1451D. Inv. 1875.
Vautier, Joseph, 1111D. Inv. 1870.
Venal, Hannah, 743D. W. & Cod. 1863. Inv. 1863.
Vennell, Isaac K., 3614D. W. 1895.
Vennell, Josephine C., 3900D. W. 1897.
Verga, Charles A., 1660D. Inv. 1878.
Vickers, David, 843D. Inv. 1865.
Vickers, Hannah, 423D. Inv. 1855.
Vickers, Margaret, 1112D. Inv. 1870.
Vickers, Mary, 744D. W. 1863.
Vickers, Phoebe, 745D. W. 1863.
Vickers, Sarah, 1452D. W. 1875. Inv. 1875.
Viguers, Jesse S., 549D. Inv. 1858.
Vogels, Mary, 1301D. W. 1873.
Voll, Valentine, 1367D. Inv. 1874.
Voorhees, Ada H., 2091D. W. 1883. Inv. 1883.
Voorhees, Peter L., 3615D. W. 1895.

Wagner, Jacob, 2181D. W. & Cod. 1834. **Inv.** 1884.
Wagner, Joseph, Sr., 1726D. W. 1880.
Wagner, Michael, 3193D. W. 1892.
Walch, Pierce, 844D. W. 1865.

CAPE MAY COUNTY.

Abbott, Emma C., 1810E. W. 1881.
Abrams, Abigail, 2330E. Inv. 1897.
Abrams, Benjamin B., 1659E. W. 1873. Inv. 1874.
Abrams, Nathan E., 2182E. W. & Cod. 1892. Inv. 1892.
Abrams, Skidmore, 1624E. W. 1871. Inv. 1872.
Acker, Jacob L., 2331E. W. 1897. Inv. 1898.
Adams, Albert, 2243E. W. 1894. Inv. 1894.
Adams, Boyd, 2277E. W. 1895.
Adams, Harry B., 2383E. Inv. 1900.
Ajacks, Dinah, 1404E. Inv. 1863.
Ajax, Caesar, 1247E. W. 1846. Inv. 1847.
Allen, Joseph E., 2051E. W. 1887.
Allen, William G., 2278E. W. 1895.
Andrews, Mary, 1307E. Inv. 1842. Pt. 1842.
Andrew, Sarah B., 2437E. W. 1900. Inv. 1900.
Armer, Rebecca, 1315E. Inv. 1851.
Arnold, Frederick, 2438E. Inv. 1900.
Ashmead, Charles C., 1450E. Inv. 1861.
Ashmead, Samuel, 1321E. W. 1804. Inv. 1864.
Astie, Kate, 2439E. W. 1900.
Austin, David, 931E. Inv. 1818.

Babcock, George W., 1469E. Inv. 1862.
Backman, Christopher, 2217E. W. 1893. Inv. 1893.
Badcock, Joseph, 6E. W. 1711. Inv. 1711.
Badcock, Joseph, 370E. B. 22, p. 43. Int. 1777. Inv. 1777.
Badcock, Joseph, 443E. B. 27, p. 520. Int. 1784. Inv. 1784.
Badcock, Joseph, Sr., 169E. B. 8, p. 172. W. 1755. Inv. 1755. Acct. 1759.
Badcock, Mary, 386E. B. 22, p. 44. W. 1778. Int. 1778. Inv. 1778.
Badcock, Recompence, 1198E. Inv. 1840.
Baker, John, Jr., 765E. B. 40, p. 491. W. 1803.
Bailey, Daniel, Sr., 1364E. W. 1855. Inv. 1855, 1860. Maps (5).
Bailey, Elvin, 2332E. Inv. 1897.
Bailey, Jonathan C., 1316E. Inv. 1851.
Bailey, Lucinda, 1433E. Inv. 1860.
Baker, Elizabeth P., 2369E. W. 1898.
Baker, Samuel C., 2440E. W. 1900.
Balts, Jacob, 300F. B. 14, p. 409; B. 15, p. 72. Int. 1770. Inv. 1770. Acct. 1771.
Bancraft, David, 214E. B. 11, p. 76. W. 1761. Inv. 1761.
Bancraft, Elisha, 756E. B. 40, p. 25. Int. 1802. Inv. 1803.
Bancraft, John, 275E. B. 13, p. 332. Int. 1768. Inv. 1768.
Bancraft, John, 621E. B. 36, p. 190. Grd. 1795.
Bancraft, Miller, 883E. Inv. 1814.
Bancraft, Samuel, 215E. B. 11, p. 69. W. 1761. Inv. 1761.
Bancraft, Thomas, 216E. B. 11, p. 73. Int. 1761. Inv. 1761.
Bancraft, Thomas, 720E. B. 38, p. 423. Int. 1799. Inv. 1799.
Bancraft, Samuel, 599E. B. 35, p. 109. Int. 1794.

Baner, Ann, 1150E. W. 1835. Inv. 1835.
Baner, Benjamin, 2245E. Inv. 1894.
Baner, Casander, 867E. Inv. 1812.
Baner, Isaac, 791E. W. 1805. Inv. 1805.
Baner, John E., 1230E. Inv. 1845.
Baner, Letitia O., 2157E. W. 1891.
Baner, Samuel, 2028E. W. 1886.
Bareford, Wilson M., 2279E. W. 1895.
Barnes, Paul, 1477E. W. 1863.
Barnes, Samuel, Sr., 2218E. W. 1893.
Barnett, Margaret, 1277E. W. 1850.
Barnett, Philip, 1811E. Inv. 1881.
Barns, Jonathan, 874E. Inv. 1813.
Bate, Rebecca A., 2224E. W. 1894. Inv. 1894.
Bate, William J., 2052E. W. 1887.
Bauer, Nathan, 1366E. Inv. 1855.
Baymore, Robert, 2080E. W. 1888. Inv. 1889.
Beck, Jacob, 2370E. W. 1898.
Beckworth, Edward, 946E. Inv. 1820.
Beckworth, Jesse, 1214E. Inv. 1843.
Beesley, Catharin A., 2132E. W. 1890. Inv. 1890.
Beesley, Joseph, 600E. B. 35, p. 110. Int. 1794.
Beesley, Maurice, 1825E. Inv. 1882.
Beesley, Rhoda, 1451E. W. 1861. Inv. 1861.
Beesley, Thomas, 1264E. W. & Cod. 1849. Inv. (2) 1849.
Beesley, Thomas, 1732E. W. 1877. Inv. 1877.
Benezet, Anthony, 1833E. Inv. 1882.
Benezet, Daniel, 1187E. Inv. 1839.
Benezet, William H., 2029E. W. 1886. Inv. 1886.
Benizot, Henriette, 2338E. Inv. 1897.
Bennet, Abraham, 389E. Grd. 1777.
Bennet, Abraham, 661E. B. 36, p. 278. Grd. 1796.
Bennet, Cornelius, 766E. B. 40, p. 494. Int. 1803.
Bennet, George, 843E. Inv. 1810.
Bennett, Aaron, 1298E. Inv. 1841.
Bennett, Aaron, 1606E. Inv. 1870.
Bennett, Abraham, 782E. W. 1804. Inv. 1804.
Bennett, Abraham, 1340E. Inv. 1853.
Bennett, Cornelius, 1699E. W. 1875.
Bennett, Emma A., 2081E. W. 1888.
Bennett, George, 1586E. W. 1869. Inv. 1870.
Bennett, Jeremiah, 1138E. W. 1834. Inv. 1835.
Bennett, John, 1461E. W. 1864. Inv. 1864.
Bennett, John M., 1625E. W. 1871. Inv. 1872.
Bennett, John S., 2053E. Inv. 1887.
Bennett, Joseph, 2400E. W. 1899.
Bennett, Joshua, 1772E. W. 1879.
Bennett, Judith, 1420E. W. 1859.
Bennett, Mary, 2082E. W. 1888. Inv. 1888.
Bennett, Mary E., 2371E. W. 1898. Inv. 1898.
Bennett, Priscilla, 2280E. W. 1895.
Bennett, Robert W., 2083E. Inv. 1888.
Bennett, William, 2054E. Inv. 1887.
Betts, Mahlon, 1552E. W. & Cod. 1867.
Billings, Joshua, 748E. B. 39, p. 329. Int. 1800. Inv. 1802.
Billings, Levi, 601E. B. 35, p. 109. Int. 1794. Inv. 1794.
Billings, William, 505E. B. 31, p. 370. Int. 1789. Inv. 1789.

Church, Christopher, 53E. W. 1730. Int. 1729. Inv. 1729. Acct. 1730.
Church, Christopher, 844E. Inv. 1810.
Church, Jeremiah, 96E. Int. 1740. Inv. 1740.
Church, Jeremiah, 1737E. W. & Cod. 1877. Inv. 1877.
Church, John, Jr., 1021E. Inv. 1825.
Church, John, 1061E. Inv. 1827.
Church, Nathan, 474E. B. 29, p. 231. W. 1787. Inv. 1787.
Church, Silas, 2376E. W. 1898.
Church, Virgil, 2286E. W. 1895.
Church, Webster, 1354E. W. 1854. Inv. 1855.
Cithcart, John, 1041E. Inv. 1826.
Clark, James, 2444E. W. 1900.
Clark, James B., 1454E. Inv. 1861.
Clark, Noah, 991E. W. 1823. Inv. 1824.
Clark, Thomas, 1280E. Inv. 1850.
Clawson, Oscar S., 2032E. W. 1886.
Cleaveland, Henry, 1626E. Inv. 1871.
Cleaveland, Susan T., 2287E. W. 1895. Inv. 1897.
Cluny, John, 638E. B. 36, p. 274. Int. 1796.
Coachman, Owen, 1478E. Inv. 1863.
Coachman, William, 1002E. Inv. 1824.
Cochran, William, 1326E. Inv. 1852.
Cole, Barker, 1574E. W. 1868.
Cole, John S., Sr., 1661E. W. 1873. Inv. 1873.
Collins, Hannah A., 2445E. W. 1900.
Compton, Mary, 1500E. Inv. 1864.
Conklin, Boaz, 1199E. Inv. 1840.
Connell, William, 827E. Inv. 1808.
Conover, James, 1308E. Inv. 1842.
Coombs, Charles P., 1835E. Inv. 1882.
Coombs, Jesse 1874E. Inv. 1884.
Cooper, Alce, 1181E. Inv. 1838.
Cooper, Annie E., 2446E. W. 1900.
Cooper, Richard, 962E. Inv. 1821.
Corgie, George, 506E. B. 31, p. 371. Wd. 1789.
Corgie, Lydia, 932E. W. 1818. Inv. 1819.
Corgie, Robert, 812E. Inv. 1807.
Corgie, Robert, 615E. B. 35, p. 110. Grd. 1794.
Corgie, Robert, Jr., 506E. B. 31, p. 371. Wd. 1789.
Corgie, Robert, Jr., 804E. Inv. 1806.
Corgie, Robert, Sr., 506E. B. 31, p. 371. Grd. 1789.
Corgie, Sophia, 506E. B. 31, p. 371. Wd. 1789.
Corgie, William, 1383E. W. 1856. Inv. 1856.
Cornwell, James, 1720E. Inv. 1876.
Corson, Aaron. 1662E. W. 1873. Inv. 1873.
Corson, Abijah, 1502E. Inv. 1864.
Corson, Abner, 721E. B. 38, p. 421. W. 1799. Inv. 1799.
Corson, Abner, 893E. Inv. 1815.
Corson, Albert G., 1471E. Inv. (2) 1862.
Corson, Alexander, 2405E. W. 1899.
Corson, Allen H., 2109E. W. & Cod. 1889. Inv. 1890.
Corson, Ambrose M., 1384E. Inv. 1856.
Corson, Amos, 675E. B. 37, p. 166. Wd. 1797.
Corson, Amos, 1267E. Inv. 1849.
Corson, Baker, 2240E. W. & Cod. 1894.
Corson, Burrows, 1607E. Inv. 1870.
Corson, Champion, 1721E. W. 1876. Inv. 1876.
Corson, Charles W., 2377E. Inv. 1898.
Corson, Charlotte, 2184E. Inv. 1892.
Corson, Christian, 54E. Int. 1731. Inv. 1731.
Corson, Christian, 758E. B. 40, p. 189. Grd. 1802.
Corson, Christian, 974E. Inv. 1822.

Corson, Christian, 1116E. Inv. 1832.
Corson, Cornelius, 894E. W. 1815. Inv. 1816.
Corson, Cornelius, 1421E. W. 1859. Inv. 1859.
Corson, Daniel, 1232E. Inv. 1845.
Corson, Darius, 461E. B. 38, p. 79. Int. 1786.
Corson, Darius, 1367E. Inv. 1855.
Corson, David, 792E. W. 1805. Inv. 1805.
Corson, David, 847E. Inv. 1811
Corson, David, Jr., 676E. B. 37, p. 161. W. 1797. Inv. 1797.
Corson, David, Jr., 1170E. Inv. 1837.
Corson, Edwards, 1814E. Inv. 1881.
Corson, Elias, 1117E. W. 1832. Inv. 1832.
Corson, Elizabeth, 1085E. Inv. 1829.
Corson, Ellis, 507E. B. 31, p. 370. Int. 1789. Inv. 1789.
Corson, Elva, 2033E. Inv. 1886.
Corson, Enos, 1327E. W. 1852. Inv. 1853.
Corson, Ezra, 1679E. W. 1874.
Corson, Furman, 1627E. Inv. 1871.
Corson, German, 2378E. W. 1898.
Corson, Griffin, 2185E. Inv. 1892.
Corson, Hannah, 1758E. Inv. 1878.
Corson, Hannah T., 2337E. W. 1897.
Corson, Hezekiah W., 1590E. W. 1869. Inv. 1869.
Corson, Huldah, 1555E. W. 1867.
Corson, Humphrey, 1479E. Inv. 1863.
Corson, Isaac B., 1875E. Inv. 1884.
Corson, Isaiah, 1368E. Inv. 1855.
Corson, Jacob, 87E. W. 1737. Inv. 1737.
Corson, Jacob, Jr., 769E. B. 40, p. 270. Int. 1803.
Corson, Jacob, Jr., 906E, 926E. Inv. 1816, 1817.
Corson, Jacob, Sr., 768E. B. 40, p. 492. W. 1803. Inv. 1803.
Corson, James, 1257E. Inv. 1848.
Corson, James, 1328E. Inv. 1852.
Corson, Jane, 1575E. W. 1868.
Corson, Jeremiah, 364E. B. 22, p. 43. Int. 1776. Inv. 1776.
Corson, Jeremiah, 547E. B. 32, p. 302. Int. 1791. Inv. 1791.
Corson, Jesse, Jr., 1042E. Inv. 1826.
Corson, Job, 1207E. Inv. 1842.
Corson, John, 46E. W. 1728. Inv. 1728.
Corson, John, 97E. Int. 1740. Inv. 1740.
Corson, John, 396E. B. 21, p. 285. W. 1779. Int. 1779. Inv. 1779. Ren. 1779.
Corson, John, 770E. B. 40, p. 493. Int. 1803. Inv. 1803.
Corson, John, 1022E. Inv. 1825.
Corson, John C., 2110E. Inv. 1889.
Corson, Jonathan, 1268E. Inv. 1849.
Corson, Jonathan, Jr., 1815E. W. 1881.
Corson, Joseph, 1299E. W. 1841. Inv. 1841.
Corson, Joseph, 1501E. W. 1864. Inv. 1864.
Corson, Joseph, Jr., 1023E. Inv. 1825.
Corson, Joseph, Sr., 585E. B. 33, p. 276. W. 1793. Inv. 1793.
Corson, Joseph E., 1738E. W. 1877. Inv. 1877.
Corson, Levi, 1436E. Inv. 1860.
Corson, Lewis, 675E. B. 37, p. 166. Grd. 1797.
Corson, Lewis, 1269E. Inv. 1849.
Corson, Lewis, Jr., 1455E. W. & Cod. 1861. Inv. 1861.
Corson, Levi, 1628E. Inv. 1871.
Corson, Lucus B., 2159E. Inv. 1891.
Corson, Lydia, 1073E. W. 1828. Inv. 1828.
Corson, Lydia, 1608E. Inv. 1870.

Cresse, Rachel, 1088E. W. 1829.
Cresse, Ralph, 1233E. Inv. 1845.
Cresse, Richard, 1227E. Inv. 1844.
Cresse, Richard, 1503E. Inv. 1864.
Cresse, Robert, 277E. B. 15, p. 243. W. 1768. Inv. 1768.
Cresse, Uriah, 2219E. Inv. 1893.
Cresse, Uriah H., 1610E. W. 1870. Inv. 1870.
Cresse, Zebulon, 641E. B. 36, p. 275. Int. 1796. Inv. 1796.
Cromack, Frederick, 2060E. Inv. 1887.
Cromwell, John, 98E. W. 1740. Inv. 1740.
Crone, John, 462E. B. 28, p. 187. Int. 1786.
Crow, Humphrey, 509E. B. 31, p. 373. Wd. 1789.
Crow, Rachel, 492E. B. 31, p. 93. Int. 1788. Inv. 1788.
Crowel, Joseph, 26E. W. 1717. Inv. 1717.
Crowel, Rachel, 492E. B. 31, p. 93. Int. 1788. Inv. 1788.
Crowel, Ruth, 493E. B. 31, p. 94. Wd. 1788.
Crowel, Temperance, 493E. B. 31, p. 94. Grd. 1788.
Crowell, Aaron, 2138E. Inv. 1890.
Crowell, Aaron, Sr., 1438E. W. 1860.
Crowell, Barnabas, 939E. W. 1819. Inv. 1819.
Crowell, Cornelia F., 1681E. W. 1874. Inv. 1874.
Crowell, Daniel, 907E. W. 1816. Inv. 1816.
Crowell, Furman, 1343E. Inv. 1853.
Crowell, Humphrey, 594E. B. 33, p. 280. Wd. 1793.
Crowell, Jacob, 426E. B. 38, p. 79. Int. 1783. Inv. 1786.
Crowell, Barnabas, 137E. W. 1748. Inv. 1748.
Crowell, Daniel, 403E. B. 21, p. 319. W. 1780. Inv. 1780.
Crowell, Joshua, 722E. B. 38, p. 422. W. 1799. Inv. 1799.
Crowell, Joshua, 1208E. W. 1842.
Crowell, Josiah, 415E. B. 38, p. 76. W. 1781.
Crowell, Mathew, 151E. Int. 1751. Inv. 1751.
Crowell, Samuel, 278E. B. 13, p. 378. W. 1768. Inv. 1768.
Crowell, Sarah, 1817E. W. 1881.
Crowell, Thomas B., 949E. Inv. 1820.
Crowell, Yelverton, 44E. Int. 1724. Inv. 1724. Acct. 1726.
Cullen, Rebecca, 1470E. Inv. 1862.
Cullen, Spencer, 1356E. Inv. 1854.
Cummings, Jonathan, 1025E. W. 1825. Inv. 1825.

Dagg, John, 102E. Int. 1741. Inv. 1741.
Daiton, Jacob, 2E. Int. 1705. Inv. 1705.
Daniels, Clement, Sr., 121E. B. 8, p. 334. W. 1746. Inv. 1746.
Dare, Benoni, 772E. B. 40. p. 494. Int. 1803.
Davenport, Franklin, 684E. B. 37, p. 166. Grd. 1797.
Davis, Abigail, 1263E. W. 1847.
Davis, Henry 2085E. W. 1888.
Davis, Mary Ann, 1400E. W. 1857. Inv. 1857.
Davis, Methuselah, 1026E. W. 1825. Inv. 1825.
Dawson, Samuel, 2251E. Inv. 1894.
Dennes, Charles, 142E. W. 1749. Inv. 1749.
Denny, Francis, 850E. Inv. 1812.
Devaul, Deborah, 2139E. W. 1890. Map (1).
Dever, Samuel J., 1489E. W. 1889.
Dickinson, John, 1153E. Inv. 1835.
Dickinson, Susan, 1682E. W. & Cod. 1874. Inv. 1874.
Dillon, James F., 2447E. Inv. 1900.
Diverty, James, 1480E. Inv. 1863.

Diverty, James, Sr., 1401E. W. 1857. Inv. 1857.
Diverty, Jesse H., 2140E. W. 1890.
Doolittle, William, 2381E. W. 1898.
Douglass, Amos, 2408E. W. 1899. Inv. 1899.
Douglass, Elizabeth, 2311E. W. 1896.
Douglass, John, 1188E. Inv. 1839.
Douglass, Moore, 1714E. Inv. 1875.
Douglass, Shamger H., 1456E. Inv. 1861.
Douglass, Thomas, 805E. W. 1806. Inv. 1806.
Douglass, Thomas, 1704E. Inv. 1875.
Douglass, Thomas, 2189E. W. 1892.
Douglass, William, Sr., 1593E. W. 1869. Inv. 1869.
Downes, Richard, 12E. Lt. 1715.
Downes, William, 103E. W. 1741. Inv. 1741.
Downs, George W., 1630E. Inv. 1871.
Downs, Margaret L., 1853E. Inv. 1883.
Downs, Richard, 136E. W. 1747. Inv. 1747. Acct. 1748.
Drake, John, 699E. B. 37, p. 555. Int. 1798.
Driver, Benjamin, 1369E. W. 1855. Inv. 1855.

Edmonds, Aaron, 1228E. W. 1844. Inv. 1844.
Edmonds, Aaron, 1402E. W. 1857. Inv. 1857.
Edmonds, Jeremiah, 815E. W. 1807. Inv. 1807.
Edmund, Parsons, 753E. B. 39, p. 329. Wd. 1801. Pt. 1800.
Edmunds, Downes, 785E. W. 1804.
Edmunds, Downs, 1457E. W. 1861. Inv. 1862.
Edmunds, Downs, 2141E. W. 1890. Inv. 1890.
Edmunds, Enoch, 1556E. Inv. 1867.
Edmunds, Evin, 1229E. W. 1844. Inv. 1845.
Edmunds, Hannah, 1557E. Inv. 1867.
Edmunds, Herbert W., 2252E. Inv. 1894.
Edmunds, James, 1140E. Inv. 1834.
Edmunds, Jeremiah, 559E. B. 32, p. 304. Grd. 1791.
Edmunds, Mary, 1854E. W. 1883. Inv. 1883.
Edmunds, Parsons, 1318E. Inv. 1851.
Edmunds, Richard, 348E. B. 15, p. 530. Grd. 1774.
Edmunds, Richard, 399E. B. 22, p. 63. Grd. 1779.
Edmunds, Richard, Sr., 964E. Inv. 1821.
Edmunds, Robert, 976E. W. 1822. Inv. 1822.
Edmunds, Robert, 1043E. Inv. 1826.
Edmunds, Robert, 2161E. W. 1891.
Edwards, Daniel, 806E. W. 1806. Inv. 1806.
Edwards, David, 442E. B. 24, p. 261. W. 1782. Inv. 1782.
Edwards, David, 884E. W. 1814. Inv. 1814.
Edwards, Flemuel, 1357E. Inv. 1854.
Edwards, Elizabeth Ann, 2036E. W. 1886.
Edwards, Elmer T., 1631E. Inv. 1871.
Edwards, Enoch, 2190. Inv. 1892.
Edwards, Ephraim, 27E. Inv. 1717. Accts. 1718. 1726.
Edwards, Ephraim, 371E. B. 21, p. 234. W. 1777. Inv. 1777.
Edwards, James, 266E. B. 13, p. 361. W. & Cods. 1767. Inv. 1768.
Edwards, John G., 1358E. Inv. 1854.
Edwards, Joseph, 423E. B. 24, p. 263. W. 1782. Inv. 1782.
Edwards, William, 143E. W. 1749. Int. 1749. Inv. 1749.
Edwards, William, 1062E. Inv. 1827.
Edwards, William, 1741E. W. 1877.
Eisenhart, Lettitia, 2382E. W. 1898.
Eldredge, Aaron, 463E. B. 28, p. 187. Int. 1786. Inv. 1786.
Eldredge, Aaron, 950E. Inv. 1820.
Eldredge, Daniel, 195E. B. 9, p. 313. Int. 1759. Inv. 1759.

Foster, George, 511E. B. 31, p. 370. Int. 1789. Inv. 1789.
Foster, George, 1633E. Inv. 1871.
Foster, Hannah, 871E. W. 1812.
Foster, Henry, 416E. B. 24, p. 76. W. 1781. Inv. 1781.
Foster, Jacob, 774E. B. 40, p. 495. Grd. 1803.
Foster, Jeremiah, 1120E. W. 1832. Inv. 1832.
Foster, Jonathan, 373E. B. 22, p. 41. Int. 1777. Inv. 1777.
Foster, Joseph, 1577E. W. 1868. Inv. 1868.
Foster, Lavy, 1121E. W. 1832.
Foster, Lydia, 2256E. W. 1894.
Foster, Mahlon, 1612E. Inv. 1870.
Foster, Matthias, 2063E. W. 1887. Inv. 1887.
Foster, Matthias, Sr., 1532E. W. 1866. Inv. 1866.
Foster, Nathaniel, 291E. B. 14, p. 180. W. 1769. Inv. 1769.
Foster, Reuben, 417E. B. 24, p. 85. Int. 1781. Inv. 1781.
Foster, Reuben, 621E. B. 36, p. 190. Wd. 1795.
Foster, Reuben, Jr., 512E. B. 31, p. 472. Wd. 1789.
Foster, Richard, 152E. Int. 1751.
Foster, Salathiel, 512E. B. 31, p. 472. Grd. 1789.
Foster, Salathiel, 570E. B. 34, p. 460. W. 1792. Inv. 1792.
Foster, Samuel, 244E. B. 12, pp. 32, 34. W. 1764. Inv. 1764.
Foster, Samuel, 885E. W. 1814. Inv. 1814.
Foster, Samuel, 1301E. Inv. 1841.
Foster, Stephen, 2111E. W. 1889.
Foster, Thomas, 1045E. W. 1826. Inv. 1827.
Foster, Thomas, 1160E. Inv. 1836.
Fox, John, 2088E. W. 1888. Inv. 1888.
Fox, William, 1271E. Inv. 1849.
Franklin, Lydia, 549E. B. 32, p. 286. W. 1791. Inv. 1791.
French, Isaac, 1331E. W. 1852. Inv. 1852.
French, Rebecca Ann, 1441E. W. 1860. Inv. 1860.
Fuls, Branson, 2412E. W. 1899.
Furman, Jonathan, 317E. B. 14, p. 508. Int. 1772. Inv. 1772.
Furman, Zelika, 478E. B. 29, p. 242. Wd. 1787.

Gagle, Jacob F., 464E. B. 38, p. 79. Int. 1786.
Gallaher, James D., 1764E. Inv. 1378.
Gallaher, Sarah A., 1722E. W. 1876. Inv. 1876.
Gandy, Amos, 1855E. Inv. 1883.
Gandy, Benjamin B., 1742E. Inv. 1877.
Gandy, David, 180E. B. 8, p. 497. Int. 1757. Inv. 1757.
Gandy, John, 733E. B. 39, p. 92. Int. 1800.
Gandy, John, 1345E. W. 1853. Inv. 1853.
Gandy, John, 1723E. Inv. 1876.
Gandy, John G., 1595E. Inv. 1869.
Gandy, John J., 2290E. Inv. 1894.
Gandy, John W., 2257E. W. 1894.
Gandy, Lewis C., 2312E. W. & Cod. 1896.
Gandy, Lydia, 1089E. W. 1820.
Gandy, Reuben, 1705E. W. 1875.
Gandy, Samuel, 385E. B. 16, p. 1. W. 1772. Inv. 1772.
Gandy, Samuel, 817E. Inv. 1807.
Gandy, Sarah J., 2112E. W. 1889.
Gandy, Thomas, 886E. W. 1814. Inv. 1814.
Gandy, Thomas, 1559E. W. 1867. Inv. 1867.
Gandy, Uriah, 786E. Inv. 1804.
Garison, Noah, 350E. B. 17, p. 172. W. 1774. Int. 1774. Inv. 1774.

Garlick, Joshua, 122E. W. 1746. Inv. 1746.
Garlick, Joshua, Jr., 65E. Int. 1733. Inv. 1733.
Garretson, Aaron, 1763E. Inv. 1878.
Garretson, Corey, 749E. B. 39, p. 472. Int. 1801. Inv. 1802.
Garretson, Daniel, 427E. B. 24, p. 265. Int. 1783. Inv. 1783.
Garretson, Elijah, 1006E. Inv. 1824.
Garretson, Gamaliel, 1796E. Inv. 1880.
Garretson, Garret, 359E. B. 17, p. 250. W. 1775. Inv. 1775.
Garretson, Jacob, 250E. B. 12, p. 128. W. 1765. Inv. 1765.
Garretson, James, 349E. B. 17, p. 174. W. 1774. Inv. 1774.
Garretson, James, 1182E. Inv. 1838.
Garretson, Joshua, 571E. B. 34, p. 465. Int. 1792. Inv. 1792.
Garretson, Joshua, 977E. Inv. 1822.
Garretson, Martha, 360E. B. 17, p. 248. W. 1775. Inv. 1775.
Garretson, Noah, 350E. B. 17, p. 172. W. 1774. Int. 1774. Inv. 1774.
Garretson, Rem, 343E. B. 17, p. 36. W. 1773. Inv. 1773.
Garretson, Rhoda A., 2384E. W. 1898.
Garretson, Samuel, 572E. B. 34, p. 460. Int. 1792. Inv. 1792.
Garretson, Samuel, 573E. B. 34, p. 465. Int. 1792. Inv. 1792.
Garretson, William R., 2313E. Inv. 1896.
Garrison, Abraham, 2089E. W. 1888. Inv. 1888.
Garrison, John, Sr., 2039E. W. 1886.
Garrison, Jonathan S., 2192E. W. 1892. Inv. 1892.
Garrison, William, 1878E. Inv. 1884.
Garwood, Artemsia, 2162E. W. 1891.
Garwood, John, 1706E. W. 1875. Inv. 1875.
Garwood, Rachel, 1201E. Inv. 1840.
Gentry, William L., 1346E. Inv. 1853.
Gerretson, Rem, 13E. W. 1715. Inv. 1715. Oath, 1715.
Gibbons, Jane S., 2113E. W. 1889.
Gibbons, William S., 2385E. W. 1898.
Gifford, Anthony, 934E. Inv. 1818.
Givens, Emma E., 2258E. W. 1894.
Goddard, William, 1879E. W. 1884.
Godfrey, Amy, 1683E. Inv. 1874.
Godfrey, Andrew, 85E. W. 1736. Inv. 1736.
Godfrey, Charles, Sr., 1515E. W. 1865. Inv. 1865.
Godfrey, Charles S., 1482E. W. 1863.
Godfrey, Elisheba, 700E. B. 37, p. 435. Int. 1798.
Godfrey, Elisheba, 967E. Inv. 1821.
Godfrey, Enoch T., 1649E. W. 1872.
Godfrey, George, 1074E. Inv. 1828.
Godfrey, Harriet T., 2114E. W. 1889. Inv. 1889.
Godfrey, Hezekiah W., 1773E. Inv. 1879.
Godfrey, Hiram, 1596E. Inv. 1869.
Godfrey, Jacob, 804E. Inv. 1811.
Godfrey, Jacob, 1122E. Inv. 1832.
Godfrey, James, 701E. B. 37, p. 554; B. 38, p. 155. W. 1798. Int. 1798. Inv. 1798.
Godfrey, Jesse C., 1818E. Inv. 1881.
Godfrey, Jesse S., 2040E. Inv. 1886.
Godfrey, John, 1234E. Inv. 1845.
Godfrey, John, 1483E. W. 1863. Inv. 1863.
Godfrey, Matthew, Jr., 1172E. Inv. 1837.
Godfrey, Nathan, 807E. Inv. 1806.
Godfrey, Nicholas, 1075E. Inv. 1828.
Godfrey, Philip, 680E. B. 37, p. 155. W. 1797. Inv. 1814.

Hand, Elizabeth, 682E. B. 37, p. 166. Int. 1797.
Hand, Elizabeth, 736E. B. 39, p. 151. Int. 1800. Inv. 1801.
Hand, Enoch, 861E. Inv. 1810.
Hand, Enoch, 1210E. Inv. 1842.
Hand, Enoch, 1418E. Inv. 1858.
Hand, Ephraim, 2008E. W. 1885. Inv. 1886.
Hand, Esther, 643E. B. 36, p. 272. W. 1796. Int. 1796.
Hand, Experience, 197E. Wd. 1755.
Hand, Ezekiel, 438E. B. 24, p. 82. W. 1780. Inv. 1780.
Hand, Ezekiel, 795E. Inv. 1805.
Hand, Ezra, 465E. B. 28, p. 249. Int. 1786. Inv. 1786.
Hand, Franklin, 2066E. W. 1887. Inv. 1887.
Hand, Franklin, Sr., 1406E. W. 1857. Inv. 1857.
Hand, George, 439E. B. 22, p. 63. Grd. 1780.
Hand, George, 1027E. Inv. 1825.
Hand, George, Jr., 147E. W. 1749. Inv. 1749.
Hand, George, Sr., 187E. B. 9, p. 18. W. 1758. Inv. 1758.
Hand, German, 1838E. W. 1882. Inv. 1882.
Hand, Gideon, 233E. B. 11, p. 226; B. 15. p. 10. W. 1762. Inv. 1762. Acct. 1769.
Hand, Gideon, 374E. B. 38, p. 80. Wd. 1777.
Hand, Gideon, Jr., 439E. B. 22, p. 63. Wd. 1780.
Hand, Hannah, 968E. Inv. 1821.
Hand, Henrietta, 2163E. W. 1891.
Hand, Henry, 418E. B. 38, p. 80. Grd. 1781.
Hand, Henry, 476E. B. 29, p. 232. W. 1787. Inv. 1787.
Hand, Henry, 952E. Inv. 1820.
Hand, Hetty, 2193E. W. 1892.
Hand, Isaiah, 251E. B. 12, p. 128. Int. 1765. Inv. 1765.
Hand, Isaiah, 644E. B. 36, p. 273. Int. 1796. Inv. 1796.
Hand, Jacob, 318E. B. 16, p. 5. W. 1772. Inv. 1772.
Hand, James, 895E. Inv. 1815.
Hand, James, 909E. Inv. 1816.
Hand, James, 1090E. W. 1829. Inv. 1829.
Hand, James C., 1880E. Inv. 1884.
Hand, Jane B., 1505E. Inv. 1864.
Hand, Japheth, 574E. B. 34, p. 466. Int. 1792. Inv. 1792.
Hand, Jeremiah, 71E. W. 1733. Inv. 1733. Acct. 1733. Lt. 1733.
Hand, Jeremiah, 205E. B. 9, p. 407. W. 1760. Inv. 1760.
Hand, Jeremiah, 220E. B. 11, p. 78. W. 1761. Inv. 1762.
Hand, Jeremiah, 269E. B. 13, p. 146; B. 14, p. 410. Int. 1767. Inv. 1767. Acct. 1771.
Hand, Jeremiah, 533E. B. 32, p. 107. Grd. 1790.
Hand, Jeremiah, 877E. W. 1813. Inv. 1813.
Hand, Jeremiah, 910E. Inv. 1816.
Hand, Jeremiah, 1076E. Inv. 1828.
Hand, Jeremiah E., 1183E. Inv. 1838.
Hand, Jerusha, 588E. B. 33, p. 279. Int. 1793. Inv. 1793.
Hand, Jesse, 831E. Inv. 1808.
Hand, Jesse, 1132E. Inv. 1833.
Hand, Jesse, Sr., 551E. W. 1791. Inv. 1791.
Hand, John, 86E. Int. 1736. Inv. 1736. Acct. 1738.
Hand, John, 111E. Int. 1743. Inv. 1743. Acct. 1744.
Hand, John, 131E. Int. 1747. Inv. 1747.

Hand, John, 531E. B. 32, p. 104. Int. 1790. Inv. 1790.
Hand, John, 835E. Inv. 1809.
Hand, John, 935E. Inv. 1818.
Hand, John, Sr., 437E. B. 24, p. 87. Grd. 1780.
Hand, John H., 2091E. Inv. 1888.
Hand, Jonathan, 532E. B. 32, p. 107. Int. 1790. Inv. 1790.
Hand, Jonathan, 1154E. Inv. 1835.
Hand, Jonathan, Jr., 605E. B. 35, p. 110. Wd. 1794.
Hand, Jonathan, Jr., 674E. B. 36, p. 278. Wd. 1796.
Hand, Jonathan, Jr., 1064E. Inv. 1827.
Hand, Jonathan, Sr., 2346E. W. 1897.
Hand, Joseph, 1535E. W. 1866. Inv. 1866.
Hand, Joseph A., 1484E. Inv. 1863.
Hand, Joseph L., 978E. Inv. 1822.
Hand, Joseph M., 2262E. Inv. 1894.
Hand, Judith, 2142E. W. 1890. Inv. 1890.
Hand, Levi, 177E. Int. 1756. Inv. 1756.
Hand, Levi, 953E. W. 1820.
Hand, Levi, Jr., 1839E. W. 1882. Inv. 1882.
Hand, Levi, Sr., 1442E. W. 1860. Inv. 1860.
Hand, Ludlam, 302E. B. 15, p. 70. Int. 1770. Inv. 1770. Acct. 1779.
Hand, Lydia, 171E. B. 8, p. 153. W. 1755. Inv. 1758. Acct. 1759.
Hand, Martha, 1236E. Inv. 1845.
Hand, Mary, 477E. B. 29, p. 240. Int. 1787. Inv. 1787.
Hand, Mary, 552E. B. 32, p. 203. Int. 1791. Inv. 1792.
Hand, Matthew, 1103E. W. 1830. Inv. 1831.
Hand, Matthew, 2222E. W. 1893. Inv. 1893.
Hand, Mercy, 123E. W. 1746. Inv. 1746.
Hand, Miller, 1359E. Inv. 1853, 1854.
Hand, Nathan, 172E. B. 8, p. 226. W. 1755. Inv. 1756.
Hand, Nathan, 198E. B. 9, p. 151. W. 1758. Inv. 1758. Acct. 1762.
Hand, Nathan, 445E. B. 38, p. 79. Int. 1784.
Hand, Nathan, 533E. B. 32, p. 107. Wd. 1790.
Hand, Nathan, 832E. Inv. 1808.
Hand, Nathan, Jr., 221E. B. 11, p. 71. Wd. 1761.
Hand, Nathaniel, 159E. W. 1752. Inv. 1752. Acct. 1754.
Hand, Nathaniel, 294E. B. 13, p. 495. Grd. 1769.
Hand, Nathaniel, 424E. B. 24, p. 258. W. 1782. Inv. 1782.
Hand, Nathaniel, 1407E. Inv. 1857.
Hand, Nery, 245E. B, 12, p. 128. Wd. 1765.
Hand, Parsons, 1724E. Inv. 1876.
Hand, Philip, 515E. B. 31, p. 372. Grd. 1789.
Hand, Philip, 589E. B. 33, p. 280. Grd. 1793.
Hand, Philip, 606E. B. 35, p. 105. W. 1794. Inv. 1794.
Hand, Philip, Sr., 1820E. W. 1881. Inv. 1881.
Hand, Rachel, 534E. B. 32, p. 106. Int. 1790. Inv. 1790.
Hand, Rachel, 623E. B. 36, p. 189. Int. 1795. Inv. 1796.
Hand, Rebecca, 553E. B. 32, p. 301. Int. 1791, Inv. 1791.
Hand, Recompence, 295E. B. 12. p. 357. Int. 1766. Inv. 1766.
Hand, Richard T., 1725E. W. 1876. Inv. 1876.
Hand, Robert S., 1797E. Inv. 1880.
Hand, Sarah, 68E. W. 1733.
Hand, Sarah, 1047E. W. 1826. Inv. 1826. Ren. 1826.

Leaming, Aaron, 406E. B. 22, p. 90. W. & Cod. 1780. Inv. 1780.
Leaming, Aaron, 1166E. Inv. 1836.
Leaming, Aaron, Sr., 133E. W. 1747. Inv. 1747.
Leaming, Abigail F., 1538E. Inv. 1866.
Leaming, Amelia H., 2296E. W. 1895. Inv. 1895.
Leaming, Ann M., 2264E. W. & Cods. 1894. Inv. 1894.
Leaming, Christopher, 153E. Int. 1751. Inv. 1751.
Leaming, Christopher, 496E. B. 31, p. 82. W. 1788. Inv. 1788.
Leaming, Christopher, 1520E. W. 1865.
Leaming, Coleman F., 2458E. W. 1900. Inv. 1900.
Leaming, Hannah, 1521E. Inv. 1864.
Leaming, Humphrey, 2227E. Inv. 1893.
Leaming, Humphrey, Sr., 1333E. W. 1852. Inv. 1853.
Leaming, Isabella T., 1540E. W. 1866. Inv. 1866.
Leaming, Jacob, 1219E. W. & Cod. 1843. Inv. 1848.
Leaming, Jacob, 2095E. W. 1888. Inv. 1888.
Leaming, James, Sr., 1636E. W. 1870. Inv. 1871.
Leaming, James R., 996E. Inv. 1823.
Leaming, Jeremiah, 353E. B. 15, p. 534; B. 17, p. 40. W. 1774. Inv. 1774. Acct. 1775.
Leaming, Jeremiah, 1193E. W. 1839. Inv. 1841, 1846.
Leaming, Jonathan, 607E. B. 35, p. 103. W. 1794. Inv. 1794.
Leaming, Jonathan, 862E. Inv. 1810.
Leaming, Joseph F., 1473E. Inv. 1862.
Leaming, Judith E., 1443E. W. 1860. Inv. 1861.
Leaming, Lemuel, 1779E. W. 1879.
Leaming, Lydia, 236E. B. 11, p 236; B. 14, p. 514. W. 1762. Inv. 1765. Acct. 1773.
Leaming, Malvina, 2418E. W. 1899.
Leaming, Mary, 1778E. Inv. 1874.
Leaming, Parsons, 818E. Inv. 1807.
Leaming, Parsons, 1067E. Inv. 1821.
Leaming, Parsons, 2251E. W. 1897.
Leaming, Richard S., 2297E. W. 1895. Inv. 1895.
Leaming, Sarah, 808E. W. 1806. Inv. 1807.
Leaming, Sarah A., 2202E. W. 1892. Inv. 1802.
Leaming, Spicer, 1314E. Inv. 1839.
Leaming, Stevenson M., 2147E. W. 1890. Inv. 1800.
Leaming, Thomas, 626E. B. 36, p. 179. W. 1795. Inv. 1796.
Leaming, William T., 1070E. Inv. 1828.
Leamyng, Christopher, 167E. Wd. 1754.
Leamvng, Christopher, 496E. B. 31, p. 82. W. 1788.
Leamyng, Thomas, 37E. W. & Cod. 1724. Inv. 1724.
Lee, Abbie V., 2352E. W. 1897.
Lee, Franklin P., 2419E. Inv. 1809.
Lee, Hezekiah, 209E. B. 9, p. 408. Int. 1760. Inv. 1760.
Lee, Richard, 1174E. Inv. 1837.
Lee, Thomas C., 1746E. Inv. 1877.
Legg, George, 1080E. W. 1828. Inv. 1829.
Lelover, Abraham, 1474E. Inv. 1862.
Leonard, Anne, 405E. B. 22, p. 38. Int. 1780. Inv. 1780.

Leonard, John, 311E. B. 16, p. 19. W. 1771. Inv. 1771.
Ling, Herman, 981E. Inv. 1822.
Little, John C., 1840E. W. 1882. Inv. 1882.
Lloyd, Charles, 2228E. W. 1893. Inv. 1893.
Long, John C., 1638E. Inv. 1871.
Long, Thomas, 518E. B. 31, p. 371. Int. 1789. Inv. 1789.
Loper, Adam, 2168E. Inv. 1891.
Lore, Daniel, 354E. B. 15, p. 539; B. 16, p. 498. Int. 1774. Inv. 1774. Acct. 1776.
Ludlam, Abigail, 788E. W. 1804. Inv. 1806.
Ludlam, Albert H., 2108E. Inv. 1888.
Ludlam, Anthony, 89E. W. 1737. Inv. 1737.
Ludlam, Anthony, 391E. B. 21, p. 248. W. 1778. Inv. 1778.
Ludlam, Anthony I., 1048E. Inv. 1826.
Ludlam, Charles, Jr., 1884E. Inv. 1884.
Ludlam, Charles, Sr., 1859E. W. 1883. Inv. 1883.
Ludlam, Charles S., 1258E. Inv. 1848.
Ludlam, Christopher, 519E. B. 31, p. 373. Grd. 1789.
Ludlam, Christopher, 798E. W. 1805. Inv. 1806.
Ludlam, Christopher, 1462E. W. 1861. Inv. 1862.
Ludlam, Coleman F., 2014E. Inv. 1885.
Ludlam, Cornelius, 854E. Inv. 1812.
Ludlam, Daniel F., 1689E. Inv. 1874.
Ludlam, Deborah, 519E. B. 31, p. 373. Wd. 1789.
Ludlam, Elizabeth, 1081E. Inv. 1828.
Ludlam, Elizabeth, 2117E. Inv. 1889.
Ludlam, Ellen H., 1885E. Inv. 1884.
Ludlam, Emma, 1541E. W. 1866. Inv. 1866.
Ludlam, Emma, 1542E. Inv. 1865.
Ludlam, Franklin, 1509E. Inv. 1864.
Ludlam, George L., 1489E. Inv. 1863.
Ludlam, Henry, 1175E. W. 1837. Inv. 1838.
Ludlam, Henry, 1409E. Inv. 1857.
Ludlam, James, 401E. B. 22, p. 63. Wd. 1779.
Ludlam, James, 1049E. Inv. 1826.
Ludlam, James J., 1563E. Inv. 1867.
Ludlam, Jeremiah, 375E. B. 21, p. 239. W. 1777. Inv. 1777.
Ludlam, Jeremiah, 1543E. W. 1866. Inv. 1866.
Ludlam, John S., 1822E. Inv. 1881.
Ludlam, Joseph, 184E. B. 8, p. 496. Int. 1757. Inv. 1757.
Ludlam, Joseph, 446E. B. 38, p. 80. Grd. 1784.
Ludlam, Joseph, 776E. B. 40, p. 494. Int. 1803. Inv. 1804.
Ludlam, Joseph, 1031E. Inv. 1825.
Ludlam, Joseph, Jr., 165E. B. 15, p. 17. W. 1753. Inv. 1753. Acct. 1770.
Ludlam, Joseph, Sr., 224E. B. 11, p. 80. W. 1761. Inv. 1761. Acct. 1765.
Ludlam, Joseph M., 2148E. Inv. 1890.
Ludlam, Maria, 1564E. W. 1867. Inv. 1867.
Ludlam, Mary, 1463E. W. 1861. Inv. 1861.
Ludlam, Norton, 1668E. W. & Cod. 1873. Inv. 1873.
Ludlam, Rachel, 2298E. W. & Cod. 1895. Inv. 1895.
Ludlam, Reuben, 401E. B. 22, p. 63. Grd. 1779.
Ludlam, Reuben, 1490E. Inv. 1863.
Ludlam, Richard S., 1823E. Inv. 1881.
Ludlam, Swain, 1274E. Inv. 1849.
Ludlam, Thomas, 425E. B. 24, p. 260; B. 33, p. 279. W. 1782. Int. 1793. Inv. 1782, 1794.

Mitchell, John S., 1213E. Inv. 1842.
Mitchell, William, 760E. B. 40, p. 159. W. 1802. Inv. 1802.
Monsell, Thomas, 138E. Int. 1748. Inv. 1748. Acct.
Montgomery, Charles E., 2299E. W. 1895.
Moore, George, 1709E. W. 1875.
Moore, John B., 1710E. Inv. 1875.
Morris, Adam, 331E. B. 17, p. 29. W. 1773. Inv. 1773.
Morris, Arabella, 2459E. Inv. 1900.
Morris, Hannah, 872E. W. 1812. Int. 1812. Ren. 1812.
Morris, Rackliff, 2097E. W. 1888.
Morris, Sara J., 2230E. W. 1893.
Morris, Stephen, 189E. B. 9, p. 16. Int. 1758. Inv. 1758.
Morrow, John, Sr., 1651E. W. 1872. Inv. 1872.
Mulford, Daniel, 307E. B. 15, pp. 70, 488. Int. 1770. Inv. 1770. Acct. 1772.
Mulford, Enos, 1290E. Inv. 1850.
Mulford, Ephraim, 723E. B. 38, p. 424. Grd. 1799.
Mulford, Ephraim, 1068E. Inv. 1827.
Mulford, Ezekiel, 34E. W. 1721. Inv. 1721.
Mulford, Ezekiel, 441E. B. 24, p. 85. Int. 1782. Inv. 1782.
Mulford, Jacob, Sr., 539E. B. 32, p. 99. W. 1790. Inv. 1790.
Mulford, Mary, 521E. B. 31, p. 371. Int. 1789. Inv. 1789.
Mulford, Phebe, 752E. B. 39, p. 471. W. 1801.
Mulliner, Harry C., 2231E. W. 1893.
Murphy, Joseph Z., 1096E. Inv. 1829.
Myers, Charles, 2355E. W. 1897. Inv. 1897.

Newton, Caleb, 226E. B. 10, p. 162. Int. 1761. Inv. 1761.
Newton, Caleb, 522E. B. 31, p. 366. W. 1789. Inv. 1789.
Newton, Ebenezer, 194E. Int. 1754. Inv. 1754.
Newton, Ebenezer, 739E. B. 39, p. 94. Grd. 1800.
Newton, Ebenezer, Sr., 93E. W. 1739. Inv. 1739.
Newton, Elizabeth, 523E. B. 31, p. 365. W. 1789. Inv. 1789.
Newton, Hannah, 688E. B. 37, p. 164; B. 39, p. 93. Int. 1797, 1800. Inv. 1800.
Newton, Isaac, 408E. B. 24, p. 87. Int. 1780. Inv. 1779.
Newton, Isaac, 628E. B. 36, p. 189. Int. 1795. Inv. 1796.
Newton, John, 430E. B. 27, p. 500. W. 1783. Inv. 1783.
Newton, John, 609E. B. 35, p. 106; B. 37, p. 164. W. 1794. Int. 1797.
Newton, Maria, 707E. B. 37, p. 436. Wd. 1797.
Newton, Maria, 739E. B. 39, p. 94. Wd. 1800.
Newton, Nathaniel, Sr., 1349E. W. 1853. Inv. 1854.
Nichelson, James, 1109E. Inv. 1831.
Nichols, Caroline O., 2319E. Inv. 1896.
Nickelson, Hugh H., 2150E. W. 1890.
Nickinson, Nehemiah, 190E. B. 9, p. 16. Int. 1758. Inv. 1758.
Nickinson, Thomas H., 1250E. Inv. 1846.
Nickleson, John, 558E. B. 32, p. 283. W. 1791. Int. 1791. Inv. 1792. Rens. (2) 1791.

Nixson, John, 367E. B. 22, p. 43. Int. 1776. Inv. 1776.
Norberry, Joseph, 982E. Inv. 1822.
Norbury, Heath, 2172E. Inv. 1891.
Norbury, Joseph, 540E. B. 32, p. 105. Int. 1790. Inv. 1790.
Norton, Augustus, 1669E. Inv. 1873.
Norton, Daniel, 175E. B. 8, p. 175. W. 1755. Inv. 1755. Acct. 1756.
Norton, George, 740E. B. 39, p. 197. Int. 1800.
Norton, George, 1134E. Inv. 1833.
Norton, George, 1319E. Inv. 1851.
Norton, James, 1291E. Inv. 1850.
Norton, Mary, 259E. B. 12, p. 336. W. 1766. Inv. 1766.
Norton, Nathaniel, 39E. W. 1721. Inv. 1721.
Norton, Nathaniel, 148E. W. 1750. Inv. 1750.
Norton, Nathaniel, 855E. Inv. 1812.
Norton, Nathaniel, 1378E. Inv. 1855.
Nottingham, Clark, 2118E. W. 1889.
Nottingham, Clerk, 689E. B. 37, p. 165. Int. 1797.
Nottingham, Jonathan, 1144E. W. 1834. Inv. 1835.
Nottingham, Joseph L., 2420E. Inv. 1899.
Nottingham, Rebecca, 2232E. W. 1893.
Null, George, 924E. Inv. 1817.

Obekiah, Grace, 2268E. W. 1894.
Ohl, Matilda L., 2173E. W. 1891. Inv. 1892.
Oliver, David C., 2300E. W. 1895.
Oliver, George, 479E. B. 29, p. 242. Int. 1787. Inv. 1787.
Orr, Alexander, 657E. B. 36, p. 276. Int. 1795. Inv. 1796.
Orr, Gabriel, 1082E. Inv. 1828.
Orr, Mary, 1110E. Inv. 1831.
Orum, Aaron, 1292E. Inv. 1850.
Orum, Martha, 936E. W. 1818.
Orum, Martha, 2071E. W. 1887.
Orum, Samuel, 925E. W. 1817. Inv. 1818.
Orum, Samuel, 1428E. Inv. 1859.
Osborn, Ananias, 320E. B. 16, p. 8. W. 1772. Inv. 1772.
Osborn, Jonathan, 16E. W. 1714. Inv. 1714.
Osborne, Bezaliel, 82E. W. 1734. Inv. 1734.
Osborne, Nathan, 126E. W. 1746. Inv. 1746.
Osborne, Richard, 260E. B. 12, p. 347. W. 1765. Inv. 1766. Acct. 1767.
Owens, George W., 1861E. W. 1883. Inv. 1883.

Page, James, 119E. Int. 1745. Inv. 1745.
Page, John, 51E. W. 1729. Inv. 1729.
Paige, Lydia, 418E. B. 38, p. 80. Wd. 1781.
Paige, Sarah, 593E. B. 33, p. 280. Wd. 1793.
Paige, Thomas, 376E. B. 22, p. 41. Int. 1777. Inv. 1777.
Parent, Josiah, 839E. Inv. 1809.
Parker, James, 394E. B. 21, p. 247. W. 1778. Inv. 1778.
Parker, Thomas, Sr., 1386E. W. 1856. Inv. 1856.
Parson, Robert, 753E. B. 39, p. 329. Grd. 1801.
Parsons, Elizabeth, 107E. W. 1743. Inv. 1743.
Parsons, Jeremiah, 559E. B. 32, p. 304. Wd. 1791.
Parsons, John, 560E. B. 32, p. 292. W. 1791. Inv. 1791.

Parsons, John, 2233E. W. 1893.
Parsons, John, Jr., 61E. W. 1732. Inv. 1732. Acct. 1733.
Parsons, John, Sr., 77E. W. 1733. Int. 1733. Inv. 1733.
Parsons, Judith, 658E. B. 36, p. 278. Wd. 1796.
Parsons, Robert, 468E. B. 28, p. 185. W. 1786. Inv. 1786.
Parsons, Robert, 593E. B. 33, p. 280. Grd. 1793.
Parsons, Robert, 997E. Inv. 1823.
Parsons, Sarah, 1050E. W. 1826. Inv. 1826.
Parvin, John S., 901E. Inv. 1815.
Patterson, William, 1862E. Inv. 1883.
Paul, Jane, 2460E. W. & Cod. 1900. Inv. 1900.
Paul, William, 2421E. W. 1899.
Payne, Tabitha, 1446E. W. 1860. Inv. 1861.
Payne, William, 1069E. Inv. 1827.
Pedrick, Robert, 1097E. Inv. 1829.
Peirson, Henry, 879E. Inv. 1810.
Perigee, Isaac, 2119E. Inv. 1889.
Perkins, Jeremiah, 377E. B. 21, p. 237. W. 1777. Inv. 1777.
Perry, Hollis, 1803E. W. 1880.
Peterson, Aaron, 480E. B. 29, p. 241. Int. 1787. Inv. 1787.
Peterson, Haunce, 690E. B. 37, p. 166. Int. 1797. Inv. 1797.
Peterson, Jacob, 1827E. W. 1881. Inv. 1881.
Peterson, John, 1491E. Inv. 1863.
Peterson, John, 2203E. W. 1892.
Peterson, Louisa, 2422E. W. 1899.
Peterson, Samuel, 659E. B. 36, p. 277. Int. 1796.
Pierson, Stephen, 1012E. W. 1824. Inv. 1824.
Pierson, Stephen, 1325E. Inv. 1852.
Pierson, Thomas, 1545E. W. 1866.
Poff, Margaret, 2120E. Inv. 1889.
Powell, Joseph, 1492E. Inv. 1863.
Pratt, Jonathan, 99E. Int. 1740. Inv. 1740. Acct. (2) 1739. Rcpts. (6).
Pratten, Elizabeth, 191E. W. 1758. Inv. 1758.
Pratten, James, 210E. B. 11, p. 71. W. 1760. Inv. 1760.
Pratton, Thomas, 578E. B. 34, p. 466. Int. 1792. Inv. 1792.
Price, Edward, 1033E. Inv. 1825.
Price, Edward, 2174E. Inv. 1891.
Price, Edward, Jr., 1727E. W. 1876.
Price, Jacob T., 2461E. W. 1900. Inv. 1900.
Price, John, Sr., 1493E. W. 1863. Inv. 1863.
Price, Nathaniel H., 1051E. Inv. 1826.
Pulford, John, 3E. Inv. 1707.

Rafferty, John, 2017E. Inv. 1885.
Raney, James, 409E. B. 24, p. 78. W. 1780. Inv. 1780.
Rasdil, William, 660E. B. 36, p. 274. Int. 1796. Inv. 1796.
Read, Andrew, 499E. B. 31, p. 93. Int. 1788. Inv. 1788.
Reed, Henry, see 325F. B. 12, p. 329. W. 1766. Inv. 1766.
Reeves, Abijah, 1423E. Inv. 1899.
Reeves, Abraham, 1887E. Inv. 1884.
Reeves, Adonijah, 708E. B. 37, p. 430. W. 1798. Inv. 1798.
Reeves, Albert E., 2269E. W. 1894.
Reeves, Andrew H., 1711E. Inv. 1875.
Reeves, Clement B., 2424E. W. 1899.
Reeves, David, 1747E. Inv. 1877.

Reeves, John, 21E. W. 1715. Int. 1715. Acct. 1731.
Reeves, Joshua H., 1387E. Inv. 1856.
Reeves, Sarah, 661E. B. 36, p. 278. Wd. 1796.
Reynolds, Margaret, 1526E. Inv. 1865.
Rhodes, Smith, 1362E. Inv. 1854.
Rhodes, Thomas, 1293E. Inv. 1850.
Rice, Charles, 1580E. Inv. 1868.
Rice, Robert, 1672E. Inv. 1873.
Rice, William, 1652E. Inv. 1872.
Richardson, Benjamin, 94E. W. 1739. Inv. 1739.
Richardson, Carman, 580E. B. 34, p. 467. Grd. 1792.
Richardson, Carman, 611E. B. 35, p. 108. W. 1794. Int. 1794.
Richardson, Hezekiah, 761E. B. 40, p. 25. Int. 1802. Inv. 1803.
Richardson, Jacob, 335E. B. 15, p. 530. Grd. 1773.
Richardson, Jacob, 378E. B. 21, p. 236. W. 1777. Inv. 1777.
Richardson, Jacob, 509E. B. 31, p. 373. Grd. 1789.
Richardson, Jacob, 709E. B. 37, p. 435; B. 40, p. 25. Int. 1798, 1802. Inv. 1799.
Richardson, Jeremiah, 957E. Inv. 1820.
Richardson, Jeremiah, 1145E. Inv. 1834.
Richardson, Jeremiah, 1410E. Inv. 1857.
Richardson, John, 48E. W. 1728. Inv. 1728.
Richardson, John, 211E. Inv. 1760.
Richardson, John, 2320E. W. 1896.
Richardson, Joshua, 1157E. Inv. 1835.
Richardson, Lydia, 1653E. W. 1872. Inv. 1872.
Richardson, Mary, 762E. B. 40, p. 25. Wd. 1802.
Richardson, Samuel, 78E. W. 1733. Inv. 1733.
Richardson, Samuel, 1336E. Inv. 1852.
Richardson, Sarah, 1617E. W. 1870.
Rieves, Ruth, 610E. B. 35, p. 109. Int. 1794. Inv. 1794.
Riggins, William, 1013E. Inv. 1824.
Riley, Griffiths, 481E. B. 29, p. 242. Int. 1787. Inv. 1787.
Roach, David, 2072E. Inv. 1887.
Roberson, John, 247E. B. 12, p. 333. Int. 1764. Inv. 1764.
Robertson, Robert, 865E. W. 1811.
Robinson, Charles, 32E. Int. 1719. Inv. 1719. Acct. 1724.
Robinson, John, 1728E. W. 1876. Inv. 1876.
Robinson, Reuben S., 2356E. Inv. 1897.
Robinson, Silas, 2098E. W. 1888.
Robinson, William, 79E. Int. 1733. Inv. 1733.
Rodan, Jane S., 1618E. W. 1870.
Ross, George, 662E. B. 36, p. 274. Int. 1796. Inv. 1796.
Ross, John, 1294E. Inv. 1850.
Ross, Marcy, 296E. B. 14, p. 194. W. 1769. Inv. 1769.
Ross, Rhoda S., 2462E. W. 1900.
Ross, Thomas, 174E. B. 8, p. 158. Int. 1755. Inv. 1755.
Ross, Thomas, 1052E. Inv. 1826.
Ross, Thomas, 1464E. Inv. 1861.
Ross, Thomas, Sr., 155E. W. 1751. Inv. 1751.
Ross, William, 227E. B. 11, p. 71. Int. 1761. Inv. 1761.
Ross, William, 2177E. W. 1891.
Rowan, Thomas, 1581E. W. 1868. Inv. 1868.
Russel, Joseph S., 1748E. Inv. 1877.
Russell, David, 1712E. Inv. 1875.
Russell, Deborah, 35E. Int. 1723. Inv. 1721.
Russell, Jane, 1295E. Inv. 1850.

Rutherford, James, Sr., 1863E. W. 1883.
Rutherford, Jane L., 2357E. W. 1897. Inv. 1898.
Rutherford, John, Sr., 1639E. W. & Cod. 1871. Inv. 1871.
Rutherford, Samuel F., 1888E. Inv. 1884.
Rutherford, William C., 1619E. Inv. 1870.
Rutherford, William C., 1693E. Inv. 1874.
Rutter, George, 880E. W. 1813. Int. 1813. Inv. 1813.

Sack, David, 2390E. Inv. 1898.
Sack., George L., 1766E. Inv. 1878.
Sack, Jacob, 1842E. W. 1882.
Sack, Julia W., 1843E. W. 1882.
Sapp, Clayton G., 1527E. Inv. 1865.
Sapp, William C., 1694E. W. 1874. Inv. 1874.
Savage, James, 52E. W. 1729. Inv. 1729. Lt. 1730. Acct. 1732.
Savage, Joseph, 345E. B. 15, p. 529. Grd. 1774.
Savage, Joseph, 431E. B. 38, p. 70. W. 1783.
Savage, Mary, 799E. Inv. 1805.
Savage, Zedeck, 799E. Inv. 1805.
Sawyer, Henry W., 2234E. W. 1893. Inv. 1893.
Sayre, Eli, 2121E. Inv. 1880.
Sayre, Elias, 2321E. W. 1896.
Sayre, Jeremiah, 1350E. W. 1853.
Sayre, Jonathan, Sr., 402E. B. 21, p. 253. W. 1779. Inv. 1779.
Sayre, Maria, 2425E. W. 1899.
Sayre, Samuel, 1864E. Inv. 1883.
Sayres, Aaron, 691E. B. 37, p. 164. Int. 1797.
Sayrs, Ephraim, Sr., 332E. B. 16, p. 102. W. 1773. Inv. 1773.
Schallanger, Sarah, 983E. W. 1822.
Schellenger, Lydia, 579E. B 34, p. 463. W. 1792. Inv. 1792.
Schellenger, Samuel M., 2358E. W. 1897.
Schellinger, Enos, 1889E. W. 1884. Inv. 1884.
Schellinger, Henry, Jr., 2426E. Inv. 1899.
Schellinger, Joseph, 1767E. Inv. 1878.
Schellinger, William, 339E. B. 15, p. 531. Grd. 1773.
Schellinks, Abraham, 212E. B. 9, p. 409. Int. 1760. Inv. 1760.
Schillinx, Cornelius, 112E. W. 1743 Inv. 1743.
Schillenger, Jacob, 561E. B. 32, p. 301. Int. 1791. Inv. 1791. Ren. 1791.
Schillenger, Jeremiah, 1111E. Inv. 1831.
Schillinger, Aaron, 914E. Inv. 1816.
Schillinger, Aaron, Sr., 1654E. W. 1872. Inv. 1872.
Schillinger, Charles, 1014E. Inv. 1824.
Schillinger, David, 809E. Inv. 1806.
Schillinger, Enos S., Sr., 840E. W. 1809. Inv. 1809.
Schillinger, Henry, 754E. B. 39, p. 328. Int. 1801.
Schillinger, James, 848E. Inv. 1811.
Schillinger, William, 1053E. W. & Cod. 1826. Inv. 1826.
Schillinks, Cornelius, 127E. W. 1746. Inv. 1746.
Schillinks, Cornelius, 410E. B. 24, p. 86. Int. 1780. Inv. 1780.
Schillinks, William, 139E. W. 1748. Inv. 1748.
School, Catharine S., 1890E. Inv. 1884.
Schuetze, Robert, 2204E. W. 1892. Inv. 1892.
Scott, Abiah, 881E. Inv. 1813.
Scull, David, 998E. Inv. 1823.

Scull, David, 1015E. Inv. 1824.
Scull, Hezekiah, 228E. B. 10, p. 417. Int. 1761. Inv. 1761.
Scull, John, 469E. B. 38, p. 79. Int. 1786.
Scull, John, 1865E. W. 1883.
Scull, Mark, 1259E. Inv. 1848.
Scull, Peter, 156E. Int. 1751. Inv. 1751.
Seagraves, Alpheus, 2465E. Inv. 1900.
Searle, John, 38E. Int. 1724. Inv. 1724. Acct. 1724.
Seeley, Martha, 2391E. W. 1898.
Selover, Mary, 2270E. Inv. 1894.
Selvy, Charlotte M., 2122E. W. 1889.
Shanklin, Edward, 1670E. W. 1873.
Sharp, Coleman S., 1844E. Inv. 1882.
Sharp, John, 355E. B. 17, p. 165. W. 1774. Inv. 1774.
Sharp, Sarah, 361E. B. 15, p. 539. Int. 1775. Inv. 1775.
Sharp, William, 820E. Inv. 1807.
Shaw, Aaron, 1167E. Inv. 1836.
Shaw, Benjamin, 135E. W. 1747. Inv. 1747.
Shaw, Deborah, 562E. B. 32, p. 301. Int. 1791. Inv. 1791.
Shaw, Elijah, 727E. B. 38, p. 423. Int. 1799. Inv. 1799.
Shaw, Elijah, 1034E. W. 1825. Inv. 1825.
Shaw, Experience, 1158E. Inv. 1835.
Shaw, Hannah, 482E. B. 29, p. 230. W. 1787. Int. 1787. Inv. 1787.
Shaw, Harvey, 1510E. Inv. 1864. Af. 1863.
Shaw, John, 239E. B. 11, p. 439. Grd. 1763.
Shaw, John, 333E. B. 16, p. 132. W. 1773. Inv. 1773.
Shaw, John, 741E. B. 39, p. 93. Wd. 1800.
Shaw, John, 889E. Inv. 1814.
Shaw, Joshua, 255E. B. 12, p. 327. Grd. 1766.
Shaw, Joshua, 541E. B. 32, p. 106. Int. 1790. Inv. 1791.
Shaw, Joshua, Jr., 563E. B. 32, p. 304. Wd. 1791.
Shaw, Joshua, Sr., 362E. B. 17, p. 251. W. 1775. Inv. 1775.
Shaw, Leaming, 1135E. W. 1833. Inv. 1833.
Shaw, Nathan, 321E. B. 15, p. 531; B. 16, p. 3. W. 1772. Inv. 1772. Acct. 1774.
Shaw, Nathan, 710E. B. 37, p. 434. W. 1798. Inv. 1798.
Shaw, Nelson, 1220E. W. 1843. Inv. 1844.
Shaw, Obadiah, 483E. B. 29, p. 241. Int. 1787. Inv. 1787.
Shaw, Obadiah, 580E. B. 34, p. 467. Wd. 1792.
Shaw, Ovid, 1640E. W. 1871. Inv. 1871.
Shaw, Phebe, 984E. W. 1822.
Shaw, Rebecca M., 1891E. Inv. 1884.
Shaw, Richard, 594E. B. 33, p. 280. Grd. 1793.
Shaw, Richard, 755E. B. 39, p. 401. W. 1801.
Shaw, Richard, Sr., 334E. B. 17, p. 176. W. 1773. Inv. 1773.
Shaw, Silas, 800E. Inv. 1805.
Shaw, Silas, 1320E. Inv. 1851.
Shaw, Stillwell, 1035E. W. 1825. Inv. 1825.
Shaw, Thomas, 563E. B. 32, p. 304. Grd. 1791.
Shaw, Thomas, 629E. B. 36, p. 189; B. 38, p. 423. Int. 1795. Inv. 1795, 1799.
Shaw, William, 10E. W. 1712. Inv. 1712.
Shaw, William, 810E. Inv. 1806.
Sheldon, Francis, 2151E. Inv. 1890.
Sheldon, Francis, 2178E. W. 1891.
Sheldon, Richard, 1749E. Inv. 1877.
Shelmire, Edward Y., 2099E. Inv. 1888.

Souder, Jacob, 1260E. Inv. 1848.
Souder, Jacob B., 1846E. W. 1882.
Souder, Richard C., 1643E. Inv. 1871.
Southard, Benjamin, 581E. B. 34, p. 462. W. 1792. Inv. 1792.
Southard, Reuben, 890E. Inv. 1814.
Spalding, Augustus, 2323E. Inv. 1896.
Sparks, Johanna L., 2427E. W. 1899.
Spicer, Jacob, 167E. Grd. 1754.
Spicer, Jacob, 197E. Grd. 1755.
Spicer, Jacob, Sr., 104E. W. 1741. Inv. 1741.
Spicer, Jacob, Sr., 253E. B. 12, p. 256. W. 1765.
Springer, Amelia S., 2125E. W. 1889.
Springer, Anna, 1313E. Inv. 1842.
Springer, Benjamin, 1244E. Inv. 1845.
Springer, Jesse, 958E. Inv. 1820.
Springer, Jonathan J., 1252E. W. 1847. Inv. 1847.
Springer, Joseph C., 2206E. Inv. 1892.
Springer, Samuel, 778E. B. 40, p. 495. Wd. 1803.
Springer, Samuel, 1752E. W. 1877.
Springer, Samuel R., 1655E. W. 1872. Inv. 1872.
Springer, Sarah, 1804E. W. 1880. Inv. 1880.
Springer, Sarah, 2271E. W. 1894. Inv. 1894.
Springer, Sarah J., 2428E. W. 1899.
Springer, William L., 2272E.. W. 1894.
Steelman Elizabeth, 2360E. W. 1897.
Steelman, Hezekiah, 1389E. Inv. 1856.
Steelman Jonas, 1730E. W. 1876. Inv. 1876.
Steelman, Jonas, Jr., 1656E. W. 1872. Inv. 1873.
Steiner, Jacob, 1429E. W. & Cods. (3) 1859.
Stephens, Reuben, 1495E. Inv. 1863.
Stephenson, Aaron, 612E. B. 35. p. 109. Int. 1794. Inv. 1794.
Stephenson, David, 1786E. Inv. 1879.
Stephenson, Enoch, Jr., 1496E. Inv. 1863.
Stephenson, Somers, 1753E. Inv. 1877.
Stevens, Andrew H., 2074E. W. 1887.
Stevens, Daniel. 1099E. Inv. 1829.
Stevens, Ezekiel, 419E. B. 24, p. 86. Int. 1781. Inv. 1781.
Stevens. Ezekiel, 1466E. Inv. 1861.
Stevens, Isabella T., 2429E. Inv. 1899.
Stevens, John. 2273E. W. 1894.
Stevens, Jonathan C., 1671E. Inv. 1873.
Stevens, Sallie S., 2324E. W. 1896. Inv. 1896, 1898.
Stewart, Patrick, 192E. B. 9, p. 313. Int. 1758. Inv. 1758. Acct. 1760.
Stiles, Reuben, 2325E. W. 1896.
Stillwell, Daniel, 613E. B. 35, p. 101. W. 1794. Inv. 1794.
Stillwell, Elijah, 263E. B. 12, p. 358. Int. 1765. Inv. 1765.
Stillwell, John, 337E. B. 15, p. 530. Grd. 1773.
Stillwell, Nicholas, 582E. B. 34, p. 466. Int. 1792. Inv. 1792. Ren. 1792.
Stillwell, Richard, 201E. B. 9, p. 295. W. 1759. Inv. 1759.
Stillwell, Thomas, 959E. W. 1820.
Stillwill, Anna, 485E. B. 29, p. 242. Wd. 1787.
Stillwill, Enoch, 486E. B. 29, p. 241. Int. 1787. Inv. 1787.
Stillwill. John, 712E. B. 37, p. 435. Int. 1798. Inv. 1800.
Stillwill, Nicholas, 313E. B. 15, p. 182; B. 36, p. 276. W. 1771. Int. 1795. Inv. 1772.
Stillwill, Sarah, 381E. B. 28, p. 77. W. 1777.

Stillwill, Savage, 500E. B. 31, p. 94. Wd. 1788.
Stillwill, Sophia, 487E. B. 29, p. 242. Wd. 1787.
Stimson, Charles P., 1805E. W. 1880.
Stimson, Robert C., 1512E. W. 1864. Inv. 1865.
Stites, Adonijah, 1621E. Inv. 1870.
Stites, Benjamin, 565E. B. 32, p. 303. Int. 1791. Inv. 1792.
Stites, Benjamin, 999E. W. 1823. Inv. 1823.
Stites, Benjamin, 1566E. Inv. 1867.
Stites, Benjamin, Sr., 80E. W. 1733. Inv. 1733.
Stites, Benton, 2274E. W. 1894.
Stites, Charlotte, 1055E. Inv. 1826.
Stites, Eli, 308E. B. 14, p. 399. Int. 1770. Inv. 1770.
Stites, Elias, 1114E. Inv. 1831.
Stites, George, 168E. B. 8, p. 67. W. 1754. Inv. 1754.
Stites, George, 382E. B. 21, p. 120. W. 1777. Inv. 1777.
Stites, George, 821E. Inv. 1807.
Stites, George, 891E. Inv. 1814.
Stites, Hannah, 632E. B. 36, p. 266. W. 1795. Inv. 1795.
Stites, Henry, 146E. W. 1749. Inv. 1749.
Stites, Henry, Jr., 1083E. Inv. 1828.
Stites, Henry, Jr., 128E. W. 1746. Inv. 1746.
Stites, Humphrey, 1102E. Inv. 1830.
Stites, Isaiah, 411E. B. 24, p. 86. Int. 1780. Inv. 1780.
Stites, Isaiah, Jr., 287E. B. 12, p. 523. Grd. 1768.
Stites, Isaiah, Jr., 286E. B. 13, p. 442. W. 1768. Inv. 1768.
Stites, Israel, 915E. Inv. 1806.
Stites, Jacob, 488E. B. 29, p. 241. Int. 1787. Inv. 1787.
Stites, John, 113E. W. 1743. Inv. 1743.
Stites, John, 287E. B. 12, p. 523. Wd. 1768.
Stites, John, 337E. B. 15, p. 530. Wd. 1773.
Stites,. John, 694E. B. 37, p. 164. Int. 1797. Inv. 1798.
Stites, John, 1305E. Inv. 1841.
Stites, John, 1567E. W. 1867.
Stites, John, 1866E. W. 1883.
Stites, Joseph A., 1847E. Inv. 1882.
Stites, Joshua, 129E. Int. 1746. Inv. 1746.
Stites, Joshua, 841E. Inv. 1809.
Stites, Martha, 1568E. W. 1867.
Stites, Nathan, 1000E. Inv. 1823.
Stites, Page, 1569E. W. 1867. Inv. 1873.
Stites, Philip, 1136E. W. 1833. Inv. 1834.
Stites, Philip, 1419E. Inv. 1858.
Stites, Prudence, 2430E. W. 1899.
Stites, Richard, 100E. W. 1740. Inv. 1740.
Stites, Richard, Sr., 338E. B. 16, p. 126. W. 1773. Inv. 1773.
Stites, Richard, Jr., 339E. B. 15, p. 531. Wd. 1773.
Stites, Smith, 1657E. Inv. 1872.
Stites, Thomas, 322E. B. 14, p. 506. Grd. 1772.
Stites, Thomas, 583E. B. 34, p. 467. Wd. 1792.
Stites, Thomas, 1570E. W. 1867. Inv. 1867.
Stites, Thomas, 2043E. Inv. 1886.
Stites, Thomas S., 1411E. Inv. 1857.
Stites, Townsend, 1787E. W. 1879.
Stites, William, 2021E. W. 1885. Inv. 1885.
Stites, William L., 1644E. Inv. 1871.
Stites, Zeruiah, 130E. Int. 1746. Inv. 1746.

Tomlin, Enos, 1246E. Inv. 1845.
Tomlin, Hugh, 1571E. W. 1867.
Tomlin, Isaac, 1186E. W. 1838. Inv. 1838.
Tomlin, Isaac H., 2126E. Inv. 1889.
Tomlin, Jediah, 904E. W. 1815. Int. 1815. Inv. 1815. Ren. (2) 1815.
Tomlin, John, 1769E. W. & Cod. 1878. Inv. 1878.
Tomlin, Maria, 1719E. W. 1875. Inv. 1875.
Tomlin, Millicent T., 2046E. Inv. 1886.
Tomlin, William, 1016E. Inv. 1824.
Tomlin, William, Sr., 801E. W. 1804. Inv. 1805.
Townsend, Aaron, 1674E. Inv. 1873.
Townsend, Abigail, 1148E. W. 1834. Inv. 1834.
Townsend, Amos, 1867E. W. 1883.
Townsend, Cornelius, 1830E. Inv. 1881.
Townsend, Cresse, 1306E. W. 1841. Inv. 1841.
Townsend, Daniel, 858E. Inv. 1812.
Townsend, Daniel C., 2076E. W. 1887.
Townsend, David, 763E. B. 40, p. 20. W. 1802. Inv. 1803.
Townsend, David, 1159E. Inv. 1835.
Townsend, David, 2175E. W. 1891.
Townsend, Eli, 605E. B. 35, p. 110. Grd. 1794.
Townsend, Eli, 668E. B. 36, p. 276. Int. 1796.
Townsend, Eli, 845E. Inv. 1810.
Townsend, Elijah, 674E. B. 36, p. 278. Grd. 1796.
Townsend, Elijah, 945E. W. 1819. Inv. 1820.
Townsend, Elijah, 1413E. W. 1857. Inv. 1857.
Townsend, Elijah, 1497E. W. 1863.
Townsend, Eliza, 1381E. Inv. 1855.
Townsend, Elizabeth, 743E. B 39, p. 197. Int. 1800.
Townsend, Elizabeth E., 1697E. Inv. 1874.
Townsend, Ellen L., 2154E. W. 1800.
Townsend, Embury, 1675E. Inv. 1873.
Townsend, Hannah S., 2024E. W. 1885. Inv. 1885.
Townsend, Henry Y., 524E. B. 31, p. 373. Int. 1789. Inv. 1790.
Townsend, Isaac, 502E. B. 31, p. 88. W. 1788. Inv. 1788.
Townsend, James, 471E. B. 36, p. 270. W. 1786.
Townsend, James, 616E. B. 35, p. 109. Int. 1794. Inv. 1794.
Townsend, Jehu, 1128E. Inv. 1832.
Townsend, J. Milton, 1770E. W. 1878. Inv. 1878.
Townsend, John, 40E. W. 1721. Inv. 1721.
Townsend, John, 1127E. W. 1832. Inv. 1832.
Townsend, John, 1620E. W. 1870. Inv. 1870.
Townsend, Joshua, 472E. B. 38, p. 79. Int. 1786.
Townsend, Joshua, 1600E. Inv. 1869.
Townsend, Jotham, 567E. B. 32, p. 301. Int. 1791. Inv. 1791. Ren. 1791.
Townsend, Judith, 1017E. W. 1824.
Townsend, Keturah, 714E. B. 37, p. 435. Int. 1798. Inv. 1798.
Townsend, Lettice, 1180E. Inv. 1837.
Townsend, Lewis, 1261E. Inv. 1848.
Townsend, Lewis C., 1363E. Inv. 1854.
Townsend, Mark, 866E. W. 1811. Inv. 1811.
Townsend, Martha, 1382E. Inv. 1835.
Townsend, Mary, 1498E. Inv. 1863.
Townsend, Mary E., 2326E. W. 1896.
Townsend, Newton C., 1601E. Inv. 1869.
Townsend, Priscilla, 1895E. W. 1884.

Townsend, Rachel, 715E. B. 37, p. 426. W. 1798. Inv. 1798.
Townsend, Reuben, 624E. B. 36, p. 190. Grd. 1795.
Townsend, Reuben, 696E. B. 37, p. 159. W. 1797. Inv. 1800.
Townsend, Richard, 91E. W. 1737. Inv. 1737.
Townsend, Richard, 764E. B. 40, p. 21. W. 1802. Inv. 1803.
Townsend, Richard, 989E. Inv. 1822.
Townsend, Richard H., 929E. W. & Cod. 1817. Inv. 1817.
Townsend, Robert, 324E. B. 14, pp. 508, 538. Int. 1772. Inv. 1772. Acct. 1773.
Townsend, Samuel, 596E. B. 33, p. 279. Int. 1793. Inv. 1793.
Townsend, Samuel, 716E. B. 38, p. 156. Int. 1798.
Townsend, Samuel, 744E. B. 39, p. 197. Int. 1800.
Townsend, Sarah, 669E. B. 36, p. 265. W. 1796. Inv. 1796.
Townsend, Silvanus, 503E. B. 31, p. 89. W. 1788. Inv. 1788.
Townsend, Silvanus, Jr., 421E. B. 24, p. 77. W. 1781. Inv. 1781.
Townsend, Smith, 2127E. W. 1889. Inv. 1889.
Townsend, Tabitha, 597E. B. 33, p. 278. W. 1793.
Townsend, Tabitha, 635E. B. 36, p. 185. W. 1795. Inv. 1795.
Townsend, Tabitha, 789E. W. 1804. Inv. 1806.
Townsend, Thomas, 728E. B. 38, p. 419. W. 1799.
Townsend, Thomas, 2275E. W. 1894. Inv. 1894.
Townsend, William, 1868E. W. 1883.
Townsend, Zebulon, 1100E. Inv. 1829.
Townsend, Zebulon, 1351E. W. 1853. Inv. 1853.
Towser, Richard, 543E. B. 32, p. 105. Int. 1790. Inv. 1790.
Trusty, Judith, 2176E. W. 1891.
Turner, Albert H., 2361E. W. 1897. Inv. 1897.
Turner, Peter, 2431E. W. 1899. Inv. 1899.
Tyler, Daniel, 1698E. Inv. 1874.
Tyler, Elijah, 2103E. W. 1888.
Tyler, John, 2432E. W. & Cod. 1899. Inv. 1899.
Tyler, Levi, 1337E. W. 1852.
Tyler, Thankful, 1869E. Inv. 1883.
Tyler, William, 1338E. W. 1852.
Tyrrell, Patrick, 2102E. W. 1888.

Vanaman, David C., 2467E. W. 1900.
Vangelder, Abraham, 842E. W. 1809. Int. 1809. Inv. 1809.
Van Gelder, John, 342E. B. 17, p. 30. W. 1773. Inv. 1773.
VanGilder, David, 1531E. Inv. 1865.
Vangilder, Ezekiel, 990E. Inv. 1822.
VanGilder, Ezekiel, 1322E. Inv. 1851.
VanGilder, Frederick, 1870E. W. 1883.
Vangilder, Isaac, 1137E. Inv. 1833.
VanGilder, Isaac, 1897E. W. 1884.
VanGilder, James C., 2025E. Inv. 1885.
Vangilder, John, 729E. B. 38, p. 420. W. 1799. Inv. 1799.
Vangilder, John, 1037E. Inv. 1825.
VanGilder, John, 2211E. W. 1892.
VanGilder, Levi, 1602E. Inv. 1869.

Vangilder, Martha, 1149E. Inv. 1834.
VanGilder, Thaddeus, 1831E. Inv. 1881.
VanGilder, Thomas, 1771E. W. 1878. Inv. 1878.
VanGilder, Thompson, 2181E. Inv. 1891.
VanGilder, Warren, 1896E. Inv. 1884.
Vangilder, Washington, 1253E. Inv. 1847.
Vankirk, Aaron, 2327E. W. 1896.
Vannaman, Luke, 1623E. Inv. 1870.
Vansant, James, 2398E. W. 1898. Inv. 1898.
Vanzant, Thomas K., 2362E. W. 1897.
Vietri, Fabio, 2433E. W. 1899.
Voss, Amos, 2363E. W. 1897.
Voss, Ezekiel, 2276E. W. 1894.
Voss, Jeremiah, 1603E. W. 1869. Inv. 1870.
Voss, John, 1788E. W. 1879. Inv. 1879.

Waithman, Almer, 824E. Inv. 1807.
Wales,, Edmond L. B., 1849E. W. 1882. Inv. 1882.
Wales, Eli B., Sr., 1871E. Inv. 1883.
Wales, Roger, 1168E. Inv. 1836.
Walker, George W., 1352E. Inv. 1853.
Wallace, Thomas, 1789E. W. 1879. Inv. 1880.
Walsh, Winifred, 1715E. Inv. 1875.
Ware, Frank H., 2104E. W. 1888.
Ware, Joseph, 1071E. Inv. 1827.
Ware, Lambert W., 2047E. Inv. 1886.
Ware, Lydia, 1998E. Inv. 1884.
Ware, Lydia, 2048E. W. 1886. Inv. 1886.
Ware, Samuel F., 1756E. W. 1877. Inv. 1877.
Ware, Wilmon W., 2049E. Inv. 1886.
Warren, David, 778E. Grd. 1803.
Warren, David, Sr., 859E. W. 1812. Inv. 1812.
Warwick, David, 1757E. Inv. 1877.
Warwick, John, 1038E. Inv. 1825.
Watson, Samuel, 717E. B. 37, p. 436. Int. 1798.
Watson, Sarah, 2026E. W. 1885. Inv. 1885.
Watt, Anna, 544E. B. 32, p. 107. Wd. 1790.
Watt, Henry S., 2077E. W. 1887. Inv. 1887.
Watt, James, 525E. B. 31, p. 368. W. 1789. Inv. 1789.
Way, James P., 2237E. W. 1893.
Way, Palmer M., 2238E. Inv. 1893.
Weatherby, Charles, 1101E. Inv. 1829.
Weaver, Hezekiah, 745E. B. 39, p. 93. Int. 1800.
Weaver, Jacob, 846E. W. 1809. Inv. 1810.
Weaver, Jacob H., 1255E. W. 1847. Inv. 1847.
Webb, Phebe, 2434E. W. 1899.
Weeks, Henry, 1548E. W. 1866.
Weeks, Jeremiah, 1018E. Inv. 1824.
Weeks, Rebecca, 1390E. Inv. 1856.
Weeks, Sarah A., 2239E. W. 1893.
Weldon, Peterson, Sr., 2364E. W. 1897. Inv. 1897.
Wells, Daniel, 22E. W. 1715. Int. 1715. Inv. 1715.
Wells, David, 36E. W. 1720. Inv. 1720. Acct. 1723.
Wells, Hannah, 2328E. W. 1896. Inv. 1896.
Wells, Jacob, 2212E. W. 1892.
Wert, Clinton M., 2468E. Inv. 1900.
West, John, 802E. Inv. 1805.
Westcott, Edwin F., 2329E. W. 1896.
Westcott, Jane, 1790E. W. 1879.
Wheatley, William, 1391E. Inv. 1856.
Wheaton, Elijah B., 2240E. Inv. 1893.
Wheaton, Joseph, 780E. B. 40, p. 493. Int. 1803. Inv. 1805.
Wheaton, Willis, 2241E. Inv. 1893.
Whilldin, David, 237E. W. 1762. Inv. 1762.

Whilldin, Isaac, Sr., 1572E. W. 1867. Inv. 1867.
Whilldin, James, 199E. B. 10, p. 602. Grd. 1759.
Whilldin, James, 434E. B. 15, p. 67. Grd. 1770.
Whilldin, James, 435E. B. 15, p. 68. Grd. 1770.
Whilldin, James, 413E. B. 27, p. 496. W. 1780. Inv. 1785.
Whilldin, James, 679E. B. 37, p. 167. Grd. 1797.
Whilldin, Jonathan, 670E. B. 36, p. 276. Int. 1796. Inv. 1796.
Whilldin, Joseph, 140E. W. 1748. Inv. 1748. Acct. 1749.
Whilldin, Judith B., 1832E. W. 1881.
Whilldin, Martha, 2303E. W. 1895. Inv. 1895.
Whilldin, Mathew, 157E. Int. 1751. Inv. 1751.
Whilldin, Matthew, 544E. B. 32, p. 107. Grd. 1790.
Whilldin, Matthew, 683E. B. 37, p. 167. Grd. 1797.
Whilldin, Matthew, 1084E. W. 1828.
Whilldin, Matthew, 1716E. Inv. 1875.
Whilldin, Susannah, 746E. B. 39, p. 151. Int. 1800. Inv. 1801.
Whitaker, David, 823E. Inv. 1807.
Whitaker, Ebenez W., 1549E. Inv. 1866.
White, Hannah B., 2105E. W. 1888.
White, Stephen, 1072E. Inv. 1827.
White, William H., 2242E. Inv. 1893.
Wicks, Daniel, 1323E. Inv. 1851.
Wicks, Joel, 873E. Inv. 1812.
Wiggins, Theodore, 892E. Inv. 1814.
Wilber, Garret, 1808E. W. 1880. Inv. 1880.
Wiley, John, 2213E. Inv. 1892.
Wilkerson, Samuel, 158E. Int. 1751.
Willdin, Seth, 790E. W. 1804. Inv. 1804.
Willets, Anna M., 1676E. Inv. 1873.
Willets, Enoch, 1551E. Inv. 1866.
Willets, Enoch S., 2435E. W. 1899.
Willets, Hannah, 598E. B. 33, p. 279. Int. 1793. Inv. 1794.
Willets, Henry Y., 2051E. Inv. 1886.
Willets, Hope, 451E. B. 38, p. 79. Int. 1784.
Willets, Isaac, 369E. B. 17, p. 385. W. 1776. Inv. 1776.
Willets, Isaac, 1115E. Inv. 1831.
Willets, Jacob, 1195E. Inv. 1839.
Willets, Jacob, Sr., 2078E. W. 1887. Inv. 1887.
Willets, James, 504E. B. 31, p. 90. W. 1788.
Willets, James S., 1850E. W. 1882. Inv. 1882.
Willets, John, 383E. B. 21, p. 233. W. 1777. Inv. 1777.
Willets, John, 1039E. Inv. 1825.
Willets, John, Jr., 325E. B. 16, p. 45. W. 1772. Inv. 1772.
Willets, John P., 1254E. Inv. 1847.
Willets, Nicholas, 1058E. Inv. 1826.
Willets, Rachel, 697E. B. 37, p. 162. W. 1797. Inv. 1797.
Willets, Roxanna B., 2214E. W. 1892.
Willets, Silvenus, 1585E. Inv. 1868.
Willets, Tabitha, 545E. B. 32, p. 105. Int. 1790.
Willetts, Hannah, 1872E. W. 1883.
Willetts, Isaac, 2365E. W. 1897. Inv. 1898.
Willetts, Robert P., 2469E. W. 1900.
Williams, David, 860E. Inv. 1812.
Williams, Francis, 1999E. Inv. 1884.
Williams, Hannah, 2128E. W. 1889.
Williams, John, 1256E. Inv. 1847.
Williams, John, 1297E. Inv. 1850.
Williams, Joseph, 1430E. Inv. 1859.

Williams, Mackey, 2129E. Inv. 1889.
Williams, Moses, Sr., 937E. W. 1817. Inv. 1818.
Williams, Noah, 1019E. Inv. 1824.
Williams, Ruth, 2027E. Inv. 1885.
Williams, Thomas, 1550E. Inv. 1866.
Williams, Thomas, 1604E. Inv. 1869.
Williamson, Emily H., Sr., 2130E. W. 1889. Inv. 1889.
Williamson, Thomas H., 2050E. Inv. 1886.
Willits, Amos, 414E. B. 38, p. 79. Int. 1780.
Willits, Tabitha, 473E. B. 38, p. 79. Int. 1786.
Wilson, John, 1731E. Inv. 1876.
Wilson, Robert, 1276E. W. 1849. Inv. 1849.
Woertz, John G., 2366E. Inv. 1897.
Wolson, Abraham, 568E. B. 32, p. 281. W. 1791. Inv. 1793. Ren. 1791.
Woodland, Robert, 1646E. Inv. 1871.
Woodruff, Samuel, 460E. B. 38, p. 79. Int. 1785.
Woodson, Nancy, 2399E. Inv. 1898.
Woodward, Alfred A., 1468E. Inv. 1861.
Woolson, Aaron, 1020E. W. 1824.
Woolson, Caleb, 960E. Inv. 1820.
Woolson, Hance, 298E. B. 13, p. 532. Int. 1769. Inv. 1769.
Woolson, James I., 2215E. W. 1892.
Woolson, Richard S., 1791E. W. 1879.
Worrall, Lewis, Sr., 1449E. W. 1860.
Worth, Elias, 1605E. Inv. 1869.
Worth, Giles, 2367E. Inv. 1897.

Yates, John P., 961E. Inv. 1820.
Yates, Sarah, 569E. B. 32, p. 294. W. 1791. Inv. 1791.
Yates, William, 433E. B. 38, p. 73. W. 1783.
Young, Alexander, 1476E. W. 1862. Inv. 1863.
Young, Alexander, 2079E. W. 1887. Inv. 1887.
Young, Alexander, Mellicent, 781E. B. 40, p. 494. Wds. 1803.
Young, Alison, 1873E. Inv. 1883.
Young, Dan, 1196E. W. 1839. Inv. 1840.
Young, Elizabeth, 747E. B. 39, p. 93. Wd. 1800. Tr. 1800.
Young, Ezra, 1431E. W. 1859. Inv. 1859.

Young, Hannah, 905E. W. 1815.
Young, Harriet B., 2155E. Inv. 1890.
Young, Henry, 274E. B. 12, p. 488. W. 1767. Inv. 1767.
Young, Henry, 671E. B. 36, p. 275. Int. 1796. Inv. 1796.
Young, Henry, 2156E. W. 1890.
Young, Henry, Jr., 2107E. W. 1888.
Young, Hugh H., 1040E. Inv. 1825.
Young, Jane S., 2436E. W. 1899.
Young, Jeremiah, 672E. B. 36, p. 274. Int. 1796. Inv. 1796.
Young, Job, 718E. B. 37, p. 434. Int. 1798. Inv. 1798.
Young, John W., 2106E. Inv. 1888.
Young, Joseph, 2131E. Inv. 1889.
Young, Moses B., 1339E. Inv. 1852.
Young, Nathan, 673E. B. 36, p. 277. Int. 1796. Inv. 1796.
Young, Pedrick, 1393E. W. 1856. Inv. 1856.
Young, Phebe, 265E. B. 12, p. 341. W. 1766. Inv. 1766. Acct. 1768.
Young, Rachel, 2000E. W. 1884.
Young, Reuben, 1225E. Inv. 1843.
Young, Roxanna G., 2216E. Inv. 1892.
Young, Samuel, 938E. Inv. 1818.
Young, Sarah, 1324E. Inv. 1851.
Young, Seth, 1645E. W. & Cod. 1871. Inv. 1871.
Young, Sheriden, 2368E. Inv. 1897.
Young, Smith, 1197E. Inv. 1839.
Young, Stephen, 1414E. W. 1857. Inv. 1857.
Young, Stephen, Jr., 1262E. W. 1848. Inv. 1849.
Young, Stephen, Sr., 395E. B. 21, p. 251. W. 1778. Inv. 1778.
Young, Stephen, Sr., 930E. W. 1817. Inv. 1817.
Young, Stephen H., Sr., 1809E. W. 1880.
Young, Thomas C., 2001E. Inv. 1884.
Young, Uriah, 1001E. Inv. 1823.
Young, Willis, 1851E. Inv. 1882.
Youngs, Benjamin, 719E. B. 37, p. 555. Grd. 1798.
Youngs, Milla, 719E. B. 37, p. 555. Wd. 1798.

CUMBERLAND COUNTY.

Aaronson, Frederick G., 5908F. W. 1900.
Abbott, Lucy, 4979F. W. 1891. Inv. 1891.
Abraham, Margarett, 6036F. W. 1828.
Abrahams, Ezekiel, 2162F. W. 1828. Inv. 1829.
Achroyd, John, 834F. B. 27, p. 42. Int. 1785.
Ackley, Benjamin, 5291F. W. 1894. Inv. 1894.
Ackley, Samuel, 4963F. Inv. 1890.
Ackley, William, 2248F. W. 1831. Inv. 1831.
Ackley, Wilson L., 4422F. W. 1884. Inv. 1884.
Acton, Clement, 3587F. Inv. 1874.
Acton, Joseph, 4360F. Inv. 1883.
Adair, Hugh M., 5086F. W. 1892.
Adams, Mary P., 4707F. Inv. 1885.
Adams, Peter, 4477F. Inv. 1885.
Adams, Rachel, 6021F. W. 1825.
Adams, Riley M., 5020F. Inv. 1895.
Adams, Riley M., 5526F. Inv. 1896.
Adams, Riley M., 5642F. W. & Cod. 1897.
Adams, William, 989F. B. 30, p. 272. W. 1790. Inv. 1790.
Adams, William B., 3501F. W. 1867. Inv. 1867.
Adcock, George, 2928F. W. 1853. Inv. 1854.

Adcock, George, Jr., 2226F. Inv. 1830.
Agan, Cornelius, 5736F. W. 1898.
Ager, John, Sr., 3120F. W. 1859.
Albertson, Isaac, 1157F. B. 38, p. 494. Int. 1799. Inv. 1799.
Albinson, Mary A., 3502F. Inv. 1867.
Albright, Frederick, 3182F. Inv. 1861.
Alderman, Sarah, 3202F. Inv. 1861.
Alexander, Thomas W., 4631F. Inv. 1876.
Alkire, Hoshell, 1968F. Inv. 1823.
Alkire, Isaac, 5909F. W. 1900.
Alkire, William, 6105F. W. 1878.
Allen, Abigail, 5408F. W. 1895. Inv. 1895.
Allen, Joseph T., 5910F. W. 1900. Inv. 1901.
Allen, Samuel, 4552F. W. 1886. Inv. 1886.
Allen, Samuel, Sr., 4226F. W. 1881. Inv. 1881.
Allenstring, George, 1158F. B. 38, p. 488. W. 1799. Inv. 1799.
Alton, Richard C., 5912F. W. 1900.
Alvord, Caroline F., 5527F. W. 1896.
Alvord, Hubbel B., 4228F. W. 1881. Inv. 1881.
Ambler, John, Sr., 1087F. B. 36, p. 347. W. 1796. Inv. 1796.
Amelung, Frederick M., 1518F. Inv. 1811.

Ames, Mary B., 4089F. W. 1877.
Anderson, David, 1461F. Int. 1811. Inv. 1809.
Anderson, Robert, 3051F. W. 1856.
Anderson, Theodosia, 890F. B. 28, p. 162. W. 1786. Inv. 1786. Copy of Will, 1786.
Andorfer, Aaron W., 5819F. Inv. 1899.
Andorfer, Mary H., 5643F. W. 1897.
Andres, Christine, 5201F. W. 1893. Inv. 1893.
Andres, Frederick, 4872F. W. 1890. Inv. 1890.
Andrews, Jeremiah, 1969F. W. 1823. Inv. 1823.
Antrim, Harriet M., 4785F. W. 1889.
Antrim, Mary B., 4361F. W. 1883.
Applebee, William S., 4296F. Inv. 1882.
Applegate, John, 4708F. W. 1888.
Applegate, John H., 3156F. Inv. 1859.
Applegate, Julia A., 5911F. W. 1900.
Applegit, Harriet S., 5292F. W. & Cod. 1894. Inv. 1894.
Applegit, William, 3778F. Inv. 1872.
Apply, Catharine, 6158F. W. 1879.
Arey, Catharine, 3964F. Inv. 1875.
Arey, William, 2537F. Inv. 1841.
Armstrong, Jacob, 2163F. Inv. 1828.
Armstrong, William, 2645F. Inv. 1845.
Arnold, John, 1869F. W. 1819.
Arnold, John, 1892F. Inv. 1820.
Arnold, John, 3671F. Inv. 1870.
Arrow, Mary A., 5528F. W. 1896. Inv. 1897.
Ashcroft, Charles D., 5820F. W. 1899.
Ashmead, William A., 5293F. W. 1894. Inv. 1894.
Ashworth, James W., Sr., 5409F. W. 1895.
Ashworth, John, 4786F. W. 1880
Atkinson, James, 1556F. Inv. 1812.
Atkinson, Joseph, 1210F. B. 40, p. 125. Int. 1802. Inv. 1802.
Attinelli, Emmanuel J., 5410F. W. 1895.
Attinelli, Lydia B., 5913F. W. 1900.
Atwood, Sarah S., 4423F. W. 1884.
Auld, Charles, 3779F. W. 1872. Inv. 1872.
Auld, Howell D., 3412F. Inv. 1865.
Aushultz, Jacob, 1812F. Inv. 1817.
Austen, Cornelius, 2F. Int. 1748. Inv. 1748.
Austen, Esther, 74F. B. 7, p. 337. Wd. 1752.
Austen, Martha, 3F. B. 6, p. 77. Int. 1748. Inv. 1748.
Averill, Susan O., 4709F. W. 1888.
Avis, Francis, 2673F. Inv. 1846.
Ayares, Samuel, 1606F. Inv. 1813.
Ayares, Sarah, 1557F. Inv. 1812.
Ayars, Alpheus, 2674F. Inv. 1846. Rcpts. (10) 1846. Receipt Book, 1846.
Ayars, Anne, 1011F. B. 32, p. 278. W. 1791. Inv. 1791.
Ayars, Asa, 3110F. W. 1858. Inv. 1859.
Ayars, Auley, 2930F. W. 1853. Inv. 1854.
Ayars, Benjamin, 3719F. Inv. 1870.
Ayars, Caleb, 417F. B. 14, p. 504; B. 15, p. 199. W. & Cod. 1771. Inv. 1771. Acct. 1772.
Ayars, Caleb, 1012F. B. 32, p. 281. Int. 1791.
Ayars, Caleb, 1659F. Inv. 1814.
Ayars, Clemmans P., 2973F. W. 1854. Inv. 1855.
Ayars, David, 1316F. Inv. 1806.
Ayars, Edmund D., 5914F. Inv. 1900.
Ayars, Elias, 3076F. Inv. 1857.
Ayars, Elijah, 1850F. W. 1818. Inv. 1818.
Ayars, Ephraim P., 4787F. W. 1889. Inv. 1889.
Ayars, Hugh D., 3828F. Inv. 1873.
Ayars, Isaac, 241F. B. 10, p. 438. Int. 1761. Inv. 1761.
Ayars, Isaac, 726F. B. 22, p. 302. W. 1781. Inv. 1781.

Ayars, James, 109F. Int. 1755. Inv. 1755. Ren. 1755.
Ayars, John, 164F. B. 9, p. 252. W. 1759. Inv. 1759.
Ayars, John, 2721F. Inv. 1847.
Ayars, Jonathan, 329F. Wd. 1767.
Ayars, Jonathan, 745F. B. 24, p. 164. W. 1782. Inv. 1782.
Ayars, Joseph S., 3829F. Inv. 1873.
Ayars, Joshua, 165F. B. 9, p. 256. W. 1759. Inv. 1759.
Ayars, Joshua, 797F. B. 26, p. 146. Int. 1784. Inv. 1784.
Ayars, Lavina, 3596F. Inv. 1874.
Ayars, Lewis, 2090F. Inv. 1826.
Ayars, Matilda D., 5411F. W. 1895. Inv. 1895.
Ayars, Noah, 2929F. W. 1853. Inv. 1853.
Ayars, Parthenia, 2316F. W. 1833.
Ayars, Patience, 2275F. Inv. 1832.
Ayars, Phebe, 2895F. W. 1852. Inv. 1853.
Ayars, Philip, 1519F. Inv. 1811.
Ayars, Phillip, 965F. B. 30, p. 142. W. 1789. Inv. 1789.
Ayars, Rebakah, 512F. B. 17, p. 94. W. 1774. Inv. 1774.
Ayars, Reuben, 4229F. Inv. 1881.
Ayars, Robert, 4628F. Inv. 1887.
Ayars, Samuel, 768F. B. 25, p. 419. Int. 1783. Inv. 1783.
Ayars, Samuel, 6180F. Book of Sale, Rcpts. (19) 1813. Acct. 1814. Ren. 1813.
Ayars, Sarah, 2059F. W. 1825. Inv. 1825.
Ayars, Zara, 2756F. W. 1848. Inv. 1849.
Ayers, Caleb, 204F. B. 10, p. 54. W. 1760. Inv. 1760.
Ayers, Clayton, 3503F. W. 1867. Inv. 1867.
Ayres, Addi, 3268F. Inv. 1862.
Ayres, Amasa, 2384F. Inv. 1835.
Ayres, Edward S., 3157F. Inv. 1859.
Ayres, Ezekiel J., 3566F. Inv. 1869.
Ayres, Isaac S., 2675F. Inv. 1846.
Ayres, John B., 3362F. Inv. 1864.
Ayres, Joshua, 1970F. Inv. 1823.
Ayres, Justice, 2931F. Inv. 1853.
Ayres, Phineas, 2164F. Inv. 1828.
Ayres, Reese, 3109F. W. 1858. Inv. 1858.
Ayres, Ruth, 2513F. Inv. 1840.
Ayres, Sarah, 2249F. W. 1831. Inv. 1831.
Ayres, Sarah D., 3158F. Inv. 1859. -

Bacon, Aaron, 1173F. B. 39, p. 486. W. 1800. Inv. 1801.
Bacon, Abel, 1249F. W. 1804. Inv. 1804.
Bacon, Abel, 2091F. Inv. 1826.
Bacon, Amos, 707F. B. 22, p. 97; B. 24, p. 172. W. 1780. Inv. 1780. Acct. 1781.
Bacon, Amos, Jr., Priscilla, 798F. B. 26, p. 153; B. 27, p. 47. Wds. 1784, 1785. Tr. 1785.
Bacon, Ann, 2250F. W. 1831. Inv. 1831.
Bacon, Ann H., 4297F. W. & Cod. 1882. Inv. 1882.
Bacon, Benjamin, 2203F. Inv. 1829.
Bacon, Charles, 1607F. W. 1813. Inv. 1813.
Bacon, Charles, 3269F. W. 1862. Inv. 1863.
Bacon, Charles, 4032F. W. 1876. Inv. 1876.
Bacon, Charles F., 5821F. Inv. 1899.
Bacon, Daniel, 393F. B. 15, p. 74. Int. 1770.
Bacon, Daniel, 799F. B. 26, p. 152. Wd. 1784.
Bacon, Daniel, 1608F. W. 1813. Inv. 1813.
Bacon, Daniel, 1813F. Inv. 1817.
Bacon, Daniel D., 3723F. Inv. 1871.
Bacon, Daniel D., 3830F. Inv. 1873.
Bacon, David, 1558F. Inv. 1812.

Bacon, Delzel, 2348F. Inv. 1834.
Bacon, Edmond, 990F. B. 30, p. 261. W. 1790. Inv. 1790.
Bacon, Eliza, 4362F. W. 1883.
Bacon, Elizabeth, 2018F. Inv. 1824.
Bacon, Enos, 1103F. B. 37, p. 243. W. 1797. Inv. 1797.
Bacon, Enos E., 5087F. Inv. 1892.
Bacon, Ephraim, 3504F. W. 1867. Inv. 1867.
Bacon, Francis, 3672F. W. 1870. Inv. 1870.
Bacon, George, 3077F. W. 1857. Inv. 1857.
Bacon, Hannah, 1971F. Inv. 1823.
Bacon, Hannah, 2408F. Inv. 1836.
Bacon, Hannah, 4788F. W. & Cod. 1889. Inv. 1889.
Bacon, Isaac, 273F. B. 11, p. 403. W. 1763. Inv. 1763.
Bacon, Isaac, 557F. B. 17, p. 331. W. 1776. Int. 1776. Inv. 1776, 1779. Ren. 1776.
Bacon, Isaac, 2974F. Inv. 1854.
Bacon, Jacob, 835F. B. 26, p. 121. W. 1785. Inv. 1785.
Bacon, James, 539F. B. 17, p. 124. W. 1775. Inv. 1775.
Bacon, James, 1767F. Inv. 1816.
Bacon, James, 2619F. Inv. 1844. Rcpt. (54). Claim. accts. (2) 1844.
Bacon, Jeremiah, 294F. B. 11, p. 495. Int. 1764. Inv. 1764.
Bacon, Jeremiah, 346F. B. 13, p. 323. W. 1768. Inv. 1768.
Bacon, Jeremiah, 2488F. Inv. 1839.
Bacon, Job, 1660F. W. 1814. Inv. 1814.
Bacon, John, 110F. B. 8, p. 122. W. 1755. Inv. 1755.
Bacon, John, 1013F. B. 32, p. 270. W. & Cod. 1791. Inv. 1791.
Bacon, John, 1317F. Inv. 1806.
Bacon, John, 3604F. W. 1869. Inv. 1869.
Bacon, John S., 3788F. Inv. 1874.
Bacon, John S., 4478F. W. & Cod. 1885.
Bacon, Joseph, 146F. Int. 1758. Inv. 1758.
Bacon, Joseph, 1088F. B. 36, p. 355. Int. 1796.
Bacon, Joseph, 1325F. Inv. 1806.
Bacon, Joseph, 1851F. W. 1818.
Bacon, Lewis H., 4479F. Inv. 1885.
Bacon, Lot, 1559F. W. 1812. Inv. 1812.
Bacon, Lott, 3317F. Inv. 1863.
Bacon, Lovan D., 4980F. W. 1891.
Bacon, Margaret, 362F. B. 14, p. 18. W. 1769. Inv. 1769.
Bacon, Mary, 295F. R. 12, p. 6. W. 1764. Inv. 1764.
Bacon, Mary, 2975F. W. 1854. Inv. 1855.
Bacon, Mary H., 3179F. W. 1860. Inv. 1861.
Bacon, Nathan, 656F. B. 20, p. 2; B. 22, p. 65. Int. 1778. Inv. 1778. Acct. 1779.
Bacon, Patience A., 5294F. W. 1894. Inv. 1894.
Bacon, Phebe, 2489F. Inv. 1839.
Bacon, Philip, 1423F. Inv. 1808.
Bacon, Pronia, 1972F. Inv. 1823.
Bacon, Rachel M., 4553F. W. 1886. Inv. 1887.
Bacon, Rebecca M., 3831F. W. 1873. Inv. 1873.
Bacon, Rebecca S., 5822F. W. 1899. Inv. 1899.
Bacon, Richard, 1104F. B. 37, p. 259. Int. 1797. Inv. 1797.
Bacon, Richard A., 2538F. Inv. 1841.
Bacon, Richard A., 3832F. Inv. 1873.
Bacon, Sarah, 1318F. Inv. 1806.
Bacon, Sarah, 2586F. W. 1843. Inv. 1843.
Bacon, Sarah E., 3894F. Inv. 1874.

Bacon, Sarah S., 2559F. W. 1842. Inv. 1843.
Bacon, Sarah S., 4208F. W. 1882. Inv. 1882.
Bacon, Shepherd, 680F. B. 22, p. 60. Wd. 1779.
Bacon, Susanna, 1462F. W. 1809. Inv. 1809.
Bacon, Theodore L., 3965F. W. 1875. Inv. 1875.
Bacon, Theophilus, 3270F. Inv. 1862.
Bacon, Thomas, 437F. B. 15, p. 346. W. 1772. Inv. 1772.
Bacon, Thomas, 1609F. W. 1813. Inv. 1814. Acceptance of guardianship 1813.
Bacon, Uriah, 2251F. W. 1831. Inv. 1831.
Bacon, William, 681F. B. 22, p. 62. Wd. 1779.
Bacon, William, 746F. B. 24, p. 150. W. 1782. Inv. 1782.
Bacon, William, 2465F. W. 1838. Inv. 1839.
Bacon, William, 3560F. Inv. 1868.
Bacon, Wilmon, 4480F. Inv. 1885.
Bagot, William P., 5529F. W. 1896.
Bagster, Cornelius B., 5202F. Inv. 1893.
Bailey, Albert, 3052F. Inv. 1856.
Bailey, Bagwell, 2757F. W. 1848. Inv. 1848.
Bailey, Charles D., 5295F. W. 1894.
Bailey, Daniel, 3111F. W. 1858.
Bailey, Davis O., 4629F. W. 1887. Inv. 1887.
Baker, Amy, 3966F. Inv. 1875.
Baldwin, Thomas S., 4981F W. 1891.
Bamford, J. Ferdinand, 4424F. Inv. 1884.
Bamford, Jeremiah, 3505F. Inv. 1867.
Bamford, Joseph, 2060F. Inv. 1825.
Bamford, Mary S., 5737F. W. 1898.
Banforth, James, 4554F. W. 1886. Inv. 1886.
Banks, Maria M., 4873F. W. 1890. Inv. 1890.
Banks, Martha A., 5412F. W. 1895.
Banks, Talcott G., 4481F. W. 1885. Inv. 1885.
Banks, Wesley, Sr., 4710F. W. 1888.
Banks, William J., Jr., 5088F. Inv. 1892.
Bar, William, 800F. B. 26, p. 150. Int. 1784. Inv. 1784.
Barber, Samuel, 3078F. Inv. 1857.
Bard, Benjamin, 5738F. W. 1898.
Bard, Thomas, 3724F. Inv. 1871.
Bardash, Mary L., 4982F. W. 1891. Inv. 1891.
Bareford, Thomas, 5413F. W. 1895. Inv. 1895.
Barker, Hannah, 4630F. W. 1887. Inv. 1887.
Barker, John, 830F. B. 26, p. 153. Grd. 1784.
Barker, John, 1174F. B. 39, p. 203. Int. 1800. Inv. 1801.
Barker, Lewis J., 4789F. W. 1889.
Barker, Mary, 2832F. Inv. 1850.
Barker, Reuben J., 3159F. Inv. 1859.
Barker, Richard, 304F. W. 1765. Inv. 1765.
Barker, Richard M., 6159F. W. 1879.
Barker, Samuel, 2758F. Inv. 1848.
Barker, William, 394F. B. 15, p. 7. Int. 1770. Inv. 1771.
Barkis, Jane A., 3561F. W. 1868. Inv. 1869.
Barnes, Benjamin H., 5414F. W. 1895.
Barnes, Isaiah, 3079F. Inv. 1857.
Barnes, Samuel, 1471F. B. 8, p. 522. W. 1758. Inv. 1758.
Barnes, Wesley, 4100F. Inv. 1879.
Barnes, William M., 5644F. Inv. 1897.
Barnet, Louisa, 4964F. Inv. 1890.
Barnett, Ruth H., 5530F. W. 1896. Inv. 1896.
Barns, Abraham, 305F. B. 12, p. 165. W. 1765. Inv. 1765.
Barns, David, 470F. B. 14, p. 516. Wd. 1773.
Barns, David, 657F. B. 16, pp. 506, 528. Int. 1778. Inv. 1778. Acct. 1778.

Bowen, John, 3015F. Inv. 1855.
Bowen, John, 3114F. W. 1858.
Bowen, John, 6049F. W. 1785. Inv. 1786.
Bowen, John, Sr., 839F. B. 17, p. 539. W. 1785. Inv. 1785.
Bowen, John, Sr., 4429F. W. 1884.
Bowen, John B., 4717F. W. 1888.
Bowen, Jonathan, 315F. B. 12, p. 328. Grd. 1766.
Bowen, Jonathan, 470F. B. 14, p. 516. Grd. 1773.
Bowen, Jonathan, 909F. B. 28, p. 184. Grd. 1786. Tr. 1786.
Bowen, Jonathan, 925F. B. 28, p. 184. Grd. 1786.
Bowen, Jonathan, 1252F., W. 1804. Inv. 1806.
Bowen, Jonathan, 2934F. Inv. 1853.
Bowen, Joseph, 1232F. B. 40, p. 290. W. 1803. Inv. 1803.
Bowen, Joseph, 2255F. Inv. 1831.
Bowen, Joseph A., 3506F. Inv. 1867.
Bowen, Joseph C., 5917F. W. & Cod. 1900. Inv. 1900.
Bowen, Josiah, 4104F. W. 1879.
Bowen, Lucy, 4793F. W. 1889. Inv. 1889.
Bowen, Mark, 1107F. B. 37, p. 259. Int. 1797. Inv. 1797.
Bowen, Mark, 2280F. W. & Cod. 1832. Inv. 1833.
Bowen, Mary, 710F. B. 18, p. 215. Wd. 1777.
Bowen, Mason, 893F. B. 28, p. 183. Wd. 1786.
Bowen, Muason, 2092F. W. 1826. Inv. 1827.
Bowen, Nancy, 3975F. W. 1875.
Bowen, Nehemiah, 1484F. Inv. 1810.
Bowen, Noah, 710F. B. 18, p. 215. Grd. 1777.
Bowen, Obed, 2620F. Inv. 1844.
Bowen, Peleg, 686F. B. 21, p. 16. W. 1779. Inv. 1779.
Bowen, Phebe, 2936F. W. 1853.
Bowen, Priscilla, 5540F. W. 1896. Inv. 1896.
Bowen, Reuben, 541F. B. 15, p. 544. Int. 1775. Inv. 1775.
Bowen, Reuben M., 3976F. W. 1875.
Bowen, Ruth, 2093F. W. 1826. Inv. 1826.
Bowen, Ruth, 2680F. W. 1846. Inv. 1847.
Bowen, Ruth H., 5918F. W. 1900.
Bowen, Samuel, Sr., 967F. B. 30, p. 158. W. 1789. Inv. 1789. Copy of Will 1789.
Bowen, Seth, 5420F. Inv. 1895.
Bowen, Seth, Sr., 840F. B. 26, p. 123. W. 1785. Inv. 1785.
Bowen, Smith, 2514F. W. 1840. Inv. 1840.
Bowen, Stephen, 559F. B. 18, p. 53. Int. 1776. Inv. 1778.
Bowen, Thomas, 4168F. W. 1880. Inv. 1880.
Bowen, William, 711F. B. 22, p. 25. Int. (2) 1780. Inv. 1780.
Bowen, William, 2540F. Inv. 1841.
Bowen, William, 2541F. Inv. 1841.
Bowen, William S., Sr., 3782F. W. 1872. Inv. 1872.
Bowen, Zadock, 1942F. Inv. 1822.
Bower, David, 397F. B.' 15, p. 89, 497. W. 1770. Inv. 1770. Acct. 1774.
Bower, Ebenezer, 364F. B. 14, p. 35. W. 1769. Inv. 1769.
Bower, John, 1194F. B. 39, p. 487. W. 1801. Inv. 1802.
Bower, Priscilla, 365F. B. 14, p. 133. W. 1769. Inv. 1769.
Bower, Ruth, 6053F. Inv. 1813. Acct. 1811. Rcpts. (11).
Bowers, Ebenezer, 1176F. B. 40, p. 169. Int. 1800. Inv. 1802.

Bowie, Alexander, 1976F. Inv. 1823. Executions (4) 1824. Note 1824.
Bowker, Lott, 1383F. Inv. 1807.
Box, Margaret, 438F. B. 14, p. 509. Int. 1772. Inv. 1772.
Boyce, Moses M., 4995F. W. 1891.
Boyd, Amy, 600F. B. 18, pp. 305, 691. W. 1777. Inv. 1777. Acct. 1778.
Boyd, James, 471F. B. 14, p. 546; B. 18, p. 690. Int. 1773. Inv. 1773. Acct. 1778.
Boyd, Mary, 1613F. W. 1813. Inv. 1813.
Boyd, William, 513F. B. 16, p. 295; B. 18, p. 691. W. 1774. Inv. 1774. Acct. 1778.
Boynton, Amy, 3508F. W. 1867.
Bradford, Elbert, 5421F. Inv. 1895.
Bradford, Elias, 3273F. Inv. 1862.
Bradford, Henry, 1614F. Inv. 1813.
Bradford, Henry, 3188F. Inv. 1860.
Bradford, Henry, 3227F. W. 1861.
Bradford, John, 4877F. W. 1890.
Bradford, Pleasant, 5092F. W. 1892. Inv. 1892.
Bradford, Sarah, 3228F. W. 1861. Inv. 1861.
Bradford, Silas, 1615F. W. 1813. Inv. 1813.
Bradford, William, 26F. W. 1749. Inv. 1749.
Bradford, William, 206F. B. 10, p. 31. Int. 1760. Inv. 1760.
Bradley, Sarah, 4718F. Inv. 1887.
Bradway, Abigail, 169F. B. 9, p. 215. W. 1759. Inv. 1759. Acct. 1760.
Bradway, Adna, Sr., 3189F. W. 1860. Inv. 1860.
Bradway, Elizabeth W., 5422F. Inv. 1895.
Bradway, Jacob, 5828F. Inv. 1899.
Bradway, Lydia T., 3783F. W. 1872. Inv. 1872.
Bradway, Sarah, 5423F. Inv. 1895.
Bragg, John, 439F. B. 15, p. 323. W. 1772. Inv. 1772.
Brainard, John, 729F. B. 23, p. 116. W. 1781. Inv. 1781.
Brandiff, John, 2166F. W. 1828. Inv. 1829. Bond 1830.
Brandriff, Charles H., 4794F. W. 1889. Inv. 1889.
Brandriff, Daniel, 2492F. Inv. 1839.
Brandriff, George C., 5305F. W. 1894. Inv. 1894.
Brandriff, Hannah, 5541F. Inv. 1896.
Brandriff, Isaac H., 3163F. Inv. 1859.
Brandriff, Robert G., 4633F. Inv. 1887.
Branham, Susannah, 2798F. W. 1849. Inv. 1849.
Branin, Cornelius, 1384F. Inv. 1807.
Branin, Joseph, 4795F. Inv. 1889.
Branin, Sergent, 5829F. W. 1899. Inv. 1899.
Brannin, Sarah, 1233F. B. 40, p. 291. W. 1803. Int. 1803.
Branon, Mark S., 3364F. Inv. (2) 1864.
Brayman, William, 5742F. W. 1898. Inv. 1898.
Breck, Elizabeth C., 5306F. W. 1894. Inv. 1895.
Brewster, Charles H., 3115F. Inv. 1858.
Brewster, Ebenezer, 3116F. Inv. 1858.
Brewster, Edwin F., 4796F. W. 1889.
Brewster, Francis, 347F. B. 13, p. 489. W. 1768. Inv. 1768.
Brewster, Francis G., 2167F. Inv. 1828.
Brewster, Francis G., 3053F. W. 1856. Inv. 1858.
Brewster, George, 3365F. Inv. 1864.
Brewster, George F., 4035F. Inv. 1876.
Brewster, Hannah, 472F. B. 14, p. 542. Wd. 1773.

Brewster, Horace, 1663F. Inv. 1814.
Brewster, Joseph, 1664F. Inv. 1814.
Brewster, Mary G., 2937F. Inv. 1853.
Brewster, Robert G., 3728F. Inv. 1871.
Brewster, Ruth T., 5648F. W. 1897.
Brick, Edward K., 5424F. W. 1895. Inv. 1896.
Brick, Hannah, 3731F. B. 13, p. 529. Wd. 1769.
Brick, Henrietta L., 4562F. W. 1886.
Brick, Jacob P., 5649F. W. 1897. Inv. 1897.
Brick, John, 150F. B. 8, p. 512. W. 1758. Inv. 1758.
Brick, Joseph, 277F. B. 11, p. 475. Int. 1763. Inv. 1763.
Brick, Joseph, Sr., 276F. B. 11, p. 400; B. 14, p. 122. W. 1763. Inv. 1763. Acct. 1769.
Brick, Joshua, Sr., 3190F. W. 1860. Inv. 1860.
Brick, Mary, 1057F. B. 35, p. 165. W. 1794.
Brick, William, 330F. B. 13, p. 280; B. 15, p. 102. W. 1767. Inv. 1768. Acct. 1771.
Bridagan, Ann, 5743F. W. 1898. Inv. 1898.
Bridges, Mary J. H., 4105F. W. 1879.
Briggs, Martha R., 5425F. W. 1895. Inv. 1895.
Briggs, Stanton P., 4563F. Inv. 1886.
Bright, Anna, Levi, Catharine, William, 6203F. Accts. (4), Rcpts. (12) 1814. Wds.
Bright, Benjamin T., 5307F. W. 1894. Inv. 1894.
Bright, Charles, 6108F. W. & Cod. 1878. Inv. 1878.
Bright, Elizabeth, 3164F. W. 1859. Inv. 1859.
Bright, Jesse, 2516F. W. 1842. Inv. 1842.
Bright, John, 3674F. W. 1870.
Bright, Levi, 1665F. Inv. 1814.
Bright, Michael, 712F. B. 22, p. 151. W. 1780.
Bright, Nicholas, 3833F. W. 1873. Inv. 1873.
Bright, Sarah, 1725F. Inv. 1815.
Bright, Sarah C., 5744F. W. 1898. Inv. 1898.
Bright, William, 926F. B. 29, p. 175. W. 1787. Inv. 1787.
Brineshults, Charles, 6109F. Inv. 1878.
Brinnisholt, Adam, Jacob, 6205F. Rcpts. (4) 1817-1821. Wds.
Bristol, Abby A., 5542F. W. 1896. Inv. 1896.
Bristol, Louis, 4368F. W. 1883. Inv. 1883.
Broadwater, Ann B., 4106F. Inv. 1879.
Broadwater, Mary G., 5208F. Inv. 1893.
Broadwater, Thomas E., 2976F. W. 1854.
Brobston, Esther D., 5919F. W. 1900. Inv. 1900.
Brooks, Almarine, 2023F. W. 1824.
Brooks, Alpheus, 3366F. W. 1864. Inv. 1864.
Brooks, Bathsheba, 1726F. Inv. 1815.
Brooks, David, Sr., 3414F. W. 1865. Inv. 1865.
Brooks, Elizabeth, 4634F. W. 1887. Inv. 1888.
Brooks, Enoch, 2024F. Inv. 1824.
Brooks, Enoch, 4107F. Inv. 1879.
Brooks, Ephraim, 420F. B. 14, p. 416. Int. 1771. Inv. 1771.
Brooks, Henry, 27F. B. 6, p. 310. W. 1749. Inv. 1749.
Brooks, Henry, 95F. Wd. 1754. Af. 1754.
Brooks, Henry, 514F. B. 15, p. 509. Int. 1774. Inv. 1774.
Brooks, Henry, 2228F. Inv. 1830. Report, 1831.
Brooks, Henry W., 3274F. W. 1862. Inv. 1862.

Brooks, Henry W., 4996F. W. 1891. Inv. 1891.
Brooks, James, 2834F. Inv. 1850.
Brooks, Jennie C., 4797F. Inv. 1889.
Brooks, John, 28F. Int. 1749. Inv. 1749.
Brooks, John, 1159F. B. 38, p. 487. W. 1799.
Brooks, Jonathan, 2681F. Inv. 1846.
Brooks, Josiah, 55F. B. 7, p. 425. Int. 1750. Inv. 1750. Acct. 1760.
Brooks, Lorania, 5745F. W. 1898. Inv. 1898.
Brooks, Maria S., 5093F. Inv. 1892.
Brooks, Mehitable, 96F. Wd. 1754.
Brooks, Rachel S., 4430F. W. 1884.
Brooks, Reuben, 2387F. Inv. 1835.
Brooks, Samuel, 3563F. Inv. 1868.
Brooks, Sarah, 440F. B. 14, p. 437. Int. 1772. Inv. 1772.
Brooks, Sarah, 6027F. W. 1835.
Brooks, Seth, 1025F. B. 34, p. 487. W. 1792. Inv. 1793.
Brooks, Susan R., 2977F. W. 1854. Inv. 1854.
Brooks, Thomas, 2206F. W. 1829. Inv. 1829.
Brooks, Thomas, 2438F. Inv. 1837.
Brooks, Timothy, 307F. B. 12, p. 103. Int. 1764. Inv. 1764.
Brooks, Uriah, 3322F. Inv. 1863.
Brooks, William D. F., 2542F. W. 1841. Inv. 1842.
Brooks, William J., 1727F. Inv. 1815.
Brooks, Zebulon, 6F. B. 6, p. 242. W. 1748. Inv. 1748.
Brooks, Zebulon, 805F. B. 26, p. 150. Int. 1784. Inv. 1784.
Brooks, Zebulon, 1870F. Inv. 1819.
Broomall, Ruth A., 5094F. W. 1892. Inv. 1892.
Brower, Platt, 5650F. Inv. 1897.
Brown, Albro S., 4997F. W. & Cod. 1891. Inv. 1891.
Brown, Alexander, 841F. B. 26, p. 147. Int. 1785. Inv. 1785.
Brown, Allen, 4235F. Inv. 1881.
Brown, Amos, 2978F. Inv. 1854.
Brown, Anna M., 5543F. W. 1896.
Brown, Charles, 1728F. Inv. 1815.
Brown, Daniel, 515F. Grd. 1774.
Brown, Daniel, 1129F. B. 37, p. 546. Int. 1798. Inv. 1798.
Brown, Daniel, 1253F. Inv. 1804.
Brown, Daniel, 5426F. W. 1895. Inv. 1895.
Brown, Elias, 2094F. Inv. 1826.
Brown, Elizabeth, 4036F. W. 1876.
Brown, Enos, 3509F. W. 1867.
Brown, Francis E., 4635F. W. 1887. Inv. 1887.
Brown, Harriet 3977F. Inv. 1875.
Brown, Henry, 4798F. W. 1889. Inv. 1889.
Brown, Isaac, 1913F. Inv. 1821.
Brown, Isabelle L., 4170F. W. 1880.
Brown, James, 4878F. W. 1890. Inv. 1890.
Brown, James H., 3613F. Inv. 1869.
Brown, John, 29F. B. 6, p. 297. W. 1749. Inv. 1749.
Brown, John, 1977F. Inv. 1823.
Brown, John, 2135F. Inv. 1827.
Brown, John, 2899F. Inv. 1852.
Brown, Jonathan, 3016F. Inv. 1855.
Brown, Joseph T., 4564F. W. 1886. Inv. 1886.
Brown, Joseph T., 5095F. Inv. 1892.
Brown, Levi P., 5096F. Inv. 1892.

Brown, Lucinda T., 4998F. W. 1891. Inv. 1891.
Brown, Lydia G., 3564F. W. 1868. Inv. 1869.
Brown, Mabel, 515F. Wd. 1774.
Brown, Margaretta C., 5830F. W. 1899.
Brown, Mary, 1563F. W. 1812. Inv. 1812. Settlement, receipts 1812.
Brown, Mary, 2095F. Inv. 1826.
Brown, Morton, 5544F. Inv. 1896.
Brown, Nancy, 2938F. Inv. 1853.
Brown, Patrick, 2096F. Inv. 1826.
Brown, Phebe, 3117F. W. 1858. Inv. 1858.
Brown, Samuel F., 2063F. W. 1825. Inv. 1827.
Brown, Thomas, 243F. B. 10, p. 183. W. 1761. Inv. 1761.
Brown, Thomas, 1485F. Inv. 1810.
Brown, Thomas C., 4303F. Inv. 1882.
Brown, William, 2588F. Inv. 1843.
Brown, William, 2799F. Inv. 1849.
Brown, William N., 3054F. Inv. 1854.
Brown, Wright, 1254F. Inv. 1804.
Browning, Jacob, 1058F. B. 35, p. 163. W. 1794.
Brownson, David, 5647F. Inv. 1897.
Brownson, William H., 5746F. W. 1898.
Bruff, John, 2682F. W. 1846. Inv. 1846.
Bruff, Rebecca, 3729F. W. 1871.
Bryan, Jacob, 2412F. Inv. 1836. Acct. and receipt 1836, 1837.
Bryant, Jacob, 4799F. W. 1889.
Buck, Abigail A., 6054F. Int. 1846.
Buck, Daton, 770F. B. 24, p. 258. Wd. 1783.
Buck, Elizabeth, 4304F. Inv. 1882.
Buck, Ephraim, 601F. B. 18, p. 491. W. 1777. Inv. 1777.
Buck, Ephraim, 1666F. Inv. 1814.
Buck, Ephraim, 3055F. Inv. 1856.
Buck, Henry, 1255F. W. 1804. Inv. 1804.
Buck, Jane P., 4565F. W. & Cod. 1886.
Buck, Jeremiah, 170F. B. 10, p. 108. Int. 1759. Inv. 1760. Acct. 1762.
Buck, John, 446F. B. 14, p. 505. Grd. 1772.
Buck, John, 771F. B. 24, p. 247. W. 1783. Inv. 1783. Pt. 1791.
Buck, John, 2562F. Inv. 1842.
Buck, Joseph, 1234F. B. 40, p. 508. W. 1803.
Buck, Maria Z., 3718F. Inv. 1870.
Buck, Robert S., 4092F. W. 1877.
Buck, Sarah, 2761F. W. 1848.
Buck, Sarah H., 4171F. W. 1880.
Buck, Smith B., 2939F. Inv. 1853.
Buck, Temperance, 207F. B. 10, p. 178. Int. 1760.
Buck, Theodore F., 3717F. Inv. 1871.
Buck, Violetta P., 2468F. W. 1838.
Buck, William R., 1943F. W. 1822.
Buckaloo, Charles, 5427F. W. 1895. Inv. 1895.
Buckley, Ann, 4566F. Inv. 1886.
Buckley, Benjamin, 3834F. Inv. 1873.
Buckley, Benjamin, 5209F. Inv. 1893.
Buckley, John, 2589F. Int. 1842. Inv. 1843.
Buckman, George, 5210F. W. 1893.
Buckminister, Jeremiah H., 5920F. Inv. 1900.
Budd, Ann, 2762F. Inv. 1848.
Burch, Eliza, 5308F. W. 1894. Inv. 1894.
Burch, Ephraim, 5545F. Inv. 1896.
Burch, James, 1914F. Inv. 1821.
Burch, Philip, 4567F. Inv. 1886.
Burch, Thomas, 1564F. W. 1812. Inv. 1813.
Burch, Timothy, 1616F. Inv. 1813.
Burdsall, Levi, Sr., 4034F. Inv. 1876.

Burger, Stephen, 4431F. W. 1884.
Burgin, Elizabeth, 1565F. W. 1812. Inv. 1812.
Burgin, Enoch, 1729F. W. 1815. Inv. 1815.
Burgin, George, 1238F. B. 40, p. 509. Grd. 1803. Pt. 1803.
Burgin, George, 1617F. W. 1813. Inv. 1813. Rcpts. 1815.
Burgin, John, 851F. B. 27, p. 46. Grd. 1785.
Burgin, John, 880F. B. 27, pp. 45, 47. Grd. 1785.
Burgin, John, 1039F. B. 33, p. 135. W. 1793.
Burgin, Reuben, 1235F. B. 40, p. 509. Int. 1803. Inv. 1803.
Burnett, William A., 3835F. W. 1873.
Burnight, Joseph, 2097F. Inv. 1826.
Burns, Samuel, 1618F. Inv. 1813.
Burrough, Margaret R., 5651F. W. 1897.
Burrough, William S., 5922F. W. 1900.
Burroughs, Charles D., Sr., 5546F. W. 1896. Inv. 1896.
Burroughs, Eliza C., 3118F. W. 1858. Inv. 1858.
Burroughs, James, 842F. B. 27, p. 46. Wd. 1785.
Burroughs, Mary, 5921F. W. 1900. Inv. 1901.
Burt, Amos D., 5923F. W. 1900.
Burt, Christiana, 4800F. W. 1889.
Burt, Cornelia, 3897F. W. 1874. Inv. 1874.
Burt, Daniel, 2621F. W. 1844.
Burt, Daniel L., 3784F. W. 1872. Inv. 1872.
Burt, Gideon H., 4999F. Inv. 1891.
Burt, Jasper, 3229F. W. 1861. Inv. 1861.
Burt, Jasper, 3323F. Inv. 1863.
Burt, Jesper, 1619F. W. 1813. Inv. 1813.
Burt, John, 1195F. B. 39, p. 284. W. 1801.
Burt, John, 5831F. W. 1899.
Burt, Joseph, 2256F. W. & Cod. 1831. Inv. 1831.
Burt, Nathaniel C., 3898F. W. 1874.
Burt, Noah, 3507F. W. 1867. Inv. 1868.
Burt, Smith, 2723F. Inv. 1847.
Burt, William D., 5547F. W. 1896. Inv. 1896.
Burtis, Peter S., 3785F. W. 1872. Inv. 1872.
Burton, Harty E., 3978F. W. 1875. Inv. 1876.
Buswell, Carlos L., 3979F. W. 1875.
Butcher, Aaron, 894F. B. 28, p. 181. Int. 1786. Inv. 1786.
Butcher, Abigail S., 4369F. W. 1883. Inv. 1883.
Butcher, Charles, 4305F. Inv. 1882.
Butcher, James, 97F. W. 1754. Inv. 1754.
Butcher, Job, 1059F. B. 35, p. 163. W. 1794.
Butcher, Jonathan, 1774F. W. 1816.
Butcher, Joseph, 3367F. W. 1864. Inv. 1864.
Butcher, Mary, 171F. B. 10, p. 109. Int. 1759. Inv. 1760.
Butcher, Rachel S., 3899F. W. 1874. Inv. 1874.
Butcher, Richard, 994F. B. 30, p. 255. W. 1790. Inv. 1790.
Butcher, Richard, 4108F. W. 1879. Inv. 1879.
Butler, James J., 5548F. Inv. 1896.
Butler, John, 421F. B. 14, p. 422; B. 15, p. 116. W. 1771. Inv. 1771. Acct. 1772.
Butler, John, Sr., 366F. B. 14, p. 13. W. 1769.
Butler, Rachel, 441F. B. 14, p. 424. Wd. 1772.
Butler, Samuel T., 4966F. Inv. 1890.
Buzby, Daniel, 1915F. W. 1821. Inv. 1821.
Buzby, Daniel, 2940F. Inv. 1853.
Buzby, Daniel, Hannah, Joseph, 6189F. Wds. 1829.

Chambers, William, 1280F. W. 1805. Inv. 1805.
Chambers, William, 1465F. Inv. 1809.
Champion, David, 1427F. Inv. 1808.
Champion, Elias H., 5099F. Inv. 1892.
Champion, Sylvia, 1487F. Inv. 1810.
Champion, William, 4308F. W. 1882.
Champney, Benjamin, 1668F. Inv. 1814.
Chance, John, 2208F. W. & Cods. 1829. Inv. 1829.
Chance, Leven, 1944F. Inv. 1822. Receipts (23), Acct. 1822.
Chance, William, Sr., 6047F. W. 1785.
Chance, Zadok, 3676F. W. 1870.
Channells, William J., 5655F. Inv. 1897.
Channen, Isaac, 807F., B. 26, p. 147. Int. 1784. Inv. 1784.
Chard, Benjamin, 1040F. B. 33, p. 140. W. 1793.
Chard, Benjamin, 1669F. Inv. 1814.
Chard, Charlotte, 5432F. W. 1895. Inv. 1895.
Chard, Hugh, 1071F. B. 35, p. 162. W. 1794.
Chard, Joab, 1818F. Inv. 1817.
Chard,-John W., 3119F. Inv. 1858.
Chard, Theodosia, 2439F. W. 1837. Inv. 1838.
Chard, William, 1819F. W. 1817. Inv. 1817. Division 1817. Settlement 1817, 24, 29.
Charles, John, 5927F. W. 1900. Inv. 1900.
Charles, Margaret, 2282F. Inv. 1832.
Charlesworth, Garrison G., 5550F. Inv. 1896.
Charlesworth, William, 2803F. W. 1849. Inv. 1849.
Charlesworth, William, 5100F. Inv. 1892.
Charmela, Silas, 4880F. W. 1890. Inv. 1890.
Chase, Sarah A., 4719F. W. 1888. Inv. 1888.
Chattin, Anna H., 5656F. W. 1897.
Cheesman, Harriet, 5001F. W. 1891. Inv. 1891. Copy of Will, 1892.
Cheesman, John, Sr., 4238F. W. 1881. Inv. 1881.
Cheesman, Reuben, Sr., 3677F. W. 1870.
Cheney, Frederick, 5551F. Inv. 1896.
Chester, Richard, 3902F. W. 1874.
Chew, George R., 6111F. Inv. 1878.
Chew, Jonas, 3454F. W. 1866. Inv. 1866. Dissent 1866.
Chew, Joseph, 3417F. W. 1864. Inv. 1865.
Chew, Nathan, 4881F. W. & Cod. 1890. Inv. 1891.
Chew, Rebecca W., 4432F. W. 1884.
Chew, Susanna, 3735F. Inv. 1871.
Chipman, Caroline C., 4373F. W. 1883. Inv. 1883.
Church. Alice, 474F. B. 14, p. 543. Wd. 1773.
Church, Joseph, 560F. B. 16, p. 486. Wd. 1776.
Church, Judith S., 4702F. Inv. 1887.
Church, Silas, 244F. B. 11, p. 169. W. 1761. Inv. 1761.
Churchill, Isabella, 4804F. W. 1889.
Churen, Samuel, 3456F. Inv. 1866.
Clark, Abraham, 1177F. B. 39, p. 118. W. 1800. Inv. 1800.
Clark, Anabella T., 3418F. Inv. 1865.
Clark, Arthur, 1820F. W. 1817. Inv. 1817.
Clark, Charles, 90F. Grd. 1753.
Clark, Charles, 245F. B. 11, p. 164. W. 1761. Inv. 1761.
Clark, Charles, 246F. B. 10, p. 439. Wd. 1761.
Clark, Charles, 1131F. B. 38, p. 179. Int. 1798.
Clark, Cornelius, 368F. B. 13, p. 531; B. 16, p. 485. Int. 1769. Inv. 1769. Acct. 1776.
Clark, Danforth, 3615F. Inv. 1869.

Clark, Daniel, 516F. B. 17, p. 2. W. 1774. Inv. 1779.
Clark, Daniel, 4095F. W. 1877. Inv. 1877.
Clark, David, 2980F. Inv. 1854.
Clark, Elizabeth, 210F. B. 10, p. 182. W. 1760. Inv. 1760.
Clark, Elizabeth J., 4175F. W. 1880. Inv. 1880.
Clark, Fannie L., 4805F. W. 1889. Inv. 1889.
Clark, Hiram H., 5101F. Inv. 1892.
Clark, Isaac L., 4374F. W. 1883.
Clark, James, 968F. B. 30, p. 144. W. 1789. Inv. 1789.
Clark, Joel, 1196F. B. 39, p. 354. W. 1801. Inv. 1801.
Clark, John, 211F. B. 10, p. 109. Int. 1759. Inv. 1759.
Clark, John, 896F. B. 28, p. 179. W. 1786. Inv. 1786.
Clark, John, 2209F. Inv. 1829.
Clark, John, Jr., 2981F. Inv. 1854.
Clark, John L., 2835F. Inv. 1850.
Clark, Mary, 2098F. Inv. 1826.
Clark, Mary, 3233F. Inv. 1861.
Clark, Mary E., 5750F. W. 1898.
Clark, Mary W., 5002F. W. 1891. Inv. 1892.
Clark, Mary W., 5657F. W. 1897. Inv. 1897.
Clark, Samuel, 264F. Int. 1755. Inv. 1755. Acct. 1762.
Clark, Sarah, 2865F. W. 1851.
Clark, Sarah A., 4176F. Inv. 1880.
Clark, Stephen, 730F. B. 24, p. 138. W. 1781. Inv. 1782.
Clark, Theopilus P., 4309F. Inv. 1882.
Clark, William, 2137F. Inv. 1827.
Clarke, Adam, 6043F. W. 1797.
Clarke, James, 2283F. W. 1832.
Claypole, George D., 2724F. Inv. 1847.
Claypole, Joseph, 2099F. Inv. 1826.
Claypool, Wingfield, 3324F. Inv. 1863.
Claypoole, Wingfield, 1328F. Inv. 1806.
Clifford, Charles W., 5751F. W. 1898.
Clifton, Elizabeth, 5309F. W. 1894.
Clinton, David, 3981F. Inv. 1875.
Close, John, 31F. Int. 1749. Inv. 1749. Ren. 1749.
Clunn, Charles, 1385F. Inv. 1807.
Clunn, Samuel, 5310F. W. 1894. Inv. 1894.
Clymer, John, 3788F. W. 1872. Inv. 1873.
Clymer, Robert G., 3616F. W. 1869.
Cobb, Caleb, 1428F. Inv. 1808.
Cobb, Charles C., 3731F. Inv. 1871.
Cobb, Erick, 731F. B. 23, p. 104. W. 1781. Inv. 1781.
Cobb, Frederick, 475F. B. 14, p. 546. Int. 1773. Inv. 1773.
Cobb, James D., 5311F. W. 1894. Inv. 1894.
Cobb, Jane, 4310F. W. 1882. Inv. 1883.
Cobb, John, 808F. B. 26, p. 142. W. 1784.
Cobb, John, 3121F. W. 1858. Inv. 1858.
Cobb, Jonathan, 1775F. Inv. 1816.
Cobb, Joshua, 4638F. Inv. 1887.
Cobb, Josias M., 5214F. W. 1893.
Cobb, Mary A., 5433F. W. 1895.
Cobb, Paul, 1853F. Inv. 1818.
Cobb, Rhoda, 2469F. Inv. 1838.
Cobb, Samuel, 5102F. W. 1892.
Cobb, Sarah, 1160F. B. 38, p. 486. W. 1799. Inv. 1799.
Cobb, William, 247F. B. 10, p. 179. Int. 1761. Inv. 1761.
Cobb, William, 1670F. Inv. 1814.
Coburn, Mary A., 4488F. W. 1885.

Davis, Rebecca, 3372F. W. 1864. Inv. 1864.
Davis, Reuben, 1777F. Inv. 1816.
Davis, Reuben, 3126F. Inv. 1858.
Davis, Reuben, 4040F. W. 1876.
Davis, Richard, 2352F. Inv. 1824.
Davis, Ruth, 2649F. Inv. 1845.
Davis, Ruth, 2767F. Inv. 1848.
Davis, Ruth, 3083F. Inv. 1857.
Davis, Ruth, 3196F. Inv. 1860.
Davis, Samuel, 847F. B. 17, p. 534. W. 1785. Inv. 1785.
Davis, Samuel, 2353F. W. 1834. Inv. 1834.
Davis, Samuel, 2687F. W. 1846. Inv. 1846.
Davis, Samuel B., 2444F. Inv. 1837.
Davis, Samuel B., 5317F. Inv. 1894.
Davis, Sarah, 1388F. W. 1805. Inv. 1805. Rcpts. 1805.
Davis, Sarah, 6065F. Inv. 1877.
Davis, Sarah D., 4242F. W. 1881.
Davis, Susan B., 4243F. Inv. 1881.
Davis, Susannah, 1491F. W. 1810. Inv. 1810.
Davis, Susannah, 2445F. W. 1837. Inv. 1838.
Davis, Theophilus P., 3620F. Inv. 1869.
Davis, Uriah, 1282F. W. 1805. Inv. 1805.
Davis, Uriah, 1895F. W. 1820. Inv. 1820.
Davis, William A., 2768F. Inv. 1848.
Davis, Zebediah, 2985F. Inv. 1854.
Davis, Zenos, 4576F. W. 1886.
Daw, Michael, 478F. B. 14, p. 522. Int. 1773.
Dawnam, Richard, 2986F. Inv. 1854.
Dawson, Elizabeth, 3840F. Inv. 1873.
Dawson, George, 5109F. Inv. 1892.
Dawson, Jonathan, 5753F. W. 1898. Inv. 1899.
Dayton, Ann, 946F. B. 31, p. 77. Wd. 1788.
Dayton, Ephraim, 1492F. W. 1810. Inv. 1810.
Dayton, Hannah, 1778F. Inv. 1816.
Dayton, Joseph, 687F. B. 21, p. 20. W. 1779. Inv. 1779.
Dayton, Reuben G., 2726F. Inv. 1847.
Debarbieri, Kate, 5556F. W. 1896. Inv. 1896.
DeCamp, John, 4810F. W. 1889.
Decker, Emily H., 5322F. W. 1894.
Deford, John, 1948F. Inv. 1822.
Degen, Theophilus, 5933F. W. 1900.
Delshaver, David, 3166F. Inv. 1859.
Demaris, Peter, 605F. B. 18, p. 213. Int. 1777. Inv. 1777.
Demaris, Philip, 3419F. Inv. (2) 1865.
Demby, Stephen, 4811F. W. 1889.
Demmon, Kezia S., 5665F. W. 1897. Inv. 1897.
Dempsey, Barney, 1949F. Inv. 1822.
Dempsey, James, 2066F. Inv. 1825.
Den, Joseph, 76F. W. 1752. Inv. 1752. Acct. 1756.
Denby, John, 2032F. Inv. 1824.
Denight, James, 2101F. Inv. 1826.
Dennelsbeck, John, 2031F. Inv. 1824.
Dennery, John, 5557F. Inv. 1896.
Denney, Esther, 1567F. W. 1812. Inv. 1812.
Dennis, Elizabeth, 947F. B. 31, p. 59. W. 1788. Inv. 1788.
Dennis, George, 3573F. W. 1868.
Dennis, Hannah, 1283F. W. 1805. Inv. 1806.
Dennis, Joseph, 422F. B. 15, p. 215. W. 1771.
Dennis, Mary, 1135F. B. 38, p. 167. W. 1798.
Dennis, Philip, 349F. B. 13, p. 414. W. 1768. Inv. 1768.
Dennis, Philip, 1076F. B. 36, p. 109. W. 1795.
Dennis, Samuel, 848F. B. 26, p. 155. W. 1785. Inv. 1785.

Dennis, Thomas, 3085F. Inv. 1857.
Denton, William, 77F. W. 1752. Inv. 1752.
Dexter, Caroline P., 5840F. W. 1899. Inv. 1899.
Dexter, Linus W., 5841F. W. & Cod. 1899. Inv. 1899.
Dey, Maria K., 4883F. W. 1890. Inv. 1891.
Diament, Elmer, 2287F. Inv. 1832.
Diament, George H., 4112F. W. 1879. Int. 1879.
Diament, Heges, 6044F. W. 1776.
Diament, Isaac H., 4812F. Inv. 1889.
Diament, James, 562F. B. 17, p. 395. W. 1776. Inv. 1776.
Diament, James, 2650F. W. & Cod. 1845. Inv. 1846.
Diament, James, 3236F. W. 1861. Inv. 1861.
Diament, James W., 3517F. Inv. 1867.
Diament, Jonathan, 1287F. W. 1805. Inv. 1806.
Diament, Jonathan, Jr., 1060F. B. 35, p. 173. Int. 1794.
Diament, Lois, 402F. B. 14, p. 311. W. 1770. Inv. 1770.
Diament, Mary L., 4813F. W. 1889. Inv. 1889.
Diament, Matthias M., 4971F. Inv. 1890.
Diament, Nathaniel, 331F. B. 13, p. 164. W. & Cod. 1767. Inv. 1767.
Diament, Nathaniel, 1918F. W. 1821.
Diament, Nathaniel, 3683F. W. 1870.
Diament, Theophilus E., 5006F. W. & Cod. 1891. Inv. 1891.
Dickenson, Samuel, 5111F. Inv. 1892.
Dickinson, Ellen, 5666F. Inv. 1897.
Dickinson, Wise L., 3518F. W. 1867.
Dilks, Elizabeth, 5318F. Inv. 1894.
Dilks, John, 1779F. Inv. 1816.
Dilshaver, Jacob, 1329F. Inv. 1806.
Dilshaver, John, 791F. B. 25, p. 420. Grd. 1783.
Dilshaver, John, 1042F. B. 34, p. 491. Int. 1792.
Dimon, Charles, 6114F. W. 1878.
Dinsmore, James, 3841F. W. 1873. Inv. 1873.
Diverty, Ann, 4244F. Inv. 1881.
Diverty, Phebe, 3736F. Inv. 1871.
Dix, Norman A., 5754F. Inv. 1898.
Dixie, Arabella J., 5319F. Inv. 1894.
Dixie, Richard J. D., 5007F. W. 1891. Inv. 1891.
Dixon, Daniel, 2593F. W. 1842. Inv. 1843.
Dixon, Ellen, 1982F. Inv. 1819.
Dixon, Urban, 1433F. Inv. 1808.
Dixson, Daniel, 972F. B. 30, p. 154. W. 1789.
Dixson, Francis, 1178F. Int. 1800. Inv. 1800.
Dixson, Hannah, 1001F. B. 20, p. 280. Int. 1790.
Dodds, Mary E., 4814F. W. 1889.
Dodds, Thomas, 4181F. W. 1880.
Dodge, Huldah, 3574F. Inv. 1868.
Dodge, Simon, 5441F. W. 1895.
Dole, John, 1780F. Inv. 1816.
Donly, John, 2837F. Inv. 1850. Rcpt. (16) 1849.
Donnelly, Samuel, 4649F. W. 1887. Inv. 1887.
Donnelly, William, 810F. B. 26, p. 115. W. 1784.
Donnsaft, Casper, 2838F. Inv. 1850.
Dooling, Andrew, 5442F. W. 1895.
Dorron, Mary, 3167F. W. 1859.
Dorton, George, 2392F. W. 1835.
Dorton, John, 2171F. Inv. 1827.
Dorton, William, 6162F. Rcpts. (12) 1792.

Doubleday, Cynthia, 3575F. W. 1868.
Dougherty, Isaac C., 5221F. W. 1893.
Dougherty, Philip, 1919F. Inv. 1821.
Doughty, C. Beulah, 5755F. W. 1898. Inv. 1898.
Doughty, Elias, 1983F. Inv. 1823.
Doughty, Elias, 4650F. W. & Cod. 1887. Inv. 1887.
Doughty, Enoch, Sr., 3328F. W. 1863.
Doughty, Francis A., 5667F. W. 1897. Inv. 1897.
Doughty, Hannah M., 4884F. W. & Cod.1890. Inv. 1890.
Doughty, John, 5320F. W. 1894.
Dow, Asa, 3621F. Inv. 1869.
Dowdney, Henry, 3235F. W. 1861.
Dowdney, John, 152F. B. 9, p. 89. W. 1758. Inv. 1758.
Dowdney, John, 2626F. Inv. 1844. Miscellaneous papers (78) 1843. Report, 1844.
Dowdney, Samuel B., 1527F. Inv. 1811.
Downam, William, 2688F. W. 1846. Inv. 1848.
Downame, Rachel, 3279F. Inv. 1862.
Downs, Charity, 4815F. Inv. 1889.
Drake, Rachel, 1920F. Inv. 1821.
Dubois, Abraham, 1528F. Inv. 1811.
DuBois, Anna, 3842F. W. 1873.
Dubois, David, 2322F. Inv. 1833.
DuBois, Francis L., 5443F. W. 1895. Inv. 1895.
DuBois, Francis M., 5321F. W. 1894.
DuBois, Franklin, 5668F. Inv. 1897.
DuBois, Jeremiah, Sr., 3903F. Inv. 1874.
DuBois, Robert, 5756F. W. 1898.
DuBois, Samuel, 3843F. Inv. 1873.
DuBois, Solomon, 3519F. Inv. 1867.
DuBois, Thomas S., 4816F. Inv. 1889.
DuBois, William F., 4496F. W. 1885.
Duffel, John, 1623F. Inv. 1813.
Duffiel, Daniel P., 4041F. W. 1876.
Duffield, Adam, 350F. B. 13, p. 477. Int. 1768. Inv. 1768.
Duffield, Arlonius, 6115F. Inv. 1878.
Duffield, John, 1871F. Inv. 1819.
Duffield, Nathan, 2987F. Inv. 1854.
Duffield, William, 2769F. W. 1848. Inv. 1848.
Duffield, William, Jr., 1624F. Inv. 1813.
Duggan, George, 4497F. W. 1885.
Duncan, John T., 5323F. W. 1894.
Dundass, William, 5934F. W. 1900.
Dundergill, John, 3086F. W. 1857.
Dungerhill, John, 3127F. Inv. 1858.
Dunham, Benjamin F., 3459F. W. 1866.
Dunham, David, 2543F. W. 1841. Inv. 1842.
Dunham, David L., 6066F. Inv. 1877.
Dunham, Samuel, 996F. B. 30, p. 276. W. 1790. Inv. 1790.
Dunlap, Clarissa, 3237F. Inv. 1861.
Dunlap, Gawn, 4885F. W. 1890.
Dunlap, Isaiah, 3128F. Inv. 1858.
Dunlap, James, 1781F. Inv. 1816.
Dunlap, Thomas, 1568F. Inv. 1812.
Dunn, Hugh, 2446F. W. 1837.
Dunn, Hugh, Sr., 175F. B. 9, p. 261. W. 1759. Inv. 1759.
Dunn, Hugh, Sr., 6029F. W. 1787.
Dunton, Mary S., 4577F. W. 1886. Inv. 1886.
Durbrow, Sarah A., 3985F. W. & Cod. 1875.
Dyer, Lucy D., 4438F. W. & Cod. 1884.
Dyer, Simon D., 5558F. W. 1896.

Earl, Elmer, 4182F. Inv. 1880.
Earl, George, 2033F. Inv. 1824.
Earl, John, 2839F. Inv. 1850.
Earl, Mary, 1737F. W. 1815. Inv. 1815.
Earl, Thomas, 1529F. Inv. 1811.
Earl, Thomas, 2172F. Inv. 1828.
Earl, Thomas, 3058F. Inv. 1856.
Earnest, Joshua M., 5559F. Inv. 1896.
Eastburn, William E., 4703F. Inv. 1887.
Eastlack, Edwin, 5222F. W. 1893.
Eaton, Stillman A., 5560F. W. 1896.
Edmunds, Alfred H., 4113F. Inv. 1879.
Edwards, Amos, 564F. B. 16, p. 486. Wd. 1776.
Edwards, Amos, 563F. B. 16, p. 490; B. 18, p. 599. Int. 1776. Inv. 1776. Acct. 1776.
Edwards, Ananias, 1678F. Inv. 1814.
Edwards, Ananias, 4316F. Inv. 1882.
Edwards, David, 565F. B. 18, p. 79. Int. 1776.
Edwards, David, 664F. B. 16, p. 518. Int. 1778. Inv. 1778.
Edwards, David, 5008F. W. & Cod. 1891. Inv. 1891.
Edwards, Elemuel, 564F. B. 16, p. 486. Grd. 1776.
Edwards, Ephraim G., 4722F. W. 1888.
Edwards, Evelyn L., 5009F. W. 1891. Inv. 1891.
Edwards, James, 1855F. Inv. 1818.
Edwards, Josiah E., 6116F. Inv. 1878.
Edwards, Lemuel, 790F. B. 24, p. 258. Grd. 1783.
Edwards, Lemuel, 1530F. Inv. 1811.
Edwards, Steen, 5935F. W. 1900.
Efferburger, John, 4723F. Inv. 1888.
Egan, John, 423F. B. 14, p. 417. Int. 1771. Inv. 1771.
Egbert, Hannah L., 3373F. Inv. 1864.
Egbert, Jesse, 3622F. W. 1869.
Egbert, Tunis, 1569F. Inv. 1812.
Ehrler, Joseph F., 4886F. W. 1890.
Elbin, Samuel B., 3197F. Inv. 1860.
Elden, Hittie, 4817F. W. 1889. Inv. 1889.
Elden, Nathan, 3986F. W. 1875. Inv. 1875.
Elden, Nathan, 4042F. Inv. 1876.
Eldridge, Jesse, 1570F. Inv. 1812.
Elkinton, Anna, 2651F. Inv. 1845.
Elkinton, Beulah, 2652F. W. & Cods. 1845. Inv. 1845.
Elkinton, Charles, 3987F. Inv. 1875.
Elkinton, George, 1896F. W. 1820. Inv. 1820.
Elkinton, John, 2594F. W. & Cod. 1843. Inv. 1843.
Elliott, Mary E., 6067F. W. 1877.
Elliott, Edwin, 3280F. Inv. (3) 1862. Rcpts. (6) 1862.
Elmer, Abigail, 403F. B. 14, p. 325. W. 1770. Inv. 1770.
Elmer, Benjamin F., 5444F. W. 1895. Inv. 1896.
Elmer, Benjamin T., 2518F. W. 1840. Inv. 1840.
Elmer, Charles E., 4724F. W. 1888.
Elmer, Daniel, 112F. B. 8, p. 95. W. 1755. Inv. 1756.
Elmer, Daniel, 248F. B. 11, p. 152. W. 1761. Inv. 1761.
Elmer, Daniel, 543F. B. 16, p. 419. W. 1775. Inv. 1775.
Elmer, Daniel, 1027F. B. 34, p. 475. W. 1792. Inv. 1792.
Elmer, Daniel, 2770F. W. 1848.

Elmer, David P., 5936F. W. 1900.
Elmer, Ebenezer, 997F. B. 30, p. 281. Grd. 1790.
Elmer, Ebenezer, 2595F. W. 1843. Inv. 1843.
Elmer, Edmund R., 3420F. Inv. 1865.
Elmer, Eli, 1284F. W. 1805. Inv. 1806.
Elmer, Eliza R., 4972F. Inv. 1890.
Elmer, Frances C., 4818F. W. 1889.
Elmer, Francis D., 2868F. Inv. 1851.
Elmer, George E., 5561F. W. 1896. Inv. 1896.
Elmer, Hannah, 4315F. Inv. 1882.
Elmer, Horace, 2472F. W. 1838. Inv. 1838.
Elmer, James E., 5562F. Inv. 1896.
Elmer, John, 1571F. Inv. 1812.
Elmer, John, 1625F. W. 1813. Inv. 1813. Acct. 1844.
Elmer, John, 2988F. W. 1854. Inv. 1855.
Elmer, Jonathan, 1823F. W. 1817.
Elmer, Jonathan, 3374F. Inv. 1864.
Elmer, Jonathan, Jr., 3844F. W. 1873. Inv. 1874.
Elmer, Jonathan, Sr., 5112F. W. 1892. Inv. 1892.
Elmer, Lucius Q. C., 4378F. W. 1883. Inv. 1883.
Elmer, Macomb K., 4183F. W. 1880.
Elmer, Oliver, 3129E. Inv. 1858.
Elmer, Phebe, 2519F. W. 1840. Inv. 1840.
Elmer, Robert W., 4498F. Inv. 1885.
Elmer, Ruth, 1984F. W. 1823. Inv. 1824.
Elmer, Samuel, 442F. B. 14, p. 505. Wd. 1772.
Elmer, Theodore, 6117F. Inv. 1878.
Elmer, Theophilus, 772F. B. 25, p. 400. W. 1783.
Elmer, Timothy, 715F. B. 22, p. 149. W. 1780. Inv. 1780.
Elmer, Timothy, 2416F. W. 1836. Inv. 1837.
Elmer, William, 2417F. W. 1836. Inv. 1837.
Elmer, William, Sr., 4819F. W. 1889. Inv. 1889.
Else, Charles, 3684E. Inv. 1870.
Else, John F., 3737F. W. 1871.
Elton, Joseph, 4439F. W. 1884. Inv. 1884.
Elwell, Ada E., 4651F. W. 1887.
Elwell, Ananias, 1285F. Inv. 1805.
Elwell, Charles S., 3576F. Inv. 1867.
Elwell, Cornelius, 973F. B. 30, p. 163. Int. (2) 1789. Rcpts. (9). Settlement 1789.
Elwell, Daniel B., 4114F. Inv. 1879.
Elwell, David, 1108F. B. 37, p. 260. Int. 1797.
Elwell, David, 1179F. B. 39, p. 120. W. 1800. Inv. 1800.
Elwell, David, 2840F. Inv. 1850.
Elwell, George, 2173F. Inv. 1828.
Elwell, Isaac, 2447F. Inv. (2) 1837.
Elwell, Isaac W., 4043F. W. 1876. Inv. 1876.
Elwell, Jacob, 1824F. W. 1817. Inv. 1817.
Elwell, John, 1825F. Inv. 1817.
Elwell, John M., 5445F. W. & Cod. 1895. Inv. 1895.
Elwell, Joseph B., 4578F. Inv. 1886.
Elwell, Joseph M., 3329F. Inv. 1863.
Elwell, Mary A., 5447F. W. 1895. Inv. 1895.
Elwell, Mary J., 5324F. W. 1894.
Elwell, Rachel, 1873F. W. 1819. Inv. 1820.
Elwell, Robert, 4245F. Inv. 1881.
Elwell, Samuel, 1782F. Inv. 1816.
Elwell, Sarah, 3520F. Inv. 1867.
Elwell, Thomas S., 2653F. Inv. 1845.
Elwell, William, Sr., 4314F. W. 1882. Inv. 1882.
Embley, Ezekiel, 948F. B. 31, p. 75. Int. 1788.

Emme, Dedrick, 3685F. Inv. 1870.
Emmel, William F., 5113F. Inv. 1892.
Emmell, Lizzie, 4379F. W. 1883. Inv. 1884.
Endecott, Samuel, 752F. B. 24, pp. 169, 258. Int. 1782. Inv. 1782. Acct. 1783.
Endicott, Barzilla, 2074F. W. 1825. Inv. 1825.
Endicott, Elizabeth, 3686F. W. 1870. Inv. 1871.
Endicott, John, Sr., 4579F. W. 1886. Inv. 1887.
Endicott, Samuel, 3577F. W. 1868. Inv. 1868.
Endicott, William G., 3988F. W. 1875. Inv. 1875.
English, Southard Q., 4246F. W. 1881. Inv. 1882.
English, William, 2654F. Inv. 1845.
English, William, 4044F. Inv. 1876.
Ereckson, John, Sr., 1257F. W. 1804. Inv. 1804.
Ereckson, Silsbee, 1258F. Inv. 1804.
Erickson, Hollingshead, 2067F. Inv. 1825.
Erickson, James, 2771F. Inv. 1848.
Erickson, John, 1493F. Inv. 1810.
Erickson, John, 5325F. Inv. 1894.
Erickson, William, 2141F. Inv. 1827.
Ernest, Jacob, 5563F. W. 1896.
Errickson, Andrew, Sr., 7F. B. 5, p. 482. W. 1748. Inv. 1748.
Errickson, Jane C., 4499F. W. 1885. Inv. 1885.
Errickson, John W., 3521F. Inv. 1867.
Errickson, Thomas, 2627F. W. 1844. Inv. 1844.
Erwin, Roseanna, 1950F. Inv. 1822.
Erwin, William, 1738F. Inv. 1815.
Esten, Lucinda B., 5757F. W. 1898. Inv. 1898.
Evans, David, 5446F. W. 1895.
Evans, James D., 5010F. Inv. 1891.
Everingham, Alfred F., 3059F. W. 1856.
Everingham, Margaret K., 6118F. W. 1878.
Everlockner, Rebecca A., 5842F. W. 1899.
Ewan, Evan, 1897F. Inv. 1820.
Ewan, Tabitha, 5011F. W. 1891.
Ewing, Enos, 2354F. W. 1834. Inv. 1835.
Ewing, James, 699F. B. 22, pp. 56, 57. Grd. 1779.
Ewing, James J., 3904F. W. 1874.
Ewing, James J., 5224F. Inv. 1893.
Ewing, John, 938F. B. 29, p. 184. Grd. 1787. Tr. 1787.
Ewing, John, 949F. B. 31, p. 75. Int. (2) 1788. Inv. 1788.
Ewing, John, 2355F. Inv. 1834.
Ewing, John, 5326F. W. 1894.
Ewing, Joshua, 849F. B. 17, p. 537. W. 1785. Inv. 1785.
Ewing, Mary, 850F. B. 26, p. 117. W. 1785. Inv. 1785.
Ewing, Maskell, 318F. B. 12, p. 327. Grd. 1766.
Ewing, Maskell, Sr., 1090F. B. 36, p. 352. W. 1796.
Ewing, Samuel, 5223F. W. 1893.
Ewing, Thomas, 424F. B. 14, p. 513; B. 15, p. 192. W. 1771. Int. 1771. Acct. 1773.
Ewing, Thomas, 743F. B. 24, p. 170. Grd. 1781.
Ewing, Thomas, 773F., B. 24, p. 250. W. 1783. Inv. 1783.
Ewing, Thomas, 1330F. Inv. 1806.
Ewing, Thomas, 5843F. W. 1899.
Ewing, Thomas, Sr., 8F. W. 1748. Inv. 1748.
Ewing, William, 34F. W. 1749. Inv. 1749.

Fithian, Reuben, 2942F. W. 1853. Inv. 1854.
Fithian, Robert J., 4249F. W. 1881. Inv. 1881.
Fithian, Ruth, 4317F. Inv. 1882.
Fithian, Samuel, 99F. W. 1752. Inv. 1752. Acct. 1754.
Fithian, Samuel, 161F. Grd. 1758.
Fithian, Samuel, 665F. B. 20, p. 98. W. 1778. Inv. 1778.
Fithian, Samuel, 1389F. Inv. 1807.
Fithian, Samuel C., 3170F. W. 1859. Inv. 1861.
Fithian, Sarah, 176F. Wd. 1759.
Fithian, Sarah, 318F. B. 12, p. 327. Wd. 1766.
Fithian, Sarah, 3522F. W. & Cod. 1867. Int. 1867.
Fithian, Seeley, 1875F. Inv. 1819.
Fitz Jarrell, Ambrose, 1259F. Inv. 1804.
Fix, Adam, 775F. B. 24, p. 253; B. 26, p. 154. W. 1783. Inv. 1783. Acct. 1784.
Flanagin, James, 3199F. W. 1860. Inv. 1861.
Flanagin, James H., 3247F. Inv. 1860.
Flanagin, James H., 5012F. W. 1891. Inv. 1891.
Flanagin, James H., 5669F. W. 1897. Inv. 1897.
Flavell, Oscar, 5938F. Inv. 1900.
Flavell, Wesley, 5013F. Inv. 1891.
Fleetwood, George F., 5845F. W. 1899. Inv. 1899.
Fleetwood, Miriam, 2174F. Inv. 1828.
Fleetwood, Thomas, Sr., 3421F. W. 1865. Inv. 1865.
Fletcher, George M., 3625F. W. 1869. Inv. 1869.
Fletchinger, Aloys, 5939F. W. 1900. Inv. 1900.
Fletchinger, William H., 4581F. Inv. 1886.
Flitzingle, Anson, 2806F. Inv. 1849.
Flood, James E., 5670F. W. 1897.
Flood, Vantile L., 5761F. W. 1898.
Flower, Dominique, 249F. B. 10, p. 438. Int. 1761.
Fogg, Susan J., 4725F. Inv. 1888.
Fogg, William P., 3845F. W. 1873. Inv. 1873.
Foote, Matilda, 4117F. W. 1879. Inv. 1879.
Ford, Benjamin F., 5115F. W. 1892.
Ford, Charles L., 4318F. Inv. 1882.
Ford, Philo, 4046F. W. 1876.
Forsman, Rachel, 3626F. W. 1869. Inv. 1871.
Fortner, Jonathan, 901F. Inv. 1786.
Foster, Aaron, 567F. B. 16, p. 497. Int. 1776.
Foster, Cynthia, 2807F. Inv. 1849.
Foster, Ezekiel, 950F. B. 31, p. 60. W. 1788.
Foster, Hannah, 1856F. W. 1818. Inv. 1818.
Foster, Hannah, 2142F. Inv. 1827.
Foster, Harriet A., 4118F. W. 1879.
Foster, Henry R., 2943F. Inv. 1853.
Foster, Isabella, 3579F. W. 1868.
Foster, Jacob, 2689F. Inv. 1846.
Foster, Jane B., 4822F. Inv. 1889.
Foster, Jeremiah, 927F. B. 29, p. 171. W. 1787. Inv. 1787.
Foster, Jessie, 5762F. W. 1898.
Foster, J. Frank, 5014F. Inv. 1891.
Foster, Jonathan, 610F. B. 18, p. 80; B. 22, p. 67. Int. 1777. Inv. 1777. Acct. 1780.
Foster, Jonathan, 1435F. Inv. 1808.
Foster, Margaret S., 6120F. W. 1878. Inv. 1878.
Foster, Mary E., 5940F. W. 1900.

Foster, Nathaniel, Sr., 3200F. W. 1860. Inv. 1860.
Foster, Pratt, 1334F. Inv. 1806.
Foster, Preston, 3791F. W. 1872. Inv. 1873.
Fowler, Asa, 2841F. Inv. 1850.
Fowler, Emma C., 3627F. W. 1869.
Fowler, James, 4653F. W. 1887. Inv. 1887.
Fowler, Mary A., 3991F. W. 1875.
Fowler, Thomas, 309F. B. 12, p. 249. Int. 1765. Inv. 1766. Acct. 1767.
Fowler, Thomas, 2356F. Inv. 1834.
Fowler, William E., 5226F. Inv. 1893.
Fox, Abram, 5565F. Inv. 1896.
Fox, Andrew, 3422F. Inv. 1865.
Fox, Anna, Mary B., 3239F. Inv. 1861.
Fox, Catharine, 5941F. Inv. 1900.
Fox, Charles, 153F. B. 9, p. 86. W. 1758. Inv. 1758.
Fox, Deborah, 3846F. W. 1873. Inv. 1873.
Fox, Ephraim, 445F. B. 14, p. 509. Int. 1772. Inv. 1772.
Fox, Frederick, 2520F. Inv. 1840.
Fox, Frederick, 2998F. Inv. 1858.
Fox, George, 3330F. Inv. 1863.
Fox, George, 4823F. Inv. 1889.
Fox, George, Jr., 3460F. Inv. 1865.
Fox, John, 1740F. W. 1815. Inv. 1815.
Fox, John, 6068F. Inv. 1877.
Fox, John, 4500F. Inv. 1885.
Fox, John G., 4501F. Inv. 1885.
Fox, Lydia, 5227F. W. 1893. Inv. 1893.
Fox, Mary, 4380F. W. 1883. Inv. 1883.
Fox, Matthias, 3461F. Inv. 1866.
Fox, Phebe, 4047F. Inv. 1876.
Fox, Susanna M., 4973F. Inv. 1890.
Fox, William, 214F. B. 9, p. 152. W. 1760. Inv. 1760.
Fraling, Anthony, 3376F. Inv. 1864.
Fralinger, John, Sr., 5566F. W. 1896. Inv. 1896.
Frary, Spencer, 2903F. W. 1852. Inv. 1852.
Fraser, Mary J., 3792F. W. 1872. Inv. 1872.
Frazer, Caleb, 2904F. W. 1851. Inv. 1853.
Frazer, Charles L., 4381F. W. 1883.
Frazer, David O., 1876F. Inv. 1819.
Frazer, Hannah, 215F. B. 10, p. 199. W. 1760. Inv. 1760.
Frazer, James, 5453F. W. 1895.
Frazer, Mary A., 6121F. Inv. 1878.
Frazier, Ann B., 4726F. W. & Cod. 1888. Inv. 1888.
Frazier, David S., 5763F. Inv. 1898.
Frazier, Richard S., 3021F. W. 1855. Inv. 1855.
Frazme, John O., 2870F. Inv. 1851.
Frazur, Samuel D., 3201F. W. 1860. Inv. 1860.
Frederick, John, 3462F. Inv. (2) 1866.
Frechaver, Harriet, 2232F. Inv. 1830.
Freehaver, John, 853F. B. 27, p. 43. Int. 1785. Inv. 1785. Copy of Inv. 1785. Rcpts. 1785.
Freeman, John, 113F. B. 8, p. 144. Int. 1755.
Freeman, Jonathan, 1951F. Inv. 1822.
Freeman, Margaret C., 2233F. Inv. 1830.
Freese, Jacob, 143F. Grd. 1756.
French, Deborah, 3131F. W. 1858.
French, Franklin P., 4727F. W. 1888. Inv. 1888.
French, Mary, 5328F. Inv. 1894.
French, Nancy B., 4382F. W. 1883.
French, Prudence, 2068F. Inv. 1825.

Garrison, S. Olin, 5944F. W. 1900. Inv. 1900.
Garrison, Stephen, 2176F. W. 1828. Inv. 1828.
Garrison, Stephen A., 3687F. Inv. 1870.
Garrison, Thomas T., 5765F. W. 1898. Inv. 1898.
Garrison, William, 508F. B. 14, p. 516. Grd. 1773.
Garrison, William, 1878F. W. & Cod. 1819. Inv. 1819.
Garrison, William, 2357F. Inv. 1834.
Garrison, William, 4504F. W. 1885. Inv. 1885.
Garrison, William, 4826F. W. 1889. Inv. 1889.
Garrison, William, 5018F. W. 1891. Inv. 1891.
Garrison, William P., 5672F. W. 1897. Inv. 1897.
Garron, Thomas, 3377F. Inv. 1864.
Garton, Anne, 2177F. Inv. 1828.
Garton, David, 903F. B. 28, p. 180. Int. 1786. Inv. 1786.
Garton, David, 2844F. Inv. 1850.
Garton, David, Sr., 3992F. W. 1875. Inv. 1875.
Garton, Hosea, 3993F. Inv. 1875.
Garton, Israel, 2906F. Inv. 1852.
Garton, James, 2728F. Inv. 1847.
Garton, Jonathan, 2070F. W. 1825. Inv. 1826.
Garton, Jonathan, 3331F. W. 1863. Inv. 1863.
Garton, Joseph, 4654F. W. 1887.
Garton, Levi, 3087F. Inv. (2) 1857.
Garton, Mary, 3240F. Inv. 1861.
Garton, Robert R., 3847F. Inv. 1873.
Gaskell, Benjamin F., George C. W., Hester, 6206F. Wds. 1845.
Gaskill, Abel, 3378F. Inv. 1864.
Gaskill, Abigail, 5455F. Inv. 1895.
Gaskill, Abraham, 1786F. W. 1816.
Gaskill, Benjamin, 2522F. W. 1840. Inv. 1841.
Gaskill, Charles, 4049F. W. 1876.
Gaskill, Esther, 2655F. W. 1845. Inv. 1845.
Gaskill, Esther, 3241F. Inv. 1861.
Gaskill, Hettie, 4583F. Inv. 1886
Gaskill, Stephen, 3848F. W. 1873. Inv. 1873.
Gaskill, Zorobabel, 1288F. Inv. 1805. Book of sale 1805. Rcpts. 1806.
Gay, Henry B., 4185F. W. 1880. Inv. 1880.
Gedney, Phebe, 4731F. W. 1888. Inv. 1888.
Gentry, John, 856F. B. 17, p. 541. W. 1785. Inv. 1785.
Gentry, Rachel, 4443F. W. 1884.
Getsinger, Christopher, 2290F. Inv. 1832.
Ghare, Henry C., 3794F. Inv. 1872.
Gibbon, Grant, 6051F. Ren. 1814.
Gibbon, John, 889F. B. 21, p. 193. W. 1779. Inv. 1779.
Gibbon, John, 1879F. Inv. 1819. Rcpts, settlement; 1819, 1820.
Gibbon, Leonard, 351F. B. 13, p. 319. W. 1768. Inv. 1768.
Gibbon, Mason, 614F. B. 18, p. 693. Wd. 1777.
Gibbon, Nancy, 1681F. Inv. 1814.
Gibbon, Nicholas, 1408F. Inv. 1810.
Gibbon, Rebekah, 483F. B. 14, p. 542. Wd. 1773.
Gibbs, Samuel H., 4655F. W. 1887. Inv. 1887.
Gibson, John, 4889F. W. 1890.
Gibson, Susannah M., 4584F. W. 1886. Inv. 1886
Gifford, Christopher C., 3994F. W. 1875.
Gifford, Hannah M., 5945F. W. 1900. Inv. 1900.
Gilbert, Priscilla, 3424F. Inv. 1865.
Giles, James, 2071F. W. 1825. Inv. 1825.
Gilland, Thomas, 3742F. Inv. 1871.

Gillett, James H., 5230F. W. 1893.
Gillette, Mary H., 4890F. W. 1890. Inv. 1890.
Gillette, Walter B., 4505F. W. 1885. Inv. 1890.
Gilliland, Thomas, 1499F. Inv. 1810.
Gillman, A. Edward, 5766F. W. 1898.
Gillman, Ebenezer P. 3463F. Inv. 1866.
Gillman, Ellen W., 5767F. W. 1898. Inv. 1898.
Gillman, William, 2773F. W. 1848. Inv. 1848.
Gillman, William, 4050F. W. 1876.
Gillmon, David, 1078F. B. 36, p. 106. W. 1795.
Gillott, Bellvidere, 5019F. Inv. 1891.
Gillott, George H., 4977F. Inv. 1890, 1891.
Gilman, Abel, Sr., 4319F. W. 1882. Inv. 1882.
Gilman, Abraham, 297F. B. 12, p. 6. Int. 1764. Inv. 1764.
Gilman, Abraham, 1029F. B. 34, p. 482. W. 1792.
Gilman, Abraham R., 4250F. Inv. 1881.
Gilman, Daniel, 2597F. W. 1843. Inv. 1844.
Gilman, Daniel H., 5021F. 1891.
Gilman, David, 1500F. W. 1810. Inv. 1810.
Gilman, David, 1953F. Inv. 1822.
Gilman, Ephraim, 519F. B. 15, p. 509; B. 16, p. 485. Int. 1774. Inv. 1774. Acct. 1776.
Gilman, Stratton, 3242F. Inv. 1861.
Gilman, Uriah, 2871F. W. 1851. Inv. 1853.
Gilman, Uriah L., 4186F. Inv. 1880.
Gilmore, John, 2944F. Inv. 1853.
Ginenback, Frederick, 3628F. W. 1869. Inv. 1869.
Girton, John, 2729F. Inv. 1847.
Gise, James, 2143F. Inv. 1827.
Githens, Anthony, 4585F. Inv. 1886.
Githens, Samuel, 2730F. W. 1847. Inv. 1847.
Gladding, James W., 4891F. W. 1890.
Glan, Gabriel, 406F. B. 15, p. 74. Int. 1770. Inv. 1770. Acct. 1774.
Glan, Gabriel, 1136F. B. 38, p. 176. W. 1798. Inv. 1798.
Glann, Ann, 2907F. W. 1852. Inv. 1852.
Glann, Frazeur, 5673F. Inv. 1897.
Glann, Frazier, 2994F. Inv. 1854.
Glann, Levi, 3088F. W. 1857.
Glann, Ruth, 5199F. Inv. 1892.
Glasby, Job, 857F. B. 27, p. 40. Int. 1785. Inv. 1785.
Glasby, William, 732F. B. 24, p. 167. Int. 1781.
Glaspell, Enos E., 5576F. Inv. 1896.
Glaspell, Thomas D., 4656F. Inv. 1887.
Glaspey, Enos, 6024F. W. 1801.
Glaspey, Ephraim S., 4320F. W. 1882. Inv. 1882.
Glaspey, James, 5120F. W. 1892.
Glaspey, Silas, 2995F. Inv. 1854
Glaspey, William B., 5332F. W. 1894. Inv. 1894.
Glaspy, Hannah, 2691F. Inv. 1846.
Gleason, Simeon, 2418F. Inv. 1836.
Godfrey, Francis L., 4827F. Inv. 1889.
Godfrey, James, 2393F. W. & Cod. 1835. Inv. 1835.
Godfrey, James, Jr., 2144F. Inv. 1827.
Godfrey, Lucius E., 4187F. W. 1880. Inv. 1880.
Godfrey, Mary B., 3995F. Inv. 1875.
Godfrey, Nicholas, 5022F. W. 1891. Inv. 1891.
Godfrey, Nicholas R., 3629F. Inv. 1869.
Godfrey, Thomas, 1682F. Inv. 1814.
Godini, Louise C., 5121F. W. 1892. Inv. 1892.

Hamilton, William, 3909F. W. 1874. **Inv.** 1874.

Hammer, John F., 4190F. W. 1880.

Hammitt, Jacob, 1290F. W. 1805. Inv. **1805.**

Hampton, Charles G., 5457F. W. 1895.

Hampton, Elizabeth, 3523F. W. 1867. **Inv.** 1867.

Hampton, Fanny G., 3407F. W. 1866. **Inv.** 1866.

Hampton, Harris H., 4657F.' W. 1887. **Inv.** 1887.

Hampton, Henry, 3025F. Inv. 1855.

Hampton, Henry D., 3380F. Inv. (2) 1864.

Hampton, James, 1922F. Inv. 1821.

Hampton, James G., 3243F. W. 1861.

Hampton, John F., 1923F. Inv. 1821.

Hampton, John T., 1061F. B. 35, p. 161. **W.** 1794.

Hampton, John T., 6174F. Af. 1841. Power of attorney (2), receipt, 1841.

Hampton, Mary A., 5848F. W. 1899.

Hance, Mary M., 5951F. W. 1900. Inv. 1900.

Hancōck, William, 5849F. W. 1899. Inv. 1899.

Hand, Abraham, 179F. B. 9, p. 333. **W.** 1759. Inv. 1759.

Hand, Charles P., Sr., 5952F. W. 1900. **Inv.** 1900.

Hand, James, 3798F. W. 1872. Inv. 1872.

Hand, Jobe, 6123F. W. 1878. Inv. 1878.

Hand, John, 1501F. Inv. 1810.

Hand, Jonathan, 2692F. Inv. 1846.

Hand, Lawrence, 4053F. Inv. 1876.

Hand, Levi, 5772F. W. 1898.

Hand, Margaret C., 4508F. Inv. 1885.

Hand, Mary A., 4509F. W. 1885. Inv. 1885.

Hand, Nathan, 1291F. W. 1805. Inv. 1806.

Hand, Recompence, 370F. B. 13, p. 530. **Int.** 1769. Inv. 1769. Acct. 1771.

Hand, Richard F., 5337F. W. 1894.

Hand, Samuel, Sr., 3849F. W. 1873. **Inv.** 1873.

Hand, Thomas, Sr., 4895F. W. 1890. **Inv.** 1891.

Handy, Aaron J., 5773F. W. 1898.

Hankins, Albert, 1574F. Inv. 1812.

Hankins, Jacob B., 5028F. Inv. 1891.

Hankins, James P., 5460F. W. 1895.

Hankins, Josiah, Jr., 2874F. Inv. 1851.

Hann, Alfred, 5577F. W. 1896.

Hann, Alfred, Sr., 3910F. W. 1874. **Inv.** 1874.

Hann, Edmund, 2569F. Int. 1842. Inv. 1842. Rcpts. (17) 1842.

Hann, Henry, 2420F. Inv. 1836. Acct. 1836.

Hann, Jeremiah, 3244F. Inv. 1861.

Hann, John, 1436F. Inv. 1808.

Hann, Jonathan, 4445F. W. & Cod. 1884. Inv. 1884.

Hann, Jonathan J., 2104F. W. 1826. Inv. 1826. Acct. 1826.

Hann, Susannah A., 5458F. W. 1895. Inv. 1895.

Hannah, Bethsheba, 2523F. W. 1840. Inv. 1840.

Hannah, David S., 778F. B. 24, p. 258. Wd. 1783.

Hannah, James, 486F. B. 16, p. 81. W. 1773. Inv. 1773. Acct. 1774.

Hannah, Lidia, 487F. B. 14, p. 523. Int. 1773. Inv. 1773.

Hannah, Michael, 281F. B. 11, p. 457. **W.** 1763. Inv. 1763.

Hannah, Preston, 446F. B. 14, p. 505. **Wd.** 1772.

Hannah, Ruth, 488F. B. 14, p. 542. **Wd.** 1773.

Hannah, Samuel, 314F. B. 12, p. 170. **Grd.** 1765.

Hannah, Samuel, 371F. B. 14, p. 125. **Grd.** 1769.

Hannah, Samuel, 407F. B. 15, p. 92. **W.** 1770. Inv. 1770. Acct. 1774.

Hannen, Adam, 2448F. W. 1837. Inv. 1838.

Hannon, Adam, 4191F. Inv. 1880.

Hannon, George F., 3850F. Inv. 1873.

Hannon, John, 2259F. Inv. 1831.

Hannon, John F., 3026F. W. 1855. Inv. 1856.

Hannon, Mary A., 4733F. W. 1888. Inv. 1888.

Hannon, Susanna D., 5953F. W. 1900. Inv. 1900.

Hanthorn, Daniel, 4386F. W. 1883. **Inv.** 1883.

Hanthorn, Isaac, 2449F. W. 1837.

Hanthorn, John, 3172F. W. 1859. Inv. 1859.

Hapner, Elizabeth, 3911F. W. 1874. **Inv.** 1874.

Harding, Jeremiah, 951F. B. 31, p. 61. **W.** 1788. Inv. 1788.

Harding, John, 2544F. W. 1841.

Hardy, James, 4446F. W. 1884. Inv. 1884.

Hargis, David R., 5232F. W. 1893. Inv. 1893.

Harker, Albert J., 5678F. Inv. 1897.

Harker, Elias H., 4829F. Inv. 1889.

Harker, Jonathan, 4658F. W. 1887. **Inv.** 1887.

Harker, Rebecca, 4586F. Inv. 1886.

Harmer, Ann, 2260F. W. 1831. Inv. 1831.

Harmer, Ann, 5850F. W. & Cods. 1899. Inv. 1899.

Harmer, Charles B., 2178F. W. 1828. **Inv.** 1828.

Harmer, Joseph, 1684F. W. 1814. Inv. 1814.

Harmer, Joseph, 2212F. Inv. 1829.

Harmer, Joseph, Jr., 779F. B. 24, p. 258. **Wd.** 1783.

Harmer, Josiah, 2845F. W. 1850. Inv. 1850.

Harmer, Richard A., 2731F. Inv. 1847.

Harper, William, 4322F. W. 1882.

Harrington, Jubol, 3632F. W. 1869.

Harris, Aaron D., 4587F. Inv. 1886.

Harris, Abijah, 2775F. W. 1848. Inv. 1849.

Harris, Alvah, 6124F. W. 1878. Inv. 1878.

Harris, Amariah, 1045F. B. 33, p. 119. **W.** 1793. Inv. 1793.

Harris, Anna, 58F. W. 1750. Inv. 1750.

Harris, Annanias, 3427F. Inv. 1865.

Harris, Benjamin, 618F. B. 19, p. 164. **W.** 1777. Inv. 1777.

Harris, Caroline, 3524F. Inv. 1867.

Harris, Clarissa, 4054F. W. 1876. Inv. 1876.

Harris, Daniel, 569F. B. 18, p. 43. W. 1776. Inv. 1776.

Harris, Daniel, 1111F. B. 37, p. 261. **Grd.** 1797.

Harris, Daniel, 2693F. W. 1846. Inv. 1846.

Harris, David, 408F. B. 14, p. 420; B. 15, p. 75. Int. 1770. Inv. 1770. Ren. 1770. Acct. 1772.

Harris, David, 1986F. W. 1823. Inv. 1824.

Harris, Eleanor, 2946F. W. 1853. Inv. 1853.

Harris, Elizabeth W., 3690F. W. 1870.

Harris, Ephraim, 1062F. B. 35, p. 166. **W.** 1794.

Harris, Ephraim, 1292F. W. 1805. Inv. 1805.

Harris, Ephraim, 2846F. Inv. 1850.

Henderson, Daniel W., 5954F. Inv. 1900.
Henderson, Elizabeth, 5030F. W. 1891. Inv. 1891,
Henderson, James, 4734F. Inv. 1888.
Henderson, John, 3582F. Inv. (2) 1868.
Henderson, Joseph, 2810F. W. 1849. Inv. 1849.
Henderson, Lorenza D., 5341F. W. 1894.
Henderson, Mary, 3062F. W. 1856.
Henderson, Merrick, 2997F. Inv. 1854.
Henderson, Thomas, 2474F. Inv. 1838.
Henderson, Thomas S., 5682F. Inv. 1897.
Henderson, Thomas, Jr., 2292F. Inv. 1832.
Hendrickson, John D., 3028F. Inv. 1855.
Henry, James, Sr., 5234F. W. 1893.
Henry, John, 6209F. Acct. 1788.
Henry, Julia A., 4449F. Inv. 1884.
Henry, William, 3382F. W. 1864. Inv. 1865. Ren.
Hepner, David, 4123F. Inv. 1879.
Hepner, Frederick, 4659F. W. 1887. Inv. 1887.
Hepner, Hannah G., 5343F. W. & Cod. 1894. Inv. 1895.
Hepner, Jacob, 3996F. W. 1877. Inv. 1875, 1877.
Hepner, Jacob, 5342F. Inv. 1894.
Hepner, Lydia A., 4588F. W. 1886. Inv. 1886.
Hering, Abner, 3692F. Inv. 1870.
Heritage, Dorcas C., 3334F. W. 1863. Inv. 1863.
Heritage, Furman, 1339F. Inv. 1806. Repts. 1805.
Heritage, Joseph O., 5852F. Inv. 1809.
Herr, John D., 3913F. Inv. 1874.
Herriman, Almira, 4252F. W. 1881. Inv. 1881.
Herritage, Judah H., 2546F. Inv. 1841.
Herritage, Susan, 2547F. Inv. 1841.
Hess, Deborah, 3173F. Inv. 1859.
Hess, Edmund, 3335F. Inv. (2) 1863.
Hess, Eliza J., 4660F. W. 1887. Inv. 1887.
Hess, Joel C., 5344F. Inv. 1894.
Hess, John, 2450F. Inv. 1837.
Hess, John, 3744F. W. 1871. Inv. 1871.
Hess, John, Sr., 1924F. W. 1821. Inv. 1821.
Hess, Jonas, Jr., 4661F. W. 1887.
Hess, Jonas, Sr., 3336F. W. 1863. Inv. 1863.
Hess, Samuel, 2599F. Inv. 1843.
Hess, Sylvenia, 2875F. W. 1851.
Hetzell, Barnet, Sr., 3852F. W. & Cod. 1873.
Hetzell, Charles, 5775F. W. 1898. Inv. 1898.
Hetzell, Elizabeth, 5128F. W. 1892. Inv. 1893.
Hetzell, Nancy, 5345F. W. 1894. Inv. 1894.
Hetzell, William, 5031F. W. 1891.
Heward, Ephraim, 1262F. Inv. 1804.
Hewitt, Mary A., 5346F. W. 1894. Inv. 1895.
Hewitt, Richard, 5853F. W. 1899.
Hewlings, William, 1197F. B. 39. p. 285. Int. (2) 1801. Inv. 1801. Acct. 1801. Copy of Inv. 1801.
Hibbard, Bushrod, 4124F. Inv. 1879.
Hichner, Jacob, 1183F. B. 39. p. 202. W. 1800. Inv. 1800.
Hicklen, Rachel L., 3633F. W. 1869.
Hickman, Keziah B., 5955F. W. 1900. Inv. 1900.
High, Andrew, 1182F. B. 39. p. 203. Int. 1800. Inv. 1801.
High, Joseph, 1858F. W. 1818. Inv. 1821.
Hildreth, George, 5683F. W. 1897.
Hildrith, Joshua, 815F. B. 26. p. 149. Int. 1784. Inv. 1784.
Hiles, Job, 5956F. W. 1900.

Hill, Thomas, 3245F. Inv. 1861.
Hilyard, Henry, 2999F. Inv. 1854.
Hinderhofer, Elizabeth, 5235F. W. 1893.
Hindley, Charlotte, 3914F. W. 1874. Inv. 1878.
Hines, Henry S., 4901F. Inv. 1890.
Hines, Joseph, 3203F. Inv. 1860.
Hinnin, John W., 733F. B. 23, p. 96. W. 1781. Inv. 1781.
Hinson, Nimrod, 2694F. W. 1846. Inv. 1846.
Hires, Edwin F., 5129F. Inv. 1892.
Hires, George W., 3915F. W. 1874.
Hires, Hannah L., 4832F. W. 1889. Inv. 1889.
Hires, John, Sr., 3471F. W. & Cod. 1866. Inv. 1866.
Hires, John D., 6125F. Inv. 1878.
Hislop, Matilda W., 5347F. W. 1894.
Hitchler, Eliza, 4253F. W. 1881.
Hitchler, Peter, 3286F. Inv. 1862.
Hitchner, Anna, 5032F. W. 1891. Inv. 1891.
Hitchner, Eliza, 5130F. Inv. 1892.
Hitchner, Jeremiah J., 5236F. W. & Cods. 1893. Inv. 1893.
Hitchner, Lewis, 5854F. Inv. 1899.
Hoag, Minerva A., 4735F. Inv. 1888.
Hobart, Amos K., 4325F. Inv. 1882.
Hoelzel, John, 5776F. W. 1898.
Hoelzel, Margareta, 5348F. W. 1894.
Hoffman, Champion H., 4193F. Inv. 1880.
Hoffman, Clement, 3583F. Inv. 1868.
Hoffman, David, 371F. B. 14, p. 125. Wd. 1769.
Hoffman, Eli, 1988F. Inv. 1823. Assignment, receipts (38), note, 1820, 1824, 1828.
Hoffman, Elizabeth, 4902F. W. 1890.
Hoffman, George, 1575F. Inv. 1812. Revocation, 1813.
Hoffman, John, 216F. B. 10, p. 187. W. 1760. Inv. 1760.
Hoffman, Jonas, Sr., 1502F. W. 1810. Inv. 1810.
Hoffman, Jonathan, 2776F. Inv. 1848.
Hoffman, Jonathan, 2811F. Inv. 1849.
Hoffman, Jonathan W., 4326F. Inv. 1882.
Hoffman, Millman, 4056F. Inv. 1876.
Hogbin, Abraham, 1198F. B. 39, p. 414. W. 1801. Inv. 1801.
Hogbin, John W., 4254F. Inv. 1881.
Hohenstatt, Frederick, 5131F. W. 1892. Inv. 1892.
Hohenstatt, Frederick, 5855F. Inv. 1899.
Hohenstatt, Pauline, 5856F. W. 1899. Inv. 1899.
Holden, Daniel, 181F. B. 9, p. 340. Int. 1759. Inv. 1759. Acct. 1762.
Holden, Diantha, 4255F. W. 1881. Inv. 1881.
Holden, Thomas, 816F. B. 26, p. 552. Int. 1784. Inv. 1784.
Holden, William, 3998F. W. 1875. Inv. 1875.
Holebrook, Benjamin, 3916F. W. 1874.
Hollinger, Theophilus, 4057F. Inv. 1876.
Hollinshead, George, 137F. B. 8, p. 282. W. 1756. Inv. 1756.
Hollinshead, James, 1900F. W. 1820. Inv. 1820.
Hollinshead, Mary, 1503F. Inv. 1810.
Hollinshead, Samuel, 1293F. Inv. 1805.
Hollinshead, Samuel, 1685F. Inv. 1814. Settlement, 1816.
Hollis, Charles, 4835F. W. 1889. Inv. 1890.
Hollis, Elizabeth C., 6073F. W. 1877.
Hollon, John, 1471F. Inv. 1809.
Holmes, Abijah, 859F. B. 27, p. 37. W. 1785. Inv. 1785.

Husted, David, 4125F. Inv. 1879.
Husted, Dayton, 3383F. Inv. 1864.
Husted, Elmer, 5352F. Inv. 1894.
Husted, Ephraim, 3853F. W. 1873. Inv. 1873.
Husted, George, 2947F. Inv. 1853.
Husted, Hannah, 2262F. Inv. 1831.
Husted, Henry, 6028F. W. 1803.
Husted, Henry, 2848F. Inv. 1850.
Husted, Henry, 5036F. W. 1891. Inv. 1891.
Husted, Henry N., 4905F. W. 1890. Inv. 1890.
Husted, Hosea, 1989F. W. 1823. Inv. 1823.
Husted, Isaac B., 3586F. Inv. 1868.
Husted, James H., 3746F. Inv. 1871.
Husted, Jeremiah, 905F. B. 28, p. 181. Int. 1786. Inv. 1786.
Husted, Joel, 1092F. B. 36, p. 349. W. 1796. Inv. 1796.
Husted, Joel, 5037F. Inv. 1891.
Husted, John M., 4058F. W. 1876.
Husted, John N., 4387F. Inv. 1883.
Husted, Jonathan, 1742F. Inv. 1815.
Husted, Joseph S., 3747F. W. 1871.
Husted, Mary, 2396F. W. 1835. Inv. 1835.
Husted, Mary, 3854F. Inv. 1873.
Husted, Moses, 954F. B. 31, p. 64. W. 1788. Inv. 1788.
Husted, Moses, 2325F. Inv. 1833.
Husted, Moses, Sr., 490F. B. 16, p. 253. W. 1773. Inv. 1773.
Husted, Reuben, 2179F. Inv. 1828.
Husted, Reuben, 6126F. W. 1878. Inv. 1878.
Husted, Rhoda, 5353F. W. 1894.
Husted, Ruth, 2263F. Inv. 1831.
Husted, Sarah, 1504F. Inv. 1810.
Husted, Sarah, 4666F. W. 1887. Inv. 1887.
Husted, Sarah D., 4834F. Inv. 1889.
Husted, Seth P., 4667F. W. 1887.
Husted, Susan, 4388F. W. 1883. Inv. 1884.
Husted, William, 1341F. Inv. 1805.
Husted, William E., 2935F. Inv. 1854.
Husted, William H., 5134F. Inv. 1892.
Huster, Josiah, 5238F. W. 1893. Inv. 1893.
Huster, Peter, Sr., 3133F. W. 1858. Inv. 1859.
Hutchinson, Abraham, 3246F. Inv. 1861.
Hutchinson, Bacon B., 4195F. W. 1880. Inv. 1880.
Hutchinson, John, 2877F. W. 1851. Inv. 1851.
Hutchinson, Joshua, 3922F. W. 1874. Inv. 1874.
Hutchinson, Modecai, 4736F. W. 1888. Inv. 1889.
Hutchinson, Rebecca, 4836F. Inv. 1889.
Hutton, James, 3923F. W. 1874. Inv. 1874.
Hutton, Mary A. B., 4513F. W. 1885.
Hyner, Robert, 4593F. Inv. 1886.

Indicutt. Barzilla, 2074F. W. 1825. Inv. 1825.
Ingersull, Daniel, 1206F. Inv. 1805.
Ingersull, Joseph, 6182F. Rcpts. (6) 1795.
Ingram, George, Sr., 3924F. W. 1874. Inv. 1874.
Irelan, Ananias, 464F. B. 14, p. 505. Grd. 1772.
Irelan, Ansel, 5135F. Inv. 1892.
Irelan, David, 734F. B. 24, p. 167; B. 25, p. 406. Int. 1781. Inv. 1783. Acct. 1783.
Irelan, David, 1859F. W. 1818. Inv. 1819.
Irelan, Elizabeth, 6016F. W. 1822.
Irelan, Israel, 2203F. W. 1832. Inv. 1832.
Irelan, John, 2181F. Inv. 1828.
Irelan, Joseph, 1264F. Inv. 1804.
Ireland, Ananias, 334F. Grd. 1767.
Ireland, Daniel, 2180F. Inv. 1828.

Ireland, Daniel, 2911F. W. 1852. Inv. 1852.
Ireland, Israel, Micajah, 334F. Wds. 1767.
Ireland, Jacob, 78F. W. 1752. Inv. 1752.
Ireland, Job, 817F. B. 26, p. 138. W. 1784. Inv. 1784.
Ireland, Mary, 101F. Int. 1754. Inv. 1754.
Ireland, Silas, Jr., 155F. B. 9, p. 15. Int. 1758. Inv. 1758.
Ireland, Zachariah, 2475F. Inv. 1838.
Isard, Gabriel, 182F. B. 9, p. 258. W. 1759. Inv. 1759. Acct. 1764.
Iszard, John, 372F. B. 14, p. 10. W. 1769. Inv. 1769.
Ivins, Garrett C., 5136F. Inv. 1892.
Ivins, James, 6077F. W. 1877.
Izard, Michael, 622F. B. 16, p. 523; B. 18, p. 213. Int. 1777. Inv. 1777. Acct. 1779.

Jackson, Isaac, 3174F. Inv. 1859.
Jackson, Mary A., 4737F. W. 1888.
Jacobs, Angelo T., 5958F. W. 1900.
Jacobs, Elizabeth, 4328F. W. 1882.
Jagger, Jonathan, 322F. B. 12, p. 326. Int. 1766. Inv. 1766.
Jaggers, David, 770F. B. 24, p. 258. Grd. 1783.
Jaggars, David, 4668F. W. 1887. Inv. 1887.
Jaggers, Joseph, 5038F. W. 1891.
Jaggers, Leman D., 3636F. W. 1869.
James, Benjamin, 3134F. Inv. 1858.
James, Charles, Jr., 6019F. W. 1848.
James, Deamon, 550F. B. 17, p. 206. W. 1775. Inv. 1775.
James, Elenor, 2215F. W. 1829. Inv. 1829.
James, Elizabeth, 4837F. W. 1889.
James, Hannah L., 5463F. Inv. 1895.
James, Robert, 571F. B. 16, p. 491; B. 18, p. 599. Int. 1776. Inv. 1776. Acct. 1777.
James, Tamson, 1342F. Inv. 1806. Rcpts. 1806.
James, Thomas, 3637F. W. 1868. Inv. 1868.
Jaquith, Samuel, 4196F. Inv. 1880.
Jarman, Azariah, 2422F. Inv. 1836.
Jarman, Eleanor, 780F. B. 25, p. 420. Wd 1783.
Jarman, Eleanor, 979F. B. 30, p. 163. Wd. 1788.
Jarman, Jonathan, 780F. B. 25, p. 420. Grd. 1783.
Jarman, Jonathan, 979F. B. 30, p. 163. Grd. 1789.
Jarman, Lydia, 2360F. Inv. 1834.
Jarman, Reuben, 955F. B. 31, p. 66. W. 1788. Inv. 1788.
Jarman, Richard, 2107F. Inv. 1826.
Jarrel, Bower S., 3430F. Inv. (2) 1865.
Jarrel, Elvira J., 3431F. Inv. 1865.
Jay, Jonathan, 860F. Int. 1785. Inv. 1785.
Jefferis, Asa, 1265F. Inv. 1804.
Jeffers, Mary B., 4451F. W. & Cod. 1884. Inv. 1884.
Jelly, Henry, 623F. B. 16, p. 507; B. 18, p. 496. W. 1777. Inv. 1777. Grd. 1778.
Jenkins, David, 668F. B. 20, p. 211; B. 22, p. 64. W. 1778. Int. 1778. Inv. 1778. Acct. 1779.
Jenkins, Isaac, 5354F. W. 1894. Inv. 1894.
Jenkins, Isaac N., 5239F. Inv. 1893.
Jenkins, John, 4738F. W. 1888.
Jenkins, Nathaniel, 102F. W. 1754. Inv. 1754.
Jenkins, Thomas, 669F. B. 18, p. 691. Wd. 1778.

Keappler, Anna H., 4908F. Inv. 1890.
Keen, Almira, 3434F. W. 1865. Inv. 1865.
Keen, Benjamin, 4741F. W. 1888.
Keen, Caroline D., 4259F. Inv. 1881.
Keen, Elias, 2734F. W. 1847. Inv. 1847.
Keen, Erick, 60F. Int. 1750. Inv. 1750.
Keen, John, 818F. B. 26, p. 125. W. 1784. Inv. 1784.
Keen, John F., 5464F. W. 1895. Inv. 1895.
Keen, Jonas, 1344F. Inv. 1806.
Keen, Suannah, 4909F. W. 1890. Inv. 1890.
Keene, Elias B., 2812F. W. 1849. Inv. 1849.
Keeper, Margaret B., 5138F. W. 1892.
Keith, Julia A., 3856F. W. 1873.
Kelk, Charles, 4059F. W. 1876.
Kelley, Hugh, 3863F. W. 1872. Inv. 1872.
Kellog, Reuben, 1018F. B. 32, p. 281. Int. 1791. Inv. 1791.
Kellogg, Charles F., 4522F. W. 1885. Inv. 1886.
Kellogg, Eliza E., 5781F. W. 1898. Inv. 1898.
Kellogg, George, 3638F. W. 1869.
Kellogg, Reuben, 2813F. Inv. 1849.
Kelly, Margaret, 5780F. W. 1898. Inv. 1898.
Kelly, Thomas, 3292F. Inv. (2) 1862.
Kelly, William, 156F. B. 9, p. 159. W. 1758. Inv. 1758.
Kelsay, Daniel, 2326F. Inv. 1833.
Kelsay, Robert, 980F. B. 30, p. 148. W. 1789. Inv. 1789.
Kelsay, William, 885F. B. 27, p. 47. Grd. 1785. Order 1785.
Kemble, Sarah, 4523F. Inv. 1885.
Kemble, Thomas, 2476F. Inv. 1838, 1839.
Kemble, William, 1184F. W. 1800. Inv. 1800.
Kennedy, Francis, 3472F. Inv. 1866.
Kenney, Ellen, 4452F. W. 1884. Inv. 1884.
Kent, Erasmus, 1538F. Inv. 1811.
Kentee, William, 1395F. Inv. 1807. Rept. 1808.
Ker, Anna, 1579F. W. 1812.
Kerby, Margaret, 6164F. Repts. (17) 1780.
Kershaw, James, 5687F. W. 1897. Inv. 1897.
Kershaw, Mary A., 5688F. W. 1897.
Ketcham, Alfred, 4524F. W. 1885.
Ketchum, William, 2147F. Inv. 1827.
Key, Robert, 4329F. W. 1882.
Keyport, Jacob, 4910F. W. 1890.
Kiefer, Conrad, Sr., 5359F. W. 1894. Inv. 1894.
Kienzle, Gottlieb, 4260F. W. 1881. Inv. 1881.
Kienzle, Jacob, 5465F. W. 1895. Inv. 1895.
Kienzle, J. Christian, 5689F. W. 1897.
Kille, Stephen D., 3857F. W. & Cod. 1873. Inv. 1873.
Kimball, Hiram A., 4911F. W. 1890.
Kimball, Jesse, 4838F. W. 1889.
Kimball, Henry B., 2295F. Inv. 1832.
Kimmy, Callaway, 1266F. Inv. 1804.
Kinsey, John, 2040F. Inv. 1824.
Kincaid, Jane, 2696F. W. 1846. Inv. 1846.
King, George L., 3639F. Inv. 1869.
King, John B., 4261F. W. 1881. Inv. 1881, 1882.
King, Levi, 2659F. W. 1845. Inv. 1846.
Kinnamont, Cecilia, 2951F. Inv. 1853.
Kinne, Lucinda, 5360F. W. 1894.
Kinne, Luther, 4525F. W. 1885.
Kinney, Jacob, 491F. B. 14, p. 545. Int. 1773. Inv. 1773.
Kinney, John, 6181F. Inv. 1801. Acct. 1801. Repts. (4) 1801.
Kinsey, David, 2850F. Inv. 1850.
Kirby, Charles, 4330F. Inv. 1882.

Kirby, Stephen, 757F. B. 24, p. 152. W. & Cod. 1782. Inv. 1782.
Kirk, Alexander H., 5361F. Inv. 1894.
Kirk, Rachel L., 5362F. Inv. 1894.
Knerr, Henry, 3927F. W. 1874. Inv. 1875.
Knight, John, 3384F. Inv. 1864.
Knipe, James J., 3999F. W. 1875.
Knowles, George F., 5859F. W. 1899. Inv. 1899.
Knyre, Matthias, 2814F. Inv. 1849.
Koch, Rosine, 5466F. W. 1895. Inv. 1895.
Koebernik, John M., 5243F. W. 1893.
Kruse, Harmon, 2735F. Inv. 1847.
Kruse, Harmon, 3473F. W. 1866. Inv. 1866.
Kussmaul, Fritz, 3858F. W. 1873.

Lacey, John, 139F. B. 8, p. 315. Int. 1756. Inv. 1756. Ren. 1756.
Lackey, Rebecca A., 5139F. W. 1892.
Ladow, Ambrose, 1185F. B. 39, p. 107. W. 1800.
Ladow, Ambrose, 5860F. Inv. 1899.
Ladow, Charles, 1219F. B. 40, p. 202. Int. 1802. Inv. 1802.
Ladow, Charles, 3093F. W. 1857. Inv. 1857.
Ladow, James, 3528F. Inv. 1867.
Ladow, John T., 5039F. W. 1891.
Ladow, Peter, Sr., 1505F. W. 1810. Inv. 1810.
Ladow, Phebe, 1992F. W. 1823. Inv. 1823.
Ladow, Ruth, 4595F. W. 1886. Inv. 1886.
Ladow, William, 5959F. W. 1900.
Lake, Abigail, 3804F. Inv. 1872.
Lake, Abigail, 5800F. W. 1898. Inv. 1898.
Lake, Abigail R., 4597F. W. 1886.
Lake, Andrew, 2630F. Inv. 1844.
Lake, Beaston, 2660F. Inv. 1845.
Lake, Charles, 2736F. Inv. 1847.
Lake, Charles D., 4912F. W. 1890. Inv. 1890.
Lake, Charles W., 5040F. W. 1891. Inv. 1891.
Lake, John R., 5587F. Inv. 1896.
Lake, Mary, 4000F. W. 1875. Inv. 1876.
Lake, Robert, 2525F. Inv. 1840.
Lake, Robert, 3293F. Inv. (2) 1862.
Lake, Samuel, 5363F. W. 1894. Inv. 1894.
Lamb, Laura C., 5041F. W. 1891.
Lambert, Samuel, 3385F. W. 1864.
Land, William H., 3589F. Inv. 1868.
Landgroff, Francis, 1993F. Inv. 1823.
Landis, Charles K., Sr., 5960F. W. & Cod. 1900. Inv. 1900.
Landis, Mary L., 5588F. W. 1896.
Landis, Michael G., 4331F. W. 1882.
Lane, Alonza F., 4126F. W. 1879.
Langdon, Harriet O., 4453F. Inv. 1884.
Langley, John D., 2697F. W. 1846. Inv. 1846.
Langley, William, Sr., 4127F. W. 1879. Inv. 1879.
Langstaff, George, 2452F. Inv. 1837.
Laning, Benjamin, 6080F. Inv. 1877.
Laning, Daniel L., 6212F. Int. 1859.
Laning, David W., 4391F. Inv. 1883.
Laning, Isaac, Sr., 3474F. W. 1866.
Laning, James, 1925F. Inv. 1821.
Laning, John, 2851F. W. 1850. Inv. 1852.
Laning, John, Sr., 2108F. W. 1826. Inv. 1826.
Laning, Lovisa, 3928F. W. 1874.
Laning, Mary A., 4392F. W. 1883. Inv. 1883.
Laning, Richard, 4199F. W. 1880. Inv. 1880.
Laning, Samuel, 4839F. W. 1889. Inv. 1889.
Laning, William, Sr., 3640F. W. 1870.
Lanning, Eliza A., 4840F. W. 1889. Inv. 1889.
Lapin, Max, 5140F. Inv. 1892.
Lathbury, William, 2398F. Inv. 1835. Repts. 1835.

Lathrop, Elizabeth, 4526F. W. 1885. Inv. 1885.
Latney, John, 1439F. W. 1807. Inv. 1807.
Laubsch, Frederick, 3751F. Inv. 1871.
Laubsch, Louis, 5589F. W. & Cod. 1896.
Lauer, Martin, 4742F. W. 1888. Inv. 1888.
Laurie, John, 4200F. W. 1880. Inv. 1880.
Law, Charles, 4913F. W. 1890. Inv. 1890.
Law, Thomas, 5042F. W. 1891.
Lawler, Elizabeth, 4128F. Inv. 1879.
Lawrance, Anne, 1396F. W. 1807. Inv. 1807.
Lawrance, Daniel, 1030F. B. 34, p. 479. W. 1792.
Lawrance, Nathan, 492F. B. 16, p. 89. W. 1773. Inv. 1773.
Lawrance, Nathan, 693F. B. 21, p. 30. W. 1779. Inv. 1779.
Lawrance, Norton, 946F. B. 31, p. 77. Grd. 1788.
Lawrance, Norton, 1300F. Inv. 1805.
Lawrason, William, 1138F. B. 37, p. 546. Int. 1798.
Lawrence, Azariah, 5043F. Inv. 1891.
Lawrence, Daniel, 1397F. Inv. 1807.
Lawrence, Daniel, 2737F. W. 1847. Inv. 1847.
Lawrence, F. Russell, 5044F. Inv. 1891.
Lawrence, George, 5690F. W. 1897.
Lawrence, Harriet, 2698F. Inv. 1846.
Lawrence, Henry, 782F. B. 25, p. 421. Grd. 1783.
Lawrence, Henry, 3135F. W. & Cod. 1858. Inv. 1860.
Lawrence, Hosea, 716F. B. 22, p. 63. Grd. 1780.
Lawrence, John, 5141F. W. 1892.
Lawrence, Jonathan, 323F. B. 12, p. 327. Wd. 1766.
Lawrence, Jonathan, 625F. B. 18, p. 597. Grd. 1777.
Lawrence, Jonathan, 713F. B. 22, p. 58. Grd. 1780.
Lawrence, Jonathan, 956F. B. 31, p. 76. Int. 1788. Inv. 1789.
Lawrence, Jonathan, Sarah, 716F. B. 22, p. 63. Wds. 1780.
Lawrence, Lemuel, 2548F. W. 1841. Inv. 1841.
Lawrence, Norton, 625F. B. 18, p. 597. Wd. 1777.
Lawrence, Norton, 4454F. W. 1884. Inv. 1884.
Lawrence, Pamelia, 3641F. W. 1869. Inv. 1870.
Lawrence, Samuel F., 5861F. W. 1899.
Lawrence, Violette. Zechariah, 782F. B. 25, p. 421. Wds. 1783.
Lawrence, William, 2296F. Inv. 1832.
Lawrence, William H., 2399F. Inv. 1835.
Lawrence. Zachariah, 1139F. B. 37, p. 544. W. 1798.
Laws, John L., 3929F. W. 1874.
Laycock, Samuel, 2297F. Inv. 1832
Leach, John, 185F. B 9. p 256. Int. 1759. Inv. 1759.
Leach, William W., 5961F. W. & Cod. 1900.
Leak, Hannah, 2041F. W. 1824. Inv. 1824.
Leake, Ann I., 5962F. W. 1900. Inv. 1900.
Leake, Charles, 4332F. Inv. 1882.
Leake, Charles G., 5691F. Inv. 1897.
Leake, David, 1301F. Inv. 1805.
Leake, Elizabeth, 2298F. W. 1832. Inv. 1832.
Leake, Ephraim, 2109F. W. 1826.
Leake, Hannah, 1994F. W. 1823. Inv. 1823.
Leake, Levi, 1926F. Inv. 1821.
Leake, Nathan, 2453F. Inv. 1837.
Leake, Ruth, 2779F. Inv. 1848.

Leake, Samuel, 578F. B. 18, p. 50. Grd. 1776.
Leake, Samuel, 758F. B. 24, p. 158. W. 1782.
Leake, Samuel, 3030F. W. 1874.
Leake, William G., 3590F. W. 1868. Inv. 1869.
Leaming, Priscilla, 6015F. Copy of Will 1828. Division 1823.
Leavitt, Simeon S., 6127F. W. 1878.
Lee, Abel, 2952F. Inv. 1853
Lee, Andrew, 2600F. Inv. 1843.
Lee, Anna, 6128F. W. 1878. Inv. 1878
Lee, Clement J., 4914F. W. 1890. Inv. 1890.
Lee, Francis, 4743F. W. & Cod. 1888. Inv. 1888.
Lee, Isaac, 3642F. Inv. 1869.
Lee, Jane B., 5692F. W. 1897. Inv. 1897.
Lee, John, 2526F. W. 1840. Inv. 1840.
Lee, Lorenzo F., 2780F. W. 1848. Inv. 1848.
Lee, Rhoda, 3136F. W. & Cod. 1858. Inv. 1858.
Lee, Thomas, 759F. B. 24, p. 169, 258. Int. 1782. Inv. 1782. Acct. 1783.
Lee, Thomas, 3033F. W. 1855. Inv. 1856.
Lee, Thomas. 4201F. W. 1880. Inv. 1880.
Lee, Thomas, Jr., 907F. B. 28, p. 184. Wd. 1786
Lee, Thomas, Jr., 2498F. Inv. 1839.
Lee, William, 4915F. W. 1890. Inv. 1890.
Lee, William D., 3475F. Inv. 1866.
Leeds, Jacob, 4001F. Inv. 1875.
Leek, Nathan, 1019F. B. 32, p. 261. W. 1791.
Leek, Recompence, 1200F. B. 39, p. 353. W. 1801. Inv. 1801.
Leek, Recompence, Sr., 38F. W. 1749. Inv. 1749. Certificate 1749.
Lehmann, Gottlieb, 5142F. Inv. 1892.
Lenthecum, Joseph, 2953F. Inv. 1853.
Leschke, Frederick, 5244F. W. 1893.
Leslie, Thomas, 2042F. Inv. 1824.
Lester, Stephen, 735F. B. 24, p. 168. Int. 1781. Inv. 1781.
Levigood, Peter, 354F. B. 13, p. 487. W. 1768. Inv. 1768.
Lewallen, John S., 4916F. W. 1890. Inv. 1890.
Lewis, Abraham, 1689F. W. 1814. Inv. 1814.
Lewis, Dinah, 1927F. Inv. 1821.
Lewis, Isaac, 4129F. Inv. 1879.
Lewis, John, 2184F. Inv. 1828. Acct. 1828.
Lewis, Martha E., 5782F. W. 1898.
Lewis, Warren D., 5862F. Inv. 1899.
Liddell, Mary A., 5590F. W. 1896. Inv. 1897.
Lilly, William H., 5783F. Inv. 1898.
Linnekin, Grace R., 4917F. Inv. 1890.
Linthicum, Edmond, 1745F. Inv. 1815.
Lippincott, Grace, 2477F. W. 1838. Inv. 1838.
Lippincott, Joseph, 2738F. Inv. 1847.
Livermore, Chauncey B., 4455F. Inv. 1884.
Livingston. Robert, 140F. Int. 1756. Inv. 1756.
Lloyd, Ephraim J., 4841F. W. 1889. Inv. 1889.
Lloyd, Mark. 3137F. W. 1858. Inv. 1858.
Lloyd, Orris, 4262F. Inv. 1881.
Lloyd, William, 4130F. W. 1879. Inv. 1879.
Lock, Sarah. 932F. B. 29, p. 183. Int. 1787.
Lock, William, 862F. B. 27, p. 41. Int. 1785. Inv. 1785.
Lockhart, Martha K., 4744F. Inv. 1888.
Loder, Daniel, 2549F. W. 1841. Inv. 1841.
Loder, Daniel, 2954F. Inv. 1853.
Loder, Daniel, Sr., 1186F. B. 39, p. 119. W. 1800. Inv. 1800.
Loder, Elizabeth, 4918F. W. 1890. Inv. 1890.
Loder, Jane, 4596F. W. 1886. Inv. 1886.
Loder, Joseph A., 5693F. Inv. 1897.

Loder, Lemuel, 3138F. Inv. 1858.
Loder, Martin, 3476F. Inv. (2) 1866.
Loder, Martin, 4131F. Inv. 1879.
Loder, Reuben, 717F. B. 24, pp. 166, **172**. Int. 1780. Inv. 1780. Acct. 1781.
Loder, Samuel, 4002F. W. 1875.
Loder, Zenos, 2527F. Inv. 1840. Condition of sale, Rcpts. (3) 1839.
Lodge, Henry H., 4393F. Inv. 1883.
Lodge, Hugh, 2423F. Inv. 1836. Acct. 1836.
Lodge, Jane S., 4670F. W. 1887. Inv. 1887.
Loewendahl, Gertrude, 5467F. W. 1895.
Loewendahl, Israel, 5364F. W. 1894. **Inv.** 1894.
Logue, Amy, 2661F. Inv. 1845.
Logue, James, 5365F. W. 1894.
Logue, James E., 5784F. Inv. 1898.
Long, Constantine, 409F. B. 15, p. 1. Wd. 1770.
Long, David, 374F. B. 14, p. 168. W. 1769. Inv. 1769.
Long, Eli, 3696F. Inv. 1870.
Long, Eli, 5045F. W. 1891.
Long, Grace, 551F. B. 16, p. 478. W. 1775. Inv. 1775.
Long, John, 300F. B. 12, p. 24. W. 1764. Inv. 1764. Acct. 1765.
Long, John, 2631F. Inv. 1844.
Long, Jonathan, 375F. B. 15, p. 4. Wd. 1769.
Long, Joseph, 219F. B. 10, p. 203. W. 1760. Inv. 1760.
Long, Malachi, 573F. B. 18, p. 79. Int. 1776. Inv. 1777.
Long, Malachi, 1580F. W. 1812. Inv. 1813.
Long, Peter, 116F. B. 8, p. 143. W. 1755. Inv. 1755.
Long, Silas, 2499F. W. 1839. Inv. 1839.
Long, Thomas, 2424F. Inv. 1836.
Long, Uriah, 493F. B. 14, p. 542. Wd. 1773.
Loomis, Esther A., 4745F. W. 1888.
Loomis, Joseph R., 5143F. Inv. 1892.
Loper, Arthur, 1472F. Inv. 1809.
Loper, Arthur, 1928F. Inv. 1821.
Loper, Beriah, 3753F. W. 1871.
Loper, Caroline B., 5144F. Inv. 1892.
Loper, Daniel, 1690F. Inv. 1814.
Loper, Elias, 1398F. Inv. 1807.
Loper, Hannah, 3139F. Inv. 1858.
Loper, Harriet W., 5694F. Inv. 1897.
Loper, James, 4263F. W. 1881. Inv. 1881.
Loper, James, Sr., 1031F. B. 34, p. 486. W. 1792.
Loper, John, 2912F. W. 1852. Inv. 1853.
Loper, John, 3294F. Inv. 1862. Rcpts. (16) 1862. Mortgage, 1857. Bond, 1857.
Loper, Jonathan, 1581F. Inv. 1812.
Loper, Jonathan, 5046F. Inv. 1891.
Loper, Levi, 3752F. Inv. 1871.
Loper, Lott, 3477F. Inv. 1866. Acct. **1865**. Lt. 1867.
Loper, Lott, 3859F. Inv. 1873.
Loper, Mark, 5047F. W. 1891. Inv. 1891.
Loper, Matilda, 3529F. Inv. 1867.
Loper, Richard, 3530F. Inv. 1867.
Loper, Ruth, 5785F. W. 1898.
Loper, Samuel, 3643F. Inv. 1869.
Loper, Uriah, 1399F. Inv. 1807.
Loper, Uriah, 2110F. Inv. 1826.
Loper, Uriah, 4527F. Inv. 1885.
Loper, Uriah, Sr., 4542F. Inv. 1885.
Loper, William C., 5591F. W. 1896 **Inv.** 1896.
Lorance, Jonathan, 95F. Grd. 1754.

Lorance, Jonathan, 96F. Grd. 1754.
Lorance, Jonathan, 299F. B. 12, p. 6. **Int.** 1764. Inv. 1764.
Lord, Absalom, 1790F. Inv. 1816.
Lord, Absalom, 4132F. Inv. 1879.
Lord, George, 718F. Inv. 1780.
Lord, Joseph, 335F. B. 13, p. 155. W. 1767. Inv. 1767.
Lord, Joseph, 3295F. W. 1862.
Lore, Abigail, 2043F. W. 1824. Inv. **1824**.
Lore, Addington, 4003F. Inv. 1875.
Lore, Ann, 3386F. W. 1864.
Lore, Charles S., 5967F. Inv. 1900.
Lore, Dan, 1218F. B. 40, p. 33. Int. 1802. Inv. 1802.
Lore, Daniel, 933F. B. 29, p. 181. W. 1787.
Lore, David, 1140F. B. 38, p. 173. W. 1798.
Lore, David, 4598F. Inv. 1886.
Lore, David, 5592F. W. 1896. Inv. 1896.
Lore, David, Sr., 2955F. W. 1853. Inv. 1853.
Lore, Deborah, 4060F. Inv. 1876.
Lore, Dollas, 1582F. Inv. 1812. Division of Land, 1828.
Lore, Elizabeth, 1400F. Inv. 1806.
Lore, Elizabeth, Gideon, 736F. B. **24**, p. **170**. Wds. 1781.
Lore, Ephraim, 187F. B. 9, p. 227. W. 1759. Inv. 1759.
Lore, Ephraim, 1827F. Inv. 1817.
Lore, Ethan, 2739F. W. 1847. Inv. 1847.
Lore, Frazur, 3205F. Inv. 1860.
Lore, Gilbert C., 4061F. Inv. 1876.
Lore, Harriet, 5963F. W. 1900. Inv. 1900.
Lore, Hezekiah, 410F. B. 14, p. 331. W. 1770. Inv. 1770.
Lore, Hezekiah, 1201F. B. 40, p. 33. Int. 1801. Inv. 1802.
Lore, Ichabod, 2781F. W. 1848. Inv. 1848.
Lore, Ichabud, 376F. B. 14, p. 119. W. 1769. Inv. 1769.
Lore, Isaac, 1345F. W. 1806. Inv. 1806.
Lore, John, 1746F. Inv. 1815.
Lore, John, 3531F. Inv. 1867.
Lore, John, Jr., 1474F. Inv. 1809.
Lore, John E., 2740F. W. 1847. Inv. 1847.
Lore, Jonathan, 957F. B. 31, p. 67. W. 1788. Inv. 1788.
Lore, Jonathan, 1506F W. 1810. Inv. 1810.
Lore, Jonathan, Jr., 2571F. Inv. 1842.
Lore, Jonathan, Sr., 2956F. W. 1853. Inv. 1853.
Lore, Nathaniel, 736F. B. 24, p. 170. Grd. 1781.
Lore, Nathaniel, Sr., 3860F. Inv. 1873.
Lore, Rhoda, 3000F. Inv. 1854.
Lore, Richard, 934F. B. 29, p. 180. W. 1787. Inv. 1787.
Lore, Richard, 4599F. W. & Cod. 1886.
Lore, Rosel, 737F. B. 24, p. 170. Wd. 1781.
Lore, Ruth, Sarah, 552F. B. 15, p. 536. Wds. 1775.
Lore, Sarah S., 3532F. W. 1867. Inv. 1867.
Lore, Seth, 719F. B. 22, p. 25; B. 24, p. 171. Int. 1780. Inv. 1780. Acct. 1780.
Lore, Seth, Jr., 426F. B. 15, pp. 108, 532. Int. 1771. Inv. 1771. Acct. 1775.
Lore, Seth, Jr., 552F. B. 15, p. 536. Grd. 1775.
Lore, Uriah, 3478F. W. 1866. Inv. 1866.
Lore, Warrington, 2878F. Inv. 1851. Acct. 1851.
Lore, William, 447F. B. 15, p. 319; B. 24, p. 172. W. 1772. Inv. 1772. Acct. 1781.
Lore, William, 2327F. Inv. 1833. Note 1833.

Lore, William C., 2478F. Inv. 1838.
Lore, William C., 5786F. W. 1898. Inv. 1898.
Lott, Ellen M., 5593F. Inv. 1896.
Lott, Richard, 5787F. W. 1898.
Lott, Richard, Sr., 5048F. Inv. 1891.
Loud, Nancy P., 5964F. W. & Cod. 1900. Inv. 1900.
Loughran, James, 5965F. W. 1900.
Loveland, Adaline A., 4919F. W. 1890. Inv. 1891.
Loveland, Anthony S., 5966F. Inv. 1900.
Loveland, John, Jr., 2328F. Inv. 1833.
Low, David, 783F. B. 24, p. 257; B. 26, 154. W. 1783. Inv. 1783. Acct. 1784.
Low, Henry W., 5968F. W. 1900.
Low, Robert, 377F. B. 13, p. 496; B. 15, p. 12. Int. 1769. Inv. 1769. Acct. 1770.
Low, William, 1032F. B. 34, p. 472. W. 1792. Inv. 1792. Pt. 1794.
Lowerre, Benjamin H., 4394F. W. 1883.
Loyd, Ephraim, 373F. B. 13, p. 529. Grd. 1769.
Loyd, Joseph T., 5049F. W. 1891. Inv. 1891.
Ludlam, Anna, 3591F. W. 1868. Inv. 1869.
Ludlam, Ephraim, 1691F. Inv. 1814.
Ludlam, Joseph, 1929F. Inv. 1821.
Ludlam, Norton, 963F. B. 31, p. 77. Grd. 1788.
Ludlam, Peter G., 4202F. W. 1880. Inv. 1880.
Ludlam, Providence, 1033F. B. 34, p. 476. W. 1792. Inv. 1792.
Ludlam, Providence, 3592F. W. 1868. Inv. 1868.
Ludy, Jacob, 6129F. W. 1878.
Lummis, Daniel, 574F. B. 18, p. 80. Int. 1776. Inv. 1777. Ren. 1776.
Lummis, David, 1401F. Inv. 1807.
Lummis, David, Sr., 3387F. W. 1864.
Lummis, Ebenezer, 923F. B. 28, p. 183. Grd. 1786.
Lummis, Ebenezer, Sr., 1220F. B. 40, pp. 32, 121. W. 1802. Inv. 1802.
Lummis, Edward, 575F. B. 18, pp. 519, 690. W. 1776. Inv. 1777. Acct. 1777.
Lummis, Edward, Sr., 1995F. W. 1823. Inv. 1823.
Lummis, Ephraim, 2044F. W. 1824. Inv. 1824.
Lummis, Ephraim, Jr., 1632F. W. 1813. Inv. 1813.
Lummis, Esther, 626F. B. 18, p. 476. Int. 1777. Inv. 1777. Acct. 1777.
Lummis, John, 1475F. W. 1809. Inv. 1809.
Lummis, Jonathan, 576F. B. 16, p. 497. Int. 1776. Inv. 1776.
Lummis, Jonathan, 1539F. Inv. 1811.
Lummis, Lydia, 1583F. Inv. 1812.
Lummis, Manoah, 1163F. B. 38, p. 489. W. 1799.
Lummis, Margaret, 3206F. W. 1860. Inv. 1860.
Lummis, Martha P., 5863F. Inv. 1899.
Lummis, Mary, 2045F. W. 1824. Inv. 1825.
Lummis, Patience, 2046F. Inv. 1824.
Lummis, Phebe, 670F. B. 16, p. 515. Int. 1778.
Lummis, Samuel, 61F. W. 1750. Inv. 1750. Acct. 1751.
Lummus, Daniel, 378F. B. 14, p. 7; B. 15, p. 12. W. 1769. Inv. 1769. Acct. 1770.
Lupton, Benjamin, 803F. B. 26, p. 152. Grd. 1784.
Lupton, Benjamin, 1066F. B. 35, p. 167. W. 1794. Inv. 1794.
Lupton, Cornelius, 3140F. W. 1858.
Lupton, Daniel, 1093F. B. 36, p. 343. W. 1796.

Lupton, Daniel, 2047F. Inv. 1824.
Lupton, Daniel, 4395F. Inv. 1883.
Lupton, Henry B., 4528F. W. 1885.
Lupton, John, 4396F. W. 1883. Inv. 1883.
Lupton, Mary, 3697F. W. 1870.
Lupton, Nathan, 427F. B. 15, p. 197. W. 1771. Inv. 1771.
Lupton, Nathan, 1115F. B. 37, p. 260. Int. 1797. Inv. 1797.
Lupton, Phineas, 3437F. Inv. 1865.
Lyford, Emily H., 4842F. W. 1889. Inv. 1890.
Lyon, Caroline A., 5145F. W. 1892. Inv. 1892.
Lyon, Lewis, 4746F. W. 1888.
Lyons, Theresa A., 5969F. W. 1900.
Lyons, William B., 3805F. W. 1872.

Mabbett, Truman, Sr., 5050F. W. 1891.
Macclain, James, 1633F. W. 1813. Inv. 1813.
Macdermott, Eliza, 4843F. W. 1889.
Macdonald, David, 4019F. W. 1877.
Macdonald, David, Jr., 4004F. Inv. 1875.
Mackay, John, 379F. B. 13, p. 530. Int. 1769.
Madden, Cooper, 2572F. Inv. 1842.
Madden, Hosea, 1996F. Inv. 1823.
Madden, Loviania, 4333F. W. 1882.
Madden, William, 1997F. Inv. 1823.
Madden, William, Sr., 3861F. W. 1873. Inv. 1873.
Maddens, George, 1880F. W. 1819. Inv. 1819.
Madkiff, William, 627F. B. 18, p. 598. Int. 1777. Inv. 1777.
Magee, James, 503F. B. 14, p. 543. Grd. 1773.
Magee, Thomas, 863F. B. 27, p. 40. Int. 1785.
Magongal, Thomas D., 5245F. W. 1894. Inv. 1894.
Magonigal, Matilda, 5864F. W. 1899. Inv. 1899.
Mahon, John, 2601F. Inv. 1843.
Maier, John, 5865F. W. and Cod. 1899. Inv. 1899.
Maillard, Louis, 2573F. Inv. 1842.
Mailly, Hamilton, 5866F. W. 1899.
Maine, Ralph H., 4600F. W. 1886. Inv. 1886.
Maison, William P., 5695F. W. 1897.
Mall, Benjamin, 1034F. B. 34, p. 480. W. 1792. Inv. 1792.
Mall, John, 1402F. Inv. 1807.
Mall, Robert, 188F. B. 9, p. 338. W. 1759. Inv. 1759.
Manks, William M., 5366F. Inv. 1894.
Manly, Ann W., 5247F. W. 1893.
Mapes, Joseph R., 5246F. W. 1893.
Marauda, John S., 5146F. W. 1892.
Marple, Mary, 6081F. W. 1877. Inv. 1877.
Marryott, Jonathan D., 1747F. W. 1815. Inv. 1815.
Marryott, Samuel, 2235F. Inv. 1830.
Marshall, Anna E., 5147F. W. 1892. Inv. 1894.
Marshall, Daniel, 4747F. W. 1888.
Marshall, George B., 5696F. W. 1897.
Marshall, Randal, 2550F. W. 1841.
Marshall, Ruth, 2217F. W. 1829.
Marshall, Thomas, 3593F. Inv. 1868.
Marsland, Philip C., 6082F. W. 1877.
Martin, Anna M., 5148F. W. 1892. Inv. 1892.
Martin, Henry C., 4920F. W. 1890.
Marts, Elijah B., 3806F. Inv. 1872.
Marts, George S. W., 3296F. Inv. 1862.
Marts, James P., 2574F. Inv. 1842.
Marts, Jonathan, 3862F. W. 1873.
Marts, Joseph, 4514F. Inv. 1885.
Marts, Zephenia, 1098F. Inv. 1823.
Maryott, Thomas I., 2454F. Inv. 1837.
Maskell, Abijah, 1403F. Inv. 1807.

Maskell, Daniel, 917F. B. 28, p. 184. Grd. 1786. Tr. 1786.
Maskell, Esther, 1302F. W. 1805. Inv. 1805.
Maskell, Sarah, 1748F. W. 1815. Inv. 1815.
Maskell, Thomas, 1267F. W. 1804. Inv. 1805.
Mason, Charles H., 4748F. W. 1888. **Inv.** 1888.
Mason, David L., 5594F. W. 1896. **Inv.** 1896.
Mason, Elizabeth, 4133F. Inv. 1879.
Mason, Miriam H., 4921F. W. & Cod. 1890. Inv. 1890.
Mason, William, 1268F. W. 1804. Inv. 1804.
Mason, William W., 3863F. W. 1873. **Inv.** 1873.
Massey, Nicholas, 760F. B. 24, p. **170**. **Int.** 1782.
Massey, Thomas, 1046F. B. 33, p. **121**. **W.** 1793. Inv. 1793.
Massie, William, 1584F. Inv. 1812.
Mathis, Eli, 4456F. W. 1884. Inv. **1885.**
Matier, Mary, 3864F. W. 1873. Inv. **1873.**
Matlack, Solomon, 3533F. Inv. 1867.
Matthews, Gideon R., 3644F. Inv. 1869.
Matthews, James, 1791F. Inv. 1816.
Matthews, John, 2148F. Inv. **1827.**
Matthews, John, 2329F. Inv. 1833.
Matthews, Permelia G., 4922F. W. 1890.
Mattison, Harris B., 3034F. W. 1855. **Inv.** 1856.
Mattison, Joseph, 2815F. W. 1849. **Inv. 1849.**
Mattox, Luke, 801F. B. 26, p. 151. **Grd.** 1784.
Maul, Alexander, 694F. B. 22, p. 55. **Wd.** 1779.
Maul, Asbury, 2603F. Inv. 1843.
Maul, Benjamin, 577F. B. 18, p. 100. **W.** 1776. Inv. 1776.
Maul, Benjamin, 2551F. W. 1841. Inv. 1842.
Maul, Benjamin, Robert, 695F. B. 22, p. 56. Wds. 1779.
Maul, David, 2782F. Inv. 1848.
Maul, David, 4457F. W. 1884.
Maul, Elizabeth, 2076F. Inv. 1825.
Maul, Jeremiah, 695F. B. 22, p. 56. **Grd.** 1779.
Maul, Jeremiah, 935F. B. 29, p. 168. W. **1787.** Inv. 1787.
Maul, John, 696F. B. 22, pp. 31, 68. Int. **1779.** Inv. 1779. Acct. 1779.
Maul, John, 2111F. Inv. 1826.
Maul, John, Jr., 697F. B. 22, p. 62. Wd. 1779.
Maul, John G., 1692F. Inv. 1814.
Maul, Mary, 1693F. Inv. 1814.
Maul, Phebe, 3207F. W. & Cod. 1860. Inv. 1861.
Maul, Robert R., 5697F. Inv. 1897.
Maul, Roda, 698F. B. 22, p. 55. Wd. 1779.
Maul, William, 6216F. Inv. 1789. Agreement 1792. Rcpts. (10) 1789.
Maxham, Benjamin D., 5867F. W. 1899. Inv. 1899.
Maxham, Jerusha W., 5970F. W. 1900. Inv. 1900.
Maybold, George, 761F. B. 24, p. 156. W. 1782.
Mayerlen, Charles, 4307F. Inv. 1883.
Mayhew, Abraham, 3338F. W. 1863. Inv. 1864.
Mayhew, Ananias, 3207F. W. 1862. Inv. 1862.
Mayhew, David, 3339F. Inv. 1863.
Mayhew, Ezekiel, 3176F. Inv. 1859.
Mayhew, Ezekiel, 4134F. Inv. 1881.
Mayhew, Hannah, 5367F. Inv. 1894.
Mayhew, Isaac, 1303F. Inv. 1805.
Mayhew, Isaac, 2361F. Inv. 1834.

Mayhew, Isaac, 3931F. Inv. 1874.
Mayhew, Israel, 2048F. Inv. 1824.
Mayhew, James, 5051F. Inv. 1891.
Mayhew, John, 2077F. Inv. 1825.
Mayhew, Margaret, 5368F. W. 1894.
Mayhew, Mary, 4264F. Inv. 1881.
Mayhew, Rachel S., 5971F. Inv. 1900.
Mayhew, Ruth H., 5149F. W. 1892. Inv. 1892.
Mayhew, Samuel, Sr., 3479F. W. 1866.
Mayhew, Thomas, 2575F. Inv. 1842.
Mayhew, Uriah, 1240F. B. 40, p. 370. Int. 1803. Inv. 1803.
Mayhew, Uriah, 4923F. W. 1890. Inv. 1890.
Maylin, Edward W., 4265F. W. 1881.
McAvoy, Edward, 5788F. Inv. 1898.
McBride, David, 5369F. W. 1894. Inv. 1894.
McBride, Lewis, Sr., 3388F. W. 1864. Inv. 1865.
McCalla, Aulay, 1202F. B. 39, p. 487. Int. 1801.
McCalla, Hannah, 1694F. Inv. 1814.
McCarty, Martha A., 5468F. W. 1895. Inv. 1895.
McCarty, Samuel, 5469F. W. 1895. Inv. 1895.
McChesney, James, 3755F. W. 1871. Inv. 1874.
McChesney, Mary M., 3678F. W. 1870.
McChesney, Samuel, 864F. B. 27, p. 41. Int. 1785. Inv. 1785.
McChesney, William, 3248F. Inv. 1861.
McClintock, William, 1440F. Inv. 1808.
McClong, James, 2236F. Inv. 1829.
McClong, Susan, 4334F. W. 1882.
McClure, James T., 5150F. W. 1892. Inv. 1892.
McConaghy, John, 3457F. W. & Cod. 1866.
McConnel, Michael, 1881F. W. 1819. **Inv.** 1820.
McCormick, Isaac W., 5595F. Inv. 1896.
McCoy, Charles, 4924F. Inv. 1890.
McDermott, Laurence H., 5868F. W. 1899.
McDonald, William, 1404F. Inv. 1807.
McDougall, Jane A., 5370F. W. 1894. **Inv.** 1894.
McDougall, John W., 4335F. W. 1882. **Inv.** 1882.
McDuffee, Daniel, 3249F. W. 1861. Inv. 1861.
McElroy, Thomas, 1405F. Inv. 1807.
Mcferson, James, 3341F. W. 1863. Inv. 1863.
McGalliard, Amy, 5249F. Inv. 1893.
McGalliard, Anna A., 4336F. Inv. 1882.
McGalliard, James, 2521F. W. 1840.
McGear, Charles P, 5596F. W. 1896.
Mcgear, Hugh, S., 4266F. W. 1881.
McGear, John, 4062F. Inv. 1875.
McGear, John S., 4005F. W. 1875. Inv. (2) 1875.
McGear, Samuel E., 5789F. W. 1898.
McGear, William H., Sr., 5151F. W. 1892. Inv. 1892.
McGee, Ephraim, 2049F. Inv. 1824.
McGee, Mary, 2185F. Inv. 1828.
McGee, Robert, 1999F. W. 1823. Inv. 1824.
McGee, William, 2265F. Inv. 1831.
McGeer, Hugh, 2050F. Inv. 1824.
McGeorge, William, Sr., 5371F. W. 1894. **Inv.** 1895.
McGlaughlin, George, 720F. B. 22, p. 165; B. 25, p. 421. W. 1780. Inv. 1780. Acct. 1782.
McHenry, John, Sr., 5052F. W. 1891. **Inv.** 1891.
McIntosh, John, 2662F. Inv. 1845.
McKeag, Benjamin F., 5972F. Inv. 1900.
McKeag, John, 3063F. W. 1856. Inv. 1856.

McKeage, John, 2078F. Inv. 1825.
McKee, Hugh, 1020F. B. 32, p. 281. Int. 1791. Inv. 1791.
McKee, James, 1792F. Inv. 1816.
McKee, John, 3865F. Inv. 1873.
McKnight, Mary, 1860F. Inv. 1818.
McKnight, Samuel, 428F. B. 15, p. 107. Int. 1771. Inv. 1771.
McLaen, James, 3866F. Inv. 1873.
McLaen, Mary A., 5248F. W. 1893. Inv. 1893.
McLaen, Robert, 3094F. W. 1857.
McLaughlin, James, 4925F. Inv. 1890.
McLaughlin, Mary, 4398F. W. 1883.
McLaughlin, Robert, 3932F. W. 1874.
McLaughlin, William, 411F. B. 15, p. 6. Int. 1770. Inv. 1770.
McMahon, Charles, 1441F. Inv. 1808.
McNab, James, 6083F. Inv. 1877.
McNichols, James, 4203F. Inv. 1880.
McPherson, Elmer, 3340F. Inv. 1863.
McQueen, Hannah, 3035F. W. 1855. Inv. 1855.
McQueen, John, 578F. B. 18, p. 50. Wd. 1776.
McQueen, John, 1304F. Inv. 1805.
Mears, Charlotte J., 5152F. W. 1892. Inv. 1892.
Meek, William, 522F. B. 16, p. 373. W. 1774. Inv. 1774.
Meguire, Hugh, 1442F. Inv. 1808. Rcpt. 1806.
Mehlman, Frederick, 5472F. Inv. 1895.
Mench, Peter, 1305F. Inv. 1805.
Menz, Frank X., 4845F. W. 1889.
Menz, John B., 4926F. W. 1890. Inv. 1890.
Merriot, John Rhodes, 958F. B. 31, p. 76. Int. 1788. Inv. 1788.
Merritt, William, 1828F. Inv. 1817.
Merseilles, Eden, 1446F. Inv. 1808.
Merseilles, Elizabeth, 3001F. W. 1854.
Merseilles, Hugh R., 3250F. Inv. 1861.
Merwin, Irene B., 5053F. W. 1891.
Messec, William C., 4063F. Inv. 1876.
Messick, Joel, 3480F. Inv. 1866.
Messick, Joel, 4399F. Inv. 1883.
Messick, Rhoda, 4337F. W. 1882. Inv. 1882.
Meyers, Charles G., 4605F. Inv. 1886.
M'Gear, Ella F., 5470F. W. 1895.
Mickel, Daniel, 1080F. B. 36, p. 101. W. 1795.
Mickel, Joseph, 738F. B. 24, p. 167. Int. 1781. Inv. 1781.
Mickel, Margaret, 1443F. Inv. 1808.
Mickel, Rachel, 5471F. Inv. 1895.
Mickle, Rachel, 1634F. W. 1813. Inv. 1814.
Middleton, Nathan, 1116F. B. 37, p. 260. Int. 1797. Inv. 1797.
Middleton, Nathan, 6217F. Acct. 1815.
Middleton, William H., 4846F. Inv. 1889.
Miflin, Perry, 1406F. Inv. 1807.
Millard, Eunice, 5473F. W. 1895. Inv. 1895.
Millard, John E., 4064F. W. 1876.
Millard, Abigail B., 3439F. W. 1865.
Miller, Abraham, 1346F. Inv. 1806.
Miller, Ann, 3389F. W. 1864.
Miller, Anna, 1695F. Inv. 1814.
Miller, Anne W., 4400F. W. 1883. Inv. 1883.
Miller, Catharine, 819F. B. 26, p. 153. Wd. 1784.
Miller, Catharine, 1347F. Inv. 1806.
Miller, Charlotte, 2362F. Inv. 1834.
Miller, Catharine, George, Jr., 959F. B. 31, p. 77. Wds. 1788.
Miller, Christianna, Hannah, 762F. B. 24, p. 171. Wds. 1782.

Miller, Clara L., 5869F. W. 1899. Inv. 1900.
Miller, Charles S., 3251F. W. 1861. Inv. 1861.
Miller, David T., 4927F. W. 1890. Inv. 1890.
Miller, Ebenezer, 441F. B. 14, p. 424. Grd. 1772.
Miller, Ebenezer, 523F. B. 16, p. 307. W. 1774. Inv. 1774.
Miller, Ebenezer, 2112F. Inv. 1826.
Miller, Eli, 3298F. Inv. (2) 1862.
Miller, Elizabeth, 2113F. W. 1826. Inv. 1826.
Miller, George, 4458F. W. 1884. Inv. 1884.
Miller, George, Jr., 784F. B. 25, p. 421. Wd. 1783.
Miller, George H., 4847F. Inv. 1889.
Miller, Hannah, 936F. B. 29, p. 184. Wd. 1787.
Miller, Hannah, 2079F. Inv. 1823.
Miller, Hannah A., 5597F. W. 1896. Inv. 1896.
Miller, Henry F., 5870F. W. 1899. Inv. 1899.
Miller, Isaac, 1930F. W. 1821. Inv. 1821.
Miller, Israel, 1901F. W. 1820. Inv. 1821.
Miller, Israel, 5054F. W. 1891. Inv. 1891.
Miller, Jacob, 694F. B. 22, p. 55. Grd. 1779.
Miller, Jacob, 698F. B. 22, p. 55. Grd. 1779.
Miller, Jacob, 784F. B. 25, p. 421. Grd. 1783.
Miller, Jacob, 819F. B. 26, p. 153. Grd. 1784.
Miller, Jacob, 936F. B. 29, p. 184. Grd. 1787.
Miller, Jacob, 937F. B. 29, p. 174. W. 1787.
Miller, Jacob, 1829F. Inv. 1817.
Miller, Jacob, 5154F. Inv. 1892.
Miller, Jacob F., 4671F. W. 1887.
Miller, James, 5790F. W. 1898. Inv. 1899.
Miller, Jeremiah, 448F. B. 14, p. 508. Int. 1772. Inv. 1772.
Miller, Joel, 2186F. Inv. 1828.
Miller, John, 40F. W. 1749. Int. 1749. Inv. 1749.
Miller, John, 105F. Grd. 1754.
Miller, John, 252F. Grd. 1761.
Miller, John, 449F. B. 14, p. 432; B. 15, p. 498. W. 1772. Inv. 1772. Acct. 1774.
Miller, John, 1954F. Inv. 1822.
Miller, John, 2479F. Inv. 1838.
Miller, John, 2576F. W. 1842. Inv. 1842.
Miller, John, 2663F. Inv. 1845.
Miller, John, 3141F. W. 1858. Inv.-1861.
Miller, John, Jr., 2913F. Inv. 1852. Rcpts. 1851.
Miller, John, Sr., 1269F. W. 1804. Inv. 1804.
Miller, John L., 3867F. W. 1873. Inv. 1873.
Miller, John W., 5871F. Inv. 1899.
Miller, Joseph, 2218F. W. 1829. Inv. 1830.
Miller, Joseph, 2632F. W. 1844. Inv. 1845.
Miller, Joseph, 3095F. Inv. 1857.
Miller, Lawrence, 4928F. W. 1890. Inv. 1890.
Miller, Maria, Catharine, Margaret, 6168F. Wds. Accts. (6) 1822. Rcpts. (42) 1822.
Miller, Mary, 1585F. W. 1812. Inv. 1812.
Miller, Mary, 3036F. W. 1854. Inv. 1855.
Miller, Mary A., 3481F. Inv. 1866.
Miller, Matthias, 785F. B. 24, p. 249. W. 1783. Inv. 1783.
Miller, Matthias R., 3177F. W. 1859.
Miller, Matthias R., 3645F. Inv. 1869.
Miller, Michael, 1306F. Inv. 1805. Rcpts. (37) 1805.
Miller, Moses, 3342F. Inv. (2) 1863.
Miller, Nathan, 1141F. B. 38, p. 170. W. 1798.
Miller, Oliver, 1830F. Inv. 1817.
Miller, Phebe, 3646F. Inv. 1869.

Miller, Rebecca, 2816F. Inv. 1849.
Miller, Samuel, 739F. B. 24, p. 141. W. 1781. Inv. 1781.
Miller, Samuel, 3208F. Inv. 1860.
Miller, Samuel F., 5872F. Inv. 1899.
Miller, Simon, 3933F. W. 1874. Inv. 1874.
Miller, Stephen, 2000F. Inv. 1823.
Miller, Susannah, 41F. W. 1749.
Miller, Thomas H., Sr., 5153F. W. 1892.
Miller, William, 779F. B. 24, p. 258. Grd. 1783.
Miller, William, 1444F. W. 1808. Inv. 1809.
Miller, William H., 4601F. W. 1886.
Miller, William H., 4606F. Inv. 1886.
Miller, William S., 5598F. W. 1896. Inv. 1896.
Mills, Benoni, 1348F. Inv. 1806.
Mills, Charles, 1445F. Inv. 1807.
Mills, David, 524F. B. 15, p. 514; B. 18, p. 601. Int. 1774. Inv. 1774. Acct. 1777.
Mills, David, 1203F. B. 39, p. 354. W. 1801. Inv. 1801. Rcpts. (24). Acct. 1801.
Mills, David, 1696F. Inv. 1814.
Mills, David, 2425F. Inv. 1836.
Mills, Ephraim, 671F. B. 20, p. 88. W. 1778. Inv. 1778.
Mills, Isaac, 450F. B. 15, p. 316. W. 1772. Inv. 1772.
Mills, Jeremiah, 799F. B. 26, p. 152. Grd. 1784.
Mills, Jeremiah P., 5599F. W. 1896. Inv. 1897.
Mills, John, 39F. Int. 1748. Inv. 1748.
Mills, John, Jr., 798F. B. 27, p. 47. Grd. 1785. Tr. 1785.
Mills, Jonathan, 42F. Grd. 1749.
Mills, Mary, 2187F. Inv. 1828.
Mills, Richard, 336F. B. 13, p. 159. W. 1767. Int. 1767. Inv. 1768. Ren. 1767.
Mills, Richard, 1081F. B. 36, p. 98. W. 1795.
Mills, Richard, 1349F. W. 1806. Inv. 1807.
Mills, Ruth A., 4515F. W. 1885. Inv. 1885.
Mills, Samuel, 1003F. B. 30, p. 275. W. 1790.
Milson, James, 2114F. Inv. 1826.
Minch, Adam, 820F. B. 26, p. 127. W. 1784. Inv. 1784.
Minch, Adam, 4929F. W. & Cods. 1890. Inv. 1890.
Minch, Benjamin, 2401F. Inv. 1835.
Minch, Christian, 2330F. Inv. 1833.
Minch, David, 3756F. Inv. 1871.
Minch, Elizabeth Q., 4267F. W. 1881. Inv. 1881.
Minch, Joseph A., 5873F. Inv. 1899.
Minch, Michael, 3934F. W. 1874.
Minch, Raymond F., 4749F. Inv. 1888.
Minch, Richard, 4204F. W. & Cod. 1880. Inv. 1880.
Mints, John, 4135F. W. 1879. Inv. 1880.
Mints, Philip, 1407F. Inv. 1807.
Miskelly, William, Sr., 5055F. W. 1891. Inv. 1891.
Misskelly, Joseph, 5250F. W. 1893.
Misskelly, Samuel, 5874F. W. 1899.
Mitchell, Clinton C., 5875F. W. 1899.
Mitchell, Mary A., 4516F. W. 1885. Inv. 1885.
Mitchell, Polly B., 4750F. W. 1888. Inv. 1889.
Mitchell, Richard, Sr., 3698F. W. 1870. Inv. 1870.
Mitchell, Sarah P., 4751F. W. 1888. Inv. 1889.
Mitchell, William, 4136F. Inv. 1879.
Mixner, Edith, 5251F. W. 1893.
Mixner, John, 2604F. Inv. 1843.
Mixner, John B., 4268F. Inv. 1881.

Moffett, Thomas C., 3252F. Inv. 1861.
Montgomery, Robert, 1142F. B. 37, p. 477. W. 1798. Inv. 1798.
Montgomery, Robert, 2051F. W. 1824. Inv. 1825.
Moody, Alphonso F., 3935F. W. 1874.
Moore, Aaron, 908F. B. 28, p. 165. W. 1786. Inv. 1786.
Moore, Aaron, 1241F. B. 40, p. 369. Int. 1803. Inv. 1803.
Moore, Albert, 3807F. Inv. 1872.
Moore, Alexander, 3343F. Inv. 1863.
Moore, Alexander, Sr., 960F, 6014F. B. 29, p. 154. W. 1787. Inv. 1788. Release 1787.
Moore, Anne, 2001F. Inv. 1823.
Moore, Anne, Sarah, 909F. B. 28, p. 184. Wds. 1786. Tr. 1786.
Moore, Benjamin F., 3002F. W. 1854. Inv. 1854.
Moore, Bowen, 3096F. Inv. 1857.
Moore, Caleb A., 2699F. Inv. 1846.
Moore, Daniel, 1831F. W. 1817. Inv. 1817.
Moore, Daniel, Jr., 356F. B. 13, p. 441. Wd. 1768.
Moore, Daniel, Jr., 1697F. Inv. 1814.
Moore, Daniel, Sr., 355F. B. 13, p. 411; B. 22, p. 67. W. 1768. Inv. 1768. Acct. 1779.
Moore, Daniel R., 3868F. Inv. 1873.
Moore, David, 1270F. Inv. 1804.
Moore, David, 3253F. Inv. 1861.
Moore, David, Jonathan, 699F. B. 22, pp. 56, 57. Wds. 1779.
Moore, Dickerson, 3594F. Inv. (2) 1868.
Moore, Dickinson, 2605F. Inv. 1843.
Moore, Elenor, 1861F. Inv. 1818.
Moore, Elijah, 3344F. Inv. 1863.
Moore, Elmer, 4930F. Inv. 1890.
Moore, Enoch, 176F. Grd. 1759.
Moore, Enoch, 628F. B. 18, p. 197. W. 1777. Inv. 1777.
Moore, Enoch, Jr., 938F. B. 29, p. 184. Wd. 1787. Tr. 1787.
Moore, Ephraim, 3482F. W. 1866. Inv. 1867.
Moore, Ezekiel, 3534F. Inv. 1867.
Moore, George W., 5791F. Inv. 1898.
Moore, Hosea, 3254F. W. 1861. Inv. 1861.
Moore, Hosea, 5252F. W. & Cod. 1893. Inv. 1893.
Moore, James, 2879F. Inv. 1851.
Moore, James S., 2577F. Inv. 1842.
Moore, Joel, 3255F. Inv. 1861.
Moore, John, 356F. B. 13, p. 441. Grd. 1768.
Moore, John, 1187F. B. 39, p. 117. W. & Cod. 1800. Inv. 1800.
Moore, John, 1849F. Inv. 1815.
Moore, John, 2606F. Inv. 1843.
Moore, John, 2742F. W. 1847. Inv. 1848.
Moore, John, Jr., 3003F. W. 1854.
Moore, John C., 2552F. Inv. 1841.
Moore, John P., 3440F. W. 1865. Inv. 1866.
Moore, Joseph, 1204F. B. 39, p. 122. Int. 1800. Inv. 1801.
Moore, Joseph, 4848F. Inv. 1888.
Moore, Joseph K., 5973F. W. 1900.
Moore, Joseph K., Sr., 5156F. W. 1892. Inv. 1892.
Moore, Kitty B., 5155F. W. 1892. Inv. 1892.
Moore, Lewis, 2914F. Inv. 1852.
Moore, Lucius, 5698F. Inv. 1897.
Moore, Lydia A., 3869F. Inv. 1873.
Moore, Mary R., 4607F. Inv. 1886.
Moore, Moses, 104F. Int. 1754. Inv. 1754.
Moore, Moses, 1082F. B. 36, p. 99. W. 1795.
Moore, Nathaniel, 2299F. Inv. 1832.

Moore, Orpha, 2149F. Inv. 1827.
Moore, Patience, 3936F. Inv. 1874.
Moore, Phebe C., 2915F. W. 1852. Inv. 1852.
Moore, Stephen, 117F. B. 8, p. 158. Int. 1755. Inv. 1755.
Moore, Thomas, 1698F. Inv. 1814.
Moore, William, 939F. B. 29, p. 164. W. 1787. Inv. 1787.
Moore, William, 1832F. W. 1817. Inv. 1817.
Moore, William, 4459F. W. & Cod. 1884.
Moore, William F., 4205F. Inv. 1880.
More, Azariah, 1862F. W. & Cod. 1818. Inv. 1818.
More, Azariah, 2741F. Inv. 1847.
More, Enoch, 494F. B: 14, p. 542. Grd. 1773.
More, Enoch H., 2700F. Inv. 1846.
More, George, 3390F. Inv. (2) 1864.
More, John, 3345F. W. 1863. Inv. 1863.
More, Martha, 2237F. W. 1830. Inv. 1831.
More, Rebecca H., 4672F. W. 1888. Inv. 1888.
Morgan, John C., 5876F. W. 1899. Inv. 1899.
Morgridge, John, 4137F. W. 1879. Inv. 1879.
Morley, Ezekiel, 5475F. W. 1895.
Morrill, Anna H., 5974F. W. 1900. Inv. 1900.
Morrill, Daniel F., 5975F. W. 1900.
Morris, Henry, 4269F. Inv. 1881.
Morris, Manluff, 5877F. W. 1898. Inv. 1900.
Morrow, Elizabeth M., 3647F. W. 1869. Inv. 1869.
Morse, Laura A., 5056F. W. 1891. Inv. 1891.
Morton, Caroline A., 5157F. Inv. 1892.
Moseley, Edward, 5699F. W. 1897. Inv. 1897.
Moslander, Abraham, 700F. B. 22, p. 71. Int. 1779. Inv. 1779.
Moslander, Abraham, 2553F. Inv. 1841.
Moslander, Elias, 451F. B. 14, p. 428. Int. 1772. Inv. 1772.
Moslander, Margery, 2480F. Inv. 1838.
Moslander, William, 118F. B. 8, p. 158. Int. 1755. Inv. 1755.
Moslander, William, Sr., 2115F. W. 1826. Inv. 1826.
Mouger, Josiah, 1635F. W. 1813. Inv. 1813.
Mouger, Rachel, 2052F. W. 1824. Inv. 1825.
Moulton, Justus A., 4517F. W. 1885.
Mounts, John, 1586F. Inv. 1812.
Mozer, John, 2648F. W. 1869.
Mulford, Aaron, 62F. W. 1750. Inv. 1750.
Mulford, Alfred, 5600F. W. 1896. Inv. 1896.
Mulford, Allen W., 5158F. W. 1892.
Mulford, Ananius S., 4270F. W. 1881. Inv. 1881.
Mulford, Ann E., 5700F. Inv. 1897.
Mulford, Anna M., 5878F. W. 1899. Inv. 1899.
Mulford, Benjamin, 865F. B. 27, p. 30. W. 1784. Inv. 1785.
Mulford, Benjamin F., 3256F. W. 1861. Inv. 1862.
Mulford, Charles H., 5976F. Inv. 1900.
Mulford, Christian, 79F. W. 1752. Inv. 1752.
Mulford, Daniel, 252F. Wd. 1761. Cert. 1761.
Mulford, David, 629F. B. 16, p. 516. Int. 1777. Inv. 1777.
Mulford, David, 2300F. W. & Cod. 1832. Inv. 1833.
Mulford, David, 3391F. W. 1864. Inv. 1865.
Mulford, David, 5601F. W. 1896. Inv. 1896.
Mulford, David P., Sr., 5253F. W. 1893. Inv. 1893.
Mulford, Elizabeth, 3483F. W. 1866. Inv. 1866.
Mulford, Enoch, 940F. B. 29, p. 184. Wd. 1787.

Mulford, Enoch, 1164F. B. 38, p. 494. Int. 1799.
Mulford, Enoch, 3535F. W. 1867. Inv. 1867.
Mulford, Ephraim, 3649F. W. 1869. Inv. 1869.
Mulford, Ezekiel, 6055F. Rcpts. (19) 1787. Bond 1786.
Mulford, Furman L., 4271F. W. & Cod. 1881. Inv. 1881.
Mulford, George, 6038F. W. 1796.
Mulford, George, 4752F. W. 1888.
Mulford, Hannah, 701F. B. 22, p. 35. Int. 1779. Inv. 1779.
Mulford, Hannah, 4849F. W. 1889. Inv. 1890.
Mulford, Henry, 910F. B. 28, p. 183. Grd. 1786. Order 1786.
Mulford, Henry, 952F. B. 31, p. 77. Grd. 1788.
Mulford, Henry, 1955F. W. 1822. Inv. 1822.
Mulford, Henry, 3392F. W. 1864.
Mulford, Hepziba, 4931F. W. 1890.
Mulford, Horatio J., 4518F. W. 1885. Inv. 1885.
Mulford, Isaac, 630F. B. 19, p. 168. W. 1777. Inv. 1777.
Mulford, Isaac, 2578F. Inv. 1841.
Mulford, Isaac W., 5475F. W. 1895. Inv. 1895.
Mulford, Isaac W., 5977F. W. & Cod. 1900. Inv. 1900.
Mulford, Isaac, Jr., Sarah, 910F. B. 28, p. 183. Wds. 1786. Order, 1786.
Mulford, Jacob, 895F. B. 28, p. 183. Grd. 1786.
Mulford, John, 380F. B. 13, p. 497; B. 15, p. 12. Int. 1769. Inv. 1769. Acct. 1770.
Mulford, John, 940F. B. 29, p. 184. Grd. 1787.
Mulford, Jonathan, 2150F. Inv. 1827.
Mulford, Joseph, 494F. B. 14, p. 542. Wd. 1773.
Mulford, Levina, 2301F. Inv. 1832.
Mulford, Lewis, 4519F. W. & Cod. 1885. Inv. 1885.
Mulford, Lewis S., 4673F. W. 1887.
Mulford, Lewis, Sr., 2554F. W. 1841. Inv. 1842.
Mulford, Margaret, 2579F. W. 1842. Inv. 1842.
Mulford, Martha, 866F. B. 27, p. 46. Wd. 1785.
Mulford, Mary, 80F. Int. 1752. Inv. 1753.
Mulford, Mary, 1956F. W. 1822. Inv. 1822.
Mulford, Mary A., 3536F. Inv. 1867.
Mulford, Mary S., 4138F. Inv. 1879.
Mulford, Mason, 2426F. Inv. 1836.
Mulford, Moses, 105F. Wd. 1754.
Mulford, Moses, 220F. B. 10, p. 186. W. 1760. Inv. 1760.
Mulford, Phebe, 3064F. W. 1856. Inv. 1856.
Mulford, Phebe, 5978F. Inv. 1900.
Mulford, Rachel, Silas, 525F. B. 15, p. 507. Wds. 1774.
Mulford, Reuben W., 5476F. Inv. 1895.
Mulford, Richard, 3699F. W. 1870.
Mulford, Stephen, 284F. B. 11, p. 446. W. 1763. Inv. 1763.
Mulford, Thomas J., 4006F. Inv. 1875.
Mulford, William, 119F. B. 8, p. 141. W. 1755. Inv. 1755.
Mulford, William, 253F. B. 10, p. 179. Int. 1761. Inv. 1762.
Mulford, William, 3595F. W. 1868. Inv. 1869.
Mulford, William, 6130F. W. 1878.

Mulford, William, Sr., 1221F. B. 39, p. 355. W. 1801. Inv. 1802.
Muncy, John, 6041F. W. 1782.
Munion, Thomas, 5792F. W. 1898. Inv. 1898.
Munyan, John B., 5372F. W. 1894. Inv. 1894.
Murdock, James, 2743F. Inv. 1847.
Murfin, Jacob, 3757F. W. 1871. Inv. 1871.
Murphey, Hannah, 6131F. Inv. 1878.
Murphin, Stephen, 4602F. W. 1886.
Murphy, Eliza S., 4850F. W. 1889.
Murphy, James, 5254F. W. 1893.
Murphy, Joseph M., 5373F. W. 1894.
Murphy, Joseph W., 3870F. W. 1873.
Murphy, Prudence, 2744F. W. 1847. Inv. 1848.
Murphy, Stephen, 2116F. W. 1826. Inv. 1826.
Murphy, Stephen, 3700F. W. 1870. Inv. 1871.
Murphy, William F., 5477F. W. 1895. Inv. 1895.
Murray, Angeline, 5255F. Inv. 1893.
Murray, Ebenezer, 3808F. Inv. 1872.
Murray, Edward, 721F. B. 24, p. 167. Int. 1780. Inv. 1780.
Murray, John, 2958F. Inv. 1853.
Murray, Oliver, 3722F. Inv. 1870.
Murray, Othniel, 1902F. W. 1820. Inv. 1821.
Murry, David, 2633F. Inv. 1844.
Murry, Henrietta, 2880F. W. 1851. Inv. 1852.
Murry, Levi, 2817F. Inv. 1849.
Murry, Nathaniel, 3393F. W. 1864.
Myer, Elizabeth, 4603F. W. 1886.
Myer, John, 5478F. W. 1895. Inv. 1895.
Myers, Elizabeth, 4401F. W. 1883.
Myers, Henry, 1636F. Inv. 1813.
Myers, Miles, 5479F. Inv. 1895.

Narragon, William, 6084F. W. 1877.
Naylor, Charles, Jr., 5481F. Inv. 1895.
Naylor, Charles, Sr., 5480F. Inv. 1895.
Neal, Hugh, 1863F. Inv. 1818.
Nealey, Maria, 5629F. Inv. 1896.
Neff, Ebenezer A., 4851F. Inv. 1889.
Newcomb, Abbie S., 5482F. W. 1895. Inv. 1895.
Newcomb, Anna, 2701F. Inv. 1846.
Newcomb, Anna M., 5879F. W. 1899. Inv. 1900.
Newcomb, Bayse, 978F. B. 30, p. 163. Grd. 1789. Tr. 1789.
Newcomb, Bayse, 1833F. W. 1817. Inv. 1817.
Newcomb, Benjamin F., 5701F. W. 1897. Inv. 1897.
Newcomb, Butler, 2634F. Inv. 1844.
Newcomb, Daniel, 3537F. W. 1867. Inv. 1868.
Newcomb, David, 1587F. W. 1812. Inv. 1812.
Newcomb, Dayton, 1476F. W. 1809. Inv. 1809.
Newcomb, Dayton, Jr., 1350F. Inv. 1806.
Newcomb, Elizabeth, 4932F. W. 1890. Inv. 1890.
Newcomb, George W., 5880F. Inv. 1899.
Newcomb, Isaac, 3809F. W. & Cods. 1872. Inv. 1872.
Newcomb, James D., 4674F. Inv. 1887.
Newcomb, James M., 5079F. W. 1900.
Newcomb, James R., 3484F. W. 1866. Inv. 1868.
Newcomb, John P., 2635F. Inv. 1844.
Newcomb, Joseph, 1047F. B. 33, p. 129. W. 1793. Inv. 1793.
Newcomb, Joseph, 1242F. B. 40, p. 365. W. 1803. Inv. 1803.

Newcomb, Joseph D., 4206F. W. 1880. Inv. 1887.
Newcomb, Mary, 3147F. Inv. 1858.
Newcomb, Mary E., 5256F. W. 1893. Inv. 1894.
Newcomb, Pleasant, 1021F. B. 32, p. 280. W. 1791. Inv. 1791.
Newcomb, Reuben, 4207F. W. 1880. Inv. 1880.
Newcomb, Silas, 442F. B. 14, p. 505. Grd. 1772.
Newcomb, Silas, 517F. B. 15, p. 514. Grd. 1774.
Newcomb, Silas, 533F. B. 15, p. 507. Grd. 1774.
Newcomb, Webster, 4338F. W. 1882.
Newcomb, William, 375F. B. 15, p. 4. Grd. 1769.
Newcomb, William, 409F. B. 15, p. 1. Grd. 1770.
Newcomb, William, 493F. B. 14, p. 542. Grd. 1773.
Newcomb, William, 867F. B. 26, p. 148. Int. 1785. Inv. 1785.
Newcomb, William, 4139F. Inv. 1879.
Newcomb, William R., 3142F. W. 1858.
Newkirk, John, 1903F. Inv. 1820.
Newkirk, Nathaniel R., 3485F. W. 1866. Inv. 1866.
Newkirk, Oliver S., 3299F. Inv. 1862.
Newkirk, William, 2188F. Inv. 1828.
Newshaefer, William, 6085F. Inv. 1877.
Newton, Nathan, 631F. B. 18, p. 597. Int. 1777. Inv. 1777.
Newton, Robert, 5623F. W. 1896.
Nicholls, Isaac, 2427F. Inv. 1836. Rcpt. (12) 1840.
Nicholls, Mary, 368F. B. 27, p. 46. Wd. 1785.
Nicholls, Robert, 254F. B. 11, p. 167. W. 1761. Inv. 1761.
Nichols, Benjamin, 2852F. Inv. 1850.
Nichols, David, 1094F. B. 36, p. 344. W. 1796. Inv. 1796.
Nichols, David, 1351F. Inv. 1806.
Nichols, Ebenezer, 429F. B. 15, p. 107. Int. 1771. Inv. 1771.
Nichols, Elwell, 4402F. Inv. 1883.
Nichols, Hannah, 2500F. Inv. 1839. Rcpts., public sale, 1839.
Nichols, Hosea, 2818F. W. 1849. Inv. 1849.
Nichols, Isaac, 1834F. W. 1817. Inv. 1817.
Nichols, Isaac, 4007F. W. 1875. Inv. 1875.
Nichols, Ishmael, 1637F. Inv. 1813. Rcpts. (17), account, settlement, 1813, 1814.
Nichols, James, 2580F. W. 1842.
Nichols, James, 4675F. W. 1887. Inv. 1887.
Nichols, James, 5057F. W. 1891. Inv. 1891.
Nichols, Jane, 3871F. Inv. 1873.
Nichols, John, 4130F. W. 1879. Inv. 1879.
Nichols, John, 4609F. Inv. 1886.
Nichols, Jonathan, 1749F. W. 1815. Inv. 1815.
Nichols, Lot, 2959F. Inv. 1853.
Nichols, Rebecca S., 4933F. W. 1890. Inv. 1890.
Nichols, Robert, 4608F. W. 1886. Inv. 1886.
Nichols, Robert C., 4403F. W. 1883. Inv. 1883.
Nichols, Walter, 3538F. W. 1867.
Nickelson, Philip, 2745F. Inv. 1847.
Nickleson, Esther, 2916F. W. 1852. Inv. 1852.
Nickolson, Mark, 4208F. Inv. 1880.
Nieukirk, Elbert, 5257F. W. & Cod. 1893. Inv. 1893.

Ott, Henry, 2363F. Inv. 1834.
Ott, Margaret, 2400F. Inv. 1835.
Ott, Martin, 1541F. W. 1811. Inv. 1811.
Ott, Martin, Sr., 3541F. W. 1867. Inv. 1868.
Outten, John F., 5374F. Inv. 1894.
Owen, Joshua, 2402F. Inv. 1835.
Owen, Sarah B., 5882F. W. 1899. Inv. 1899.

Packard, Daniel L., 3651F. Inv. 1869.
Paddock, Fanny M., 5793F. W. 1898. Inv. 1898.
Padgett, Aaron, 68F. Int. 1751. Inv. 1751.
Padgett, David, 3542F. W. 1867. Inv. 1867.
Padgett, Elizabeth, 2481F. W. 1838.
Padgett, Ephraim, 2364F. Inv. 1834.
Padgett, Gamaliel, 2428F W. 1835. Inv. 1836.
Padgett, James, 42F. Wd. 1749.
Padgett, Mary, 2748F. W. 1847. Inv. 1848.
Padgett, Thomas, 2403F. W. 1835. Inv. 1835.
Padgitte, Andrew,·1750F. W. 1815. Inv. 1815.
Page, Albert G., 5703F. W. 1897. Inv. 1897.
Page, Anna, 5704F. Inv. 1897.
Page, David, 1243F. B. 40, p. 369. Int. 1803. Inv. 1803.
Page, David, 1589F. Inv. 1812.
Page, David, 1904F. Inv. 1820.
Page, Jonathan, 633F. B. 18, p. 513. W. 1777. Inv. 1777. Acct. 1779.
Page, Joseph, 339F. B. 12, p. 484. W. 1767. Inv. 1767.
Page, Lizzie D., 5883F. W. 1899.
Page, Louise D., 5160F. W. 1892. Inv. 1892.
Page, Robert, 4936F. Inv. 1890.
Page, Seth, 3442F. Inv. 1865.
Pagett, Thomas, 69F. W. 1751. Inv. 1751.
Palmer, Robert, 1542F. Inv. 1811.
Pancoast, Edward, 1477F. Inv. 1809.
Pancoast, James W., 5705F. W. & Cod. 1897. Inv. 1897.
Pancoast, Thomas, 3300F. Inv. (2) 1862.
Parent, John, 2501F. Inv. 1839.
Paris, David, Sr., 5485F. W. 1895. Inv. 1895.
Paris, Peter, 1590F. W. 1812. Inv. 1813.
Paris, Susanna, 1700F. Inv. 1814.
Park, Ella J., 4854F. W. 1889.
Park, Preston, D., 4010F. W. 1875. Inv. 1875.
Parke, Thomas, 340F. B. 13, p. 149. W. 1767. Inv. 1767.
Parker, James, 43F. Int. 1749. Inv. 1749.
Parker, John, 255F. B. 10, p. 176. Int. 1761. Inv. 1761. Acct. 1763.
Parker, John, 1449F. Inv. 1808.
Parker, Joseph D., 5375F. W. 1894. Inv. 1894.
Parker, Mary, 5259F. W. 1893.
Parker, Nathan D., ·5161F. W. 1892. Inv. 1892.
Parker, Rachel, 2365F. Inv. 1834.
Parkinson, James C., 3940F. W. 1874. Inv. 1875.
Parmelee, Edward F., 6135F. Inv. 1878.
Parris, Andrew M., 5260F. Inv. 1893.
Parris, Christianna, 2881F. W. 1851. Inv. 1852.
Parris, David G., 1931F. Inv. 1821.
Parris, George, 2189F. Inv. 1828.
Parris, John, 2960F. Inv. 1853.
Parris, Peter, 3346F. W. 1863.
Parson, John, 2666F. Inv. 1845.
Parsons, Isaac, 3258F. Inv. 1861.
Parsons, James, 2882F. W. 1851. Inv. 1851.
Parsons, James C., 4341F. W. 1882.
Parsons, Jehu, 2366F. W. & Cod. 1834. Inv. 1834.

Parsons, Johannah, 2429F. W. 1836. Inv. 1836. Rcpts. (13) 1837.
Parsons, John, 431F. B. 15, p. 111. Int. 1771. Inv. 1771.
Parsons, Jonathan, 3543F. W. 1867.
Parsons, Nancy S., 3598F. W. 1868.
Parsons, Nathan, 2456F. W. 1837. Inv. 1837.
Parsons, Stephen, 1641F. Inv. 1813.
Parvin, Abijah, 2331F. Inv. 1833.
Parvin, Ann E., 5376F. W. 1894. Inv. 1894.
Parvin, Annie M., 4755F. Inv. 1888.
Parvin, Benaiah, 1543F. Inv. 1811.
Parvin, Ephraim L., 3597F. Inv. 1868.
Parvin, Fithian S., 3703F. W. 1870. Inv. 1870.
Parvin, Holmes, 2190F. W. 1828. Inv. 1831.
Parvin, Horace, 2749F. W. 1847. Inv. 1847.
Parvin, James B., 2367F. W. 1834. Inv. 1835.
Parvin, James B., 2883F. W. 1851. Inv. 1851.
Parvin, Jeffery, 1083F. B. 36, p. 104. W. 1795.
Parvin, Jeremiah, 786F. B. 24, p. 252. W. 1783.
Parvin, Jeremiah, 1118F. B. 37, p. 254. W. 1797. Inv. 1797.
Parvin, Jeremiah, 1835F. W. 1817. Inv. 1817.
Parvin, Jeremiah, 2783F. Inv. 1848.
Parvin, Jonathan, 2703F. W. 1846. Inv. 1846.
Parvin, Josiah, 256F. B. 11, p. 160. W. 1761.
Parvin, Josiah, 1793F. Inv. 1816.
Parvin, Josiah, 1957F. W. 1822. Inv. 1823.
Parvin, Josiah, 2457F. Inv. 1837.
Parvin, Mary, Theophilus, 6171F Wds. 1837.
Parvin, Matthew, 382F. B. 14, p. 15. W. 1769. Inv. 1769.
Parvin, Matthew, 821F. B. 26, p. 150. Int. 1784.
Parvin, Silas, 703F. B. 22, p. 37. Int. 1779. Inv. 1779.
Parvin, Theophilus, 872F. B. 27, p. 44. Int. 1785. Inv. 1785.
Parvin, Theophilus, 1309F. W. 1805. Inv. 1806.
Parvin, Theophilus, 2430F. Inv. 1836.
Parvin, Uriah, 1836F. Inv. 1817.
Parvin, William, Sr., 3812F. W. 1872. Inv. 1873.
Pasco, William C., 5980F. Inv. 1900.
Pashley, Sarah H., 5794F. W. 1898.
Patton, John L., 6136F. Inv. 1878.
Paul, Hiram, 2191F. W. 1828. Inv. 1829.
Paul, William, 4405F. W. 1883.
Paul, William M., 2853F. Inv. 1850.
Paulding, Margaretta E., 5162F. W. & Cods. 1892. Inv. 1893.
Paulin, Enoch, 2667F. Inv. 1845.
Paulin, Lewis, 2332F. Inv. 1833. Ord. 1832.
Paulin, Whitlock, 223F. B. 10, p. 22. W. 1760. Inv. 1760.
Paulin, William, Sr., 3301F. W. 1862.
Paullin, Ann, 5706F. W. 1897.
Paullin, Enos, 3914F. W. 1874.
Paullin, Enos, 3941F. W. 1874.
Paullin, Isaac M., 3544F. W. 1867.
Paullin, Stephen, 1837F. Inv. 1817.
Paullin, William, 497F. B. 16, p. 246. W. 1773. Inv. 1773.
Payne, William, 190F. B. 9, p. 212. W. 1759. Inv. 1759.
Peachy, Nathaniel, 6165F. Inv. 1785. Rcpts. (11) 1785. Copy of Inv.
Peacock, Moses, 5377F. W. 1894. Inv. 1894.

Peacock, Nancy, 3652F. W. 1869. Inv. 1869.
Peacock, Samuel, 4342F. Inv. 1882.
Pearce, Holmes, 5486F. W. & Cods. 1895. Inv. 1895.
Pearce, Israel, 4460F. W. 1884.
Pearce, Jacob, Sr., 4276F. W. 1881.
Pearce, Jesse, 3653F. W. 1869.
Pearce, Menan, 2304F. W. 1832. Inv. 1833.
Pearson, Albert G., 4210F. W. 1879.
Pearson, George, 4142F. W. 1879. Inv. 1879.
Pearson, Philip, 3004F. Inv. 1854.
Pearson, Sarah A., 4756F. W. 1888.
Peck, Benjamin, 1165F. B. 38, p. 494. Int. 1799. Inv. 1799.
Peck, Constant, 488F. B. 14, p. 542. Grd. 1773.
Peck, Constant, 580F. B. 16, p. 491. Int. 1776. Inv. 1776.
Peck, Harbert, 453F. B. 14, p. 510; B. 15, p. 498. Int. 1772. Inv. 1772. Acct. 1774.
Peck, Howard, 3654F. W. 1869. Inv. 1869.
Peck, Howard E., 4067F. W. 1876. Inv. 1876.
Peck, John, 1905F. W. 1820.
Peck, Joseph, 383F. B. 14, p. 1. W. 1769. Inv. 1769.
Peck, Joseph, 581F. B. 18, p. 88. W. 1776. Inv. 1776.
Peck, Sabia, 1838F. Inv. 1817.
Peck, Thomas W., 2918F. Inv. 1852.
Peckham, Mabel M., 5884F. Inv. 1899.
Pedrick, Charles, 873F. B. 27, p. 44. Int. 1785. Inv. 1785. Copy of Inv., Rcpts. (19), Acct. 1785.
Pedrick, Phebe A., 4068F. Inv. 1876.
Pedrick, Sarah, 5707F. W. 1897. Inv. 1897.
Peet, Munson S., 4604F. W. & Cod. 1886. Inv. 1886.
Peirce, Abel, 2118F. Inv. 1826.
Peirce, Menon, Jr., 2003F. Inv. 1823.
Peirce, Warnica, 1906F. Inv. 1820.
Peirson, Azel, 138F. Grd. 1756.
Peirson, Azel, 246F. B. 10, p. 439. Grd. 1761.
Peirson, Azel, Sr., 312F. B. 12, p. 162. W. 1765. Inv. 1765.
Peirson, David, 323F. B. 12, p. 327. Grd. 1766.
Peirson, David, 1643F. W. 1813 Inv. 1813.
Peirson, David, 1751F. Inv. 1815.
Peirson, Fayette, George W., Joseph O., 6173F. Wds. Accts. 1816. Rcpts. 1815.
Peirson, George, 874F. B. 27, p. 44. Int. 1785.
Pelen, Elizabeth, 4676F. W. 1887. Inv. 1887.
Penn, Rachel, 5261F. W. 1893. Inv. 1894.
Pennypacker, Jane, 4937F. Inv. 1890.
Penton, Isaac, 287F. B. 11, p. 205. Int. 1763. Inv. 1763.
Penton, Joseph, 918F. B. 28, p. 182. Grd. 1786.
Pepper, Reuben, 6201F. Int. 1802. Inv. 1802. Rcpts. (16) 1803.
Pepper, William, Sr., 1048F. B. 33, p. 239. W. 1793.
Pepper, William B., 5795F. Inv. 1898.
Perdon, Nicholas, 4275F. W. 1881.
Perhamus, Jacob, 1544F. Inv. 1811.
Perry, Amy, 2305F. W. 1832. Inv. 1832.
Perry, Ann, 1507F. Inv. 1810.
Perry, Daniel, 6190F. Wd. 1836.
Perry, Daniel B., 6160F. Wd. Rcpts. (9) 1845.

Perry, Francis, Harrison, Sarah, 6194F. Wds. 1833.
Perry, Jeremiah, Jr., 2306F. Inv. 1832.
Perry, Job, 3209F. W. 1860.
Perry, John, 2307F. Inv. 1832.
Perry, John, 2919F. Inv. 1851.
Perry, John, 3487F. W. 1866. Inv. 1866.
Perry, Sarah, 5302F. Inv. 1894.
Peters, Joseph M., 5603F. Inv. 1896.
Peters, Robert, 1794F. Inv. 1816.
Peterson, Aaron, 191F. B. 9, p. 334. W. 1759. Inv. 1759.
Peterson, Aaron, 634F. B. 19, p. 162. W. 1777. Inv. 1777.
Peterson, Aaron, 1545F. Inv. 1811.
Peterson, Ann, 192F. B. 9, p. 340. Int. 1759. Inv. 1759.
Peterson, Caroline C., 5487F. Inv. 1895.
Peterson, Dare, 412F. B. 15, p. 73. Int. 1770.
Peterson, Dorcas, 1310F. W. 1805. Inv. 1809.
Peterson, Ellis, 2404F. Inv. 1835. Copy of Inv. 1835. Rcpts. (9) 1836.
Peterson, Err, 3873F. Inv. 1873.
Peterson, Err, 4757F. W. 1888.
Peterson, Frederick, 2884F. Inv. 1851.
Peterson, Hollingshead, Sr., 3545F. W. 1867.
Peterson, Ichabod, 3099F. Inv. 1857.
Peterson, Isaac, 1932F. W. 1821. Inv. 1821.
Peterson, Isaac, 2750F. Inv. 1847.
Peterson, Jacob, 1701F. W. 1814. Inv. 1814.
Peterson, John, 81F. W. 1752. Inv. 1752.
Peterson, John, 193F. B. 9, p. 340. Int. 1759. Inv. 1759.
Peterson, John, 1702F. Inv. 1814.
Peterson, Lawrence, 1508F. Inv. 1810.
Peterson, Luke, 194F. B. 9, p. 256. Int. 1759. Inv. 1759.
Peterson, Thomas, 822F. B. 26, p. 146. Int. 1784.
Peterson, William, 70F. Int. 1751. Ren. 1751.
Petit, David, 3488F. Inv. 1866.
Pettit, Jane, 3599F. Inv. 1868.
Pettit, John, 6179F. Int. 1796. Acct. Rcpts. (8) 1796.
Pettit, Joseph, 1244F. B. 40, p. 519. Int. 1803. Inv. 1803. Vendue, Settlement, Rcpts. 1803. Notice of Adm. 1804. Acct. 1804.
Petty, Ebenezer, 257F. B. 10, p. 110. Int. 1760. Inv. 1760. Acct. 1761.
Petty, Elias, 673F. B. 20, p. 86. W. 1778. Inv. 1779.
Petty, Hannah, 498F. B. 14, p. 516. Wd. 1773.
Petty, Israel, 154F. B. 9, p. 77. Grd. 1758.
Petty, Israel, 341F. B. 12, p. 482. W. 1767. Inv. 1767. Acct. 1772.
Petty, Israel, Jr., 288F. B. 11, p. 495. W. 1763. Inv. 1763.
Phifer, Jacob, 3600F. Inv. 1867.
Pierce, Adam, Sr., 2502F. Inv. 1839.
Pierce, Adrian, 4069F. W. 1876. Inv. 1876.
Pierce, Amelia, 4343F. W. 1882.
Pierce, Amos J., 3546F. W. 1867.
Pierce, Francis L., 6137F. W. 1878. Inv. 1878.
Pierce, Harvey, 2854F. W. 1850. Inv. 1850.
Pierce, John, 1353F. Inv. 1806.
Pierce, Jonathan F., 6138F. W. 1878. Inv. 1878.
Pierce, Michael, 823F. B. 26, p. 149. Int. 1784. Inv. 1784. Rcpts. (6) 1782-1786.
Pierce, Reuben, Sr., 4344F. W. 1882. Inv. 1882.

Pierce, Richard, 2961F. W. 1853. Copy of Will 1853. Mortgage Deed 1852.
Pierce, Richard, 3489F. W. 1866. Inv. 1866.
Pierce, Susan, 5604F. Inv. 1896.
Pierce, William, 3098F. Inv. (2) 1857.
Pierson, Azel, 1642F. Inv. 1813. Repts. 1813.
Pierson, Azel, 2080F. Inv. 1824.
Pierson, Clarissa, 3942F. Inv. 1874.
Pierson, Daniel, 3547F. Inv. 1867.
Pierson, Daniel K., 5488F. Inv. 1895.
Pierson, Eli H., 5164F. Inv. 1892.
Pierson, George S., 4758F. Inv. 1888.
Pierson, J. Judson, 5489F. Inv. 1895.
Pierson, Joseph, 1478F. Inv. 1809.
Pierson, Oscar C., 5885F. W. 1899.
Pierson, Phebe, 2636F. W. 1844. Inv. 1846.
Pierson, Robert, 1271F. Inv. 1804.
Pike, John, 5981F. Inv. 1900.
Pilgrim, Maurice, 2885F. Inv. 1851.
Pilgrim, Simon S., 5605F. W. 1896.
Pine, Samuel, 3655F. W. 1869.
Pinkard, Mary, 4759F. W. 1888.
Pinkard, Norman, 5796F. Inv. 1898.
Pissant, John, 1130F. B. 37, p. 488. Grd. 1798.
Pitcher, Harrison A., 5378F. W. 1894. Inv. 1894.
Pitts, William M., 5982F. W. 1900.
Pixley, Erastus L., 3950F. Inv. 1874.
Platt, Mary E., 5262F. W. 1893. Inv. 1893.
Platts, Charles, 3490F. W. 1866. Inv. 1866.
Platts, David, 526F. B. 16, p. 317. W. 1774. Inv. 1774.
Platts, David, 685F. B. 22, p. 56. Grd. 1779.
Platts, David, 1311F. W. 1805. Inv. 1806.
Platts, Morris, 2333F. Inv. 1833.
Platts, Moses, 553F. B. 17, p. 119. W. 1775. Inv. 1775.
Platts, Moses, 1883F. Inv. 1819.
Platts, Nancy, 2238F. Inv. 1830.
Platts, Patience, 674F. B. 16, p. 510. Int. 1778. Inv. 1778.
Platts, Thomas, 195F. B. 9, p. 300. W. 1759. Inv. 1759.
Pogue, Elizabeth H., 5379F. W. 1894. Inv. 1894.
Pogue, Martha, 3813F. W. 1872. Inv. 1872.
Pogue, William, 3443F. Inv. 1865.
Poinier, John W., 4011F. W. 1875. Inv. 1875, 1880.
Polhamus, Anna, 3943F. W. 1874. Inv. 1874.
Polhamus, Franklin, 3704F. W. 1870.
Polhemus, Zebulon, 2503F. Inv. 1839.
Pollock, James, 4938F. Inv. 1890.
Poole, Edward, 3656F. Inv. 1869.
Poole, John, 3759F. W. 1871.
Poole, John H., 4855F. Inv. 1884.
Poole, Samuel B., 5380F. Inv. 1894.
Poole, William N., 5381F. Inv. 1894.
Poor, Joshua, 4277F. W. 1881. Inv. 1881.
Pope, Emma, 3944F. W. 1874. Inv. 1874.
Porch, Elijah, 2504F. Inv. 1839. Acct. 1839, 1811. Repts. 1839, 1811.
Porch, Stephen G., 3945F. Inv. 1874.
Porter, Edward M., 2963F. Inv. 1853.
Porter, Oren, 1703F. Inv. 1814.
Porter, Robert, 5983F. Inv. 1900.
Potter, David, 1354F. Inv. 1806.
Potter, David, 3491F. Inv. 1866.
Potter, Ephraim K., 3178F. Inv. (2) 1859.
Potter, Francis H., 3657F. Inv. 1869.
Potter, Henry, 3259F. W. 1861. Inv. 1861.
Potter, James B., 3444F. W. 1865. Inv. 1865.
Potter, J. Barron, 5165F. W. 1892. Inv. 1893.
Potter, J. Barron, 5708F. W. 1897. Inv. 1897.

Potter, John, 1546F. Inv. 1811.
Potter, John W., 6086F. Inv. 1877.
Potter, John W., 4143F. Inv. 1879.
Potter, Sarah, 1907F. W. 1820. Inv. 1820.
Potter, William E., 5606F. W. 1896.
Potts, John, 1450F. Inv. 1808.
Potts, John R., 5707F. Inv. 1808.
Poulson, Allen, 3445F. Inv. 1865.
Pounder, Samuel, 1408F. Inv. 1807.
Powel, Richard, 301F. B. 12, p. 47. W. 1764. Inv. 1764.
Powell, Abigail, Harriet, 6196F. Wds. 1832.
Powell, Albert M., 4278F. W. 1881. Inv. 1881.
Powell, Daniel, 499F. B. 15, pp. 317, 497. W. 1772. Inv. 1772. Acct. 1774.
Powell, David H., 3005F. W. 1854. Inv. 1854.
Powell, Ephraim L., 3145F. W. 1858. Inv. 1858.
Powell, George W., 5490F. W. 1895. Inv. 1895.
Powell, Henry, Sr., 2266F. W. 1831. Inv. 1832.
Powell, Howell, 500F. B. 16, p. 94. W. 1773. Inv. 1773.
Powell, Isaac, 3302F. W. 1862. Inv. 1863.
Powell, John, 1166F. B. 38, p. 493. W. 1799.
Powell, John, 4530F. W. 1885. Inv. 1885.
Powell, Louisa M., 5491F. W. 1895.
Powell, Mary B., 6087F. W. 1877.
Powell, Phebe, 2784F. Inv. 1848.
Powell, Reuben, 1049F. B. 33, p. 123. W. 1793. Inv. 1793. Repts. (21) 1793.
Powell, Reuben, 2308F. W. 1832. Inv. 1832.
Powell, Richard, 740F. B. 24, p. 139. W. 1781.
Powell, Violetta, Abigail, Theodosia, 6017F. Wds. Accts. (3) 1810.
Powell, William, 4677F. Inv. 1887.
Powell, Wiliam F., 3946F. W. 1874. Inv. 1874.
Power, Isaac, 1958F. Inv. 1822.
Power, Jeremiah, 1644F. Inv. 1813.
Powner, Asher, 1119F. B. 37, p. 260. Int. 1797.
Pratt, Hannah, 4531F. W. 1885. Inv. 1885.
Prentzel, Mary, 2668F. W. 1845. Inv. 1845.
Preston, Ephraim, 2431F. W. 1836. Inv. 1836.
Preston, Hannah, 787F. B. 24, p. 246. W. 1782. Inv. 1782.
Preston, Hannah, 4461F. W. 1884.
Preston, Isaac, 44F. W. 1749. Inv. 1749.
Preston, Isaac, 635F. B. 18, p. 166. W. 1777. Inv. 1777.
Preston, Isaac, Jr., 82F. Wd. 1752.
Preston, John, 86F. Int. 1753. Inv. 1753.
Preston, John, 3146F. W. 1858. Inv. 1859.
Preston, Joseph, 454F. B. 14, p. 509. Int. 1772. Inv. 1772.
Preston, Levi, 83F. B. 7, p. 215. W. 1752. Inv. 1752.
Preston, Levi, 84F. Wd. 1752.
Preston, Mary E., 5382F. W. 1894.
Price, Daniel W., 3705F. W. 1870.
Price, William, 1884F. W. 1819. Inv. 1819.
Prickett, Abraham, 1795F. Inv. 1816. Petition for hearing 1818.
Prince, John, 5263F. W. 1893.
Probasco, John, 5058F. W. & Cod. 1891. Inv. 1892.
Prouty, John P., 4532F. W. 1885. Inv. 1885.
Purple, John, 63F. W. 1750. Inv. 1750. Ren. 1750.
Purvis, Isabella L., 4211F. W. 1880.

Remington, Thomas, 1006F. B. 30, p. 263. W. 1790. Inv. 1790.
Reminton, John, 326F. B. 12, p. 319. W. 1766. Inv. 1766.
Renear, Barkley, 5986F. W. & Cod. 1900. Inv. 1900.
Renne, Frederick L., 5987F. Inv. 1900.
Rennels, Silas, 1359F. W. 1806. Inv. 1806. Rcpts. 1807.
Renshaw, Beulah R., 6089F. Inv. 1877.
Rhinehart, Nicholas, 224F. B. 10, p. 178. Int. 1760.
Rice, Aaron S., 2458F. W. 1837. Inv. 1838.
Rice, Edwin S., 5988F. Inv. 1900.
Rice, Jonathan L., 3947F. Inv. 1874.
Rice, Philip, 2219F. Inv. 1829.
Rice, Philip, 1360F. W. 1805. Inv. 1806. Rcpts. (23) 1806.
Rice, William, Sr., 3761F. Inv. 1871.
Richards, Frank G., 5385F. Inv. 1894.
Richards, Silas, 4070F. Inv. 1876.
Richards, Smith, 3210F. Inv. 1860.
Richardson, John, 225F. B. 10, p. 178. Int. 1760.
Richardson, Richard, 554F. B. 15, p. 527; B. 16, p. 485. Int. 1775. Inv. 1775. Acct. 1776.
Richardson, William, 6170F. Wd. Acct. 1819.
Richer, Jacob, 3720F. Inv. 1870.
Richer, John, 2609F. Inv. 1843.
Richey, George, 5493F. Inv. 1895.
Richman, Benjamin A., 4071F. W. 1876. Inv. 1876.
Richman, David, 2081F. Inv. 1825.
Richman, George G., 3762F. Inv. 1871.
Richman, Isaiah, 4536F. Inv. 1885.
Richman, Jacob, 1753F. Inv. 1815.
Richman, Morris P., 3874F. Inv. 1873.
Richman, Rebecca P., 5799F. Inv. 1898.
Rick, George, 3347F. Inv. 1863.
Rick, Mary, 3763F. W. 1871. Inv. 1871.
Ricketts, William, 1409F. Inv. 1807.
Ridgway, Anna B., 5494F. W. 1895.
Riel, Peter, 582F. B. 16, p. 506. Int. 1776. Inv. 1776.
Rigans, Lazarus, Sr., 942F. B. 31, p. 71. W. 1787. Copy of Will (2).
Riggain, Nebuchadnezzar, Sr., 502F. B. 15, p. 491. Int. 1773. Inv. 1773.
Riggain, Nebuchadnezzar, Thomas, 503F. B. 14, p. 543. Wds. 1773.
Riggin, John, 384F. B. 14, p. 406; B. 15, p. 4. Int. 1769. Inv. 1770. Acct. 1771.
Riggin, Lewis H., 5609F. Inv. 1896.
Riggins, Israel, 1361F. Inv. 1806.
Riggins, James, 2432F. Inv. 1836.
Riggins, James, 4537F. W. 1885. Inv. 1885.
Riggins, Josiah A., 5166F. Inv. 1892.
Rigoli, Girolamo, 5495F. W. 1895.
Riley, Abigail, 3658F. W. 1869. Inv. 1869.
Riley, Benjamin, 5496F. Inv. 1895.
Riley, Daniel, 2555F. Inv. 1841.
Riley, Daton, 2556F. Inv. 1841.
Riley, Elijah D., Sr., 3006F. W. 1854. Inv. 1854.
Riley, Ephraim, 2610F. W. 1843. Inv. 1845.
Riley, Ethan O., 3948F. Inv. 1874.
Riley, Hannah, 3949F. Inv. 1874.
Riley, James, 3492F. Inv. 1866.
Riley, James, Jr., 2151F. W. 1827. Inv. 1827.
Riley, James M., 3816F. W. 1872. Inv. 1872.
Riley, Jonathan, 2638F. Inv. 1844
Riley, Levi, 1362F. Inv. 1806.
Riley, Mark, 2507F. Inv. 1839.
Riley, Mark, 6052F. Int. 1843.

Riley, Moses, 2886F. Inv. 1851.
Riley, Nathan, 3304F. W. 1862.
Riley, Phebe, 4610F. W. 1886.
Riley, William, 2887F. W. 1851. Inv. 1851.
Ring, Sarah A., 4345F. W. 1882.
Ringold, Hannah, 5167F. Inv. 1892.
Ritner, Lizzie M., 6090F. W. 1877. Inv. 1877.
Robbens, John, Sr., 723F. B. 22, p. 152. W. 1780. Inv. 1780.
Robbins, Abigail, 5800F. W. 1898. Inv. 1898.
Robbins, Adoniram J., 5061F. W. 1891.
Robbins, David, 2920F. Inv. 1852.
Robbins, David, 3100F. Inv. 1857.
Robbins, Elias, 1245F. B. 40, p. 369. W. 1803. Inv. 1803.
Robbins, Isaac, 3602F. W. 1868.
Robbins, John, 2006F. Inv. 1823.
Robbins, John, 4406F. W. 1883. Inv. 1883.
Robbins, Levi, Sr., 3180F. W. 1859. Inv. 1859.
Robbins, Mary, 2962F. Inv. 1853.
Robbins, Rachel, 1145F. B. 37, p. 485. W. 1798. Inv. 1798.
Robbins, Richard, 226F. B. 10, p. 194. W. & Cod. 1760. Inv. 1760. Acct. 1762.
Robbins, Richard, 2888F. Inv. 1851. Rcpts. (51) 1851, 1852.
Robbins, Richard, 5062F. W. 1891. Inv. 1891.
Robbins, Richard W., 4346F. W. 1882. Inv. 1882.
Robbins, Ricksom, 4280F. W. 1881.
Robbins, Robert L., 4146F. Inv. 1879.
Robbins, Sheppard, 5386F. W. 1894. Inv. 1894.
Robbins, Thomas, 2082F. Inv. 1825.
Robens, Richard, 122F. B. 8, p. 156. W. 1755. Inv. 1755.
Roberts, Benjamin, 5060F. W. 1801. Inv. 1891.
Roberts, George, 4407F. W. 1883.
Roberts, Nelson, 5387F. W. 1894. Inv. 1894.
Robeson, Alexander L., 3399F. Inv. 1864.
Robins, Jane, 3709F. W. 1870.
Robins, John, 269F. B. 11, p. 239. Int. 1762.
Robins, Obadiah, 555F. B. 17, p. 133; B. 24, p. 355. W. 1775. Int. 1781. Inv. 1775.
Robinson, Abraham, 1548F. Inv. 1811.
Robinson, Amariah H., 3764F. W. 1871. Inv. 1871.
Robinson, Daniel, 3065F. W. 1856. Inv. 1856.
Robinson, Daniel, 3721F. Inv. 1870.
Robinson, David, 1363F. Inv. 1806.
Robinson, David S., 5497F. W. 1895.
Robinson, Eliza J., 5063F. W. 1891. Inv. 1891.
Robinson, Elkanah, 2369F. Inv. 1834.
Robinson, Esther, 5168F. W. 1892. Inv. 1893.
Robinson, Henry B., 5265F. W. 1893. Inv. 1893.
Robinson, James, 45F. Int. 1749. Inv. 1749.
Robinson, James, 2121F. Inv. 1826.
Robinson, James, 5498F. Inv. 1895.
Robinson, Joel, 1246F. B. 40, p. 292. W. 1803. Inv. 1803.
Robinson, Joel, 1841F. Inv. 1817.
Robinson, Joel, 3065F. Inv. 1856.
Robinson, Joel S., Sr., 4279F. Inv. 1881.
Robinson, Joel W., 6193F. Wd. 1819.
Robinson, John, 123F. B. 8, p. 98. Int. 1755. Inv. 1755.
Robinson, John, 6139F. W. 1878. Inv. 1878.
Robinson, John W., 4942F. W. 1890. Inv. 1890.
Robinson, Joseph, 3040F. W. 1855.
Robinson, Mary W., 5064F. W. 1891.

Robinson, Maurice B., 4408F. W. 1883.
Robinson, Moses O., 5388F. W. 1894.
Robinson, Rachel, 2820F. W. 1849. Inv. 1849.
Robinson, Rachel, 3305F. W. 1862. Inv. 1863.
Robinson, Reaves, 2786F. W. 1848. Inv. 1848.
Robinson, Seth, 6204F. Wd. Rcpts. (5) 1840-41.
Robinson, Sewel, G., 4016F. W. 1875.
Robinson, Steelman, 4462F. W. 1884.
Robinson, Walter, 2053F. W. 1824. Inv. 1826.
Robinson, William, 636F. B. 18, p. 204. W. 1777. Inv. 1777.
Robinson, William, 961F. B. 31, p. 69. W. 1788. Inv. 1788.
Robinson, William, Sr., 1247F. B. 40, p. 363. W. 1803. Inv. 1803.
Robison, Silas, 824F. B. 26, p. 148. Int. 1784. Inv. 1784.
Rocap, Adam, 3446F. W. 1865. Inv. 1865.
Rocap, Amy, 3041F. Inv. 1855.
Rocap, Andrew, 3007F. Inv. 1854.
Rocap, Charles P., 3951F. Inv. 1874.
Rocap, George, 1410F. W. 1807. Inv. 1807.
Rocap, Henry, 2240F. Inv. 1830.
Rocap, Jacob, 2007F. Inv. 1822.
Rocap, Mary W., 4943F. W. 1890. Inv. 1890.
Rocap, Ruth M., 5169F. W. 1892.
Rocap, Salome, 1754F. Inv. 1815.
Rocap, William, 4072F. W. 1876. Inv. 1876.
Roch, John, 64F. Int. 1750.
Rockhill, Joseph, 962F. B. 31, p. 72. W. 1788. Inv. 1788.
Rodan, Michael S. W., 5266F. Inv. 1893.
Rodgers, William, 2821F. Inv. 1849.
Roecap, Daniel, 2334F. Inv. 1833.
Roecap, Henry, 456F. B. 15, p. 321. W. 1772. Inv. 1772.
Rogers, Abraham, 1706F. Inv. 1814.
Rogers, Henry, 4760F. W. 1888. Inv. 1888.
Rood, Darius, 5989F. W. 1900.
Roof, Sarah A., 5065F. W. 1891.
Roork, Edmund, 3603F. W. 1868.
Roork, Hannah, 6198F. Condition of sale, 1827. Rcpts, Pt. 1827.
Roray, Benjamin F., 2822F. W. 1849. Inv. 1849.
Roray, Charles L., 3952F. Inv. 1874.
Roray, Daniel P., 3765F. W. 1871. Inv. 1871.
Roray, David, 2192F. W. 1828. Inv. 1828. Acct. 1828.
Roray, David H., 5887F. Inv. 1899.
Roray, Jane, 3875F. W. 1873. Inv. 1873.
Roray, Jeremiah, 4761F. W. 1888.
Rorey, James P., 6057F. Wd. 1838.
Rory, David H., 2008F. Inv. 1823.
Rose, David, 4679F. W. & Cod. 1887. Inv. 1887.
Rose, Deborah, 2889F. W. 1851. Inv. 1851.
Rose, James, 46F. W. 1749. Inv. 1749.
Rose, John, 2856F. Inv. 1850.
Rose, Sarah, 2459F. W. 1837. Inv. 1837.
Ross, David, 4944F. W. 1890.
Rowell, Thomas, 528F. B. 16, p. 263. W. 1774. Inv. 1774.
Royal, Joel, 2890F. Inv. 1851.
Royal, Mary, 3148F. Inv. 1858.
Royal, Solomon C., 5267F. Inv. 1893.
Royal, William J., 4680F. W. 1887.
Royall, David, 1411F. W. 1807. Inv. 1807.
Ruhl, John E., 3659F. W. 1869. Inv. 1869.
Rulon, Henry, Sr., 1512F. W. 1810.

Rulon, Mark, 2152F. Inv. 1827.
Rulon, Mary, 2009F. Inv. 1823.
Rulon, Nathaniel 1707F. Inv. 1814.
Ruschenberger, Ann, 4409F. W. 1883.
Russell, Ephraim, 697F. B. 22, p. 62. Grd. 1779.
Russell, Ephraim, 1022F. B. 32, p. 272. W. 1791. Inv. 1791. Rcpts. 1792.
Russell, Jeremiah, 1842F. Inv. 1817.
Russell, John, 5709F. W. 1897. Inv. 1897.
Russell, Mason, 3261F. W. 1861.
Russell, Philemon R., Sr., 4410F. W. & Cod. 1883. Inv. 1883.
Russell, William, 529F. B. 16, p. 260. W. 1774. Inv. 1774.
Russell, William, 982F. B. 30, p. 143. W. 1789. Inv. 1789.
Rust, Albert, 342F. B. 13, p. 167. W. 1767. Inv. 1767.
Rutter, Charles, 4945F. W. 1890. Inv. 1890.
Rutter, Elizabeth, 1272F. W. 1804. Inv. 1804, 1805.
Rutter, Jacob, 1513F. W. 1810. Inv. 1810.
Ryley, David, 1592F. Inv. 1812.
Ryley, James, 121F. B. 8, p. 185. W. 1755. Inv. 1755.
Ryley, Mark, 1084F. B. 36, p. 110. W. 1795.
Ryley, Rachel, 527F. B. 15, p. 514. Int. 1774.

Salkeld, John, 6140F. W. 1878. Inv. 1878.
Salkeld, Margaret M., 4281F. Inv. 1881.
Salkeld, William, 1885F. Inv. 1819.
Salmon, Nathaniel, 2193F. Inv. 1828.
Sanbern, Annie E., 5710F. W. 1897. Inv. 1898.
Sanderson, Mary, 5389F. W. 1894. Inv. 1894.
Sands, Letta A., 3348F. Inv. 1863.
Saucuil, Eve, 260F. B. 11, p. 166. W. 1761. Inv. 1761.
Saul, Adam, 4533F. Inv. 1885.
Savaresi, Angelo, 5170F. W. 1892. Inv. 1892.
Sawyer, James, 4282F. W. 1881. Inv. 1881.
Sayers, David, 343F. B. 13, p. 152; B. 14, p. 126. W. 1767. Inv. 1767. Accts. (2) 1769.
Sayers, Thomas D., 5888F. Inv. 1899.
Sayre, Abraham, 197F. B. 9, p. 336. Int. 1759. Inv. 1759.
Sayre, Abraham, 1886F. W. 1819. Inv. 1821.
Sayre, Ananias, 52F. Grd. 1749.
Sayre, Ananias, 75F. Grd. 1752.
Sayre, Ananias, 94F. Grd. 1754.
Sayre, Ananias, 912F. B. 28, p. 168. W. 1786. Inv. 1786.
Sayre, Ananias, Jr., 457F. B. 15, pp. 409, 497. W. 1772. Inv. 1772. Acct. 1774.
Sayre, Anna, 1412F. Inv. 1807. Rcpts. 1807, 1808.
Sayre, David, 4073F. Inv. 1876.
Sayre, David, 6091F. Inv. 1877.
Sayre, David, 4762F. W. 1888. Inv. 1888.
Sayre, Eli, 4347F. Inv. 1882.
Sayre, Emily S., 5990F. W. & Cod. 1900.
Sayre, Enoch, 5171F. W. 1892. Inv. 1892.
Sayre, Ephraim, 1364F. Inv. 1806.
Sayre, Ephraim, 3766F. Inv. 1871.
Sayre, Ethan, 270F. B. 11, p. 149. Int. 1762. Inv. 1762.
Sayre, Hester, 4763F. W. 1888. Inv. 1888.
Sayre, Ichabod, 458F. B. 15, p. 466. W. 1772. Inv. 1772.
Sayre, James, 2706F. Inv. 1846.
Sayre, Jeremiah, 1593F. Inv. 1812.
Sayre, Joel, 5499F. W. 1895.
Sayre, Joseph, 483F. B. 14, p. 542. Grd. 1773.

Sayre, Joseph, 556F. B. 15, p. 543. Int. 1775. Inv. 1775.
Sayre, Josiah, 2083F. Inv. 1825.
Sayre, Livingston P., 4539F. W. 1885.
Sayre, Mary, 4463F. W. 1884. Inv. 1884.
Sayre, Nebraska, 4681F. Inv. 1887.
Sayre, Oliver, 1647F. Inv. 1813.
Sayre, Patience, 6030F. W. 1793.
Sayre, Phebe, 2153F. W. 1827. Inv. 1827.
Sayre, Robert, 3211F. Inv. 1860. Copy of Inv. 1860.
Sayre, Samuel, 227F. B. 10, p. 178. Int. 1760. Inv. 1761.
Sayre, Stephen, 157F. B. 9, p. 15. W. 1758. Inv. 1758.
Sayre, Thomas, 228F. B. 10, p. 188. W. 1760. Inv. 1761.
Sayre, William, 5172F. W. 1892. Inv. 1892.
Sayre, William, Sr., 3493F. W. 1866. Inv. 1867.
Sayres, Abbott H., 4859F. W. 1889. Inv. 1889.
Schaber, Fritz, 3876F. W. 1873.
Schafer, Christian, 5889F. W. 1899. Inv. 1899.
Schalick, George, 3953F. W. 1874.
Schard, Lorenzo, 4411F. Inv. 1883.
Schenck, John C., 5500F. W. 1895.
Schenser, Hannah, 1959F. W. 1822. Inv. 1822.
Schlosser, Anthony, 5801F. Inv. 1898.
Schoderer, Belle, 5890F. W. 1899.
Schuck, Maximilian, 5501F. W. 1895.
Schwinn, William, 4764F. W. 1888.
Scott, Sarah A., 5066F. W. & Cod. 1891.
Scudder, Samuel, 1168F. B. 38, p. 489. W. 1799.
Scull, Benjamin, 2122F. Inv. 1826.
Scull, Davis K., 4074F. Inv. 1876.
Scull, Silence, 1797F. W. 1816.
Seagrave, William, Jr., 47F. Int. 1749. Inv. 1749.
Seeds, Adelia E., 4611F. W. 1886.
Seeds, Joseph, Sr., 3262F. Inv. 1861.
Seeds, Mark, 3149F. Inv. 1858.
Seeds, Samuel, 5711F. Inv. 1897.
Seeds, William, 3212F. Inv. 1860.
Seeley, David, 2823F. Inv. 1849.
Seeley, David, Sr., 1224F. B. 40, p. 122. W. 1802. Inv. 1803.
Seeley, Ebenezer, 704F. B. 22, p. 57. Wd. 1779.
Seeley, Elias P., 2707F. W. 1846. Inv. 1846.
Seeley, Emily M., 5067F. W. 1891.
Seeley, Enos, 498F. B. 14, p. 516. Grd. 1773.
Seeley, Enos, 704F. B. 22, p. 57. Grd. 1779.
Seeley, Enos, 2611F. W. 1843. Inv. 1844.
Seeley, Ephraim, 530F. B. 16, p. 301. W. 1774. Inv. 1774.
Seeley, Ephraim, 1169F. B. 38, p. 495. Int. 1799. Inv. 1799.
Seeley, Henry, 983F. B. 30, p. 163. Int. 1789. Inv. 1789.
Seeley, Jesse, 6175F. Acct. 1802. Rcpts. (6) 1801.
Seeley, Job, 291F. B. 11, p. 409. Int. 1763. Inv. 1763.
Seeley, John, 93F. Int. 1750. Cert. 1750.
Seeley, Joseph, 229F. B. 10, p. 177. Int. 1760. Inv. 1760. Acct 1760.
Seeley, Josiah, 2310F. W. 1832. Inv. 1833.
Seeley, Margaret R., 4682F. W. 1887. Inv. 1887.
Seeley, Mary R., 4075F. Inv. 1876.
Seeley, Mason G., 1934F. Inv. 1821.
Seeley, Nancy, 2824F. W. 1849. Inv. 1849.

Seeley, Robert, 2335F. Inv. 1833.
Seeley, Richard, 2708F. W. 1846. Inv. 1847.
Seeley, Samuel, 2709F. Inv. 1846.
Seeley, Samuel W., 5309F. W. 1894. Inv. 1894.
Seeley, Sarah, 2825F. W. 1849.
Seely, Henry, 359F. B. 13, p. 416. W. 1768. Inv. 1768.
Seigman, William V. L., 5391F. W. 1894.
Sellers, John, 1798F. Inv. 1816.
Senior, Joseph, 5991F. W. 1900.
Seward, Augustus, 4860F. W. 1889. Inv. 1889.
Sexton, Julia A., 5068F. W. 1891. Inv. 1891.
Shand, Thomas, 4765F. W. 1888. Inv. 1888.
Shannon, William G., 3009F. W. 1854. Inv. 1854.
Sharp, Alfred, 3101F. Inv. 1857.
Sharp, Andrew, 3549F. Inv. (2) 1866.
Sharp, Anthony, 3767F. W. 1871. Inv. 1871.
Sharp, Catharine, 3660F. W. 1869.
Sharp, Clayton, 2371F. Inv. 1834.
Sharp, Daniel, 5268F. W. 1893. Inv. 1893.
Sharp, Emley, 2336F. Inv. 1833.
Sharp, Enoch, 2787F. W. 1848. Inv. 1848.
Sharp, Ephraim, 4766F. W. & Cod. 1888.
Sharp, Isaac, 1096F. B. 36, p. 355. Int. 1796.
Sharp, Jane, 5610F. W. 1896. Inv. 1896.
Sharp, John, 3877F. W. 1873. Inv. 1873.
Sharp, John L., 4212F. Inv. 1880.
Sharp, John Y., 3817F. Inv. 1872.
Sharp, Lorenza, 4612F. W. 1886. Inv. 1886.
Sharp, Lucy L., 5069F. W. 1891. Inv. 1892.
Sharp, Lydia H., 3213F. W. 1860. Inv. 1860.
Sharp, Mary B., 4213F. W. 1880.
Sharp, Parent, Jr., 4540F. W. 1885.
Sharp, Reuben L., 4017F. W. 1875.
Sharp, Samuel H., 3214F. W. 1860.
Sharp, Seth, Sr., 3494F. W. 1866. Inv. 1866.
Sharp, Vashti, 5269F. W. 1893. Inv. 1893.
Sharp, William H., 6141F. Inv. 1878.
Shaver, Adam, 1007F. B. 30, p. 279. W. 1790. Inv. 1790.
Shaver, Jacob, 531F. B. 16, p. 297. W. 1774. Inv. 1774.
Shaw, Aaron, 2311F. Inv. 1832.
Shaw, Abial, 913F. B. 28, p. 174. W. 1786. Inv. 1786.
Shaw, Carll, 65F. W. 1750. Inv. 1750.
Shaw, Cornelius, 1799F. Inv. 1816.
Shaw, Harvey, 4464F. Inv. 1884.
Shaw, Henry, 741F. B. 24, p. 142. W. 1781. Inv. 1781.
Shaw, Henry, Jr., 3102F. Inv. 1857.
Shaw, Henry, Sr., 3038F. W. 1855. Inv. 1855.
Shaw, Hosea, 1413F. W. 1807. Inv. 1807.
Shaw, Ichabod, 532F. B. 15, p. 513. Int. 1774. Inv. 1774.
Shaw, James, 876F. B. 27, p. 44. Int. 1785.
Shaw, Jedediah, 1960F. Inv. 1822.
Shaw, John, 87F. W. 1753. Inv. 1753.
Shaw, John, 637F. B. 20, p. 2. Int. 1777. Inv. 1777.
Shaw, Jonathan, 1887F. Inv. 1819.
Shaw, Joshua, 459F. B. 14, p. 428. Int. 1772.
Shaw, Josiah, 3150F. Inv. 1858.
Shaw, Matthias, 533F. B. 15, p. 507. Wd. 1774.
Shaw, Nathan, 3067F. W. 1856. Inv. 1856.
Shaw, Nathan, 5712F. Inv. 1897.
Shaw, Rheuma, 2370F. Inv. 1834.
Shaw, Richard, 158F. B. 9, p. 134. W. 1758. Inv. 1758.
Shaw, Richard, 230F. B. 10, p. 177. Int. 1760. Inv. 1760.

Shaw, Sarah, 2267F. Inv. 1831.
Shaw, William W., 5070F. W. 1891.
Sheldon, Noah, 3605F. Inv. (3) 1868.
Shelhorn, James, 3306F. W. 1862. Inv. 1862.
Shemele, John, 3215F. Inv. 1860.
Shepard, John S., 5891F. W. 1899.
Shepherd, Abel, 504F. B. 15, p. 533; B. 16, p. 78. W. 1773. Inv. 1773. Acct. 1775.
Shepherd, Abigail, 1366F. W. 1806. Inv. 1806.
Shepherd, David, 124F. B. 8, p. 188. W. 1755. Inv. 1755.
Shepherd, David, 433F. B. 15, p. 202. W. 1771. Inv. 1771.
Shepherd, David, 534F. B. 16, p. 304. W. 1774. Inv. 1774.
Shepherd, David, 675F. B. 16, p. 523; B. 20, p. 66. W. 1778. Inv. 1778. Acct. 1778.
Shepherd, Dicason, 385F. B. 14, p. 275. W. 1769. Inv. 1769.
Shepherd, Dickason, 48F. W. 1749. Inv. 1749.
Shepherd, Enoch, 386F. B. 14, pp. 113, 406. W. 1769. Inv. 1769. Acct. 1771.
Shepherd, Eve, 49F. W. 1749. Inv. 1749.
Shepherd, Furman, 680F. B. 22, p. 60. Grd. 1779.
Shepherd, James, 756F. B. 24, p. 171. Grd. 1782.
Shepherd, John, 387F. B. 15, p. 5. Int. 1769. Inv. 1769.
Shepherd, Jonadab, 311F. B. 12, p. 160; B. 15, p. 19. W. 1765. Inv. 1765. Acct. 1768.
Shepherd, Jonadab, 1416F. Inv. 1807.
Shepherd, Joseph, 141F. B. 8, p. 347. Int. 1756. Inv. 1756.
Shepherd, Joseph, 583F. B. 16, p. 490. Int. 1776. Inv. 1776.
Shepherd, Martha, 460F. B. 15, p. 464. W. 1772. Inv. 1772.
Shepherd, Moses, 88F. W. 1753. Inv. 1753.
Shepherd, Samuel, 360F. B. 13, p. 329. W. 1768. Inv. 1768. Acct. 1769.
Shepherd, Silvanus, 231F. B. 10, p. 29. W. 1760. Inv. 1760. Acct. 1761.
Shepherd, Stephen, 159F. B. 8, p. 508. W. 1757. Inv. 1757.
Shepherd, Thomas, 584F. B. 17, p. 304; B. 18, p. 691. W. 1776. Inv. 1776. Acct. 1778.
Shepherd, Thomas, Jr., 766F. B. 24, p. 171. Wd. 1782.
Sheppard, Abel, 1594F. Inv. 1812.
Sheppard, Abel, Jr., 1414F. Inv. 1807.
Sheppard, Abner, Isaac, David C., 6197F. Wds. 1812.
Sheppard, Ammi, 4076F. W. 1876. Inv. 1876.
Sheppard, Ananias, 943F. B. 29, p. 183. Int. 1787. Inv. 1787.
Sheppard, Benjamin, 4283F. W. & Cod. 1881. Inv. 1881.
Sheppard, Benjamin F., 5713F. W. 1897.
Sheppard, Benjamin H., 3181F. Inv. 1859.
Sheppard, Caleb, 2612F. W. & Cods. 1843. Inv. 1844.
Sheppard, Caleb, 3878F. W. & Cod. 1873. Inv. 1873.
Sheppard, Daniel, 914F. B. 28, p. 182. Int. 1786. Inv. 1786.
Sheppard, Daniel M., 5173F. W. 1892. Inv. 1892.
Sheppard, David, 866F. B. 27, p. 46. Grd. 1785.
Sheppard, David, 877F. B. 27, p. 27. W. 1785. Inv. 1785.
Sheppard, David, 2194F. Inv. 1828.

Sheppard, David, 2582F. Inv. 1842.
Sheppard, David, 2710F. Inv. 1846.
Sheppard, David, John, Jr., 984F. B. 30, p. 163. Grds. 1789. Tr. 1789.
Sheppard, David, Jr., 1595F. W. 1812. Inv. 1812. Acceptance of guardianship, 1813.
Sheppard, Dickason, 1648F. Inv. 1813.
Sheppard, Dickason D., 4147F. W. 1879. Inv. 1879.
Sheppard, Edith, 2711F. W. 1846. Inv. 1847.
Sheppard, Eleanor, 2751F. W. 1847. Inv. 1847.
Sheppard, Elias, 878F. B. 27, p. 42. Int. 1785. Inv. 1785.
Sheppard, Eliza E., 3349F. W. 1863. Inv. 1863.
Sheppard, Elizabeth, 1843F. Inv. 1817.
Sheppard, Ephraim, 788F. B. 25, p. 408. W. 1783. Inv. 1783.
Sheppard, Ephraim E., 4613F. Inv. 1886.
Sheppard, Furman, 2337F. Inv. 1833.
Sheppard, George J., 3768F. W. 1871.
Sheppard, Harriet, 4148F. Inv. 1879.
Sheppard, Henry, 3606F. Inv. 1868.
Sheppard, Hosea, 916F. B. 28, p. 182. Grd. 1786.
Sheppard, Hosea, 1415F. W. 1807. Inv. 1807.
Sheppard, Ichabod, 1170F. B. 38, p. 495. Int. 1799. Inv. 1799.
Sheppard, Isaac, 1755F. Inv. 1815.
Sheppard, Isaac, 1800F. Inv. 1816.
Sheppard, James, 915F. B. 28, p. 183. Wd. 1786.
Sheppard, James 985F. B. 30, p. 161. W. 1789. Inv. 1789.
Sheppard, James, 1514F. Inv. 1810.
Sheppard, James, 2084F. Inv. 1825.
Sheppard, James, 3350F. Inv. (2) 1853.
Sheppard, James M., 6142F. W. 1878. Inv. 1878.
Sheppard, Joel, 1908F. W. 1820. Inv. 1820.
Sheppard, John, 764F. B. 24, p. 162; B. 25, p. 422. W. 1782. Inv. 1782. Acct. 1783.
Sheppard, John, 915F. B. 28, p. 183. Grd. 1786.
Sheppard, John, 1225F. B. 40, p. 169. Int. 1802. Inv. 1802.
Sheppard, John, 3042F. W. & Cod. 1855. Inv. 1855.
Sheppard, John C., 2154F. Inv. 1827.
Sheppard, John E., 4349F. W. 1882.
Sheppard, John T., 4412F. W. 1883. Inv. 1883.
Sheppard, John, Jr., 1005F. B. 30, p. 281. Grd. 1790.
Sheppard, John, Sr., 1313F. W. 1805. Inv. 1805.
Sheppard, Jonadab, 916F. B. 28, p. 182. Wd. 1786.
Sheppard, Jonathan, 505F. B. 16, p. 227. W. 1773. Int. 1773. Inv. 1783. Ren. 1773.
Sheppard, Jonathan, 1146F. B. 38, p. 179. Int. 1798.
Sheppard, Jonathan, 1451F. Inv. 1808.
Sheppard, Jonathan, 5502F. Inv. 1895.
Sheppard, Joseph, 765F. B. 24, p. 160. W. 1782. Inv. 1782.
Sheppard, Joseph, 3073F. Inv. 1856.
Sheppard, Joseph, 6092F. Inv. 1877.
Sheppard, Josiah, 1085F. B. 36, p. 103. W. 1795.
Sheppard, Josiah, Jr., 2857F. W. 1850. Inv. 1851.
Sheppard, Lawrence, 1961F. W. 1822. Inv. 1822.

Sheppard, Lydia A., 5802F. W. & Cod. 1898. Inv. 1898.
Sheppard, Mark M., 4077F. W. 1876. Inv. 1876.
Sheppard, Martha, 2010F. W. 1823. Inv. 1823.
Sheppard, Martin, 4767F. Inv. 1888.
Sheppard, Mary C., 4465F. W. 1884.
Sheppard, Mary M., 4350F. W. 1882. Inv. 1882.
Sheppard, Melissa B., 5714F. W. 1897. Inv. 1897.
Sheppard, Miriam, 5992F. W. 1900.
Sheppard, Moses, 125F. B. 8, p. 159. Wd. 1755.
Sheppard, Moses, 1367F. Inv. 1806.
Sheppard, Moses, 2788F. W. 1848. Inv. 1848.
Sheppard, Nathan, 1549F. W. 1811. Inv. 1811.
Sheppard, Nathan, 3043F. W. 1855. Inv. 1855.
Sheppard, Philip, 1121F. B. 37, p. 255. W. 1797. Inv. 1797.
Sheppard, Philip G., 4946F. W. 1890. Inv. 1890.
Sheppard, Phineas, 2712F. Inv. 1846.
Sheppard, Rachel, 2338F. W. 1833. Inv. 1833.
Sheppard, Richard, 2891F. Inv. 1851.
Sheppard, Robert K., 4704F. Inv. 1887.
Sheppard, Roxanna, 4683F. W. 1887. Inv. 1887.
Sheppard, Sarah B., 4284F. W. 1881. Inv. 1881.
Sheppard, Stephen, 1008F. B. 30, p. 267. W. 1790.
Sheppard, Stillman, 4078F. W. 1876. Inv. 1876.
Sheppard, Temperance, 1708F. W. 1814. Inv. 1814.
Sheppard, Thomas, 917F. B. 28, p. 184. Wd. 1786. Tr. 1786.
Sheppard, Thomas, 1147F. B. 37, p. 478. W. 1798. Inv. 1798.
Sheppard, Thomas, 1368F. W. 1806. Inv. 1806.
Sheppard, Thomas, 1479F. Inv. 1809.
Sheppard, Thomas C., 3183F. Inv. 1859.
Sheppard, William, 2268F. Inv. 1831.
Sheppard, William, 2669F. Inv. 1845.
Sheppard, William, 3074F. Inv. 1856.
Sheppard, William, 3307F. Inv. 1862.
Sheppard, William H., 4545F. Inv. 1885.
Sheppard, William H., 5611F. W. 1896.
Sheppard, William L., 6200F. Int. 1823. Notes (3) 1823. Rcpts. (7) 1823.
Shepperd, Job, 845F. B. 27, p. 46. Grd. 1785.
Shepperd, Job, Sr., 1097F. B. 36, p. 350. W. 1796.
Sherman, Charles F., 5715F. Inv. 1897.
Shield, Jane, 5392F. W. 1894. Inv. 1894.
Shimp, Adam, 4018F. Inv. 1875.
Shimp, Archibald, 4413F. W. 1883.
Shimp, Elizabeth, 2460F. W. 1837. Inv. 1837.
Shimp, John, 2241F. Inv. 1830.
Shimp, Joseph, 5892F. Inv. 1899.
Shimp, Margaret, 4541F. Inv. 1885.
Shimp, William, 1189F. B. 39, p. 116. W. 1800. Inv. 1800.
Shinn, Jacob C., 3351F. Inv. 1863.
Shints, Aaron, 1756F. W. 1814. Inv. 1815.
Shints, John, 1148F. B. 38, p. 179. Int. 1798. Inv. 1798.
Shints, Ruth, 1757F. Inv. 1815.
Shoemaker, Francis B., 5270F. W. 1893. Inv. 1893.
Shoemaker, George, 5174F. Inv. 1892.

Shoemaker, Hannah D., 5175F. Inv. 1892.
Shoemaker, Henry, 2339F. W. 1833. Inv. 1833.
Shoemaker, Horace B., 5612F. W. 1896. Inv. 1896.
Shoemaker, John, 2752F. Inv. 1847.
Shoemaker, Lewis, 2858F. Inv. 1850.
Shoemaker, Margaret R., 5803F. W. 1898. Inv. 1898.
Shoemaker, Mary E., 5613F. Inv. 1896.
Shoemaker, Rachel, 3400F. W. 1864.
Shoemaker, Sarah, 4214F. W. 1880. Inv. 1880.
Shoemaker, William S., 4706F. Inv. 1887.
Shough, William, 4348F. W. 1882. Inv. 1882.
Shourts, Stephen, 3770F. W. 1871.
Shriner, Christena, 1452F. Inv. 1808.
Shriner, Henry, 1417F. Inv. 1807.
Shriner, Henry, 6079F. Inv. 1875.
Shropshire, Edward, 2123F. Inv. 1826.
Shropshire, Henderson, 3769F. W. 1871. Inv. 1871.
Shropshire, Robert, 4614F. W. 1886. Inv. 1887.
Shropshire, Thomas, 4351F. Inv. 1882.
Shull, Abijah, 3447F. W. 1865. Inv. 1865.
Shull, Daniel, 2921F. W. 1852. Inv. 1852.
Shull, David, 825F. B. 26, p. 152. Wd. 1784.
Shull, David R., 4684F. Inv. 1887.
Shull, Edwin, Hannah, Rebecca, 6191F. Wds. 1827.
Shull, George C., 4685F. W. 1887. Inv. 1887.
Shull, Hoshel, 2124F. W. 1826. Inv. 1826. Rcpts. (5) 1828.
Shull, Jacob, 826F. B. 26, p. 153. Grd. 1784.
Shull, Jacob, 918F. B. 28, p. 182. Wd. 1786.
Shull, Jacob, 2011F. Inv. 1823.
Shull, Jacob, Jr., 826F. B. 26, p. 153. Wd. 1784.
Shull, Jacob, Sr., 879F. B. 17, p. 544. W. 1785. Inv. 1785.
Shull, Jeremiah P., 5804F. W. 1898.
Shull, Michael H., 2085F. Inv. 1825.
Shull, Reuben, 1009F. B. 30, p. 269. W. 1790. Inv. 1790.
Shull, Reuben, 2054F. Inv. 1824.
Shull, Samuel, 789F. B. 25, p. 406. W. 1783.
Shull, Samuel, 2433F. Inv. 1836.
Shull, William, 585F. B. 16, p. 490; B. 18, p. 469. Int. 1776. Inv. 1776. Acct. 1777.
Shull, William, 2340F. Inv. 1833.
Shumway, Amanda B., 3879F. Inv. 1873.
Shumway, Orsmon O., 3880F. Inv. 1873.
Shute, Adam, 2125F. Inv. 1826.
Shute, Ann Elizabeth, 2155F. W. 1827. Inv. 1827.
Shute, Charles, 2859F. W. 1850. Inv. 1851.
Shute, Edward M., 4466F. Inv. 1884.
Shute, John, 868F. B. 27, p. 46. Grd. 1785.
Shute, John, 2012F. Inv. 1823.
Shute, Samuel Moore, 1801F. W. 1816. Inv. 1816.
Shute, Seeley, 3881F. W. & Cod. 1873. Inv. 1873.
Sibley, John, Sr., 2269F. W. 1831. Inv. 1832.
Sickler, Andrew, 3352F. W. 1863.
Siddon, John, 50F. Int. 1749.
Sigafoo, Mahlon W., 5503F. Inv. 1895.
Sigars, Peter, 3008F. Inv. 1854.
Sigers, Lewis, 5614F. W. 1896. Inv. 1896.
Sillomon, Alexander, 919F. B. 28, p. 180. Int. 1786.

Smith, Robert, 4149F. Inv. 1879.
Smith, Ruth, 5395F. W. 1894. Inv. 1894.
Smith, Samuel, 2242F. Inv. 1830.
Smith, Samuel C., 5177F. W. 1892. Inv. 1892.
Smith, Sarah, 1207F. B. 39, p. 486. W. 1801. Inv. 1801.
Smith, Sarah, 2485F. Int. 1838. Inv. 1838.
Smith, Seth, 5717F. Inv. 1897.
Smith, Solomon, 15F. Int. 1748. Inv. 1748.
Smith, Theophilus E., 5618F. Inv. 1896.
Smith, Thomas, 1804F. W. 1816. Inv. 1816. Rcpts. 1816. Lt. 1829.
Smith, Vashti, 1805F. Inv. 1816.
Smith, William, 199F. B. 9, p. 211. Int. 1759. Inv. 1758.
Smith, William, 1369F. W. 1806. lnv. 1806.
Smith, William, 3217F. W. 1860.
Smith, William, 4288F. Inv. (2) 1881.
Smith, William A., 3401F. W. & Cod. 1864.
Sneathen, Jeremiah, 5507F. Inv. 1895.
Sneathen, Phebe, 2670F. W. 1845. Inv. 1845.
Snethen, Ananias, 1051F. B. 33, p. 133. W. 1793.
Snethen, Hosea, 2243F. W. 1830. Inv. 1831.
Snethen, James, 587F. B. 16, p. 490. Int. 1776. Inv. 1776.
Snethen, Joseph, 964F. B. 31, p. 73. W. 1788. Inv. 1789.
Snitcher, George W., 5619F. Inv. 1896.
Snyder, Anthony, 3068F. W. 1856.
Snyder, David L., 4616F. W. 1886. Inv. 1886.
Snyder, John W., 6144F. W. 1878.
Sockwell, Corson, 5718F. W. 1897.
Sockwell, Eve, 389F. B. 15, p. 10. Acct. 1769.
Sockwell, Jonadab, 676F. B. 20, p. 92. W. 1778. Inv. 1778.
Sockwell, Lancet, 186F. B. 9, p. 263; B. 15, p. 12. W. 1759. Inv. 1759. Acct. 1770.
Sockwell, Lancet, 1052F. B. 33, p. 137. W. 1793.
Socwell, Elenor, 1909F. Inv. 1820.
Socwell, Jonathan, 1649F. Inv. 1813.
Socwell, Sherrard, 4948F. W. 1890. Inv. 1890.
Solley, William H., 2055F. Inv. 1824.
Somerall, William, 472F. B. 14, p. 542. Grd. 1773.
Somers, Charles, 3044F. W. 1855. Inv. 1855.
Sooy, Charles, Sr., 5620F. Inv. 1896.
Soper, Abraham, 3436F. W. 1865. Inv. 1865.
Souder, Daniel, Philip, 880F. B. 27, pp. 45, 47. Wds. 1785.
Souder, Elizabeth, 2195F. W. 1828. Inv. 1829.
Souder, Ellen J., 5072F. W. 1891.
Souder, George, 791F. B. 25, p. 420. Wd. 1783.
Souder, George, 2892F. W. 1851. Inv. 1852.
Souder, John, 506F. B. 16, p. 251. W. 1773. Inv. 1773.
Souder, John, 762F. B. 24, p. 171. Grd. 1782.
Souder, John, 2271F. Inv. 1831.
Souder, John, 3045F. Inv. 1855.
Souder, Mary M., 2957F. W. 1853. Inv. 1857.
Souder, Michael, 2312F. Inv. 1832.
Souder, Nathaniel, 1844F. Inv. 1817.
Souder, Philip, 2086F. Inv. 1825.
Souder, Philip E., 5805F. W. 1898.
Souder, Philip, Sr., 4080F. Inv. 1876.
Souder, Simon, 959F. B. 31, p. 77. Grd. 1788.
Souder, Simon, 1419F. Inv. 1807. Rcpt. 1806.
Soullard, Peter, 828F. B. 25, p. 412. W. 1784. Inv. 1785.
Souther, Fannie A. M., 4768F. W. 1888. Inv. 1888.

Souther, George G., 4617F. W. 1886. Inv. 1886.
Souther, Philip, 414F. B. 14, p. 261. W. 1770. Inv. 1770. Acct. 1773.
Sowder, John, 313F. B. 12, p. 170. Grd. 1765.
Sowle, Mary G., 5272F. W. 1893. Inv. 1893.
Sparks, John B., 5396F. W. 1894.
Spence, George, 2790F. Inv. 1848.
Spence, John, 2714F. W. 1846. Inv. 1846.
Spence, John N., 3011F. Inv. 1854.
Spence, Lydia, 3402F. Inv. 1864.
Spence, William, 4216F. Inv. 1880.
Spencer, Elizabeth, 3819F. W. 1872. Inv. 1873.
Spencer, John, 3496F. W. 1866. Inv. 1867.
Spencer, William, 3883F. Inv. 1873.
Spriggs, Rachel, 5719F. Inv. 1897.
Springer, Joseph, 1124F. B. 37, p. 259. Int. 1797. Inv. 1797.
Stackhus, Caleb, 881F. B. 27, p. 42. Int. 1785. Inv. 1785.
Stadler, Gustav L., 5997F. W. 1900.
Stahem, Grant, 1650F. W. 1813. Inv. 1813.
Stanford, Ingate, 3448F. Inv. (2) 1865.
Stanford, Sarah, 3218F. W. 1860. Inv. 1861.
Stanger, Christian, 1711F. Int. 1814. Inv. 1814.
Stanger, Henry, 6093F. Inv. 1877.
Stanger, Jacob, 2222F. W. 1829. Inv. 1829. Acct. 1829-39.
Stanger, Joseph D., 5895F. W. 1899. Inv. 1899.
Stanley, Mary M., 4468F. Inv. 1884.
Stanton, Richard, Sr., 3884F. W. 1873. Inv. 1873.
Starn, Edwin W., 5998F. Inv. 1900.
Statham, Sarah, 1370F. Inv. 1806.
Statham, Thomas, 1371F. Inv. 1806.
Stathams, John, 3219F. W. 1860. Inv. 1860.
Stathams, Rebecca, David, Ann, Mary, 6058F. Wds. 1847.
Stathem, Aaron, 1515F. W. 1810. Inv. 1810. Ren. 1810.
Stathem, Charles, 4150F. Inv. 1879.
Stathem, Charles, 4543F. Inv. 1885.
Stathem, Deliverance, 415F. B. 14, p. 249. W. 1770. Inv. 1770.
Stathem, Hannah, 986F. B. 30, p. 152. W. 1789. Inv. 1789.
Stathem, Harriet S., 4544F. W. 1885. Inv. 1885.
Stathem, Isaac, 882F. B. 27, p. 36. W. 1785. Inv. 1785.
Stathem, Isabel, 1712F. Inv. 1814.
Stathem, Jonathan, 292F. B. 11, p. 385. W. 1763. Inv. 1763.
Stathem, Philip, 792F. B. 25, p. 419. Int. 1783. Inv. 1783.
Stathem, Philip, 1651F. Inv. 1813.
Stathem, Philip H., 5397F. W. 1894. Inv. 1894.
Stathem, Smith N., 3886F. Inv. 1873.
Stathem, Thomas, 51F. W. 1749.
Stathem, Thomas E., 5073F. Inv. 1891.
Stathem, Amos, 4687F. Inv. 1887.
Statton, John, 2791F. Inv. 1848.
Statton, William B., 6145F. Inv. 1878.
Steel, Robert, 6171F. Grd. 1837.
Steele, Laura A., 5273F. Inv. 1893.
Steele, Margaret S., 6094F. W. 1877.
Steelling, Jacob, 1453F. W. 1808.
Steelling, Sarah, 1888F. Inv. 1819.
Steelman, Charles, 302F. B. 12, p. 5. Int. 1764. Inv. 1764.

Swing, Michael, 2376F. W. 1834. Inv. 1834.
Swing, Michael C., 3823F. W. 1872. Inv. 1872.
Swing, Simon S., 3449F. Inv. 1865.
Swing, Simon S., 5897F. Inv. 1899.
Swing, Susannah, 3551F. W. 1867. Inv. 1867.
Swinney, Deborah, 234F. B. 9, p. 451. W. 1760. Inv. 1760.
Swinney, Elisha, 669F. B. 18, p. 691. Grd. 1778.
Swinney, Elisha, 1098F. B. 36, p. 346. W. 1796. Inv. 1796.
Swinney, Ellen F., 6000F. W. & Cod. 1900. Inv. 1901.
Swinney, Ethan B., 4217F. W. 1880. Inv. 1880.
Swinney, John, 142F. B. 15, p. 11. W. 1756. Inv. 1756. Acct. 1770.
Swinney, John, 2616F. Inv. 1843.
Swinney, John G., 5509F. W. 1895.
Swinney, Kezia, 1551F. Inv. 1811.
Swinney, Phebe A., 5622F. W. & Cod. 1896.
Swinney, Seth A., 2013F. Inv. 1823.
Swinney, Valentine, 1150F. B. 37, p. 487. Int. 1798. Inv. 1798.
Swinny, Joseph, 463F. B. 14, p. 437. Int. 1772. Inv. 1772.
Swope, Walter, Sr., 6033F. W. 1803.
Sykes, Louisa J., 3405F. W. 1864.
Sykes, Robert C., 4218F. W. 1880. Inv. 1881.
Sylva, Charlotte, 3710F. Inv. 1869.
Sylvester, Luther C., 4084F. W. 1876. Inv. 1876.
Sylvester, Silas G., 4414F. W. & Cod. 1883. Inv. 1883.
Sylvia, William, Sr., 3662F. W. 1869.
Syro, Elizabeth, 3153F. Inv. 1858.

Taft, Emma S., 5398F. W. 1894. Inv. 1894.
Talamini, Lorenzo, 5898F. W. 1899.
Talley, Lewis H., 5399F. W. 1894.
Taske, Henry, 4705F. Inv. 1886.
Taylor, George, 2617F. W. 1843. Inv. 1843.
Taylor, Jacob, 1601F. Inv. 1812.
Taylor, Jonathan, 1455F. Inv. 1808.
Taylor, Lemuel A., 5400F. W. 1894.
Taylor, Matthias, 1455½F. Inv. 1823.
Taylor, Nicholas R., 5721F. W. 1897.
Taylor, Thomas L., 4952F. Inv. 1890.
Taylor, Wallace, 5185F. W. 1892. Inv. 1892.
Taylor, William, 2618F. W. 1843. Inv. 1843.
Taylor, William, 3711F. W. 1870. Inv. 1870.
Teed, Samuel, 390F. B. 14, p. 19. W. 1769. Inv. 1769.
Tennant, James, 1372F. Inv. 1806.
Terril, Adam, 827F. B. 26, p. 152. Grd. 1784.
Terry, Ashberry, Jeremiah, Leviss, 464F. B. 14, p. 505. Wds. 1772.
Terry, Richard, 434F. B. 15, p. 205. W. 1770. Inv. 1771.
Terryl, Daniel, 202F. B. 9, p. 211. Int. 1759. Inv. 1759. Acct. 1762.
Test, Ann, 2894F. W. 1851. Inv. 1851.
Test, Benjamin, 1227F. B. 40, p. 200. W. 1802.
Test, Francis, 2343F. Inv. 1833.
Test, Joseph, 1654F. Inv. 1813.
Test, Thomas, 1273F. Inv. 1804.
Test, William, 4472F. Inv. 1884.
Thomas, Charles, 4473F. Inv. 1884
Thomas, Elias, 361F. B. 13, p. 441. Int. 1767. Inv. 1767.
Thomas, Eliza, 5510F. Inv. 1895.
Thomas, Ezekiel, 2244F. W. 1830. Inv. 1830.
Thomas, James B., 2828F. Inv. 1849.

Thomas, Matilda A., 6096F. W. 1877.
Thomas, Newton B., 2557F. Inv. 1841.
Thomas, Rachel, 2272F. W. 1831.
Thomas, Ridgway, 3663F. W. 1869. Inv. 1869.
Thomas, Sally, 4415F. W. & Cod. 1883.
Thomas, Samuel, 2792F. Inv. 1848.
Thomas, Samuel, 3956F. W. 1874. Inv. 1874.
Thompson, Benjamin, 725F. B. 24, p. 167. Int. 1780.
Thompson, Benjamin, 1716F. Int. 1814. Inv. 1815.
Thompson, Benjamin, Sr., 922F. B. 28, p. 176. W. 1786. Inv. 1786.
Thompson, Bennagh, 2344F. Inv. 1833.
Thompson, Daniel B., 4688F. W. 1887. Inv. 1887.
Thompson, David, 3185F. Inv. 1859.
Thompson, Elizabeth, 3608F. W. 1868.
Thompson, Emily, 5276F. W. 1893.
Thompson, Hugh D., 5277F. W. 1893. Inv. 1893.
Thompson, John B., 5511F. W. 1895. Inv. 1896.
Thompson, Manly, 2754F. Inv. 1847.
Thompson, Minerva C., 4219F. Inv. 1880.
Thompson, Mulford, 235F. B. 9, p. 450. Int. 1759.
Thompson, Richard, Sr., 6001F. W. 1900. Inv. 1900.
Thompson, Warren, 4770F. W. 1888.
Thompson, Warren, Sr., 3013F. W. 1854. Inv. 1854.
Thomson, Butler, 1023F. B. 32, p. 269. W. 1791. Inv. 1791.
Thomson, John, 1806F. W. 1816.
Tice, Benjamin, 3664F. W. 1869.
Tice, Charles G., 3772F. Inv. 1871.
Tice, Cornelius C., 5899F. W. 1899. Inv. 1899.
Tice, Daniel, 3665F. Inv. 1869.
Tice, Gilbert, 4290F. Inv. 1881.
Tice, James W., 3666F. W. 1869.
Tice, Phebe L., Sr., 3957F. W. 1874. Inv. 1875.
Tice, Thomas M., 3154F. Inv. 1858.
Tice, William, 3552F. W. 1867.
Tice, William, 5278F. Inv. 1893.
Tice, William B., 3712F. W. 1870.
Tifft, Charles H., 5722F. W. 1897. Inv. 1897.
Tillgrove, Benjamin, 2923F. W. 1852. Inv. 1853.
Tillman, Henry, 3106F. W. 1857. Inv. 1857.
Tillotson, Mary E., 5760F. W. 1898. Inv. 1898.
Tilsilver, George, Jacob, 313F. B. 12, p. 170. Wds. 1765.
Tilsilver, John, 314F. B. 12, p. 170. Wd. 1765.
Tilsilver, Martin, 143F. Wd. 1756.
Tilsilver, Michael, 89F. W. 1753. Int. 1756. Int. 1753, 1757. Acct. 1764.
Tindall, Andrew, 3354F. Inv. 1863.
Titsworth, Isaac, 829F. B. 26, p. 150. Int. 1784. Inv. 1784.
Titsworth, Isaac, 3046F. Inv. 1855.
Titsworth, Reuben, 1470½F. Inv. 1809.
Titus, Richard, 923F. B. 28, p. 183. Wd. 1786.
Titus, Samuel, 6181F. Repts. (29) 1790.
Titus, Timothy, 2158F. Inv. 1827.
Tombenson, John, 589F. B. 16, p. 498. Int. 1776. Inv. 1776.
Tomlin, Clayton, 3887F. W. 1873.
Tomlin, David, 4291F. Inv. 1881.
Tomlin, John, 2508F. Inv. 1839.

Tomlin, Joseph, Jr., 2088F. Inv. 1825.
Tomlin, Judith, 3047F. W. 1855. Inv. 1856.
Tomlin, Martha, 5186F. W. 1892. Inv. 1892.
Tomlin, William, 6148F. Inv. 1878.
Tomlinson, Abel S., 4220F. Inv. 1880.
Tomlinson, Benjamin, 1655F. Inv. 1813.
Tomlinson, Charles, 1910F. Inv. 1820.
Tomlinson, George, 6169F. Acct. 1829.
Tomlinson, George, 5187F. W. & Cods. 1892. Inv. 1892.
Tomlinson, James, 1552F. W. 1811. Inv. 1812.
Tomlinson, James, 3014F. Inv. 1854.
Tomlinson, Joseph, 2313F. Inv. 1832.
Tomlinson, Joseph, 4618F. Inv. 1886.
Tomlinson, Lemuel, 2377F. Inv. 1834
Tomlinson, Lois, 5188F. Inv. 1892.
Tomlinson, Mary A., 5625F. W. 1896. Inv. 1896.
Tomlinson, Mary J., 4153F. Inv. 1879.
Tomlinson, Mary S., 5809F. Inv. 1898.
Tomlinson, Nathan, 2642F. Inv. 1844.
Tomlinson, Phebe, 2558F. Inv. 1841.
Tomlinson, Rebecca, 5808F. W. 1898. Inv. 1898.
Tomlinson, Rhoda, 4022F. W. 1875. Inv. 1875.
Tomlinson, Seeley, 3958F. W. 1874. Inv. 1875.
Tomlinson, Theophilus, 5723F. W. 1897. Inv. 1897.
Tomlinson, Thomas, 1602F. Inv. 1812.
Tompkins, Marion L., 5626F. W. 1896.
Tonkin, Joseph, 1937F. Inv. 1821.
Torrens, Alexander, Sr., 5810F. W. 1898. Inv. 1898.
Townsend, Amos, 236F. B. 10, p. 179. Int. 1760. Inv. 1760.
Townsend, Chester A., 3667F. W. 1869. Inv. 1870.
Townsend, Isaac, Jr., 2530F. Inv. 1840.
Townsend, Job, 2127F. Inv. 1826.
Tozer, Jeremiah, 2671F. W. 1845. Inv. 1845.
Tracy, Jonathan H., 4689F. W. 1887.
Tregale, Samuel, 3450F. W. 1865. Inv. 1865.
Trenchard, Curtis, 2531F. W. 1840. Int. 1840. Settlement, 1840. Rcpts. (86), Notes, 1839, 1840.
Trenchard, Eleanor, 4154F. Inv. 1879.
Trenchard, Ethan, 4953F. Inv. 1890.
Trenchard, Eva B., 5627F. Inv. 1896.
Trenchard, James H., 6097F. Inv. 1877.
Trenchard, Jane, 3739F. Inv. 1871.
Trenchard, John, 2056F. Inv. 1824.
Trenchard, John, 3406F. Inv. 1964.
Trenchard, Mary B., 6002F. W. & Cod. 1900. Inv. 1900.
Trenchard, Richard, 5628F. Inv. 1896.
Trenchard, Rufus, 5900F. W. 1899.
Trenchard, Samuel W., 2345F. W. 1833. Inv. 1838.
Trenchard, Sarah, 4546F. W. 1885.
Tribbet, Thomas, 2487F. Inv. 1838.
Tribbett, Thomas, 6003F. W. 1900.
Tribbitt, Jonathan, 6149F. W. 1877. Inv. 1878.
Tribbitt, Reuben, 4085F. W. 1876.
Tribbitt, Sarah, 2793F. W. 1848.
Tribit, William, 6008F. W. 1877. Inv. 1877.
Trout, Jacob, 3773F. Inv. 1871.
Tubman, Nehemiah, 3310F. Inv. 1862.
Tubman, Silvanus, 1845F. W. 1817. Inv. 1817.

Tucker, Jasper, 5724F. W. 1897. Inv. 1897.
Tucker, Lucy A., 5279F. W. 1893. Inv. 1893.
Tucker, Lucy A., 5725F. Inv. 1897.
Tucker, Naomi O., 4864F. W. 1889. Inv. 1889.
Tuller, Emery R., 5015F. Inv. 1891.
Tuller, Horace L., 5401F. W. 1894.
Tullis, Charles, 6187F. Int. 1819.
Tullis, Daniel, 1151F. B. 37, p. 487. Int. 1798.
Tullis, Jacob, 1846F. Inv. 1817.
Tullis, John, 535F. Int. 1774. Inv. 1774.
Tullis, John, 3070F. Inv. 1856.
Tullis, Moses, 1866F. Inv. 1818.
Tullis, William, 647F. B. 18, p. 599. Int. 1777. Inv. 1777.
Turner, Catharine L., 5726F. W. 1897.
Turner, David, 2715F. Inv. 1846.
Turner, John, 3265F. Inv. 1861.
Turner, Lucy, 5512F. W. 1895.
Turner, William, 5189F. W. 1892. Inv. 1892.
Tygers, Philip, 1365F. Inv. 1806.
Tyler, Ann P., 4619F. W. 1886. Inv. 1886.
Tyler, Benjamin, 536F. B. 16, p. 298. W. 1774. Inv. 1774.
Tyler, Benjamin, Sr., 3311F. W. 1862. Inv. 1862.
Tyler, Ebenezer, 3312F. Inv. (2) 1862.
Tyler, George B., 2584F. Inv. 1842.
Tyler, John, 1208F. B. 39, p. 415. Int. 1801. Inv. 1802.
Tyler, John, Sr., 5811F. W. 1898. Inv. 1898.
Tyler, John E., 3888F. W. 1873. Inv. 1873.
Tyler, Martha, 3713F. W. 1870. Inv. 1870.
Tyler, Mary J., 5727F. W. 1897.
Tyler, Samuel, 2827F. W. 1849. Inv. 1849.

Uhland, John, Sr., 5630F. W. & Cod. 1896. Inv. 1896.

Valentine, Charles, 4416F. W. 1883. Inv. 1883.
Vanaman, Christianna, 2672F. W. 1845. Inv. 1845.
Vanaman, David, 5901F. W. & Cod. 1899.
Vanaman, Isaac, 1963F. Inv. 1822.
Vanaman, John, 3048F. Inv. 1855.
Vanaman, Jonas, 2378F. Inv. 1834.
Vanaman, Luke, 1456F. Inv. 1808.
Vanaman, Rebecca, 4355F. W. 1881.
Vanarsdale, Lydia G., 4771F. W. 1888. Inv. 1888.
Vandeford, Abigail, 2643F. W. 1844. Inv. 1845.
Vandiford, John, 2532F. W. 1840. Inv. 1840. Pt. 1840. Rcpts. 1840, 1841.
Vandyke, Nicholas, 648F. B. 16, p. 506; B. 18, p. 507. W. 1777. Inv. 1777. Acct. 1778.
Vane, Jesse S., 1274F. Inv. 1804.
Vaneman, Samuel C., 4620F. W. 1886. Inv. 1886.
VanEvra, Jane, 5513F. W. 1895.
VanGilder, Aaron W., 5812F. Inv. 1898.
VanGilder, William H., 5631F. W. 1896.
Vanhook, Benjamin, 3890F. Inv. 1873.
Van Hook, Benjamin R., 2533F. W. 1839. Inv. 1840.
Van Hook, William, 590F. B. 16, p. 490. Int. 1776. Inv. 1776.
Vanhorn, Peter, Jr., 649F. B. 18, p. 214; B. 22, p. 69. Int. 1777. Inv. 1777. Acct. 1779.
VanKeuren, Francis C., 6005F. W. 1900.
Van Keuren, Frank, 5728F. Inv. 1897.
Vanleer, Isaac, 4548F. W. 1885. Inv. 1885.
Vanleer, John, 4865F. W. 1889. Inv. 1890.

Vanleer, Sarah, 4772F. Inv. 1888.
VanLier, Joseph, 5514F. Inv. 1895.
Vanlier, Samuel, Sr., 6099F. W. 1877, Inv. 1877.
Vanmeter, Enoch Y., 5289F. W. 1893. Inv. 1893.
Vanmeter, Joel, 3499F. W. 1866. Inv. 1866.
Vanmeter, Mary A., 3553F. W. 1867.
Vanmeter, Samuel, 4292F. W. 1881. Inv. 1881.
Vanmeter, William, 3313F. Inv. 1862.
Vannaman, David, 1053F. B. 33, p. 125. W. 1793. Inv. 1793.
Vannaman, Joseph, 1553F. Inv. 1811.
Vannaman, Joseph A., 3774F. W. 1871. Inv. 1872.
Vannaman, Maggie G., 4547F. W. 1885. Inv. 1886.
Vannaman, Matilda B., 6006F. W. 1900.
Vannaman, Ovid, 3357F. W. 1863. Inv. 1863.
Vannaman, Richard, 1373F. Inv. 1806.
Vanneman, Jonas, 435F. B. 14, p. 416. Int. 1771. Inv. 1771.
VanVoorhis, Peter, 4474F. W. 1884. Inv. 1884.
Vanzant, John C., 4221F. Inv. 1880.
Vaughan, Mary E., 5632F. W. 1896. Inv. 1896.
Veal, David, 4155F. W. 1879. Inv. 1879.
Veal, Henry S., 6004F. W. 1900.
Veal, Moses, 2128F. Inv. 1826.
Venable, Joseph P., 4773F. W. 1888.
Vernier, Leon, 4954F. Inv. 1890.
Vickers, Philip, 163F. B. 9, p. 146. W. 1758. Inv. 1758.
Vineyard, Frederick, 5190F. Inv. 1892.
Vineyard, William, 3554F. Inv. 1867.
Vinyard, Catharine, 5515F. W. 1895.
Vinyard, Henrietta, 5902F. W. 1899. Inv. 1899.
Vose, Frederick, 5075F. Inv. 1891.

Wacker, Gottleib, 4866F. Inv. 1889.
Wadley, William, 5076F. W. 1891. Inv. 1892.
Waggoner, George, 508F. B. 14, p. 516. Wd. 1773.
Wagoner, Harman, 416F. B. 15. p. 68. Int. 1770. Inv. 1770.
Wagoner, William, 465F. B. 15, pp. 314, 528. W. 1772. Inv. 1772. Acct. 1775.
Waithman, Constant, 767F. B. 24, p. 173. Acct. 1782.
Waithman, Hannah, 830F. B. 26, p. 153. Wd. 1784.
Waithman, Lydia, 742F. B. 22, p. 300. W. 1781. Inv. 1781.
Waithman, Sarah, 743F. B. 24, p. 170. Wd. 1781.
Waithman, Thomas, 1480F. W. 1809. Inv. 1809.
Waithman, William, 591F. B. 17, p. 390. W. 1776. Inv. 1776.
Walker, Daniel, 66F. Int. 1750. Inv. 1750.
Walker, Henry, 5516F. Inv. 1895.
Walker, Mary A., 5280F. W. 1893.
Walker, Robert M., 5402F. Inv. 1894.
Walker, William, 107F. Int. 1754. Inv. 1754.
Wallace, Caroline, 3555F. W. 1867. Inv. 1867.
Wallace, William C., 6150F. Inv. 1878.
Wallen, Amanda, 4955F. W. 1890. Inv. 1890.
Wallen, David, 2379F. Inv. 1834.
Wallen, David, 2967F. Inv. 1853.
Wallen, John, 4621F. Inv. 1886.
Wallen, Jonathan, 3824F W. 1872. Inv. 1872.

Wallen, Seeley, 2968F. Inv. 1853.
Wallen, Simon, 2014F. Inv. 1823.
Wallen, Suanna, 5077F. W. 1891.
Wallin, John, 1847F. Inv. 1817.
Walling, Dorcas, 884F. B. 26, p. 148. Int. 1785. Inv. 1785.
Walling, Hannah, John, 52F. Wds. 1749.
Walling, John, 794F. B. 24, p. 257. Int. 1783. Inv. 1783.
Walling, Jonathan, 391F. B. 14, p. 4. W. 1769. Inv. 1769.
Walling, Jonathan, 6167F. Inv. 1792. Rcpts. 1792.
Walling, Jonathan, 2755F. Inv. 1847.
Walling, Jonathan, Jr., 885F. B. 27, p. 47. Wd. 1785.
Walling, Ladis, 944F. B. 29, p. 173. W. 1787. Inv. 1787.
Wallin, Lydia, 4956F. W. 1890. Inv. 1890.
Walling, Mary, 436F. B. 15, p. 195. W. 1771. Inv. 1771.
Walling, Sarah, 293F. B. 11, p. 475. Int. 1763. Inv. 1763. Acct. 1764.
Walling, Thomas, 17F. W. 1748. Inv. 1748.
Walling, Thomas, 261F. B. 11, p. 156. W. 1761. Inv. 1761.
Walmsly, Richardson, 4957F. W. 1890.
- Waltman, Charles, 5403F. W. 1894.
Ward, James, 3407F. Inv. 1864.
Ward, Samuel, 537F. B. 16, p. 262. W. 1774. Inv. 1774.
Ward, Samuel, 4958F. W. 1890. Inv. 1890.
Ward, Theodore A., 3668F. W. 1869. Inv. 1869.
Ward, William, 129F. B. 8, p. 229. Int. 1755. Inv. 1756.
Ware, Asbury, 2314F. Inv. 1832.
Ware, Caleb, 1717F. Inv. 1814.
Ware, Charles, 4156F. Inv. 1879.
Ware, Enoch M., 4086F. W. 1876.
Ware, Enos, 1911F. Inv. 1820.
Ware, Henry, 3889F. Inv. 1873.
Ware, Jacob, 1867F. Inv. 1818. Settlement, 1818.
Ware, Jacob, Jr., 53F. Int. 1749. Inv. 1749.
Ware, Job, 1374F. W. 1806. Inv. 1806.
Ware, John, Jr., 1457F. Inv. 1808.
Ware, John, Sr., 509F. B. 16, p. 84. W. & Cod. 1773. Inv. 1773.
Ware, John, Sr., 1420F. W. & Cod. 1807. Inv. 1807.
Ware, John S., 3714F. W. 1870.
Ware, Joseph M., 5633F. W. 1896.
Ware, Josiah, 54F. W. 1749. Inv. 1749.
Ware, Margaret, 2462F. Inv. 1837.
Ware, Mark, 1375F. Inv. 1806.
Ware, Maskell, 2716F. W. 1846.
Ware, Newton, 6166F. Wd. Order, 1820. Bill of Cost, 1820.
Ware, Newton, 2159F. Inv. 1827.
Ware, Newton, 2223F. Inv. 1829.
Ware, Thomas, 392F. B. 14, pp. 117, 406. W. 1769. Inv. 1769. Acct. 1771.
Ware, Thomas, 3049F. W. 1855. Inv. 1855.
Ware, Thomas, Sr., 3556F. W. 1867. Inv. 1868.
Ware, William, 4293F. Inv. 1881.
Warfull, Alfred, 3959F. W. 1874. Inv. 1874.
Warner, Sarah K., 5078F. W. 1891. Inv. 1891.
Warnicke, Henry, 5079F. Inv. 1891.
Washburn, Charles B., 3609F. W. 1868.
Washburn, Olive F., 4417F. W. 1883.
Washington, Charles, 4622F. W. 1886. Inv. 1886.

Westcott, Philip, 1376F. W. 1806. Inv. 1806.
Westcott, Reed, 5193F. W. 1892. Inv. 1892.
Westcott, Richard, 2535F. Inv. 1840.
Westcott, Robert, 4026F. W. 1875.
Westcott, Sheppard B., 2970F. W. 1853. Inv. 1854.
Westcott, Smith, 4867F. W. 1889. Inv. 1889.
Westcott, Theophilus D., 5813F. Inv. 1898.
Westcott, William, Sr., 2926F. W. 1852. Inv. 1852.
Wetherington, Henry, 2719F. Inv. 1846.
Whalen, Mary, 5635F. W. 1896.
Wheaten, Isaac, 272F. B. 11, p. 157. W. 1762. Inv. 1762.
Wheaten, Noah, 262F. B. 10, p. 197. W. 1761. Inv. 1761.
Wheaton, Anna, 2224F. W. 1829F. Inv. 1829.
Wheaton, Charles, Sr., 3500F. W. 1866. Inv. 1866.
Wheaton, Henry, 592F. B. 16, p. 491. Int. 1776. Inv. 1776.
Wheaton, Isaac, 907F. B. 28, p. 184. Grd. 1786.
Wheaton, Isaac, 1248F. B. 40, p. 292. Int. 1803. Inv. 1803.
Wheaton, Isaac, 1604F. Inv. 1812.
Wheaton, Isaac, 4692F. Inv. 1887.
Wheaton, Isaac, 5407F. Inv. 1894.
Wheaton, John, 681F. B. 22, p. 62. Grd. 1779.
Wheaton, John, 795F. B. 25, p. 416. W. 1783. Inv. 1783.
Wheaton, John, 3072F. W. 1856.
Wheaton, Jonathan, 593F. B. 16, p. 491. Int. 1776. Inv. 1776.
Wheaton, Jonathan, 1068F. B. 35, p. 164. W. 1794.
Wheaton, Judith, 1965F. W. 1822. Inv. 1822.
Wheaton, Lucy, 6035F. W. 1835.
Wheaton, Mary, 6040F. W. 1794.
Wheaton, Mary, 5405F. W. 1894. Inv. 1894.
Wheaton, Mason, 6039F. W. 1794.
Wheaton, Noah, 653F. B. 18, p. 601. Int. 1777. Inv. 1777.
Wheaton, Noah, Sr., 469F. B. 15, p. 327. W. 1772. Inv. 1772.
Wheaton, Palmer, 2015F. Inv. 1823.
Wheaton, Phebe M., 4356F. W. 1882. Inv. 1882.
Wheaton, Providence L. 3558F. W. 1867. Inv. 1867.
Wheaton, Robert, 1868F. W. 1818. Evidence of Probation 1818.
Wheaton, William, Sr., 4160F. W. & Cod. 1879. Inv. 1879.
Wheeler, Cline, 4357F. Inv. 1882.
Wheeler, Jehiel, 82F. Grd. 1752.
Wheeler, Jehiel, 84F. Grd. 1752.
Wheeler, Jehiel, 130F. B. 8, p. 159. Int. 1755. Inv. 1755. Ren. 1755.
Wheeler, Orson H., 5814F. W. 1898. Inv. 1899.
Wheeler, William, 6025F. W. 1786. Inv. 1786.
Wheten, Joseph, 344F. B. 13, p. 147. W. 1767. Int. 1767. Inv. 1767. Ren. 1767.
Whildin, Henry, 6100F. Inv. 1877.
Whilldin, Seth, 654F. B. 18, p. 208; B. 25, p. 422. Int. 1777. Inv. 1779. Acct. 1783.
Whipple, John S., 4693F. W. 1887. Inv. 1888.
Whipple, John S., 5081F. Inv. 1891.
Whitacar, Elnathan, 1086F. B. 36, p. 97. W. 1795.
Whitacar, Lemuel, Lewis, 6059F. Wds. 1789.
Whitacar, Lewis, 511F. B. 15, p. 443; B. 16, p. 221. W. 1773. Inv. 1773. Acct. 1775.

Whitacar, Nathaniel, 988F. B. 30, p. 163. Grd. 1789.
Whitaker, Carll, 2434F. Inv. 1836.
Whitaker, David, 3825F. W. 1872. Inv. 1872.
Whitaker, Elizabeth, 240F. B. 10, p. 31. Int. 1760. Inv. 1760.
Whitaker, Ezra, 4549F. W. 1885. Inv. 1885.
Whitaker, Fanny R., 6009F. W. 1900. Inv. 1900.
Whitaker, Hannah S., 6152F. W. 1878.
Whitaker, Isaac, Sr., 3107F. W. 1857. Inv. 1857.
Whitaker, James L., 4027F. W. & Cod. 1875. Inv. 1876.
Whitaker, Jeremiah, 1721F. Inv. 1814.
Whitaker, John, 3360F. Inv. 1863.
Whitaker, Lorenzo L., 2830F. Inv. 1849. Mortgage, 1848. Rcpts. (158), 1849. Condition of sale, Deed, Bond, 1847.
Whitaker, Rachel, 2016F. Inv. 1823.
Whitaker, Rachel, 4695F. W. 1887. Inv. 1888.
Whitaker, Richard, 203F. B. 9, p. 337. W. 1759. Inv. 1759. Acct. 1760.
Whitaker, Richard, 3361F. W. 1863. Inv. 1863.
Whitaker, Sarah, 4550F. W. 1885. Inv. 1885.
Whitaker, William, 3670F. W. 1869.
Whitaker, William T., 6010F. Inv. 1900.
White, Alexander, 6042F. W. 1793. Cv. 1794.
White, Alexander, 6153F. W. 1878.
White, Alexander, William, 925F. B. 28, p. 184. Wds. 1786.
White, Benjamin O., 3891F. W. 1873. Inv. 1873.
White, Edward, 6154F. Inv. 1878.
White, Ephraim D., 4959F. W. 1890. Inv. 1890.
White, Frances A., 4161F. Inv. 1879.
White, James, 131F. B. 8, p. 172. Int. 1755. Inv. 1755.
White, James, 263F. B. 11, p. 156. Int. 1761. Inv. 1761. Acct. 1763.
White, James, 1458F. Inv. 1808.
White, Jenans, 1459F. W. 1808. Inv. 1808.
White, John, 679F. B. 20, p. 3; B. 28, p. 484. Int. 1778. Inv. 1770. Acct. 1779.
White, John E., 5815F. W. 1898.
White, Leaming, 1154F. B. 37, p. 546. Int. 1798.
White, Mary, 4623F. W. 1886.
White, Stephen, 328F. B. 12, p. 326. Int. 1766. Inv. 1766.
White, William, 1069F. B. 35, p. 172. Int. 1794.
White, William G., 5518F. W. 1895.
Whitecar, Catharine, 4868F. Inv. 1889.
Whitecar, Clarissa A., 4624F. Inv. 1886.
Whitecar, Elizabeth, 1720F. Inv. 1814.
Whitecar, Hannah, 6211F. Wd. Rcpt., Acct. 1815.
Whitecar, James A., Sr., 4163F. W. 1879. Inv. 1879.
Whitecar, John, 2198F. Inv. 1828.
Whitecar, Joseph, 705F. B. 21, p. 184; B. 22, p. 67. W. 1779. Inv. 1780. Acct. 1780.
Whitecar, Lemuel, Lewis, 988F. B. 30, p. 163. Wds. 1789.
Whitecar, Lidia, Nancy, Mariah, Thomas, 6172F. Wds. Accts. 1812-1815.
Whitecar, Margaret, 5636F. W. & Cod. 1896. Inv. 1897.
Whitecar, Richard, 1719F. Int. 1814.
Whitecar, Thomas, 706F. B. 20, p. 330; B. 24, p. 171. W. 1779. Inv. 1779. Acct. 1780.

Whitekar, Carll, 2057F. W. 1824. Inv. 1824.
Whitekar, Dayton B., 4777F. W. 1888. Inv. 1888.
Whitekar, Elias, 678F. B. 16, p. 523; B. 20, p. 03. W. 1778. Inv. 1778. Acct. 1778.
Whitekar, Jeremiah, 2509F. Inv. 1839.
Whitekar, John, 510F. B. 16, p. 219. W. 1773. Inv. 1773.
Whitekar, Lydia, 2246F. W. 1830. Inv. 1830.
Whitekar, Mary S., 4694F. W. 1887. Inv. 1887.
Whitekar, Nathaniel, 1276F. Inv. 1804.
Whitekar, Richard, 1605F. Inv. 1812.
Whitekar, Sarah, 2346F. Inv. 1833.
Whitekar, Silas, 1277F. W. 1804.
Whitekar, Thomas, 1010F. B. 30, p. 280. Int. (2) 1790. Inv. 1790. Rcpts. (17) 1790.
Whitekar, William, 2225F. Inv. 1829.
Whiticar, Ephraim H., 4162F. W. 1879. Inv. 1879.
Whiticar, George S., 5637F. Inv. 1896.
Whiticar, Michael S., 3108F. W. 1857. Inv. 1857.
Whiting, William W., 5903F. W. 1899.
Whitman, John, 1808F. Inv. 1816.
Whitney, Lois S., 3776F. W. 1871.
Whitney, Thaddeus, L., 5904F. Inv. 1899.
Wick, George C., 4625F. W. 1885.
Wick, Simon R., 5194F. Inv. 1892.
Wickham, Lyman, 6155F. W. 1878.
Wickward, Samuel, 538F. B. 16, p. 523. Int. 1774. Inv. 1774. Acct. 1778.
Wickward, Samuel, 1460F. W. 1808. Inv. 1808.
Widmayer, Martin, 1377F. Inv. 1806.
Wilber, Elizabeth R., 5082F. W. 1891. Inv. 1891.
Wilbur, Orrin, 6156F. W. 1878. Inv. 1878.
Wilcox, Julius, 4626F. Inv. 1886.
Wilder, Sarah J., 5281F. W. 1893. Inv. 1894.
Wildin, William H., 5195F. Inv. 1892.
Wileman, Esther C., 3802F. Inv. 1873.
Wiley, Charles R., 5731F. W. 1897.
Wilfong, John L., 4419F. Inv. 1883.
Wilkins, Anna E., 4421F. W. 1883. Inv. 1883.
Wilkins, Thomas, 832F. B. 26, p. 152. Wd. 1784.
Willet, George H., 5732F. W. 1897. Inv. 1897.
Willets, Hannah E., 5282F. W. 1893.
Willets, Isaac, 593½F. B. 22, p. 42. Int. 1776. Inv. 1776.
Willetts, Reuben, 3155F. Inv. 1858.
Williams, Ellen F., 6011F. Inv. 1900.
Williams, Elmer, 4778F. W. 1888.
Williams, Gilbert E., 4696F. Inv. 1887.
Williams, Henry, 6195F. Wd. 1830.
Williams, John, 2644F. Inv. 1844.
Williams, Josiah S., 5519F. Inv. 1895.
Williams, Priscilla, 4475F. Inv. 1884.
Williams, Richard, 4697F, W. 1887. Inv. 1887.
Williams, Sarah, Sr., 3316F. W. 1862.
Williams, Thomas, 1099F. B. 36, p. 353. W. 1796.
Williams, Whitefield, 1809F. W. 1816. Inv. 1816.
Williams, William. 6018F. W. 1796.
Willis, William, 6026F. W. 1787. Rcpts. (18) 1787.
Wills, Samuel, 4028F. Inv. 1875.
Wilson, Clara W., 3826F. W. 1872.
Wilson, Elias, 2199F. W. 1828. Inv. 1834.
Wilson, Elias, 2862F. Inv. 1850.
Wilson, George, 4698F. W. 1887. Inv. 1887.

Wilson, George J., 4476F. W. 1884.
Wilson, Harriet P., 5196F. W. 1892.
Wilson, James, 2247F. W. 1830. Inv. 1830.
Wilson, John, 1722F. Int. 1814. Inv. 1814.
Wilson, John, 5905F. W. 1899.
Wilson, Joseph, 1421F. Inv. 1807.
Wilson, Joseph, 2971F. W. 1853.
Wilson, Louisa, 5522F. Inv. 1895.
Wilson, Mary J., 5733F. W. 1897. Inv. 1897.
Wilson, Mary S., 5283F. W. 1893. Inv. 1893.
Wilson, Mortimer, 6102F. Inv. 1877.
Wilson, Sarah, 5284F. W. 1893.
Wilson, William D., 3611F. Inv. 1868.
Wiltse, Rachel E., 4699F. W. 1887.
Winder, Irvin, 5197F. W. 1892.
Winder, Philip J., 4087F. Inv. 1876.
Winrow, Charles, 5295F. Inv. 1893.
Wise, John, 1482F. Inv. 1809.
Wiswell, Emilie, 4869F. W. 1889. Inv. 1889.
Wiswell, Sally, 3716F. W. 1870.
Witcher, Nancy, 3610F. W. 1868.
Wizer, Samuel, 1517F. Inv. 1810.
Wolcott, Eliza C., 4784F. Inv. 1885.
Wood, Ann, 1940F. Inv. 1821. Settlement 1821.
Wood, Auley, M. C., 2972F. W. 1853. Inv. 1853.
Wood, Belford E., 4223F. Inv. 1880.
Wood, Benjamin, 5638F. Inv. 1896.
Wood, David, 1155F. B. 38, p. 55. W. 1798. Int. 1798. Inv. 1798.
Wood, David, 2200F. Inv. 1828.
Wood, Elizabeth, 2132F. Inv. 1826.
Wood, Elizabeth, 2510F. W. 1839. Inv. 1843. Acct. Rcpt. (4) 1844, 1847.
Wood, Elvira, 5286F. W. 1893. Inv. 1893.
Wood, Ezra, 2796F. Inv. 1848.
Wood, George B., 4224F. Inv. 1880.
Wood, Hannah, 2161F. W. 1827. Inv. 1828.
Wood, Henry, 1764F. Inv. 1815.
Wood, Isaac W., 4088F. Inv. 1876.
Wood, James M., 3827F. W. & Cod. 1872.
Wood, Joel, 1765F. W. 1815. Inv. 1815.
Wood, John, 614F. B. 18, p. 693. Grd. 1777.
Wood, John, 1891F. W. 1819.
Wood, John S., 3777F. Inv. 1871.
Wood, Jonathan, 1229F. B. 40, p. 168. W. 1802. Inv. 1802.
Wood, Joseph B., 3452F. Inv. 1865.
Wood, Margaret, 1766F. Inv. 1815.
Wood, Mark, 3559F. Inv. (2) 1867.
Wood, Mary, 1848F. W. 1817. Inv. 1817.
Wood, Nathan, 73F. W. 1751.
Wood, Obadiah, 132F. B. 8, p. 101. Int. 1755. Inv. 1756.
Wood, Rachel, 1100F. B. 36, p. 342. W. 1796.
Wood, Richard, 1422F. W. 1807. Inv. 1807.
Wood, Richard, 1966F. W. 1822. Inv. 1822.
Wood, Richard L., 2274F. W. 1831.
Wood, Sarah A., 3453F. W. 1865.
Wood, Walter, 1723F. W. 1814. Inv. 1814.
Wooding, James, 5287F. W. 1893.
Woodlin, Catharine, 5639F. W. 1896.
Woodlin, John, 5816F. W. 1898. Inv. 1898.
Woodnut, Comfort, 2406F. W. 1835. Inv. 1835.
Woodruff, Abigail A., 4700F. W. 1887.
Woodruff, Abraham, Sr., 3267F. W. 1861. Inv. 1862.
Woodruff, Adaline E., 5640F. W. 1896.
Woodruff, Almarine, 4551F. Inv. 1885.
Woodruff, Alphonso, 5083F. Inv. 1891.

Woodruff, Amos, 2407F. Inv. 1835.
Woodruff, Anna, 2927F. W. 1852.
Woodruff, Anna M., 5520F. W. 1895. Inv. 1895.
Woodruff, A. Smith, 5288F. W. 1893. Inv. 1893.
Woodruff, Charles, 1810F. Inv. 1816.
Woodruff, Charles J., 2382F. Inv. 1834.
Woodruff, Charles K., 4960F. Inv. 1890.
Woodruff, E. Collin, 4780F. W. 1888. Inv. 1888.
Woodruff, Daniel M., 4358F. W. 1882. Inv. 1882.
Woodruff, David, 1967F. W. 1822. Inv. 1823.
Woodruff, David, 3075F. W. 1856.
Woodruff, David, 3266F. Inv. 1861.
Woodruff, David, 4779F. Inv. 1888.
Woodruff, Ebenezer, 133F. B. 8, p. 207. W. 1755. Inv. 1755.
Woodruff, Elizabeth, 4225F. Inv. 1880.
Woodruff, Enos, 1101F. B. 36, p. 340. W. 1796. Inv. 1796.
Woodruff, Enos, 1378F. Inv. 1806.
Woodruff, Enos, 2201F. Inv. 1828.
Woodruff, Enos, 4781F. Inv. 1888.
Woodruff, Ephraim, 2315F. Inv. 1832.
Woodruff, Erkuries S., 5817F. Inv. 1898.
Woodruff, George, 5734F. W. 1897.
Woodruff, George M. D., 5406F. W. 1894.
Woodruff, Horace, 5521F. Inv. 1895.
Woodruff, Isaac D., 4870F. W. 1889. Inv. 1889.
Woodruff, Jacob M., 2720F. Inv. 1846. Rcpts. 1840.
Woodruff, Jared, 1230F. B. 40, p. 124. Int. 1802. Inv. 1802.
Woodruff, Jesse, 1125F. B. 37, p. 260. Int. 1797. Inv. 1797.
Woodruff, John, 134F. B. 8, p. 183; B. 14, p. 504. W. 1755. Inv. 1755. Acct. 1772.
Woodruff, John, 1070F. B. 35, p. 170. W. 1794.
Woodruff, John, 1811F. W. 1816. Inv. 1817.
Woodruff, John, 2133F. Inv. 1826.
Woodruff, John, 2511F. W. 1839. Inv. 1839.
Woodruff, Joseph, 2347F. Inv. 1833.
Woodruff, Joseph, 6157F. Inv. 1878.
Woodruff, Joseph A., 6012F. W. & Cod. 1900. Inv. 1900.
Woodruff, Joseph W., 3962F. Inv. 1874.
Woodruff, Josiah, 2383F. Inv. 1834.
Woodruff, Josiah, 6103F. Inv. 1877.
Woodruff, Lewis, 3410F. W. 1864. Inv. 1864.
Woodruff, Lewis R., 4061F. Inv. 1890.
Woodruff, Lovice, 1941F. W. 1821. Inv. 1822.
Woodruff, Matilda, 4782F. W. 1888. Inv. 1888.
Woodruff, Noah, 1657F. Inv. 1813.
Woodruff, Norton L., 5084F. Inv. 1891.
Woodruff, Phebe, 1209F. B. 39, p. 285. Int. 1801.
Woodruff, Richard, 6104F. W. 1877.
Woodruff, Sarah, 1172F. B. 38, p. 490. W. 1799. Inv. 1799.
Woodruff, Sarah, 2464F. W. 1837. Inv. 1837.
Woodruff, Thomas, 2089F. Inv. 1825.
Woodruff, Thomas B., 4783F. W. 1888.

Woodruff, Unis, 2536F. Inv. 1840.
Woodruff, Uriah D., 3893F. W. 1873. Inv. 1873.
Woodruff, Zebulun, 1658F. W. 1813. Inv. 1813.
Woolf, John Martin, 345F. B. 13, p. 153. W. 1767. Inv. 1767.
Woolford, George, Sr., 1278F. Inv. 1804.
Woolford, George E., 5198F. Inv. 1892.
Woolson, Enoch, 655F. B. 18, p. 602. Int. 1777. Inv. 1777.
Worden, Leander W., 5199F. W. 1892.
Worden, M. Lafayette, 5085F. W. 1891. Inv. 1891.
Worden, Walter G., 6013F. W. 1900.
Worthington, John, 796F. B. 25, p. 419. Int. 1783. Inv. 1783.
Worthington, Jonathan, 2017F. Inv. 1823.
Worton, Benjamin, 108F. W. 1754. Inv. 1754.
Wright, Aaron, 5200F. Inv. 1892.
Wright, Abraham, 833F. B. 26, p. 151. Int. 1784.
Wright, David, 3186F. W. 1859. Inv. 1860.
Wright, Eliza, 4420F. W. 1883.
Wright, John, 3963F. W. 1874.
Wright, Lydia, 2058F. Inv. 1824.
Wright, Quartus, 4701F. W. 1887. Inv. 1887.
Wright, William, 2202F. W. 1828. Inv. 1828.
Wynn, Benjamin I., 4226F. Inv. 1880.
Wynn, Isaac, 2831F. W. 1849.

Yapp, Thomas, 1102F. B. 36, p. 355. Int. 1796. Inv. 1796.
Yeaw, Welcome T. N., 4029F. W. 1875.
Yewdall, Benjamin, 5906F. Inv. 1899.
York, John C. 4962F. W. 1890. Inv. 1890.
Young, Adam, 3411F. Inv. (2) 1864.
Young, Frederick, 5523F. W. 1895. Inv. 1895.
Young, Henry J., 5818F. W. 1898. Inv. 1898.
Young, Job M., 5735F. W. 1897.
Young, Robert, 4030F. W. 1875. Inv. 1876.
Young, Robert L., 5524F. W. 1895. Inv. 1895.
Young, Susan A., 5525F. Inv. 1895.
Young, William, 1156F. B. 37, p. 481. W. 1798. Inv. 1798.
Young, Zeli, 4871F. W. 1889. Inv. 1889.
Youngquest, John P., 5907F. W. 1899. Inv. 1899.
Youngs, Adam, 1379F. Inv. 1806.
Youngs, Brown, 1126F. B. 37, p. 246. W. 1797. Inv. 1797.
Youngs, Frederick, 2512F. Inv. 1839.
Youngs, George B., 2585F. Inv. 1842.
Youngs, Jeremiah, 887F. B. 27, p. 45. Int. 1785. Inv. 1786.
Youngs, Jonathan, 1024F. B. 32, p. 276. W. 1791.
Youngs, Miriam, 1380F. Inv. 1806.
Youngs, Ruth, 888F. B. 27. p. 45. Wd. 1785.
Youngs, Sarah B., 4164F. W. 1879. Inv. 1879.
Yung, August S., 5290F. Inv. 1893.

Zellar, Walter L., 4978F. Inv. 1890.
Zimmerman, Frederick, 4359F. Inv. 1882.
Zimmerman, Frederick, 5641F. W. 1896.
Zimmerman, William, 4627F. Inv. 1886.

ESSEX COUNTY.

Albers, Joseph, 19518G. W. 1879. Inv. 1879.

Albert, A. Henry, 21899G. W. 1886.

Albert, George W., 17770G. W. 1873. Inv. 1873.

Albert, Mary L., 22601G. W. 1888. Inv. 1888.

Albey, Elizabeth B., 17475G. W. 1872. Inv. 1872.

Albinger, Benedict, 26763G. Inv. 1897.

Albinger, Louis, Sr., 15857G. W. 1864.

Albinson, Arthur, 19796G. W. 1880.

Albinson, Henrietta, 23017G. Inv. 1888.

Albinson, Thomas, 24339G. W. & Cod. 1892. Inv. 1892.

Albrecht, Gustav, 24816G. W. 1893.

Albrecht, Henry, 18379G. Inv. 1875.

Albrecht, Mary, 23864G. W. 1891.

Alcock, Robert W., 17232G. W. 1871.

Alcorn, William H., 18686G. Inv. 1876.

Alden, Ella T., 20110G. Inv. 1881.

Alden, James, 15582G. W. & Cod. 1862. Inv. 1862.

Alden, Joseph L., 16415G. W. 1867.

Alden, Thomas C., 16001G. Inv. 1868.

Aldrich, Edwin R., 15858G. W. 1864.

Aldridge Sarah M., 25771G. W. 1895. Inv. 1895.

Aldridge, William A., 22244G. Inv. 1887.

Alexander, Catharine, 18687G. Inv. 1876.

Alexander, Hugh, 15075G. W. 1858. Inv. 1858.

Alexander, John, 15076G. W. 1858. Inv. 1859.

Alexander, Thomas, 23431G. W. 1890. Inv. 1890.

Alexander, Thomas S., 17233G. W. & Cod. 1871. Inv. 1871.

Alexander, William G., 14304G. Inv. 1853.

Alfred, Benjamin, 11702G. W. 1826. Inv. 1829.

Allan, George A., 22245G. Inv. 1887.

Allcock, Charles H., 28244G. W. 1900.

Allcock, Hannah C., 16602G. W. 1868.

Allcock, Hugh, 19797G. W. 1880. Inv. 1880.

Allen, Alfred E., 18074G. W. 1874. Inv. 1874.

Allen, Anna S., 25772G. W. & Cod. 1895. Inv. 1896.

Allen, Charles, 83–87G. B. A, p. 80. W. 1717. Inv. 1717.

Allen, David C., 26764G. W. 1897.

Allen, Eliza, 27750G. W. 1899.

Allen, Elizabeth, 1097–1100G. B. C, p. 466. Int. 1741. Inv. 1741.

Allen, Gideon, 13591G. Inv. 1847.

Allen, Horatio, 23432G. W. 1890.

Allen, Jacob, 14462G. W. 1854. Inv. 1854. Ren. 1854.

Allen, Jacob, 14959G. Inv. 1857.

Allen, James M., 26765G. W. & Cods. (3) 1897. Inv. 1897.

Allen, John, 6784–6787G. B. 38, p. 96. Int. 1789.

Allen, John, 11703G. W. 1826. Inv. 1829.

Allen, John, 26766G. W. 1897. Inv. 1897.

Allen, John C., 15434G. W. 1861.

Allen, John S., 14463G. W. 1854.

Allen, John W., 16981G. Inv. 1870.

Allen, Jonathan, 1173–1174G. B. D, p. 23. Grd. 1742.

Allen, Jonathan, 2369–2370G. B. F, p. 514. W. 1758.

Allen, Joseph, 6138–6145G. B. 27, p. 380. Grd. 1785. Pt. 1785.

Allen, Joseph S., 11616G. Inv. 1825.

Allen, Laura F., 27751G. W. 1899. Inv. 1899.

Allen, Ludlow, 21566G. W. 1885. Inv. 1895.

Allen, Mary M., 26767G. W. 1897.

Allen, Mary S., 24340G. W. 1892. Inv. 1894.

Allen, Noah, Sr., 14960G. W. 1857. Inv. 1857.

Allen, Roderick, 13015G. Inv. 1840.

Allen, Sarah, 28245G. Inv. 1900.

Allen, Samuel M., 11299G. Inv. 1821.

Allen, Squier, 12027G. Inv. 1829.

Allen, William, 19645G. Inv. 1880.

Allen, William, Sr., 13250G. W. 1843. Inv. 1843.

Allen, William B., 22599G. W. 1888. Inv. 1888.

Allen, Zachariah S., 12274G. Inv. 1832.

Allenbacher, Carl, 17476G. W. 1872. Inv. 1872.

Alles, John A., 23865G. Inv. 1891.

Alleson, Mary, 4033–4036G. B. K, p. 416. W. 1772.

Alley, William S., 20111G. Inv. 1881.

Allgeier, Adam, 27249G. W. 1898.

Allgeyer, Leonhardt, 24817G. W. 1893.

Allice, James, 51–52G, 97–98G. B. A, p. 50. Int. 1717. Inv. 1717. Pt. 1716.

Alliger, Ida D., 27250G. W. & Cod. 1898.

Allin, Jacob, 10822G. W. 1814. Inv. 1814.

Allin, Thomas, 20478G. W. 1882.

Alling, Albert, 16769G. W. & Cod. 1869. Inv. 1869.

Alling, Charles, 14164G. Inv. 1852.

Alling, David, 14650G. Inv. 1855.

Alling, Emeline, 22246G. W. 1887. Inv. 1888.

Alling, Emeline M., 23433G. W. 1890. Inv. 1891.

Alling, Eunice, 15859G. Inv. 1864.

Alling, Frederick A., 21187G. W. 1884.

Alling, Henry, 12939G. W. 1839. Inv. 1839.

Alling, Isaac, 6332–6333G. B. 28, p. 429. Grd. 1786. Pt. 1786.

Alling, Isaac, 11157G. W. & Cod. 1819. Inv. 1819.

Alling, Isaac, 12845G. Inv. 1838.

Alling, Isaac A., 23434G. W. & Cod. 1890. Inv. 1890.

Alling, Jane H., 23435G. W. 1890. Inv. 1890.

Alling, John, 2101–2102G. B. F, p. 230. Int. 1754.

Alling, John, 3325–3326G. B. I, p. 302. W. 1764.

Alling, John, Sr., 8120–8127G. B. 33, p. 488. W. 1795. Inv. 1796.

Alling, John, Sr., 14305G. W. & Cod. 1853. Inv. 1856.

Alling, Joseph, 9322–9327G. B. 39, p. 366. W. & Cod. 1799. Inv. 1802.

Alling, Maria O., 23018G. W. 1889. Inv. 1890.

Alling, Prudden, 14961G. W. 1857.

Alling, Prussia, 10764G. W. 1813.

Alling, Samuel, 10388G. Inv. 1806.

Alling, Samuel, 11032G. W. 1817.

Alling, Samuel, Sr., 569–570G. B. B, p. 301. W. 1732.

Alling, Stephen B., 15435G. W. 1861. Inv. 1861.

Alling, Thomas, 1861–1865G. Int. 1750. Inv. 1754.

Allison, Joseph H., 20818G. Inv. 1883.

Allmoslechner, John, 23866G. W. 1891.

Allon, Erasmus, 347–348G. B. A, p. 354. Grd. 1726.

Allstaedt, Mary, 16603G. W. 1868.

Allton, William, Sr., 571–574G. B. B, p. 341. W. 1732. Inv. 1732.

Arnold, Charles, 23023G. W. 1889.
Arnold, Henry, 6908–6909G. B. 30, p. 359. Int. 1790.
Arnold, John, 19521G. W. 1879.
Arnold, Joseph, 2825lG. W. 1900.
Arnold, Mary, 4669–4672G. B. 20, p. 48. W. 1778.
Arnold, Philip J., 20115G. W. 1881.
Arnoldt, Catharina C., 24342G. W. 1892. Inv. 1892.
Arrowsmith, Nicholas, 14652G. Inv. 1855.
Arrowsmith, Theodore, 15436G. Inv. 1861.
Arthur, Andrew, 14653G. W. 1855. Inv. 1855.
Arthur, Robert, 17236G. W. 1871. Inv. 1871.
Arthur, Robert, 22249G. Inv. 1887.
Arthur, Samuel, 18080G. Inv. 1874.
Arthur, Samuel, 18691G. Inv. 1876.
Arthurs, Samuel, 19799G. Inv. 1880.
Aschenbach, John G., 26770G. W. & Cod. 1897.
Aschenbach, Valentin, 18992G. W. 1877.
Ash, Elizabeth, 5559–5562G. B. 24, p. 334. Wd. 1783. Pt. 1783.
Ash, John, 27253G. W. 1898.
Ash, Louisa O., 27254G. W. 1898.
Ash, Thomas, 5559–5562G. B. 24, p. 334. Grd. 1783. Pt. 1783.
Ashby, William, 16983G. Inv. 1870.
Ashcroft, Henry, 21569G. W. 1885.
Ashcroft, Margaret, 27756G. W. 1899.
Ashforth, Mary, 25282G. W. 1894. Inv. 1894.
Ashley, George N., 26250G. W. 1896.
Ashley, Jane C., 24823G. W. 1893.
Ashley, Rachel, 22250G. W. 1887.
Ashley, William, Sr., 17479G. W. 1872. Inv. 1873.
Aspinall, James, 23024G. Inv. 1889.
Aspinall, Nancy, 24824G. Inv. 1893.
Assel, Karl, 24825G. W. 1893.
Assman, Bernhard, 20819G. W. 1883. Inv. 1884.
Atcheson, Isaac, 22606G. W. 1888. Inv. 1888.
Atha, Andrew, 18081G. W. 1874. Inv. 1874.
Atkins, John, 12275G. Inv. 1832.
Atkins, Samuel, 7416–7417G. B. 34, p. 56. Int. 1792.
Atkinson, Thomas, 12029G. Inv. 1829.
Atterbury, John G., 16058G. W. 1865.
Attridge, Catharine, 23868G. W. 1891.
Attridge, Joshua R., 20116G. Inv. 1881.
Atwater, Samuel, 25283G. W. & Cod. 1894.
Atwood, Abel, 12940G. W. 1839. Inv. 1840.
Atwood, Clarrissa, 13784G. W. 1849. Inv. 1850.
Atwood, Phebe, 12941G. W. 1839. Inv. 1839.
Atwood, Spencer M., 19801G. Inv. 1880.
Atz, George A., 23436G. W. 1890.
Aubry, Catharine R., 24826G. W. 1893.
Aubry, Charles, 19267G. W. 1878. Inv. 1878.
Auer, Emilie, 28252G. W. 1900.
Auerhammer, Andreas, 28253G. W. 1900. Inv. 1900. Ren. 1900.
Augenstein, Christoph, 23869G. W. 1891.
Augenstein, George A., 23026G. Inv. 1889.
Aughiltree, Ann J., 18692G. W. 1876.
Aughiltree, John S., 19802G. W. 1880. Inv. 1880.
Augustin, Bernhard, 24827G. W. 1893.
Augustin, John, 19803G. W. 1880. Inv. 1882.
Aumock, Caroline, 15712G. W. 1863.
Aurnhammer, Henry L. A., 14962G. W. 1857.
Auschuetz, George, 23025G. W. 1889.
Austin, Amos W., 23027G. W. 1889. Inv. 1889.
Austin, John, 14963G. W. & Cod. 1857.

Austin, Moses, 11816G. W. 1827. Inv. 1827.
Austin, Thaddeus B., 25774G. W. 1895. Inv. 1896.
Autz, Louisa, 23870G. W. 1891.
Avard, Eliza A., 26251G. W. 1896.
Averill, Hannah, 16604G. W. & Cods. (2) 1868.
Avery, Elizabeth M., 21905G. W. 1886. Inv. 1886.
Avery, Enoch M., 18993G. Inv. 1877.
Avery, Horatio M., 15312G. W. 1860.
Avery, James, 23871G. Inv. 1891, 1893.
Axt, Frederika, 27757G. W. 1899.
Axt, Gustav, 26252G. W. 1896.
Axtell, Abigail, 19269G. W. 1878. Inv. 1878.
Axtell, Mary N., 16416G. W. 1867. Inv. 1868.
Axtell, Silas C., 15078G. W. 1858. Inv. 1858.
Ayers, Ann, 20117G. Inv. 1881.
Ayers, Ann E., 23872G. W. 1891.
Ayers, David, 16605G. Inv. 1868.
Ayers, David R., 15172G. W. 1859.
Ayers, Hannah E., 21570G. Inv. 1885.
Ayers, Martin, 3619–3624G. B. I, p. 131. Int. 1767. Inv. 1768. Ren. 1767.
Ayers, Mary, 12942G. W. 1839. Inv. 1839.
Ayers, Reuben, 12658G. W. 1836. Inv. 1836.
Aylaffe, William, 19800G. Inv. 1880.
Aymar, Charles E., 15713G. Inv. 1863.
Aynsley, William, 2371–2372G. Int. 1758.
Ayres, Alexis, 15437G. W. 1861.
Ayres, Mathilda L., 18693G. Inv. 1876.
Ayres, Obadiah, 13251G. W. 1843. Inv. 1843.
Ayres, Oliver, 13785G. W. 1849. Inv. 1849.
Ayres, Samuel, 10027G. B. 39, p. 371. Int. 1801. Inv. 1802.
Azoy, Anastasia, 27758G. W. 1899.

Baader, Conrad, 26771G. W. 1897.
Baader, Peter, 20482G. W. 1882.
Babbitt, Daniel, 15861G. W. 1864. Inv. 1864.
Babbitt, Frank M., 21189G. W. 1884.
Babbitt, Rodman M., 25775G. W. 1895.
Babcock, Alfred B., 19522G. W. 1879.
Babcock, Anna F., 24828G. W. 1893. Inv. 1895.
Babcock, Charles B., 16059G. W. & Cods. (2) 1865.
Babcock, Helen A., 26772G. W. 1897.
Babcock, Isaiah C., 23873G. Inv. 1891.
Bach, Charles, 21190G. W. 1884. Inv. 1885.
Bacheller, Martin A., 28254G. W. 1900.
Bacherer, George J., 20118G. W. 1881.
Bachman, Gabriel, 22251G. W. 1887. Inv. 1887.
Bachmann, Engelbert, 21906G. W. 1886.
Backes, Elizabeth, 21191G. W. 1884.
Backfisch, George, 20119G. W. 1881.
Backus, Anna M., 23874G. W. 1891.
Backus, Calvin G., 15862G. W. 1864. Inv. 1864.
Backus, Hannah M., 21192G. W. 1884. Inv. 1884.
Backus, Hannah M., 22607G. Inv. 1888.
Backus, Rodman, 19270G. W. 1878. Inv. 1882.
Bacon, George B., 18694G. W. 1876.
Bacon, Lydia, 27760G. W. 1899.
Bacon, Samuel, 25284G. W. & Cods. (2) 1894. Inv. 1894.
Bacorn, Dennis, 7418–7423G. B. 34, p. 57. Int. 1792. Inv. 1792.
Bacot, Mary, 27759G. W. 1899.
Bacron, James, 28255G. W. 1900.
Bader, Joseph, 24343G. W. 1892.
Badgeley, Betsy, 12122G. Inv. 1830.
Badgeley, William, 11618G. Inv. 1825.
Badgely, Timothy, Jr., 10184. B. 40, p. 243. Wd. 1803.

Baker, William, Sr., 12478G. W. 1834. Inv. 1834.
Bakes, John, 14465G. W. 1854.
Balbach, Edward, Sr., 23440G. W. 1890.
Bald, Adam, 27764G. W. 1899. Inv. 1899.
Baldwin, Aaron, 3327–3330G. B. H, p. 440. W. 1764. Inv. 1765.
Baldwin, Aaron, 10324G. W. 1805.
Baldwin, Aaron, 10389G. Inv. 1806.
Baldwin, Aaron, 14466G. W. & Cod. 1854. Inv. 1854.
Baldwin, Aaron, 14964G. Inv. 1857.
Baldwin, Aaron, 19524G. W. 1879. Inv. 1879.
Baldwin, Aaron, 20820G. W. 1883.
Baldwin, Aaron, Jr., Martha, 4477–4484G. B. 18. p. 621. Wds. 1777. Pt. 1777.
Baldwin, Aaron B., 25781G. W. 1895. Inv. 1895.
Baldwin, Aaron G., 27257G. Inv. 1898.
Baldwin, Abigail, 13017G. W. 1840.
Baldwin, Abijah, 21572G. W. 1885. Inv. 1885.
Baldwin, Abner, 21907G. W. 1886. Inv. 1886.
Baldwin, Amanda M., 23880G. W. 1891.
Baldwin, Amos, 10325G. W. 1805. Inv. 1805.
Baldwin, Amos, 16050G. W. & Cod. 1865. Inv. 1865.
Baldwin, Anna D., 24345G. W. 1892.
Baldwin, Anna E., 22609G. W. 1888.
Baldwin, Anna L., 21908G. W. 1886.
Baldwin, Anne E., 14807G. W. 1856.
Baldwin, Annie, 24344G. W. & Cod. 1892.
Baldwin, Antoinette Q., 18994G. W. 1877. Inv. 1877.
Baldwin, Benjamin, 427–429G. B. B, p. 143. W. 1729. Inv. 1730.
Baldwin, Benjamin, Elizabeth, 575–576G, 579–580G. B. B, p. 383. Int. 1732. Inv. 1732.
Baldwin, Benjamin, 10259G. W. 1804. Inv. 1805.
Baldwin, Benjamin E., 24346G. Inv. 1892.
Baldwin, Bessie M., 25287G. W. 1894.
Baldwin, Bethuel, 13400G. W. 1845.
Baldwin, Bethuel D., 27765G. W. 1899.
Baldwin, Betsy, 14654G. W. 1855.
Baldwin, Caleb, 2373–2392G. B. F, p. 530. W. 1758. Int. 1758. Inv. (3) 1758, 1759. Ren. 1758. Af. 1758.
Baldwin, Caleb, 4485–4486G. B. 18, p. 624. Int. 1777.
Baldwin, Caleb, 10390G. W. 1806. Inv. 1807.
Baldwin, Caleb, 15438G. W. & Cod. 1861. Inv. 1861.
Baldwin, Caleb C., 10767G. Inv. 1813.
Baldwin, Caleb C., 19805G. Inv. 1880.
Baldwin, Caleb D., 16606G. W. 1868.
Baldwin, Caleb I., 14965G. W. 1857. Inv. 1857.
Baldwin, Caleb W., 10713G. Inv. 1812.
Baldwin, Caleb W., 14307G. Inv. 1853.
Baldwin, Calvin, 15174G. W. 1859. Inv. 1859.
Baldwin, Calvin S., 15175G. W. 1859. Inv. 1859.
Baldwin, Calvin W., 17239G. W. 1871. Inv. 1871.
Baldwin, Catharine, 16061G. W. 1865. Inv. 1865.
Baldwin, Catharine, 21909G. Inv. 1886.
Baldwin, Charles, 13018G. Inv. 1840.
Baldwin, Charles, 21193G. W. 1884. Inv. 1884.
Baldwin, Charles W., 14966G. Inv. 1857.
Baldwin, Charlotte, 19275G. W. 1878. Inv. 1878.
Baldwin, Charlotte D., 23437G. W. 1890. Inv. 1890.

Baldwin, Cornelia, 14655G. W. 1855. Inv. 1855.
Baldwin, Cyrus, 8128–8133G. B. 33, p. 498. Int. 1795. Inv. 1795.
Baldwin, Daniel, 6039–6040G. B. 27, p. 378. Int. 1785.
Baldwin, Daniel, 18995G. W. & Cod. 1877. Inv. 1877.
Baldwin, Daniel S., 18996G. Inv. 1877.
Baldwin, David, 10610G. W. 1810. Inv. 1810.
Baldwin, David, 12764G. Inv. 1837.
Baldwin, David, 16062G. Inv. 1865.
Baldwin, David, Sr., 10611G. Inv. 1810.
Baldwin, David J., 14967G. W. 1857. Inv. 1857.
Baldwin, David J., 19276G. Inv. 1878.
Baldwin, David W., 16607G. W. 1868. Inv. 1868, 1882.
Baldwin, Dorcas, 15314G. W. 1860.
Baldwin, Ebenezer, 10028G. B. 39, p. 452. W. 1801. Inv. 1802.
Baldwin, Ebenezer, 12200G. Inv. 1831.
Baldwin, Edward, 18695G. W. 1876. Inv. 1877.
Baldwin, Elbert, 14025G. Inv. 1851.
Baldwin, Eleazar, 5351–5354G. B. 24, p. 311. W. 1782.
Baldwin, Eleazer, 13094G. Inv. 1841.
Baldwin, Elias, 11240G. W. 1820. Inv. 1821.
Baldwin, Elias M., 23030G. W. 1889.
Baldwin, Elijah, 3529–3530G. B. I, p. 12. W. 1766.
Baldwin, Eliza, 17778G. W. 1873. Inv. 1873.
Baldwin, Eliza A., 27766G. W. 1899.
Baldwin, Elizabeth, 11241G. W. 1820.
Baldwin, Elizabeth, 13185G. W. 1842. Inv. 1842.
Baldwin, Elizabeth, 13684G. Inv. 1848.
Baldwin, Elizabeth, 16608G. Inv. 1868.
Baldwin, Elizabeth, 25288G. Inv. 1894.
Baldwin, Elizabeth C., 28257G. W. 1900. Inv. 1900.
Baldwin, Elizabeth M., 15176G. W. 1859.
Baldwin, Enos, 10512G. W. 1808. Inv. 1808.
Baldwin, Enos, 10878G. Inv. 1815.
Baldwin, Enos, 14467G. Inv. 1854.
Baldwin, Ephraim, 8134–8137G. B. 33, p. 498. Int. 1795. Inv. 1796.
Baldwin, Ethan, 12030G. W. 1829. Inv. 1832.
Baldwin, Ethan M., 16770G. W. 1869.
Baldwin, Eunice, 12847G. W. 1838. Inv. 1838.
Baldwin, Eunice, 13329G. Inv. 1844.
Baldwin, Ezra, 11704G. Inv. 1826.
Baldwin, Ezra, 12765G. W. 1837. Inv. 1837.
Baldwin, Fanny C., 13252G. W. 1843. Inv. 1843.
Baldwin, George, 14968G. W. 1857.
Baldwin, Georgia O., 27767G. W. 1899.
Baldwin, Hannah, 10825G. W. 1814. Inv. 1815.
Baldwin, Hannah, 16063G. W. 1865.
Baldwin, Hannah, 16771G. W. 1869. Inv. 1869.
Baldwin, Hannah, 16772G. Inv. 1869.
Baldwin, Harriet, 13787G. W. 1849.
Baldwin, Harriet C., 20484G. W. 1882. Inv. 1883.
Baldwin, Harriet E., 21910G. W. 1886.
Baldwin, Harriet M., 21911G. W. 1886. Inv. 1886.
Baldwin, Harris M., 20485G. W. 1882. Inv. 1882.
Baldwin, Harvey, 14969G. W. 1857. Inv. 1857.

Baldwin, Henry, 11453G. W. 1823. Inv. 1824.
Baldwin, Henry D., 26254G. W. 1896.
Baldwin, Henry W., 16610G. W. & Cod. 1868. Inv. 1868.
Baldwin, Ichabod, 12944G. W. 1839. Inv. 1840.
Baldwin, Isaac, 1491–1496G. B. E, p. 220. Int. 1748. Inv. 1748. Acct. 1748.
Baldwin, Isaac, 8138–8140G. B. 33, p. 502. Wd. 1795. Pt. 1795.
Baldwin, Isaac, 14308G. W. 1853. Inv. 1854.
Baldwin, Isaac, 15079G. W. 1858. Inv. 1858.
Baldwin, Isaac, 18997G. W. 1877. Inv. 1877.
Baldwin, Isaac A., 12123G. Inv. 1830.
Baldwin, Isaac A., 12479G. Inv. 1834.
Baldwin, Isaac D., 10653G. Inv. 1811.
Baldwin, Isaac N., 14165G. Inv. 1852.
Baldwin, Isaac O., 13916G. Inv. 1850.
Baldwin, Israel, 18083G. Inv. 1874.
Baldwin, Israel J., 14808G. W. 1856. Inv. 1856.
Baldwin, Jabez, 6498–6503G. B. 29, p. 417. Int. 1787. Inv. 1790.
Baldwin, Jabez, 11242G. W. & Cod. 1820. Inv. 1820.
Baldwin, Jacob, 10260G. Inv. 1804.
Baldwin, Jacob V., 26777G. W. 1897. Inv. 1897.
Baldwin, James, 13095G. W. 1841. Inv. 1841.
Baldwin, James A., 27258G. W. 1898.
Baldwin, James C., 16064G. W. 1865. Inv. 1872.
Baldwin, Jane E., 23881G. W. 1891. Inv. 1891.
Baldwin, Jediah J., 14970G. Inv. 1857.
Baldwin, Jemima, 18998G. W. & Cod. 1877.
Baldwin, Jennet P., 20822G. Inv. 1883.
Baldwin, Jeptha, 5565–5570G. B. M, p. 156. W. 1783. Inv. 1784.
Baldwin, Jeptha, 14166G. W. 1852. Inv. 1852.
Baldwin, Jeremiah, 4911–4912G. B. 22, p. 34. Int. 1779.
Baldwin, Jeremiah, 10326G. W. 1805.
Baldwin, Jeremiah, 13917G. W. 1850. Inv. 1852.
Baldwin, Jeremiah, 25289G. Inv. 1894.
Baldwin, Jesse, 10185G. B. 40, p. 242. Int. 1803. Inv. 1803.
Baldwin, Jesse, Sr., 12945G. W. & Cod. 1839. Inv. 1840.
Baldwin, Joanna, 10391G. Inv. 1806.
Baldwin, John, 2393–2394G. B. F, p. 561. W. 1758.
Baldwin, John, 4137–4140G. B. K, p. 525. W. 1773.
Baldwin, John, 10449G. W. 1807. Inv. 1808, 1812.
Baldwin, John, 12125G. Inv. 1830.
Baldwin, John, 16261G. W. 1866. Inv. 1866.
Baldwin, John, 21194G. W. 1884. Inv. 1884.
Baldwin, John, Jr., 577–578G. B. B, p. 371. W. 1732.
Baldwin, John C., 16985G. W. & Cod. 1870. Inv. 1870.
Baldwin, John J., 11818G. Inv. 1827.
Baldwin, John J., 12126G. Inv. 1830.
Baldwin, John J., 13504G. Inv. 1846.
Baldwin, John N., 8794–8796G. B. 36, p. 42. Grd. 1796. Pt. 1796.
Baldwin, John N., 23882G. Inv. 1891.
Baldwin, John N., Sr., 12389G. W. 1833.
Baldwin, John P., 13330G. W. 1844.
Baldwin, Johnson G., 16986G. Inv. 1870.
Baldwin, John W., 14809G. W. 1856. Inv. 1856.
Baldwin, Jonathan, 365–368G. B. B, p. 48. W. 1727. Inv. 1727. (?)

Baldwin, Jonathan, 11300G. Inv. 1821.
Baldwin, Jonathan, 11705G. Inv. 1826.
Baldwin, Joseph, 7424–7431G. B. 34, p. 72. W. 1792. Inv. 1792.
Baldwin, Joseph, 7848–7851G. B. 33, p. 395. Int. 1794.
Baldwin, Joseph, 8536–8543G. B. 36, p. 41. Int. 1796. Inv. 1796.
Baldwin, Joseph, 10450G. Inv. 1807.
Baldwin, Joseph, 13182G. Inv. 1842.
Baldwin, Joseph, 18084G. W. 1874. Inv. 1875.
Baldwin, Joseph, Sr., 245–248G. B. A, p. 315. W. 1724.
Baldwin, Joseph A., 14167G. W. 1852. Inv. 1852.
Baldwin, Joseph H., 24347G. W. 1892.
Baldwin, Joseph T., 11301G. W. 1821. Inv. 1831.
Baldwin, Josiah, 11706G. W. 1827. Inv. 1829.
Baldwin, Josiah L., 21912G. W. 1886. Inv. 1887.
Baldwin, Jesiah O., 16419G. W. & Cod. 1867. Inv. 1867.
Baldwin, Jotham, 12570G. Inv. 1835.
Baldwin, Justus, 10261G. B. 40, p. 420. Int. 1804. Inv. 1804.
Baldwin, Kate, 20486G. Inv. 1882.
Baldwin, Kipps, 10262G. W. 1804. Inv. 1804.
Baldwin, Lewis, 8544–8547G. B. 36, p. 41. Int. 1796. Inv. 1796.
Baldwin, Lewis, 10513G. Inv. 1808.
Baldwin, Lewis, 11621G. W. 1825.
Baldwin, Lewis, 19806G. W. 1880. Inv. 1880.
Baldwin, Lillis, 12201G. W. 1831. Inv. 1831.
Baldwin, Linus, Sr., 12766G. W. 1837. Inv. 1839.
Baldwin, Louisa N., 17240G. W. 1871. Inv. 1871.
Baldwin, Lucas, 17480G. W. 1872. Inv. 1873.
Baldwin, Lucius D., 20487G. W. & Cod. 1882. Inv. 1883.
Baldwin, Luther, 10327G. Inv. 1805.
Baldwin, Lydia, 843–844G, 857–860G. B. C, p. 150. W. 1736. Int. 1736. Inv. 1740.
Baldwin, Maria, 21573G. W. 1885. Inv. 1885.
Baldwin, Marshall, 16611G. Inv. 1868.
Baldwin, Martha, 13019G. Inv. 1840.
Baldwin, Mary, 15584G. W. 1862.
Baldwin, Mary, 18085G. W. 1874. Inv. 1874.
Baldwin, Mary, 26255G. W. 1896. Inv. 1896.
Baldwin, Mary A., 20122G. W. 1881. Inv. 1881.
Baldwin, Mary F., 27259G. W. 1898.
Baldwin, Mary O., 23883G. W. 1891.
Baldwin, Matthais, 2555–2560G. B. G, p. 244. W. 1759. Inv. 1760.
Baldwin, Matthais, 13096G. Inv. 1841.
Baldwin, Milton, 24348G. W. 1892.
Baldwin, Moses, 12278G. Inv. 1832.
Baldwin, Moses, 12279G. Inv. 1832.
Baldwin, Nancy, 13186G. W. 1842. Inv. 1842.
Baldwin, Naomi C., 20823G. W. 1883. Inv. 1885.
Baldwin, Nathan, 10612G. W. 1810. Inv. 1818.
Baldwin, Nathan, 23031G. Inv. 1889.
Baldwin, Nathaniel, 1715–1716G. B. E, p. 504. W. 1750.
Baldwin, Nathaniel, 11454G. W. 1823. Inv. 1825.
Baldwin, Nathaniel C., 16773G. Inv. 1869, 1870.
Baldwin, Nathaniel H., 13097G. W. 1841. Inv. 1841.

Baldwin, Nathaniel L., 15863G. Inv. 1864.
Baldwin, Nehemiah, 3437-3449G. B. I, p. 10. W. 1765. Inv. 1769. Acct. 1770. Bill 1768.
Baldwin, Nehemiah, 14168G. Inv. 1852.
Baldwin, Noah, 12280G. Inv. 1832.
Baldwin, Noah, 14656G. W. 1855. Inv. 1855.
Baldwin, Oliver B., 18696G. W. 1876.
Baldwin, Phinehas, 10186G. B. 40, p. 326. W. 1803.
Baldwin, Phinehas, 16420G. W. 1867.
Baldwin, Polly, 16065G. W. 1865.
Baldwin, Rachel, 10714G. W. 1812.
Baldwin, Rebecca T., 2303G. W. 1889. Inv. 1889.
Baldwin, Reuben D., 17779G. W. 1873. Inv. 1873.
Baldwin, Rhoda, 11622G. Inv. 1825.
Baldwin, Rhoda, 15864G. W. 1864. Inv. 1864.
Baldwin, Rhoda C., 27260G. W. 1898. Inv. 1898.
Baldwin, Robert, 4037-4040G. B. K, p. 497. W. 1772.
Baldwin, Robert, 14169G. W. 1852.
Baldwin, Samuel, 11302G. W. 1821. Inv. 1821.
Baldwin, Samuel, 11600G. W. 1824.
Baldwin, Samuel, 13918G. W. 1850.
Baldwin, Samuel, Jr., 19277G. W. & Cod. 1878. Inv. 1878.
Baldwin, Samuel, Sr., 14810G. W. 1856. Inv. 1856.
Baldwin, Samuel A., 22253G. W. 1887. Inv. 1887.
Baldwin, Samuel S., 20825G. Inv. 1885.
Baldwin, Samuel W., 10613G. W. 1810. Inv. 1817.
Baldwin, Samuel W., 19525G. W. 1879. Inv. 1883.
Baldwin, Sarah, 12571G. Inv. 1835.
Baldwin, Sarah, 13685G. W. 1848.
Baldwin, Sarah, 16612G. Inv. 1868.
Baldwin, Sarah, 19526G. W. 1879. Inv. 1880.
Baldwin, Sarah, 19807G. W. & Cod. 1880.
Baldwin, Sarah, 25290G. W. 1894.
Baldwin, Sarah F., 15177G. W. 1859.
Baldwin, Sarah P., 21913G. W. 1886. Inv. 1886.
Baldwin, Silas, 10451G. W. 1807. Inv. 1808.
Baldwin, Silas, Sr., 8142-8151G. B. 33, p. 487. W. 1795. Int. 1795. Inv. 1795.
Baldwin Silas C., 11707G. Inv. 1826.
Baldwin, Silvanus, Sr., 9332-9339G. B. 38, p. 249. W. 1799. Inv. 1800.
Baldwin, Simeon, 10392G. W. 1806. Inv. 1807.
Baldwin, Simeon, 15865G. W. 1864. Inv. 1864.
Baldwin, Smith, 11547G. Inv. 1824.
Baldwin, Squire, 13098G. Inv. 1841.
Baldwin, Stephen, 12572G. Inv. 1835.
Baldwin, Stephen L., 18086G. W. 1874. Inv. 1874.
Baldwin, Susan, 14170G. W. 1852. Inv. 1853.
Baldwin, Sylvanus, 12031G. Inv. 1829.
Baldwin, Sylvia A., 20488G. W. & Cod. 1882.
Baldwin, Theodore W., 17780G. Inv. 1873.
Baldwin, Theron, 16987G. W. 1870. Inv. 1870.
Baldwin, Thomas, 11303G. W. 1821. Inv. 1823.
Baldwin, Thomas, 12124G. Inv. 1830.
Baldwin, Timothy, 16988G. Inv. 1870.
Baldwin, Warren S., 17781G. W. 1873. Inv. 1873.
Baldwin, Wickliffe E., 17481G. W. & Cod. 1872.
Baldwin, Wickliffe M., 28258G. W. 1900.

Baldwin, William, 9340-9351G. B. 38, p. 264. Int. 1799. Inv. 1800.
Baldwin, William, 13686G. Inv. 1848.
Baldwin, William, 14811G. Inv. 1856.
Baldwin, William, 15714G. Inv. 1863.
Baldwin, William B., 16066G. Inv. 1865.
Baldwin, William F., 27261G. W. 1898.
Baldwin, William H., 21914G. W. 1886. Inv. 1886.
Baldwin, William H., 21915G. W. 1886.
Baldwin, William H., 24349G. W. 1892.
Baldwin, William S., 15866G. Inv. 1864.
Baldwin, William S., 16774G. W. 1869. Inv. 1869.
Baldwin, William W., 15715G. Inv. 1863.
Baldwin, Zenas, 16262G. W. 1866. Inv. 1866.
Baldwin, Zilpah, 22610G. W. 1888.
Bale, James, 15315G. W. 1860.
Balevre, Catharine, 17238G. W. 1871.
Baley, Thomas, 3689-3690G. B. K, p. 34. W. 1768.
Ball, Aaron, Sr., 1931-1936G. B. F, p. 82. W. 1752. Inv. 1752.
Ball, Aaron, Sr., 10187G. B. 40, p. 413. W. 1803.
Ball, Aaron L., 28259G. W. 1900.
Ball, Alfred P., 23884G. W. 1891.
Ball, Amzi L., 15316G. Inv. 1860.
Ball, Andrew J., 25291G. W. 1894.
Ball, Anna, 19527G. W. 1879.
Ball, Anthony D., 15867G. Inv. 1864.
Ball, Augustus R., 15178G. W. 1859. Inv. 1859.
Ball, Caleb, John, 9352-9353G. B. 38, p. 266. Wds. 1799.
Ball, Catharine, 15439G. W. 1860. Inv. 1861.
Ball, Charles M., 24350G. Inv. 1892.
Ball, Daniel, 11386G. Inv. 1822.
Ball, David, 6304-6305G. B. 28, p. 425. Int. 1786.
Ball, David, 10328G. W. 1805. Inv. 1806.
Ball, David, 15179G. W. 1859. Inv. 1863.
Ball, Edward, 10879G. W. 1815.
Ball, Edwin N., 21574G. W. 1885.
Ball, Elbert R., 27262G. W. 1898.
Ball, Eliza, 23033G. W. & Cod. 1889.
Ball, Elizabeth, 16263G. W. 1866. Inv. 1866.
Ball, Enoch, 13020G. W. 1840. Inv. 1840.
Ball, Esther, 13021G. W. 1840.
Ball, Ezekiel, 10263G. W. 1804.
Ball, Ezekiel, 15080G. W. 1858. Inv. 1858.
Ball, Ezekiel C., 27263G. W. 1898.
Ball, Fanny, 16067G. W. 1865.
Ball, Hannah E., 24351G. Inv. 1892.
Ball, Hooper C., 15440G. W. & Cod. 1861. Inv. 1861.
Ball, Horace W., 15081G. W. 1858. Inv. 1858, 1864.
Ball, Isaac, 4487-4490G. B. 19, p. 403. W. 1777.
Ball, Isaac, 11708G. Inv. 1826.
Ball, James, 18999G. Inv. 1877.
Ball, James T., 27264G. W. 1898. Inv. 1898.
Ball, Jane, 15868G. W. 1864.
Ball, Johannah, 6306-6307G. B. 28, p. 358. W. 1786.
Ball, John, 12675G. Inv. 1838.
Ball, John, Sr., 3871-3874G. B. K, p. 200. W. 1770.
Ball, John H., 20120G. W. 1881. Inv. 1881.
Ball, Jonathan, 2319-2320G. B. F, p. 455. W. 1757.
Ball, Jonathan, 10264G. W. 1804. Inv. 1808.
Ball, Joseph, 4041-4044G. B. K, p. 462. W. 1772.

Barnes, Eliza, 24354G. W. 1892.
Barnes, Henry, 24831G. W. 1893.
Barnes, Nancy, 20821G. Inv. 1885.
Barnet, Elizabeth O., 13023G. Inv. 1840.
Barnet, Harriet, 17483G. W. 1872. Inv. 1872.
Barnet, Ichabod B., 5571–5574G. B. M, p. 165. Int. 1783. Inv. 1783.
Barnet, James G., Sr., 27267G. W. 1898. Inv. 1898.
Barnet, John, 18697G. W. 1876. Inv. 1877.
Barnet, Joseph, 10959G. W. 1816. Inv. 1816.
Barnet, Joseph, 11819G. Inv. 1827.
Barnet, Joseph, Sr., 5729–5730G. B. 26, p. 413. W. 1784.
Barnet, William, 3301–3302G. B. H, p. 246. Grd. 1763.
Barnet, William, 3459–3460G. B. H, p. 541. Grd. 1765.
Barnet, William, 6910–6911G. B. 30, p. 346. W. 1790.
Barnett, David, 11623G. Inv. 1825.
Barnett, Oscar, 25294G. W. 1894. Inv. 1894.
Barnett, Stephen D., 15586G. W. 1862. Inv. 1862.
Barnett, Walter C., 18090G. Inv. 1874.
Barnette, Gaspar C., 27266G. W. 1898.
Barnum, Julia A., 27772G. W. 1899.
Barny, Jane B., 17786G. W. 1873. Inv. 1873.
Barr, William, 7432–7433G. B. 34, p. 44. Int. 1792.
Barrell, George, 28262G. W. 1900. Inv. 1900.
Barrell, George, Sr., 16989G. W. 1870. Inv. 1870.
Barrett, Ellen, 24355G. W. 1892.
Barrett, Emma A., 25785G. W. 1895.
Barrett, Emma E., 28263G. W. 1900.
Barrett, John, 18091G. W. 1874. Inv. 1875.
Barrett, Michael, 22614G. W. 1888.
Barrett, Patrick, 15869G. Inv. 1864.
Barrett, Sarah E., 27773G. W. 1899.
Barrett, Timothy, 18385G. W. & Cod. 1875.
Barrett, Timothy, 18386G. Inv. 1875.
Barrett, Walter, 14171G. Inv. 1852.
Barrow, Thomas, 25786G. W. 1895. Inv. 1895.
Barry, Annie E., 21918G. W. 1886. Inv. 1886.
Barry, John, 19004G. W. 1877. Inv. 1877.
Barry, Morris, 20125G. Inv. 1881.
Bartelman, Susanna, 18092G. W. 1874. Inv. 1874.
Barth, John, 20824G. W. 1883. Inv. 1883.
Barth, Maria, 27268G. W. 1898.
Bartholf, Christiana, 19002G. W. 1877. Inv. 1877.
Bartholf, John G., 15870G. W. & Cod. 1864. Inv. 1864.
Bartholf, Sarah, 19279G. W. 1878. Inv. 1878.
Bartholomae, John, 17788G. W. 1873. Inv. 1873.
Batholomai, Magdalena, 20126G. Inv. 1881, 1883.
Bartholomew, James R., 19280G. W. 1878.
Bartholomew, John G., 18093G. W. 1874.
Bartlett, Charles B., 19809G. W. 1880. Inv. 1880.
Bartlett, David W., 24356G. W. & Cod. 1892.
Bartlett, Mary, 17484G. W. 1872. Inv. 1872.
Bartlett, William, 4045–4046G. B. K, p. 461. W. 1772.
Bartlette, Elizabeth, 15082G. W. 1858. Inv. 1858.
Bartlette, Jonathan C., 15871G. W. & Cod. 1864.

Bartling, Charles, 23443G. W. 1890.
Barton, Hannah, 12573G. Inv. 1835.
Barton, James, 18094G. W. 1874. Inv. 1874.
Barton, John, Sr., 14172G. W. 1852. Inv. 1852.
Barton, William, 23886G. W. 1891. Inv. 1891.
Bartram, Barney, 19528G. W. 1879. Inv. 1881.
Basanta, Valentine V., 25295G. W. 1894.
Bass, Samuel W., 23444G. W. 1890.
Bassett, Allan L., 24357G. W. 1892.
Bassett, George F., 23887G. W. 1891.
Bassett, George W., 22258G. W. 1887. Inv. 1888.
Bassett, Stephen, 3205–3206G. B. H, p. 388. W. 1763.
Bassini, Charles, 16990G. W. 1870.
Bassini, Pauline, 20127G. W. 1881.
Bassler, Frederick W., 24358G. W. 1892.
Bataille, Anna C., 20490G. W. 1882.
Bataille, August, 18095G. W. 1874.
Bataille, Teresa, 15181G. W. 1859. Inv. 1859.
Batchelor, Mary C., 24359G. W. 1892.
Batchelor, Mary C. C., 23445G. W. 1890.
Batchelor, William, 12127G. W. 1830. Inv. 1830.
Bates, George W., 27774G. W. 1899.
Bates, Joseph, 17243G. W. 1871. Inv. 1871.
Batesell, George, 14173G. Inv. 1852.
Bateson, James, 14174G. Inv. 1852.
Bathgate, James E., 23010G. Inv. 1888.
Batten, Charles G., 23446G. W. 1890. Inv. 1890.
Batten, Priscilla T., 23036G. W. 1889.
Baudouin, Charles, 23035G. W. 1889. Inv. 1889.
Baudowin, Barbe A. M., 16991G. W. 1870.
Bauer, Charlotte, 28264G. W. 1900.
Bauer, Christina, 28265G. W. 1900. Inv. 1900.
Bauer, Christopher, 28266G. Inv. 1900.
Bauer, Frederick, 14971G. W. 1857. Inv. 1859.
Bauer, Frederick E., 13788G. Inv. 1849.
Bauer, George, 15442G. Inv. 1861.
Bauer, Henrietta, 24360G. W. 1892. Inv. 1892.
Bauer, Joseph, 19531G. W. 1879. Inv. 1879.
Bauer, Peter, 23888G. W. 1891.
Bauerlein, Nickolaus, 28267G. W. 1900.
Baum, Anna M., 23037G. W. 1889.
Baum, Ellen, 21196G. Inv. 1884.
Baum, Moritz, 28268G. W. 1900.
Baum, Francis, 13789G. W. 1840.
Baumann, Benjamin, 26780G. W. 1897.
Baumann, Carl, 23889G. Inv. 1891.
Baumann, Caspar, 18387G. W. 1875. Inv. 1875.
Baumann, Margaretha, 22259G. W. 1887.
Baumann, Melchior, 21197G. W. 1884.
Baumbusch, Hermann, 22255G. W. & Cod. 1887. Inv. 1887.
Baumer, Lorenz, 28269G. W. 1900.
Baumgartner, John B., 25787G. W. 1895.
Baumgartner, Sibilia, 19529G. W. 1879.
Baur, John N., 14309G. Inv. 1853.
Baureis, Lorenz, Sr., 18388G. W. 1875.
Bausch, Louise, 17789G. W. 1873.
Bausewein, John, 24352G. W. 1892.
Bawden, Margaret, 20826G. W. 1883.
Bawden, William G., 21198G. W. 1884. Inv. 1885.
Baxter, Abraham K., 22260G. W. 1887. Inv. 1887.
Baxter, Alexander, 26257G. W. 1896.
Baxter, Andrew A. C., 24361G. Inv. 1892, 1893.
Baxter, Catharine, 22261G. W. 1887. Inv. 1887.
Baxter, Catherine, 24833G. W. 1893.

Bedel, Catharine, 10106G. B. 40, p. 83. Wd. 1802.
Bedell, Ann E., 24367G. Inv. 1892.
Bedell, Benjamin, 7628-7631M. B. 33, p. 182. W. 1793.
Bedell, Caty, 8812-8815G. B. 36, p. 504. Wd. 1797. Tr. 1797.
Bedell, Charles T., 23038G. W. 1889.
Bedell, David E., 25793G. W. & Cod. 1895. Inv. 1896.
Bedell, Frank L., 25794G. W. 1895.
Bedell, Horace, 22616G. W. 1888. Inv. 1888.
Bedell, Jacob, Sr., 3209-3210G. B. H, p. 326. W. 1763.
Bedell, Jane, 20829G. W. 1883.
Bedell, John, 2569-2570G, 2573-2576G, 3691-3694G. Int. 1768. Inv. 1768, 1771. Acct. 1771. Ren. 1768.
Bedell, John, 5355-5358G. B. 24, p. 27. Wd. 1780. Pt. 1780.
Bedell, John, 6626-6627G. B. 38, p. 91. W. 1788.
Bedell, John, Sr., 2567-2568G, 2571G. B. G, p. 63, W. 1759. Inv. 1759.
Bedell, Michael, 14658G. W. 1855. Inv. 1855.
Bedford, Daniel, 10235G. W. 1804. Inv. 1804.
Bedford, David, 22617G. Inv. 1888.
Bedford, Electa M., 27273G. W. & Cod. 1898.
Bedford, Harriet E., 24835G. W. 1893. Inv. 1893.
Bedford, Moses, 15318G. Inv. 1860.
Bedford, Simeon, 20493G. W. 1882. Inv. 1883.
Bedford, Stephen, 2209-2216G. B. F, p. 303. Int. 1755. Inv. 1756. Ren. 1755.
Bedford, William K., 15718G. W. 1863. Inv. 1864.
Bedford, William M., 26264G. W. 1896. Inv. 1896.
Beech, Samuel, Sr., 1979-1982G. B. F, p. 213. W. 1753. Inv. 1753.
Beech, Walter, 24836G. W. 1893.
Beecroft, Alfred, 12283G. Inv. 1832.
Beers, Ethelinda E., 19812G. W. 1880.
Beers, George H., 12769G. Inv. 1837.
Beers, Jane M., 28273G. W. 1900.
Beers, Mindwell, 23039G. W. 1889. Inv. 1889.
Beetham, William, 19281G. W. 1878.
Begbie, Sarah B., 17798G. W. 1873.
Beggs, Hugh, 13100. W. 1841. Inv. 1841.
Begley, John, 23041G. W. 1889.
Begley, Mary, 28274G. W. 1900.
Beglie, John, 15444G. Inv. 1861.
Behr, Balthasar, 15308G. W. 1859.
Behrendt, Karl, 23894G. W. 1891.
Bein, Caroline, 19006G. W. 1877.
Bein, Charles J., 18389G. W. 1875.
Beirne, John, 24368G. W. 1892.
Beisheim, Nicolaus, 26782G. W. 1897.
Beisigel, John, 18390G. Inv. 1875.
Beisinger, Elizabeth, 25298G. W. (2) 1894.
Beisinger, John F., 21920G. W. 1886.
Beisler, John, 23449G. W. 1890.
Belcher, Elizabeth C., 17245G. W. 1871. Inv. 1871.
Belcher, Ellen, 19813G. W. 1880. Inv. 1880.
Belcher, Frederick H., 27274G. W. 1898.
Belcher, Martha, 20135G. W. 1881. Inv. 1881.
Belcher, Mary L., 22264G. W. 1887.
Belcher, Sarah A. P., 26265G. W. 1896.
Belcher, Thomas, Sr., 14659G. W. & Cod. 1855. Inv. 1855.
Belcher, Thomas H., 24369G. Inv. 1892.
Belcher, Zachariah, 13790G. W. 1849. Inv. 1850.
Bell, Charlotte, 16422G. W. 1867. Inv. 1869. Rens. (2) 1867.

Bell, David A., 25299G. W. 1894.
Bell, Francis E., 22618G. W. 1888. Inv. 1889.
Bell, Hannah, 25783G. W. 1897.
Bell, James, 27776G. W. 1899.
Bell, Martha I., 27777G. W. 1899.
Bell, Mary D., 27275G. W. & Cod. 1898. Inv. 1898.
Bell, Robert H., 12946G. Inv. 1839.
Bell, William, 27276G. W. 1898.
Bell, William, Sr., 17790G. W. 1873.
Bell, Wilson F., 23450G. W. & Cod. 1890. Inv. 1890.
Bell, William W., 10107G. B. 40, p. 83. Wd. 1802.
Bellair, Alexander, 17791G. Inv. 1873.
Bellamy, William, 16994G. W. 1870. Inv. 1870.
Belles, Amos H., 23895G. W. 1891.
Bellingham, Catharine, 23040G. W. 1889.
Bellingham, James, 20136G. W. 1881. Inv. 1881.
Bellmer, John G., 20830G. Inv. 1883.
Benatre, Auguste V., 18097G. W. 1874.
Bendel, Fredericka, 26266G. W. 1896.
Bendel, Matthew, 20831G. W. 1883. Inv. 1883.
Bender, Margaretha, 17792G. W. 1873.
Benedeti, Frances G., 19815G. W. 1880.
Benedict, Julia C., 22265G. W. 1887.
Benedict, Lewis S., 21202G. W. 1884.
Benedict, Terah, 21203G. W. 1884. Inv. 1885.
Benisch, David, 24837G. W. 1893.
Benjamin, Caleb, 14813G. Inv. 1856.
Benjamin, Catharine, 28275G. W. & Cod. 1900.
Benjamin, Charles W., 17246G. W. 1871. Inv. 1871.
Benjamin, Daniel D., 19536G. W. 1879.
Benjamin, William J., 25300G. Inv. 1894.
Benkert, John G., 27778G. W. 1890.
Benner, Henry, 23806G. W. 1891. Inv. 1891.
Benner, Margaret N., 26267G. W. 1896. Inv. 1896.
Bennet, James, 12129G. W. 1830. Inv. 1830. Ren. 1830.
Bennet, William, 17487G. W. 1872. Inv. 1872.
Bennet, William, 23042G. Inv. 1889.
Bennett, Abby L., 13791G. W. 1849.
Bennett, Anna A., 13334G. W. 1844.
Bennett, Anna D., 26784G. W. & Cod. 1897. Inv. 1897. Ord.
Bennett, Anna W., 21204G. Inv. 1884.
Bennett, Daniel H., 27779G. W. 1899. Inv. 1900.
Bennett, Eliza B., 23451G. W. 1890. Inv. 1890.
Bennett, Emma J., 20832G. W. 1880. Pt. 1883.
Bennett, Joseph S., 17793G. W. 1873.
Bennett, Margaret, 21205G. W. 1884.
Bennett, Phebe C., 20833G. W. & Cod. 1883. Inv. 1883.
Bennett, Samuel C., 27277G. W. 1898.
Benson, Benjamin W., 19007G. W. 1877. Inv. 1878.
Benson, Charlotte C., 19814G. W. 1880.
Benson, Cornelius, 15589G. W. 1862. Inv. 1862.
Benson, Frances E., 17794G. W. 1873.
Benson, Harriett S., 17795G. W. 1873.
Benson, Mary, 16780G. W. 1869.
Benson, Samuel, 20494G. W. 1882. Inv. 1882.
Benson, William, 14973G. W. 1857. Inv. 1857.
Benson, William A., 17207G. Inv. 1871.
Bent, Corinne H., 23452G. W. 1890.
Bentel, Jacob, 21206G. W. 1884.
Bentley, Annie, 25301G. W. 1894.

Birdseye, Charles C, 27281G. W. & Cod. 1898. Inv. 1898.
Birkmann, Heinrich, 27282G. W. 1898.
Birks, John, 13401G. W. 1845.
Birrell, David, 24843G. W. 1893.
Birrell, David, Sr., 16072G. W. 1865.
Birrell, William, 17249G. W. 1871. Inv. 1871.
Birt, William M. D., 18100G. W. 1874. Inv. 1874.
Bischoff, Maria A., 24376G. W. 1892.
Bischoff, Rosa, 26271G. W. 1896. Inv. 1896.
Bisco, Charles D., 26272G. W. 1896.
Bishop, Catharine, 5243-5244G. B. 22, p. 313. W. 1781.
Bishop, Elizabeth, 19283G. W. 1878. Inv. 1878.
Bishop, Horace S., 27283G. W. 1898. Inv. 1898.
Bishop, James, 17799G. W. 1873. Inv. 1873.
Bishop, Mary H., 26273G. W. 1896.
Bishop, Moses, 4409-4412G. B. M, p. 4. W. 1776. Inv. 1776.
Bishop, Pashal, 22795G. W. 1888.
Bishop, William S. H., 18394G. W. 1875. Inv. 1875.
Bishop, William T., 26274G. W. 1896.
Bissell, William E., 27781G. W. 1899.
Bisset, Elizabeth, 333-338G. B. A, p. 345. Int. 1725. Inv. (3) 1725.
Bittel, Ellen, 21580G. W. 1885. Inv. 1886.
Bittner, Frank A., 28276G. W. 1900.
Bittner, John G., 23457G. W. 1890. Inv. 1890.
Bitz, Catharina, 27284G. W. 1898.
Bitz, Charles, 20139G. Inv. 1881.
Bitz, Frederick, Jr., 23001G. Inv. 1891.
Bitz, Frederick, Sr., 19819G. W. 1880.
Bitz, Jacob, 25304G. W. 1894. Inv. 1894.
Bitz, John F., 28277G. W. 1900. Inv. 1900
Bitzel, Martin, 18101G. W. 1874.
Bize, Hercules D., 9668-9681G. B. 39, p. 9. W. 1880. Inv. 1800.
Blaase, Charles, 23458G. W. 1890.
Blachly, Ebenezer, 10716G. W. 1812. Inv. 1812.
Black, Jannett E., 27285G. W. 1898. Inv. 1898.
Black, John, 14469G. W. 1854. Inv. 1854.
Black, John, 15086G. Inv. (2) 1858.
Blackburn, George, 15501G. Inv. 1862.
Blackburn, Henry, 17800G. W. 1873. Inv. 1874.
Blackburne, John, 13404G. W. 1845. Inv. 1846.
Blackburne, John, 17491G. W. 1872. Inv. 1873.
Blackfoord, John, 6308-6309G. B. 28, p. 402. W. 1786.
Blacklege, John, 9370-9371G. B. 38, p. 265. Int. 1799.
Blacklidg, Phillip, Sr., 2975-2976G. B. H, p. 24. W. 1761.
Blackwell, Richard, 10189G. B. 40, p. 332. W. 1803. Inv. 1803.
Blackwood, David, 25305G. Inv. 1894.
Blaicher, Frederick E., 24377G. Inv. 1892.
Blain, John D., 18702G. W. 1876.
Blair, Caroline S., 26275G. W. 1896. Inv. 1896.
Blair, David, 12206G. W. 1831. Inv. 1831.
Blair, James, 19540G Inv. 1879.
Blair, John, 23902G. Inv. 1891.
Blair, Robert, 12032G. W. 1829. Inv. 1829.
Blake, Benjamin, 13101G. W. 1841.
Blake, Catharine E., 23903G. W. 1891.
Blake, Cato, 12033G. Inv. 1829.
Blake, Christopher, 26276G. W. 1896.
Blake, John L., 27782G. W. 1899.
Blake, Jonathan T., 12392G. Inv. 1833.

Blake, Margaret, 23048G. W. 1889.
Blake, Mary, 19820G. Inv. 1880.
Blake, Patrick, 27783G. W. 1899.
Blake, Phebe, 14312G. W. 1853. Inv. 1853.
Blake, Richard M., 26790G. W. 1897.
Blakely, Sidney, 19284G. Inv. 1878.
Blanchard, Anna M., 24844G. W. 1893. Inv. 1894.
Blanchard, Charles, 17250G. W. 1871. Inv. 1871.
Blanchard, Charles C., 20499G. W. 1882. Inv. 1882.
Blanchard, Elizabeth, 10552G. W. 1809. Inv. 1809.
Blanchard, Isaac, 369-370G. B. B, p. 32. W. 1727.
Blanchard, John, 1423-1427G. B. E, p. 188. W. 1748. Int. 1748. Ren. 1747.
Blanchard, John, Sr., 479-484G. B. B, p. 158. Int. 1730. Inv. 1730. (?)
Blanchard, Noah F., 20140G. W. 1881. Inv. 1881.
Blanchard, Peter. 2577-2580G. B. G, p. 84. W. 1759. Pow. Atty. 1757.
Blanchard, Samuel F., 23049G. Inv. 1889.
Blanck, Joseph, 23459G. W. 1890.
Blaney, Thomas, 24845G. W. 1893.
Blank, Philipp, 17801G. W. 1873.
Blankenhorn, Joseph, 16782G. W. 1869. Inv. 1869.
Blann, Elizabeth, 11550G. Inv. 1824.
Blasi, John, 27286G. W. 1898.
Blasi, Margaretha, 24846G. W. 1893.
Blass, George, 23460G. Inv. 1890.
Blatt, Catharine M., 20141G. Inv. 1881.
Blatt, John J., 14470G. W. 1854.
Blazier, Elephalet C., 15719G. Inv. 1863.
Blechschmidt, Laura A., 23904G. W. 1891.
Bleecker, Jane, 17251G. W. 1871. Inv. 1871.
Bless, Daniel W., 25798G. W. 1895.
Blewett, Benjamin, 15873G. W. 1864. Inv. 1864.
Blewett, John T., 23050G. W. 1889.
Blewett, Sarah, 21581G. W. 1885. Inv. 1885.
Blewitt, Jeffrey, 24847G. W. 1893.
Blewitt, Patrick, 27287G. W. 1898.
Bleymann, Johann, 15592G. W. 1862.
Blight, George, 10266G. W. 1804.
Blind, Catharine, 20500G. Inv. 1882.
Bliss, Elihu, 21926G. W. & Cod. 1886.
Bliss, Jennett F. R., 23905G. W. & Cod. 1891.
Bliss, Ludwig, 19858G. W. 1880.
Bloch, Bertha, 27288G. W. 1898.
Block, Frederick, 19285G. W. 1878.
Blon, Nicholas, 15087G. Inv. 1858.
Bloodgood, Augustus, 27289G. Inv. 1898.
Bloodgood, William, 11091G. W. 1818.
Bloom, Edward C., 19859G. Inv. 1880.
Bloomfield, Jeremiah, 2321-2322G, 2401-2404G. B. F, p. 394. Int. 1757. Inv. 1757. Ren. 1757.
Bloomfield, Moses. 2905-2906G. B. G, p. 198. Grd. 1760.
Bloomfield, Richard, 12771G. W. 1837. Inv. 1837.
Bloss, Benjamin G., 26277G. W. 1896.
Bloss, Martha M., 26791G. Inv. 1897.
Bloxham, Ada C., 26278G. W. 1896.
Blue, Henry, 15593G. Inv. 1862.
Blum, George, 24378G. W. 1892.
Blum, Peter, 28278G. W. 1900.
Blum, William, 23906G. W. 1891.
Blume, Theodore, 20835G. Inv. 1883.
Blumenfeld, David, 26792G. W. 1897.

Blumenstock, Anna M., 19541G. W. 1879. Inv. 1879.
Blumer, Katie, 24379G. Inv. 1892.
Blunk, Adolph H. F. C., 28279G. W. 1900.
Blunt, William, 13402G. Inv. 1845.
Boals, Mary, 23907G. W. 1891. Inv. 1891.
Boan, Fanny F., 25799G. W. 1895. Inv. 1895. Ren. 1895.
Boardman, Nathaniel C., 17802G. W. 1873. Inv. 1873.
Boardman, Samuel, 24848G. W. 1893. Inv. 1893.
Bobart, Jacob H., 15446G. Inv. 1861.
Bocherling, Charles, Sr., 18706G. W. 1876.
Bock, Henry, 17492G. Inv. 1872.
Bockover, Mary, 25306G. W. 1894. Inv. 1894. Ord. 1894.
Boddy, Mary, 16268G. W. 1866. Inv. 1866.
Bodenwieser, Fanny, 16996G. W. 1870. Inv. 1872.
Bodine, John, 1101–1102G. B. C, p. 424. W. 1741.
Bodine, Vincent, 14471G. W. 1854. Inv. 1854.
Bodwell, Granville W., 22268G. Inv. 1887.
Bodwell, Philander J., 17252G. W. 1871.
Bodwell, William, 17494G. W. & Cods. (2) 1872. Inv. 1872.
Boe, Agnes, 22629G. W. 1888.
Bochler, Hermann, 27784G. W. 1899.
Boehm, Charlotte, 27290G. W. 1898.
Boehm, Christopher A., 16783G. Inv. 1869.
Boehme, John, 22528G. W. 1888.
Boehner, Franz, 20836G. W. 1883.
Boesel, Maria, 17766G. Inv. 1872.
Boettger, Regina, 27201G. W. 1898.
Boffinger, Charles, 16614G. W. 1868.
Bogart, Elmer, 19860G. Inv. 1880.
Boggs, James, 2797–2798G. B. G, p. 344. Int. 1760.
Boggs, William G., 15874G. W. 1864.
Bogle, William B., 23051G. W. 1889.
Boharnt, Francis, 17495G. Inv. 1872.
Bohley, Louise, 26793G. W. 1897.
Bohley, William, 27785G. W. 1899.
Bohn, Wendelin, 26279G. W. 1896.
Bohnenberger, George, 16424G. W. 1867. Inv. 1868.
Bohr, Adam, 17496G. W. 1872.
Bohr, Conrad, 24849G. W. 1893.
Boice, Matthew, 14975G. W. 1857.
Boice, Sarah S., 25307G. W. & Cods. (3) 1894.
Boker, John G., 16070G. Inv. 1865.
Bolan, Michael, 19542G. W. & Cod. 1879.
Bolan, Michael, 21582G. W. 1885.
Bolan, Peter, 22630G. W. 1888.
Boland, Wineford, 26280G. W. & Cod. 1896.
Boland, Michael, 22269G. W. 1887.
Bolia, Julianna, 23908G. W. 1891.
Boll, Martin, 18703G. W. 1876.
Bolles, Charles O., 20837G. W. & Cod. 1883. Inv. 1883.
Bolles, Enoch, Sr., 16073G. W. 1865. Inv. 1866.
Bolles, Ezra B., 27292G. W. 1898. Inv. 1898.
Bolles, Nathan, 17253G. W. & Cod. 1871. Inv. 1871.
Bolton, David, Sr., 18704G. W. 1876.
Bolton, Owen, 22631G. W. 1888. Inv. 1888.
Bomeisler, Theodore, 23909G. W. 1891.
Bond, Alvah, 16784G. W. 1869.
Bond, Annie E., 24380G. W. 1892. Inv. (2) 1892. Ord.

Bond, Benjamin, Sr., 2799–2800G. B. G, p. 252. W. 1760.
Bond, Bridget, 26794G. W. 1897.
Bond, Caroline, 22632G. W. 1888.
Bond, Charles V., 16269G. Inv. 1866.
Bond, Daniel, 19009G. W. 1877. Inv. 1877.
Bond, David, 21212G. W. 1884. Inv. 1884.
Bond, Elihu, 12947G. W. & Cod. 1839. Inv. 1839.
Bond, Isaac, 20838G. W. 1883. Inv. 1883.
Bond, James F., 20501G. W. 1882. Inv. 1882.
Bond, Mary A., 27786G. W. 1899.
Bond, Nathaniel, 3109–3110G. B. H, p. 76. Grd. 1762.
Bond, Noah, 11924G. Inv. 1828.
Bond, Richard, 28280G. W. 1900. Inv. 1900.
Bond, Riley W., 26795G. W. 1897. Inv. 1898.
Bond, Robbart, Sr., 2801–2802G. B. G, p. 247. W. 1760.
Bond, Samuel, 4921–4922G. B. 22, p. 12. Int. 1779.
Bond, Samuel W., 19286G. W. 1878.
Bond, Sarah G., 26796G. W. 1897. Inv. 1897.
Bond, Stephen, 3109–3110G. B. H, p. 76. Wd. 1762.
Bond, Stephen, 10031G. B. 39, p. 323. Int. 1801.
Bond, William, 11304G. W. 1821. Inv. 1821.
Bone, Christian, 13403G. W. 1845. Inv. 1847.
Bone, Daniel, 14177G. Inv. 1852.
Bone, Hester, 13405G. Inv. (2) 1845.
Bonnel, Aaron, 14660G. W. 1855. Inv. 1855.
Bonnel, Abraham, 11243G. W. 1820. Inv. 1820.
Bonnel, Benjamin, 10563G. Inv. 1808.
Bonnel, Benjamin, Sr., 9068–9071G. B. 38, p. 114. Int. 1798. Ren. 1798.
Bonnel, David, 10654G. W. 1811. Inv. 1811.
Bonnel, David, 12772G. Inv. 1837.
Bonnel, Henry, Sr., 4491–4492G. B. 19, p. 181. W. 1777.
Bonnel, Ithamar, 13683G. W. & Cod. 1847. Inv. 1847. Ren. 1847.
Bonnel, Ithamer W., 23461G. W. 1890.
Bonnel, James, 12131G. W. 1830. Inv. 1831.
Bonnel, James W., 12207G. Inv. 1831.
Bonnel, John, 11092G. W. & Cod. 1818. Inv. 1818.
Bonnel, Joseph, 2979–2984G. B. H, p. 86. W. 1761. Inv. 1772.
Bonnel, Joseph, 13792G. W. 1849. Inv. 1849.
Bonnel, Joseph, Jr., 2977–2978G. B. H, p. 72. W. 1761.
Bonnel, Joseph, Sr., 1499–1506G. B. E, p. 154. W. 1748. Inv. 1748.
Bonnel, Louisa, 20142G. W. 1881.
Bonnel, Nancy, 18102G. W. 1874. Inv. 1874.
Bonnel, Nathaniel, 1299–1304G. B. D, p. 268. Int. 1745. Inv. 1745.
Bonnel, Nathaniel, 3237–3238G. B. H, p. 247. Grd. 1763.
Bonnel, Nathaniel, Sr., 845–850G. B. C, p. 141. W. 1736. Inv. 1738.
Bonnel, Noah, 14816G. Inv. 1856.
Bonnel, Oliver, 14661G. Inv. 1855.
Bonnel, Samuel, 9372–9373G. B. 38, p. 260. Int. 1799.
Bonnel, Sarah, 2985–2986G. B. G, p. 353. W. 1761.
Bonnel, Sarah, 11551G. W. 1824.
Bonnel, Silvanus, 11780G. Inv. 1826.
Bonnel, Sinesey, 4677–4678G. B. 20, p. 276. W. 1778.

Bonnel, William, 11923G. W. 1828. Inv. 1828.
Bonnel, William J., 14817G. Inv. 1856.
Bonnell, David T., 16997G. W. & Cod. 1870. Inv. 1870.
Bonnell, James L., 19010G. W. 1877. Inv. 1877. Ren. 1877.
Bonnell, Margaret, 14974G. Inv. 1857.
Bonnell, Matilda O., 24381G. W. 1892.
Bonnell, Sarah M., 19861G. W. 1880.
Bonner, George, 24850G. W. 1893.
Bonnet, John, 16998G. W. 1870.
Bonsall, Mary S., 19287G. W. 1878.
Bontgen, Abraham, 15319G. W. 1860. Inv. 1861.
Bontgen, Dorothea, 18705G. W. 1876. Inv. 1876.
Bonykamper, Frederick, Sr., 22270G. W. 1887.
Booraem, Julia R., 13406G. W. 1845. Inv. 1845.
Booth, George, Sr., 15320G. W. 1860.
Booth, George, Sr., 26281G. W. 1896. Inv. 1896.
Booth, Harriet, 23486G. W. 1890. Inv. 1890.
Booth, James, 19288G. W. 1878. Inv. 1878.
Booth, Jannette A., 23910G. W. 1891.
Booth, John, 14818G. W. & Cod. 1856.
Booth, John, 15875G. W. 1864.
Booth, John, 21209G. W. & Cod. 1884. Inv. 1884.
Booth, Joseph, 16425G. W. 1867. Inv. 1867.
Booth, Joseph, 17803G. W. 1873. Inv. 1873.
Booth, Nancy, 25308G. W. 1894.
Booth, Richard, 16999G. W. 1870. Inv. 1870.
Booth, Sybill, 19543G. W. 1879. Inv. 1879.
Booth, Thomas, 16071G. Inv. 1865.
Boothe, Harriette, 27787G. Inv. 1899.
Boots, Andon, 14478G. W. 1854.
Boppe, John A., 18395G. W. 1875. Inv. 1875.
Bordier, Pierre J., 14302G. W. 1852.
Bork, William, Sr., 28281G. W. 1900.
Borneman, William F., 15876G. W. 1864.
Bornstein, Marks, 23462G. W. 1890.
Bornstein, Samuel, 21213G. Inv. 1884.
Bosch, Maria M., 22633G. W. 1888.
Boss, Ezra D., 18103G. Inv. 1874.
Bostwick, Joseph W., 12285G. W. 1832.
Bosworth, Lewis, 16074G. Inv. 1865.
Bosworth, Lucetta, 21583G. W. 1885. Inv. 1885.
Bott, Auguste, 24851G. W. 1893.
Bottelberger, Elizabeth, 18707G. W. 1876. Inv. 1876.
Botiaux, Armand, 24832G. W. 1893.
Bottier, Marie J., 22634G. W. 1888.
Boudinot, Elisha, 11160G. W. 1819. Inv. 1819.
Boudinot, Marie C., 2323–2326G. B. H, p. 103. W. 1757.
Boughner, Dennis H., 28282G. Inv. 1900.
Boughton, Coleman, 13335G. Inv. 1844.
Boulton, William G., 23911G. W. 1891.
Bounel, James, 6644–6657G. B. 36, p. 482. W. 1788. Inv. 1797.
Bouniol, Jules A., 19011G. W. 1877.
Bourdell, John P. F., 13594G. Inv. 1847.
Bourdon, Benjamin, 16785G. W. 1869. Inv. 1869, 1871.
Bourgmayer, Gustave, 21927G. W. 1886.
Bourke, Mary, 26282G. Inv. 1896.
Bourn, Mary A., 22635G. W. & Cod. 1888. Inv. 1888.
Bourn, Richard, 15447G. W. 1861.
Bourniquez, Justin, 18396G. W. 1875.
Bourniquez, Maria, 20502G. W. 1882. Inv. 1882.

Boutgen, Charles W., 14472G. W. 1854. Inv. 1854.
Bouton, John M., 12948G. Inv. 1839.
Bovet, William E., 26797G. W. 1897.
Bowden, Henry, 17497G. W. 1872. Inv. 1872.
Bowden, John, 14819G. W. 1856. Inv. 1856.
Bowden, Daniel, 21928G. W. 1886.
Bowden, George, 23463G. W. 1890. Inv. 1890.
Bowden, John J., 16786G. W. 1869.
Bowden, Mary, 16426G. W. 1867.
Bowden, Mathew, 11305G. Inv. 1821.
Bowden, Mathew, 13793G. W. 1849. Inv. 1849. Ren. 1849.
Bowden, William. 11925G. W. 1828. Inv. 1828.
Bowden. William, 18397G. W. 1875. Inv. 1876.
Bowen, Hannah, 10516G. Inv. 1808.
Bower, Mahetable, 14313G. Inv. 1853.
Bowers, Eliza A., 23052G. W. 1889. Inv. 1889.
Bowers, Nathaniel, 9700–9703G. B. 38, p. 12. Int. 1800. Inv. 1800.
Bowinklmann, Margaretha, 24382G. W. 1892.
Bowlby, Samuel C., 21210G. W. & Cod. 1884.
Bowles, Joseph A., Sr., 18104G. W. 1874. Inv. 1874.
Bowles, Thomas, 17000G. Inv. 1870.
Bowman, Andrew, 12034G. Iny. 1829.
Bowman, George, 17804G. W. 1873. Inv. 1873.
Bowman, George, 20144G. W. 1881.
Bowman, George, 20143G. W. 1881. Inv. 1882.
Bowman, Henrietta, 23912G. W. 1891. Inv. 1891.
Bowman, Jacob, 12393G. Inv. 1833.
Bowman, James, 16787G. W. 1869. Inv. 1869.
Bowman, Mary, 13255G. W. 1843. Inv. 1843.
Bowman, Peter, 26798G. W. 1897.
Bowne, Mary J., 18105G. W. 1874. Inv. 1875.
Bowne, Robert H., 13256G. W. 1843. Inv. 1844.
Bowroson, Anthony, 12574G. W. 1835. Inv. (2) 1835.
Boyce, Jemima F., 23464G. W. 1890. Inv. 1890.
Boyce, John, 16615G. W. 1868. Inv. 1868.
Boyce, Thomas J., 14314G. W. 1853. Inv. 1853.
Boyce, William D., 17805G. Inv. 1873.
Boyd, James R., 28283G. Inv. 1900.
Boyd, John, 11306G. Inv. 1821.
Boyd, John, 26799G. Inv. 1897.
Boyd, Kennedy, 12035G. W. 1829. Inv. 1829.
Boyd, Margaret, 26283G. Inv. 1895.
Boyd, Mary, 19544G. W. 1879.
Boyden, Abigail, 17001G. W. 1870.
Bovden, Jane E., 21214G. W. 1884. Inv. 1885.
Boyden, Lorenzo, 21215G. W. 1884. Inv. 1884.
Boyden, Seth, 17002G. Inv. 1870.
Boyer, Therese, 19012G. W. 1877.
Boylan, Aaron, O., 13794G. W. 1849. Inv. 1849.
Boylan, Bernard, 25800G. Inv. 1895.
Boylan, Charles, 17003G. W. 1870. Inv. 1870.
Boylan, Dennis, 14473G. Inv. 1854.
Boylan, George, 17006G. W. 1870.

Brant, Sarah, 12482G. W. 1834.

Brant, William, 313–314G. B. A, p. 343. W. 1725.

Brant, William, 11459G. W. 1823. Inv. 1823.

Brant, William, 11458G. W. 1823. Inv. 1823.

Brant, William, Jr., 7158–7161G. B. 32, p. 513. Grd. 1791. Pt. 1791.

Brant, William, Sr., 9378–9383G. B. 38, p. 222. W. 1799. Inv. 1799.

Brant, William H., 17254G. W. 1871. Inv. 1871.

Brantigam, Frederick, Jr., 26804G. W. 1897.

Branum, Sally, 25802G. W. 1895.

Brasher, Phillip, 6049–6050G. B. 27, p. 376. Int. 1785.

Braun, Christian H., 22540G. W. 1888.

Braun, Christina, 23054G. W. 1889.

Braun, Emil, 22273G. W. 1887.

Braun, Jacob, 16077G. W. 1865. Inv. 1866.

Braun, John G., 23055G. W. 1889.

Braun, Joseph, 16618G. W. 1868.

Braun, Theresa, 20128G. W. 1881. Inv. 1881.

Breakspear, Almira L. F., 28289G. W. 1900.

Breath, John, 11093G. W. 1818.

Brecht, Christina, 18710G. W. 1876. Inv. 1876.

Breckinridge, John S., 28290G. W. 1900. Inv. 1900. Rens. (4) 1900.

Brehm, August, 15878G. W. 1864. Con. 1864.

Breidenbach, Elizabeth, 25803G. W. 1895.

Breidt, Dorothea, 17255G. W. 1871.

Breidt, Frederick, 18106G. W. 1874. Inv. 1874.

Breingan, Peter, 23470G. Inv. 1890.

Breintnall, Harriet T., 28291G. W. 1900. Inv. 1900.

Breintnall, John H. H., 25804G. W. & Cod. 1895. Inv. 1895.

Breintnall, Sophia A., 19866G. W. 1880. Inv. 1880.

Breintnall, Thomas, 13595G. W. 1847.

Breithaupt, Valentin, 17008G. W. 1870.

Breitwieser, George, 17256G. W. 1871. Inv. 1871.

Bremer, Albert, 27295G. W. 1898.

Bremer, Joseph G. D., 26805G. W. 1897.

Brennan, James, 16270G. W. 1866. Inv. 1866.

Brennan, James, 22274G. Inv. 1887.

Brennan, James, 23471G. W. 1890.

Brennan, James J., 26806G. W. 1897. Inv. 1897.

Brennan, John, 19013G. W. 1877.

Brennan, Mary, 25806G. W. 1895.

Brennan, Patrick F., 26807G. W. 1897.

Brennecke, Louis, 16792G. W. 1869.

Brennen, Michael, Sr., 19867G. W. 1880. Inv. 1880.

Brenner, Elizabeth F., 26808G. W. 1897.

Brenner, George, 18398G. W. 1875. Inv. 1875.

Brenner, Louis F., 19014G. W. 1877. Inv. 1878.

Bresee, Wealtha J., 15879G. W. 1854.

Breslin, Ann, 24384G. W. 1892. Inv. 1892.

Brestead, Andrew, 5577–5578G. B. M, p. 164. Int. 1783.

Brettell, Edward W., 21586G. W. 1885. Inv. 1886.

Bretwacher, Nicholas, 16078G. W. 1865.

Bretz, Anna G., 25314G. W. 1894.

Breuer, Edward, 24385G. W. 1892.

Breunig, Johann P., 27296G. W. 1898.

Breunig, John L., 18107G. Inv. 1874.

Breuninger, Herman, 26286G. W. 1896.

Breuninger, Maria, 26809G. Inv. 1897.

Brewen, Joshua, 4501–4502G. B. 19, p. 373. W. 1777.

Brewer, George H., 25317G. W. 1894.

Brewer, Henry, 27297G. W. & Cod. 1898. Inv. 1898.

Brewster, Catharine E., 21587G. W. 1885. Inv. 1887.

Brewster, Edward P., 17009G. W. 1870.

Brewster, John B., 12575G. Inv. 1835.

Brewster, Lucretia C., 25315G. W. 1894. Inv. 1894.

Brewster, Samuel, 10252G. B. 40, p. 334. Grd. 1803.

Brewster, Ulyses B., 17472G. Inv. 1871.

Briant, Aaron, 13922G. W. 1850. Inv. 1850.

Briant, Andrew, Sr., 1641–1644G. B. E, p. 350. W. 1749. Inv. 1752.

Briant, Benjamin, 10030G. B. 39, p. 322. Int. 1801. Inv. 1801.

Briant, Charles I., 21217G. W. 1884.

Briant, David, 11161G. Inv. 1819.

Briant, John, 10032G. B. 39, p. 444. W. 1801. Inv. 1801.

Briant, Mary, 14821G. W. 1856. Inv. 1856.

Briant, Samuel, 10453G. Inv. 1807.

Briant, Simeon, 12396G. Inv. 1833.

Brickell, William A., 25805G. W. 1895.

Bridge, Samuel, 11927G. W. 1827. Inv. 1828. Ords. (2) 1827. Will found sec. 5, closet 2.

Brien, Catharina, 21931G. W. 1886.

Brien, Dennis, 16619G. W. 1868.

Briggs, Eliza, 16428G. W. 1867.

Briggs, John H., 20843G. W. 1883. Inv. 1883.

Brigham, DonFerdinand, 22641G. W. 1888

Bright, James, 15595G. W. 1862. Inv. 1862.

Brill, Christopher, 27793G. W. 1899.

Brill, Francis C., 25807G. W. 1895.

Brill, John, 17010G. W. 1870. Inv. 1870.

Brill, Lydia, 20505G. W. 1882. Inv. 1882.

Brinckmann, Elizabeth, 27794G. W. 1899. Inv. 1900.

Brindley, Richard, 24854G. W. 1893.

Brinkman, Henry, 23913G. W. 1891.

Brinsmade, Horatio N., 19547G. W. 1879.

Brintzinghoffer, Harriet N., 27298G. W. 1898.

Brisbin, John, 19868G. W. 1880. Inv. 1880.

Brison, David, 27795G. W. 1899. Inv. 1901. Rens. (2) 1899.

Brison, Elizabeth H., 25318G. W. 1894.

Brison, James, 15186G. W. 1859. Inv. 1859.

Brison, John, 13187G. W. 1842. Inv. 1842.

Brison, John, 17011G. Inv. 1870.

Brister, Henry, 18108G. W. 1874.

Britchford, Harriet, 23472G. W. 1890.

Britt, Henry, 14476G. W. 1854. Inv. 1854.

Brittain, Charles, 15323G. Inv. 1860.

Brittain, James, 12662G. Inv. 1836.

Brittain, John J., 15324G. W. 1860.

Brittan, Stephen P., 14477G. W. & Cods. (2) 1854. Inv. 1854.

Britten, John S., 24386G. W. 1892.

Britten, Nicholas, 3531–3536G. B. H, p. 629. W. 1766. Inv. 1773.

Brittin, Elihu, 13795G. W. 1849. Inv. 1849.

Brittin, John, Sr., 14316G. W. 1853. Inv. 1853.

Brittin, John A, 15596G. Inv. 1862.

Britton, Elizabeth, 26287G. W. 1896.

Britton, James L., 23473G. W. 1890.

Britton, William, 5579–5580G. B. 24, p. 333. Int. 1783.

Brixius, Frederick, 19869G. W. 1880.

Broadbent, Cyrus, 24387G. Inv. 1892.

Broadbury, Richard, 3111–3116G. B. H, p. 172. Int. 1762. Inv. 1762. Acct. 1762.

Brown, Garrett, 17498G. W. 1872. Inv. 1872.
Brown, George, 3363–3368G. Grd. 1764. Pt. 1764.
Brown, George, 12289G. W. 1832. Inv. 1832.
Brown, George B., 21934G. W. 1886.
Brown, George P., 16621G. Inv. 1868.
Brown, George W., 16793G. Inv. 1869.
Brown, Giles, 16272G. W. 1866. Inv. 1866.
Brown, Griselda C., 25321G. W. 1894.
Brown, Hendrick, 3933–3934G. B. K, p. 412. Int. 1771.
Brown, Hendrick, Sr., 2327–2330G. B. F, p. 453. W. 1757.
Brown, Henrietta, 19015G. W. 1877. Inv. 1878.
Brown, Henry, 5967–5970G. B. 26, p. 507. Grd. 1784. Pt. 1784.
Brown, Henry, 10717G. W. 1812.
Brown Henry, 10888G. W. 1815. Inv. 1815.
Brown, Henry A., 13027G. W. 1840.
Brown, Henry A., 24861G. W. 1893.
Brown, Henry E., 20510G. Inv. 1882.
Brown, Hermanus, 8160–8163G. B. 33, p. 498. Int. 1795. Inv. 1795.
Brown, Hetty A., 26813G. W. 1897.
Brown, Ira M., 19295G. W. 1878. Inv. 1878.
Brown, Isaac, 15720G. W. 1863. Inv. 1863.
Brown, Isaac, 18714G. W. 1876. Inv. 1876.
Brown, Isaac, William, 10191G. B. 40, p. 244. Wds. 1803. Tr. 1803.
Brown, Israel, 13925G. W. 1850.
Brown, Israel, Sr., 13102G. Inv. 1841.
Brown, Jabez B., 20152G. Inv. 1881.
Brown, Jacob, 12290G. W. 1832. Inv. 1832.
Brown, Jacob, 27299G. W. 1898.
Brown, James, 6504–6507G. B. 29, p. 419. Wd. 1787. Pt. 1787.
Brown, James, 10656G. W. 1811. Inv. 1812.
Brown, James, 11928G. Inv. 1828.
Brown, James, 19548G. W. 1879. Inv. 1879.
Brown, James, 22275G. Inv. 1887.
Brown, James. Sr., 16273G. W. 1866. Inv. 1866.
Brown, James E., 20511G. W. 1882.
Brown, James M., 24390G. W. 1892. Inv. 1892.
Brown, James W., 26814G. W. 1897.
Brown, Job, 12576G. W. 1835. Inv. 1836.
Brown, Job, Sr., 3695–3606G. B. J, p. 354. W. 1768.
Brown, Job, Sr., 11713G. W. 1826. Inv. 1826.
Brown, Joel, 3451–3454G. Grd. 1765. Pt. 1765.
Brown, Joel, 6508–6511G. B. 29, p. 417. Int. 1787.
Brown, John, 11035G. Inv. 1817.
Brown, John, 18111G. Inv. 1874.
Brown, John. Jr., 2987–2988G, 3455–3458G. B. H, p. 70. W. 1761. Inv. (2) 1765.
Brown, John, Jr., 12037G. W. 1829. Inv. 1829.
Brown, John, Sr., 6051G. B. 27, p. 358. W. 1785.
Brown, John, Sr., 22276G. W. 1887.
Brown, John H., 10718G. W. 1812. Inv. 1812.
Brown, John L., 10517G. Inv. 1808.
Brown, John L., 10657G. W. 1811. Inv. 1811.
Brown, John S., 15688G. Inv. 1858.
Brown, John S., 24862G. W. 1803.
Brown, John S., 27300G. W. 1808.
Brown, John W., 11164G. W. 1819. Inv. 1819.
Brown, John W., 28204G. W. 1900.
Brown, Jonathan, 12038G. Inv. 1829.
Brown, Joseph, 12483G. Inv. 1834.

Brown, Joseph D., 14663G. W. 1855. Inv. 1855.
Brown, Jotham, 21935G. W. 1886. Inv. 1886.
Brown, Julia E., 26815G. W. 1897.
Brown, Lillie T., 19870G. W. 1880. Inv. 1880.
Brown, Margaret, 19872G. Inv. 1880.
Brown, Maria, 11307G. W. 1821.
Brown, Marthy, 12577G. Inv. 1835.
Brown, Martin W., 18399G. Inv. 1875.
Brown, Mary, 21223G. W. 1884.
Brown, Mary, Nathaniel, 10192G. B. 40, pp. 243, 244. Wds. 1803.
Brown, Mary C., 24863G. W. 1893.
Brown, Mary J., 21224G. Inv. 1884.
Brown, Mary J., 24391G. W. 1892.
Brown, Mary K., 23058G. W. 1889.
Brown, Mary W., 24392G. W. 1892.
Brown, Matthias, 14029G. W. 1851. Inv. 1851.
Brown, Nancy, 10108G. B. 40, p. 12. Int. 1802. Inv. 1802.
Brown, Nathaniel, 7162–7165G. B. 32, p. 508. Int. 1791. Inv. 1791.
Brown, Nathaniel, 15880G. W. 1864. Inv. 1864.
Brown, Ogden, 24393G. W. 1892.
Brown, Olivia, 24864G. W. 1893.
Brown, Phebe, 14030G. W. 1851.
Brown, Phebe, 14179G. W. 1852. Inv. 1852.
Brown, Phebe, 15188G. W. 1859. Inv. 1860.
Brown, Phinehas, 3451–3454G. Wd. 1765. Pt. 1765.
Brown, Phineas, 10033G. B. 39, p. 370. Int. 1801. Inv. 1802. Ren. 1801.
Brown, Reynier, 4099–4102G. B. K, p. 381. Grd. 1772. Pt. 1772.
Brown, Reynier, 8562–8569G. B. 35, p. 502. W. 1796. Inv. 1797.
Brown, Richard, 14031G. W. 1851.
Brown, Samuel, 15089G. Inv. 1858.
Brown, Samuel, 17258G. W. 1871. Inv. 1871.
Brown, Samuel B., 15721G. Inv. 1863.
Brown, Samuel B., Sr., 15189G. W. 1859. Inv. 1859.
Brown, Samuel P., 21936G. W. 1886. Inv. 1886.
Brown, Samuel U., 12484G. Inv. 1834.
Brown, Sarah, 2583–2586G. B. G, p. 94. Wd. 1759. Pt.
Brown, Sarah, 12849G. W. 1838. Inv. 1838.
Brown, Sarah A., 23059G. W. 1889. Inv. 1889.
Brown, Sarah A., 27798G. W. 1899. Inv. 1899.
Brown, Simeon, 19549G. Inv. 1879.
Brown, S. Lemira, 23470G. Inv. 1890.
Brown, Stephen, 11036G. W. 1817.
Brown, Stephen, Jr., 2405–2410G. B. G, p. 18. Int. 1758. Inv. 1761.
Brown, Stephen, Sr., 3625–3626G. B. I, p. 145. W. 1767.
Brown, Stephen G., 13507G. W. 1846.
Brown, Sylvester, 20846G. Inv. 1883.
Brown, Thomas, 249–252G. B. A, p. 271. W. 1723. Inv. 1723.
Brown, Thomas, 881–882G. B. C, p. 160. Wd. 1737.
Brown, Thomas, 16794G. W. 1869.
Brown, Thomas, 17250G. Inv. 1871.
Brown, Thomas, 17400G. W. 1872. Inv. 1872.
Brown, Thomas, Sr., 5365–5366G. B. 23, p. 432. W. 1782.
Brown, William, 10190G. B. 40, p. 400. Int. 1803. Inv. 1803.
Brown, William, 12850G. W. 1838. Inv. 1839.
Brown, William, 17500G. Inv. 1872.

Brown, William, 18112G. W. & Cods. (3) 1874.

Brown, William, 25811G. W. 1895.

Brown, William, 26290G. W. 1896.

Brown, William H., 24865G. Inv. 1893.

Brown, William M., 15881G. W. 1864. Inv. 1864.

Brown, William P., 12130G. Inv. 1830.

Brown, William S., 12851G. Inv. 1838.

Browne, Charles W., 16795G. W. 1869. Inv. 1869.

Browne, Daniel, 587–590G. B. B, p. 375. W. 1732. Inv. 1732. (?)

Browne, Daniel, 1367–1370G. B. E, p. 76. W. 1746. Inv. 1746.

Browne, James, 145–147G. B. A, p. 187. W. 1720. Inv. 1720.

Browne, John, Sr., 3825–3826G. B. K, p. 81. W. 1769.

Browne, Joseph, 783–784G. B. B, p. 505. W. 1734.

Browne, Joseph, 6660–6665G. B. 38, p. 96. Int. 1788. Inv. 1795.

Browne, Margaret A., 26816G. W. 1897. Inv. 1897. Rens. (2) 1897.

Brownell, Franklin C., 17501G. W. 1872. Inv. 1872.

Browning, Ross C., 27799G. W. & Cods. (2) 1899.

Brownlie, Jessie, 23480G. W. 1890.

Brownridge, Joseph, 9072–9077G. B. 37, p. 316. Int. 1798. Inv. 1799.

Broxmaier, John, 18113G. W. 1874. Inv. 1874.

Bruck, Nicholas, 23481G. W. 1890.

Brucker, John, 25322G. Inv. 1894.

Bruckner, Agnes, 19297G. W. 1878.

Bruckner, Andrew, 15599G. W. 1862.

Bruckner, Andrew J., 20512G. W. 1882.

Bruckner, John, 19873G. W. 1880.

Bruckner, Joseph, 19298G. W. 1878.

Bruckner, Mary C., 20513G. W. 1882. Inv. 1882.

Bruckner, Ursula M., 20514G. W. 1882. Inv. 1882.

Bruder, Alfred, 26292G. W. 1896.

Bruder, Dorothea, 27301G. W. 1898.

Bruen, Abby, 14318G. W. 1853.

Bruen, Betsey, 13103G. W. 1841.

Bruen, Caleb, 11096G. W. & Cod. 1818. Inv. 1819.

Bruen, Daniel, 7870–7871G. B. 33, p. 392. Int. 1794.

Bruen, Edwin, 20515G. W. 1882. Inv. 1882.

Bruen, Eleazar, 11308G. W. 1821. Inv. 1822.

Bruen, Eleazar, Sr., 6312–6313G. B. 28, p. 383. W. 1786.

Bruen, Elizabeth, 10268G. W. 1804. Inv. 1804.

Bruen, George H., 21225G. W. 1884. Inv. 1884.

Bruen, Jabez, 13028G. W. 1840. Inv. 1840. Map.

Bruen, James, 10455G. W. 1807.

Bruen, James, 15452G. W. 1861.

Bruen, James, Sr., 15451G. W. & Cod. 1861. Inv. 1861.

Bruen, James A., 26818G. W. 1897. Inv. 1897.

Bruen, James D., 22642G. W. 1888.

Bruen, James J., 19874G. W. 1880. Inv. 1881.

Bruen, James M., 20153G. W. 1881. Inv. 1881.

Bruen, John, 7872–7875G. B. 33, p. 369. W. 1794.

Bruen, John, Jr., 2587–2590G. B. G, p. 24. Int. 1759. Ren. 1759.

Bruen, John F., 11714G. Inv. 1826.

Bruen, Josiah, 12291G. W. 1832.

Bruen, Lette D., 17013G. W. 1870. Inv. 1874.

Bruen, Nathaniel, 12039G. W. 1829.

Bruen, Obadiah, Sr., 4351–4353G. B. L, p. 362. W. 1775.

Bruen, Patrick, 13926G. W. 1850.

Bruen, Phebe, 12485G. Inv. 1834.

Bruen, Thaddeus, 11715G. Inv. 1826.

Bruen, Thomas, 11165G. W. & Cod. 1819. Inv. 1819.

Bruen, Timothy, 9078–9081G. B. 37, p. 311. W. & Cod. 1798.

Bruen, William D., 14664G. W. & Cod. 1855. Inv. 1858.

Brugiere, William, 20154G. W. & Cod. 1881.

Brugmann, J. D. Adolph, 23482G. Inv. 1890.

Bruickmann, Gerhardt R., 22277G. Inv. 1887.

Bruin, Ruth, 89–92G. B. A, p. 84. W. 1717. Inv. 1718.

Brumley, John D., Sr., 26819G. W. & Cod. 1897. Inv. 1897.

Brumley, Sophia, 24394G. W. 1892.

Brummer, Christian D., 17261G. W. 1871.

Brundage, Abner, 19016G. W. 1877. Inv. 1877.

Brundage, Dora A., 26820G. W. 1897.

Brundage, Edwin L., 27800G. W. 1899.

Brundage, Israel, 12663G. W. 1836. Inv. 1836, 1841.

Brundage, James, 12209G. Inv. 1831.

Brunisholz, Jacob, 27302G. W. 1898.

Brunn, George, 19299G. W. 1878.

Brunner, Louis, 20155G. W. 1881.

Brunner, Peter, 22278G. W. 1887.

Brunson, Abbie E., 18715G. W. 1876. Inv. 1876. Ren. 1876.

Brusell, Louis, 23917G. W. 1891.

Brush, Nehemiah, Sr., 11460G. W. 1823.

Bruster, Bartholome, 22279G. W. 1887.

Bruyere, Sarah J., 27303G. W. 1898.

Bryan, Edward D., 22643G. W. 1888.

Bryan, Sarah B., 27801G. W. 1899. Inv 1899. Ren. 1899.

Bryan, William, Sr., 12852G. W. 1838.

Bryant, Cornelius, 161–162G. B. A, p. 196. W. 1720.

Bryant, Daniel, 22280G. W. 1887. Inv. 1887.

Bryant, Ebenezer, 2989–2996G. B. G, p. 450. W. 1761. Inv. 1761.

Bryant, Jacob, 9384–9389G. B. 38, p. 265. Int. 1799. Inv. 1800.

Bryant, Joshua, 4241–4250G. B. K, p. 490. W. 1774. Int. 1774.

Bryant, Margaret, 485–486G. B. B, p. 148. W. 1729.

Bryant, Peter, 10518G. W. 1808. Inv. 1808.

Bryant, Simeon, Sr., 5731–5732G. B. 26, p. 414. W. 1784.

Bryant, William, 8570–8571G. B. 35, p. 362. Int. 1795.

Bryson, Robert, 20516G. W. 1882.

Buchanan, Alexander, 20156G. Inv. 1881.

Buchanan, Andrew, Sr., 15453G. Inv. 1861.

Buchanan, Emma R., 21588G. W. & Cod. 1885. Inv. 1885.

Buchanan, George R., 20157G. W. 1881.

Buchanan, Mary, 13689G. Inv. 1848.

Buchannan, William, 13410G. Inv. 1845.

Bucher, Esek A., 28295G. W 1900.

Buchold, Anton, 27304G. W. 1898.

Buchsbaum, William, 27305G. W. & Cod. 1898.

Buck, Cornelia M., 25323G. W. 1894.

Buck, David, 12949G. Inv. 1839.

Buck, Fredericka, 22281G. W. 1887.

Buck, Samuel L., 24395G. W. 1892.

Buckbee, Cornelius P., 11716G. W. 1826.

Buckbee, Jane, Benjamin S., 12853G. Inv. 1838. Wds.

Buckel, Joseph, 19550G. W. & Cod. 1879.

Buckerfield, Charlotte L., 25812G. W. 1895. Inv. 1896.

Buckley, Joanna, 21937G. Inv. 1886.

Buckley, Thomas J., 21226G. Inv. 1884.

Bucklish, William, 27803G. W. 1899.

Budd, Alfred H., 20847G. W. 1883.

Budd, Hannah, 15090G. Inv. 1858.

Budd, Harriet G., 27802G. Inv. 1899.

Budd, Ira, 17502G. Inv. 1872.

Budd, Joseph T., 20517G. Inv. 1882.

Buechs, Martin, 26293G. W. 1896.

Buehler, Frederick, 17503G. W. 1872. Inv. 1872.

Buehler, Friederike, 27804G. W. 1899.

Buehler, George M., 23918G. W. 1891.

Buehler, Michael, 26294G. W. 1896.

Buehler, William, 23060G. W. 1889.

Buehrer, John G., 17504G. W. 1872.

Buetel, John, 21227G. W. 1884.

Buhler, Gaspard, 18716G. W. 1876.

Buhler, John, 28296G. W. 1900.

Buhr, Frederick, 21228G. W. 1884.

Buhrle, Christiana, 18114G. W. 1874.

Bull, Anna C., 28297G. Inv. 1900.

Bull, Elizabeth C., 26821G. W. 1897.

Bull, Emma A., 23061G. W. 1889.

Bull, James F., 24396G. W. 1892.

Bull, Mary H., 19875G. W. 1880. Inv. 1880.

Bull, Nathaniel, 11461G. Inv. 1823.

Bull, Rebecca H., 28298G. W. & Cod. 1900.

Bull, Theodore L., 18115G. Inv. 1874.

Bullion, William, 23919G. W. & Cods. (2) 1891. Inv. 1891.

Bullivant, Josiah, 24397G. W. 1892. Inv. 1892.

Bullivant, Thomas, 23062G. W. 1889.

Bulthaupt, Anna M., 21229G. W. 1884.

Bulthaupt, John M., 15884G. W. 1864.

Bunce, Hezekiah, 19296G. W. 1878.

Bunce, Rachel D., 26295G. W. & Cod. 1896.

Bunell, Sally, 13411G. W. 1845. Inv. 1845.

Bunnel, Benjamin B., 19876G. W. 1880. Inv. 1880.

Bunnel, Elam W., 24398G. W. 1892. Ren 1892.

Bunnel, Gershom, 6314-6315G. B. 28, p. 366. W. 1786.

Bunnell, Barney, 16622G. W. 1868. Inv. 1868.

Bunnelly, Lucy, 22644G. Inv. 1888.

Bunner, Henry C., 26931G. Inv. 1897.

Bunning, Phebe C., 15722G. Inv. 1863.

Buntele, Henry, 23483G. W. 1890.

Bunyan, John, 18116G. W. 1874. Inv. 1874.

Buob, Catharina, 25324G. W. 1894.

Burbank, Chancey G., 13690G. Inv. 1848.

Burbridge, Mary E., 19017G. Inv. 1877.

Burch, John, 20518G. Inv. 1882.

Burch, Thomas, 17505G. W. 1872. Inv. 1872.

Burck, Tobias, 27805G. W. 1899.

Burdett, Emma, 19300G. W. 1878.

Burdett, Job, 19301G. Inv. 1878.

Burdge, William, 12950G. Inv. 1839.

Burdick, Adaline M., 18117G. W. 1874.

Burdick, Frances, 18400G. Inv. 1875.

Burdick, Matilda D., 26380G. W. 1896.

Burdick, Samuel C., 22645G. W. 1888.

Burgdorff, Dorothea C., 20848G. Inv. 1883.

Burgdorff, Wilhelm, 17506G. W. 1872.

Burge, William, 11552G. W. 1824. Inv. 1824.

Burger, Adam, 18717G Inv. 1876.

Burgess, Elizabeth, 22646G. W. 1888. Inv. 1888.

Burgess, Henry H., 16274G. W. & Cod. 1866. Inv. 1866.

Burgess, John, 19018G. W. 1877. Inv. 1877.

Burgesser, Daniel, 19551G. W. 1879. Inv. 1879.

Burgesser, Frederick, 25813G. Inv. 1895.

Burgesser, Henry, 23921G. W. 1891.

Burgy, Christina, 25814G. W. 1895.

Burk, Catharina, 25325G. W. 1894.

Burk, James R., 12486G. W. 1834. Inv. 1834.

Burk, John, 18718G. Inv. 1876.

Burkart, Viktoria, 26296G. W. 1896.

Burke, Catherine, 21938G. W. & Cod. 1886.

Burke, Edward, 22282G. Inv. 1887.

Burke, Edward, Sr., 19552G. W. 1879. Inv. (2) 1883.

Burke, Elizabeth, 24399G. W. 1892.

Burke, Ellen, 26822G. W. 1897.

Burke, John, Sr., 24400G. W. & Cods. (2) 1892. Inv. 1892.

Burke, Thomas, 10109G. B. 40, p. 172. Int. 1802.

Burke, Thomas, 17807G. Inv. 1873.

Burke, William F., 24401G. W. 1892.

Burker, Jacob, 26823G. Inv. 1897.

Burkhardt, August, 19019G. W. 1877.

Burkhardt, Johann L., 19877G. W. 1880. Inv. 1880.

Burkhardt, Johann M., 27306G. W. 1898.

Burling, Lydia, 12951G. W. 1839. Inv. 1839.

Burling, Susan E., 24866G. W. 1893.

Burlock, Mary, 11626G. Inv. 1825, 1827.

Burlock, Thomas, Sr., 11821G. W. 1827. Inv. 1827.

Burnes, Michael, 18401G. W. 1875.

Burnet, Aaron L., 12487G. W. 1834. Inv. 1835.

Burnet, Alletta M., 19553 G. W. 1879. Inv. 1879.

Burnet, Andrew J., 13927G. Inv. 1850.

Burnet, Annie, 26297G. W. 1896.

Burnet, Caroline, 16623G. W. 1868. Inv. 1868.

Burnet, Charles D., 14032G. Inv. 1851.

Burnet, Charlotte A., 19554G. W. 1879. Inv. 1879.

Burnet, Daniel, 425-426G, 431-434G. B. B, p. 125. Int. 1729. Inv. 1729.

Burnet, Daniel, 14665G. Inv. 1855.

Burnet, Daniel, 17808G. W. 1873.

Burnet, David, 10034G. B. 39, p. 371. Int. 1801. Inv. 1802.

Burnet, Edward G., 21230G. W. 1884.

Burnet, Elizabeth, 13796G. Inv. 1849.

Burnet, Foster, 11462G. Inv. 1823.

Burnet, George, 10770G. Inv. 1813.

Burnet, George W., 10110G. B. 40, p. 82. Int. 1802.

Burnet, Harry W., 25815G. W. 1895.

Burnet, Ichabod, 5581-5582G. B. M, p. 164. Int. 1783.

Burnet, Ichabod, 7634-7639G. B. 33, p. 216. Int. 1793. Inv. (2) 1794.

Burnet, Jacob H., 17809G. W. 1873. Inv. 1873.

Burnet, John, 10658G. W. & Cod. 1811.

Burnet, John, 10771G. W. 1813. Inv. 1813.

Burnet, John, 23922G. W. 1891. Inv. 1892.

Burnet, John C., 13188G. W. 1842. Inv. 1843.

Burnet, John O., 11244G. Inv. 1820.

Burnet, John R., 18118G. W. 1874. Inv. 1874.
Burnet, John W., 14033G. Inv. 1851.
Burnet, Joseph, 11097G. W. 1818. Inv. 1818.
Burnet, Lewis W., 20158G. W. 1881. Inv. 1881.
Burnet, Martha, 11464G. W. & Cod. 1823.
Burnet, Mary, 24402G. W. 1892.
Burnet, Matthais, Sr., 12292G. W. 1832. Inv. 1832.
Burnet, Matthias, 10393G. Inv. 1806.
Burnet, Mordecai, 57G. B. A, p. 49. Int. 1716. Inv. 1716.
Burnet, Nancy, 19020G. W. & Cod. 1877. Inv. 1877. Ren. 1877.
Burnet, Phebe, 13691G. W. 1848.
Burnet, Ruth, 11717G. Inv. 1826.
Burnet, Samuel, 11166G. Inv. 1819.
Burnet, Samuel, 16080G. W. 1865. Inv. 1867.
Burnet, Smith, 12132G. W. 1830. Inv. 1830.
Burnet, Stephen S., 15454G. Inv. 1861.
Burnet, Stephen S., 16430G. W. 1867. Inv. 1867.
Burnet, Susan, 22647G. W. 1888. Inv.. 1888.
Burnet, William, 9690-9699G. B. 39, p. 11. W. 1800. Int. 1800. Inv. 1800.
Burnet, William, 10456G. Inv. 1807.
Burnet, William, 12578G. Inv. 1835. Wd.
Burnet, William, Jr., 8590-8591G. B. 37, p. 318. Grd. 1796.
Burnet, William, Sr., 7166-7171G. B. 32, p. 479. W. & Cod. 1791.
Burnett, Benjamin, 14180G. Inv. 1852.
Burnett, Daniel S., 13336G. W. 1844. Inv. 1844.
Burnett, James H., 21589G. W. & Cod. 1885. Inv. 1885.
Burnett, James W., 11463G. W. 1823.
Burnett, Jonathan, 13412G. W. 1845. Inv. 1845.
Burnett, Martha, 25326G. W. 1894.
Burnett, Willie W., 23923G. W. 1891.
Burnham, Hannah C., 19555G. W. 1879. Inv. 1879.
Burnham, Jane C., 19302G. Inv. 1878.
Burnley, John, 13596G. W. 1847. Inv. 1847.
Burns, Ann, 26298G. W. 1896. Inv. 1896.
Burns, Bridget, 15600G. W. 1862.
Burns, Catharine, 23920G. Inv. 1891.
Burns, Christopher, Sr., 26299G. W. 1896. Inv. 1897.
Burns, John, 17810G. W. 1873. Inv. 1873.
Burns, John, 23484G. Inv. 1890.
Burns, Margaret, 16431G. W. 1867.
Burns, Margaret, 26824G. Inv. 1897.
Burns, Matthew, 24403G. W. 1892. Inv. 1892.
Burns, Michael, 18402G. W. 1875.
Burns, Patrick, 19303G. W. 1878.
Burns, Patrick, 27307G. W. 1898. Ren. 1898.
Burns, Priscilla, 23924G. W. 1891.
Burns, Rosanna, 18719G. W. 1876. Inv. 1876.
Burns, Thomas, 19304G. W. 1878.
Burns, William F., 19878G. Inv. 1880.
Burnside, Arian, 18119G. W. 1874.
Burnside, Frances S., 20849G. W. 1883.
Burnside, Thomas, 12488G. Inv. 1834.
Burris, Charles B., 27308G. W. 1898.
Burrough, Catharine, 21939. W. 1886. Ren. 1886.
Burroughs, William H., 12664G. W. 1836. Inv. 1836.
Burrowes, John, Sr., 6316-6319G. B. 28, p. 370. W. 1786.
Burrowes, John, Sr., 11627G. W. 1825. Inv. 1825.

Burrows, John E., 20519G. W. 1882. Inv. 1882.
Burrows, Stephen, 5733-5736G. B. 26, p. 432. W. 1784.
Burrows, Waters, Sr., 10889G. W. 1815. Inv. 1815.
Burst, Juliana, 19879G. W. 1880.
Burt, Daniel F., 17014G. Inv. 1870.
Burt, Edwin C., 21231G. W. 1884. Inv. 1885.
Burt, Georgia W., 26300G. W. 1896. Inv. 1897.
Burt, Mary B. W., 27806G. W. 1899. Inv. 1899.
Burt, Nathaniel, 20159G. W. 1881. Inv. 1882.
Burtchadll, David, 20850G. W. 1883. Inv. 1883.
Burton, James P., 17262G. Inv. 1871.
Burton, John, 15882G. Inv. 1864.
Burwell, Richard, 2591-2592G, 3117G. B. G, p. 85. Int. 1759. Inv. 1762.
Bury, Reginald W. C., 28299G. W. 1900. Inv. 1900. Ren. 1900.
Busch, George, 28300G. W. 1900. Map.
Busee, Ann, 3935-3938G. B. K, p. 257. Wd. 1771. Pt. 1771.
Busee, Daniel, 3935-3938G. B. K, p. 257. Grd. 1771. Pt. 1771.
Bush, Absalom K., 28301G. Inv. 1900.
Bush, Ambrose, 22283G. W. 1887. Inv. 1887.
Bush, Frank, 23485G. Inv. 1890.
Bush, Hannah, 19021G. W. 1877. Inv. 1877.
Bush, Henry, 7172-7177G. B. 32, p. 482. W. 1791. Inv. 1791.
Bush, Henry H., 10333G. Inv. 1805.
Bush, Henry J., 13800G. W. 1849.
Bush, Henry P., 15883G. Inv. 1864.
Bush, Jacob, 20520G. Inv. 1882.
Bush, John H., 11387G. Inv. 1822.
Bush, Mary M., 24404G. W. 1892. Inv. 1892.
Bush, Nicholas, 21590G. W. 1885.
Busselle, Elma R., 26301G. W. 1896. Inv. 1896.
Busz, Christiana, 28302G. W. 1900.
Butcher, Thomas, 24406G. W. 1892.
Butler, Christina, 23925G. W. 1891.
Butler, Daniel, 11628G. Inv. 1825.
Butler, Francis C., 24105G. W. 1892.
Butler, Harriet, 23486G. W. 1890. Inv. 1890.
Butler, Jane, 1521-1524G. Int. 1748. Inv. 1748. Lt. 1749.
Butler, Jennie, 21940G. W. 1886.
Butler, John, 11553G. W. 1824. Inv. 1824.
Butler, John, 25327G. Inv. 1894.
Butler, John J., 15091G. Inv. 1858.
Butler, Judith, 11929G. W. 1828. Inv. 1828.
Butler, Martha, 8810-8811G. B. 36, p. 504. Int. 1797.
Butler, Mary, 18720G. W. 1876. Inv. 1876.
Butler, Mary H., 27309G. W. 1898.
Butler, Phebe, 12854G. Inv. 1838.
Butt, Arthur, 16275G. W. 1866. Inv. 1866.
Buttel, Simon, 21941G. Inv. 1886.
Butterworth, Henry, 11309G. Inv. 1821.
Butterworth, Jane, 13413G. W. 1845. Inv. 1845.
Buttolph, Horace A., 27310G. W. & Cod. 1898. Inv. 1898.
Button, George, 20851G. Inv. 1883.
Butts, Philip, 25328G. W. 1894.
Butz, Anton, 14478G. W. 1854.
Butz, John P., 23926G. W. 1891.
Butz, Margaretha, 19880G. W. 1880.
Byerly, Elwood, 16706G. Inv. 1869.
Byers, Mary A., 22648G. W. & Cods. (2) 1888. Inv. 1888.
Byram, Joseph, 12040G. W. 1829. Inv. 1829. Ren. 1829.

Byram, Sarah H., 24407G. W. 1892. Inv. 1892.
Byrn, John, 12210G. W. 1831.
Byrne, John, 17015G. W. 1870.
Byrne, Julia, 28303G. W. 1900.
Byrne, Martin, 25329G. W. 1894.
Byrne, Michael L., 16624G. Inv. 1868.
Byrnes, Elizabeth, 24408G. W. 1892.
Byrnes, James, 23063G. W. 1889.
Byrnes, James F., 28304G. W. 1900.
Byron, John, 20160G. Inv. 1881.
Byron, Patrick, 21232G. Inv. 1884.
Byrons, Thomas, 19304G. W. 1878.
Byson, George, 17507G. Inv. 1872.

Cadden, James, Sr., 24867G. W. 1893.
Caddock, Charles, 24409G. W. 1892.
Cadmus, Aaron, 11629G. Inv. 1825.
Cadmus, Abraham, 13692G. W. 1848.
Cadmus, Abraham H., 15885G. Inv. 1864.
Cadmus, Abraham T., 14181G. W. 1852. Inv. 1852. Ren. 1852.
Cadmus, Anthouy, 11167G. W. 1819. Inv. 1819.
Cadmus, Anthony, 21591G. Inv. 1885.
Cadmus, Edwin, 26302G. Inv. 1896.
Cadmus, Engeltie, 6052–6053G. B. 27, p. 296. W. 1785.
Cadmus, Henry, 10615G. Inv. 1810.
Cadmus, Henry, 18721G. Inv. 1876.
Cadmus, Henry K., 24868G. W. 1893.
Cadmus, John H., 27807G. W. 1899. Inv. 1900.
Cadmus, Margaret, 23927G. W. 1891. Inv. 1891.
Cadmus, Mary, 14479G. W. 1854. Inv. 1854.
Cadmus, Peter, 15886G. W. 1864. Inv. 1864.
Cadmus, Phebe, 8816–8817G. B. 36, p. 507. Int. 1797.
Cadmus, Thomas, 18120G. W. 1874. Inv. 1874.
Cadmus, Thomas, Sr., 11310G. W. 1821.
Cadmus, Thomas I., 14319G. W. 1853.
Cadmus, Thomas J., 28305G. W. 1900.
Cadmus, Thomas T., 11718G. Inv. 1826.
Cadmus, William, 11719G. Inv. 1826.
Cadmus, William, 28306G. W. 1900.
Caeroli, Orsola, 16625G. W. 1858.
Caffery, Patrick, 16797G. Inv. 1869.
Caffrey, Patrick, 17263G. W. 1871. Inv. 1871.
Caffrey, Rose, 27467G. Inv. 1898.
Caffrey, Thomas, 24869G. Inv. 1893.
Cahill, Bernard, Sr., 24870G. W. 1893. Inv. 1893.
Cahill, Caroline, 20852G. W. 1883. Inv. 1883.
Cahill, Hannah, 14480G. W. 1854.
Cahill, Hannah, 20853G. W. 1883.
Cahill, Hugh, 15190G. W. 1859. Ren. 1859.
Cahill, James, 12952G. Inv. 1839.
Cahill, Patrick, 14320G. W. 1853. Inv. 1854.
Cahill, Patrick, 23487G. W. 1890. Inv. 1890.
Cahoone, Mary A. C., 17264G. W. 1871.
Cahow, Thomas B., 10616G. Inv. 1810.
Cain, John, 22650G. W. 1888.
Cain, Joseph, 25330G. W. 1894.
Cain, Matthew, 16276G. W. 1866. Inv. 1866.
Cain, Sarah, 24871G. W. 1893.
Cairns, Benjamin F., 23928G. W. 1891.
Cairns, David, 20161G. W. 1881. Inv. 1882.
Cairns, Lorane E., 26303G. W. 1896.
Cairns, Samuel, 18121G. W. & Cod. 1874. Inv. 1874.
Cairns, William, 22649G. W. 1888.
Caldwell, Ann, 19305G. W. 1878.
Caldwell, James, 5737–5744G. B. 26, p. 489. W. 1784. Inv. 1781.

Caldwell, John, 13801G. Inv. 1849.
Caldwell, John, 25816G. W. & Cod. 1895.
Caldwell, Julia A., 26825G. W. 1897.
Caldwell, Mary A., 26826G. W. 1897.
Calef, Margaret S., 27311G. W. 1898.
Calhoun, James, 20854G. W. 1883.
Callaghan, Bernard, 24410G. W. 1892.
Callaghan, Ellen, 27808G. W. 1899.
Callaghan, Joseph, 24411G. W. 1892.
Callahan, Bridget, 18403G. W. 1875.
Callahan, Ellen, 27312G. W. 1898.
Callahan, Thomas, 18404G. W. 1875.
Callan, Francis, Sr., 27809G. W. 1899.
Callen, Henry H., 15887G. W. 1864.
Callen, Josiah, 16432G. W. 1867.
Callen, Susan, 17265G. Inv. 1871.
Callen, Thomas, 17266G. Inv. 1871.
Callery, James, 13693G. Inv. 1848.
Callery, James M., 21942G. W. & Cod. 1886. Cv. 1886.
Callery, Laughlin, 17508G. W. 1872. Inv. 1872.
Callery, Susan, 20162G. Inv. 1881.
Callery, Peter, 26827G. W. 1897.
Callin, Anna M., 20855G. W. 1883.
Callin, James, 21233G. Inv. 1884.
Cameron, Charles A., 27313G. W. 1898.
Cameron, Margaret B., 13337G. W. 1844.
Camfield, Abiel, Sr., 10334G. W. 1805.
Camfield, Benjamin, 925–926G. B. C, p. 216. W. 1738.
Camfield, Catharine, 24874G. W. 1893. Inv. 1893.
Camfield, David J., 18725G. Inv. 1876.
Camfield, Ephraim, 2593–2594G. B. G, p. 83. Int. 1759.
Camfield, Jabez, 11388G. Inv. 1822.
Camfield, Joanna B., 14823G. W. 1856.
Camfield, Joseph S., 13928G. Inv. 1850.
Camfield, Rachel, 997–998G. B. C, p. 293. Wd. 1739.
Camm, John, 15888G. W. 1864. Inv. 1864.
Camp, Bruen H., 24872G. W. 1893. Inv 1893.
Camp, Caleb, 11037G. W. 1817. Inv. 1824.
Camp, Caleb H., 17509G. W. & Cod. 1872. Inv. 1872, 1882.
Camp, David, 8818–8821G. B. 36, p. 487. W. 1797.
Camp, David, 10193G. B. 40, p. 241. W. 1803.
Camp, David D., 10962G. W. 1816. Inv. 1818.
Camp, David W., 16277G. W. 1866. Inv. 1866.
Camp, Edward H., 22651G. W. 1888. Inv. 1888.
Camp, Elizabeth, 10826G. W. 1814. Inv. 1815.
Camp, Experience, 20521G. W. 1882. Inv. 1882.
Camp, Freeman A., 15889G. Inv. 1864.
Camp, Gideon D., 10963G. W. 1816. Inv. 1816.
Camp, Isaac, 4925–4926G. B. 22, p. 19. Int. 1779.
Camp, James, 7640–7645G. B. 33, p. 216. Int. 1793. Inv. 1794.
Camp, James D., 10827G. Inv. 1814.
Camp, James E., 14481G. W. 1852. Inv. 1854.
Camp, James R., 12294G. Inv. 1832.
Camp, Job, 8572–8575G. B 36, p. 494. W. 1796.
Camp, John J., 20163G. W. 1881.
Camp, Joseph, 5107–5108G. B. 22, p. 250. W. 1780.
Camp, Joseph, 10394G. Inv. 1806.

Canfield, Sarah, 8170–8173G. B. 36, p. 1. W. 1795.

Canfield, Stephen, E., 14325G. Inv. 1853.

Canfield, Thomas, 1755–1758G. B. E, p. 500. Grd. 1750.

Canfield, Thomas, 7182–7185G. B. 32, p. 507. Int. 1791. Inv. 1791.

Canfield, Thomas, 15456G. W. 1861. Inv. 1861. Cv. 1861.

Canfield, William H., 24875G. W. 1893.

Canniff, Elvira C., 23929G. W. 1891. Inv. 1891.

Canning, James C., 14482G. Inv. 1854.

Cannon, Ellen A., 26831G. W. 1897.

Cannon, Fanny, 15457G. W. 1861. Inv. 1861.

Cannon, Frances, 24876G. W. 1893.

Cannon, Patrick, 16434G. W. 1867. Inv. 1867.

Cantor, Lea, 20522G. Inv. 1882.

Cantwell, Edward, 28309G. W. 1900.

Cantwell, Michael, 21235G. W. 1884.

Capen, Frederic W., 24416G. W. 1892.

Caragher, John, 16082G. Inv. 1865.

Caragher, Peter, 23932G. W. 1891. Inv. 1891.

Carberry, Catherine, 27811G. W. 1899.

Carey, Gilbert R., 10395G. Inv. 1806.

Carinton, John, 591–594G. B. B, p. 359. W. 1732. Int. 1732.

Carl, Abraham, 2807G. B. G, p. 228. Int. 1760. Inv. 1760.

Carl, Jonah, 595–599G. B. B, p. 350. Int. 1732. Inv. 1732. Ren. 1732.

Carl, Mary P., 22286G. W. 1887.

Carl, Samuel, 21592G. Inv. 1885.

Carlan, Michael, 15458G. Inv. 1861.

Carle, Chilion, 12953G. Inv. 1839.

Carle, John, 5355–5358G. B. 24, p. 27. Grd. 1780. Pt. 1780.

Carle, John R., 27316G. Inv. 1898.

Carlewitz, Johann A. M., 27317G. W. 1898. Inv. 1898.

Carley, Edward K., 19881G. W. 1880. Inv. 1880.

Carlin, Hugh, 23930G. W. 1891.

Carlin, James, Sr., 20857G. W. 1883. Inv. 1883.

Carlin, Michael, 21236G. W. 1884.

Carlin, Michael, Sr., 19557G. W. 1879.

Carlin, Philip, 17511G. W. 1872. Inv. 1872.

Carlin, William, Sr., 20523G. W. 1882. Inv. 1882.

Carlisle, Lewis L., 24877G. W. 1893. Inv. 1893.

Carlon, Michael, 16798G. W. 1869. Inv. 1870.

Carman, Abby A., 15891G. W. 1864. Inv. 1864.

Carman, Ichabod, 12295G. Inv. 1832.

Carman, Laura B., 27318G. W. 1898. Inv. 1898.

Carman, Mary, 13031G. Inv. 1840.

Carman, Mary L., 17811G. W. 1873. Inv. 1875.

Carman, Phebe, 16435G. W. 1867.

Carman, Sarah M., 21237G. W. & Cod. 1884. Inv. 1884.

Carmichael, James, Sr., 5745–5748G. B. 26, p. 445. W. 1784.

Carmichael, John, 19307G. W. 1878.

Carmichael, Stephen, 20524G. W. 1882. Inv. 1882.

Carmin, John, 6056–6057G. B. 27, p. 276. W. 1785.

Carolan, Bernard, 22655G. W. 1888. Inv. (2) 1889.

Carpenter, Benjamin A., 20168G. Inv. 1881.

Carpenter, Edward, 1983–1986G. B. F, p. 151. W. 1753. Inv. 1754.

Carpenter, Henry C., 19308G. W. 1878. Inv. 1878.

Carpenter, Hope, 11720G. W. 1826. Inv. 1826.

Carpenter, Jacob, 2809–2812G. B. G, p. 136. Int. 1760. Ren. 1760.

Carpenter, James, 4215–4218G. B. K, p. 451. Grd. 1773. Pt. 1773.

Carpenter, James, 19309G. W. 1878. Inv. 1878.

Carpenter, James, Sr., 9082–9087G. B. 37, p. 302. W. 1798. Inv. 1798.

Carpenter, John, 15892G. W. 1864. Inv. 1864.

Carpenter, Leonard W., 16799G. W. 1869.

Carpinter, Hope, 1063–1066G. B. C, p. 333. W. 1740. Inv. 1740.

Carr, Elizabeth, 14667G. W. 1855. Inv. 1855.

Carr, Hester, 14483G. W. 1854.

Carr, James, 22287G. W. 1887.

Carr, John, 17019G. W. 1870. Inv. 1870.

Carr, John W., 23488G. W. 1890.

Carr, Joseph W., 21238G. W. 1884.

Carr, Robert, 23931G. W. 1891.

Carr, Samuel R., 26832G. W. 1897.

Carragher, Ann, 19310G. W. 1878. Inv. 1878. Ren. 1878.

Carragher, Catharine, 19311G. W. 1878. Inv. 1878.

Carragher, Owen, 23489G. W. 1890.

Carrara, Antonio, 25817G. Inv. 1895.

Carree, John, 3537–3538G. B. I, p. 7. Int. 1765.

Carrick, Alexander, 12489G. W. 1834.

Carrington, Agnes M., 21944G. Inv. 1886.

Carrington, Edward M., 26833G. W. 1897.

Carrington, Frank S., 23490G. Inv. 1890.

Carrington, James M., 15602G. Inv. 1862.

Carrington, Zebulon E., 20169G. W. 1881.

Carrinton, John, 1375–1378G. B. B, p. 359. W. 1732. Inv. 1746. Acct. 1746.

Carris, Joel, 24878G. W. 1893. Inv. 1893.

Carrol, Peter, 16800G. Inv. 1869.

Carroll, Bridget, 21945G. Inv. 1886.

Carroll, Bridget, 23933G. W. 1891.

Carroll, Elizabeth, 17512G. W. 1872. Inv. 1872.

Carroll, Emma, 25335G. W. 1894.

Carroll, James, Sr., 24879G. W. 1893.

Carroll, Katharina, 27319G. W. 1898.

Carroll, Margaret, 27320G. W. 1898. Inv. 1898.

Carroll, Patrick, 21946G. W. 1886.

Carroll, Patrick, 26834G. W. 1897.

Carroll, Permelia, 28310G. W. 1900. Inv. 1900.

Carroll, Peter, 20170G. W. 1881.

Carse, Ann, 23934G. W. 1891.

Carson, Joseph, 23491G. W. 1890. Inv. 1891.

Carson, William, 20525G. W. 1882. Inv. 1882.

Carson, William R., 23935G. W. 1891. Inv. 1891.

Carter, Amos, 12398G. W. 1833. Inv. 1833.

Carter, Ann W., 13258G. W. 1843.

Carter, Anthony H., 22656G. Inv. 1888.

Carter, Benjamin, 2595–2600G. B. G, p. 80. W. 1759. Inv. 1759.

Carter, Caleb, 13600G. W. 1847.

Carter, Daniel, 2735–2736G. B. G, p. 92. Int. 1759.

Carter, David, Stephen, 4047–4050G. B. K, p. 413. Wds. 1772. Pt. 1772.

Carter, Elizabeth H., 20171G. W. & Cod. 1881. Inv. 1881.

Carter, Frederick A., 22657G. W. 1888.

Carter, George, 15459G. W. 1861. Int. 1861.

Carter, George L., 27812G. W. 1899.

Charpenter, Frederike W., 23068G. W. 1889.
Chase, Benjamin, 16628G. W. 1868.
Chase, Eliza A., 19884G. W. 1880. Inv. 1880.
Chase, John W., 26310G. W. 1896.
Cheddick, Aaron M., 14485G. W. 1854. Inv. 1854.
Chedister, John G., 18728G. Inv. 1876.
Chedister, Robert Y., 23937G. W. & Cod. 1891. 1891.
Cheeseman, Fannie, 27321G. W. 1898.
Chelius, William, 16436G. W. 1867.
Cheney, Frederick M., 24419G. W. 1892.
Chenoweth, Anna M., 28318G. W. 1900.
Chester, Ann, 26311G. W. 1896.
Chetwood, John, 1729–1730G. Wd. 1750.
Chetwood, John, 10457G. W. 1807.
Chetwood, John, 12296G. W. 1832.
Chetwood, Susan, 14669G. W. 1855.
Chetwood, William, 1869–1874G. B. E, p. 538. Int. 1751. Inv. 1759.
Chetwood, William, 6666–6667G. B. 31, p. 244. Int. 1788.
Chetwood, William, 10128G. B. 40, p. 244. Grd. 1802.
Chevalier, Nicholas W., 14670G. W. 1855. Inv. 1856.
Chevallier, Clement E., 15042G. W. 1858. Inv. 1857, 1858. Ren. 1857. Dep.
Chidester, Gertrude, 23069G. W. 1889. Inv. 1890.
Chilcoat, John R., 17021G. W. 1870.
Child, James, 21596G. W. 1885.
Child, Mary L., 19821G. W. 1880.
Chisholm, John, 21241G. W. 1884.
Chittenden. Henrietta G., 27322G. W. 1898. Inv. 1898.
Chittenden, Henry A., Sr., 25819G. W. 1895.
Chittenden, Sarah E., 21595G. W. 1885.
Chitterling, Hannah, 17022G. W. 1870. Inv. 1870.
Chitterling, Matthias, 11930G. W. 1828. Inv. 1830.
Chitterling, Michael, 14826G. W. 1856. Inv. 1856.
Christenson, Henry B., 25820G. W. 1895. Inv. 1896.
Christiansen, Charles, 15893G. W. 1864.
Christiansen, Peter H., 23070G. W. 1889. Inv. 1889.
Christie, Alexander, 13929G. W. 1850.
Christie, Ellen, 25821G. Inv. 1895.
Christie, James, 12043G. W. 1829.
Christie, James, 21947G. W. 1886.
Christie, Michael, 24882G. W. 1893.
Christie, Sarah, 18123G. W. & Cod. 1874.
Christie, Thomas, 14486G. W. 1854. Inv. 1854.
Christopher, Stephen W., 13032G. W. 1840. Inv. 1841.
Christopher, William J., 15326G. Inv. 1860.
Chubb, Fredderick Y., 20526G. W. 1882.
Church, Benjamin, 23938G. W. 1891.
Church, Benjamin, Sr., 13803G. W. 1849. Inv. 1849.
Church, Charles R., 21597G. Inv. 1885.
Church, Francis, 16281G. Inv. 1866.
Church, Samuel O., Sr., 28319G. W. 1900.
Clancy, John J., 26312G. W. 1896.
Clancy, Michael, 19822G. Inv. 1880.
Clancy, Patrick, 26840G. W. 1897.
Clapp, Benjamin W., 16802G. Inv. 1869.
Clapp, Charles A., 17020G. W. 1870. Inv. 1870.

Clapp, Oliver M., 26841G. W. 1897.
Clare, Thomas, 19315G. W. 1878.
Claridge, John, Jr., 10720G. Inv. 1812.
Claridge, John, Sr., 12216G. W. 1831. Inv. 1831.
Clark, Abby M., 21948G. W. 1886.
Clark, Abraham, 3461–3464G. B. H, p. 540. Int. 1765. Ren. 1765.
Clark, Abraham, 9744–9747G. B. 39, p. 13. Grd. 1800. Pt. 1800.
Clark, Abraham, 15192G. Inv. 1859.
Clark, Abraham, Jr., 2643–2646G, 3363–3368G. B. G, p. 90. Grd. 1759. Pt. 1759. Rel. 1764. Lt. 1764.
Clark, Abraham, Jr., 3019–3022G. B. H, p. 42. Grd. 1761. Pt. 1761.
Clark, Abraham, Jr., 3089–3091G. B. H, p. 62. Grd. 1761. Pt. 1761.
Clark, Abraham, Sr., 9723–9725G, 10336G. B. 38, p. 545. W. 1800. Inv. 1805.
Clark, Abram, 10891G. Inv. 1815.
Clark, Agnes, 10035G. B. 39, p. 321. Int. 1801. Inv. 1801.
Clark, Albert H., 22661G. Inv. 1888.
Clark, Alexander, 19025G. W. 1877.
Clark, Ann, 19559G. Inv. 1879.
Clark, Arthur B., 20172G. Inv. 1881.
Clark, Azariah, 11721G. Inv. 1826.
Clark, Catharine, 19823G. Inv. 1880.
Clark, Charles, 6058–6059G. B. 27, p. 373. Int. 1785.
Clark, Charles, 11312G. W. 1821. Inv. 1821.
Clark, Charles, 20527G. Inv. 1882.
Clark, Charles H., Sr., 24883G. W. 1893.
Clark, Daniel, 2275–2278G, 2415–2416G. B. G, p. 13. Int. 1758. Inv. 1759.
Clark, Daniel, 4931–4932G. B. 21, p. 48. W. 1779.
Clark, Daniel, Sr., 2267–2274G. B. F, p. 443. W. 1756. Inv. 1757.
Clark, Daniel S., Sr., 13259G. W. 1843. Inv. 1843.
Clark, Daniel T., 24884G. W. 1893. Inv. 1894.
Clark, David, 8174–8177G. B. 33, p. 502. Grd. 1795. Tr. 1795.
Clark, David, 10113G. B. 40, p. 210. W. 1802. Inv. 1802.
Clark, David, 10192G. B. 40, pp. 243, 244. Grd. 1803.
Clark, David, 10566G. Inv. 1809.
Clark, David, 11722G. W. 1826. Inv. 1826.
Clark, David, 11931G. Inv. 1828.
Clark, David D., 25822G. Inv. 1895.
Clark, Dennis C., 14035G. Inv. 1851.
Clark, Edward, 9294–9297G. B. 38, p. 115. Grd. 1798. Pt. 1798.
Clark, Edward, 10194G. B. 40, p. 333. Int. 1803. Inv. 1803. Ren. 1803
Clark, Edward P., 28320G. W. 1900.
Clark, Edwin, 19316G. W. 1878. Inv. 1878.
Clark, Elias, 10195G. B. 40, p. 330. W. 1803.
Clark, Elias, 11723G. W. 1826. Inv. 1826.
Clark, Eliza A., 20861G. W. 1883.
Clark, Elizabeth, 253–254G. B. A, p. 238. Int. 1722.
Clark, Elizabeth, 3627–3630G. B. I, p. 199. W. 1767.
Clark, Elizabeth A., 28321G. W. 1900.
Clark, Esther, 11099G. W. 1818. Inv. 1819.
Clark, Euphemia, 18124G. W. 1874. Inv. 1874.
Clark, Ezekiel, 3459–3460G. B. H, p. 541. Wd. 1765.
Clark, Ezekiel, 7434–7435G. B. 34, p. 57. W. 1792.

Clarke, John, Sr., 7888–7903G. B. 33, p. 382. W. 1794. Inv. 1794.
Clarke, Joshua, 27820G. W. 1899.
Clarke, Mathilda, 23496G. W. 1890.
Clarke, Richard, Sr., 1191–1196G. B. D, p. 97. W. 1743. Inv. 1743.
Clarke, Richard, Sr., 1141–1147G. B. D, p. 58. W. 1743. Inv. 1742. Ren. 1743.
Clarke, Robert M., 22662G. W. 1888.
Clarke, Samuel, Sr., 53–56G. B. A, p. 11. W. 1716. Inv. 1716.
Clarke, Sarah A., 25824G. W. 1895.
Clarke, Thomas, 6512–6516G. B. 29, p. 412. W. 1787.
Clarke, William L., 21244G. W. 1884.
Clarkson, Adalaide, 21242G. Inv. 1884.
Clarkson, Amelia, 20530G. Inv. 1882.
Clarkson, Lydia, 27323G. W. 1898.
Clarkson, Sarah, 21243G. Inv. 1884.
Clarkson, Thomas, 20531G. W. 1882. Inv. 1882.
Clasen, Lillie A. C., 25340G. W. 1894.
Clason, Isaac, 10893G. W. & Cod. 1815. Inv. (2) 1815.
Class, Franklin N., 26315G. W. 1896.
Clawson, Anthony, 11933G. Inv. 1828.
Clawson, Hannah, 12669G. Jnv. 1836.
Clawson, Henry T., 26843G. W. 1897. Inv. 1897.
Clawson, John, 435–438G, 601–602G. B. B, p. 115. Int. 1729. Inv. 1729. Acct. 1739.
Clawson, John, 1017–1018G. Wd. 1739.
Clawson, John, Sr., 5371–5380G. B. 23, p. 414. W. & Cod. 1782.
Clawson, Maria, 26844G. W. 1897.
Clawson, Zachariah, 5381–5382G. B. 24, p. 23. Int. 1782.
Clay, George, 16283G. Inv. 1866.
Clay, Ralph, 11102G. Inv. 1818.
Clay, Samuel, 12955G. W. 1839. Inv. 1839. Ren. 1839.
Clayter, Edgecomb, 2611–2612G. B. G, p. 83. Int. 1759.
Clayton, Anna M., 17515G. W. 1872. Inv. 1872.
Clayton, Charles W., 26316G. W. 1896.
Clearman, George M., 23941G. W. 1891.
Clearman, Isaac H., 12670G. W. 1836.
Clearman, Isaac H., 19026G. W. 1877
Cleary, John, 19027G. Inv. 1877.
Cleary, William, 19028G. W. 1877.
Cleaver, Huldah D., 26317G. W. 1896.
Clegg, Emeline W., 28325G. W. 1900. Inv. 1900.
Clemens, Robert, 22292G. W. 1887.
Clement, Edward C., 22293G. W. 1887.
Clement, Frederick B., 26845G. W. 1897.
Clements, Benjamin, 16804G. W. 1869. Inv. 1869.
Clements, Margaret, 28326G. W. 1900.
Clerk, Ephriam, 93–96G. B. A, p. 83. Int. 1717. Inv. 1717.
Clesby, Hannah, 511–512G, 517–518G. B. B, p. 183. Int. 1730. Inv. 1731.
Cleveland, Benjamin, 5247–5258G. B. 24, p. 23. Int. 1781. Inv. 1789.
Cleveland, Benjamin, Sr., 12856G. W. 1838. Inv. 1838.
Cleveland, Elizabeth R., 25825G. W. 1895.
Cleveland, Ezra, 24885G. W. 1893.
Cleveland, Ichabod, 28327G. W. 1900. Inv. 1900.
Cleveland, John G., 20174G. Inv. 1881.
Cleveland, Sarah M., 23497G. W. 1890.

Cleveland, Sarepta, 15727G. W. 1863. Inv. 1863.
Clifton, John, 23942G. W. 1891.
Clinchard, Caroline, 27324G. W. 1898.
Clintock, Juliaett, 19318G. W. 1878.
Clinton, William H., 26318G. W. 1896.
Clizbe, Samuel, 4251–4256G. B. L, p. 225. W. & Cod. 1774.
Close, Catharine, 20175G. Inv. 1881.
Close, David, 21949G. Inv. 1886.
Close, Thomas, 15894G. Inv. 1864.
Closson, Richard, 12134G. Inv. 1830.
Clouser, Emma J., 26846G. W. 1897.
Cloves, John, 20863G. W. 1883.
Clugny, Duverger, 7670–7673G. B. 33, p. 190. W. (2) 1793.
Co, Benjamin, Sr., 6802–6805G. B. 36, p. 8. W. 1789.
Coakley, Calyph, 15460G. W. 1861.
Coan, Grace E., 23071G. W. & Cod. 1889. Inv. 1889.
Coates, Henry, 21950G. W. 1886.
Coates, Jane A., 25826G. W. 1895.
Coates, Martha, 23072G. Inv. 1889.
Coats, Rachel M., 23498G. Inv. 1890.
Cobb, Abram S., 22663G. W. & Cod. 1888.
Cobb, Asa S., 21598G. W. 1885. Inv. 1885.
Cobb, Elias W., 17812G. W. 1873. Inv. 1873.
Cobb, George M., 18730G. Inv. 1876.
Cobb, Harriet E., 21245G. Inv. 1884.
Cobb, John A., 20532G. Inv. 1882.
Cobb, Mary E., 23943G. W. 1891.
Cobb, Stephen B., 23073G. W. 1889.
Coburn, Benjamin T., 15461G. Inv. 1861.
Cochran, James H., 14332G. W. 1853. Inv. 1853.
Cochran, Phebe, 10887G. W. 1815.
Cochran, Stephen, 19824G. Inv. 1880.
Cochran, Thomas, 13930G. W. 1850. Inv. 1850.
Cochran, William, 26847G. Inv. 1897.
Cochrane, Thomas J., 15728G. W. 1863.
Cockafair, Alexander, 6060–6061G. B. 27, p. 339. W. 1785.
Cockefair, Abigail, 9398–9399G. B. 38, p. 263. Int. 1799.
Cockefair, Alfred, 23499G. W. 1890.
Cockefair, Ephraim, 12217G. Inv. 1831.
Cockefair, John, 14672G. Inv. 1855.
Cockefair, Samuel A., 23500G. W. 1890.
Cockefair, Sarah C., 27325G. W. 1898.
Cockefair, Zebulon, 15193G. W. 1859. Inv. 1859.
Cockefir, Frederick D., 9400–9403G. B. 38, p. 261. Int. 1799. Inv. 1799.
Cocker, Joseph, 14980G. W. 1857.
Cocker, Samuel, 10520G. Inv. 1808.
Cockerfair, John, 10459G. W. 1807. Inv. 1808.
Cockrem, Phebe, 20864G. W. 1883.
Coddington, Abraham, Sr., 12671G. W. & Cods. (2) 1836.
Coddington, Almira H., 19826G. W. 1880.
Coddington, Asher, 10521G. Inv. 1808.
Coddington, Bernard, 20865G. W. 1883.
Coddington, Cazad, 20176G. Inv. 1881.
Coddington, John, Jr., 4355–4358G. B. M, p. 38. Wd. 1775. Pt. 1775.
Coddington, Sarah, 999–1006G. B. C, p. 194. Int. 1738. Inv. 1739. Agr. 1738.
Coddington, Sarah A., 17270G. W. 1871. Inv. 1871.
Code, Catherine, 24420G. W. 1892.
Codemus, Thomas, 1995–1998G. B. F, p. 231. W. 1753. Inv. 1754.

Collins, John, 12775G. Inv. 1837.
Collins, John, 17024G. Inv. 1870.
Collins, John, 19562G. Inv. 1879.
Collins, John, 20534G. W. 1882.
Collins, John, 21606G. Inv. 1885.
Collins, John C., 17815G. W. 1873.
Collins, Joseph, 15194G. W. & Cod. 1859. Inv. 1859.
Collins, Margaret A., 25830G. W. 1895.
Collins, Mary, 23503G. W. 1890.
Collins, Michael, 21252G. Inv. 1884.
Collins, Phebe, 17816G. W. 1873.
Collins, Richard, Sr., 20867G. W. 1883.
Collins, Sophia, 18129G. Inv. 1874.
Collins, William, 13931G. Inv. 1850.
Collins, William F., 26320G. W. 1896. Inv. 1896. Ren. 1896.
Collyer, Catharine, 21253G. Inv. 1884.
Collyer, Elizabeth A., 23077G. W. 1889.
Collyer, John, 28331G. W. & Cods. (2) 1900. Inv. 1900.
Collyer, Oscar F., 20180G. Inv. 1881.
Collyer, Rebecca H., 18130G. W. 1874.
Collyer, Samuel C., 17518G. W. 1872. Inv. 1872.
Collyer, Thomas, 18409G. W. 1875. Inv. 1875.
Collyer, Thomas T., 19827G. Inv. 1880.
Colman, Mary A., 27823G. W. 1899.
Colon, George, 15330G. W. 1860.
Colt, John H., 12957G. W. 1839.
Colt, Peter, 11357G. W. 1824. Inv. 1824.
Colton, Chester W., 28332G. Inv. 1900.
Colton, Demas, 18131G. W. 1874. Inv. 1874.
Colton, Harriet A., 23504G. W. 1890. Inv. 1890.
Colver, Elizabeth M., 26321G. Inv. 1896.
Colver, John, 25831G. W. 1895.
Colwell, Catharine C. G., 15464G. Inv. 1861.
Colwell, Israel D., 14674G. W. 1855. Inv. 1855.
Colyer, Ezra 23505G. W. 1890. Inv. 1890.
Colyer, Henry, 8590–8591G. B. 37, p. 318. Wd. 1796.
Colyer, Henry, 13932G. W. 1850. Inv. 1850.
Colyer, Henry, 21254G. Inv. 1884.
Colyer, Isaac M., 27336G. Inv. 1900.
Colyer, Joseph. Sr., 12298G. W. 1832. Inv. 1832.
Colyer, Joseph, Sr., 28333G. W. & Cod. 1900. Inv. 1900.
Colyer, Susanna, 11632G. W. 1825.
Combs, Isaac, 12777G. W. 1837.
Combs, Moses N., 7460–7463G. B. 34, p. 19. Grd. 1792. Pt. 1792.
Combs, Moses N., 10064G. B. 40, p. 83. Grd. 1801. Tr.
Combs, Sarah W., 17519G. W. 1872. Inv. 1872.
Comes, Margaret, 27824G. W. 1899.
Compton, Ann B., 20868G. Inv. 1883.
Compton, Dayton B., 26322G. Inv. 1896.
Compton, John, 15730G. Inv. 1863.
Compton, Julia A., 24424G. W. 1892.
Compton, Margaret, 14675G. W. 1855. Inv. 1855.
Compton, Moore, 14676G. W. 1855. Inv. 1855.
Compton, Naomi T., 25832G. W. 1895. Inv. 1895.
Compton, Phebe, 12219G. W. 1831.
Compton, Sara J., 19030G. W. 1877.
Conant, Jotham S., 19563G. W. 1879. Inv. 1879.
Conant, Sarah B., 25833G. W. 1895.
Conant, Sylvester T., 26853G. W. 1897.

Conaro, Isaac, 3949–3952G. B. K, p. 322. Int. 1771. Ren. 1771.
Concannon, Thomas, Jr., 23948G. W. 1891.
Concklin, Charles A., 26854G. Inv. 1897.
Conckling, Daniel, 7454–7459G. Inv. 1793.
Conckling, David, Sr., 7646–7648M. B. 33, p. 180. W. 1793.
Condict, Daniel, 5583–5586G. B. M, p. 153. W. 1783.
Condict, Elizabeth, 15465G. W. 1861. Inv. 1861.
Condict, John, 5587–5590G. B. M, p. 150. W. 1783.
Condict, Philip, Jr., 5749–5750G. B. 26, p. 504. Int. 1784.
Condict, Stephen H., 25834G. W. 1895. Inv. (2) 1897.
Condict, Timothy, 7196–7199G. B. 32, p. 489. W. 1791.
Condit, Abby A., 20535G. W. 1882. Int. 1882.
Condit, Abial M., 24888G. W. 1893.
Condit, Alvan M., 18132G. Inv. 1874.
Condit, Ambrose, 18733G. Inv. 1876.
Condit, Amos, 10116G. B. 40, p. 13. Int. 1802. Inv. 1802.
Condit, Amzi, 16083G. Inv. 1865.
Condit, Amzi, 19828G. Inv. 1880.
Condit, Caleb, 18410G. W. 1875. Inv. 1875.
Condit, Calvin, 16631G. W. & Cod. 1868.
Condit, Calvin, 25342G. Inv. 1894.
Condit, Catharine S., 26855G. W. 1897.
Condit, Charlotte, 17520G. Inv. 1872.
Condit, Cheverill, 16805G. W. 1869. Inv. 1869.
Condit, Daniel, Jr., 11245G. Inv. 1820.
Condit, Peter, 24889G. Inv. 1893.
Condit, Daniel D., 12958G. W. 1839.
Condit, Daniel F., 18133G. Inv. 1874.
Condit, David W., 21255G. W. 1884.
Condit, Ebenezer F., 17817G. W. 1873.
Condit, Edward F., 14037G. Inv. 1851.
Condit, Elizabeth A., 16084G. W. 1865. Inv. 1865.
Condit, Elizabeth A., 22594G. Inv. 1887.
Condit, Ellis F., 22666G. Inv. 1888.
Condit, Enoch, 8842–8843G, 9088–9091G. B. 36, p. 504. Int. 1797. Inv. 1798.
Condit, Enoch, 26323G. W. 1896. Inv. 1896.
Condit, Ezra F., 21606G. W. 1885.
Condit, Henry S., 27825G. W. 1899.
Condit, Ichabod, 13111G. Inv. 1841.
Condit, Ira, 18134G. W. 1874.
Condit, Japhia, 13808G. W. 1849. Inv. 1849.
Condit, Joel, 12400G. W. 1833.
Condit, Joel W., 15328G. W. 1860. Inv. 1863.
Condit, John, 7406–7409G. B. 32, p. 511. Grd. 1791. Pt. 1791.
Condit, John, 7450–7453G. B. 34, p. 33. Grd. 1792. Pt. 1792.
Condit, John, 12493G. W. 1834. Inv. 1834.
Condit, John, 17025G. W. 1870.
Condit, John, Jr., 10272G. Inv. 1804.
Condit, Jonathan, 11489G. W. & Cod. 1823.
Condit, Jonathan, 14491G. W. 1854. Inv. 1854.
Condit, Joseph, 12672G. W. 1836.
Condit, Joseph T., 20869G. W. 1883. Inv. 1883.
Condit, Joseph T., 26324G. Inv. 1896.
Condit, Keziah, 17274G. Inv. 1871.
Condit, Linus D., 25343G. Inv. 1894.
Condit, Lucinda, 21607G. W. 1885.
Condit, Margaret, 16085G. Inv. 1865.
Condit, Margaret, 24425G. W. 1892. Inv. 1892.
Condit, Margaret C., 27826G. W. 1899.

Consolyea, John J. 13191G. Inv. 1842.
Constantine, Thomas, 16088G. Inv. 1865.
Convy, Patrick, 22299G. W. 1887.
Conway, Alicia, 20873G. W. 1883. Inv. 1883.
Conway, Matthew H., 28335G. W. 1900.
Conway, Robert J., 26861G. W. 1897.
Conway, Thomas, 16286G. W. 1866. Inv. 1866.
Coogan, Dominick, 25838G. W. 1895.
Coogan, Patrick, 26328G. Inv. 1896.
Cook, Abraham, 11633G. Inv 1825.
Cook, A. Reed, 26329G. Inv. 1896.
Cook, Barnabas, 12214G. W. 1831. Inv. 1831.
Cook, Benjamin, 4147-4150G. B. L, p. 52. W. 1773.
Cook, Catharine M., 26330G. W. 1896. Inv. 1897.
Cook, Charles, 19033G. W. 1877.
Cook, David, 11392G. Inv. 1822.
Cook, Epaphras, 10568G. Inv. 1809.
Cook, Esther, 16807G. W. 1869.
Cook, Francis, 4151-4152G. B. M, p. 34. Int. 1773.
Cook, Francis B., 12774G. Inv. 1837.
Cook, George D., 22300G. W. 1887. Inv. 1887.
Cook, George H., 14677G. Inv. 1855.
Cook, Hannah, 20874G. W. 1883. Inv. 1883.
Cook, Harriet J., 26862G. W. 1897.
Cook, Henry, 11825G. Inv. 1827.
Cook, Henry F., 12215G. Inv. 1831.
Cook, Jabez, 13810G. W. 1849. Inv. 1850.
Cook, Joannah, 6518-6519G. B. 29, p. 401. W. 1787.
Cook, John V., 24894G. W. 1893.
Cook, Joseph, 11727G. W. 1826. Inv. 1826.
Cook, Malinda, 20875G. W. 1883.
Cook, Maria, 22301G. W. 1887.
Cook, Marietta P., 27829G. W. & Cod. 1899.
Cook, Mary, 23507G. W. 1890. Inv. 1890.
Cook, Peter, 13113G. W. 1841. Inv. 1841.
Cook, Richard, 1937-1938G. B. F, p. 70. Int. 1752.
Cook, William H., 18735G. Inv. 1876.
Cooke, George, 15466G. Inv. 1861.
Cooke, John, 23954G. W. 1891.
Cooke, William, 28336G. W. 1900.
Cookman, Alfred, 17523G. Inv. 1872.
Coolbaugh, Elizabeth, 20537G. Inv. 1882.
Cooman, Edward C., 14828G. W. 1856.
Cooman, Thomas II., 17027G. W. & Cod. 1870.
Coombs, Warren, 13114G. Inv. 1841.
Cooper, Catharine, 18736G. W. 1876.
Cooper, Cresentia, 16808G. W. 1869.
Cooper, David, 12046G. Inv. 1829.
Cooper, Edward, 14678G. Inv. 1855.
Cooper, Edward C., 15606G. Inv. 1862.
Cooper, Hannah, 2417-2418G. B. F, p. 516. W. 1758.
Cooper, Jacob J., 14334G. Inv. 1853.
Cooper, John, 851-852G. B. C, p. 154. W. 1736.
Cooper, John, 1999-2004G. B. F, p. 193. W. 1753. Inv. 1754.
Cooper, John C., 19321G. W. 1878.
Cooper, Jonah, 11826G. W. 1827. Inv. 1827.
Cooper, Joseph, 24427G. W. 1892.
Cooper, Julia N., 27830G. W. 1897. Ord.
Cooper, Lucinda, 19322G. W. 1878.
Cooper, Mary, 19565G. W. & Cod. 1879.
Cooper, Mary, 23955G. W. 1891.
Cooper, Mary E., 23392G. W. 1889.
Cooper, Samuel, 883-888G. B. C, p. 173. Int. 1737. Inv. 1738.
Cooper, Stephen, 13033G. Inv. 1840.
Cooper, Stephen J., 14190G. Inv. 1852.

Cooper, William, 16287G. W. & Cod. 1866. Inv. 1866.
Cooper, William W., 14494G. W. 1854. Inv. 1854.
Copland, Ada M., 27332G. W. 1898.
Corbally, James, 27831G. W. 1899.
Corbally, Richard, 17524G. Inv. 1872.
Corbit, Mark, 13811G. Inv. 1849.
Corbitt, Elizabeth, 25346G. W. 1894. Inv. 1894.
Corbitt, Francis, 15607G. W. 1862. Inv. 1863.
Corby, Anna, 28337G. W. 1900.
Corby, Israel B., 12401G. W. 1833. Inv. 1833.
Corby, John, Sr., 10830G. W. 1814. Inv. 1814.
Corby, Theodore C., 23509G. Inv. 1890.
Corby, Uzal, 17819G. Inv. 1873.
Corby, Wesley B., 26331G. W. 1897. Inv. 1896. Ord.
Corby, William, 11634G. Inv. 1825.
Corby, William, .20182G. W. 1881. Inv. 1881.
Corby, Yehoncris, 14981G. W. 1857. Inv. 1863.
Corcoran, Margaret, 20538G. W. 1882. Inv. 1882.
Corey, Amos P., 18412G. Inv. 1875.
Corey, Andrew R., 14191G. W. & Cod. 1852. Inv. 1852.
Corey, Anna E., 14495G. W. 1854.
Corey, Ashbel W., 12959G. W. 1839. Inv. 1840.
Corey, Francis J., 14496G. W. 1854. Inv. 1855.
Corey, William, 725-726G. B. B, p. 350. Int. 1732. Inv. 1733.
Coriell, David, 12674G. W. 1836. Inv. 1836.
Coriell, Phineas, 15896G. W. 1864. Inv. 1864.
Coriell, Sarah P., 17277G. Inv. 1871.
Corneil, John, 19832G. W. 1880.
Cornell, Charles R., 16288G. W. 1866.
Cornell, Hannah S., 21612G. Inv. 1885.
Corney, Francis H., 25347G. W. 1894.
Corning, Jane B., 17028G. W. 1870. Inv. 1870.
Cornwell, James, 11104G. Inv. 1818.
Cornwell, William H., 23079G. W. 1889.
Corrigan, Mary A., 23510G. W. 1890.
Corrigan, Michael, 25348G. W. 1894.
Corrigan, Philip F., 16809G. W. 1869. Inv. 1869.
Corrigan, Thomas, 16438G. Inv. 1867.
Corson, John W., 20539G. W. 1882.
Corson, Susan M., 27832G. W. 1899. Inv. 1899.
Cort, Fanny, 23080G. W. 1889. Inv. 1889.
Cortelyou, William L., 27333G. W. & Cods. (2) 1898.
Cortlandt, Stephen, 13009G. W. & Cods. (4) 1839. Inv. 1839.
Corwin, Eliza, 19566G. W. 1879. Inv. 1879.
Corwin, George S., 17525G. W. 1872. Inv. 1872.
Corwin, Joseph A., 24895G. W. 1893.
Corwin, Rachael, 13806G. Inv. 1849.
Corwin, Samuel W., 27334G. W. 1898.
Cory, Abner, 6330-6331G, 6520-6523G. B. 29, p. 405. W. 1787. Inv. 1798.
Cory, Abner, 11934G. Inv. 1828.
Cory, Andrew, 10460G. Inv. 1807.
Cory, Benjamin, 1429-1430G. B. E, p. 51. W. 1747.
Cory, Benjamin, 9862-9864G. B. 39, p. 14. Grd. 1800. Pt. 1800.

Coyne, John, 24899G. W. 1893. Inv. 1893.
Coyne, Patrick, 19324G. Inv. 1878.
Coyne, Patrick, 28338G. W. 1900.
Coyte, Ernest L., 23956G. W. 1891.
Crabb, William, 23516G. W. & Cod. 1890. Inv. 1890.
Crabbe, William, 21614G. W. 1885.
Cragie, James, 19561G. Inv. 1879.
Craig, Andrew, 4413-4414G. B. M, p. 31. Int. 1776.
Craig, Andrew, Jr., 2613-2614G. B. F, p. 549. Grd. 1758.
Craig, Andrew, Jr., 3475-3476G. B. H, p. 480. Grd. 1765.
Craig, Andrew, Sr., 1007-1015G. B. C, p. 294. W. 1739. Inv. 1740. Ren. 1739.
Craig, Daniel T., 4257-4260G. B. L, p. 156. Wd. 1774. Pt. 1774.
Craig, David, 5263-5264G. B. 24, p. 23. Int. 1781.
Craig, David S., 6240-6241G. B. 27, p. 381. Wd. 1785.
Craig, James, 6926-6931G. B. 30, p. 362. Int. 1790.- Inv. 1791. Ren. 1790.
Craig, James, Sr., 3219-3222G. B. H, p. 233. W. 1763.
Craig, John, 2613-2614G. B. F, p. 549. Wd. 1758.
Craig, John, 10041G. B. 39, p. 371. Int. 1801.
Craig, John, Sr., 2419-2424G. B. F, p. 547. W. 1758. Ren. 1758.
Craig, John W., 28339G. W. 1900.
Craig, Mary, 26865G. Inv. 1897.
Craig, Phebe C., 23517G. W. 1890.
Craig, Richard M., 15608G. Inv. 1862.
Craig, Samuel J., 17029G. Inv. 1870.
Craig, Timothy, 6240-6241G. B. 27, p. 381. Grd. 1785.
Craig, William, 9092-9095G. B. 37, p. 318. Wd. 1798. Pt. 1798.
Craig, William S., 19039G. W. 1877. Inv. 1877.
Craige, Andrew, 3215-3216G, 3469-3473G. B. H, p. 317. W. 1763. Inv. 1763.
Craige, Phebe, 3345-3346G. B. H, p. 329. W. 1764.
Craigie, Balfour, Sr., 14983G. W. 1857.
Crain, Azariah, 1939-1940G. B. F, p. 97. W. 1752.
Crain, Jeremiah, 1243-1247G. B. D, p. 201. W. 1744. Ren. 1744.
Cramer, George, 19325G. W. 1878. Inv. 1878.
Cramer, Martha L., 25840G. W. 1895.
Cramer, Michael J., 27339G. W. & Cods. (4) 1898. Ren. 1898.
Crampton, Francis, 23957G. W. 1891. Inv. 1898.
Crane, Aaron, 20542G. W. 1882. Inv. 1882.
Crane, Aaron D., 10569G. W. 1809. Inv. 1809.
Crane, Abby A., 12220G. Inv. 1831.
Crane, Abigail, 11635G. W. 1825.
Crane, Abigail, 13416G. W. 1845.
Crane, Agness, 12403G. W. 1833. Inv. 1833.
Crane, Alexander M., 19040G. W. 1877. Inv. 1877.
Crane, Amos, 14984G. W. 1857. Inv. 1857.
Crane, Amos, 20541G. Inv. 1882.
Crane, Andrew, 12047G. W. 1829. Inv. 1829.
Crane, Anna, 12860G. W. 1838. Inv. 1839.
Crane, Annie M. D., 26866G. W. 1897. Inv. 1898.
Crane, Aron, 7904-7907G. B. 33, p. 396. Wd. 1794. Pt. 1794.

Crane, Asher, 22670G. W. 1888.
Crane, Azariah, 10896G. Inv. 1815.
Crane, Azariah, Sr., 519-520G. B. B, p. 183. W. 1730.
Crane, Benjamin, Jr., 7202-7209G. B. 32, p. 502. W. & Cod. 1791. Inv. 1791.
Crane, Benjamin, Sr., 13340G. W. 1844. Inv. 1844.
Crane, Benjamin F., 13509G. Inv. 1846.
Crane, Benjamin F., Sr., 26867G. W. 1897.
Crane, Caleb, 4527-4528G. B. 18, p. 603. Int. 1777.
Crane, Caleb, 7662-7665G. B. 33, p. 185. W. 1793.
Crane, Caleb, 13341G. W. 1844.
Crane, Caleb, Sr., 4261-4264G. B. L, p. 87. W. 1774.
Crane, Caleb, Sr., 13192G. W. 1842. Inv. 1843.
Crane, Caleb S., 14192G. Inv. 1852.
Crane, Calvin S., 12861G. Inv. 1838.
Crane, Caroline P., 23518G. Inv. 1890.
Crane, Charles, 10199G. B. 40, p. 418. Int. 1803. Inv. 1804.
Crane, Charles S., 21259G. W. 1884. Inv. 1884.
Crane, Charles O., 15198G. W. 1859.
Crane, Charlotte, 11169G. W. 1819. Inv. 1819.
Crane, Charlotte R., 21954G. W. & Cod. 1886. Inv. 1886.
Crane, Christopher, 2819-2824G. B. G, p. 167. W. 1760. Int. 1760. Inv. 1760.
Crane, Clara, 24430G. W. 1892.
Crane, Cyrus, 11935G. Inv. 1828.
Crane, Daniel, 1533-1534G. B. E, p. 261. Int. 1748.
Crane, Daniel, 2103-2104G. B. F, p. 230. Int. 1754.
Crane, Daniel, 15467G. W. 1861.
Crane, Daniel, Sr., 259-262G. B. A, p. 250. W. 1723. Inv. 1723.
Crane, David, 6686-6689G. B. 31, p. 235. W. 1788.
Crane, David, 8850-8853G. B. 36, p. 505. Grd. 1797. Pt. 1797.
Crane, David, 10461G. W. 1807. Inv. 1809.
Crane, David, 11393G. W. 1822. Inv. 1822.
Crane, David, Jr., 10339G. Inv. 1804.
Crane, David, Sr., 1731-1734G. B. E, p. 433. W. 1750.
Crane, David, Sr., 7908-7917G. B. 33, p. 376. W. 1794. Inv. 1794.
Crane, David B., 13342G. W. 1844. Inv. 1844.
Crane, David D., 10062G. B. 39, p. 249. Grd. 1801.
Crane, David D., 12862G. W. 1838. Inv. 1839.
Crane, David E., 11315G. Inv. 1821.
Crane, David S., 15468G. W. 1861. Inv. 1861, 1889.
Crane, David W., 21955G. W. 1885. Inv. 1887.
Crane, Edward, 12585G. Inv. 1835.
Crane, Eliakim, 10523G. W. 1808. Inv. 1808.
Crane, Eliakim, Jr., 9730-9735G. B. 39, p. 189. Int. 1800. Inv. 1801.
Crane, Elias, 6070-6076G. B. 27, p. 377. Int. 1785. Inv. 1790.
Crane, Elias, 6806-6807G. B. 30, p. 215. W. 1789.
Crane, Elias B., 15334G. W. 1860.
Crane, Elias B., 18413G. W. 1875. Inv. 1875.
Crane, Elihu, 6334-6335G. B. 28, p. 425. Int. 1786.
Crane, Elihu, 13602G. W. 1847. Inv. 1848.
Crane, Elihu, Jr., 6332-6333G. B. 28, p. 429. Wd. 1786. Pt. 1786.

Crane, Elihu, Sr., 603–604G. B. B, p. 317. W. 1732.
Crane, Elihu J., 14337G. W. 1853. Inv. 1853.
Crane, Elijah, 11828G. Inv. 1827.
Crane, Elijah, 12863G. Inv. 1838.
Crane, Elijah, 14680G. W. 1855. Inv. 1855.
Crane, Elijah, Sr., 6932–6935G. B. 30, p. 345. W. 1790.
Crane, Eliza A., 17821G. W. 1873. Inv. 1873.
Crane, Eliza M., 13933G. W. 1850. Inv. 1852.
Crane, Elizabeth, 8766–8768G. B. 36, p. 42. Wd. 1796. Pt. 1796.
Crane, Elizabeth, 14681G. Inv. 1855.
Crane, Emeline H., 15199G. Inv. 1859.
Crane, Esther, 1535–1536G. B. E, p. 212. W. 1748.
Crane, Ezekiel, 2615–2618G. B. G, p. 83. Int. 1759. Inv. 1760.
Crane, Ezekiel, 7918–7921G. B. 33, p. 365. W. 1794.
Crane, Ezekiel, 11829G. Inv. 1827.
Crane, Ezra, 12864G. Inv. 1838.
Crane, Ezra D., 14040G. Inv. 1851.
Crane, George, 13698G. W. 1848. Inv. 1848.
Crane, George, 14985G. W. 1857. Inv. 1858.
Crane, George M., 20186G. Inv. 1881.
Crane, Hannah, 12780G. W. 1837. Inv. 1837.
Crane, Hannah, 13417G. Inv. 1845.
Crane, Hannah M., 14832G. Inv. 1856.
Crane, Harry C., 25841G. W. 1895.
Crane, H. Bedell, 27836G. Inv. 1899.
Crane, Henry M., 19326G. Inv. 1878.
Crane, Hetty E., 20878G. W. 1883. Inv. 1883.
Crane, Horace F., 15911G. W. 1865.
Crane, Ira, 16633G. Inv. 1868.
Crane, Isaac, 3347–3348G. B. H, p. 411. Int. 1764.
Crane, Isaac, 10119G. B. 40, p. 78. W. 1802.
Crane, Isaac, 10969G. Inv. 1816.
Crane, Isaac, 11728G. Inv. 1826.
Crane, Isaac, 12221G. W. 1831. Inv. 1831.
Crane, Isaac, 13934G. W. 1850. Inv. 1851.
Crane, Isaac, 18414G. Inv. 1875.
Crane, Isaac, 23519G. W. & Cod. 1890. Inv. 1890.
Crane, Isaac W., 16290G. Inv. 1866.
Crane, Israel, 8188–8197G. B. 35, p. 497. W. 1795. Inv. 1797. Ren. 1795.
Crane, Israel, 15094G. W. & Cods. (2) 1858. Inv. 1858.
Crane, Israel, Sr., 6078–6081G. B. 27, p. 352. W. 1785.
Crane, Jacob, 9404–9407G. B. 38, p. 241. W. 1799. Inv. 1799.
Crane, Jacob, 11041G. W. 1817. Inv. 1817.
Crane, Jacob, 11729G. Inv. 1826.
Crane, Jacob, Sr., 10664G. W. 1811. Inv. 1811.
Crane, Jacob, Sr., 13603G. W. 1847. Inv. 1847.
Crane, Jacob W., 22305G. Inv. 1887.
Crane, James, 1877–1878G. B. E, p. 507. W. 1751.
Crane, James, 10775G. W. 1813.
Crane, James, 11170G. W. 1819. Inv. 1819.
Crane, James, 14041G. W. & Cod. 1851. Inv. 1851.
Crane, James, 20879G. W. 1883. Inv. 1883.
Crane, James P., 21956G. W. & Cod. 1886. Inv. 1886.
Crane, Jane, 11394G. W. 1822. Inv. 1822.
Crane, Jarvis G., 23081G. Inv. 1889.
Crane, Jason, 24901G. W. 1893.

Crane, Jasper, 1645–1650G. B. E, p. 432. W. 1750. Inv. 1752.
Crane, Jediah, 11830G. W. 1827. Inv. 1827.
Crane, Jedidiah, 6082–6083G. B. 27, p. 329. W. 1785.
Crane, Jemima, 7210–7219G. B. 32, p. 512. Wd. 1791. Tr. 1791. Pt. 1805.
Crane, Jennette E., 21260G. Inv. 1884.
Crane, Jeptha, 10897G. W. 1815.
Crane, Jeremiah, 6084–6087G. B. 27, p. 250. W. 1785. Inv. 1785.
Crane, Jeremiah, 11395G. Inv. 1822.
Crane, Jeremiah, 13193G. Inv. 1842.
Crane, Jeremiah, 14042G. W. 1851. Inv. 1851.
Crane, Jeremiah, Jr., 1149–1156G. B. C, p. 511. Int. 1742. Inv. 1745. Acct. 1746.
Crane, Joanna, 163–164G. B. A, p. 198. Int. 1720. Inv. 1721.
Crane, Joanna, 10776G. W. 1813.
Crane, Job, 13699G. W. 1848. Inv. 1849.
Crane, Job S., 27837G. W. 1899. Inv. 1899.
Crane, Joel, 7214–7219G. Wd. 1791. Tr. 1791.
Crane, Johannah, 12494G. Inv. 1834.
Crane, John, 10524G. Inv. 1808.
Crane, John, 12781G. W. 1837. Inv. 1837.
Crane, John, 13034G. W. 1840. Inv. 1840.
Crane, John, 13262G. W. 1843. Inv. 1843.
Crane, John, 18415G. W. 1875. Inv. 1875.
Crane, John, Sr., 199–206G. B. A, p. 238. W. 1722. Inv. 1723.
Crane, John, Sr., 927–930G. B. C, p. 262. W. 1738. Inv. 1738. Ren. 1739.
Crane, John, Sr., 3223–3235G, 9157G. B. H, p. 341. W. 1763. Inv. 1763.
Crane, John, Sr., 4695–4706G. B. 20, p. 68. W. 1778. Inv. 1776.
Crane, John A., 7460–7463G. B. 34, p. 19. Wd. 1792. Pt. 1792.
Crane, John C., 10723G. W. & Cod. 1812. Inv. 1812.
Crane, John C., 13812G. Inv. 1849.
Crane, John C., 19327G. W. 1878. Inv. 1878.
Crane, John D., 22671G. W. 1888.
Crane, John G., 10832G. Inv. 1814.
Crane, John J., 10619G. Inv. 1810.
Crane, John N., 24431G. W. 1892.
Crane, John P., 21957G. W. 1886. Inv. 1886.
Crane, John W., 7214–7219G. Grd. 1791. Tr. 1791.
Crane, Jonas, 1383–1386G. B. D, p. 370. Int. 1745. Inv. 1745.
Crane, Jonas, 4569–4572G. B. 18, p. 622. Grd. 1777. Pt. 1777.
Crane, Jonas, 10400G. W. 1806. Inv. 1807.
Crane, Jonas S., 15200G. W. 1859. Inv. 1860.
Crane, Jonathan, 1249–1252G. B. D, p. 181. W. 1744.
Crane, Jonathan, 2825–2826G. B. G, p. 173. Grd. 1760.
Crane, Jonathan, 3541–3542G. B. I, p. 137. W. 1766.
Crane, Jonathan, 8850–8853G. B. 36, p. 505. Wd. 1797. Pt. 1797.
Crane, Jonathan, 10341G. Inv. 1805.
Crane, Jonathan, 10340G. W. 1805. Inv. 1805, 1806.
Crane, Jonathan, 12865G. Inv. 1838.
Crane, Jonathan E., 12586G. Inv. 1835.
Crane, Joseph, 521–522G. B. B, p. 223. W. 1731.
Crane, Joseph, 3875–3876G. B. K, p. 192. W. 1770.
Crane, Joseph, 5383–5406G. B. 24, p. 26. Int. 1782. Inv. (2) 1782, 1793.

Crane, Joseph, 6808–6811G. B. 30, p. 202. W. 1789.
Crane, Joseph, 12300G. W. 1832. Inv. 1833.
Crane, Joseph, 12301G. W. 1832. Inv. 1836.
Crane, Joseph, Sr., 339–344G. B, B, p. 54. W. 1726. Inv. 1726.
Crane, Joseph, Sr., 4707–4710G. B. 20, p. 12. W. 1778.
Crane, Joseph, Sr., 10462G. W. 1807.
Crane, Joseph M., 23958G. W. 1891. Inv. 1891.
Crane, Joshua, 1537–1538G. B. E, p. 260. Int. 1748.
Crane, Josiah, 14497G. W. 1854. Inv. 1854.
Crane, Josiah, Sr., 6336–6337G. B. 28, p. 372. W. 1786.
Crane, Josiah D., 15201G. W. 1859.
Crane, Josiah W., 16091G. W. 1865. Inv. 1865.
Crane, Josias, 13418G. W. 1845. Inv. 1845.
Crane, Lewis, 4933–4934G. B. 21, p. 42. W. 1779.
Crane, Lewis, 11471G. Inv. 1823.
Crane, Lewis M., 20543G. W. 1882.
Crane, Lydia, 12222G. Inv. 1831.
Crane, Lydia B., 24432G. W. 1892.
Crane, Lyman M., 19833G. W. 1880. Inv. 1881.
Crane, Margaret, 13510G. W. 1846. Inv. 1846.
Crane, Maria, 21261G. W. 1884.
Crane, Maria, 26335G. W. 1896.
Crane, Mary, 13343G. W. 1844. Inv. 1845.
Crane, Mary, 13511G. W. 1846. Inv. 1847.
Crane, Mary, 13935G. Inv. 1850.
Crane, Mary, 20880G. Inv. 1883.
Crane, Mary, 24433G. Inv. 1892.
Crane, Mary A., 22306G. Inv. 1887.
Crane, Mary C., 20187G. Inv. 1881.
Crane, Mary H., 23082G. W. 1889.
Crane, Mary J., 17822G. W. 1873.
Crane, Mary P., 23083G. W. 1889.
Crane, Matilda, 19571G. W. 1879. Inv. 1879.
Crane, Matilda H., 17297G. W. 1871. Inv. 1871.
Crane, Matthais, 4529–4530G. B. 19, p. 401. W. 1777.
Crane, Matthais, 6088–6089G. B. 27, p. 253. W. 1785.
Crane, Matthias, 7922–7928G. Inv. 1794.
Crane, Matthias, 11730G. Inv. 1826.
Crane, Matthias, 20544G. W. 1882. Inv. 1882.
Crane, Moses, 2005–2010G. B. F, p. 141. Int. 1753. Inv. 1754.
Crane, Moses, 10342G. Inv. 1805.
Crane, Moses, 14833G. W. 1856.
Crane, Moses P., 11831G. Inv. 1827.
Crane, Moses W., 21262G. W. & Cods. (2) 1884. Inv. 1885.
Crane, Nathaniel, 2619–2622G. B. G, p. 81. W. 1759. Inv. 1759.
Crane, Nathaniel, 2827–2828G. B. G, p. 386. W. 1760.
Crane, Nathaniel, 2825–2826G. B. G, p. 173. Wd. 1760.
Crane, Nathaniel, 3237–3238G. B. H, p. 247. Wd. 1763.
Crane, Nathaniel, 11636G. W. 1825. Inv. 1825.
Crane, Nathaniel, 12404G. W. 1833. Inv. 1833.
Crane, Nathaniel, 15469G. W. 1861.
Crane, Nathaniel N., 25349G. W. 1894. Inv. 1894.
Crane, Nathaniel S., 17030G. W. & Cods. (2) 1870. Inv. 1870. Map.
Crane, Nehemiah, 1941–1942G. B. F, p. 94. Int. 1752.

Crane, Nehemiah, 6812–6813G. B. 30, p. 217. W. 1789.
Crane, Nehemiah, 11396G. Inv. 1822.
Crane, Nehemiah J., 14193G. Inv. 1852.
Crane, Noah, 12223G. W. 1831. Inv. 1831.
Crane, Noah H., 21615G. Inv. 1885.
Crane, Obadiah, 12405G. W. 1833. Inv. 1833.
Crane, Oliver, 11042G. W. 1817.
Crane, Oliver, 11560G. Inv. 1824.
Crane, Phebe, 11561G. W. 1824. Inv. 1824.
Crane, Phebe, 11637G. W. 1825. Inv. 1825.
Crane, Phebe, 14338G. W. 1853.
Crane, Phebe M., 11247G. W. 1820.
Crane, Phineas, 2829–2832G. B. G, p. 160. Int. 1760. Inv. 1760.
Crane, Phineas, 13035G. W. 1840. Inv. 1840.
Crane, Rebecca, 6524–6527G. B. 29, p. 399. W. 1787.
Crane, Rebecca, 15470G. W. 1861.
Crane, Rhoda, 12136G. Inv. 1830.
Crane, Robert, 2331–2332G. B. F, p. 407. W. 1757.
Crane, Robert, 12302G. Inv. 1832.
Crane, Samuel, 1431–1432G. B. D, p. 449. W. 1746.
Crane, Samuel, 10665G. W. 1811. Inv. 1811.
Crane, Samuel, 18416G. W. 1875. Inv. 1875.
Crane, Samuel, Sr., 2011–2012G. B. F, p. 152. W. 1753.
Crane, Samuel M., 14498G. Inv. 1854.
Crane, Sarah, 11936G. Inv. 1828.
Crane, Sarah, 12137G. W. 1830.
Crane, Sarah, 12303G. Inv. 1832.
Crane, Sarah, 18417G. W. 1875.
Crane, Sarah, 23959G. W. 1891.
Crane, Sarah B., 19834G. Inv. 1880.
Crane, Sarah E., 23960G. W. 1891. Inv. 1891.
Crane, Sarah M., 24434G. W. 1892. Inv. 1892.
Crane, Sayers, 10343G. Inv. 1805.
Crane, Simeon, 11731G. Inv. 1826.
Crane, Smith E., 12138G. Inv. 1830. Wd.
Crane, Squier M., 17280G. Inv. 1871.
Crane, Stephen, 5109–5112G. B. 24, p. 23. Int. 1780. Ren. 1780.
Crane, Stephen, 6454–6456G. B. 28, p. 428. Grd. 1786. Pt. 1786.
Crane, Stephen, 7932–7937G. B. 33, p. 387. W. 1794. Int. 1794. Inv. 1794.
Crane, Stephen, 8596–8599G. B. 36, p. 39. W. 1796.
Crane, Stephen, 10777G. W. 1813. Inv. 1816.
Crane, Stephen, 12495G. Inv. 1834.
Crane, Stephen, 12782G. Inv. 1837.
Crane, Stephen F., 15202G. W. 1859. Inv. 1859.
Crane, Susan, 22307G. Inv. 1887.
Crane, Thomas, 14682G. W. 1855. Inv. 1855.
Crane, Timothy, 6338–6339G. B. 28, p. 364. W. 1786.
Crane, Timothy, 13344G. W. 1844. Inv. 1844.
Crane, Timothy A., 12866G. Inv. 1838.
Crane, Timothy A., 19572G. W. 1879. Inv. 1879.
Crane, Timothy A., 27838G. W. 1899.
Crane, T. Wilson, 22308G. W. 1887. Inv. 1887.
Crane, Uzal, 19041G. Inv. 1877.
Crane, William, 5675–5677G. B. 24, p. 334. Grd. 1783. Pt. 1783.
Crane, William, 12139G. Inv. 1830.
Crane, William, 17528G. W. 1872. Inv. 1873.

Crowell, Samuel, 6090–6091G. B. 27, p. 377. Int. 1785.
Crowell, Samuel, 12676G. W. 1836.
Crowell, Samuel, 16291G. W. 1866. Inv. 1866.
Crowell, Sarah, 11832G. W. 1827. Inv. 1827.
Crowell, Silvanus, 12406G. Inv. 1833.
Crowell, Stephen G., 14499G. W. 1854. Inv. 1854.
Crowell, Stephen G., 21266G. W. 1884.
Crowley, Daniel, 21267G. W. 1884.
Crowley, Daniel, 21959G. Inv. 1886.
Crowley, Timothy, 8854–8859G. B. 36, p. 468. W. 1797. Inv. 1797.
Crowell, Timothy B., 13813G. W. 1849. Inv. 1850.
Crozier, William J., 18737G. W. 1876.
Cruden, James, 22676G. W. 1888.
Cruse, Robert, 14339G. Inv. 1853.
Cryer, John W., 27342G. W. 1898.
Cuddy, Mark, 25844G. W. 1895.
Cuddy, William, 18419G. Inv. 1875.
Cueman, John, 13700G. Inv. 1848.
Cuernan, Catharine A., 20193G. Inv. 1881.
Culberson, Henry W., Sr., 21960G. W. 1886. Inv. 1886.
Culbert, James, 25351G. W. 1894.
Culbert, Samuel, 22310G. W. 1887. Inv. 1887.
Cull, John, 16143G. W. 1865.
Cullegan, Ann, 23963G. W. 1891.
Cullen, Bridget, 18738G. W. 1876.
Cullen, James S., 23089G. Inv. 1889.
Cullen, Jane C., 24439G. W. 1892. Inv. 1893.
Cullen, John, Sr., 15203G. W. 1859.
Cullen, John J. M., 23523G. W. 1890. Ren. 1890.
Cullen, John P., 20545G. Inv. 1882.
Cullen, Kate, 23964G. Inv. 1891.
Cullen, Michael, Sr., 15610G. W. 1862. Inv. 1862.
Cullen, Patrick, 24906G. B. G, p. 359. Inv. 1893.
Culley, John, 3005–3008G. Int. 1761. Ren. 1761.
Culliney, Margaret, 21961G. W. 1886.
Cullmann, Charles P., 24907G. W. 1893.
Cuman, John, 12140G. Inv. 1830.
Cumming, George, 23090G. Inv. 1889.
Cumming, Hooper, 11939G. Inv. 1828.
Cumming, John N., 11316G. W. 1821.
Cumming, Laurinda G., 23966G. W. 1891.
Cumming, Martha, 26338G. W. 1896. Inv. 1900.
Cumming, Robert H., 14340G. Inv. 1853.
Cumming, Sarah, 13116G. W. 1841. Inv. 1842.
Cumming, Thomas, Sr., 28342G. W. 1900.
Cummings, Emma F., 20546G. Inv. 1882.
Cummings, Joseph T., 22311G. W. 1887. Inv. 1887.
Cummings, Michael, 28341G. Inv. 1900.
Cummings, Moses, 16442G. W. 1867. Inv. 1867.
Cummings, Rachel G., 19574G. W. 1879. Inv. 1879.
Cuncannon, Mary, 14986G. W. 1857.
Cundict, Peter, 3877–3878G. B. K, p. 190. W. 1770.
Cundit, David, 4513–4518G. B. 18, p. 625. Int. 1777. Inv. 1779.
Cundit, Jotham, 1943–1948G. B. F, p. 70. Int. 1752. Inv. 1753. Ren. 1752.
Cundit, Jotham, 4059–4060G. B. K, p. 441. Int. 1772.
Cundit, Samuel, Sr., 4519–4526G. B. 19, p. 393. W. 1777. Inv. 1779.

Cunneen, Lydia A., 26869G. W. 1897. Inv. 1897.
Cunningham, Anna, 23524G. W. 1890.
Cunningham, Bernard, 15899G. W. 1864.
Cunningham, Bridget, 23091G. W. & Cod. 1889.
Cunningham, Christina, 24908G. W. 1893.
Cunningham, Frederick J., 27841G. W. 1899.
Cunningham, James, 4531–4532G. B. 18, p. 75. Int. 1777.
Cunningham, James, 13265G. W. 1843.
Cunningham, John, 11833G. Inv. 1827.
Cunningham, John, 14045G. Inv. 1851.
Cunningham, John, 15733G. Inv. 1863.
Cunningham, John, 16441G. W. 1867. Inv. 1867.
Cunningham, John, 23965G. W. 1891.
Cunningham, John, Sr., 20194G. W. 1881. Inv. 1881.
Cunningham, John, Sr., 21618G. W. 1885.
Cunningham, Margaret, 21619G. W. 1885.
Cunningham, Mary, 15204G. Inv. 1859.
Cunningham, Patrick, 19835G. W. 1880. Inv. 1880.
Cunningham, Patrick, 20547G. Inv. 1882.
Cunningham, Peter, 14046G. Inv. 1851.
Cunningham, Robert S., 25352G. W. 1894.
Cunningham, Thomas, Sr., 19329G. W. 1878.
Curley, James, 17033G. W. 1870. Inv. 1870.
Currey, Thomas, 605–606G. B. B, p. 303. W. 1732.
Currier, Cyrus, 24440G. W. 1892.
Curry, David, 11171G. W. 1819. Inv. 1819.
Curry, Hannah, 10724G. W. 1812.
Curry, Isaac, 10899G. W. 1815.
Curry, Phebe, 11938G. W. 1828. Inv. 1828.
Curry, Samuel, Sr., 6690–6695G. B. 31, p. 228. W. & Cod. 1788.
Curry, Thomas, 7938–7939G. B. 33, p. 393. Int. 1794.
Curtin, James T., 16093G. Inv. 1865.
Curtis, Almond, 14194G. Inv. 1852.
Curtis, Edward P., 25353G. W. 1894.
Curtis, Jane D., 21620G. W. 1885. Inv. 1885.
Curtis, Mary, 13036G. W. 1840. Inv. 1840.
Curtis, Moses O., 13814G. W. 1849.
Curtis, Phebe, 24909G. W. 1893.
Curtis, Robert S., 16292G. W. 1866.
Curtis, William C., 12783G. Inv. 1837.
Curtis, William H., 25845G. W. 1895.
Curtius, John, 12784G. W. 1837.
Cushing, George W. B., 22677G. W. 1888. Inv. 1888.
Cushing, Margaret, 22312G. W. 1887. Inv. 1887.
Cushing, Michael, 20195G. Inv. 1881.
Cushman, Oliver, 2623–2626G. B. G, p. 83. Int. 1759. Inv. 1760.
Cusick, Mary, 19836G. W. 1880. Inv. 1880.
Cusick, Rosey, 21962G. W. 1886.
Cuthbertson, Lydia, 15900G. W. 1864.
Cuthell, Thomas H., 25846G. W. 1895.
Cutjoe, Jack, 11820G. W. 1827.
Cutler, David E., 16811G. W. 1869.
Cutler, James, 23967G. W. 1891.
Cutler, Roland, 17825G. W. 1873. Inv. 1873.
Cutler, Susan R., 27842G. W. 1899.
Cutter, John, 10401G. Inv. 1806.
Cuyler, Henry, 5765–5766G. Ren. 1784.
Cuypers, Francis H., 16443G. Inv. 1867.

Dabergott, Paul, 21621G. Inv. 1885.
DeCamara, Joze A., 17281G. Inv. 1871.

Davies, Ebenezer, 6092–6093G. B. 27, p. 377. Int. 1785.
Davies, John M., 18422G. Inv. 1875.
Davies, Luke, 13195G. W. 1842. Inv. 1844.
Davies, Luke, 14500G. W. & Cod. 1854.
Davies, Margaret, 14684G. W. 1855.
Davies, Mary A., 25851G. W. 1895.
Davies, Sarah, 5411–5412G. B. 24, p. 332. Int. 1782.
Davis, Alexander H., 14048G. Inv. 1851.
Davis, Babetta, 27345G. Inv. 1898.
Davis, Benjamin H., 24911G. W. 1893.
Davis, Bridget, 17534G. Inv. 1872.
Davis, Caleb, 12496G. W. 1834. Inv. 1835.
Davis, Caleb S., 15901G. W. 1864.
Davis, Caroline D., 26345G. W. 1896.
Davis, Catharine, 20550G. Inv. 1882.
Davis, Catherine, 21622G. W. 1885.
Davis, Charles H., 25852G. W. 1895.
Davis, David B., 13037G. Inv. 1840.
Davis, Edward, 16294G. Inv. 1866.
Davis, Edward, 19049G. W. 1877.
Davis, Elijah, Sarah, 3045–3046G. B. H, p. 34. Grds. 1761.
Davis, Eliza, 24443G. W. 1892.
Davis, Elizabeth, 10200G. B. 40, p. 243. Int. 1803. Inv. 1803.
Davis, Elizabeth, 19332G. W. 1878. Inv. 1878.
Davis, Elizabeth, 23093G. W. 1889. Inv. 1889.
Davis, Ellen S., 24912G. W. 1893.
Davis, Emery, 28348G. W. 1900.
Davis, Fanny, 12588G. Inv. 1835.
Davis, George, 12305G. Inv. 1832.
Davis, George A., 16813G. W. 1869. Inv. 1869.
Davis, Henrietta, 18423G. W. 1875. Inv. 1875.
Davis, Henrietta M., 21964G. W. 1886.
Davis, Henry J., 17828G. W. 1873. Inv. 1873, 1882.
Davis, Isaac, 10525G. Inv. 1808.
Davis, Jacob, 4063–4066G. B. K, p. 381. Wd. 1772. Pt. 1772.
Davis, James, 1539–1546G. B. E, p. 210. W. 1748. Inv. 1748. Acct. 1752. Ren. 1747.
Davis, James, 10042G. B. 39, p. 454. Int. 1801. Inv. 1802.
Davis, James, 13701G. Inv. 1848.
Davis, James, 17284G. Inv. 1871.
Davis, James, 18739G. Inv. 1876.
Davis, Joel, 11172G. W. 1819. Inv. 1819.
Davis, John, 3353–3354G. B. H, p. 410. W. 1764.
Davis, John, 3701–3706G. B. I, p. 306. W. 1768. Inv. 1768.
Davis, John, 7940–7943G. B. 33, p. 394. Int. 1794. Inv. 1794 (?).
Davis, John, 12788G. Inv. 1837.
Davis, John, 13936G. W. 1850. Inv. 1850.
Davis, John, Jr., 2833–2834G. B. G, p. 273. W. 1760.
Davis, John M., 27849G. W. 1899.
Davis, John P., 22680G. W. 1888. Inv. 1888.
Davis, Jonathan, Jr., 5113–5116G. B. 21, p. 332. W. 1780.
Davis, Joseph, 2835–2840G. B. G, p. 389. W. 1760. Inv. 1763.
Davis, Joseph, 11834G. W. 1827. Inv. 1830.
Davis, Joseph, Sr., 12141G. W. 1830. Inv. 1830.
Davis, Joseph A., 21965G. W. 1886.
Davis, Joseph H. 16095G. W. 1865. Ren. 1865.
Davis, Julia, 24913G. W. 1893.

Davis, Leah, 14685G. W. 1855. Inv. 1855.
Davis, Lydia, 13816G. W. 1849. Inv. 1849.
Davis, Magdalene, 13606G. W. 1847. Inv. 1847.
Davis, Mary, 13702G. W. 1848.
Davis, Mary, 20200G. W. & Cods. (2) 1881. Inv. 1881.
Davis, Mary, 24914G. W. 1893.
Davis, Mary F., 21966G. W. 1886.
Davis, Nathaniel, 3707–3708G. B. I, p. 336. Int. 1768.
Davis, Patrick M., 14686G. Inv. 1855.
Davis, Peter, 11173G. W. 1819.
Davis, Phebe, 10901G. W. 1815. Inv. 1816.
Davis, Robert O., 17285G. W. 1871. Inv. 1871.
Davis, Rozil, 10402G. Inv. 1806.
Davis, Sally, 15742G. W. 1863.
Davis, Samuel, Sr., 607–610G. B. B, p. 360. W. 1732. Inv. 1732.
Davis, Simon, 27346G. Inv. 1898.
Davis, Susanna, 3827–3834G. B. K, p. 76. W. 1769. Inv. 1771.
Davis, Susie E., 23526G. W. 1890.
Davis, Thomas, 2217–2218G. B. F, p. 265. Int. 1755.
Davis, Thomas, 5117–5122G. B. 22, p. 282. W. 1780. Inv. 1780.
Davis, Thomas, 12589G. Inv. 1835.
Davis, Thomas, Sr., 931–934G. B. C, p. 258. W. 1738. Inv. 1739.
Davis, William, 4935–4938G. B. 22, p. 33. Int. 1779. Inv. 1779.
Davis, William H., 13420G. W. 1845. Inv. 1845.
Davis, William H., 19840G. Inv. 1880.
Davison, George S., 25357G. W. 1894.
Davison, John, 6094–6097G. B. 27, p. 377. Int. 1785.
Davison, John R., 15734G. W. 1863. Inv. 1863.
Davison, Mary I., 15902G. Inv. 1864.
Davison, William, 23527G. W. 1890.
Davy, Emma L., 22681G. Inv. 1888.
Davy, Joseph, 24915G. Inv. 1893.
Dawes, Cornelius M., 21623G. W. 1885.
Dawes, Eveline, 19841G. W. 1880.
Dawes, George M., 19577G. Inv. 1879.
Dawes, James, 13345G. W. 1841. Inv. 1844.
Dawes, Jane W., 23094G. W. & Cod. 1889.
Dawes, Mary E., 27347G. W. 1898.
Dawes, Samuel, 15738G. W. 1863. Inv. 1863.
Dawes, William H., 20197G. W. 1881. Inv. 1881.
Dawes, William K., 19842G. Inv. 1880.
Dawkins, Charles C., 26873G. W. 1897. Inv. 1897.
Dawson, Hannah, 23973G. W. 1891. Inv. 1891.
Dawson, Jacob H., Sr., 20551G. W. & Cod. 1882. Inv. 1883.
Dawson, Mary, 23528G. W. 1890.
Dawson, William C., 15335G. Inv. 1860.
Dawson, William H., 15736G. W. 1863.
Day, Abigail, 11563G. W. 1824. Inv. 1825.
Day, Amos, 12142G. Inv. 1830.
Day, Amos, 12225G. Inv. 1831.
Day, Amos, Sr., 10201G. B. 40, p. 241. W. 1803. Inv. 1803.
Day, Aaron S., 14501G. W. 1854. Inv. 1854.
Day, Abbey, 14342G. W. 1853.
Day, Agnes W., 18141G. Inv. 1874.
Day, Ann E., 21624G. W. 1885.
Day, Arretta J., 26346G. W. 1896. Inv. 1897.
Day, Barnabas, 15903G. Inv. 1864.

Day, Charles R., 17036G. Inv. 1870.
Day, Charles T., 14987G. W. 1857. Inv. 1857.
Day, Daniel, 5265-5266G. B. 23, p. 114. W. 1781. Inv. 1791.
Day, David, 2105-2110G. B. F, p. 195. W. 1754. Inv. 1754.
Day, David, 10725G. W. 1812.
Day, David B., 14502G. W. & Cod. 1854. Inv. 1854.
Day, Delia A., 18740G. W. 1876. Inv. 1877.
Day, Elihu, 17535G. W. 1872. Inv. 1872.
Day, Ezekiel, 12306G. W. 1832. Inv. 1832.
Day, Ezekiel, 13817G. Inv. 1849.
Day, Fanny, 21626G. W. 1885.
Day, Foster, 13421G. W. & Cod. 1845. Inv 1846.
Day, Frederic, 18142G. W. 1874. Inv. 1874.
Day, George, 165G. B. A, p. 198. Int. 1720. Inv. 1720.
Day, George, 1879-1886G. B. E, p. 497. Int. 1750. Inv. 1750. Acct. 1756. Ren. 1750.
Day, George O., 14195G. Inv. 1852.
Day, Hannah M., 27850G. W. 1899.
Day, Harriet, 16295G. W. 1866.
Day, Henry, 5267-5270G. B. 24, p. 26. Int. 1781. Inv. 1781.
Day, James N., 20887G. W. 1883.
Day, John, 21625G. Inv. 1885.
Day, John C., 28349G. W. 1900. Inv. 1901.
Day, Joseph T., 23095G. W. 1889. Inv. 1889.
Day, Lydia, 13117G. W. 1841. Inv. 1841.
Day, Maria C., 18424G. W. & Cod. 1875. Inv. 1875.
Day, Martin N., 22682G. W. 1888.
Day, Mary, 28350G. Inv. 1900.
Day, Mary A., 23529G. W. 1890.
Day, Mary R., 16637G. W. 1868. Inv. 1868.
Day, Mary S., 25358G. W. 1894. Inv. 1895.
Day, Mary T., 21270G. W. 1884.
Day, Matilda M., 26874G. W. 1897.
Day, Matthais, 13422G. Inv. 1845.
Day, Matthias W., 15735G. W. 1863. Inv. 1869.
Day, Moses, 12785G. W. 1837. Inv 1837.
Day, Nancy P., Harriet N., Jane W., Israel L., 12307G. Inv. 1832. Wds.
Day, Robert P., 13423G. W. 1845.
Day, Samuel, 11564G. Inv. 1824.
Day, Samuel, 18425G. Inv. 1875.
Day, Sarah E., 16638G. W. 1868. Inv. 1868.
Day, Stephen, 7666-7669G. B. 33, p. 215. Int. 1793.
Day, Stephen D., 14838G. W. 1856. Inv. 1858.
Day, Thomas, 16444G. Inv. 1867.
Day, Thomas, 21271G. W. 1884. Inv. 1884.
Day, Thomas, 25853G. W. 1895. Inv. 1896.
Day, Timothy, 10778G. W. 1813.
Day, William, 14503G. Inv. 1854.
Day, William W., 12590G. Inv. 1835.
Dayton, Daniel, 10526G. W. 1808.
Dayton, Elias, 10527G. Inv. 1808.
Dayton, Eliza S., 13818G. W. 1849.
Dayton, Hannah, 10971G. W. 1816. Inv. 1816.
Dayton, Jonathan, 1017-1018G. Grd. 1739.
Dayton, Jonathan, 1059-1060G. Grd. 1739.
Dayton, Jonathan, 4711-4712G. B. 16, p. 522. Int. 1778.
Dayton, Jonathan, 6528-6531G. B. 29, p. 417 Int. 1787.
Dayton, Jonathan, 11641G. Inv. 1825.
Dayton, Jonathan I., 5691-5694G. B. 24, p. 334. Grd. 1783. Pt. 1783.
Dayton, Jonathan I., 7944-7959G. B. 33, p. 388. W. 1794. Inv. 1807.

Dayton, Jonathan J., 4063-4066G. B. K, p. 381. Grd. 1772. Pt. 1772.
Dayton, Keturah, 8874-8879G. B. 36, p. 503. Int. 1797. Inv. 1798.
Dayton, Levi, 18426G. W. 1875. Inv. 1875.
Dayton, Margaret M., 13512G. W. 1846.
Dayton, Mary, 6532-6533G. B. 29, p. 398. W. 1787.
Dayton, Noah, 13937G. W. 1850.
Dayton, Sarah S., 21272G. Inv. 1884.
Dayton, Susan, 13513G. W. 1846. Inv. 1846.
Dayton, William, 6696-6699G. B. 31, p. 243. Int. 1788.
DCamp, Joseph, Jr., 9416-9423G. B. 38, p. 267. Int. 1799. Inv. 1800. Ren. 1799.
Dean, Aaron, 26875G. W. 1897. Inv. 1897.
Dean, Amzi J., 25854G. W. 1895.
Dean, Anthony A., 16096G. W. 1865. Inv. 1865.
Dean, Charlotte, 16445G. W. 1867. Inv. 1867.
Dean, Cyrus, 17037G. W. 1870. Inv. 1870.
Dean, Daniel, 13424G. W. 1845. Inv. 1846.
Dean, Daniel, 14504G. W. 1854. Inv. 1855.
Dean, Daniel, 15904G. W. 1864. Inv. 1864.
Dean, Daniel A., Sr., 16446G. W. 1867. Inv. 1867.
Dean, Ichabod, 5413-5416G. B. 23, p. 429. W. 1782.
Dean, Jacob, 12497G. W. 1834. Inv. 1834.
Dean, Mary J., 21273G. W. 1884.
Dean, Oliver, 17536G. Inv. 1872.
Dean, Peter, 11105G. W. 1818.
Dean, Rachel, 20201G. Inv. 1881.
Dean, Rebecca, 10202G. B. 40, p. 333. Int. 1803.
Dean, Solomon, 13425G. Inv. 1845.
Dean, William, 12407G. Inv. 1833.
Dean, William, 26347G. W. 1896.
Dean, William V., 18143G. W. 1874.
Dearden, Francis, 15611G. W. 1862.
DeBaene, Joost, 297-300G. B. A. p. 320. W. 1724.
Debaun, Jacob A., 18144G. W. & Cod. 1874. Inv. 1874.
DeBaun, John, 25855G. W. & Cod. 1895. Inv. 1897.
Debaun, Peter, Sr., 11472G. W. 1823.
DeBonrepos, David, Sr., 1547-1552G. B. E, p. 187. W. 1748. Int. 1748. Inv. 1748.
DeBow, Garret, 11732G. W. 1826. Int. 1826.
DeBow, Henry D, 17537G. Inv. 1872.
DeBow, John G., 18427G. W. 1875. Inv. 1875.
Debow, Leah, 14196G. W. 1852. Inv. 1852.
DeBow, Samuel, 27851G. W. 1899.
DeBraine, Alexandrine, 2444G. W. 1892.
deBruyn Kops, Gerrit W., 15336G. W. 1860.
DeCamp, Aaron, 6700-6702G. Int. 1788.
DeCamp, Aaron, 11835G. W. 1827. Inv. 1827.
DeCamp, Almira, 28351G. W. 1900.
DeCamp, Benjamin, 12868G. W. 1838. Inv. 1838.
DeCamp, Daniel, 12050G. Inv. 1829.
DeCamp, David, Sr., 13514G. W. 1846. Inv. 1846.
DeCamp, Eliphalet, 13426G. Inv. 1845.
DeCamp, George W., 24916G. W. 1893.
DeCamp, Harriet E., 21967G. W. 1886.
DeCamp, James, 4355-4358G. B. M, p. 38. Grd. 1775. Pt. 1775.
DeCamp, Job, 12963G. Inv. 1839.
Decamp, John, 3543-3544G. B. H, p. 610. W. 1766.
DeCamp, John, 19578G. Inv. 1879.

DeCamp, John, 20888G. W. 1883. Inv. 1883.
DeCamp, John, Sr., 5599-5610G. W. 1783. Int. 1783. Inv. 1783. Ren. (2) 1783.
DeCamp, Lambert, Sr., 6914-6917G. B. 30, p. 347. W. 1790.
DeCamp, Mary E., 28352G. W. 1900. Inv. 1900.
DeCamp, Nicholas, 19333G. W. 1878.
DeCamp, Samuel W., 19334G. W. 1878. Inv. 1878.
DeCamp, Sarah, 13266G. Inv. 1843.
DeCamp, Thomas J., 15205G. Inv. 1859.
DeCamp, Timothy B., 23530G. Inv. 1890.
DeCamp, Zenas H., 26876G. W. 1897.
Decatur, Maria S., 19579G. W. 1879. Inv. 1879.
Dechert, Theodor, 27852G. W. 1899.
Decker, Andrew, 17288G. W. 1871.
Decker, E. Alliger, 24917G. W. 1893.
Decker, Effie, 18428G. W. 1875. Inv. 1875.
Decker, George, 18429G. W. 1875. Inv. 1875.
Decker, Isaac N., 19335G. W. 1878.
Decker, Matthew, 11836G. Inv. 1827.
Decker,-Ozzilla, 15905G. Inv. 1864.
Dector, Joseph, 14687G. W. & Cod. 1855.
Decumbus, Oliver H., 23096G. W. 1889.
Dederding, Charlotte, 22316G. W. 1887. Inv. 1887.
Dee, Michael, Sr., 18145G. W. 1874. Inv. 1874.
Deegan, James, Sr., 15337G. W. 1860. Ren. 1860.
Deegan, Patrick, 20902G. W. 1883.
Deeny, Ann, 17829G. W. 1873.
Deerin, John, 25856G. W. 1895.
Deerin, John, Sr., 19050G. W. 1877.
DeForeest, George R., 28353G. W. 1900.
Degarmo, Peter, 9424-9425G. B. 38, p. 262. Int. 1799.
Degavre, Martin, 18741G. W. 1876. Inv. 1876.
Degen, Benno, 17286G. Inv. 1871.
Degenhardt, Henry A., 18430G. Inv. 1875.
Degenhardt, Paul, 26348G. Inv. 1896.
Degler, George F., 22317G. W. 1887.
Degnan, James H., 25857G. W. 1895.
Degnan, John, 21627G. W. 1885. Inv. 1885.
Degnan, Maria, 22684G. W. 1888. Inv. 1888.
Degramo, John, 2627-2628G. B. G, p. 92. Int. 1759.
DeGrauw, Sarah T., 27853G. W. & Cod. 1899. Inv. 1899.
DeGrauw, William L., 17538G. W. 1872. Inv. 1872.
DeGraw, Cornelius, 4467-4468G. Copy of Inv.
DeGraw, Cornelius, 9750-9755G. B. 39, p. 136. W. 1800. Inv. 1800.
deGrefin, Augusta, 22685G. W. & Cod. 1888. Inv. 1888.
Degress, Francis, Sr., 21274G. W. & Cod. 1884.
DeGroote, Franz A., 21275G. W. 1884.
DeGroote, Fredericka, 21276G. W. 1884.
DeHart, Charles A., 26349G. W. & Cods. (2) 1896.
DeHart. Cyrus, 12226G. W. 1831.
Dehart, Daniel, 4533-4534G. B. 19. p. 150. W. 1777.
Dehart, Daniel, Sr., 2015-2018G. B. F, p. 153. W. 1753.
Dehart, Gozen R., 9756-9759G. B. 39, p. 371. Wd. 1800. Tr. 1800.
DeHart, Henry C., 23976G. W. 1891.

Dehart, Jacob, 791-794G. B. C, p. 225. Grd. 1738.
De Hart, Jacob, 10902G. W. & Cod. 1815.
Dehart, Jacob, Jr., 2629-2630G. B. G, p. 120. Int. 1759.
DeHart, Jacob, Sr., 5123-5128G. B. 22, p. 287. W. 1780.
DeHart, Jane, 13607G. W. 1847. Inv. 1847.
DeHart, John, 13515G. W. 1846. Inv. 1846.
DeHart, John, Sr., 8198-8219G. B. 33, p. 490. W. 1795. Inv. 1795.
Dehart, Matthias, 3009-3018G. B. H, p. 35. Int. 1761. Inv. (2) 1761. Ren. 1761.
DeHart, Matthais, 3545-3548G. B. I, p. 148. W. 1766. Inv. 1766.
DeHart, Matthias D., 11733G. W. 1826.
DeHart, Sarah, 12308G. W. 1832.
DeHart, Stephen R., 8604-8609G. B. 35, p. 507. Int. 1796. Inv. 1800. Ren. 1796.
DeHart, William C., 13703G. W. 1848. Inv. 1848.
Dehmer, Anton, 23531G. W. 1890.
Dehnenkamp, George, 20552G. W. 1882.
Deitz, James M., 21970G. Inv. 1886.
DeKalb, William H., 24918G. Inv. 1893.
DeLamater, Eliza H., 24445G. W. 1892.
DeLaMontagnie, Edward, 18146G. Inv. 1874.
Delaney, Mary A., 28354G. W. 1900.
Delaney, Peter, 17038G. W. 1870.
Delano, Jesse, Jr., 14049G. Inv. (2) 1851.
Delano, Sarah, 17830G. Inv. 1873.
Delany, Daniel, 26877G. W. 1897.
Delaplaine, Nicholas, 11317G. Inv. 1821.
De La Tour, Trigant, 10403G. Inv. 1806.
Dellmuth, Catharine, 22318G. W. 1887.
DeLong, Delavan, 23978G. W. 1891.
DeLong, Margaret A., 19843G. W. 1880. Inv. 1880.
DeLuca, Antonio, 28355G. Inv. 1900.
Demarest, Daniel, 17539G. W. 1872. Inv. 1872.
Demarest, Daniel, 26878G. W. 1897. Inv. 1897. Ren. 1897.
Demarest, David, 27348G. W. 1898.
Demarest, Gerrit, 12408G. W. 1833. Inv. 1833.
Demarest, Harry B., 23979G. W. 1891.
Demarest, John, 27349G. W. 1898.
Demarest, John, 28356G. W. 1900.
Demarest, Mary A., 24446G. W. & Cods. (2) 1892.
Demarest, Nicholas J., 25859G. W. & Cod. 1895.
Demarest, Peter, 27350G. W. 1898. Inv. 1898.
Demarest, Samuel F., 27351G. Inv. 1898.
Demarest, Sarah J., 25860G. W. 1895. Inv 1895.
Demarest, Thomas H., 23532G. W. 1890.
DeMasure, Louis, 28879G. W. 1806.
DeMoney, Henry, Sr., 2210-2224G. B. F, p. 248. W. 1755. Inv. 1755.
DeMoney, Henry, Sr., 4713-4722G. B. 19, p. 456; B. 24, p. 29. W. 1778. Inv. 1778. Acct. 1781.
Demorest, Peter, 8220-8221G. Inv. 1795.
Demott, Andrew L., 21628G. W. 1885.
Demott, Garret H., 19336G. W. 1878.
DeMott, Giles, 25259G. W. 1894.
DeMott, Isaac M., 23980G. W. 1801.
DeMott, Michael, 14505G. W. & Cod. 1854.
DeMott, Rachel, 22310G. W. 1887. Inv. 1888.
Dempsey, Annie, 20880G. W. 1883. Inv. 1884.
Dempsey, Eliza, 26880G. W. 1897.

Diamond, Mary J., 23098G. W. 1889.
Dianaz, Jean L. B., 23983G. W. 1891.
Dick, Sarah R., 25362G. W. 1894.
Dicker, Andrew, 17288G. W. 1871.
Dicker, John, 27862G. W. 1899. Ren. 1899.
Dicker, Maria, 23974G. W. 1891.
Dickerson, Adrian, 25363G. W. 1894.
Dickerson, Charlotte B., 22683G. W. 1888.
Dickerson, Eunice, 15476G. W. 1861. Inv. 1861.
Dickerson, James J., 23984G. W. 1891. Inv. 1892.
Dickerson, James L., 19338G. W. 1878. Inv. 1878.
Dickerson, Nancy, 13038G. W. 1840. Inv. 1840.
Dickerson, Robert, 12143G. Inv. 1830.
Dickey, Alexander, 6814–6815G. Inv. 1789.
Dickey, Alexander, 10903G. W. 1815.
Dickinson, Brainard, 11175G. W. 1819.
Dickinson, David, 10972G. W. 1816. Inv. 1816.
Dickinson, Israel, 17541G. W. 1872.
Dickinson, John, 11176G. Inv. 1819.
Dickinson, John, 16447G. W. 1867. Inv. 1867.
Dickinson, John, Sr., 7682–7687G. B. 33, p. 210. W. 1793. Inv. 1799.
Dickinson, John B., 22687G. W. 1888.
Dickinson, Jonathan, 9764–9773G. B. 39, p. 188. W. 1800. Int. 1800. Inv. 1801.
Dickinson, Jonathan, Sr., 1435–1436G, 1949–1950G. B. E, p. 108. W. 1747. Inv. 1752.
Dickinson, Josiah, 21279G. Inv. 1884.
Dickinson, Lois, 11643G. Inv. 1825.
Dickinson, Martha, 7960–7961G. B. 33, p. 368. W. 1794.
Dickinson, Mary S., 21280G. Inv. 1884.
Dickinson, Nathaniel, 8222–8229G. B. 33, p. 492. W. 1795. Inv. (2) 1800.
Dickinson, Orrin, Sr., 16098G. W. 1865.
Dickinson, Peter, 4153–4156G. B. K, p. 553. Int. 1773. Ren. 1773.
Dickinson, Peter, 8058–8060G. Bd. 1784.
Dickinson, Phebe A., 21969G. Inv. 1886.
Dickinson, Philemon, 23099G. W. 1889. Inv. 1889.
Dickinson, Philemon, Sr., 14839G. W. 1856. Inv. 1856.
Dickinson, Philemon, Sr., 23985G. W. 1891. Inv. 1891.
Dickinson, Ralph, 17289G. W. 1871.
Dickinson, Sarah, 9102–9104G. B. 37, p. 534. W. & Cod. 1798.
Dickinson, Thomas, Glowina, 12591G. Inv. 1835. Wds.
Dickinson, William B., 20893G. Inv. 1883.
Dickinson, William P., 21631G. W. 1885.
Dickison, Aaron, 12052G. W. 1829. Int. 1829.
Dickson, James, 19054G. Inv. 1877.
Dickson, James, 19339G. W. 1878.
Diebold, Adam, 18435G. Inv. 1875.
Diebold, John, 16817G. W. 1869. Inv. 1872.
Diefenbacher, Louis, 20203G. W. 1881.
Diefendorf, Adelbert, Sr., 28360G. W. 1900. Ren. 1900.
Diefenthaeler, John V., 24920G. W. 1893. Inv. 1893.
Dieffenbach, Emilie, 28361G. W. 1900.
Dieffenbach, Henry, 17542G. W. 1872. Inv. 1873.
Dickmann, Annie, 20204G. Inv. 1881.
Diethrich, Mary A., 23100G. W. 1889.
Dietrich, Albert, 18744G. W. 1876.
Dietsch, Friedrich, 21632G. W. 1885.

Dietz, Catharine, 23101G. W. 1889.
Diffendefer, Lee W., 12679G. Inv. 1836.
DiGiacomo, Antonio, 27403G. W. 1898.
Dignan, John, 26888G. W. 1897.
Dignan, Thomas, 18743G. W. 1876.
Dike, Lizzie M., 23536G. W. 1890.
Dikens, Louisa, 13120G. W. 1841. Inv. 1841.
Dillon, Mary A., 27863G. W. 1899.
Dilly, Jacob, 17834G. W. 1873.
Dimlow, Edward R., 23537G. Inv. 1890.
Dingwell, Robert, 26886G. Inv. 1897.
Dinnen, Matthew, 13704G. Inv. 1848.
Dinser, Caroline, 25360G. W. & Cod. 1894.
Dippel, Mary, 24921G. W. 1893.
Disbrow, George W., 13196G. Inv. 1842.
Diterman, Fridrick, 27864G. W. 1899.
Ditmars, Jacob R., 19845G. W. 1880. Inv. 1880.
Dittig, Albert, 26889G. W. 1897.
Dittig, Frederick, Sr., 26354G. W. 1896.
Dittig, George A., 19846G. W. & Cod. 1880.
Dittig, Henry A., 27865G. Inv. 1898.
Dixey, Susannah, 11397G. Inv. 1822.
Dixon, Martha, 23538G. W. 1890.
Dixon, William, Sr., 17–25G. B. A, p. 24; B. 2, p. 43. W. 1715. Int. 1716. Inv. 1716. Acct. 1726.
Doan, Frances B., 22688G. W. & Cod. 1888. Inv. 1888.
Doan, Mary E., 20894G. Inv. 1883.
Doane, Eliza, 14988G. W. 1857. Inv. 1857.
Doane, Eliza L., 21633G. W. 1885.
Doane, Henry, 13820G. W. 1849. Inv. 1849.
Dobbin, Joseph, 14688G. Inv. 1855.
Dobbin, Justus S., 14506G. Inv. 1854.
Dobbins, David, 11250G. Inv. 1820.
Dobbins, David L., 12227G. Inv. 1831.
Dobbins, Elizabeth, 22689G. W. 1888. Inv. 1888.
Dobbins, John G., 16641G. Inv. 1868.
Dobbins, Matthias C., 18436G. Inv. 1875.
Dobbins, Samuel S., 25863G. W. 1895.
Dobbins, Susan H., 25864G. W. 1895. Inv. 1895.
Dobridge, Henry A., 17837G. W. 1873. Inv. 1873.
Dobridge, Julia J., 20895G. W. 1883. Inv. (2) 1883.
Dobridge, Sarah A., 23986G. W. 1891. Inv. 1891.
Dobridge, Selina F., 23987G. W. 1891. Inv. 1891.
Dod, Abel, 11475G. W. 1823. Inv. 1823.
Dod, Abner, 13705G. Inv. 1848.
Dod, Caleb, 10666G. Inv. 1811.
Dod, Daniel, Sr., 3631–3632G. B. I, p. 184. W. 1767.
Dod, David, Sr., 12228G. W. 1831.
Dod, James, 11043G. W. 1817. Inv. 1818.
Dod, John, 3709–3710G. B. I, p. 352. W. 1768.
Dod, John G., 14507G. Inv. 1854.
Dod, Jonathan, 613–614G. B. B, p. 388. Int. 1732.
Dod, Joseph, Sr., 6936–6939G. B. 30, p. 321. W. 1790.
Dod, Joshua, 11177G. W. 1819. Inv. 1820.
Dod, Matthias, 10043G. B. 39, p. 370. Int. 1801. Inv. 1802.
Dod, Nathaniel, 10667G. W. 1811.
Dod, Nekoda, 11398G. W. & Cod. 1822. Inv. 1822.
Dod, Reuben, 10120G. B. 40, p. 82. Int. 1802.
Dod, Robert, 24448G. W. 1892. Inv. 1892.

Domke, Fredericke, 25367G. W. 1894.
Dommhahn, Christina, 27360G. W. 1898.
Donack, Elizabeth, 16645G. W. 1868. Inv. 1868.
Donahue, Bernard, 16646G. W. 1868. Inv. 1868.
Donahue, James, 21971G. W. 1886.
Donahue, John, 26359G. Inv. 1896.
Donahue, Mary, 19848G. W. 1880.
Donaldson, James, 23106G. W. 1889. Inv. 1889.
Donaldson, Jesse R., 14197G. Inv. 1852.
Donaldson, Lydia, 11943G. W. 1828. Inv. 1840.
Donaldson, Richard A., 11399G. Inv. 1822.
Donaldson, Richard A., 16100G. Inv. 1865.
Donaldson, Ruth, 11647G. Inv. 1825.
Donaldson, William, 10669G. Inv. 1811.
Donato, Peter, 21972G. Inv. 1886.
Donavan, James, 20207G. W. 1881.
Donegan, Robert A., 18059G. Inv. 1874.
Donehey, Ellen, 25368G. Inv. 1894.
Donigan, Michael, 23989G. W. 1891.
Donington, Frances A., 14990G. W. 1857.
Donington, Thomas, 527-528G. B. B, p. 430, W. 1731.
Donington, William, Sr., 7962-7963G. B. 33, p. 363. W. 1794.
Donnelly, Edward F., 26360G. W. 1896.
Donnelly, Hugh, 27361G. W. 1898.
Donnelly, John, 25868G. W. 1895.
Donnelly, Maria, 25369G. W. 1894.
Donnigan, James, 23539G. W. 1890.
Donnington, John, Jr., 10203G. B. 40, p. 398. W. 1803.
Donnington, Sarah, 9760-9763G. B. 39, p. 138. Int. 1800. Inv. 1800.
Donoghue, John, 15478G. Inv. 1861.
Donohue, Bridget, 16297G. W. 1866.
Donolly, Peter, 17545G. Inv. 1872.
Donougher, Catharine, 20896G. W. 1883. Inv. 1883.
Donovan, Margaret, 20561G. W. 1882.
Donovan, Patrick, 17292G. W. 1871.
Doobs, John, 7226-7233G. Inv. 1791.
Dooley, Patrick, 20206G. W. 1881.
Dooly, Mary, 19055G. Inv. 1877.
Dooremis, Cornelis, 6098G, 6244-6245G. B. 27, p. 286. W. 1785.
Dooremus, Thomas, Jr., 9774-9775G. B. 39, p. 138. Int. 1800.
Dopf, John W., 21282G. W. 1884.
Doremus, Abraham, 10044G. B. 39, p. 238. W. 1801. Inv. 1801.
Doremus, Alice L. C., 18438G. W. 1875. Inv. 1875.
Doremus, Barnabas, 18747G. Inv. 1876.
Doremus, Betsey, 27362G. W. 1898.
Doremus, Catharine, 23540G. W. 1890. Inv. 1891.
Doremus, Catharine J., 27363G. W. 1898.
Doremus, Charles T., 26361G. Inv. 1896.
Doremus, Cornelius, C., 12498G. Inv. 1834.
Doremus, Cornelius E., 13123G. W. 1841. Inv. 1841.
Doremus, Cornelius P., 15613G. W. 1862. Inv. 1862.
·Doremus, David, 15479G. W. & Cods. (2) 1861. Inv. 1861. Ren. 1861.
Doremus, Egbert, 11044G. W. 1817. Inv. 1818.
Doremus, Emiline, 26984G. W. 1897.
Doremus, Garret, 11107G. W. 1818. Inv. 1818.
Doremus, George C., 17546G. W. 1872. Inv. 1872.
Doremus, Gorline, 17835G. W. 1873. Inv. 1873.

Doremus, Halmagh, 21283G. W. 1884.
Doremus, Hannah C., 14991G. Inv. 1857.
Doremus, Henry C., 10344G. W. 1805. Inv. 1805.
Doremus, Henry H., 10726G. Inv. 1812.
Doremus, Henry S., 17840G. W. 1873. Inv. 1873.
Doremus, Jacob, 11737G. W. 1826. Inv. 1826.
Doremus, James, 25869G. Inv. 1895.
Doremus, John, 5771-5772G. B. 26, p. 505. Int. 1784.
Doremus, John, 15614G. W. 1862. Inv. 1863.
Doremus, John A., 16448G. Inv. 1867.
Doremus, John C., 10670G. Inv. 1811.
Doremus, John G., 18147G. Inv. 1874.
Doremus, Joseph, 25370G. W. 1894.
Doremus, Josiah, 15208G. Inv. 1859.
Doremus, Margaret P., 14055G. W. 1851. Inv. 1851.
Doremus, Mouris, 11648G. W. 1825. Inv. 1825.
Doremus, Nelly, 12786G. W. 1837. Inv. 1837.
Doremus, Peter, 14992G. Inv. 1857.
Doremus, Peter C., 11251G. Inv. 1820.
Doremus, Peter A., 16821G. W. 1869. Inv. 1869.
Doremus, Munson G., 17547G. Inv. 1872.
Doremus, Nancy, 18748G. W. 1876. Inv. 1876.
Doremus, Thomas, Jr., 10046G. Inv. 1801.
Doremus, Thomas, Sr., 10045G. B. 39, p. 453. Int. 1801. Inv. 1802.
Doremus, William H., 18749G. W. 1876.
Dorigo, Ernestina, 23990G. Inv. 1891.
Dorl, Charles, 16101G. Inv. 1865.
Dornin, Ann, 23105G. Inv. 1889.
Dorr, Christian, 20560G. W. 1882.
Dorr, Horatio, Sr., 22323G. W. & Cod. 1887.
Dorr, Sophie, 27867G. W. 1899. Inv. 1900.
Dorrance, George E., 25371G. Inv. 1894.
Dorrance, Samuel J., 18439G. Inv. 1875.
Dorrington, Eleanor, 28364G. W. 1900.
Dorrington, John, 935-936G. B. C, p. 270. Wd. 1738.
Dorsey, Annie M., 24923G. W. 1893.
Dorst, Leo, 23991G. W. 1891.
Dosch, Alois, 21973G. W. 1886.
Dosch, Barbara, 24924G. W. 1893.
Dosch, Kilian, 19849G. W. 1880. Inv. 1880.
Dossenback, Bernhard, 21637G. W. 1885.
Dotey, Isaac, 4419-4422G. B. 18, p. 25. W. 1776.
Doty, Anthony, 10727G. Inv. 1812.
Doty, James, 13609G. W. 1847.
Doty, Joseph, 3711-3712G. B. K, p. 48. W. 1768.
Doty, Joseph, 13428G. W. & Cod. 1845. Inv. 1845.
Doty, Sarah, 6100-6101G. B. 27, p. 376. Int. 1785.
Doty, Sarah E., 26895G. W. 1897.
Doty, Stephen H., 26896G. W. 1897.
Doty, William P., 5271-5274G. B. 24, p. 27. Wd. 1781. Pt. 1781.
Dotzert, John C., 28365G. W. 1900. Inv. 1901.
Doubleday, John M., 25372G. W. 1894. Inv. 1895.
Doudard, Marie L., 19056G. W. 1877. Inv. 1877.
Doughaday, Caroline, 16636G. W. 1868. Inv. 1868. Ren. 1868.
Dougherty, Alexander N., 14056G. Inv. 1851.
Dougherty, Alexander N., 20562G. W. 1882. Inv. 1883.
Dougherty, Bernard, 25870G. W. 1895.
Dougherty, Bridget, 18440G. W. 1875.

Dressel, Ferdinand, 20898G. W. 1883.
Drever, John, 18444G. W. & Cod. 1875. Inv. 1875.
Drew, Andrew T., 23541G. W. 1890.
Drew, Charles, 13520G. W. 1846. Inv. 1846.
Drew, George R., 24457G. W. 1892. Inv. 1892.
Drew, James S., 20899G. Inv. 1883.
Drew, John, 3957-3958G. B. K, p. 411. W. 1771.
Drew, John, 12053G. Inv. 1829.
Drew, John, 15910G. W. 1864. Inv. 1864.
Drew, John B., 20900G. Inv. 1883.
Drew, John L., 21977G. W. 1886.
Drew, Sarah, 16299G. W. 1866.
Drew, Stephen, 13198G. W. 1842. Inv. 1842.
Drey, Henry, 19589G. W. 1879.
Dreyer, Joseph, 28359G. W. & Cods. (2) 1900. Inv. 1900.
Driesback, Henry, 14993G. W. 1857. Inv. 1857.
Driscoll, Mary E., 26365G. W. 1896.
Droege, Frederick W., 27869G. W. 1899.
Drohm, John, 26900G. W. 1897.
Drovon, Louis, 19346G. W. 1878.
Druce, Albert W., 14843G. Inv. 1856.
Drum, John, 20565G. Inv. 1882.
Drumm, Christina, 23993G. W. 1891. Inv. 1893.
Drumm, Daniel, 18752G. W. 1876.
Drumm, Daniel, 19854G. W. 1880.
Drumm, Maria, 21978G. W. 1886.
Drummond, Elias, 6940-6943G. B. 30, p. 363. Wd. 1790. Pt. 1790.
Drummond, Jane, 7470-7471. B. 34, p. 19. Int. 1792.
Drummond, Matthew, 18753G. W. 1876. Inv. 1877.
Drummond, Molford, 12681G. W. 1836. Inv. 1837.
Drummond, William H., 28368G. W. 1900. Inv. 1901.
Drury, John, 17294G. W. 1871. Inv. 1871.
Drury, Michael J., 24925G. W. 1893.
Drury, Susan, 20901G. Inv. 1883.
Du Bois, Catharine A., 11178G. W. 1819.
Duck, Thomas, 14510G. Inv. (2) 1854. Pt. 1854.
Ducker, Dorette, 24926G. W. 1893.
Dudley, Ann, 13124G. W. 1841.
Dudley, Francis D., 27368G. W. 1898.
Dudley, Sumner F., 26901G. W. 1897.
Duelly, Edward C., 26366G. Inv. 1896.
Duetsch, John, 21286G. W. 1884.
Duff, Alexander, 12312G. W. & Cod. 1832. Inv. 1832.
Duffey, Matthew, 20212G. W. 1881. Inv. 1881.
Duffey, Patrick, 17550G. W. 1872.
Duffield, Samuel A. W., 22326G. W. 1887.
Duffin, Nicholas, 16450G. W. 1867.
Dufford, Theodore, 27369G. W. 1898.
Duffy, Charles, 14693G. Inv. 1855.
Duffy, Edward J., 24927G. Inv. 1893.
Duffy, John, 25875G. W. 1895.
Duffy, Mary, 21641G. W. 1885.
Duffy, Mary, 28369G. W. 1900.
Duffy, Nicholas, Sr., 19855G. W. & Cod. 1880. Inv. 1880.
Duffy, Philip, 26817G. W. 1897.
Duffy, Thomas, 25378G. W. 1894.
Dugan, William, 14058G. Inv. 1851.
Dugdale, Thomas, 21642G. W. 1885.
Duggan, Thomas, 22327G. W. 1887.
Dughi, Joseph, 18149G. Inv. 1874.
Duker, Elizabeth, 16650G. W. 1868.

Duker, Fredericka, 20903G. Inv. 1883.
Duks, John, Sr., 24459G. W. 1892. Inv. 1893.
Dulagar, Philip D., 27919G. W. & Cod. 1899. Ren. 1899.
Dulaney, William, 17551G. W. 1872.
Dullager, Isaac, 15342G. Inv. 1860.
Dullager, Sophia, 16823G. Inv. 1869.
Dumazeand, Peter E., 14511G. W. 1854. Inv. 1855.
Dunbar, Michael, 17841G. W. 1873. Inv. 1873.
Dunbar, Thomas, 15745G. Inv. 1863.
Dunbrack, John, 20213G. W. 1881.
Dunbreck, Jean, 20904G. W. 1883.
Duncan, Andrew W., 26367G. Inv. 1896.
Duncan, Elizabeth, 20905G. W. 1883.
Duncan, Fanny, 25876G. W. 1895. Inv. 1896.
Duncan, George, 13611G. W. 1847. Inv. 1849.
Duncan, James, 16103G. W. & Cod. 1865. Inv. 1865.
Duncan, James, 19856G. W. 1880. Inv. 1880.
Duncan, Maria, 23542G. W. 1890.
Duncan, William, 19347G. W. 1878.
Duncan, William, 19857G. W. 1880.
Duncker, John F., 24458G. W. 1892.
Dungan, Edward V., 4857-4860G. B. 16, p. 522. Int. 1778.
Dunham, Ann M., 24928G. W. 1893.
Dunham, Anna, 11045G. W. 1817. Inv. 1817.
Dunham, David, 11478G. W. 1823. Inv. 1823.
Dunham, David, Sr, 4067-4070G. B. K, p. 459. W. 1772.
Dunham, David S., 17842G. W. 1873. Inv. 1873.
Dunham, Elias, 10974G. Inv. 1816.
Dunham, Elizabeth, 10728G. W. 1812. Inv. 1812.
Dunham, Esther, 4157-4159G. B. K, p. 542. W. 1773.
Dunham, Evelina, 16300G. W. 1866.
Dunham, Heber, 20906G. W. 1883.
Dunham, John, 23994G. W. 1891.
Dunham, John, Sr., 13041G. W. 1840. Inv. 1841.
Dunham, Joseph, 4723-4724G. B. 16, p. 513. Int. 1778.
Dunham, Joseph, 7238-7239G. B. 32, p. 507. Int. 1791.
Dunham, Peter R., 18150G. Inv. 1874.
Dunham, Rachel, 23995G. W. & Cod. 1891.
Dunican, Michael, Sr., 17552G. W. 1872. Inv. 1873.
Dunkley, John, 24929G. W. 1893. Inv. 1893.
Dunkley, William, 28370G. W. 1900.
Dunn, Abigail, 9776-9779G. B. 39, p. 13. Int. 1800. Inv. 1801.
Dunn, Alexander, 17843G. Inv. 1873.
Dunn, Ann, 25379G. W. 1894. Ren. 1894.
Dunn, Clarence M., 27870G. W. 1899.
Dunn, David D., 16824G. Inv. 1869.
Dunn, Elizabeth, 21979G. W. 1886.
Dunn, Ellis, 16301G. Inv. 1866.
Dunn, Enoch L., 24930G. W. 1893.
Dunn, George, 16651G. W. 1868. Inv. 1868.
Dunn, Henry S., 23996G. W. & Cod. 1891.
Dunn, James T., 27370G. W. & Cod. 1898.
Dunn, Joseph, Sr., 1553-1554G. B. E, p. 236. W. 1748.
Dunn, Julia, 27871G. W. 1899.
Dunn, Lewis, 13429G. Inv. 1845.
Dunn, Lewis R., 27371G. Inv. 1898.
Dunn, Mary, 23543G. W. 1890.
Dunn, Micajah, 19792G. W. 1879.
Dunn, Reune J. D., 21980G. W. 1886. Inv. Inv. 1886.

Earl, Mary H., 20569G. W. 1882. Inv. 1882.
Earl, Moses S., 14062G. W. 1851. Inv. 1851.
Earl, Phebe, 15912G. W. 1864. Inv. 1864.
Earl, Phebe R., 19886G. Inv. 1880.
Earl, Phillip, 13430G. W. 1845. Inv. 1849.
Earl, Sarah S., 17556G. W. 1872. Inv. 1872.
Earl, William H., Sr., 14994G. W. 1857. Inv. 1857.
Earle, Aletta J., 21289G. W. 1884. Inv. 1884.
Earle, Edward, 11839G. W. 1827. Inv. 1829.
Earle, Henry, Sr., 5419–5423G. B. 23, p. 425. W. 1782. Inv. 1781.
Earle, John, 9426–9429G. B. 38, p. 245. W. 1799. Inv. 1799.
Earle, Mary A., 20568G. W. 1882.
Earle, Robert B., 22694G. W. 1888. Inv. 1888.
Earle, Robert C., 13825G. Inv. 1840
Earnest, Fredrick, 8248–8253G. B. 33, p. 485. W. 1795. Int. 1795. Rens. (2) 1795.
Easton. Richard, 10622G. Inv. 1810.
Eastwood, Joseph, 23111G. W. 1889.
Eaton, Edwin W., 26370G. W. 1896. Inv. 1896.
Eberhardt, Cornelius E., 20570G. W. 1882.
Eberhardt, Eva E., 23545G. W. 1890.
Eberle, Max, 21291G. W. 1884. Inv. 1884.
Ebert, Andrew, 17557G. Inv. 1872.
Ebert, Ferdinand, 18756G. W. 1876.
Ebert, John, 18155G. W. 1874.
Ebert, Mathilda, 21290G. W. 1884.
Eble, Jacob, 25383G. W. 1894.
Eble, John, 28373G. W. 1900.
Eblen, Julia, 27873G. W. 1899.
Ebner, Beate, 24462G. W. 1892. Inv. 1892.
Ebner, Carl, 16105G. W. 1865.
Eckart, Sarah, 25384G. W. 1894.
Ecker, Frederick, 19351G. W. 1878.
Ecker, John J., 17044G. W. 1870.
Ecker, Maria, 26371G. W. 1896.
Eckerlin, Frederick, 21645G. W. 1885.
Eckert, Agnes, 25882G. W. 1895.
Eckert, Andreas, 24932G. W. 1893. Inv. 1893.
Eckert, Carl J., 23546G. W. 1890.
Eckert, Karl, 24463G. Inv. 1892.
Eckert, Minnie, 19887G. W. 1880. Inv. 1880.
Eckesbusch, Carl, 16106G. W. 1865. Inv. 1866.
Eckhart, Simon, 14347G. W. 1853.
Eckly, Mary, 10204G. B. 40, p. 243. Int. 1803. Inv. 1803.
Eckstein, Frederick L., 18156G. W. 1874. Inv. 1874.
Eddy, Abby M., 21292G. W. 1884. Inv. 1885.
Eddy, Mary, 13125G. Inv. 1841.
Eddy, Rufus C., 13522G. W. 1846. Inv. 1846. Ren. 1846.
Edel, Eliza, 20571G. W. 1882. Inv. 1882.
Edgar, William, 3195–3196G. B. H, p. 106. Grd. 1762.
Edgar, William, Jr., 10213G. B. 40, p. 400. Grd. 1803.
Edge, John, 24000G. Inv. 1891.
Edge, William C., 28374G. W. 1900.
Edgecombe, Elizabeth W., 24464G. W. 1892.
Edgecombe, Jane S., 18757G. Inv. 1876.
Edgson, George, 16107G. W. 1865.
Edgson, Henrietta, 22695G. W. 1888.
Edgson, William, 13523G. W. 1846. Inv. 1846.
Edison, Adonijah, 11479G. Inv. 1823.
Edmondson, John, 24465G. W. 1892.
Edmonston, Elizabeth A., 23112G. W. 1889.

Edmonston, Peter H., 27375G. W. 1898. Inv. 1899.
Edmonston, Samuel S., 26902G. W. 1897. Inv. 1898.
Edwards, Aaron, 10274G. W. 1804. Inv. 1804.
Edwards, Aaron T., 19593G. Inv. 1879.
Edwards, Abigail, 11179G. W. & Cod. 1819. Inv. 1819.
Edwards, Albert, 20909G. W. 1883.
Edwards, Benjamin J., 22696G. W. 1888.
Edwards, Charles, 25385G. W. & Cod. 1894. Inv. 1894.
Edwards, Charles H., 21293G. Inv. 1884.
Edwards, Cyrus, 19594G. W. 1879. Inv. 1879.
Edwards, Daniel, 13126G. W. 1841.
Edwards, David, 10406G. Inv. 1806.
Edwards, David, 13431G. W. 1845. Inv. 1845.
Edwards, David, 14695G. W. 1855.
Edwards, Emma W., 26373G. W. 1896. Inv. 1898.
Edwards, Enoch, 14348G. Inv. 1853.
Edwards, Hannah, 16303G. W. 1866. Inv. 1866.
Edwards, Hetty, 18446G. W. 1875. Inv. 1875.
Edwards, Jacob, 13268G. W. 1843. Inv. 1843.
Edwards, John, 5787–5790G. B. 26, p. 506. Grd. 1784. Pt. 1784.
Edwards, John, Sr., 12054G. W. 1829. Inv. 1829.
Edwards, John C., 15747G. W. 1863. Inv. 1863.
Edwards, Joseph, 11840G. Inv. 1827.
Edwards, Joseph D., 16652G. Inv. 1868.
Edwards, Lewis, 16826G. W. 1869. Inv. 1869.
Edwards, Maria, 19595G. Inv. 1879.
Edwards, Mary A., 19596G. W. 1879. Inv. 1880.
Edwards, Mary E., 21646G. W. 1885.
Edwards, Minnie E., 28375G. W. 1900.
Edwards, Nancy, 17045G. W. 1870.
Edwards, Nathaniel, 10671G. Inv. 1811.
Edwards, Reuben B., 16108G. W. 1865.
Edwards, Samuel, 21647G. W. 1885.
Edwards, Sarah, 17297G. Inv. 1871.
Edwards, Sarah E., 26372G. W. 1896.
Edwards, Stephen, Sr., 12145G. W. 1830. Inv. 1830.
Edwards, Theodore, 14513G. Inv. 1854.
Edwards, Thomas, 11651G. W. 1825. Inv. 1826.
Edwards, Thomas, 28376G. W. 1900.
Edwards, Tobias, 17558G. W. 1872. Inv. 1872.
Edwards, William, 12499G. Inv. 1834.
Edwords, Rose E. W., 25883G. W. 1895.
Egan, Ann, 19597G. W. 1879.
Egan, Martin, 24001G. Inv. 1891.
Egbert, Ann E., 21648G. W. 1885. Inv. 1885.
Egbert, Charles L, 27376G. W. 1898.
Egbert, Cornelius, 10205G. B. 40, p. 333. Int. 1803. Inv. 1805.
Egbert, John M., 28377G. Inv. 1900.
Egbert, Rachel, 11841G. W. 1827.
Egbert, Walling, Sr., 10048G. B. 39, p. 447. W. 1801. Inv. 1801.
Egbert, William W, 24933G. W. 1893. Inv. 1894.
Egberts, Peter, 1651–1654G. B. E, p. 367. W. 1749. Inv. 1754 (?).
Egbertson, Amarintha, 22697G. W. 1888.
Egbertson, Cornelius, 14349G. Inv. 1853.
Egbertson, Egbert, 10976G. W. 1816. Inv. 1816.
Egbertson, John, 12789G. Inv. 1837. Wd.
Egbertson, John P., 12313G. Inv. 1832.

Egbertson, Leah, 19059G. W. 1877.
Egbertson, Peter, 12872G. W. & Cod. 1838. Inv. 1839.
Egborson, Lawrence, Sr., 3355–3358G. B. H, p. 357. Int. 1764. Ren. 1764.
Eger, Conrad, 17559G. W. 1872.
Eggerking, Theodore C. W., 23547G. W. & Cod. 1890.
Eggert, Dominick, Sr., 17560G. W. & Cods. (2) 1872. Inv. 1872.
Eggert, George F. L., 20572G. W. 1882.
Eggert, Maria E., 20218G. W. 1881.
Egner, Andrew, 26374G. W. 1896.
Egner, Louis, 14514G. Inv. 1854.
Egner, Philip, Sr., 26375G. W. 1896.
Ehehalt, Francis, 16453G. W. & Cod. 1867. Inv. 1868.
Ehemann, John, 16109G. W. 1865.
Ehlers, John F., 23113G. W. 1889.
Ehrhart, Julius, 27874G. W. 1899.
Ehring, Johanna A. E., 17845G. W. 1873. Inv. 1873.
Ehrle, Matthew A., 26376G. W. 1896.
Ehrlich, David, 26993G. Inv. 1897.
Ehrni, Joseph, 20910G. Inv. 1883.
Eiche, George, 23548G. W. 1890.
Eiche, Katharina, 25884G. W. 1895.
Eichenberg, William, 27875G. W. 1899.
Eichert, Philip F., 27876G. W. 1899.
Eichert, Philipp D., 19598G. W. 1879. Inv. 1879.
Eimess, John, 25885G. W. 1895. Ren. 1895.
Eisele, Gustav, 24466G. Inv. 1892.
Eisner, George, 26377G. W. 1896.
Ekert, Xavier, 18759G. Inv. 1876.
Elcox, Henry, 23114G. W. 1889.
Elcox, John, 18447G. W. 1875. Inv. 1875.
Eldridge, Gertrude E., 21986G. Inv. 1886.
Eikins, Mary F., 18758G. W. & Cods. (2) 1876. Inv. 1876.
Ella, George, 9106–9109G. B. 38, p. 209. W. 1798. Inv. 1798.
Elliot, Ann, 25886G. W. 1895.
Elliot, Henry A., 25887G. W. 1895.
Elliot, Phebe F., 26904G. W. 1897. Ren. 1897. 1897.
Elliot, Volney, 20219G. Inv. 1881.
Elliott, John B., 15486G. Inv. 1861.
Elliott, Sarah B., 2378G. W. & Cod. 1896. Inv. 1897.
Ellis, Caroline S., 27877G. W. 1899.
Ellis, Volney A., 17298G. W. 1871.
Ellison, William, 12055G. W. 1829. Inv. 1829.
Ellor, James, 28378G. W. 1900. Ord.
Elmer, Elizabeth, 12500G. W. 1834. Inv. 1834.
Elsener, John, 27377G. W. 1898. Inv. 1898.
Elsesser, George C., 16110G. W. 1865. Inv. 1865.
Elston, David, Sr., 13612G. W. 1847. Ren. 1847.
Elston, Freeman, 18448G. W. 1875. Inv. 1875.
Elston, Sarah E., 24467G. W. 1892. Inv. 1892.
Elston, William H., 18157G. W. 1874.
Elstun, Eli, 4725–4728G. B. 16, p. 527. Wd. 1777. Pt. 1777.
Elstun, Mary, 8610–8612G. B. 36, p. 42. Wd. 1796. Pt. 1796.
Elstun, Ralph, 7692–7695G. B. 33, p. 217. Wd. 1793. Pt. 1793.

Elstun, William, Sr., 4729–4734G. B. 20, p. 118. W. 1778. Inv. 1782.
Elsum, Martha, 23115G. Inv. 1889.
Elting, William H. S., 26905G. W. 1897.
Elverson, Cornelia W., 26906G. W. 1897.
Elverson, Edward, 14350G. Inv. 1853.
Elverson, George, 25386G. W. 1894. Ren. 1894.
Elverson, Jabez, 21987G. W. & Cod. 1886. Inv. 1885.
Elwood, Mary, 18760G. W. 1876.
Ely, Abijah P., 16454G. Inv. 1867.
Ely, Adaline, 26573G. W. 1882. Inv. 1882.
Ely, Betsy, 14351G. W. 1853.
Ely, Caleb H., 16455G. W. 1857. Inv. 1867.
Ely, Calvin, 12314G. W. 1832.
Ely, Edwards, 24934G. Inv. 1893.
Ely, Ezra S., 15913G. Inv. 1864.
Ely, Harriet S., 21988G. W. & Cod. 1886. Inv. 1887.
Ely, Jonathan T., 14199G. Inv. 1852.
Ely, Matthew, 20574G. W. 1882. Inv. 1882.
Ely, Moses, Sr., 12873G. W. 1838. Inv. 1838.
Ely, Moses, Sr., 13269G. W. 1842.
Ely, Noah, 1951–1954G, 3633–3637G. B. F, p. 53. W. 1752. Inv. 1752, 1767. Acct. 1767.
Ely, Phebe B., 23116G. W. 1889. Inv. 1889.
Ely, Sharline, 20575G. W. & Cod. 1882. Inv. 1882.
Ely, William, 10465G. W. 1807. Inv. 1807.
Elzamin, Henry, 14063G. Inv. 1851.
Embury, Peter A., 24935G. W. 1893. Inv. 1894.
Embury, Philip, 22700G. W. & Cods. (3) 1888. Inv. 1888.
Emde, Joseph, 16304G. W. 1866.
Emde, Maria, 17299G. W. 1871.
Emerson, Catharine B., 28380G. W. 1900.
Emberton, James, 9780–9781G. B. 39, p. 13. Int. 1800.
Emme, Caroline, 23117G. W. 1889.
Emmerich, Jacob, 16456G. W. 1867.
Emmerson, Mary, 26907G. W. 1897.
Emmet, James, 5425–5426G. B. 24, p. 21. Int. 1782.
Emmons, Eliza A., 17046G. W. 1870. Inv. 1870.
Emmons, George, 26379G. W. 1896.
Emmons, John, Sr., 16653G. W. 1868. Inv. 1868.
Emott, William, 395–396G. B. B, p. 111. Int. 1728.
Emrich, Julianna, 24003G. W. 1891.
Emrich, Nicolaus, 22329G. W. 1887.
Emrich, Peter, 17846G. W. 1873.
Enderlin, Jacob, Sr., 18449G. W. 1875G. Inv. 1875.
Enders, John, 13826G. Inv. 1849.
Enders, Joseph, 14352G. Inv. 1853.
Enders, Powles W., 10407G. Inv. 1806.
Enders, William, 11842G. Inv. 1827.
Endlich, John H., 24468G. W. 1892.
Endres, Frederica, 21649G. W. 1885.
Endres, Joseph, 17561G. W. 1872.
Engel, Marie, 23549G. W. 1890.
Engel, Rosina, 28379G. W. 1900.
Engelberger, Franz X., 18761G. W. & Cod. 1876.
Engelbrecht, Esther, 24469G. W. 1892.
Engelbrecht, John D., 19352G. W. 1878.
Engelbrecht, Josephine, 16827G. W. 1869. Inv. 1869.
Engelhardt, Margaretha, 24936G. W. 1893.

Engelhorn, Anna M., 20576G. W. 1882. Inv. 1882.
Engelhorn, John, 15344G. W. 1860.
Engelhorn, John, 25387G. W. 1894.
Engelke, Frederick, 24470G. W. 1892. Inv. 1892.
Engelleiter, Wilhelm, 19888G. W. 1880. Inv. 1880.
Engelmann, John, Sr., 21650G. W. 1885.
Enghofer, Gottlieb, 22698G. Inv. 1888.
England, Michael, 26381G. W. 1896. Inv. 1895.
Engle, Emanuel, 16828G. W. 1869.
Englehard, William, 16305G. W. 1866.
Englert, John, 24002G. W. 1891.
English, Daniel S., 13827G. Inv. 1849.
English, John, 14201G. Inv. 1852.
English, Joseph, 14515G. Inv. 1854.
English, Thomas, 16654G. W. 1868.
Engster, Edward, 16306G. W. 1866. Inv. 1867.
Ennis, Jane M., 27878G. W. 1899.
Ennis, John P, 28381G. W. 1900.
Ennis, Mary A., 13613G. W. 1847.
Ennis, Peter, 10408G. W. 1806. Inv. 1806.
Ennis, Peter, 13524G. W. 1846. Inv. 1846.
Ennis, William, 6703-6707G. B. 31, p. 243. Int. 1788.
Ennis, William, 15098G. Inv. 1858.
Enroe, Nicholas M., 19681G. Inv. 1879.
Ensslin, John M., 23552G. W. 1890.
Enzingmuller, John M., 22703G. W. 1888.
Eppel, Catharine, 24471G. W. 1892.
Eppel, George, 20577G. W. 1882.
Eppel, Martin, 25888G. W. 1895.
Erb, Augustus L., 20911G. Inv. 1883.
Erb, Caroline M., 18762G. W. 1876. Inv. 1876.
Erb, Charles H., 18450G. W. 1875. Inv. 1875.
Erb, Christian, 17562G. W. 1872. Inv. 1872.
Erb, Eva M., 24937G. W. 1893. Inv. 1893.
Erdmann, August, 23550G. W. 1890.
Erhard, Jacob, Sr, 22330G. W. 1887. Inv. 1887.
Erni, Henri, 18451G. Inv. 1875.
Ernst, Marie, 26908G. W. 1897. Inv. 1899.
Erpenstein, Robert, 17847G. Inv. 1873.
Erskine, William, 27879G. W. 1899.
Eschenauer, Maria, 22699G. W. 1888.
Eschmann, John, Sr., 24938G. W. 1893.
Eselgroth, John H., 23551G. W. 1890. Inv. 1890.
Eshbaugh, Daniel O., 27378G. W. 1898. Inv. 1899.
Esler, Henry, 10977G. Inv. 1816.
Ette, John, 16457G. W. 1867.
Ettenborough, Mary, 21989G. W. 1886. Inv. 1886.
Euler, August, 13432G. Inv. 1845.
Eurich, Caecilie, 22702G. W. 1888.
Evans, Caleb, 23553G. Inv. 1890.
Evans, Carrie, 25889G. W. 1895. Int. 1895.
Evans, Elizabeth, 24004G. W. 1891.
Evans, Francis A., 16829G. Inv. 1869.
Evans, Harriet, 20220G. Inv. 1881.
Evans, Henry, Sr., 21651G. W. & Cod. 1885.
Evans, Joseph, 8880-8883G. B. 36, p. 501. Int. 1797. Inv. 1797.
Evans, Joseph, 13042G. W. 1840. Inv. 1840.
Evans, Margaret, 24939G. W. 1893.
Evans, William, 22701G. W. 1888.
Evarts, Henry, 21990G. W. 1886.
Evarts, Phebe, 22704G. W. 1888.
Eveleigh, Nathaniel W., 14202G. Inv. 1852.
Eveleth, Margaret S., 26382G. W. 1896.

Everest, Lucy H., 25890G. W. 1895.
Everett, John D., 19889G. Inv. 1880.
Everitt, Edward, 26909G. Inv. 1897.
Everitt, Isaac J., 18452G. W. 1875. Inv. 1876.
Everitt, Martha B., 19353G. W. 1878.
Everson, Jacob, 14696G. Inv. 1855.
Everson, Mathias, 11180G. Inv. 1819.
Everson, Matthias, 10833G. W. 1814. Inv. 1816.
Everts, Albert, 23118G. W. 1889.
Evertz, Barbara, 25891G. W. 1895.
Ewing, Janet L. 21294G. Inv. 1884.
Eyrich, Christopher, 18763G. W. 1876. Inv. 1877.

Faas, Gottlieb, 17047G. W. 1870.
Faber du Faur, Wilhelmine, 26383G. W. 1896.
Fackrell, Charlotte A., 17300G. W. 1871.
Fagan, James, 21652G. W. 1885.
Fagan, Mary, 18453G. W. 1875.
Fagan, Mary, 26910G. W. 1897.
Fagan, Michael, 25388G. W. 1894.
Fagan, Terance, 22705G. W. 1888.
Fagan, Thomas, 20221G. W. 1881.
Fahner, John, 26911G. W. 1897.
Fairbanks, Charlotte, 21991G. W. 1886.
Fairbanks, Joseph B., 20578G. W. 1882. Inv. 1882.
Fairbrother, Frederick, 18158G. W. 1874. Inv. 1874.
Fairchild, David D., 18159G. W. 1874. Inv. 1874.
Fairchild, Jane B., 27379G. W. 1898.
Fairchild, John D., 18454G. Inv. 1875.
Fairchild, Joseph, 13828G. W. 1840.
Fairchild, Mary B., 14845G. W. 1856.
Fairchild, Rachel, 12501G. W. 1834. Inv. 1835.
Fairchild, Silas H., 20222G. W. 1881. Inv. 1881.
Fairchild, William, 14516G. W. 1854. Inv. 1855.
Fairweather, Caroline, 17563G. Inv. 1872.
Fairweather, Charles H., 15914G. Inv. 1864.
Fait, John, 21295G. W. 1884.
Faitout, Aaron, 4537-4538G. B. 19, p. 203. W. 1777.
Faitout, Moses, 5967-5970G. B. 26, p. 507. Wd. 1784. Pt. 1784.
Faitoute, Aaron, 12411G. W. 1833.
Faitoute, Edward, 14064G. W. 1851. Inv. 1851.
Faitoute, Edward G., 23119G. W. 1889. Inv. 1889.
Faitoute, John D., 12229G. W. 1831. Inv. 1834.
Faitoute, Moses, 11946G. W. 1828. Inv. 1828.
Faitoute, Phebe B., 17048G. W. 1870. Inv. 1870.
Faitoute, William S., 17301G. Inv. 1871.
Fake, John O., 14697G. Inv. 1855.
Faldar, Elizabeth, 20223G. Inv. 1881.
Faldor, William, 18160G. Inv. 1874.
Falize, Catharina, 10890G. W. 1880. Inv. 1880.
Falize, Leon, 21296G. Inv. 1884.
Falk, Joseph, 22331G. W. 1887.
Fancher, Richard, Sr., 3359-3360G. B. H, p. 325. W. 1764.
Fannan, John, 21992G. W. 1886.
Fannan, Philip, 16458G. W. 1867.
Fanning, Phebe, 10572G. W. 1809. Inv. 1809.
Farand, Moses, 10345G. W. 1805.
Farice, Maria, 26384G. W. 1896.
Farley, Catharine, 22706G. Inv. 1888.

Fielders, Mary S., 20916G. W. 1883.
Fielders, William. 15488G. W. 1861.
Fields, James M., 17852G. Inv. 1873.
Fiesler, Julius, 19062G. W. 1877.
Figueroa, John W., Sr., 27883G. W. 1899.
Filan, Mary. 17303G. Inv. 1871.
Finan. Andrew, Sr., 15211G. W. 1859. Inv. 1860.
Finan. Catherine, 22712G. W. 1888.
Finan, Hubert, 28387G. W. 1900.
Finan, Joanna, 25393G. W. 1894.
Finan. Margaret. 27388G. W. 1898.
Finan, Michael, 24945G. W. 1893.
Finch, Eliza A., 21995G. W. 1886. Inv. 1886.
Finders, William, Jr., 19896G. Inv. 1880.
Finegan. Ann E., 20917G. W. 1883.
Finegan, Mary E., 22332G. W. 1887.
Finegan. Michael. 21297G. W. 1884.
Finegan, Philip, 13708G. W. 1848. Inv. 1848
Fingado, Rudolph, 18167G. W. 1874.
Finigan, Ann, 21654G. W. 1885.
Finlay. Frances, 17304G W. 1871. Inv. 1871
Finley, Elizabeth J., 20226G Inv. 1881.
Finley, Ella L., 20227G. Inv. 1881.
Finley, Isaac B., 17049G. W. 1870. Inv 1870
Finley, Sophia A., 26917G. W. 1897.
Finley, William K., 25394G. W. 1894.
Finly, Sarah, 14353G. Inv. 1853.
Finn, Anthony, 18765G. W. 1876. Inv. 1876.
Finn, Friederich, 23556G. Inv. 1890.
Finn. Friederich. 23124G. W. 1889.
Finnegan, James, 26918G. W. 1897.
Finnegan, James, Sr., 26391G. W. 1896.
Finnerran, James, 25896G. W. 1895.
Finney. Thomas, 12057G. Inv. 1829.
Finter, Frederick. 21655G. W. 1885
Finter, Frederick, 26392G. Inv. 1896.
Finzee, John A., 14699G. Inv. 1855.
Fischer, Adelina, 25897G. W. 1895.
Fischer. Carl. 18766G. Inv. 1876.
Fischer, Carl H., 23557G. W. 1890.
Fischer, Caroline. 25395G. W. 1894.
Fischer, Charles 18457G. W. 1875. Inv. 1875.
Fischer, Charles A., 24007G. Inv. 1891.
Fischer, Charles F., 17568G. W. 1872. Inv. 1872.
Fischer, Frederick W., 21996G. W. 1885.
Fischer, George, 24474G. Inv. 1892.
Fischer, George, 25396G. W. 1894.
Fischer, Henry, 24008G. W. & Cod. 1891.
Fischer, Herman, 25898G. W. 1895.
Fischer, John, 26393G. W. 1896.
Fischer, John G., 19897G. W. 1880.
Fischer, John B., 20582G. W. 1882.
Fischer, Joseph, Sr., 25397G. W. 1894. Inv. 1898.
Fischer, Nicholas, 21656G. W. 1885.
Fischer, Thomas, 26919G. W. 1897.
Fish. Charles F., 18458G. W. 1875.
Fish, Henry C., 19063G. W. 1877.
Fish, Rosannah E., 26394G. W. 1896. Inv. 1897.
Fisher, Alice, 22713G. W. 1888.
Fisher, Andrew, 23125G. W. 1889. Inv. 1889.
Fisher, Ann L., 24475G. W. 1892. Ren. 1892.
Fisher, Catharine V., 25389G. W. 1894.
Fisher, Frances L., 18165G. W. 1874.
Fisher, John, 11401G. Inv. 1822.
Fisher, John, 18165G. W. 1874. Inv. 1874.
Fisher, Philip. 21997G. Inv. 1886.
Fisher, Richard, 24476G. W. 1892. Inv. 1892.
Fisher, William, 11844G. Inv. 1827.

Fisher, William B., 24009G. W. 1891. Inv. 1891.
Fisler. Henry S.. 14517G Inv. 1854.
Fitgerald. Thomas, 17853G. W. & Cod. 1873. Inv. 1873.
Fitz, Louis, 22714G. W. 1888.
Fitzgerald, Catharine A., 15915G. W. 1864.
Fitzgerald, David M., 14700G. Inv. 1855.
Fitzgerald, Edward, 14065G. W. 1851. Inv. 1851.
Fitzgerald, George E., 25399G. W. 1894.
Fitzgerald. James, 15346G. W. 1860.
FitzGerald, John, 18459G. W. 1875.
Fitzgerald, John M., 28388G. W. 1900. Inv. 1900.
Fitzgerald, Joshua, 14849G. W. 1856. Inv 1856.
Fitzgerald, Louisa, 15099G. W. 1858.
Fitzharris, Maria, 14518G. W. 1854.
Fitzpatrick, Daniel, 19898G. W. 1880.
Fitzpatrick, James, Sr., 20583G. W. 1882. Inv. 1883.
FitzPatrick, Owen, 14846G. W. 1856.
Fitzpatrick, Patrick, 18767G. W. 1876.
Fitzrandolph. See Randolph.
Fitzrandolph, Robert, 8940–8941G. B. 36, p. 505. Grd. 1797.
Fitzsimmons, Bridget, 21998G. W. 1886.
Fitzsimmons, Hugh, 21999G. W. 1886.
Fitzsimmons, John, 17854G. Inv. 1873.
Fitzsimmons, Joseph F., 21299G. W. 1884.
Fitzsimmons, Margaret, 25400G. W. 1892. Dec. 1894.
Fitzsimmons, Michael, 21657G. W. 1885.
Fitzsimmons, Patrick, 26920G. Inv. 1897.
Fitzsimmons, Thomas, 19899G. W. 1880.
Fitzsimons, James, Sr., 21298G. W. 1884.
Flagg, Mary, 17855G. W. 1873. Inv. 1873.
Flagg, Mary, 19900G. Inv. 1880.
Flaherty, Peter, 24477G. W. 1892. Inv. 1892.
Flaherty, Thomas, 18168G. W. 1874.
Flammer, Jacobina, 24010G. W. 1891. Inv. 1891.
Flanagan, Ann. 25401G. Inv. 1894.
Flanagan, Bridget, 17305G. W. 1871. Inv. 1871.
Flanagan, Gotthart, 23126G. W. 1889.
Flanagan, John, 20918G. Inv. 1883.
Flanagan, Mary, 23127G. W. 1889.
Flanagan, Patrick, 18169G. Inv. 1874.
Flanagan, Patrick, 23128G. W. 1889.
Flanagan, Peter, 23129G. W. 1889.
Flanigan, Michael, 21658G. W. 1885.
Flannigan, Michael, 20584G. W. 1882.
Flannigan, Owen, 21659G. W. 1885.
Flaskamp, Dorothea. 20228G. Inv. 1881.
Flaskamp, Frederick, 19064G. W. 1877. Inv. 1877.
Flavell, Abraham, 20229G. W. 1881. Inv. 1881.
Flavell, Ann, 20919G. W. 1883. Inv. 1883.
Flaverell, Vincent, 14354G. Inv. 1853.
Fleckenstein, Joseph. 23558G. W. 1890.
Fleek, James, 3549–3550G. Int. 1766.
Fleischer, Samuel, 26395G. W. 1896. Inv. 1896.
Fleischman. Karl, 17856G. W. 1873.
Fleischner. Joseph. 26397G. Inv. 1896.
Fleming, Robert, 25402G. W. 1894. Inv. 1894.
Fleming, Walter M. A., 24478G. Inv. 1892.
Fleschner, Friedericke. 26396G. W. 1896.
Fletcher, Jacob. 15212G. W. 1859.
Fletcher, Robert, 24011G. W. 1891.
Fletcher, Rosann O., 25899G. Inv. 1895.

Fowler, Washington, 15916G. W. 1864.
Fox, Annie C., 25900G. W. 1895.
Fox, Cecelia, 26923G. W. & Cod. 1897.
Fox, Elizabeth, 12966G. Inv. 1839.
Fox, Francis D., 25404G. W. 1894.
Fox, Hugh, 25405G. W. 1894.
Fox, James, 25406G. W. 1894.
Fox, John, 26924G. W. 1897.
Fox, Leopold, 28391G. W. & Cods. (2) 1900.
Fox, Michael, 18464G. W. 1875. Inv. 1875.
Fraizy, Eliphalet. B. A, p. 33. W. 1715.
Frame, John, 13832G. W. 1849.
Frame, Phebe D., 17860G. W. 1873.
Frame, William, 14067G. W. 1851.
Francais, Catherine, 25407G. Inv. 1894.
Francis, Ebenezer, Sr., 18769G. W. 1876. Inv. 1876.
Francis, Jennie R., 28392G. W. 1900. Inv. 1901.
Francis, John, 11181G. Inv. 1819.
Francis, Julian, 15917G. Inv. 1864.
Francis, Mary A., 28393G. W. 1900.
Francis, William R., 22718G. W. 1888. Inv. 1888.
Francisco. Abigail. 26401G. W. 1896. Inv. 1897.
Francisco, Andrew, 14355G. W. 1853. Inv. 1853.
Francisco, Anna B., 24481G. W. 1892. Inv. 1892.
Francisco, Anthony, 10672G. W. 1811. Inv. 1812.
Francisco, Anthony, 22004G. W. 1886. Inv. 1886.
Francisco, Charlotte C., 26925G. W. 1897. Inv. 1897.
Francisco, Elizabeth, 24015G. W. 1891. Inv. 1891.
Francisco. Henry. 10835G. W. 1814. Inv. 1814.
Francisco, Henry, 14204G. W. 1852. Inv. 1852.
Francisco. Henry, 15749G. Inv. 1863.
Francisco, John. 10347G. Inv. 1805.
Francisco, John J., 19901G. W. 1880. Inv. 1880.
Francisco, Josiah, 13199G. W. 1842. Inv. 1842.
Francisco, Josiah A., 23563G. W. 1890. Inv. 1890.
Francisco, Marcus, 17861G. W. 1873. Inv. 1873.
Francisco, Maria, 17307G. W. 1871. Inv. 1871.
Francisco, Mary, 14205G. W. 1852. Inv. 1852.
Francisco, Peter. 14702G. W. 1855. Inv. 1855.
Francisco. Peter H.. 15616G W 1862 Inv. 1862.
Francisco, Richard S., 27890G. W. 1899. Inv. 1899.
Francisco. Sally, 22719G. W. 1888.
Francisco, Thomas, 13527G. W. 1846.
Francisco, Thomas, 16308G. W. 1866. Inv. 1866.
Franck, Charles A., 16113G. W. 1865. Inv. 1866.
Frank, Barbara, 28394G. W. 1900.
Frank. Charles A.. 26402G. W. 1896.
Frank, Christian, 18465G. W. 1875.
Frank, Christian, 26926G. W. 1897.
Frank, George. 24016G. Inv. 1891.
Frank, Louis, 17862G. Inv. 1873.

Frank, Morris, 21302G. W. 1884.
Frank, William. 22720G W 1888
Franke, Gerrit, 19604G. W. 1879.
Franklin. Benjamin, 25408G. W. 1894.
Fransisco, Abraham, 12688G. W. 1836. Inv. 1836.
Franz, Adolf, 27891G. W. 1899.
Franzen, Ferdinand, 28395G. W. 1900.
Frasee, Edward, 4161-4166G. B. L, p. 28. W. 1773. Inv. 1774.
Fraser, George, 1067-1068G. B. C, p. 396. W. 1740.
Frazee, Aaron, 23133G. W. 1889.
Frazee, Abraham, 2425-2426G. B. F, p. 531. Int. 1758.
Frazee, Benjamin, 5773-5774G. B. 26, p. 498. Int. 1784.
Frazee, Benoni, 1163-1165G. B. C, p. 511. W. 1742.
Frazee, Benoni, 8884-8893G. B. 36, p. 503. Int. 1797. Inv. 1798.
Frazee, Catharine, 16114G. Inv. 1865.
Frazee, Cornelius, 11739G. Inv. 1826.
Frazee, Cornelius, Sr., 5775-5776G. B. 26, p. 410. W. 1784.
Frazee, David O., Ebenezer, John, Betsey, 9110-9117G. B. 37, p. 539; B. 38, p. 115. Wds. 1798. Tr. 1799.
Frazee, Edward, 729-733G. B. B, p. 410. W. 1733. Inv. 1733.
Frazee, Edward, 14356G. W. 1853. Inv. 1854.
Frazee, Eliakim, 10206G. B. 40, p. 400. Int. 1803. Inv. 1804. Ren. 1803.
Frazee, Eliphalet, 2427-2436G, 2505G. Int. 1758. Inv. 1758. Acct. 1760. Ren. 1758.
Frazee, Elizabeth, 1555-1558G, 1655-1659G. E, p. 232. W. 1748. Int. 1748. Inv. 1749. Acct. 1749.
Frazee, Elizabeth, 10980G. W. 1816.
Frazee, Elizabeth, 12230G. Inv. 1831.
Frazee, Ephraim, 3149-3150G, 3269-3272G. B. H, p. 98. Grd. 1762, 1763. Pt. 1763.
Frazee, Ephraim, Jr., 2639-2640G. B. G, p. 83. Int. 1759.
Frazee, George, 11846G. W. 1827. Inv. 1827.
Frazee, George, Jr., 11566G. Inv. 1824.
Frazee, Gershom, 2111-2118G. B. F, p. 157. W. 1754. Inv. 1754. Ren. 1754.
Frazee, Gershom, 3121-3124G. B. H, p. 77. Wd. 1762. Pt. 1762.
Frazee, Gershom, Jemima, 3125-3126G. B. H, p. 202. Wds. 1762.
Frazee, Gershom, 7250-7259G. B. 32, p. 497. W. 1791. Inv. 1793.
Frazee, Gershom, 11182G. W. 1819. Inv. 1819.
Frazee, Henry, 8254-8261G. B. 36, p. 21. W. 1795. Inv. (2) 1800.
Frazee, Henry, 24951G. Inv. 1893.
Frazee, Isaac, Sr., 4361-4362G. B. L, p. 351. W. 1775.
Frazee, Isaac, Sr., 4539-4540G. B. 19, p. 470. W. 1777.
Frazee, James, 1109-1110G. B. C, p. 437. W. 1741.
Frazee, James, 2643-2646G, 3363-3368G. B. G, p. 90. Wd. 1759. Pt. 1759. Lt. 1764.
Frazee, James, 3019-3022G. B. H, p. 42. Wd. 1761. Pt. 1761.
Frazee, James, 13045G. Inv. 1840.
Frazee, Jemima, 18172G. W. 1874.
Frazee, Jeremiah, 2437-2438G. B. F, p. 425. Int. 1757.
Frazee, Joanna, 12790G. Inv. 1837.

Freund, Andreas, 16309G. W. 1866.
Freund, Anna M., 16656G. W. 1868. Inv. 1868.
Freund, George, 22006G. W. 1886.
Freund, Gustav, 18174G. W. 1874.
Freund, Joseph, Sr., 16832G. W. 1869. Inv. 1869.
Freund, Peter, Sr., 15347G. W. 1860.
Frey, Albert, 18175G. W. 1874.
Frey, Andrew, 16657G. W. 1868.
Frey, Carl C., 20232G. Inv. 1881.
Frey, Charles A., 23135G. W. 1889.
Frey, Heinrich, 25901G. W. 1895.
Frey, John, 21663G. W. 1885.
Frey, John G., 24484G. W. 1892. Inv. 1892.
Frey, Josephine, 23564G. W. 1890. Inv. 1890.
Frey, Justine, 26407G. W. 1896. Ren. 1896.
Frezy, Eliphalet, Sr., 27–29G. B. A, p. 33. W. 1715. Inv. 1715.
Frezy, Samuel, Sr., 63–64G. B. A, p. 19. W. 1716.
Frick, Catharina, 25411G. W. 1894.
Frick, Julius S., 19067G. W. 1877.
Fried, George L., 19357G. Inv. 1878.
Friedemann Adeline, 27896G. W. 1899.
Friederich, Philipp, 20233G. W. 1881.
Friederick, George, 20588G. Inv. 1882.
Friedlander, Albert, 24019G. W. 1891.
Friedman, Isaac, 22337G. Inv. 1887.
Friedrich, Christian, 19068G. W. 1877. Inv. 1887.
Friedrich, Christine, 25903G. W. 1895. Inv. 1895.
Friedrich, Heinrich, 27897G. W. 1899.
Friedrich, Michael, 23136G. W. 1889.
Friedrich, William A., 26929G. W. 1897.
Friel, Mary, 28398G. W. 1900. Inv. 1900.
Frielinghaus, Daniel, 17864G. W. 1873. Inv. 1873, 1874.
Friend, Charles, 24020G. W. 1891.
Friend, Joseph, 27391G. W. & Cod. 1898.
Fries, Martha H., 19359G. W. 1878. Inv. 1878.
Friesner. Abraham, 27898G. W. 1899.
Frisby, Frances, 28399G. W. 1900. Inv. 1900.
Frisby, William. 19903G. W. 1880. Inv. 1880.
Frissell. Eliza B., 20234G. W. 1881.
Frith, Emma, 23137G. Inv. 1889.
Frith. William P., 23138G. W. 1889.
Fritz. Carl, 25413G. W. 1894.
Froehlich, Daniel, 24021G. W. 1891.
Froehlich, Emanuel, 27899G. W. 1899.
Froehlicher, Frederick, 19069G. Inv. 1877.
Froeligh, Peter D., 11950G. Inv. 1828.
Froescher, John G., 20235G. W. 1881. Inv. 1881.
Froest, Abner, 4739–4742G. B. 20, p. 126. W. 1778. Inv. 1777.
Frohlich, Henrietta, 22338G. W. 1887.
Frohlich, Ignatz, 21305G. W. 1884.
Fromaget, Anselm, 16658G. W. 1868. Inv. 1868.
Fromaget. Louis. 18176G. Inv. 1874.
Fromm, Louis, 14997G. W. 1857. Inv. 1857.
Frommann, Anton C., 21664G. Inv. 1885.
Frost, Abraham. 11323G. W. 1821. Inv. 1822.
Frost, Agnes, 24954G. W. 1803.
Frost, Elizabeth A., 19904G. W. & Cod. 1880. Inv. 1880.
Frost, Francis L., 18177G. Inv. 1874.
Frost, Frederick M., 20236G. Inv. 1881.
Frost, George, Sr., 16310G. W. 1866.
Frost, Harriet, 18467G. W. 1875. Inv. 1875.

Frost, Harriet, 19606G. Inv. 1879.
Frost, Josiah, 15214G. W. 1859. Inv. 1859.
Frost, Matilda B., 25414G. W. 1894.
Frost, Stephen A., 24485G. W. 1892.
Fruchinsfeld, John, 24486G. W. 1892.
Fruhinsfeld, Johann M., 22007G. W. 1886.
Fruhinsfeld, Mary, 21665G. W. 1885.
Fry, Emma A., 28400G. W. 1900. Inv. 1900.
Fryatt, Horace N., 15918G. Inv. 1864.
Frykberg, Erik G., 20589G. Inv. 1882.
Fuchs, Agatha, 23859G. W. 1890.
Fuchs, Anna R., 22591G. W. 1887.
Fuelling, Frederick H., 26408G. Inv. 1896.
Fuerth, Betti, 22722G. Inv. 1888.
Fuessler, Magdalena, 22339G. W. 1887.
Fuhs, Martin, 17473G. W. 1871.
Fulcher, Samuel, 28401G. W. 1900.
Fulkenier, Daniel, Sr., 10348G. W. 1805. Inv. 1805.
Fuller, Charles, 15215G. W. 1859.
Fuller, Edwin C., 28402G. W. 1900. Inv. 1900. Dec.
Fuller, Joseph C., 19360G. W. 1878. Inv. 1880.
Fuller, Mary J., 24487G. W. 1892.
Fullerton, John, 853–856G. B. C, p. 159. Int. 1736. Ren. 1736.
Fullings, Edward, 19361G. W. 1878. Inv. 1878.
Fullman, Bridget, 21306G. W. 1884.
Fund, Cornelius, 26409G. W. 1896.
Furman, Gabriel, 22340G. W. 1887.
Furness, William, 21666G. Inv. 1885.
Fuss, Michael, 19070G. W. 1877.
Fyans, Ann, 28403G. W. 1900.
Fyfe, Mary M., 28404G. W. 1900.

Gabel, Joseph, 23139G. W. 1889.
Gaborscak, Millie, 27900G. Inv. 1899.
Gahraetz, Antonia, 22012G. W. 1886. Inv. 1886.
Gabriel, Matthais, 19607G. W. 1879. Inv. (2) 1879.
Gaddis, David A., 26932G. W. 1897.
Gaderbauer, Maria, 27392G. W. 1898.
Gaertner, Julius C., 24955G. W. 1893.
Gaffney, Patrick, 26410G. W. 1896.
Gager, Kitty A., 26411G. W. 1896.
Gager, Rose A., 24488G. W. 1892.
Gahm, George M., 24956G. Inv. 1893.
Gahm, Joseph, 19608G. W. 1879.
Gaiser, John G., 19905G. W. 1880. Inv. 1880.
Gaiser, Rosina, 20237G. W. 1881. Inv. 1881.
Gaiser, Samuel, Sr., 25904G. W. 1895.
Gaitens, James, 20930G. W. 1883.
Gaitens, Mary, 20590G. Inv. 1882.
Galbraith, Agnes, 22008G. W. 1886. Inv. 1886.
Galbraith, Benjamin, 20024G. Inv. 1883.
Galbraith, David, 18468G. W. 1875.
Galbraith. Thomas, 24022G. W. 1891.
Gale, Lydia, 11111G. Inv. 1818.
Gale, Thomas P., 13529G. Inv. 1846.
Gale, William W., 11324G. Inv. 1821.
Gallagher, Andrew, 12316G. Inv. 1832.
Gallagher, Joseph S., 19071G. W. 1877. Inv. 1877.
Gallagher, Owen, 19072G. W. 1877.
Gallagher, Patrick, 15919G. Inv. 1864.
Gallagher, Susan C., 26412G. W. 1896.
Gallagher, William, 23565G. W. 1890.
Gallan, Ann, 26413G. W. 1896. Inv. 1896.
Gallan, Thomas, 20925G. Inv. 1883.

Garrabrants, Christopher, 6944–6947G. B. 30, p. 362. Int. 1790. Inv. 1790.
Garrabrants, Garrabrant G., 8616–8617G, 8618–8621G. B. 36, p. 41. Int. 1796. Inv. 1796.
Garrabrants, Jacob, 3643–3644G. B. I, p. 192. W. 1767.
Garrabrants, Jacob, 12593G. W. 1835.
Garrabrants, John C., 12149G. W. 1830. Inv. 1830.
Garrabrants, Peter, 8276–8281G. B. 33, p. 489. W. 1795. Inv. 1795.
Garret, Albert, 12792G. Inv. 1837.
Garretse, Peter, 11952G. W. 1828. Inv. 1829.
Garrett, Bridget, 20593G. W. 1882. Inv. 1882.
Garrett, Bridget, 23569G. W. 1890.
Garretts, William, 20928G. Inv. 1883.
Garrigan, John, 28408G. W. 1900.
Garrigan, Margaret, 17869G. W. 1873.
Garrigan, Owen, 22341G. W. 1887.
Garrigan, Patrick J., 22342G. W. 1887. Inv. 1888.
Garrigan, Theresa, 25909G. W. 1895.
Garrigus, David L., 19077G. W. 1877.
Garrigus, Harriet A., 27905G. W. & Cod. 1899.
Garrigus, Lewis J., 18471G. Inv. 1875.
Garrigus, Margaret V., 20241G. Inv. 1881.
Garrison, Annie McK., 24957G. W. 1893.
Garrison, Charles E., 17312G. W. 1871. Inv. 1871.
Garrison, Hendrick, 11325G. W. & Cod. 1821.
Garrison, Jeremiah, 7478–7479G. B. 34, p. 54. Int. 1792.
Garrison, Sarah, 11403G. Inv. 1822.
Garritse, Garret H., 6344–6345G. W. 1786.
Garritse, Henry, 10574G. W. 1809. Inv. 1809.
Garritse, Henry, Sr., 10349G. W. 1805. Inv. 1805.
Garritse, Henry G., 7264–7265G. B. 32, p. 510. Int. 1791.
Garritse, John H., Jr., 11048G. Inv. 1817.
Garritson, Peter, 19076G. Inv. 1877.
Garritson, Peter H., 10674G. W. 1811. Inv. 1811.
Garrity, Daniel, 23570G. W. 1890.
Garrity, John, 25417G. W. 1894. Inv. 1894
Garroch, Jane A., 14523G. Inv. 1854.
Garroch, Mary S., 15618G. Inv. 1862.
Garry, Elizabeth, 24958G. W. 1893.
Garside, John, 15619G. W. 1862. Inv. 1862.
Garside, William, 16312G. Inv. 1866.
Garthwait, Daniel, 11849G. Inv. 1827.
Garthwait, Elizabeth, 11049G. W. 1817.
Garthwait, Henry, 10350G. W. 1805. Inv. 1807.
Garthwait, Henry, 10781G. W. 1813. Inv. 1813.
Garthwait, Henry, Sr., 4367–4370G. B. I, p. 380. W. 1775.
Garthwait, Jacob, 11953G. W. 1828. Inv. 1828.
Garthwait, Jane H., 12879G. W. 1838.
Garthwait, Jeremiah, 10729G. W. 1812. Inv. 1812.
Garthwait, Meeker, 11050G. W. 1817. Inv. 1817.
Garthwait, William, 6160–6163G. B. 27, p. 381. Grd. 1785. Pt. 1785.
Garthwait, William, Sr., 10468G. W. 1807. Inv. 1807.
Garthwaite, Caleb C., 19611G. Inv. 1879.
Garthwaite, Isaac, 10575G. Inv. 1809.
Garthwaite, Jacob T., 15217G. Inv. 1859.

Garthwaite, Jeremiah C., 11404G. W. 1822. Inv. 1822.
Garthwaite, Jeremiah C., 20929G. W. 1883. Inv. 1883.
Garthwaite, John R., 12971G. Inv. 1839.
Garthwaite, Mary, 14704G. Inv. 1855.
Garthwaite, William, Sr., 15621G. W. & Cod. 1862. Inv. 1873.
Gartland, John, Sr., 17870G. W. 1873.
Gartland, Margaret, 20594G. Inv. 1882.
Garttman, Martin, 13616G. Inv. 1847.
Garvey, Peter, 22727G. W. 1888.
Garvey, Thomas J., 25418G. W. 1894.
Gaskill, Clayton, 13941G. Inv. 1850.
Gasser, Jacob, 21309G. Inv. 1884.
Gast, George, 26415G. W. 1896.
Gatchell, Hannah, 21310G. W. 1884.
Gates, Asaph, 17871G. W. 1873. Inv. 1874.
Gates, Charles, 24023G. W. 1891.
Gates, Hubert B., 27396G. W. 1898.
Gaul, Adam, 19078G. W. 1877.
Gault, Elizabeth B., 24959G. W. 1893.
Gaupp, Frederick, 16313G. Inv. 1866.
Gauser, Jacob F., 25905G. Inv. 1895.
Gautier, Andrew, Sr., 6346–6355G. B. 28, p. 343. W. 1776. Int. 1786.
Gavagan, James, 27902G. W. & Cod. 1899.
Gavin, Mary, 20931G. Inv. 1883.
Gawler, Frederick G., 25419G. W. 1894.
Gay, Henry B., 15622G. W. 1862. Inv. 1863.
Gay, Thomas, 23145G. W. 1889.
Geary, Daniel, 18472G. W. 1875. Inv. 1875.
Gebhard, Charles, 24024G. W. 1891.
Gebhard, Henry, 25910G. W. 1895.
Gebraetz, George, 20242G. W. 1881.
Gebraetz, John, 16464G. Inv. 1867.
Gedicke, Herman W., 24025G. W. & Cod. 1891. Inv. 1891.
Gedney, Lila, 25420G. W. 1894.
Geeb, Anna, 14524G. W. 1854. Inv. 1861.
Geeb, Charles, 19364G. W. 1878. Inv. 1878.
Geeb, Johann G., 15623G. W. 1862.
Geerke, Agnes, 25421G. W. 1894.
Geerke, David W., 22728G. W. 1888.
Geffinger, Charles, 26416G. W. 1896.
Gegenheimer, Louise, 19612G. Inv. 1879.
Gehmecker, Frederick, 17053G. W. 1870.
Gehring, John, 26936G. W. 1897. Inv. 1897.
Gehring, Louise, 27397G. W. 1898.
Geib, Elizabeth, 20932G. W. & Cod. 1883. Inv. 1883.
Geib, Philip, 15102G. Inv. 1858.
Geib, Phillip, 15103G. Inv. 1858.
Geiger, Andreas, Sr., 19365G. W. 1878.
Geiger, Anna M., 27398G. W. 1898.
Geiger, Anton, 22013G. W. 1886.
Geiger, Anton, 28409G. W. 1900. Dec.
Geiger, Eleanor, 23147G. Inv. 1889.
Geiger, Frederick, 22729G. W. 1888.
Geiger, George, 11567G. W. 1824. Inv. 1824.
Geiger, Henry, 20243G. W. 1881.
Geiger, Henry, Sr., 17872G. W. 1873. Inv. 1873.
Geiger, Martin, 24960G. W. 1893.
Geiger, Peter, 27399G. W. 1898.
Geiger, Sarah, 14526G. W. 1854.
Geiler, George, 28410G. W. 1900.
Geipel, Mary, 27400G. W. 1898.
Geiselhardt, Margaret, 24961G. W. 1893.
Geiser, Emma, 26937G. W. 1897.
Geiser, Theodore, 28412G. W. 1900.
Geisler, Casper, 24962G. W. 1893.
Geisler, George, 20933G. W. 1883.
Geisler, Maria A., 27906G. W. 1899.

Geissele, Charles F., Sr., 22730G. W. 1888.
Geissele, Gottlieb C., 23571G. Inv. 1890.
Geissels, Charles F., 28411G. Inv. 1900.
Geist, John, 15489G. W. 1861.
Gekle, Jacob F., 21311G. W. 1884.
Gekle, William F., 23146G. W. 1889.
Gellathy, William A., 21668G. W. 1885 Inv. 1885.
Gemar, Jacob, 24026G. W. 1891.
Gembel, Frederika, 25426G. W. 1894.
Gengenbach, Carl F., 24963G. W. 1893.
Genkenger, Matthews, 23572G. Inv. 1890.
Genkinger, Carl A., 27401G. W. 1898.
Gentzel, William A., 27402G. W. & Cod. 1898. Inv. 1898. Rens. (2) 1898.
Genung, Ashbel B., 22731G. W. 1888.
Genung, Jane D., 22732G. W. 1888.
Genung, Wickleff H., 14358G. Inv. 1853.
Genzen, Frederick F., 25911G. W. 1895. Inv. 1895.
George, Frank, 18473G. W. 1875.
George, Frank, Sr., 22343G. W. 1887.
Gerber, Caspar, 25422G. W. 1894.
Gerdon, Anna M., 25912G. W. 1895.
Gerdon, John, 25423G. W. 1894.
Gerhard, John G., 26417G. W. 1896.
Gerlach, Frank, Sr., 26418G. W. 1896. Inv. 1897.
Gerlach, William, 24027G. W. 1891. Inv. 1891.
Gerlach, William, 24964G. W. 1893.
Germer, Conrad, Sr., 17572G. W. 1872. Inv. 1872.
Germer, Elizabeth, 19909G. Inv. 1880.
Gernharett, Louis, 27907G. W. 1899.
Gerow, Daniel J., 24028G. W. 1891.
Gerrebrantse, Guert, 5615–5616G. B. M., p. 152. W. 1783.
Gerreson, Gerret H., 3551–3552G. B. I, p. 257. W. 1766.
Gerretse, Hendric G., 4363–4366G. B. L, p. 396. W. 1775.
Gerretse, Hendrick, 2443–2446G. B. G, p. 19. W. 1758.
Gerretse, John, 2439–2442G. B. F., p. 541. Int. 1758. Inv. 1759.
Gerretson, Abraham, 7472–7473G. B. 34, p. 37. W. 1792.
Gerring, Thomas, 345–346G. Inv. 1726.
Gerry, Josephine M., 18474G. W. 1875.
Gerstenmeier, Joseph, 18772G. W. 1876.
Gerth, Francis, 17054G. W. 1870.
Gerth, Julius, Sr., 25424G. W. 1894. Inv. 1897.
Gerth, Mary J., 24492G. W. 1892. Inv. 1892.
Gervais, John M., 17573G. W. 1872. Inv. 1872.
Gerwick, Moritz, 24029G. W. 1891.
Gerwig, Caroline, 28413G. W. 1900.
Gerwig, Charles G., 14525G. W. 1854.
Getchius, Abraham, 17313G. W. 1871. Inv. 1871.
Geyer, Elizabeth, 22733G. W. 1888.
Geyer, Hermann, 20934G. W. 1883. Inv. 1883.
Ghirlanda, Maria, 25425G. W. 1894.
Gibbes, Alfred H., 23573G. W. 1890.
Gibbins, Margaret, 20244G. Inv. 1881.
Gibbins, Samuel, 26938G. W. 1897.
Gibbons, John, 15218G. W. 1859. Inv. 1860.
Gibbons, John, 18475G. W. 1875. Inv. 1875.
Gibbons, Mary A., 25913G. W. 1895.
Gibbons, Thomas, 11742G. W. 1826.

Gibbs, Robert, 19079G. W. 1877. Inv. 1877. Ren. 1877.
Gibe, Peter, 24965G. W. 1893. Inv. 1893.
Gibson, Esther M., 19614G. W. 1879.
Gibson, James, 15490G. W. 1861.
Gibson, James, 17574G. Inv. 1872.
Gibson, James, Jr., 24966G. W. 1893.
Gibson, Thomas A., 13434G. W. 1845.
Gidders, Samuel, 27908G. Inv. 1899.
Giesinger, John G., 17575G. W. 1872.
Giesinger, Lisette, 20935G. Inv. 1883.
Giessler, Karl, 25914G. W. 1895.
Giffins, John, 19910G. Inv. 1880.
Gifford, Archer, 10675G. W. 1811. Inv. 1818.
Gifford, Archer, 15219G. W. 1859. Inv. 1859.
Gifford, Charles L. C., 19080G. W. 1877.
Gifford, Hannah, 12150G. W. 1830.
Gifford, Helen M., 23574G. W. 1890. Ren. 1890.
Gifford, John, 11326G. Inv. 1821.
Gifford, Louisa C., 21669G. W. & Cod. 1885. Inv. 1892.
Gifford, Mary, 18773G. W. 1876.
Gifford, Peleg, 10124G. B. 40, p. 172. Int. 1802.
Gilbert, Caleb, 4167–4168G. B. K, p. 517. W. 1773.
Gilbert, Christoph, 20245G. W. 1881.
Gilbert, John, Sr., 20246G. W. & Cod. 1881. Inv. 1882.
Gilbert, Mary J., 27909G. Inv. 1899.
Gilbertson, Francis, 18179G. W. 1874. Inv. 1874.
Gilchrist, Sarah N., 26939G. W. 1897.
Gildersleeve, Cyrus, 12793G. W. 1837. Inv. 1837.
Gildersleeve, Cyrus, 16660G. Inv. 1868.
Gildersleeve, Ezra, 13531G. W. 1846.
Gildersleeve, Ezra, Sr., 10624G. W. 1810.
Gildersleeve, John, 9790–9795G. B. 39, p. 2. W. 1800. Inv. 1800.
Gildersleeve, John, 17055G. W. 1870. Inv. 1870.
Gildersleeve, John, Sr., 6948–6955G. B. 30, p. 351. W. 1790. Inv. 1790.
Gildersleeve, Joseph, 10051G. B. 39, p. 443. W. 1801.
Gildersleeve, Joseph, 13532G. W. 1846. Inv. 1846.
Gildersleeve, Mary, 10209G. B. 40, p. 420. Wd. 1803.
Gildersleeve, Mary C., 18774G. W. 1876. Inv. 1876.
Gildersleeve, Russell, 19911G. Inv. 1880.
Giles, Jane, 19912G. W. 1880. Inv. 1880.
Giles, Michael C., 23148G. Inv. 1889.
Gilfort, William O., 27404G. W. 1898.
Gilfoyle, Nora, 27405G. W. 1898.
Gill, Emily, 21312G. W. 1884.
Gill, Hattie E., 25915G. W. 1895.
Gill, Mary, 19081G. W. 1877.
Gill, Peter, 18775G. Inv. 1876.
Gill, Sidney, 19913G. W. 1880. Inv. 1880.
Gillam, Arnold, Sr., 5275–5276G. B. 23, p. 15. W. 1781.
Gillam, Isaac, 10469G. Inv. 1807.
Gillam, John, 14072G. W. 1851. Inv. 1851.
Gillanders, Catharine, 22344G. W. 1887.
Gillen, Bridget, 18180G. W. 1874. Inv. 1875.
Gillen, Bridget, 27406G. Inv. 1898.
Gillen, Michael, Sr., 19082G. W. 1877. Ren. 1877.
Gillespie, Caroline, 17576G. Inv. 1872.
Gillespie, Hannah, 21313G. W. 1884. Inv. 1884.

Gillespie, James S., 22345G. W. 1887. Inv. 1887.
Gillespie, Michael, 12315G. Inv. 1832.
Gillespie, Thomas M., 16314G. Inv. 1866.
Gillespie, William, 28415G. W. & Cod. 1900. Ren. 1900.
Gillet, Jacob, 13533G. W. 1846.
Gillett, Augustus I., 19083G. W. 1877. Inv. 1877.
Gillett, Catharine, 18476G. W. 1875. Inv. 1875.
Gilley, Harriet, 13534G. W. 1846. Inv. 1846.
Gillham, Mary A., 28414G. W. 1900. Inv. 1900.
Gilliam, Isaac, 17577G. W. 1872.
Gilliam, Jonathan S., 16117G. W. 1865.
Gillick, Ann, 19084G. Inv. 1877.
Gillick, Elizabeth, 18477G. W. 1875.
Gillig, Daniel, 15491G. Inv. 1861.
Gillin, John, 24030G. Inv. 1891.
Gillman, Louisa, 23575G. W. 1890.
Gillmann, Charles, 21670G. W. 1885.
Gillum, Maria, 15220G. W. 1859.
Gilmän, Benjamin, 11743G. W. 1826. Inv. 1826.
Gilman, Benjamin, 11954G. Inv. 1828.
Gilman, Charles, 10836G. W. 1813. Inv. 1814.
Gilman, Samuel, 12061G. Inv. 1829.
Gilmore, Elizabeth, 10279G. B. 40, p. 420. Grd. 1804. Tr. 1804.
Gilmore, Mary A., 17578G. W. 1872.
Gilroy, Ann, 24031G. W. 1891.
Gilroy, Bernard, Sr., 25916G. W. 1895.
Gilroy, Catharine E., 23576G. W. 1890.
Gilroy, James, 15351G. Inv. 1860.
Gilvary, Patrick, 20936G. W. 1883.
Ginal, Babette P., 17314G. W. 1871. Inv. 1872.
Gindre, Agatha, 8622–8659G. B. 35, p. 362. Int. 1796. Inv. 1796.
Gippe, Mary, 14527G. W. 1854.
Girardo, Nicola, 21671G. W. 1885.
Girrbach, Catharina, 21314G. W. 1884.
Girrbach, Charles, 19366G W. 1878. Inv. 1878.
Girrbach, Christiana, 19613G. Inv. 1879.
Gisch, Christian, Sr., 20937G. W. 1883. Inv. 1884.
Glass, James, 11183G. W. 1819.
Glassen, Adam, 17056G. W. 1870.
Glassen, Augustin, Sr., 18478G. W. 1875. Inv. 1875.
Glassen, Henry, 21315G. W. 1884.
Glassen, Margaretha, 27910G. W. 1899.
Glassen, Theresa, 24493G. W. 1892. Inv. 1892.
Glasser, John M., 16118G. W. 1865.
Glasser, Theodore, 20938G. W. 1883.
Glatzmayer, William, 28416G. W. 1900. Ren. 1900.
Glaze, Charles S., 20595G. Inv. 1882.
Gleim, William, 24494G. W. 1892.
Glenck, William C., 20939G. W. 1883.
Glenn, Agnes, 20596G. Inv. 1882.
Glennon, Michael, 24032G. W. 1891.
Glenny, Catharine, 24495G. W. 1892. Inv. 1892.
Gless, Augustin, 18479G. W. 1875. Inv. 1875.
Glin, Frederick, 11327G. Inv. 1821.
Glindon, Daniel, 15624G. W. 1862.
Gloeckler, Charles, 28417G. W. 1900.
Glover, Thomas, Sr., 24967G. W. & Cod. 1893. Inv. 1893.
Gluck, John, 20940G. W. 1883.
Goble, Calvin, 10351G. Inv. 1805.
Goble, Charles F., 21672G. W. 1885.

Goble, David, 10410G. W. 1806. Inv. 1807.
Goble, Elisha W., 27407G. W. 1898. Inv. 1899.
Goble, Emily, 26940G. W. 1897.
Goble, Israel, 10052G. B. 39, p. 454. Int. 1801. Inv. 1801.
Goble, Jabez G., 15221G. W. 1859. Ren 1859.
Goble, John L., 13351G. W. 1844. Inv. 1844.
Goble, John L., 24496G. W. 1892.
Goble, Luther, 12414G. W. 1833. Inv. 1834.
Goble, Luther, 15751G. W. 1863.
Goble, Luther, 15921G. W. & Cod. 1864. Inv. 1864.
Goble, Martha, 10530G. Inv. 1808.
Goble, Nicholas, 22014G. Inv. 1886.
Goble, Phebe A., 23577G. W. 1890. Inv. 1890.
Goble, Phebe R., 16834G. W. & Cods. (2) 1869.
Goble, Pierson, 10576G. Inv. 1809.
Goble, Sally, 10676G. W. 1811.
Goble, Sarah W., 19615G. W. 1879. Inv. 1879.
Goble, Silas, 12794G. W. 1837.
Goble, William H., 27911G. W. 1899. Inv. 1899.
Gobosack, Anna, 28418G. W. 1900.
Godby, Henry, 19616G. Inv. 1879.
Godby, Thomas, 20941G. W. 1883. Inv. 1883.
Godfrey, Bridget, 22734G. Inv. 1888.
Godley, Joseph, 18480G. W. 1875.
Godson, Tabitha, 24497G. W. 1892. Inv. 1892.
Godwin, Abraham, 7266–7267G. B. 32, p. 507. Int. 1791.
Godwin, Abraham, Sr., 12594G. W. & Cod. 1835.
Godwin, Henry, 10981G. Inv. 1816.
Goebel, Frank J., 23149G. W. 1889.
Goebel, Maria A., 25917G. W. 1895.
Goelkel, Henry, 17873G. Inv. 1873.
Goeller, Edward, 25427G. W. 1894.
Goepferich, Egidius, 25918G. W. 1895.
Goetschius, Susannah, 15752G. W. 1863.
Goff, Isaac C., 22346G. W. 1887. Inv. 1887.
Goffin, Francis C., 15352G. W. 1860.
Goffolph, George, 14359G. Inv. 1853.
Gogerty, Mary, 20597G. W. 1882.
Goken, Francis, 25428G. W. 1894.
Goken, Henry F., 25429G. W. 1894.
Goken, Josephine, 24968G. W. 1893.
Golden, Aaron S., 11850G. Inv. 1827.
Golder, Abraham, 22347G. Inv. 1887.
Golder, John J., 26941G. W. 1897. Inv. 1897.
Golding, Ann, 25919G. W. 1895. Rens. (3) 1895.
Golds, John, 439–442G. B. B, p. 127. Int. 1729. Inv. 1729.
Goldschmidt, Thilo, 18481G. Inv. 1875.
Goldsmith, William, 3023–3024G. B. H, p. 36. Int. 1761.
Goldsmith, William H., 22735G. W. 1888. Inv. 1888.
Golsch, Friedrich, 22015G. Inv. 1886.
Gonzales, Emanuel, 19087G. Inv. 1877.
Gooch, Clarissa, 28419G. W. 1900.
Good, John, 1259G. Inv. 1835.
Goodbrand, Mary, 24498G. W. 1892.
Goodsell, Ezra K., 15104G. W. 1858. Inv. 1858.
Goodsell, Lavinia M., 19085G. W. 1877. Inv. 1877.
Goodwin, Andrew, 23150G. W. & Cod. 1889. Inv. 1889.

Goodwin, Edwin N., 15753G. W. 1863.
Goodwin, Elizabeth, 15754G. W. 1863. Inv. 1863.
Goold, James, 3881–3882G. B. K, p. 230. W. 1770.
Gopfert, Barbara, 24033G. W. 1891.
Gopfert, George, 15105G. W. 1858. Inv. 1859.
Gorden, Gomime, 7964–7970G. B. 33, p. 364. W. 1794. Inv. 1794.
Gordon, Benjamin, 16465G. Inv. 1867.
Gordon, Benjamin, 17315G. Inv. 1871.
Gordon, John, 5781–5782G. B. 26, p. 408. W. 1784.
Gordon, John, 16661G. W. 1868. Ren. 1868.
Gordon, John, 17057G. W. 1870.
Gordon, John, 25920G. W. 1895. Inv. 1895.
Gordon, Leonard, 15492G. W. & Cod. 1861. Inv. 1861.
Gordon, Martha, 10837G. Inv. 1814.
Gordon, Mary, 27408G. W. 1898. Inv. 1899.
Gordon, Oliver H., 16835G. W. 1869.
Gordon, Phebe, 11851G. W. 1827. Inv. 1827.
Gordon, Robert S., 20598G. W. 1882. Inv. 1882.
Gore, Elizabeth A., 13709G. W. 1848.
Gore, Elizabeth A., 24499G. W. 1892. Inv. 1892.
Gore, Thomas S., 17579G. Inv. 1872.
Gore, William, 17874G. W. 1873. Inv. 1873.
Gorgas, John, 14528G. W. 1854.
Gorgas, Mary C., 25430G. W. 1894.
Gorman, Arthur, 15106G. W. 1858. Inv 1858.
Gorman, Bernard, 16662G. W. 1868. Inv. 1868.
Gorman, Bridget, 19617G. W. 1879. Inv. 1879.
Gorman, Dennis O., 14206G. Inv. 1852.
Gorman, James, 12972G. W. 1839. Inv. 1839.
Gorman, James, 14529G. W. 1854.
Gorman, Mary E., 18776G. W. 1876. Inv. 1876.
Gorman, Michael, 26942G. W. 1897.
Gorman, Michael, Sr., 19914G. W. 1880. Inv. 1880.
Gorman, Patrick, 15353G. W. 1860. Inv. 1860.
Gormley, Bernard, 13535G. Inv. 1846.
Gormley, Henry, 17580G. W. 1872. Inv. 1872.
Gormley, Honora, 24970G. W. & Cod. 1893.
Gormley, Patrick, 17581G. Inv. 1872.
Gormley, Thomas, 16466G. Inv. 1867.
Gorski, Matthews, 24034G. W. 1891.
Gossman, Elizabeth B., 24969G. Inv. 1893.
Gotthold, Charles F., 23151G. W. 1889.
Gottschalk, Elizabeth, 26419G. W. 1896.
Gottschalk, John, 22736G. W. 1888.
Gouet, Elizabeth, 11051G. Inv. 1817.
Gough, William, 18181G. W. 1874.
Gould, Amos C., 19086G. W. 1877. Inv. 1877.
Gould, Anthony, 14851G. W. 1856.
Gould, Betsy, 14705G. Inv. 1855.
Gould, Caroline, 15625G. W. 1862. Inv. 1863.
Gould, Charles, 14073G. Inv. 1851.
Gould, Charlotte, 19915G. W. 1880. Inv. 1880.
Gould, Cornelius, 13617G. W. 1847. Inv. 1847.
Gould, Cornelius, 15354G. Inv. 1860.
Gould, Eliza, 13710G. W. 1848. Inv. 1850.
Gould, Emily, 17582G. W. 1872. Inv. 1872.
Gould, Encreas, 10909G. Inv. 1815.
Gould, John, 19618G. Inv. 1879.
Gould, John, Sr., 3553–3554G. B. I, p. 54. W. 1766.
Gould, Joseph, Sr., 10677G. W. 1811. Inv. 1811.

Gould, Josiah, 13435G. W. 1845. Inv. 1845.
Gould, Lucius D., 27912G. W. 1899.
Gould, Margaret A., 20247G. Inv. 1881.
Gould, Mary W., 24500G. W. 1892. Inv. 1892.
Gould, Mitchel, 17058G. W. 1870. Inv. 1877.
Gould, Moses, 11656G. W. 1825. Inv. 1826.
Gould, Nathaniel M., 19916G. W. & Cod. 1880. Inv. 1880.
Gould, Phebe E., 28420G. W. 1900. Inv. 1900.
Gould, Randolph S., 18182G. W. 1874.
Gould, Rhoda, 13711G. Inv. 1848.
Gould, Robert, 11657G. Inv. 1825.
Gould, Robert S., 22348G. W. 1887.
Gould, Samuel, 10217G. B. 40, p. 244. Grd. 1803.
Gould, Samuel, 10219G. B. 40, p. 334. Grd. 1803. Tr. 1803.
Gould, Samuel, 11328G. W. 1821. Inv. 1822.
Gould, Sarah, 17316G. W. 1871. Inv. 1871.
Gould, Stephen G., 20942G. W. & Cod. 1883.
Gould, Stephen J., 20943G. W. 1883. Inv. 1883.
Gould, Stephen R., 15755G. W. 1863. Inv. 1863.
Gould, Stephen S., 13201G. W. & Cod. 1842. Inv. 1842.
Gould, Susan, 13834G. W. 1849. Inv. 1849.
Gould, Thomas, 397–402G. B. B, p. 29. Int. 1727. Inv. 1728.
Gould, Thomas, 10982G. W. 1816.
Gould, Thomas D., 14530G. W. 1854. Inv. 1854.
Gould, Timothy, 13127G. W. 1841. Inv. 1841.
Gould, William, 23578G. W. 1890. Inv. 1890.
Gould, William, Sr., 13618G. W. 1847.
Gouverneur, Isaac, 7972–7977G. B. 36, p. 21. W. 1795.
Gouverneur, Mary, 10470G. W. 1807. Inv. 1808.
Gouverneur, Nicholas, 6534–6547G. B. 29, p. 366. W. 1787.
Gouverneur, Nicholas, 10276G. B. 40, p. 421. Int. 1804. Inv. 1807. Rens. (2) 1803.
Gow, John, 18777G. Inv. 1876.
Graah, Anna M., 24971G. W. 1893.
Grabach, Robert, 17583G. W. 1872. Inv. 1872.
Grace, James, 24501G. Inv. 1892.
Grace, Martin, 11744G. Inv. 1825.
Graether, Isidor, 26944G. W. 1897.
Graf, Adolphine, 21316G. Inv. 1884.
Graf, Christian, 21673G. W. 1885. Inv. 1885.
Graf, Christian, 25921G. W. 1895.
Graf, Herman, 19088G. W. 1877. Inv. 1881.
Graf, Rosina, 18482G. W. 1875. Inv. 1875.
Graham, Andrew J., 25431G. W. 1894.
Graham, Caroline R., 28421G. W. 1900.
Graham, Charles I., 13046G. Inv. 1840.
Graham, Charles S., 24502G. W. 1892.
Graham, Edward A., 24036G. W. 1891.
Graham, Edward S., 23579G. Inv. 1890.
Graham, Eliza D., 15107G. Inv. 1858.
Graham, Harriet, 27409G. Inv. 1898.
Graham, Henry, 15222G. Inv. 1859.
Graham, Isabella, 26943G. W. 1897.
Graham, Margaret, 19917G. W. 1880. Inv. 1880.
Graham, Mary, 19367G. Inv. 1878.
Graham, Mary, 21674G. W. 1885. Inv. 1885.
Graham, Mary I., 21317G. Inv. 1884.
Graham, Sarah McC., 18778G. W. 1876. Inv. 1876.

Graham, Thomas, 8282–8289G. B. 33, p. 501.
Int. 1795. Inv. 1796.
Graham, Thomas, Sr., 14999G. W. 1857.
Graham, VanWyck, 19368G. W. 1878.
Graham, William, 7706–7707G. Inv. 1793.
Graham, William, 4743–4744G, 7978–7979G. B.
33, p. 395. W. 1778. Int. 1794.
Granger, Joshua, 12062G. Inv. 1829.
Granger, Samuel, 23580G. W. 1890.
Grannis, Charles B., Jr., 19369G. W. 1878.
Inv. 1879.
Granniss, Charles B., 27411G. W. 1898.
Granniss, John, 27410G. W. 1898. Inv. 1898.
Granniss, John W., 15626G. W. &Cods. (2)
1862. Ren. 1862.
Granniss, Sarah G., 19918G. W. 1880. Inv.
1880.
Grant, Alexander, 24035G. W. 1891.
Grant, Alexander, Sr., 15922G. W. 1864. Inv.
1864.
Grant, Archibald, 12415G. W. 1833. Inv. 1834.
Grant, Catharin, 13128G. Inv. 1841.
Grant, Charles, 15027G. W. 1862. Inv. 1862.
Grant, Emily E., 23581G. W. 1890.
Grant, Gabriel, 9122–9125G. B. 37, p. 537. Int.
1798. Inv. 1798.
Grant, Gertrude D., 20248G. W. 1881. Inv.
1881.
Grant, Hannah J., 26420G. W. 1896. Inv. 1896.
Grant, John, 2019–2028G. B, F, p. 135. Int.
1753. Inv. 1753. Ren. 1753. Acct. 1756.
Grant, John, 19370G. W. 1878.
Grant, Phebe, 12880G. Inv. 1838.
Grant, Zephaniah, 12503G. W. 1835. Inv.
1834, 1835.
Grantzow, William J., 17584G. W. 1872. Inv.
1872.
Grassle, Christian F., 27412G. W. 1898.
Grassle, Maria, 27913G. W. 1899.
Grassmann, Joseph, 28422G. W. 1900.
Graves, Addison, 16467G. W. 1867. Inv. 1867.
Ren. 1867.
Graves, Charles C., Sr., 21675G. W. 1885.
Inv. 1885.
Graves, David, 21676G. W. & Cod. 1885.
Graves, Eseck, 15493G. W. 1861. Inv. 1861.
Graves, Helen, 22737G. Inv. 1888.
Graves, Nathaniel, 14852G. Inv. 1856.
Graw, John J., 27413G. W. 1898.
Grawinkel, Henry, 23152G. W. 1889.
Grawney, Mathew, 16119G. W. 1865.
Gray, Andrew, 21318G. Inv. 1884.
Gray, Anna E., 27914G. W. 1899.
Gray, Caroline, 25432G. W. 1894.
Gray, Catharine, 15108G. Inv. 1858.
Gray, Charles T., 18483G. W. 1875. Inv. 1875.
Gray, DeWitt C., 16468G. W. 1867. Inv.
1867.
Gray, Edwin, 17585G. Inv. 1872.
Gray, Elizabeth, 12231G. W. 1831.
Gray, Eunice, 2843–2846G. B, G, p. 166. Int.
1760. Ren. 1760.
Gray, George, 24503G. W. 1892.
Gray, Hettie E., 27414G. W. 1898. Inv. 1898.
Gray, Joseph, 889–890G. Int. 1737.
Gray, Lewers D., 25433G. W. 1894.
Gray, Mary, 19371G. W. 1878. Inv. 1878.
Gray, Mary L., 18779G. Inv. 1876.
Gray, Nathaniel, Sr., 1751–1754G. B. F., p. 14.
W. 1750. Inv. 1750.
Gray, Richardson, 11112G. W. 1818. Inv. 1819.
Gray, Samuel, 25922G. W. 1895.
Greacen, James, 15223G. Inv. 1859.
Greacen, John, Jr., 22016G. W. 1886.

Greacen, Orlando, 25434G. W. 1894. Inv.
1894.
Greathead, Ann A., 19919G. W. 1880.
Greathead, John, Sr., 14854G. W. 1856.
Greathead, William, 23582G. W. 1890. Inv.
1890.
Greb, Kilian, 20249G. W. 1881.
Green, Albert W., 28423G. W. 1900.
Green, Anna B., 27415G. W. 1898.
Green, Ashbel, 11254G. Inv. 1820.
Green, Catharine, 18780G. W. 1876. Inv.
1876.
Green, Ebenezer A., 24037G. W. 1891.
Green, Eliza, 19372G. W. 1878. Inv. 1878.
Green, Ellen, 24038G. Inv. 1891.
Green, Etta B., 24039G. W. 1891.
Green, James, 8894–8895G. B. 36, p. 471. W.
1797.
Green, James, 24504G. W. 1892. Inv. 1892.
Green, John, 14706G. W. 1855. Inv. 1856.
Green, John C., 22017G. W. 1886.
Green, Joseph, 13203G. W. 1842. Inv. 1842.
Green, Lydia, 12692G. W. 1836. Inv. 1836.
Green, Malinda, 15628G. Inv. 1862.
Green, Margaret, 12693G. W. 1836. Inv.
1837.
Green, Moses, 15224G. W. 1859. Inv. 1859.
Green, Peter K., 25923G. W. 1895.
Green, Richard, 17317G. Inv. 1871.
Green, Sarah, 11480G. W. 1823. Inv. 1824.
Green, Sydney H., 24505G. W. 1892.
Green, William, 27915G. W. 1899.
Green, William C., 20250G. Inv. 1881.
Greenaway, Andrew H., 16120G. W. 1865.
Inv. 1865.
Greene, Phebe B., 26421G. W. 1896.
Greenfield, Eliza M., 21319G. Inv. 1884.
Greenfield, James H., 24972G. W. 1893.
Greenhalgh, Mary A., 27416G. W. 1898.
Greenleaf, Mary, 28424G. W. 1900.
Greentree, Nannette, 27916G. W. 1899.
Greentree, Philip, 27917G. W. 1899.
Greer, James, 19619G. Inv. 1879.
Greer, John T., 22349G. W. 1887.
Greer, Matthew, 23153G. W. 1889.
Gregory, Ann C., 19620G. W. 1879. Inv.
1879.
Gregory, Ezra, 17586G. W. 1872.
Gregory, Julian C., 27918G. W. 1899. Inv.
1899. Ren. 1899.
Gregory, Rebecca F., 21320G. W. 1884. Inv.
1884.
Gregory, Thomas, 22350G. Inv. 1887.
Greiner, Anna, 23154G. W. 1889. Inv. 1889.
Grendling, Anna M., 24047G. W. 1891.
Grenier, Louis, 18183G. Inv. 1874.
Grey, Benjamin, 6106–6109G. B. 27, p. 313.
W. 1785.
Grey, Josiah, 13202G. W. 1842. Inv. 1842.
Grey, Owen, 18484G. W. 1875. Inv. 1875.
Grey, Owen F., 20251G. W. 1881.
Grey, Peter J., 24973G. W. 1893.
Grey, Phebe, 11745G. W. 1826.
Grice, John R., 20252G. W. 1881. Inv. 1881.
Grice, John T., 17059G. W. 1870. Inv. 1870.
Gries, Catherine, 18485G. Inv. 1875.
Gries, William, 21321G. W. 1884.
Griffe, Edward, 2119–2124G, 3025–3026G. B.
F, p. 202. Int. 1754. Inv. 1755. Ren. 1754.
Acct. 1755.
Griffen, James M., 19920G. Inv. 1880.
Griffin, Ann, 27417G. W. & Cod. 1898.
Griffin, Bridget, 26945G. W. 1897. Inv. 1897.

Gunther, Heinrich, 18785G. W. 1876.
Gurnersell, Charlotte, 20253G. Inv. 1881.
Gurnersell, Richard, 20254G. Inv. 1881.
Gurney, Ann, 17876G. W. 1873.
Gurney, Eliza, 26427G. Inv. 1896.
Gurney, Joseph G., 15629G. Inv. 1862.
Gurrin, Bernard, 19621G. W. 1879.
Gurtner, John, 17588G. W. 1872.
Guthrie, Selenda M., 24980G. W. 1893. Inv. 1894.
Guttenberg, Sophia, 22351G. W. 1887.
Guttenberg, Wilhelm, 20256G. W. 1881.
Guy, Frances C., 24981G. W. & Cod. 1893.
Guyer, Henry, Sr., 21683G. W. 1885. Inv. 1886.
Guyer, Jacob, 21325G. W. 1884.
Gwin, Thomas, 1661–1662G. B. E, p. 552. Int. 1749.
Gwynne, William, 14075G. W. 1851. Inv. 1851.

Haag, Charles, 27422G. W. 1898.
Haag, Thomas, 22743G. W. 1888.
Haag, Wilhelm, 22744G. W. 1888.
Haas, Helena, 22745G. W. 1888.
Haas, Lorenz, 28427G. W. 1900.
Haas, William, 17063G. W. 1870.
Habbema, Friedricke, 21684G. W. 1885.
Habersang, George, 16663G. W. 1868. Inv. 1868.
Habich, Sibilla, 28428G. W. 1900.
Habicht, August, 23586G. W. 1890.
Habicht, Elizabeth, 26428G. W. 1896.
Haccius, George, 22022G. Inv. 1886.
Hackett, John, 21326G. W. 1884. Inv. 1884.
Hackett, Joseph, 18487G. W. 1875. Inv. 1877.
Hackett, Samuel, 4051–4053G. B. K, p. 441. Wd. 1772. Pt. 1772.
Hackett, William, 14209G. W. 1852.
Hadden, Elenor, 10054G. B. 39, p. 441. W. 1801.
Hadden, Nathaniel, 13205G. W. 1842. Inv. 1842.
Haddon, William, 5617–5620G. B. 26, p. 447. W. 1783.
Hadfield, John, 23159G. W. 1889.
Haeberle, Jacob, 25437G. W. 1894.
Haefeli, Joseph, 23587G. W. 1890.
Haegort, Gerard, 4745–4746G. B. 18, p. 647. W. 1778.
Haely, Andrew, 16837G. W. 1869. Inv. 1870.
Haensgen, Wilhelmina, 20604G. Inv. 1882.
Haerterich, Francisca, 16121G. W. 1865.
Haff, Edward P., 27920G. W. 1899.
Haffert, Alexander, Sr., 20948G. W. 1883. Inv. 1883.
Haffner, Franz, 16664G. W. 1868.
Hagal, George, 14855G. W. 1856. Inv. 1856.
Hagaman, Brazill, 23160G. W. 1889.
Hagaman, William H., 19375G. Inv. 1878.
Hagan, Marks, 18488G. W. 1875.
Hagar, John H., 14076G. Inv. 1851.
Hagemann, Theresa, 24048G. W. 1891. Inv. 1892.
Hagen, John, 27921G. W. 1899. Inv. 1899.
Hagenlocher, Rosina, 22746G. W. 1888.
Hager, Albert H., 17320G. W. 1871. Inv. 1872.
Hager, Jotham M., 13712G. Inv. 1848.
Haggarty, John, 7480–7481G. B. 34, p. 53. Int. 1792.
Haggerty, Moses, 15630G. Inv. 1862.
Hagny, Catharine R. B., 22747G. W. 1888.
Hagny, Ernst F., 15631G. W. 1862. Inv. 1862.

Hagny, John, 18786G. W. 1876.
Hague, Anna, 22352G. W. 1887.
Hague, Jacob, 24982G. W. 1893.
Hague, James, 15225G. W. 1859. Inv. 1860.
Hague, James, Sr., 27922G. W. 1899. Ord.
Hahl, Maria A., 25438G. W. 1894.
Hahn, Frederick, 23588G. W. 1890.
Hahn, Jacob, 27423G. W. 1898.
Hahn, Joseph, 19921G. W. 1880.
Hahn, Peter, 27424G. W. 1898.
Hahne, Juliana, 28429G. W. 1900.
Hahne, Julius, 25927G. W. 1895. Inv. 1895.
Hahne, Therese, 20949G. W. 1883.
Haid, Bridget, 20257G. Inv. 1881.
Haight, Eliza M., 19089G. W. & Cod. 1877. Inv. 1877.
Haight, George, 13942G. W. 1850.
Haight, Jacob I., 18187G. W. 1874. Inv. 1874.
Haines, Benjamin, 5621–5624G. B. 24, p. 334. Wd. 1783. Pt. 1783.
Haines, Benjamin, 10577G. W. 1809. Inv. 1809.
Haines, Charles S., 27425G. W. 1898.
Haines, George W., 12317G. Inv. 1832.
Haines, Harriet, 17321G. W. 1871. Inv. 1871.
Haines, Jared, 14210G. W. & Cods. (2) 1852. Inv. 1852.
Haines, Jared, 27426G. W. 1898.
Haines, Joanna, 11956G. W. 1828. Inv. 1828.
Haines, Job, 10471G. W. 1807.
Haines, Job, 25439G. W. 1894. Inv. 1894.
Haines, John R., 22023G. W. 1886.
Haines, Joseph, 4269–4270G. B. L, p. 164. W. 1774.
Haines, Margaret, 17064G. W. 1870. Inv. 1870.
Haines, Stephen, 10625G. W. 1810. Inv. 1811.
Haines, Stephen R., 16838G. W. 1869. Inv. 1869.
Hainmuller, Charles, 26429G. W. 1896. Inv. 1898.
Hait, Ann, 10472G. W. 1807. Inv. 1807.
Hale, Caroline C., 21327G. W. 1884. Inv. 1884.
Hale, Harriet, 22748G. W. 1888. Inv. 1888.
Hale, Marvin, 13713G. Inv. 1848.
Halenbeek, Jan, 891–892G. B. C, p. 168. W. 1737.
Hall, Andrew A., 24983G. W. 1893.
Hall, Caroline, 26947G. W. & Cod. 1897.
Hall, Catharine, 20607G. W. 1882.
Hall, Charles, 12798G. Inv. 1837.
Hall, Charles, Sr., 14360G. W. 1853.
Hall, Drew, 12799G. Inv. 1837.
Hall, Edward, 19376G. W. 1878.
Hall, Eliphalet, 14856G. W. 1856. Inv. 1856.
Hall, Elizabeth G., 19622G. W. 1879.
Hall, Frank S., 27923G. Inv. 1899.
Hall, George, 24049G. W. 1891. Inv. 1892.
Hall, George A., 25928G. Inv. 1895.
Hall, George W., 18787G. Inv. 1876.
Hall, Gideon, 16470G. Inv. 1867.
Hall, Horace A., 21328G. Inv. 1884.
Hall, James, 16839G. W. 1869.
Hall, James W., Sr., 26948G. W. & Cod. 1897. Inv. 1897.
Hall, Jane E., 25440G. W. 1894.
Hall, Jedidiah, 2737–2738G. B. G, p. 92. Int. 1759.
Hall, John, 2739–2740G. B. G, p. 92. Int. 1759.
Hall, John, 17877G. W. & Cod. 1873.
Hall, John, 20608G. W. 1882.
Hall, John, 21685G. W. 1885. Inv. 1885.

Hall, Margaret, 24507G. Inv. 1892.
Hall, Mary A., 21686G. Inv. 1885.
Hall, Mary A., 23161G. W. 1889.
Hall, Mary M., 19623G. W. 1879. Inv. 1879.
Hall, Richard, 24051G. W. 1891.
Hall, Samuel, 19090G. W. 1877. Inv. 1877.
Hall, Samuel, 25929G. W. 1895.
Hall, Samuel H., 23589G. W. 1890.
Hall, Sarah, 11405G. Inv. 1822.
Hall, Sarah, 19377G. Inv. 1878.
Hall, Sarah A., 22353G. W. 1887.
Hall, Stephen, 11569G. Inv. 1824.
Hall, Susan, 15355G. Inv. 1860.
Hall, William, 15356G. Inv. 1860.
Hall, William, 15756G. W. 1863. Inv. 1864.
Hallenbeck, Catharine, 25930G. W. 1895. Ren. 1895.
Hallenbeck, John J., 24052G. W. 1891.
Hallenbeck, William H., 24984G. W. 1893.
Haller, Jacob, 17066G. W. 1870.
Haller, John, 24053G. W. 1891.
Hallgring, John, 14211G. Inv. 1852.
Halligan, Julia T., 26949G. W. 1897. Inv. 1897.
Halligan, Peter, 26950G. Inv. 1897.
Hallinan, Timothy, 24508G. W. 1892.
Hallock, Carrie A., 21329G. Inv. 1884.
Hallock, Jeremiah R., 16315G. Inv. 1866.
Hallock, Lewis S., 20258G. Inv. 1881.
Hallock, Louisa 15632G. Inv. 1862.
Halloway, Elizabeth R. 20259G. Inv. 1881.
Hallstead, Hannah M., 24510G. W. 1892.
Hallsted, Henry B., 26430G. W. 1896. Ren. 1896.
Hallsted, Jemima D., 19624G. W. 1879.
Hallsted, Lydia L., 27427G. W. 1898. Ord.
Hallsy, Joseph, Sr., 315–322G. B. A, p. 338 W. 1725. Inv. 1725.
Halpin, Thomas, 24054G. W. 1891.
Halsey, Abigail, 4747–4750G. B. 20, p. 281. W. 1778.
Halsey, Adelia M., 26951G. W. 1897.
Halsey, Anthony P., 15926G. Inv. 1864.
Halsey, Benjamin, 7270–7277G. B. 32, pp. 512, 513. Wd. 1791. Pt. 1791.
Halsey, Benjamin, 7980–7983G. B. 33, p. 396. Wd. 1794. Tr. 1794.
Halsey, Benjamin, 8896–8897G. B. 38, p. 263. Int. 1797.
Halsey, Caleb, 14078G. W. & Cod. 1851. Inv. 1851.
Halsey, Cornelia B., 18188G. Inv. 1874.
Halsey, Daniel, 371–372G. B. B, p. 34. W. 1727.
Halsey, Daniel, 5135–5138G. B. 22, p. 71. Grd. 1780. Pt. 1780.
Halsey, Elizabeth, 11406G. W. & Cod. 1822. Inv. 1822.
Halsey, Emma E., 23590G. W. 1890.
Halsey, George A., 25441G. W. 1894.
Halsey, Ichabod B., 7482–7485G. B. 34, p. 41. Grd. 1792. Pt. 1792.
Halsey, Ichabod B., 7980–7983G. B. 33, p. 396. Grd. 1794. Tr. 1794.
Halsey, Irene W., 20609G. W. & Cod. 1882. Inv. 1882.
Halsey, Isaac, 6710–6727G. B. 38, p. 96. Int. 1788. Inv. 1792.
Halsey, Isaac, 11256G. W. 1820. Inv. 1820.
Halsey, Isaac, 12416G. Inv. 1833.
Halsey, Jacob, 6956–6959G. B. 30, p. 363. Wd. 1790. Tr. 1790.
Halsey, Jacob, 7482–7485G. B. 34, p. 41. Wd. 1792. Pt. 1792.

Halsey, Jeremiah, 7984–7989G. B. 33, p. 394. Int. 1794. Inv. 1795 (?).
Halsey, John L., 12504G. W. 1834. Inv. 1834.
Halsey, John T., 13206G. Inv. 1842.
Halsey, Jonathan O., 24985G. W. 1893.
Halsey, Joseph, 11407G. Inv. 1822.
Halsey, Joseph, Sr., 10678G. W. 1811.
Halsey, Joseph A., 21330G. W. 1884.
Halsey, Joseph S., 24509G. Inv. 1892.
Halsey, Mary, 12417G. W. 1833. Inv. 1833.
Halsey, Mary R., 13943G. Inv. 1850.
Halsey, Moses E., 24986G. W. 1893.
Halsey, Renselaer, 12695G. W. 1836. Inv. 1837.
Halsey, Samuel, 8898–8907G. B. 36, p. 502. Int. 1797. Inv. 1797. Ren. 1797.
Halsey, Silas, 881–882G. B. C, p. 160. Grd. 1737.
Halsey, Smith, 16665G. W. 1868. Inv. 1868.
Halsey, Virginia B., 25442G. W. 1894.
Halsey, William, 10910G. Inv. 1815.
Halsey, William, 13270G. W. 1843. Inv. 1844.
Halsey, William, 28430G. W. & Cods. (2) 1900. Inv. 1900.
Halsey, William P., 12418G. W. 1833. Inv. 1839.
Halstad, Caleb, 3577–3580G. B. 12, p. 455. Grd. 1766. Pt. 1766.
Halstead, Caleb, 207–210G. B. A, p. 209. Int. 1721. Inv. 1721.
Halstead, Timothy, Sr., 827–828G. B. C, p. 19. W. 1734.
Halsted, Anthony, 13129G. Inv. 1841.
Halsted, Caleb, 11852G. W. 1827.
Halsted, Caleb, Sr., 5783–5786G. B. 26, p. 463. W. 1784.
Halsted, Caleb S., 11957G. Inv. 1828.
Halsted, Enos J., 19378G. Inv. 1878.
Halsted, Henry O., 22354G. Inv. 1887.
Halsted, Hepzibah E., 19379G. W. 1878. Inv. 1878.
Halsted, Jacob, 10210G. B. 40, p. 333. Int. 1803.
Halsted, John, Sr., 6356–6361G. B. 28, p. 378. W. 1786. Int. 1786.
Halsted, Matthias O., 16316G. W. 1856. Inv. 1869.
Halsted, Nathaniel N., 10997G. W. 1816. Inv. 1817.
Halsted, Oliver S., Jr., 17878G. Inv. 1873.
Halsted, Robert, 11746G. W. & Cod. 1826. Inv. 1826.
Halsted, Warren, 12419G. Inv. 1833.
Halsted, William, 4679–4682G. B. 18, p. 692. Grd. 1778. Pt. 1778.
Halsted, William, 6290–6293G. B. 27, p. 380. Grd. 1785. Pt. 1785.
Halsted, William, 7990–7997G. B. 33, p. 385. W. & Cod. 1794.
Halton, Lawrence, 18788G. W. 1876.
Hambruck, Ernest L., 15495G. Inv. 1861.
Hamel, George, Sr., 16840G. Inv. 1869.
Hamill, John, 14213G. Inv. 1852.
Hamill, Mary A., 27924G. W. 1899.
Hamilton, Alice W., 24987G. W. 1893.
Hamilton, Camilla E., 27428G. W. & Cod. 1898.
Hamilton, Edward P., Sr., 27429G. W. 1898.
Hamilton, Harvey J., 13836G. W. 1849. Inv. 1849.
Hamilton, James, 12800G. Inv. 1837.
Hamilton, James, 21687G. W. 1885.
Hamilton, James, 22355G. W. 1887.
Hamilton, Jane, 17589G. W. 1872.

Hamilton, Jane, 22024G. W. & Cod. 1886.
Hamilton, John, 11257G. W. & Cod. 1820. Inv. 1820.
Hamilton, Margaret, 27925G. W. 1899.
Hamilton, Mary A., 21688G. W. 1885.
Hamilton, Mary E., 27926G. W. 1899.
Hamilton, Rebecca, 26952G. W. 1897.
Hamilton, Robert, 17590G. W. 1872.
Hamilton, Robert, 19380G. W. 1878.
Hamilton, William, 14708G. W. 1855.
Hamilton, William H., 22749G. W. 1888.
Hamlin, Elsie A., 19922G. Inv. 1880.
Hamlin, Keturah, 17322G. W. & Cod. 1871. Inv. 1871.
Hammel, Morris, 27927G. W. 1899.
Hammele, Joseph, 19625G. Inv. 1879.
Hammell, Alice, 23591G. Inv. 1890.
Hammell, Hannah, 12420G. W. 1833. Inv. 1833.
Hammell, Harriet L., 24988G. W. 1893.
Hammell, James, Jr., 13714G. W. 1848. Inv. 1848.
Hammell, John, 13944G. Inv. 1850.
Hammell, Louis H., 19381G. W. 1878.
Hammer, Magdalina, 20950G. W. 1883. Inv. 1883.
Hammil, John J., 27430G. W. 1898.
Hammill, Owen, 25443G. W. 1894.
Hammill, Patrick, 21331G. Inv. 1884.
Hammond, Clark, 19626G. W. 1879.
Hammond, Sophia T., 25444G. W. 1894.
Hampson, Eliza A., 23592G. W. & Cod. 1890.
Hampson, George, 22750G. W. 1888.
Hampson, George, Sr., 22025G. W. 1886. Inv. 1886.
Hampson, Hannah, 23162G. W. 1889. Inv. 1889.
Hampson, Henry, 15757G. W. 1863. Inv. 1863.
Hampson, Henry, 23163G. W. 1889. Inv. 1890.
Hampson, John, 18789G. W. 1876. Inv. 1876.
Hampson, John S., 23593G. W. 1890.
Hampson, William, 19627G. W. & Cod. 1879.
Hampton, Abraham, 6362–6365G. B. 28, p. 427. Int. 1786. Ren. 1786.
Hampton, Ann F., 9454–9459G. B. 38, p. 211. W. 1799. Inv. 1801.
Hampton, Eliza, 20610G. W. 1882. Inv. 1882.
Hampton, Hannah, 1387–1388G. B. B, p. 403. Wd. 1746.
Hampton, Harvey S., 18489G. W. 1875. Inv. 1875. Ren. 1875.
Hampton, Jacob, Sr., 3479–3480G. B. H, p. 481. W. 1765.
Hampton, Jonathan, 1311–1312G, 4007–4012G. B. D, p. 262; B. K, p. 322. W. 1745. Int. 1771. Inv. 1771, 1772.
Hampton, Jonathan, 4751–4756G. B. 20, p. 49. W. 1778. Int. 1778.
Hampton, Jonathan, 7486–7489G. B. 34, p. 56. Int. 1792. Pt. 1792.
Hampton, Jonathan, 10278G. B. 40, p. 414. W. 1804. Inv. 1804.
Hampton, Jonathan, Jr., 10279G. B. 40, p. 420. Wd. 1804. Tr. 1804.
Hampton, Louise, 25931G. W. 1895.
Hampton, Peninah, 12696G. W. 1836. Inv. 1836.
Hampton, William, 12318G. Inv. 1832.
Hamton, Andrew, Sr., 943–946G. B. C, p. 247. W. 1738. Inv. 1739.
Hamton, Andrew, Sr., 1559–1566G. B. E, p. 233. W. 1748. Inv. 1748.

Hamton, James, 529–536G. B. B, p. 263. W. 1732. Inv. 1732.
Hamton, Mary A., 1567–1568G. B. E, p. 138. Int. 1748.
Hancock, Eliza, 21332G. W. 1884. Inv. 1885.
Hancock, Peter, 28431G. Inv. 1900.
Hancox, Eliza, 22751G. W. 1888.
Hancox, Joseph W., 28432G. W. & Cod. 1900. Inv. 1901.
Hand, Catharine W., 22026G. W. 1886.
Hand, Charles F., 17591G. Inv. 1872.
Hand, Crowel, 12319G. Inv. 1832.
Hand, Daniel, 4757–4758G. B. 20, p. 226. W. 1778.
Hand, David, 12320G. W. 1832. Inv. 1832.
Hand, Deborah, 15357G. Inv. 1860.
Hand, Edward P., 28433G. Inv. 1900.
Hand, Edward S., 24989G. W. & Cod., 1893. Inv. 1894.
Hand, Eliza A., 12066G. Inv. 1829.
Hand, Elizabeth, 17323G. W. 1871. Inv. 1871.
Hand, Hezekiah, 9798–9805G. B. 39, p. 4. W. 1800. Inv. 1803.
Hand, John M., 13130G. Inv. 1841.
Hand, Jonathan, 14857G. Inv. 1856.
Hand, Joseph B., 15633G. Inv. 1862.
Hand, Joseph S., 14858G. W. 1856. Inv. 1856.
Hand, Jotham, 10211G. B. 40, p. 334. Wd. 1803.
Hand, Louisa B., 22027G. W. 1886.
Hand, Matthias, 13715G. W. 1848. Inv. 1848.
Hand, Moses, 12232G. Inv. 1831.
Hand, Nehemiah, 12505G. W. 1834. Inv. 1834.
Hand, Nehemiah, Sr., 4425–4428G. B. M, p. 25. W. 1776.
Hand, Patrick, 16841G. Inv. 1869.
Hand, Rhoda, 10055G. B. 39, p. 321. W. 1801.
Hand, Robert, 11184G. Inv. 1819.
Hand, Robert, 16666G. Inv. 1868.
Hand, Rose, 20951G. Inv. 1883.
Hand, Sarah F., 27928G. W. 1899.
Hand, Stephen, 11329G. W. 1821. Inv. 1821.
Hand, Uzal, 12974G. Inv. 1839.
Hand, William, 10211G. B. 40, p. 334. Grd. 1803.
Handley, George, Sr., 22028G. W. 1886.
Handley, Sampson, 17324G. W. & Cod. 1871. Inv. 1871.
Handley, Sampson, 20952G. Inv. 1883.
Hangs, Mary, 23594G. Inv. 1890.
Hangs, Quido, 24511G. W. 1892.
Hanily, Martin, 17067G. W. 1870. Inv. 1870.
Hanke, Lewis, 27431G. W. 1898.
Hanke, Mary, 26431G. W. & Cods. (2) 1896.
Hankins, Agnes L., 20953G. Inv. 1883.
Hankins, Samuel, 16471G. W. 1867.
Hankinson, Jennie E., 26953G. W. 1897.
Hankison, Rachel, 25447G. W. 1894. Inv. 1895.
Hanks, William, 8660–8661G. B. 35, p. 507. Int. 1796.
Hanlan, Patrick, Sr., 17325G. W. 1871.
Hanley, Catharine, 25448G. W. 1894.
Hanley, John, 20260G. W. 1881. Inv. 1881.
Hanley, Mary A., 22356G. W. 1887.
Hanley, M. Frank, 26432G. W. 1896.
Hanley, William, 12421G. Inv. 1833.
Hanlin, Ellen, 23595G. W. 1890.
Hanlon, Mary, 26954G. W. 1897.
Hanlon, Michael, 24512G. W. 1892.
Hanna, Samuel, 18790G. Inv. 1876.
Hanna, Sarah, 15634G. W. 1862. Inv. 1863.
Hannebohm, Albert, 27929G. W. 1899. Inv. 1899.

Hannebrey, Elizabeth, 25449G. W. 1894. Inv. 1894.
Hannegan, Dennis, 15496G. W. 1861.
Hannoch, Michael, 25932G. W. 1895.
Hannon, Mary A., 26433G. W. 1896.
Hanrahan, John, 26434G. W. 1896.
Hansbury, Bridget, 25450G. W. 1894.
Hansell, Paul, 26435G. W. 1896.
Hanselmann, Charles, 18791G. Inv. 1876.
Hansen, John J., 27930G. W. 1899.
Hanson, Joseph, 25451G. W. 1894.
Hapward, Daniel, 25933G. Inv. 1895.
Harbinson, Mary L., 20954G. W. 1883.
Harcourt, James M., 18490G. Inv. 1875.
Hard, Beers, 14531G. W. 1854. Inv. 1854.
Hard, Melville T., 25445G. W. 1894.
Hardham, Edward, 15497G. W. 1861. Ren. 1861.
Hardham, Elizabeth, 28435G. W. 1900.
Hardham, John, 12597G. Inv. 1835.
Hardham, William L., 20611G. W. 1882.
Harding, Frances S., 28436G. W. 1900.
Hardman, Calistes, 19923G. W. 1880.
Hardt, Frederick, 17592G. W. 1872. Inv. 1872.
Hardy, Anne, 19924G. W. 1880.
Hardy, George G., 24513G. W. 1892. Inv. 1893.
Hardy, James, 14214G. W. 1852.
Hardy, Margaret, 25452G. W. 1894.
Hare, Edward, 99–102G. B. A, p. 50. Int. 1717. Inv. 1717. Ren. 1717.
Hare, John H., 19628G. Inv. 1879.
Harff, Francis T., 14859G. Inv. 1856.
Harford, Reuben F., 16667G. W. 1868.
Hargan, Catharine T., 26437G. W. 1896.
Hargan, James, 14361G. Inv. 1853.
Hargan, William, 16317G. W. 1866. Inv. 1866.
Hargreaves, John, 14079G. W. 1851. Inv. 1851.
Harison, George, Sr., 31–32G. B. 2, p. 47. W. 1715.
Harison, Mary G., 18493G. W. 1875.
Harison, Samuel, Sr., 305–308G. B. A, p. 317. W. 1724. Inv. 1725.
Harley, Francis, 15358G. W. 1860. Inv. 1860.
Harlow, Philip, 22357G. W. 1887.
Harmon, Emilia, 25453G. W. 1894.
Harmon, Martha O., 20955G. W. 1883.
Harnischfeger, Gregor, 15000G. W. 1857. Inv. 1857.
Harnischfeger, Jacob, 20956G. Inv. 1883.
Harper, George, 16669G. Inv. 1868.
Harr, George W., 27432G. W. 1898.
Harr, John M., 15498G. W. & Cod. 1861. Inv. 1861.
Harrigan, Eliza, 27433G. W. 1898.
Harriman, Joanna, 14212G. W. 1852.
Harriman, John, 487–490G. B. B, p. 202. W. 1730. Bond 1732.
Harriman, John, 7268–7269G. B. 32, p. 509. Int. 1791.
Harriman, William, 10679G. Inv. 1811.
Harrington, Elizabeth, 19629G. W. 1879.
Harrington, Miles, 17879G. Inv. 1873.
Harrington, Robert 19382G. Inv. 1878.
Harriott, Edgar, Sr., 14532G. W. 1854.
Harriott, Eliza M., 20957G. W. 1883.
Harris, Calvin S., 14533G. W. 1854. Inv. 1854.
Harris, Fanny, 24990G. W. 1893.
Harris, Frederick H., 27931G. W. 1899.
Harris, George. B. A, p. 92. Wd. 1717.
Harris, Hester, 20261G. W. 1881. Inv. 1881.
Harris, Isaac, 11958G. Inv. 1828.

Harris, James, 15758G. W. 1863.
Harris, James H., 15226G. W. 1859. Inv. 1860.
Harris, Jane E., 28437G. W. 1900.
Harris, John, 16122G. W. 1865.
Harris, Juliana S., 24991G. W. 1893. Inv. 1893.
Harris, Mary, 14082G. Inv. 1851.
Harris, Phebe H., 20612G. W. 1882. Inv. 1884.
Harris, Rebecca, 22752G. W. 1888.
Harris, Richard, 25934G. W. 1895. Inv. 1895.
Harris, Russel, 9126–9130G. B. 37, p. 539. Int. 1798. Inv. 1798.
Harris, Samuel, 2847–2852G. B. G, p. 278. Int. 1760. Inv. 1761. Acct. 1761.
Harris, Samuel D., 22032G. W. 1886. Inv. 1886.
Harris, Thomas, 22358G. W. 1887.
Harris, Thompson S., 26955G. Inv. 1897.
Harris, Walter, 16668G. W. 1868.
Harris, William, 12506G. Inv. 1834.
Harris, William H., 22359G. W. 1887. Inv. 1887.
Harrison, Aaron, 11113G. Inv. 1818.
Harrison, Aaron, 12801G. W. & Cod. 1837.
Harrison, Aaron B., 17326G. W. 1871. Inv. 1871.
Harrison, Aaron B., 21333G. W. 1884. Inv. 1884.
Harrison, Abby, 13352G. W. 1844. Inv. 1844.
Harrison, Abby, 14080G. W. 1851.
Harrison, Abiathar, 16596G. W. 1867.
Harrison, Abijah, 18189G. W. 1874. Inv. 1874.
Harrison, Abijah, Sr., 13537G. W. 1846.
Harrison, Abraham, 655–657G. B. B, p. 345. Int. 1732. Ren. 1732.
Harrison, Abraham, 12321G. W. 1832. Inv. 1832.
Harrison, Abraham, 14081G. W. 1851.
Harrison, Adonijah V., 16123G. Inv. 1865.
Harrison, Alida A., 25935G. W. 1895.
Harrison, Amanda, 23166G. W. 1889.
Harrison, Amos, 6110–6113G. B. 27, p. 289. W. 1785.
Harrison, Amos, 12322G. W. & Cod. 1832. Inv. 1833.
Harrison, Amos, 16124G. W. 1865. Inv. 1869.
Harrison, Ann, 20262G. W. 1881.
Harrison, Benjamin F., 20263G. Inv. 1881.
Harrison, Bethuel, 12324G. Inv. 1832.
Harrison, Bethuel D., 26438G. W. 1896. Inv. 1896.
Harrison, Bethuel V., 11853G. Inv. 1827.
Harrison, Caleb, 6728–6729G. B. 38, p. 93. W. 1788.
Harrison, Caleb, 14534G. W. 1854.
Harrison, Caleb G., 25454G. W. 1894.
Harrison, Caroline, 18491G. W. 1875.
Harrison, Catharine, 26956G. W. 1897.
Harrison, Charles, 18492G. W. 1875.
Harrison, Charles A., 12975G. W. 1839. Inv. 1839.
Harrison, Charlotte S., 19383G. W. & Cod. 1878. Inv. 1878.
Harrison, Cyrus, 17880G. Inv. 1873.
Harrison, Daniel, 1389–1390G. Inv. 1745.
Harrison, Daniel, 11258G. Inv. 1820.
Harrison, Daniel, 18190G. W. 1874.
Harrison, Daniel, Sr., 947–948G. B. C, p. 240. W. 1738.
Harrison, David, 12881G. W. 1838. Inv. 1838.
Harrison, Demas, 13837G. Inv. 1849.

Harrison, Demas, 20264G. W. 1881. Inv. 1881.

Harrison, Dorcas C., 25455G. W. 1894. Inv. 1894.

Harrison, Edwin, 14362G. Inv. 1853.

Harrison, Edwin M., Sr., 27932G. W. & Cod. 1899.

Harrison, Eleanor, 15359G. W. 1860. Inv. 1860.

Harrison, Eliza E., 24056G. W. 1891.

Harrison, Elizabeth, 19925G. W. 1880.

Harrison, Eunice, 13133G. W. 1841.

Harrison, Frank F., 259937G. W. 1895.

Harrison, George. B. A, p. 52; B. 2, p. 47. W. 1716.

Harrison, George, 2029–2032G. B. F, p. 104. W. 1753.

Harrison, George E., 13353G. W. 1844.

Harrison, Hampton, 10412G. Inv. 1806.

Harrison, Hannah, 17327G. W. 1871. Inv. 1871.

Harrison, Hannah B., 25936G. Inv. 1895.

Harrison, Hannah E., 20958G. W. 1883.

Harrison, Harvey, 16842G. W. 1869. Inv. 1869.

Harrison, Henry B., 22753G. Inv. 1888.

Harrison, Henry W., 19630G. W. 1879. Inv. 1879.

Harrison, Ichabod, 14363G. W. 1853.

Harrison, Ira, 23596G. W. 1890. Inv. 1890.

Harrison, Ira M., 24057G. W. 1891.

Harrison, Isaac, 25456G. W. 1894.

Harrison, Isaac H., 16472G. W. & Cod. 1867.

Harrison, Isac, 6366–6367G. B. 28, p. 418. W. 1786.

Harrison, Jabez, 3715–3716G. B. I, p. 263. W. 1768.

Harrison, Jabez, 12233G. W. 1831.

Harrison, Jabez, 13838G. Inv. 1849.

Harrison, Jabez, 17328G. W. 1871. Inv. 1871.

Harrison, Jacob, 15927G. W. 1864.

Harrison, James, 27933G. W. & Cod. 1899.

Harrison, Jane, 17593G. W. 1872. Inv. 1872.

Harrison, Jane, 23597G. W. 1890.

Harrison, Jared, 11926G. Inv. 1828.

Harrison, Jared E., 25938G. W. 1895.

Harrison, Jeptha, 25457G. W. 1894. Inv. 1894.

Harrison, Jesse T., 15759G. W. 1863. Inv. 1863.

Harrison, Joanna, 20613G. W. & Cod. 1882. Inv. 1882.

Harrison, Joel, 17068G. W. 1870. Inv. 1871.

Harrison, John, 13131G. W. & Cod. 1841. Inv. 1842.

Harrison, John D., 28438G. W. 1900.

Harrison, Jonas, 9460–9467G. B. 38, p. 205. W. & Cod. 1799. Inv. 1799.

Harrison, Joseph, 11052G. W. 1817. Inv. 1818.

Harrison, Joseph, 11658G. W. & Cod. 1825. Inv. 1825.

Harrison, Joseph, Sr., 12802G. W. 1837. Inv. 1837.

Harrison, Joseph D., 25939G. W. 1895.

Harrison, Jotham, 10413G. W. 1805. Inv. 1808.

Harrison, Lucy A., 17881G. W. 1873. Inv. 1874.

Harrison, Lydia, 12323G. W. 1832. Inv. 1832.

Harrison, Marinda, 24992G. Inv. 1893.

Harrison, Mary, 13047G. Inv. 1840.

Harrison, Mary, 18792G. Inv. 1876.

Harrison, Mary J., 25940G. W. 1895. Inv. 1896.

Harrison, Mary S., 24993G. W. 1893.

Harrison, Moses, 3239–3240G. B. H, p. 579. W. 1765.

Harrison, Moses, 14535G. W. 1854.

Harrison, Moses, 15760G. W. & Cod. 1863.

Harrison, Moses, 16125G. W. 1865. Inv. 1865.

Harrison, Moses B., 14536G. Inv. 1854.

Harrison, Moses S., 13132G. Inv. 1841.

Harrison, Nathaniel, 11481G. Inv. 1823.

Harrison, Phebe L., 23598G. W. 1890. Inv. 1890.

Harrison, Phoebe, 24514G. W. & Cods. (2) 1892. Inv. 1892.

Harrison, Rachel, 13839G. W. & Cod. 1849. Inv. 1850.

Harrison, Reuben, 10280G. W. 1804. Inv. 1805.

Harrison, Rhoda H., 16670G. W. 1868. Inv. 1868.

Harrison, Richard, 11408G. W. 1822. Inv. 1822.

Harrison, Richard, 12063G. Inv. 1829.

Harrison, Richard, 24994G. W. 1893. Inv. 1894.

Harrison, Richard B., 25941G. W. 1895.

Harrison, Rufus, 13716G. W. 1848. Inv. 1849.

Harrison, Rufus A., 21334G. W. 1884. Inv. 1884.

Harrison, Rufus A., 21897G. Inv. 1884.

Harrison, Samuel, 769–771G. Grd. 1733.

Harrison, Samuel, 10626G. W. 1810.

Harrison, Samuel, 13840G. Inv. 1849.

Harrison, Samuel A., 13717G. W. & Cod. 1848.

Harrison, Samuel O., 26957G. W. 1897. Inv. 1897.

Harrison, Sarah, 9132–9134G. B. 37, p. 317. Wd. 1798. Pt. 1798.

Harrison, Sarah E., 27434G. W. 1898. Inv. 1899.

Harrison, Simeon, 11185G. W. 1819. Inv. 1819.

Harrison, Stephen, 10730G. W. 1812.

Harrison, Stephen, 12064G. Inv. 1829.

Harrison, Theodore F., 25942G. W. 1895.

Harrison, Thomas, 20614G. W. 1882. Inv. 1882.

Harrison, Timothy, 7708–7709G. B. 33, p. 204. W. 1792.

Harrison, William, 15635G. W. 1862. Inv. 1862.

Harrison, William, 15761G. Inv. 1863.

Harrison, William, 27934G. W. 1899.

Harrison, William V., 16473G. Inv. 1867.

Harrity, Dennis, 19384G. Inv. 1878.

Harrity, Hugh, 20265G. Inv. 1881.

Harson, Jacob, 14364G. Inv. 1853.

Hart, Benjamin, 4941–4942G. B. 21, p. 227. W. 1779.

Hart, Bridget, 24058G. W. 1891. Inv. 1891.

Hart, Charles B., 22033G. W. 1886.

Hart, Daniel, 12422G. W. 1833. Inv. 1833.

Hart, Edward J., 22360G. Inv. 1887.

Hart, Fanny, 22361G. W. 1887.

Hart, Felix, 17329G. W. 1871.

Hart, George, 22754G. W. 1888.

Hart, Jeremiah, 1663–1666G. B. F, p. 25. W. 1749. Inv. 1752.

Hart, Mary, 26439G. W. 1896. Inv. 1896.

Hart, Morris, 19532G. W. 1879. Inv. 1880.

Hartdorn, Franz, 18494G. W. 1875.

Hartenstein, John A., 26440G. W. 1896.

Hartenstein, Peter, 26958G. W. 1897.

Harth, Johan A., 19631G. W. 1879. Inv. 1881.
Harth, Joseph, 19391G. W. 1878.
Hartley, Catharine, 17069G. W. 1870. Inv. 1870.
Hartley, Charlott, 14083G. W. 1851. Inv. 1851.
Hartley, John, 16843G. W. 1869. Inv. 1869.
Hartley, Simeon, 24515G. Inv. 1892.
Hartman, Franz, 17882G. W. 1873.
Hartmann, Anna, 26441G. W. 1896.
Hartmann, Charles, 15636G. W. 1862.
Hartmann, Christian W., 22755G. W. 1888.
Hartmann, Frederich, 18495G. W. 1875. Inv. 1875.
Hartmann, George, 21689G. Inv. 1885.
Hartmann, George, 24995G. W. 1893.
Hartmann, Helena, 24996G. W. & Cod. 1893.
Hartmann, Helene, 24063G. Inv. 1891.
Hartmann, Henry, 18191G. Inv. 1874.
Hartmann, John, 22756G. W. 1888.
Hartmann, Maria E., 26442G. W. 1896. Inv. 1896.
Hartmann, Marie, 25943G. W. 1895. Inv. 1895.
Hartmann, Philip, 15637G. Inv. 1862.
Harton, Samuel, Jr., 14365G. W. 1853.
Hartshorne, Caroline, 22362G. W. & Cod. 1887. Inv. 1887.
Hartshorne, Hugh, 13841G. W. 1849. Inv. 1849.
Hatrshorne, Richard, 10071G. B. 39, p. 371. Grd. 1801. Tr.
Hartshorne, John, 19385G. W. 1878. Inv. 1879.
Hartshorne, Margaret B., 23167G. W. 1889. Inv. 1889.
Hartshorne, Richard, 12697G. W. & Cod. 1836.
Hartt, Edward, 20959G. W. 1883.
Hartung, Carl, 27935G. W. 1899.
Hartung, Eliza, 22034G. W. 1886.
Hartung, Karl, 18793G. W. 1876.
Hartung, Margaretha, 22031G. W. 1886.
Hartwell, Darwin B., 13718G. Inv. 1848.
Hartwick, Anna M., 19091G. W. 1877.
Hartwick, Bertha M., 24516G. W. 1892.
Hartwick, Susanna, 18496G. W. 1875.
Hartwicke, Christian, 16474G. W. 1867. Inv. 1867.
Hartwieck, Ziriack, 16597G. W. 1867.
Harvey, Edward, 19633G. W. 1879. Inv. 1880.
Harvey, Hayward A., Sr., 24997G. W. 1893. Inv. 1893.
Harvey, James, 15109G. Inv. 1858.
Harvey, Jane E., 22757G. W. 1888. Inv. 1889.
Harvey, John, 26959G. W. 1897.
Harvey, Joseph B., 25944G. W. 1895. Inv. 1895.
Hasbrouck, Vernon, 21335G. W. 1884.
Hascher, Anton, 24059G. W. 1891.
Hascher, Charles, 27936G. W. 1899.
Hasel, Joseph, 22758G. W. 1888.
Hasel, Kunigunde, 24517G. W. 1892.
Hasenaug, Susanna, 19926G. W. 1880.
Haskell, Hattie E., 24518G. W. 1892.
Haskell, Jacob, 22035G. W. 1886.
Haskell, Llewellyn S., 17594G. W. 1872. Inv. 1872.
Haskell, Peter H., 17883G. Inv. 1873.
Haskins, George, 23168G. W. 1889. Inv. 1890.
Haskins, Harriet, 19386G. W. & Cod. 1878.
Haskins, Thomas, 18497G. Inv. 1875.
Haslam, Arthur, Sr., 27937G. Inv. 1899.
Haslet, John, 12803G. Inv. 1837.
Hassall, James, 11186G. W. 1819. Inv. 1819.
Hassall, Mary, 11187G. W. 1819. Inv. 1819.

Hassell, Abram M., 22036G. W. 1886. Inv. 1888.
Hassell, John, Jr., 17070G. W. 1870.
Hassfeld, Karl, 21336G. W. 1884.
Hassinger, George, 18794G. W. 1876. Inv. 1876.
Hassinger, George H., 19927G. Inv. 1880.
Hassinger, Margarethe, 27938G. W. 1899.
Hastier, John, 11188G. W. 1819.
Hastings, Charles, 20615G. Inv. 1882.
Hastings, Edgar M., 24519G. Inv. 1892.
Hastings, John, 11482G. Inv. 1823.
Hastings, John, 18795G. W. 1876.
Hastings, Joseph, Sr., 22363G. W. 1887.
Hastings, Phebe, 24998G. W. 1893.
Hastings, Sarah R., 26443G. W. 1896.
Hatch, Mary J., 19387G. W. 1878.
Hatcher, Mary A., 24060G. Inv. 1891.
Hatfield, Aaron, 13354G. Inv. 1844.
Hatfield, David, 11959G. W. 1828. Inv. 1828.
Hatfield, Edward H., 13842G. Inv. 1849.
Hatfield, Isaac, 10473G. W. 1807. Inv. 1808.
Hatfield, Job H., Sr., 13945G. W. 1850. Inv. 1850.
Hatfield, Mary, 13719G. W. 1848.
Hatfield, Mary C., 25945G. W. 1895.
Hatfield, Sarah, 11747G. Inv. 1826.
Hathorn, Robert B., 28439G. Inv. 1900.
Hatrick, Florence, 24520G. W. 1892.
Hatt, John H., 22029G. W. 1886.
Hatt, Julia W., 27435G. W. 1898.
Hatt, William, 18796G. W. 1876. Inv. 1876.
Hattersley, Joseph, 16318G. W. 1866.
Hattersley, Selina, 16475G. W. 1867. Inv. 1867.
Hattersley, Selina, 26532G. Inv. 1896.
Hauck, Adam, 17071G. W. 1870. Inv. 1870.
Hauck, Jacob, 16476G. W. 1867.
Hauck, Maria, 24061G. W. 1891. Inv. 1891.
Haug, Jacob C., 28434G. W. 1900. Inv. 1900. Ren. 1900.
Haug, Katharine, 25446G. W. 1894.
Haugwort, Gerard, 12423G. W. 1833. Inv. 1834.
Haulenbeck, Eliza, 27436G. W. 1898.
Haulenbeck, Isaac, 14366G. Inv. 1853.
Haulenbeck, William, 20267G. Inv. 1881.
Haulenbeck, William H., Sr., 15001G. W. 1857. Inv. 1858.
Haulton, Bridget, 24055G. W. 1891. Inv. 1891.
Haun, Adam, 24999G. Inv. 1893.
Haupt, Marie E., 25000G. W. 1893. Inv. 1893.
Haury, Henry, 19092G. Inv. 1877.
Hauser, August, 22030G. W. 1886.
Hauser, Henry, Sr., 24062G. W. 1891.
Hauser, Hilarius, 16845G. W. 1869. Inv. 1869.
Hauser, Jacob, 26436G. W. 1896. Inv. 1896.
Hauser, Leopold, 23164G. W. 1889.
Hauser, Solomon, 23165G. Inv. 1889.
Hausler, Frederick, 20616G. W. 1882.
Hausling, Jacob R., 16319G. W. 1866.
Hausling, Martin, Sr., 18498G. W. 1875. Inv. 1875.
Haussor, Samuel F., 20960G. W. 1883.
Haussling, Henry, 24521G. W. 1892.
Haussling, Henry A., 25946G. W. 1895.
Haussling, Martin, 24064G. Inv. 1891.
Havans, Ebenezar, 13207G. W. 1842. Inv. 1842.
Havens, Benjamin, 13619G. W. 1847. Inv. 1847. Ren. 1847.

Havenstein, Alexander, 25002G. W. 1893.
Haverin, Charles, 25947G. W. 1895.
Havey, Patrick, 21690G. W. 1885.
Haviland, Benjamin, 6968–6971G, 7018–7020G, 7132–7135G. B. 33, p. 396. Grd. 1790. Tr. 1790.
Haviland, Benjamin, 6964–6967G. B. 34, p. 396. Grd. 1790. Pt. 1790.
Haviland, Benjamin, 10212G. B. 40, p. 333. Int. 1803. Inv. 1803.
Haviland, Hannah P., Sarah P., Elizabeth T., Lydia M., John T., 12151G. Inv. 1830. Wds.
Haviland, John, 10474G. W. 1807.
Haviland, Luke, 5431–5432G. B. 23, p. 426. W. 1782.
Haviland, Luke, 12153G. Inv. 1830.
Haviland, Martha, 6960–6963G. B. 33, p. 390. W. 1790.
Haviland, Sarah, 10782G. W. 1813. Inv. 1813.
Haviland, Thomas, 6964–6967G. B. 34, p. 396. Wd. 1790. Pt. 1790.
Haviland, William, 10125G. W. 1802. Int. 1802.
Haviland, William, Benjamin W., Jane, John, 6968–6971G. B. 33, p. 396. Wds. 1790. Tr. 1790.
Hawes, Arthur F., 25001G. W. 1893.
Hawes, George E., 19928G. Inv. 1880.
Hawes, John H. G., 18192G. W. 1874. Inv. 1874.
Hawes, Matilda, 24065G. W. & Cod. 1891.
Hawkins, Fred C., 27939G. W. 1899.
Hawkins, John I., 14537G. W. 1854.
Hawley, John, 25458G. Inv. 1893.
Haworth, Joseph 15762G. Inv. 1863.
Hawthorn, Ann E., 25948G. W. & Cod. 1895.
Hawthorn, Henry, 19634G. W. 1879. Inv. 1879.
Hawthorn, John, 13355G. W. 1844. Inv. 1847.
Hawthorn, Mary, 16126G. W. 1865.
Hawthorn, Robert, 14215G. W. 1852.
Hawthorn, William, 10414G. Inv. 1806.
Hawthorn, William, 17595G. W. 1872.
Hay, Adam, 19094G. W. & Cod. 1877. Inv. 1878.
Hay, Amelia C., 22037G. Inv. 1886.
Hay, Elizabeth A., 22038G. W. 1886. Inv. 1886.
Hay, Elizabeth C., 18193G. W. & Cod. 1874. Inv. 1874..
Hay, George C., 20961G. Inv. 1883.
Hay, James B., 21691G. W. 1885. Inv. 1885.
Hay, John, 10126G. B. 40, p. 172. Int. 1802.
Hay, Philip C., 15490G. W. 1861. Inv. 1861.
Hay, Rebecca, 16671G. W. 1868. Inv. 1871.
Hay, Samuel, 10216G. B. 40, p. 409. W. 1803. Inv. 1818.
Hay, Susanna, 15929G. Inv. 1864.
Haycock, Thomas, 12698G. Inv. 1836.
Haycraft, William, 12598G. W. 1835. Inv. 1835.
Hayden, Jeremiah D., 11748G. Inv. 1826.
Hayden, John H., 19095G. W. 1877. Inv. 1878.
Haydon, Mary E. W., 21692G. Inv. 1885.
Haydon, William B., 23599G. Inv. 1890.
Hayes, Daniel, 4271–4272G. B. M, p. 34. Int. 1774.
Hayes, David, 10680G. W. 1811. Inv. 1811.
Hayes, David, Sr., 14216G. W. 1852. Inv. 1852.
Hayes, David A., 18499G. Inv. 1875.
Hayes, Elizabeth S., 21693G. W. 1885. Inv. 1887.

Hayes, Eunice, 13620G. W. 1847.
Hayes, George, 20962G. Inv. 1883.
Hayes, Henry, 10681G. W. 1811. Inv. 1811.
Hayes, Isaac, 11659G. W. & Cod. 1825. Inv. 1825.
Hayes, Jabez W., 20617G. W. & Cod. 1882. Inv. 1882. Lts. 1887.
Hayes, John D., 15928G. W. 1864. Inv. 1864.
Hayes, Joseph, 19093G. W. 1877. Inv. 1877.
Hayes, Laura J., 25049G. W. 1895. Inv. 1896.
Hayes, Mary, 12234G. Inv. 1831
Hayes, Mary V., 16477G. W. 1867. Inv. 1867.
Hayes, Moses, 11189G. Inv. 1819.
Hayes, Oliver J., 15500G. W. & Cod. 1861. Inv. 1861.
Hayes, Rachel, 10911G. W. 1815. Inv. 1816.
Hayes, Robert, 12599G. W. 1835. Inv. 1835.
Hayes, Samuel, 10682G. W. 1811. Inv. 1811.
Hayes, Samuel, Sr., 12976G. W. 1839. Inv. 1839.
Hayes, Sarah, 15638G. W. 1862.
Hayes, Simeon R., 22759G. W. 1888.
Hayes, Suzette I., 21337G. W. 1884.
Hayes, Thomas, 4547–4550G. B. 19, p. 371. W. 1777.
Haynes, Joseph E., 26960G. W. 1897.
Hays, Abiel, 11570G. W. 1824. Inv. 1824.
Hays, Charles B., 20618G. Inv. 1882.
Hays, David J., 14367G. W. 1853. Inv. 1853. Ren. 1853.
Hays, Eliza, 17596G. W. 1872. Inv. 1872.
Hays, Henrietta H., 20619G. Inv. 1882.
Hays, John C., 18707G. W. 1876.
Hays, Kelita, 13048G. Inv. 1840.
Hays, Oliver, 14538G. W. 1854. Inv. 1854.
Hays, Sarah, 13208G. W. 1842. Inv. 1843.
Hays, Sarah, 15501G. W. 1861.
Hays, Stephen, 12804G. Inv. 1837.
Hays, Thomas, 10912G. Inv. 1815.
Hays, William, 11960G. Inv. 1828.
Hayse, Robert, 2647–2648G, 2653–2657G. B G, p. 117. W. 1759. Inv. 1759, 1765.
Hayward, Charles, 15002G. W. 1857. Inv. 1857. Ren. 1857.
Hazard, Jabez H., 22760G. W. & Cod. 1888.
Hazard, Samuel, 2649–2651G. B. G, p. 129 Int. 1759. Ren. 1758.
Headley, Albert O., Sr., 27940G. W. & Cod. 1899.
Headley, Caleb, 13843G. Inv. 1849.
Headley, Cary, 11571G. W. 1824. Inv. 1824
Headley, Carey J., 26961G. W. 1897.
Headley, David C., 15763G. Inv. 1863.
Headley, Davis, 11660G. W. 1825. Inv. 1826.
Headley, Davis, Sr., 12325G. W. 1832.
Headley, Harris E., 16320G. Inv. 1856.
Headley, Ira, Sr., 13946G. W. 1850. Inv. 1850.
Headley, John T., 11961G. W. 1828. Inv. 1833.
Headley, Lewis, 25459G. W. 1894. Inv. 1895.
Headley, Stephen, 17330G. W. 1871. Inv. 1871.
Headley, Stephen, Sr., 13271G. W. 1843. Inv. 1843.
Headley, Timothy, 14217G. W. 1852. Inv. 1852.
Headley, William D., 17884G. Inv. 1873.
Headley, William O., 18500G. W. 1875. Inv. 1875.
Headley, William S., 14084G. W. 1851.
Headly, David, 10475G. Inv 1807.
Headly, Samuel, 13134G. W. 1841. Inv. 1841.

Heald, Gertrude G., 19096G. W. 1877.
Healey, Alice, 19929G. Inv. 1880.
Healey, Catherine, 26946G. W. 1897.
Healey, Nicholas, 17072G. Inv. 1870.
Healy, Catharine, 17597G. W. 1872.
Healy, Ellen, 21338G. Inv. 1884.
Healy, James, 18798G. W. 1876.
Healy, James, 21339G. W. 1884. Inv. 1884.
Healy, John S., 24066G. W. & Cod. 1891. Inv. 1892.
Healy, Margaret, 19097G. W. & Cod. 1877.
Heaney, James, 17073G. W. 1870.
Heany, Mary A., 20620G. W. 1882. Inv. 1882.
Heany, Thomas, 19635G. W. 1879. Inv. 1879.
Heard, John, 6368–6369G. B. 28, p. 424. Int. 1786.
Heard, William, 5791–5794G. B. 26, p. 504. Int. 1784. Ren. 1784.
Heartt, Maria D., 23170G. W. 1889.
Heath, Ann L., 28440G. W. 1900.
Heath, Catharine C., 26444G. W. 1896.
Heath, Charles, 28441G. W. 1900. Inv. 1900.
Heath, Daniel, 15110G. W. 1858.
Heath, John L., 23600G. W. 1890.
Heath, Sarah M., 27941G. W. 1899. Ren. 1899.
Heather, George A., 20621G. W. 1882.
Heatherington, James, 11962G. W. 1828.
Heatherton, Patrick, 19098G. W. 1877.
Heaton, Benjamin F., 20522G. W. 1882. Inv. 1882.
Heaton, Samuel O., 14539G. W. 1854. Inv. 1854. Ren. 1854.
Heavey, James, 22039G. W. 1886.
Heays, Ellen, 23316G. W. 1889.
Hebden, Christopher, 16478G. Inv. 1867.
Hebden, Christopher, 17074G. W. 1870. Inv. 1875.
Hebeler, Anna G., 24067G. W. 1891.
Heck, John G., Sr., 28442G. W. 1900.
Heckel, Augusta F., 27437G. W. 1898.
Heckel, Christian H., 18799G. W. 1876.
Heckendom, Philip, 25950G. W. 1895.
Heckendorn, Jacob, 24068G. W. 1891.
Heckler, Anna L., 16846G. W. 1869.
Heckman, Clara, 22040G. W. 1886.
Heckscher, Georgiana L., 23601G. W. 1890. Inv. 1890.
Hedden, Aaron, 12699G. W. 1836. Inv. 1836.
Hedden, Aaron, 16847G. Inv. 1869.
Hedden, Aaron, 18501G. Inv. 1875.
Hedden, Abial, 20268G. W. 1881. Inv. 1881.
Hedden, Alvan, 14860G. W. 1856. Inv. 1857.
Hedden, Amelia J., 16479G. Inv. 1867.
Hedden, Ann, 14540G. Inv. 1854.
Hedden, Ann, 14709G. Inv. 1855.
Hedden, Benjamin, 4371–4372G. B. M, p. 33. Int. 1775.
Hedden, Charles I., 25003G. W. 1893. Inv. 1893.
Hedden, Cyrus, Sr., 15930G. W. 1864. Inv. 1864.
Hedden, Daniel W., 19388G. W. 1878. Inv. 1878.
Hedden, David B., 20623G. W. 1882. Inv. 1882.
Hedden, Ebenezer, 6122–6123G. B. 27, p. 255. W. 1785.
Hedden, Edward, 5433–5434G. B. 23, p. 431. W. 1782.
Hedden, Edwin, 22761G. Inv. 1888.
Hedden, Eleazar, 11190G. W. 1819. Inv. 1821.
Hedden, Eleazer, 13049G. W. 1840. Inv. 1840.

Hedden, Elezar, Sr., 3883–3886G. B. K, p. 424. W. 1770.
Hedden, Elias B., 18502G. W. 1875. Inv. 1875.
Hedden, Elijah, 17885G. W. & Cod. 1873.
Hedden, Francis, 17075G. W. 1870.
Hedden, George W., 27942G. W. 1899.
Hedden, Hannah, 11330G. W. 1821. Inv. 1823.
Hedden, Hannah, 13356G. Inv. 1844.
Hedden, Henry D., 14710G. Inv. 1855.
Hedden, Hetty M., 12326G. W. 1832. Inv. 1832.
Hedden, Horace, 18194G. W. 1874.
Hedden, Israel, 11749G. W. 1826. Inv. 1827.
Hedden, Jabez B., 12805G. Inv. 1837.
Hedden, James, 12882G. W. 1838.
Hedden, Jennie C., 26445G. W. & Cod. 1896. Inv. 1896.
Hedden, John, Sr., 13947G. W. 1850. Inv. 1850.
Hedden, Jonathan, 8662–8667G. B. 36, p. 40. Int. 1796. Inv. 1796.
Hedden, Joseph, Jr., 5281–5288G. Inv. 1781.
Hedden, Joseph, Jr., 5625–5628G. B. M, p. 155. W. 1784.
Hedden, Joseph, Sr., 9468–9473G. B. 38, p. 216. W. 1799. Inv. 1799.
Hedden, Jotham, 10127G. B. 40, p. 214. Int. 1802. Inv. 1804. Ren. 1802.
Hedden, Jotham, 19099G. W. & Cod. 1877. Inv. 1877.
Hedden, Lewis D., 17076G. Inv. 1870.
Hedden, Lydia, 24522G. W. 1892. Inv. 1893.
Hedden, Margaret, 10372G. Inv. 1825.
Hedden, Maria, 12154G. Inv. 1830.
Hedden, Nehemiah, 12065G. W. 1829. Inv. 1829.
Hedden, Obadiah, 19100G. Inv. 1877.
Hedden, Phebe J., 27943G. W. 1899.
Hedden, Rebecca, 10415G. W. 1806.
Hedden, Samuel, 13621G. W. 1847. Inv. 1847.
Hedden, Samuel R., 13538G. W. 1846. Inv. 1846.
Hedden, Sarah, 17331G. W. 1871. Inv. 1871.
Hedden, Uzal, 13539G. Inv. 1846.
Hedden, Uzal W., 12806G. Inv. 1837.
Hedden, William, 24069G. W. 1891.
Hedden, William H., 17332G. W. 1871. Inv. 1871.
Hedenberg, Abram, 16480G. W. 1867. Inv. 1867.
Hedenberg, Charles, 11115G. W. 1818. Inv. 1818.
Hedenberg, Jesse C., 14861G. W. 1856. Inv. 1859.
Hedenberg, Julia H., 16481G. W. 1867. Inv. 1867.
Hedenberg, Richard L., 22364G. W. 1887.
Hedenberg, Sarah P., 16482G. W. & Cod. 1867. Inv. 1867.
Hedenberg, Watson S., 22041G. W. 1886. Inv. 1886.
Hedgers, Uriah, 8908–8915G. B. 36, p. 472. W. 1797. Inv. 1798. Ren. 1797.
Hedges, Benjamin, 12700G. W. 1836.
Hedges, Gilbert, 11409G. W. 1822. Inv. 1822.
Hedges, Israel, 14541G. W. 1854. Inv. 1854.
Hedges, Nathan, 18503G. W. & Cod. 1875. Inv. 1875.
Hedges, Peter D., 16483G. W. 1867.
Hedges, Rosanna, 23169G. W. 1889. Inv. 1889.
Hedley, Isaac, Jr., 5787–5790G. B. 26, p. 506. Wd. 1784. Pt. 1784.

Hedley, John, 23171G. W. 1889.
Hedley, Joseph, 6114–6116G. B. 27, p. 334. W. & Cod. 1785.
Heer, Charles M., 15111G. Inv. 1858.
Heerlein, John, 27438G. W. 1898.
Heerwagen, Albert, 19107G. Inv. 1877.
Heerwagen, Louis, 23622G. W. 1890.
Heerwagen, Richard, 25951G. W. 1895.
Heerwagen, Wilhelmina, 17598G. W. 1872. Inv. 1872.
Heery, Patrick, 27439G. W. 1898.
Heery, Philip, 24070G. W. 1891.
Heffernan, Pierce, 22042G. W. 1886.
Heffner, Lewis, 15931G. Inv. 1864.
Hegeman, Mary C., 20605G.' W. 1882. Inv. 1882.
Heger, Frank, 24071G. Inv. 1891.
Heger, Ignatz, 19930G. W. 1880.
Heger, Margaret, 24523G. W. 1892.
Heick, John V., 27440G. W. 1898.
Heieck, John, 18505G. Inv. 1875.
Heilbrunn, Amalia, 27944G. W. 1899.
Heileman, John C., 18504G. W. 1875. Inv. 1875.
Heilmann, Frederick W., 28443G. W. 1900.
Heim, John, 22365G. W. 1887.
Heimann, Mina, 28444G. W. 1900.
Heimbold, Francis, 25004G. W. & Cod. 1893.
Heimlich, Karl, 27945G. W. 1899.
Heiner, Adam, 24072G. W. 1891. Inv. 1891.
Heini, August, 27441G. W. 1898.
Heinisch, Edmund E., 22366G. W. 1887. Inv. 1887.
Heinisch, Rochus, 27442G. W. 1898.
Heinisch, Susanna M., 17886G. W. 1873.
Heinkel, Magdalena, 26962G. W. 1897.
Heinnickel, Christiana D., 25460G. W. 1894.
Heinnickel, John, 20624G. Inv. 1882.
Heinnickel, John S., 25461G. W. 1894.
Heinnickel, William, 25462G. W. 1894.
Heinrich, Johanna, 20625G. W. 1882. Inv. 1882.
Heinrich, Johanna F., 17065G. W. 1870. Inv. 1871.
Heinrich, Quilbert, 17333G. Inv. 1871.
Heins, Frederick, 24073G. Inv. 1891.
Heinsinger, Jacob, 28445G. W. & Cod. 1900.
Heinsinger, Nicholas, 23172G. W. 1889. Inv. 1890.
Heinzer, George, 14218G. W. 1852. Inv. 1852. Ren. 1852.
Heise, Mathilda, 23602G. W. 1890.
Heiser, Ehart, 27443G. W. 1898.
Heiser, Elizabeth, 27444G. W. 1898.
Heiss, Martin, 22762G. W. 1888.
Heissemann, Frederick, 20626G. W. 1882.
Heitmann, Margaret, 24074G. Inv. 1891.
Heittinger, Katharina, 25463G. W. 1894.
Heitz, Francisca, 18800G. W. 1876.
Heitzman, Joseph, 12807G. W. 1837. Inv. 1837.
Helbig, Frederick W., 27946G. W. 1899.
Helf, Simon, 17599G. W. 1872.
Hellawell, Jonas, 20269G. W. 1881.
Heller, Frederick, 23173G. W. 1889.
Heller, George W., 23603G. W. 1890.
Heller, Marie, 23604G. W. 1890.
Heller, Simson, 21340G. W. 1884.
Hellinger, Francis C., 17077G. W. 1870. Inv. 1870.
Hellriegel, Charles, 25952G. W. 1895.
Hellriegel, Helena, 28446G. W. 1900.
Hellwig, Henriette, 24524G. W. 1892.

Helm, Benjamin, 10352G. Inv. 1805.
Helmer, Louis, Sr, 23605G. W. 1890.
Helms, Daniel, 19636G. W. 1879. Inv. 1883.
Helmstadter, Adam, 20270G. W. 1881.
Helmstaedter, Adam, Sr., 24525G. W. 1892.
Helmstaedter, John, 26446G. W. 1896.
Helmstetter, Erasmus, 27445G. W. 1898.
Helmstetter, John, 26447G. W. 1896.
Helmstetter, Michael J., 22367G. Inv. 1887.
Helwig, Maria, 24526G. W. 1892.
Hember, Christian C., 25005G. W. 1893.
Hember, Margaretha B., 28447G. W. 1900.
Hemenover, Lewis, 22763G. W. 1888. Inv. 1888.
Hemhauser, Andrew, 22764G. W. 1888.
Hemhauser, Franz, 19389G. W. & Cod. 1878.
Hemhauser, Franzisca, 19390G. W. 1878.
Hemhauser, Louis, 21341G. W. 1884. Inv 1884.
Hemminger, August, 26448G. W. 1896. Inv. 1896.
Hemingway, Ellen L., 21342G. W. 1884.
Hemingway, John, '25953G. W. 1895. Ren 1895.
Hemmer, Appolonia, 20963G. W. 1883.
Hemmer, William, 20271G. W. 1881.
Hemming, Edmund, Sr., 19392G. W. 1878. Inv. 1878.
Hemming, William, 19638G. W. 1879. Inv. 1880.
Henderson, Elizabeth B., 12978G. Inv. 1839.
Henderson, Frances C., 26963G. W. 1897 Inv. 1897.
Henderson, George, 12808G. W. 1837.
Henderson, Hannah B., 25006G. W. 1893.
Henderson, James, 12424G. W. & Cod. 1833. Inv. 1833.
Henderson, James B., 12425G. Inv. 1833.
Henderson, Martha, 17600G. Inv. 1872.
Hendrick, Oren A., 23607G. Inv. 1890.
Hendricks, Abraham, Sr., 211–216G. B. A. p. 225 W. 1722. Inv. 1724.
Hendricks, Baker, 791–794G. Wd. 1734, 1738.
Hendricks, Baker, 7998–8001G. Inv. 1794.
Hendricks, Baker, Sr., 4429–4430G. W. 1776.
Hendricks, Isaac, 6298–6299G. B. 28, p. 428. Grd. 1786. Pt. 1786.
Hendricks, Isaac, 9092–9095G. B. 37, p. 318. Grd. 1798. Pt. 1798.
Hendricks, Isaac, 9210–9213G, 9218–9221G. B. 39, p. 139. Grd. 1798. Pt. 1798.
Hendricks, Isaac, 10683G. W. 1811. Inv. 1813.
Hendricks, Job, Luther, 9806–9812G. B. 39, p. 14. Wds. 1800. Tr. 1800. Pt. 1800.
Hendricks, John, 735–739G. B. B, p. 435. Int. 1733. Inv. 1733.
Hendricks, John, 9136–9139G. B. 37, p. 539. Grd. 1798. Pt. 1798.
Hendricks, John, 9136–9139G. B. 37, p. 539. Wd. 1798. Pt. 1798.
Hendricks, John, 10684G. W. 1811. Inv. 1814.
Hendricks, Luther B., 11750G. Inv. 1826.
Hendricks, Mary, 11053G. W. 1817. Inv. 1817.
Hendricks, Washington, 13357G. W. 1844. Pt. Ords. (2).
Hendrickson, William, 22766G. W. 1888. Inv. 1888.
Hendry, Agnes C., 27947G. Inv. 1899.
Hendry, Hugh, 20964G. W. 1883.
Henesey, David, 27446G. W. 1898.
Hening, Robert M., Sr., 18506G. W. 1875. Inv. 1875.
Henn, Peter, 20965G. W. 1883. Inv. 1883.

Hetfield, William, 1955–1956G. Wd. 1752.
Hetfield, William, 5439–5442G. B. 24, p. 22. Int. 1782. Inv. 1782.
Hetfield, William, 15003G. W. 1857. Inv. 1857.
Hetfield, Zophar, Sr., 12809G. W. 1837. Inv. 1837.
Hetherton, Patrick, 23175G. W. 1889.
Hetschel, Louis, 24528G. W. 1892.
Hettinger, Barbara, 25956G. W. 1895.
Hettinger, Jacob, 22370G. W. 1887.
Hettler, Henry, 25957G. W. 1895.
Hetzel, Frederick, 28450G. W. 1900.
Hetzel, George, 15114G. W. 1858.
Hetzel, John, 17603G. W., 1872.
Hetzel, John G., 25468G. W. 1894. Inv. 1894.
Heule, Franz, 19931G. W. 1880.
Heurtin, William, 3481–3482G. B. H, p. 541. Int. 1765.
Hewitt, Eliza, 27450G. W. 1898.
Hewitt, John H., 16599G. W. 1867. Inv. 1867.
Hewitt, Maria F., 23613G. W. 1890. Inv. 1890.
Hewitt, Mary J., 27451G. W. 1898.
Hewlett, Samuel, 17604G. W. 1872. Inv. 1873.
Hewlett, Samuel M., 17605G. W. 1872. Inv. 1872.
Hews, Alpheus, 12977G. W. & Cod. 1839. Inv. 1839.
Hews, Mary, 13135G. W. 1841. Inv. 1841.
Hewson, James, 19393G. W. 1878. Inv. 1878.
Hewson, Lucy, 23176G. W. 1889. Inv. 1889.
Hexamer, Frederick C., 25469G. W. 1894.
Hey, Jacob, 26453G. W. 1896.
Heyden, Frederick, 28451G. W. 1900.
Heyer, Cornelius, 5641–5642G. B. M, p. 157. W. 1783.
Heyl, Rachel, 19932G. W. 1880.
Hibbins, Eliza, 24080G. W. 1891.
Hibbins, Lydia, 24081G. W. 1891.
Hibler, Samuel, 14852G. Inv. 1856.
Hicke, William, 10130G. B. 40, p. 172. Int. 1802.
Hickey, Frances, 21699G. W. 1885. Inv. 1886.
Hickey, John, 25958G. W. 1895. Ren. 1895.
Hicks, Charles E., 13540G. Inv. 1846.
Hicks, David J., 16321G. W. 1866. Inv. 1866.
Hicks, Elizabeth, 21346G. Inv. 1884.
Hicks, John D., 16130G. W. 1865.
Hicks, Mary, 27452G. W. 1898.
Hicks, Samuel, 4169–4176G. B. K, p. 530. W. 1773. Inv. 1773.
Hieber, John, 18803G. Inv. 1876.
Hier, Isaac, 16600G. W. 1867. Inv. 1867.
Hier, John, 12426G. Inv. 1833.
Hierche, Charles, Sr., 17080G. Inv. 1870.
Higbie, Augusta A., 24082G. Inv. 1891.
Higbie, John, 27949G. W. 1899.
Higbie, Samuel, 26969G. Inv. 1897.
Higbie, Thomas E., 24083G. W. 1891.
Higgens, William, 7282–7283G. B. 32, p. 510. Int. 1791.
Higgins, Abbie, 25959G. W. 1895.
Higgins, Bridget, 25960G. W. 1895.
Higgins, Fanny, 13845G. W. 1849. Inv. 1849.
Higgins, Gershom, 2447–2449G. B. F, p. 517. W. 1758. Inv. 1758.
Higgins, Hannah, 10685G. W. 1811. Inv. 1811.
Higgins, Isaac, 10531G. W. 1808. Inv. 1808.
Higgins, James, 7132–7135G. B. 33, p. 396. Wd. 1790. Pt. 1790.
Higgins, James, 11752G. W. & Cod. 1826.

Higgins, James D., 13359G. W. 1844. Inv. 1844.
Higgins, James H., 19101G. Inv. 1877.
Higgins, John, 15502G. W. 1861. Inv. 1863.
Higgins, Jonathan, Sr., 5443–5446G. B. 23, p. 452. W. & Cod. 1782.
Higgins, Mary, 16484G. Inv. 1867.
Higgins, Michael, 27453G. W. 1898.
Higgins, Newell F., 15115G. W. 1858. Inv. 1858.
Higgins, Patrick, 15503G. W. 1861.
Higgins, Rebeccah, 5799–5800G. B. 26, p. 499. Int. 1784.
Higgins, Richard, 893–897G. B. C, p. 136. Int. 1736. Inv. 1737. Ren. 1736.
Higgins, Sarah, 18196G. W. 1874. Inv. 1874.
Higgins, Thomas, 27950G. W. 1899.
Higgins, William, 1441–1448G. B. D, p. 445. Int. 1746. Inv. 1746. Acct. 1747. Ren. 1746.
Higgins, William, 18804G. W. 1876.
Higginson, Jane R., 26454G. W. 1896.
High, Deborah, 6972–6975G. B. 30, p. 335. W. 1790. Ren. 1790.
High, John, Sr., 4943–4946G. B. 21, p. 334. W. 1779.
High, John, Sr., 12701G. W. 1836. Inv. 1836.
Hilbert, F. Theodor, 26970G. Inv. 1897.
Hild, Jacob, 19641G. W. 1879. Inv. 1879.
Hild, John, 17335G. W. 1871. Inv. 1871.
Hildebrand, August, 26971G. W. 1897.
Hildesheimer, George F., 24529G. W. 1892.
Hildrige, Joseph, 10056G. B. 39, p. 322. Int. 1801. Inv. 1801.
Hildrith, Manassah, 4135–4136G. B. K, p. 441. Int. 1772.
Hilgers, Henrietta, 21347G. W. 1884.
Hilgers, John B., 19933G. W. 1880.
Hill, Charles, 6976–6985G. B. 30, n. 362. Int. 1790. Inv. (2) 1790.
Hill, Charles F., 23177G. W. 1889.
Hill, Cornelius M., 25470G. W. 1894. Inv. 1899.
Hill, Elizabeth, 24084G. W. 1891. Inv. 1892.
Hill, Gottlieb, 18805G. W. 1876. Inv. 1876.
Hill, James, 7284–7287G. B. 32, p. 513. Wd. 1791. Tr. 1791.
Hill, James, 6986–6991G. B. 30, p. 330. W. 1790. Inv. 1791.
Hill, James R., 20628G. W. 1882.
Hill, Joakim, 16849G. W. 1869. Inv. 1869.
Hill, John, 18197G. W. & Cod. 1874. Inv. 1874.
Hill, John, 21348G. W. 1884.
Hill, John, 22047G. W. 1886.
Hill, Louise, 20966G. W. 1883. Inv. 1883.
Hill, Margaret A., 26455G. W. 1896.
Hill, Martin, 6992–6995G. Inv. 1790.
Hill, Mary G., 21349G. W. & Cod. 1884.
Hill, Mattie B., 17890G. Inv. 1873.
Hill, Peter, 11089G. W. & Cod. (2) 1825. Inv. 1826.
Hill, Sarah, 13273G. W. 1843.
Hill, Thomas R., 15004G. Inv. 1857.
Hill, William, 7284–7287G. B. 32, p. 513. Grd. 1791. Tr. 1791.
Hill, William, 16850G. W. 1869. Inv. 1869.
Hill, William, 26456G. W. 1896.
Hill, William E., 25471G. Inv. 1894.
Hillen, Catharine, 26972G. W. 1897.
Hilliard, Patrick, 19394G. Inv. 1878.
Hilliard, Rose, 27951G. W. 1899.
Hills, Eliza A., 17336G. W. 1871. Inv. 1871.
Hills, Mary E., 27952G. W. 1899.
Hillyer, Anna S., 27454G. Inv. 1898.

Hillyer, Asa R., 10423G. Inv. 1825.
Hillyer, Esther, 10913G. W. 1815. Inv. 1815.
Hillyer, Tace B., 20629G. W. 1882. Inv. 1883.
Hillyer, William S., 21700G. W. 1885. Inv. 1885.
Himenover, Emaline S., 19637G. W. 1879. Inv. (2) 1879.
Himmel, John, 28452G. Inv. 1900.
Hinchcliffe, James, Sr., 15933G. W. 1864.
Hinckley, Maria S., 24085G. W. 1891.
Hinckley, Matilda E. C., 19642G. Inv. 1879.
Hinckley, Mattie M., 23614G. W. 1890.
Hind, Sarah A., 12979G. W. 1839. Inv. 1839.
Hind, William, 17337G. W. 1871. Inv. 1871.
Hindes, James, Sr., 2663–2666G. B. G, p. 49. W. 1759. Inv. 1762.
Hindes, Joseph, 10578G. Inv. 1809.
Hindes, William, 11331G. Inv. 1821.
Hinds, Benjamin, Sr., 4273–4276G. B. L, p. 241. W. 1774.
Hinds, David, 4761–4766G. B. 16, p. 522. Int. 1778. Ren. 1778.
Hinds, David, 12600G. Inv. 1835.
Hinds, James, 155–157G. B. A, p. 119. Int. 1719. Inv. 1719. Ren. 1719.
Hinds, James, Sr., 537–539G. B. B, p. 237. W. 1731.
Hinds, John, 2279–2280G. B. F, p. 363. W. 1756.
Hinds, John, 4431–4434G. B. M, p. 38. Int. 1776. Ren. 1776.
Hinds, John, 4551–4556G. B. 16, p. 518. Int. 1777. Inv. 1778.
Hinds, John, Jr., 7278–7280G. B. 32, p. 512. Wd. 1791. Pt. 1791.
Hinds, Joseph, 3887–3891G. B. K, p. 173. W. & Cod. 1770.
Hinds, Joseph, Jr., 3241–3246G. B. H, p. 324. Int. 1763. Inv. 1764.
Hinds, Lydia, Sara, 5801–5804G. B. 26, p. 507. Wds. 1784. Pt. 1784.
Hinds, Miller, 14863G. Inv. 1856.
Hinds, Rebeka, 4557–4560G. B. 19, p. 231. W. 1777. Inv. 1777.
Hinds, Samuel, Sr., 4077–4092G. B. K, p. 460. W. 1772. Inv. (2) 1772. Acct. 1772.
Hinds, Stephen, Sr., 3893–3896G. B. K, p. 273. W. 1770.
Hinds, William, 5135–5138G. B. 22, p. 71. Wd. 1780. Pt. 1780.
Hine, Charles C., 26973G. W. 1897.
Hine, Edward L., 20967G. W. 1883.
Hines, John, 22767G. W. 1888. Inv. 1889.
Hinman, Jonah, 2451–2452G. B. F, p. 561. W. 1758.
Hinrichsen, Elizabeth, 24086G. W. 1891.
Hinsdale, Elizabeth, 11054G. W. 1817. Inv. 1817.
Hinsdale, Epaphras, 10686G. Inv. 1811.
Hirst, James, 25011G. Inv. 1893.
Hirst, John, 24087G. W. 1891.
Hirt, Bernard, 26974G. W. 1897.
Hirth, Henry, 25961G. W. 1895.
Hitchcock, Abram, 25962G. W. 1895.
Hitchcock, Fordyce, 20968G. W. 1883.
Hixon, Catharine M., 18508G. W. 1875.
Hixon, Henrietta B., 16485G. W. & Cod. 1867.
Hoag, Margaret, 25963G. W. 1895.
Hoban, Martin, 22371G. W. 1887.
Hobart, Charlotte, 16851G. W. 1869.
Hobart, John H., 12235G. W. 1831.
Hobart, Thomas, 27953G. W. 1899.

Hobbis, Thomas, Sr., 22048G. W. & Cod. 1886. Inv. 1886.
Hobbs, John, 20273G. Inv. 1881.
Hobdy, George, 13622G. Inv. 1847.
Hobson, Eli, 22768G. W. 1888.
Hoch, John, 25012G. W. 1893.
Hochadel, William, 23615G. Inv. 1890.
Hock, Catharina, 24530G. Inv. 1892.
Hock, Charles, 27954G. W. 1899. Inv. 1900.
Hockenjos, Gottlieb, 20630G. Inv. 1882.
Hockenjos, J. Jacob, 24088G. W. 1891. Inv. 1891.
Hockenjos, Wilhelmine, 24089G. W. 1891. Inv. 1891.
Hockstetter, Joseph, 20631G. W. 1882.
Hodge, Emma A., 18198G. W. 1874. Inv. 1874.
Hodge, Sarah J., 22372G. W. 1887. Inv. 1887.
Hodgens, John, 22769G. Inv. 1888.
Hodges, Edward, 16486G. W. 1867.
Hoedt, Susanna, 27957G. W. 1899.
Hoelland, Charlotte, 27455G. W. 1898.
Hoelland, George, 20632G. W. 1882.
Hoelzel, Jacob, Sr., 27955G. W. 1899.
Hoer, Donat, 21350G. W. 1884. Inv. 1884.
Hoerle, Henry, 25964G. W. 1895.
Hoerle, Katharina, 25975G. W. 1897. Inv. 1897.
Hoerner, Benedickt, 23616G. W. 1890. Inv. 1891.
Hoernle, Catharina, 19934G. W. 1880. Inv. 1880.
Hoevener, Christopher H., 14220G. W. 1852.
Hoey, Ellen, 27456G. W. 1898.
Hoey, James, 17338G. W. 1871.
Hoey, James, 18199G. W. 1874. Inv. 1874.
Hofer, Leonhard, 23178G. W. 1889. Inv. 1889.
Hoffman, Adam, 14543G. W. 1854. Inv. 1854.
Hoffman, Charles W., 24090G. Inv. 1891.
Hoffman, Edward, Sr., 25472G. W. 1894.
Hoffman, Henry, 16672G. W. 1868. Inv. 1874.
Hoffman, Jacob, 15934G. Inv. 1864.
Hoffman, John, 14864G. W. 1856. Inv. 1857.
Hoffman, Louise, 22375G. W. 1887.
Hoffman, Richard, 24091G. W. 1891.
Hoffman, Sarah T., 27956G. W. 1899.
Hoffman, Seline B., 26457G. W. 1896.
Hoffman, William, 17891G. Inv. 1873.
Hoffman, Zacharias M., 14865G. W. 1856. Inv. 1856.
Hoffmann, Andreas, 19643G. W. 1879. Inv. 1879.
Hoffmann, Christian H. W., 28453G. W. 1900.
Hoffmann, Clemens, 26976G. W. 1897.
Hoffmann, Ernestine, 19395G. W. 1878.
Hofker, Anthony, 18510G. W. 1875.
Hofker, Jacob J., 18200G. W. 1874.
Hofsaess, John, 15765G. W. 1863.
Hogan, George, 17339G. Inv. 1871.
Hogan, Ira, 13209G. W. 1842. Inv. 1842.
Hogan, James, 22049G. W. 1886.
Hogan, John, 16487G. W. 1867.
Hogan, John, 23179G. W. 1889. Inv. 1889.
Hogan, John, Sr., 15766G. W. 1863.
Hogan, Mary, 20274G. W. 1881. Inv. 1881.
Hogan, Mary, 22373G. W. 1887. Inv. 1887.
Hogan, Patrick, 20060G. Inv. 1883.
Hogan, Patrick, 23180G. Inv. 1889.
Hogg, John, 24092G. W. 1891.
Hohfer, William, 19644G. W. 1879.
Hohl, John, 26977G. W. 1897.
Hohn, Mathew, 21701G. W. 1885. Inv. 1885.

Hohweiler, Charles, 19102G. W. 1877.
Hohweiler, Louis, 18511G. Inv. 1875.
Holahan, James, 20606G. W. 1882.
Holbrook, Albert M., 24093G. W. 1891.
Holbrook, Andrew L., 13623G. W. 1847. Inv. 1847.
Holbrook, Anna E., 24531G. W. 1892.
Holbrook, A. Stephen, 19935G. Inv. 1880.
Holbrook, Lowell, 18806G. W. 1876. Ren. 1876.
Holbrook, Margaret A., 25013G. Inv. 1893.
Holburn, John, 23181G. W. 1889.
Holden, Asa H., 20633G. W. 1882. Inv. 1882.
Holden, Cornelius, 20634G., Inv. 1882.
Holden, Franklin, 22050G.' W. 1886. Inv. 1886.
Holden, Henry, 13541G. W. 1846.
Holden, Susan, 20275G. W. & Cod. 1881. Inv. 1881.
Holdsworth, John H., 11963G. Inv. 1828. Wd.
Holdsworth, Margaret, 11964G. W. 1828. Ren. 1828.
Holdwater, Francis, 443–446G. B. B, p. 146. W. 1729. Inv. 1730 (?).
Hole, Charles. Sr., 1667–1678G. B. E, p. 352. W. 1749. Inv. 1752. Accts. (2) 1752.
Hole, John, 6296–6297G. B. 28, p. 428. Grd. 1786. Pt. 1786.
Holey, Garrett E., 19936G. W. 1880.
Holey, Hannah M., 25965G. W. 1895.
Holey, Timothy S., 24532G. W. 1892.
Holland, Anna, 27457G. W. 1898.
Holland, Elizabeth L., 25458G. W. 1896. Inv. 1896.
Holland, George M., 23182G. W. 1889.
Holland, John, 15768G. Inv. 1853.
Holland, Michael J., 26459G. W. 1895. Inv. 1896.
Holle, Lewis, 20276G. W. 1881.
Holliday, George E., 16131G. W. 1865.
Holliday, Harriet, 18807G. W. 1876. Inv. 1876.
Hollifield, A. Nelson, 28454G. W. 1900.
Hollinger, Conrad, 17081G. W. 1870. Inv. 1870.
Hollinger, Elizabeth, 17340G. W. 1870. Inv. 1871.
Hollingsworth, Elizabeth L., 16322G. W. 1866. Inv. 1866.
Hollingsworth, Joseph, 15767G. W. 1863. Inv. 1863.
Hollister, Benjamin F., 20970G. W. 1883.
Holloway, Eli, 16488G. W. 1867. Inv. 1868.
Holloway, William H., 27958G. W. 1899. Inv. 1899.
Hollum, Moses, 25014G. W. 1893.
Holman, Thomas, 18808G. Inv. 1876.
Holmes, Charles M., 22051G. W. 1886.
Holmes, Elizabeth, 26460G. W. 1896.
Holmes, Emeline M., 25966G. W. 1895.
Holmes, Hugh, 12883G. Inv. 1838.
Holmes, Jane M., 26461G. W. 1896.
Holmes, John, 23183G. W. & Cod. 1889. Inv. 1889.
Holmes, Julia A. D., 26462G. W. 1896. Inv. 1896.
Holmes, Mary G., 28455G. W. 1900. Inv. 1900.
Holmes, Mary F. L., 17892G. W. 1873.
Holmes, Samuel, 26978G. W. & Cod. 1897. Inv. 1898.
Holmes, William, 12427G. W. 1833.

Holmes, William M., 22770G. W. 1888. Inv. 1888.
Holmstaedter, Caroline, 23606G. W. 1890.
Holpp, John, 18809G. W. 1876.
Holstein, Adam, 18201G. W. 1874. Inv. 1874.
Holt, Warren H., 18509G. W. 1875.
Holton, Ephraim, 11856G. Inv. 1827.
Holton, Hull, 13846G. W. 1849. Inv. 1849.
Holton, Joseph, 24094G. W. 1891.
Holtzbacher, Hugo, 28456G. W. 1900.
Holzberger, John, 21351G. W. 1884. Inv. 1884.
Holzhauer, Adam, 27458G. W. 1898.
Holzhauer, Clara, 23617G. W. 1890.
Holzwarth, Charles, 24533G. W. 1892.
Holzwarth, Charles H., 24095G. W. 1891.
Holzwarth, Johann G., 16598G. W. 1867.
Homberger, Henry, 20971G. Inv. 1883.
Honeyman, Henry, 18810G. W. 1876. Inv. 1876.
Honeyman, Matilda, 23184G. W. 1889. Inv. 1889.
Hoops, Charles, 24534G. W. 1892.
Hopcraft, Alfred, 26463G. W. 1896.
Hopkins, Bernard, Sr., 15504G. W. 1861.
Hopkins, Elizabeth, 24096G. W. 1891.
Hopkins, George, 19103G. Inv. 1877.
Hopkins, George F., 13720G. W. 1848. Inv. 1849.
Hopkins, John, 2453–2456G. B. G, p. 22. W. (2) 1758.
Hopkins, Mary, 25473G. W. 1894. Inv. 1894.
Hopkins, Michael, 15769G. W. 1863.
Hopkins, Rebecca L., 22052G. W. 1886.
Hopkins, Robert, 20635G. W. & Cod. 1882. Inv. 1882.
Hopkins, Samuel, Sr., 9474–9475G. B. 38, p. 228. W. 1799.
Hoppe, John, 22053G. W. 1886.
Hopper, Abraham J., 20277G. W. 1881.
Hopper, Albert P., 15505G. Inv. 1861.
Hopper, Andrew G., 12428G. Inv. 1833.
Hopper, Hatfield, 24535G. W. 1892.
Hopper, Inslee A., 20278G. W. 1881.
Hopper, Jacob B., 19104G. Inv. 1877.
Hopperton, George, 21702G. W. 1885.
Hopping, Eliza, 28457G. W. 1900. Inv. 1900. Pt. 1900. Ren. 1900.
Hopping, Eliza P., 22771G. W. 1888. Inv. 1889.
Hopping, Joseph T., 17606G. Inv. 1872.
Hopwood, Carrie L., 27459G. W. 1898.
Hopwood, Elizabeth, 22056G. W. 1886.
Hopwood, Rachel, 26980G. W. 1897.
Hopwood, Richard, 23618G. Inv. 1890.
Horan, David, 16673G. W. 1868.
Horig, Frank, 20279G. W. 1881.
Horle, Catharine, 24078G. W. 1891.
Horle, Frank, 24097G. W. 1891.
Horn, John J., 17893G. W. 1873. Inv. 1874.
Horn, Philipp, Sr., 22772G. W. 1888.
Horn, Rosie, 26979G. W. 1897.
Hornblower, Joseph C., 15935G. W. & Cod. 1864. Inv. 1865.
Hornblower, Josiah, 10579G. W. 1809.
Horner, Barbara, 18202G. W. 1874. Inv. 1874.
Horner, Charles L., 25967G. W. 1895.
Horner, Friedrich, 22773G. W. 1888.
Horner, Leonhard, 17507G. W. 1872.
Hornig, John, 14085G. Inv. 1851.
Hornung, Gottlieb, 17082G. W. 1870. Inv. 1879.
Hornung, J. Lewis, 22054G. W. 1886.
Hornung, John, 12601G. W. 1835.

Jaeger, Christian, 18817G. Inv. 1876.
Jaeger, Frederick, 27466G. W. 1898.
Jaeger, William, 27975G. W. 1899.
Jaffray, Richmond W., 16137G. W. 1865.
Jaffrey, Rosey, 27467G. Inv. 1898.
Jager, Adam, 16324G. W. 1865.
Jager, John, 16854G. W. 1869.
Jager, Joseph, 15772G. W. 1863.
Jager, Robert, 18516G. Inv. 1875.
Jagger, Joseph, 15773G. Inv. 1863.
Jaggers, Daniel, 14222G. Inv. 1852.
Jaggers, John, 20636G. W. 1882. Inv. 1882.
Jaggers, Stephen, Sr., 13851G. W. 1849.
Jagle, Jacob H., 26476G. W. 1896. Inv. 1896.
Jahrling, Valentine, 22779G. W. 1888.
Jaillet, Josephine F., 25023G. W. 1893.
Jakh, Christian, 20288G. W. 1881. Inv. 1882.
Jakle, Sophie, 27976G. W. 1899.
Jakoby, Henry, 25024G. Inv. 1893.
Jambois, Elisabeth, 19401G. W. 1878.
James, Alexander, 11056G. Inv. 1817.
James, Catharine E., 15938G. Inv. 1864.
James, David, 12811G. Inv. 1837.
James, Frances W., 20977G. W. 1883. Inv. 1883.
James, James, 19115G. Inv. 1877.
James, Josiah, 14867G. W. 1856.
James, Sarah J., 25486G. W. 1894.
James, Thomas, 15360G. W. 1860.
James, Thomas D., Sr., 20978G. W. & Cod. 1883. Inv. 1883.
James, William, 20289G. W. 1881. Inv. 1881.
Jameson, Anthony, 12887G. W. 1838.
Jamison, James, 17866G. Inv. 1873.
Jamison, Sarah J., 26477G. W. 1896.
Jamison, Stewart, 15774G. W. 1863. Inv. 1863.
Janes, William B., 14717G. W. 1855.
Janes, William P., 15232G. Inv. 1859.
Jansen, John N., 27977G. W. 1899. Inv. 1899.
Janson, Samuel D., 16259G. Inv. 1866.
Jantzi, Frederick, 19402G. W. 1878. Inv. 1878.
Jaques, Augustus, 24542G. W. 1892.
Jaques, Elizabeth, 11858G. Inv. 1827
Jaques, Henry H., 20290G. W. 1881. Inv. 1882.
Jaques, Mary A., 26478G. W. 1896. Inv. 1896.
Jaques, Moses, 10985G. W. 1816. Inv. 1816.
Jaques, Sarah, 18818G. Inv. 1876.
Jaques, Thomas F. R., 11484G. Inv. 1823.
Jaques, Thomas R., 16138G. Inv. 1865.
Jaqui, John P., 25487G. W. 1894.
Jaquillard, David, 15118G. W. 1858. Inv. 1858.
Jardin, Alexander, 25488G. W. 1894.
Jarrett, Joseph, 17900G. Inv. 1873.
Jarrett, Thomas, 17907G. Inv. 1873.
Jarvis, Aaron, 15233G. W. 1859.
Jarvis, Charles W., 16676G. W. 1868. Inv. 1868.
Jarvis, John O., 13136G. W. 1841. Inv. 1841.
Jarvis, William, Sr., 27465G. W. 1898. Inv. 1898.
Jatt, Philip, 3523-3526G. Wd. 1765.
Jayne, Addison A., 25974G. W. & Cod. 1895.
Jayne, Charlotte E., 21712G. W. 1885.
Jayne, Eleanor W., 21713G. W. 1885.
Jebert, Theodore, 22780G. W. 1888.
Jedamski, Frederica A., 23193G. W. 1889.
Jefferson, Thomas, 13722G. Inv. 1848.
Jeffery, Richard O., 12431G. Inv. 1833.
Jefferys, Caleb, 3207-3208G. B. H, p. 13. Int. 1761.
Jefferys, Joshua, 5299-5300G. B. 24, p. 25. Int. 1781.

Jeffry, Harriet N., 15119G. Inv. 1858.
Jeffs, Richard, 17613G. W. 1872.
Jehle, Daniel, 17088G. W. 1870.
Jehle, Lorenz, 25489G. Inv. 1894.
Jehle, Marie A., 24543G. W. 1892.
Jelf, Joseph, 4093-4098G. B. K, p. 486. W. 1772.
Jelf, Susanah, Sr., 7716-7719G. B. 33, p. 194. W. 1793.
Jelliff, John, 25025G. W. & Cods. (2) 1893. Inv. 1894.
Jenkins, Annie, 19946G. Inv. 1880.
Jenkins, David, 12330G. Inv. 1832.
Jenkins, David T., 14549G. W. 1854.
Jenkins, Henry, 18819G. W. 1876.
Jenkins, James, 12702G. Inv. 1836.
Jenkins, James L., 16491G. Inv. 1867.
Jenkins, Margaret, 7494-7499G. B. 34, p. 44. Int. 1792. Inv. 1792.
Jenkins, Rachel D., 21714G. W. 1885. Inv. 1885.
Jenkins, Ruletta, 15507G. W. 1861.
Jenkins, Ruletta, 22381G. W. & Cod. 1887. Inv. 1887.
Jenkins, William, 9140-9143G. B. 37, p. 538. Int. 1798. Inv. 1798.
Jenkinson, George B., 26479G. W. 1895. Inv. 1896.
Jenner, Solomon, 17347G. W. 1871. Inv. 1871.
Jennings, Benjamin, Jr., 2667-2672G. B. G, p. 92. Int. 1759. Acct. 1760.
Jennings, Caleb C., 12429G. Inv. 1833.
Jennings, Charles, 12240G. W. 1831. Inv. 1831.
Jennings, Phebe, 12980G. W. 1839. Inv. 1848.
Jennings, Zebulon, 4561-4562G. B. 19, p. 346. W. 1777.
Jennings, Zebulon, 12430G. Inv. 1833.
Jennings, Zebulun, Jr., 4435-4436G. B. 19, p. 191. W. 1776.
Jenny, John, 17614G. W. 1872.
Jensen, Jens C., 27468G. W. 1898.
Jerolamon, Elias B., 16577G. Inv. 1868.
Jeroleman, Elizabeth, 19648G. W. 1879. Inv. 1879.
Jeroloman, John, Sr., 17908G. W. & Cod. 1873. Inv. 1873.
Jessup, Charles M., Sr., 19403G. W. 1878.
Jessup, Charles O., 16492G. W. 1867. Inv. 1870.
Jessup, Sarah A., 21364G. W. 1884.
Jessup, William S., 17909G. W. & Cod. 1873.
Jetter, Gottlieb, 24544G. W. 1892.
Jewel, David, 8348-8353G. B. 33, p. 500. Int. 1795. Inv. 1796.
Jewel, George W., 11573G. Inv. 1824.
Jewel, John, 5447-5450G. B. 24, p. 21. Int. 1782. Inv. 1782.
Jewell, Alfred, 13952G. Inv. 1850.
Jewell, Cornelius, 5817-5818G. B. 26, p. 479. W. 1784.
Jewell, George, 10132G. B. 40, p. 209. W. 1802. Inv. 1802.
Jewell, George, Jr., 1453-1454G. B. E, p. 42. W. 1747.
Jewell, George, Sr., 785-786G, 1069G. B. B, p. 566. W. 1734. Inv. 1735.
Jewell, George, Sr., 3897-3898G. B. K, p. 164. W. 1770.
Jewell, Hannah, 10533G. Inv. 1808.
Jewell, Hubart, 11410G. W. 1822. Inv. 1822.
Jewell, Isaac, 2855-2856G. B. G, p. 153. W. 1760.

Johnson, Phebe, 11335G. W. 1821. Inv. 1822.

Johnson, Phebe, 14715G. W. & Cod. 1855. Inv. 1856.

Johnson, Phebe M., 27471G. W. 1898.

Johnson, Philip, 26991G. W. 1897.

Johnson, Phineas, 10064G. B. 40, p. 83. Wd. 1801. Tr.

Johnson, Rebecca, 19949G. Inv. 1880.

Johnson, Roland, 22063G. W. & Cod. 1885.

Johnson, Samuel, 627–634G. B. B, p. 261. Int. 1734. Inv. 1732. Ord. 1734.

Johnson, Samuel, 861–866G. B. C, p. 126. Int. 1736. Inv. 1736.

Johnson, Samuel, 12606G. W. 1835. Inv. 1835.

Johnson, Samuel, 19950G. Inv. 1880.

Johnson, Samuel, Jr., 1755–1758G. B. E, p. 500. Wd. 1750.

Johnson, Samuel, Sr., 6822–6825G. B. 30, p. 210. W. 1789. Inv. 1789.

Johnson, Sarah, 4781–4788G. B. 20, p. 123. W. 1778. Int. 1778. Ren. 1778.

Johnson, Sarah, 13211G. W. 1842.

Johnson, Sarah, 15641G. Inv. 1852.

Johnson, Sarah A., 19951G. W. 1880.

Johnson, Sarah L., 23195G. W. 1889.

Johnson, Sarah M., 18519G. W. 1875. Inv. 1875.

Johnson, Silas, 19952G. Inv. 1880.

Johnson, Simon, 5821–5822G. B. 26, p. 505. Int. 1784.

Johnson, Stephen, 12432G. Inv. 1833.

Johnson, Susan, 23196G. W. 1889.

Johnson, Thomas, 621–622G. B. B, p. 262. W. 1732.

Johnson, Thomas, 10786G. W. 1813. Inv. (2) 1814.

Johnson, Thomas, 20637G. W. 1882. Inv. 1883.

Johnson, Timothy, 9822–9825G. B. 39, p. 13. Int. 1800. Inv. 1800.

Johnson, Uzal, 10353G. W. 1805.

Johnson, Uzal, 11859G. W. 1827.

Johnson, Uzal, 14552G. W. 1854. Inv. 1854.

Johnson, Uzal E., 15361G. Inv. 1860.

Johnson, William, 18209G. W. 1874. Inv. 1874.

Johnson, William, 22384G. W. 1887.

Johnson, William D., 15009G. W. 1857.

Johnson, William S., 16855G. Inv. 1869, 1870.

Johnson, William S., 28470G. Inv. 1900.

Johnston, Andrew, 20980G. W. 1883.

Johnston, Andrew, Sr., 18820G. W. 1876. Inv. 1876.

Johnston, Arthur, 20292G. W. 1881. Inv. 1881.

Johnston, Eliphalet, Jr., B. A, p. 103. W. 1718.

Johnston, Elizabeth, 22062G. W. 1886.

Johnston, Henry, 1455–1460G. B. D, p. 453. Int. 1746. Inv. 1746.

Johnston, Hester C., 23197G. W. 1889.

Johnston, James R., 27980G. Inv. 1899.

Johnston, Margaret, 6552–6553G. B. 29, p. 402. W. 1787.

Johnston, Mathew, 6374–6375G. B. 28, p. 427. Int. 1786.

Johnston, Rebecca, 14551G. W. 1854. Inv. 1854. Ren. 1854.

Johnston, Robert, 23629G. W. & Cod. 1890. Inv. 1890. Ren. 1890.

Johnston, Samuel, 4563–4564G. B. 19, p. 368. W. 1777.

Johnston, Samuel R., 22064G. W. 1886. Inv. 1886.

Johnston, Samuel R., Sr., 28471G. W. 1900. Inv. 1900.

Johnston, Thomas, 19953G. W. 1880. Inv. 1880.

Johnston, William, 3253–3256G. B. H, p. 213. W. 1763.

Johnston, William, 18520G. Inv. 1875.

Joline, Andrew, 1111–1115G. B. C, p. 485. W. 1741. Ren. 1741.

Joline, John, 3645–3646G. B. I, p. 131. Int. 1767.

Jolliff, Richard, 2739–2740G. B. G, p. 92. Int. 1759.

Jonas, Franz J., 16856G. W. 1869.

Jonas, Robert, 20981G. W. 1883.

Jones, Abraham, 19116G. Inv. 1877.

Jones, Adeline M., 16140G. W. 1865.

Jones, Alfred, 24547G. Inv. 1892.

Jones, Caleb, Sr., 3135–3139G. B. H, p. 101. W. 1762. Inv. 1762. Acct. 1766.

Jones, Catharine, 15776G. W. 1863.

Jones, Cornelius, 4463–4464G, 7500–7509G. B. 34, p. 36. Int. 1792. Inv. (2) 1792.

Jones, Cyrus, 17087G. W. 1870. Inv. 1871.

Jones, David, 10354G. W. 1805. Inv. 1805.

Jones, David, 15362G. W. & Cod. 1860. Inv. 1860.

Jones, David, 15939G. W. 1864.

Jones, David, 20293G. W. 1881.

Jones, David M., 12512G. Inv. 1834.

Jones, Edward, 7288–7289G. B. 32, p. 511. Int. 1790.

Jones, Edward, Sr., 14369G. W. 1853. Inv. 1854.

Jones, Elihu, William, 7290–7296G. B. 32, p. 512, 513. Wds. 1791. Pt. 1791.

Jones, Eliza, 26483G. W. 1896.

Jones, Elizabeth B., 19649G. W. 1879.

Jones, Emily, 20982G. W. 1883. Inv. 1883.

Jones, Erastus, 12513G. Inv. 1834.

Jones, Francis, 6996–6997G. B. 30, p. 361. Int. 1790.

Jones, Frederick, 4949–4954G. B. 22, p. 14. Int. 1779. Inv. (2) 1790.

Jones, George H., 20983G. W. 1883.

Jones, Harriet D., 26992G. W. 1897.

Jones, Henry, 17615G. W. 1872. Inv. 1875.

Jones, Henry, 25977G. W. 1895.

Jones, Henry M., 19954G. W. 1880.

Jones, James B., 22065G. W. 1886.

Jones, Jeffery, 111–114G. B. A, p. 89. W. 1717. Inv. 1717.

Jones, John, 19404G. W. 1878. Inv. 1878.

Jones, Joseph, 10986G. W. 1816. Inv. 1817.

Jones, Julia C. V. A., 26993G. W. 1896. Ren. 1896. Ord. 1896.

Jones, Luther, 10106G. B. 40, p. 83. Grd. 1802.

Jones, Luther, 12067G. W. 1829. Inv. 1829.

Jones, Luther, 13627G. Inv. 1847.

Jones, Margaret E., 27472G. W. 1898.

Jones, Maria, 28472G. W. 1900.

Jones, Mary, 12607G. W. 1835. Inv. 1835.

Jones, Mary, 13545G. W. 1846.

Jones, Mary, 16857G. W. & Cod. 1869. Inv. 1869.

Jones, Mary, 21717G. W. 1885.

Jones, Mary A., 28473G. W. 1900.

Jones, Moses, 14869G. W. & Cod. 1856. Inv. 1858.

Jones, Nancy, 24548G. Inv. 1892.

Jones, Nathaniel, 10478G. Inv. 1807.

Jones, Obadiah, 10355G. Inv. 1805.

Jones, Phineas, 21366G. Inv. 1884.

Kanouse, Sarah, 13360G. Inv. 1844.
Kantz, Christian, 27474G. W. 1898.
Kaps, Herman, 23199G. W. 1889.
Karcher, Gottfried, 18211G. W. 1874.
Karr, Lizzie R., 21368G. W. 1884. Inv. 1885.
Karr, Samuel, 12981G. W. & Cod. 1839. Inv. 1839.
Karr, Sarah M., 13852G. Inv. 1849.
Karte, William, 22782G. W. 1888.
Kase, John H., 26490G. Inv. 1896.
Kasinger, George J., 23200G. W. 1889.
Kasinger, William A., 27985G. W. 1899.
Kassinger, William, 20297G. Inv. 1881.
Kassler, Conrad, 24553G. W. 1892.
Kastner, Josephine, 27475G. W. 1898.
Kastner, Thomas, 27476G. W. 1898.
Kastner, Wilhelmina, 23630G. W. 1890. Inv. 1892.
Katz, August, 21369G. W. 1884.
Kauffman, Niklaus, 21721G. W. 1885.
Kaufherr, Daniel, 26998G. W. 1897.
Kaufmann, Anna, 26999G. W. 1897.
Kaufmann, Matthais, 27477G. W. 1898.
Kaugh, Maria, 14370G. W. 1853. Inv. 1853.
Kavanagh, Ann, 27000G. W. 1897.
Kaverny, Edward, 10133G. B. 40, p. 172. Int. 1802.
Kays, William, 22783G. W. 1888.
Kayser, Louise, 25981G. W. 1895. Inv. 1895.
Kazenmayer, Barbara, 19651G. W. 1879.
Kazenmayer, Conrad, 16858G. Inv. 1869.
Kazenmayer, Mary, 22067G. W. 1886.
Kean, Peter, 12068G. Inv. 1829.
Kearney, James, 26489G. W. 1896. Inv. 1896.
Kearney, Joseph, 22784G. W. 1888.
Kearney, Mary, 16325G. W. 1866.
Kearns, William, 23201G. W. 1889.
Kearny, James, 12157G. Inv. 1830.
Kearny, John R., 17089G. W. 1870. Inv. 1870.
Kearny, Mary, 11483G. W. 1825. Inv. 1826.
Kearny, Philip, Sr., 9146-9149G. B. 38, p. 112. W. 1798.
Kearny, Phillip, 5219-5220L. Inv. 1800.
Kearny, Susan, 11574G. W. & Cod. 1824. Inv. 1825.
Keasbey, Anthony Q., 25982G. W. 1895.
Keaslor, Elenor, 11997G. W. 1828.
Keast, John, 22070G. W. 1886.
Keating, Luke F., 27001G. Inv. 1897.
Keating, Pierce, 16859G. W. 1869.
Keating, Sarah, 17351G. W. 1871.
Keefe, John, 14224G. Inv. 1852.
Keefe, Walter, 17618G. W. 1872. Inv. 1872.
Keegan, Edward, 17090G. W. 1870. Inv. 1870.
Keegan, Michael, 25496G. W. 1894.
Keeland, Anna, 27002G. W. 1897.
Keeland, James, 17091G. W. 1870.
Keen, Comfort, 11117G. Inv. 1818.
Keen, George A., 17619G. W. & Cods. (2) 1872. Inv. 1873.
Keen, Henry B., 16860G. W. 1869. Inv. 1869.
Keen, Jacob, Amios, 12703G. Inv. 1836. Wds.
Keen, James, 10946G. Inv. 1815.
Keen, James, 11411G. Inv. 1822.
Keen, John M., 17352G. Inv. 1871.
Keen, Jonathan, 12890G. W. 1838. Inv. 1838.
Keen, Joseph L., 11861G. W. 1827. Inv. 1827.
Keen, Joseph L., 25983G. W. 1895.
Keen, Kezia, 13853G. W. 1849. Inv. 1849.
Keen, Mary H., 19955G. W. 1880.
Keen, Sarah, 24113G. W. 1891. Inv. 1891.
Keen, Thomas, 10630G. W. 1810.

Keen, Thomas, 11754G. Inv. 1826.
Keenan, Peter, 22785G. W. 1888.
Keene, Alfred, 19956G. W. 1880. Inv. 1880.
Keene, Joanna S., 27478G. W. 1898.
Keene, Samuel S., 18522G. W. 1875. Inv. 1875.
Keeney, Nelson H., 22386G. W. 1887. Inv. 1887.
Keep, David C., 15642G. W. 1862. Inv. 1862.
Keer, Charles, 15236G. Inv. 1859.
Keer, Charles, 15509G. Inv. 1861.
Keer, Ferdinand, 17353G. W. 1871. Inv. 1871.
Keer, Josephine, 24554G. W. 1892.
Kees, C. Henry, 22786G. W. 1888.
Keesland, John, 10217G. B. 40, p. 244. Wd. 1803.
Keesland, Ralph, 10218G. B. 40, p. 244. Wd. 1803.
Keesler, Rachel, Gertruydt, Peter, 10219G. B. 40, p. 334. Wds. 1803. Tr. 1803.
Keevan, William, 22787G. W. 1888.
Kefferline, Nicholas, 17620G. Inv. 1872.
Kehoe. Peter, 16679G. W. 1868.
Kehr, Anna K., 18824G. Inv. 1876.
Keimig, Helena, 27480G. W. 1898.
Keimig, John, 22387G. W. 1887.
Keisler, Adrain, 14091G. W. 1851, Inv. 1851.
Keisler, Jeremiah, 22388G. Inv. 1887.
Keitz, Nicholas, 19957G. Inv. 1886.
Kelber, George, 18825G. W. 1876.
Kelcy, Joseph, 2033-2034G. B. F, p. 147. W. 1753.
Kellard, Elizabeth, 20298G. Inv. 1881.
Kellcher, Ellen, 26491G. W. 1896. Decree.
Keller, Anna M., 17092G. W. 1870.
Keller, Charles G., 27987G. W. 1899.
Keller, Friederich, 23631G. W. 1890.
Keller, George, 27986G. W. 1899.
Keller, Heloise, 23632G. W. 1890.
Keller, Jacob. 16851G. W. 1869. Inv. 1869.
Keller. Jacob, 20642G. W. 1882.
Keller, Jacob, 28483G. W. 1900.
Keller, John, 14371G. W. 1853.
Keller, Maria, 20299G. W. 1881. Inv. 1882.
Keller, Marie, 28484G. W. 1900.
Keller, Michael, 17914G. W. 1873.
Kellers, Derick, 17913G. Inv. 1873.
Kelley, Harvey R., 22071G. W. 1886.
Kelley, Mehitable, 20987G. W. 1883.
Kelley. Morris, 9150-9151G. B. 37, p. 538. Int. 1798.
Kellner, Bernhard, 25984G. W. 1895. Inv. 1895.
Kellner, Charles, 15779G. Inv. 1863.
Kellner, Louis, 23633G. W. 1890. Inv. 1890.
Kellogg, Elijah, 14871G. W. 1856. Inv. 1856.
Kellogg, Isabella, 27988G. W. 1899. Ren. 1899. Decree.
Kellogg, Julia S., 24555G. W. 1892.
Kellogg, Maurice, 20988G. Inv. 1883.
Kelloway, Charles J., 28487G. W. 1900.
Kellsey, Joseph, Sr., 1167-1170G. B. C, p. 519. W. 1742. Ren. 1742.
Kelly, Ann, 20986G. W. 1883.
Kelly, Bridget, 22788G. W. 1888.
Kelly. Catharine, 23634G. W. 1890.
Kelly, Catharine D., 24556G. Inv. 1892.
Kelly, Charles W., 15940G. Inv. 1864.
Kelly, Clarissa, 27989G. W. 1899.
Kelly, Daniel, 23635G. W. 1890.
Kelly, David S., 14553G. W. 1854. Inv. 1854.
Kelly, David W., 20300G. Inv. 1881.
Kelly, Elisha. 2869-2870G. B. G, p. 121. W. 1760.

Kiefner, Henry, 23638G. W. 1890.
Kiefner, Natalie, 27007G. Inv. 1897.
Kiehnle, Frederick, 16863G. W. 1869.
Kiehnle, Wilhelmine, 17093G. W. 1870.
Kienle, Andreas, 27008G. W. 1897.
Kienle, William M., 23639G. W. 1890.
Kieran, Mary E., 27485G. W. 1898.
Kiernan, James, 27484G. Inv. 1898.
Kiernan, John P., 25498G. W. 1894. Inv. 1894.
Kiernan, Matthew, 21726G. W. 1885.
Kiernan, Matthias, 24557G. W. 1892.
Kierning, Frederick, Sr., 25988G. W. 1895.
Kierstead, Aaron W., 14718G. W. 1855. Inv. 1855.
Kierstead, Isaac, Jr., 18213G. Inv. 1874.
Kierstead, Isaac, Sr., 19124G. W. 1877. Inv. 1877.
Kierstead, Jacob, 25989G. Inv. 1895.
Kierstead, John, 9846-9849G. B. 39, p. 189. Int. 1800. Inv. 1801.
Kierstead, John, 11756G. W. 1826. Inv. 1826.
Kierstead, Thomas J., 19959G. W. 1880.
Kiersted, Aaron, 10420G. W. 1806.
Kiersted, Aaron J., 11862G. Inv. 1827.
Kiersted, George C., 28489G. W. 1900.
Kiersted, George W., 22392G. Inv. 1887.
Kiersted, Henry, 9152-9155G. B. 37, p. 315. Int. 1798. Inv. 1798.
Kiersted, Peter C., 13548G. Inv. 1846.
Kies, Barbara, 27009G. W. 1897. Decree 1897.
Kiesewetter, Ludolph, 28490G. W. 1900.
Kiesler, Jacob, 26501G. W. 1896.
Kiggin, Charles, 13436G. W. 1845. Inv. 1845.
Kiggins, Hannah, 14720G. W. 1855. Inv. 1855.
Kilburn, Daniel, 13139G. Inv. 1841.
Kilburn, Daniel J., 15123G. W. 1858.
Kilburn, Gershom, 10787G. W. 1813. Inv. 1813.
Kilburn, Gershom, 13854G. Inv. 1849.
Kilburn, Isaac B., 19654G. W. 1879. Inv. 1881.
Kilburn, Jabez D., 13855G. W. 1849. Inv. 1850.
Kilburn, Mary E., 25035G. W. & Cod. 1893. Inv. 1893.
Kilburn, Phebe, 11757G. Inv. 1826.
Kilburn, Phebe, 13727G. W. 1848.
Kilburn, Thomas D., 20646G. W. 1882.
Kilcomin, Owen, 24116G. Inv. 1891.
Kilday, Charles, 22074G. W. 1886. Inv. 1887.
Kilfoyle, Bridget, 25990G. W. 1895.
Kilgus, Karoline, 26502G. W. 1896.
Killean, Thomas, 26503G. W. 1896.
Killoren, Michael, 23204G. W. 1889.
Kilpatrick, Peter, 24117G. W. 1891. Inv. 1891.
Kilroy, Thomas, 25991G. W. 1895. Inv. 1896.
Kilroy, Thomas F., 20301G. Inv. 1881.
Kimball, Solomon S., 23640G. W. 1890.
Kimmele, Marie, 19125G. W. 1877. Inv. 1877.
King, Aaron, 18214G. W. 1874.
King, Abraham, 901-902G. B. C, p. 175. Int. 1737.
King, Abraham H., 14225G. W. 1852.
King, Abraham O., 19655G. W. 1879. Inv. 1883.
King, Abraham S., 12813G. W. 1837.
King, Absalom, 13549G. W. 1846.
King, Alexander, 17916G. Inv. 1873.
King, Amelia, 14721G. Inv. 1855.
King, Ann, 15238G. W. 1859. Inv. 1859.

King, Anthony, 12730G. W. 1836.
King, Arthur J., 26504G. W. 1896. Inv. 1897.
King, Betsey, 17622G. W. 1872. Inv. 1873.
King, Caroline, 27995G. W. 1899. Inv. 1900.
King, Caroline L., 25499G. W. 1894. Inv. 1894.
King, Catharine, 14226G. W. 1852.
King, Catherine C., 21370G. W. 1884.
King, Charles K., 15644G. W. 1862. Inv. 1863.
King, Charles M., 17623G. W. & Cod. 1872. Inv. 1872.
King, Charlotte L., 25500G. W. 1894.
King, Eliza, 25992G. W. 1895.
King, Ellen, 22393G. W. 1887. Inv. 1887.
King, Elts, 8002-8007G. B. 33, p. 392. Int. 1794. Inv. 1794.
King, Emily G., 22394G. W. 1887.
King, Frederick, 18215G. W. 1874. Inv. 1874.
King, Henry, 5301-5302G. B. 24, p. 11. W. 1781.
King, Jacob, 15239G. W. 1859. Inv. 1859.
King, James, 14227G. Inv. 1852.
King, Jerome B., 18525G. W. & Cod. 1875. Inv. 1875.
King, John, 3143-3144G. B. H, p. 84. W. 1762.
King, John, 10582G. Inv. 1809.
King, John, 10632G. W. 1810.
King, John, 12892G. W. 1838. Inv. 1838.
King, John, Jr., 10987G. W. 1816. Inv. 1816.
King, John A., 13850G. W. 1849.
King, John F., 15010G. W. 1857.
King, John P., 18216G. W. 1874. Inv. 1874.
King, John S., 13140G. W. 1841. Inv. 1841.
King, John S. J., 27010G. W. & Cod. 1897. Inv. 1897. Ren. 1897.
King, Joseph, 25993G. Inv. 1895.
King, Margaret L., 25501G. W. 1894.
King, Martha, 25994G. W. 1895. Inv. 1896.
King, Martha E., 17354G. W. 1871.
King, Mary, 3257-3260G. B. H, p. 244. Int. 1763. Inv. 1763.
King, Mary, 13274G. W. 1843. Inv. 1843.
King, Mary, 25502G. W. 1894. Inv. 1894.
King, Mary, 27011G. W. 1897.
King, Moses R., 14874G. Inv. 1856.
King, Orange W., 13275G. W. & Cod. 1843. Inv. 1843.
King, Patrick, 21371G. W. 1884.
King, Phebe J., 25503G. W. 1894. Inv. 1894.
King, Rachel, 27996G. Inv. 1899.
King, Robert, 1569-1572G. B. E, p. 194. Int. 1748. Lt. 1748.
King, Rosa, 27486G. W. 1898.
King, Samuel, 24118G. W. 1891.
King, Sarah, 16497G. W. 1867.
King, Sarah, 18834G. Inv. 1876.
King, Sarah L., 19408G. W. 1878. Inv. 1878.
King, Sarah L., 25036G. W. & Cod. 1893. Inv. 1894.
King, William, 11412G. W. 1822. Inv. 1822.
King, William, 20647G. W. & Cod. 1882. Inv. 1882.
Kingham, Mary, 11336G. W. 1821. Inv. 1821.
Kingsland, Dorcas C., 19656G. W. 1879.
Kingsland, Hannah, 11864G. Inv. 1827.
Kingsland, Henry, 11758G. W. 1826. Inv. 1827.
Kingsland, Henry J., 11760G. W. 1826. Inv. 1826.
Kingsland, Hetty, 12982G. W. 1839. Inv. 1839.
Kingsland, Isaac, 5647-5648G. B. 25, p. 266. W. 1783. Int. 1783.

Kleingel, Elizabeth, 14557G. W. 1854.
Kleinknecht, George, 26507G. W. 1896.
Kleinknecht, Mary, 22399G. W. 1887.
Kleinlein, Frederick, 25039G. W. 1893.
Kleinschmidt, Charles, 28495G. W. 1900.
Klement, Anna L., 27494G. W. 1898. Inv. 1898.
Klement, Edward F., 26001G. Inv. 1895.
Klement, Mary, 24122G. W. 1891.
Klement, Michael, 18840G. W. 1876. Inv. 1877.
Klemm, Augustus, 21727G. W. 1885.
Klemm, Bernhardt, 18528G. Inv. 1875.
Klespies, Catharine, 22703G. Inv. 1888.
Klimbach, Christopf F., 27495G. W. 1898.
Klinck, Catharine, 22400G. W. 1887.
Kline, Hiram D., 28496G. Inv. 1900.
Kline, James F., 22807G. W. 1888. Inv. 1888.
Kling, August, 21728G. W. 1885.
Klinge, Henry, 16498G. W. 1867.
Klinghammer, Curt, 24123G. Inv. 1891.
Klinghammer, Emily M., 24599G. Inv. 1892.
Klink, Elizabeth, 24124G. W. 1891.
Klink, Elizabeth, 25508G. W. 1894.
Klink, Frederika, 25040G. W. 1893.
Klink, John, Sr., 25509G. W. 1894.
Klipphahn, Friederich T., 27014G. W. 1897.
Kloss, Joseph, 26508G. W. 1896.
Klueber, William, 26002G. W. 1895.
Kluge, Amelia, 25507G. W. 1894.
Klump, Albert, 15943G. W. 1864.
Knap, Daniel, 3261-3264G. B. H, p. 385. W. 1763. Inv. 1765.
Knap, James, 5463-5464G. B. 24, p. 332. Int. 1782.
Knapp, Frederick W., 23644G. W. 1890. Inv. 1891.
Knapp, Israel, 12704G. Inv. 1836.
Knapp, James, 12514G. W. 1834. Inv. 1834.
Knapp, Sarah A., 27015G. W. 1897.
Knapp, Sophia, 28002G. W. 1899.
Knapp, Thomas, 9486-9489G. B. 40, p. 73. W. 1799.
Knaresborough, Thomas, 17919G. Inv. 1873.
Knauss, Henry, Sr., 26509G. W. 1896.
Knauter, Mina, 14558G. W. 1854.
Knecht, Edward, 24125G. W. 1891.
Knecht, Franziska, 26510G. W. 1896.
Knecht, Jacob, 15124G. W. 1858. Inv. 1858.
Knecht, Marie, 26511G. Inv. 1896.
Kneyer, Anastasia J., 27022G. W. 1897.
Knight, Austin M., 19414G. W. 1878. Inv. 1879.
Knight, Thomas, 13953G. W. 1850. Inv. 1850.
Knights, John W., 16683G. W. 1868. Inv. 1868.
Knittel, Felix, 18220G. W. 1874.
Knittel, Henry, 21376G. Inv. 1884.
Knittel, Herman J., 21729G. Inv. 1885.
Knittel, Theresa C., 24560G. W. 1892.
Knoblauck, Henry, 12159G. W. 1830. Inv. 1830.
Knoll, Herman, 23199G. W. 1889.
Knoll, Mary, 22808G. W. 1888.
Knoll, Paul, 16866G. W. 1869.
Knorr, Charles A., 19127G. W. 1877. Inv. 1877.
Knorr, Heinrich, 27016G. W. 1897.
Knorr, J. Francis, Sr., 22800G. W. 1888.
Knorr, Joseph, 23208G. W. 1889.
Knorr, Katie H., 25510G. W. 1894.
Knowles, Mary, 23209G. W. 1889.
Koburger, Bertha, 20994G. W. 1883.
Koch, Herman J., 23210G. Inv. 1889.

Koch, Joseph, 26003G. W. 1895.
Koch, Philippine, 23645G. W. 1890.
Koch, Wilhelm, 27497G. W. 1898.
Kocher, John, 19659G. W. 1879.
Kocher, John, Sr., 24561G. W. 1892. Inv. 1892.
Kocher, Lawrence, 13550G. Inv. 1846.
Kocher, Lawrence L., 22401G. W. 1887.
Kocher, Louis J., 16865G. Inv. 1869.
Koegan, Edward, 25031G. Inv. 1893.
Koegel, Christian, 25941G. W. 1893.
Koegel, Conrad, 28500G. W. 1900.
Koehler, August, 23646G. W. 1890.
Koehler, August, 28497G. W. 1900. Inv. 1900.
Koehler, Christina, 17625G. W. 1872. Inv. 1872.
Koehler, Frederick, Sr., 15125G. W. 1858.
Koehler, Herman, 25042G. W. 1893.
Koehler, John, 20304G. W. 1881.
Koehler, Louisa, 22810G. W. 1888. Inv. 1888.
Koehler, Louisa, 28498G. W. 1900.
Koehler, Mary, 28499G. Inv. 1900.
Koehler, Philipp, 19963G. W. 1880.
Koehler, Theodore, 17626G. W. 1872. Inv. 1872.
Koeller, Ernestine W., 27017G. W. 1897.
Koeller, Wilhelmina E., 27498G. Inv. 1898.
Koellhoffer, Franz A., 26513G. W. 1896.
Koellkofer, August, 17627G. W. 1872. Inv. 1872.
Koenig, Albert, Sr., 28501G. W. 1900.
Koenig, Charlotta, 16499G. W. 1867.
Koenig, Erdmann G., 22079G. W. 1886.
Koenig, Helena, 28003G. W. 1899. Ren. 1899. Decree 1899. Notice 1899.
Koenig, Melchior, 25043G. W. 1893.
Koenig, Robert, 27018G. W. 1897.
Koerner, Rosina, 22080G. W. 1886.
Koevoets, Henry, 18221G. W. 1874.
Kohl, Emma, 21730G. W. 1885.
Kohl, Louis, 28502G. W. 1900.
Kohl, Mary, 28503G. W. 1900.
Kohl, Smith, 16142G. W. 1865.
Kohl, Valentin, 27019G. W. 1897.
Kohlbecker, Edmund, 17095G. W. 1870. Inv. 1870.
Kohlbrenner, August, 17920G. W. 1873.
Kohler, Christian, 19660G. Inc. 1879.
Kohler, Christine, 23647G. W. 1890.
Kolb, Augusta, 26512G. W. 1896.
Kolb, Frederick, 19661G. Inv. 1879.
Kolb, Matheus, 19128G. W. 1877.
Kolb, Nikolaus, 18841G. W. 1876.
Koller, Lorenz, 18842G. W. 1876. Inv. 1876.
Kopf, Joseph, 18222G. W. 1874.
Kopf, Silva, 23648G. W. 1890. Inv. 1890.
Kopfmann, Frederick, 24562G. W. 1892.
Koppler, Adam, 26514G. Inv. 1896.
Kops, Mary C. deBruyn, 22402G. W. 1887.
Korbmann, Christian, 20652G. Inv. 1882.
Kormann, Albertina, 22403G. W. 1887.
Korn, Friedrich, 19129G. W. 1877.
Korn, Katharine, 25511G. W. 1894.
Korschabeck, Susanna, 22811G. W. 1888.
Kortenhaus, Ernest, 26515G. Inv. 1896.
Kouner, Carl, 14724G. Inv. 1855.
Kouzmann, John, 22404G. W. 1887.
Kozka, Wenzel, Jr., 22812G. W. 1888.
Krack, J. Ernst, 19130G. W. 1877.
Kraemer, Fredericke, 24563G. W. 1893. Inv. 1892 (?).
Kraemer, George, 20653G. W. 1882. Inv. 1882.
Kramer, Gottlieb W., 17096G. W. 1870.

Lake, William J., 18848G. W. 1876.
Lakeland, Margaret, 25052G. W. 1893. Inv. 1894.
Lally, Elizabeth, 26007G. W. 1895.
Lally, Johannah, 28506G. W. 1900.
Lally, Mary, 26518G. Inv. 1896.
Lamb, Adaline A., 21734G. Inv. 1885.
Lamb, James, 15784G. W. 1863.
Lamb, James, 28507G. W. 1900.
Lamb, Sidney, 26008G. W. 1895.
Lambert, Alexander W., 19965G. Inv. 1880.
Lambert, Andrew, 5465-5466G. B. 24, p. 26. Int. 1782.
Lambert, Hannah, 1573-1574G, 1763-1766G. B. E, p. 230. W. 1748. Inv. 1750. Acct. 1750.
Lambert, Harriet A., 20307G. W. 1881. Inv. (2) 1881.
Lambert, James, 4955-4960G. B. 22, p. 34. Int. 1779. Inv. 1779.
Lambert, James, Sr., 13213G. W. 1842. Inv. 1842. Ren. 1842.
Lambert, John, 4961-4966G. B. 21, p. 198. W. 1779. Inv. 1779.
Lambert, John, Sr., 949-950G. B. C, p. 222. W. 1738.
Lambert, Joseph, 2459-2460G, 2871-2872G. B. F, p. 547. Int. 1758. Inv. 1758.
Lambert, Samuel, 2873-2876G. B. G, p. 272. W. 1760.
Lambert, Thomas, 19664G. Inv. 1879.
Lambert, Thomas R., 19966G. Inv. 1880.
Lambrecht, Charles, 20655G. Inv. 1882.
Lamken, Claus, 26519G. W. 1896.
Lamos, Peter, 12515G. W. & Cod. 1834. Inv. 1834.
Lampe, Heinrich, 16500G. Inv. 1867.
Lampson, Daniel, 2461-2462G. B. F, p. 405. Int. 1756.
Lancey, James, 27023G. W. 1897.
Landau, Christopher, 16868G. W. 1869. Inv. 1869.
Landell, John H., 17629G. Inv. 1872.
Landercan, John, 33-34G. B. 2, p. 1. W. 1715.
Landers, Lucy R., 21381G. Inv. 1884.
Landers, Michael, 19416G. Inv. 1878.
Landers, Rose, 19967G. Inv. 1880.
Landrin, Marietta, 19138G. W. & Cod. 1877. Inv. 1877.
Landwehr, Lisette, 27503G. W. 1898.
Landy, Mary, 26520G. W. 1896. Inv. 1896.
Lane, Aaron, 6274-6276G. B. 27, p. 381. Grd. 1785. Pt. 1785.
Lane, Elizabeth B., 16684G. W. 1868. Inv. 1868.
Lane, George B., 16328G. Inv. 1866.
Lane, Henry, 13955G. Inv. 1850.
Lane, John, 2333-2334G. B. F, p. 496. W. 1757.
Lane, John, 8012-8013G. B. 33, p. 393. Int. 1794.
Lane, John, 10735G. Inv. 1812.
Lane, Joseph O., 17922G. Inv. 1873.
Lane, Luke, 10736G. Inv. 1812.
Lane, Michael, 11196G. Inv. 1819.
Lane, Robert, 22817G. W. 1888. Inv. 1888.
Lane, Wallace, 21735G. W. 1885.
Lane, William, Sarah J., Hannah F., Elizabeth, Abraham V. D., 12434G. Inv. 1833. Wds.
Lane, William H., 28009G. W. 1899.
Lang, August, 19665G. Inv. 1879.
Lang, Charles, 12893G. W. 1838.
Lang, Conrad, Sr., 26009G. W. 1895.

Lang, Eliza F., 24129G. W. 1891. Inv. 1892.
Lang, Elizabeth, 26521G. W. 1896. Cv. 1896.
Lang, James M., 16329G. W. 1866. Inv. 1867.
Lang, Johannes, 21001G. W. 1883.
Lang, Mary, 24130G. W. 1891. Inv. 1892.
Lang, Philip, 20656G. W. 1882. Inv. 1882.
Lang, Sarah A., 26522G. Inv. 1896.
Langan, Michael, 16869G. W. 1869.
Lange, Albert, 25053G. W. 1893. Inv. 1893.
Lange, August, 15365G. W. 1860.
Lange, Charles, 22081G. W. 1886.
Lange, Charles, 24131G. W. 1891.
Lange, Gottfried, 17361G. Inv. 1871.
Langenbacher, Gottlieb, 18849G. W. 1876.
Langenbacher, Margaretha, 19136G. W. 1877. Inv. 1878.
Langenberg, Ferdinand, 15647G. W. 1862.
Langfelder, Samuel, 25054G. W. 1893.
Langstroth, Christopher I., 24571G. W. 1892.
Langstroth, Theodore F., 21736G. W. 1885. Inv. 1885.
Langstroth, Thomas W., Sr., 24572G. W. 1892. Inv. 1892.
Langworthy, Sarah H., 16144G. W. 1865. Inv. 1866.
Lanier, Jane E., 20657G. W. 1882.
Lapp, Barbetta, 18226G. W. 1874.
Lapsly, Michael, 28010G. W. 1899.
Larew, Catharine, 23215G. W. 1889.
Larison, Joseph W., 16330G. W. 1866.
Larney, Owen, 23651G. W. 1890.
Larsen, Ben, 24132G. Inv. 1891.
Larter, Ann, 26523G. W. 1896.
Larter, Robert, 18850G. Inv. 1876.
Larue, Watson F., 19137G. W. 1877. Inv. 1877.
Larwill, Abraham, 12072G. Inv. 1829.
Larwill, Ebenezer, 23652G. W. 1890.
Lasell, Claudius B., 23216G. W. 1889.
Latham, Elias B., 24573G. Inv. 1892.
Latham, Joseph, 13731G. W. 1848.
Latham, Thomas, 5657-5658G. B. 24, p. 333. Int. 1783.
Latham, Thomas, 12073G. Inv. 1829.
Lather, Louis, 21382G. W. 1884.
Lathrop, Charles C., 16145G. W. 1865. Inv. 1867.
Lathrop, Mary A., 27504G. W. 1898.
Latimer, James, Sr., 17630G. W. 1872. Inv. 1872.
Latour, Kumigunde, 27505G. W. 1898.
Laubsher, Fredrick, 18227G. W. 1874.
Lauck, Daniel, 24133G. W. 1891.
Laudenberger, Charles, 15511G. Inv. 1861.
Lauer, Wilhelmine, 24134G. W. 1891.
Laughlin, Charles D., 27024G. Inv. 1897.
Laute, Frederick, 24574G. W. 1892.
Lauter, Solomon D., 21737G. Inv. 1885.
Laverty, Isabella, 28011G. W. 1899.
Lavigne, Francis, 17364G. Inv. 1871.
Law, Elizabeth, 26524G. W. 1896.
Lawback, Henry H., 12815G. Inv. 1837.
Lawler, Ann, 21002G. W. 1883. Inv. 1884.
Lawler, Edward, 15648G. W. 1862.
Lawler, Maria R., 22082G. W. 1886. Inv. 1886.
Lawless, Bridget, 25518G. W. 1894.
Lawrance, John, 3557-3560G. B. I, p. 16. W. 1766.
Lawrence, Alexander, 11261G. W. & Cod. 1820. Inv. 1824.
Lawrence, Daniel, 27506G. Inv. 1898.
Lawrence, Elizabeth R., 9490-9491G. B. 38, p. 204. W. 1799.

Lloyd, Anna M., 19970G. W. 1880. Inv. 1881.
Lloyd, Arthur, 23660G. Inv. 1890.
Lloyd, Gardner P., 22412G. W. & Cod. 1887. Inv. 1888.
Lloyd, Jane, 18236G. W. 1874. Inv. 1874.
Lloyd, John C., 20313G. W. 1881. Inv. 1881.
Lloyd, John W., 19145G. Inv. 1877.
Lloyd, Joseph P., Jr., 27518G. Inv. 1898.
Lloyd, J. Wiegand, 18855G. Inv. 1876.
Lloyd, Peter, 14561G. Inv. 1854.
Lobdell, Harriet M., 22413G. W. 1887.
Locander, Ulrick U., 27035G. W. 1897. Inv. 1897.
Locey, Hannah, 13958G. Inv. 1850.
Locher, Edward, Sr., 21389G. W. 1884.
Locher, Fidel, 18533G. W. 1875. Inv. 1875.
Lochner, Martin, 22094G. W. 1886.
Lock, Frederick, 22095G. W. 1886.
Lock, Moses P., 14881G. W. 1856.
Lock, Thomas, 14230G. W. 1852.
Locker, John B., Sr., 19971G. W. 1880.
Locker, Samuel, 12334G. Inv. 1832.
Lockhart, Henry S., 15367G. W. 1860. Inv. 1860.
Lockwood, Charles C., 17633G. Inv. 1872.
Lockwood, Charles N., 26536G. W. 1896. Inv. 1898.
Lockwood, Hester, 17369G. W. 1871.
Lockwood, John, 28517G. W. 1900. Inv. 1900.
Lockwood, John H., Sr., 23661G. W. 1890.
Lockwood, John T., 13279G. Inv. 1843.
Lockwood, Josiah, 13859G. Inv 1849.
Lockwood, Mary J., 20314G. W. 1881. Inv. 1881.
Loder, Alfred, 26537G. W. 1896. Inv. 1897.
Lodter, Philipp K., 15012G. W. 1857.
Loeb, Lazarus, 24138G. Inv. 1891.
Loechle, Barbara, 17368G. W. 1871. Inv. 1871.
Loeffler, Maria A., 28518G. W. 1900.
Loehnberg, August, Sr., 26538G. W. 1896. Inv. 1897.
Loffler, Joseph, 16505G. W. 1867.
Logan, Adeline B., 27036G. W. 1897.
Logan, Caroline E., 22414G. W. 1887.
Logan, Mary, 24590G. W. 1892.
Logan, Philip, 20315G. W. 1881.
Logan, Sarah C., 23662G. W. 1890. Inv. 1890.
Logel, Joseph, 17926G. W. 1873.
Logel, Mary E., 20662G. W. 1882. Inv. 1882.
Loges, Christian, 27519G. W. 1898.
Logue, James, 18237G. W. 1874.
Lohmann, Henry, 22096G. W. 1886.
Long, Christian, 14562G. Inv. 1854.
Long, Delia A., 25525G. W. 1894.
Long, John D., 28519G. W. 1900.
Long, Jonathan, 11868G. Inv. 1827.
Long, Medora, 28520G. W. 1900.
Long, Michael, 12436G. Inv. 1833.
Longden, Benjamin, 15513G. W. 1861. Inv. 1861.
Longden, Francis, 22802G. W. 1888. Inv. 1888.
Longden, Rebecca, 28521G. W. 1900. Inv. 1900.
Longshaw, Thomas, 28021G. W. 1899.
Longworth, Catharine, 16686G. W. & Cod. 1868. Inv. 1874.
Longworth, David, 3035-3036G. B. H, p. 14. Int. 1761.
Longworth, Ferina, 21742G. W. 1885.
Longworth, Isaac, 9160-9167G. B. 37. p. 315. W. 1794. Int. 1798. Inv. (2) 1795.
Longworth, John, 13552G. W. 1846. Ren. 1846.
Longworth, Thomas, 12076G. W. 1829.

Longworth, Thomas, 15947G. Inv. 1864.
Longworth, Thomas, Sr., 1575-1576G. B. E, p. 223. W. 1748.
Looby, Jeremiah, 14377G. W. 1853.
Looker, Hannah, 17372G. W. 1848. Inv. 1850.
Looker, Isaac, 11416G. Inv. 1822.
Looker, William. B. A, p. 54. Int. 1717.
Loomis, Maria, 22415G. Inv. 1887.
Loos, John, 22097G. W. 1886.
Lord, Fanny, 20663G. W. & Cod. 1882. Int. 1882.
Lord, George W., 19972G. W. 1880.
Lord, John, 27037G. W. 1897.
Lord, Joseph, 19973G. W. 1880.
Lord, Martha, 19146G. W. 1877.
Lord, William G., Sr., 21390G. W. 1884. Inv. 1884.
Lorenz, George, 19147G. W. 1877. Inv. 1877.
Lorenz, Jacob, 16149G. W. 1865.
Lornegan, Maurice, Sr., 22416G. W. 1887.
Lorton, Abigail F., 23663G. W. 1890.
Lorton, William H., 14378G. Inv. 1853.
Losey, Amos H., 23664G. W. 1890.
Losey, John, 12161G. W. 1830. Inv. 1830.
Losey, John, Sr., 3489-3492G. B. H, p. 547. W. 1765.
Lott, Adam, 18534G. W. 1875. Inv. 1875.
Lott, Franz, 24591G. W. 1892.
Lotthammer, Francis, 18238G. W. 1874.
Lotthammer, Wilhelmina, 23223G. W. 1889.
Loughlin, John, 24592G. W. 1891.
Louis, Aron, 24593G. W. 1892.
Louis, George D., 15948G. W. 1864.
Louis, George D., 19974G. Inv. 1880.
Louis, Gottlob F., 22098G. W. 1886.
Loutrel, Cyrus F., 28022G. W. 1899.
Loutrel, Cyrus H., 28522G. W. & Cod. 1900.
Lovatt, Benjamin W., 18535G. W. 1875. Inv. 1875.
Lovatt, Frederick E., 18536G. W. 1875. Inv. 1875.
Lovatt, George, 16150G. W. 1865. Inv. 1865.
Lovatt, James, 17101G. Inv. 1870.
Lovatt, James, Sr., 16151G. W. 1865.
Lovatt, Jennie A., 25526G. W. 1894.
Lovatt, Sarah, 26016G. W. 1895.
Love, John J. H., 27038G. Inv. 1897.
Lovelace, Dollie A., 22417G. W. 1887. Cv. 1887.
Lovelace, William H., 27039G. Inv. 1897.
Lovell, Sarah, 11968G. W. 1828. Inv. (2) 1828.
Lovett, Mary, 24594G. W. 1892. Inv. 1892.
Lovett, Thomas, 16687G. Inv. 1868.
Low, Caroline B., 21391G. W. 1884. Inv. 1885.
Low, Cornelius, 15368G. W. 1860. Inv. 1860.
Low, Cornelius, Sr., 5659-5664G. B. 26, p. 436. W. & Cod. 1783.
Low, Henry, 19975G. W. 1880. Inv. 1881.
Low, Hester, 13280G. W. 1843.
Low, Isabella, 16502G. Inv. 1867.
Low, Louisa B., 13553G. W. & Cod. 1846. Testimony.
Lowe, Abraham, 17634G. W. 1872. Inv. 1872.
Lowentrout, John S., 15649G. Inv. 1862.
Loweree, Thomas W., Sr., 23224G. W. & Cod. 1889. Inv. 1889.
Lowrie, John C., 28523G. W. 1900. Ren. 1900.
Lowy, Adolph, 25527G. W. 1894.
Lucas, Friend, 4437-4438G. B. 25, p. 258. Int. 1776.
Luckemeier, John H., 28524G. W. 1900.
Luckemeyer, Henry, 25528G. W. 1894.

Lyon, Abraham, 10322G. W. 1797.
Lyon, Amos, 11578G. Inv. 1824.
Lyon, Benjamin, 6376-6378G. B. 28, p. 429. Grd. 1786. Pt. 1786.
Lyon, Benjamin, 12983G. Inv. 1839.
Lyon, Benjamin, Sr., 167-170G. B. A, p. 164. W. 1720.
Lyon, Benjamin, Sr., 1577-1586G. B. E, p. 145. W. 1747. Inv. 1749.
Lyon, Benjamin, Sr., 2467-2474G. B. F, p. 554. W. 1758. Inv. 1758.
Lyon, Benjamin, Sr., 10221G. B. 40, p. 419. Int. 1803. Inv. 1803. Ren. 1803.
Lyon, Calvin, 19978G. W. 1880. Inv. 1880.
Lyon, Catharine A., 26017G. Inv. 1895.
Lyon, Charles M., 21014G. W. 1883. Inv. 1884.
Lyon, Christian, 13441G. Inv. 1845.
Lyon, Cornelius, 12162G. Inv. 1830.
Lyon, Daniel, 11057G. Inv. 1817.
Lyon, Daniel, Sr., 9500-9501G. B. 38, p. 209. W. 1799.
Lyon, Daniel F., 26540G. W. 1896.
Lyon, David, 1171-1172G. B. D, p. 16. W. 1742.
Lyon, David, 10137G. B. 40, p. 81. Int. 1802. Inv. 1802.
Lyon, David, 13051G. W. 1840.
Lyon, David, 13442G. W. 1845. Inv. 1845.
Lyon, David, Jr., 9352-9353G. B. 38, p. 266. Grd. 1799.
Lyon, David B., 18537G. Inv. 1875.
Lyon, Ebenezer, 12335G. Inv. 1832.
Lyon, Ebenezer, Sr., 1027-1042G. B. C, p. 270. W. & Cod. 1739. Inv. 1739. Acct. 1739. Ren. (3) 1739.
Lyon, Elijah, 11969G. W. 1828. Inv. 1828.
Lyon, Elizabeth, 403-404G. B. B, p. 118. W. 1728.
Lyon, Elizabeth, 639-642G. B. B, p. 383. W. & Cod. 1732. Inv. 1732.
Lyon, Elizabeth A., 25530G. W. 1894.
Lyon, George T., 15369G. W. 1860. Inv. 1860.
Lyon, Hannah, 14380G. Inv. 1853.
Lyon, Harris, 9168-9169G. B. 38, p. 115. Int. 1798.
Lyon, Henrietta S., 22422G. W. 1887.
Lyon, Henry, 11579G. W. 1824. Inv. 1824.
Lyon, Henry, 11762G. W. 1826.
Lyon, Henry, 16153G. W. 1865. Inv. 1865.
Lyon, Henry, Sr., 4183-4186G. B. L, p. 61. W. 1773.
Lyon, Henry D., 22423G. Inv. 1887.
Lyon, Hinman, 19150G. W. 1877. Inv. 1877.
Lyon, Isaac, 1771-1774G. B. E, p. 500. Grd. 1750.
Lyon, Isaac, 3381-3382G. B. H, p. 407. W. 1764.
Lyon, Isaac, 16506G. Inv. 1867.
Lyon, Israel W., 17372G. W. 1871. Inv. 1781.
Lyon, Jabez, 16333G. W. 1866. Inv. 1866.
Lyon, Jacob, 12242G. Inv. 1831.
Lyon, James, 1771-1774G. B. E, p. 500. Wd. 1750.
Lyon, James L., 15790G. W. 1853.
Lyon, Jerusha, 15013G. W. 1857. Inv. 1857.
Lyon, Joanna, 10916G. W. 1815. Inv. 1815.
Lyon, Joanna, 15014G. W. 1857.
Lyon, John, 10789G. Inv. 1813.
Lyon, John, 13363G. Inv. 1844.
Lyon, John, 16689G. W. 1868.
Lyon, Jonathan, 5827-5829G. B. 26, p. 505. Wd. 1784. Pt. 1784.

Lyon, Jonathan, 5831-5832G. B. 26, p. 451. W. 1784.
Lyon, Jonathan, 14233G. W. & Cod. 1852. Inv. 1852.
Lyon, Joseph, 11338G. W. 1821. Inv. 1822.
Lyon, Joseph, 13963G. W. 1850. Inv. 1850.
Lyon, Joseph, Sr., 373-374G. B. B, p. 63. W. 1726.
Lyon, Josiah, Sr., 2879-2880G. B. G, p. 283. W. 1760.
Lyon, Julia T., 18240G. W. 1874. Inv. 1874.
Lyon, Luther K., 17373G. W. 1871. Inv. 1871.
Lyon, Malissa B., 22424G. Inv. 1887.
Lyon, Mary, 8930-8937G. B. 36, p. 496. W. 1797. Inv. 1799.
Lyon, Mary, 14234G. W. 1852. Inv. 1853.
Lyon, Matthias, 15950G. Inv. 1864.
Lyon, Matthias C., 10990G. W. 1816.
Lyon, Moses, 10790G. W. 1813. Inv. 1813.
Lyon, Moses, 11339G. W. 1821.
Lyon, Nathaniel, 65-66G. W. 1716.
Lyon, Nathaniel, 3037-3040G. B. G, p. 370. Int. 1761. Inv. 1765.
Lyon, Oliver, 24600G. W. 1892.
Lyon, Peter, 5833-5836G. B. 26, p. 502. Int. 1784. Ren. 1784.
Lyon, Peter, 14097G. Inv. 1851.
Lyon, Phebe, Susannah, 6138-6145G. B. 27, p. 380. Wds. 1785. Pt. 1785.
Lyon, Phebe, 10917G. W. 1815. Inv. 1815.
Lyon, Phebe A., 24601G. W. 1891.
Lyon, Phebe J., 24602G. W. 1892.
Lyon, Prudence W., 19673G. Inv. 1879.
Lyon, Rebecca P., 14381G. W. 1853.
Lyon, Sarah, 13144G. W. 1841. Inv. 1841.
Lyon, Sarah A., 18538G. W. 1875. Inv. 1875.
Lyon, Sarah A., 28026G. W. & Cod. 1899.
Lyon, Sarah E., 22100G. W. 1886.
Lyon, Simeon, 13282G. Inv. 1843.
Lyon, Smith, 14382G. W. 1853. Inv. 1854.
Lyon, Smith, 14883G. W. 1856.
Lyon, Tappin, 11970G. Inv. 1828.
Lyon, Thomas, 2691-2694G. B. G, p. 11. W. 1758. Inv. 1758.
Lyon, Thomas, 6146-6147G. B. 27, p. 309. W. 1785.
Lyon, Thomas H., 16690G. Inv. 1868.
Lyon, William, 16334G. Inv. 1866.
Lyon, William, 21744G. Inv. 1885.
Lyon, William, 26541G. W. 1896.
Lyon, William, Sr., 14729G. W. 1855.
Lyon, William H., 28025G. W. 1899. Inv. 1899.
Lyon, William P., 21392G. W. 1884. Inv. 1884.
Lyon, William S., 23229G. W. 1889.
Lyon, Zeophar, 1257-1262G. B. D, p. 206. Int. 1744. Inv. 1744 (?).
Lyon, Zophar, 13364G. W. 1844. Inv. 1844.
Lyons, Bridget, 22806G. W. 1888.
Lyons, James, 27524G. W. 1898. Ren. 1898.
Lyons, Lewis J., 27040G. W. & Cod. 1897.
Lyons, Samuel W., 16507G. Inv. 1867.
Lyons, Thomas F., 23228G. Inv. 1889.
Lysk, Mary, 11263G. W. 1820. Inv. 1820.

Maack, John, 28027G. W. 1899.
Maag, George, 26020G. Inv. 1895.
Maas, Jacob, 17374G. Inv. 1871.
Maas, John J., 18539G. W. 1875.
Maass, Emilie, 26018G. W. 1895.
Maaz, Joseph, 27525G. W. 1898.
Mabee, George, 15015G. W. 1857. Inv. 1858.

Mabey, John, 12336G. W. 1832. Inv. 1832.
Mabey, Thaddeus. 24139G. W. 1891.
Mabille, Henri P., 25531G. W. 1894. Inv. 1894.
MacCall, Jane, 26551G. W. 1896.
MacCann, Frederick, 23668G. W. 1890.
Macdonald, Elizabeth, 28028G. W. 1899.
Macdonald, Isabella, 15791G. Inv. 1863.
MacDonald, Robert, 12609G. Inv. 1835.
MacDowell, Michael, 14386G. W. 1853.
Maceri, Santina, 25062G. W. 1893.
Macfarlane, Emmeline, 19151G. W. 1877.
Macginnis, Uzal, 11869G. W. 1827.
Machin, Mary J., 28029G. W. 1899.
Mack, Conrad, 15959G. W. 1864.
Mack, John, 19979G. W. 1880.
Mack, John, 20671G. Inv. 1882.
Mack, Lewis, 28528G. Inv. 1900.
Mack, Ludwig, Sr., 16876G. W. 1869. Inv. 1869.
MacKenzie, Julia, 22425G. W. 1887.
Mackin, John, 26019G. W. 1895.
Mackin, Sarah, 24140G. W. 1891.
Mackintosh, William, 17636G. W. 1872. Inv. 1873.
Macknet, Charles S., 17637G. W. 1872. Inv. 1872.
Macknet, Eliza A., 25532G. W. 1894. Inv. 1894.
Macknet, Hattie S., 22426G. W. 1887.
Macknet, Mary H., 28529G. W. 1900. Inv. 1900. Rens. (5) 1900.
Macknet, Theodore, 23230G. W. 1889.
Macleod, William, 8108–8109G. B. 33, p. 395. Int. 1794.
MacMahon, Patrick, 20319G. Inv. 1881.
MacMannis, Hannah, 14099G. Inv. 1851.
MacPherson, Minnie F., 28044G. W. 1899.
MacQuaide, Harriet O., 26021G. W. 1895. Inv. 1895.
MacQuaide, Thomas, 20320G. W. 1881.
Macready, James J., 26542G. Inv. 1896.
Macwhorter, Alexander, 10481G. W. 1807. Inv. 1807.
Macy, William H., 2d, 24141G. W. 1891.
Madden, Bridget, 26022G. W. 1895. Inv. 1896.
Madden, Ellen, 24603G. W. 1802.
Madden, John, 20666G. W. 1882.
Madden, John L., 25063G. Inv. 1892.
Madden, Mary, 22825G. W. 1888.
Madden, Mary A., 27041G. W. 1897. Inv. 1897.
Madden, Richard, 15370G. Inv. 1860.
Madden, William, 21745G. W. 1885.
Maddock, William C., 15792G. W. 1863. Consent 1863.
Maddy, Samuel, 25533G. W. 1894.
Madison, Samuel, 17928G. Inv. 1873.
Madison, Thomas, 16508G. W. 1857. Inv. 1867. Rens. (2) 1867.
Madison, William J., 21393G. Inv. 1884.
Maercker, Gustav, 20667G. Inv. 1882.
Magee, John, 17102G. W. 1870.
Mager, Joseph, 22101G. W. 1886.
Mager, Philip, 28030G. W. 1899.
Maggia, Benedetto, 28530G. W. 1900.
Maghee, Gillison, 19152G. Inv. 1877.
Magie, Abigail, 16336G. W. 1866.
Magie, Alfred H., 14235G. Inv. 1852.
Magie, Benjamin, Sr., 10482G. Inv. 1807.
Magie, Ezekiel, Sr., 11870G. W. 1827. Inv. 1827.
Magie, John O., 11763G. Inv. 1826.

Magill, Jacob, 21394G. Inv. 1884.
Magosch, Joseph, 25064G. W. 1893.
Magovern, Mary A., 28531G. W. 1900. Inv. 1900.
Magrane, Henry S., 20321G. Inv. 1881.
Magrath, Eliza, 26543G. W. 1896.
Maguire, Catharine, 20668G. W. 1882.
Maguire, John, 23231G. W. 1889. Inv. 1889.
Maguire, Mary, 26544G. W. 1895. Inv. 1896. Cv. 1896.
Maguire, Philip, 25534G. W. 1894.
Mahaffy, Thomas, 28532G. W. 1900.
Mahar, Timothy, 20322G. W. 1881.
Maher, Charlotte S. B., 23232G. W. 1889.
Mahler, Chusenz, 16337G. Inv. 1865.
Mahler, Philipp H., 18858G. W. 1876. Inv. 1876.
Mahoffee, Miriam C. K., 16154G. W. 1855.
Mahon, John H., 22826G. W. 1888. Inv. 1889.
Mahon, Joseph, Sr., 26545G. W. 1896.
Mahon, Nancy, 23233G. W. 1889.
Mahon, Patrick, 25535G. W. 1894.
Mahon, Rachel E., 27042G. W. & Cod. 1897.
Mahon, Thomas, 15371G. W. 1860. Int. 1860.
Mahoney, Alice B., 21396G. W. 1884.
Mahoney, Mary, 18850G. W. 1876.
Mahoney, Mary A., 28533G. Inv. 1900.
Mahoney, Patrick, 15962G. W. 1864.
Mahoney, Patrick, 17929G. W. 1873.
Mahony, Cornelius, 17375G. W. 1871. Inv. 1871.
Mahr, Auguste D., 22427G. W. 1887.
Mahr, Henry, 24604G. W. 1892.
Maier, Andrew, 18241G. Inv. 1874.
Maier, Gallus, 15793G. Inv. 1863.
Main, Margaret P., 28031G. W. 1899. Inv. 1900.
Mains, Elizabeth, 22428G. W. 1887.
Mainzer, Jacob, 18540G. W. 1875.
Malady, Bernard, 16338G. W. 1866.
Malady, John, 18541G. W. 1875.
Malany, John, Sr., 17103G. W. 1870. Inv. 1870.
Malcolm, Mary, 27526G. W. 1898.
Maleady, Catharine, 24605G. Inv. 1892.
Maley, Bridget, 28534G. W. 1900.
Mallaby, Ida R. S., 20324G. W. 1881.
Mallaby, Theodore, Sr., 24606G. W. 1892. Inv. 1892.
Mallon, Michael, 27527G. W. 1898.
Mallory, Sherman C., 15372G. Inv. 1860.
Malloy, Edward, Sr., 22102G. W. 1886. Inv. 1886.
Malloy, Michael, Sr., 18242G. W. 1874. Inv. 1874.
Malloy, Robert C., 22103G. W. 1886.
Malone, Peter, 17030G. W. 1872. Inv. 1873.
Malone, Thomas. Sr., 14730G. W. 1855.
Maloney, Michael. 18860G. Inv. 1876.
Maltbie, Francis W., 14236G. Inv. 1852.
Maltman, Jane, 25536G. W. & Cod. 1894. Inv. 1895.
Man, John F. A., 24607G. W. 1892.
Man, Joseph, 2695–2698G. B. G, p. 49. W. 1759. Inv. 1759 (?).
Man, Samuel, 2049–2050G. B. F, p. 149. Int. 1753.
Mancini, Josephine M., 26546G. W. 1896. Inv. 1896.
Mandevaill, Yelles, 10739G. W. 1812. Inv. 1812.
Mandeville, Abraham, 22429G. Inv. 1887.

Mandeville, Anthony, 19153G. W. & Cod. 1877.
Mandeville, Cornelius, 17638G. W. & Cods. (2) 1872. Inv. 1872.
Mandeville, David P., 13052G. W. 1840.
Mandeville, Elizabeth, 14383G. W. 1853. Inv. 1853.
Mandeville, Giles, 15244G. W. 1859. Inv. 1863.
Mandeville, Harriet F., 28033G. W. 1899.
Mandeville, Henry. 10537G. ' W. 1808. Inv. 1808.
Mandeville, Isaac, 28535G. W, 1900.
Mandeville, James C., 20669G. W. 1882.
Mandeville, Jane, 24142G. W. 1891. Inv. 1891.
Mandeville, John, 13145G. W. 1841.
Mandeville, John C., 24608G. W. 1892. Inv. 1892.
Mandeville, Mary, 17104G. W. . 1870. Inv. 1870.
Mandeville, Phebe, 16509G. W. 1867. Inv. 1867.
Mandeville, Phebe, 17105G. Inv. 1870.
Mangan, Catharine G., 27043G. W. & Cod. 1897. Inv. 1898.
Mangan, John, 25537G. W. 1894.
Mangels, Charles D. A., 23666G. Inv. 1890.
Manger, Frederick, 18861G. W. 1876.
Manger, Julius W., 22104G. W. 1886.
Mangold, Casper, 20325G. Inv. 1881.
Manly, Anthony, 21015G. W. 1883.
Mann, Albert, Sr., 24609G. W. 1892.
Mann, Elizabeth, 21395G. Inv. 1884.
Mann, John J., 16691G. Inv. 1868.
Mann, Peter V., 15650G. W. 1862. Inv. 1863.
Mann, Sarah, 26547G. W. 1896.
Mann, William, 6148–6149G. B. 27, p. 374. Int. 1785.
Manners, Abraham, 28034G. W. 1899.
Manning, Charles, 15245 G. W. 1859.
Manning, Clarkson, 9502–9505G. B. 38, p. 264. Int. 1799. Inv. 1799.
Manning, Daniel W., 28032G. W. 1899.
Manning, Enoch, 7298–7305G. B. 32, p. 487. W. 1791. Inv. 1791.
Manning, Isaac, 13283G. W. 1843. Inv. 1843.
Manning, James, Sr., 3649–3650G. B. I, p. 123. W. 1767.
Manning, Jeremiah, 12164G. Inv. 1830.
Manning, John, 11663G. Inv. 1825.
Manning, John, 23234G. W. 1889.
Manning, Joseph, 10740G. W. 1812. Inv. 1812.
Manning, Martin, 21746G. W. 1885.
Manning, Oliver B., 14566G. W. 1854.
Manning, Polly, Sally, Nancy, 8940–8941G. B. 36, p. 505. Wds. 1797.
Manning, Samuel, 11119G. Inv. 1818.
Manning, Stephen, 11664G. Inv. 1825.
Manning, Stephen, 11871G. Inv. 1827.
Manning, Truston, 13053G. Inv. 1840.
Manser, Ann, 28536G. W. & Cod. 1900.
Mansfield, Elizabeth, 25065G. W. 1893. Inv. 1893.
Manz, Anton, 23235G. W. 1889.
Marcell, James, 18862G. Inv. 1876.
Marcell, Sarah, 15651G. W. 1862. Inv. 1862.
March, Gertrude McC., 21016G. W. 1883. Inv. 1883.
March, John, 1587–1588G. B. E, p. 231. Int. 1748.
Marchbank, Caroline, 28537G. W. 1900. Rens. (2) 1900.
Maré, Henriette L., 22105G. W. 1886. Inv. 1886.

Margaritell, John, 18243G. Inv. 1874.
Mark, Jacob, 11417G. W. & Cod. 1822.
Markey, John, 22827G. W. 1888.
Markey, Michael, 17376G. W. 1871. Inv. 1871.
Markey, Peter, 22106G. W. 1886.
Markland, Richard, 18542G. Inv. 1875.
Marks, Augusta C., 28538G. W. 1900.
Markstein, Frank H., 25066G. W. 1893. Inv. 1893.
Markwell, Samuel, 13964G. Inv. 1850.
Markwith, Daniel, 12163G. Inv. 1830.
Marley, Daniel, 24143G. W. 1891.
Marquard, Babetta, 21747G. W. 1885. Inv. 1885.
Marquard, Martin, 17931G. W. 1873.
Marquet, John, 9860–9861G. B. 39, p. 189. Int. 1800.
Marr, Alexander C., 26548G. W. 1896. Inv. 1896.
Marr, Thomas, 7306–7309G. B. 32. P. 508. Int. 1791. Inv. 1791.
Marrey, Robert H., 12610G. W. 1835.
Marrin, Charles C., 24144G. W. 1891.
Marriott, William, Sr., 15960G. W. 1864. Inv 1864.
Marrolls, Joseph N. M. G., 13629G. Inv. 1847.
Mars, Cornelius, 5837–5840G. B. 26, p. 506. Wd. 1784. Pt. 1784.
Marsh, Abraham, 11580G. Inv. 1824.
Marsh, Abraham, 3d., 6554–6555G. B. 29, p. 395. W. 1787.
Marsh, Abraham, Sr., 6150–6153G. B. 27, p. 316. W. & Cod. 1785.
Marsh, Alexander H., 6828–6831G. B. 30, p. 219. Wd. 1789. Tr. 1789.
Marsh, Alston, 12437G. W. 1832.
Marsh, Alston, 12709G. Inv. 1836.
Marsh, Amos, Sr., 25067G. W 1893.
Marsh, Anne T., 10289G. B. 40, p. 420. Wd. 1804.
Marsh, Benjamin, 8682–8687G. B. 35, p. 507. Int. 1796. Inv. 1797.
Marsh, Benjamin, 11488G. W. 1823. Inv. 1823.
Marsh, Benjamin, Sr., 787–789G. B. B, p. 513. W. 1734. Inv. 1734.
Marsh, Benjamin, Sr., 4107–4110G. B. K, p. 482. W. & Cod. 1772.
Marsh, Catharine, 12517G. W. 1834.
Marsh, Cordelia E., 22430G. W. & Cod. 1887. Inv. 1888.
Marsh, Daniel, 10139G. B. 40, p. 82. Int. 1802. Inv. 1802. Ren. 1802.
Marsh, Daniel, Ephraim. 5843–5850G. B. 26, p. 506. Grds. 1784. Pt. 1784.
Marsh, Daniel, Sr., 2285–2294G. B. F, p. 394. W. & Cod. 1756. Inv. 1758.
Marsh, David, 15652G. Inv. 1862.
Marsh, Dennis D., 25539G. W. 1894.
Marsh, Eliphalet, 5473–5474G. B. 24, p. 22. Int. 1782.
Marsh, Ephraim, 5841–5842G. B. 26, p. 501. Int. 1784.
Marsh, Ephraim, 10222G. B. 40, p. 399. Int. 1803. Inv. 1804.
Marsh, Ephraim, 11058G. W. 1817. Inv. 1817.
Marsh, Ephraim, Jr., 10069G. B. 39, p. 240. W. 1801. Inv. 1801.
Marsh, Ephraim, Sr., 1775–1778G. B. E, p. 398. W. 1750. Inv. 1750.
Marsh, Esther, 11201G. W. 1819.
Marsh, Ezra, 24611G. W. 1892. Inv. 1892.
Marsh, Gideon, 11489G. Inv. 1823.

Marsh, Henry, 15961G. W. 1864.
Marsh, Henry, Sr., 2051–2054G. B. F, p. 149. W. 1753. Inv. 1755.
Marsh, Isaac, 11340G. W. & Cod. 1821. Inv. 1821.
Marsh, Isaac, Peter, 12165G. Inv. 1830. Wds.
Marsh, Isaac, Sr., 10070G. B. 39, p. 242. W. 1801. Inv. 1801.
Marsh, Jabez, 6380–6383G. B. 28, p. 426. Int. 1786. Ren. 1786.
Marsh, Jacob, 12337G. W. 1832.
Marsh, James, 10289G. B. 40, p. 420. Grd. 1804.
Marsh, James, 10483G. W. 1807. Inv. 1807.
Marsh, James, 11202G. Inv. 1819. Wd.
Marsh, Janette, 12543G. Inv. 1835.
Marsh, Jehiel, 10741G. W. 1812. Inv. 1813.
Marsh, Jehiel, 11581G. Inv. 1824.
Marsh, John, 1263–1272G. B. D, p. 215. W. 1744. Inv. 1744.
Marsh, John, 4379–4382G. B. L, p. 403. W. 1775.
Marsh, John, 9854–9855G. B. 39, p. 13. Int. 1800.
Marsh, John, 11264G. W. 1820. Inv. 1820.
Marsh, John, 12243G. W. 1831. Inv. 1831.
Marsh, John, 13965G. Inv. 1850.
Marsh, John, 27044G. W. 1897.
Marsh, John, Sr., 4373–4378G. B. I., p. 341. W. 1775. Inv. 1779.
Marsh, John C., 10791G. W. 1813. Inv. 1813.
Marsh, John F., 13630G. Inv. 1847.
Marsh, Jonas T., 13365G. W. 1844. Inv. 1844.
Marsh, Joseph, 10792G. Inv. 1813.
Marsh, Joseph, 12077G. Inv. 1829.
Marsh, Joseph, Sr., 217–221G. B. A, p. 273. W. 1723. Inv. 1723.
Marsh, Joseph, Sr., 1393–1398G. B. D, p. 428. W. 1746. Inv. 1746.
Marsh, Joshua, 2881–2888G. B. G, p. 129. Int. 1760. Inv. 1760.
Marsh, Joshua, Sr., 1273–1283G. B. D, p. 185. W. 1744. Inv. 1744. Accts. 1744, 1746.
Marsh, Lewis D., 22107G. W. 1886.
Marsh, Lewis H., 20351G. Inv. 1881.
Marsh, Margaret, 9506–9509G. B. 38, p. 265. Wd. 1799. Pt. 1799.
Marsh, Margret, 1589–1592G. B. E, p. 242. W. 1748. Inv. 1751.
Marsh, Mephibosheth, 10140G. B. 40, p. 12. Int. 1802. Inv. 1802.
Marsh, Mephibosheth, Sr., 3383–3388G. B. H, p. 460. W. 1764. Inv. 1764.
Marsh, Mephibosheth, Sr., 5157–5158G. B. 21, p. 331. W. 1780.
Marsh, Moses, 6154–6156G. B. 27, p. 280. W. 1785. Ren. 1785.
Marsh, Moses, 8938–8939G. B. 36, p. 502. Int. 1797.
Marsh, Moses, 10536G. Inv. 1808.
Marsh, Moses, Jr., 6828–6831G. B. 30, p. 219. Grd. 1789.
Marsh, Noah, 5665–5668G. B. 24, p. 333. Int. 1783. Ren. 1783.
Marsh, Noah, Jr., Samuel, 5843–5850G. B. 26. p. 506. Wds. 1784. Pt. 1784.
Marsh, Norman, 17932G. Inv. 1873.
Marsh, Phebe, 10425G. W. 1806. Inv. 1807.
Marsh, Randall, Catharine, James, Phineas, 10071G. B. 39, p. 371. Wds. 1801. Tr.
Marsh, Rolph, 10357G. W. 1805. Inv. 1805.
Marsh, Rosanna, 23236G. W. 1889. Inv. 1889.
Marsh, Samuel, 10071G. B. 39, p. 371. Grd. 1801. Tr.

Marsh, Samuel, 10223G. B. 40, p. 239. W. 1803. Inv. 1803.
Marsh, Samuel M., 11490G. Inv. (2) 1823.
Marsh, Sarah, Mary, 3967–3968G. B. K, p. 349. Wds. 1771.
Marsh, Sarah, 4439–4440G. B. 19, p. 188. W. 1776.
Marsh, Sarah, 10586G. Inv. 1809.
Marsh, Simeon B., Abraham, 10224G. B. 40, p. 334. Wds. 1803. Tr. 1803.
Marsh, Solomon, 9856–9859G. B. 38, p. 544. W. 1800.
Marsh, Stephen, 10358G. W. 1805. Inv. 1809.
Marsh, Stephen O., 13146G. Inv. 1841.
Marsh, Stewart C., 21748G. W. 1885. Inv. 1885.
Marsh, Theodore B., 17106G. W. 1870. Inv. 1870.
Marsh, Thomas, 10105G. B. 39, p. 449. W. 1801. Inv. 1802.
Marsh, Thomas, 14884G. W. 1856. Inv. 1857.
Marsh, Uzal O., 14567G. Inv. 1854.
Marsh, William, 3d, 3969–3976G. B. K, p. 330. Int. 1771. Inv. 1771. Lt. 1771. Pt. 1771.
Marsh, William, Sr., 2229–2232G, 3651–3654G. B. F, p. 277. W. 1755. Inv. (2) 1755, 1767.
Marsh, William, Sr., 7514–7528G. B. 34, p. 62. W. 1792. Inv. 1793.
Marsh, William, Sr., 10141G. B. 40, p. 213. W. 1802.
Marshall, Ann, 16339G. W. 1866.
Marshall, Edson C., 27529G. W. 1898.
Marshall, Elizabeth M., 19674G. W. & Cod. 1879. Inv. 1879.
Marshall, Fannie A., 23853G. W. 1890.
Marshall, James, 23667G. W. 1890. Inv. 1890.
Marshall, Rachal, 5851–5852G. B. 26, p. 396. W. 1784.
Marshall, Roger, 15794G. Inv. 1863.
Marshall, Roger, 24145G. Inv. 1891.
Marsiglia, Eliza H., 15016G. W. 1857. Inv. 1863.
Marsland, John, 18244G. W. 1874.
Martel, James, 21749G. Inv. 1885.
Martin, Abigail A., 20326G. W. 1881.
Martin, Andrew C., 15963G. Inv. 1864.
Martin, Augustus F., 27045G. W. 1897.
Martin, Betsey, 15246G. W. 1859. Inv. 1859.
Martin, Caleb, 11764G. W. 1826. Inv. 1827.
Martin, Calvin, 19675G. W. 1879. Inv. 1881.
Martin, Charles J., 22828G. W. 1888. Inv. 1889.
Martin, Charles L. B., 25068G. W. 1893.
Martin, Daniel, 27046G. W. 1897.
Martin, David, 12984G. Inv. 1839.
Martin, Elizabeth P., 18863G. Inv. 1876.
Martin, Ellen, 25069G. W. 1893.
Martin, Enos, 10635G. W. 1810.
Martin, Enos W., 22431G. Inv. 1887.
Martin, Frederick, 19980G. W. 1880. Inv. 1880.
Martin, George P., 18864G. W. 1876. Inv. 1876.
Martin, George W., 25540G. W. 1894. Inv. 1895.
Martin, Holdena B., 27530G. Inv. 1898.
Martin, James, 18245G. W. 1874.
Martin, Jane, 18865G. W. 1876.
Martin, Jeremiah, 10290G. W. 1804.
Martin, John, 3041–3042G. B. G, p. 381. Int. 1761.
Martin, John, 13366G. Inv. 1844.
Martin, John, 20327G. W. 1881.
Martin, John F., 26549G. W. 1896.

Martin, Joseph T., 20328G. W. 1881.
Martin, Kezia R., 27531G. W. 1898. Inv. 1898.
Martin, Lawrence, 19154G. W. 1877.
Martin, Lorenz, 19155G. W. 1877.
Martin, Marie M., 23237G. W. 1889. Inv. 1889.
Martin, Mary C., 18543G. W. 1875. Inv. 1875.
Martin, Mary C., 19676G. W. 1879.
Martin, Merrick, 11203G. Inv. 1819.
Martin, Moses B., 15951G. W. 1864.
Martin, Mulford, 6738–6741G. B. 31, p. 243. Int. 1788.
Martin, Patrick, 16877G. W. 1869.
Martin, Peter, 18544G. Inv. 1875.
Martin, Reune, 25541G. W. & Cod. 1894. Inv. 1894.
Martin, Thomas, 12611G. W. 1835. Inv. 1835.
Martin, Thomas, 17639G. W. 1872. Inv. 1872.
Martin, Valentine, 27532G. W. 1898.
Martin, William, 16340G. W. 1866.
Martinka, George, 25542G. W. 1894.
Marvin, Mary, 27047G. W. 1897. Inv. 1897.
Marviné, Anthony Y., 24612G. W. 1892. Inv. 1893.
Marx, David, 18246G. W. 1874.
Marx, Martin, Sr., 22432G. W. 1887. Inv. 1888.
Maser, Mary, 28539G. W. 1900.
Masker, John, 20329G. Inv. 1881.
Masker, Mary, 18866G. W. 1876.
Masker, Peter, 13631G. W. 1847. Inv. 1847.
Martin, Peter W. 16692G. W. 1868. Inv. 1868. Ren. 1868.
Mason, Abigail, 23238G. W. 1889. Inv. 1890.
Mason, Eliza M., 24613G. W. 1892.
Mason, Lewis W., 22829G. W. 1888.
Mason, Lowell, 21750G. W. 1885. Inv. 1885, 1890.
Mason, Lowell, Sr., 17640G. W. 1872. Inv. 1872.
Mason, Marion O., 24146G. W. 1891.
Mason, Mary I., 19981G. W. 1880.
Mason, Samuel, 17641G. W. 1872. Inv. 1872.
Mason, Thomas, 14237G. Inv. 1852.
Mason, Samuel, 15515G. Inv. 1861.
Massacre, Jacob, 12078G. Inv. 1829.
Massey, Edmund, 27048G. W. 1897.
Massey, Elizabeth R., 24147G. W. 1891.
Massie, Peter, 13054G. W. 1840. Inv. 1840.
Massie, Sarah, 13735G. W. 1848. Inv. 1848.
Mast, Anna, 22108G. W. 1886.
Matches, Robert, 21397G. Inv. 1884.
Mather, John, 13055G. W. 1840. Inv. 1840.
Mathes, Henry, 19156G. W. 1877. Inv. 1877.
Mathes, William, 18545G. W. 1875. Inv. 1875.
Mathews, Albert, 15373G. W. 1860.
Mathews, Caleb H., 17107G. W. 1870.
Mathews, Daniel, 1593–1594G. B. E, p. 196. Int. 1747.
Mathews, Hugh, 22109G. W. 1886.
Mathews, Noah, 14098G. W. & Cod. 1851.
Mathews, Patrick, 15374G. W. 1860. Inv. 1860.
Mathews, Patrick, Jr., 13861G. W. 1849.
Mathews, Stephen, 15964G. W. 1864.
Mathews, Stephen, 15952G. W. 1864.
Mathews, Thomas, 25070G. W. 1893.
Matlock, Samuel W., 14568G. W. 1854. Inv. 1855.
Matson, Henry, 25543G. W. 1894. Inv. 1894.
Matter, Henry, 21751G. W. 1885.
Matthes, Herman, 24148G. Inv. 1891.
Matthew, James, 14885G. Inv. 1856.
Matthews, Aaron, 19677G. Inv. 1879.

Matthews, Albert, 17377G. Inv. 1871.
Matthews, Bridget, 28540G. W. 1900. Inv. 1900.
Matthews, Charles B., 28541G. W. 1900.
Matthews, Daniel, 11341G. W. 1821.
Matthews, Dewitt C., 18247G. Inv. 1874.
Matthews, Elima, 28542G. W. 1900.
Matthews, Ellen, 26024G. W. 1895.
Matthews, Esther, 28543G. W. 1900.
Matthews, Isaac, 16510G. W. 1867.
Matthews, James, 15247G. W. 1859. Inv. 1859.
Matthews, Joanna, 14886G. W. 1856. Inv. 1856.
Matthews, John C. D., 25544G. W. 1894.
Matthews, John E., 15248G. W. 1859. Inv. 1860.
Matthews, John H., Sr., 17933G. W. 1873. Inv. 1873.
Matthews, Joseph, 13741G. W. 1848. Inv. 1849. Ren. 1848.
Matthews, Joseph T., 26025G. W. 1895.
Matthews, Margaret, 21017G. W. 1883.
Matthews, Margaret, 22433G. W. & Cod. 1887.
Matthews, Margaret, 27049G. W. 1897.
Matthews, Phebe A., 22110G. Inv. 1886.
Matthews, Rose, 15516G. Inv. 1861.
Matthews, Sarah, 17934G. Inv. 1873.
Matthews, Simeon H., 28544G. W. & Cod. 1900.
Matthews, William, 5853–5854G. B. 26, p. 504. Int. 1784.
Matthews, William H., 23240G. W. 1889.
Matthias, Mary C., 23239G. W. & Cod. 1889. Inv. 1891.
Mattison, George C., 21398G. Inv. 1884.
Mattock, Richard. B. A, p. 47. Int. 1716.
Maude, Jeremiah, 18546G. W. 1875.
Mauer, Jacob, 16511G. Inv. 1867.
Mauer, Nicholaus, 17378G. W. 1871.
Mauperin, Adrain H., 26023G. W. & Cod. 1895. Inv. 1895.
Mauperin, Mary I., 24610G. W. 1892.
Maurath, Vincent, 27528G. W. 1898.
Mauritz, Margret, 405–409G. B. B, p. 100. W. 1728. Inv. 1728.
Maus, Henry, Jr., 25545G. W 1894.
Maus, Jacob, 27050G. W. 1897.
Mawbey, William H., 20670G. W. 1882. Inv. 1882.
Mawby, Caroline, 27051G. Inv. 1897.
Maxell, Caleb, 9962–9965G. B. 39, p. 14. Grd. 1800. Pt. 1800.
Maxfell, John, Sr., 3563–3564G. B. H, p. 623. W. 1766.
Maxfield, David, 3273–3282G. B. H, p. 259. W. 1763. Inv. 1768.
Maxfield, Nathaniel, 2733–2734G. B. G, p. 92. Int. 1759.
Maxfield, Rachel, Caleb, Rhoda, 3149–3150G, 3269–3272G. B. H, p. 98. Wds. 1762, 1763. Pt. 1763.
Maxfield, Samuel, 2055–2060G. B. F, p. 144. Int. 1753. Inv. 1753. Rens. (2) 1753.
Maxwell, Abner, 11872G. W. 1827. Inv. 1827.
Maxwell, Caleb, 11342G. W. 1821. Inv. 1821.
Maxwell, Charles H., 23241G. W. 1889.
Maxwell, David, 12166G. Inv. 1830.
Maxwell, Elizabeth M., 18867G. W. 1876.
Maxwell, Isaac, 7530–7535G. B. 34, p. 47. W. 1792. Inv. 1792.
Maxwell, John, 11971G. W. 1828. Inv. 1828.
Maxwell, Nancy, 13736G. W. 1850. Inv. 1848. Ord. 1849.
Maxwell, Phebe, Esther, 9510–9513G. B. 38, p. 266. Wds. 1799. Tr. 1799.

McCormick, Patrick, 18550G. Inv. 1875.
McCornac, Charles, 15966G. Inv. 1864.
McCornac, Samuel, 16693G. W. 1868. Inv. 1868.
McCoy, A. Ramsey, 25549G. Inv. 1894.
McCoy, Francis, 20332G. W. 1881.
McCoy, James J., 27058G. W. 1897. Inv. 1897.
McCoy, Jane R., 19428G. W. 1878.
McCoy, Rachael, 18551G. W. & Cod. 1875. Inv. 1875.
McCracken, James, 18869G. Inv. 1876.
McCready, John, 12245G. W. 1831. Inv. 1831.
McCree, Walter, 19678G. Inv. 1879.
McCreery, William H., Sr., 19680G. W. 1879. Inv. 1879.
McCrossin, Daniel, 12519G. Inv. 1834.
McCrumb, Margaret, 21023G. W. 1883.
McCue, Lawrence J., 28037G. W. 1899.
McCue, Leanty, 17937G. Inv. 1873.
McCullough, Agnes, 23671G. W. 1890. Inv. 1890.
McCullough, Harriet A., 21405G. Inv. 1884.
McCullough, Hugh H., 21024G. Inv. 1883.
McCullough, William, 19429G. W. & Cod. 1878. Inv. 1878.
McCully, Anna E., 26554G. W. 1896.
McCully, Frank K., 26031G. W. 1895.
McCune, Mary, 26032G. W. 1895.
McCurdy, David, 17938G. Inv. 1873.
McDermit, Harriet A., 22113G. Inv. 1886.
McDermit, Peter G., 21754G. Inv. 1885.
McDermott, Ann D., 21755G. W. 1885.
McDermott, Bernard, 27536G. W. 1898.
McDermott, James, 19988G. W. 1880. Inv. 1880.
McDermott, Jane, 15517G. W. 1861.
McDermott, John H., 28550G. W. 1900.
McDermott, John R., 24157G. W. 1891. Inv. 1891.
McDermott, Margaret, 19989G. W. 1880.
McDermott, Mary A., 22835G. W. 1888.
McDevitt, Catharine, 26033G. W. 1895.
McDevitt, Frank, 26555G. W. 1896.
McDevitt, Mary, 16512G. W. 1867. Inv. 1867.
McDivitt, Edward, 15653G. W. 1862. Ren. 1862.
McDonald, Felix, 16342G. W. 1866. Inv. 1866.
McDonald, George, 14572G. W. 1854.
McDonald, Mary J., 17380G. W. 1871. Inv. 1871.
McDonald, Martha J., 18249G. W. 1874. Inv. 1874.
McDonald, Thomas, 28551G. W. 1900.
McDonald, William K., 17381G. Inv. 1871.
McDonnell, Annie, 21025G. Inv. 1883.
McDonnell, Etty, 27537G. W. 1898.
McDonogh, David K., 25073G. W. 1893. Inv. 1893.
McDonough, Bartholomew W., 17939G. W. 1873.
McDonough, John, 15377G. W. 1860. Inv. 1866.
McDonough, Thomas, 25550G. W. 1894.
McDougall, Hugh, 15130G. W. 1858. Inv. 1858.
McDowell, Matthew, 22436G. W. 1887. Inv. 1887.
McDowell, William, 15518G. Inv. 1861.
McDowell, William, 27538G. Inv. 1898.
McElheran, Daniel, 10484G. W. 1807. Inv. 1810.
McElrath, Margaret, 24158G. Inv. 1891.
McEnroe, Ann, 24616G. W. 1892.
McEntee, Ann, 24159G. W. 1891.

McEntee, Michael, 22836G. W. 1888. Inv. 1888.
McEntee, Philip, 19159G. W. 1877.
McEntee, Sarah, 21406G. Inv. 1884.
McEntee, Teresa A., 28552G. Inv. 1900.
McEvoy, John P., 22837G. W. 1888.
McFarland, Emily, 16343G. W. 1866.
McFarland, George T., 22437G. Inv. 1887.
McFarland, Owen, 17643G. W. & Cods. (2) 1872. Inv. 1872.
McFarlin, Samuel, 6384-6387G. B. 28, p. 426. Int. 1786.
McFarlin Samuel, 8688-8689G. B. 36, p. 41. Int. 1796.
McFeely, Michael J., 28038G. W. 1899.
McGann, Patrick, 19160G. W. 1877.
McGarry, John, 24160G. W. 1891. Inv. 1892.
McGee, Bridget, 19430G. W. 1878.
McGee, James, 11582G. W. 1824.
McGee, Michael, 16156G. W. 1865. Inv. 1865.
McGee, Owen, 19161G. W. 1877.
McGee, Thomas, 26034G. W. 1895.
McGee, William P., 17644G. Inv. 1872.
McGeehan, Thomas, 18521G. Inv. 1875.
McGillock, Bridget, 18250G. W. 1874. Inv. 1874.
McGiness, Richard, 26556G. W. 1896.
McGinley, Edward, 24617G. W. 1892. Ord. 1892.
McGinley, Joseph, 28553G. W. 1900.
McGinley, Mary, 24161G. W. 1891.
McGinn, Rose, 25074G. W. 1893.
McGinnis, Amelia, 15017G. Inv. 1857.
McGinnis, Catherine, 28555G. W. 1900.
McGinnis, James, 10291G. W. 1804. Inv. 1805.
McGinnis, Katherine, 28554G. W. 1900.
McGinnis, Richard, 23248G. W. 1889. Inv. 1890.
McGlynn, Hugh, 17940G. W. 1873. Inv. 1873.
McGlynn, Julia, 28039G. W. 1899.
McGlynn, Mary, 25551G. Inv. 1894.
McGlynn, Patrick, 20333G. W. 1881. Inv. 1881.
McGoldrick, Sarah, 24163G. W. 1891.
McGonagle, Catharine, 18870G. W. 1876. Inv. 1876, 1895.
McGonigle, Jane, 23249G. W. 1889.
McGonigle, John, 27539G. W. 1898.
McGovern, Bridget, 24162G. Inv. 1891.
McGovern, Elizabeth, 19990G. W. & Cod. 1880. Inv. 1880.
McGovern, Patrick, 17111G. Inv. 1870.
McGovern, Philip, 21407G. W. 1884. Inv. 1884.
McGovern, Philip, 25552G. W. 1894.
McGowan, Andrew, 26035G. W. 1895.
McGowan, Catharine, 27540G. W. 1898. Inv. 1898. Ren. 1898.
McGowan, Richard, Sr., 16694G. W. 1868.
McGowan, Robert, Sr., 24164G. W. & Cod. 1891.
McGrane John, 23672G. W. 1890.
McGrannigan, John, 20334G. W. 1881. Inv. 1881.
McGrath, John, 23673G. Inv. 1890.
McGrath, John, 28040G. W. 1899.
McGrath, Patrick, 20674G. W. 1882. Inv. 1882.
McGrath, Thomas F., 21408G. Inv. 1884.
McGrath, William H., 22838G. W. 1888.
McGuinness, Patrick, 27541G. W. 1898.
McGuire, Ann, 22114G. W. 1886.
McGuire, Bridget, 28041G. W. 1899.

McMillan, Eliza M., 25555G. W. 1894.
McMillan, John, 24619G. W. 1892. Inv. 1892.
McMonagle, Daniel, 20677G. W. 1882.
McMurray, Fanny, 25077G. W. 1893.
McMurtry, Elizabeth, 18553G. W. 1875. Inv. 1875.
McMurtry, Mary I., 15521G. W. & Cods. (2) 1861. Inv. 1862.
McNally, Ellen, 28559G. W. 1900.
McNally, Michael, Sr., 17114G. W. 1870.
McNamara, Ann, 22843G. W. 1888.
McNamara, John, 21416G. W. 1884.
McNamara, John, 24620G. W. 1892. Inv. 1892.
McNamara, Winifred, 23679G. Inv. 1890.
McNaughton, Charles E., 23680G. Inv. 1890.
McNaughton, Jane, 19687G. W. 1879.
McNeel, Maria P., 23251G. W. 1889.
McNeil, William H., 24171G. Inv. 1891.
McNeill, James, 13966G. W. 1850. Inv. 1851.
McNeill, John, 14240G. Inv. 1852.
McNeill, William, Sr., 15522G. W. 1861.
McNeily, Mary, 18554G. W. 1875. Inv. 1875.
McNierney, Bridget, 22844G. Inv. 1888.
McNerney, Cornelius, 26561G. W. 1896.
McNerney, James, 18556G. W. 1875.
McNulty, Ann, 24170G. Inv. 1891.
McNulty, Jennie, 22118G. W. 1886. Inv. 1886.
McNulty, Mary, 18555G. W. 1875.
McNulty, Michael, 14887G. W. 1856.
McParlan, Thomas, 15018G. Inv. 1857.
McPartland, Patrick, 20339G. Inv. 1881.
McPheadry, Helena, 7310–7311G. B. 32, p. 510. Int. 1791.
McPherson, James, 14388G. W. 1853.
McQuillan, John, 15968G. Inv. 1864.
McQuoid, Alexander, 14261G. Inv. 1852.
McQuoid, Elizabeth, 18872G. W. & Cod. 1876. Inv. 1876.
McRea, Richard, 20678G. Inv. 1882.
McSullow, Patrick, 19992G. W. 1880.
McTernan, James, 27064G. W. 1897
McTernan, Margaret, 27063G. W. 1897. Inv. 1897.
McVay, Alice C., 26562G. W. 1896.
McVey, Martha, 23681G. W. 1890.
McWhorter, Alexander C., 10587G. Inv. 1809.
McWhorter, Alexander C., 11766G. W. 1826.
McWhorter, John G., 10485G. Inv. 1807.
McWhorter, Phebe, 12520G. W. 1834. Inv. 1836.
Mead, Aaron, 12898G. Inv. 1838.
Mead, Aaron G., 22845G. W. 1888.
Mead, Ann, 13286G. W. 1843. Inv. 1843.
Mead, Ann, 26563G. W. 1896. Inv. 1896.
Mead, Benjamin, 15378G. W. & Cods. (2) 1860. Inv. 1861. Ren. 1860.
Mead, Catharine H., 23252G. W. 1889.
Mead, Edwin H., 26042G. W. 1895. Inv. 1895.
Mead, Effy, 13967G. W. 1850. Inv. 1850.
Mead, Eliza, 17943G. W. 1873.
Mead, Elizabeth M., 23253G. W. & Cod. 1889. Inv. 1889.
Mead, George E., 28045G. W. 1899.
Mead, John, 13864G. Inv. 1849.
Mead, John, 20679G. W. 1882. Inv. 1882.
Mead, John, Sr., 1325–1326G. B. D, p. 276. W. 1745.
Mead, Mary C., 26564G. W. 1896. Inv. 1896.
Mead, Peter, 15523G. W. & Cod. 1861. Inv. 1861.
Mead, Phebe, 14732G. Inv. 1855.
Mead, Theodore, 26043G. Inv. 1895.
Mead, William, 24621G. W. 1892.

Meade, Harriet W., 27065G. W. 1897.
Meadlis, John, 2295–2298G. B. F, p. 410. W. 1756. Inv. 1757.
Meadlis, Samuel, 3493–3494G. B. H, p. 560. W. 1765.
Meaker, William, 1327–1330G. B. D, p. 241, W. 1744. Inv. 1744.
Meakin, Lucy M., 27066G. W. 1897. Ord. 1897.
Mecabe, Elisha, 19982G. W. 1880.
Meckler, Peter, 15969G. W. 1864.
Mecleur, Mathilda A., 28046G. W. 1899.
Meder, Michael J., 16159G. W. 1865.
Medlis, Sarah, 4569–4572G. B. 18, p. 622. Wd. 1777. Pt. 1777.
Meehan, Catharine, 27546G. W. 1898. Inv. 1898.
Meehan, John, 18873G. W. 1876.
Meeker, Aaron, 12710G. Inv. 1836.
Meeker, Aaron, Sr., 6832–6835G. B. 34, p. 33. W. 1789. Ren. 1789.
Meeker, Abijah, 14575G. Inv. 1854.
Meeker, Abraham P., 13968G. W. 1850. Inv. 1850.
Meeker, Anthony, 17384G. Inv. 1871.
Meeker, Benjamin, 10793G. Inv. 1813.
Mecker, Benjamin, Sr., 1779–1780G. B. E, p. 536. W. 1750.
Meeker, Caleb, 10993G. Inv. 1816.
Meeker, Caleb H., 17944G. Inv. 1873.
Meeker, Charles W., 27067G. Inv. 1897.
Mecker, Christopher C., 15970G. Inv. 1864.
Mecker, Cyrus, 13443G. Inv. 1845.
Meeker, Daniel, 2337–2340G. 2893–2895G. B. F, p. 532. W. 1757. Inv. 1761. Acct. 1761.
Meeker, Daniel, 12338G. W. 1832.
Meeker, Daniel, Sr., 2889–2892G. B. G, p. 312. W. 1760.
Meeker, David, 6558–6559G. B. 29, p. 386. W. 1787.
Meeker, David, 9514–9517G. B. 38, p. 235. W. 1799.
Meeker, David, 11974G. W. & Cod. 1828. Inv. 1828.
Meeker, David, Jr., 4795–4796G. B. 18, p. 676. W. 1778.
Meeker, David M., 20340G. Inv. 1881.
Meeker, Dayton, 18874G. W. 1876. Inv. 1876.
Meeker, Edwin M., 28047G. Inv. 1899.
Meeker, Elias, Sr., 15954G. W. 1864. Inv. 1864.
Meeker, Elias O., 12521G. Inv. 1834.
Mecker, Eliza, 15655G. W. 1862. Inv. 1862.
Meeker, Elizabeth, 13969G. Inv. 1850.
Mecker, Elly, 23254G. W. 1889.
Meeker, Enoch, 26044G. W. 1895.
Meeker, Ezekiel, 10794G. W. 1813. Inv. 1813.
Meeker, Fannie, 27547G. W. 1898.
Mecker, Gabriel, 3043–3044G. B. G, p. 380. Wd. 1761.
Meeker, George, 28560G. Inv. 1899, 1900.
Meeker, Henry, 21031G. W. 1883. Inv. 1883.
Meeker, Isaac, 4573–4574G. B. 19, p. 179. W. 1777.
Mecker, Isaac, 17115G. W. 1870.
Mecker, Isaac, 23682G. W. 1890. Inv. 1890.
Mecker, Isaac H., 22441G. Inv. 1887.
Mecker, Isaiah, 10845G. W. 1814.
Mecker, James, 11975G. W. 1828. Inv. 1828.
Mecker, James F., 14576G. W. 1854. Inv. 1855.
Mecker, Joel, 12522G. Inv. 1834.
Mecker, John, 5669–5672G. B. 24, p. 332. Int. 1783.

Melleney, Jane E., 19995G. Inv. 1880.
Mellor, John, 27552G. W. 1898.
Melville, David, 22121G. Inv. 1886.
Mendel, Solomon, 21033G. W. 1883. Inv. 1883.
Mendevel, Hendrick, 643–644G. B. B, p. 346. W. 1732.
Mendis, Benjamin, 13057G. W. 1840. Inv. 1840.
Mendus, Paris, 11976G. W. 1828.
Menger, Lewis, 11120G. Inv. 1818.
Mentz, Catharine B., 21756G. Inv. 1885.
Mentz, Frank A., 25558G. W. 1894.
Mentz, John, 15131G. W. 1858.
Menzel, Dorothea, 24173G. W. 1891.
Menzies, Elizabeth, 15132G. W. 1858.
Mercer, Archibald, 10846G. W. 1814. Inv. 1815.
Mercer, Cathatyna S., 11493G. W. 1823. Inv. 1823.
Mercer, Charlotte F., 26045G. W. 1895.
Mercer, Gertrude A., 22122G. W. 1886.
Mercer, William T., 22123G. W. 1886. Inv. 1886.
Merchant, Charles, 17946G. W. 1873. Inv. 1873.
Merchant, Electa H., 19996G. W. 1880.
Merchant, Leander, 17648G. Inv. 1872.
Merchant, Silas, 19997G. W. 1880. Inv. 1881.
Merdinger, Magdalena, 21417G. Inv. 1884.
Merdinger, Margaret, 22846G. W. 1888.
Merdinger, Michael, 20681G. Inv. 1882.
Meredith, Joseph D., 19164G. Inv. 1877.
Mergner, Christian H., 24624G. Inv. 1892.
Merkel, John, 24174G. W. 1891.
Merkel, John, Sr., 23257G. W. 1889.
Merkle, Frederick, 11121G. Inv. 1818.
Merkle, Johan, 26569G. W. 1896.
Merrell, Comfort, 11494G. W. 1823.
Merriman, Joseph J., 26570G. W. 1896.
Merry, John, 3733–3738G. B. I, p. 301. W. 1768. Int. 1768. Lt. 1768.
Merry, Norman, 11343G. Inv. 1821.
Merselis, Edo G., 12340G. Inv. 1832.
Mersereau, Ann, 19688G. W. 1879.
Mersereau, Cornelius, 15132G. W. 1858.
Mersfelder, Jacob, 23685G. W. 1890. Inv. 1890.
Mersfelder, Louis, 28048G. W. 1899.
Mershon, Richard B., 26046G. W. 1895.
Mershon, William D., 17640G. Inv. 1872.
Mertz, Catharine, 21418G. W. 1884.
Mertz, Johann A., 27553G. W. 1808.
Mertz, Matthias, 25079G. W. 1893.
Mertz, Michael, 23686G. W. 1890.
Mertz, Theodore, 26047G. W. 1895. Inv. 1895.
Mertz, Wendelin, 16345G. W. 1866.
Mesler, Abraham, 21034G. Inv. 1883.
Mesler, Martha J., 26048G. W. 1895. Inv. 1896.
Mesler, Pamelia, 13217G. W. 1842. Inv. 1842.
Mess, Pauline, 24625G. W. 1892.
Messerschmidt, Christian, 20682G. W. 1882.
Messerschmidt, Frederick, 16698G. W. 1868.
Messler, Catharine, 17118G. W. 1870.
Messler, Cornelius S., 21035G. Inv. 1883.
Messler, Crynis, 19998G. W. 1880.
Messler, Sarah, 22847G. W. 1888.
Messner, Ignatz, 21757G. W. 1885.
Messner, Squire, 25080G. W. 1893. Inv. 1893.
Metcalf, Mary E., 26049G. W. 1895.

Metternich, Andrew, 27554G. W. 1898.
Metz, Adam, Sr., 23687G. W. 1890.
Metz, Arthur J., 21758G. W. 1885.
Metzger, Friederich, 23688G. W. 1890.
Metzger, Herman, 24175G. Inv. 1891.
Metzger, Johanna, 26050G. W. 1895. Inv. 1896.
Meyer, Barbara, 25559G. W. 1894.
Meyer, Charles, 27069G. W. 1897.
Meyer, Charles W., 22124G. W. 1886.
Meyer, Christian, 17650G. Inv. 1872.
Meyer, Christiana, 25560G. W. 1894.
Meyer, Christiane, 24176G. W. 1891.
Meyer, Frederick, 16346G. W. 1866.
Meyer, Gertrude, 27555G. W. 1898.
Meyer, Henry, 19433G. W. 1878. Inv. 1878.
Meyer, Jacob, 23689G. W. 1890. Inv. 1890.
Meyer, John, 17119G. W. 1870.
Meyer, John, 18557G. W. 1875.
Meyer, John C. F., 21759G. W. 1885. Inv. 1885.
Meyer, John J., 22849G. Inv. 1888.
Meyer, John M., 17651G. W. 1872. Inv. 1872.
Meyer, Joseph, 28051G. Inv. 1899.
Meyer, Leonard, 17947G. W. & Cod. 1873.
Meyer, Louis, 22443G. Inv. 1887.
Meyer, Louis F. H., 20342G. Inv. 1881.
Meyer, Margaretha, 27556G. W. 1898.
Meyer, Mary, 22848G. W. 1888.
Meyers, Mary A., 22850G. W. 1888.
Meyers, Michael, 22851G. W. 1888.
Meyler, Nicholas, 28049G. W. 1899.
Michael, Jakob, 17385G. W. 1871.
Michaels, Matilda, 25561G. W. 1894.
Michalski, George, 21761G. W. 1885.
Michel, Nicholas, 22852G. W. 1888. Inv. 1888.
Michel, Peter, 25081G. W. 1893.
Mick, Frederick, 16161G. W. 1865.
Mickeler, Michael, 18558G. Inv. 1875.
Mickens, William H., 25562G. W. 1894.
Middlebrook, Aaron L., 13444G. W. 1845. Inv. 1845.
Middlesworth, Isaac A., 21419G. Inv. 1884.
Middlesworth, Nancy, 26571G. Inv. 1896.
Middleton, Elizabeth, 19999G. W. 1880.
Miesel, Michael, 22853G. W. 1888.
Mihlon, Christian, 20683G. W. 1882.
Mikels, Margaret C., 15656G. W. 1862.
Miles, Elizabeth, 23690G. W. 1890. Inv. 1890.
Miles, John, 3G. B. I, p. 206. W. 1708. Inv. 1708.
Miles, Mary B., 21420G. W. 1884. Inv. 1884.
Miles, Nathan, 12081G. Inv. 1829.
Miles, William, 17652G. W. 1872. Inv. 1872.
Millar, Archibald L., 28563G. W. 1900.
Miller, Aaron, 14888G. Inv. 1856.
Miller, Aaron, 10688G. Inv. 1811.
Miller, Aaron, Sr., 4991–4994G. B. 21, p. 152. W. 1779.
Miller, Abner, Sr., 13147G. W. 1841. Inv. 1841.
Miller, Abner J., 11495G. Inv. 1823.
Miller, Abraham, 10487G. Inv. 1807.
Miller, Andrew, Sr., 5315–5318G. B. 23, p. 71. W. 1781.
Miller, Ann, 24626G. W. 1892.
Miller, Anna M., 16884G. W. 1869. Inv. 1869.
Miller, Archer G., 17948G. Inv. 1873.
Miller, Babetta, 22444G. W. 1887.
Miller, Barbara, 16515G. W. 1867. Inv. 1867.
Miller, Benjamin, 11122G. W. 1818.
Miller, Benjamin, 11666G. Inv. 1825.

Miller, Benjamin, Sr., 5319–5324G. B. 23, p. 434. W. 1781. Inv. 1781.
Miller, Benjamin C., 28564G. W. 1900. Inv. 1900.
Miller, Caleb, 12439G. Inv. 1833.
Miller, Caroline M., 17949G. W. 1873.
Miller, Catharine R., 25082G. W. 1893.
Miller, Charles, 20000G. W. 1880. Inv. 1880.
Miller, Charles, 27070G. W. 1897.
Miller, Charles, 27557G. W. 1898.
Miller, Charles R., 27071G. W. 1897. Inv. 1897.
Miller, Charles W., 17120G. W. 1870. Inv. 1870.
Miller, Charlotte W., 22854G. W. 1888.
Miller, Christiana L., 21036G. W. 1883.
Miller, Christine, 26572G. W. 1896. Ren. 1896.
Miller, Clark, 13287G. W. 1843. Inv. 1843.
Miller, Clark, 13445G. Inv. 1845.
Miller, Cordelia, 18257G. Inv. 1874.
Miller, Cornelius, 5487–5488G. B. 24, p. 21. Int. 1782.
Miller, David, 3295–3299G. B. H, p. 247. Grd. 1763. Rcpt. 1771. Pt. 1763.
Miller, David, 6560–6564G. B. 29, p. 383. W. 1787.
Miller, David, 14735G. W. 1855. Inv. 1855.
Miller, David, Jr., 10742G. Inv. 1812.
Miller, Dutilla F., 18875G. W. & Cod. 1876. Inv. 1876. Ren. 1876.
Miller, Electa, 23258G. W. 1889. Inv. 1889.
Miller, Electa C., 15796G. W. 1863. Inv. 1863.
Miller, Elias, 10143G. B. 40, p. 215. Wd. 1802.
Miller, Elias N., 21762G. W. 1885.
Miller, Emmarilla, 15797G. Inv. 1863.
Miller, Enoch, 2335G, 2477–2478G. B. F, p. 394. Int. 1756. Inv. 1757.
Miller, Enoch, 5709–5712G. B. 24, p. 334. Grd. 1783. Pt. 1783.
Miller, Enoch, 10795G. W. 1813.
Miller, Ezra, 12899G. Inv. 1838.
Miller, Flora E., 23259G. W. 1889.
Miller, George C., 25563G. W. 1894. Inv. 1895.
Miller, George D., 17950G. Inv. 1873.
Miller, George W., 15971G. W. 1864.
Miller, Gershom D., 12817G. Inv. 1837.
Miller, Hannah, 13970G. Inv. 1850.
Miller, Hannah, 22855G. W. 1888. Inv. 1888.
Miller, Harvey B., 15380G. Inv. 1860.
Miller, Isaac, 11667G. W. 1825.
Miller, Isaac, 13446G. W. 1845. Inv. 1845.
Miller, Isaac, 16885G. W. 1869. Inv. 1869.
Miller, Isaac S., 12341G. Inv. 1832.
Miller, Jacob, 15972G. W. 1864.
Miller, James, 15134G. Inv. 1858.
Miller, James W., 28052G. W. 1899. Inv. 1900.
Miller, J. Bruen, 14392G. Inv. 1853.
Miller, John, 7010–7015G. B. 30, p. 324. W. 1790. Int. 1790. Ren. 1790.
Miller, John, Sr., 8366–8378G. B. 36, p. 19. W. 1795. Inv. 1795.
Miller, John G., 13058G. Inv. 1840.
Miller, John M., 18876G. Inv. 1876.
Miller, John M., 20684G. W. 1882.
Miller, Jonathan, 499G. B. B, p. 153. Wd. 1729.
Miller, Jonathan, 10144G. B. 40, p. 144. W. 1802. Inv. 1802.
Miller, Jonathan, 15249G. W. 1859. Inv. 1859.
Miller, Jonathan, 14889G. W. 1856. Inv. 1857.
Miller, Jonathan, Sr., 375–376G, 541G. B. B, p. 68. W. 1727. Inv. 1729.

Miller, Jonathan B., 22445G. W. 1887.
Miller, Joseph, 10638G. Inv. 1810.
Miller, Joseph, 24177G. W. 1891.
Miller, Joseph L., 15973G. W. 1864.
Miller, Joseph Y., 13971G. W. 1850. Inv. 1852.
Miller, Josiah, 16347G. W. 1866. Inv. 1866.
Miller, Katie, 25564G. Inv. 1894.
Miller, Lewis, 10143G. B. 40, p. 215. Grd. 1802.
Miller, Lewis, 10743G. W. 1812. Inv. 1812.
Miller, Margaret, 15974G. W. 1864.
Miller, Margaret, 26573G. W. 1896.
Miller, Marsh, 5479–5482G. B. 24, p. 28. Wd. 1782. Pt. 1782.
Miller, Marsh, 8380–8387G. B. 33, p. 501. Int. 1795. Inv. 1797. Ren. 1795.
Miller, Martha, 11767G. W. 1826. Inv. 1826.
Miller, Martha, 13447G. Inv. 1845.
Miller, Mary, 16886G. Inv. 1869.
Miller, Mary, 20685G. W. 1882.
Miller, Mary L., 28053G. W. 1899.
Miller, Matthias, 3565–3568G. B. I, p. 196. W. 1766.
Miller, Moses, 4799–4800G. B. 20, p. 219. W. 1778.
Miller, Moses, 8812–8815G. B. 36, p. 504. Grd. 1797. Tr. 1797.
Miller, Moses, 10588G. W. 1809.
Miller, Moses, 11344G. W. 1821. Inv. 1821.
Miller, Moses, Sr., 5159–5160G. B. 22, p. 351. W. 1780.
Miller, Moses, Sr., 15975G. W. 1864.
Miller, Nathaniel, 5161–5168G. B. 22, p. 71. Grd. 1780. Pt. 1780.
Miller, Nathaniel, 12342G. W. 1832. Inv. 1832.
Miller, Nathaniel, Sr., 7016–7017G. B. 30, p. 339. W. 1790.
Miller, Nicholas, 19689G. Inv. 1879.
Miller, Noah, Sr., 4187–4188G. B. K, p. 532. W. 1773.
Miller, Parkhurst, 12167G. Inv. 1830.
Miller, Peter S., 22856G. Inv. 1888.
Miller, Peter V., 14579G. W. 1854.
Miller, Rebeckah H., 15019G. W. 1857.
Miller, Reuben, 14580G. W. 1854. Inv. 1854.
Miller, Richard, 2705–2708G. B. G, p. 440. W. 1759. Inv. 1759.
Miller, Richard, 2899–2900G. B. G, p. 298. Int. 1760.
Miller, Richard, 21037G. W. 1883. Inv. 1883.
Miller, Richard, 3d, John H., 3045–3046G. B. H, p. 34. Wds. 1761.
Miller, Richard, Jr., 501–502G, 869–873G. B. B, p. 242. Int. 1731, 1736. Inv. 1732, 1736.
Miller, Robert, 10073G. B. 39, p. 371. Int. 1801. Inv. 1802. Ren. 1801.
Miller, Samuel, 2901–2904G. B. G, p. 308. W. 1760.
Miller, Samuel, 5489–5490G. B. 23, p. 459. W. 1782.
Miller, Samuel, 12712G. Inv. 1836.
Miller, Samuel, Sr., 8022–8023G. B. 33, p. 366. W. 1794.
Miller, Samuel K., 9170–9173G. B. 37, p. 317. Grd. 1798. Pt. 1798.
Miller, Samuel K., 14102G. W. 1851. Inv. 1851.
Miller, Sarah, 9170–9173G. B. 37, p. 317. Wd. 1798. Pt. 1798.
Miller, Sarah E., 28565G. W. & Cod. 1900.

Miller, Smith, 13148G. W. 1841. Inv. 1841.
Miller, Sylvester B., 22446G. W. 1887. Inv. 1887.
Miller, Thomas, 26051G. Inv. 1895.
Miller, Thomas, 27072G. W. 1897.
Miller, Tiny, 20001G. W. 1880. Inv. 1881.
Miller, Vanely, 15135G. W. 1858. Inv. 1858.
Miller, William, 5675–5677G. B. 24, p. 334. Wd. 1783. Pt. 1783.
Miller, William, 9174–9175G. Inv. 1798.
Miller, William, 9524–9525G. B. 38, p. 260. Int. 1799.
Miller, William, 11059G. W. 1817. Inv. 1818.
Miller, William, 15657G. W. 1862.
Miller, William, Sr., 5491–5500G. B. 23, p. 447. W. 1782. Inv. 1784.
Miller, William H., 14736G. Inv. 1855.
Miller, William H. S., 24627G. W. 1892.
Miller, William M., 15525G. W. 1861. Inv. 1861.
Miller, William P., 27558G. W. 1898.
Miller, William W., 11768G. Inv. 1826.
Millerd, Nelson, 28054G. W. & Cod. 1899.
Mills, Alfred, 28566G. W. 1900.
Mills, Amy, 9526–9529G. B. 38, p. 230. W. 1799.
Mills, Andrew M., 24178G. Inv. 1891. 1893.
Mills, Ann, 28567G. W. 1900.
Mills, George F., 20686G. Inv. 1882.
Mills, Isaac S., 21760G. W. 1885. Inv. 1885.
Mills, James, 1685–1686G. B. E, p. 340. W. 1749.
Mills, James, 5855–5856G. B. 26, p. 499. Int. 1784.
Mills, James, 6388–6389G. B. 28, p. 427. Int. 1786.
Mills, Jeremiah, 11668G. Inv. 1825.
Mills, John, Sr., 2701–2704G. B. G, p. 91. Int. 1759. Inv. 1760.
Mills, Joseph, 5169–5172G. B. 21, p. 117. W. 1780.
Mills, Mary, 8024–8027G. B. 33, p. 372. W. 1794.
Mills, Mary, 19165G. Inv. 1877.
Mills, Mary T., 15020G. W. 1857. Inv. 1858.
Mills, Richard, 2343–2346G. B. F, p. 442. W. 1757.
Mills, Samuel, 10796G. W. 1813.
Mills, Samuel, Sr., 1331–1332G. B. D, p. 246. W. 1744.
Mills, Samuel, Sr., 2067–2072G. B. F, p. 145. W. 1753. Inv. 1753. Acct. 1758.
Mills, Sarah, 5483–5486G. B. 24, p. 310. W. 1782. Inv. 1782.
Mills, Sarah, 12985G. W. 1839. Inv. 1839.
Mills, Thaddeus, 11060G. W. 1816. Inv. 1817.
Mills, William, 4051–4053G. B. K, p. 441. Grd. 1772. Pt. 1772.
Mills, William, 8388–8397G. B. 33, p. 501. Int. 1795. Inv. 1802.
Mills, William, Sr., 10918G. W. 1815. Inv. 1817.
Mills, William, Sr., 4297–4301G. B. L, p. 197. W. 1774.
Millward, Susan E., 26052G. W. 1895.
Milne, Alexander, 14391G. Inv. 1853.
Milne, William, 21038G. W. 1883.
Milward, Robert, 171–176G. B. A, p. 131. Int. 1719. Inv. 1720. Acct. 1723.
Mimnah, James, 14890G. W. 1856. Inv. 1862.
Minchin, George, 24628G. W. 1892.
Minder, Paul, Sr., 26574G. W. 1896. Inv. 1897.

Mingis, Ambrose, 15250G. W. 1859. Inv. 1860.
Mingis, John, 13972G. W. & Cod. 1850. Inv. 1850.
Mingis, Phebe M., 15251G. W. 1859.
Mingis, Walter S., 17386G. W. 1871. Inv. 1871.
Mingis, Warren, 15381G. Inv. 1860.
Mingus, George. 24629G. W. 1892.
Mink, Charles, Sr., 25565G. W. 1894.
Mink, Gussie L., 24179G. Inv. 1891.
Minott, Joseph A., 28055G. W. 1899. Inv. 1900.
Minton, David, 15382G. W. 1860. Inv. 1860.
Minton, Lewis L., 18258G. W. 1874.
Mintonye, Amzi B., 24180G. W. 1891. Inv. 1891.
Mintonye, David, 12524G. W. 1834. Inv. 1834.
Mintonye, Horace L., 19434G. W. 1878. Inv. 1878.
Mintonye, Isaac S., 15976G. Inv. 1864.
Mintonye, Mary A., 20687G. Inv. 1882.
Minty, John M., 18259G. Inv. 1874.
Mitchel, Hannah, Mary, Susannah, 6160–6163G. B. 27, p. 381. Wds. 1785. Pt. 1785.
Mitchel, William, 2347–2348G. B. F, p. 471. W. 1757.
Mitchell, Aaron P., 25566G. W. 1894. Inv. 1894.
Mitchell, Agnes, 26575G. W. 1896.
Mitchell, Albert R., 12818G. W. 1837.
Mitchell, Ann, 16348G. W. 1866. Inv. 1867.
Mitchell, Edward, 11585G. W. 1824.
Mitchell, Edward W., 14581G. W. 1854. Inv. 1854.
Mitchell, Elihu, 13865G. W. & Cod. 1849.
Mitchell, Ellen, 28568G. W. 1900.
Mitchell, George L., 24181G. W. 1891.
Mitchell, Isabella B., 26576G. W. 1896.
Mitchell, Isabella C., 24182G. W. 1891.
Mitchell, Jacob, 543G, 645–648G. B. B, p. 205. Int. 1731. Inv. 1732.
Mitchell, Jacob. 11769G. Inv. 1826.
Mitchell, John H., 27559G. W. 1898.
Mitchell, Marcus M., 16516G. Inv. 1867.
Mitchell, Mary, 349–350G. B. A, p. 355. W. 1726.
Mitchell, Matthias D., 28056G. W. 1899.
Mitchell, Nathaniel, 951–956G. B. C, p. 204. W. 1738. Inv. 1745.
Mitchell, Nathaniel, 1173–1174G. B. D, p. 23. Wd. 1742.
Mitchell, Nathaniel, 11077G. Inv. 1828.
Mitchell, Thomas, 25083G. W. 1893.
Mittenheimer, Peter, 17951G. W. 1873. Inv. 1873.
Mix, Jeremiah T., 22857G. W. & Cod. 1888.
Mock, Frederick A., 27073G. W. 1897.
Mock, Samuel, 18260G. Inv. 1874.
Mockridge, Abraham, 17653G. W. 1872.
Mockridge, Abraham N., 17654G. W. 1872. Inv. 1874.
Mockridge, Elihu, 17952G. W. & Cod. 1873. Inv. 1873.
Mockridge, Elihu W., 20688G. Inv. 1882.
Mockridge, Mary E., 27560G. W. 1898.
Mockridge, William, 12082G. Inv. 1829.
Mockridge, William P., 17121G. W. 1870.
Moehring, Alwin R., 26053G. W. 1895.
Moeller, Charlotte T., 22447G. W. & Cod. 1887. Inv. 1887.
Moesle, Conrad, Sr., 26577G. W. 1896. Ren. 1896.

Moore, Stephen C., 12716G. W. 1836. Inv. 1836.
Moore, Sylvester H., 18561G. W. 1875. Inv. 1876.
Moore, Thomas, 14104G. W. 1851.
Moore, Thomas, 15136G. Inv. (2) 1858.
Moore, William D., 24188G. W. 1891. Inv. 1892.
Moore, William M., 13974G. W. 1850. Inv. 1850.
Moorehouse, David. B. A, p. 47. Grd. 1716.
Moores, Daniel B., 9506–9509G. B. 38, p. 265. Grd. 1799. Pt. 1799.
Moores, Frances S., 21039G. W. & Cod. 1883. Inv. 1883.
Moores, Frederick W., 16888G. W. & Cod. 1869. Inv. 1869.
Moores, Frederic W., 20689G. W. 1882.
Moorhouse, Benjamin F., 28570G. Inv. 1900.
Moran, Bernard, 17956G. W. 1873.
Moran, Francis, 28058G. W. 1899.
Moran, John, 17957G. W. 1873. Inv. 1873.
Moran, Joseph, 23262G. W. 1889.
Moran, Margaret, 25572G. Inv. 1894.
Moran, Michael, 15383G. W. 1860.
Moran, Patrick, 16349G. W. & Cod. 1866. Inv. 1867.
Moran, Thomas F., 28571G. W. 1900.
Moras, Oswald C., 13634G. W. 1847.
Morath, Joseph A., 15957G. W. 1864.
More, John, 10360G. W. 1805. Inv. 1806.
More, Robert, 12900G. Inv. 1838.
Moreau, Martha H., 27074G. W. & Cod. 1897.
Morecroft, John, Sr., 27563G. W. 1898.
Morehous, David, 13867G. Inv. 1849.
Morehouse, Abigail, 9866–9871G. B. 39, p. 132. W. 1800. Inv. 1801.
Morehouse, Benjamin, 11265G. W. 1820. Inv. 1820.
Morehouse, Benjamin, 14105G. Inv. 1851.
Morehouse, Daniel B., 13740G. Inv. 1848.
Morehouse, David, 449–450G. Grd. 1729.
Morehouse, David, Jr., 7316–7321G. B. 32, p. 509. Int. 1791. Inv. 1791.
Morehouse, David, Sr., 1043–1050G. B. C, p. 314. W. (2) 1739. Inv. 1739 (?).
Morehouse, David, Sr., 8398–8405G. B. 33, p. 483. W. 1795. Inv. 1795.
Morehouse, David B., 19690G. W. 1879.
Morehouse, Elias, 12441G. W. 1833. Inv. 1833.
Morehouse, George W., 17656G. Inv. 1872.
Morehouse, Harvey W., 27564G. Inv. 1898.
Morehouse, Jacob, 16889G. Inv. 1869.
Morehouse, James, 1965–1966G. B. F, p. 60. W. 1752.
Morehouse, James, 11586G. Inv. 1824.
Morehouse, James, 14395G. Inv. 1853.
Morehouse, Jeptha, 11587G. Inv. 1824.
Morehouse, John, 11588G. W. 1824. Inv. 1826.
Morehouse, John, Sr., 7724–7733G. B. 33, p. 209. W. 1793. Inv. 1793. Ren. 1789.
Morehouse, Simeon, 12717G. W.- 1836. Inv. 1836.
Morehouse, Stephen, Sr., 10490G. W. 1807.
Morehouse, Susan, 11204G. W. 1819.
Morehouse, Susannah, 4575–4580G. B. 19, p. 198. W. 1777. Inv. 1777 (?).
Morehouse, William, 21422G. Inv. 1884.
Moreland, Leonard, 17958G. Inv. 1873.
Morgan, Amos, 26057G. W. 1895.
Morgan, Anna, 22127G. W. 1886.

Morgan, Henry B., 17657G. W. 1872. Inv. 1872.
Morgan, James K., 25087G. W. & Cod. 1893.
Morgan, John, 10591G. Inv. 1809.
Morgan, John, 25088G. W. 1893.
Morgan, Margaret, 25573G. W. 1894.
Morgan, Margaret S., 22861G. W. 1888.
Morgan, Minot C., 22862G. W. 1888.
Morgan, Ralph, 12901G. Inv. 1838.
Morgan, Rebecca A., 19168G. Inv. 1877.
Morgan, Sarah A., 21765G. W. & Cod. 1885. Inv. 1885.
Morgan, Thankful S., 19437G. Inv. 1878.
Morgan, William, 23263G. W. 1889.
Morio, Franz, 25089G. W. 1893. Inv. 1893.
Moritz, Johann A., 28572G. W. 1900.
Moritz, Martin B., 25538G. W. 1894.
Morley, Charles S., 28059G. W. 1899.
Morlock, Ellen, 23691G. W. 1890.
Morningstern, Abraham, 22128G. W. 1886. Inv. 1886.
Morrell, Abraham, 8028–8029G. B. 33, p. 363. W. 1794.
Morrell, Apollos, 12442G. W. 1833. Inv. 1833.
Morrell, Eunice, 13975G. W. 1850. Inv. 1850.
Morrell, Eunice, 15526G. Inv. 1861.
Morrell, Hedden, John, 10146G. B. 40, p. 83. Wds. 1802. Tr.
Morrell, Jonathan, 10361G. W. 1805. Inv. 1805.
Morrell, Stephen H., 10146G. B. 40, p. 83. Grd. 1802. Tr.
Morrell, Thomas, 12902G. W. 1838. Inv. 1838.
Morris, Abby S., 20346G. W. 1881. Inv. 1881.
Morris, Adelia S., 17123G. W. 1870.
Morris, Albert, 21766G. Inv. 1885.
Morris, Almira, 18562G. W. 1875. Inv. 1875.
Morris, Annie M., 28060G. W. 1899.
Morris, Augustus T., 15574G. W. 1894. Inv. 1895.
Morris, Benjamin B., 23264G. Inv. 1889.
Morris, Betsy, 14395G. W. 1853.
Morris, Catharine, 5875–5876G. B. M, p. 286. Int. 1784.
Morris, Catharine L., 26579G. W. 1896. Inv. 1896.
Morris, David, 5767–5770G. B. 25, p. 507. Grd. 1784. Pt. 1784.
Morris, David, 10744G. W. 1812. Inv. 1812.
Morris, David J., 13369G. Inv. 1844.
Morris, Dennis, 5877–5880G. B. 26, p. 500. Int. 1784. Ren. 1784.
Morris, Dennis, 14739G. Inv. 1855.
Morris, Dennis W., 18563G. W. 1875. Inv. 1875.
Morris, Edward, 23692G. W. 1890.
Morris, Elizabeth, 15137G. W. 1858. Inv. 1859.
Morris, Ephraim, 10847G. W. 1814.
Morris, Ephraim, 13866G. Inv. 1849.
Morris, Ezra, 13976G. W. 1850. Inv. 1850.
Morris, Gideon, 11061G. Inv. 1817.
Morris, Hampton, 28573G. W. 1900.
Morris, Hannah, 22853G. W. 1888. Inv. 1889.
Morris, Herman, 13977G. Inv. 1850.
Morris, Isaac R., Sr., 17059G. W. 1873.
Morris, Jacob, 21040G. W. 1883. Inv. 1883.
Morris, James, 6390–6391G. B. 28, p. 428. Int. 1786.
Morris, James, 16517G. Inv. 1867.
Morris, Jeremiah, 10995G. Inv. 1816.
Morris, John, 3151–3152G. B. H, p. 91. W. 1762.

Morris, John, 4995-4996G. B. 21, p. 102. W. 1779.
Morris, John, 9176-9177G. B. 37, p. 538. Int. 1798.
Morris, John, 10292G. W. 1804.
Morris, John, 11266G. W. 1820. Inv. 1820.
Morris, John, 12168G. W. 1830. Inv. 1831.
Morris, John, 14243G. W. 1852.
Morris, John, Jr., 451-454G. B. B, p. 141. W. 1729. Inv. 1730 (?).
Morris, John, Jr., 10798G. Inv. 1813.
Morris, John L., 16350G. Inv. 1856.
Morris, John W., 27075G. W. 1897.
Morris, John W., 28732G. Inv. 1899.
Morris, Joseph, 14740G. W. & Cod. 1855.
Morris, Justus, 11979G. Inv. 1828.
Morris, Justus, Sr., 5881-5882G. B. 26, p. 465. W. 1784.
Morris, Lewis S., 28061G. W. 1899.
Morris, Luke, Sr., 25090G. W. 1893. Dec.
Morris, Margaret A., 25091G. W. 1893.
Morris, Martha, 21767G. W. 1885. Inv. 1885.
Morris, Phebe, 10799G. Inv. 1813.
Morris, Richard J., 24189G. Inv. 1891.
Morris, Samuel, 2715-2716G. B. G, p. 42. W. 1759.
Morris, Samuel, 12718G. W. 1836. Inv. 1837.
Morris, Sarah, 7018-7020G. B. 33, p. 396. Wd. 1790. Pt. 1790.
Morris, Sarah, 16351G. W. 1866. Inv. 1867.
Morris, Sarah E., 17124G. W. 1870. Inv. 1870.
Morris, Sarah E., 29574G. W. 1900.
Morris, Sarah J., 19169G. W. 1877. Inv. 1877.
Morris, Scott, 12903G. Inv. 1838.
Morris, Staats S., 22864G. W. 1888. Inv. 1888.
Morris, Stephen, 5277-5280G. B. 24, p. 27. Int. 1781. Ren. 1781.
Morris, Stephen, 15254G. W. 1859. Inv. 1859.
Morris, Thomas, 20002G. Inv. 1880.
Morris, William, 1175-1178G. B. C, p. 511. Int. 1742. Pt. 1741.
Morris, William, 10426G. Inv. 1806.
Morris, William G., 27565G. W. 1898.
Morris, William S., 21041G. W. 1883. Inv. 1883.
Morrison, Caroline, 15527G. W. 1861. Inv. 1861.
Morrison, Isaac, 10147G. B. 40, p. 214. Int. 1802. Inv. 1803.
Morrison, Jacob L., 16890G. Inv. 1869.
Morrison, James, 28575G. W. 1900.
Morrison, John, 10362G. W. 1805. Inv. 1807.
Morrison, John, Sr., 15528G. W. & Cod. 1861. Inv. 1861.
Morrison, Joseph, 26058G. Inv. 1895.
Morrison, Margaret C., 27566G. W. 1898. Inv. 1898.
Morrison, Phebe, 10148G. B. 40, p. 205. W. 1802. Inv. 1803.
Morrison, William, 26059G. Inv. 1895.
Morriss, John, Sr., 795-804G. B. C, p. 8. W. 1734. Inv. 1736.
Morrissey, John, 28062G. W. 1899.
Morrissey, Margaret, 22865G. W. 1888.
Morrow, David, 12615G. Inv. 1835.
Morrow, David, 23693G. W. 1890. Inv. 1890.
Morrow, Elias F., 28576G. W. 1900.
Morrow, John I., 27076G. W. 1897.
Morrow, M. Annie, 24632G. W. 1892.
Morse, Aaron, 16162G. Inv. 1865.
Morse, Amos, 11589G. W. 1824. Inv. 1824.
Morse, Isaac, 11669G. W. 1825. Inv. 1828.

Morse, Joseph, Jr., 4997-5004G. B. 21, p. 28. W. 1779.
Morse, Louisa M., 23694G. W. & Cod. 1890.
Morse, Noe, 12344G. Inv. 1832.
Morse, Polly, 13635G. W. 1847. Inv. 1847.
Morse, Robert, 12904G. W. 1838. Inv. 1838.
Morss, Amos, Sr., 6568-6571G. B. 29, p. 372. W. 1787.
Morss, Andrew, 12083G. W. 1829.
Morss, Anthony, Sr., 12343G. W. 1832. Inv. 1835.
Morss, Joseph, 14244G. W. 1852. Inv. 1852.
Morss, Joseph, Sr., 455-457G. B. B, p. 153. W. 1729.
Morss, Joseph, Sr., 5883-5886G. B. 26, p. 456. W. 1784.
Morton, John, 18878G. Inv. 1876.
Morton, John, 21042G. W. 1883. Inv. 1884.
Morton, John B., 12084G. Inv. 1829. Wd.
Morton, Lewis M., 12085G. Inv. 1829. Wd.
Morton, Marian L., 25092G. Inv. 1893.
Morton, Mary, 21423G. W. 1884. Inv. 1884.
Morton, Priscilla, 20003G. Inv. 1880.
Morton, Robert, 23265G. W. 1889.
Morton, Sarah, 15022G. W. 1857. Inv. 1857.
Morton, Susan A., 23266G. W. 1889.
Morton, Thomas, 21768G. W. 1885.
Morton, William B., 28577G. W. 1900.
Mosby, Joseph, 15255G. Inv. 1859.
Mosby, Martha T., 16518G. W. 1867.
Moschberger, Mary, 26060G. W. 1895.
Moser, Frank, 22449G. W. 1887.
Moser, Frederick, 23267G. W. 1889.
Moses, Wolf, 14741G. Inv. 1855.
Moshier, William H., 12719G. Inv. 1836.
Mosley, Lester L., 21769G. W. 1885.
Moss, Charles, Sr., 23268G. W. 1889.
Moss, Wilma, 22866G. W. 1888.
Mott, Joseph, 13289G. Inv. 1843.
Mott, Samuel, 26580G. W. 1896.
Mott, Vancleve D., 18261G. W. 1874.
Mott, William H., 13978G. W. & Cod. 1850.
Moule, James L., 16352G. W. 1866. Inv. 1866.
Mount, Henry R., 28063G. W. 1899.
Mowerson, Dirick, 10491G. W. 1807. Inv. 1807.
Mowerson, Mahlon W., 19691G. W. 1879. Inv. 1879.
Mowrn, A. Edward, 19438G. W. 1878.
Muchmore, David, 10363G. W. 1805. Inv. 1805.
Muchmore, James H., 24190G. W. 1891. Inv. 1891.
Muchmore, John, Sr., 5887-5896G. B. 26, p. 449. W. 1784. Inv. 1784.
Muchmore, Samuel, 11980G. W. & Cod. 1828. Inv. 1828.
Muchmore, Stephen, 11771G. W. 1826. Inv. 1826.
Muchmore, William, 11420G. W. 1822. Inv. 1822.
Mueller, August, 26061G. Inv. 1895.
Mueller, Charles B., 14191G. W. 1891.
Mueller, Franciska, 15799G. W. 1863. Ren. 1863.
Mueller, George, 25575G. W. 1894. Inv. 1894.
Mueller, Jacob, Sr., 25576G. W. 1894.
Mueller, John, 22868G. W. 1888. Inv. 1888.
Mueller, John G., 24633G. W. 1892.
Mueller, Joseph, Sr., 27077G. W. 1897.
Mugford, William, 22869G. W. 1888. Inv. 1888.
Muhlbauer, Caroline, 25093G. W. 1893.

Muhrer, Henry, 13636G. W. 1847. Inv. 1847.
Mulcahey, Dennis D., 28561G. Inv. 1900, 1901.
Mulcahy, John, 24192G. W. 1891.
Mulcahy, Matthew, 18262G. W. 1874.
Mulcahy, William, 17125G. W. 1870.
Muldon, Ellen, 26581G. W. 1896. Inv. 1896.
Muldoon, Peter, 18263G. Inv. 1874.
Mulford, Andrew A., 15529G. Inv. 1861.
Mulford, Benjamin W., 14246G. W. 1852. Inv. 1852.
Mulford, Daniel, Mary, Levi, 8690–8697G. B. 36, p. 42. Wd. 1796. Pt. 1796. Tr. 1796.
Mulford, Deborah, 10074G. B 39, p. 322. Int. 1801. Inv. 1801.
Mulford, Elias, 24634G. W. 1892. Inv. 1892.
Mulford, Ellen O., 21043G. W. 1883.
Mulford, Harriet N., 28578G. W. 1900. Inv. 1900.
Mulford, Jane W., 20690G. W. 1882. Inv. 1882.
Mulford, Jeremiah, 10075G. B. 39, p. 454. Int. 1801. Inv. 1802.
Mulford, Jeremiah, 10492G. Inv. 1807.
Mulford, Jeremiah, 11670G. Inv. 1825.
Mulford, Jeremiah, Sr., 8406–8409G. B. 36, p. 18. W. 1795.
Mulford, Job, 4803–4804G. B. 20, p. 283. W. 1778.
Mulford, John, 10800G. W. 1813. Inv. 1813.
Mulford, John, 11062G. Inv. 1817.
Mulford, John, 11671G. W. 1825. Inv. 1825.
Mulford, Jonathan, 7536–7543G. B. 34, p. 70. W. 1792. Inv. 1792.
Mulford, Jonathan, 14247G. W. 1852. Inv. 1852.
Mulford, Jonathan, Sr., 6836–6841G. B. 30, p. 216. W. 1780. Inv. 1789.
Mulford, Lewis, 12169G. W. 1830. Inv. 1830.
Mulford, Lewis, Sr., 7022–7025G. B. 30, p. 333. W. 1790.
Mulford, Lewis C., 28579G. W. 1900.
Mulford, Miller B., 22870G. Inv. 1888.
Mulford, Rose L., 17126G. W. 1870.
Mulford, Thomas, 11496G. W. 1823. Inv. 1825.
Mulford, Thomas, 12249G. W. 1831.
Mulford, Townley, 15023G. Inv. 1857.
Mulgrew, James, 11123G. W. 1818.
Mulherin, Catherine, 20347G. W. 1881. Inv. 1881.
Mulhern, Bridget, 25094G. W. 1893. Inv. 1893.
Mullen, Mary, 16166G. W. 1865.
Mullen, Patrick J., 23695G. W. 1890.
Muller, Andreas, 22872G. W. 1888.
Muller, Anton, 24193G. W. 1891.
Muller, Barbara, 22450G. W. 1887.
Muller, Barbara, 27567G. W. 1808.
Muller, Blazidus, 20348G. W. 1881.
Muller, Catharine E., 26062G. W. & Cod. 1895.
Muller, Christina, 16764G. W. 1868.
Muller, Christoph, 17387G. W. 1871. Inv. 1871.
Muller, Daniel, 16891G. W. 1869.
Muller, Edward, 22129G. W. 1886.
Muller, Edward, 25095G. Inv. 1893.
Muller, Elizabeth, 21044G. W. 1883. Inv. 1883.
Muller, Emma, 22770G. Inv. 1885.
Muller, Frederick, 17960G. W. 1873.
Muller, Gebhard, 27078G. W. 1897.
Muller, George, 18264G. W. 1874.
Muller, Henry, 24635G. W. 1892.
Muller, Henry, 24636G. W. 1892.
Muller, John, 15977G. W. 1864.

Muller, John, 17961G. W. 1873.
Muller, John, 24194G. W. 1891.
Mullin, John, 26582G. W. & Cod. 1896.
Muller, John P., 22873G. W. 1888.
Muller, Joseph, 28064G. W. 1899.
Muller, Margaretha, 22451G. W. 1887.
Muller, Maria J., 16700G. W. 1858.
Muller, Mathias, 14742G. Inv. 1855.
Muller, Rosina, 18879G. W. 1876. Inv. 1876.
Muller, Theresia, 19170G. W. 1877.
Muller, Wilhelm, 17658G. W. 1872. Inv. 1872.
Muller, Wilhelmina, 28580G. W. 1900.
Mullheron, William, 22874G. W. 1888.
Mulligan, James, 22452G. Inv. 1887.
Mulligan, John F., 23696G. W. 1890.
Mulligan, Margaret, 18265G. W. 1874. Inv. 1874.
Mullin, Peter M., 24195G. W. 1891.
Mullin, Thomas J., 24637G. W. 1892.
Mullinock, Thomas, 189–192G. B. A, p. 205. Int. 1721. Inv. 1721.
Mullins, Henry, 24638G. W. 1892. Inv. 1892.
Mullins, John, 23269G. W. 1889. Inv. 1889.
Mulock, William, 17962G. W. 1873.
Mulquin, James, 17964G. W. 1873. Inv. 1873.
Mulrane, Charles, 17963G. W. 1873.
Multhaupt, Henry, 18880G. W. 1876. Inv. 1876.
Mulvaney, Philip, 23697G. Inv. 1890.
Mulvany, Patrick, 15530G. Inv. 1861.
Mun, Benjamin, 11125G. W. 1818.
Mun, John, 2717–2720G. B. G, p. 83. Int. 1759. Inv. 1761.
Mun, Joseph, 10919G. W. 1815. Inv. 1816.
Munch, George, 23270G. W. 1889. Inv. 1889.
Munday, Nathaniel, 22871G. W. 1888.
Mundy, Emmeline, 15978G. Inv. 1854.
Mundy, Henry, 14106G. W. 1851. Inv. 1851.
Mundy, Henry E., 18564G. Inv. 1875.
Munn, Aaron, 12170G. Inv. 1830.
Munn, Albert, 21424G. W. 1884. Inv. 1884.
Munn, Alfred F., 24196G. W. 1891. Inv. 1891.
Munn, Amos, 11124G. Inv. 1818.
Munn, Asa B., 18266G. W. 1874.
Munn, Benjamin, 12527G. Inv. 1834.
Munn, Calvin, 17388G. Inv. 1871.
Munn, Caroline E., 25577G. W. 1894.
Munn, Charles W., 21425G. W. 1884.
Munn, Cyrus, 12171G. Inv. 1830.
Munn, David, 13290G. W. 1843. Inv. 1843.
Munn, David, Jr., 12525G. Inv. 1834.
Munn, Edward P., 17389G. Inv. 1871.
Munn, Eliza M., 18267G. W. & Cod. 1874. Inv. 1874.
Munn, Eunice, 20691G. W. 1882. Inv. 1882.
Munn, Hannah, 13979G. Inv. 1850.
Munn, Hannah, 15958G. W. 1864. Inv. 1865.
Munn, Isaac, 10690G. Inv. 1811.
Munn, Isaac, 14891G. W. 1856.
Munn, Jane, 24639G. W. & Cod. 1892. Inv. 1893.
Munn, John, 8030–8033G. B. 33, p. 394. Int. 1794.
Munn, John, Jr., 14584G. Inv. 1854.
Munn, John S., 18268G. W. 1874. Inv. 1876.
Munn, Joseph, 15979G. W. 1864. Inv. 1864.
Munn, Joseph, 17127G. Inv. 1870.
Munn, Lewis, 13218G. W. 1842. Inv. 1842.
Munn, Lydia, 15531G. Inv. 1861.
Munn, Mary E., 22875G. W. 1888. Inv. 1888.
Munn, Mary E., 27079G. W. 1897. Inv. 1897.
Munn, Minnie I., 24640G. Inv. 1892.
Munn, Moses R., 20349G. W. 1881. Inv. 1881.

Neiheiser, Valentin, 25099G. W. 1893.
Neil, William J., 13869G. W. 1849. Inv. 1849.
Neimeier, Casper, 15801G. W. 1863.
Neis, Joseph, 25585G. Inv. 1894.
Neitz, Elizabeth T. S., 21429G. W. 1884. Inv. 1885.
Nelan, James, 27083G. W. 1897.
Nelan, Thomas W., 26586G. W. 1896.
Nelson, Elizabeth, 13639G. Inv. 1847.
Nelson, Elizabeth, 20692G. Inv. 1882.
Nelson, George, 11982G. W. & Cod. 1828. Inv. 1828.
Nelson, James, 14744G. Inv. 1855.
Nelson, James, Sr., 13981G. W. 1850. Inv. 1851.
Nelson, Joseph, 28585G. W. 1900.
Nelson, Martha, 26587G. W. 1896.
Nelson, Sarah, 22133G. W. 1886.
Nelson, Sidney S., 13640G. Inv. 1847.
Neninger, George, 26064G. W. 1895.
Nenninger, Peter, 17663G. W. 1872. Inv. 1872.
Nesbitt, John, 10920G. Inv. 1815.
Nesbitt, Mary, 16353G. W. 1866.
Nesbitt, Samuel, 11206G. W. 1819.
Nesbitt, Samuel, Sr., 753-755G. B. B, p. 424. W. 1733.
Nessler, August, 20693G. W. 1882.
Nessler, John, 24644G. W. 1892.
Nester, Catharine, 17966G. W. 1873. Inv. 1873.
Nestler, Johanna C., 26065G. W. 1895.
Neu, John, 24198G. W. 1891.
Neubronner, Johan C., 26588G. W. 1896.
Neudeck, Maria C., 18883G. W. 1876. Inv. 1876.
Neugobauer, Valentin, 21430G. W. 1884.
Neuhaus, Mina, 27084G. W. 1897.
Neuman, Hugh, 27085G. W. 1897.
Neumann, Julius, 22879G. W. 1888.
Neumann, Leopold, 26066G. W. 1895.
Nevins, Adam W., 15534G. Inv. 1861.
Nevins, James, 23274G. Inv. 1889.
Nevius, Margaret, 20800G. W. 1882. Inv. 1883.
Nevius, Margaret, 21045G. Inv. 1883.
New, Joseph, 20694G. W. 1882. Inv. 1882.
Newey, William, 19695G. W. 1879.
Newhouse, Fredreck, 28071G. W. 1899.
Newkirk, Sarah, 23703G. W. 1890. Inv. 1890.
Newland, Alexander, 10593G. W. 1809.
Newman, Eliza, 20695G. W. 1882. Inv. 1882.
Newman, Mary, 16521G. W. & Cod. 1867. Ren. 1867.
Newman, Thomas, 11983G. Inv. 1828.
Newport, Dennis A., 25100G. Inv. 1893.
Newschwander, Jacob J., 18566G. W. 1875. Inv. 1875.
Newton, Frederick W., 18269G. Inv. 1874.
Newton, George, 16522G. W. 1867.
Newton, Harriott, 16895G. W. & Cod. 1869. Inv. 1869.
Newton, Isaac, 23704G. W. & Cods. (2) 1890. Inv. 1891.
Newton, Samuel, 28586G. W. 1900.
Newton, Sarah A., 24645G. W. 1892.
Newton, William, 15981G. W. 1864.
Nicholas, Richard, 6394-6395G. B. 28, p. 360. W. 1786.
Nichols, Aaron, 15025G. W. 1857. Inv. 1857.
Nichols, Aaron I., 15532G. Inv. 1861.
Nichols, Abby, 18270G. W. 1874. Inv. 1874.
Nichols, Abraham, 12529G. W. 1834.
Nichols, Abraham, 12528G. W. 1834.

Nichols, Alexander, 20353G. W. 1881. Inv. 1882.
Nichols, Anna M., 15803G. Inv. 1863.
Nichols, Caroline, 24646G. Inv. 1892.
Nichols, Catharine, 26589G. W. 1896.
Nichols, Cornelia, 15982G. Inv. 1864.
Nichols, David, 13293G. W. 1843. Inv. 1843.
Nichols, David A., 27573G. W. 1898. Inv. 1898.
Nichols, Edwin, 12820G. W. 1837. Inv. 1837. Af. 1837.
Nichols, Edwin L., 17394G. Inv. 1871.
Nichols, Elijah W., Sr., 16354G. W. 1866. Inv. 1866. Ren. 1866.
Nichols, Elizabeth, 20007G. Inv. 1880.
Nichols, Eveline, 26067G. W. & Cods. (2) 1895. Inv. 1895.
Nichols, Frederick, 19172G. Inv. 1877.
Nichols, Hannah M., 19440G. W. 1878. Inv. 1878.
Nichols, Hannah R., 20696G. W. 1882.
Nichols, Henry, 22134G. W. & Cod. 1886. Inv. 1886.
Nichols, Henry, 26590G. W. 1896.
Nichols, Henry W., 18271G. W. 1874.
Nichols, Horace, 20354G. Inv. 1881.
Nichols, Humphrey, 3389-3390G. B. H, p. 443. W. 1764.
Nichols, Isaac, 15533G. W. & Cods. (2) 1861. Inv. 1861.
Nichols, Isaac A., 20008G. W. 1880.
Nichols, Isaac N., 21046G. W. 1883.
Nichols, James, 13870G. W. 1849. Inv. 1849.
Nichols, Jediah J., 13294G. W. 1843. Inv. 1843.
Nichols, Jedediah J., 23705G. W. 1890. Inv. 1890.
Nichols, John A., 21431G. Inv. 1884.
Nichols, Joseph, 16355G. W. & Cod. 1866. Inv. 1866.
Nichols, Lewis, 15384G. Inv. 1860.
Nichols, Mary B., 22135G. W. 1886. Inv. 1886.
Nichols, Mary C., 28072G. W. 1899.
Nichols, Rebecca, 17395G. W. 1871. Inv. 1871.
Nichols, Robert, 6918-6920G. B. 30, p. 363. Grd. 1790. Pt. 1790.
Nichols, Robert, 10849G. W. 1814. Inv. 1815.
Nichols, Robert, 16356G. W. 1866. Inv. 1866.
Nichols, Samuel, 16357G. W. 1866. Inv. 1866.
Nichols, Sarah, 14250G. W. 1852. Inv. 1852.
Nichols, Sayres O., 13641G. W. 1847.
Nichols, Thomas E., 22136G. W. 1886.
Nichols, Valerie A., 27086G. W. 1897.
Nichols, Whitfield, 14107G. W. 1851. Inv. 1851.
Nichols, Whitfield, 20697G. Inv. 1882.
Nichols, William, 18884G. W. 1876. Inv. 1876.
Nichols, William H., 13554G. Inv. 1846.
Nicholson, Thomas, 1119-1120G. B. C, p. 427. W. 1741.
Nichtern, Magdalena, 17131G. W. 1870. Inv. 1870.
Nicke, Joseph, 18885G. W. 1876.
Nickel, Francis, 15802G. Inv. 1863.
Nickels, John, 13982G. Inv. 1850.
Nicol, John, 21775G. W. & Cod. 1885.
Nicol, John S., 21776G. Inv. 1885.
Nicolai, Gustav B., 21051G. Inv. 1883.
Nicoll, Alexander, 12721G. Inv. 1836.
Nicolls, George, 1253-1255G. B. D, p. 221. Int. 1744. Ren. 1744.

Oliver, William, Jr., 10539G. Inv. 1808.
Oliver, William, Sr., 5679-5682G. B. 24, p. 325. W. & Cod. 1783.
Ollemar, Nicholas, 22458G. W. 1887.
Olliver, Anthony, 13984G. W. 1850. Inv. 1851.
Olliver, David, Jr., 1471-1472C. B. E, p. 111. W. 1747.
Olliver, Jonathan, 9394-9397G. B. 38, p. 266. Grd. 1799. Pt. 1799.
Olliver, Jonathan, 9726-9729G. B. 39, p. 139. Grd. 1800. Pt. 1800.
Olliver, Jonathan, 10922G. W. 1815. Inv. 1815.
Olliver, Margaret, 10923G. W. 1815. Inv. 1815.
Olliver, Samuel, 1387-1388G. B. D, p. 403. Grd. 1746.
Olliver, Samuel, 5901-5904G. B. 26, p. 420. W. 1784.
Olliver, Samuel, 14109G. Inv. 1851.
Olliver, Samuel, Sr., 271-272C. B. A, p. 257. W. 1723.
Olmsted, Myron G., 12905G. Inv. 1838.
Olszewski, Alexander, 22459G. W. 1887. Inv. 1887.
Olszewski, Marie, 21438G. W. 1884.
Oltmann, Henry G., 21778G. W. 1885. Inv. 1888.
Oltwater, Francis, 443-446G. B. B, p. 146. W. 1729. Inv. 1730 (?).
O'Mara, David, 19174G. Inv. 1877.
O'Neal, Winnifred, 16704G. W. 1868.
O'Neil, Ann, 19446G. W. 1878. Inv. 1878.
O'Neil, James H., 20013G. W. 1880.
O'Neil, Jane, 15984G. Inv. 1864.
O'Neil, John, 15809G. W. 1863.
O'Neil, Michael, 17666G. W. 1872.
O'Neill, Charles, 20711G. Inv. 1882.
O'Neill, Felix, Sr., 19700G. W. 1879. Inv. 1879.
O'Neill, Francis J., 27584G. W. 1898.
O'Neill, John, 26072G. Inv. 1895.
O'Neill, Mary A., 16705G. W. 1868. Inv. 1878.
O'Neill, Mary A., 23280G. Inv. 1889.
O'Neill, Sarah C., 26073G. W. 1895.
O'Niel, Bernard, 20012G. Inv. 1880.
Oppel, Charles, 21779G. W. 1885.
Oppel, Christina, 20361G. Inv. 1881.
Oppel, Edward O., 28591G. W. 1900.
Oppel, Milius, 18277G. W. 1874.
O'Reiley, Bridget, 19701G. W. 1879. Inv. 1879.
O'Reilly, Patrick, 19175G. W. 1877.
Orf, Robert, 15029G. W. 1857.
Orgelmann, Walter, 23281G. Inv. 1889.
Orgelmann, William, 23282G. Inv. 1889.
Orgill, John, 3391-3392G. Int. 1764.
O'Riely, Patrick, 18278G. W. 1874.
Ormsby, Ira H., 26596G. W. 1896.
O'Rouke, Thomas, 23283G. W. 1889.
O'Rourke, Daniel, 20014G. W. 1880.
O'Rourke, James F., Sr., 15386G. W. 1860. Inv. 1860.
O'Rourke, Margaret, 24651G. W. 1892.
O'Rourke, Patrick, 24652G. W. 1892. Inv. 1892.
O'Rourke, William P., 20712G. Inv. 1882.
Orsborn, Elihu, 9544-9549G. B. 38, p. 263. Int. 1799. Inv. 1799. Ren. 1799.
Orsborn, John, 11497G. Inv. 1823.
Orth, Frederick D., 15387G. W. 1860.
Orth, George, 21439G. W. 1884.
Orth, William, 20362G. W. 1881.

Ortland, Elizabeth, 26074G. W. 1895.
Ortmann, Michael, 28081G. W. 1899.
Orton, Hetty M., 27585G. W. 1898. Inv. 1898.
Orton, James, 16899G. W. 1869. Inv. 1869.
Orton, Julia A., 20363G. W. 1881. Inv. 1881.
Osberg, Lizer, 20364G. W. 1881. Inv. 1881.
Osborn, Aaron, 8698-8701G. B. 35, p. 507. Int. 1796. Inv. 1797.
Osborn, Aaron, 20015G. W. 1880. Inv. 1880.
Osborn, Allen, 16171G. Inv. 1865.
Osborn, Amos, 13644G. W. 1847.
Osborn, Ann, 17400G. W. & Cods. (2) 1871. Inv. 1872.
Osborn, Caleb, 115-118G. B. A, p. 47. Int. 1716. Inv. 1717.
Osborn, Caleb, 9550-9553G. B. 38, p. 261. Int. 1799. Inv. 1799.
Osborn, Caleb, Sr., 8968-8975G. B. 36, p. 504. Int. 1797. Inv. 1798. Ren. 1797.
Osborn, Catherine, 16706G. W. 1868. Inv. 1869.
Osborn, Charles H., 25115G. W. 1893.
Osborn, Charlotte, 12172G. Inv. 1830.
Osborn, Cooper, Jr., 9540-9543G. B. 38, p. 267. Wd. 1799. Pt. 1799.
Osborn, Daniel, 10078G. B. 39, p. 322. Int. 1801. Inv. 1801.
Osborn, David, 4441-4442G. B. M, p. 30. Int. 1776.
Osborn, Dennis, 14254G. W. 1852.
Osborn, Dennis, 22460G. W. 1887.
Osborn, Elias, 11985G. W. 1828. Inv. 1828.
Osborn, Elias, Sr. 10494G. W. 1807. Inv. 1808.
Osborn, Elizabeth, 13986G. W. 1850. Inv. 1850.
Osborn, Frederich G., 26075G. Inv. 1895.
Osborn, George H., 26076G. W. 1895.
Osborn, Hannah, 10495G. W. 1807.
Osborn, Henry, 2479-2482G. B. G, p. 12. Int. 1758. Inv. 1758.
Osborn, Henry, 10999G. Inv. 1816.
Osborn, Henry, 24207G. W. 1891.
Osborn, Israel W., 17667G. W. 1872. Inv. 1872.
Osborn, James, 67-70G. B. A, p. 39. W. 1716. Inv. 1716.
Osborn, Joel, 14398G. W. 1853.
Osborn, John, 10692G. Inv. 1811.
Osborn, John B., 13743G. W. 1848.
Osborn, John H., 12991G. Inv. 1839.
Osborn, John P., 19703G. W. 1879. Inv. 1879.
Osborn, Jonathan, 9554-9557G. B. 38, p. 231. W. 1799.
Osborn, Jonathan H., 8702-8705G. Inv. 1796.
Osborn, Jonathan H., 13555G. W. 1846. Inv. 1847.
Osborn, Joseph, 3057-3059G. B. H, p. 16. W. 1761. Inv. 1761.
Osborn, Joseph B., 18892G. Inv. 1876.
Osborn, Joseph M., 18893G. W. 1876.
Osborn, Keturah, 17322G. W. & Cod. 1871. Inv. 1871.
Osborn, Mary B., 20713G. W. 1882. Inv. 1882.
Osborn, Mary M., 28592G. W. 1900. Ren. 1900.
Osborn, Moses, Sr., 16172G. W. 1865. Inv. 1867.
Osborn, Reuben W., 20365G. Inv. 1881.
Osborn, Rhoda, 13556G. W. 1846. Inv. 1846.
Osborn, Robert, 14747G. Inv. 1855.
Osborn, Samuel, Sr., 2907-2910G. B. G, p. 143. W. 1760. Inv. 1761.

Parker, Isaac S., 15030G. W. 1857. Inv. 1861.
Parker, Jane, 16361G. W. 1866.
Parker, John, 3747-3750G. B. I, p. 309. W. 1768. Inv. 1774.
Parker, John, 21059G. W. 1883. Inv. 1883.
Parker, John W., 27095G. W. 1897.
Parker, Jonathan, 14589G. W. 1854.
Parker, Joseph, 12251G. W. 1831. Inv. 1831.
Parker, Sarah, 24655G. W. 1892. Inv. 1892.
Parker, Selina, 24656G. W. 1892.
Parker, William, 11590G. W. 1824.
Parker, William V., 26080G. W. 1895.
Parkes, Jane, 15987G. Inv. 1864.
Parkes, Richard, 17972G. W. 1873. Inv. 1873.
Parkhurst, Abner W., 14399G. Inv. 1853.
Parkhurst, Abraham, 14400G. Inv. 1853.
Parkhurst, Antoinette D., 28085G. W. 1899.
Parkhurst, Archibald, 28596G. W. 1900.
Parkhurst, Benjamin, Sr., 225-228G. B. A, p. 231. W. 1722. Inv. 1722.
Parkhurst, Caleb, 11065G. W. 1817. Inv. 1817.
Parkhurst, Caroline, 18896G. W. 1876. Inv. 1876.
Parkhurst, Charles, 15663G. Inv. 1862.
Parkhurst, Cyrus, 20367G. W. & Cod. 1881. Inv. 1881.
Parkhurst, David, 5005-5006G. B. 22, p. 33. Int. 1779.
Parkhurst, David P., 28086G. W. 1899.
Parkhurst, Elizabeth, 15664G. W. 1862.
Parkhurst, Emily R., 25597G. W. 1894. Inv. 1894.
Parkhurst, Hannah, 22462G. Inv. 1887.
Parkhurst, Henry L., 14255G. W. & Cod. 1852.
Parkhurst, Henry N., 26602G. W. 1896. Inv. 1896.
Parkhurst, John D., 14401G. W. 1853. Inv. 1853.
Parkhurst, Jonathan, 15811G. W. 1863. Inv. 1864.
Parkhurst, Lydia L., 12088G. Inv. 1829.
Parkhurst, Mary, 16523G. Inv. 1867.
Parkhurst, Samuel, 5905-5906G. B. 26, p. 434. W. 1784.
Parkhurst, Samuel, 10229G. B. 40, p. 398. W. 1803. Inv. 1804.
Parkhurst, Samuel, 12252G. W. 1831.
Parkhurst, William S., 21782G. W. 1885.
Parkins, Joseph W., 13154G. W. 1841.
Parkinson, George H., 23714G. W. 1890.
Parkinson, James W., 15988G. Inv. 1864.
Parr, Eliza, 18897G. W. 1876.
Parr, Elizabeth, 5037G, 498N. Ren. 1779.
Parratt, John, 12616G. Inv. 1835.
Parrit, John, 8706-8707G. Inv. 1796.
Parrit, Thomas, 3655-3656G. B. I, p., 301. Int. 1767.
Parritt, Luke, 10853G. W. 1814. Inv. 1814.
Parrot, Thomas, 6580-6583G. B. 29, p. 419. Wd. 1787. Pt. 1787.
Parsall, Nancy, 14896G. W. 1856. Inv. 1857.
Parse, Aaron, 11208G. W. 1819. Inv. 1819.
Parse, John, 4587-4594G. B. 19, p. 236. W. 1777. Inv. 1778.
Parse, Melven, 11877G. W. 1827. Inv. 1827.
Parsel, Peter, 6172-6173G. B. 27, p. 303. W. 1785.
Parsel, Stephen, 11986G. W. 1828. Inv. 1829.
Parsel, Thomas, 11066G. W. 1817. Inv. 1817.
Parsel, Thomas B., 11879G. Inv. 1827.
Parsell, Henry, 11878G. W. 1827. Inv. 1827.
Parsell, James W., 12089G. Inv. 1829.
Parsells, Abram B., 28087G. W. 1899.

Parsells, James H., 16902G. Inv. 1869.
Parsil, Edwin R., 15665G. Inv. 1862.
Parsil, Sarah, 14749G. W. 1855. Inv. 1855.
Parsil, Thomas, 12724G. W. 1836. Inv. 1836.
Parsil, William, 12090G. W. 1829. Inv. 1829.
Parsil, William, 13988G. W. 1850. Inv. 1850.
Parsil, William H., 19178G. W. 1877.
Parsley, John, 25119G. W. 1893.
Parson, William, Sr., 3575-3576G. B. I, p. 41. W. 1766.
Parsons, Ambrose, 11773G. Inv. 1826.
Parsons, Betsey W., 23715G. W. 1890.
Parsons, Charles, 21060G. Inv. 1883.
Parsons, Elizabeth, 16903G. W. 1869.
Parsons, George H., 17671G. Inv. 1872.
Parsons, Henry, 23287G. W. 1889. Inv. 1889.
Parsons, Robert E., 22888G. W. 1888.
Parsons, Starr, 16524G. W. & Cod. 1867. Inv. 1867.
Parsons, William, 4821-4824G. B. 16, p. 527. Grd. 1778. Pt. 1779.
Parsons, William, 5271-5274G. B. 24, p. 27. Grd. 1781. Pt. 1781.
Parsons, William, 21783G. Inv. 1885.
Partenfelder, George, 18570G. W. 1875. Inv. 1875.
Partington, Jabez, 24657G. W. 1892. Inv. 1892.
Parton, William, 25598G. W. 1894. Inv. 1894.
Partridge, Charles, 21784G. W. 1885. Inv. 1885, 1886.
Pask, William, 19705G. W. 1879.
Passel, Nicholas, 5175-5178G. B. 24, p. 24. Int. 1780. Inv. 1780.
Passel, Stephen, 8708-8709G. B. 36, p. 35. W. 1796.
Passel, Stephen, Sr., 6400-6403G. B. 28, p. 389. W. 1786.
Passmore, John, 24658G. W. 1892.
Passmore, Simon, 16360G. W. 1866. Inv. 1866.
Paterson, Hannah M., 17973G. W. 1873. Inv. 1873.
Paterson, William, 13744G. W. 1848. Inv. 1849.
Paterson, William, 17672G. W. 1872. Inv. 1875.
Patrick, William, 12346G. W. 1832.
Patten, Martha F., 28597G. Inv. 1900.
Patterson, Abraham, 25599G. W. 1894.
Patterson, Dan, 15139G. Inv. 1858.
Patterson, David, 25120G. W. 1893.
Patterson, Eleanor, 12725G. Inv. 1836.
Patterson, John, 23716G. W. 1890.
Patterson, John F., 22463G. W. 1887.
Patterson, Matthew, 17139G. W. 1870.
Patterson, Phillip, 27588G. W. 1898.
Patterson, Sarah K., 22889G. W. 1888.
Patterson, William, 15257G. W. 1859. Inv. 1859.
Patterson, William, 15989G. W. 1864. Inv. 1865.
Patterson, William D., 27589G. W. & Cod. 1898.
Patton, David T., 18571G. Inv. 1875.
Paul, Clitus, 28598G. W. & Cod. 1900. Inv. 1900.
Paul, John, 5007-5010G. B. 21, p. 107. W. 1779.
Paul, Mary, 27096G. W. & Cod. 1897. Rens. (2) 1897.
Paul, William, 18572G. Inv. 1875.
Paulding, James L., 18279G. W. 1874. Inv. 1874.

Pennington, Caroline B., 17673G. W. 1872. Inv. 1872.

Pennington, Edward R., 21443G. W. 1884.

Pennington, Elizabeth, 13060G. W. & Cods. (3) 1840. Inv. 1840.

Pennington, Harriet R., 16362G. W. 1866. Inv. 1866.

Pennington, Jabez P., 22893G. Inv. 1888.

Pennington, Mary A. H., 25604G. W. & Cod. 1894. Inv. 1895.

Pennington, Samuel, 12618G. Inv. 1835.

Pennington, Samuel, Sr., 7354-7357G. B. 32, p. 498. W. 1791.

Pennington, Samuel H., Sr., 28602G. W. 1900.

Pennington, William, Sr., 15666G. W. & Cod. 1862. Inv. 1862, 1872.

Pennington, William S., 11774G. W. 1826. Inv. 1827.

Pennington, William S., 16709G. W. 1868.

Penny, John, 11777G. Inv. 1826.

Penny, William, 1795-1796G. B. E, p. 501. Int. 1750.

Peoples, William H., 27592G. W. 1898.

Pergeaux, Constant J., 17140G. W. 1870. Inv. 1870.

Perine, John F., 14897G. Inv. 1856. Af. 1856.

Perine, Nicholas, 16710G. W. 1868.

Perkins, Isaac C., 23293G. W. 1889.

Perkins, John, 14256G. W. 1852.

Perna, Michele, 25605G. W. 1894.

Perpente, Edward, 17403G. Inv. 1871.

Perren, John, 23294G. W. 1889.

Perrin, Richard, 10806G. Inv. 1813.

Perrine, Elizabeth, 21065G. W. 1883. Inv. 1883.

Perrine, Richard V. R., 15667G. Inv. 1862.

Perrine, Sarah, 23295G. Inv. 1889.

Perry, Alonzo D., 15032G. Inv. 1857.

Perry, Asa, 11987G. W. 1828. Inv. 1828.

Perry, Caleb, 16528G. Inv. 1867.

Perry, Charles A., 14405G. Inv. 1853.

Perry, Charles B., 25125G. Inv. 1893.

Perry, Dorinda M., 28089G. Inv. 1899.

Perry, Emeline N., 20368G. W. 1881.

Perry, Francis W., 12619G. W. 1835. Inv. 1836.

Perry, Frederick, 2725-2726G. B. G, p. 92. Int. 1759.

Perry, Frederick, 19450G. Inv. 1878.

Perry, George, 13745G. W. 1848. Inv. 1848.

Perry, George W., 15140G. Inv. (2) 1858.

Perry, James, 12091G. W. 1829. Inv. 1829.

Perry, James, 25126G. W. & Cod. 1893. Inv. 1894.

Perry, Jane, 19706G. W. 1879. Inv. 1879.

Perry, John, 13221G. W. 1842. Inv. 1842.

Perry, John, Sr., 11350G. W. 1821. Inv. 1822.

Perry, Nehemiah, 20369G. W. & Cod. 1881.

Perry, Nehemiah, 21444G. W. 1884.

Perry, Nehemiah, Jr., 18576G. W. 1875.

Perry, Rebecca, 28090G. W. 1899. Inv. 1899.

Perry, Samuel, 12444G. W. 1833. Inv. 1833.

Perry, Samuel, 16177G. W. 1865. Inv. 1865.

Perry, Thomas, 11881G. Inv. 1827.

Perry, William H., 20370G. W. 1881.

Person, Henry, Sr., 1797-1798G. B. F, p. 341. W. 1750.

Personett, Alletta, 21066G. W. 1883. Inv. 1883.

Personett, Elsey, 15812G. W. 1863. Inv. 1863.

Personett, George, 11000G. W. 1816. Inv. 1818.

Personett, George, 14406G. W. 1853. Inv. 1855.

Personett, Jeptha C., 17975G. Inv. 1873, 1880.

Personett, John, Sr., 13371G. W. 1844. Inv. 1844.

Personett, Joseph, 17674G. W. 1872. Inv. 1872.

Personette, Joseph, 20371G. Inv. 1881.

Personette, Stephen, 20023G. Inv. 1880.

Peshine, Francis S., 28603G. W. 1900.

Peshine, John S., 18898G. W. & Cod. 1876. Inv. 1878.

Pester, Louise, 20720G. Inv. 1882.

Peter, Bernhard, 16178G. W. 1865.

Peter, John, 14407G. Inv. 1853.

Peters, Edward H., 22894G. Inv. 1888.

Peters, George, 20721G. Inv. 1882.

Peters, George, 26084G. Inv. 1895.

Peters, George H., 14257G. Inv. 1852.

Peters, Marthin, 19451G. Inv. 1878.

Peters, Matilda M., 18577G. W. 1875. Inv. 1875.

Peters, Norman H., 20722G. W. 1882.

Peters, Parmelia L., 26085G. Inv. 1895.

Peters, William R., 22895G. W. 1888.

Peterse, Fietye, 10429G. W. 1806. Inv. 1806.

Peterse, Hessel, 8418-8431G. B. 36, p. 12. W. 1795. Inv. 1798.

Peterse, Peter H., 5913-5914G. B. 26, p. 502. Int. 1784.

Petersen, Frederick, 21445G. W. 1884.

Petersen, Hans, 21789G. W. 1885.

Peterson, Hessell, 2073-2079G. B. F, p. 137. W. 1753. Inv. 1753.

Peterson, Joseph, 24256G. Inv. 1891.

Peterson, Peter, 19452G. W. 1878.

Petri, David F., Sr., 16363G. W. 1866.

Petry, John, 26086G. W. 1895.

Petry, Peter, 25606G. Inv. 1894.

Pettigrew, Charles A., 20723G. Inv. 1882.

Pettigrew, John, 11351G. Inv. 1821.

Pettigrew, Mary A., 19179G. Inv. 1877.

Pettigrew, William, 16529G. W. 1867. Inv. 1867.

Pettit, Benjamin, 3987-3990G. B. K, p. 287. W. & Cod. 1771.

Pettit, Benjamin, 8038-8043G. B. 33, p. 393. Int. 1794. Inv. 1794.

Pettit, Benjamin, Sr., 2487-2490G. B. F, p. 482. Int. 1758. Inv. 1760.

Pettit, Garret, 15668G. W. 1862. Inv. 1862.

Pettit, Mary N., 24660G. W. & Cod. 1892. Inv. 1893.

Pettit, Robert M., 25127G. W. 1893. Dec.

Pettit, Timothy D., 10595G. Inv. 1809.

Pettit, Timothy D., 13298G. Inv. 1843.

Petty, Ebenezer, 12620G. Inv. 1835.

Petty, Elizabeth, 25607G. Inv. 1894.

Petty, Phebe, 19453G. Inv. 1878.

Petty, Samuel, 27098G. W. 1897.

Petty, William, 16530G. W. 1867.

Petty, William, 16711G. Inv. 1868.

Pfaff, George A., 23296G. W. 1889.

Pfefferle, John F., 24661G. W. 1892. Inv. 1893.

Pfeifer, August, 22467G. W. 1887.

Pfeifer, August F., 23717G. W. 1890.

Pfeifer, Carl, 22468G. W. 1887. Inv. 1887.

Pfeifer, Elizabeth, 20372G. W. 1881. Inv. 1881.

Pfeifer, John H., 26604G. W. 1896. Inv. 1900.

Pfeifer, Rosina, 26087G. W. 1895.

Pierson, George A., 21793G. W. 1885.
Pierson, Hannah, 11591G. W. 1824. Inv. 1824.
Pierson, Hannah M., 25612G. W. 1894.
Pierson, Harriet, 23298G. W. 1889.
Pierson, Harriet, 25613G. W. 1894. Inv. 1894.
Pierson, Harriet C., 23720G. W. 1890.
Pierson, Henry, 17978G. W. 1873.
Pierson, Isaac, 10230G. B. 40, p. 328. W. 1803. Inv. 1804.
Pierson, Isaac, 12533G. Inv. 1834.
Pierson, Jabez, 9214-9217G. B. 37, p. 538. Int. 1798. Ren. 1798.
Pierson, James H., 13558G. W. 1846. Inv. 1846.
Pierson, James H., 27598G. W. 1898. Inv. 1898.
Pierson, Jane, 16905G. W. 1869.
Pierson, Jeptha, 14113G. W. 1851. Inv. 1851.
Pierson, Joanna, 5683-5684G. B. M, p. 163. Int. 1783.
Pierson, John, 6190-6193G. B. 27, p. 380. Int. 1785. Inv. 1785.
Pierson, John, 10694G. Inv. 1811.
Pierson, John, 13875G. W. 1849.
Pierson, John L., 14751G. W. & Cod. 1855. Inv. 1855.
Pierson, Jonathan, 3993-3998G. B. K, p. 426. W. & Cod. 1771.
Pierson, Jonathan, 12622G. Inv. 1835.
Pierson, Jonathan, 16906G. W. 1869. Inv. 1869.
Pierson, Jonathan, Sr., 7066-7069G. B. 30, p. 327. W. 1790.
Pierson, Joseph, 3751-3756G. B. I, p. 363. Int. 1768. Inv. 1768.
Pierson, Joseph, 9886-9893G. B. 39, p. 13. Int. 1800. Inv. 1800. Ren. 1800.
Pierson, Joseph, 19454G. W. & Cod. 1878.
Pierson, Joseph, Jr., 11210G. W. 1819. Inv. 1820.
Pierson, Joseph, Sr., 10365G. W. 1805.
Pierson, Joseph A., 15670G. W. 1862.
Pierson, Joseph M., Sr., 17676G. W. 1872. Inv. 1872.
Pierson, Josiah, 6194-6195G. B. 27, p. 274. W. 1785.
Pierson, Jotham, 16765G. W. 1868.
Pierson, Jotham, Jr., 11989G. Inv. 1828.
Pierson, Juliana, 10430G. W. 1806.
Pierson, Lewis, 9894-9897G, 10295G. B. 39, p. 12. Int. 1800. Inv. 1804. Ren. 1800.
Pierson, Lewis, 23721G. Inv. 1890.
Pierson, Mary, 13223G. Inv. 1842.
Pierson, Mary, 14752G. W. 1855. Inv. 1855.
Pierson, Mary, 22900G. W. & Cod. 1888.
Pierson, Mary B., 25132G. W. 1893.
Pierson, Matilda R., 27102G. W. 1897.
Pierson, Matthias, Sr., 10596G. W. 1809.
Pierson, Miriam A., 26092G. Inv. 1895.
Pierson, Nancy M., 19455G. W. 1878. Inv. 1878.
Pierson, Oliver, 9898-9903G. B. 39, p. 188. Int. 1800. Inv. 1801. Ren. 1800.
Pierson, Phebe, 12254G. Inv. 1831.
Pierson, Phebe, 16907G. W. 1869. Inv. 1869.
Pierson, Phebe R., 21447G. W. 1884.
Pierson, Philander S., 25133G. W. 1893. Inv. 1893.
Pierson, Ralph H., 17404G. Inv. 1871.
Pierson, Rebecca, 10497G. W. 1807.
Pierson, Rebecca, 14753G. Inv. 1855.
Pierson, Robert, 13646G. W. 1847. Inv. 1847.
Pierson, Robert O., 19709G. Inv. 1879.

Pierson, Samuel, 503-504G. B. B, p. 162. W. 1730.
Pierson, Samuel, 5329-5330G. B. 24, p. 26. Int. 1781.
Pierson, Samuel, 10191G. B. 40, p. 244. Grd. 1803. Tr. 1803.
Pierson, Samuel, 10695G. Inv. 1811.
Pierson, Samuel, 12445G. W. 1833.
Pierson, Samuel, 17979G. Inv. 1873.
Pierson, Samuel, Sr., 9562-9567G. B. 38, p. 243. W. 1799. Inv. 1801.
Pierson, Samuel D., 26606G. W. 1896.
Pierson, Sarah, 21794G. W. 1885. Inv. 1885.
Pierson, Sarah M., 25614G. W. 1894. Inv. 1896.
Pierson, Silvanus, 13876G. W. 1849. Inv. 1850.
Pierson, Simeon M., 16532G. Inv. 1867.
Pierson, Sophia, 14114G. W. 1851. Inv. 1851.
Pierson, Stephen S., 15540G. W. 1861. Inv. 1861.
Pierson, Sylvanus, Sr., 11882G. Inv. 1827.
Pierson, Theodore F., 21795G. W. 1885.
Pierson, Theophilus, 14408G. W. 1853. Inv. 1853.
Pierson, Thomas, 10231G. B. 40, p. 417. Int. 1803. Inv. 1804.
Pierson, Thomas B., 16364G. W. 1866.
Pierson, Uzal, 10296G. B. 40, p. 419. Int. 1804. Inv. 1804.
Pierson, William, 15033G. Inv. 1857.
Pierson, William, 15541G. Inv. 1861.
Pierson, William, 28606G. W. 1900.
Pierson, William, Jr., 12727G. W. 1836. Inv. 1837.
Pierson, William, Sr., 20726G. W. 1882. Inv. 1883.
Pierson, William H., 26607G. W. 1896.
Piggott, Harry C., 21796G. W. 1885.
Pike, John, 5013-5018G. B. 22, p. 35. Int. 1779. Inv. 1779. Ren. 1779.
Pike, Joseph, 6408-6411G. B. 28, p. 361. W. 1786.
Pike, Timothy, 875-976G. B. C, p. 126. Wd. 1736.
Pilch, Frederick H., 23299G. W. 1889.
Pilch, Frederick K., 15391G. W. 1860.
Pile, William, 15993G. W. 1864.
Pilegaard, Augusta, 20727G. W. 1882. Inv. 1882.
Pilger, John, 14900G. W. 1856. Inv. 1856.
Pilger, John, 28607G. W. 1900.
Pilkington, John 21448G. W. 1884.
Pilkington, Michael, 20728G. Inv. 1882.
Pillot, Andrew P., 20025G. W. 1880.
Pillot, Henry R., 18579G. Inv. 1875.
Pillow, William H., 17144G. W. 1870. Inv. 1870.
Pimley, Edward, 13155G. W. 1841. Inv. 1841.
Pindell, William N., 24664G. W. 1892.
Pine, Jonathan, Sr., 757-760G. B. B, p. 425. W. 1733. Inv. 1733.
Pine, Margretta C., 22143G. W. 1886. Inv. 1886. Cv. 1886.
Pine, Sophronia B., 26608G. W. 1896. Inv. 1896.
Pine, William E., 24665G. W. 1892.
Pinkham, John W., 25615G. W. 1894.
Pinkney, Isaac, 20729G. Inv. 1882.
Pinneo, James B., 28092G. W. 1899.
Pinneo, James B., Sr., 22471G. W. & Cod. 1887.
Pinney, Edward S., 18899G. W. 1876.

Post, Abraham, 15392G. Inv. 1860.
Post, Adrian I., 1124G. W. 1822. Inv. 1822.
Post, Adrain I., 11778G. Inv. 1826.
Post, Adrian M., 10540G. Inv. 1808.
Post, Adrain M., 12095G. W. 1829. Inv. 1829. Ren. 1829.
Post, Cornelia, 20028G. W. 1880.
Post, Cornelius, 10151G. B. 40, p. 82. Int. 1802. Inv. 1802.
Post, Cornelius F., 14259G. W. 1852. Inv. 1852.
Post, Daniel, 10854G. W. 1814.
Post, David, 27604G. W. 1898.
Post, David P., 24211G. W. 1891.
Post, Elisha, 26098G. W. 1895.
Post, Elisha, 27108G. W. 1897.
Post, Elizabeth, 11992G. Inv. 1828.
Post, Francis, 4391–4394G. B. M, p. 39. Grd. 1775. Pt. 1775.
Post, Francis, 12995G. W. 1839. Inv. 1839.
Post, Halmah A., 11779G. Inv. 1826.
Post, Halmagh I., 12255G. Inv. 1831.
Post, Halmagh N., 10366G. Inv. 1805.
Post, Hannah, 11884G. W. 1827.
Post, Hendrick, Sr., 7070–7075G. B. 30, p. 355. W. 1790. Inv. 1790.
Post, Henry, 4391–4394G. B. M, p. 39. Wd. 1775. Pt. 1775.
Post, Henry, 11269G. Inv. 1820.
Post, Henry, Jr., 10752G. Inv. 1812.
Post, Jacobus, Sr., 3757–3758G. B. I, p. 359. W. 1768.
Post, James I., 11673G. W. 1825. Inv. 1825.
Post, Jeremiah, 273–278G. B. A, p. 259. W. 1723. Inv. 1723.
Post, Johannis, 4189–4190G. B. L, p. 47. W. 1773.
Post, John, 20734G. Inv. 1882.
Post, John F., 11354G. W. 1821. Inv. 1821.
Post, John F., Jr., 9904–9907G. B. 39, p. 138. Int. 1800. Inv. 1801.
Post, John I., 10367G. W. 1805. Inv. 1805.
Post, Marselus, 6850–6851G, 8044–8047G. B. 33, p. 374. W. 1789. Inv. (2) 1794.
Post, Peter A., 6584–6587G. B. 29, p. 403. W. 1787.
Post, Sarah, 17981G. W. 1873. Inv. 1873.
Post, Thomas, 10925G. W. 1815. Inv. 1815.
Post, Trynety, 10855G. W. 1814. Inv. 1814.
Post, William, 28094G. W. 1899.
Post, William H., 27605G. W. 1898.
Potter, Amos, 5091–5098G. B. 22, pp. 56, 64. Grd. 1779. Pt. 1779.
Potter, Amos, 5027–5028G. B. 22, p. 42. Int. 1779.
Potter, Amos, 12536G. W. 1834.
Potter, Benjamin, 11498G. Inv. 1823.
Potter, Caleb, 9574–9579G. B. 38, p. 262. Int. 1799. Inv. 1800. Ren. 1799.
Potter, Daniel, 5919–5922G. B. 26, p. 508. Wd. 1784. Pt. 1784.
Potter, Daniel, Jr., 4305–4308G. B. M, p. 35. Int. 1774. Ren. 1774.
Potter, David, 10368G. Inv. 1805.
Potter, Emily, 12623G. W. 1835.
Potter, Hannah, 12349G. W. 1832. Inv. 1832.
Potter, Isaac, 12350G. W. 1832. Inv. 1832.
Potter, Jemima, 11212G. W. 1819. Inv. 1819.
Potter, John, 9908–9915G. B. 39, p. 189. Int. 1800. Inv. 1801.
Potter, John, 10808G. Inv. 1813.
Potter, John, 12537G. W. 1834. Inv. 1834.
Potter, John, Sr., 5181–5188G. B. 22, p. 273. W. 1780. Inv. 1780.

Potter, John, Sr., 10431G. W. 1806. Inv. 1807.
Potter, Jonathan W., 28610G. W. & Cod. 1900.
Potter, Joseph, 4309–4312G. B. L, p. 196. W. 1774. Inv. 1776.
Potter, Jotham, 12092G. Inv. 1829.
Potter, Matthias, 11213G. W. 1819. Inv. 1820.
Potter, Noadiah, 3759–3760G. B. K, p. 36. W. 1768.
Potter, Noadiah, Sr., 2729–2732G. B. G, p. 114. W. 1759. Ren. 1759.
Potter, Samuel, 2301–2302G. B. F, p. 312. W. 1756.
Potter, Samuel, 4047–4050G. B. K, p. 413. Grd. 1772. Pt. 1772.
Potter, Samuel, 5919–5922G. B. 26, p. 508. Grd. 1784. Pt. 1784.
Potter, Samuel, 10152G. B. 40, p. 143. W. & Cod. 1802. Inv. 1802. Ren. 1802.
Potter, William B., 14901G. W. 1856.
Potter, William L., 20377G. Inv. 1881.
Poulison, Richard, 9222–9225G. B. 37, p. 538. Int. 1798. Inv. 1799.
Poulse, Johannes, 3659–3660G. B. I, p. 183. W. 1767.
Poulsson, Halvor, 14596G. W. 1854. Inv. 1857.
Poulussen, Poulus, 6852–6853G. B. 30, p. 201. W. 1789.
Pound, Eli, 13373G. Inv. 1844.
Pound, Elizabeth, 14902G. Inv. 1856.
Pound, Samuel, 14597G. W. 1854. Inv. 1854.
Pound, Samuel C., 11993G. Inv. 1828.
Pound, Samuel L., 13062G. W. 1840. Inv. 1840.
Pound, Zachariah, 11425G. W. 1822. Inv. 1822.
Pound, Zachariah, 11994G. Inv. 1828.
Pounden, John H., 13374G. W. 1844. Inv. 1844.
Povey, Joseph, 21072G. W. 1883.
Pow, Robert, 13300G. Inv. 1843.
Pow, Thomas, 12996G. Inv. 1839.
Powe, Frances A., 25137G. W. 1893. Inv. 1893.
Powell, Ellen, 17680G. W. 1872.
Powell, Joseph, 12728G. Inv. 1836. Wd.
Powell, Michael, 761–764G. B. B, p. 422. Int. 1733. Inv. 1733.
Powell, Rosanna M., 26611G. W. 1896.
Power, Bridget, 21798G. Inv. 1885.
Powers, Thomas F., 26612G. W. 1896.
Powles, Barny N., 13648G. Inv. 1847.
Powles, Martin P., 15141G. W. 1858. Inv. 1858.
Powleson, Isaac, 21799G. W. 1885.
Powleson, John, 11426G. W. 1822.
Powlesson, Isaac R., 15816G. W. 1863. Inv. 1863.
Powlesson, Margaret L., 21071G. W. 1883. Inv. 1883.
Powlesson, Mary, 16186G. Inv. 1865.
Powley, John, 11499G. W. 1823. Inv. 1823.
Powlison, Elizabeth, 13454G. W. 1845.
Powlisson, Paul, 10597G. W. 1809. Inv. 1809.
Powlisson, Peter, 5923–5924G. B. 26, p. 503. Int. 1784.
Pratt, Lydia S., 22475G. Inv. 1887.
Pratt, Phebe E., 24671G. W. 1892.
Pratt, Sarah, 22902G. W. & Cod. 1888.
Predmore, Reuben R., 25620G. W. 1894.
Preiss, Christian, 26099G. W. 1895.
Preith, Louis, 19457G. Inv. 1878.

Prendergast, Thomas, 24672G. W. 1892.
Prentice, Phebe H., 27606G. W. 1898.
Prentiss, Abigail, 16187G. W. 1865.
Preppernan, Charles, 17406G. W. 1871.
Preston, Amos, 27607G. W. 1898.
Preston, Ella S., 21800G. W. 1885.
Preston, Frederick, 21451G. Inv. 1884.
Preston, Isaac, 19712G. W. 1879. Inv. 1879.
Preston, John, 18584G. W. 1875.
Preston, Mary, 28611G. W. & Cod. 1900.
Preston, Mary S., 25138G. W. 1893.
Preston, Michael, Sr., 26613G. W. 1896.
Preston, Nicholas, 24212G. W. 1891.
Preswick, Charles, 18585G. W. 1875. Inv. 1875.
Price, Aaron, 13375G. Inv. 1844.
Price, Aaron MacW., 20378G. W. 1881. Inv. 1881.
Price, Aaron O., 20029G. W. 1880. Inv. 1882.
Price, Anthony, 10498G. W. 1807. Inv. 1807.
Price, Benjamin, Jr., 2917–2920G. B. G, p. 345. W. 1760.
Price, Charles, 27109G. W. 1897.
Price, Daniel, 1209–1212G. B. D, p. 36. W. 1743. Ren. 1743.
Price, Daniel, 12093G. Inv. (2) 1829.
Price, Daniel, 24673G. W. & Cod. 1892. Inv. 1892.
Price, Daniel, Sr., 4817–4820G. B. 19, p. 485. W. 1778.
Price, Dennis, 1333–1338G. B. D, p. 313. Int. 1745. Inv. (2) 1745.
Price, Ebenezer, 1339–1342G. B. D, p. 328. Int. 1745. Inv. 1745.
Price, Edward, 13301G. W. 1843. Inv. 1843.
Price, Edwin A., 17146G. Inv. 1870.
Price, Elias D., 21801G. Inv. 1885.
Price, Elizabeth, 11068G. Inv. 1817.
Price, Ephraim, 4825–4826G. B. 16, p. 509. Int. 1778. Inv. 1778.
Price, Ephraim, 11674G. Inv. 1825.
Price, Ephraim, Sr., 959–964G. B. C, p. 201. W. 1738. Inv. 1738.
Price, Farington, 10232G. B. 40, p. 238. W. 1803.
Price, George, 10809G. W. & Cod. 1813. Inv. 1813.
Price, George, 11002G. W. 1816. Inv. 1816.
Price, George, 13746G. W. 1848. Inv. 1848.
Price, George F., 25139G. W. 1893.
Price, Isaac S., 27608G. W. 1898.
Price, James H., 14755G. Inv. 1855.
Price, John, 10432G. W. 1806.
Price, John, 11500G. W. 1821.
Price, John, 15264G. Inv. 1859.
Price, John, Sr., 1691–1694G. B. E, p. 471. W. 1749. Inv. 1750.
Price, Jonathan, 12094G. Inv. 1829.
Price, Jonathan, Sr., 9916–9919G. B. 38, p. 549. W. 1800.
Price, Joseph, 2355–2356G. B. F, p. 432. W. 1757.
Price, Joseph, 13063G. W. 1840. Inv. 1840.
Price, Linus M., 25140G. W. 1893. Inv. 1894.
Price, Marion T., 27110G. W. 1897. Inv. 1897.
Price, Mary, 11355G. W. 1821. Inv. 1821.
Price, Mary, 19458G. W. 1878. Inv. 1878.
Price, Moses, 4395–4398G. B. L, p. 255. W. 1775.
Price, Moses, 15265G. W. 1859. Inv. 1859.
Price, Nathaniel, 10541G. Inv. 1808.
Price, Nathaniel, 10598G. W. 1809. Inv. 1809.

Price, Phebe S., 15996G. Inv. 1864.
Price, Rachael, 12992G. W. 1839.
Price, Ralph, 10926G. W. 1815. Inv. 1815.
Price, Richard A., 27111G. W. 1897.
Price, Robert, 13302G. W. 1843. Inv. 1843.
Price, Samuel, 3157–3160G. B. H, p. 522. W. 1762.
Price, Samuel, 11003G. W. 1816. Inv. (2) 1816.
Price, Sarah M., 27112G. W. & Cod. 1897.
Price, Simon B., 25141G. Inv. 1893.
Price, Thomas, 1967–1969G. B. F, p. 241. W. 1752. Ren. 1752.
Price, Thomas, 10153G. B. 40, p. 75. W. 1802.
Price, Thomas, 11885G. W. 1827. Inv. 1827.
Price, Thomas, Jr., 11593G. W. 1824. Inv. 1824.
Price, Thomas R., 11886G. W. 1827. Inv. 1828.
Price, William, 13559G. W. 1846. Inv. 1846.
Price, William, Sr., 10433G. W. 1806.
Price, William W., 24213G. W. 1891.
Pridham, George A., 15997G. Inv. 1864.
Pridham, William, 14598G. W. 1854. Inv. 1854.
Priest, Catharine, 24214G. W. 1891.
Priest, Henry C., 15817G. Inv. 1863.
Priest, J. Addison, 25142G. Inv. 1893.
Priest, Sarah, 18902G. W. 1876.
Priest, Sarah C., 26100G. W. 1895.
Priester, Adolph P., Jr., 26101G. W. 1895.
Priester, Frederick, 22903G. W. 1888.
Prieth, Benedict, 19113G. W. 1870.
Prieth, Gottfried, 21802G. W. 1885. Inv. 1885.
Prime, David D., 13560G. Inv. 1846.
Prineveau, Catharine C., 22476G. W. 1887. Inv. 1887.
Prinz, Henry, 24215G. W. 1891.
Prior, James J., 17982G. Inv. 1873.
Pritchard, Francis R., 17147G. W. 1870.
Proal, Augustus, 23725G. W. 1890.
Probasco, Jacob, 16535G. W. 1867.
Probst, Ernst, 24674G. W. 1892.
Proehl, M. Therese, 22477G. W. 1887. Inv. 1887.
Prosch, Christian, 16908G. W. 1869. Inv. 1870.
Prosser, Edith, 15393G. W. 1860. Inv. 1860.
Prosser, George, 10856G. Inv. 1814.
Prosser, John, 18586G. W. 1875. Inv. 1875.
Prosser, Margaret, 11887G. W. 1827. Inv. 1827.
Prosser, Richard, 12538G. W. 1834. Inv. 1834.
Province, Mary, 25143G. Inv. 1893.
Provost, Amanda, 27597G. W. 1898.
Provost, David, 6414–6417G. Int. 1786.
Provost, Jonathan, 18587G. W. 1875. Inv. 1875. Ren. 1875.
Provost, Martin B., 23726G. W. 1890.
Prudden, John, Jr., 39–41G. B. 2, p. 11. W. 1715. Inv. 1715.
Pruden, Albert E., 23301G. W. 1889. Inv. 1890.
Pruden, Betsy, 24675G. W. 1892.
Pruden, Jabez L., 19180G. Inv. 1877.
Pruden, John S., 15266G. Inv. 1859.
Pruden, Mary S., 16909G. Inv. 1869.
Pruden, Mary W., 14409G. Inv. 1853.
Pruden, Timothy H., 21803G. Inv. 1885.
Pruden, Timothy H., 22478G. W. 1887.
Pruden, William A., 25144G. W. 1893.

Pryer, Andrew, 3761–3762G. B. I, p. 304. W 1768.
Pryer, Simon, 4821–4824G. B. 16, p. 527. Wd 1778. Pt. 1779.
Puffer, George D., 28095G. W. 1899. Inv. 1899.
Pugh, George, 6198–6201G. B. 27, p. 258. W. 1785.
Pugh, William C., 28612G. W. 1900.
Pulicastro, Pietro, 25621G. W. 1894.
Pulis, John, 12997G. W. 1839. Inv. 1839.
Pullar, Charles, 15672G. W. 1862. Inv. 1862.
Pullar, Sidney J., 16910G. W. 1869. Inv. 1869.
Purcell, Daniel, 18283G. Inv. 1874.
Purcell, Mary A., 24676G. Inv. 1892.
Purdue, Eliza, 24677G. · W. 1892. Inv. 1892.
Purdy, James W., 21452G. Inv. 1884.
Purdy, William, 15394G. W. 1860.
Purdy, William F., 23302G. W. 1889.
Purse, James J., 13747G. W. 1848. Inv. 1848.
Purse, Mildred, 14260G. W. 1852. Inv. 1852.
Purvis, John, 21804G. W. 1885. Inv. 1886.
Putnam, John D., 27609G. W. 1898.
Putnam, Sarah E., 28613G. W. 1900.
Putnan, Edwin, 22904G. W. 1888. Inv. 1890.
Pye, Simeon, Sr., 19459G. W. 1878.
Pye, Thomas, 12174G. Inv. 1830.
Pye, Thomas, 14756G. W. 1855.

Quackenbush, Annie, 25145G. Inv. 1893.
Quackenbush, Charles, 24678G. Inv. 1892.
Quackenbush, David, 16188G. Inv. 1865.
Quackenbush, Mahalah, 19181G. W. 1877.
Quayle, Carrie D., 27610G. W. 1898.
Queman, Jacob, 26614G. W. 1896. Inv. 1896.
Queman, Jane, 19714G. Inv. 1879.
Queman, John, 10499G. W. 1807. Inv. 1808.
Queman, Simeon, 22147G. Inv. 1886.
Quenzel, Charles, 27611G. W. 1898.
Quereau, Mary E., 18588G. W. 1875.
Quereau, Sarah V., 20735G. W. 1882.
Quiby, Daniel, 14116G. W. 1851. Inv. 1852.
Quigley, Caroline I., 25146G. W. 1893.
Quigley, Hugh, 21805G. W. 1885.
Quigley, James, 14903G. W. 1856. Inv. 1856.
Quimby, Hiram, 13064G. W. 1840.
Quimby, John, 12998G. W. 1839. Inv. 1840.
Quin, Lesly, 11427G. W. 1822. Inv. 1822.
Quin, Mary, 13748G. W. 1848. Inv. 1848.
Quin, Miles, 13749G. Inv. 1848.
Quinby, Aaron, 11594G. W. 1824.
Quinby, Aaron, 20736G. Inv. 1882.
Quinby, Charles, 22479G. Inv. 1887.
Quinby, Daniel, 14116G. W. 1851. Inv. 1852.
Quinby, Gemima, 12446G. W. 1833. Inv. 1833.
Quinby, James M., 18284G. Inv. 1874.
Quinby, Jonas S., 17407G. W. 1871. Inv. 1871.
Quinby, Joseph, 12624G. W. 1835. Inv. 1835, 1850.
Quinby, Josiah, 10369G. W. 1805.
Quinby, Jotham, 13989G. W. 1850.
Quinby, Lydia, 12539G. W. 1834.
Quinby, Martha M., 25622G. W. 1894.
Quinby, Matilda F., 21806G. W. 1885.
Quinby, Moses, 11675G. Inv. 1825.
Quinby, Nancy, 15142G. Inv. 1858.
Quinn, Ann, 28614G. W. 1900. Inv. 1900. Ren. 1900.
Quinn, Bridget, 28615G. W. 1900. Inv. 1900.
Quinn, Catharine, 24216G. W. 1891.
Quinn, Charles, 17681G. W. 1872. Inv. 1872.
Quinn, Edward, 19715G. Inv. 1879.
Quinn, George W., 26615G. Inv. 1896.
Quinn, James R., 15034G. Inv. 1857.

Quinn, John, 15545G. W. 1861. Inv. 1863.
Quinn, John, 19460G. Inv. 1878.
Quinn, John, 20379G. Inv. 1881.
Quinn, Mary, 27113G. W. 1897.
Quinn, Patrick, 21453G. W. 1884. Inv. 1884.

Raab, August, 20737G. W. 1882.
Raab, Elizabeth, 26616G. W. 1896.
Raabe, Andrew, 21073G. W. 1883. Inv. 1883.
Raabe, Lewis, 21807G. W. 1885. Inv. 1885.
Rabe, Frederick W., 25623G. W. 1894.
Rabitte, Roderick H., 24217G. W. 1891.
Rabone, Ann, 28096G. W. 1899.
Race, Joseph, 7552–7553G. B. 34, p. 54. Int. 1792.
Racey, William H., 24679G. Inv. 1892.
Radel, John, 27114G. W. 1897. Inv. 1897. Dec. 1897.
Rademacher, Charles, 22148G. Inv. 1886.
Rademacher, Friedericke, 22480G. W. 1887.
Rademacher, John H., 18285G. W. 1874.
Radin, William, 12351G. Inv. 1832.
Radler, Heinrich, 15395G. W. 1860.
Radley, Hannah, 13376G. W. 1844. Inv. 1844.
Radley, Henry, 6202–6205G. B. 27, p. 376. Int. 1785.
Radley, John, Sr., 2921–2924G. B. G, p. 269. W. 1760.
Radley, John, Sr., 14599G. W. 1854. Inv. 1854.
Radly, James, 5925–5928G. B. 26, p. 507. Wd. 1784. Pt. 1784.
Raferty, Mathew, 17148G. W. 1870.
Raferty, Patrick, 17408G. W. 1871.
Raff, Theodore, 20738G. W. 1882.
Rafferty, Alice, 23303G. W. 1889.
Rafter, Hannah T., 21454G. W. 1884.
Ragen, Rody, 23304G. W. 1889.
Rahenkamp, Maria E., 22481G. W. 1887.
Raisbeck, Charles, 15267G. W. 1859.
Ramage, Susan, 18286G. W. 1874.
Ramage, Thomas A., 17983G. W. 1873.
Ramberg, Bernard, 23305G. W. 1889. Inv. 1889.
Ramie, Catharine A., 28097G. W. 1899.
Rammelkamp, George, 28098G. W. 1899.
Ramsberger, Jacob, 22482G. W. 1887.
Ramsberger, Magdalena, 22905G. W. 1888.
Ramsden, Boynton, 10297G. W. 1804.
Ramsden, William, 10500G. Inv. 1807.
Ramsey, Sarah, 14262G. W. 1852.
Ramsey, William, 13649G. W. 1847. Inv. 1847.
Ramsey, William P., 22149G. W. 1886. Inv. 1886.
Ramsperger, Charles, 19716G. Inv. 1879.
Ramsperger, Constance, 26102G. W. 1895. Ren. 1895.
Ramstein, Friederich, 18287G. W. 1874. Inv. 1874.
Rand, Jasper R., 28616G. W. 1900.
Rand, Orline A., 28099G. W. 1899.
Rand, William B., 24218G. W. 1891.
Randall, Francis, 24680G. W. & Cod. 1892.
Randall, John M., 26103G. W. & Cod. 1895. Inv. 1896.
Randell, George D., 23306G. W. 1889. Inv. 1889.
Randolph. See Fitzrandolph.
Randolph, Abby F., 20380G. Inv. 1881.
Randolph, Benjamin F., 13065G. Inv. 1840.
Randolph, Carman F., 15818G. W. & Cod. 1863. Inv. 1865, 1883.
Randolph, Drake F., 13455G. Inv. 1845.

Reeve, Daniel, 14410G. W. 1853. Inv. 1854.
Reeve, Elias, 13458G. Inv. 1845.
Reeve, Emma J., 21457G. W. 1884.
Reeve, Ezra, 25150G. W. 1893.
Reeve, Frederick C., 22484G. Inv. 1887.
Reeve, Gilbert, 16367G. W. 1866. Inv. 1866.
Reeve, Isaac, 13378G. Inv. 1844.
Reeve, Isaac, 14117G. W. 1851. Inv. 1851.
Reeve, Isaac, Sr., 6206–6211G. B. 27, p. 345. W. 1785. Ren. 1785.
Reeve, Isaac H., 13991G. Inv. 1850.
Reeve, Isaac W., 11781G. Inv. 1826.
Reeve, James C., 14602G. W. 1854. Inv. 1854.
Reeve, Joel, 18907G. Inv. 1876.
Reeve, John G., 18290G. W. 1874. Inv. 1874.
Reeve, John H., 17988G. Inv. 1873.
Reeve, Maria P., 26107G. W. 1895. Inv. 1895.
Reeve, Mary, 11357G. W. 1821. Inv. 1822.
Reeve, Oliver, 22486G. W. 1887.
Reeve, Rebecca C., 28104G. W. 1899.
Reeve, Sarah C., 25631G. W. 1894.
Reeve, Sophronia, 28105G. W. 1899.
Reeve, Thomas A., 18591G. Inv. 1875.
Reeve, Walter S., 17150G. W. & Cod. 1870. Inv. 1870.
Reeve, William, 10543G. W. 1808. Inv. 1809.
Reeve, William, 11428G. W. 1822. Inv. 1822.
Reeve, William, 13459G. Inv. 1845.
Reeve, William F., 17989G. W. 1873.
Reeves, Abner, 10810G. Inv. 1813.
Reeves, Abner, 21809G. W. 1885. Inv. 1885.
Reeves, Alfred A., 23309G. W. 1889.
Reeves, Benjamin E., 21074G. Inv. 1883.
Reeves, Caroline B., 22907G. W. 1888. Inv. 1888.
Reeves, Isabella, 28106G. Inv. 1899.
Reeves, Jarvis, 17682G. W. 1872.
Reeves, Joseph, 15998G. Inv. 1864.
Reeves, Joseph H., 25632G. W. 1894.
Reeves, Louise, 22485G. W. 1887.
Reeves, Margaret, 16914G. Inv. 1869.
Reeves, Parker, 16189G. Inv. 1865.
Reford, Ann, 22150G. W. 1886. Inv. 1886.
Reford, James A., 18908G. W. 1876.
Regan, Anna M., 23290G. W. 1889. Inv. 1889.
Regan, James C., 22908G. Inv. 1888.
Regan, John, 27614G. W. 1898.
Regan, Patrick, 15036G. W. 1857. Inv. 1857.
Regenthal, Dora, 27119G. W. 1897. Inv. 1897.
Rehberger, Edward, 24685G. W. 1892.
Rehberger, Louise, 24686G. W. 1892.
Reheis, Frank, Sr., 27615G. W. 1898.
Rehfeld, John F., 24687G. W. 1892. Inv. 1892.
Rehm, Kaspar, 15675G. W. 1862.
Reiber, Elizabeth, 23730G. W. 1890.
Reibold, Adam, 22151G. W. 1886.
Reibold, George A., 23310G. W. 1889.
Reiboldt, Jacob, 26108G. Inv. 1895.
Reichart, Charles, 15037G. W. 1857.
Reiche, Conrad D., 28620G. W. 1900.
Reichenbach, Oscar, 20739G. Inv. 1882.
Reichert, Barbara, 28621G. W. 1900.
Reichert, Frederick, 17409G. Inv. 1871.
Reichert, Jacob, Sr., 25628G. W. 1894.
Reichert, John, 17900G. W. 1873. Inv. 1873.
Reichert, John, 28107G. W. 1899.
Reichert, Mary F., 24688G. W. 1892.
Reick, John, Sr., 6212–6215G. B. 27, p. 260. W. 1785. Inv. 1786.
Reid, Bessie E., 24689G. W. 1892.
Reid, Erastus, 16915G. W. 1869. Inv. 1869.
Reid, Horace H., 15396G. W. 1860 Inv. 1860.

Reid, James, 21459G. W. 1884.
Reid, John J., 26617G. Inv. 1896.
Reid, Mary R., 22152G. Inv. 1886.
Reid, Samuel M., 16537G. Inv. 1867.
Reid, William E., 18291G. W. 1874.
Reihing, Johann, 16254G. W. 1865.
Reihing, Kleopha, 22153G. W. 1886.
Reilley, Bettie, 24220G. W. 1891.
Reilley, James, 24221G. W. 1891.
Reilley, Luke, Sr., 26109G. W. 1895.
Reilley, Margaret, 26110G. W. 1895.
Reilley, Michael, 13751G. W. 1848.
Reilley, Philip, 22158G. W. 1886.
Reilly, Andrew, 17683G. W. 1872. Inv. 1872.
Reilly, Ann, 22154G. W. 1886.
Reilly, Ann, 28622G. Inv. 1900.
Reilly, Bartholomew, 14411G. Inv. 1853.
Reilly, Bernard, 14907G. W. 1856.
Reilly, Bridget, 25151G. W. & Cod. 1893.
Reilly, Charles, 21810G. W. 1885. Inv. 1885.
Reilly, Charles, Sr., 18292G. W. 1874.
Reilly, Charles A., 19719G. W. 1879. Inv. 1880.
Reilly, Edmund, 22155G. W. 1886.
Reilly, Garret, 22487G. W. 1887.
Reilly, James, 21075G. W. 1883. Inv. 1883.
Reilly, John, 27616G. W. 1898.
Reilly, John F., 22909G. Inv. 1888.
Reilly, Lawrence, 22156G. Inv. 1886.
Reilly, Louisa, 27617G. W. 1898.
Reilly, Luke, 22157G. W. 1886.
Reilly, Mary, 24690G. W. 1892.
Reilly, Michael, 20740G. W. 1882.
Reilly, Michael, 23731G. W. 1890.
Reilly, Michael, 26618G. W. 1896.
Reilly, Patrick, 16538G. W. 1867.
Reilly, Patrick, 16916G. W. 1869.
Reilly, Peter, 18592G. W. 1875. Inv. 1875.
Reilly, Terence, 15999G. W. 1864.
Reilly, Thomas W., 27618G. W. 1898.
Reimann, William T., 17991G. Inv. 1873.
Reimann, William T., 18293G. W. 1874.
Reimer, Elma, 22488G. W. 1887.
Reimer, Frederic, 18593G. W. 1875.
Reimers, Charles, Sr., 25633G. W. 1894.
Reinbott, Lizzie, 23732G. Inv. 1890.
Reinert, Franz J., 22489G. W. 1887.
Reinhard, Andrew, 27120G. W. 1897.
Reinhard, Jacob, 23733G. W. 1890.
Reinhard, Jennie, 22118G. W. 1886. Inv. 1886.
Reinhard, John A., 17684G. W. 1872. Inv. 1872.
Reinhart, George W., 25152G. W. 1893. Inv. 1893.
Reininger, Ludwig, 20033G. W. 1880.
Reinniger, Michael, 21460G. Inv. 1884.
Reis, Rosina M., 19720G. W. 1879.
Reiser, Henerick, 14908G. Inv. 1856.
Reiss, Catharina, 27121G. W. 1897.
Reiss, Hiacinte, 25634G. W. 1894.
Reiss, Joseph, 20382G. W. 1881.
Reiss, William, 20034G. W. 1880.
Reither, Christiana C., 27619G. W. 1898.
Reitz, Frank, Sr., 25635G. W. 1894.
Reitz, John, 22910G. W. 1888.
Remer, John, 16000G. W. 1864. Inv. 1864.
Remer, John, 25636G. Inv. 1894.
Remington, George, 14264G. W. 1852. Inv. 1852.
Remington, W. D., 9580–9583G. B. 38, p. 13. Int. 1799. Inv. 1800.
Remmele, Kaspar, 24222G. W. 1891.
Rendle, Henry A., 18294G. Inv. 1874.

Rienaker, Adam, 17411G. W. 1871.
Rienaker, Adam, 21811G. Inv. 1885.
Ries, Frederick, 25157G. W. 1893. Inv. 1893.
Riess, Christian, 15038G. Inv. 1857.
Riess, Henry, 25158G. W. 1893.
Rigby, James N., 20743G. W. 1882. Inv. 1883.
Riggin, Annie E., 26623G. W. & Cod. 1896.
Riggs, Abigail I., 15546G. W. & Cod. 1861.
Riggs, Caleb S., 11783G. W. & Cod. 1825.
Riggs, Daniel, 6418–6419G. B. 28, p. 406. W. 1786.
Riggs, Egbert, 13224G. W. 1842. Inv. 1842.
Riggs, Elias, 11678G. W. 1825. Inv. 1825.
Riggs, Emma, 18594G. W. 1875. Inv. 1875.
Riggs, James, 10857G. W. 1814. Inv. 1815.
Riggs, Jane, 5189–5192G. B. 22, p. 254. W. 1780.
Riggs, Joseph, 5033–5034G. B. 21, p. 93. W. 1779.
Riggs, Joseph, 9584–9587G. B. 38, p. 247. W. 1799.
Riggs, Julia, 14759G. Inv. 1855.
Riggs, Julia, 15547G. Inv. 1861.
Riggs, Julia A., 16191G. Inv. 1865.
Riggs, Margaret, 14119G. W. & Cod. 1851. Inv. 1851.
Riggs, Miles, 2139–2146G. B. F, p. 229. Int. 1754. Inv. 1754. Ren. 1754.
Riggs, Permenas, 10081G. B. 40, p. 80. W. 1801. Inv. 1807.
Riggs, Rebecca, 16920G. Inv. 1869.
Riggs, Simeon, 9588–9593G. B. 38, p. 237. W. 1799. Inv. 1799.
Righter, Michael, 15548G. Inv. 1861.
Righter, William A., 26624G. W. 1896. Inv. 1897.
Rigney, John, 23314G. W. 1889.
Riker, Abraham, 19723G. W. 1879.
Riker, Abraham, 28628G. W. 1900.
Riker, Ann, 12256G. Inv. 1831. Wd.
Riker, Christina, 20386G. W. 1881.
Riker, David H., 18912G. Inv. 1876.
Riker, Eliza B., 23736G. W. 1890.
Riker, Hannah, 12352G. Inv. 1832.
Riker, Heta G., 11131G. W. 1818.
Riker, Isaac, 11429G. W. 1822. Inv. 1826.
Riker, Israel, 16921G. W. 1869. Inv. 1869.
Riker, Jacob, 11214G. W. 1819. Inv. 1819.
Riker, James H., 21079G. W. 1883. Inv. 1883.
Riker, John, 10544G. W. 1808. Inv. 1809.
Riker, Maria, 18596G. W. 1875. Inv. 1875.
Riker, Martha, 12096G. Inv. 1829.
Riker, Mary, 13067G. Inv. 1840.
Riker, Mary, 20039G. W. 1880. Inv. 1880.
Riker, Matthew, 16192G. W. 1865. Inv. 1865.
Riker, Michael, 11784G. Inv. 1826.
Riker, Peter J., 10501G. Inv. 1807.
Riker, Sechie, 11215G. W. 1819.
Riker, William, 12541G. W. 1834. Inv. 1834.
Riker, William, Jr., 11596G. Inv. 1824.
Riker, William, Sr., 27623G. W. 1898.
Riker, William P., 14413G. W. 1853. Inv. 1853.
Riley, Ann, 23737G. W. 1890.
Riley, Bernard, 18595G. W. 1875.
Riley, Bridget, 25159G. W. 1893.
Riley, Catherine, 22913G. W. 1888.
Riley, Ellen, 21466G. Inv. 1884.
Riley, Francis, 23315G. W. 1889.
Riley, George P., 26625G. W. 1896.
Riley, James, 14906G. W. 1856.
Riley, James, 16922G. W. 1869.
Riley, James, 17687G. W. 1872.

Riley, James, 17993G. Inv. 1873.
Riley, James, 22914G. W. 1888.
Riley, John, 15399G. Inv. 1860.
Riley, John, 21812G. W. 1885.
Riley, John A., 26116G. W. & Cods. (2) 1895.
Riley, Margaret, 22915G. W. 1888.
Riley, Margaret A., 26626G. Inv. 1896.
Riley, Mary, 22494G. W. 1887. Inv. 1887.
Riley, Mary, 24693G. W. 1892.
Riley, Mary, 28629G. W. 1900.
Riley, Matthew, 15400G. W. 1860.
Riley, Owen, Sr., 16193G. W. 1865.
Riley, Patrick, 16368G. W. 1866. Inv. 1866.
Riley, Patrick, 23738G. W. 1890.
Riley, Peter, 28109G. W. 1899.
Riley, Robert, 20744G. W. 1882.
Riley, Rose, 21465G. W. 1884.
Riley, Stephen, 16001G. Inv. 1864.
Rindell, Gilbert, Sr., 12353G. W. 1832. Inv. 1832.
Rindell, John, 27624G. W. & Cod. 1898.
Rindell, Sarah, 13752G. W. 1848.
Rindell, Sophia, 21080G. Inv. 1883.
Ringer, Charles, Sr., 25160G. W. 1893. Inv. 1893.
Ringer, Henry, 27126G. W. 1897.
Rines, Thomas, 20387G. Inv. 1881.
Ringleb, John, 18913G. W. 1876.
Rink, John, 16539G. W. 1867.
Riordan, Catherine, 21467G. W. 1884. Inv. 1885.
Riordan, John, 19464G. W. 1878.
Riordan, Mary, 22495G. W. 1887. Inv. 1888.
Riordan, Patrick H., 17154G. Inv. 1870.
Ripley, Abigail C. H., 27625G. W. 1898. Inv. 1898.
Ripley, David, 21081G. W. & Cod. 1883. Inv. 1883.
Ripley, John W., 25161G. W. 1893.
Ripley, Mary A., 26627G. W. & Cod. 1896. Inv. 1897.
Rippel, Susanna, 19724G. W. 1879. Inv. 1879.
Rirdoan, Mary, 22495G. W. 1887. Inv. 1888.
Risben, Patrick, 28630G. W. 1900.
Rishton, Ellen, 23316G. W. 1889.
Risley, John, 16369G. W. & Cod. 1866. Inv. 1866.
Rissel, Jacob, 28110G. W. 1899.
Rist, Bernhard, 16002G. W. 1864. Inv. 1864.
Rist, Catharine, 24694G. W. 1892.
Ritchie, Amelia, 27127G. W. 1897.
Ritchie, Charles G., Sr., 21468G. W. 1884. Inv. 1884.
Ritchie, Henry, 16715G. W. 1868. Inv. 1868.
Ritchie, Joanna J., 26628G. W. 1896.
Ritchie, Walter M., 20040G. W. 1880.
Ritger, Peter, Sr., 27626G. W. 1898.
Ritscher, Jacob, 21813G. W. 1885.
Ritt, Rosanna, 19185G. W. 1877.
Ritter, Christian, 27627G. W. 1898.
Ritter, Michael, 22916G. W. 1888.
Ritterbeck, Jacob, 28111G. W. 1899. Inv. 1899.
Rittershofer, Charles, 17688G. W. 1872.
Rittershofer, Maria, 17689G. W. 1872. Inv. 1872.
Rivers, Lewis, 11998G. W. 1828.
Rizzi, Charles, 25640G. W. 1894.
Roack, Margaret, 19725G. W. 1879. Inv. 1879.
Roalefs, Abigail T., 15039G. W. 1857. Inv. 1858.
Roalefs, Andrew, 16540G. W. 1867.
Roalefs, Isabella, 17412G. W. 1871. Inv. 1871.

Roalefs, James, 15040G. Inv. (2) 1857.

Robarts, Eunice, 11597G. W. 1824. Inv. 1825.

Robarts, John, 1755–1758G. B. E, p. 500. Grd. 1750.

Robarts, Moses, Sr., 10298G. W. 1804. Inv. 1804.

Robb, William, 23317G. W. 1889.

Robbins, George W. T., 26117G. W. 1895. Inv. 1895.

Robbins, James P., 14418G. Inv. 1853.

Roberson, Daniel, 11888G. Inv. 1827.

Roberson, David, 11785G. Inv. 1826.

Roberson, Mary, 3763–3766G. B. I, p. 213. W. 1768. Inv. 1768.

Roberson, William, Sr., 2085–2088G. B. F, p. 133. W. 1753. Inv. 1756.

Robert, Christopher, Sr., 11889G. W. & Cod. 1827.

Roberts, Ann, 20041G. W. 1880.

Roberts, Cornelius, 10155G. B. 40, p. 214. Int. 1802. Inv. 1803.

Roberts, Eleazer, 13650G. W. 1847. Inv. 1848.

Roberts, Elias, 15146G. Inv. 1858.

Roberts, Frederick, 24696G. Inv. 1892.

Roberts, Hugh, 4443–4446G. B. 19, p. 184. W. 1776.

Roberts, Hugh, Sr., 965–066G, 1075–1078G. B. C, p. 237. W. 1738. Inv. 1738.

Roberts, James, 21082G. W. & Cod. 1883.

Roberts, Jane, 27628G. W. 1898. Inv. 1899.

Roberts, John, 11271G. W. 1820. Inv. 1822.

Roberts, John, 19186G. W. & Cod. 1877. Inv. 1877.

Roberts, Joseph, 12823G. W. 1837.

Roberts, Joseph, 17155G. W. & Cod. 1870. Inv. 1870.

Roberts, Mary, 13460G. W. 1845.

Roberts, Mary, 22162G. W. 1886.

Roberts, Moses, 5929–5932G. B. 26, p. 504. Int. 1784. Inv. 1785.

Roberts, Moses, 10168G. B. 40, p. 83. Grd. 1802.

Roberts, Moses, 14414G. W. 1853. Inv. 1854.

Roberts, Nancy H., 13303G. W. 1843.

Roberts, Phebe, 16716G. W. 1868. Inv. 1868.

Roberts, Phebe D., 14604G. W. 1854.

Roberts, Rebecca A., 15819G. W. 1863. Inv. 1863.

Roberts, Samuel, 16194G. W. 1865. Inv. 1865.

Roberts, Sears, 15678G. Inv. 1862.

Roberts, Sears, Sr., 13651G. W. 1847. Inv. 1847.

Roberts, Susan, 16195G. W. 1865.

Roberts, Thomas H., 17690G. W. 1872.

Roberts, William, 10235G. B. 40, p. 418. Int. 1803. Inv. 1804.

Roberts, William, 15401G. Inv. 1860.

Roberts, William, Jr., 13379G. W. 1844.

Roberts, William H., 14120G. Inv. 1851.

Robertson, Charles F., 20745G. W. 1882. Inv. 1882.

Robertson, Elias C., 26118G. Inv. 1895.

Robertson, Jacob, 14121G. W. & Cod. 1851.

Robertson, John, 11270G. W. 1820. Inv. 1821.

Robertson, John, 11503G. W. 1823. Inv. 1823.

Robertson, Juliet L., 21083G. W., Copy, 1883. Inv. 1883, 1884.

Robertson, Morgan, 15677G. Inv. 1862.

Robertson, Nancy, 11216G. Inv. 1819.

Robertson, Samuel, Sr., 4831–4838G. B. 18, p. 679. W. 1778. Inv. 1778.

Robertson, Wesley, 16196G. W. 1865. Inv. 1865.

Robertson, William, 10928G. W. 1815. Inv. 1815.

Robeson, William, 19726G. Inv. 1879.

Robins, John, 14265G. Inv. 1852.

Robins, William, 6420–6423G. Int. 1786. Ren. 1786.

Robins, William, Sr., 8976–8979G. B. 36, p. 497. W. 1797. Int. 1797.

Robinson, Adam, 28112G. W. 1899.

Robinson, Amidee A., 25641G. W. 1894. Inv. 1894.

Robinson, Charles, 17691G. W. 1872. Inv. 1872.

Robinson, Charles E., 21469G. W. 1884.

Robinson, Diana, 16541G. W. 1857.

Robinson, Harriet L., 23739G. W. 1890.

Robinson, John, 10370G. W. 1805.

Robinson, John, 25642G. W. 1894.

Robinson, John, 28631G. Inv. 1900.

Robinson, Joseph H., 26629G. W. 1896. Inv. 1896. Dec. 1896.

Robinson, Lucuis A. S., 16003G. W. 1864. Inv. 1864.

Robinson, Margaret, 24697G. W. 1892.

Robinson, Mary, 18298G. W. 1874.

Robinson, Mary, 19192G. Inv. 1877.

Robinson, Mary, 26630G. Inv. 1896.

Robinson, Morton, 25162G. W. 1893. Inv. 1893.

Robinson, Nancy, 24225G. W. 1891. Inv. 1891.

Robinson, Robert O., 13304G. Inv. 1843.

Robinson, William I., 14122G. W. 1851. Inv. 1851. Ren. 1851.

Robison, John, Sr., 1079–1086G. B. C, p. 338. W. 1740. Inv. 1740.

Robison, John B. I., 21470G. W. 1884.

Robords, Amos, 10234G. B. 40, p. 243. Int. 1803. Inv. 1803.

Robords, Joseph, Sr., 3581–3584G. B. I, p. 178. W. 1766.

Robrecht, Amelia, 23318G. W. 1889.

Robrecht, Ignatius, 23319G. W. 1889.

Rocchi, Andrew, 28632G. W. 1900. Inv. 1901.

Roche, Mabel G., 28633G. W. 1900.

Roche, Nicholas, 5933–5937G. B. 26, p. 481. W. 1784. Ren. 1784.

Rochford, John A., 27128G. W. 1897.

Rock, James, 23740G. W. 1890.

Rock, Patrick, 25643G. W. 1894.

Rock, William, 2245–2246G. B. F, p. 257. Int. 1755.

Rockafellar, Harry, Sr., 18597G. W. 1875.

Rocke, Theresa, 16717G. W. 1868. Inv. 1869.

Rockwell, John T., 28113G. W. 1899.

Rockwood, Abigail A., 26631G. W. & Cod. 1896. Inv. 1896.

Rockwood, Joanna S., 21471G. W. 1884.

Rockwood, Sarah, 25163G. W. 1893.

Rodan, August, 28634G. W. 1900.

Rode, William, 19465G. W. 1878.

Roder, Elizabeth, 25644G. W. 1894.

Rodgers, Emma L., 27629G. W. 1898.

Rodgers, Hugh, 23741G. W. 1890. Inv. 1890.

Rodgers, Joanna, 14415G. W. 1853. Inv. 1853.

Rodgers, Mary F., 13305G. Inv. 1843.

Rodwell, Aaron M., 18914G. W. 1876. Inv. 1876.

Rodwell, George C., 27129G. W. 1897.

Roe, Edward, 19727G. Inv. 1879.

Roe, Jacob M., 25164G. W. 1893.

Roe, Mary, 24226G. Inv. 1891.

Roe, Sarah, 14266G. W. 1852. Inv. 1852.

Roeber, Dorothea, 26119G. W. 1895. Inv. 1895.
Roeber, Gustav, 25645G. W. 1894.
Roechling, Carl G., 20746G. W. 1882. Inv. 1884.
Roeder, Joseph, 19466G. W. 1878. Inv. 1878.
Roediger, John, 19187G. W. 1877.
Roelofson, Frederick E., 16197G. Inv. 1865.
Roemer, George, 22496G. Inv. 1887.
Roemmele, Adam, 27630G. W. 1898.
Roeser, Frederick W., 19728G. W. 1879.
Roeser, Herman, 24698G. Inv. 1892.
Roessler, John, 26120G. W. 1895. Inv. 1896.
Roessler, Lisette, 21814G. W. 1885.
Roessler, Mathilda, 25646G. W. 1894.
Roessler, Philip, 23320G. W. 1889.
Roff, Aaron, 10754G. Inv. 1812.
Roff, Abby, 13225G. W. 1842. Inv. 1842.
Roff, David S., 11217G. Inv. 1819.
Roff, Elizabeth, 13068G. Inv. 1840.
Roff, Erastus W., 24227G. W. & Cods. (3) 1891.
Roff, Frederick O., 13001G. W. 1839. Inv. 1839.
Roff, Mary L., 19729G. Inv. 1879.
Roff, Moses, 11679G. W. 1825. Inv. 1825.
Roff, Moses D., 12257G. Inv. 1831.
Roff, Sarah, 13226G. W. 1842.
Roff, Stephen, 13380G. W. 1844. Inv. 1844. Ren. 1844.
Rogenthal, Christian F., 24695G. W. 1892.
Rogers, Abagail, 10753G. Inv. 1812.
Rogers, Alden R., 12912G. Inv. 1838.
Rogers, Alfred H., Jr., 21084G. W. 1883.
Rogers, Alonzo D., 24228G. W. 1891.
Rogers, Andrew, 11786G. Inv. 1826.
Rogers, Anna M., 28114G. W. 1899. Ren. 1899.
Rogers, Bridget, 23742G. W. 1890.
Rogers, David, 5939-5942G. B. 26, p. 503. Int. 1784.
Rogers, David, 10858G. Inv. 1814.
Rogers, David, 16542G. Inv. 1867.
Rogers, Ebenezer P., 20388G. W. 1881.
Rogers, Eliza, 16004G. W. 1864. Inv. 1864.
Rogers, Elymus P., 15549G. W. 1861. Inv. 1861.
Rogers, Harriet E., 17994G. W. & Cod. 1873. Inv. 1874.
Rogers, Henry, 15270G. W. 1859. Inv. 1859.
Rogers, Hiram Y., 22917G. W. 1888.
Rogers, Jabez D., 15550G. W. 1861. Inv. 1861.
Rogers, James, 5943-5946G. B. 26, p. 499. Int. 1784. Ren. 1784.
Rogers, James, 10236G. B. 40, p. 333. Int. 1803.
Rogers, Jennie E., 21472G. W. 1884.
Rogers, John, 43G. B. A, p. 1. W. 1715 (?). Inv. 1716.
Rogers, Joseph, 9594-9598G, 10299G. W. 1799. Inv. 1804.
Rogers, Joseph, 10876G. Inv. 1814.
Rogers, Joseph, 11069G. W. 1817.
Rogers, Joseph, 28635G. W. 1900.
Rogers, Margaret L., 20747G. W. 1882. Inv. 1883.
Rogers, Mary, 16923G. W. & Cods. (3), 1869. Inv. 1869.
Rogers, Nicholas, 14909G. W. & Cod. 1856. Inv. 1857.
Rogers, Philip, 21473G. Inv. 1884.
Rogers, Rhoda, 14416G. W. 1853.
Rogers, Robert, 18598G. Inv. 1875.

Rogers, Rose, 14417G. W. 1853.
Rogers, Stephen W., 23321G. W. 1889.
Rogers, Thomas, 16370G. W. 1866. Inv. 1866.
Rogers, William, 12175G. W. 1830. Inv. 1830.
Rogers, William H., 28636G. W. 1900. Ord.
Rohmann, Leopold, 22497G. W. 1887.
Rohrer, Heinrich, 21474G. W. 1884.
Rohrer, John, 17692G. W. 1872.
Rohs, Andrew, 21815G. W. 1885.
Roland, George, 12731G. W. 1836. Inv. 1836.
Rolfe, Asa, 11004G. W. 1816. Inv. 1817.
Rolfe, George B., 25165G. W. & Cod. 1893.
Rolfe, Moses, 12097G. Inv. 1829.
Roll, Boltus, 12258G. W. 1831. Inv. 1831. Cv. 1831.
Roll, Brooks, 12625G. Inv. 1835.
Roll, Elizabeth J., 21475G. W. & Cod. 1884. Inv. 1884.
Roll, Isaac, 10599G. W. 1809.
Roll, Isaac, 14267G. W. 1852. Inv. 1852.
Roll, James W., 18599G. Inv. 1875.
Roll, John, Sr., 5507-5510G. B. 24, p. 5. W. 1782. Inv. 1782.
Roll, John, Sr., 10755G. W. 1812. Inv. 1817.
Roll, John D., 14123G. Inv. 1851.
Roll, Vesley, 14910G. Inv. 1856.
Roller, Charles, 19730G. Inv. 1879.
Roller, Jacob, Sr., 21476G. W. 1884.
Roller, John G., 22163G. W. 1886.
Rollinson, Abby M., 24699G. W. 1892. Inv. 1892.
Rollinson, John, 13994G. W. 1850.
Rollinson, Thomas, 13753G. W. 1848. Inv. 1849.
Rollo, Thomas, 14268G. W. 1852.
Rolph, Henry, Sr., 279-280G. B. A, p. 261. W. 1723.
Rolph, John, Sr., 1799-1800G, 1803-1806G. B. E, p. 374. W. 1750. Inv. 1754.
Romaine, Frank C., 22498G. W. 1887.
Romaine, Henry, 27631G. Inv. 1898.
Romanus, Betsy S., 22918G. W. 1888.
Romer, Julia E., 22164G. W. 1886.
Romer, Peter D., 28637G. W. 1900.
Romer, Richard, 16543G. W. 1867. Inv. 1867.
Romine, Thomas H., 25647G. W. 1894. Inv. 1894.
Rommel, August, 26632G. W. 1896.
Rommel, Conrad, 27130G. W. 1897.
Roome, Jane, 17693G. W. 1872.
Rooney, Catharine J., 28638G. W. 1900.
Rooney, John, 27632G. Inv. 1898.
Roos, Henry, 14605G. W. 1854.
Roosa, Phebe M., 17995G. W. 1873. Inv. 1873.
Root, Elisha, Jr., 13461G. W. 1845.
Root, Thomas S., 23743G. W. 1890.
Rorick, Mark, 15820G. W. 1863. Inv. 1863.
Roscoe, James, 12824G. W. 1837. Inv. 1837.
Rose, Edward, 13069G. Inv. 1840.
Rose, Elizabeth, 25648G. W. 1894. Inv. 1894.
Rose, John, 20748G. Inv. 1882.
Rose, Marie E., 17156G. Inv. 1870.
Rose, Sarah A., 28115G. W. 1899.
Rosenblaender, Maria, 17694G. W. 1872.
Rosencrantz, Mary S., 19467G. W. 1878.
Rosenfeld, Samson, 18915G. W. 1876. Inv. 1876. Rens. (2) 1876.
Roser, Hildegard, 21085G. W. 1883. Inv. 1883.
Rosney, Patrick, 18299G. W. 1874.
Ross, Aaron F., 17996G. W. 1873. Inv. 1873.
Ross, Aaron S., Sr., 27633G. W. 1898.
Ross, Abbe F., 24700G. Inv. 1892.

Ross, Alice M., 26121G. W. 1895.
Ross, Amanda, 15271G. Inv. 1859.
Ross, Ann, 26122G. W. 1895.
Ross, Benjamin, 2931–2934G. B. G, p. 345. Int. 1760. Ren. 1760.
Ross, Daniel, 4595–4596G. B. 19, p. 351. W. 1777.
Ross, Daniel, 3d, 3999–4006G. B. K, p. 257. Int. 1771. Inv. 1771. Ren. 1771.
Ross, David, 8062–8065G. B. 33, p. 395. Grd. 1794. Tr. 1794.
Ross, David, 4th, 8722–8723G. B. 35, p. 497. W. 1796.
Ross, David, Jr., 11132G. W. 1818. Inv. 1819.
Ross, David, Sr., 8724–8725G. Inv. 1795.
Ross, David, Sr., 11598G. W. 1824.
Ross, Ezekiel, 11070G. Inv. 1817.
Ross, George, 6424–6425G. B. 28, p. 428. Int. 1786.
Ross, George, 6426–6427G. B. 28, p. 425. Int. 1786.
Ross, George, 8066–8069G. B. 33, p. 359. W. 1794.
Ross, George, 10082G. B. 39, p. 454. Int. 1801.
Ross, George, 3d, 6216–6217G. B. 27, p. 373. Int. 1785.
Ross, George, Sr., 119–134G. B. A, p. 86. W. 1717. Inv. 1717. Ren. 1717. Acct. 1717, 1724.
Ross, George, Sr., 1801–1802G. B. E, p. 461. W. 1750.
Ross, George, Sr., 3767–3769G. B. K, p. 46. W. 1768.
Ross, George G., 14911G. W. 1856. Inv. 1856.
Ross, Hannah S., 8062–8065G. B. 33, p. 395. Wd. 1794. Tr. 1794.
Ross, Ichabod, 5947–5948G. B. 26, p. 501. Int. 1784.
Ross, Ichabod, 10639G. Inv. 1810.
Ross, Jacob, 3585–3587G. B. I, p. 144. W. 1766. Inv. 1767.
Ross, James, 281–286G. B. A, p. 244. Int. 1722. Inv. 1723. Acct. 1724.
Ross, James, 11787G. W. & Cod. 1826. Inv. 1828.
Ross, James, 11788G. W. 1826. Inv. 1827.
Ross, James, Sr., 13561G. W. 1846. Inv. 1846. Ren. 1846.
Ross, Jane T., 11890G. W. 1827. Inv. 1827.
Ross, Jane, 11272G. W. 1820. Inv. 1827.
Ross, John, 10237G. B. 40, p. 242. Int. 1803.
Ross, John, Jr., 9926–9935G. B. 33, p. 133. W. 1800. Inv. 1808.
Ross, John, Sr., 2147–2154G. B. F, p. 307. W. 1754. Inv. 1754.
Ross, John, Sr., 4313–4316G. B. L, p. 212. W. 1774.
Ross, John, Sr., 9232–9235G. B. 37, p. 306. W. 1798. Rens. (2) 1798.
Ross, John J., Sr., 18300G. W. 1874. Inv. 1875.
Ross, John M., 23322G. W. 1889.
Ross, Joseph, 11891G. Inv. 1827.
Ross, Moses, 10545G. W. 1808. Inv. 1808.
Ross, Moses T., 27634G. W. 1898. Inv. 1899.
Ross, Phebe A., 26633G. W. 1896. Inv. 1896.
Ross, Rachel, 10697G. W. 1811.
Ross, Samuel, 5331–5334G. B. 24, p. 28. Wd. 1781. Pt. 1781.
Ross, Sarah, 13754G. Inv. 1848.
Ross, Sarah H., 18600G. W. 1875. Inv. 1875.
Ross, Sarah J., 21477G. Inv. 1884.
Ross, Susan, 24229G. W. 1891.

Ross, Thomas, 3663–3666G. B. I, p. 197. W. 1767.
Ross, William, 11892G. Inv. 1827.
Ross, William B., 14760G. W. 1855.
Ross, William H., 16198G. W. 1865. Inv. 1865.
Ross, William L., 15041G. W. 1857. Inv. 1857.
Rossel, Thomas, 11504G. Inv. 1823.
Rossiter, Elizabeth, 14269G. W. 1852. Inv. 1853.
Rossiter, James, 19188G. Inv. 1877.
Rossiter, James, 21086G. Inv. 1883.
Rossman, Ferdinande, 21816G. W. 1885.
Rossmann, Peter, 23744G. W. 1890.
Rossnagel, William, 27131G. Inv. 1897.
Rost, Adam, 18301G. Inv. 1874.
Roten, Joseph, 17695G. W. 1872.
Roth, Caroline, 28116G. W. 1899. Ord. 1899.
Roth, David, 18916G. W. 1876.
Roth, Gottliebin, 25166G. W. 1893.
Roth, Henry, 17997G. W. 1873.
Roth, Jacob, Sr., 22499G. W. 1887.
Roth, John, 16924G. W. 1869.
Roth, John J., 26123G. W. 1895. Inv. 1895.
Roth, Louisa, 21817G. W. 1885. Inv. 1885.
Roth, Philipp, Sr., 27635G. W. & Cod. 1898. Inv. 1899.
Roth, Wilhelmina, 28117G. W. 1899. Inv. 1899.
Roth, William, 20042G. W. 1880.
Rothardt, Jacob, 15679G. W. 1862.
Rothardt, Regine, 17159G. W. 1870.
Rothchild, Jacob, 25649G. W. 1894.
Rothery, James L., 24701G. W. 1892.
Rothfuss, Caroline, 17413G. W. 1871. Inv. 1871.
Rothfuss, Jacob, 17157G. W. 1870. Inv. 1870.
Rothfuss, John M., 17414G. W. 1871.
Rothfuss, Mary, 17998G. W. & Cod. 1873. Inv. 1873.
Rothhardt, John H., 17158G. W. 1870.
Rothwell, Mary, 20749G. W. 1882.
Rotting, John G., 18302G. W. 1874.
Rotting, Margaretha, 18601G. W. 1875. Inv. 1875.
Rouke, Isabella, 15821G. Inv. 1863.
Rousby, Christopher, Sr., 411–414G. B. B, p. 101. W. 1728. Inv. 1728 (?).
Rousseau, Gustavus, 16199G. W. 1865.
Rowbotham, Ann, 25650G. W. 1894.
Rowe, Amanda M., 27636G. W. 1898.
Rowe, Andrew T., 16200G. W. 1865. Inv. 1865.
Rowe, Daniel, 6592–6595G. B. 29, p. 419. Wd. 1787. Pt. 1787.
Rowe, Daniel, 15272G. W. 1859.
Rowe, Elizabeth, 26124G. W. 1895.
Rowe, Henry, 2499–2500G. B. G, p. 22. Int. 1758.
Rowe, Henry D., 20751G. W. & Cod. 1882. Inv. 1882.
Rowe, Lewis H., 20752G. Inv. 1882.
Rowe, Lewis H., 21478G. Inv. 1884.
Rowe, Mary, 26634G. W. 1896.
Rowe, Matthew, 27132G. W. 1897. Ren. 1897. Test.
Rowe, Patrick, 19189G. Inv. 1877.
Rowe, Peter, 19731G. W. & Cod. 1879.
Rowe, Stephen, 25651G. W. 1894. Inv. 1894.
Rowe, Thomas C., 28118G. W. 1899. Inv. 1899.
Rowen, Martin, 16718G. W. 1868.

Rowens, Ann, 17999G. W. 1873. Inv. 1873.
Rowland, Elizabeth, 13306G. W. 1843. Inv. 1843.
Rowland, Harriet, 24702G. W. & Cod. 1892. Inv. 1892.
Rowland, Henry A., 15402G. W. 1860.
Rowley, Reuben, 23323G. W. 1889. Inv. 1889.
Rowley, Sarah G., 23324G. W. 1889.
Roworth, Mary D., 26635G. W. 1896.
Royse, Samuel C., 21087G. W. 1883. Inv. 1892.
Rozynkowski, Clara P., 16005G. W. 1864. Inv. 1864.
Rubsam, Christian, 24230G. W. 1891.
Rubsam, Herman, 27637G. W. 1898.
Ruckel, John E., 12825G. Inv. 1837.
Ruckel, Robert H., 13562G. Inv. 1846.
Ruddan, Patrick, 26636G. W. 1896.
Rudden, Eliza, 26125G. W. 1895.
Rudden, Mary, 22500G. W. 1887.
Rudden, Thomas, 21479G. W. 1884.
Ruderschmidt, John, 23325G. W. 1889.
Rudloff, Susanna, 27133G. W. 1897.
Rudman, John B., 23745G. W. 1890.
Rudolph, Adolph, 16544G. Inv. 1867.
Rudolph, Elizabeth F., 27117G. Inv. 1897.
Ruediger, Friedrick C., 26126G. W. 1895.
Ruffle, John, 24703G. W. 1892.
Ruggles, John A., 28119G. W. 1899. Inv. 1900.
Ruhl, Catharine, 23746G. Inv. 1890.
Ruhl, John, 25652G. W. 1894.
Ruick, Augusta, 20389G. Inv. 1881.
Ruland, Peter, 19732G. W. 1879. Inv. 1880.
Rule, Eliza J., 22165G. W. 1886.
Runalls, William, Sr., 9226–9231G. B. 37, p. 304. W. 1798. Inv. 1798.
Rundell, James H., 22167G. W. 1886.
Rundell, Phebe P., 25653G. W. & Cods. (2) 1894.
Rung, Jacob, 16371G. W. 1866. Inv. 1866.
Runyon, Abram, Jr., 17415G. W. 1871. Inv. 1871.
Runyon, David C., 22166G. W. 1886. Inv. 1886.
Runyon, David L., 23326G. Inv. 1889.
Runyon, Isabella C., 21088G. W. 1883.
Runyon, Job, 12626G. W. 1835. Inv. 1835.
Runyon, Lewis, 14419G. Inv. 1853.
Runyon, Martin, 13652G. Inv. 1847.
Runyon, Squire, 11789G. W. 1826. Inv. 1826.
Runyon, Squire, 19190G. W. 1877.
Runyon, Theodore, 26637G. W. & Cod. 1896. Inv. 1897. Ren. 1896.
Runyon, Thomas, 13653G. W. 1847. Inv. 1847. Ren. 1847.
Rupp, Charles, 27638G. W. 1898.
Rupp, Elisabeth, 28639G. W. 1900.
Rupp, Gertrude, 26638G. W. 1896.
Rupp, Joseph, 16925G. Inv. 1869.
Ruppel, Bernhard, 22919G. Inv. 1888.
Ruppel, Frederick, 20750G. W. 1882.
Ruppersberg, Leonhard, 14420G. Inv. 1853.
Ruppert, Anton, 20043G. Inv. 1880.
Rusby, Elizabeth, 18602G. W. & Cod. 1875. Inv. 1875.
Rusby, John, 26639G. W. 1896. Inv. 1897.
Rusco, Nathaniel, 3079–3080G. B. H, p. 14. Int. 1761.
Rusher, Thomas, 22501G. W. & Cod. 1887.
Rusling, Sarah H., 22502G. W. 1887. Inv. 1887.
Russell, Alexander, 15273G. W. 1859. Inv. 1862.

Russell, Alexander, 18000G. Inv. 1873.
Russell, Eliza, 21089G. W. 1883.
Russell, Isabella, 24231G. W. 1891.
Russell, John H., 18603G. W. & Cod. 1875. Inv. 1875.
Russell, Josephine M. P., 24704G. W. 1892. Inv. 1893.
Russell, Mary H., 26640G. W. 1896.
Russell, Patrick, 21480G. Inv. 1884.
Russell, Sarah, 11430G. W. 1822. Inv. 1822.
Russell, William, 11218G. W. 1819. Inv. 1819.
Russell, William D., 18917G. Inv. 1876.
Rust, Otto, 18918G. W. 1876. Inv. 1876.
Rutan, Abraham, 10371G. W. & Cod. 1805. Inv. 1805.
Rutan, Abraham, 13462G. Inv. 1845.
Rutan, Amzi, 25654G. W. 1894.
Rutan, Clarence B., 26127G. W. 1895. Inv. 1895.
Rutan, Frances, 13070G. W. 1840.
Rutan, Henry, 12542G. W. 1834. Inv. 1834.
Rutan, Henry S., 19191G. Inv. 1877.
Rutan, Hugh C., 12913G. W. 1838. Inv. 1838.
Rutan, Jane, 13878G. W. 1849. Inv. 1849.
Rutan, Jane, 20753G. W. 1882. Inv. 1882.
Rutan, John, 11999G. W. 1828. Inv. 1828.
Rutan, John, 12259G. Inv. 1831.
Rutan, John, 14421G. Inv. 1853.
Rutan, Mary, 12544G. W. 1834. Inv. 1834.
Rutan, Paul, 8438–8439G. B. 33, p. 500. Int. 1795.
Rutan, Samuel, Sr., 4839–4840G. B. 20, p. 95. W. 1778.
Rutan, Samuel H., 16201G. Inv. 1865.
Rutgers, Anthony, 12732G. W. 1836.
Rutgers, Gerard, 12260G. W. 1831.
Rutgers, Robert, 11505G. W. 1823.
Ruther, Erdwin, 18604G. W. 1875. Inv. 1875.
Rutherford, Walter, 16719G. W. 1868.
Rutledge, Harriet E., 26641G. W. 1896.
Ruton, Henry, 6478–6480G. B. 28, p. 429. Grd. 1786. Pt. 1786.
Ruttiger, Philip, 28120G. W. 1899. Inv. 1899.
Ryan, Ann, 27639G. Inv. 1897.
Ryan, Dennis, 17160G. W. 1870. Inv. 1870.
Ryan, John, 15403G. Inv. 1860.
Ryan, Martin, 10156G. B. 40, p. 172. Int. 1802.
Ryan, Mary, 26642G. W. 1896.
Ryan, Mathew, 18001G. W. 1873.
Ryan, Patrick, 25655G. Inv. 1894.
Ryan, Thomas, 25167G. W. 1893.
Ryder, Thomas, 16372G. Inv. 1866.
Ryen, Celia, 21481G. W. 1884. Inv. 1885.
Ryen, John, Sr., 20044G. W. 1880.
Ryer, Catharine, 24232G. Inv. 1891.
Ryer, William, Sr., 13156G. W. 1841. Inv. 1841.
Ryerson, George C., 24705G. Inv. 1892.
Ryerson, Mariana, 18303G. W. & Cod. 1874. Inv. 1874.
Ryerson, Tomesine, 11273G. W. 1820. Inv. 1820.
Ryker, Abraham, 6858–6861G. B. 38, p. 88. W. 1789.
Ryker, Jacob, 2741–2742G. Int. 1759.
Ryno, Charles, 12826G. W. 1837. Inv. 1837.
Ryno, Ephraim, 9936–9943G. B. 39, p. 8. W. 1800. Inv. 1800.
Ryno, Esek, 12914G. W. 1838. Inv. 1838.
Ryno, John, 11219G. W. 1819. Inv. 1819.
Ryno, Peter, 10859G. Inv. 1814.

Saub, Edward, 22923G. Inv. 1888.
Sauer, Adam, 28642G. W. 1900.
Sauer, Franz, 27139G. W. 1897.
Sauer, William, 24709G. W. 1892.
Sauerwein, Eva, 20759G. W. 1882. Inv. 1882.
Saul, Hermann, 15043G. W. 1857.
Sault, Marcella, 21483G. Inv. 1884.
Saunders, Alexander, 11005G. W. 1816. Inv. 1816.
Sautermeister, Augusta, 23748G. W. 1890. Inv. 1890.
Sautermeister, Ferdinand, 16007G. Inv. 1864.
Sautter, Frederick, 21092G. W. 1883. Inv. 1883.
Savage, Charles A., 28122G. W. 1899.
Savage, Elizabeth, 20048G. W. 1880.
Savage, Israel S., 15276G. Inv. 1859.
Savage, Jameson H., 20391G. Inv. 1881.
Savage, Jason, 16008G. Inv. 1864.
Savage, Moetta M., 18920G. Inv. 1876.
Savage, William, 28643G. W. 1900.
Savale, John C., 22924G. W. 1888.
Sawyer, Rachel A., 27140G. W. 1897. Inv. 1897.
Saxon, Helen, 18605G. W. 1875. Inv. 1875.
Say, John, 8440–8443G. B. 33, p. 499. Int. 1795.
Sayers, Phebe, 15551G. W. 1861. Inv. 1861.
Sayles, Thomas, 20392G. W. 1881. Inv. 1881.
Sayre, Abner, 10502G. W. 1807.
Sayre, Albert, 18921G. Inv. 1876.
Sayre, Alexander, 13307G. W. 1843. Inv. 1843.
Sayre, Aram G., 28123G. W. 1899.
Sayre, Caleb, 1971–1974G. B. F, p. 70. W. 1752.
Sayre, Catharine, 26128G. W. 1895. Inv. 1896.
Sayre, Daniel, 2941–2946G. B. G, p. 248. W. 1760. Inv. 1760.
Sayre, Daniel, Sr., 289–290G. B. A, p. 246. W. 1722. Inv. 1723.
Sayre, Daniell, Sr., 3289–3294G. B. H, p. 256. W. 1763. Inv. 1764. Acct. 1766.
Sayre, Eliza, 19468G. Inv. 1878.
Sayre, Elizabeth R., 28124G. W. 1899.
Sayre, Ephraim, 1399–1404G. B. D, p. 386. Int. 1746. Inv. 1750. Ren. 1746.
Sayre, Ephraim, 5837–5840G. B. 26, p. 506. Grd. 1784. Pt. 1784.
Sayre, Ephraim, Sr., 10300G. W. 1804. Inv. 1806.
Sayre, Esther, 14761G. Inv. 1855.
Sayre, Ezekiel, 13996G. Inv. 1850.
Sayre, Ezra, 4399–4400G. B. L, p. 306. W. 1775.
Sayre, Fanny, 16203G. W. 1865. Inv. 1865.
Sayre, George W., 14271G. Inv. 1852.
Sayre, Isaac, 12098G. Inv. 1829.
Sayre, Isaac, 12627G. Inv. 1835.
Sayre, James, 665–666G. B. B, p. 306. W. 1732.
Sayre, James R., 27141G. W. 1897. Inv. 1897.
Sayre, James R., Sr., 24710G. W. & Cods. (2) 1892. Inv. 1892.
Sayre, Job, 13308G. W. 1843. Inv. 1843.
Sayre, John, 3669–3672G. B. I, p. 139. W. 1767. Inv. 1767.
Sayre, John, 24711G. W. 1892.
Sayre, John H. H., 14606G. Inv. 1854.
Sayre, John R., 14915G. W. 1856. Inv. 1859.
Sayre, Jonathan, 667–669G. B. B, p. 286. W. 1732.

Sayre, Jonathan, 3161–3168G. B. H, p. 198. W. 1762. Inv. 1764.
Sayre, Mary, 15044G. Inv. 1857.
Sayre, Mary A., 12355G. Inv. 1832.
Sayre, Miriam, 12827G. W. 1837. Inv. 1837.
Sayre, Moses, 19469G. W. & Cods. (2) 1878. Inv. 1878.
Sayre, Moses Y., 26129G. W. 1895.
Sayre, Noah, 9300–9303G. B. 37, p. 317. Grd. 1798. Pt. 1798.
Sayre, Noah, 13756G. W. 1848. Inv. 1848.
Sayre, Noah, Elizabeth, 6752–6753G. B. 31, p. 245. Wds. 1787.
Sayre, Samuel, 13880G. W. 1849. Inv. 1849.
Sayre, Sarah, 4447–4448G. B. M, p. 30. Int. 1776.
Sayre, Stephen, 13881G. Inv. 1849.
Sayre, Stephen M., 26644G. W. 1896.
Sayre, William, 12001G. W. 1828.
Sayre, William, 13157G. W. 1841. Inv. 1841.
Sayre, William, 13997G. Inv. 1850.
Sayre, William, Jr., 11359G. Inv. 1821.
Sayre, William P., 23332G. W. 1889.
Sayre, William R., 17163G. W. 1870. Inv. 1871.
Sayres, Caleb, Jr., 11431G. W. 1822. Inv. 1824.
Sayres, Caleb S., 7554–7557G. B. 34, p. 43. Grd. 1792. Pt. 1792.
Sayres, James, 13309G. W. 1843. Inv. 1843.
Sayres, John B., 13464G. Inv. 1845.
Sayres, Jonathan, 10930G. W. 1815. Inv. 1816.
Sayres, Joseph, 13755G. W. 1848. Inv. 1850.
Sayres, Josiah B., 12734G. W. 1836.
Sayres, Mary, 13071G. W. 1840. Inv. 1840.
Sayres, Matthias, 7558–7563G. B. 34, p. 39. W. 1792. Inv. 1792.
Sayres, Noah, 7554–7557G. B. 34, p. 43. Wd. 1792. Pt. 1792.
Sayres, Stephen, 4845–4846G. B. 20, p. 1. Int. 1778.
Sayres, Uzal, 12547G. W. 1834. Inv. 1834.
Sayrs, Caleb, 12176G. W. 1830.
Sayrs, Caleb, 12733G. Inv. 1836.
Sayrs, David, 10812G. Inv. 1813.
Sayrs, James C., 19193G. Inv. 1877.
Sayrs, Jane, 12177G. W. 1830.
Sayrs, John, 8444–8449G. B. 33, p. 499. Int. 1795. Inv. 1800.
Sayrs, Joseph, Jr., 10756G. Inv. 1812.
Sayrs, Sarah, 11506G. Inv. 1823.
Sbarbaro, Giovanni M., 28644G. W. 1900.
Scarlett, Mary, 25173G. W. 1893.
Schaadt, Ferdinand, 21820G. W. 1885.
Schaadt, Sophia, 24711G. W. 1892.
Schaaf, John, 26130G. W. 1895.
Schaaf, Jost, 22925G. Inv. 1888.
Schaber, Charles A., 23749G. W. 1890.
Schaedel, Margaretha, 26131G. W. 1895.
Schaef, Anton, 20393G. W. 1881.
Schaef, William A., 23333G. W. 1889.
Schaefer, Catherine, 26132G. W. & Cod. 1895.
Schaefer, Elizabeth B., 20394G. W. 1881.
Schaefer, Emil, 25175G. W. 1893.
Schaefer, Frederick, 23334G. W. 1889.
Schaefer, Frederick, 23750G. W. 1890.
Schaefer, Henry K., 21093G. W. 1883. Inv. 1884.
Schaefer, Jacob, 16547G. W. 1867.
Schaefer, John M., 22171G. W. 1886.
Schaeffer, Adolph, 25174G. W. 1893.
Schaeffer, Dorothea, 26645G. W. 1896.
Schaeffer, Frederick, 21821G. W. 1885.

Schimdt, Gottlieb, 23757G. W. 1890.
Schmidt, Henry G., 18606G. W. 1875.
Schmidt, Herrman, 18607G. W. 1875.
Schmidt, Jacob, 16723G. W. 1868. Inv. 1869.
Schmidt, John, 22507G. Inv. 1887.
Schmidt, John, Sr., 23759G. W. 1890. Inv. 1890.
Schmidt, John F., 17165G. W. 1870.
Schmidt, Joseph, 16010G. Inv. 1864.
Schmidt, Julius, 22508G. W. 1887.
Schmidt, Louis, 21823G. W. 1885.
Schmidt, Margaretta, 20051G. W. 1880.
Schmidt, Maria, 28134G. W. 1899.
Schmidt, Maria E., 23760G. W. & Cod. 1890. Inv. 1890.
Schmidt, Rosina, 21490G. W. 1884.
Schmidt, Valentine, 22930G. W. 1888.
Schmidt, William, 18308G. W. 1874.
Schmidt, William G., 22174G. Inv. 1886.
Schmitt, Adam, 23338G. W. 1889.
Schmitt, Anna M. F. S. C., 16929G. W. 1869.
Schmitt, Augustin, 16549G. W. 1867. Inv. 1867.
Schmitt, Caspar, 18004G. W. 1873.
Schmitt, Christoph, 21824G. W. 1885.
Schmitt, Frederick, 15405G. W. 1860. Inv. 1862.
Schmitt, George, 17417G. W. 1871. Inv. 1871.
Schmitt, Gotthart, Sr., 14762G. W. 1855, Inv. 1857.
Schmitt, Jacob, 18926G. Inv. 1876.
Schmitt, Jacob I., 24240G. Inv. 1891.
Schmitt, Michael, 20399G. W. 1881.
Schmitt, Nicolaus, 17166G. W. 1870.
Schmitt, Rosa R., 27645G. W. 1898. Inv. 1898. Ord. 1898.
Schmitt, Wilhelmina D., 27143G. W. 1897.
Schmittberger, George C., 18927G. W. 1876. Inv. 1876.
Schmittberger, Sebastian, 16930G. W. 1869.
Schmitz, Christian, 28654G. W. 1900.
Schmitz, Sophia, 16724G. W. 1868.
Schmon, Barbara, 28655G. W. 1900.
Schnapp, Nicholas, 15406G. Inv. 1860.
Schnautz, Anna, 26145G. W. 1805.
Schneider, Bennett B., Sr., 28136G. W. 1899.
Schneider, Charles C., 26137G. W. 1895.
Schneider, Elizabeth, 23339G. W. 1889.
Schneider, Elizabeth, 28656G. W. 1900.
Schneider, George, Sr., 19472G. W. 1878. Inv. 1878, 1879.
Schneider, Henry, 22931G. Inv. 1888.
Schneider, John H., Sr., 14763G. W. 1855. Inv. 1863.
Schneider, William, Sr., 19197G. W. 1877. Inv. 1877.
Schneikeirt, August, 15407G. W. 1860.
Schnellbacher, Ellen E., 17418G. W. 1871. Inv. 1871.
Schnellbacher, Hieronymus, 23340G. W. 1889.
Schnellbacher, John, 19473G. W. 1878. Inv. 1878.
Schnellbacher, Margaretha E., 28137G. W. 1899.
Schnelle, Regina, 18929G. W. 1876.
Schnepel, Amelia W., 27651G. W. 1898.
Schniffner, Emil, 19475G. W. 1878. Inv. 1878.
Schoch, Emilie F., 28145G. W. 1899.
Schoch, James W., 28657G. W. 1900.
Schoch, Samuel, 26138G. W. 1895. Inv. 1895.
Schoenbein, Mary J., 17701G. W. 1872.
Schoenberger, Andrew, 16931G. Inv. 1869.
Schoene, John, 23761G. W. 1890.
Schoener, Charles, 22509G. Inv. 1887.

Schoenewolf, Louise J., 28658G. W. 1900.
Schoenhuth, Catharine, 19474G. W. 1878. Inv. 1878.
Schoenthal, Emilie, 21098G. W. 1883. Inv. 1883.
Scholl, Anna M., 27144G. W. 1897.
Scholl, Gerhard, 17419G. W. 1871. Inv. 1872.
Scholl, Henry, 25662G. W. 1894.
Schollmeyer, Christian, 14607G. Inv. 1854.
Schoner, Christian, 13882G. W. 1849.
Schonerwolf, William, 14608G. W. 1854.
Schonher, James E., 22173G. Inv. 1886.
Schoonmaker, Daniel, 11360G. Inv. 1821.
Schoonmaker, Daniel, 27646G. W. 1898. Inv. 1899.
Schoonmaker, Henry, Sr., 11274G. W. 1820. Inv. 1820.
Schopfer, William F., 27647G. W. 1898.
Schoppe, Matilda A., 22932G. W. 1888.
Schork, Katherina, 23762G. Inv. 1890.
Schott. Henry, 27648G. W. 1898.
Schrader, Henry, 15826G. W. 1863.
Schrader, Louisa, 20400G. W. 1881. Inv. 1881.
Schraft, Bernhard, 25663G. W. 1894.
Schreiber, John B., 17702G. W. 1872. Inv. 1872.
Schreiber, Peter, 27649G. W. 1898.
Schreiner, Anthony, 16011G. Inv. 1864.
Schrenk, Agnes, 23753G. W. 1890.
Schrenk, Joseph, 23756G. W. 1890.
Schreyer, Katharine, 21825G. W. 1885.
Schreyer, Katharina, 25180G. Inv. 1893.
Schriek, Walter, 27650G. W. 1898.
Schroeder, Adam, 17420G. Inv. 1871.
Schroeder, Catherine J., 16932G. W. 1869. Inv. 1869.
Schroeder, Fritz, 27145G. W. 1897.
Schroeder, John W., 26647G. W. 1896.
Schroeder. Max, 21826G. W. 1885.
Schropp, Roman, 21491G. W. 1884.
Schrumpf. George, 16012G. W. 1864.
Schubert, Barbara, 18608G. W. 1875.
Schubert. Valentin, 22933G. W. 1888.
Schuck, Katherina, 26139G. W. 1895.
Schueler, John, 28659G. W. 1900.
Schueler, Mary, 24716G. W. 1892.
Schuermann, Frederick W., 15824G. W. 1863.
Schuessler. Valentin, 24241G. W. 1891.
Schuetz, Michael, 21103G. W. 1883.
Schuff, Johanna, 26140G. W. 1895.
Schug, George, 27652G. W. 1898. Ren. 1898.
Schuh, Catharine, 27653G. W. 1898.
Schuh, Charles. 25664G. W. 1894.
Schuh, Maria C., 27654G. W. 1898. Ord. 1898.
Schuhmann, Johann G., 21099G. W. 1883.
Schuhmann. Maria, 21492G. W. 1884.
Schuler, Sophie. 27655G. W. 1808.
Schulke, Christian A., 22934G. W. 1888.
Schulke, Emilie, 22935G. W. 1888.
Schulte, Edward, 26648G. W. 1896.
Schulte, John A., 24717G. W. 1892. Inv. 1892.
Schulte, Julia A., 27147G. W. 1897. Inv. 1898.
Schulte, Peter J., 25665G. W. & Cod. 1894.
Schultheis, Peter, 26141G. W. 1895.
Schultz, August, 15408G. Inv. 1860.
Schultz, Bernhart, 13998G. W. 1850.
Schultz, Dorothea, 21102G. Inv. 1883.
Schultz, Magdalena, 24718G. W. & Cod. 1892.
Schulz, Maria, 17703G. W. 1872. Inv. 1872.

Schumacher, Catharine, 19476G. W. 1878. Inv. 1878.
Schumacher, Margaret, 26143G. W. 1895.
Schumann, Henrietta G., 28660G. W. 1900.
Schunnefider, Francis, 14918G. Inv. 1856.
Schureman, Albert B., 15278G. W. 1859. Inv. 1860.
Schurholz, Charles, 20401G. W. 1881.
Schurman, Anna M. C., 27656G. W. 1898.
Schurmann, Adam H., 18609G. W. 1875.
Schuster, Anna M., 22175G. W. 1886.
Schuster, Anton, 22176G. W. 1886.
Schuster, Joseph, 24242G. W. 1891.
Schutt, Godfrey, 19735G. W. 1879.
Schutz, Andrew, 25666G. W. 1894. Inv. 1894.
Schuyler, Mary, 11133G. W. 1818.
Schwabacher, Julius, 26142G. Inv. 1895.
Schwahl, Charles, 17167G. Inv. 1870.
Schwalb, Jacob, 16550G. Inv. 1867.
Schwalb, Peter, 14919G. W. 1856.
Schwankert, Magdalena, 19477G. W. 1878.
Schwartz, Adam, 19736G. W. 1879.
Schwartz, Philip J., 23341G. W. 1889.
Schwartzwalder, Franz, 17421G. Inv. 1871.
Schwarz, Adelheid, 20402G. Inv. 1881.
Schwarz, Andrew, 17704G. W. 1872. Inv. 1872.
Schwarz, Emanuel, 21827G. W. 1885. Inv. 1885.
Schwarz, George P., 24719G. W. 1892.
Schwarz, John S., 27148G. W. 1897.
Schwarz, Lina, 26144G. W. 1895. Inv. 1898.
Schwarz, Philip, 18928G. W. 1876.
Schwarzwald, Mariam, 23763G. W. 1890. Inv. 1891.
Schwarzwalder, Jacob, 14764G. Inv. 1855.
Schwedes, Henry, 23764G. W. 1890.
Schweinforth, Christian, 15827G. Inv. 1863.
Schweitzer, Catharine, 20052G. Inv. 1880.
Schweitzer, Conrad, 19737G. W. 1879. Inv. 1879.
Schweitzer, Franz, 18309G. W. 1874. Inv. 1874.
Schweitzer, Franz J., 18005G. W. 1873. Inv. 1873.
Schweitzer, John, 23765G. W. 1890. Inv. 1891.
Schweitzer, Kresensia, 22936G. W. 1888.
Schweitzer, Philip, 27149G. W. 1897.
Schweitzer, Theobista, 21104G. W. 1883.
Schwendler, Frederick, 23766G. W. 1890. Inv. 1890.
Schwenke, Louis, 16551G. W. 1867. Inv. 1867.
Schwerin, Isaac, 22937G. W. 1888.
Schwertfuhrer, Joseph, 20053G. W. 1880. Inv. 1880.
Schwinn, Henry, 28661G. W. 1900.
Schwirten, Richard, 24720G. W. 1892.
Schwitzgabele, John F., 26146G. W. 1895.
Schwodes, Sophie, 23767G. W. 1890.
Sciscio, Nicola, 28140G. Inv. 1899.
Scofield, Letitia, 25181G. W. 1893.
Scot, Alexander, 3393–3402G. B. H, p. 462. W. 1764. Int. 1764. Rens. (2) 1764. Acct. 1765. Lt. 1764.
Scot, Samuel, 265–266G, 287–288G. B. A, p. 280. Int. 1723. Inv. 1723.
Scott, Gavin, 10931G. W. & Cod. 1815. Inv. 1815.
Scott, James, 15149G. Inv. 1858.
Scott, John A., 21105G. W. 1883. Inv. 1883.
Scott, John B., 22177G. W. 1886. Inv. 1886.
Scott, John S., 28662G. W. 1900.

Scott, Jonas, Sr., 13883G. W. 1849. Inv. 1849.
Scott, Margaret, 13654G. W. 1847. Inv. 1847.
Scott, Mark, 11893G. Inv. 1827.
Scott, Mather, 10641G. Inv. 1810.
Scott, Orange, 13655G. W. 1847. Inv. 1847.
Scott, Robert, 12356G. Inv. 1832.
Scott, Stephen F., 13564G. Inv. 1846.
Scott, William, 8458–8461G. B. 33, p. 484. W. 1795. Inv. 1795 (?).
Scribner, Marietta, 28663G. W. 1900.
Scudder, Abijah, 6862–6863G. B. 30, p. 213. W. 1789.
Scudder, Benjamin, 1215–1220G. B. D, p. 37. W. 1743. Inv. 1743.
Scudder, Benjamin, 13465G. Inv. 1845.
Scudder, Benjamin, 11432G. W. 1822.
Scudder, Benjamin, 3d, 10240G. B. 40, p. 242. Int. 1803. Inv. 1805.
Scudder, Benjamin R., 11361G. Inv. 1821.
Scudder, Betsy, 18310G. W. 1874. Inv. 1874.
Scudder, David B., 13565G. W. 1846.
Scudder, Eliza, 22510G. W. 1887.
Scudder, Isaac, 12152G. Inv. 1830.
Scudder, Jacob G., 27150G. W. 1897. Inv. 1897.
Scudder, Jane M., 22511G. W. 1887. Inv. 1887.
Scudder, John, 10238G. B. 40, p. 214. Int. 1802. Inv. 1803.
Scudder, John, 13757G. W. 1848. Inv. 1848.
Scudder, John, Jr., 2507–2508G. B. F, p. 524. Int. 1758.
Scudder, John, Jr., Henry N., 10239G. B. 40, p. 244. Wds. 1803. Tr. 1803.
Scudder, John, Sr., 4611–4612G. B. 19, p. 460. W. 1777.
Scudder, John, Sr., 7368–7375G. B. 32, p. 490. W. 1791. Inv. 1792.
Scudder, John N., 13566G. W. 1846.
Scudder, Jonathan, 5035G, 5039–5042G. B. 22, p. 32. Int. 1779. Inv. 1779.
Scudder, Joseph, 7078–7079G. B. 30, p. 360. Int. 1790.
Scudder, Philip C., 22512G. W. 1887. Inv. 1887.
Scudder, Rachel, 11222G. Inv. 1819.
Scudder, Rebecka, 12002G. W. 1828. Inv. 1828.
Scudder, Richard, 3295–3299G. B. H, p. 247. Wd. 1763. Rcpt. 1771. Pt. 1763.
Scudder, Richard, 6430–6433G. B. 28, p. 349. W. 1786. Ren. 1786.
Scudder, Sally, 12178G. W. 1830. Inv. 1830.
Scudder, Samuel, Sr., 4847–4852G. B. 20, p. 19. W. 1778. Inv. 1780 (?).
Scudder, Sarah C., 13999G. W. 1850. Inv. 1850.
Scudder, Smith, 13567G. Inv. 1846.
Scudder, Stites, 10757G. Inv. 1812.
Scudder, Thomas, 499G. B. B, p. 153. Grd. 1729.
Scudder, Thomas, 10758G. W. 1812. Inv. 1812.
Scudder, Thomas, Sr., 3081–3088G, 3501–3508G. B. G, p. 347. W. 1761. Inv. 1761. Acct. 1765.
Scudder, William M., 14000G. Inv. 1850.
Scuder, John, Sr., 1051–1057G. B. C, p. 278. W. 1739. Inv. 1739.
Scull, John W., 20403G. Inv. 1881.
Scully, William, 27151G. W. 1897. Inv. 1898.
Seabury, Ann, 15683G. W. & Cod. 1862.
Seabury, John S., 16206G. W. 1865.
Seabury, Robert S., 16013G. W. 1864.

Sealy, Lydia A., 21828G. W. 1885.
Seaman, Catharine J., 13758G. Inv. 1848.
Seaman, Edmund, 10157G. B. 40, p. 146. Int. 1802. Inv. 1803
Seaman, Tobias D., 15279G. Inv. 1859.
Searing, Albert, Sr., 28138G. W. 1899.
Searing, Elizabeth, 18311G. W. 1874.
Searing, Esther, 9944-9947G. B. 39, p. 189. Int. 1800. Inv. 1801.
Searing, Ichabod, 10083G. B. 39, p. 248. Int. 1801. Inv. 1801.
Searing, Jacob, 2947-2950G. B. G, p. 192 Int. 1760. Ren. 1760?
Searing, Jacob, 10313G. B. 40, p. 421. Grd. 1804.
Searing, Jacob, 11599G. W. 1824. Inv. 1824.
Searing, James, 15552G. W. 1861. Inv. 1861.
Searing, John, Sr., 6754-6757G. B. 31, p. 240. W. 1788.
Searing, John D., 21493G. W. 1884. Inv. 1884.
Searing, Joseph, 7080-7085G. B. 30, p. 341. W. 1790. Inv. 1790.
Searing, Leander, 22178G. W. 1886.
Searing, Lucinda M., 24721G. W. & Cod. 1892. Inv. 1892.
Searing, Noah, 10373G. Inv. 1805.
Searing, Phebe, 2981-2956G. B. G, p. 293 W. (2) 1760. Int. 1760.
Searing, Samuel, Sr., 967-970G. B. C, p. 219. W. 1738. Inv. 1738.
Searing, Samuel W., 14765G. Inv. 1855.
Searing, Simon, 2957-2958G. B. G, p. 194. W. 1760.
Searing, Simon, 8450-8457G. B. 36, p. 16. W. 1795. Inv. 1801.
Searing, Simon, 10158G. Inv. 1802.
Searing, Simon, 15684G. Inv. 1862.
Searing, Simon, Sr., 831-833G. B. C, p. 64. W. 1735. Inv. 1735.
Searing, Warren, 17705G. W. 1872.
Searing, William M., 22513G. W. 1887.
Searles, William N., 14609G. Inv. 1854.
Sears, David, 5045-5046G. B. 22, p. 39. Int. 1779.
Sears, Ebenezer, 3509-3510G. B. H, p. 423. Int. 1765.
Sears, George B., 19198G. W. 1877. Inv. 1877.
Sears, Henry, 14001G. Inv. 1850.
Sears, John, Jr., 5043-5044G. B. 22, p. 12. Int. 1779.
Sears, Kezia, 15828G. Inv. 1863.
Sears, Moses, 6218-6219G. B. 27, p. 379. Int. 1785.
Sears, Sophia S., 24243G. W. 1891.
Seaton, Horace, 24244G. W. 1891.
Seaton, John, 13656G. Inv. 1847.
Seaver, Benjamin F., 16375G. W. 1866. Inv. 1866.
Seaver, Mary D., 23342G. W. 1889.
Seaver, Mary E., 19738G. W. 1879.
Seaver, William R., 26649G. Inv. 1896.
Sebek, Francis, 23768G. Inv. 1890.
Sebring, Alexander W., 18930G. Inv. 1876.
Sedgwick, John, 16376G. W. 1866. Inv. 1867.
Sedgwick, Olive, 18006G. W. 1873. Inv. 1873.
Sedille, Marie S., 16207G. W. 1865.
Seeburger, Blasius, 19199G. W. 1877.
Seeburger, George, 22179G. W. 1886.
Seeger, Caroline, 20765G. Inv. 1882.
Seehuber, Charles F., 20766G. Inv. 1882.
Seeley, Nathan E., 21829G. W. 1885. Inv. 1885.

Seely, Christopher, 2929-2930G. B. G, p. 169. Grd. 1760.
Seelmann, Benedict, 18312G. W. 1874. Inv. 1874.
Segler, Daniel, 2155-2160G. B. F, p. 165. W. 1754. Int. 1754. Ren. 1754.
Segler, Henry, 2509-2510G. B. F, p. 403. Int. 1757.
Seiberling, John, 27657G. W. 1898.
Seibert, Henry, Sr., 20054G. W. 1880.
Seidel, George, 17168G. W. 1870. Inv. 1870.
Seidler, Frank, 27152G. Inv. 1897.
Seidler, Louise, 27658G. W. 1898.
Seidler, Thomas, 27153G. W. 1897.
Seifert, Carl, 28139G. W. 1899.
Seiler, Anna M., 22180G. W. 1886.
Seiler, Frederick, 18931G. Inv. 1876.
Seiler, Josephine, 24246G. W. 1891.
Seiler, Lorenzo, 16208G. W. 1865.
Seiller, Claude, 24247G. W. 1891.
Seiple, Jacob, Sr., 13381G. W. 1844. Inv. 1844.
Seitel, Louise W., 26650G. W. 1896.
Seitz, Carl A., 27659G. Inv. 1898.
Seitz, Carl F., 27154G. W. 1897. Inv. 1897.
Seker, Lorenz, 22514G. W. 1887.
Sel, Louis, 25667G. W. 1894.
Selby, Sarah, 26147G. W. & Cod. 1895.
Seldon, Samuel, 11600G. W. 1824.
Selek, Frederick, 17422G. W. 1871. Inv. 1871.
Selig, Frederick, 17169G. W. 1870. Inv. 1870.
Selleck, Cordelia, 23343G. W. 1889. Inv. 1889.
Sellers, James, Jr., 14610G. Inv. 1854.
Semon, Adam, 20767G. Inv. 1882.
Sende, Peter, 13310G. Inv. 1843.
Seng, Barbara, 18007G. W. 1873.
Sennett, Bridget, 22515G. W. 1887.
Sennett, Rosa, 26651G. W. 1896.
Sennett, William, 19200G. W. 1877.
Sepp, John, 25182G. W. 1893.
Sergeant, Jonathan, 671-672G. Inv. 1732.
Serrin, Esther, 9944-9947G. B. 39, p. 189. Int. 1800. Inv. 1801.
Seszler, Konrad, 22516G. W. 1887.
Seubert, Michael, 22181G. W. 1886.
Seuss, John, 28664G. W. 1900.
Sexton, Elizabeth E., 22182G. Inv. 1886.
Sexton, Mary, 19739G. W. 1879.
Sexton, Noah, 12003G. Inv. 1828.
Seymour, Elizabeth, 22938G. W. & Cod. 1888.
Seymour, Julia A., 28665G. W. & Cods. (2) 1900. Inv. 1900.
Seymour, Lucy I., 26148G. Inv. 1895.
Seymour, Mary, 20404G. W. 1881. Inv. 1881.
Seymour, Mary, 24722G. W. & Cod. 1892.
Seymour, Philander, 12357G. Inv. 1832, 1833.
Seymour, Samuel, 12449G. W. 1833.
Shackford, Josephine M., 27155G. W. 1897.
Shackleford, Jeremiah T., 28693G. Inv. 1900.
Shadgett, Henry, 14920G. W. 1856.
Shafer, Charles M., 24248G. Inv. 1891.
Shafer, Susie L., 26652G. Inv. 1896.
Shaffery, John, 18008G. Inv. 1873.
Shaffrey, Owen, 18610G. W. 1875. Inv. 1875.
Shaffrey, Patrick, 24724G. W. 1892.
Shalloo, Patrick, Sr., 28141G. W. 1899.
Shanagher, Catharine, 27156G. W. 1897.
Shanahan, Alice, 17170G. W. 1870.
Shanley, Bernard M., Sr., 28666G. W. & Cod. 1900. Inv. 1900.
Shanley, Dennis, 22939G. Inv. 1888.
Shanley, John, 21830G. Inv. 1885.
Shanley, Mary A., 21494G. W. 1884.

Shotwell, Daniel, 14126G. W. & Cod. 1851 Inv. 1851.
Shotwell, David, 7086–7093. B. 31, p. 201. Int. 1788. Inv. 1789, 1790.
Shotwell, Enoch M., 13760G. W. 1848. Inv. 1849.
Shotwell, Greenleafe, 14273G. W. 1852. Inv. 1852.
Shotwell, Harvey, 13761G. W. 1848. Inv. 1848.
Shotwell, Isaac, 13762G. W. 1848. Inv. 1849.
Shotwell, Isaac M., Jr., 13228G. Inv. 1842.
Shotwell, Isaiah, 12359G. W. 1832. Inv. 1832.
Shotwell, Jacob, 10932G. W. 1815. Inv. 1815.
Shotwell, Jediah, 13657G. W. 1847. Inv. 1847.
Shotwell, Joel, 14274G. W. 1852. Inv. 1852.
Shotwell, John, 12360G. Inv. 1832.
Shotwell, John, 13159G. Inv. 1841.
Shotwell, John, Sr., 3173–3176G, 3405–3408G. B. H, p. 156. W. 1762. Acct. 1762.
Shotwell, John, Sr., 5511–5512G. B. M, p. 113. W. 1782.
Shotwell, John L., 13885G. W. 1849. Inv. 1849.
Shotwell, John S., 10085G. B. 39, p. 315. W. 1801. Inv. 1801. Ren. 1801.
Shotwell, Joseph S., Nathan. 10301G. B. 40, p. 420. Wds. 1804. Tr. 1804.
Shotwell, Lydia, 11134G. W. 1818. Inv. 1818.
Shotwell, Mary, 4121–4122G. B. K, p. 457. W. 1772.
Shotwell, Mary, 13658G. Inv. 1847.
Shotwell, Mary A., 14275G. W. 1852
Shotwell, Mercy, 13763G. W. 1848. Inv. 1849.
Shotwell, Peter, 2511–2512G. B. F, p. 403. Int. 1757.
Shotwell, Peter, 13467G. W. 1845. Inv. 1845.
Shotwell, Phebe B., 14276G. Inv. 1852.
Shotwell, Samuel, 5685–5686G. B. 24, p. 320. W. 1783.
Shotwell, Sarah, 7094–7097G. B. 30, p. 338. W. 1790. Inv. 1790.
Shotwell, Thomas, 15554G. Inv. 1861.
Shotwell, William P., 13229G. W. 1842. Inv. 1842.
Shourds, Samuel, 17706G. W. 1872. Inv. 1872.
Shove, William, 24726G. W. 1892. Inv. 1892.
Shoyer, Phebe A., 28146G. W. 1890.
Shreve, Ellen M. L., 22521G. W. 1887.
Shugard, Joanna C., 27158G. Inv. 1897.
Shugard, Samuel, 16554G. Inv. 1867.
Shugard, William, 15687G. W. 1862. Inv. 1863.
Shuler, Laurens T., 26153G. Inv. 1895.
Shumaker, Mary T., 22522G. W. 1887. Inv. 1887.
Shurts, Elwood I., 28671G. W. 1900.
Shurtz, William H., 22947G. W. 1888.
Shute, William A., 5925–5928G. B. 26, p. 507. Grd. 1784. Pt. 1784.
Sibley, Ebenezer K., 26154G. W. 1895.
Sickel, Abraham, 25185G. W. 1893. Inv. 1893. Ord. 1893.
Sickels, Zachariah, 3588G. B. H, p. 642. Int. 1766.
Sickels, Zachariah, 5949–5950G. B. 26, p. 500. Int. 1784.
Sidman, Albert T., 18010G. Inv. 1873.
Sidman, Amelia, 20057G. Inv. 1880.
Sidman, Martha, 10374G. W. 1805.
Sidman, Matilda L., 26660G. W. 1896. Ord. 1896.
Sieb, John F., 18011G. W. 1873.

Siebert, Conrad, 24245G. W. 1891.
Sieckmann, Diederick R., 21107G. W. 1883. Inv. 1883.
Siedenbach, Milton, 23772G. W. 1890. Inv. 1890.
Siedler, John, 25670G. W. 1894.
Siegel, John, 24255G. W. 1891.
Sieger, Franz H., 28147G. W. 1899. Inv. 1899.
Siegismund, John L., 17171G. W. 1870.
Siegle, George, 25186G. W. 1893.
Siegle, Louis, Sr., 22523G. W. 1887.
Siegler, Elizabeth, 18315G. W. 1874.
Sievers, Augustin J., 28672G. W. 1900.
Siggins, Edward, 15282G. W. 1859.
Siggins, Jane, 27661G. W. 1898. Inv. 1898.
Siggins, Susan E., 28148G. W. 1899. Inv. 1899.
Siggs, Carl, 24256G. Inv. 1891.
Sigismund, Elizabeth, 17707G. Inv. 1872.
Sigler, Aaron, 23348G. W. 1889. Inv. 1889.
Sigler, Abraham, Jr., 11224G. Inv. 1819.
Sigler, Abraham, Sr., 13568G. W. & Cod. 1846. Inv. 1846.
Sigler, Abraham A., 17425G. W. 1871. Inv. 1871.
Sigler, Daniel, 11006G. W. 1816. Inv. 1816.
Sigler, Daniel S., 13764G. Inv. 1848.
Sigler, Elizabeth, 12451G. W. 1833. Inv. 1833.
Sigler, Elizabeth, 23773G. W. 1890.
Sigler, Ellen M., 15152G. W. 1858.
Sigler, Eunice, 11275G. Inv. 1820.
Sigler, Eunice, 21835G. W. 1885. Inv. 1886.
Sigler, Hellen, 14427G. W. 1853. Inv. 1853.
Sigler, Isaac D., 18012G. W. 1873. Inv. (2) 1873.
Sigler, James M., 12264G. W. 1831. Inv. 1831.
Sigler, Jane, 12452G. W. 1833. Inv. 1833.
Sigler, Jared, 17474G. W. 1871. Inv. 1871.
Sigler, John, 12631G. Inv. 1835.
Sigler, John D., 18937G. W. 1876. Inv. 1876.
Sigler, John M., 20405G. Inv. 1881.
Sigler, Joseph, 15409G. W. 1860. Inv. 1860.
Sigler, Lydia, 17172G. W. 1870. Inv. 1870.
Sigler, Maria, 21108G. W. 1883. Inv. 1884.
Sigler, Mary, 19480G. Inv. 1878.
Sigler, Moses, 11680G. Inv. 1825.
Sigler, Moses F., 23349G. W. 1889. Inv. 1890.
Sigler, Moses, Sr., 11792G. W. 1826. Inv. 1826.
Sigler, Phebe, 14022G. W. 1856. Inv. 1856.
Sigler, Samuel, 8674–8681G. B. 35, p. 362. Int. 1796. Inv. 1796.
Sigler, Thomas, 7376–7381G. B. 32, p. 485. W. 1791. Inv. 1792.
Sigley, Mary, 21498G. W. 1884.
Sikels, Sarah, 8986–8989G. B. 36, p. 480. W. 1797.
Silbereisen, Ferdinand, 18938G. W. 1876.
Sillcocks, Valentine. 11601G. Inv. 1824.
Silvey, Ann. 13886G. W. 1849.
Silvey, Jane M., 24257G. W. 1891.
Silvey, John, 12100G. Inv. 1829.
Silvey, William, 17708G. W. 1872.
Simcox, Thomas, 21109G. W. 1883.
Simmonds, John, 16378G. Inv. 1856.
Simmonds, John, 18316G. W. 1874. Inv. 1874.
Simmonds, Sampson, 22184G. W. 1886. Inv. 1887.
Simmons, George, 22525G. W. 1887. Inv. 1887.

Slattery, Winifred, 16380G. W. 1866. Inv. 1866.
Slingerland, William H., 23783G. W. 1890.
Slipper, Mary, 16935G. W. 1869. Inv. 1869.
Sloane, George H., 28150G. W. 1899.
Sloat, Edward G., 22186G. W. 1886.
Sloat, Isaac, 18615G. Inv. 1875.
Sloat, John J., 17428G. Inv. 1871.
Sloat, Mary E., 23784G. W. 1890.
Slote, Peter, 12005G. Inv. 1828.
Slover, Grace, 11895G. W. 1827. Inv. 1832.
Slowey, Ann, 26157G. W. 1895.
Slowey, Caroline, 26662G. W. 1896.
Slowey, John C., 28676G. W. 1900.
Small, Benjamin F., 20773G. Inv. 1882.
Small, Caroline B., 22527G. W. 1887.
Small, George D., 14277G. W. 1852.
Small, Henry H., 28151G. W. 1899.
Small, Sarah, 18013G. Inv. 1873.
Smalley, Andrew A., 25188G. W. 1893.
Smalley, Isaac W., 17429G. Inv. 1871.
Smalley, Jane W., 23352G. W. 1889.
Smalley, John, 16210G. W. 1865. Inv. 1865.
Smalley, Maria W., 21499G. W. 1884. Inv. 1885.
Smalley, Mary A., 25189G. Inv. 1893.
Smalley, William P., 17711G. W. 1872.
Smart, Nathaniel, 12737G. Inv. 1836.
Smilie, Sabina, 28152G. W. 1899. Inv. 1899.
Smith, Abraham, 6612–6615G. B. 29, p. 393. W. 1787.
Smith, Abraham, 8990–8997G. B. 36, p. 481. W. 1797. Inv. 1797.
Smith, Adam, 5337–5338G. B. 24, p. 29. Acct. 1781.
Smith, Adelia, 12828G. W. 1837. Inv. 1837.
Smith, Abby, 12917G. W. 1838. Inv. 1838.
Smith, Abby B., 24731G. W. 1892.
Smith, Albert, 25674G. W. 1894. Inv. 1894. Dissent 1894.
Smith, Alexander, 12738G. Inv. 1836.
Smith, Abraham, 25190G. Inv. 1893.
Smith, Ann, 20407G. Inv. 1881.
Smith, Ann E. F., 17712G. W. & Cod. 1872. Inv. 1872.
Smith, Ann T., 18940G. W. 1876. Inv. 1876.
Smith, Anna F. R., 27166G. W. 1897.
Smith, Anson G., 22528G. W. 1887.
Smith, Anthony, 22187G. W. 1886.
Smith, Augusta F., 21500G. Inv. (2) 1884.
Smith, Avery, 19201G. W. 1877. Inv. 1877.
Smith, Bartholomew, 18317G. W. 1874. Inv. 1874.
Smith, Benjamin, 11602G. W. 1824. Inv. 1824.
Smith, Benjamin E., 17430G. W. 1871. Inv. 1871.
Smith, Bridget, 21113G. Inv. 1883.
Smith, Bridget, 20771G. W. 1882.
Smith, Bridget, 20772G. W. 1882. Inv. 1882.
Smith, Bridget, 23353G. W. 1889.
Smith, Bryan, 18318G. W. 1874.
Smith, Caleb, 3177–3182G. B. H, p. 334. W. 1762. Inv. 1762.
Smith, Caleb, 16211G. W. 1865. Inv. 1865.
Smith, Caleb O., 20408G. W. 1881.
Smith, Caleb R., 15047G. W. 1857. Inv. 1857.
Smith, Calvin D., 12918G. Inv. 1838.
Smith, Catharine, 20409G. W. 1881. Inv. 1881.
Smith, Catharine, 26158G. W. 1895.
Smith, Charles, 23354G. W. 1889. Inv. 1889.
Smith, Charles, 23785G. W. 1890.
Smith, Charles O., 23355G. W. 1889.
Smith, Charlotte, 15411G. W. 1860.

Smith, Daniel, 14429G. W. 1853. Inv. 1853.
Smith, Daniel G., 17175G. Inv. 1870.
Smith, Daniel W., 24732G. W. 1892.
Smith, Darwin A., 16727G. W. 1868.
Smith, David, 791–792G. B. C, p. 225. Grd. 1734.
Smith, David, 4597–4610G. Inv. 1777.
Smith, David, 5335–5336G. B. 23, p. 68. W. 1781.
Smith, David, 16015G. W. 1864. Inv. 1864.
Smith, David S., 24262G. W. 1891.
Smith, Drusilla B., 27167G. W. 1897.
Smith, Ebenezar, 2357–2362G, 2513–2514G. B. F, p. 404. Int. 1756. Inv. 1756.
Smith, Edward, 26159G. Inv. 1895.
Smith, Edward, 28677G. W. 1900.
Smith, Edward D. G., 19483G. W. 1878.
Smith, Edwin, 27664G. W. 1898.
Smith, Edwin G., 26663G. Inv. 1892.
Smith, Elias, 12454G. Inv. 1833.
Smith, Elijah, 19484G. Inv. 1878.
Smith, Elijah S., 18616G. Inv. 1875.
Smith, Elijah W., 15153G. Inv. 1858.
Smith, Elikim, 6220–6221G. B. 27, p. 299. W. 1785.
Smith, Eliza M., 25191G. W. & Cods (2) 1893. Inv. 1893.
Smith, Elizabeth, 10241G. B. 40, p. 325. W. 1803.
Smith, Elizabeth, 13468G. W. 1845. Inv. 1846.
Smith, Elizabeth, 17176G. W. 1870.
Smith, Elizabeth, 17431G. W. 1871. Inv. 1872.
Smith, Elizabeth, 18617G. W. 1875.
Smith, Elizabeth, 21502G. Inv. 1884.
Smith, Elizabeth C., 18618G. W. 1875. Inv. 1876.
Smith, Elizabeth T., 28153G. W. 1899.
Smith, Ella L., 21501G. W. 1884.
Smith, Emily F., 28678G. W. 1900.
Smith, Eneas, 12549G. Inv. 1834.
Smith, Experience, 10860G. W. 1814. Inv. 1814.
Smith, Ezekiel B., 16556G. W. 1867. Inv. 1868.
Smith, Fanny L. D., 25675G. W. 1894.
Smith, Frances E., 12006G. Inv. 1828.
Smith, Frances J., 23786G. W. & Cod. 1890. Inv. 1890.
Smith, Francis, 18319G. Inv. 1874.
Smith, Frederick C., 17177G. W. 1870.
Smith, Frederick H., Sr., 25192G. W. & Cods. (4) 1893. Inv. 1893.
Smith, Gabriel, 11793G. Inv. 1826.
Smith, George T., 25193G. W. 1893.
Smith, George W., 13888G. W. 1849.
Smith, George W., 20410G. W. 1881. Inv. 1881.
Smith, George W., 25676G. W. & Cod. 1894.
Smith, Grace, 25194G. W. 1893.
Smith, Hanford, 13469G. W. 1845. Inv. 1846, 1874.
Smith, Hannah, 16212G. W. 1865.
Smith, Hannah B., 14613G. W. 1854. Inv. 1854.
Smith, Hannah E., 22950G. W. 1888.
Smith, Harriet, 13765G. W. 1848. Inv. 1848. Ren. 1848.
Smith, Harriet B., 19743G. W. 1879.
Smith, Harriet S., 20774G. W. 1882.
Smith, Helen S., 25195G. W. 1893. Inv. 1897.
Smith, Henry 17713G. W. 1872.
Smith, Henry, 18015G. W. 1873.
Smith, Henry, 23356G. Inv. 1889.

Smith, Henry, Sr., 2743–2746G. B. G, p. 78. W. 1759. Inv. 1759.
Smith, Henry S., 14923G. Inv. 1856.
Smith, Henry W., 26664G. W. 1896. Inv. 1897.
Smith, Hetty C., 22188G. W. 1886.
Smith, Horace P., 25677G. Inv. 1894.
Smith, Hugh, 19202G. W. 1877. Inv. 1877.
Smith, Huldah, 14129G. W. 1851.
Smith, Isaac, 8728–8735G. B. 35, p. 506. Int. 1796. Inv. 1797. Ren. 1796.
Smith, Isaac, 11508G. W. 1823. Inv. 1823.
Smith, Isaac, 14430G. W. 1853. Inv. 1853.
Smith, Isaac A., 13470G. W. 1845. Inv. 1847.
Smith, Isaac B., 13889G. W. 1849. Inv. 1849. Ren. 1849.
Smith, Israel P., 23787G. W. 1890.
Smith, Jacamiah, 9600–9604G. B. 38, p. 256. W. & Cod. 1799. Inv. 1799. Lt. 1799.
Smith, Jacob, 9948–9949G. B. 39, p. 138. Int. 1800.
Smith, James, 5047–5058G. B. 21, p. 169; B. 28, p. 426. W. 1779. Int. (2) 1779, 1786. Inv. 1780.
Smith, James, 5951–5952G. B. 26, p. 400. W. 1784.
Smith, James, 12739G. Inv. 1836.
Smith, James, 17432G. Inv. 1871.
Smith, James, 17714G. Inv. 1872.
Smith, James, 18014G. W. 1873.
Smith, James, 18321G. W. 1874. Inv. 1874.
Smith, James, 18619G. W. 1875.
Smith, James, Sr., 25678G. W. 1894.
Smith, James A., 22951G. W. 1888.
Smith, James C. R., 12919G. Inv. 1838.
Smith, James E., 23357G. W. 1889. Inv. 1889.
Smith, James J., 27665G. W. 1898.
Smith, James R., 28679G. W. 1900.
Smith, Jane H., 19485G. W. 1878. Inv. 1878.
Smith, Jay L., 24263G. W. 1891.
Smith, Joanna, 16936G. W. 1869. Inv. 1869.
Smith, Joanna, 18016G. W. & Cod. 1873.
Smith, Job, 4449–4450G. Inv. 1776.
Smith, Job, 5687–5690G. B. M, p. 164. Int. 1783. Ren. 1783.
Smith, Johanah, 12007G. Inv. 1828.
Smith, John, 10088G. B. 39, p. 439. W. 1801.
Smith, John, 12455G. W. 1833. Inv. 1833.
Smith, John, 13766G. W. 1848. Inv. 1848.
Smith, John, 13890G. W. 1849. Inv. 1852.
Smith, John, 15555G. W. 1861. Inv. 1861.
Smith, John, 16557G. W. 1867. Inv. 1867.
Smith, John, 17715G. W. 1872. Inv. 1880.
Smith, John, 21503G. Inv. 1884.
Smith, John B., 16728G. W. 1868. Inv. 1868.
Smith, John H., 22189G. Inv. 1886.
Smith, John H., 22529G. W. 1887.
Smith, John J., 10933G. Inv. 1815.
Smith, John R., 17433G. W. 1871.
Smith, John S., 13160G. W. 1841. Inv. 1841.
Smith, John S., 15154G. Inv. 1858. Wd.
Smith, John W., 20411G. Inv. 1881.
Smith, Jonas, 13767G. W. 1848. Inv. 1849.
Smith, Jonathan, 6222–6223G. B. 27, p. 378. Int. 1785.
Smith, Jonathan, 10546G. W. 1808. Inv. 1808.
Smith, Joseph, 10642G. Inv. 1810.
Smith, Joseph, 12740G. W. 1836. Inv. 1836.
Smith, Joseph H., 19203G. Inv. 1877.
Smith, Joseph P., 14130G. Inv. 1851.
Smith, Joshua, 16558G. Inv. 1867.
Smith, Julia, 23358G. W. & Cod. 1889.
Smith, Julia G., 19204G. W. & Cod. 1877.
Smith, J. Wilbur, 26665G. W. 1896.

Smith, Kate, 21114G. W. 1883.
Smith, Laura B., 21115G. W. 1883. Inv. 1883.
Smith, Louis, Sr., 24733G. W. 1892.
Smith, Lydia A., 19205G. W. 1877. Inv. 1877.
Smith, Lyndon A., 16381G. Inv. 1866.
Smith, Malinda C., 20060G. W. 1880. Inv. 1880.
Smith, Margaret, 21836G. W. 1885. Inv. 1885.
Smith, Maria A., 14924G. W. 1856. Inv. 1856.
Smith, Maria L., 26160G. Inv. 1895.
Smith, Marie J., 21116G. Inv. 1883.
Smith, Martha, 24264G. W. 1891.
Smith, Martha A., 19486G. W. 1878.
Smith, Martha C., 27666G. W. 1898.
Smith, Mary, 19744G. W. 1879. Inv. 1879.
Smith, Mary, 20061G. W. 1880. Inv. 1880.
Smith, Mary, 22530G. Inv. 1887.
Smith, Mary, 22953G. W. 1888.
Smith, Mary, 28154G. W. 1899.
Smith, Mary A., 16382G. Inv. 1866.
Smith, Mary A., 27169G. W. 1897.
Smith, Mary A. H., 28680G. Inv. 1900.
Smith, Mary C., 22190G. W. 1886.
Smith, Mary E., 17178G. W. 1870.
Smith, Mary M., 14614G. W. 1854.
Smith, Mary V., 20412G. W. 1881. Inv. 1881.
Smith, Matthew, 17179G. W. 1870.
Smith, Michael, 16729G. W. 1868.
Smith, Michael, 18620G. W. 1875. Inv. 1875.
Smith, Michael H., 22954G. W. & Cod. 1888. Inv. 1888.
Smith, Morgan L., 21504G. W. & Cods. (2) 1884.
Smith, Moses, 5193–5194G. B. 24, p. 24. Int. 1780.
Smith, Moses, 11073G. Inv. 1817.
Smith, Moses, 12456G. W. 1833. Inv. 1833.
Smith, Moses, 12629G. Inv. 1835.
Smith, Moses, 27667G. Inv. 1898.
Smith, Moses R., 26161G. W. 1895. Inv. 1895.
Smith, Nancy, 17434G. Inv. 1871.
Smith, Noah, 11896G. Inv. 1827.
Smith, Noel B., 13768G. W. 1848. Inv. 1849.
Smith, Ogden, 14131G. W. 1851. Inv. 1851.
Smith, Oliver, 18621G. W. & Cods. (2) 1875. Inv. 1875.
Smith, Oliver R., 21505G. Inv. 1884.
Smith, Patrick, 14616G. Inv. 1854.
Smith, Patrick, 18622G. Inv. 1875.
Smith, Patrick, 26666G. W. 1896.
Smith, Patrick C., 24734G. W. & Cods. (3) 1892.
Smith, Peter, 27170G. W. 1897. Inv. 1897.
Smith, Peter D., 18322G. W. 1874. Inv. 1874.
Smith, Phebe A., 24735G. W. 1892.
Smith, Phebe A., 26667G. Inv. 1896.
Smith, Phebe E., 27168G. W. 1897.
Smith, Philip, 14615G. Inv. 1854.
Smith, Philip, 18017G. W. 1873.
Smith, Philip W., 18323G. Inv. 1874.
Smith, Prudence, 18623G. W. 1875.
Smith, Rachel, 24736G. W. 1892.
Smith, Rebecca, 19206G. W. 1877. Inv. 1877. Ren. 1877.
Smith, Rhoda, 11155G. Inv. 1818.
Smith, Robert, 14767G. Inv. 1855.
Smith, Robert, 18624G. Inv. 1875.
Smith, Robert A., 20413G. Inv. 1881.
Smith, Sallie L. D. B., 23788G. W. 1890. Inv. 1890.
Smith, Sally W., 26668G. W. 1896.
Smith, Samuel, 1601–1616G. B. E, p. 231. Int. 1748. Inv. 1756.

Smith, Samuel, 9950–9951G. B. 39, p. 12. Int. 1800.
Smith, Samuel, 11362G. W. 1821. Inv. 1821.
Smith, Samuel, 15688G. W. 1862. Inv. 1862.
Smith, Samuel, 16937G. W. & Cods. (2) 1869. Inv. 1870.
Smith, Samuel O., 11363G. W. 1821.
Smith, Samuel P., 21117G. W. & Cod. 1883. Inv. 1883.
Smith, Sarah, 16016G. Inv. 1864.
Smith, Sarah, 16213G. W. 1865.
Smith, Sarah, 16730G. W. 1868. Inv. 1872.
Smith, Sarah, 26669G. W. & Cod. 1896.
Smith, Sarah A., 26670G. W. 1896.
Smith, Sarah W., 19745G. W. 1879.
Smith, Sidney R., 26671G. W. 1896. Inv. 1896.
Smith, Stephen E., 18018G. W. 1873.
Smith, Sylvester, Sr., 16383G. W. 1866. Inv. 1866.
Smith, Theodore C., 23359G. W. 1889.
Smith, Theodore H., 19487G. W. 1878.
Smith, Thomas, 11897G. W. 1827. Inv. 1827.
Smith, Thomas, 16938G. Inv. 1869.
Smith, Thomas, 20414G. W. 1881. Inv. 1881.
Smith, Thomas, 21506G. W. 1884. Inv. 1885.
Smith, Thomas M., 27668G. W. 1898. Inv. 1898.
Smith, Truman, 16214G. W. 1865.
Smith, Uriah, 11008G. W. 1816. Inv. 1816.
Smith, Walter, 11278G. W. 1820. Inv. 1820.
Smith, Walter, 14617G. W. 1854. Inv. 1854.
Smith, Walter, Jr., 14431G. Inv. 1853.
Smith, Walter E., 25679G. W. 1894. Inv. 1895.
Smith, Wellington H., 21118G. W. 1883.
Smith, Wessell S., 26672G. W. 1896.
Smith, Wickliff J., 26162G. W. 1895.
Smith, William, 4013–4014G. B. K, p. 349. W. 1771.
Smith, William, 7098–7103G. B. 30, p. 361. Int. 1790. Inv. 1791. Ren. 1790.
Smith, William, 12361G. W. 1832. Inv. 1832.
Smith, William, 12829G. Inv. 1837.
Smith, William, 16939G. W. 1869. Inv. 1869.
Smith, William, 18625G. Inv. 1875.
Smith, William, 22531G. W. 1887.
Smith, William, 24265G. W. 1891.
Smith, William, 25680G. W. 1894.
Smith, William A., 24737G. W. 1892.
Smith, William B., 22532G. W. 1887. Inv. 1887.
Smith, William C., 18324G. W. 1874.
Smith, William D., 16731G. W. 1868. Inv. 1868.
Smith, William D., 25681G. W. 1894.
Smith, William H., 12920G. W. 1838.
Smith, William H., 22955G. W. & Cod. 1888. Inv. 1888.
Smith, William H., 24738G. W. 1892.
Smith, William I., 13471G. Inv. 1845.
Smith, William M., 13230G. Inv. 1842.
Smith, William P., 10161G. B. 40, p. 145. W. 1801. Inv. 1803.
Smith, William R., 14768G. W. 1855. Inv. 1855.
Smith, William T., 26673G. W. 1896.
Smithem, William H., 24739G. W. 1892.
Smithson, Mary, 24266G. W. 1891.
Smithson, Sarah, 18019G. W. 1873. Inv. 1873.
Smull, Nellie, 27669G. W. 1898.
Smull, Thomas L., 24740G. W. 1892.
Smullen, Ann, 27171G. W. 1897.
Smyth, David E., 24267G. W. 1891.

Smyth, Hugh, 20062G. W. 1880. Inv. 1880.
Smythe, James W., 27172G. W. 1897.
Snape, Ann, 20775G. W. 1882.
Snape, James, 14925G. W. 1856. Inv. 1856.
Sneden, Susan J., 28681G. W. 1900.
Snediker, Augustus, 25163G. W. 1895.
Snediker, Frazee A., 23789G. Inv. 1890.
Snell, William H., 19746G. W. 1879.
Snider, Jonathan, 10089G. B. 40, p. 81. W. 1801. Int. 1801. Inv. 1801.
Snider, Margaret, 11509G. W. 1823. Inv. 1824.
Snow, Caleb, 16732G. W. 1868. Inv. 1869.
Snow, Charles G., 16384G. Inv. 1866.
Snow, Lorenzo, 21119G. W. 1883.
Snow, Mary R., 16733G. Inv. 1868.
Snow, Sarah M., 24741G. W. 1892.
Snowden, Thomas, 11898G. Inv. 1827.
Snyder, Ann, 25682G. W. 1894.
Snyder, Elizabeth, 19747G. W. 1879. Inv. 1879.
Snyder, Hannah McD., 25196G. W. 1893.
Snyder, Isaac H., 17435G. W. 1871. Inv. 1871.
Snyder, Jane W., 26164G. W. 1895.
Snyder, John, 24742G. W. 1892. Inv. 1892.
Snyder, Malvenia L., 16017G. W. 1864.
Snyder, Matthias J., 15556G. Inv. 1861.
Snyder, Moses A., 23360G. W. 1889.
Snyder, Valentine, 18325G. W. 1874. Inv. 1874.
Snyder, Zacharyas, 11009G. W. 1816. Inv. 1816.
Sode, Adom, 18626G. W. 1875.
Soden, Henry C., 22956G. W. 1888. Inv. 1888.
Soden, Rebecca, 24268G. W. 1891.
Soden, Thomas, 13891G. W. 1849. Inv. 1849.
Soder, Joseph, 20063G. Inv. 1880.
Sofield, Hester, 17716G. W. 1872. Inv. 1872.
Sofield, Peter M., 22957G. W. 1888. Inv. 1888.
Sofield, Randolph, 16215G. Inv. 1865.
Sohn, Jacob, 25197G. W. 1893.
Sole, Benjamin L., 25683G. W. 1894.
Sole, Robert, 17180G. W. & Cod. 1870. Inv. 1871.
Soloman, Eliza, 16018G. W. 1864. Inv. 1865.
Somerindyke, Robert, 18020G. W. 1873.
Somers, James, 23361G. W. 1889.
Somerville, Christian, 20776G. Inv. 1882.
Sommer, Johann F., 18627G. W. 1875.
Sommer, Joseph, 15831G. Inv. 1863.
Sommer, Julia A., 18021G. W. 1873. Inv. 1873.
Sommer, Louisa, 28682G. W. 1900.
Sommerville, Lucinda, 14278G. W. 1852. Inv. 1852.
Sonn, Friedricka, 22533G. W. 1887. Inv. 1887.
Sonn, John C., 22958G. W. 1888.
Sonnekalb, Catherine, 23790G. W. 1890.
Sonnekalb, Frederich, 16019G. W. 1864.
Sonnermann, Elizabeth, 24743G. W. 1892.
Sooy, Richard, 15284G. Inv. 1859.
Soper, Laing, 16766G. Inv. 1868.
Soper, Mary S., 23362G. W. 1889.
Sorg, Christian F., 25198G. W. 1893.
Sorlie, John, 14926G. W. 1856. Inv. 1857.
Sorohan, Philip, 16560G. W. 1867.
Sotzin, Adam, 16559G. Inv. 1867.
Southard, James W., 18628G. W. 1875. Inv. 1875.
Southard, Joanna, 18629G. W. 1875.
Southard, Lott, 27670G. W. & Cod. 1898. Inv. 1898.

Spining, Benjamin, 6234–6237G. B. 27, p. 325. W. 1785.

Spining, Benjamin, 7564–7567G. B. 34, p. 57. W. 1792.

Spining, Benjamin, Sr., 549–552G. B. B, p. 243. W. 1731. Inv. 1731.

Spining, Ebenezer, 6228–6233G. B. 27, p. 265. W. 1785. Int. 1785.

Spining, Ebenezer, 8746–8749G. B. 35, p. 357. W. 1793.

Spining, Edward, Sr., 381–384G. B. B, p. 89. W. 1727. Inv. 1727 (?).

Spining, John, 7568–7573G. B. 33, p. 172. W. 1792. Int. 1792. Ren. 1792.

Spining, John, Sr., 7754–7761G. B. 35, p. 352. W. 1793. Inv. 1793 (?).

Spinning, Anna E., 28686G. Inv. 1900.

Spinning, Benjamin, 10862G. Inv. 1814.

Spinning, Benjamin, Sr., 10162G. B. 40, p. 74. W. 1802. Inv. 1802.

Spinning, Daniel, 10698G. W. & Cod. 1811. Inv. 1813.

Spinning, Daniel, 16735G. W. 1868.

Spinning, Ebenezer, Sr., 4017–4020G. B. K, p. 323. W. 1771.

Spinning, George D., 28158G. W. 1899.

Spinning, John, 14769G. Inv. 1855.

Spinning, John, Jr., 9606–9609G. B. 38, p. 248. W. 1799. Inv. 1800.

Spinning, John, Sr., 5063–5066G. B. 21, p. 103. W. 1779.

Spinning, John, Sr., 11075G. W. 1817. Inv. 1817.

Spinning, Mary, 11511G. W. 1823. Inv. 1823.

Spinning, Phebe, 5691–5694G. B. 24, p. 334. Wd. 1783. Pt. 1783.

Spinning, Phebe, 11512G. Inv. 1823.

Sprague, Daniel G., 18023G. W. 1873.

Sprenger, Charles, 21838G. W. & Cod. 1885. Inv. 1885.

Sprigg, William, 14433G. W. 1853. Inv. 1853.

Sprigg, William H., 21120G. Inv. 1883.

Spriggs, Julia A., 14929G. Inv. 1856.

Springer, George, 25201G. Inv. 1893.

Springer, Michael, 21509G. Inv. 1884.

Springer, William, 3905–3908G. B. K, p. 235. W. 1770.

Springmann, Christian, Sr., 19213G. W. 1877.

Sprissler, Clara, 23365G. W. 1889.

Sprower, Louis, Sr., 15051G. W. 1857.

Spurgin, Samuel, 13662G. W. 1847.

Squier, Abigail, 12923G. W. 1838. Inv. 1838.

Squier, Abijah, 10863G. W. 1814. Inv. 1814.

Squier, Abijah C., 24748G. Inv. (2) 1892.

Squier, Albert A., 21839G. W. 1885.

Squier, Alfred, 22534G. Inv. 1887.

Squier, Benjamin H., 18941G. W. 1876. Inv. 1877.

Squier, Caleb, 12459G. W. 1833. Inv. 1833.

Squier, Charles S., 23794G. W. 1890.

Squier, Daniel, 18942G. W. 1876. Inv. 1876. Ren. 1876.

Squier, Daniel Q., 14434G. W. 1853. Inv. 1853.

Squier, David, 12261G. Inv. 1831.

Squier, Eleazer, 9962–9965G. B. 39, p. 14. Wd. 1800. Pt. 1800.

Squier, Elijah, 10547G. W. & Cod. 1808. Inv. 1808.

Squier, Elijah, 11010G. W. 1816. Inv. 1816.

Squier, Elijah T., 22961G. Inv. 1888.

Squier, Ezra K., 10864G. Inv. 1814.

Squier, Francis, 17436G. Inv. 1871.

Squier, George, 20415G. Inv. 1881.

Squier, Harriet W., 27176G. W. 1897.

Squier, Henry, 11137G. W. 1818.

Squier, Ira, 18943G. W. 1876. Inv. 1876, 1881. Ren. 1876.

Squier, John, 10437G. Inv. 1806.

Squier, John, 17184G. Inv. 1870.

Squier, John O., 23366G. Inv. 1889.

Squier, John, Sr., 11076G. W. 1817. Inv. 1817.

Squier, Jonathan, 11604G. W. & Cod. 1824. Inv. 1824.

Squier, Jonathan, 21121G. Inv. 1883.

Squier, Jonathan, 28734G. Af. 1897.

Squier, Jonathan, Sr., 6864–6867G. B. 30, p. 211. W. 1789. Inv. 1790.

Squier, Jonathan, Sr., 9952–9955G. B. 38, p. 547. W. 1800. Inv. 1800.

Squier, Jonathan T., 16736G. W. 1868.

Squier, Julia, 26678G. W. 1896.

Squier, Martha P., 21510G. W. 1884.

Squier, Patty, 21123G. W. 1883. Inv. 1883.

Squier, Recompense, 10438G. Inv. 1806.

Squier, Nathaniel, 15412G. W. 1860.

Squier, Samuel, 11681G. W. 1825. Inv. 1825.

Squier, Sarah, 18326G. Inv. 1874.

Squier, Sarah B., 21124G. W. 1883.

Squier, Stevens, 17719G. W. 1872. Inv. 1875.

Squier, Thomas, 12103G. W. 1829. Inv. 1829.

Squier, Thomas, Sr., 4853–4856G. B. 20, p. 234. W. 1778. Inv. 1778.

Squier, William, 16737G. W. 1868. Inv. 1868.

Squier, William S., 23795G. Inv. 1890.

Squier, Zophar, 9956–9961G. B. 39, p. 1. W. 1800. Inv. 1800.

Squiers, Sophia, 15287G. Inv. 1859.

Squire, David, 6238–6239G. B. 27, p. 374. Int. 1785.

Squire, Eleazer, 5953–5956G. B. 26, p. 502. Int. 1784. Ren. 1784.

Squire, George, 22194G. Inv. 1886.

Squire, Henry T., 16023G. Inv. 1864.

Squire, Levi J., 21122G. Inv. 1883.

Squire, Nathan, 2747–2748G, 2751G. B. G, p. 40. Int. 1759. Inv. 1759.

Squire, Nathaniel, 7104–7109G. B. 30, p. 363. Int. 1790. Inv. 1790.

Stack, Garrett, 27674G. W. 1898. Inv. 1898. Ren. 1898.

Stackhouse, James, 8468–8469G. Inv. 1795.

Stackhouse, John R., 16024G. Inv. 1864.

Stackhouse, Joseph, 10375G. W. 1805.

Stackhouse, Joshua J., 27675G. W. 1898.

Stackhouse, Samuel, 9012–9013G, 9244–9245G. B. 36, p. 501. Int. 1797. Inv. 1798.

Stadler, John, 18944G. W. 1876. Inv. 1876.

Stadlmeyr, Elizabeth, 28687G. W. 1900.

Stadtmann, Christina, 22535G. W. 1887. Inv. 1887.

Staeger, Johanna, 21841G. W. 1885.

Staehle, Fredericka, 25685G. W. 1894. Inv. 1896.

Staehle, Louis, 17185G. W. 1870.

Staehlin, Christian, 22537G. W. 1887.

Staehlin, Robert, 23009G. Inv. 1888.

Staehlin, Magdalena, 22536G. W. 1887.

Staerk, Angelica, 21840G. W. 1885. Inv. 1885.

Staff, Henry E., 15413G. W. 1860. · Inv. 1860.

Stafford, Marshall B., 26679G. W. 1896.

Stafford, Ward, 14132G. W. 1851. Inv. 1855.

Stager, Abraham, 11138G. W. 1818. Inv. 1818.

Stager, Abraham, 14280G. Inv. 1852.

Stager, Abraham, 17186G. W. 1870.

Stager, Abraham J., 20416G. W. 1881. Inv. 1881.

Stengel, Anna M., 23798G. W. 1890.
Stengel, Christian, 18946G. W. 1876.
Stengel, Mary E., 28691G. Inv. 1900.
Stephan, Frederika, 23370G. W. 1889.
Stephen, Louisa, 18027G. W. 1873.
Stephens, John H., 17188G. W. & Cod. 1870. Inv. 1870.
Stephens, Mary A., 25206G. W. 1893.
Stephens, Thomas, 17722G. W. 1872. Inv. 1872.
Stephens, Thomas, 20418G. W. 1881. Inv. 1881.
Stephens, Thomas H., 14931G. Inv. 1856.
Stephens, Thomas J., 15833G. W. 1863.
Stephens, William H., 24750G. W. 1892.
Stephenson, Ellen T., 18331G. Inv. 1874.
Stern, Annie, 20102G. Inv. 1880.
Stern, Henrietta, 26682G. Inv. 1896.
Stern, Jacob, 25207G. W. 1893. Inv. 1897.
Stern, Marx, 24273G. W. 1891. Inv. 1891.
Stern, Michael, Sr., 22965G. W. 1888. Inv. 1888.
Sternfels, Isaac, 1895G. Inv. 1876.
Sternkopf, Louis, 20419G. W. 1881.
Sterns, Mary H., 22541G. W. 1887. Inv. 1887.
Sterrett, Robert H., 14435G. W. 1853.
Stetson, Henry T., 14618G. Inv. 1854.
Stetson, Susan, 15834G. Inv. 1863.
Stetts, John, Sr., 16943G. W. 1869.
Steuerwald, Caspar, 18332G. W. 1874. Inv. 1874.
Steut, Sarah H., 18330G. W. 1874.
Steveley, William, 23371G. Inv. 1889.
Stevens, Benjamin L. R., 20066G. Inv. 1880.
Stevens, Ebenezer, Sr., 13231G. W. & Cod. 1842.
Stevens, Edward W., 23799G. W. 1890.
Stevens, Elizabeth, 25208G. Inv. 1893.
Stevens, John, 12551G. Inv. 1834.
Stevens, John, Sr., 18947G. W. 1876.
Stevens, Jonathan, 18957G. W. 1876.
Stevens, Joseph, 9610–9615G. B. 38, p. 265. Int. 1799. Inv. 1799. Ren. 1799.
Stevens, Mary, 23800G. Inv. 1890.
Stevens, Nathaniel, 13161G. Inv. 1841.
Stevens, Nicholas, 16944G. W. 1869. Inv. 1869.
Stevens, Patrick, 19751G. W. 1879. Inv. 1879.
Stevens, Sarah, 21127G. Inv. 1883.
Stevens, Sarah H., 21843G. W. 1885. Inv. 1885.
Stevens, Susan, 18333G. W. 1874. Inv. 1874.
Stevens, William, 14005G. W. 1850.
Stevenson, Eliza A., 22196G. W. 1886.
Stevenson, John, 10865G. Inv. 1814.
Stevenson, Willet, 21128G. W. 1883. Inv. 1883.
Stewart, Asa B., 25209G. W. 1893.
Stewart, Charles, 23801G. W. 1890.
Stewart, Charles C., 22966G. W. 1888.
Stewart, Daniel S., 18635G. Inv. 1875.
Stewart, Isabella, 23372G. W. 1889.
Stewart, James, 12552G. W. 1834.
Stewart, John, 23373G. W. & Cod. 1889. Inv. 1889.
Stewart, Mary, 14282G. W. 1852. Inv. 1853.
Stewart, Susannah, 11436G. W. 1798.
Stewart, William, 2515–2516G. B. F, p. 560. Int. 1758.
Stewert, Kinlock, 12263G. W. 1831.
Stibbins, Hezekiah, 3301–3302G. B. H, p. 246. Wd. 1763.

Stibbs, Catharine, 5339–5340G. B. 24, p. 27. Int. 1781.
Stickel, John, Sr., 27678G. W. 1898. Rens. (2) 1898.
Stickle, Lydia, 21844G. W. 1885. Inv. 1885.
Stickler, Joseph W., 28161G. W. 1899. Inv. 1900.
Stickney, Charles W., 23374G. W. 1889.
Stieber, George, Sr., 16739G. W. 1868. Inv. 1869.
Stiefbold, Karl, 14283G. W. 1852. Inv. 1852.
Stienback, Anthony, 9616–9619G. B. 38, p. 264. Int. 1799.
Stier, Elias F., 25689G. W. 1894.
Stierlin, Francis A., 14932G. W. 1856. Inv. 1858.
Stierlin, Lawrence, 15156G. W. 1858. Inv. 1858.
Stierlin, Morand, 14436G. W. 1853.
Stiewe, Johann, 18636G. W. 1875. Inv. 1875.
Stiles, Adelia R., 22967G. Inv. 1888.
Stiles, Betsey, 24274G. W. 1891.
Stiles, Daniel, 10935G. Inv. 1815.
Stiles, David C., 14773G. Inv. 1855.
Stiles, Ephraim, 11900G. Inv. 1826.
Stiles, Ephraim P., 13162G. Inv. 1841.
Stiles, Ethan D., 24751G. W. 1892. Inv. 1893.
Stiles, James, Sr., 13232G. W. 1842. Inv. 1843.
Stiles, John, 15053G. W. 1857. Inv. 1857.
Stiles, Morris, 15054G. Inv. 1857.
Stiles, Sarah, 10699G. W. 1811.
Stiles, Sarah O., 21514G. W. 1884. Inv. 1884.
Stiles, Silas W., 19752G. Inv. 1879.
Stillman, Paul, 14933G. W. 1856. Inv. 1856.
Stillwell, William E., 21845G. W. 1885. Inv. 1885.
Stimis, Ann, 17723G. W. 1872. Inv. 1873.
Stimis, Catherine, 14284G. W. 1852.
Stimis, Henry, 13163G. W. & Cod. 1841. Inv. 1841.
Stimis, Henry, Sr., 24275G. W. 1891. Inv. 1891.
Stimis, John, Jr., 12831G. Inv. 1837.
Stimis, John, Sr., 14285G. W. 1852. Inv. 1852.
Stimus, Henry, 23803G. W. & Cod. 1890.
Stinson, Eliza H., 25210G. W. 1893.
Stinson, Emma M., 26172G. W. 1895.
Stites, Abner, 12262G. W. 1831. Inv. 1831.
Stites, Amos H., 22968G. W. 1888.
Stites, Ann, 12744G. W. 1836. Inv. 1836.
Stites, Apollos, 14619G. W. 1854. Inv. 1854.
Stites, Belle T., 28162G. W. 1899.
Stites, Benjamin, 10377G. W. 1805. Inv. 1805.
Stites, Benjamin, 17440G. Inv. 1871.
Stites, Caleb S., 21129G. W. 1883.
Stites, Deborah S., 12008G. W. 1828.
Stites, Elizabeth, 11365G. W. 1821. Inv. 1821.
Stites, Frederick R., 20067G. Inv. 1880.
Stites, Harrison, 22969G. Inv. 1888.
Stites, Henry, 12363G. Inv. 1832.
Stites, Isaiah, 11682G. W. 1825. Inv. 1825.
Stites, John, 3319–3324G. B. H, p. 258. Grd. 1763. Pt. 1763.
Stites, John, Sr., 5513G. B. 23, p. 436. W. 1782.
Stites, John M., 14774G. W. 1855. Inv. 1856.
Stites, Laura A., 23802G. Inv. 1890.
Stites, Margaret, 5957–5958G. B. 26, p. 502. Int. 1784.
Stites, Mary, 673–674G. B. B, p. 358. Inv. 1732.

Stites, Mary, 5959–5966G. B. 26, p. 475. W. 1784. Int. 1784. Af. 1784.
Stites, William, 385–386G, 325M, 353M. B. B, p. 70. W. 1727. Inv. (2) 1727.
Stites, William, 25211G. W. 1893. Inv. 1893.
Stits, Elijah, Sr., 3677–3678G. B. I, p. 173. W. 1767.
Stitt, Charlotte M., 21515G. W. 1884.
Stitt, James, 12461G. Inv. 1833.
Stitt, Marianna W., 16218G. W. 1865.
Stivers, Rachel, 10700G. W. 1811. Inv. 1811.
St. John, Milton H., 22168G. W. 1886. Inv. 1888.
St. John, Theodore, 25169G. W. & Cod. 1893.
Stobener, Valentine, 22970G. W. 1888.
Stock, Valentine J., 24752G. W. 1892.
Stocker, John, 23804G. W. 1890.
Stockert, Friedrich, 26173G. W. 1895.
Stockholm, Andrew, 11513G. W. 1823. Inv. 1823.
Stockman, Abigail, 2749–2750G. B. G, p. 76. Int. 1759.
Stockman, Charles, 13663G. Inv. 1847.
Stockman, Christian, 11901G. Inv. 1827.
Stockman, Daniel, 20420G. Inv. 1881.
Stockman, Francis, 17441G. W. 1871.
Stockman, Ira, 23375G. W. 1889.
Stockman, John, 2517–2518G. B. F, p. 407. Int. 1756.
Stockman, Moses, Sr., 14437G. W. 1853. Inv. 1853.
Stockman, William, 10936G. W. 1815. Inv. 1815.
Stockman, William, 25690G. W. 1894.
Stockmon, John, 10242G. B. 40, p. 239. W. 1803. Inv. 1804.
Stockton, Mary, 8470–8473G. B. 36, p. 17. W. 1795
Stockwell, Nathan H., 17724G. Inv. 1872.
Stockwell, William H., 18637G. W. 1875. Inv. 1875.
Stoeker, John C. H., 14934G. W. 1856.
Stoepel, Charles A., 23376G. Inv. 1889.
Stokem, Anna C., 22542G. W. 1887.
Stokes, Mary, 21130G. W. 1883.
Stokesberry, Ann T., 25691G. W. 1894.
Stoll, Adam, 16945G. W. 1869.
Stoll, Henry, 28692G. W. 1900.
Stoll, Katharina, 27679G. W. 1898.
Stoll, Margaret, 23805G. W. 1890.
Stoll, Philippine, 16026G. W. 1864.
Stoll, William, 23806G. W. 1890.
Stollenwerk, William, 25692G. W. 1894. Inv. 1895.
Stolta, John, 17442G. W. 1871.
Stolte, Joseph, 23377G. W. 1889.
Stone, Betsy, 18638G. W. 1875. Inv. 1875.
Stone, Doras L., 16386G. W. 1866.
Stone, George, 16738G. Inv. 1868.
Stone, George M., 26683G. W. 1896.
Stone, Gertrude E. M., 25693G. W. 1894.
Stone, Levi P., 21846G. W. & Cods. (2) 1885. Inv. 1885.
Stone, Lydia B., 15052G. W. 1857. Inv. 1857.
Stone, Roswell R., 13894G. Inv. 1849.
Stone, Thomas, 27179G. W. 1897.
Stone, William, 20421G. W. 1881.
Stone, William C., 22543G. Inv. 1887.
Stooky, Keziah, 14620G. W. 1854.
Storch, George, 17189G. W. 1870.
Storey, John M., 21516G. Inv. 1884.
Storkel, Martin, 14621G. W. 1854. Inv. 1855.
Storm, Ann, 16219G. W. 1865. Inv. 1865.
Stortz, Martin, 18639G. W. 1875. Inv. 1875.

Story, Archie C., 26174G. Inv. 1895.
Story, Jacob, 27680G. W. 1898.
Stott, John, 12462G. W. & Cod. 1833.
Stoudinger, Ferdinand A., 23378G. Inv. 1889.
Stoudinger, George, 19753G. Inv. 1879.
Stout, Andrew, 16946G. W. 1869. Inv. 1869.
Stout, Eliza, 26684G. W. 1896.
Stout, Elizabeth, 25694G. W. & Cod. 1894.
Stout, Henry, 14137G. Inv. 1851.
Stout, Jacob, 11514G. W. 1823.
Stout, John W., 21517G. Inv. 1884.
Stout, Jonathan, 13472G. W. & Cod. 1845. Inv. 1845.
Stout, Rebecca C., 20422G. W. 1881. Inv. 1881.
Stoutenbergh, Robert C., 17191G. W. 1870. Inv. 1870.
Stoutenburgh, Edward R., 21131G. W. 1883. Inv. 1883.
Stoutenburgh, Herbert, 23379G. Inv. 1889.
Stoutenburgh, Jane, 21847G. Inv. 1885.
Stoutenburgh, John, 3777–3778G. B. 1, p. 336. Int. 1768.
Stoutenburgh, John, 21848G. W. 1885. Inv. 1885.
Stoutenburgh, Robert, 21518G. W. 1884.
Stow, Joseph D., 19754G. W. 1879.
Stowe, Lucy A., 20781G. Inv. 1882.
Strack, Catharine, 28163G. W. & Cod. 1899.
Strack, Michael, 26685G. W. 1896.
Stradinger, Balthaser, 21132G. W. 1883.
Stradling, John, 25212G. Inv. 1893.
Straghan, Elizabeth, 17725G. W. 1872. Inv. 1872.
Straghan, John, 17443G. W. 1871.
Strang, Eliza J., 21519G. W. 1884.
Strang, John, 19755G. Inv. 1879.
Stratemeyer, George E., 14622G. W. 1854.
Stratton, Benjamin W., 12104G. Inv. 1829.
Straub, Carl, 24276G. W. 1891.
Straub, Christian, 24753G. W. 1892.
Straub, Magdalena, 28694G. W. 1900.
Straubel, Amalia, 25213G. W. 1893.
Strauch, Henry, 28164G. W. 1899.
Straus, Frederick, 18028G. W. 1873. Inv. 1873.
Straus, Solomon, 20423G. W. 1881.
Strauss, George, 26175G. W. 1895.
Strauss, Rachel, 18029G. W. 1873. Inv. 1873.
Strauss, Sarah, 20424G. W. 1881.
Straut, Abram, 23807G. Inv. 1890.
Strayhorn, William, 775–776G. B. B, p. 445. W. 1733.
Streeter, George L., 26686G. W. 1896.
Streib, Baldes, 17190G. Inv. 1870.
Streib, John, Jr., 22971G. W. 1888. Inv. 1888.
Streib, John, Sr., 19757G. W. 1879.
Streib, William, 20068G. Inv. 1880.
Streit, Adolph, 19756G. W. 1879. Inv. 1879.
Streit, Emil, 22197G. W. 1886.
Stremmell, Catharine, 27180G. W. 1897.
Stremmell, George, 24754G. W. 1892. Inv. 1892.
Stremmell, William, 22198G. Inv. 1886.
Strempel, Theodore, 22544G. W. 1887.
Strempfer, Louise F., 28165G. W. 1899.
Stricker, Peter, 22545G. W. 1887.
Strieby, Michael E., 28166G. W. 1899.
Stringham, James, 25695G. Inv. 1894.
Stringham, Lewis D., 15055G. Inv. 1857.
Strobert, Agnes F., 18640G. W. 1875. Inv. 1875.
Strohmeier, Dorethea, 18948G. W. 1876.

Strohmeier, F. Jacob, 15289G. W. & Cod. 1859.
Strong, Adelaide, 28167G. W. 1899.
Strong, Alexander, 11366G. Inv. 1821.
Strong, John, 13004G. W. & Cod. 1839.
Strong, Thomas W., 26176G. W. & Cod. 1895.
Strong, William B., 17720G. Inv. 1872.
Stroud, Daniel, Sr., 14935G. W. 1856.
Stroup, John, 16564G. W. 1867.
Struck, Henry J., 23808G. W. 1890.
Struck, John, 25214G. Inv. 1893.
Stryker, Abraham, Jr., 28168G. W. & Cods. (3) 1899.
Stryker, Daniel P., 11012G. W. 1816.
Stryker, Henry, 10643G. W. & Cod. 1810.
Stuard, John, 177–178G. B. A, p. 171. W. 1720.
Stuart, James, 27681G. W. 1898.
Stuart, Lucy, 12634G. W. 1835.
Stubbert, Mary R., 19216G. W. 1877.
Stuber, Albert, 21520G. W. 1884.
Stuber, Christine, 27682G. W. 1898.
Stuber, Henry, 27181G. W. 1897.
Stuber, Thomas, 21849G. W. 1885.
Stuber, Wilhelmina, 26687G. W. 1896.
Stucki, Henry, 20425G. W. 1881.
Stucky, Anna C., 25215G. W. 1893.
Stucky, Jacob, 18949G. W. 1876. Inv. 1876.
Studdiford, Hiram, 13664G. Inv. 1847.
Stull, Thomas, 10815G. W. 1813. Inv. 1813.
Stultz, John C., 20069G. W. 1880.
Sturgis, Ebenezer, Sr., 4451–4454G. B. L, p. 408. W. 1776.
Sturm, Caroline, 19492G. W. 1878.
Sturm, Joseph, 21521G. W. 1884.
Sturn, Sebastian, 18334G. W. 1874. Inv. 1874.
Sturtevant, John E., 24277G. W. 1891.
Stutz, Karl, 28695G. W. 1900.
Style, John, 3303–3304G. B. H, p. 359. W. 1763.
Style, John, Sr., 2161–2164G. B. F, p. 230. Int. 1754. Ren. 1754.
Styles, William, Sr., 7762–7765G. B. 33, p. 178. W. 1793.
Stynmuth, Christophel, 835–838G. B. C, p. 92. W. 1735.
Suchard, Adam, 16220G. W. 1865.
Sucker, Mina, 24814G. W. 1892.
Suelke, Maria M., 24755G. W. 1892. Inv. 1892.
Suesser, Jacob, 18641G. W. 1875.
Suffern, Henry C., 21522G. Inv. 1884.
Sullivan, Margaret, 26688G. Inv. 1896.
Sullivan, Margaret E., 28696G. Inv. 1900.
Sullivan, Michael, 16221G. W. 1865. Inv. 1865.
Sullivan, Michael, 22546G. W. 1887.
Sullivan, Nahum, 21523G. W. 1884.
Sullivan, Sarah M., 21133G. W. 1883.
Sullivan, Thomas, 21134G. W. 1883.
Sullivan, Thomas, 26689G. W. 1806.
Sullivan, Timothy, 11227G. Inv. 1819.
Sully, Elizabeth H., 26177G. W. 1895.
Summers, Charles, 16947G. Inv. 1869.
Summers, George W., 13074G. Inv. 1840.
Summers, James, 26178G. Inv. 1895.
Summers, Michael, 27782G. W. 1897.
Sumner, Arthur, 28160G. W. 1899.
Supener, John, 17727G. W. 1872. Inv. 1872.
Supenor, Abraham, 19493G. W. 1878. Inv. 1878.
Supenor, Christopher, 14138G. W. 1851. Inv. 1851.
Supenor, Cornelius, 23380G. W. 1889.

Supenor, Isaac, 14139G. W. 1851. Inv. 1851.
Surerus, Jacob, 23809G. Inv. 1890.
Susstrong, Maria J., 27683G. W. 1898.
Sutcliffe, Louis, 28697G. W. & Cod. 1900.
Sutfin, Daniel, 11013G. Inv. 1816.
Sutherland, Richard, 26179G. W. 1895.
Sutherland, William, 24278G. W. 1891.
Sutphen, David D., 14936G. Inv. 1856.
Sutphen, Julia L., 27183G. W. 1897.
Sutphen, Stephen H., 15835G. Inv. 1863.
Sutton, Aaron C., 26180G. Inv. 1895.
Sutton, James, 7574–7577G. B. 34, p. 76. Int. 1792.
Sutton, James L., 26690G. W. 1896.
Sutton, John, 1121–1122G. B. C, p. 405. Int. 1741.
Sutton, Moses, 1087–1090G. B. C, p. 332. Int. 1740. Ren. 1740.
Suydam, Almira, 16740G. W. 1868. Inv. 1869.
Suydam, John P., 27184G. W. 1897. Inv. 1897.
Swaim, Abigail, 3409–3414G. B. H, p. 432. W. 1764. Inv. 1772.
Swaim, Anthony, 2519–2524G. B. F, p. 547. Int. 1758. Inv. 1758.
Swaim, Ezra B., 14438G. W. 1853. Inv. 1855.
Swaim, Matthais, 16948G. W. 1869.
Swaim, Rhoda, 17728G. W. 1872. Inv. 1872.
Swain, Caty, 9620–9621G. B. 38, p. 263. Int. 1799.
Swain, John, 5695–5696G. B. M, p. 164. Int. 1783.
Swain, Noah, 13895G. Inv. 1849.
Swainson, Elizabeth H., 24756G. W. 1892.
Swan, Amos, 5515–5516G. B. 24, p. 332. Int. 1782.
Swan, Charles Y., 20070G. W. 1880. Inv. 1880.
Swan, Jedediah, 6956–6959G. B. 30, p. 363. Grd. 1790. Tr. 1790.
Swan, Jedidiah, 5649–5656G. B. 24, p. 334. Grd. 1783. Pt. 1783.
Swan, Jedidiah, 6278–6280G. B. 27, p. 381. Grd. 1785. Pt. 1785.
Swan, Jedidiah, 6886–6888G. B. 30, p. 219. Grd. 1789. Pt. 1789.
Swan, Jedidiah, 7278–7280G. B. 32, p. 512. Grd. 1791. Pt. 1791.
Swan, Jedidiah, 7276–7277G. B. 32, p. 513. Grd. 1791. Pt. 1791.
Swan, Jedidiah, 9510–9513G. B. 38, p. 266. Grd. 1799. Tr. 1799.
Swan, Jedidiah, 10760G. W. 1812. Inv. 1812.
Swartz, Isabella, 26181G. W. 1895.
Sweasy, Frances E., 26691G. W. 1896.
Sweasy, Richard, 14913G. W. 1856. Inv. 1860.
Sweeney, Elizabeth, 22972G. W. & Cod. 1888.
Sweeney, Hugh, 24757G. W. 1892. Inv. 1892.
Sweeney, Patrick, 18335G. W. 1874.
Sweeny, Daniel, 22547G. W. 1887. Inv. 1887.
Sweeny, George, 16387G. W. 1866. Inv. 1867.
Sweet, Edward, 22973G. W. 1888.
Sweet, Jonathan R., 21525G. Inv. 1884.
Sweetser, Maria E., 25216G. W. 1893.
Swenarton, Seman A., 25606G. W. 1894.
Swezey, John J., 22548G. W. & Cod. 1887.
Swezey, Lavinia S., 23810G. W. 1890.
Swezey, Susan, 24758G. W. 1892. Inv. 1892.
Swezey, William H., 18950G. Inv. 1876.
Swick, George W., 21524G. W. 1884.
Swift, Frederick, 16388G. W. 1866. Inv. 1867. Rens. (2) 1866.
Swift, Henry, 9622–9623G. B. 38, p. 263. Int. 1799. Ren. 1799.

Teas, Emeline, 22975G. W. 1888. Inv. 1888.
Teed, Andrew, 3307–3310G. B. H, p. 419. W. 1763. Int. 1763.
Teed, Andrew, 22553G. Inv. 1887.
Teed, Benjamin F., 20072G. W. 1880.
Teed, Ebenezer, 13896G. Inv. 1849.
Teed, Jonathan F., 19219G. W. 1877. Inv. 1877.
Teed, Lewis C., 22554G. W. 1887.
Teed, Pell, 11228G. W. 1819. Inv. 1820.
Teed, Pell, 13076G. Inv. 1840.
Teel, Hannah G., 28701G. W. 1900.
Teeling, Patrick, Sr., 13475G. W. 1845.
Teese, Frederick H., 25701G. W. 1894.
Temple, Louisa M., 16223G. W. 1865.
Templin, John B., 28702G. W. 1900.
TenBrook, Jasper, 9986–9993G. B. 39, p. 14. Grd. 1800. Tr. 1800.
Ten Brook, Jasper, 11077G. W. 1817. Inv. 1818.
Ten Brook, Joseph, 11078G. W. 1817. Inv. 1817.
TenEyck, Hutson G., 27185G. W. 1897.
Tenney, Oliver, 14627G. W. 1854. Inv. 1854.
Tentrine, Anna N., 27688G. Inv. 1808.
Terhorst, Gerardus W., 20073G. W. 1880. Inv. 1880.
Terhorst, Henrietta, 18338G. W. & Cod. 1874. Inv. 1874.
Terhune, Albert, 16389G. Inv. 1866.
Terhune, Catharine, 27689G. W. 1898.
Terhune, David, 13766G. Inv. 1848.
Terhune, John, 18034G. W. 1873. Inv. 1873.
Terhune, Robert P., 19220G. W. 1877.
Terhune, William S., 23385G. W. 1889. Inv. 1891.
Terrel, Sarah, 10439G. W. 1806. Inv. 1806.
Terril, Amos, 11015G. W. 1816. Inv. 1816.
Terrill, Abraham, 7384–7387G. B. 32, p. 510. Int. 1791. Ren. 1791.
Terrill, Abraham, 10761G. W. 1812. Inv. 1812.
Terrill, Amos, 10165G. B. 40, p. 141. W. 1802.
Terrill, Betsey, 16027G. W. & Cod. 1864. Inv. 1864. Ren. 1864.
Terrill, Catharine, 8474–8477G. B. 33, p. 502. Wd. 1795. Pt. 1795.
Terrill, Daniel, 9114–9117G. B. 38, p. 115. Grd. 1798. Pt. 1798.
Terrill, Daniel. Jr., 4257–4260G. B. L, p. 156. Grd. 1774. Pt. 1774.
Terrill, Daniel, Sr., 8074–8079G. B. 33, p. 373. W. 1704. Inv. 1801.
Terrill, David, 11516G. Inv. 1823.
Terrill, Elias R., 11070G. Inv. 1817.
Terrill, Elizabeth, 14778G. Inv. 1855.
Terrill, Enoch, 12106G. Inv. 1829.
Terrill, Ephraim. Jr., 5341–5342G. B. 24, p. 20. Int. 1781.
Terrill, Ephraim, Sr., 3093–3094G. B. G, p. 451. W. 1761.
Terrill, Ephraim, Sr., 6436–6447G. B. 28, p. 410; B. 40, p. 44. W. & Cods. (2) 1786.
Terrill, Esther, 13476G. Inv. 1845.
Terrill, Isaac, 11437G. Inv. 1822.
Terrill, Isaac, Sr., 5697–5702G. B. 24, p. 328. W. 1783. Inv. 1783.
Terrill, Jacob, Sr., 11279G. W. 1820. Inv. 1820.
Terrill, John, 3415–3416G. B. H, p. 325. W. 1764.
Terrill, John, 8474–8477G. B. 33, p. 502. Grd. 1795. Pt. 1795.
Terrill, Josiah, 875–876G. B. C, p. 126. Grd. 1736.

Terrill, Josiah, 1701–1702G. B. E, p. 353. Int. 1749.
Terrill, Lewis, 13477G. W. 1845. Inv. 1845.
Terrill, Mary, 387–388G., 505–510G. B. B, p. 77. W. 1727. Inv. 1729. Acct. 1729.
Terrill, Mary, 10550G. W. 1808.
Terrill, Mary, 10866G. W. 1814. Inv. 1814.
Terrill, Mathilda, 20431G. Inv. 1881.
Terrill, Phebe, 11517G. Inv. 1823.
Terrill, Samuel, 3511–3514G. B. H, p. 488. W. 1765. Inv. 1765.
Terrill, Thomas, 325–330G. B. A., p. 335. W. 1725. Inv. 1725.
Terrill, Thomas, 13005G. Inv. 1839.
Terrill, William P., 11683G. W. 1825. Inv. 1825.
Terry, Alvah, 17447G. W. 1871. Inv. 1871.
Terry, Frazee M., 14288G. W. 1852.
Terry, Harriet C., 19221G. Inv. 1877.
Terry, Jonathan, 11280G. W. 1820. Inv. 1820.
Terry, Louis, 14441G. W. 1853. Inv. 1853.
Terry, Thomas, 8790–8793G. B. 35, p. 363. Grd. 1796. Pt. 1796.
Terry, Thomas, 10255G. B. 40, p. 400. Grd. 1803.
Terry, Thomas, 13667G. Inv. 1847?.
Terry, Thomas, Sr., 12365G. W. 1832. Inv. 1832.
Teschke, Carl, 27186G. W. 1897
Tevegan, James, 10600G. Inv. 1809.
Tewksbury, George, E., 28703G. W. 1900.
Thalheimer, Jacob, 22976G. W. 1888. Inv. 1888.
Tharp, Baker, 10644G. Inv. 1810.
Tharp, Mary, 16741G. W. 1868.
Tharp, Moses, 9966–9967G. B. 38, p. 540. W. 1800.
Thatcher, Hettie J., 25702G. W. 1894.
Thatcher, John, 16567G. W. 1867.
Thayer, Anna E., 21138G. W. 1883.
Thayer, Caleb, 14141G. W. 1851. Inv. 1852.
Thayer, Obadiah A., 15057G. W. & Cod. 1857. Inv. 1857.
Theberath, Charles M., 26694G. W. 1896. Inv. 1897. Rens. (2) 1896.
Theobald, Frederick, 20783G. W. 1882.
Theonig, Katherine, 28175G. W. 1899.
Theuerner, Christopher J., 25703G. W. 1894.
Theurer, Charles, 17729G. Inv. 1872.
Theurich, Charles, 18339G. W. 1874. Inv. 1874.
Thielemann, Conrad, 23386G. W. 1889.
Thielhorn, Adolph, 18952G. Inv. 1876.
Thieling, George, 18340G. W. 1874. Inv. 1874.
Thieling, Margaretha, 21139G. W. 1883. Inv. 1883.
Thieme, Frederick, 24280G. Inv. 1891.
Thieme, Theodore, 26184G. W. 1895.
Thierfelder, August W., 28704G. W. 1900.
Thiese, George, 25704G. W. 1894.
Thiesen, Gustave A., 24281G. Inv. 1891.
Thiessen, Henry, 25219G. W. 1893. Inv. 1893.
Thill, Francois, 18953G. W. 1876.
Thistle, Eliza C., 21140G. W. 1883.
Thomas, Abraham, 20074G. W. & Cod. 1880. Inv. 1880.
Thomas, Cornelius, 11605G. Inv. 1824.
Thomas, Daniel R., 19495G. W. 1878. Inv. 1878.
Thomas, Daniel V., 22555G. W. & Cod. 1887. Inv. 1887.
Thomas, David, 14938G. W. 1856. Inv. 1859.

Thorp, George W., 17734G. W. 1872. Inv. 1872.
Thorp, Peter, Elizabeth, 3189–3190G. B. H, p. 271. Int. 1762.
Thouin, Maria A. A. R., 9968–9973G. B. 38, p. 550. W. 1800.
Throssell, Joseph, 25221G. W. 1893. Inv. 1893.
Thrush, Abby W., 26696G. W. 1896. Inv. 1896.
Thruston, Charles, 16569G. Inv. 1867.
Thruston, Charles, 17448G. Inv. 1871.
Thruston, Sara, 15158G. Inv. 1858.
Thruston, Thomas W., 15837G. Inv. 1863.
Thruston, Thomas W., 16225G. Inv. 1865.
Thurston, David, 6466–6471G. B. 28, p. 375. W. & Cod. 1786.
Thurston, Rachel, 16570G. Inv. 1867.
Tice, Artemus M., 18341G. Inv. 1874.
Tice, David, 16030G. W. 1864. Inv. 1864.
Tice, Peter, 8080–8081G. B. 33, p. 394. Int. 1794.
Tice, Peter, 14780G. W. 1855.
Tichenor, Aaron, 11229G. W. 1819.
Tichenor, Abby, 15838G. W. 1863. Inv. 1863.
Tichenor, Abigail, 14443G. Inv. 1853.
Tichenor, Caleb, 11281G. W. 1820. Inv. 1820.
Tichenor, Caleb, 12554G. W. 1834. Inv. 1834.
Tichenor, Carrie E., 27691G. W. 1898.
Tichenor, Catharine R., 27692G. W. 1898.
Tichenor, Celim, 23816G. W. 1890. Inv. 1890.
Tichenor, Charles M., 26185G. W. 1895. Inv. 1895.
Tichenor, Daniel, 881–882G. B. C, p. 160. Grd. 1737.
Tichenor, Daniel, 5979–5981G. B. 26, p. 411. W. 1784.
Tichenor, Daniel, 12265G. W. & Cod. 1831. Inv. 1832.
Tichenor, Daniel, Sr., 415–418G. B. B, p. 97. W. 1728. Inv. 1728 (?).
Tichenor, Daniel, Sr., 4643–4646G. B. 19, p. 399. W. 1777. Original will said to be in Library of N. J. Historical Society, Newark.
Tichenor, David, 10440G. W. 1806. Inv. 1809.
Tichenor, David, 13571G. W. 1846. Inv. 1846.
Tichenor, David, Sr., 6762–6763G. B. 38, p. 92. W. 1788.
Tichenor, David A., 13572G. W. 1846.
Tichenor David C., 13007G. W. 1839.
Tichenor, Dorcas, 10304G. W. 1804. Inv. 1805.
Tichenor, Dorcas, 12366G. W. 1832. Inv. 1840.
Tichenor, Edward A. D., 22199G. W. 1886.
Tichenor, Elijah, 11796G. Inv. 1826.
Tichenor, Elijah, 12746G. W. 1836. Inv. 1836.
Tichenor, Elizabeth M., 27189G. Inv. 1897.
Tichenor, Enos, 14940G. W. 1856. Inv. 1857.
Tichenor, Ezekiel, 5067–5072G. B. 21, p. 51. W. 1779. Inv. 1779.
Tichenor, Frederick C., 23815G. W. 1890. Inv. 1890.
Tichenor, George S., 26697G. Inv. 1806.
Tichenor, Harriet A., 26698G. W. 1896.
Tichenor, Henry, 12367G. W. 1832. Inv. 1832.
Tichenor, Hiram, 12182G. Inv. 1830.
Tichenor, Hiram H., 24763G. W. & Cods. (3) 1892.
Tichenor, Isaac T., 13234G. W. 1842. Inv. 1842.
Tichenor, James, 10107G. B. 40, p. 83. Grd. 1802.

Tichenor, James, 13008G. W. 1839. Inv. 1841.
Tichenor, James, 16391G. W. 1866. Inv. 1866.
Tichenor, James H., 21143G. W. 1883. Inv. 1884.
Tichenor, James M., 25222G. W. 1893. Inv. 1897.
Tichenor, Jedediah, 10091G. B. 39, p. 248. Int. 1801. Inv. 1802.
Tichenor, John, 7580–7583G. B. 34, p. 44. W. 1792.
Tichenor, John, 9132–9134G. B. 37, p. 317. Grd. 1798. Pt. 1798.
Tichenor, Joseph, 11081G. W. 1817.
Tichenor, Joseph M., 22558G. W. 1887.
Tichenor, Josiah, 9974–9975G. B. 39, p. 12. Int. 1800.
Tichenor, Lewis, 14143G. W. 1851. Inv. 1851.
Tichenor, Lydia, 13078G. W. 1840. Inv. 1840.
Tichenor, Lyman S., 20433G. W. 1881. Inv. 1882.
Tichenor, Margaret, 16951G. W. 1869. Inv. 1869.
Tichenor, Mary E., 27693G. W. 1898.
Tichenor, Moses, 7904–7907G. B. 33, p. 396. Grd. 1794. Pt. 1794.
Tichenor, Moses, 10167G. B. 40, p. 72. W. 1802.
Tichenor, Moses, 11282G. Inv. 1820.
Tichenor, Nathan, 11438G. W. 1822. Iny. 1822.
Tichenor, Nathaniel, 11367G. W. 1821.
Tichenor, Nathaniel S., 16745G. Inv. 1868.
Tichenor, Parmelia, 16226G. Inv. 1865.
Tichenor, Rachel, 16952G. W. 1869. Inv. 1869.
Tichenor, Sarah A., 21144G. W. 1883.
Tichenor, Stephen, 10168G. B. 40, p. 83. Wd. 1802.
Tichenor, Stephen, 12009G. Inv. 1828.
Tichenor, Stephen W., 21145G. W. 1883.
Tichenor, Susanna, 5073–5074G. B. 21, p. 200. W. 1779.
Tichenor, Thomas S., 21146G. W. 1883. Inv. 1883.
Tichenor, Waldo B., 24764G. W. 1892.
Tichenor, William, 14781G. W. 1855. Inv. 1855.
Tichenor, William, 27190G. Inv. 1897.
Tichenor, William B., 19760G. W. 1879.
Tichenor, Zadoc, 17449G. Inv. 1871.
Tichoner, Martin, Sr., 675–676G. B. B, p. 387. W. 1732.
Tierney, Michael, 21528G. W. 1884.
Tierney, William M., 25706G. W. 1894. Inv. 1894.
Tierny, Hannah, 19496G. W. 1878.
Tiesler, Eugene, Sr., 25707G. W. 1894.
Tieurs, Cornelius, 13079G. Inv. 1840.
Tiffany, Samuel S., 26186G. W. 1895. Ren. 1895.
Tigh, Mary, 19497G. Inv. 1878.
Tighe, Bridget, 22200G. Inv. 1886.
Tighe, Eliza J., 27191G. W. 1897.
Tighe, Lawrence, 16571G. W. 1867.
Tighe, Mary, 16953G. W. 1869.
Tighe, Patrick, 28180G. W. 1899.
Tighe, William, 28706G. W. 1900.
Tigner, Solomon, 28181G. W. 1899.
Tilford, John W., 16392. Inv. 1866.
Till, John J., 18956G. W. 1876. Inv. 1877.
Tillinghast, Charles, 3417–3418G. B. H, p. 422. Int. 1764.
Tillmes, Abraham, 27694G. W. 1898.
Tillou, Charles, 14628G. W. 1854. Inv. 1856.

Toole, Thomas P., 20437G. Inv. 1881.
Toomey, Andrew, 27696G. W. 1898.
Toomey, Cornelius, 14629G. Inv. 1854.
Toomey, Henery, Sr., 6616–6617G. Inv. 1787.
Toomey, Thomas J., 25709G. W. 1894.
Tormey, Michael, 18647G. W. 1875. Inv. 1875.
Tormy, Edward, 16575G. W. 1867.
Torrey, Francis H., 18958G. Inv. 1876.
Torrey, Francis N., 22202G. W. 1886.
Torrey, Harriet A., 25224G. W. 1893.
Totems, George, Sr., 24767G. W. 1892. Inv. 1892.
Totten, Henry F., 24289G. Inv. 1891.
Totten, John, 10645G. W. 1810.
Totten, Sylvanus, 5343–5348G. B. 24, p. 26. Int. 1781. Inv. 1781.
Tottin, Silvanus, 7388–7389G. B. 32, p. 508. Int. 1791.
Towell, Thomas, 16031G. W. 1864. Inv. 1864.
Tower, Stephen A., 21147G. Inv. 1883.
Towle, George, 20785G. Inv. 1882.
Townley, Charles, 2305–2308G. B. F, p. 413. W. 1756.
Townley, Charles, 12635G. Inv. 1835.
Townley, Charles, Sr., 10169G. B. 40, p. 8. W. 1802. Inv. 1804.
Townley, Edward, 11520G. W. 1823. Inv. 1823.
Townley, Edward, 14783G. Inv. 1855.
Townley, Effingham, 11140G. W. 1818. Inv. 1818.
Townley, Effingham, 12108G. W. 1829. Ren. 1829.
Townley, Eleazer C., 17736G. W. 1872. Inv. 1872.
Townley, Everitt, 11904G. Inv. 1827.
Townley, George W., 11283G. Inv. 1820.
Townley, Hannah, 11686G. W. 1825. Inv. 1825.
Townley, Henry, 11368G. W. 1821. Inv. 1821.
Townley, James, 11521G. W. 1823. Inv. 1823.
Townley, John, 11284G. N. B. 1820. Inv. 1820.
Townley, Jonathan, Sr., 11905G. W. 1827. Inv. 1827.
Townley, Moses, 11609G. W. 1824. Inv. 1824.
Townley, Polly, 20438G. W. 1881. Inv. 1881.
Townley, Rhoda C., 14784G. Inv. 1855.
Townley, Richard, 6504–6507G. B. 29, p. 419. Grd. 1787. Pt. 1787.
Townley, Richard, 10092G. W. 1801. Inv. 1809.
Townley, Stephen, 11141G. W. 1818.
Townley, Susan H., 11360G. Inv. 1821.
Townley, William, 10093G. B. 40, p. 79. W. 1801.
Townley, William, Sr., 12636G. W. & Cod. 1835.
Townley, William M., 25710G. W. 1894. Inv. 1894.
Townly, David, 15061G. Inv. 1857.
Townly, Stephen, 14444G. Inv. 1853.
Townrow, Mary A., 18343G. W. 1874.
Townsend, Eleanor C., 27697G. W. 1898. Inv. 1899.
Townsend, George, 18648G. Inv. 1875.
Townsend, Hugh R., 19762G. Inv. 1879.
Townsend, Isaac B., 12109G. Inv. 1829.
Townsend, James, 12370G. W. 1832. Inv. 1832, 1838.
Towsey, Thomas, 5703–5704G. B. 25, p. 576. Int. 1783.
Toye, Thomas, Jr., 23388G. Inv. 1880.
Toynbee, Benjamin, 28185G. W. 1899. Ren. 1899.
Toynbee, Mary, 28186G. Inv. 1899.
Tozer, Mary G., 21531G. Inv. 1884.

Trabert, Katharina, 24768G. W. 1892.
Tracy, Francis, Sr., 15161G. W. 1858.
Tracy, John, 13164G. Inv. 1841.
Tracy, Patrick, 14445G. Inv. 1853.
Traflet, Emil C., 27193G. Inv. 1897.
Trainor, James, 20439G. W. 1881.
Trainor, James, 27194G. W. 1897.
Trainor, Mary, 27195G. W. 1897. Inv. 1897.
Trall, Cornelia A., 25711G. W. 1894.
Trall, Mary E., 28711G. W. 1900.
Trambly, John, Sr., 7394–7397G. B. 32, p. 471. W. 1791.
Tramer, Catharine, 28712G. W. 1900.
Tramer, George, 20786G. W. 1882.
Tranbles, Jean, 2177–2186G. B. F, p. 216. W. 1754. Inv. 1755. Acct. 1756.
Tranbles, Peter, Sr., 5517–5524G. B. 23, p. 440. W. & Cod. 1782.
Traphagan, Albert D., 28188G. W. 1899.
Traphagan, Albert, 10505G. Inv. 1807.
Traphagen, James, 26701G. W. 1896.
Trapper, Henry, 22203G. W. 1886.
Traudt, Ernest W., 27196G. Inv. 1897.
Traudt, William, Sr., 25712G. W. 1894. Inv. 1894.
Traumuller, Lorenz, 22559G. W. 1887.
Traumuller, Sibilla, 19224G. W. 1877. Inv. 1877.
Trautvetter, Carl A. E., 16396G. W. 1866.
Trautvetter, Valentine, 23820G. W. 1890.
Trautvetter, Wilhelmina S., 26190G. W. 1895.
Trautz, August, Sr., 24760G. W. 1892.
Trautz, Wilhelmine K., 28187G. W. 1899.
Travers, Ann E., 21859G. Inv. 1885.
Travers, Patrick, 19225G. W. 1877. Inv. 1877.
Travis, Josephine L., 25225G. W. 1893. Inv. 1893.
Trawin, Almira J., 18649G. W. 1875. Inv. 1875.
Trawin, James, 26191G. W. 1895.
Trawin, William H., 17197G. W. 1870. Inv. 1870.
Treat, George, 14942G. Inv. 1856.
Trefz, Charles, 27197G. W. 1897.
Trefz, Christoph, 18950G. W. 1876. Inv. 1876.
Treiber, Adam, 15839G. W. 1863. Inv. 1863.
Treiber, August A., 28713G. W. 1900. Inv. 1901.
Treiber, Eva K., 23389G. W. & Cod. 1889.
Treiber, Henry, 16032G. W. 1864.
Treiber, Phillipp, 18345G. W. 1874.
Trelease, Minerva P., 17451G. W. 1871. Inv. 1872.
Trembles, Daniel, 5075–5076G. B. 21, p. 156. W. 1779.
Trembles, Richard, 8490–8493G. B. 33, p. 501. Wd. 1795. Pt. 1795.
Trembley, Anthony O., 14630G. Inv. 1854.
Trembley, Peter, 12010G. W. 1828. Inv. 1828.
Trembly, Benoni, 6770–6773G. B. 38, p. 90. W. 1788. Ren. 1788.
Trembly, Daniel, 10305G. B. 40, p. 417. W. 1804.
Trembly, Eliphalet, 7390–7393G. B. 32, p. 511. Wd. 1791. Pt. 1791.
Trembly, Elizabeth, 13165G. W. 1841.
Trembly, Peter, Jr., 9014–9019G. B. 36, p. 501. Int. 1797. Inv. 1800. Ren. 1797.
Trembly, Runyon, 13385G. W. 1844. Inv. 1844.
Trenchard, John, 16228G. W. 1865.
Trenchard, Odell, 18035G. W. 1873. Inv. 1873.
Tresch, Jessie, 24290G. W. 1891.

Tuttle, Delia, 14292G. Inv. 1852.
Tuttle, Elizabeth H., 25714G. W. 1894.
Tuttle, Emma, 24292G. Inv. 1891.
Tuttle, Helen S., 28191G. W. 1899.
Tuttle, John, 11524G. W. 1823. Inv. 1825.
Tuttle, John N., 19230G. W. & Cod. 1877.
Tuttle, Joseph B., 27703G. W. 1898.
Tuttle, Joseph N., 22204G. W. & Cod. 1886. Inv. 1886.
Tuttle, Josiah, 1621–1622G. B. E, p. 127. Int. 1747.
Tuttle, Lyman, 9976–9977G. B. 39, p. 12. Int. 1800.
Tuttle, Sarah, 11084G. W. 1817.
Tuttle, Stephen B., 15694G. W. & Cod. 1862. Inv. 1863.
Tuttle, Uzal J., 19502G. W. 1878.
Tuttle, William, 13669G. W. 1847. Inv. 1848.
Tuttle, Wycliffe B., 26192G. W. 1895.
Tyler, Samuel, 9206–9209G. B. 36, p. 505. Grd. 1797. Pt. 1797.
Tyler, Stephen A., 24773G. W. 1892.
Tynan, John, Sr., 16955G. W. 1869. Inv. 1870.
Tyrrell, Peter, 20440G. W. 1881.
Tyson, Ann, 10868G. W. 1814. Inv. 1814.
Tyson, Margaret, 23393G. W. & Cod. 1889. Inv. 1889.
Tyson, Thomas, 8744–8745G. B. 36, p. 33. W. 1796. Inv. 1796.

Ubertino, Joseph, 25715G. W. 1894.
Ufford, Eugene, Sr., 17199G. Inv. 1870.
Ullman, Alfonso, 15843G. Inv. 1863.
Ullmer, Charlotte, 21533G. Inv. 1884.
Ullrich, Charles, 25716G. W. 1894.
Ulman, Ernest, 27199G. W. 1897. Inv. 1898.
Ulrich, Christian, 24774G. W. 1892.
Ulrich, Johanna, 25717G. W. 1894. Inv. 1894.
Ulrich, Ludwig, 22561G. W. 1887.
Ulrick, Henry, 26704G. W. & Cod. 1896. Inv. 1896.
Umbach, William J. A., 24775G. W. 1892. Inv. 1893.
Umland, Henry, 16749G. W. 1868.
Umstaedter, Philip, 27704G. Inv. 1898.
Unangst, Christopher T., 19764G. W. 1879.
Unangst, Mary, 24293G. W. 1891.
Underhill, Gilbert, 14293G. W. 1852. Inv. 1852.
Underhill, Hezekiah, 13386G. Inv. 1844.
Underhill, Sarah E.., 21148G. W. & Cod. 1883. Inv. 1883.
Underwood, Almon, 22562G. W. 1887.
Underwood, John G., 20441G. Inv. 1881.
Underwood, Timothy, 16229G. W. 1865.
Ungar, Julius, 21860G. W. 1885.
Ungemah, Elizabeth E., 26193G. W. 1895.
Unger, Frederick W., 19765G. Inv. 1879.
Unger, George, 19766G. W. 1879. Inv. 1879.
Unger, William, 19767G. W. 1879. Inv. 1879.
Unonius Alice H., 19768G. W. 1879. Inv. 1879.
Upton, Robert, 20442G. W. 1881. Inv. 1882.
Upton, William, 21861G. W. 1885.
Ure, William A., 26705G. W. 1896.
Urech, Christoph, 21862G. W. 1885.
Urech, Vrena, 28718G. W. 1900. Inv. 1900.
Urick, William P. B., 28717G. Inv. 1900.
Urstom, Joseph, 13236G. Inv. 1842.
Utess, William C., 21863G. Inv. 1885.
Utitz, Rosa, 20076G. W. & Cod. 1880.
Utter, Alexander M., 17200G. Inv. 1870.
Utter, Edwin A., 20443G. Inv. 1881.
Utter, Frederick M., 27705G. Inv. 1898.

Utter, Rebecca M., 25226G. Inv. 1893.
Utter, William T., 17201G. Inv. 1870.
Utter, William T., 25227G. Inv. 1893.

Vache, John, 12464G. W. 1833. Inv. 1833.
Vache, Mary A., 16576G. W. 1857.
Vache, Mary A., 17740G. W. 1872. Inv. 1872.
Vaeth, Barbara, 22205G. W. 1886. Inv. 1886.
Vahle, William, 27706G. W. 1898. Inv. 1898.
Vail, Agness C., 12111G. W. 1829. Inv. 1829.
Vail, Arthur, 13480G. Inv. 1845.
Vail, Charles, 13237G. Inv. 1842.
Vail, Christiana C., 13771G. W. & Cod. 1848. Inv. 1848.
Vail, Henry, Jr., 11907G. W. 1827.
Vail, Jacob, 15062G. W. 1857. Inv. 1857.
Vail, James, 10703G. W. 1811. Inv. 1816.
Vail, James T., 15164G. Inv. 1858.
Vail, Jesse, 14145G. W. 1851. Inv. 1851.
Vail, Julia A., 14146G. W. 1851.
Vail, Martha, 15165G. W. 1858. Inv. 1858.
Vail, William P., 23394G. W. 1889.
Vale, Ann, 18650G. Inv. 1875.
Valentine, Ephraim, 4647–4648G. B. 19, p. 436. W. 1777.
Valentine, George, 17741G. Inv. 1872.
Valentine. Hannah, 3593–3594G. B, H, p. 616. W. 1766.
Valentine, Jonas, 5525–5528G. B. 24, p. 25. Int. 1782. Ren. 1782.
Valentine, Jonathan, 10094G. B. 39, p. 322. Int. 1801. Inv. 1801. Ren. 1801.
Valentine, Mary J., 26194G. W. 1895. Inv. 1895.
Valentine, Obadiah, 6774–6779G. B. 38, p. 95. W. 1788. Int. 1788. Ren. 1788.
Valentine, Peter D., 15063G. W. 1857.
Valentine, Richard, 3605–3606G. B, H, p. 597. W. 1766.
Vallantine, Elizabeth, 3591–3592G, 3597–3598G. B. H, p. 614. W. 1766. Inv. 1784.
Vallantine, Ichabod, 3595–3596G, 3599–3604G. B. H, p. 618. W. 1766. Inv. 1784.
Vallentin, Emil F., 19231G. W. 1877. Inv. 1877.
Value, Antoinette F., 13501G. W. 1845. Inv. 1845.
Value, René, 13481G. W. 1845. Inv. 1845.
VanAllen, Zabriskie, 17742G. W. 1872. Inv. 1872.
VanAntwerp, Margaret, 16577G. W. 1867.
VanArnam, James N., 25228G. W. 1893.
VanArsdale, Elias, 14632G. W. 1854. Inv. 1854.
VanArsdale, Elias, Sr., 13576G. W. 1846. Inv. 1846.
VanArsdale, Jacob, 16033G. W. 1864. Inv. 1864.
VanArsdale, John T., 18651G. Inv. 1875.
VanArsdale, Margaret, 13772G. Inv. 1848.
VanArsdale, Robert, 18348G. W. 1874. Inv. 1874.
VanArtsdalen, Jacob, 10244G. B. 40, p. 419. Int. 1803. Ren. 1803.
VanAuken, Bowdewine, 26195G. Inv. 1895.
VanAulen, Martha S., 13577G. W. 1846. Inv. 1846.
VanBerckel, Peter J., 10095G. B. 39, p. 249. W. 1801. Inv. 1801.
VanBeuren, Jacob, 14633G. W. 1854.
VanBlarcom, Anthony F., 10704G. W. 1811.
VanBlarcom, Cornelius, 12012G. W. 1828. Inv. 1828.
VanBlarcom, Jacob, 13313G. W. 1843.

VanGeeson, Bosteon, 1925-1930G. B. E, p. 541. Int. 1751. Inv. (2) 1751.
Vangerean, Abigail, 11376G. Inv. 1821, 1822.
Vangiesen, Abraham, 6246-6247G. B. 27, p. 327. W. 1785.
VanGiesen, Abraham, 10171G. B. 40, p. 214. Int. 1802. Inv. 1803.
VanGiesen, Abraham, Sr., 2089-2090G, 2527-2530G. B. F, p. 538. W. 1758. Inv. 1759.
VanGiesen, Abraham I., 11689G. W. 1825. Inv. 1825.
Vangiesen, Andrew, 2091-2094G. B. F, p. 136. Int. 1753. Inv. 1754.
VanGiesen, Hendrica, 3781-3782G. B. I, p. 260. W. 1768.
VanGiesen, Hendrick, 3519-3520G. B. H, p. 526. W. 1765.
VanGiesen, Isaac, 5205-5206G. B. 24, p. 25. Int. 1780.
VanGiesen, James, 14294G. W. 1852.
Vangiesen, Mary, 12185G. W. 1830. Inv. 1830.
VanGieson, Amzi H., 16413G. Inv. 1866.
VanGieson, Artemus, 24779G. W. 1892.
VanGieson, Charles, 25230G. W. 1893.
Vangieson, Cornelius, 11285G. W. 1820. Inv. 1820.
VanGieson, Cynthia, 15845G. W. 1863. Inv. 1863.
VanGieson, Elber, 20446G. W. 1881. Inv. 1881.
VanGieson, Eliza, 23825G. Inv. 1890.
VanGieson, Elizabeth, 17202G. W. 1870.
VanGieson, Ira, 18351G. Inv. 1874.
VanGieson, Isaac, 10307G. W. 1804. Inv. 1804.
VanGieson, Jared, 20448G. W. 1881. Inv. 1881.
VanGieson, John G., 25231G. W. 1893. Inv. 1893.
VanGieson, Leah, 18653G. W. 1875. Inv. 1875.
Vangieson, Mary, 10308G. Inv. 1804.
VanGieson, Nancy, 20447G. W. 1881. Inv. 1881.
VanGieson, Reynier, 26707G. W. 1896.
VanGieson, Rynear, 21149G. W. 1883. Inv. 1883.
VanGieson, Rynier I., 15846G. W. 1863. Inv. 1863.
VanGieson, Sarah, 19233G. W. 1877. Inv. 1878.
Vangieson, Sarah, 21150G. Inv. 1883.
VanGieson, Sophia, 18352G. W. 1874.
VanHorn, Augustus, 9028-9030G. B. 38, p. 260. Int. 1797.
Vanhorn, Mary, 22209G. W. 1886. Inv. 1886.
Van Horn, Richard, 10098G. B. 39, p. 322. Int. 1801. Ren. 1801.
VanHouten, Abraham, 18654G. W. 1875. Inv. 1875.
VanHouten, Abraham, Sr., 11690G. W. 1825. Inv. 1825.
VanHouten, Adrian H., 11611G. W. 1824. Inv. 1824.
VanHouten, Albert, 25723G. W. 1894.
VanHouten, Ann, 12465G. W. 1833. Inv. 1833.
VanHouten, Anna M., 17203G. W. 1870.
VanHouten, Cornelius, 10245G. B. 40, p. 334. Int. 1803. Inv. 1803. Ren. 1803.
VanHouten, Cornelius, 12373G. Inv. 1832.
VanHouten, Cornelius A., 25232G. W. 1893.
VanHouten, Dirck, 3855-3856G. B. K, p. 154. W. 1769.
VanHouten, Francis L., 22983G. Inv. 1888.
VanHouten, Garrit, Sr., 11798G. W. 1826.
VanHouten, George H., 14634G. Inv. 1854.

Van Houten, Henry, 10943G. W. 1815.
VanHouten, Horace, 15561G. Inv. (2) 1861.
VanHouten, Jacob J., 12374G. W. 1832. Inv. 1832.
VanHouten, James, 15562G. W. 1861. Inv. 1861.
VanHouten, Lewis M., 15563G. Inv. 1861.
VanHouten, James E., 16034G. W. 1864. Inv. 1864.
VanHouten, Lysander, 16957G. W. 1869. Inv. 1869.
VanHouten, Margaret, 15847G. Inv. 1863.
VanHouten, Martin, 13773G. Inv. 1848.
VanHouten, Nancy M., 22564G. Inv. 1887.
VanHouten, Peter, 16750G. W. 1868. Inv. 1868.
VanHouten, Ralph S., 18655G. Inv. 1875.
VanHouten, Robert, 26708G. W. 1896.
VanIderstine, George, 10552G. W. 1808. Inv. 1808.
Vanlue, Martha, 11144G. W. 1818. Inv. 1818.
VanName, Joshua, 23397G. Inv. 1889.
Vanness, Aaron, 14010G. W. 1850. Inv. 1850.
VanNess, Ann, 25724G. W. 1894.
VanNess, Ann E., 25233G. W. 1893.
Vanness, Anthony, 17453G. W. 1871. Inv. 1871.
VanNess, Caleb B., 17743G. W. 1872. Inv. 1872.
VanNess, Charles W., 23396G. W. 1889.
Vanness, Corintha, 26709G. W. 1896.
Vanness, Cornelius D., 27710G. W. 1898. Inv. 1898.
Vanness, Cornelius H., 14295G. W. 1852. Inv. 1852.
Vanness, Cornelius I., 17454G. Inv. 1871.
Vanness, David, 14147G. W. 1851.
VanNess, Ephraim, 23398G. W. 1889.
VanNess, Francis, 25733G. W. 1894.
Vanness, Garret T., 11908G. Inv. 1827.
VanNess, Henderic, 5705-5706G. B. 24, p. 333. Int. 1783.
VanNess, Henry, 11018G. Inv. 1816.
Vanness, Henry E., 12834G. Inv. 1837.
VanNess, Henry H., 16579G. W. 1867. Inv. 1867.
VanNess, Henry I., 23399G. W. 1889. Inv. 1889.
VanNess, Hester, 21151G. Inv. 1883.
Vanness, Isaac, 12186G. Inv. 1830.
Vanness, Isaac, 17455G. Inv. 1871.
VanNess, Isaac J., 22210G. W. 1886. Inv. 1886.
VanNess, Jacob, 18960G. W. 1876. Inv. 1876.
VanNess, Jacob F., 27202G. W. 1897. Inv. 1897.
VanNess, James M., 23826G. Inv. 1890.
VanNess, Jacob P., 11374G. W. 1821. Inv. 1824.
VanNess, Jacob S., 22565G. W. & Cods. (4) 1887. Inv. 1888.
VanNess, John, 25725G. W. 1894.
VanNess, John H., 26198G. W. & Cod. 1895. Inv. 1895.
VanNess, Lydia, 23827G. W. 1890.
VanNess, Lydia, 26199G. W. & Cod. 1895.
VanNess, Maria, 22211G. Inv. 1886.
VanNess, Mary E., 26200G. W. 1895.
VanNess, Peter, 11286G. W. 1820. Inv. 1820.
VanNess, Peter, 21866G. W. 1885.
Vanness, Peter J., 16232G. W. 1865. Inv. 1865.
VanNess, Richard D., 25726G. W. 1894.
Vanness, Robert, 12747G. W. 1836. Inv. 1836.

Vreeland, Michael, 10100G. B. 39, p. 370. Int. 1801. Inv. 1801.

Vreeland, Michael, 10311G. W. 1804. Inv. 1804. Ren. 1804.

Vreeland, Michael, Sr., 7120-7123G. B. 30, p. 325. W. 1790.

Vreeland, Michael H., 10312G. W. 1804. Inv. 1804.

Vreeland, Michael I. M., 13483G. Inv. 1845.

Vreeland, Nicholas, 2363-2364G. B, F, p. 464. W. 1757.

Vreeland, Peter H., 13239G. W. 1842. Inv. 1842.

Vreeland, Ralph I., 15701G. Inv. 1862.

Vreeland, Richard, 11148G. Inv. 1818.

Vreeland, Rocliff, 10383G. Inv. 1805.

Vreeland, Rulef, 11147G. W. 1818. Inv. 1822.

Vreeland, Sarah, 13776G. W. 1848.

Vreeland, Sarah M., 24784G. W. & Cod. 1892.

Vreeland, Sibyl A., 26207G. W. 1895.

Vreeland, Thomas, 20788G. Inv. 1882.

Vreeland, Thomas O., 18962G. Inv. 1876.

Vreeland, William, 15851G. W. 1863. Inv. 1863.

Vreeland, William, 16961G. W. 1869. Inv. 1869.

Vreeland, William H., 22569G. Inv. 1887.

Vreelandt, Derick, 6620-6621G. B. 29, p. 417. Int. 1787.

Vreelandt, Massa, 5991-5994G. B. 26, p. 492. W. 1784.

Vreelant, Hartman, 6268-6269G. B. 27, p. 292. W. 1785.

Vreelent, Hartman D., 5535-5536G. B. 24, p. 312. W. 1782.

Vreland, Cornelius, Sr., 11909G. W. & Cod. 1827. Inv. 1827.

Vreland, Isaac, 2535-2536G. B, F, p. 369. Int. 1756.

Vreland, James, Sr., 11378G. W. 1821.

Vreland, Michael, Sr., 1825-1827G. B. E, p. 500. W. 1750. Ren. 1750.

Vreland, Peter H., 8262-8267G. B. 33, p. 501. Int. 1795. Inv. 1795.

Vrelandt, Elias, 4403G. B, L, p. 336. W. 1775.

Vrelandt, Marcy, 4861-4862G. B. 19, p. 481. W. 1778.

Vrelant, Abraham, Sr., 4023-4024G. B. K, p. 317. W. 1771.

Waag, Christiana M., 27715G. W. 1898.

Waag, John G. 27716G. W. 1898. Inv. 1898.

Wachenhusen, Josephine R., 23403G. W. 1889. Inv. 1889.

Wachter, Anton, 16235G. W. 1865.

Wackenhuth, Christoph, 18051G. W. & Cod. 1873.

Wade, Aaron, 4863-4864G. B. 20, p. 238. W. 1778.

Wade, Benjamin, 2965-2968G. B, G, p. 275. W. 1760. Inv. 1772.

Wade, Benjamin, 10819G. Inv. 1813.

Wade, Daniel, 2583-2586G. B, G, p. 94. Grd. 1759. Pt.

Wade, Daniel, 11379G. W. 1821. Inv. 1821.

Wade, Daniel, Sr., 7776-7781G. B. 33, p. 192. W. 1793.

Wade, David, Sr., 5079-5080G. B. 22, p. 1. W. 1779.

Wade, Demas H., 11380G. Inv. 1821.

Wade, Dorcas, 12836G. W. 1837.

Wade, Henry W., 11693G. W. 1825. Inv. 1827.

Wade, James, 4323-4326G. B, L, p. 120. W. 1774.

Wade, James W., Sr., 12112G. W. 1829. Inv. 1829.

Wade, Job, 14947G. W. & Cod. 1856. Inv. 1856.

Wade, John, 13672G. W. 1847. Inv. 1847.

Wade, John R. L., 15852G. W. 1863.

Wade, Jonas, 8766-8768G. B. 36, p. 42. Grd. 1796. Pt. 1796.

Wade, Jonas, 11232G. W. 1819.

Wade, Jonas, 11527G. Inv. 1823.

Wade, Jonathan, 8770-8773G. B. 35, p. 350. W. 1796.

Wade, Jonathan, 11442G. W. 1822. Inv. 1822.

Wade, Joseph, 4657-4660G. B. 18, p. 220. W. 1777.

Wade, Joseph, 16035G. W. 1864.

Wade, Jotham, 4215-4218G. B. K, p. 451. Wd. 1773. Pt. 1773.

Wade, Mary, 10313G. B. 40, p. 421. Wd. 1804.

Wade, Nathaniel, 6270-6271G. B. 27, p. 375. Int. 1785.

Wade, Nathaniel, 14948G. W. 1856.

Wade, Nathaniel, Jr., 11528G. Inv. 1823.

Wade, Nehemiah, Sr., 4457-4460G. B. 18, p. 28. W. 1776.

Wade, Obadiah, 12933G. W. 1838. Inv. 1838.

Wade, Oliver, 11443G. W. 1822. Inv. 1823.

Wade, Phebe, 14297G. W. 1852. Inv. 1852.

Wade, Phebe W., 9284-9293G. B. 37, p. 535. W. 1798. Inv. 1807.

Wade, Polly, 15419G. W. 1860. Inv. 1862.

Wade, Rhoda, 11444G. Inv. 1822.

Wade, Richard, 19775G. W. 1879. Inv. 1879.

Wade, Robert, 3609-3610G, 4133-4134G. B. I, p. 43. W. 1766. Inv. 1772.

Wade, Robert, 10442G. Inv. 1806.

Wade, Robert M., 21542G. W. 1884. Inv. 1884.

Wade, Samuel, 13673G. W. 1847. Inv. 1847.

Wade, Tabitha, 13781G. W. 1848. Inv. 1849.

Wade, Thompson, 14949G. W. 1856.

Wade, Uzal, Sr., 12018G. W. 1828. Inv. 1828.

Wade, Uzal N., 22984G. W. 1888.

Wadhams, Sarah A., 21543G. W. 1884.

Waechter, Franz, 20450G. W. & Cod. 1881. Inv. 1881.

Waechter, William, 16582G. W. 1867. Inv. 1896.

Waeker, Philip, 16753G. W. 1868.

Wagenbach, Bernhard, 25244G. W. 1893.

Wagenbach, Catharine, 21544G. W. 1884.

Wagenblast, Agnes, 26712G. W. 1896.

Wagenblast, August, 28206G. W. 1899.

Wagenhauser, John, 16236G. W. 1865.

Wagner, Adam, 26208G. W. 1895.

Wagner, Adam, Sr., 22985G. W. 1888.

Wagner, Anna, 24786G. W. 1892. Inv. 1892.

Wagner, Anna E., 21873G. W. 1885.

Wagner, Catharina, 24306G. W. 1891.

Wagner, Charles K., 27717G. W. 1898. Inv. 1898.

Wagner, Christine J., 27718G. W. 1898.

Wagner, Friederick, 24787G. W. 1892.

Wagner, Frederick G., 25245G. Inv. 1893.

Wagner, George, 26713G. Inv. 1895.

Wagner, Henry, 18356G. W. 1874. Inv. 1874.

Wagner, Jacob F., 22217G. W. 1886.

Wagner, John, 26714G. W. 1896.

Wagner, George, 21159G. W. 1883.

Wagner, Henry, 18659G. Inv. 1875.

Wagner, Jacob, 16583G. Inv. 1867.

Wagner, Johann F., 18073G. W. 1873.

Wagner, John, 17209G. W. 1870.

Wagner, John J., 28731G. W. 1900. Inv. 1900.

Wagner, Justus, Sr., 19504G. W. 1878.

Ward, Bethuel, Sr., 12188G. W. 1830. Inv. 1831.
Ward, Betsey, 16962G. W. 1869.
Ward, Caleb, 13084G. Inv. 1840.
Ward, Caleb, Sr., 877–879G. B. C, p. 89. W. 1736. Inv. 1736.
Ward, Caleb, Sr., 1829–1830G. B. F, p. 28. W. 1750.
Ward, Caleb C., 15421G. Inv. 1860.
Ward, Caleb J., 13485G. W. 1845. Inv. 1845.
Ward, Caleb S., 14450G. W. 1853. Inv. 1854.
Ward, Caleb S., 24310G. W. 1891.
Ward, Caleb S., Sr., 13675G., W. 1847. Inv. 1847.
Ward, Caroline, 18358G. W. 1874.
Ward, Caroline B., 20793G. W. 1882. Inv. 1882.
Ward, Caroline R., 15422G. Inv. 1860.
Ward, Charles V., 19776G. Inv. 1879.
Ward, Charlotte A., 24793C. W. 1892. Inv. 1892.
Ward, Cyrus F., 26718G. W. 1896. Inv. 1896.
Ward, Daniel, 2251–2256G. B. F, p. 504. W. 1755.- Inv. 1758.
Ward, Daniel, 12560G. W. 1834.
Ward, Daniel L., 16399G. Inv. 1866.
Ward, David, Sr., 3787–3790G. B. I, p. 264. W. 1768.
Ward, David E., 28738G. W. 1900.
Ward, Elizabeth, 28739G. W. 1900.
Ward, Deborah, 12642G. W. 1835. Inv. 1836.
Ward, Deidamia B., 26214G. W. 1895.
Ward, Ebenezer, 9638–9641G. B. 38, p. 265. Int. 1799. Inv. 1800.
Ward, Ebenezer, 10314G. Inv. 1804.
Ward, Edward, 2969–2970G. B. G, p. 287. W. 1760.
Ward, Edward P., 28209G. W. 1899.
Ward, Eleazer D., 16754G. Inv. 1868.
Ward, Elias S., 27216G. W. 1897.
Ward, Elihu, 8774–8781G. B. 35, p. 501. W. 1796. Inv. 1797.
Ward, Eliot, 9994–9997G. W. 1800.
Ward, Elizabeth, 14451G. W. 1853.
Ward, Enos, 12019G. W. 1828.
Ward, Frances, 19241G. W. 1877. Inv. 1877.
Ward, Francis, 19777G. W. 1879.
Ward, Frederic W., 28210G. W. 1899.
Ward, George, 26719G. W. 1896.
Ward, George, 27721G. W. 1898. Inv. 1899.
Ward, George S., 28740G. W. 1900. Inv. 1900.
Ward, Gertrude E., 15302G. Inv. 1859.
Ward, Gilbert S., 18965G. Inv. 1876.
Ward, Hannah, 2971–2972G. B. G, p. 286. W. 1760.
Ward, Hannah, 5995–5998G. B. 26, p. 507. Wd. 1784. Pt. 1784.
Ward, Hannah, 11910G. W. 1827.
Ward, Hannah, 17462G. Inv. 1871.
Ward, Harriet, 15853G. W. 1863. Inv. 1864.
Ward, Harriette, 18053G. W. 1873. Inv. 1873.
Ward, Henry, 14012G. W. 1850.
Ward, Horace H., 13676G. W. 1847. Inv. 1848.
Ward, Ichabod B., 13677G. Inv. 1847.
Ward, Isaac, 2095–2096G. B. F, p. 265. Int. 1754.
Ward, Isaac, 10707G. W. 1811.
Ward, Isaac, 14013G. Inv. 1850.
Ward, Isaac, 18663G. Inv. 1875.
Ward, Isaac J., 13486G. W. 1845. Inv. 1845.
Ward, Isaac J., 16963G. W. 1869.
Ward, Isaac M., 26215G. W. 1895. Inv. 1895.
Ward, Israel, 18359G. Inv. 1874.
Ward, Israel C., 22221G. W. 1886.
Ward, Jacob, 10708G. W. 1811. Inv. 1813.

Ward, Jacob W., 19242G. Inv. 1877.
Ward, James, 12751G. Inv. 1836.
Ward, James, 13580G. W. 1846. Inv. 1846.
Ward, James, 14638G. Inv. 1854.
Ward, James, 26720G. Inv. 1896.
Ward, James B., 12838G. Inv. 1837.
Ward, James H., 17463G. Inv. 1871.
Ward, James O., 14792G. W. & Cod. 1855.
Ward, Jane D., 18360G. W. 1874.
Ward, Jediah, 10948G. Inv. 1815.
Ward, Jerome B., 21879G. W. 1885.
Ward, Jesse, 10820G. W. 1813.
Ward, John, 1417–1418G. B. D, p. 358. Int. 1745.
Ward, John, 12752G. W. 1836. Inv. 1836.
Ward, John, 19778G. W. 1879.
Ward, John, 20794G. Inv. 1882.
Ward, John, 28211G. W. 1899. Inv. 1899.
Ward, John C., 16964G. W. 1869. Inv. 1869.
Ward, John F., 18054G. W. 1873. Inv. 1873.
Ward, John F., 24311G. Inv. 1891.
Ward, John J., 13318G. W. 1843. Inv. 1843.
Ward, Johnson, 9736–9738G. B. 39, p. 13. Grd. 1800. Pt. 1800.
Ward, Johnson, 12377G. W. 1832. Inv. 1833.
Ward, Joseph, 4131–4132G. B. K, p. 450. Int. 1772.
Ward, Joseph, 10444G. W. 1806.
Ward, Joseph, 10604G. Inv. 1809.
Ward, Joseph, 11529G. W. & Cod. 1823. Inv. 1823.
Ward, Joseph, 12753G. W. 1836.
Ward, Joseph, 20086G. Inv. 1880.
Ward, Joseph, Sr., 21878G. W. & Cod. 1885.
Ward, Joseph E., 13898G. W. 1849. Inv. 1849.
Ward, Joseph F., 19779G. W. 1879. Inv. 1879.
Ward, Joseph S., 12467G. Inv. 1833.
Ward, Josiah, 1419–1420G. B. D, p. 449. Int. 1746.
Ward, Josiah, 4219–4220G. B. L, p. 62. W. 1773.
Ward, Josiah, Sr., 71–73G. B. A, p. 21. W. 1716.
Ward, Josiah S., 12643G. W. 1835. Inv. 1836.
Ward, Julia A., 13487G. W. 1845. Inv. 1846.
Ward, Julia J., 16400G. W. 1866. Inv. 1867.
Ward, Julia S., 27722G. W. 1898.
Ward, Linus D., 13171G. W. 1841. Inv. 1841.
Ward, Lois, 18966G. Inv. 1876.
Ward, Lorena, 15568G. Inv. 1861.
Ward, Louisa, 22222G. W. 1886. Inv. 1887.
Ward, Marcus, 21880G. W. 1885.
Ward, Margaret I., 15423G. W. 1860. Inv. 1860.
Ward, Martha, 12189G. W. & Cod. 1830. Inv. 1831.
Ward, Martha, 19243G. W. 1877. Inv. 1878.
Ward, Mary, 11530G. Inv. 1823.
Ward, Mary, 20456G. W. 1881.
Ward, Mary O., 26721G. W. 1896. Inv. 1896.
Ward, Moses, 5999–6000G. B. 26, p. 501. Int. 1784.
Ward, Moses, 13085G. Inv. 1840.
Ward, Moses, 16401G. W. & Cod. 1866. Inv. 1866.
Ward, Nathaniel, 10605G. Inv. 1808.
Ward, Nathaniel, 16036G. Inv. 1864.
Ward, Nathaniel, Jr., 2257–2260G. B. F, p. 275. W. 1755.
Ward, Nathaniel, Jr., 4025–4026G. B. K, p. 321. Int. 1771.
Ward, Nathaniel, Sr., 779–780G. B. B, p. 395. W. 1732.
Ward, Nathaniel, Sr., 693–697G. B. B, p. 368. W. 1732. Inv. 1732.
Ward, Nathaniel, Sr., 5707–5708G. W. 1783.

Webster, Ann, 16966G. W. 1859. Inv. 1870.
Webster, Catharine, 12022G. Inv. 1828.
Webster, Drake, 13086G. Inv. 1840.
Webster, Edmund, 13488G. Inv. 1845.
Webster, Hugh, 10950G. W. 1815. Inv. 1815.
Webster, Isaac, 11531G. W. 1823. Inv. 1823.
Webster, Israel, 14641G. W. 1854. Inv. 1854.
Webster, John, 9998–9999G. B. 39, p. 184. W. 1800.
Webster, John, 14152G. W. 1851. Inv. 1851.
Webster, John, Jr., 7124–7131G. B. 30, p. 359. Int. 1790. Ren. 1790.
Webster, John S., 13173G. Inv. 1841.
Webster, John S., 13388G. Inv. 1844.
Webster, Joseph, 14793G. W. 1855. Inv. 1855.
Webster, Phebe A., 27223G. Inv. 1897.
Webster, Laing, 13503G. Inv. 1845.
Webster, Nathan, 12023G. Inv. 1828.
Webster, Samuel, 13389G. Inv. 1844.
Webster, Smith, 14452G. W. 1853. Inv. 1853.
Webster, William, 7782–7795G. B. 33, p. 216. Int. 1793. Inv. 1793. Ren. 1793.
Webster, William, 13489G. W. 1845. Inv. 1845. Ren. 1845.
Wechselberger, Albert, 20795G. Inv. 1882.
Wedekind, Christian, 21881G. Inv. 1885.
Wedel, Margaretha, 28214G. W. 1899.
Weder, Joseph A., 16038G. Inv. 1864.
Weed, Elvira P., 20460G. Inv. 1881.
Weed, Ira D., 19781G. Inv. 1879.
Weed, Maria L., 23838G. W. 1890.
Weekes, Mary G., 27723G. W. 1898.
Weekes, Robert D., 27724G. W. & Cods. (2) 1898. Inv. 1898.
Weeks, Cyrus, 18665G. Inv. 1875.
Weeks, Mary F. A., 20092G. W. 1880. Inv. 1880.
Weeks, William R., 13899G. W. 1849.
Wehner, Robert K., 27725G. Inv. 1898.
Weidenhoefer, Louisa, 20796G. W. 1882. Inv. 1882.
Weidert, C. Theodore, 28215G. Inv. 1899.
Weidner, Frank, 26727G. W. 1896.
Weidner, Gottlieb, 20461G. Inv. 1881.
Weidner, Nicholas, 19507G. W. 1878.
Weierman, Joseph, 16403G. W. 1866.
Weigel, Charles, 20462G. W. 1881. Inv. 1882.
Weigel, Kunigunda, 28216G. Inv. 1899.
Weigele, Barbara, 28217G. W. 1899.
Weil, Babetta, 28218G. W. 1899.
Weilbacher, Mathilda, 28743G. W. 1900.
Weiler, Peter, 20093G. W. 1880. Inv. 1880.
Weiner, Carl A., 18364G. W. 1874. Inv. 1874.
Weingartner, Charles, 24796G. W. 1892.
Weingartner, John, 25744G. W. 1894. Inv. 1894.
Weippert, Anton, 24797G. W. 1892.
Weis, Joseph, 24315G. Inv. 1891.
Weis, Louise, 15703G. Inv. 1862.
Weisbaker, Joseph, 16042G. Inv. 1864.
Weisbecker, August C., 27726G. W. 1898.
Weisel, Edward, 22988G. Inv. 1888.
Weisenstein, Anna M., 22575G. W. 1887.
Weisert, Friederich, Sr., 20463G. W. 1881.
Weiss, Anna M., 21882G. W. 1885.
Weiss, Charles, 18666G. W. 1875. Inv. 1875.
Weiss, Dorothea, 22224G. W. 1886.
Weiss, Jacob, Sr., 24316G. W. 1891.
Weiss, Joseph, 20797G. W. 1882.
Weiss, Leopold, Sr., 18667G. W. 1875.
Weiss, Rosalie, 21883G. W. 1885. Inv. 1885.
Weiss, William, 22159G. Inv. 1886.
Weitlauf, Catharine, 25745G. W. 1894.
Weitlauf, Henry, 26728G. W. 1896.
Weitlauf, Jacob, Sr., 27727G. W. 1898. Inv. 1899.

Weitlauf, Margaretha, 18057G. W. 1873. Inv. 1873.
Weitlauf, Nicolaus, 15570G. W. 1861.
Weitstich, John, 18668G. W. 1875.
Weizel, Charles, 14954G. Inv. 1856.
Welcher, Eliza A., 17752G. W. 1872.
Weld, Ludovicus, 13391G. W. 1844. Inv. 1845. Ren. 1844.
Weldon, John, 18967G. Inv. 1876.
Weldon, Ralph, 11697G. Inv. 1825.
Weldon, Thomas, 19782G. Inv. 1879.
Weller, Benjamin, 11532G. W. 1823. Inv. 1823.
Weller, Jacob, 21884G. W. 1885.
Weller, William E., 12646G. Inv. 1835. Wd.
Weller, William E., 12647G. Inv. 1835.
Wellhaussen, Henry, 14795G. W. 1855. Inv. 1855.
Wellmann, Fredericka, 27728G. W. 1898. Inv. 1898.
Wellmann, Friedrich, 22225G. W. 1886.
Wells, Alfred, 24798G. W. 1892.
Wells, Almira, 22576G. W. 1887.
Wells, Ann, 13900G. W. 1849. Inv. 1849.
Wells, Annie, 20798G. Inv. 1882.
Wells, Eliza, 28219G. W. & Cod. 1899. Inv. 1899.
Wells, George, Sr., 14794G. W. & Cod. 1855. Inv. 1855.
Wells, Maria, 25746G. W. 1894.
Wells, Stephen, 19246G. Inv. 1877.
Welsh, John, 16967G. W. 1869.
Welsh, Julia, 21164G. Inv. 1883.
Welsh, Mary, 25252G. W. 1893.
Welsh, William M., 24799G. W. 1892.
Weltner, Arthur, 27224G. W. 1897.
Wendel, Jacob, 16755G. W. 1868. Inv. 1869.
Wendell, Lewis J., 28220G. Inv. 1899.
Wendover, William A., 28744G. W. 1900.
Wendt, Louise, 27729G. W. 1898. Inv. 1898.
Wengel, Annie B., 22989G. W. 1888.
Wensky, Samuel, 23839G. W. 1890. Inv. 1891.
Wentz, John, 25747G. W. 1894.
Wenz, Charles, Sr., 22577G. W. 1887.
Werle, Peter, 17763G. W. 1872.
Werner, Carolina, 26729G. W. 1896.
Werner, Friedrich, 27730G. W. 1898. Ren. 1898.
Werner, Henry, 27731G. W. 1898.
Werner, Johanna, 25748G. W. 1894.
Werner, John, 15704G. W. 1862.
Werner, John, 16968G. W. 1869.
Werner, Margaretha, 18365G. W. 1874. Inv. 1874.
Wernig, Caspar, 17753G. W. 1872.
Werzberger, George, 21552G. W. 1884. Inv. 1884.
Wesch, August, 23840G. W. 1890.
Weseman, Ernest J., 23841G. W. 1890.
Wesemann, Henry, 28221G. W. 1899.
Wessels, Evert, 1831–1842G. B. E, p. 504. Int. 1750. Inv. 1750. Acct. 1753.
West, Bartholemew, 17465G. Inv. 1871.
West, Hester A., 24317G. W. 1891.
West, Jacob, 27225G. W. 1897. Inv. 1897.
West, Joseph, 28058G. W. 1873.
West, Margaretha, 22990G. W. 1888.
West, Mary, 12648G. Inv. 1835.
Westenberg, August, 21885G. Inv. 1885.
Westerfeld, John, 23842G. W. 1890.
Westerfeld, William, 17216G. W. 1870. Inv. 1873.
Westerfield, George W., 16238G. Inv. 1865.
Westerfield, James D., 26220G. W. 1895. Inv. 1895.

Whitehead, Timothy, 10385G. W. 1805. Inv. 1805.
Whitehead, William A., 21554G. W. & Cod. 1884.
Whiteley, Charlotte B., 28746G. W. 1900. Inv. 1900.
Whiteley, Francis, 27734G. W. 1898.
Whitemore, William, 10178G. B. 40, p. 75. W. 1802. Inv. 1803.
Whitenack, Alletta A., 21555G. W. 1884. Inv. 1885.
Whitesell, Benjamin, 13175G. Inv. 1841.
Whitfield, John, 23406G. W. 1889.
Whitfield, John R., 16039G. W. 1864. Inv. 1864.
Whitfield, Joseph L., 15167G. Inv. (2) 1858.
Whitfield, William, Sr., 14154G. W. 1851.
Whitford, Cornelia, 23843G. W. 1890.
Whitford, William H., 27733G. W. 1898.
Whiting, George B., 14951G. W. & Cod. 1856. Inv. 1856.
Whiting, Matilda S., 18060G. W. 1873. Inv. 1873.
Whitlock, Edward R., 15706G. Inv. 1862.
Whitmore, Rebecca, 13902G. Inv. 1849.
Whitmore, Samuel, 13174G. Inv. 1841.
Whitney, Henry A., 15707G. W. 1862. Inv. 1862.
Whitney, Jonathan S., 15572G. W. 1861. Inv. 1861.
Whittemore, Leonilla L., 23844G. W. 1890.
Whittingham, Edward T., 22228G. W. & Cod. 1886.
Whittingham, Hannah, 21887G. W. & Cod. 1885.
Whittingham, Harrison, 23407G. W. 1889.
Whittlesey, Sarah A., 28747G. W. 1900.
Whittmore, James, 15573G. W. 1861. Inv. 1861.
Whitty, William H., 28748G. W. 1900.
Whyman, Joseph L., 14155G. Inv. 1851.
Whyman, Simon F., 16040G. W. 1864.
Wiand, Mary, 16252G. Inv. 1865.
Wibberly, Alfred, 18973G. Inv. 1876, 1877.
Wibelitz, Rudolph, 26733G. W. 1896.
Wichelhaus, Frederick, 25750G. W. 1894.
Wichman, Anna, 24320G. W. 1891. Inv. 1891.
Wickert, Carl, 19784G. W. 1879.
Wickes, Eliza, 16041G. W. 1864. Inv. 1865.
Wickes, Lydia M., 26734G. W. 1896.
Wickes, VanWyck, Sr., 16240G. W. & Cod. 1865. Inv. 1865.
Wider, Carl F., 26225G. W. 1895.
Wider, William, 15574G. Inv. 1861.
Widgens, Caesar, 10650G. W. 1810.
Widman, Louis, 23408G. W. 1889.
Widmer, Jacob, 20799G. W. 1882.
Wiebke, William, Sr., 22579G. W. 1887. Inv. 1887.
Wiedegreen, Christian, 18061G. W. 1873. Inv. 1874.
Wiedenmann, Josepha, 23409G. W. 1889.
Wiedenmayer, Charles T., 26735G. W. 1896.
Wiederspahn, Benedict, 18368G. W. 1874. Inv. 1874.
Wiederspahn, Elizabeth, 16586G. W. 1867. Inv. 1867.
Wiederspahn, Frank J., 28223G. Inv. 1899.
Wiederspahn, Michael, 16587G. W. 1867.
Wiederspahn, Sophia, 21888G. W. 1885.
Wiedmann, Caroline, 28751G. W. 1900.
Wiener, Frank, 22229G. W. 1886.
Wiener, Hirsh, 22580G. W. 1887.
Wiener, Simeon, 24802G. W. 1892.

Wiengartner, Raymond, 21556G. W. 1884.
Wiesinger, Johann L., 18369G. W. 1874.
Wiesner, Adam, 20464G. W. 1881.
Wiesner, Eva, 26232G. W. 1895.
Wiggin, Henry B., 23845G. W. 1890. Inv. 1890.
Wiggins, Rachel, 12380G. W. 1832. Inv. 1832.
Wilberfoss, Thomas C., 28749G. W. 1900.
Wilbur, Catharine, 20465G. W. & Cod. 1881. Inv. 1881.
Wilbur, Erastus, 10606G. Inv. 1809.
Wilbur, Joseph, 12191G. W. 1830. Inv. 1830.
Wilbur, Rodney, 17466G. Inv. 1871.
Wilcocks, Cornelius, 10315G. B. 40, p. 420. Wd. 1804.
Wilcox, Amos, 16405G. W. 1866. Inv. 1867.
Wilcox, Daniel, 13241G. W. 1842. Inv. 1842.
Wilcox, Daniel M., 14642G. W. 1854. Inv. 1854.
Wilcox, David, 12469G. Inv. 1833.
Wilcox, Elmira E., 27228G. Inv. 1897.
Wilcox, Ezra, 14952G. W. 1856. Inv. 1856.
Wilcox, Hannah, 13679G. Inv. 1847.
Wilcox, Joseph, 8794–8796G. B. 36, p. 42. Wd. 1796. Pt. 1796.
Wilcox, Laura D., 15710G. W. 1862. Inv. 1862.
Wilcox, Sarah, 16043G. W. 1864.
Wilcox, Sarah A., 22230G. W. 1886.
Wilcox, Thomas, 6272–6273G. B. 27, p. 379. Int. 1785.
Wild, Charles, Sr., 28750G. W. 1900.
Wild, Conrad, 27735G. W. 1898.
Wild, Jacob, 24803G. Inv. 1892.
Wild, John, 17756G. W. 1872.
Wild, John, 18370G. W. 1874. Inv. 1874.
Wild, Joseph, 12115G. Inv. 1829.
Wild, Sarah, 12756G. Inv. 1836.
Wilde, Ann, 27736G. Inv. 1898.
Wilde, Anne J., 20466G. W. 1881. Inv. 1882.
Wilde, Herbert L., 22992G. W. & Cod. 1888. Inv. 1888.
Wilde, James, 25751G. W. 1894.
Wilde, James, Sr., 12651G. W. 1835. Inv. 1836.
Wilde, James, Sr., 19250G. W. 1877. Inv. 1877.
Wilde, Joseph, 12563G. Inv. 1834.
Wilde, Joseph, Sr., 25752G. W. 1894. Inv. 1894.
Wilde, Mary, 25254G. W. & Cod. 1893.
Wilde, Samuel, 16044G. W. 1864. Inv. 1864.
Wilde, Samuel, Jr., 23846G. W. 1890.
Wildin, Mary, 18074G. Inv. 1876.
Wildin, Smith, 16757G. W. 1868. Inv. 1868.
Wiley, Jane A., 26228G. W. 1895.
Wiley, John, 24321G. W. 1891. Inv. 1897.
Wiley, Elizabeth B., 23412G. W. 1889.
Wilkens, Anna, 24322G. W. 1891.
Wilkerson, Jeptha, 10316G. Inv. 1804.
Wilkesen, Clara, 23410G. W. 1880.
Wilkie, John W., 23411G. W. 1880.
Wilkins, Philip W., 27737G. W. 1898.
Wilkins, William, 21889G. W. & Cod. 1885. Inv. 1885.
Wilkinson, Allen J., 27229G. W. 1897.
Wilkinson, Eleazer B., 20005G. Inv. 1880.
Wilkinson, Elias A., 23413G. Inv. 1889.
Wilkinson, Elida B. M., 26226G. W. & Cods. (2) 1895. Inv. 1895.
Wilkinson, George, 25753G. W. 1894.
Wilkinson, Josiah B., 19251G. Inv. 1877.
Wilkinson, Maria, 26227G. W. 1895.
Wilkinson, Mary W., 25255G. W. 1893. Inv. 1893.

Williams, Henry, 21558G. Inv. 1884.
Williams, Henry E., 13905G. Inv. 1849.
Williams, Hervey, 19785G. W. 1879. Inv. 1879.
Williams, Ichabod, 6274–6276G. B. 27, p. 381. Wd. 1785. Pt. 1785.
Williams, Ichabod, 11913G. W. 1827. Inv. 1829.
Williams, Ichabod, Sr., 12840G. W. 1837. Inv. 1838.
Williams, Isaac, 11448G. Inv. 1822.
Williams, Isaac M., 18372G. Inv. 1874.
Williams, Isaiah, 28226G. W. 1899. Inv. 1899.
Williams, Israel, 15168G. Inv. (2) 1858.
Williams, Jacob, 11026G. Inv. 1816.
Williams, Jacob, 16973G. W. 1869. Inv. 1869.
Williams, James, 11809G. Inv. 1826.
Williams, James, 21168G. Inv. 1883.
Williams, James, 28752G. W. 1900.
Williams, James A., 21167G. W. 1883.
Williams, James A., 23416G. Inv. 1889.
Williams, Jane, 26737G. W. 1896. Ren. 1896.
Williams, Jared, 13394G. W. 1844. Inv. 1844.
Williams, Jared V., 18671G. W. 1875. Inv. 1875.
Williams, Jedediah, 11807G. W. 1826. Inv. 1826.
Williams, Jeptha, 20467G. W. 1881.
Williams, Jesse, 10710G. Inv. 1811.
Williams, Jesse, 21890G. W. 1885.
Williams, Joanna, 15304G. W. 1859.
Williams, Job M., 15069G. Inv. 1857.
Williams, Joel, 14018G. W. 1850.
Williams, John, 5543–5546G. B. 24, p. 1. W. 1782.
Williams, John, 9390–9393G. B. 38, p. 266. Grd. 1799. Pt. 1799.
Williams, John, 13906G. W. 1849. Inv. 1851.
Williams, John, 16045G. W. 1864.
Williams, John, 16242G. W. & Cods. (2) 1865. Inv. 1865.
Williams, John, 16590G. W. 1867. Inv. 1867.
Williams, John, 17467G. W. 1871. Inv. 1871.
Williams, John, 26229G. W. 1895.
Williams, John, Jr., 5259–5262G. B. 24, p. 25. Int. 1781. Inv. 1781.
Williams, John, Jr., 7614–7615G. B. 34, p. 56. Int. 1792.
Williams, John A., 18672G. W. 1875.
Williams, John B., 12841G. Inv. 1837.
Williams, John D., 11808G. W. 1826. Inv. 1829.
Williams, Jonathan, 6780–6783G. Int. 1788.
Williams, Jonathan, 10101G. B. 39, p. 319. W. 1801. Inv. 1802.
Williams, Jonathan, 13012G. W. 1839. Inv. 1839.
Williams, Jonathan, 15305G. W. 1859. Inv. 1859.
Williams, Joseph, 10951G. W. 1815. Inv. 1815.
Williams, Joseph, 10952G. Inv. 1815.
Williams, Joseph, 14455G. Inv. 1853.
Williams, Joseph, 22582G. Inv. 1887.
Williams, Joseph, Sr., 971–972G. B. C, p. 251. W. 1738.
Williams, Joseph, Sr., 6007–6010G. B. 26, p. 442. W. 1784. Inv. 1784.
Williams, Josiah, 12025G. W. 1828. Inv. 1829.
Williams, Jotham, 5213–5216G. B. 24, p. 24. Int. 1780. Inv. 1780.
Williams, Jotham, 14649G. Inv. 1854.
Williams, Leander, 26230G. Inv. 1895.
Williams, Levi, 16046G. W. 1864. Inv. 1864.
Williams, Lewis, 21170G. W. & Cod. 1883. Inv. 1883.
Williams, Lewis N., 20468G. W. 1881.
Williams, Lewis S., 13088G. Inv. 1840.

Williams, Linus, 13778G. Inv. 1848.
Williams, Lydia, 12758G. W. 1836. Inv. 1837.
Williams, Lydia, 25757G. W. 1894. Inv. 1894.
Williams, Marcus, 17217G. Inv. 1870.
Williams, Margaret, 15708G. W. 1862.
Williams, Margaret, 19513G. W. 1878.
Williams, Margaret, 22583G. W. 1887. Inv. 1887, 1888.
Williams, Maria, 20097G. W. 1880.
Williams, Maria, 22994G. W. 1888.
Williams, Marion, 28753G. W. 1900.
Williams, Martha, 13494G. W. 1845.
Williams, Martha A., 22995G. W. 1888.
Williams, Martha E., 26738G. W. 1896.
Williams, Martin L., 22232G. Inv. 1886.
Williams, Mary, 5085–5088G. B. 22, p. 32. Int. 1779. Inv. 1779.
Williams, Mary, 12653G. W. 1835. Inv. 1835.
Williams, Mary, 13177G. W. 1841. Inv. 1842.
Williams, Mary, 13180G. Inv. 1841.
Williams, Mary, 13243G. W. 1842.
Williams, Mary, 13680G. W. 1847.
Williams, Mary, 16047G. Inv. 1864.
Williams, Mary, 23417G. W. 1889.
Williams, Mary J., 24805G. W. 1892. Inv. 1892.
Williams, Mary O., 27232G. W. 1897.
Williams, Matthew, 12194G. Inv. 1830.
Williams, Miles, 1635–1636G. B. E, p. 183. W. 1748.
Williams, Miordell, Enoch, Ebenezer, Margaret, 3319–3324G. B. H, p. 258. Wds. 1763. Pt. 1763.
Williams, Moses, 11449G. Inv. 1822.
Williams, Moses, 11535G. Inv. 1823.
Williams, Moses, 14953G. W. 1856. Inv. 1856.
Williams, Moses H., 17757G. W. 1872. Inv. 1872.
Williams, Naomi, 12936G. W. 1838. Inv. 1838.
Williams, Nathan, 15709G. W. 1862. Inv. 1867.
Williams, Nathaniel, 13495G. Inv. 1845.
Williams, Nathaniel, Jr., 13013G. W. 1839.
Williams, Oliver H., 16243G. W. 1865. Inv. 1865.
Williams, Phebe, 10253G. W. 1877.
Williams, Phebe, 26231G. W. 1895. Inv. 1895. Ren. 1895.
Williams, Phebe A., 25259G. W. 1893.
Williams, Philip, 19786G. W. 1870.
Williams, Rebecca, 13582G. Inv. 1846.
Williams, Reuben S., 18976G. W. 1876. Inv. 1876. Ren. 1876.
Williams, Rhoda, 15160G. W. 1858.
Williams, Richard, 16244G. W. 1865.
Williams, Samuel, 2771–2773G. B. G, p. 387. W. 1759. Inv. 1759.
Williams, Samuel, 3915–3920G. B. K, p. 219. W. 1770. Inv. 1770.
Williams, Samuel, 10102G. B. 39, p. 445. W. 1801. Inv. 1805.
Williams, Samuel, 10763G. W. 1812. Inv. 1812.
Williams, Samuel, 11293G. Inv. 1820.
Williams, Samuel, 11614G. W. 1824. Inv. 1824.
Williams, Samuel, 13014G. W. 1830. Inv. 1841.
Williams, Samuel, 16406G. Inv. 1866.
Williams, Samuel, 17219G. W. 1870. Inv. 1870.
Williams, Samuel, 28754G. W. 1900.
Williams, Sarah, 12116G. W. 1829. Inv. 1829.
Williams, Sarah, 14456G. Inv. 1853.
Williams, Sarah, 18573G. W. 1875. Inv. 1875.
Williams, Sarah, 22233G. W. 1886.
Williams, Sarah M., 22234G. W. 1886. Inv. 1886.

Wilson, James, 11295G. W. 1820. Inv. 1820.
Wilson, James P., 23419G. W. 1889.
Wilson, John, 13090G. Inv. 1840.
Wilson, John, 15071G. W. 1857.
Wilson, John, 21172G. W. 1883. Inv. 1883.
Wilson, John, Sr., 12655G. W. 1835. Inv. 1835. Ren. 1835.
Wilson, John R., 14800G. W. & Cod. 1855.
Wilson, Joseph, 14643G. Inv. 1854.
Wilson, Joseph L., 22996G. W. 1888.
Wilson, Margaret, 22584G. W. 1887. Inv. 1888.
Wilson, Margaret M., 26746G. W. 1896.
Wilson, Maria O., 18977G. W. 1876.
Wilson, Mary, 16407G. W. 1866.
Wilson, Mary S., 26234G. W. 1895
Wilson, Nicholas A., 12472G. Inv. 1833.
Wilson, Phebe A., 24326G. W. 1891.
Wilson, Robert, 20805G. W. 1882.
Wilson, Sarah, 13008G. W. 1849. Inv. 1849.
Wilson, Stephen R., 24807G. W. 1892.
Wilson, Susan, 22585G. W. 1887.
Wilson, Thomas, 25758G. W. & Cod. 1894.
Wilson, Thomas J., 26235G. Inv. 1895.
Wilson, Uzal, 5217–5220G. B. 21, p. 310. W. 1780.
Wilson, William, 14020G. W. 1850.
Wilson, William B., 28755G. W. 1900. Inv. 1900.
Wilson, Zebedee, 10953G. W. 1815. Inv. 1816.
Winans, Aaron, 7852–7855G. B. 33, p. 395. Grd. 1794. Pt. 1794.
Winans, Aaron, 10651G. W. 1810.
Winans, Aaron, 14457G. W. 1853.
Winans, Abby, 14458G. W. 1853. Inv. 1855.
Winans, Abby, 15427G. W. 1860.
Winans, Abigail, 10249G. B. 40, pp. 240, 418. W. 1803. Int. 1803. Inv. 1803.
Winans, Abigail, 10445G. Inv. 1806.
Winans, Abner, 16758G. Inv. 1868.
Winans, Benjamin, 10251G. B. 40, pp. 400, 420. Grd. 1803. Tr. 1803.
Winans, Benjamin, 11236G. W. 1819. Inv. 1819.
Winans, Benjamin, 12383G. Inv. 1832.
Winans, Benjamin, 12382G. W. & Cod. 1832. Inv. 1832.
Winans, Benjamin, 3d, 7390–7393G. B. 32, p. 511. Grd. 1791. Pt. 1791.
Winans, Benjamin, Elias, 3d, 10251G. B. 40, pp. 400, 420. Wds. 1803. Tr. 1803.
Winans, Benjamin, Jr., 8490–8493G. B. 33, p. 501. Grd. 1795. Pt. 1795.
Winans, Benjamin, Jr., 10446G. Inv. 1806.
Winans, Benjamin, 7822–7829G. B. 33, p. 200. W. & Cod. 1793. Inv. 1798.
Winans, Caleb, 14801G. Inv. 1855.
Winans, Caroline, 22997G. W. & Cod. 1888. Inv. 1888.
Winans, Charles H., 28230G. W. 1899.
Winans, Conrad, 419–424G. B. B, p. 306. Int. 1732. Inv. (2) 1728. Acct. 1748.
Winans, David R., 21173G. W. 1883. Inv. 1886.
Winans, Deborah, 11152G. Inv. 1818.
Winans, Dorcas, 9304–9307G. B. 37, p. 316. Int. 1798. Ren. 1798.
Winans, Dorcas, 10318G. Inv. 1804.
Winans, Elias, 6015–6017G. B. 26, p. 484. W. 1784.
Winans, Elias, 6290–6293G. B. 27, p. 380. Wd. 1785. Pt. 1785.
Winans, Elias, 14454G. W. 1853. Inv. 1855.

Winans, Elias, Jr., 6892–6895G. B. 30, p. 204. W. 1789.
Winans, Elizabeth, 10002–10005G. B. 39, p. 189. Grd. 1800. Pt. 1800.
Winans, Elizabeth, 13091G. W. 1840. Inv. 1840.
Winans, Hattie C., 26747G. W. 1896. Inv. 1896.
Winans, Hester, 11382G. W. 1821.
Winans, Isaac, 557–560G. B. B, p. 211. Int. 1731. Inv. 1731 (?).
Winans, Isaac, 13246G. Inv. 1842.
Winans, Isaac, 13584G. W. 1846.
Winans, Isaac, 19256G. W. 1877. Inv. 1877.
Winans, Isaac, Sr., 291–296G. B. A, p. 276. W. 1723. Inv. 1723 (?).
Winans, Isaac, Sr., 5221–5230G. B. 24, p. 15. W. 1780. Int. 1780. Rens. (2) 1780.
Winans, Isaac, Sr., 11915G. W. 1827. Inv. 1827.
Winans, Jacob, Sr., 229–233G. B. A, p. 236. W. 1722. Inv. 1722.
Winans, James, 12384G. Inv. 1832.
Winans, James, 9658–9667G. B. 38, p. 252. W. 1799. Inv. 1800.
Winans, James, Jr., 10103G. Inv. 1801.
Winans, Jerome, 20470G. Inv. 1881.
Winans, Job, 10557G. Inv. 1808.
Winans, John, 10180G. B. 40, p. 13. Int. 1802. Inv. 1802. Ren. 1802.
Winans, John, 12473G. Inv. 1833.
Winans, John, 13395G. Inv. 1844.
Winans, John, 10510G. Inv. 1807.
Winans, Jonathan, Sr., 11028G. W. 1816. Inv. 1816.
Winans, Jonathan, Sr., 4327–4328G. B. L, p. 240. W. 1774.
Winans, Joshua, 10386G. W. 1805. Inv. 1806.
Winans, Mary A., 25759G. W. 1894. Inv. 1895.
Winans, Matthais, 5555–5556G. B. 24, p. 308. W. 1782.
Winans, Matthias, 13585G. W. 1846.
Winans, Moses, 11450G. Inv. 1822.
Winans, Moses, 11538G. Inv. 1823.
Winans, Nancy H., 25263G. W. 1893. Inv. 1893.
Winans, Nathaniel, 11811G. W. 1826.
Winans, Ogden J., 16049G. Inv. 1864.
Winans, Rachel, 9044–9045G. B. 36, p. 501. Int. 1797.
Winans, Rachel, 11029G. W. 1816.
Winans, Samuel, Sr., 1481–1483G. B. E, p. 87. W. 1747.
Winans, Samuel, Sr., 4221–4224G. B. K, p. 521. W. 1773.
Winans, Sarah, 13779G. W. 1848. Inv. 1849.
Winans, Sarah, David R., Hannah, Jonathan, Abner, Samuel, Mary, 10002–10005G. B. 39, p. 189. Wds. 1800. Pt. 1800.
Winans, Susannah, 13586G. W. 1846.
Winans, Whitfield, 19514G. W. 1878. Inv. 1878.
Winans, William, 3197–3200G, 3203–3204G. B. H, p. 252. W. 1763. Acct. 1763.
Winans, Williams B., 28756G. W. 1900.
Winants, John, 4329–4330G. B. L, p. 156. Int. 1774.
Winchel, David, 4405–4408G. B. M, p. 39. Wd. 1775. Pt. 1775.
Winchester, Hosea, 16591G. Inv. 1867.
Windish, Philip H., 16974G. W. 1869. Inv. 1870.

Wood, John, 28765G. W. 1900.
Wood, John, Sr., 10956G. W. 1815. Inv. 1816.
Wood, John, Sr., 13587G. W. 1846. Inv. 1846.
Wood, John C., 10022–10025G. B. 39, p. 14. Wd. 1800. Pt. 1800.
Wood, Jonas. B. A, p. 92. Grd. 1717.
Wood, Jonas, 1353–1354G. B. D, p. 270. W. 1745.
Wood, Jonas, 10252G. B. 40, p. 334. Wd. 1803.
Wood, Joseph, 75–78G. B. A, p. 64. W. 1716. Inv. 1717.
Wood, Joseph, 3147–3148G. B. H, p. 198. Grd. 1762.
Wood, Joseph, 2641–2642G, 3429–3430G. B. G, p. 42. Int. 1759. Inv. 1764.
Wood, Joseph, 7136–7147G. B. 30, p. 218. Int. 1789. Inv. 1790. Ren. 1789.
Wood, Joseph, 28236G. W. 1899.
Wood, Margaret, 11812G. Inv. 1826.
Wood, Mary, 3107–3108G, 1485–1486G. B. E, p. 44. W. 1747. Inv. 1746.
Wood, Minnie V., 22587G. W. 1887.
Wood, Moses, 9646–9651G. B. 38, p. 264. Int. 1799.- Inv. 1800.
Wood, Nathaniel, 9056–9061G. B. 36, p. 502. Int. 1797. Inv. 1797. Ren. 1797.
Wood, Phebe, 6286–6289G. B. 27, p. 268. W. 1785.
Wood, Samuel, 79–82G. B. A, p. 49. Int. 1716. Inv. 1716.
Wood, Samuel, 3211–3214G. B. H, p. 221. Grd. 1763. Pt. 1763.
Wood, Samuel, 7602–7611G. B. 34, p. 21. W. & Cod. 1792.
Wood, Samuel M., 16050G. W. 1864.
Wood, Sarah, Mary, Charlotte, 9308–9311G. B. 38, p. 267. Wds. 1798. Tr. 1798.
Wood, Sarah C., 20105G. W. 1880. Inv. 1880.
Wood, Susannah, 10181G. B. 40, p. 208. W. 1802. Inv. 1803.
Wood, Tabitha, 4665–4668G. B. 18, p. 611. W. & Cod. 1777.
Wood, William R., 13499G. W. & Cod. 1845. Inv. 1845. Rens. (2) 1845.
Wood, William S., 15170G. Inv. 1858.
Woodbridge, Henry W., 18064G. Inv. 1873.
Wooden, Ziba, 14645G. W. 1854. Inv. 1854.
Woodhead, William, 18980G. Inv. 1876.
Woodhull, Addison W., 18981G. Inv. 1876.
Woodhull, Clifford A., 18065G. Inv. 1873.
Woodhull, James H., 18066G. W. & Cod. 1873. Inv. 1873.
Woodhull, Lewis S., 14802G. Inv. 1855.
Woodruff, Aaron, 6019–6020G. B. 26, p. 500. Int. 1784.
Woodruff, Aaron, 8790–8793G. B. 35, p. 363. Wd. 1796. Pt. 1796.
Woodruff, Aaron, 13780G. W. 1848. Inv. 1848.
Woodruff, Aaron, Sr., 7834–7847G. B. 33, p. 207. W. 1793. Inv. 1794.
Woodruff, Aaron P., 17468G. W. 1871. Inv. 1871.
Woodruff, Abigail, 16248G. W. & Cod. 1865. Inv. 1865.
Woodruff, Abijah, 7612–7613G. B. 34, p. 53. Int. 1792.
Woodruff, Abner, 11699G. Inv. 1825.
Woodruff, Abraham, 1845–1852G. B. E, p. 458. W. 1750. Inv. 1750. Acct. 1754.
Woodruff, Abraham, Sr., 4229–4232G. B. K, p. 538. W. 1773.
Woodruff, Albert H., 16410G. W. 1866. Inv. 1866.

Woodruff, Andrew, 9652–9653G. B. 38, p. 264. Int. 1799.
Woodruff, Archibald, 16249G. W. 1865.
Woodruff, Baker, 10954G. Inv. 1815.
Woodruff, Belcher, 14158G. W. 1851. Inv. 1851.
Woodruff, Benjamin, 363–364G. Inv. 1726.
Woodruff, Benjamin, 703–708G. B. B, p. 270. W. 1732. Inv. 1732.
Woodruff, Benjamin, 10253G. B. 40, p. 328. W. 1803.
Woodruff, Benjamin, 11539G. Inv. 1823.
Woodruff, Benjamin, Jr., 13681G. Inv. 1847.
Woodruff, Benjamin B., 12474G. Inv. 1833.
Woodruff, Benjamin S., 13500G. Inv. 1845.
Woodruff, Caleb, 12566G. W. & Cod. 1834. Inv. 1834.
Woodruff, Caleb, 17761G. W. 1872. Inv. 1872.
Woodruff, Caleb, Jr., 1637–1640G. B. E, p. 254. W. 1747. Inv. 1747.
Woodruff, Calvin, 11540G. W. 1823.
Woodruff, Caroline P., 26752G. Inv. 1896.
Woodruff, Cephas M., 20808G. Inv. 1882.
Woodruff, Charles, 1853–1856G. B. E, p. 506. W. & Cod. 1751.
Woodruff, Chauncey, 25267G. W. 1893.
Woodruff, Daniel, Sr., 1123–1128G. B. C, p. 402. W. 1741. Inv. 1750.
Woodruff, David, 567–568G, 709–711G. B. B, p. 242. Int. 1731. Inv. 1732. Ren. 1731.
Woodruff, David, 8516–8525G. B. 33, p. 493. W. 1795. Inv. 1796. Lt. 1796.
Woodruff, David, 10319G. W. 1804.
Woodruff, David, 11451G. W. 1822. Inv. 1822.
Woodruff, David, 13588G. W. 1846. Inv. 1846.
Woodruff, David, Sr., 1707–1712G. B. E, p. 229. W. 1749. Inv. 1749.
Woodruff, Elias, 3207–3208G. B. H, p. 246. Grd. 1763.
Woodruff, Elijah, 10182G. B. 40, p. 209. W. 1802. Inv. 1803.
Woodruff, Eliza, 12656G. W. 1835. Inv. 1835.
Woodruff, Elizabeth, 12567G. W. 1834. Inv. 1834.
Woodruff, Elizabeth, 13910G. W. 1849.
Woodruff, Enoch B., 26753G. W. 1896. Inv. 1897.
Woodruff, Enos, 7322–7325G. B. 32, p. 513. Grd. 1791. Pt. 1791.
Woodruff, Enos, 11383G. W. 1821. Inv. 1821.
Woodruff, Esther, 14646G. W. 1854.
Woodruff, Ezekiel, 11541G. W. 1823.
Woodruff, Ezekiel, Sr., 10183G. B. 40, p. 7. W. 1802.
Woodruff, Fannie A., 23853G. W. 1890.
Woodruff, Fanny B., 18067G. Inv. 1873.
Woodruff, Farrington, 10652G. Inv. 1810.
Woodruff, George D., 23001G. W. 1888. Inv. 1888.
Woodruff, Hannah, 28766G. W. 1900.
Woodruff, Hannah W., 23002G. Inv. 1888.
Woodruff, Henry, Sr., 7412–7415G. B. 32, p. 473. W. 1791.
Woodruff, Henry D., 13911G. W. 1850. Inv. 1849.
Woodruff, Hezekiah, Sr., 4889–4890G. B. 20, p. 37. W. 1778.
Woodruff, Isaac, 10254G. B. 40, p. 411. W. & Cod. 1803. Inv. 1804.
Woodruff, Jane H., 25761G. W. & Cods. (2) 1894. Inv. 1895.
Woodruff, Jesse, 11384G. W. 1821. Inv. 1821.
Woodruff, Job, 9062–9063G, 9312–9313G. B. 36, p. 503. Int. 1797. Inv. 1798.

Woodruff, John, 4891–4894G. B. 19, p. 446. W. 1778.

Woodruff, John, Sr., 3797–3798G. B. I, p. 341. W. 1768.

Woodruff, John C., 13912G. W. & Cod. 1849. Inv. 1849.

Woodruff, John T., 14647G. Inv. 1854.

Woodruff, Jonathan, 4895–4900G. B. 18, p. 645. W. 1778. Inv. 1777.

Woodruff, Jonathan, 9064–9065G, 9314–9321C. B. 36, p. 466. W. 1797. Inv. 1798.

Woodruff, Jonathan, 16077G. Inv. 1869.

Woodruff, Joseph, 2541–2544G. B. G, p. 18. Int. 1758. Inv. 1764.

Woodruff, Joseph, 4901–4904G. B. 20, p. 45. W. 1778.

Woodruff, Joseph, 10255G. B. 40, p. 400. Wd. 1803.

Woodruff, Joseph, 10511G. W. 1807.

Woodruff, Joseph, Jr., 1129–1139G. B. C, p. 475. W. 1741. Inv. 1746. Acct. 1742.

Woodruff, Joseph, Jr., 3857–3869G. B. K, p. 89. W. 1769. Inv. 1769.

Woodruff, Joshua, 2737–2738G. B. G, p. 92. Int. 1759.

Woodruff, Josiah, 11813G. Inv. 1826.

Woodruff, Josiah, 12760C. W. 1836. Inv. 1836.

Woodruff, Josiah, Sr., 7148–7153G. B. 30, p. 350. W. 1790. Inv. 1790.

Woodruff, Lewis, 11030G. W. & Cod. 1816. Inv. 1816.

Woodruff, Lewis, 16051G. Inv. 1864.

Woodruff, Maria, 20473G. Inv. 1881.

Woodruff, Mary, 5723–5726G. B. 25, p. 199. Wd. 1782. Pt. 1782.

Woodruff, Mary, 8110–8111G, 8117G. B. 33, p. 361. W. 1794.

Woodruff, Mary, 11814G. Inv. 1826.

Woodruff, Mary, 12843G. W. 1837.

Woodruff, Mary, 14459G. W. 1853.

Woodruff, Mary, 24329G. W. 1891.

Woodruff, Mary A., 22238G. W. 1886.

Woodruff, Mary A., 28237G. W. 1899.

Woodruff, Mary C., 16592G. W. 1867. Inv. 1869.

Woodruff, Matthias, 14159G. W. 1851. Inv. 1852.

Woodruff, Michael, 11542G. W. 1823. Inv. 1823.

Woodruff, Moses, 4031–4032G. B. K, p. 315. W. 1771.

Woodruff, Moses, 13092G. Inv. 1840.

Woodruff, Nathan, 10104G. B. 39, p. 368. W. 1801.

Woodruff, Nathaniel T., 11543G. W. 1823. Inv. 1823.

Woodruff, Noah, 4233–4236G, 4333–4340G. B. K, p. 451. Int. 1773. Inv. 1773. Ren. 1773.

Woodruff, Noah, 10447G. W. 1805. Inv. 1806.

Woodruff, Noah, 14160G. W. 1851.

Woodruff, Obadiah, 13247G. W. & Cod. 1842. Inv. 1843.

Woodruff, Obadiah, 24810G. W. 1892.

Woodruff, Ogden, 12475G. W. 1833.

Woodruff, Parsons, 10320G. B. 40. p. 416. W. 1804. Inv. 1804.

Woodruff, Phebe, 11297G. Inv. 1820.

Woodruff, Phebe, 16250G. Inv. 1865.

Woodruff, Phebe, 22588G. W. 1887. Inv. 1887.

Woodruff, Rachael B., 17762G. W. 1872. Inv. 1872.

Woodruff, Reuben, Sr., 11700G. W. 1825. Inv. 1825.

Woodruff, Richard, 5231–5232G. B. 24, p. 22. Int. 1780.

Woodruff, Richard, 12568G. W. 1834. Inv. 1836.

Woodruff, Richard S., 10955G. Inv. 1815.

Woodruff, Robert, 13396G. W. 1844. Inv. 1844.

Woodruff, Samuel, 3799–3824G. B. I, p. 364. Int. 1768. Inv. 1768.

Woodruff, Samuel, Sr., 2203–2204G. B. F, p. 208. W. 1754.

Woodruff, Samuel A., Abner, 5091–5098G, 5161–5168G. B. 22, pp. 56, 64, 71. Wds. 1779, 1780. Pt. 1779, 1780.

Woodruff, Samuel D., 22239G. W. 1886. Inv. 1886.

Woodruff, Samuel M., 21180G. Inv. 1883.

Woodruff, Sarah, 11031G. Inv. 1816.

Woodruff, Sarah, 11701G. Inv. 1825.

Woodruff, Sarah J., 20809G. Inv. 1882.

Woodruff, Seth, 5621–5624G. B. 24, p. 334. Grd. 1783. Pt. 1783.

Woodruff, Seth, 10874G. W. 1814. Inv. 1816.

Woodruff, Silas, 11237G. W. 1819. Inv. 1820.

Woodruff, Silas T., 15306G. W. 1859.

Woodruff, Stephen, 4905–4906G. B. 16, p. 510. Int. 1778.

Woodruff, Stephen, 10558G. Inv. 1808.

Woodruff, Stephen, Sr., 6898–6901G. B. 33, p. 212. W. 1789.

Woodruff, Stephen H., 14021G. W. & Cod. 1850. Inv. 1850.

Woodruff, Thomas, 2205–2208G. B. F, p. 222. W. 1754.

Woodruff, Thomas, 3201–3202G. B. H, p. 133. Grd. 1762.

Woodruff, Thomas, 3967–3968G. B. K, p. 349. Grd. 1771.

Woodruff, Thomas, 5331–5334G. B. 24, p. 28. Grd. 1781. Pt. 1781.

Woodruff, Thomas, 5723–5726G. B. 25, p. 199. Grd. 1782. Pt. 1782.

Woodruff, Thomas, 5871–5874G. B. 26, p. 505. Grd. 1784. Pt. 1784.

Woodruff, Thomas, 5867–5870G. B. 26, p. 506. Grd. 1784. Pt. 1784.

Woodruff, Thomas, 5801–5804G. B. 26, p. 507. Grd. 1784. Pt. 1784.

Woodruff, Thomas, Jr., 10387G. W. 1805.

Woodruff, Thomas, Sr., 10321G. W. 1804. Inv. 1805.

Woodruff, Thomas O., 23423G. W. 1889. Inv. 1889.

Woodruff, Thomas T., 17225G. W. 1870. Inv. 1870.

Woodruff, Timothy, 9654–9657G. B. 38, p. 221. W. 1799.

Woodruff, Timothy, 14460G. W. & Cod. 1853. Inv. 1855.

Woodruff, Timothy, Sr., 3615–3618G. B. I, p. 140. W. 1766.

Woodruff, Uzal, 4341–4344G. B. L, p. 155. Int. 1774. Ren. 1774.

Woodruff, Whitehead, 10559G. Inv. 1808.

Woodruff, William, 8790–8793G. B. 35, p. 363. Wd. 1796. Pt. 1796.

Woodruff, William, 10711G. W. 1811. Inv. 1811.

Woodruff, William, 11916G. Inv. 1827.

Woodruff, William, 12844G. Inv. 1837.

Woodruff, William M., 14299G. W. 1852. Inv. 1852.

Woods, Helen, 14161G. W. 1851. Inv. 1851.

Woods, Owen, Sr., 16593G. W. 1867.

Woodward, Abram, 23852G. W. 1890.

Woodward, Anna F., 20810G. Inv. 1882.
Woodyard, John, 18982G. W. 1876.
Wooley, Squier, 12386G. W. 1832.
Woolley, Jacob, Sr., 12117G. W. 1829.
Woolson, Cyrus R., 22240G. Inv. 1886.
Woolson, Ellen S., 26754G. W. 1896.
Woolstencroft, Daniel, 26755G. W. 1896. Inv. 1896.
Woolworth, Danforth, 15428G. W. 1860. Inv. 1860.
Worcester, Leonard, 12657G. Inv. 1835.
Worl, Horace C., 25762G. W. 1894.
World, Sarah, 14803G. W. 1855. Inv. 1861.
Worster, Edward, 699–702G. B. B, p. 305. Int. 1732. Ren. 1732.
Wort, James, 23424G. W. 1889.
Worth, Maria, 26756G. W. 1896.
Worthington, Alice, 16052G. W. 1864.
Worthington, George F., 17764G. Inv. 1872.
Woutese, Garret, 1713–1714G. B. E, p. 269. Int. 1749.
Wuertz, Charles, 23003G. W. 1888.
Wren, Christopher, 26757G. W. 1896,.1898.
Wright, Ann, 13589G. W. 1846.
Wright, Archibald J., 16251G. W. 1865.
Wright, Benjamin M., 23425G. W. 1889.
Wright, Caroline M., 21893G. W. 1885. Inv. 1885.
Wright, Clara F., 20811G. W. 1882. Inv. 1882.
Wright, Edward, 12761G. W. 1836. Inv. 1836.
Wright, Eleazer, 10256G. B. 40, p. 418. Int. 1803. Inv. 1804.
Wright, George S., 27239G. Inv. 1897.
Wright, Hannah K., 18376G. W. 1874.
Wright, James, 21562G. W. 1884.
Wright, John, 11615G. W. 1824. Inv. 1825.
Wright, Mary, 14957G. W. 1856. Inv. 1856.
Wright, Mary J., 17469G. W. 1871. Inv. 1871.
Wright, Minerva, 20812G. W. 1882.
Wright, Moses, 15307G. W. 1859. Inv. 1860.
Wright, Nelson, 18983G. Inv. 1876.
Wright, Ornan N., 27240G. Inv. 1897.
Wright, Susanna, 13590G. W. 1846. Inv. 1846.
Wright, William, 16053G. Inv. 1864.
Wright, William, 16411G. W. 1866. Inv. 1866.
Wright, William, 23854G. W. 1890. Inv. 1891.
Wrigley, Edward N., 24811G. W. 1892.
Wrigley, John, 21181G. Inv. 1883.
Wrigley, John N., 16759G. W. 1868. Inv. 1868.
Wuensch, Henry, 24330G. Inv. 1891.
Wuensch, Theresia, 22589G. W. 1887.
Wuerth, Gustav, 26240G. W. 1895.
Wuesthoff, Frederick, 19259G. W. 1877. Inv. 1883.
Wullschleger, Samuel, 15594G. W. 1867. Inv. 1869.
Wunderlich, Christian, 26241G. W. 1895.
Wunderlich, Rosa, 21894G. W. 1885.
Wunner, Maria, 16760G. W. 1868.
Wunsch, Charles, 18984G. Inv. 1876.
Wunsch, George, 19788G. Inv. 1879.
Wurster, George, 25763G. W. 1894.
Wurster. John, 21563G. W. 1884.
Wurster, John G., 22241G. W. & Cod. 1886.
Wurtzebach, Helene, 21895G. W. 1885.
Wyatt, Sophia E., 24331G. W. 1891. Inv. 1891.
Wyatt, Thomas, 20474G. Inv. 1881.
Wyatt, Winifred I., 25764G. W. 1894.
Wyckoff, Charles, 14958G. Inv. 1856.
Wyckoff, Daniel M., 24332G. W. 1891. Inv. 1891.

Wyckoff, George H., 26758G. W. 1896.
Wyckoff, Jane M., 28238G. W. 1899. Ren. 1899.
Wykoff, Henry, 12119G. W. 1829. Inv. 1829.
Wynans, Abraham, Sr., 7410–7411G. B. 32, p. 468. W. 1791.
Wynans, Henry D., 23426G. Inv. 1889.
Wynans, John, 781G. B. B, p. 422. Int. 1733.
Wynn, John, 973–980G. B. C, p. 269. Int. 1738. Inv. 1739.

Yale, Amerton, 19260G. W. 1877. Inv. 1877.
Yallowbey, John, Sr., 14648G. W. 1854. Inv. 1854.
Yamans, Edward, Jr., 3201–3202G. B. H, p. 133. Wd. 1762.
Yardley, Eldridge T., 20813G. W. 1882.
Yates, Henry J., 25268G. W. 1893. Inv. 1893.
Yatman, Mary C., 23004G. W. 1888. Inv. 1888.
Yawger, Jemima, 17765G. Inv. 1872.
Yeager, Barbara, 16761G. W. 1868.
Yeager, Joseph, 20814G. W. 1882.
Yeamans, Edward, 711–712G. B. B, p. 102. Int. 1728. Inv. 1732.
Yeitter, John B., 28767G. W. 1900.
Yeo, Sarah, 13913G. Inv. 1849.
Yeomans, Edward D., 16762G. Inv. 1868.
Yeomans, Samuel, 4345–4350G. B. L, p. 155. Int. 1774. Inv. 1774. Ren. 1774.
Yereance, Garrabrant, 13178G. W. 1841. Inv. 1841.
Yereance, Jane, 19789G. W. 1879.
Yerkes, Elijah, 16054G. W. 1864.
Yohe, Jacob, 19790G. W. 1879. Inv. 1879.
Yorks, Elias, 10560G. Inv. 1808.
Yost, Elizabeth, 23427G. W. 1889.
Yost, Jacob, 25269G. W. 1893.
Yost, John J., 18068G. W. 1873.
Young, Aaron, 8798–8801G. B. 35, p. 507. Int. 1796. Inv. 1797.
Young, Aaron, 15171G. W. 1858. Inv. 1858.
Young, Abraham A., 25270G. W. 1893.
Young, Adolphus P., 19791G. Inv. 1879.
Young, Catharine S., 24333G. Inv. 1891.
Young, Charles, 21182G. Inv. 1883.
Young, Christina, 25765G. W. 1894.
Young, Christopher, 24812G. W. 1892.
Young, Clara, 15429G. W. 1860.
Young, Edward R., 26759G. W. 1896.
Young, Elizabeth, 16412G. W. 1866.
Young, Elizabeth, 21896G. W. 1885.
Young, Eliza V., 15072G. W. 1857. Inv. 1857.
Young, Frances, 16595G. W. 1867. Inv. 1867.
Young, Francis, 25271G. W. 1893.
Young, Frederick, 18069G. W. 1873. Inv. 1873.
Young, George H., 18377G. W. 1874.
Young, Henry, 25272G. W. 1893.
Young, Isaac, 12197G. Inv. 1830.
Young, Isaac L., 20815G. W. 1882.
Young, Jacob, 21564G. Inv. 1884.
Young, John, 18070G. W. 1873.
Young, John G., 18677G. W. 1875.
Young, John J., 27746G. W. 1898. Inv. 1898.
Young, Jonathan, 6021–6024G. B. 26, p. 503. Int. 1784. Inv. 1784.
Young, Julia F., 15430G. W. 1860.
Young, Mary J., 24813G. W. 1892. Inv. 1892.
Young. Nathan, 11815G. Inv. 1826.
Young, Nathan N., 23005G. W. 1888. Inv. 1888.
Young, Reuben, 14022G. W. 1850.
Young, Robert, 12387G. W. 1832. Inv. 1833.
Young, Sarah, 16253G. W. 1865. Inv. 1865.
Young, Stephen, 7154–7157G. B. 30, p. 336. W. 1790.